THE HISTORY OF AL-ṬABARĪ

VOLUME XL

Index

The History of al-Ṭabarī

Editorial Board

Ihsan Abbas, University of Jordan, Amman

C.E. Bosworth, The University of Manchester

Franz Rosenthal, Yale University

Everett K. Rowson, New York University

Eshan Yar-Shater, Columbia University (*General Editor*)

Center for Iranian Studies
Columbia University

SUNY

SERIES IN NEAR EASTERN STUDIES

Said Amir Arjomand, Editor

The preparation of this volume was made possible in part by a grant from the National Endowment for the Humanities, an independent federal agency.

Bibliotheca Persica
Edited by Ehsan Yar-Shater

The History of al-Ṭabarī

(*Ta'rīkh al-rusul wa'l-mulūk*)

Volume XL

INDEX

Comprising an Index of Proper Names and Subjects and an Index of Qur'ānic Citations and Allusions

Prepared by
Alex V. Popovkin
under the supervision of
Everett K. Rowson
New York University

State University of New York Press

Published by
State University of New York Press, Albany

Printed in the United States of America

For information, contact State University of New York Press, Albany, NY
www.sunypress.edu

Production by Michael Haggett
Marketing by Fran Keneston

Library of Congress Cataloging-in-Publication Data
Tabari, 838?-923.
[Ta'rīkh al-rusul wa'l-mulūk. English]
The history of al-Ṭabarī. Vol. 40 : index / index by Alex V. Popovkin ; prepared under the supervision of Everett K. Rowson.
p. cm. — (SUNY series in Near Eastern studies)
ISBN 978-0-7914-7251-4 (hardcover : alk. paper) —
ISBN 978-0-7914-7252-1 (pbk. : alk. paper)
1. Tabari, 838?-923. Tarikh al-rusul wa-al-muluk. English—Indexes.
2. Tabari, 838?-923—Indexes.
I. Popovkin, Alex V. II. Rowson, Everett K. III. Title.
DS38.2.T313 1985 Index
909'.1—dc22 2007007703

10 9 8 7 6 5 4 3 2 1

Contents

Foreword vii

Preface xi

List of Volumes and Scholars xiii

Guide to the Index xv

General Index 1

Index of Qurʾānic Citations and Allusions 585

Errata et Emendanda 605

Foreword

With the publication of this index volume, the annotated English translation of al-Ṭabarī's *History* (*Ta'rīkh al-rusul wa'l-mulūk*) in forty volumes is completed. The project began in 1979 and the last volume of the translation itself (Volume V, tr. by C. E. Bosworth) appeared in 1999.

The history of the project, the principles followed in the translation and annotation, the choice of the Leiden edition as the basis for the translation, the composition of the Board of Editors, the division of the *History* into manageable and to some degree self-contained volumes, the selection of translators-annotators, the funding of the project by the National Endowment for the Humanities (NEH), and other pertinent points, were all explained in the General Editor's Preface to Volume I, which also included a General Introduction on al-Ṭabarī and his *History* by the eminent translator of the volume, Franz Rosenthal. As for subsequent changes in the Editorial Board, Jacob Lassner was replaced by Everett Rowson in 1989, and the translations were thereafter reviewed and carefully scrutinized by him and C. E. Bosworth. Two members of the Editorial Board, Ihsan Abbas and Franz Rosenthal, regrettably passed away in 2003.

Although there is an index of proper names at the end of each volume, furnished by its translator, it was decided from the outset that a cumulative and wide-ranging index encompassing all the volumes would be a prerequisite to render the work fully serviceable to both academic researchers and interested general readers. The envisaged index would include such diverse topics as ethnic groups in the early Islamic world, specific questions of theology and law, aspects of economic and cultural life, music, architecture, and literature, battle tactics and weaponry, tribal groupings, taxation, religious heresies, Biblical history, Persian ancient history and legends, mints and coin issues. Moreover, the reader needed the assistance of a detailed and well-organized subject index covering both the text and relevant information from the annotations, the latter embodying the results of the translators' own research and original scholarship. The usefulness of such an index cannot be sufficiently emphasized.

The initial work on this Index began immediately after the completion of the translation project itself, but the search for a competent indexer proved a lengthy one. Fortunately, Alex Popovkin, a professional indexer with a good grounding in Arabic, agreed to take on the project under the able supervision of Professor Everett Rowson, and this collaboration was carried out in an exemplary manner.

A particularly vexing problem with indexing a work like al-Ṭabarī's *History* is the complex formation of Arabic personal names, which can have up to five or six components, only some of which are regularly cited and then not always the same ones for a given individual. For instance, the name of the historian and *ḥadīth* scholar Shihāb al-Dīn Abū al-Faḍl Aḥmad ibn Nūr al-Dīn ʿAlī ibn Ḥajar al-ʿAsqalānī al-Kinānī al-Miṣrī, includes a title, a teknonym (*kunya*), a given name, name of the father, the family name, attribution to a locality, attribution to a tribe, and attribution to a country. To know by which element the bearer of a name is most commonly known requires considerable knowledge of Arabic literature. For example, al-Jāḥiẓ, the famous *adab* scholar, is known by his nickname ("one with protruding eyes"), the historian Ibn Qutaybah by the name of his father, the Prophet's companion Abū Hurayra by his teknonym, the son-in-law and cousin of the Prophet ʿAlī ibn Abī Ṭālib by his given name and his father's teknonym, the polymath al-Bīrūnī by attribution to the locale of his birth, the philosopher and physician Abū ʿAlī Ibn Sīnā by a combination of his teknonym and the name of his grandfather, the mystic al-Ḥallāj by a profession ("wool-carder"), the self-styled and rebellious prophet al-Muqannaʿ by a sobriquet ("the veiled one"), the brave brigand-poet Taʾabbaṭa Sharran by a characterization ("the one who carries wickedness under his arm"). Considerable sophistication and effort have been required to achieve consistency in the selection of standard names, and cross-references have been supplied generously. For the details of this and other technicalities the reader is urged to consult the Guide to the Index.

Inevitably, the volumes have not been free from some typographical errors in spite of the translators' careful proofreading. Reviews of the volumes in learned journals occasionally proposed a better reading or a more accurate rendering. The process of indexing itself brought out a few minor discrepancies among the various volumes.

The publication of the General Index also provided an opportunity to include the corrigenda for the entire series. To this purpose the scholars who had collaborated with the project were asked to provide a list of the errata that they had noticed in their published volumes. To these were added a few spotted in the course of the indexing and they were sent to the translators for checking and approval. In the case of two volumes, the list of errata was exceptionally long. This was partly due to the fact that the checking of their manuscripts had not been done as carefully as had been expected. It is hoped that in a second printing the corrections will be inserted in the texts themselves.

It is my pleasant duty to express my profound gratitude to all the scholars who have participated in this scholarly enterprise. I am most grateful to the National Endowment for the Humanities for its unfailing support; without its financial assistance the Project could not have been accomplished. The Project owes a great deal to Professor Everett Rowson whose incomparable editorial skills, his dedication to sound scholarship, and his exacting supervision of the indexing process have been a great asset. I cannot thank him enough for the tremendous amount of time he has spent on the Project. I would also like to express my deep appreciation to George Farr, the former Director of the Division of Preservation and Access at the NEH and Dr. Helen Agüera, Senior Program Officer in the same Division, for their unstinting encouragement and support of the Project, and would also like to thank the NEH officers who were involved in the earlier stages of the Project: Susan Mango, Dr. Martha Chomiak and Dr. Margot Backas. And finally I would like to thank Dina Amin of the Center for Iranian Studies, Columbia University, who has so ably attended to all the administrative and financial aspects of this Project.

Ehsan Yarshater, General Editor
December 22, 2005

Preface

Perhaps the magnitude and richness of a work like al-Ṭabarī's *History* can be fully appreciated only when one attempts to index it. Thousands of personal names (all too many of them beginning with Muḥammad), thousands of place names (some of them otherwise unknown, and what are the vowels?), and most of all thousands of subjects alluded to, briefly elucidated, or dwelt on at length present the indexer with a formidable task. Questions about al-Ṭabarī's general approach to writing history, his preconceptions, his biases, his sources and their nature, and his reliability, feed an ever growing scholarly literature; but the task of the indexer is simply to provide optimal access to the information afforded by his text. With a work of this complexity, however, even that is not so simple.

To this task Alex Popovkin has brought impressive skills, both as an indexer and as an Arabist. Taking as his starting point a collocation of the indices to individual volumes of the translation—quite varied in their approaches but mostly restricted to proper names—he has proceeded to enrich them with an extraordinary range of subject entries, keyed in large part to the translators' explanatory footnotes but also embracing many other topics, from "pomegranates" to various forms of "punishment." Comprehensiveness in subject indexing for such a large work is of course an unattainable goal, but it has been both his and my hope that the results will offer scholars access to that crucial bit of information on a given subject that they otherwise would never have found in this sprawling text. It is in this regard that I have found both Mr. Popovkin's imaginativeness and his meticulousness most impressive.

We have both learned a great deal as well about the complexities of the Arabic personal name. Literally thousands of email messages between us have been dedicated to such questions as whether Muḥammad b. Aḥmad in volume X is the same person as Muḥammad b. Yūsuf b. Aḥmad in volume Y, and whether this person is al-Sulamī or al-Salmī.

We certainly have not solved all the problems, but I believe we have managed to devise a cross-referencing system that will alert readers to both the possibilities and the ambiguities when trying to track down a given individual. At the same time, we have identified, and worked out strategies for dealing with differences in individual translators' styles in coping with nomenclature, as well as pinpointing some errors, many of them due to the specific problems of individual manuscripts, that became apparent only by comparing different sections of the work. Except for minor vocalization problems, such errors are noted in the Errata et Emendanda section of this volume.

Publication of this index volume represents the completion of a project of extraordinary scope, and an instance of extraordinary scholarly collaboration. Over the course of twenty-five years more than thirty scholars of Islamic history have contributed to producing a fully annotated English translation of the single most important primary source in their field. It is regrettable that Professors Moshe Perlmann, W. Montgomery Watt, Ihsan Abbas, Martin Hinds, and Franz Rosenthal are no longer with us to enjoy its completion, and I am particularly saddened that that enjoyment is denied the late Estelle Whelan, who so expertly shepherded my own volume and many others through the editing process. But my greatest thanks, and those of all the participants, are reserved for Professor Ehsan Yarshater, who initially conceived the project and has overseen it from beginning to end. His unflagging dedication (and at times doggedness) have assured both the project's completion and its quality—and he has been a joy to work with. It is only his many other major contributions to the field that prevent this from being unambiguously his most outstanding one.

Everett K. Rowson

List of Volumes and Scholars

The list of the scholars who participated in the translation and annotation of the Volumes

I	General Introduction/From the Creation to the Flood	Franz Rosenthal
II	Prophets and Patriarchs	William M. Brinner
III	The Children of Israel	William M. Brinner
IV	The Ancient Kingdoms	Moshe Perlmann
V	The Sāsānids, the Byzantines, the Lakhmids, and Yemen	C. E. Bosworth
VI	Muḥammad at Mecca	W. Montgomery Watt and M. V. McDonald
VII	The Foundation of the Community	M. V. McDonald, annotated by W. Montgomery Watt
VIII	The Victory of Islam	Michael Fishbein
IX	The Last Years of the Prophet	Ismail K. Poonawala
X	The Conquest of Arabia	Fred M. Donner
XI	The Challenge to the Empires	Khalid Yahya Blankinship
XII	The Battle of al-Qādisiyyah and the Conquest of Syria and Palestine	Yohanan Friedmann
XIII	The Conquest of Iraq, Southwestern Persia, and Egypt	Gautier H. A. Juynboll
XIV	The Conquest of Iran	G. Rex Smith
XV	The Crisis of the Early Caliphate	R. Stephen Humphreys
XVI	The Community Divided	Adrian Brockett
XVII	The First Civil War	G. R. Hawting
XVIII	Between Civil Wars: The Caliphate of Mu'āwiyah	Michael G. Morony

XIX	The Caliphate of Yazīd b. Mu'āwiyah	Ian K. A. Howard
XX	The Collapse of Sufyānid Authority and the Coming of the Marwānids	G. R. Hawting
XXI	The Victory of the Marwānids	Michael Fishbein
XXII	The Marwānid Restauration	Everett K. Rowson
XXIII	The Zenith of the Marwānid House	Martin Hinds
XXIV	The Empire in Transition	David Stephan Powers
XXV	The End of Expansion	Khalid Yahya Blankinship
XXVI	The Waning of the Umayyad Caliphate	Carole Hillenbrand
XXVII	The 'Abbāsid Revolution	John Alden Williams
XXVIII	'Abbāsid Authority Affirmed	Jane Dammen McAuliffe
XXIX	Al-Manṣūr and al-Mahdī	Hugh Kennedy
XXX	The 'Abbāsid Caliphate in Equilibrium	C. E. Bosworth
XXXI	The War between Brothers	Michael Fishbein
XXXII	The Reunification of the 'Abbāsid Caliphate	C. E. Bosworth
XXXIII	Storm and Stress along the Northern Frontiers of the 'Abbāsid Caliphate	C. E. Bosworth
XXXIV	Incipient Decline	Joel L. Kraemer
XXXV	The Crisis of the 'Abbāsid Caliphate	George Saliba
XXXVI	The Revolt of the Zanj	David Waines
XXXVII	The 'Abbāsid Recovery	Philip M. Fields
XXXVIII	The Return of the Caliphate to Baghdad	Franz Rosenthal
XXXIX	Biographies of the Prophet's Companions and Their Successors	Ella Landau-Tasseron

Guide to the Index

1. General
2. Transliteration and orthography
3. Alphabetization
4. Personal Names
   4.1 Order of elements
   4.2 Exceptions
   4.3 Ambiguous cases
5. Toponyms
6. Glosses
   6.1 General principles
   6.2 List of Arabic terms
7. Subject entries
   7.1 Scope
   7.2 English versus Arabic
8. Errors
9. Uncertainty about proper vocalization or identity

1. General

The cumulative index to *The History of al-Ṭabarī* includes both proper names and subjects. For the former, and to a very limited extent the latter, it is based on the existing indices to the individual volumes. However, numerous revisions and adjustments have been required, mostly in order to achieve consistency across volumes, so that this cumulative index should be considered as superseding the individual ones. Translators' footnotes are not indexed directly, but much of their content is made accessible through relevant subject entries keyed to al-Ṭabarī's text. The intent has been to make this an index specifically to al-Ṭabarī's *History*, so that names mentioned only in the footnotes, for example, do not appear.

A list of Qurʾānic quotations and allusions (based on individual translators' footnotes) is provided in a separate section.

2. Transliteration and orthography

Tāʾ marbūṭah preceded by alif has been standardized as -āh for common nouns, -āt for proper names, e.g., *muʾākhāh* (brotherhood bond) but Banū ʿAbd Manāt.

Pairs of letters that might be mistaken for digraphs are separated by a ' sign, e.g., Abū Mus'hir, Ad'ham, Fak'hah.

Dual and sound masculine plural forms are cited in the nominative, e.g., al-Ḥaramān, al-Khallālūn (vinegar-sellers' quarter, in al-Baṣrah), excluding the traditional exceptions, e.g., al-Baḥrayn.

Compound personal names with Allāh as their second element are spelled as one word, e.g., ʿAbdallāh, ʿĀʾidhallāh, Hibatallāh, etc.

Dāʾūd has been standardized as Dāwūd.

Khuwārizm/Khwārizm has been standardized as Khwārazm.

3. Alphabetization

The alphabetization is word-by-word, with occasional adjustments mentioned below. When otherwise identical, common nouns and toponyms appear before personal names.

Non-sorting elements:

al-
Abū (Abī)
Banū (Banī)
Bint (bt.)

Ibn (b.) (except when followed by a common noun, e.g., *ibn al-sabīl*)
Umm (except when followed by a common noun, e.g., *umm walad*, Umm Abīha, Umm al-Banīn)

When several non-sorting elements follow each other they appear alphabetically.

Letters without diacritics precede those with diacritics.

The few unvocalized (or partially vocalized) readings are sorted as is, e.g., B.n.j.r (?, ethnic group) appears after Bl- and before Bo-.

Dhī preceded by non-sorting elements is sorted with Dhū, so that their common identity is not broken, e.g., Ibn Dhī al-Burdayn al-Hilālī is sorted among entries beginning with Dhū.

4. Personal names

4.1. Order of elements
The normal ordering of name elements is as follows: *ism* + (b. *ism*) + (*nisbah*) (*kunyah*) (*laqab*), where the elements in parenthesis are optional, e.g., ʿAmr (*mawlā* of Abū Bakr); ʿAbd al-Ḥamīd b. Ribʿī al-Ṭāʾī, Abū Ghānim.

4.2. Exceptions
However, when a person is traditionally best known by his *kunyah*, *nisbah*, or *laqab* (or when al-Ṭabarī does not provide an *ism*), the ordering changes accordingly, e.g., Abū Maʿbad al-Khuzāʿī; al-Farazdaq (Hammām b. Ghālib b. Ṣaʿṣaʿah); Māʾ al-Samāʾ (Māriyah bt. ʿAwf b. Jusham). In such cases the necessary cross-references are provided.

4.3. Ambiguous cases
On occasion it is uncertain whether persons mentioned by al-Ṭabarī with different name forms represent one individual or two, either due to variation in the components of the name cited or because of possible textual corruption. In such cases, the index records both variants separately, but adds a *see also* cross-reference to each entry to indicate their possible identity.

5. Toponyms

For the most part entries for toponyms are provided with identifying glosses, e.g., al-Kallā' (port and market, in al-Baṣrah). When further identification was not feasible the gloss is reduced to a generic "toponym", e.g., al-Abāriq (toponym).

6. Glosses

6.1. General principles

Glosses are used as follows:

- to distinguish otherwise identical entries by means of information provided by context or by the translators, e.g., Abū ʿUmar (*kātib* of Sīmā al-Sharābī); Abū ʿUmar *(qāḍī)*;
- to supply an alternative name, or part thereof, as indicated by translators' notes, e.g., Abū Hishām al-Rifāʿī (Muḥammad b. Yazīd);
- to supply the translators' rendering of the Arabic (when the Arabic form is chosen as the main entry), or the Arabic original of the translated term, e.g., Nahr Abī al-Asad (Abū al-Asad Canal); ornithomancy (*ʿiyāfah*);
- to provide an explanation, e.g., al-Ḥiṣnān (i.e., al-Mawṣil and Nīnawā);
- to help in identifying the entry on the page, e.g., Yaʿqūb b. Ibrāhīm b. Saʿd (uncle of ʿUbaydallāh b. Saʿd).

6.2. List of Arabic terms

The following Arabic terms because of variation in their rendering by the translators are left untranslated in glosses:

ʿayyār vagabond
dihqān landlord, village head
ghulām page, servant boy
iṣbahbadh provincial military governor
jāriyah slave girl
kātib secretary
khādim eunuch, servant
khaṣī eunuch
mawlā (f. *mawlāh*) client, freedman
naqīb tribal chief

qāḍī judge
rāwī transmitter
umm walad concubine who has borne her master a child

7. Subject entries

7.1. Scope

Selection of entries has been discretionary and based in part on individual translators' choices, with index entries pointing to places where translators' notes supply additional information or al-Ṭabarī's text offers some substantial discussion and together with abundant cross-references maximize accessibility of al-Ṭabarī's discussion of a given topic. Comprehensiveness should not be assumed. Technical terms are a particular focus. Most common terms are indexed to their first occurrence only, or where they are discussed in translators' notes.

7.2. English versus Arabic

When a term has a single obvious English equivalent, the latter is selected as the main entry (with cross-references from the Arabic). In the more frequent cases of divergent translations it is the Arabic form that appears as the main entry, with the translations relegated to the glosses and appearing as cross-references, e.g., ʿĀm al-Ramādah (Year of the Drought, Year of the Destruction).

8. Errors

Most errors encountered in standardizing the index across volumes pertain to the spelling and vocalization of proper names, and the line between error and simple variant is often a fuzzy one. Both glosses and cross-references have been utilized to accommodate individual translators' choices while ensuring that references to a single person or place are not fragmented. The index aspires to be as accurate as possible, staying true to al-Ṭabarī's text, and minor differences in vocalization between the index and the text are to be expected.

For a list of errors consult the Errata and Emendanda section.

9. Uncertainty about proper vocalization or identity

A question mark after a name or page reference indicates uncertainty about proper vocalization or identity, e.g., Ak.r.m (?, ethnic group) XXXIV:141; Banū Thaʿlabah (of Ghaṭafān) XXXIV:26?; Abān (b. Ṣāliḥ?) XXXIX:203.

Index

A
Aaron b. Amram (Hārūn b. ʿImrān, brother of Moses) **III**:4, 30, 31, 33, 34, 38, 49, 51, 52, 54, 56, 58, 61–63, 68, 72–76, 81, 85, 86, 88, 89, 91, 94, 96, 126, 129, 131; **IV**:120; **V**:414; **VI**:79; **IX**:51; **XXI**:70; **XXXIX**:185
ʿabāʾah (sleeveless woolen cloak) **XXII**:117
Ābād Ardashīr **IV**:81
Aʿbad b. Fadakī al-Saʿdī al-Tamīmī **XI**:60, 63
al-ʿAbalāt (of Banū Umayyah) **VIII**:80
Abān (b. Ṣāliḥ?) **XXXIX**:203
Abān (canal). SEE Nahr Abān
Banū Abān **XXXIX**:254
Ābān (day, in Persian solar calendar) **III**:114
Abān b. ʿAbd al-Ḥamīd al-Lāḥiqī **XXX**:113, 117
Abān b. ʿAbd b. al-Malik b. Bishr **XXVII**:191
Abān b. ʿAbd al-Raḥmān al-Numayrī **XXVI**:131, 176
Abān al-ʿAṭṭār **VI**:98, 136, 145; **VII**:28; **VIII**:174; **IX**:2, 20, 131
Abān b. Abī ʿAyyāsh **I**:302?; **V**:166
Abān b. Bashīr **XXIX**:85
Banū Abān b. Dārim **XIX**:155–57, 180; **XXII**:48; **XXV**:36, 71
Abān b. Ḍubārah al-Yazanī **XXV**:44
Abān b. al-Ḥakam al-Zahrānī **XXVI**:210
Abān b. Marwān **XIX**:205
Abān b. Muʿāwiyah b. Hishām **XXVII**:87, 89
Abān b. al-Nuʿmān b. Bashīr **XXI**:111
Umm Abān bt. al-Nuʿmān b. Bashīr al-Anṣārī **XX**:63
Abān b. Qaḥṭabah al-Khārijī **XXX**:175
Abān al-Qāriʾ **XXIX**:130; **XXX**:84
Abān b. Ṣadaqah **XXI**:219; **XXVIII**:254; **XXIX**:9, 65, 77, 187, 204, 209, 236, 238
Abān b. Saʿīd **VII**:74; **VIII**:82; **IX**:147; **XI**:101; **XII**:134; **XIX**:195
Abān b. Ṣāliḥ **I**:302; **VIII**:136, 184; **X**:39; **XIII**:98; **XVIII**:101; **XXXIX**:146, 203?
Abān b. Taghlib **XXXIX**:230
Umm Abān bt. ʿUtbah b. Rabīʿah **XIV**:102; **XVIII**:188
Abān b. ʿUthmān b. ʿAffān **XV**:254; **XVI**:44, 67; **XXII**:22, 92, 175–76, 181, 186, 194–95; **XXIII**:13, 33–34, 71; **XXXIX**:59, 60

Umm Abān bt. ʿUthmān b. ʿAffān **XV**:254
Abān b. al-Walīd **XX**:154; **XXV**:181, 183; **XXVII**:14
Abān b. Yazīd al-ʿAnbarī **XXIX**:129
Abān b. Yazīd al-ʿAṭṭār al-Baṣrī. SEE Abān al-ʿAṭṭār
Abān b. Yazīd b. Muḥammad b. Marwān **XXVII**:169
Ābān Jādhawayh **XIV**:52
Abānī mountains **X**:84
Ābānmāh (month, in Persian solar calendar) **III**:114
Abār (in Yemen) **II**:20
Abār b. Mākhnūn **XXIV**:171
Abār b. Umaym **II**:20
Abārākharrah (*dihqān* of Ushrūsanah) **XXVI**:31
al-Abāriq (toponym) **X**:160
Abarsam (Sasanian chief minister) **V**:9, 12
Abarshahr. SEE Abrashahr
ʿAbartā (near Baghdad) **XXXVI**:23
Abarwīz. SEE Kisrā II
Abarwīz b. al-Maṣmughān **XXVIII**:65, 73
ʿAbāyah b. ʿAbd ʿAmr **XII**:169
ʿAbāyah b. Mālik **VIII**:156
ʿAbāyah b. Rifāʿah b. Rāfiʿ **XXXIX**:334
Abazqubādh (between al-Baṣrah and Wāsiṭ) **XII**:170; **XXIII**:68
Abbā al-Turkī **XXXVI**:175, 178, 195, 196; **XXXVII**:2, 4
ʿAbbād, Abū Jaysh (physician of Yaḥyā b. Muḥammad al-Azraq) **XXXVI**:145
Abū ʿAbbād (Thābit b. Yaḥyā) **XXXII**:249
ʿAbbād b. ʿAbbād al-Muhallabī **IX**:189; **XXXIX**:330
ʿAbbād b. ʿAbdallāh b. al-Zubayr **I**:332; **VI**:23, 81, 95; **VII**:58, 70, 74, 118, 126; **VIII**:22, 58, 156; **IX**:183, 203; **XV**:186; **XVI**:139; **XXI**:207; **XXXIX**:13
ʿAbbād b. al-Abrad b. Qurrah **XXVII**:29
ʿAbbād b. al-ʿAwwām **I**:199; **II**:20, 144; **XXVIII**:270; **XXXIX**:203
ʿAbbād b. Ayyūb **XXIV**:31
ʿAbbād b. Bishr b. Waqsh al-Ashhalī **VII**:95; **VIII**:49, 52
ʿAbbād b. al-Ghuzayyil **XXVII**:11, 12
ʿAbbād b. al-Ḥārith **XXVII**:45
ʿAbbād b. Ḥubaysh al-Kūfī **IX**:63, 64
ʿAbbād b. Ḥunayf (of Banū ʿAmr b. ʿAwf) **IX**:61
ʿAbbād b. al-Ḥuṣayn al-Ḥabaṭī **XX**:31–32; **XXI**:46–48, 87, 89–90, 93, 100–101, 106–7, 115, 117, 172–73, 182; **XXII**:192
ʿAbbād b. Julandā al-Azdī **VIII**:100, 142; **X**:152, 153
ʿAbbād b. Kathīr **XXVIII**:224; **XXIX**:86–88
ʿAbbād b. Laqīṭ **XXIV**:36
ʿAbbād b. Manṣūr **IX**:153; **XXVII**:92, 123, 133, 198, 204, 208
ʿAbbād mosque. SEE Masjid ʿAbbād
ʿAbbād al-Nājī (ʿAbbād b. Manṣūr?) **X**:154
ʿAbbād b. Rāshid **IX**:189
ʿAbbād al-Ruʿaynī **XXV**:24
ʿAbbād b. Ṣuhayb al-Kulaybī **XXXIX**:324
ʿAbbād b. Tamīm **IX**:181; **XXXIX**:132
ʿAbbād b. ʿUmar al-Azdī **XXVII**:40
ʿAbbād b. Yaʿqūb al-Asadī **I**:367
ʿAbbād b. Ziyād b. Abī Sufyān **XVIII**:16, 200, 201, 202, 203, 204, 214; **XIX**:185; **XXIII**:223; **XXVI**:141
ʿAbbādān **XXXVI**:43, 110, 111, 132, 136, 152, 195
ʿAbbās (*mawlā* of al-Maʾmūn) **V**:176; **XXXII**:214
ʿAbbās (*rāwī*). SEE al-ʿAbbās b. Muḥammad al-Dūrī

al-ʿAbbās (officer of ʿĪsā b. Muḥammad b. Abī Khālid) **XXXII**:87–88

al-ʿAbbās (official of Māzyār) **XXXIII**:142

Abū al-ʿAbbās (canal). SEE Nahr Abī al-ʿAbbās

Abū al-ʿAbbās (quarter, in Baghdad) **XXVIII**:248

Abū al-ʿAbbās. SEE Abū al-ʿAbbās al-Saffāḥ; ʿAbdallāh b. Ṭāhir; al-Manṣūr; al-Mustaʿīn bi-llāh

Banū al-ʿAbbās. SEE ʿAbbāsids

Ibn ʿAbbās (ʿAbdallāh b. [al-]ʿAbbās) **I**:173, 183, 188, 190, 192, 199–203, 205–7, 212, 214–19, 221–23, 226–30, 233, 235, 243, 244, 246, 250–55, 257–59, 261–64, 266, 267, 269, 270, 273–76, 281, 290–93, 295–97, 300, 302–7, 309, 313, 314, 320, 324, 328, 329, 331, 333, 334, 336, 339, 340, 344, 348, 353, 355, 357, 358, 360, 364–66, 368, 370; **II**:12, 17, 18, 50, 53–55, 59, 74, 76, 79, 80, 84, 86, 87, 90, 94, 95, 98, 99, 102, 107, 113, 115, 116, 118, 121, 128, 145, 147, 151, 153, 156–59, 163, 164, 165, 180, 181; **III**:6, 9–11, 13, 14, 16, 18, 32, 36, 37, 38, 43–46, 47, 48, 62, 71, 73, 75, 76, 78, 79, 84, 85, 89, 104, 106, 107, 120, 129, 131, 154, 157, 160, 161, 163, 172, 173; **IV**:103, 118, 155, 157–58, 161–62, 166, 170; **V**:232, 269, 284, 413, 414, 415, 416; **VI**:2, 7, 49, 60–62, 66, 80, 84–85, 89, 95, 106, 140, 153–55, 158, 159, 162; **VII**:24, 35, 39, 54, 56, 60, 61, 69, 71, 78, 80, 82, 96, 113, 159; **VIII**:70, 89, 100, 104, 134, 135, 136, 168, 171; **IX**:80, 81, 139, 153, 165, 170, 174, 175, 179, 189, 201–2, 207, 208; **X**:21, 190; **XII**:206; **XIII**:59, 92, 93; **XIV**:122, 135–38; **XV**:38, 42–43, 62, 66, 209, 236–38, 245–46; **XVI**:2, 20, 22–24, 32, 37, 46, 53, 54, 84, 87, 88, 95, 96, 102, 103, 122, 169, 197; **XVII**:20, 33, 36, 60, 76, 82, 87, 100–102, 104, 109–10, 113, 118, 120, 140, 164–66, 183, 184, 194, 197, 202, 203, 204, 209–13, 229–30; **XVIII**:3, 9, 14, 18, 94, 186, 225; **XIX**:10, 66–68, 88; **XXI**:153; **XXVIII**:162; **XXX**:26; **XXXII**:244; **XXXIX**:9, 16, 25, 54–57, 64, 74, 88, 95, 111, 167, 168, 170, 215, 216, 217, 288, 304, 310, 320

al-ʿAbbās, Abū al-Ḥa-?-āʾiz **XXXIV**:189

al-ʿAbbās b. ʿAbd al-ʿAẓīm **VII**:103, 104

al-ʿAbbās b. ʿAbd al-Muṭṭalib **VI**:81–83, 90, 131–33; **VII**:34–37, 55–57, 68–72, 82; **VIII**:127, 136, 168, 171–74; **IX**:9, 11, 97, 112, 135, 140, 143, 175, 176, 196, 199, 202, 204; **X**:39, 45, 69; **XII**:4, 190, 191, 201, 202; **XIII**:102, 156, 195; **XIV**:145, 147; **XV**:99, 228; **XXVI**:46, 74; **XXVII**:147; **XXVIII**:174–76, 181; **XXX**:144, 180, 307–8; **XXXVIII**:52; **XXXIX**:19, 20, 21, 24–25, 60, 62, 64, 66, 95, 97, 98, 99, 111, 155, 167, 185, 186, 194, 201, 202, 287

al-ʿAbbās b. ʿAbdallāh b. al-ʿAbbās **XXXIX**:54

al-ʿAbbās b. ʿAbdallāh b. ʿAbdallāh b. al-Ḥārith b. Nawfal **XXVI**:260

al-ʿAbbās b. ʿAbdallāh b. al-Ḥārith b. al-ʿAbbās **XXVIII**:145–46, 217

al-ʿAbbās b. ʿAbdallāh b. Jaʿfar b. Abī Jaʿfar **XXX**:295; **XXXI**:228–30

al-ʿAbbās b. ʿAbdallāh b. Maʿbad b. al-ʿAbbās **V**:284; **VII**:56, 69; **VIII**:168; **XXVII**:208; **XXVIII**:5–6, 46

al-ʿAbbās b. ʿAbdallāh b. Mālik **XXXI**:24–25

Abū al-ʿAbbās ʿAbdallāh b. Muḥammad b. ʿAlī b. ʿAbdallāh b. al-ʿAbbās. SEE Abū al-ʿAbbās al-Saffāḥ
al-ʿAbbās b. Aḥmad b. Abān al-Kātib **XXXI**:231
al-ʿAbbās b. Aḥmad b. Rashīd **XXXIV**:70
al-ʿAbbās b. Aḥmad b. Ṭūlūn **XXXVI**:204
al-ʿAbbās b. Aḥnaf **XXX**:257; **XXXII**:245
ʿAbbās al-Aḥwal (the Squinter, Arab raider) **V**:300
al-ʿAbbās b. ʿAlī b. Abī Ṭālib **XIX**:107–8, 111–14, 116, 120, 123, 150, 155, 179; **XXI**:40
al-ʿAbbās b. ʿAmr al-Ghanawī **XXXVIII**:78, 79, 83, 86–88, 106
al-ʿAbbās b. al-Aswad b. al-ʿAwf **XX**:20
ʿAbbās b. al-ʿAwwām **XIX**:77
Abū al-ʿAbbās b. Ayman. SEE Abū al-Kubāsh
al-ʿAbbās b. Bazīʿ **XXX**:224
al-ʿAbbās b. Bukhārākhudhāh **XXXI**:115, 124
al-ʿAbbās al-Dūrī. SEE al-ʿAbbās b. Muḥammad al-Dūrī
al-ʿAbbās b. al-Faḍl (*mawlā* of Banū Hāshim) **XVII**:230
al-ʿAbbās b. al-Faḍl al-ʿAbdī **XXXIX**:224
Abū al-ʿAbbās b. al-Faḍl al-ʿAlawī **XXXVII**:146
al-ʿAbbās b. al-Faḍl b. al-Rabīʿ **XXIX**:94, 95, 124; **XXX**:43, 222; **XXXI**:246
al-ʿAbbās b. al-Ḥasan b. Ayyūb **XXXVIII**:149, 170, 176, 177, 189, 190
ʿAbbās b. Ḥasan b. Ḥasan b. Ḥasan b. ʿAlī b. Abī Ṭālib **XXVIII**:118, 131
al-ʿAbbās b. al-Ḥasan b. ʿUbaydallāh (ʿAbdallāh) **XXX**:102, 130, 321
al-ʿAbbās b. al-Haytham al-Dīnawarī **XXXII**:80
al-ʿAbbās b. ʿĪsā b. Mūsā **XXIX**:237; **XXX**:304–5
al-ʿAbbās b. ʿĪsā al-ʿUqaylī **XXVII**:90, 91, 92, 112, 113, 115, 117, 118, 119, 120
ʿAbbās b. Jaʿdah al-Jadalī **XIX**:48
al-ʿAbbās b. Jaʿfar b. Muḥammad b. al-Ashʿath **XXX**:108, 113, 139, 297, 305; **XXXII**:43; **XXXIX**:249
al-ʿAbbās b. Jarīr **XXX**:150
Ibn ʿAbbās al-Kilābī. SEE Saʿīd b. al-ʿAbbās al-Kilābī
al-ʿAbbās b. al-Layth **XXXI**:39, 53
Abū al-ʿAbbās b. Abī Mālik al-Yamāmī **XXX**:73
al-ʿAbbās b. al-Maʾmūn **XXXII**:134, 153–54, 174, 182, 185–86, 198–99, 222, 231; **XXXIII**:1–2, 112–13, 121–23, 128–30, 132–34; **XXXIV**:189
Abū al-ʿAbbās al-Marwazī **XXVII**:66, 124
ʿAbbās b. Mirdās al-Sulamī **IX**:28, 33, 72; **XXXIX**:82
al-ʿAbbās b. Muḥammad (courtier of Hārūn al-Rashīd) **XXX**:310–11
al-ʿAbbās b. Muḥammad (*rāwī*). SEE al-ʿAbbās b. Muḥammad al-Dūrī
al-ʿAbbās b. Muḥammad b. ʿAlī al-ʿAbbāsī **XXVI**:4; **XXVIII**:48–49, 54, 57, 81, 97, 250; **XXIX**:21–22, 42, 70–71, 76, 91, 92, 131, 162, 166, 170, 179, 202, 208, 210, 214, 215, 248–49; **XXX**:7, 23, 24, 25–26, 30–31, 117, 179; **XXXIX**:236
al-ʿAbbās b. Muḥammad al-Dūrī **VI**:45; **XVI**:145; **XXX**:305; **XXXIX**:214, 236, 238, 249, 259, 280, 293, 299
al-ʿAbbās b. Muḥammad b. Ibrāhīm **XXX**:304
al-ʿAbbās b. Muḥammad b. Jibrīl **XXXIV**:30

al-ʿAbbās b. Muḥammad b. al-Musayyab **XXX**:155; **XXXI**:13–14
al-ʿAbbās b. Muḥammad b. Sulaymān **XXX**:23, 49
al-ʿAbbās b. Mūsā al-Hādī **XXX**:58, 100, 172, 213; **XXXI**:91, 119–20; **XXXII**:67
Umm al-ʿAbbās bt. Mūsā al-Hādī (Nūnah) **XXX**:59
al-ʿAbbās b. Mūsā b. ʿĪsā **XXX**:258, 304; **XXXI**:25–27, 67–68, 73, 110, 128–29, 133, 172; **XXXII**:11
al-ʿAbbās b. Mūsā b. Jaʿfar **XXXII**:71–74
al-ʿAbbās b. al-Musayyab. SEE al-ʿAbbās b. Muḥammad b. al-Musayyab
al-ʿAbbās b. al-Mustaʿīn **XXXV**:12, 27, 36
Abū al-ʿAbbās b. al-Muwaffaq. SEE al-Muʿtaḍid bi-llāh
al-ʿAbbās b. Qārin **XXXV**:57, 92, 127
al-ʿAbbās b. al-Qāsim **XXVIII**:178
al-ʿAbbās b. Rabīʿah b. al-Ḥārith **XV**:235; **XXXIX**:198
Abū al-ʿAbbās al-Saffāḥ (caliph) **XXI**:218; **XXIV**:183; **XXVI**:154; **XXVII**:145, 147–58, 162, 165, 171, 172, 174, 175, 176, 178, 180, 181, 182–94, 196, 197, 199, 200, 201, 202, 203, 206, 209–12; **XXVIII**:1–5, 8–9, 19–20, 36–37, 66, 86, 98, 262–63; **XXIX**:18, 198; **XXXII**:216; **XXXIX**:235, 245, 246, 260, 304
al-ʿAbbās b. Sahl b. Saʿd al-Sāʿidī **IX**:53; **XIV**:143; **XVI**:175; **XX**:111, 114, 162–63; **XXI**:56–57; **XXXIX**:190
al-ʿAbbās b. Saʿīd al-Jawharī **XXXIV**:169
al-ʿAbbās b. Saʿīd al-Murrī **XXVI**:41, 45–46, 49
al-ʿAbbās b. Salm **XXVIII**:265
ʿAbbās b. Sharīk al-ʿAbsī **XVII**:131
al-ʿAbbās b. Sufyān b. Yaḥyā b. Ziyād **XXVIII**:164, 257
al-ʿAbbās b. Abī Ṭālib **II**:144; **XIV**:103–4; **XXXIX**:128, 131
Abū al-ʿAbbās al-Ṭūsī. SEE al-Faḍl b. Sulaymān al-Ṭūsī
al-ʿAbbās b. ʿUbādah b. Naḍlah **VI**:126, 134, 135
ʿAbbās b. ʿUtbah b. Abī Lahab **XV**:155, 228
ʿAbbās b. ʿUthmān b. Ḥayyān al-Murrī **XXVIII**:151, 206
al-ʿAbbās b. al-Walīd b. ʿAbd al-Malik **II**:38; **XXIII**:140–41, 146, 149, 184, 204, 215–16, 219; **XXIV**:121, 127–28, 130, 135, 145, 147, 167; **XXVI**:100, 137–38, 140–41, 150–52, 154, 157–59, 163, 184, 198, 216–17; **XXVII**:167
al-ʿAbbās b. al-Walīd b. Mazyad al-Āmulī al-Bayrūtī **I**:178; **III**:8, 9, 37, 157, 160–62; **VI**:60; **VII**:156; **XI**:135; **XXIX**:111; **XXXIX**:132, 148, 160, 261, 279
Abū al-ʿAbbās al-Wāthī al-Naṣrānī (Sunbāṭ b. Ashūṭ) **XXXIV**:122, 124
al-ʿAbbās b. Yazīd b. Ziyād **XXVII**:172, 179
al-ʿAbbās b. Zufar **XXXI**:108
ʿAbbāsah bt. al-Faḍl b. Sahl **XXXII**:154
al-ʿAbbāsah bt. Muḥammad al-Mahdī **XXX**:214–15, 326
al-ʿAbbāsah bt. Sulaymān b. Abī Jaʿfar al-Manṣūr **XXX**:326–27
al-ʿAbbāsī al-ʿAtīq (toponym) **XXXVI**:41
ʿAbbāsid prayer **XXVII**:66–67
ʿAbbāsid propaganda *(al-daʿwah)* **XXIV**:87–88; **XXV**:38–41, 123–24 SEE ALSO Abū Muslim
ʿAbbāsids (Banū al-ʿAbbās, al-ʿAbbāsiyyah) **VI**:17–18; **IX**:146; **XIII**:45, 107, 144; **XVIII**:19;

'Abbāsids (continued) **XIX**:10, 200; **XXIII**:144; **XXV**:38, 39, 96, 123, 125, 171; **XXVI**:15, 47, 66–68, 74, 120, 122, 136; **XXVII**:63, 137, 143, 149; **XXVIII**:27, 28, 97, 179, 188; **XXX**:143–44; **XXXII**:45, 57, 72, 74, 77, 85, 95; **XXXIV**:27–28, 55; **XXXV**:115, 136; **XXXVI**:27, 28, 40, 41, 48, 65, 75, 90, 105, 107, 108, 121; **XXXVII**:170–71; **XXXVIII**:122, 124; **XXXIX**:74, 234, 235, 245
SEE ALSO black color symbolism; Banū Hāshim; al-Hāshimiyyah; *shī'ah* ('Abbāsid party)
'Abbāsiyyah (near al-Kūfah) **XXVI**:47; **XXVII**:137
al-'Abbāsiyyah. SEE 'Abbāsids
'Abbūd (of the people of al-Ḥīrah) **XII**:74
'Abd (helper of Simāk) **XIII**:215
Banū 'Abd **XIX**:148; **XXI**:33
Umm 'Abd bt. 'Abd Wadd **XXXIX**:203
al-'Abd b. Abrahah **III**:29
Banū 'Abd b. 'Adī **VI**:146
'Abd al-Akram (of the people of al-Kūfah) **XXXIX**:138
Ibn 'Abd al-A'lā. SEE Yūnus b. 'Abd al-A'lā al-Ṣadafī
'Abd al-A'lā b. 'Abd al-A'lā **II**:21, 87, 98
'Abd al-A'lā b. 'Abdallāh b. 'Āmir b. Kurayz al-Qurashī **XXII**:72, 75; **XXIV**:114; **XXV**:34
'Abd al-A'lā b. Abī 'Amr. SEE 'Abdallāh b. Abī 'Amr
'Abd al-A'lā b. Manṣūr **XXIV**:93
'Abd al-A'lā b. Mūsā al-Ḥalabī **XXIX**:199
'Abd al-A'lā b. Mus'hir. SEE Abū Mus'hir
'Abd al-A'lā b. Wāṣil al-Asadī **II**:143; **XVI**:156; **XXXIX**:155
'Abd al-A'lā b. Yazīd al-Kalbī **XIX**:49, 62
Abū 'Abd al-A'lā al-Zubaydī **XXI**:42
'Abd 'Amr b. Ṣayfī b. Mālik b. al-Nu'mān b. Amah, Abū 'Āmir **VII**:117
'Abd 'Amr b. Yazīd b. 'Āmir al-Jurashī **XI**:164
'abd al-'aṣā ('slave of the club') **IX**:175
Banū 'Abd al-Ashhal **VI**:123, 126–30, 133, 134; **VII**:95, 112, 137, 139; **VIII**:15, 34, 39, 49, 50, 61; **XIII**:149; **XXXIX**:133, 136, 302
'Abd al-Aswad b. Ḥanẓalah b. Sayyār al-'Ijlī **XI**:21–23
'Abd b. 'Awf al-Ḥimyarī **XI**:8
'Abd al-'Azīz b. Abān **I**:356, 365; **II**:151, 163, 172, 182, 183; **IX**:78
'Abd al-'Azīz b. 'Abbād b. Jābir al-Yaḥmadī **XXVI**:228
'Abd al-'Azīz b. 'Abd al-Ghafūr **I**:367
'Abd al-'Azīz b. 'Abd Rabbihi al-Laythī **XXVI**:232, 265
'Abd al-'Azīz b. 'Abd al-Raḥmān al-Azdī **XXVIII**:50
'Abd al-'Azīz b. 'Abdallāh b. 'Amr b. 'Uthmān **XXVI**:238; **XXVII**:92, 112
'Abd al-'Azīz b. 'Abdallāh b. Khālid b. Asīd **XXI**:198, 200–203, 205–6; **XXIV**:29, 37–38, 60, 75, 126, 165, 167
'Abd al-'Azīz b. 'Abdallāh b. 'Umar b. al-Khaṭṭāb **XXVIII**:207, 225
'Abd al-'Azīz b. 'Amr b. al-Ḥajjāj al-Zabīdī **XXIV**:150–51
'Abd al-'Azīz b. Bishr b. Ḥannāṭ **XXI**:119, 173, 177
'Abd al-'Azīz b. Abī Dulaf **XXXV**:143, 144, 145, 146, 155

ʿAbd al-ʿAzīz b. al-Ḥajjāj b. ʿAbd al-Malik **XXVI**:68, 148–53, 155–61, 184, 186, 188–89, 206, 238, 247, 250, 256

ʿAbd al-ʿAzīz b. al-Ḥārith **XXIV**:17, 19

ʿAbd al-ʿAzīz b. Hārūn b. ʿAbdallāh al-Kalbī **XXVI**:196

ʿAbd al-ʿAzīz b. Ḥātim b. al-Nuʿmān **XXIV**:163

ʿAbd al-ʿAzīz b. Abī Ḥāzim **VI**:158; **VII**:17; **XXXIX**:160

ʿAbd al-ʿAzīz b. Ibrāhīm b. ʿAbdallāh b. Muṭīʿ **XXVIII**:230–31

ʿAbd al-ʿAzīz b. ʿImrān b. Abī Thābit al-Zuhrī **V**:269, 270; **XIV**:161; **XXVIII**:86, 145, 151, 160, 184, 190, 204, 208, 210; **XXXII**:78, 81

ʿAbd al-ʿAzīz b. Jāriyah b. Qudāmah **XXII**:172–74

ʿAbd al-ʿAzīz b. al-Jundaʿī **XXXIX**:165

ʿAbd al-ʿAzīz b. Khālid b. Rustam al-Ṣanʿānī **XX**:2, 176

ʿAbd al-ʿAzīz b. Marwān **III**:68; **XIX**:191–92; **XX**:62, 159–60; **XXI**:161–64; **XXIII**:80, 108–14; **XXXIX**:319

ʿAbd al-ʿAzīz b. Muḥammad b. ʿUbayd al-Darāwardī **VI**:160; **XIII**:59; **XIV**:98; **XXVIII**:159, 225; **XXXIX**:187, 209, 218

ʿAbd al-ʿAzīz b. Mūsā b. Nuṣayr **XXIV**:30

ʿAbd al-ʿAzīz b. Muslim al-ʿUqaylī **XXIX**:156, 197–98

ʿAbd al-ʿAzīz b. al-Muʿtamid **XXXVII**:166

ʿAbd al-ʿAzīz b. al-Muṭṭalib b. ʿAbdallāh al-Makhzūmī **XXVIII**:105–6, 154, 188

ʿAbd al-ʿAzīz b. Abī Rawwād **XXXIX**:218

ʿAbd al-ʿAzīz b. Rufayʿ **I**:244; **II**:41; **IX**:195; **XIII**:50, 52; **XVII**:140

ʿAbd al-ʿAzīz b. Saʿīd **XXVIII**:91, 117

ʿAbd al-ʿAzīz b. Abī Salamah b. ʿUbaydallāh b. ʿAbdallāh b. ʿUmar **XXVIII**:225

ʿAbd al-ʿAzīz b. Shammās al-Māzinī **XXVII**:128

ʿAbd al-ʿAzīz b. Siyāh **XI**:46, 52; **XIII**:50, 52

ʿAbd al-ʿAzīz b. Abī Thābit. SEE ʿAbd al-ʿAzīz b. ʿImrān b. Abī Thābit al-Zuhrī

ʿAbd al-ʿAzīz b. ʿUbaydallāh **XXXIX**:133

ʿAbd al-ʿAzīz b. ʿUmar **XXV**:95

ʿAbd al-ʿAzīz b. ʿUmar b. ʿAbd al-ʿAzīz **XXVI**:244; **XXVII**:27, 52, 164

ʿAbd al-ʿAzīz b. ʿUqbah **XXXIX**:58

ʿAbd al-ʿAzīz b. al-Walīd **XXIII**:164, 202, 204, 214, 219, 221, 222–23; **XXIV**:5–6, 74; **XXVI**:150; **XXXII**:253

ʿAbd al-ʿAzīz b. Ziyād **XXVIII**:116

ʿAbd al-ʿAzīz b. Zurārah **XXXIV**:24

ʿAbd b. al-Azwar al-Asadī **X**:104

ʿAbd Bājir. SEE Bahrā

Ibn ʿAbd al-Bāqī. SEE ʿAdī b. Aḥmad b. ʿAbd al-Bāqī; Yaḥyā b. ʿAbd al-Bāqī

Ibn ʿAbd al-Barr **IX**:76, 90, 194

Banū ʿAbd b. Ḍakhm **II**:13; **XIV**:158

ʿAbd al-Dār b. Quṣayy **VI**:18, 20, 25–26

Banū ʿAbd al-Dār b. Quṣayy **VI**:26, 57–58, 141; **VII**:67, 117, 118; **IX**:10, 32; **X**:19; **XIII**:41; **XV**:220; **XXVIII**:182; **XXXIX**:79, 106, 168

ʿAbd al-Ghaffār b. al-Qāsim, Abū Maryam **VI**:89; **XXXIX**:312

ʿAbd al-Ghāfir b. Masʿūd b. ʿAmr **XX**:18

ʿAbd al-Ghafūr (b. ʿAbd al-ʿAzīz al-Wāsiṭī?) **I**:367

'Abd al-Ḥakīm b. 'Abdallāh b. Abī Farwah **XXIII**:209; **XXV**:9; **XXXIX**:214
'Abd al-Ḥakīm b. Sa'īd al-Awdhī **XXVII**:40
'Abd al-Ḥamīd (father of 'Uthmān b. 'Abd al-Ḥamīd) **XXIV**:101
'Abd al-Ḥamīd b. 'Abd al-'Azīz, Abū Khāzim. SEE Abū Khāzim
'Abd al-Ḥamīd b. 'Abd al-Raḥmān b. Zayd b. al-Khaṭṭāb al-A'raj al-Qurashī **XIII**:92; **XXIV**:75–77, 96, 108, 112–13, 118, 120, 125–26, 131–32
'Abd al-Ḥamīd b. 'Abdallāh b. Abī Farwah **XXXIX**:337
'Abd al-Ḥamīd b. Abī 'Abs **VI**:150
'Abd al-Ḥamīd b. Baḥr **VI**:80, 99
'Abd al-Ḥamīd b. Bahrām **XXXIX**:170
'Abd al-Ḥamīd al-Baṣrī **XXIV**:133
'Abd al-Ḥamīd b. Bayān **VII**:7; **VIII**:83; **IX**:125; **XIV**:139; **XXXIX**:114
'Abd al-Ḥamīd b. Dithār **XXIV**:151
'Abd al-Ḥamīd al-Ḥimmānī. SEE Abū Yaḥyā al-Ḥimmānī
'Abd al-Ḥamīd b. 'Imrān **XXXIX**:116
'Abd al-Ḥamīd b. Ja'far b. 'Abdallāh b. al-Ḥakam **XXVIII**:143–44, 148, 154, 190, 201, 225, 263, 290
'Abd al-Ḥamīd b. Jubayr b. Shaybah **XXXIX**:204
'Abd al-Ḥamīd b. Rib'ī al-Ṭā'ī, Abū Ghānim **XXVII**:108, 127, 137, 151, 160, 177, 178; **XXVIII**:9
'Abd al-Ḥamīd b. Yaḥyā **XXVII**:150
'Abd al-Ḥamīd b. Yaḥyā (*mawlā* of 'Alā' b. Wahb al-'Āmirī) **XXI**:217–18
'Abd al-Ḥārith (Iblīs) **I**:320–22
'Abd al-Ḥārith b. 'Abd al-'Uzzā b. Imri' al-Qays al-Kalbī **V**:77
Banū 'Abd al-Ḥārith al-Ḍabbī **XI**:196
'Abd al-Ḥārith b. Zuhrah **XXXIX**:110
'Abd al-Jabbār b. al-'Abbās al-Hamdānī **XX**:130
'Abd al-Jabbār b. 'Abd al-Raḥmān al-Azdī **XXVII**:110, 190, 200; **XXVIII**:21, 50, 60–61, 69–72; **XXIX**:129–30, 143, 169, 199
'Abd al-Jabbār al-Aḥwal al-'Adawī **XXVII**:39
'Abd al-Jabbār al-Muḥtasib **XXIX**:214
'Abd al-Jabbār b. Shu'ayb b. 'Abbād **XXVI**:228–29
'Abd al-Jabbār b. 'Umārah **XXI**:232; **XXIV**:105
'Abd al-Jabbār b. Wā'il al-Ḥaḍramī **XIX**:131–32
'Abd al-Jabbār b. Yazīd b. al-Rab'ah al-Kalbī **XXIII**:158–60
'Abd b. al-Julandā **X**:70
'Abd al-Ka'bah b. 'Abd al-Muṭṭalib **VI**:1
'Abd al-Ka'bah b. al-'Awwām b. Khuwaylid **XXXIX**:169, 199
'Abd al-Kabīr b. 'Abd al-Ḥamīd b. 'Abd al-Raḥmān b. Zayd b. al-Khaṭṭāb **XXIX**:217
'Abd al-Karīm b. 'Abd al-Raḥmān al-Ḥanafī **XXV**:83
'Abd al-Karīm b. 'Abd al-Raḥmān al-Kātib **XXXIII**:145
'Abd al-Karīm b. Abī al-'Awjā' **XXIX**:72–73
'Abd al-Karīm b. al-Haytham **III**:89
'Abd al-Karīm b. Muslim **XXIV**:20; **XXVII**:143
'Abd al-Karīm b. Salīṭ **XXV**:188, 189, 190, 191, 192
'Abd Khayr b. Yazīd al-Khaywānī **XI**:46; **XVI**:93, 94; **XXXIX**:151, 275, 321
'Abd Kulāl b. Muthawwib **V**:124

Banū ʿAbd al-Madān **XIX**:177; **XXVII**:199
ʿAbd al-Majīd b. ʿAbd al-ʿAzīz **XXXIX**:329
ʿAbd al-Majīd al-Asadī **XVI**:21, 145
ʿAbd al-Majīd b. Sahl b. ʿAbd al-Raḥmān b. ʿAwf **VI**:31; **IX**:181; **XI**:146; **XV**:238–39, 246
ʿAbd al-Malik (b. Abī Sulaymān al-Fazārī) **XV**:72
Abū ʿAbd al-Malik. SEE Marwān b. al-Ḥakam
Banū ʿAbd al-Malik **XXIV**:70, 72
ʿAbd al-Malik b. ʿAbd al-ʿAzīz. SEE Ibn Jurayj
ʿAbd al-Malik b. ʿAbd al-Raḥmān **XXXIX**:279, 280
ʿAbd al-Malik b. ʿAbdallāh *(rāwī)* **XXIII**:213
ʿAbd al-Malik b. ʿAbdallāh b. ʿĀmir b. Kurayz **XX**:43, 44
ʿAbd al-Malik b. ʿAbdallāh al-Sulamī **XXVI**:212
ʿAbd al-Malik b. ʿAbdallāh al-Thaqafī **XVIII**:27
ʿAbd al-Malik b. ʿAlqamah b. ʿAbd al-Qays **XXVII**:13, 17, 18, 24
ʿAbd al-Malik b. ʿAmr al-ʿAqadī. SEE Abū ʿĀmir al-ʿAqadī
ʿAbd al-Malik b. ʿAmr b. Abī Sufyān al-Thaqafī **XV**:38
ʿAbd al-Malik b. Ashāʾah al-Kindī **XXI**:95
ʿAbd al-Malik b. ʿAṭāʾ **XXIX**:113
ʿAbd al-Malik b. ʿAṭāʾ al-Bakkāʾī **XI**:13, 69, 111
ʿAbd al-Malik b. Ayyūb b. Ẓabyān al-Numayrī **XXIX**:68, 69–70, 176–77, 180, 193
ʿAbd al-Malik b. Abī Bashīr **XXXIX**:152
ʿAbd al-Malik b. Bishr b. Marwān **XXIV**:149, 163–65; **XXVI**:51–52
ʿAbd al-Malik b. Bishr al-Taghlibī **XXVII**:50, 51, 167
ʿAbd al-Malik b. Dithār **XXIV**:151, 154
ʿAbd al-Malik b. Ḥabīb al-Azdī. SEE Abū ʿImrān al-Jawnī
ʿAbd al-Malik b. al-Ḥārith b. al-Ḥakam b. Abī al-ʿĀṣ **XXI**:55
ʿAbd al-Malik b. Abī al-Ḥārith al-Sulamī **XIX**:176
ʿAbd al-Malik b. Ḥarmalah al-Yaḥmadī **XXVI**:228–30
Abū ʿAbd al-Malik b. Hārūn al-Rashīd **XXX**:327
ʿAbd al-Malik b. Hilāl **XXIV**:145
ʿAbd al-Malik b. Ḥudhayfah **X**:77; **XII**:166
ʿAbd al-Malik b. Ḥumayd (*mawlā* of Ḥātim b. al-Nuʿmān al-Bāhilī) **XXI**:218; **XXVIII**:240, 262
ʿAbd al-Malik b. Ḥumayd b. Abī Ghaniyyah **I**:340, 365
ʿAbd al-Malik b. Abī Ḥurrah al-Ḥanafī **XVII**:16, 64, 111, 114, 133
ʿAbd al-Malik b. al-Ḥusayn **XXXIX**:199
ʿAbd al-Malik b. al-Iṣbahānī **IX**:173
ʿAbd al-Malik b. Isḥāq b. ʿImārah **XXXIV**:135
ʿAbd al-Malik b. Juzʾ b. al-Ḥidrijān al-Azdī **XX**:155–56
ʿAbd al-Malik b. Abī Maḥdhūrah **XXXIX**:48
ʿAbd al-Malik b. al-Mājashūn **XXVII**:119
ʿAbd al-Malik b. Marwān (caliph) **V**:269; **VI**:30, 98; **VII**:28; **VIII**:104, 174; **IX**:131, 144; **XIV**:42; **XV**:202; **XVIII**:101, 102, 173, 224; **XIX**:2, 8, 70, 100, 143, 168, 184, 202, 204–5, 207, 216, 221, 226; **XX**:48, 144, 153–54, 159–60, 186; **XXI**:3, 53, 55, 109–10, 121, 134, 144, 146, 147, 153, 154–67, 169, 171–72, 174, 175, 178–97, 199, 202–12, 214, 215, 222, 232–33; **XXII**:1–4, 6–9, 11–14, 20, 22, 24, 27, 31, 45,

'Abd al-Malik b. Marwān (continued) **XXII**:71, 78–79, 90–92, 95–96, 108, 113–15, 128, 135–36, 145, 150, 163–65, 171–72, 177–78, 181, 186, 190, 195–96; **XXIII**:6–10, 12, 21–24, 32–33, 52, 57, 66, 71, 79–81, 83–86, 88, 97, 108–21, 126, 181, 212, 222; **XXIV**:6, 41–42; **XXV**:2, 4, 20, 129; **XXVI**:73, 75, 78, 90, 127, 240, 242, 250; **XXVII**:6, 147; **XXIX**:17; **XXX**:82; **XXXI**:64; **XXXIX**:60, 95, 113, 210, 212, 232, 318
'Abd al-Malik b. Marwān b. Muḥammad **XXVI**:219, 239; **XXVIII**:162
'Abd al-Malik b. Maslamah **VI**:86
'Abd al-Malik b. Mīnās al-Kalbī **XVIII**:212
'Abd al-Malik b. Misma' **XXIV**:114–15, 128–29, 141
'Abd al-Malik b. al-Muhallab **XXIII**:47, 86, 129, 156–57; **XXIV**:5, 32–33, 113, 116, 127–29, 145
'Abd al-Malik b. Muḥammad b. 'Aṭiyyah **XXVII**:118–21, 133
'Abd al-Malik b. Muḥammad b. al-Ḥajjāj **XXVI**:130–31, 142, 144, 147
'Abd al-Malik b. Muḥammad b. al-Munkadir **XXXIX**:240
'Abd al-Malik b. Muslim b. Salām b. Thumāmah al-Ḥanafī **XVI**:156; **XVII**:132
'Abd al-Malik b. Nawfal b. Musāḥiq **XIV**:132; **XVIII**:153, 208, 213; **XIX**:8, 189, 195, 198, 201–6, 216, 221; **XX**:62, 116
'Abd al-Malik b. Nu'aym al-Qaynī **XXVI**:104, 106
'Abd al-Malik b. al-Qa'qā' **XXVI**:136
'Abd al-Malik b. Qurayb al-Aṣma'ī **XVIII**:168; **XXVIII**:211
'Abd al-Malik b. Rashīd **VI**:24
'Abd al-Malik b. Sa'd **XXVII**:62
'Abd al-Malik b. Sa'īd **XVII**:188
'Abd al-Malik b. Sal' **XXXIX**:151
'Abd al-Malik b. Salām al-Madā'inī. SEE Abū Salām al-Ḥanafī
'Abd al-Malik b. Ṣāliḥ b. 'Alī **XXIX**:211, 212; **XXX**:7, 110, 141, 167, 181, 220, 230–36, 238, 304; **XXXI**:64, 102–5, 108
'Abd al-Malik b. Sallām al-Salūlī **XXIV**:38
'Abd al-Malik b. Shaybān b. 'Abd al-Malik b. Misma' **XXII**:20; **XXVIII**:165, 185–86, 197; **XXIX**:12
'Abd al-Malik b. Abī Shaykh al-Qushayrī **XXII**:190
'Abd al-Malik b. Shihāb al-Misma'ī **XXIX**:171–72, 187, 203
'Abd al-Malik b. Sulaymān **XIV**:117; **XXVIII**:164
'Abd al-Malik b. Abī Sulaymān al-Fazārī al-'Arzamī **I**:321; **XII**:158, 159; **XV**:72; **XVI**:1, 5; **XXXIX**:188
'Abd al-Malik al-Ṭā'ī **XXVI**:257
'Abd al-Malik b. 'Ubayd **XXXIX**:175
'Abd al-Malik b. 'Ubaydallāh b. Zuhayr b. Ḥayyān al-'Adawī **XXV**:74
'Abd al-Malik b. 'Umayr al-Lakhmī **XII**:15, 145, 166; **XIII**:33; **XVIII**:211, 224; **XIX**:89; **XXXIX**:108, 114, 157
'Abd al-Malik b. 'Umayr al-Zuhrī **XV**:137
'Abd al-Malik b. 'Uthmān b. 'Affān **XV**:254
'Abd al-Malik b. Wahb al-Madhḥijī **XXXIX**:152
'Abd al-Malik b. Ya'lā **XXIV**:168, 191
'Abd al-Malik al-Yarbū'ī **VII**:50
'Abd al-Malik b. Yazīd **II**:144
'Abd al-Malik b. Yazīd, Abū 'Awn. SEE Abū 'Awn
'Abd al-Malik b. Yazīd b. al-Sā'ib **XV**:230
'Abd al-Malik b. Zayd **XXXIX**:38

'Abd al-Malik b. Abī Zur'ah **XXI**:44
Banū 'Abd Manāf **VI**:10, 15, 16, 18, 57, 89, 92, 113, 115, 119, 142; **VIII**:172; **IX**:198; **XI**:75; **XIV**:145, 149, 150; **XV**:209; **XVI**:7, 8, 44; **XXXI**:235; **XXXVIII**:53; **XXXIX**:78
'Abd Manāf b. Quṣayy (al-Qamar), Abū al-Arqam **VI**:18–19, 20, 25; **XXXIX**:281
Banū 'Abd Manāt **VI**:31–32; **X**:47, 52, 87, 90
'Abd Manāt b. Kinānah **VI**:31
'Abd al-Masīḥ b. 'Amr b. Buqaylah al-Azdī. SEE 'Abd al-Masīḥ b. 'Amr al-Ghassānī
'Abd al-Masīḥ b. 'Amr al-Ghassānī **V**:286–88; **XI**:6; **XXV**:182
'Abd al-Masīḥ al-Kindī. SEE al-'Āqib
'Abd al-Mughīth (Adam and Eve's last child) **I**:316
'Abd al-Mu'min b. Khālid al-Ḥanafī **XXV**:88, 108; **XXXIX**:218
'Abd al-Mu'min b. Shabath b. Rib'ī **XXI**:17; **XXIII**:5
'Abd al-Mun'im b. Idrīs. SEE Ibn Idrīs
Banū 'Abd al-Muṭṭalib **VI**:89–92, 121; **IX**:28; **XVI**:126; **XIX**:77; **XXXIX**:95
'Abd al-Muṭṭalib b. Hāshim **II**:83; **V**:224–28, 233–35, 270–71; **VI**:1, 2–15, 16, 18, 44, 55; **VII**:33, 36; **IX**:12, 46, 176; **XXVIII**:168, 171, 175; **XXXIX**:25, 41, 106, 137, 281
'Abd al-Muṭṭalib b. Rabī'ah b. al-Ḥārith **XXXIX**:63, 97, 198
Banū 'Abd Nuhm **XXXIX**:92
'Abd al-Qādir al-Baghdādī **XVIII**:123, 188
'Abd al-Qahhār (leader of al-Muḥammirah) **XXIX**:207
'Abd al-Qāhir b. al-Sarī **XXI**:181
Banū 'Abd al-Qays **V**:51, 55, 65, 291–92; **VII**:141; **VIII**:99; **IX**:94, 98; **X**:134–36, 138, 143, 154–56, 171; **XI**:203, 212; **XIII**:76, 118, 128, 131; **XV**:36, 69, 125; **XVI**:15, 64, 69, 72, 77, 78, 86, 90, 96, 106, 115, 120, 121, 133, 136, 142, 144; **XVII**:62, 123, 186, 211; **XVIII**:36, 38, 40, 42, 44, 73, 204; **XIX**:26–27, 132; **XX**:166, 170, 172, 388, 499; **XXI**:19, 33, 42, 47–48, 87, 93, 176; **XXIII**:49, 53–54; **XXIV**:8, 10, 12, 14, 27, 114; **XXV**:80, 118; **XXVIII**:264; **XXXVI**:30; **XXXVII**:129; **XXXIX**:271
'Abd al-Quddūs b. al-Ḥajjāj, Abū al-Mughīrah **XIV**:104; **XXXIX**:215
Banū 'Abd b. Quṣayy **XI**:101; **XII**:181; **XIV**:3
'Abd Quṣayy b. Quṣayy **VI**:18, 20, 25
'Abd Rabb al-Kabīr **XXII**:149, 153–54, 161–62, 176, 200
'Abd Rabbihi b. 'Abdallāh b. 'Umayr al-Laythī **XXIII**:183
'Abd Rabbihi al-Kabīr. SEE 'Abd Rabb al-Kabīr
'Abd Rabbihi b. Nāfi' **XV**:235
'Abd Rabbihi b. Abī Ṣāliḥ. SEE 'Abd Rabbihi al-Sulamī
'Abd Rabbihi b. Sīsan **XXVII**:34, 35
'Abd Rabbihi al-Sulamī **XXI**:8; **XXV**:37, 67
Abū 'Abd al-Raḥīm b. al-'Alā' **XXXIX**:205
Ibn 'Abd al-Raḥīm al-Barqī **I**:179, 180; **VI**:60, 85
'Abd al-Raḥīm b. Ja'far b. Sulaymān b. 'Alī **XXVIII**:287
'Abd al-Raḥīm al-Kalbī **XXVIII**:274
'Abd al-Raḥīm b. Ṣafwān **XXVIII**:258
'Abd al-Raḥmān (deputy of Abū al-Sāj) **XXXV**:141, 142
'Abd al-Raḥmān (Khārijite) **XXXVI**:157
'Abd al-Raḥmān *(rāwī)*. SEE 'Abd al-Raḥmān b. Mahdī

'Abd al-Raḥmān (the eldest, son of 'Umar b. al-Khaṭṭāb) **XIV**:100, 101
'Abd al-Raḥmān (the middle, son of 'Umar b. al-Khaṭṭāb) **XIV**:13, 101
'Abd al-Raḥmān (the youngest, son of 'Umar b. al-Khaṭṭāb) **XIV**:101
Abū 'Abd al-Raḥmān (*rāwī*) **I**:245
'Abd al-Raḥmān, Abū Umayyah **XXXIX**:307
'Abd al-Raḥmān b. Abān al-Qurashī **XVIII**:163
'Abd al-Raḥmān b. al-'Abbās b. 'Abd al-Muṭṭalib **XXXIX**:201
'Abd al-Raḥmān b. 'Abbās b. Rabī'ah b. al-Ḥārith b. 'Abd al-Muṭṭalib al-Hāshimī **XXIII**:17, 21–22, 25, 52–56, 60, 89, 97
'Abd al-Raḥmān b. 'Abd al-'Azīz b. 'Abdallāh b. 'Uthmān b. Ḥunayf **X**:39; **XV**:219, 258; **XXXIX**:4, 36, 167, 173, 180, 229
'Abd al-Raḥmān b. 'Abd al-Jabbār **XXVIII**:71
'Abd al-Raḥmān b. 'Abd al-Malik b. Ṣāliḥ **XXX**:114, 138, 168, 230–32; **XXXI**:14
'Abd al-Raḥmān b. 'Abd Rabbihi al-Anṣārī **XIX**:121
'Abd al-Raḥmān b. 'Abdallāh (half-brother of Ibrāhīm b. al-Ashtar) **XXI**:76, 83, 145
'Abd al-Raḥmān b. 'Abdallāh b. 'Abd al-Ḥakam al-Miṣrī **I**:282, 283; **III**:3; **VI**:86, 158, 159; **VII**:60; **XIII**:59; **XIV**:98; **XXXIX**:131
'Abd al-Raḥmān b. 'Abdallāh b. 'Afīf al-Azdī **XXII**:147
'Abd al-Raḥmān b. 'Abdallāh b. 'Āmir al-Ḥaḍramī **XXII**:177; **XXIII**:20
'Abd al-Raḥmān b. 'Abdallāh b. Dhakwān. SEE Ibn Abī al-Zinād
'Abd al-Raḥmān b. 'Abdallāh b. Ka'b b. Mālik al-Anṣārī **II**:65
'Abd al-Raḥmān b. 'Abdallāh b. Kadan (Kadir, Dhī Kadīr) al-Arḥabī **XIX**:25, 27
'Abd al-Raḥmān b. 'Abdallāh b. Abī Laylā **XXIII**:25, 35, 48
'Abd al-Raḥmān b. 'Abdallāh b. Muḥayrīz **XXXIX**:118
'Abd al-Raḥmān b. 'Abdallāh al-Nakha'ī **XX**:197
'Abd al-Raḥmān b. 'Abdallāh al-Qushayrī **XXIV**:85–86, 88, 121, 150, 152, 170, 173
'Abd al-Raḥmān b. 'Abdallāh b. 'Utbah. SEE 'Abd al-Raḥmān al-Mas'ūdī
'Abd al-Raḥmān b. 'Abdallāh b. 'Uthmān al-Thaqafī (Ibn Umm al-Ḥakam) **XVIII**:137, 147, 166, 192, 193, 195, 196, 198, 199; **XXXIX**:92
'Abd al-Raḥmān b. 'Abdallāh b. Abī al-Zinād. SEE Ibn Abī al-Zinād
'Abd al-Raḥmān al-Abnāwī **XXX**:175
'Abd al-Raḥmān b. Abzā **I**:231; **VIII**:71; **XVII**:197
'Abd al-Raḥmān b. 'Ā'ish al-Ḥaḍramī **XXXIX**:148
'Abd al-Raḥmān b. 'Ajlān (*mawlā* of Yazīd b. 'Abd al-Malik) **XXVI**:154
'Abd al-Raḥmān b. 'Alī b. 'Abdallāh **XXXII**:130–31
'Abd al-Raḥmān b. 'Alqamah al-Kinānī **XV**:74
'Abd al-Raḥmān b. 'Ammār al-Naysābūrī al-Muṭṭawwiʻī **XXXII**:105–7
'Abd al-Raḥmān b. 'Amr al-Awzā'ī. SEE al-Awzā'ī
'Abd al-Raḥmān b. 'Amr al-Murādī. SEE Ibn Muljam
'Abd al-Raḥmān b. 'Amr b. Sa'd b. Mu'ādh **VIII**:34

'Abd al-Raḥmān b. 'Amr b. Sahl **XIX**:12
'Abd al-Raḥmān b. Abī 'Amrah al-Anṣārī **XVI**:42; **XVII**:37; **XXXIX**:35, 283
'Abd al-Raḥmān b. Anas al-Sulamī **X**:83
'Abd al-Raḥmān b. 'Anbasah b. Sa'īd b. al-'Āṣ **XXVI**:167
'Abd al-Raḥmān b. 'Aqīl b. Abī Ṭālib **XIX**:152, 181; **XXI**:34
'Abd al-Raḥmān b. al-A'raj **I**:283, 284; **II**:64, 104
'Abd al-Raḥmān b. Abī al-'Āṣ **X**:174
'Abd al-Raḥmān b. al-Ash'ath. SEE 'Abd al-Raḥmān b. Muḥammad b. al-Ash'ath
'Abd al-Raḥmān b. al-Aswad b. 'Abd Yaghūth **XV**:179–80, 182; **XVII**:105; **XIX**:11–12
'Abd al-Raḥmān b. al-Aswad al-Nakha'ī **VII**:27; **XII**:139
'Abd al-Raḥmān b. al-Aswad al-Ẓifārī **II**:113
Abū 'Abd al-Raḥmān al-'Aṭawī **XXX**:228
'Abd al-Raḥmān b. 'Atīq al-Muzanī **XXIX**:97
'Abd al-Raḥmān b. 'Attāb b. Asīd **XV**:174; **XVI**:45, 55, 67, 71, 123, 132, 135, 139, 140, 142, 147, 163, 170; **XXXIX**:273
'Abd al-Raḥmān b. 'Awf **VI**:87, 99; **VII**:58–60; **VIII**:87, 95, 189, 191; **IX**:25, 77, 107, 123, 143, 189, 190, 193; **X**:15, 50, 71, 192; **XI**:72, 145–46, 148, 160, 224–25; **XII**:3–6, 192, 201; **XIII**:46, 93, 94, 195, 213, 214; **XIV**:90–93, 109, 112, 145–58, 160, 161; **XV**:11, 39–40, 57, 99, 182, 224; **XIX**:208; **XXVIII**:173; **XXX**:124; **XXXIX**:42, 51, 107
'Abd al-Raḥmān b. 'Awf al-Ru'āsī, Abū Ḥumayd **XXII**:59; **XXIII**:39
'Abd al-Raḥmān b. 'Awsajah al-Nihmī, Abū Sufyān **XXIII**:15
'Abd al-Raḥmān b. al-'Awwām **XXVIII**:110
'Abd al-Raḥmān b. Azhar **XXXIX**:108
'Abd al-Raḥmān b. Azhar b. 'Awf b. 'Abd 'Awf **XIX**:208
'Abd al-Raḥmān b. 'Azrah **XIX**:146
'Abd al-Raḥmān b. Abī Bakr (*rāwī*) **II**:84
'Abd al-Raḥmān b. Abī Bakr al-Ṣiddīq **VI**:146; **IX**:110; **X**:116, 119, 123, 127; **XI**:133–34, 136, 141; **XIV**:100, 163; **XVII**:157; **XVIII**:91, 186, 187, 209; **XXXIX**:291
'Abd al-Raḥmān b. Abī Bakrah **V**:336; **XVI**:46, 77, 168; **XVIII**:26, 27; **XX**:12–13, 36
'Abd al-Raḥmān b. Bashīr al-'Ijlī **XXVII**:26, 140, 142, 187
'Abd al-Raḥmān b. Bishr b. 'Amr b. al-Ḥārith **XXXIX**:247
'Abd al-Raḥmān b. Bishr al-Naysābūrī **XXXIX**:238
'Abd al-Raḥmān b. Abī al-Ḍaḥḥāk **VII**:7
'Abd al-Raḥmān b. al-Ḍaḥḥāk b. Qays **XX**:55; **XXIV**:105–7, 126, 165, 167, 179, 180–82
'Abd al-Raḥmān b. al-Ḍakhm **XXVI**:240
'Abd al-Raḥmān b. Dāniyāl **II**:109
'Abd al-Raḥmān b. Darrāj **XXI**:215
'Abd al-Raḥmān b. Dīnār **XXXVI**:102
Abū 'Abd al-Raḥmān al-Fazārī **XIV**:55; **XXXV**:136?
'Abd al-Raḥmān b. Ghanm al-Ash'arī **XIII**:157; **XV**:165; **XXXIX**:147
'Abd al-Raḥmān b. al-Ghariq **XXII**:74, 97, 143
'Abd al-Raḥmān b. Ghaziyyah **XX**:132, 137, 141

'Abd al-Raḥmān b. Ghubays **XV**:34
'Abd al-Raḥmān b. Ḥabīb **XXXIII**:42
'Abd al-Raḥmān b. Ḥabīb al-Ḥakamī **XXIII**:25
'Abd al-Raḥmān b. al-Ḥakam **XVI**:159; **XVIII**:205, 223; **XX**:68
'Abd al-Raḥmān b. Umm al-Ḥakam al-Thaqafī **XXI**:155–56, 163; **XXII**:192
'Abd al-Raḥmān b. Ḥammād **XXXI**:44
'Abd al-Raḥmān b. Abī Ḥammād **II**:152
'Abd al-Raḥmān b. Ḥamzah **XXXIV**:119
'Abd al-Raḥmān b. Ḥanbal al-Jumaḥī **XVII**:76
'Abd al-Raḥmān b. Hannād **XVIII**:142
'Abd al-Raḥmān b. al-Ḥarb **XXVIII**:261
'Abd al-Raḥmān b. al-Ḥārith b. 'Ayyāsh **VII**:64; **IX**:163; **XV**:219
'Abd al-Raḥmān b. al-Ḥārith b. Hishām **XIII**:176; **XVI**:71, 123, 132; **XVII**:105; **XVIII**:153; **XX**:45; **XXXIX**:314
'Abd al-Raḥmān b. Ḥarmalah al-Aslamī **XXXIX**:337
'Abd al-Raḥmān al-Ḥarrānī, Abū 'Abd al-Raḥmān **XVII**:213
SEE ALSO 'Uthmān b. 'Abd al-Raḥmān al-Majāzī al-Khuzā'ī
'Abd al-Raḥmān b. Ḥassān al-'Anazī **XVIII**:144, 149, 150, 151
'Abd al-Raḥmān b. Ḥassān b. Thābit **VIII**:66, 131; **IX**:147; **XXXIX**:194
'Abd al-Raḥmān b. Ḥazn b. Abī Wahb **VIII**:97
'Abd al-Raḥmān b. Ḥiṣn **XIX**:139
'Abd al-Raḥmān b. Ḥubaysh al-Asadī **XV**:113–14, 121
'Abd al-Raḥmān b. Abī al-Hudāhid **XXXI**:218–20
'Abd al-Raḥmān b. Ḥujayrah. SEE Ibn Ḥujayrah
Abū 'Abd al-Raḥmān al-Humānī **XXVIII**:165; **XXIX**:5
'Abd al-Raḥmān b. Hurmuz al-A'raj. SEE 'Abd al-Raḥmān b. al-A'raj
'Abd al-Raḥmān b. al-Ḥusayn al-Murādī **XIX**:62
Abū 'Abd al-Raḥmān al-Iṣfahānī (al-Iṣbahānī) **XVIII**:29, 72
'Abd al-Raḥmān b. Isḥāq **XXXII**:209, 210, 214, 218; **XXXIX**:134
'Abd al-Raḥmān b. Isḥāq *(qāḍī)* **XXXIII**:96; **XXXIV**:32
'Abd al-Raḥmān b. Jabalah al-Abnāwī **XXXI**:15, 50–51, 57–58, 84–87, 89–92, 101
'Abd al-Raḥmān b. Jābir **IX**:8, 12
'Abd al-Raḥmān b. Jaḥdam al-Fihrī **XX**:48, 64
'Abd al-Raḥmān b. Jāmi' al-Kindī **XXVII**:38
'Abd al-Raḥmān b. Abī al-Janūb al-Bahrānī **XXVI**:156
'Abd al-Raḥmān b. Jarīr al-Laythī **XXII**:91
'Abd al-Raḥmān b. Jawshan **XII**:170; **XX**:12–13
'Abd al-Raḥmān b. Jaysh **XII**:115
'Abd al-Raḥmān b. Jaz' al-Sulamī **XIV**:45, 46
'Abd al-Raḥmān b. Abī Ji'āl **XXI**:127
'Abd al-Raḥmān b. Jubayr b. Nufayr **I**:182
'Abd al-Raḥmān b. Jumānah al-Bāhilī **XXIV**:105
Ibn 'Abd al-Raḥmān b. Jundab **XVI**:141
'Abd al-Raḥmān b. Jundab al-Azdī **XVI**:14, 141; **XVII**:30, 35, 79, 82, 93, 103, 135, 196; **XVIII**:45, 55, 56, 61, 63, 141, 193; **XIX**:22, 101, 109, 134, 181; **XX**:132, 137; **XXII**:74, 76, 77, 80, 83, 93, 100

'Abd al-Raḥmān b. Jusham b. Abī Ḥunayn al-Ḥamāmī **XVI**:144
'Abd al-Raḥmān b. Ka'b b. Mālik **VII**:103; **IX**:49; **X**:52, 55, 73; **XIII**:155
'Abd al-Raḥmān b. Khālid b. al-'Āṣ b. Hishām b. al-Mughīrah **XXII**:175
'Abd al-Raḥmān b. Khālid b. al-Walīd al-Makhzūmī **XI**:90; **XIV**:46; **XV**:119–20, 125, 132–33, 255; **XVII**:19, 48, 87, 110, 148; **XVIII**:71, 87, 88, 89
'Abd al-Raḥmān b. Khanbash **XXXIX**:159
'Abd al-Raḥmān b. Khanfar al-Azdī **XXV**:134
'Abd al-Raḥmān al-Khatlī **XXVIII**:279
'Abd al-Raḥmān b. al-Khaṭṭāb (Wajh al-Fals) **XXVI**:163; **XXXV**:17, 19, 44, 46, 47
'Abd al-Raḥmān b. Abī Khushkārah al-Bajalī **XIX**:138; **XXI**:33
'Abd al-Raḥmān b. Abī Laylā. SEE Ibn Abī Laylā
'Abd al-Raḥmān b. Maghrā **VI**:84
'Abd al-Raḥmān b. Mahdī **I**:201, 229, 244, 261, 281, 315; **II**:80, 95, 146; **III**:100; **IV**:155; **V**:413; **VII**:34; **IX**:159, 161; **XIV**:10, 107, 141; **XXIV**:101; **XXXIX**:101, 124, 125, 146, 149
Abū 'Abd al-Raḥmān al-Mākhuwānī **XXVII**:98, 101
'Abd al-Raḥmān b. Makkiyyah **XXV**:76
'Abd al-Raḥmān b. Maṣād **XXVI**:144, 147–48
'Abd al-Raḥmān b. Mas'ūd **XVIII**:183
'Abd al-Raḥmān al-Mas'ūdī ('Abd al-Raḥmān b. 'Abdallāh b. 'Utbah) **I**:181, 204; **IX**:155, 157; **XVII**:231; **XXVIII**:187; **XXXIX**:108
'Abd al-Raḥmān b. Abī al-Mawālī **XXVIII**:119, 138–39; **XXXIX**:168
'Abd al-Raḥmān b. Mikhnaf al-Azdī, Abū Ḥakīm **XVII**:199; **XVIII**:132; **XIX**:168; **XX**:198, 215; **XXI**:13–14, 17, 18, 22, 28, 87, 100, 102, 130; **XXII**:4–5, 25–27, 29–30, 96
'Abd al-Raḥmān b. Mu'ādh **XIII**:99
'Abd al-Raḥmān b. Mu'āwiyah, Abū al-Ḥuwayrith. SEE Abū al-Ḥuwayrith
'Abd al-Raḥmān b. Mu'āwiyah (Abū al-Ḥuwayrith?) **XXXIX**:134
'Abd al-Raḥmān b. Mu'āwiyah b. Hisham b. 'Abd al-Malik b. Marwān **XXVIII**:55
'Abd al-Raḥmān b. Mu'āwiyah b. Ḥudayj al-Sakūnī al-Kindī **XXV**:45
'Abd al-Raḥmān b. Mu'āwiyah b. Abī Sufyān **XVIII**:215
'Abd al-Raḥmān b. Mudrik **XXXI**:56
'Abd al-Raḥmān b. Mufliḥ **XXXVI**:151–55, 164, 165
'Abd al-Raḥmān b. al-Muhallab al-'Adawī **XXIV**:159
'Abd al-Raḥmān b. Muḥammad b. al-Ash'ath **XVIII**:64; **XIX**:21, 54, 154, 213; **XXI**:100, 106–8, 115, 116, 203–4; **XXII**:81–85, 88–90, 93, 102, 104, 106, 190–94; **XXIII**:3–12, 14–26, 35, 38, 42–43, 46–53, 57–58, 62–63, 66–69, 72, 77–83, 88, 97, 103, 111, 158, 209, 212; **XXIV**:131, 143; **XXVI**:135; **XXVII**:97, 147; **XXIX**:17; **XXXIX**:228, 248, 271, 276
'Abd al-Raḥmān b. Muḥammad b. Abī Bakr **VII**:7; **XIII**:110, 111; **XV**:219
'Abd al-Raḥmān b. Muḥammad al-Muḥāribī. SEE al-Muḥāribī
'Abd al-Raḥmān b. Muḥriz al-Kindī **XVII**:54; **XVIII**:133

ʿAbd al-Raḥmān b. Muljam al-Murādī. SEE Ibn Muljam
ʿAbd al-Raḥmān b. al-Mundhir b. al-Jārūd **XXIII**:53–54, 56
ʿAbd al-Raḥmān b. Muslim al-Bāhilī **XXIII**:143, 152, 155, 165–72, 175–76, 186, 190; **XXIV**:8, 19–20
ʿAbd al-Raḥmān b. Nāʾil al-Baṣrī **XXXVI**:67
ʿAbd al-Raḥmān b. Nuʿaym (ʿAbbāsid officer) **XXVII**:143
ʿAbd al-Raḥmān b. Nuʿaym al-Ghāmidī, Abū Zuhayr **XXIV**:81, 84–88, 93–95, 97, 101, 121, 126, 150; **XXV**:16, 17, 21, 22, 36, 82, 89, 119, 124; **XXVII**:35
ʿAbd al-Raḥmān b. al-Qāsim b. Muḥammad b. Abī Bakr **VI**:92; **IX**:109; **XI**:135, 140; **XXVII**:91
Abū ʿAbd al-Raḥmān al-Qaynī **XVIII**:91, 93
ʿAbd al-Raḥmān b. Qays al-Asadī **XVIII**:143
ʿAbd al-Raḥmān b. Qays al-Ḥanafī. SEE Abū Ṣāliḥ al-Ḥanafī
ʿAbd al-Raḥmān b. Qays al-Sulamī **X**:83
ʿAbd al-Raḥmān b. Qilʿ al-Aḥmasī **XVII**:49
ʿAbd al-Raḥmān b. Rabīʿah al-Bāhilī (Dhū al-Nūr) **XII**:19, 131; **XIV**:5, 34, 35, 37–42; **XV**:50, 62, 95–96, 98
ʿAbd al-Raḥmān b. Sābāṭ al-Aḥmarī **XI**:221
ʿAbd al-Raḥmān b. Ṣabīḥah al-Taymī **XI**:151
ʿAbd al-Raḥmān b. Abī Sabrah al-Juʿfī **XVIII**:143; **XIX**:120, 157–58
ʿAbd al-Raḥmān b. Saʿd. SEE Abū Ḥumayd al-Sāʿidī
ʿAbd al-Raḥmān b. Sahl **XIII**:129, 133
ʿAbd al-Raḥmān b. Abī Saʿīd al-Khudrī **XXXIX**:57, 229, 319
ʿAbd al-Raḥmān b. Saʿīd b. Qays al-Hamdānī **XX**:198, 205, 215, 219, 220; **XXI**:3–5, 12, 14, 18, 22, 29, 30, 102
ʿAbd al-Raḥmān b. Ṣāliḥ **XVIII**:74; **XXXI**:89; **XXXIX**:231
ʿAbd al-Raḥmān b. Ṣalkhab **XXI**:33
ʿAbd al-Raḥmān b. al-Salmānī **V**:232
ʿAbd al-Raḥmān b. Samurah **XV**:36; **XVIII**:85; **XXVII**:145; **XXIX**:256, 263
ʿAbd al-Raḥmān b. Shabīb al-Fazārī **XVII**:163, 201
ʿAbd al-Raḥmān b. Sharīk **IX**:208; **XV**:202
ʿAbd al-Raḥmān b. Abī Shumaylah **XXXIX**:157
ʿAbd al-Raḥmān b. Shurayḥ *(rāwī)*. SEE Ibn Shurayḥ
ʿAbd al-Raḥmān b. Shurayḥ al-Shibāmī **XVII**:163; **XIX**:43, 46, 49; **XX**:189, 190, 192; **XXI**:93
ʿAbd al-Raḥmān b. Siyāh al-Aḥmarī **XI**:9, 11, 16, 19, 111
ʿAbd al-Raḥmān b. Ṣubḥ *(rāwī)* **XVIII**:119, 120
ʿAbd al-Raḥmān b. Ṣubḥ al-Kharaqī **XXIV**:159; **XXV**:35, 71, 81
Abū ʿAbd al-Raḥmān al-Sulamī **VII**:28; **XVII**:66–68; **XXXIX**:269–70, 306
ʿAbd al-Raḥmān b. Sulaym, Abū ʿĀṣim **XXVII**:65
ʿAbd al-Raḥmān b. Sulaym al-Kalbī **XXI**:156–57; **XXIII**:25; **XXIV**:120, 148–49
ʿAbd al-Raḥmān b. Sulaymān *(rāwī)* **XVII**:189
ʿAbd al-Raḥmān b. Sulaymān al-Taymī **XVI**:117
ʿAbd al-Raḥmān b. Ṭalḥah b. ʿAbdallāh b. Khalaf **XXIII**:57, 64
Abū ʿAbd al-Raḥmān al-Thaqafī **XVIII**:69, 86

'Abd al-Raḥmān b. Thawbān **II**:104
'Abd al-Raḥmān b. Thuwayb al-Dinnī **XXVI**:172–73
'Abd al-Raḥmān b. 'Ubayd, Abū al-Kanūd **XVI**:166; **XVII**:24, 127, 209; **XVIII**:111, 141; **XIX**:177; **XXI**:26
'Abd al-Raḥmān b. 'Ubayd b. Ṭāriq al-'Abshamī **XXII**:179
'Abd al-Raḥmān b. 'Ubaydallāh b. al-'Abbās **XVII**:208; **XXXIX**:74
'Abd al-Raḥmān b. 'Udays al-Balawī al-Tujībī **XV**:159, 172, 175, 185–86, 191–94, 199, 202, 214, 247–49
'Abd al-Raḥmān b. Udhaynah **XXIII**:13, 156, 214; **XXIV**:29
'Abd al-Raḥmān b. 'Umar b. Umm al-Ḥakam. SEE 'Abd al-Raḥmān b. 'Abdallāh b. 'Uthmān al-Thaqafī
'Abd al-Raḥmān b. Abī 'Umayr al-Thaqafī **XX**:106; **XXI**:91
'Abd al-Raḥmān b. Umayyah **XXVII**:166
'Abd al-Raḥmān b. 'Usaylah al-Ṣunābiḥī, Abū 'Abdallāh **VI**:127 SEE ALSO al-Ṣunābiḥī
'Abd al-Raḥmān b. 'Uthmān (supporter of 'Amr b. al-Zubayr) **XIX**:12
'Abd al-Raḥmān b. 'Uthmān b. 'Abd al-Raḥmān b. al-Ḥārith b. Hishām **XXVIII**:92
'Abd al-Raḥmān b. 'Uthmān b. 'Āmir **IX**:131
'Abd al-Raḥmān b. 'Uthmān b. 'Ubaydallāh al-Taymī **XXXIX**:261
'Abd al-Raḥmān b. 'Uthmān b. Abī Zur'ah al-Thaqafī **XXI**:44
'Abd al-Raḥmān b. 'Uwaym **VI**:150
'Abd al-Raḥmān b. 'Uyaynah **VIII**:44, 46
'Abd al-Raḥmān b. al-Walīd b. 'Abd al-Malik **XXIII**:219
'Abd al-Raḥmān b. al-Walīd al-Jurjānī **IX**:208; **XXXIX**:122, 149
'Abd al-Raḥmān b. Waththāb **XXXI**:92
'Abd al-Raḥmān b. Yaḥyā **I**:256
'Abd al-Raḥmān b. Ya'qūb b. al-Faḍl **XXX**:13
'Abd al-Raḥmān b. Yasār **XV**:184; **XXXIX**:253
'Abd al-Raḥmān b. Yazīd b. Jābir **III**:146; **IX**:155; **XX**:153; **XXXIX**:101, 148
'Abd al-Raḥmān b. Yazīd b. Jāriyah al-Anṣārī **I**:283; **VIII**:95
'Abd al-Raḥmān b. Yazīd b. Mu'āwiyah **XIX**:227
'Abd al-Raḥmān b. Yazīd b. al-Muhallab **XXVII**:87, 88, 197
'Abd al-Raḥmān b. Yazīd al-Nā'iṭī **XVII**:98
'Abd al-Raḥmān b. Yūnus **XXXIX**:214, 229, 244
'Abd al-Raḥmān b. Abī Zayd **XIV**:139
'Abd al-Raḥmān b. Zayd b. Aslam **I**:269, 280, 287; **VIII**:4; **XIV**:105–6
'Abd al-Raḥmān b. Abī al-Zinād. SEE Ibn Abī al-Zinād
'Abd al-Raḥmān b. Ziyād **XVIII**:199, 200, 207; **XIX**:185
'Abd al-Raḥmān b. Zuhayr b. 'Abd 'Awf **XIX**:208
'Abd al-Razzāq b. 'Abd al-Ḥamīd al-Taghlibī **XXX**:139
'Abd al-Razzāq b. Hammām **I**:229, 267, 277, 290, 292, 299, 301, 353; **II**:41, 99, 102, 104, 106, 121, 163; **IV**:157–58; **VII**:40; **IX**:196; **XIV**:98; **XXXIX**:112, 240
'Abd al-Salām (al-Judhamī, Khārijite rebel) **XXXII**:178, 182
'Abd al-Salām (b. Hāshim al-Yashkurī, Khārijite rebel) **XXIX**:193, 205–6

'Abd al-Salām (Khārijite rebel) XXX:230
'Abd al-Salām b. 'Abd al-Raḥmān b. Nu'aym al-Ghāmidī XXV:17
'Abd al-Salām b. 'Abdallāh b. Jabīr al-Aḥmasī XVII:48
'Abd al-Salām b. al-'Alā' XXXI:195
'Abd al-Salām b. al-Ashhab b. 'Ubayd al-Ḥanẓalī XXV:150
'Abd al-Salām b. Bukayr b. Shammākh al-Lakhmī XXVI:154, 160
'Abd al-Salām b. Ḥarb XVII:230
'Abd al-Salām b. Jubayr IX:152
'Abd al-Salām b. Shaddād, Abū Ṭālib XXXIX:214
'Abd al-Salām b. Suwayd X:64, 65
'Abd al-Salām b. Yazīd b. Ḥayyān al-Sulamī XXVII:31
'Abd al-Ṣamad b. Abān b. al-Nu'mān b. Bashīr al-Anṣārī XXVII:14
'Abd al-Ṣamad b. 'Abd al-A'lā al-Shabbānī XXVI:88, 92–93
'Abd al-Ṣamad b. 'Abd al-Wārith I:183, 202, 320; VI:98, 136, 145; VII:28; VIII:174; IX:1–2, 20, 131; XXXIX:197
'Abd al-Ṣamad b. 'Alī XXV:23; XXVII:171, 172, 178, 179; XXVIII:14–15, 17, 80, 273; XXIX:13, 18, 39, 43, 50, 74, 80, 144, 168, 171, 203, 208, 213–14, 235, 250; XXX:49, 102, 117, 177, 305; XXXI:247; XXXV:87; XXXIX:261
'Abd al-Ṣamad b. Abī Mālik b. Masrūḥ XXVI:46
'Abd al-Ṣamad b. Ma'qil I:174, 206, 208, 210, 301, 351; II:11, 40, 119, 122, 140; III:119, 133, 141, 150; IV:21, 113, 120; V:415
'Abd al-Ṣamad b. Mūsā XXXIV:147–48, 150, 153, 170; XXXV:14; XXXVI:27
'Abd al-Samī' b. Hārūn b. Sulaymān b. Abī Ja'far XXXV:143
Banū 'Abd Shams VI:13, 100, 110, 140; VII:50; X:63, 69; XVIII:9, 107; XX:209; XXI:46; XXVIII:224
'Abd Shams b. 'Abd Manāf VI:16–18; XXV:193
'Abd Shams b. al-Ḥārith XXXIX:19
'Abd Shams b. Rabī'ah b. al-Ḥārith XXXIX:198
'Abd Shams b. Sulaym XXXIX:93
Banū 'Abd b. Tha'labah VIII:132, 133
Banū 'Abd al-'Uzzā b. 'Abd Shams XVI:81
'Abd al-'Uzzā b. Imri' al-Qays al-Kalbī V:76–79
'Abd al-'Uzzā b. Quṣayy VI:18, 20, 25
'Abd al-'Uzzā ('Abdallāh) b. Abī Ruhm b. Qirwāsh al-Namarī XI:64
'Abd al-'Uzzā b. Ṣuhal al-Azdī XX:188
'Abd al-'Uzzah b. 'Abd al-Muṭṭalib. SEE Abū Lahab
Banū 'Abd Wadd XX:61, 63
'Abd al-Wahhāb *(rāwī)*. SEE 'Abd al-Wahhāb b. 'Abd al-Majīd al-Thaqafī
'Abd al-Wahhāb (son of al-Muntaṣir). SEE 'Abd al-Wahhāb b. Muḥammad b. Ja'far
'Abd al-Wahhāb b. 'Abd al-Majīd al-Thaqafī I:260, 297; II:183; VI:61, 153; VII:54; IX:206; XXXIX:103, 114, 121
'Abd al-Wahhāb b. 'Alī XXXIII:115
'Abd al-Wahhāb b. Bukht XXV:95
'Abd al-Wahhāb b. Ibrāhīm b. Khālid XXVII:1, 4, 9, 19, 49, 51, 55, 150, 167, 168, 176, 179, 180
'Abd al-Wahhāb b. Ibrāhīm b. Muḥammad b. 'Alī al-'Abbāsī XXIX:13, 59, 62; XXXII:229

'Abd al-Wahhāb b. Ibrāhīm b. Yazīd b. Huraym **XXVI**:201–2, 239, 248, 250

'Abd al-Wahhāb b. Muḥammad b. Ja'far (son of al-Muntaṣir) **XXXIV**:210

'Abd al-Wahhāb al-Thaqafī. SEE 'Abd al-Wahhāb b. 'Abd al-Majīd al-Thaqafī

'Abd al-Wahhāb b. Yaḥyā b. 'Abbād b. 'Abdallāh b. al-Zubayr **XXVIII**:55, 155

'Abd al-Wāḥid b. 'Abd al-Malik **XXIX**:172

'Abd al-Wāḥid b. 'Abdallāh b. Bishr al-Naṣrī (al-Naḍrī) **XXIV**:167, 180–82, 191; **XXV**:3, 7, 8

'Abd al-Wāḥid b. 'Abdallāh b. Ka'b al-Naṣrī. SEE 'Abd al-Wāḥid b. 'Abdallāh b. Bishr al-Naṣrī

'Abd al-Wāḥid b. Abī 'Awn al-Dawsī **VII**:59, 137; **VIII**:133; **XXVIII**:225; **XXXIX**:32, 164, 187, 188, 190

'Abd al-Wāḥid b. Ḥamzah **VIII**:67

'Abd al-Wāḥid b. Muḥammad b. 'Ubaydallāh b. Yaḥyā b. Khāqān **XXXVIII**:199

'Abd al-Wāḥid b. al-Munakhkhal **XXVII**:36

'Abd al-Wāḥid b. al-Muwaffaq **XXXVIII**:112

'Abd al-Wāḥid b. Ṣabirah **XI**:134

'Abd al-Wāḥid b. Sulaym **I**:199

'Abd al-Wāḥid b. Sulaymān b. 'Abd al-Malik **XXVII**:90, 91, 92, 112, 113

'Abd al-Wāḥid b. 'Umar b. Hubayrah **XXVII**:143

'Abd al-Wāḥid b. Wāṣil **XXXIX**:124

'Abd al-Wāḥid b. Ziyād **II**:172, 183; **VI**:69; **XXVIII**:260, 284; **XXIX**:13

'Abd al-Wārith **XXXIX**:195

'Abd al-Wārith b. 'Abd al-Ṣamad **VI**:98, 136, 145; **VII**:28; **VIII**:174; **IX**:1, 20, 131

'Abd al-Wārith b. Sa'īd **I**:304; **XXXIX**:69

'Abd Yālayl (Yālīl) b. 'Amr **VI**:115; **IX**:42–43

'Abd b. Zam'ah **IX**:130

'Abḍa'ah (chief of Banū 'Amr b. Mu'āwiyah) **X**:180, 181

'Abdah b. 'Abdallāh al-Ṣaffār **II**:133

'Abdah al-Marwazī. SEE 'Abdān b. Muḥammad al-Marwazī

'Abdah b. Rabāḥ al-Ghassānī **XXVI**:239

'Abdah b. Sulaymān **I**:287

'Abdah b. al-Ṭabīb al-Sa'dī **XI**:119; **XII**:87

'Abdallāh (village). SEE Qaryat 'Abdallāh

'Abdallāh (brother of Bābak al-Khurramī) **XXXIII**:75, 78, 82, 88–90

'Abdallāh (Ghulām Nūn) **XXXVIII**:120

'Abdallāh (in names of caliphs) **XVIII**:46

'Abdallāh (*rāwī*). SEE 'Abdallāh b. Aḥmad b. Shabbawayh al-Marwazī; 'Abdallāh b. Mas'ūd; 'Abdallāh b. al-Mubārak

'Abdallāh (son of al-Amīn). SEE 'Abdallāh b. Muḥammad b. Hārūn al-Rashīd

'Abdallāh (son of Prophet Muḥammad). SEE 'Abdallāh b. Muḥammad

'Abdallāh (when addressing Muslims whose name is not known) **XII**:150

Abū 'Abdallāh (brother of Abū al-Sarāyā) **XXXII**:44, 68–69, 72, 74

Abū 'Abdallāh (*mawlā* of Banū Zuhrah) **XI**:123

Abū 'Abdallāh (*rāwī*). SEE 'Abd al-Raḥmān b. 'Usaylah al-Ṣunābiḥī

Banū 'Abdallāh (of Kalb) **VI**:121; **X**:43

'Abdallāh b. Abān al-Ḥārithī **XXIII**:10
'Abdallāh b. 'Abbās *(rāwī)*. SEE Ibn 'Abbās
'Abdallāh b. al-'Abbās b. al-Faḍl b. al-Rabī' **XXXI**:246; **XXXIV**:54
'Abdallāh b. al-'Abbās b. al-Ḥasan al-Khaṭīb **XXX**:126, 321
'Abdallāh b. 'Abbās al-Tamīmī **XXVI**:255
'Abdallāh b. 'Abd al-A'lā al-Shabbānī **XI**:55, 123; **XXVI**:88
'Abdallāh b. 'Abd al-Asad al-Makhzūmī. SEE Abū Salamah b. 'Abd al-Asad al-Makhzūmī
'Abdallāh b. 'Abd al-'Azīz al-'Umarī **XXX**:316–18, 323–24
'Abdallāh b. 'Abd al-Ḥakam **VI**:158
Ibn 'Abdallāh b. 'Abd al-Ḥakam **IX**:138
'Abdallāh b. 'Abd Madān al-Ḥārithī **XVII**:207
'Abdallāh b. 'Abd al-Malik b. Marwān **XXIII**:23–24, 44, 72, 109, 118, 149
'Abdallāh b. 'Abd al-Muṭṭalib **II**:83; **V**:161, 268, 283; **VI**:1–9, 44; **XXVIII**:170; **XXXIX**:41, 106
'Abdallāh b. 'Abd al-Raḥmān, Abū Maryam **XIII**:165–67, 172
'Abdallāh b. 'Abd al-Raḥmān *(rāwī)* **XXXIX**:184
'Abdallāh b. 'Abd al-Raḥmān *(ṣāḥib al-barīd)* **XXXIII**:176
'Abdallāh b. 'Abd al-Raḥmān b. Abī 'Amrah al-Anṣārī **X**:1, 4, 8; **XVI**:42; **XVII**:70
'Abdallāh b. 'Abd al-Raḥmān b. 'Īsā b. Mūsā **XXX**:28, 37
'Abdallāh b. 'Abd al-Raḥmān b. Ma'mar b. Ḥazm **IX**:111
'Abdallāh b. 'Abd al-Raḥmān b. Abī Ṣa'ṣa'ah **XIV**:134; **XXXIX**:193, 205
'Abdallāh b. 'Abdallāh b. 'Aṭā' b. Ya'qūb **XXVIII**:225
'Abdallāh b. 'Abdallāh b. 'Itbān **XIII**:80, 88, 89, 150, 192, 194, 200; **XIV**:3–9, 44, 73, 74, 77
'Abdallāh b. Abī 'Abdallāh al-Kirmānī **XXV**:14, 15, 81, 86, 87, 88–89
'Abdallāh b. 'Abdallāh al-Laythī **XX**:216
'Abdallāh b. 'Abdallāh b. Ubayy **VII**:159; **VIII**:54–55
'Abdallāh b. 'Abdallāh b. 'Umar **XXIII**:132, 142; **XXXIX**:175
'Abdallāh b. 'Abdallāh b. Abī Umayyah **XXXIX**:176
'Abdallāh b. Abī al-Abyaḍ® **XXXIX**:183, 184
'Abdallāh b. 'Adī b. Ḥamrā' **XXXIX**:109
'Abdallāh b. 'Afīf al-Azdī al-Ghāmidī **XIX**:167–68
'Abdallāh b. Aḥmad *(rāwī)*. SEE 'Abdallāh b. Aḥmad b. Shabbawayh al-Marwazī
'Abdallāh b. Aḥmad b. Dāwūd al-Hāshimī **XXXIV**:23
'Abdallāh b. Aḥmad b. Ibrāhīm. SEE Ibn Ḥamdūn al-Nadīm
'Abdallāh b. Aḥmad al-Marwazī. SEE 'Abdallāh b. Aḥmad b. Shabbawayh al-Marwazī
'Abdallāh b. Aḥmad b. Muḥammad b. Ismā'īl b. Ja'far **XXXVIII**:116
'Abdallāh b. Aḥmad b. Shabbawayh al-Marwazī **II**:98; **IV**:80; **XIV**:68; **XV**:152, 220; **XVI**:7, 141, 151, 153, 156, 171, 183, 187; **XVII**:1, 77, 90, 142–43, 199; **XVIII**:2, 7, 9, 77, 167, 168, 169, 217, 218, 219, 221, 222, 225; **XXI**:69, 71–72, 81; **XXIV**:65, 95–97; **XXXIX**:159, 252, 257, 263, 264

'Abdallāh b. Aḥmad b. Shabbūyah. SEE 'Abdallāh b. Aḥmad b. Shabbawayh al-Marwazī
'Abdallāh b. Aḥmad b. al-Waḍḍāh **XXIX**:211
'Abdallāh b. Aḥmad b. Yūsuf **XXXII**:172
'Abdallāh b. Aḥmad b. Zayd al-Dimashqī **XXXII**:225
'Abdallāh b. al-Ahtam **XVIII**:81; **XXI**:193; **XXIII**:165; **XXIV**:13, 33–36
'Abdallāh b. al-'Alā' al-Kindī **XXVII**:131
'Abdallāh b. 'Alī (b. 'Abdallāh b. 'Abbās?) **XXVI**:75
'Abdallāh b. 'Alī b. 'Abdallāh b. 'Abbās **XXVII**:86, 89, 150, 157, 161, 162, 163–66, 169–75, 176–79, 180, 195, 198, 204, 208; **XXVIII**:4–6, 8–14, 16–18, 21–24, 36–37, 49, 56–57, 88, 161, 164–65, 169; **XXIX**:15–17, 122–23, 146; **XXXIX**:234
'Abdallāh b. 'Alī b. Aḥmad b. 'Īsā b. Zayd **XXXVI**:133
'Abdallāh b. 'Alī b. al-Ḥusayn **XIX**:156, 206
'Abdallāh b. 'Alī b. 'Īsā b. Māhān **XXXI**:82, 109; **XXXII**:47
'Abdallāh b. 'Alī al-Raba'ī **XXIX**:207
'Abdallāh b. 'Alī b. Abī Ṭālib **XIX**:155, 179
'Abdallāh b. 'Alqamah al-Firāsī **XII**:184
'Abdallāh b. 'Alqamah al-Khath'amī (Abū 'Alqamah al-Khath'amī) **XX**:99; **XXI**:110; **XXII**:32–33, 35, 44, 48, 53, 137, 139, 144–45, 148
'Abdallāh b. 'Alqamah b. al-Muṭṭalib b. 'Abd Manāf. SEE Abū Nabiqah
'Abdallāh b. 'Alwān al-'Awdhī **XXIV**:14
'Abdallāh b. 'Āmir al-Aslamī **VIII**:1; **XXVIII**:103, 143, 212, 214; **XXXIX**:180
'Abdallāh b. 'Āmir al-Ḥaḍramī **XV**:255; **XVI**:37, 39, 40, 43
'Abdallāh b. 'Āmir b. Kurayz **XV**:6, 33–37, 42, 69, 77, 90–93, 102, 104, 107–10, 111, 125–26, 128, 136–38, 142, 157, 173, 182, 186, 190, 198, 229, 230, 235, 255; **XVI**:20, 21, 40, 56, 160; **XVII**:39; **XVIII**:4, 5, 9, 18–19, 21, 50, 68–76, 181, 224; **XX**:24; **XXII**:180?; **XXXIX**:63, 76
'Abdallāh b. 'Āmir b. Misma' **XXII**:180?; **XXIII**:11–12, 15
'Abdallāh b. 'Āmir al-Na''ār al-Tamīmī al-Dārimī **XXIII**:6, 50–52, 66
'Abdallāh b. 'Āmir b. Rabī'ah **XIII**:94; **XIV**:97, 120; **XXIII**:132
'Abdallāh b. 'Ammār b. 'Abd Yaghūth al-Bāriqī **XVII**:6; **XIX**:159
'Abdallāh ('Abd al-A'lā) b. Abī 'Amr **XXI**:217
'Abdallāh b. 'Amr b. al-'Āṣ **I**:245, 313; **II**:82; **III**:50; **VI**:101–2; **VII**:107; **IX**:26, 34, 168; **XII**:185; **XV**:42–43, 171; **XVI**:191, 194; **XVII**:3, 69, 107, 109; **XVIII**:13, 32, 91, 222; **XIX**:71–72, 193
'Abdallāh b. 'Amr b. 'Awf al-Muzanī **VIII**:10; **XIII**:109
'Abdallāh b. 'Amr b. Ghaylān **XVIII**:76, 175, 179, 180, 181
'Abdallāh b. 'Amr b. al-Ḥaḍramī (Ibn al-Ḥaḍramī) **XV**:109; **XVII**:165–71, 183, 203
'Abdallāh b. Abī 'Amr b. Ḥafṣ b. al-Mughīrah al-Makhzūmī **XIX**:198
'Abdallāh b. 'Amr b. Ḥarām, Abū Jābir **VI**:132; **VII**:110, 136–37
'Abdallāh b. 'Amr al-Māzinī **XXV**:117

'Abdallāh b. 'Amr al-Minqarī, Abū Ma'mar **XXXIX**:69
'Abdallāh b. 'Amr al-Mulaḥī **XXIX**:102, 258
'Abdallāh b. 'Amr al-Nahdī **XXI**:94
'Abdallāh b. 'Amr al-Tamīmī **XXXI**:236
'Abdallāh b. 'Amr al-Taymī **XVII**:62
'Abdallāh b. 'Amr al-Thaljī **XXX**:28
'Abdallāh b. 'Amr b. 'Uthmān b. 'Affān **XIX**:3, 4; **XXIII**:179
'Abdallāh b. 'Amr b. Ẓalām al-Khath'amī **XVII**:160–61
'Abdallāh b. 'Amr b. Zuhayr **XXXIX**:91, 177
'Abdallāh b. Abī al-'Anbas al-Azdī **XXVI**:21
'Abdallāh b. 'Anbasah b. Sa'īd b. al-'Āṣ **XXVI**:148–49
'Abdallāh b. 'Aqīl b. Abī Ṭālib **XIX**:181
'Abdallāh b. Abī 'Aqīl al-Thaqafī **XVIII**:87, 124, 142
Abū 'Abdallāh b. al-A'rābī al-Rāwiyah **XXXIV**:44
'Abdallāh b. 'Ar'arah al-Ḍabbī **XXVII**:100
Abū 'Abdallāh al-Armanī **XXXIV**:32
'Abdallāh b. Arqad **VI**:147, 149
'Abdallāh b. al-Arqam b. 'Abd Yaghūth **XIII**:46, 214; **XXI**:214; **XXXIX**:109
'Abdallāh b. al-Aṣamm **XV**:159–61
'Abdallāh b. Ashīn **XXXV**:127
'Abdallāh b. 'Āṣim al-Fā'ishī **XVII**:19, 97; **XIX**:114–16, 119, 122, 148
'Abdallāh b. al-Aswad al-Zuhrī **XX**:23
'Abdallāh b. 'Aṭā' b. Ya'qūb **XXVIII**:225
'Abdallāh b. 'Atīk **VII**:100–104; **IX**:120
'Abdallāh b. 'Aṭiyyah al-Laythī **XXI**:45
'Abdallāh al-Awdī, Abū Zayd **XVII**:88
'Abdallāh b. 'Awf **XXVI**:43
'Abdallāh b. 'Awf b. al-Aḥmar al-Azdī **XVII**:12, 14, 15, 126; **XVIII**:129; **XX**:125, 134, 137, 142, 143, 146, 148, 150, 151, 155, 169
'Abdallāh b. Abī Awfā al-Aslamī **VIII**:70; **XI**:117; **XV**:164; **XXXIX**:224, 293
'Abdallāh b. Abī Awfā al-Yashkurī. SEE Ibn al-Kawwā'
'Abdallāh b. Abī 'Awn **XXIX**:256–57
'Abdallāh b. 'Awn b. Arṭabān **XII**:171
'Abdallāh b. 'Awn al-Faqīh. SEE Ibn 'Awn
'Abdallāh b. Aws b. Qayẓī **XXXIX**:71, 73
'Abdallāh b. Aws al-Ṭāḥī **XVIII**:100
'Abdallāh b. 'Ayyāsh al-Mantūf al-Hamdānī **XX**:38–39; **XXI**:183; **XXII**:87; **XXV**:185, 186, 187; **XXVII**:175; **XXVIII**:2, 240; **XXIX**:17, 114, 116–17, 134, 141, 162–63
'Abdallāh b. 'Ayyāsh b. Abī al-Rabī'ah **XV**:200; **XXVI**:4; **XXXIX**:112, 303
'Abdallāh b. Abī Ayyūb al-Makkī **XXIX**:102
'Abdallāh b. 'Azīz al-Kindī **XX**:151
'Abdallāh b. 'Azrah al-Baṣrī **XXIV**:141
'Abdallāh b. 'Azrah al-Ghifārī **XIX**:146
'Abdallāh b. Badr **XXVII**:138, 185
'Abdallāh b. al-Bakhtarī **XXVII**:101, 102
'Abdallāh b. Bakr b. Ḥabīb al-Sahmī **XXIV**:98
'Abdallāh b. Abī Bakr b. Ḥazm. SEE 'Abdallāh b. Abī Bakr b. Muḥammad b. 'Amr b. Ḥazm al-Anṣārī

'Abdallāh b. Abī Bakr b. Muḥammad b. 'Amr b. Ḥazm al-Anṣārī **II**:84; **V**:206, 283, 335, 336; **VI**:44, 127, 133–34, 137, 155; **VII**:5, 35, 47, 58, 60, 61, 66, 72, 75, 77, 94, 140, 151, 160; **VIII**:6, 43, 51, 58, 72, 78, 82, 96, 111, 117, 128, 129, 132, 135, 138, 139, 146, 155, 158, 159, 177; **IX**:8, 13, 35, 47, 53, 67, 74, 82, 85, 88, 90, 92, 106, 108, 116, 118, 122, 124, 189, 202, 204, 208; **X**:39, 80, 81, 188; **XI**:74, 194; **XII**:138; **XIV**:123; **XV**:258; **XXI**:232; **XXXIX**:15, 163, 167, 173, 180, 243
'Abdallāh b. Abī Bakr al-Ṣiddīq **VI**:146, 148; **VII**:8; **X**:39; **XI**:140; **XIV**:101; **XXXIX**:172, 193
'Abdallāh b. Abī Balta'ah **XVIII**:137
'Abdallāh b. Barqā **XXVIII**:216
'Abdallāh b. Bassām **XXVII**:139, 151, 160, 161
'Abdallāh al-Baṭṭāl **XXV**:95, 97; **XXVI**:55; **XXIX**:79
'Abdallāh b. Bishr al-Hilālī **XIII**:135
'Abdallāh b. Bisṭām b. Mas'ūd b. 'Amr al-Ma'nī **XXV**:53, 71, 73, 75, 83; **XXVII**:79
'Abdallāh b. Budayl b. 'Abdallāh b. Budayl b. Warqā' **XXIII**:103, 107
'Abdallāh b. Budayl b. Warqā' al-Khuzā'ī **XIV**:4, 74; **XV**:203; **XVII**:31, 36–37, 39–40, 43, 45–46, 73; **XVIII**:10; **XXXIX**:34
'Abdallāh b. Bughā al-Ṣaghīr (the Younger). SEE 'Abdallāh b. Bughā al-Sharābī
'Abdallāh b. Bughā al-Sharābī (al-Ṣaghīr, the Younger) **XXXV**:43; **XXXVI**:107
'Abdallāh b. Buraydah (b. al-Ḥuṣayb b. 'Abdallāh al-Aslamī) **I**:180; **VIII**:119, 120; **XXXIX**:99
Abū 'Abdallāh al-Burjumī **XIV**:129
'Abdallāh b. Busr **V**:415; **IX**:160
'Abdallāh b. Busrah **XV**:220
'Abdallāh b. Dabbās **XXI**:31
'Abdallāh b. al-Daḥḥāk **XIX**:209
'Abdallāh b. Dajājah al-Ḥanafī **XXI**:105
'Abdallāh b. Ḍamḍam b. Yazīd al-Ḥanafī **XX**:75
'Abdallāh b. Ḍamrah al-'Udhrī **XXI**:7–8
'Abdallāh b. Dāwūd b. Ḥasan b. Ḥasan **XXVIII**:118, 138
'Abdallāh b. Dāwūd b. 'Īsā b. Mūsā **XXXV**:142
'Abdallāh b. Dāwūd al-Khuraybī **IX**:143
'Abdallāh b. Dāwūd al Wāsiṭī **XIV**:121
'Abdallāh b. Daysam al-'Anazī **XXVII**:44
'Abdallāh b. Dhakwān, Abū al-Zinād. SEE Abū al-Zinād
'Abdallāh b. Dhī al-Sahmayn al-Khath'amī **XI**:202, 208; **XII**:18, 118, 123; **XIII**:132, 217
'Abdallāh b. Dhu'āb al-Sulamī **XXIII**:24, 43
'Abdallāh al-Ḍibābī **XVII**:52
'Abdallāh b. Dīnār **I**:174; **II**:45; **XXIV**:116; **XXXIX**:237
'Abdallāh b. Ḍumayrah **XXXIX**:100
'Abdallāh b. Faḍālah al-Laythī **XVIII**:85; **XXXIX**:120, 121
'Abdallāh b. Faḍālah al-Zahrānī **XXI**:176; **XXIII**:56
'Abdallāh b. al-Faḍl b. al-'Abbās b. Rabī'ah **II**:104; **X**:120; **XXXIX**:55
'Abdallāh b. al-Fatḥ **XXXVIII**:74, 76, 95, 118
'Abdallāh b. Fayrūz al-Daylamī **X**:34
'Abdallāh b. Fuqaym al-Azdī **XVII**:161, 171–75, 183, 190, 191
Banū 'Abdallāh b. Ghaṭafān **X**:41; **XIV**:136, 137
'Abdallāh b. Ghaziyyah **XX**:141, 146, 150, 155

'Abdallāh b. Ḥabīb **XXIV**:84
'Abdallāh b. Ḥadhaf **X**:138, 144, 149
'Abdallāh b. Abī Ḥadrad al-Aslamī **VIII**:149–51, 191; **IX**:6, 7, 123; **XXXIX**:293
Ibn 'Abdallāh b. Abī Ḥadrad al-Aslamī **VIII**:151, 191
'Abdallāh b. al-Ḥaḍramī. SEE 'Abdallāh b. 'Āmir al-Ḥaḍramī
'Abdallāh b. Ḥafṣ b. Ghānim **X**:121
'Abdallāh b. al-Ḥajjāj al-Azdī **XVII**:7
'Abdallāh b. al-Ḥajjāj al-Tha'labī **XVIII**:143; **XXIII**:120
'Abdallāh b. al-Ḥajjāj b. Yūsuf **XXIII**:216
'Abdallāh b. Ḥakīm b. 'Abd al-Raḥmān al-Bakkā'ī **XVII**:117
'Abdallāh b. Ḥakīm b. Ḥizām **XVI**:142, 147; **XXXIX**:41, 106
'Abdallāh b. Ḥamdān b. Ḥamdūn, Abū al-Hayjā' **XXXVIII**:139, 191
'Abdallāh b. Ḥamīd al-Samarqandī **XXX**:25
'Abdallāh b. Ḥamlah al-Kath'amī **XXI**:6, 9
'Abdallāh b. Hammām al-Salūlī **XVIII**:98, 131; **XX**:47, 92, 221–25; **XXI**:151; **XXIII**:125
'Abdallāh b. Ḥanẓalah b. Abī 'Āmir. SEE 'Abdallāh b. Ḥanẓalah al-Ghasīl al-Anṣārī
'Abdallāh b. Ḥanẓalah al-Ghasīl al-Anṣārī **VII**:142; **XIX**:198, 201, 209, 211–13, 218–19; **XXXIX**:131, 190
'Abdallāh b. Ḥanẓalah al-Rāhib. SEE 'Abdallāh b. Ḥanẓalah al-Ghasīl al-Anṣārī
'Abdallāh b. al-Ḥarashī. SEE 'Abdallāh b. Sa'īd al-Ḥarashī
'Abdallāh b. al-Ḥārith (brother of al-Ashtar) **XX**:219
'Abdallāh b. al-Ḥārith (foster-brother of Prophet Muḥammad) **V**:271
'Abdallāh b. al-Ḥārith b. 'Abd al-Muṭṭalib **XXXIX**:62
'Abdallāh b. al-Ḥārith al-Azdī **XVIII**:50, 57, 60, 134, 136; **XXXIX**:149
'Abdallāh b. al-Ḥārith b. al-Fuḍayl **XV**:194, 201; **XXXIX**:31
'Abdallāh b. al-Ḥārith b. Nawfal (Babbah) **III**:104, 107; **IV**:170; **VI**:89; **IX**:34, 205; **XIII**:92; **XVIII**:20, 95; **XIX**:35, 65; **XX**:20–24, 29, 43–46, 103, 104, 165–66; **XXIX**:33; **XXXIX**:12, 19, 60, 63, 96, 97, 168, 315
'Abdallāh b. al-Ḥārith b. Warqā' al-Asadī **XIV**:4, 83
'Abdallāh b. Hārūn al-Rashīd. SEE al-Ma'mūn
Umm 'Abdallāh bt. al-Ḥasan b. 'Alī **XXXIX**:229
'Abdallāh b. al-Ḥasan al-Baṣrī **XXXIX**:225
'Abdallāh b. al-Ḥasan b. Ḥabīb **XXVIII**:258
'Abdallāh b. al-Ḥasan b. al-Ḥasan b. 'Alī b. Abī Ṭālib **VI**:73; **VIII**:121; **XVI**:6; **XIX**:180; **XXIV**:63, 180; **XXVI**:8–11, 17; **XXVII**:91; **XXVIII**:55, 85, 87–88, 90–91, 94–100, 102–3, 106, 110–11, 117–18, 120–25, 127, 129, 131–40, 164–65, 220, 223, 252, 277; **XXIX**:135; **XXX**:326–27; **XXXIX**:168, 195, 196, 245–47, 279, 334
'Abdallāh b. al-Ḥasan al-Khwārazmī **XXIX**:109
'Abdallāh b. al-Ḥasan b. Zayd **XXXIX**:260
Abū 'Abdallāh al-Ḥasanī **XXXVIII**:24
'Abdallāh b. Ḥātim b. al-Nu'mān **XXV**:83

'Abdallāh b. Ḥawālah al-Azdī **XVII**:148
'Abdallāh b. Ḥawdhān al-Jahḍamī **XXIV**:13–14; **XXV**:73, 74
'Abdallāh b. Ḥawiyyah al-Sa'dī al-Tamīmī **XVIII**:145, 148, 152
'Abdallāh b. Ḥawzah **XIX**:131
'Abdallāh b. al-Haytham b. 'Abdallāh b. al-Mu'tamir **XXXVIII**:84
'Abdallāh b. al-Haytham b. Sām **XXX**:173
'Abdallāh b. Ḥayyah al-Asadī **XXI**:67
'Abdallāh b. Ḥayyān al-'Abdī **XXIV**:129
'Abdallāh b. Ḥāzim (Khāzim) al-Kabīrī **XX**:125, 148, 150
'Abdallāh b. Ḥazn al-Naṣrī **XXXIX**:122
'Abdallāh b. Hilāl al-Hamdānī **XXXIX**:152, 153
'Abdallāh b. Hilāl al-Kilābī **XXIV**:34
'Abdallāh b. Ḥiṣn **XVIII**:82, 83, 100, 175, 181, 198; **XX**:10
'Abdallāh b. Hubayrah. SEE Ibn Hubayrah *(rāwī)*
'Abdallāh b. Ḥudhāfah b. Qays b. 'Adī b. Sa'd al-Sahmī **VIII**:98, 110–11, 190
'Abdallāh b. Ḥumayd b. Qaḥṭabah al-Ṭā'ī **XXXI**:39, 50, 92, 97, 99–101, 152, 203
'Abdallāh b. Ḥumayd al-Ṭūsī **XXXVI**:111
'Abdallāh b. Abī al-Ḥurr **XVIII**:13
Umm 'Abdallāh bt. al-Ḥurr **XIX**:153–54
'Abdallāh b. Ḥusayn b. 'Abdallāh b. 'Ubaydallāh b. 'Abbās **XXVIII**:208
'Abdallāh b. al-Ḥusayn b. 'Alī **XIX**:154, 180; **XXXIX**:49
'Abdallāh b. al-Ḥusayn al-Hamadhānī **XXXVIII**:9
'Abdallāh b. Ḥuṣayn al-Azdī **XIX**:107
'Abdallāh b. Abī al-Ḥuṣayn al-Azdī **XVII**:7, 51
'Abdallāh b. Ibāḍ **XX**:102–4
Ibn 'Abdallāh b. Ibrāhīm (al-Misma'ī?) **XXX**:22
'Abdallāh b. Ibrāhīm al-Misma'ī **XXXVIII**:183, 184
'Abdallāh b. Ibrāhīm b. Muḥammad b. Mukram. SEE Ibn Mukram
'Abdallāh b. 'Iḍāh al-Ash'arī **XIX**:212
'Abdallāh b. Idrīs. SEE Ibn Idrīs
'Abdallāh b. 'Imrān **IX**:157; **XXXIX**:125
'Abdallāh b. 'Imrān b. Abī Farwah **XXVIII**:107, 117, 124, 133, 136
'Abdallāh b. 'Imrān al-Iṣbahānī **XXXIX**:128
Umm 'Abdallāh bt. 'Īsā b. 'Alī **XXX**:326
'Abdallāh b. 'Īsā al-Khazzāz, Abū Khalaf **VI**:106; **XV**:62
'Abdallāh b. 'Īsā b. Māhān. SEE 'Abdallāh b. Abī Ja'far al-Rāzī
'Abdallāh b. 'Īsā b. Mihrawayh. SEE al-Muddaththir
'Abdallāh al-Iṣfahānī, Gate of. SEE Bāb 'Abdallāh al-Iṣfahānī
'Abdallāh b. Abī Isḥāq **XIV**:123
'Abdallāh b. Isḥāq b. al-Ash'ath **XXI**:191
'Abdallāh b. Isḥāq b. Ibrāhīm **XXXIV**:116; **XXXV**:27, 104
'Abdallāh b. Isḥāq al-Nāqid al-Wāsiṭī **XXXIX**:151
'Abdallāh b. Isḥāq b. al-Qāsim b. Isḥāq b. 'Abdallāh b. Ja'far b. Abī Ṭālib **XXVIII**:99, 158, 183, 200
'Abdallāh b. Ismā'īl *(ṣāḥib al-marākib)* **XXIX**:244
'Abdallāh b. Ismā'īl b. 'Abdallāh b. Ja'far **XXVIII**:156, 199

'Abdallāh b. 'Itbān. SEE 'Abdallāh b. 'Abdallāh b. 'Itbān
'Abdallāh b. Jabalah al-Ṭāliqānī **XXIX**:100
'Abdallāh b. Ja'dah b. Hubayrah b. Abī Wahb al-Qurashī al-Makhzūmī **XXI**:36, 93–94, 103
Abū 'Abdallāh al-Jadalī **XXI**:19, 59–61, 98; **XXXIX**:275–76, 306–7
'Abdallāh b. Ja'far b. 'Abd al-Raḥmān b. al-Miswar b. Makhramah. SEE 'Abdallāh b. Ja'far al-Zuhrī
'Abdallāh b. Ja'far al-Madīnī **XIX**:191; **XXVIII**:282
'Abdallāh b. Ja'far b. al-Miswar b. Makhramah. SEE 'Abdallāh b. Ja'far al-Zuhrī
'Abdallāh b. Ja'far b. Muḥammad b. 'Alī **XXXIX**:248
'Abdallāh b. Abī Ja'far al-Rāzī **I**:253, 268, 272, 279, 288, 291, 296; **II**:99, 101, 102; **IV**:162
'Abdallāh b. Ja'far b. Abī Ṭālib **V**:272; **VIII**:159; **XIV**:85, 155; **XVI**:127, 185–87; **XVII**:96, 222; **XVIII**:11, 200, 224, 225; **XIX**:72–74, 81, 116, 177, 218; **XXIX**:231; **XXXIX**:59, 96, 288
'Abdallāh b. Ja'far al-Zuhrī **VI**:8; **VIII**:95, 133; **IX**:124; **XIV**:89, 117; **XV**:99, 170, 181; **XXIII**:114; **XXVIII**:154, 156, 177, 204, 210, 225; **XXXIX**:30, 32, 39, 43, 51, 52, 108, 164, 168, 177, 187, 190, 233, 330
'Abdallāh b. Jahm **XXXV**:70
'Abdallāh ('Ubaydallāh) b. Jaḥsh b. Ri'āb **VI**:139; **VII**:18–22, 29, 134, 137; **IX**:119, 133; **XXXIX**:177, 180
'Abdallāh b. Jalīs al-Hilālī **XXXII**:178, 182
'Abdallāh b. Jarīr al-Māzinī **XX**:19
'Abdallāh b. al-Jārūd **XXII**:23–24
'Abdallāh b. Jubayr **VII**:62; **XXI**:215; **XXXIX**:13
'Abdallāh b. Jud'ān **VI**:103
'Abdallāh b. Junādah **XXXIX**:156
'Abdallāh b. Ka'b (*mawlā* of 'Uthmān b. 'Affān) **VI**:65–66, 121, 130
Banū 'Abdallāh b. Ka'b **XXV**:143
'Abdallāh b. Ka'b b. Mālik **VII**:101; **IX**:175, 176
'Abdallāh b. Ka'b al-Murādī **XVII**:75–76
'Abdallāh b. Ka'b b. Zayd **VII**:65
'Abdallāh b. Kāmil al-Shākirī **XX**:183, 193, 196, 212, 218, 219; **XXI**:18–20, 32, 35, 37, 40–42, 44, 88, 89, 92, 138
'Abdallāh b. Kannāz(?) al-Nahdī **XXII**:73, 130, 136
'Abdallāh b. Abī Karib, Abū Līnah. SEE Abū Līnah
'Abdallāh Karīkhā **XXXVI**:37
'Abdallāh b. Kathīr (*rāwī*) **I**:246; **V**:232
'Abdallāh b. Kathīr b. al-Ḥasan al-'Abdī **XIV**:83, 87–89; **XXVII**:149, 150, 167
'Abdallāh b. al-Kawwā' al-Yashkurī. SEE Ibn al-Kawwā'
'Abdallāh b. Khabbāb b. al-Aratt **XVII**:123–25
'Abdallāh b. Khaḍal al-Ṭā'ī **XX**:147
'Abdallāh b. Khalaf al-Khuzā'ī **XVI**:157, 158, 161, 162, 164, 165; **XXI**:214; **XXXIX**:277
'Abdallāh b. Khālid b. Asīd **XV**:15, 153; **XVI**:43, 44; **XVIII**:170, 171, 175, 179, 182
'Abdallāh b. Khalīfah al-Ṭā'ī **XVII**:27–28, 55–56; **XVIII**:130, 139, 140, 156, 157, 162
'Abdallāh b. Khārijah b. Zayd b. Thābit **VII**:139
'Abdallāh b. Khaṭal **VIII**:179, 180
'Abdallāh b. Khāzim al-Kabīrī. SEE 'Abdallāh b. Ḥāzim al-Kabīrī

ʿAbdallāh b. Khāzim b. Khuzaymah **XXVIII**:260; **XXX**:9, 163; **XXXI**:58, 64, 83–84, 167–68
ʿAbdallāh b. Khāzim al-Kuthayrī **XIX**:47, 50
ʿAbdallāh b. Khāzim b. Ẓabyān al-Sulamī **XV**:36–37, 91–92, 108–10; **XVIII**:29, 30, 68, 69, 70, 179; **XIX**:186; **XX**:24, 70–79, 123, 176, 177–81; **XXI**:62–67, 121, 153, 168, 182, 209–12; **XXII**:8, 169, 174; **XXIII**:90, 95; **XXV**:106; **XXVI**:119; **XXXIX**:166
ʿAbdallāh b. Khubayb **XXXIX**:153
ʿAbdallāh b. Khurradādhbih **XXXII**:64
Banū ʿAbdallāh b. Kinānah **XXVI**:157
ʿAbdallāh b. Kulayb b. Khālid (Ibn Mirdā, al-Fihr al-Taghlibī) **XI**:204, 206
ʿAbdallāh b. Kurz al-Bajalī **XVIII**:94
ʿAbdallāh b. Lahīʿah. SEE Ibn Lahīʿah
ʿAbdallāh al-Laythī **X**:47
ʿAbdallāh b. Maʿbad **VI**:62
ʿAbdallāh b. Maḥmūd al-Sarakhsī **XXXV**:16, 18, 48, 98
ʿAbdallāh b. al-Māḥūz al-Tamīmī **XX**:165–66
ʿAbdallāh b. Makhlad (Ibn al-Bawwāb) **XXXIV**:160, 163
ʿAbdallāh b. Mālik al-Khuzāʿī **XXIX**:250–51, 262–63; **XXX**:9, 20, 45, 62, 96, 235, 255, 262, 294, 297; **XXXI**:10, 14, 16
ʿAbdallāh b. Mālik al-Ṭāʾī **XX**:87–88, 221
ʿAbdallāh b. Manṣūr **XXXVI**:71
ʿAbdallāh b. Marthad al-Thaqafī **XI**:192–93
ʿAbdallāh b. Maʿrūf **XXVIII**:191
ʿAbdallāh b. Marwān b. Muḥammad **XXVII**:7, 50, 51, 131, 163, 165, 166, 169, 170; **XXIX**:197–98; **XXX**:41
ʿAbdallāh b. Masʿadah b. Ḥakamah b. Mālik b. Badr al-Fazārī **VIII**:96; **XVII**:200–201; **XVIII**:165, 222; **XIX**:192; **XXI**:164
ʿAbdallāh b. Maslamah b. Qaʿnab **XXXIX**:27
ʿAbdallāh b. Masʿūd **I**:206, 214, 219, 221, 222, 230, 250, 254, 258, 262, 263, 269, 273, 275, 281, 307, 308, 315, 353; **II**:50, 53, 68, 84, 86, 90, 107, 108, 109, 113, 115, 118, 121, 162; **III**:33, 85, 120, 129, 153, 173, 174; **IV**:104, 118, 165, 169; **VII**:24, 27, 41, 61, 62, 83, 114; **IX**:56, 173; **X**:46, 50; **XI**:94; **XII**:160, 178; **XIV**:5, 6, 14, 16; **XV**:15–17, 40, 45, 47, 50–51, 99, 100–101, 164; **XXI**:215; **XXII**:26; **XXVIII**:205?; **XXXIX**:203
Banū ʿAbdallāh b. Masʿūd **VI**:100, 104
ʿAbdallāh b. Maymūn **XVII**:99, 140
ʿAbdallāh b. Mazyad al-Asadī **XXVII**:34
ʿAbdallāh b. Miḥṣan al-Ḥimyarī **XVIII**:216
ʿAbdallāh b. Miqdād **XXXIX**:197
ʿAbdallāh b. al-Miswar b. Muḥammad b. Jaʿfar b. Abī Ṭālib. SEE Abū Jaʿfar al-Madāʾinī
ʿAbdallāh b. Muʿammar b. Sumayr (Shumayr) al-Yashkurī **XXIII**:27; **XXV**:76
ʿAbdallāh b. al-Muʿammar al-Yashkurī **XXIV**:52–53
ʿAbdallāh b. Abī Muʿāwiyah **XVII**:199
ʿAbdallāh b. Muʿāwiyah b. ʿAbdallāh b. Jaʿfar b. Abī Ṭālib **XXVI**:253–56, 258–63; **XXVII**:13, 14, 58, 85, 86, 87, 88, 89, 126; **XXVIII**:92, 161, 198
ʿAbdallāh b. Muʿāwiyah b. Abī Sufyān, Abū al-Khayr **XVIII**:215

Banū ʿAbdallāh b. Muʿayṣ **XXVIII**:181
ʿAbdallāh b. al-Mubārak **I**:199, 299; **II**:151; **VII**:54; **VIII**:69, 74, 88; **IX**:155; **XV**:152, 220; **XVI**:151, 153, 156, 171, 183, 187; **XVII**:1, 77, 199; **XVIII**:2, 7, 9, 77, 167, 168, 169, 217, 218, 219, 221, 222, 225; **XXI**:69, 71, 81; **XXIV**:85; **XXV**:52, 53; **XXVI**:222; **XXXIX**:101, 146, 149, 250, 263–64
ʿAbdallāh al-Mudhawwab **XXXVI**:198
ʿAbdallāh b. Mughaffal **IX**:49
ʿAbdallāh b. al-Mughīrah al-ʿAbdī **XII**:112; **XIII**:118
ʿAbdallāh b. al-Mughīrah b. ʿAṭiyyah **XXII**:112
ʿAbdallāh b. al-Mughīrah al-Makhzūmī **VII**:21
ʿAbdallāh b. al-Mughīth b. Abī Burda **VII**:94, 95
ʿAbdallāh b. Muḥammad, Abū Jaʿfar. SEE al-Manṣūr (caliph)
ʿAbdallāh b. Muḥammad (Minqār) **XXIX**:95
ʿAbdallāh b. Muḥammad (son of Prophet Muḥammad) **IX**:127
ʿAbdallāh b. Muḥammad b. ʿAbd al-Raḥmān **XXIX**:135
ʿAbdallāh b. Muḥammad b. ʿAbdallāh (al-Ashtar) **XXVIII**:99; **XXIX**:52–56
ʿAbdallāh b. Muḥammad b. ʿAbdallāh b. ʿAbd al-ʿAzīz b. ʿAbdallāh b. ʿAbdallāh b. ʿUmar b. al-Khaṭṭāb **XXX**:316
ʿAbdallāh b. Muḥammad b. ʿAbdallāh b. Abī Qurrah **XXI**:179
ʿAbdallāh b. Muḥammad b. ʿAbdallāh b. Salm (Ibn al-Bawwāb) **XXVIII**:184, 212, 214, 255; **XXX**:73, 184
ʿAbdallāh b. Muḥammad b. ʿAlī, Abū al-ʿAbbās. SEE Abū al-ʿAbbās al-Saffāḥ
ʿAbdallāh b. Muḥammad b. ʿAlī b. ʿAbdallāh b. Jaʿfar **XXVIII**:183
ʿAbdallāh b. Muḥammad al-ʿĀmirī **XXXVI**:3
ʿAbdallāh b. Muḥammad b. ʿAmr al-Ghazzī **XXXIX**:150
ʿAbdallāh b. Muḥammad al-Anṣārī **XXX**:16, 20
ʿAbdallāh b. Muḥammad b. ʿAqīl **I**:282, 283; **VI**:80; **XV**:251; **XVII**:226; **XXXIX**:182, 334
ʿAbdallāh b. Muḥammad b. ʿAṭāʾ **XXIX**:255
ʿAbdallāh b. Muḥammad b. Dāwūd b. ʿĪsā **XXXIV**:129, 132, 145; **XXXV**:163
ʿAbdallāh b. Muḥammad b. Ḥakīm al-Ṭāʾī **XXVIII**:115
ʿAbdallāh b. Muḥammad b. al-Ḥanafiyyah. SEE Abū Hāshim
ʿAbdallāh b. Muḥammad b. al-Ḥārithiyyah **XXVII**:152
ʿAbdallāh b. Muḥammad b. Hārūn al-Rashīd (al-Qāʾim bi-al-Ḥaqq, son of al-Amīn) **XXXI**:75, 207
ʿAbdallāh b. Muḥammad b. Hishām al-Kirmānī **XXXVII**:35
ʿAbdallāh b. Muḥammad b. Ibrāhīm (ʿAbdallāh b. Zaynab) **XXX**:304; **XXXIX**:263
ʿAbdallāh b. Muḥammad b. ʿImrān **XXIX**:193; **XXX**:304; **XXXIX**:131
ʿAbdallāh b. Muḥammad b. Ismāʿīl b. Jaʿfar **XXXVIII**:114
Abū ʿAbdallāh b. Muḥammad b. Ismāʿīl b. Jaʿfar **XXXVIII**:114
ʿAbdallāh b. Muḥammad al-Minqarī **XXX**:35
ʿAbdallāh b. Muḥammad b. al-Mughīrah **VII**:40
ʿAbdallāh b. Muḥammad b. al-Munkadir **XXXIX**:240

'Abdallāh b. Muḥammad b. Murrah al-Sha'bānī **XXXIX**:220
'Abdallāh b. Muḥammad al-Quṭquṭī **XXXIII**:155–56
'Abdallāh b. Muḥammad al-Rāzī **II**:148
'Abdallāh b. Muḥammad b. Sa'd **XXIV**:99, 158
'Abdallāh b. Muḥammad b. Sīrīn **XXXIX**:227
'Abdallāh b. Muḥammad b. Sulaymān al-Zaynabī, Abū Manṣūr **XXXV**:150; **XXXVI**:35, 52, 53, 57, 61, 108, 109
'Abdallāh b. Muḥammad b. 'Ubaydallāh b. Yaḥyā b. Khāqan **XXXVIII**:199
Abū 'Abdallāh Muḥammad b. 'Umar. SEE al-Wāqidī
'Abdallāh b. Muḥammad b. 'Umar b. 'Alī **XV**:140, 172, 175; **XXVIII**:198; **XXXIX**:5, 38, 167
'Abdallāh b. Muḥammad b. 'Umārah **XXXIX**:319
'Abdallāh b. Muḥammad al-'Utbī **II**:83
'Abdallāh b. Muḥammad b. 'Uyaynah **XXIV**:65, 96–97
'Abdallāh b. Muḥammad b. Abī Yaḥyā **XXIV**:180, 182
'Abdallāh b. Muḥammad b. Yazdād al-Marwazī, Abū Ṣāliḥ **XXXIV**:163; **XXXV**:13, 162; **XXXVI**:12, 71, 72, 73, 94, 98, 105
'Abdallāh b. Muḥayrīz. SEE Ibn Muḥayrīz al-Jumaḥī
'Abdallāh b. Abī Muḥill b. Ḥizām b. Khālid b. Rabī'ah b. al-Waḥīd b. Ka'b b. 'Āmir b. Kilāb **XIX**:111
'Abdallāh b. Muḥill al-'Ijlī **XVII**:87
'Abdallāh b. al-Muhtadī **XXXVIII**:6
'Abdallāh b. Mujālid **XXXI**:79
'Abdallāh b. Mujjā'ah b. Sa'd al-Tamīmī **XXVI**:265; **XXVII**:34, 36
'Abdallāh b. Abī Mulaykah **II**:82, 156; **XI**:133–34; **XV**:3; **XVI**:54, 55; **XXIII**:145; **XXIV**:38; **XXVIII**:156; **XXXIX**:103
'Abdallāh b. Mulayl al-Hamdānī **XXIII**:38
'Abdallāh b. al-Mundhir b. al-Mughīrah b. 'Abdallāh b. Khālid b. Ḥizām **XXVIII**:155
'Abdallāh b. al-Mundhir al-Tanūkhī **XVII**:9
'Abdallāh b. Munqidh **XIX**:211
'Abdallāh b. al-Muqaffa'. SEE Ibn al-Muqaffa'
'Abdallāh b. Muqarrin **X**:48, 51
Abū 'Abdallāh al-Murā'ī al-Bakhtarī **XXIV**:156
'Abdallāh b. Murrah **I**:315
'Abdallāh b. Mūsā b. 'Abdallāh b. Ḥasan b. Ḥasan **XXX**:119
'Abdallāh b. Mūsā al-Hādī **XXX**:58; **XXXI**:185
'Abdallāh b. Mūsā b. Abī Khālid **XXXV**:43
'Abdallāh b. Mūsā al-Makhzūmī **XV**:248
'Abdallāh b. Mūsā b. Nuṣayr **XXIII**:201
'Abdallāh b. Muṣ'ab b. Thābit b. 'Abdallāh b. al-Zubayr (al-Zubayrī) **XVI**:9, 44, 79; **XIX**:191, 192–93; **XXVIII**:220; **XXIX**:239; **XXX**:127–31, 221, 304, 315, 334
'Abdallāh b. al-Musayyab b. Zuhayr **XXIX**:165
'Abdallāh b. Muslim (al-Faqīr) **XXIII**:129, 199–200; **XXIV**:9, 15, 18, 20
'Abdallāh b. Muslim b. 'Aqīl b. Abī Ṭālib **XIX**:51, 151, 161, 181; **XXI**:42
'Abdallāh b. Muslim b. Sa'īd al-Ḥaḍramī **XIX**:30
'Abdallāh b. Muslim al-'Uklī **XII**:25

'Abdallāh b. Muslim al-Zuhrī **VI**:49; **XXXIX**:170, 225, 333
'Abdallāh b. al-Mustawrid **XII**:203; **XIII**:108
'Abdallāh b. al-Muṭā' **XXXIX**:111
'Abdallāh b. al-Mu'tamm **XII**:17, 61, 83, 179, 180; **XIII**:2, 3, 53?, 54–56, 60–62, 65, 78
Abū 'Abdallāh b. al-Mutawakkil 'alā-llāh **XXXVI**:2
'Abdallāh b. al-Mu'tazz. SEE Ibn al-Mu'tazz
'Abdallāh b. Muṭī' al-'Adawī **XIX**:22, 84–85, 200, 208–9; **XX**:115, 175, 176, 182–225; **XXI**:45, 53, 54, 169; **XXVIII**:146
'Abdallāh b. Nabtal **IX**:50
'Abdallāh b. Naḍlah al-Aslamī. SEE Abū Barzah
'Abdallāh b. Nāfi' *(rāwī)* **VIII**:137; **XXI**:152; **XXV**:29; **XXXIX**:30, 174, 176
'Abdallāh b. Nāfi' (uterine brother of Ziyād b. Abī Sufyān) **XX**:10
'Abdallāh b. Nāfi' b. 'Abd al-Qays al-Fihrī **XV**:19, 22
'Abdallāh b. Nāfi' b. al-Ḥuṣayn al-Fihrī **XV**:19, 22, 258
'Abdallāh b. Nāfi' b. Thābit b. 'Abdallāh b. al-Zubayr **XXVIII**:160, 178
'Abdallāh b. Nājid **XVII**:51
'Abdallāh b. Abī Najīḥ (Ibn Abī Najīḥ) **I**:247, 267, 274, 281, 287; **II**:73, 88, 95, 100, 101, 113, 114, 123, 124, 146, 148, 152, 155, 158, 174; **III**:33; **IV**:156, 157; **VI**:57, 83, 84, 140; **VII**:38; **VIII**:89, 136, 176, 177; **IX**:110, 112, 114, 161; **XXXIX**:244
'Abdallāh b. Naṣr b. Ḥamzah **XXXV**:17, 56, 67, 77, 78
'Abdallāh b. Naṣr b. Muḥammad b. Ya'qūb **XXXV**:78
'Abdallāh b. Nawf al-Hamdānī **XXI**:68, 73, 99
'Abdallāh b. Nawfal b. al-Ḥārith **XXXIX**:209–10
'Abdallāh al-Nawfalī **XXVI**:261
'Abdallāh b. al-Nawwāḥah **X**:107
'Abdallāh b. Nu'aym **XXI**:217
'Abdallāh b. Abī Nu'aym **XXXI**:5
'Abdallāh al-Nubātī **XXVI**:265
'Abdallāh b. Nufayl **XXXIX**:149–50, 150
Banū 'Abdallāh b. Numayr **XXXIV**:49
Abū 'Abdallāh b. Qabīḥah. SEE al-Mu'tazz
'Abdallāh b. Qārin **XXXIII**:157
'Abdallāh b. Qays. SEE Abū Mūsā al-Ash'arī
'Abdallāh b. Qays al-Fazārī al-Jāsī **X**:79; **XV**:29–30, 255; **XVIII**:72, 93, 180, 191
'Abdallāh b. Qays al-Khawlānī **XXI**:53
'Abdallāh b. Qays al-Kindī, Abū Baḥriyyah **XIII**:176
'Abdallāh b. Qays b. Makhramah **V**:268; **XXII**:11; **XXXIX**:77, 253
'Abdallāh b. Qays b. 'Ubbād **XXVI**:122–23
'Abdallāh b. Qil' al-Aḥmasī **XVII**:49
'Abdallāh b. Qurād al-Khath'amī **XX**:204; **XXI**:9, 19, 85, 92, 95, 106
Abū 'Abdallāh al-Qurashī **XVI**:133
'Abdallāh b. Quraẓ al-Ziyādī **IX**:84
'Abdallāh b. Qusayṭ **IX**:170; **XXXIX**:183
'Abdallāh b. Quṭbah al-Ṭā'ī al-Nabhānī **XIX**:152, 180
'Abdallāh b. Qutham b. al-'Abbās **XXX**:304
'Abdallāh b. Rabāḥ al-Anṣārī **VIII**:158

ʿAbdallāh b. al-Rabīʿ al-Ḥārithī. SEE ʿAbdallāh b. al-Rabīʿ b. ʿUbaydallāh b. ʿAbdallāh b. ʿAbd al-Madān al-Ḥārithī
ʿAbdallāh b. al-Rabīʿ b. ʿUbaydallāh b. ʿAbdallāh b. ʿAbd al-Madān al-Ḥārithī **XXVII**:200; **XXVIII**:92, 161, 231–37, 252, 255, 292; **XXIX**:13, 43, 105, 143, 249
ʿAbdallāh b. al-Rabīʿ b. Ziyād al-Ḥārithī **XVIII**:170
ʿAbdallāh b. Rabīʿah b. al-Ḥārith **XXXIX**:98
ʿAbdallāh b. Abī Rabīʿah b. al-Mughīrah al-Makhzūmī **VI**:105; **VII**:105; **XIV**:122, 152, 164; **XV**:255; **XXXIX**:114
ʿAbdallāh b. Rāfiʿ **I**:189, 212, 222, 224, 231; **IV**:165; **VII**:52, 64, 82, 94, 167; **IX**:120, 122, 125
ʿAbdallāh b. Raqabah b. al-Mughīrah **XVI**:135, 142
ʿAbdallāh b. Rāshid, Abū Aḥmad **XXVIII**:267
ʿAbdallāh b. Rashīd b. Kāwūs **XXXVI**:190, 204
ʿAbdallāh b. Rāshid b. Yazīd (al-Akkār) **XXVIII**:102, 132, 186, 214, 267, 277
ʿAbdallāh b. Rawāḥah **VIII**:15, 66, 129, 130, 135, 152–58; **IX**:120, 122, 125
ʿAbdallāh b. Razīn b. Abī ʿAmr al-Hilālī **XVII**:211–12
ʿAbdallāh b. Rizām al-Ḥārithī **XXIII**:15, 25, 39–40, 43
ʿAbdallāh b. al-Ruʿbah **XXIV**:52
ʿAbdallāh b. Rumaythah al-Ṭāʾī **XXIII**:10
Banū ʿAbdallāh b. Ruwaybah **XXXIX**:265
ʿAbdallāh b. Sabaʾ (ʿAbdallāh b. Sabāʾ, ʿAbdallāh b. al-Sawdāʾ, Ibn al-Sawdāʾ) **XV**:64–65, 126, 133, 145–46, 148, 154, 159, 225, 232; **XVI**:104, 105, 121
SEE ALSO al-Sabaʾiyyah
ʿAbdallāh b. Sabīʿ al-Hamdānī. SEE ʿAbdallāh b. Sabuʿ al-Hamdānī
ʿAbdallāh b. Sabuʿ (Ḥūth) **XXXIX**:267–68
ʿAbdallāh b. Sabuʿ (Sabīʿ) al-Hamdānī **XIX**:25; **XXI**:16
ʿAbdallāh b. Saʿd **II**:83
Banū ʿAbdallāh b. Saʿd **IX**:119
ʿAbdallāh b. Saʿd b. Nufayl al-Azdī **XX**:80, 82, 89, 127, 138, 142–48, 154
ʿAbdallah b. Saʿd b. Abī Sarḥ **VIII**:178, 179; **IX**:148; **XIII**:175; **XIV**:152; **XV**:12, 18–20, 22–24, 31, 74–77, 111, 136–38, 148–50, 157, 164, 170, 172, 182, 184, 193–94, 198–99, 220, 255; **XVI**:175, 176; **XVII**:15, 79; **XXXIX**:81
ʿAbdallāh b. Ṣaffār al-Saʿdī **XX**:101, 103, 104
ʿAbdallāh b. Ṣafwān b. Umayyah b. Khalaf al-Jumaḥī, Abū Ṣafwān **VI**:57; **VII**:7, 107; **X**:87; **XVI**:46; **XIX**:13–14; **XX**:116; **XXI**:169, 229, 232
ʿAbdallāh b. Sahl b. ʿAbd al-Raḥmān b. Sahl al-Ḥārithī al-Anṣārī, Abū Laylā **VIII**:19, 118, 129
ʿAbdallāh b. al-Sāʾib **XV**:230; **XXXIX**:115
ʿAbdallāh b. Saʿīd **XXVII**:70
ʿAbdallāh b. Saʿīd, Abū Ghānim (Naṣr, the Qarmaṭian) **XXXVIII**:158–61, 171
ʿAbdallāh b. Saʿīd (b. Abī Saʿīd Kaysān al-Maqburī?) **XXXIX**:146
ʿAbdallāh b. Saʿīd (confidential agent for al-Manṣūr) **XXVIII**:91
ʿAbdallāh b. Saʿīd (*mawlā* of al-Manṣūr) **XXIX**:133

'Abdallāh b. Sa'īd al-Ḥarashī **XXX**:175; **XXXI**:21, 45, 89–90; **XXXII**:16
'Abdallāh b. Sa'īd b. Abī Sa'īd Kaysān al-Maqburī **XI**:105
'Abdallāh b. Sa'īd b. Thābit b. Jidh' al-Anṣārī **IX**:107, 164; **X**:52, 55, 73, 75, 106, 114, 121; **XIII**:10, 100; **XV**:46, 227, 228; **XVI**:36
'Abdallāh b. Sā'idah **XV**:248
'Abdallāh b. Ṣakhr al-Qurashī **XXIV**:86
'Abdallāh b. Salām **I**:189, 190, 210, 213, 221, 223, 286, 287; **XV**:215; **XVI**:47; **XXXIX**:149, 296
'Abdallāh b. Abī Salamah **IV**:162, 166; **VIII**:191
'Abdallāh b. Ṣāliḥ, Abū Ṣāliḥ **I**:210, 213, 214, 221, 223, 370; **XI**:150–51; **XVIII**:224; **XXXIX**:101
'Abdallāh b. Ṣāliḥ (Abū Ṣāliḥ?) **XXXI**:84
'Abdallāh b. Ṣāliḥ b. 'Alī **XXIX**:177, 215
Umm 'Abdallāh bt. Ṣāliḥ b. 'Alī **XXIX**:177
'Abdallāh b. Ṣāliḥ al-Miṣrī. SEE 'Abdallāh b. Ṣāliḥ
'Abdallāh b. Sālim **XXXIX**:159
'Abdallāh b. Ṣalkhab **XXI**:33
'Abdallāh b. Sallām **XVI**:7
'Abdallāh b. al-Ṣāmit **XXXIX**:122
'Abdallāh b. Sarjis al-Muzanī **XXXIX**:125
'Abdallāh b. Abī Ṣa'ṣa'ah. SEE 'Abdallāh b. 'Abd al-Raḥmān b. Abī Ṣa'ṣa'ah
'Abdallāh b. al-Sawdā'. SEE 'Abdallāh b. Saba'
'Abdallāh b. al-Sawwār **XIII**:128
'Abdallāh b. Ṣayyād **I**:185
'Abdallāh b. Shaddād al-Bajalī al-Jushamī **XX**:183, 185, 193, 201, 221, 222, 224, 225; **XXI**:37, 92, 106–7
'Abdallāh b. Shaddād b. al-Hād (al-Hādi) al-Laythī **III**:70, 160; **VI**:69; **XXIII**:69; **XXXIX**:121, 202
'Abdallāh b. Shahr al-Sabī'ī, Abū Ḥarb **XIX**:119
'Abdallāh b. Shajarah al-Kindī **XXVII**:3
'Abdallāh b. Shajarah al-Sulamī **XVII**:127, 132
'Abdallāh b. Shaqīq **XXXIX**:125
'Abdallāh b. Sharīk al-'Āmirī al-Nahdī **XIX**:111–15; **XXI**:20, 22, 99, 186
'Abdallāh b. Shawdhab **III**:3; **XVIII**:167; **XXIII**:67; **XXXIX**:225
'Abdallāh b. Shaybān **XXVIII**:93
'Abdallāh b. Abī Shaykh al-Yashkurī **XVIII**:72
'Abdallāh b. Shubayl b. 'Awf al-Aḥmasī **XV**:8–9
'Abdallāh b. Shubrumah. SEE Ibn Shubrumah
'Abdallāh al-Sijzī **XXXVI**:151, 158, 159, 161
'Abdallāh b. Abī al-Simṭ **XXXII**:252–53
'Abdallāh b. Sinān (associate of al-Ḥārith b. Surayj) **XXVI**:237
'Abdallāh b. Sinān b. Jarīr al-Asadī al-Ṣaydāwī **XII**:135
'Abdallāh b. Sinān al-Kāhilī **XVI**:156
'Abdallāh b. Abī Sufyān **XV**:74
'Abdallāh b. Sufyān b. 'Abd al-Asad **XII**:134
'Abdallāh b. Sufyān b. Yazīd b. al-Mughaffal al-Azdī **XXIV**:129
'Abdallāh b. Suhayl b. 'Amr **VIII**:87; **IX**:32
'Abdallāh al-Sulamī **XXVII**:33
Abū 'Abdallāh al-Sulamī **XXIV**:24; **XXVII**:152, 185
'Abdallāh b. Abī Sulaym **XXIX**:33
'Abdallāh b. Sulaym al-Asadī **XIX**:68, 70, 86, 88, 91

'Abdallāh b. Sulaym al-Azdī XVI:142; XXII:143; XXXIX:94
'Abdallāh b. Sulaymān (lieutenant of Waṣīf the Turk) XXXV:46
'Abdallāh b. Sulaymān (*rāwī*) XXXIX:146, 187
'Abdallāh b. Abī Sulaymān XIV:141; XXXIX:153
'Abdallāh b. Sulaymān b. al-Ash'ath. SEE Abū Bakr b. Abī Dāwūd
'Abdallāh b. Sulaymān b. Jāmi' XXXVI:202
'Abdallāh b. Sulaymān b. Muḥammad b. 'Abdallāh b. 'Abd al-Muṭṭalib b. Rabī'ah b. al-Ḥārith XXIX:119–20, 218, 235
'Abdallāh b. Sulaymān al-Raba'ī XXIX:119–20, 218, 235
'Abdallāh b. Sulaymān b. Ukaymah XXXIX:120
'Abdallāh b. Sulaymān b. Wahb XXXVI:199
'Abdallāh b. Ṭāhir b. al-Ḥusayn, Abū al-'Abbās XXXII:106, 108–10, 128–29, 134–35, 138, 140, 142–45, 159–65, 168–74, 183, 222, 229, 251; XXXIII:6, 136–39, 148, 156–58, 160–62, 166–72, 179, 180–82, 185, 191, 193, 214; XXXIV:21; XXXV:99; XXXVI:172
'Abdallāh al-Ṭā'ī XXVII:138, 162, 172
'Abdallāh b. Takīn XXXVI:97, 101, 102
'Abdallāh b. Abī Ṭalḥah IX:13
'Abdallāh b. Ṭāriq VII:144, 145
'Abdallāh b. Abī Ṭaybah XIII:15, 36, 49, 50
'Abdallāh b. Thābit XXXIX:34
'Abdallāh b. Tha'labah b. Ṣu'ayr al-'Udhrī VII:56; XIV:102
'Abdallāh b. al-Thāmir V:192, 200–202, 204, 206
'Abdallāh b. Thawr, Abū Fudayk. SEE Abū Fudayk
'Abdallāh b. Thawr b. Aṣghar al-Ghawthī X:172, 174; XI:144
'Abdallāh al-Thumālī XIX:175
'Abdallāh b. al-Ṭufayl al-Bakkā'ī al-'Āmirī XVII:53–54, 87
'Abdallāh b. 'Ubayd b. 'Umayr II:85
'Abdallāh b. 'Ubaydah XXXI:45
'Abdallāh b. Abī 'Ubaydah b. Muḥammad b. 'Ammār b. Yāsir XXII:13, 18, 20; XXVIII:87; XXIX:254; XXXIX:31, 33
'Abdallāh b. 'Ubaydallāh b. al-'Abbās VI:120; XXIX:156; XXX:56; XXXII:177, 180, 186, 190; XXXIX:55
'Abdallāh b. 'Ubaydallāh b. 'Abdallāh al-Taymī. SEE Ibn Abī Mulaykah
'Abdallāh b. Ubayy b. Salūl VI:134, 137; VII:14, 86, 108–10, 125, 158–60; VIII:33, 52–55, 61; IX:36, 50, 73
'Abdallāh b. 'Ukaym XV:16, 164
'Abdallāh b. 'Ulāthah XXIX:209
'Abdallāh b. 'Umar (of Banū Taymallāh) XXIV:24
'Abdallāh b. 'Umar b. 'Abd al-'Azīz XXVI:219–21, 224, 232, 234, 236, 244, 253–62, 264; XXVII:9–19, 23, 24, 26, 27, 49, 50, 52, 167
'Abdallāh b. 'Umar b. 'Alī IX:168
'Abdallāh b. 'Umar al-Bāzyār XXXIV:176, 220; XXXVI:95
'Abdallāh b. 'Umar b. Ḥabīb XXVIII:119, 160, 219
'Abdallāh b. 'Umar b. Abī al-Ḥayy al-'Absī XXIX:232, 258
'Abdallāh b. 'Umar b. al-Khaṭṭāb I:174, 175, 202, 217, 295; II:58; VI:1–2, 31; VII:84, 111; VIII:137; IX:29, 125, 126; X:33, 120, 122, 127; XI:136, 151, 224; XII:74; XIII:58, 180, 185, 203; XIV:12, 13, 92, 98, 100, 142, 144–48, 151; XV:42–43, 147, 149–50, 258;

'Abdallāh b. 'Umar b. al-Khaṭṭāb (continued) **XVI**:4, 9, 10, 34, 35, 41, 42, 45, 54; **XVII**:90, 105, 107, 109; **XVIII**:94, 167, 186, 187, 208, 209; **XIX**:2–3, 9–10; **XX**:57, 107–8, 183–84; **XXI**:112, 152; **XXIII**:65; **XXIV**:92, 116; **XXXIX**:30, 38, 57?, 62?, 117, 174, 175, 188, 223, 237

'Abdallāh b. 'Umar al-Numayrī **III**:9

'Abdallāh b. 'Umar b. al-Qāsim b. 'Abdallāh al-'Umarī **XXVIII**:202, 214

'Abdallāh b. 'Umar b. Zuhayr al-Ka'bī **V**:232

'Abdallāh b. 'Umayr **XIV**:75, 134, 135

'Abdallāh b. 'Umayr al-Ashja'ī **XIII**:150; **XV**:140; **XVI**:85

'Abdallāh b. 'Umayr al-Kalbī **XIX**:129–30, 141

'Abdallāh b. 'Umayr al-Laythī **XV**:34; **XXI**:119; **XXIV**:166

'Abdallāh b. Abī Umayyah b. al-Mughīrah **VIII**:168–69; **XXXIX**:112

'Abdallāh b. Unays **VII**:101–4; **IX**:120–21

'Abdallāh b. Abī 'Uqayl al-Thaqafī **XIII**:150; **XIV**:54

'Abdallāh b. 'Uqbah **VII**:100

'Abdallāh b. 'Uqbah al-Ghanawī **XVIII**:45, 47, 55, 56, 61, 63, 65, 193; **XIX**:154, 180; **XXI**:43

'Abdallāh b. 'Uqbah b. Nāfi' al-Fihrī **XXV**:33, 45

'Abdallāh b. Urayqiṭ **VII**:8; **XXXIX**:138, 142, 172

'Abdallāh b. 'Urwah al-Khath'amī **XIX**:152; **XXI**:43

'Abdallāh b. 'Urwah b. al-Zubayr **VII**:8; **XIX**:195; **XXXIX**:334

'Abdallāh b. Usayd b. al-Nazzāl al-Juhanī **XXI**:31–32

'Abdallāh b. Abī 'Uṣayfīr **XXII**:51–52, 54, 65, 81

'Abdallāh b. 'Utbah b. Mas'ūd **XXI**:121, 153; **XXXIX**:315

'Abdallāh b. 'Uthmān *(rāwī)* **XXVIII**:127

'Abdallāh b. 'Uthmān b. 'Affān **VII**:161; **XV**:253, 254

'Abdallāh b. 'Uthmān b. Abī al-'Āṣ al-Thaqafī **XX**:36; **XXI**:177

'Abdallāh b. 'Uthmān b. Khuthaym **I**:309; **II**:46, 95

'Abdallāh b. 'Uthmān b. Abī Sulaymān b. Jubayr b. Muṭ'im **V**:231, 270–71

'Abdallāh b. 'Uthmān al-Ṭā'ī **XXVII**:69, 108, 111, 150, 160

'Abdallāh b. Wadī'ah al-Anṣārī **XVII**:95

'Abdallāh b. Wahb *(rāwī)* **I**:182, 198, 269, 280, 281, 284, 287, 322, 325, 344; **II**:84, 87, 95, 112, 114, 130, 145, 146, 165, 180; **III**:131, 140, 148; **IV**:166; **VI**:1, 37, 69, 76, 85; **VII**:2, 25; **VIII**:4, 83, 147; **IX**:172, 175, 207; **XIV**:105; **XVII**:230; **XXIII**:218; **XXXII**:165; **XXXIX**:100, 108, 132, 133, 147, 204

'Abdallāh b. Wahb b. 'Amr **XXI**:33

'Abdallāh b. Wahb b. Anas al-Jushamī. SEE 'Abdallāh b. Wahb b. Naḍlah al-Jushamī

'Abdallāh b. Wahb b. Muslim **XI**:137, 140

'Abdallāh b. Wahb b. Naḍlah al-Jushamī **XXI**:88–89

'Abdallāh b. Wahb al-Rāsibī **XIII**:57; **XVII**:114–19, 131, 132, 196; **XVIII**:39

'Abdallāh b. Wā'il **XXIV**:141

'Abdallāh b. Wā'l al-Taymī **XVII**:176–81; **XX**:82, 84, 96, 133, 138, 142, 148–50, 154

'Abdallāh b. Wa'lān al-'Adawī **XXII**:174; **XXIII**:137; **XXIV**:17, 19

'Abdallāh b. Wālī **XIX**:25

'Abdallāh b. al-Walīd **XIV**:112, 113

ʿAbdallāh b. Wandāmīd **XXXV**:24
ʿAbdallāh b. Wāqid **II**:46
ʿAbdallāh b. Wāqid b. ʿAbdallāh **XXVI**:9, 11
ʿAbdallāh b. Warqāʾ al-Asadī **XXI**:8
ʿAbdallāh b. Warqāʾ b. Junādah al-Salūlī **XXI**:78–79
ʿAbdallāh b. Warqāʾ al-Riyāḥī **XIV**:4, 6, 7, 9, 83
ʿAbdallāh al-Warthānī **XXXIII**:175–76, 178
ʿAbdallāh b. Waṣīf **XXXIV**:180
ʿAbdallāh b. Wathīmah al-Naṣrī **XI**:42, 49; **XV**:20
ʿAbdallāh b. al-Wāthiq, Abū al-Qāsim **XXXVI**:76–80, 82–86, 91, 96, 99, 102, 106, 163
ʿAbdallāh b. Abī Yaḥyā **XIX**:16; **XXXIX**:203
ʿAbdallāh b. Yaḥyā **XXVIII**:109–10
ʿAbdallāh b. Yaḥyā (Ṭālib al-Ḥaqq) **XXVII**:53, 90, 118, 120
ʿAbdallāh b. Yaḥyā b. Khāqān **XXXIV**:161
ʿAbdallāh b. Yaʿlā al-Nahdī **XXI**:188
ʿAbdallāh b. Yaʿqūb **XXI**:219
ʿAbdallāh b. Yāsir **XXXIX**:29
ʿAbdallāh b. Yathribī al-Ḍabbī **XVI**:152–53
ʿAbdallāh b. Yazīd al-Anṣārī **IX**:124; **XI**:190, 193–94; **XX**:47, 92–97, 121–23, 128–30, 134–37, 155, 158, 175, 184–86, 220; **XXXIX**:268
ʿAbdallāh b. Yazīd b. Asad al-Qasrī, Abū Khālid **XXI**:165, 192; **XXV**:34, 124
ʿAbdallāh b. Yazīd al-Hilālī **XXXIX**:201
ʿAbdallāh b. Yazīd al-Hudhalī **XV**:248; **XXIX**:254; **XXXIX**:81, 337–38
ʿAbdallāh b. Yazīd b. Hurmuz **XXVIII**:216–17
ʿAbdallāh b. Yazīd b. Jābir al-Azdī **XVII**:31
Umm ʿAbdallāh bt. Yazīd al-Kalbiyyah **XV**:11
ʿAbdallāh b. Yazīd b. Muʿāwiyah (al-Uswār) **XIX**:226–27; **XX**:51, 52; **XXI**:158, 179, 181
ʿAbdallāh b. Yazīd b. Muʿāwiyah (al-Uswār al-Aṣghar) **XIX**:227
ʿAbdallāh b. Yazīd b. al-Mughaffal **XXIII**:43
ʿAbdallāh b. Yazīd b. Nubayṭ **XIX**:27
ʿAbdallāh b. Yazīd b. Qanṭash al-Hudhalī. SEE ʿAbdallāh b. Yazīd al-Hudhalī
ʿAbdallāh b. Yazīd b. Qays al-Hudhalī. SEE ʿAbdallāh b. Yazīd al-Hudhalī
ʿAbdallāh b. Yazīd b. Rawḥ b. Zinbāʿ al-Judhāmī **XIX**:168; **XXVII**:171
ʿAbdallāh b. Yazīd b. Abī Sufyān **XV**:254
ʿAbdallāh b. Yazīd al-Uswār. SEE ʿAbdallāh b. Yazīd b. Muʿāwiyah al-Uswār
ʿAbdallāh b. Yūnus al-Jubayrī **XXXIX**:109
ʿAbdallāh b. Yuqṭur **XIX**:88–89, 181
ʿAbdallāh b. Yūsuf, Abū Muḥammad. SEE al-Ḥajjāj b. Yūsuf al-Taymī
ʿAbdallāh b. al-Zabīr al-Asadī **XIX**:22, 62; **XXII**:21
ʿAbdallāh b. Zaḥr al-Khawlānī **XVII**:132
ʿAbdallāh b. Abī Zakariyyāʾ al-Khuzāʿī **XXIV**:40
ʿAbdallāh b. Zamʿah **XVII**:207; **XXXIX**:76
ʿAbdallāh b. Zayd (*rāwī*) **XIX**:224–25
ʿAbdallāh b. Zayd b. ʿAbd Rabbihi **XV**:99; **XXXIX**:290
ʿAbdallāh b. Zayd al-Anṣārī. SEE ʿAbdallāh b. Yazīd al-Anṣārī
ʿAbdallāh b. Zayd al-Jarmī, Abū Qilābah **VI**:62; **XIII**:99

'Abdallāh b. Zayd al-Khazrajī **IX**:76
'Abdallāh b. Zayd al-Tamīmī **XII**:42
'Abdallāh b. Zaynab. SEE 'Abdallāh b. Muḥammad b. Ibrāhīm
'Abdallāh b. al-Ziba'rā al-Sahmī **VI**:16; **VIII**:185–86; **XXIX**:141–42
'Abdallāh b. Ziyād **IX**:125
'Abdallāh b. Abī Ziyād **I**:179; **II**:21
'Abdallāh b. Ziyād b. Abī Sufyān **XX**:15, 19, 22, 27
'Abdallāh b. al-Zubayr, Abū Bakr **II**:80; **VI**:70, 158; **VII**:9, 10, 118, 126; **IX**:9, 143; **XII**:133; **XIII**:59, 172; **XIV**:12; **XV**:42–43, 161, 204, 207, 211–12, 218; **XVI**:42, 45, 46, 50, 55, 68, 69, 77, 116, 126, 127, 139–41, 147, 153, 161; **XVII**:91, 105, 107; **XVIII**:22, 94, 186, 208, 209, 210, 217, 225; **XIX**:1–4, 6–7, 9–16, 22–23, 31, 35, 65, 67–69, 85, 100, 168, 186, 189–93, 195–97, 204–5, 218, 221–25; **XX**:1–6, 12, 43, 45, 47–69, 92, 97–105, 109, 111–17, 122–23, 136, 144, 160, 162, 166–67, 173–74, 175–76; **XXI**:3, 12, 48, 53–56, 59–62, 66–67, 71–72, 83, 89, 104, 111, 115, 118–21, 122, 135, 147, 152–53, 165, 168, 170, 182, 185, 191, 194–95, 206–9, 210, 212, 215, 224–32; **XXII**:1; **XXIII**:88, 114, 116–17, 121, 212; **XXV**:115; **XXVI**:158; **XXIX**:17; **XXX**:122; **XXXIX**:17, 52, 95, 105, 193, 209, 211, 237, 268, 272, 276, 296, 335
'Abdallāh b. al-Zubayr (*rāwī*, father of Muḥammad b. 'Abdallāh b. al-Zubayr al-Asadī) **XXI**:186
'Abdallāh b. al-Zubayr al-Ḥumaydī. SEE al-Ḥumaydī
'Abdallāh b. Zuhayr **XXII**:143–44, 146, 148
'Abdallāh b. Zuhayr al-Salūlī **XXI**:76
'Abdallāh b. al-Zuhayr b. Sulaym al-Azdī **XIX**:120; **XXIV**:160
'Abdān (b. Bishr b. Job) **II**:143
'Abdān al-Kasibī **XXXVI**:61
'Abdān ('Abdah) b. Muḥammad al-Marwazī **I**:227, 251, 268, 288; **II**:99
'Abdān b. al-Muwaffaq, Abū al-Qāsim **XXXV**:126, 128, 129, 130
'Abdasī (north of Wāsiṭ) **XXVIII**:256–57; **XXXII**:25; **XXXVII**:12, 21–22
'Abdawayh (commander of Muṭṭalib b. 'Abdallāh b. Mālik al-Khuzā'ī) **XXXII**:91
'Abdawayh (Kardām al-Khurāsānī) **XXVIII**:102, 274
'Abdawayh al-Anbārī **XXX**:142
'Abdawayh al-Jardāmadh b. 'Abd al-Karīm **XXVII**:68
al-'Abdī. SEE Ḥakīm b. Jabalah al-'Abdī
abdominal ulcer, death from **XXX**:41
'Abdūn b. Makhlad **XXXVII**:148, 150
'Abdūs al-Fihrī **XXXII**:188, 191
'Abdūs b. Muḥammad b. Abī Khālid **XXXII**:15–16
'Abdūyah ('Abdawayh, palace of al-Amīn, in Baghdad) **XXXI**:142, 226
Abel (Hābīl) **I**:307–17, 324, 331, 337; **XI**:24
Abghar (district, in Samarqand) **XXIV**:149, 171
'Abhalah b. Ka'b b. Ghawth. SEE al-Aswad al-'Ansī
Abhar (in al-Jibāl) **XVIII**:161; **XXXVIII**:14
'Abhar (*umm walad* of Qutaybah b. Muslim) **XXIV**:27
Banū 'Abīd (of Makhzūm) **X**:157
Banū 'Abīd b. al-Ajram (of Quḍā'ah) **V**:33
Ibn 'Abīd al-Hajarī **XXIV**:24

'Abīd b. Naqīd **XX**:78
'Abīdah b. 'Amr al-Baddī. SEE 'Ubaydah b. 'Amr al-Baddī al-Kindī
'Abīdah b. Hilāl al-Yashkurī **XIX**:184; **XX**:99–100, 165, 169, 170; **XXI**:131; **XXII**:161, 164, 176
Abihail (father of Esther) **IV**:41, 50
Abijah b. Rehoboam **IV**:20
Ābil (Ābil al-Zayt?) **X**:17, 44
Ābil al-Zayt **IX**:164; **XI**:77
Abimelech b. Gideon **III**:127
Abiq. SEE Nahr Aniq
Ibn 'Ābis **XII**:177
'Ābis al-Bāhilī **XXIII**:171
'Ābis al-Ju'fī **XII**:122
'Ābis b. Abī Shahīb al-Shākirī **XIX**:29, 57, 147–48
Abīward (Bīward, in Khurāsān) **XV**:90, 92; **XXIII**:155, 164; **XXVII**:61, 64, 73, 74, 75, 80, 83, 104, 107, 108; **XXVIII**:264; **XXX**:176
Abjad (ruler) **II**:3
Abjar (b. Jābir al-'Ijlī?) **XI**:23
al-Abjar (Khudrah b. 'Awf b. al-Ḥārith) **XXXIX**:57
Abjar b. Bujayr (Abjar b. Jābir al-'Ijlī?) **X**:144, 145
Abjar b. Jābir al-'Ijlī **XVII**:217
Abkhaz (Abkhāz, ethnic group) **V**:153
Ablaj (Turkish commander) **XXXV**:74, 75
al-Ablaq al-Rāwandī **XXIX**:122
ablution *(ghusl)* **VI**:77–78; **IX**:86, 87; **X**:142; **XXXIX**:198
al-Abnā' (descendants of Persian soldiers in Yemen) **VIII**:114; **IX**:167; **X**:18, 21, 22, 24, 25, 28, 29, 53, 165–69, 172; **XXVII**:81; **XXXIX**:94, 227, 299
al-Abnā' (of Banū Tamīm) **X**:85–87, 89, 140; **XVII**:180; **XXII**:8, 196–97, 199–200
Abnā' al-Dawlah (Sons of the Dynasty, Baghdadi military class of Khorasanian origin) **XXXI**:81, 84, 86, 90, 100, 104–6, 109, 132, 152, 182, 193, 203, 208; **XXXII**:54, 231; **XXXIII**:11, 17, 145, 151, 152; **XXXIV**:182; **XXXV**:10, 60, 63
abnā' al-kaffiyyah (abstainers) **XXXI**:111
the abominable one. SEE 'Alī b. Muḥammad
al-Abrad b. Dāwūd **XXVII**:33
Āl al-Abrad b. Qurrah **XXVII**:33
al-Abrad b. Qurrah al-Tamīmī al-Riyāḥī **XXI**:142, 144; **XXIII**:25, 42–43; **XXV**:107
al-Abrad b. Rabī'ah al-Kindī **XXII**:88
Abrahah (Abū Yaksūm al-Ashram) **V**:164, 207, 212–35, 242, 244, 266
Abrahah (*jāriyah* of the Negus) **VIII**:109–10; **XXXIX**:178–80
Abrahah (officer of Rabī'ah b. 'Abd al-Raḥmān) **XXVII**:91
Abrahah b. Rā'ish. SEE Dhū Manār
Abrahah b. al-Ṣabbāḥ **XIII**:169; **XVII**:106; **XVIII**:221
Abraham (Ibrāhīm, Friend of God, prophet) **I**:293, 302, 344, 371; **II**:2, 4, 16, 18, 22, 23, 28, 46, 47, 50, 54, 56–58, 61–64, 68, 70–77, 79, 80, 82, 84–95, 98–109, 111–12, 115, 117–19, 122, 126–28, 130–31, 132, 138, 140, 143, 147; **III**:2, 3, 4, 18, 22, 31, 32, 37, 38, 41, 136, 144, 150; **V**:169, 225, 275, 413, 416; **VI**:36, 38–40, 42, 51–52, 64, 79, 84, 104, 159; **VII**:82; **XIII**:6, 159, 168; **XV**:127; **XVIII**:82; **XX**:176; **XXIII**:148; **XXX**:330; **XXXVII**:64, 173; **XXXIX**:148, 204
SEE ALSO *maqām Ibrāhīm*
Abraham b. Peleg b. Eber **IV**:30, 59
al-Abraq (of the people of al-Rabadhah) **X**:45, 51, 52, 160

al-Abrash. SEE Sa'īd b. al-Walīd al-Kalbī
Ibn al-Abrash. SEE Ibrāhīm b. Ayyūb al-Abrash
Abrashahr (Abarshahr) **XV**:42, 90–92, 111; **XVI**:191; **XVIII**:85, 179; **XXIII**:155, 164; **XXIV**:52; **XXVI**:122–23
SEE ALSO Nishapur
Abraz (*marzūbān* of Marw). SEE Barāz b. Māhawayh b. Māfanāh b. Fayd
Abrāzbandah, king of **XXXI**:71–72
Abrīk. SEE Tephrikē
Ibn Abrūd (*ḥājib* of Muḥammad b. 'Abdallāh) **XXVIII**:125
Abrūn (brother of Kayghalagh) **XXXVII**:1; **XXXVIII**:104
Abrūn (lieutenant of Muṣliḥ) **XXXVI**:138
Abrusān (Bursān, near al-Baṣrah) **XXXVI**:43, 57; **XXXVII**:49, 62, 77
Abruwān (on the Persian Gulf coast of Fārs) **V**:51, 105
Banū 'Abs **II**:13; **IX**:98; **X**:41, 43, 44, 46, 47, 49, 51, 52, 60; **XII**:130; **XIII**:44, 67, 191; **XVI**:30–31; **XVIII**:138; **XXIV**:63–64; **XXV**:117; **XXVI**:22, 45, 63, 134, 146, 171; **XXXIX**:133
Abū 'Abs b. Jabr al-Ḥārithī **VII**:95; **XV**:144
'Abs b. Ṭalq b. Rabī'ah al-Ṣarīmī **XX**:31–32
Absalom b. David (Abshā) **III**:149
abstainers. SEE *abnā' al-kaffiyyah*
abstention from sexual intercourse. SEE *'iddah*
al-Abṭaḥ (valley, near Mecca and Minā) **VIII**:181; **XVI**:40; **XVII**:224; **XIX**:13, 27; **XX**:3
Abṭaḥiyyah swords (i.e., Meccan soldiers) **XVI**:136
Abūshīl. SEE Methushael
al-Abwā' (in al-Ḥijāz) **V**:283; **VII**:11–12, 15; **IX**:116; **XXXIX**:21
al-Abwāb (Bāb al-Abwāb?) **XIV**:36
al-Abyaḍ. SEE al-Qaṣr al-Abyaḍ
Abyaḍ al-Rukbān. SEE Ma'qil b. al-A'shā b. al-Nabbāsh
Abyan (in Yemen) **V**:179, 181; **X**:171, 177; **XII**:147
Abyan b. 'Adnān **VI**:37
Abyssinia (Ethiopia, al-Ḥabashah) **II**:11, 15, 16, 20, 21; **IV**:50, 150; **V**:159, 160, 179, 182–83, 204, 208, 212, 224, 231, 235–36, 238, 241, 242, 245, 248, 262, 266; **VI**:16, 18, 105, 139; **VIII**:108, 109, 180; **IX**:128, 143, 145, 178; **X**:105, 120, 161; **XIII**:176, 177, 198; **XV**:253; **XVII**:54; **XVIII**:187; **XXVII**:170; **XXXI**:142, 171, 225; **XXXIV**:141; **XXXV**:122; **XXXIX**:94, 167, 169, 170, 177, 227, 299
emigration of first Muslims to **VI**:98–101, 109, 110, 112, 114, 136; **XXXIX**:5, 26, 27, 30, 66, 67, 104, 105, 110, 162, 169, 175, 177
Ethiopian language **III**:174
Negus of. SEE Negus
Abyssinians. SEE Abyssinia
Ibn Abzā. SEE 'Abd al-Raḥmān b. Abzā
al-Abzārī (Ibn al-Abzārī) **XXXIV**:119–20
acacia tree (*ṭalḥ, samurah*) **I**:277; **II**:73; **IX**:11
Banū 'Ād **I**:237; **II**:14, 18, 19, 28, 30–39, 46; **IV**:134, 148; **VI**:125; **XIV**:131; **XIX**:146; **XXI**:87; **XXIII**:198; **XXV**:153; **XXXI**:143, 219
Abū 'Ād al-'Ibāḍī **XXIX**:65, 69
'Ād b. Uz b. Aram b. Shem b. Noah **II**:13, 16, 18, 28
Adabīl (Adbāl) b. Ishmael **II**:132, 133

Adad b. Ishmael **II**:132
Adah (wife of Lamech) **I**:338
Banū ʿAḍal **VII**:143, 147; **VIII**:16
Adam (Ādam) **I**:184–86, 188–90, 213, 214, 217, 223–25, 233, 241, 253, 255–56, 257–311, 313–40, 342–44, 346, 347, 351–54, 362, 364, 366–70; **II**:22, 95, 130; **III**:65, 148; **IV**:114, 184; **V**:412, 416; **VI**:42, 78; **VIII**:108, 181; **XII**:64; **XIV**:117, 138; **XVIII**:22; **XXVIII**:63–64, 112, 113; **XXXVII**:173; **XXXIX**:126
Adam (near Dhū Qār) **V**:366
Ādam b. Abī Iyās **I**:195, 265, 327; **VI**:60, 154; **IX**:181, 207; **XXXIX**:156, 329
Ādam b. Rabīʿah b. al-Ḥārith b. ʿAbd al-Muṭṭalib **XXXIX**:62
ʿAdan. SEE Aden
ʿAdan bt. Enoch **I**:337, 338
Adana (Adhanah, in Cilicia) **XXXII**:188, 192; **XXXIV**:157; **XXXVI**:203
ʿAdanī garments **XXXIX**:225
Adarnush **IV**:75
ʿAdasah bt. Mālik b. ʿAwf al-Kalbī **XVIII**:34
Banū al-ʿAdawiyyah (of Tamīm) **XIII**:115, 116; **XX**:29, 31, 34
al-ʿAḍb (name of Prophet Muḥammad's sword) **IX**:154
al-ʿAḍbāʾ (name of Prophet Muḥammad's camel) **VIII**:47; **IX**:151
Adbāl. SEE Adabīl b. Ishmael
Ibn Adbar. SEE Ḥujr b. ʿAdī b. Jabalah al-Kindī
al-ʿAddāʾ b. Ḥujr **X**:177, 178
ʿAddās (Christian slave from Nineveh) **VI**:117
Aden (ʿAdan, in Yemen) **IV**:131; **V**:159, 240; **VI**:37; **X**:23, 167, 171, 190; **XII**:147; **XXVIII**:94
al-Aḍḥā. SEE ʿĪd al-Aḍḥā
Abū al-ʿAdhāb (Qarmaṭian commander) **XXXVIII**:137, 141
Adhākhir (near Mecca) **VIII**:177
SEE ALSO Baṭn Adhākhir
ʿAdhal (*jāriyah* of Ḥumayd b. ʿAbd al-Ḥamīd al-Ṭūsī) **XXXII**:158
Adʾham b. Muḥriz al-Bāhilī **XV**:234; **XVII**:52; **XX**:139, 145, 149; **XXXIX**:53, 274
adhān. SEE call to prayer
Ādharbayjān (Azerbaijan) **III**:28, 29; **IV**:17, 40, 47, 79; **V**:14, 95–96, 98–99, 113, 146, 149, 151, 303, 306–7, 311, 313, 388; **XIII**:37; **XIV**:1, 3, 10, 17, 21, 22, 26, 31–34, 36, 44, 45; **XV**:8, 62, 132, 256; **XVI**:195; **XVIII**:3; **XIX**:138; **XX**:219; **XXI**:51, 118; **XXII**:48, 67; **XXIII**:148, 164, 210; **XXIV**:74, 182; **XXV**:65, 69, 70, 98, 99, 122, 130, 166, 194; **XXVI**:35, 242, 251; **XXVII**:181, 195, 198, 203, 204, 208, 211; **XXVIII**:19, 50; **XXIX**:84, 203, 215; **XXX**:115, 171, 294; **XXXII**:106, 144, 176, 182, 183, 193; **XXXIII**:16, 73, 85, 175–76, 182; **XXXIV**:77, 79, 96, 104, 111; **XXXV**:7; **XXXVI**:161; **XXXVIII**:72, 94, 97, 184, 192
Ādharbiyān (ruler of Sābūr) **XIV**:70
Adharnarsē b. Isḥāq al-Khāshinī **XXXIV**:124
al-Ādhīn (crown of al-Hurmuzān) **XIII**:137
Ādhīn (commander of Bābak al-Khurramī) **XXXIII**:24, 46–48, 60, 67, 69, 70–71
Ādhīn b. al-Hurmuzān **XIII**:57
Ādhīn Jushnas **V**:306
ʿAdhiyyah bt. Jābir. SEE Ghaziyyah bt. Jābir
Adhkūtakīn b. Asātakīn **XXXVII**:1
al-Adhkūtakīnī. SEE Khafīf al-Adhkūtakīnī

'Adhrā' (Marj 'Adhrā', near Damascus) **XVIII**:144–46, 147, 152, 158; **XXVI**:186, 189; **XXXIX**:274
Adhri'āt (in Syria) **V**:325, 327; **VII**:159; **XXXVIII**:158
Adhruḥ (Roman camp, between Ma'ān and Petra) **IX**:58; **XVII**:90, 104, 159; **XVIII**:10, 92, 210
Adhrūliyyah (Ḥammah al-Adhrūliyyah) **XXIII**:146; **XXIX**:206
'Adī (canal). SEE Nahr 'Adī
Banū 'Adī **XV**:144, 202; **XVIII**:155; **XXIII**:138; **XXVI**:41
Banū 'Adī (of Ḍabbah) **XV**:92
Banū 'Adī (of Tamīm) **XX**:78; **XXXIV**:46
Ibn Abī 'Adī (Muḥammad b. Ibrāhīm al-Qasmalī) **I**:200, 218, 260, 297; **II**:84, 108–9; **VI**:155; **VII**:120; **IX**:155, 157, 160; **XIV**:99, 106, 107
'Adī b. 'Adī (of the people of Qaṣr al-'Adasiyyīn) **XI**:28, 30–31, 35
'Adī b. Abī 'Adī **XVI**:138
'Adī b. 'Adī b. 'Umayrah al-Kindī al-Shaybānī **XXII**:39–40, 48–49, 51, 73
'Adī b. Aḥmad b. 'Abd al-Bāqī **XXXVIII**:204
'Adī b. 'Amr b. Saba' **II**:23
'Adī b. 'Amr al-Thaqafī **XXII**:69
'Adī b. Arṭāt al-Fazārī **XXIV**:75, 79, 81, 111–19, 141–42, 187
'Adī b. Aws b. Marīnā **V**:343–45
'Adī al-Awsaṭ (father of 'Adī b. 'Adī) **XI**:30
'Adī b. Ḥamrā' al-Thaqafī **VI**:50
'Adī b. Ḥanẓalah al-Ṭā'ī **V**:340
'Adī b. Ḥarmalah al-Asadī **XIX**:68, 70, 86, 91, 127
'Adī b. Ḥātim al-Ṭā'ī, Abū Ṭarīf **IX**:63–67, 98, 108; **X**:50, 60–62, 64, 65; **XI**:10, 17, 37, 64; **XII**:14; **XVI**:92, 96, 104, 105, 142, 147; **XVII**:21–22, 27–29, 122, 134–35; **XVIII**:42, 139, 140, 155, 156, 157, 160, 161; **XXI**:40–41; **XXXIX**:86, 297
Banū 'Adī b. Ka'b (of Quraysh) **VI**:57–58, 100, 139; **VII**:29, 46, 143; **VIII**:82, 172; **XIV**:116; **XX**:115, 185; **XXIV**:75; **XXVIII**:181; **XXXIX**:117
Āl 'Adī b. al-Khiyār b. 'Adī b. Nawfal b. 'Abd Manāf **VI**:17
'Adī b. Marīnā. SEE 'Adī b. Aws b. Marīnā
Banū 'Adī b. al-Najjār **V**:284; **VI**:10–12, 14, 154; **VII**:53, 55, 122, 151; **VIII**:38; **XI**:176
'Adī b. Naṣr **IV**:134
'Adī b. Qays al-Sahmī **IX**:33
Banū 'Adī b. Rabī'ah **XXXIX**:137
Banū 'Adī al-Ribāb **XVI**:117, 136, 137, 164; **XXI**:46, 66; **XXIV**:23, 176, 187
'Adī b. al-Ṣabāḥ b. al-Muthannā **XXI**:216
'Adī b. Sahl **XII**:190
Banū 'Adī b. Sharīf **XIII**:22
'Adī b. Suhayl **XII**:30; **XIII**:103, 108
'Adī b. Suhayl b. 'Adī **XV**:34
'Adī b. 'Umayrah al-Shaybānī. SEE 'Adī b. 'Adī b. 'Umayrah al-Kindī al-Shaybānī
'Adī b. Wattād al-Iyādī **XXII**:141, 143–48
'Adī b. Abī al-Zaghbā' **VII**:40, 44
'Adī b. Zayd b. 'Adī b. al-Riqā' al-'Āmilī **XXI**:171
'Adī b. Zayd al-'Ibādī **IV**:145, 147; **V**:37, 81, 331, 341–52
Abū 'Adī b. Ziyād **XIII**:89, 90
Adiabene. SEE Ḥazzah
'Adiyā (in a line of Namīr b. Tawlab al-'Uklī's poetry) **IV**:153
al-Aḍjam. SEE Ṣāliḥ b. 'Alī b. 'Aṭiyyah
Admā' *(jāriyah)* **XVIII**:134

Abū Admā' al-Hamdānī **XVII**:216
administrative divisions
'irāfah **XII**:17; **XIII**:67, 77; **XIX**:33, 35; **XX**:95
kūrah **V**:38, 254
mikhlāf **V**:212, 249
ṭassūj (provincial division) **XXII**:54; **XXXV**:42, 121, 132; **XXXVI**:16
'Adnā ('Arbā) bt. 'Azrā'īl **I**:346
Abū 'Adnān al-Sulamī **XXIX**:259
'Adnān b. Udad **IV**:69; **VI**:37–40; **XVI**:143
adopted children, name giving to **XXXIX**:9–10
al-Adrīnūq (king of al-Andalus) **XXIII**:182
Adrunjār (Durunjār, high-ranking military officer) **XI**:109, 128
Aḍṭarbad (Iḍṭarbad, between Sīb Banī Kūmā and Dayr al-'Āqūl) **XXXVI**:170; **XXXVIII**:109
Banū 'Adūl **XXXIX**:111
adultery. SEE *zinā*
Adum. SEE Edom
'Ādūr (chief of Pharaoh's sorcerers) **III**:57
advance payments, in tax collection **X**:96; **XXXVI**:15; **XXXVII**:90
Banū 'Adwān **VI**:25, 29; **XXXIX**:275
Aelia Capitolina. SEE Jerusalem
Aetius. SEE Yāṭis al-Rūmī
Banū al-Af'ā **X**:163
al-Af'ā al-Jurhumī **VI**:34–36
Afāmiyah (Fāmiyh, Apamea) **V**:254; **XXXVIII**:131, 132
Afarīdhūn. SEE Afrīdhūn
al-Afāriqah. SEE Africa
Ibn 'Affān. SEE 'Uthmān b. 'Affān
'Affān b. Abī al-'Āṣ **XV**:170; **XXXIX**:198
'Affān b. al-Ashqar al-Naṣrī **XVI**:148
'Affān b. Muslim al-Ṣaffār **II**:148, 157, 172; **VI**:91; **XXIV**:101; **XXVIII**:283; **XXXIX**:223
'Afīf b. Iyās al-Aḥmasī **XVII**:49
'Afīf al-Kindī **VI**:81, 82
'Afīf b. al-Mundhir **X**:88, 145–48
'Afīf b. Zuhayr b. Abī al-Akhnas **XIX**:132–34
'Āfiyah al-Qāḍī. SEE 'Āfiyah b. Yazīd al-Azdī
'Āfiyah b. Sulaymān **XXXI**:21, 45
'Āfiyah b. Yazīd al-Azdī **XXIX**:197, 203, 248
Ibn al-Afkal. SEE Rib'ī b. al-Afkal
Aflaḥ (*mawlā* of Abū Ayyūb al-Anṣārī) **XI**:123
Ibn Aflaḥ. SEE Dār Ibn Aflaḥ
Aflaḥ b. Sa'īd **XIX**:82
al-Afqam. SEE Yazīd b. Hishām b. 'Abd al-Malik
'Afrā' (mother of Mu'awwidh b. al-Ḥārith and 'Awf b. al-Ḥārith b. Rifā'ah) **VII**:66
Ibn 'Afrā'. SEE 'Awf b. al-Ḥārith b. Rifā'ah; Mu'awwidh b. al-Ḥārith
Afrāsiyāb. SEE Frāsiyāb
Afrāsyāt. SEE Frāsiyāb
Afrawāk (Fravāk) b. Siyāmak **I**:325, 326
Afrī bt. Siyāmak **I**:325
Africa (Ifrīqiyah, al-Afāriqah, African troops) **III**:98; **IV**:123; **XIII**:175; **XV**:12, 18–24, 74, 111, 157; **XVIII**:102, 103; **XXIII**:201, 215; **XXIV**:164–65; **XXVI**:54, 240; **XXVII**:148, 197; **XXVIII**:277; **XXIX**:51, 55, 65, 67, 68, 69, 74, 77, 180, 195, 219, 235, 239; **XXX**:29, 41, 102, 142, 162, 174; **XXXI**:139, 151, 176; **XXXVI**:166; **XXXVII**:37
Afrīdhūn (Afarīdhūn) b. Athfiyān (Kay Afrīdhūn) **II**:1, 4–9, 23, 25, 110, 111; **III**:1, 3, 4, 5, 18, 19, 21, 22, 88; **IV**:92

Afrīk (*jāriyah* of Asad b. al-Marzbān) **XXIX**:60
Afrūdhīn (cavalryman of the Sasanian army) **XIII**:144
Afr.y.dh (river) **XXIII**:68
Afṣā b. Ḥārithah **VI**:53
Afshīn (Afshīnah, near Samarqand) **XXIV**:192, 193
al-Afshīn (Khaydhar b. Kāwūs) **XXV**:148; **XXXII**:188, 191; **XXXIII**:12, 14, 19–24, 36–43, 44, 46–47, 79, 81–84, 90–92, 94, 98, 102–3, 108, 120, 122, 124, 126, 129, 137–38, 143, 175–76, 179–93, 195–200, 214; **XXXV**:76
Afshīnah. SEE Afshīn
al-Afṭas. SEE al-Ḥusayn b. al-Ḥasan b. ʿAlī b. al-Ḥusayn; Sālim al-Afṭas
afterlife **X**:29, 57; **XXXIV**:40
afternoon (midafternoon) prayer (*ṣalāt al-ʿaṣr*) **VIII**:28, 29, 140; **XXXIX**:120, 121
  SEE ALSO middle prayer
ʿAfwallāh b. Sufyān **XXVIII**:260–61
Ibn ʿAfwallāh b. Sufyān **XXVIII**:261
age of the world
  according to Christians **I**:184–85
  according to Israelites **I**:184–85
  according to Zoroastrians **I**:185–86
agent (*ʿāmil*) **IX**:87; **XV**:17; **XXVI**:15, 24, 29, 31, 59, 62–63, 136
  SEE ALSO governors; tax collectors
al-Agharr (ʿAlī b. Ḥasan). SEE ʿAlī b. Ḥasan b. Ḥasan b. Ḥasan b. Abī Ṭālib
al-Agharr (officer of Zikrawayh) **XXXVIII**:197
Abū al-Agharr (Khalīfah b. al-Mubārak al-Sulamī) **XXXVIII**:13, 81, 82, 90, 113, 118, 127, 128, 138, 146, 193
Abū al-Agharr (son-in-law of Ibn al-Baʿīth) **XXXIV**:80, 86, 88
al-Agharr al-ʿIjlī **XI**:191; **XVI**:45
Aghartmish (Aghartimish, ʿAbbāsid officer) **XXXVI**:178, 179, 191; **XXXVII**:2–4
Aghas b. Bihdhān **IV**:11, 16
Aghbagh. SEE Albaq
al-Aghdaf (south of al-Azraq?) **XXVI**:91–92, 148
al-Aghlab b. ʿĀmir b. Ḥanīfah **X**:126, 127
al-Aghlab al-ʿIjlī **XXXIX**:94
al-Aghlab b. Salīm **XXVII**:192
Aghwāth. SEE Yawm al-Katāʾib
agnomen. SEE *kunyah*
Ahab (king of Israel) **III**:123
al-Aḥābīsh (clans allied with Quraysh) **VII**:106, 107, 117, 132; **VIII**:13, 78, 81, 176; **XIII**:76
aḥālīf. SEE *aḥlāf*
Ahan (village, in Nishapur district) **XXVIII**:44
Ahasuerus b. Cyrus b. Jamasb **IV**:48, 50, 51
Ahaz b. Jotham b. Uzziah **IV**:35
Ahaziah **IV**:35
aḥbār (Jewish religious scholars) **V**:145; **XXIII**:185?
Aḥbash b. Marthad b. ʿAlqamah b. Salamah al-Ḥaḍramī **XIX**:163
ʿahd (pact, obligation, covenant) **XV**:111, 218, 240, 244–45
aḥdāth (police) **XIV**:16; **XV**:136, 189; **XXVI**:244; **XXIX**:76, 77, 169, 175, 176, 180, 195, 204, 216, 219, 222, 235, 237, 239; **XXX**:40; **XXXI**:10
ʿĀḥir (looter at Jericho) **III**:96
al-Aḥjam b. ʿAbdallāh al-Khuzāʿī **XXVII**:62, 74
Aḥjār al-Zayt (near Medina) **XV**:161; **XXVIII**:203
ahl (troops) **XXXVI**:5
ahl al-akhbār (historians) **XXIII**:155
Ahl al-ʿĀliyah (the Highlanders, Medinan army regiment *[khums]* of al-Baṣrah) **XX**:170; **XXI**:87, 93,

Ahl al-ʿĀliyah (continued) **XXI**:94; **XXII**:174; **XXIV**:12, 14, 114; **XXV**:133, 143; **XXVI**:62
ahl al-arḍ (villagers) **XII**:192
ahl al-ayyām (those who participated in the earliest Muslim campaigns) **XII**:56, 75, 84, 85, 129, 151, 201; **XIII**:13, 30, 34, 77; **XV**:112
ahl al-balāʾ (distinguished veterans) **XIII**:30, 211; **XV**:133
Ahl al-Bayt (People of the Household, Prophet's family) **VIII**:10; **XIX**:126; **XXVI**:23, 50, 58; **XXVII**:63; **XXVIII**:214; **XXXII**:26; **XXXIX**:213, 258
ahl al-buyūtāt (members of distinguished families) **XIII**:114, 115, 211, 212, 215; **XV**:57
ahl al-dhimmah (*dhimmīs*, protected people) **V**:260; **IX**:39; **X**:131, 157, 163, 164, 192; **XI**:3; **XII**:7, 153, 154, 155, 156, 157, 159, 207; **XIII**:6, 9, 20, 47, 48, 50–52, 56, 62, 87, 88, 121, 124, 126, 130, 141, 149, 166–68, 170–72, 216, 217; **XV**:28, 104, 126; **XVI**:188; **XVII**:125, 176, 221; **XXIII**:67; **XXV**:45, 156; **XXVI**:146; **XXX**:170, 268, 273; **XXXIV**:41–42, 89–90, 93–94, 128
  circumcision as religious conversion test **XXIV**:83
  distinctive dress **XXX**:268; **XXXIV**:89–90, 93–94, 128
  zunnār belts **XXXIV**:89, 90, 94
  SEE ALSO Ahl al-Kitāb
ahl al-fatḥ (people of the conquest, those who accepted Islam after the conquest of Mecca) **XII**:200
  SEE ALSO *al-ṭulaqāʾ*
ahl al-fayʾ (those entitled to the booty) **XII**:155, 157, 160, 203, 204; **XV**:7
Ahl Hajar (of ʿAbd al-Qays) **XVI**:121
ahl al-khanādiq (people of the trenches?) **XXXIII**:145
Ahl al-Kitāb (People of the Book, possessors of the Scriptures) **III**:2, 13, 51, 149, 151; **XXXIX**:23
  people of the first Book **VI**:38
  SEE ALSO *ahl al-dhimmah;* Christians; Jews
ahl al-madar (settled people, as opposed to nomads) **X**:109, 122, 123, 130, 134, 139, 158, 170; **XII**:170
ahl al-Qawādis (people of the [battle of] Qādisiyyah and immediately subsequent battles?) **XI**:210; **XII**:100, 152; **XIII**:34, 71, 203
  SEE ALSO al-Qādisiyyah
ahl al-qiblah (Muslims) **XV**:139; **XXXII**:214
ahl al-Riddah (people of the Apostasy, apostates) **XI**:8, 36, 121, 196; **XII**:116, 201; **XIII**:37
  SEE ALSO Riddah wars
ahl al-siyar (historians) **XIV**:51; **XVII**:138, 159, 209; **XXIII**:117, 183, 218
ahl al-wabar (people of the hair tents, people of the desert, nomads, as opposed to settled people) **X**:92, 109, 122, 123, 158; **XII**:170
aḥlāf (*aḥālīf*, pl. of *ḥalīf*, confederates, allies) **V**:21–22; **IX**:3–4, 15, 41, 43; **X**:108; **XV**:144; **XXIII**:19, 76; **XXXIX**:26, 29, 30, 79, 95, 100, 101, 104, 105, 110, 111, 116, 133, 177, 199, 231, 281, 282, 283, 289, 301
Aḥlum b. Ibrāhīm b. Bassām **XXVII**:140
Aḥmad (Prophet Muḥammad's alternative name) **VI**:64, 66; **VIII**:106; **IX**:156; **X**:168
  Banū Aḥmad **XXXVIII**:60

Abū Aḥmad *(rāwī)*. SEE Muḥammad b. ʿAbdallāh b. al-Zubayr al-Asadī
Ibn Abī Aḥmad. SEE Ḥulayfat Ibn Abī Aḥmad
Aḥmad b. Abbā. SEE Muḥammad b. Abbā
Aḥmad b. ʿAbbās **XXXVIII**:86
Aḥmad b. ʿAbd al-ʿAzīz b. Abī Dulaf **XXXVI**:202; **XXXVII**:2, 5, 29, 72, 76, 153, 155, 159–61, 169; **XXXVIII**:4, 5, 9, 39
Aḥmad b. ʿAbd al-Karīm al-Jawārī al-Taymī **XXXV**:27
Aḥmad b. ʿAbd al-Raḥmān al-Ḥarrānī **XXXIX**:109
Aḥmad b. ʿAbd al-Raḥmān b. Wahb **I**:182, 322, 325, 344; **II**:130; **VIII**:147; **IX**:172, 175, 206–7
Aḥmad b. ʿAbd al-Ṣamad al-Anṣārī **XIV**:114
Aḥmad b. ʿAbd al-Wahhāb **XXXIV**:56
Aḥmad b. ʿAbdah al-Ḍabbī **II**:114
Aḥmad b. ʿAbdallāh **XXXI**:108
Aḥmad b. ʿAbdallāh b. ʿAbd al-Raḥīm al-Barqī. SEE Ibn ʿAbd al-Raḥīm
Aḥmad b. ʿAbdallāh al-Khujustānī **XXXVI**:203; **XXXVII**:5, 12, 25, 51, 72, 90
Aḥmad b. ʿAbdallāh b. Muḥammad b. Ismāʿīl b. Jaʿfar, Abū al-ʿAbbās (al-Ḥusayn b. Zikrawayh) **XXXVIII**:116, 122
Aḥmad b. ʿAbdallāh b. Ṣāliḥ **XXXIV**:224
Aḥmad b. ʿAlī **XVIII**:16, 17; **XXVII**:166
Aḥmad b. ʿAlī b. al-Ḥusayn al-Hamadhānī **XXXVIII**:175
Aḥmad b. ʿAmmār al-Khurāsānī **XXXIII**:31
Aḥmad b. ʿAmr al-Baṣrī **II**:174
Aḥmad b. Asad **XXIX**:126
Aḥmad b. Abī al-Aṣbagh **XXXVI**:199, 203, 205; **XXXVII**:72
Aḥmad b. Ayyūb **XXXVI**:129
Aḥmad al-Bardhaʿī **XXXVII**:56
Aḥmad b. Bashīr b. Abī ʿAbdallāh al-Warrāq **II**:20
Abū Aḥmad al-Dayrānī **XXXVI**:170, 172, 185
Aḥmad b. Dīnār **XXXVII**:120
Aḥmad b. Abī Duʾād, Abū ʿAbdallāh **XXXII**:229; **XXXIII**:33, 86, 117, 186, 192, 195, 198–99, 210–12; **XXXIV**:10, 28, 31, 35, 40, 52, 61–64, 66–67, 70, 75, 117, 131, 186–87; **XXXV**:143
Aḥmad b. al-Faḍl b. Yaḥyā **XXXVI**:3
Aḥmad b. al-Faraj (Ibn al-Fazārī) **XXXV**:17
Aḥmad b. Farīdūn **XXXVI**:102
Aḥmad b. Ḥafṣ b. ʿUmar **XXXII**:161
Aḥmad b. Ḥammād al-Dūlābī **IX**:174
Aḥmad b. Ḥanbal **VI**:61, 153, 159; **XXXII**:210, 212–13, 217, 220–21
Aḥmad b. al-Ḥarashī. SEE Aḥmad b. Saʿīd al-Ḥarashī
Aḥmad b. Ḥarb al-Ṭāʾī **XIV**:110
Aḥmad b. al-Ḥārith **XXVIII**:72; **XXXIV**:40–41
Aḥmad b. Ḥārith al-Yamāmī **XXXV**:32
Aḥmad b. al-Ḥasan b. Harb **XXX**:212
Aḥmad b. al-Ḥasan b. Sahl **XXXII**:156
Aḥmad b. Bint Ḥasan b. Shunayf, Abū Muḥammad **XXXIV**:159–60
Aḥmad b. al-Ḥasan al-Tirmidhī **II**:181; **VI**:81
Aḥmad b. Ḥātim, Abū Naṣr **XXXIV**:44
Aḥmad b. al-Haytham b. Jaʿfar b. Sulaymān b. ʿAlī **XXIX**:120, 255

Aḥmad b. Hishām **XXXI**:51–55; **XXXII**:189
Aḥmad b. Ḥumayd b. Jabalah **XXVIII**: 247
Aḥmad b. Ibrāhīm al-Dawraqī (Ibn al-Dawraqī) **XV**: 183; **XVII**:140; **XXXII**:205; **XXXIV**:27
Aḥmad b. Ibrāhīm al-Fārisī **XXXI**:236
Aḥmad b. Ibrāhīm b. Ismāʿīl b. Dāwūd b. Muʿāwiyah b. Bakr **XXIX**:145; **XXX**: 85, 230
Aḥmad b. ʿĪsā b. ʿAlī b. Ḥusayn al-Ṣaghīr (the Younger) b. ʿAlī b. al-Ḥusayn b. ʿAlī b. Abī Ṭālib **XXXV**:26, 65, 144
Aḥmad b. ʿĪsā b. al-Manṣūr **XXXV**:144
Aḥmad b. ʿĪsā b. al-Shaykh **XXXVIII**:3, 8, 73, 87
Aḥmad b. ʿĪsā b. Zayd **XXX**:178; **XXXVI**:33, 134
Aḥmad b. Isḥāq (agent of ʿUbaydallāh b. Yaḥyā) **XXXV**:97
Aḥmad b. Isḥāq al-Ahwāzī **I**:259, 260, 267, 303; **II**: 102, 103, 104; **VII**:39
Aḥmad b. Isḥāq b. Barṣawmā **XXXI**:228–31
Aḥmad b. Isḥāq al-Mukhtār (Aḥmad b. Isḥāq al-Ahwāzī?) **II**:104
Aḥmad b. Ishkāb **XXXIX**:155
Aḥmad b. Ismāʿīl b. Aḥmad (al-Sāmānī) **XXXVIII**: 183, 195, 196, 200, 201
Aḥmad b. Ismāʿīl b. ʿAlī **XXIX**: 227; **XXX**:304
Aḥmad b. ʿIṣmawayh **XXXV**:20
Aḥmad b. Isrāʾīl **XXXIV**:8, 164; **XXXV**:83, 97, 103, 104, 106, 115, 124, 152, 153, 154, 161, 162, 163; **XXXVI**:9, 10–12
Aḥmad b. Abī Jaʿfar (Ibn Fityān). SEE al-Muʿtamid ʿalā-llāh
Abū Aḥmad b. Jaḥsh **VI**:139
Aḥmad b. Jamīl **XXXV**: 11
Aḥmad b. Janāb **XXXVI**:3
Aḥmad b. Janāb al-Maṣṣīṣī, Abū al-Walīd **XIX**:16, 74
Aḥmad b. Jayghawayh **XXXVII**:88
Aḥmad b. Jumayl **XXXVI**:94, 95, 98, 105
Aḥmad b. Junayd (Zanj commander) **XXXVII**:70
Aḥmad b. al-Junayd b. Farzandī al-Iskāfī **XXXII**:144; **XXXIII**:91
Aḥmad b. Junayd al-Khuttalī **XXX**:223
Aḥmad b. Kayghalagh **XXXVIII**:146, 156, 158, 159, 172, 180
Aḥmad b. Khālid, Abū al-Wazīr. SEE Abū al-Wazīr
Aḥmad b. Abī Khālid al-Aḥwal **XXXII**:96–97, 103–4, 105, 133, 135, 147
Aḥmad b. Khālid al-Fuqaymī **XXIV**: 156; **XXIX**:104, 130, 135, 144, 145
Aḥmad b. Khālid al-Khallāl **XXXIX**: 252
Aḥmad b. al-Khalīl b. Hishām **XXXIII**:38, 57–58, 65, 69, 112–13, 124–30, 132–33
Aḥmad b. Khāqān al-Wāthiqī **XXXVI**:8, 9, 73, 74, 92, 94, 97, 98, 103; **XXXVII**:89
Aḥmad b. al-Khaṣīb **XXXIII**:127–28; **XXXIV**:10, 15, 195–97, 204, 205, 209–10, 213, 218, 222; **XXXV**:7
Aḥmad b. Abī Khaythamah. SEE Aḥmad b. Zuhayr
Aḥmad al-Khāzin **XXX**: 81
Aḥmad b. al-Layth **XXXVI**:116
Aḥmad b. Laythawayh **XXXVI**:181–86, 197, 200, 201, 205
Aḥmad b. Mahdī al-Jubbāʾī **XXXVI**:174–76, 177–80, 191, 195, 196, 198, 201; **XXXVII**: 14, 16–18, 29–31, 40, 49, 86–87, 96
Aḥmad b. Makhlad **XXXIX**:260

Aḥmad b. Mālik b. Ṭawq XXXVII:82, 98
Aḥmad b. Manṣūr III:172; VI:62; VII:80; XVI:44, 79
Aḥmad b. Mārimmah XXXV:28, 29, 32, 33
Aḥmad b. Mazyad, Abū al-ʿAbbās XXXI:92, 96–101
Aḥmad b. al-Miqdām al-ʿIjlī I:333; II:61; VI:149
Aḥmad b. Muʿāwiyah XXVI:171, 213
Aḥmad b. Muʿāwiyah b. Bakr al-Bāhilī XXIX:84, 85; XXX:38
Aḥmad b. al-Mufaḍḍal II:39; III:144, 170; VI:94; VII:108, 114, 124; IX:77
Aḥmad b. al-Muhallab XXXI:119
Aḥmad b. Muḥammad b. Aḥmad. SEE Ibn al-Hazallaj
Aḥmad b. Muḥammad b. Abī al-Aṣbagh. SEE Ibn Abī al-Aṣbagh
Aḥmad b. Muḥammad b. ʿĀṣim. SEE ʿĪsā b. Jaʿfar b. Muḥammad b. ʿĀṣim
Aḥmad b. Muḥammad al-Barmakī XXXI:243
Aḥmad b. Muḥammad b. al-Faḍl XXXV:17
Aḥmad b. Muḥammad b. al-Furāt XXXVII:169; XXXVIII:80
Aḥmad b. Muḥammad b. Ḥabīb al-Ṭūsī I:181, 198, 304; III:45; VI:75
Aḥmad b. Muḥammad b. al-Ḥanafiyyah XXXVII:173–74
Aḥmad b. Muḥammad b. ʿĪsā I:334
Aḥmad b. Muḥammad b. Ismāʿīl b. al-Ḥasan b. Zayd, Abū al-Qāsim XXXVII:6
Aḥmad b. Muḥammad b. Jaʿfar XXX:119
Aḥmad b. Muḥammad b. Khālid b. Harthamah XXXV:11
Aḥmad b. Muḥammad b. Kushmard (Qushmard, Kumushjūr) XXXVIII:78, 135
Aḥmad b. Muḥammad b. Makhlad XXXII:159; XXXIV:24
Aḥmad b. Muḥammad b. Mihrān XXX:134
Aḥmad b. Muḥammad al-Muqaddamī XI:224
Aḥmad b. Muḥammad b. al-Muʿtaṣim. SEE al-Mustaʿīn bi-llāh
Aḥmad b. Muḥammad al-Qābūs XXXVI:156
Aḥmad b. Muḥammad al-Rāzī XVII:67; XXIX:244
Aḥmad b. Muḥammad b. Sawwār al-Mawṣilī XXIX:84
Aḥmad b. Muḥammad al-Sharawī XXIX:56
Aḥmad b. Muḥammad al-Ṭāʾī XXXVII:90–91, 147–48, 151, 156–57, 172; XXXVIII:14, 89, 99
Aḥmad b. Muḥammad b. Thawābah XXXVI:76, 82, 107
Aḥmad b. Muḥammad al-Ṭūsī. SEE Aḥmad b. Muḥammad b. Ḥabīb al-Ṭūsī
Aḥmad b. Muḥammad al-ʿUmarī XXXII:176, 181
Aḥmad b. Muḥammad b. al-Walīd al-Radmī XXXII:21
Aḥmad b. Muḥammad b. Yaḥyā al-Wāthiqī XXXVIII:77, 82, 87, 143, 144
Aḥmad b. Muḥammad al-Zaranjī XXXVIII:78
Abū Aḥmad b. al-Muktafī. SEE Muḥammad b. al-Muktafī
Aḥmad b. Mūsā XXXIX:207
Aḥmad b. Mūsā (al-Munajjim) XXXIV:161
Aḥmad b. Mūsā b. Bughā XXXVI:199; XXXVII:4–5
Aḥmad b. Mūsā b. Ḥamzah XXIX:241
Aḥmad b. Mūsā b. Muḍar, Abū ʿAlī XXIX:263

Aḥmad b. Mūsā b. Saʿīd al-Baṣrī (al-Qalūṣ) **XXXVII**:35, 68–70, 101, 113

Aḥmad b. al-Muʿtaṣim. SEE al-Mustaʿīn bi-llāh

Abū Aḥmad b. al-Mutawakkil. SEE al-Muwaffaq bi-llāh

Aḥmad b. al-Mutawakkil b. Fityān. SEE al-Muʿtamid ʿalā-llāh

Aḥmad b. al-Muwallad **XXXV**:87

Aḥmad b. Naṣr al-Khuzāʿī **XXXIV**:27–35, 119–20; **XXXV**:88

Aḥmad b. Naṣr al-ʿUqaylī. SEE Abū al-ʿAshāʾir

Aḥmad b. Abī Qaḥṭabah, Abū Qaḥṭabah **XXXIV**:38, 40, 41

Aḥmad b. al-Qāsim **XXX**:93

Abū Aḥmad b. al-Rashīd **XXXV**:38

Aḥmad b. Rūḥ **XXXVI**:153

Aḥmad b. Sahl al-Luṭfī **XXXVI**:181

Aḥmad b. Saʿīd, Abū ʿAmrah (*mawlā* of Banū Hāshim) **XXXIV**:203

Aḥmad b. Saʿīd al-Ḥarashī **XXXI**:89–90, 124

Aḥmad b. Saʿīd b. Salm b. Qutaybah al-Bāhilī **XXXIV**:39, 41, 43

Aḥmad b. Ṣāliḥ b. Abī Fanan **XXX**:75

Aḥmad b. Ṣāliḥ b. Shīrzād **XXXV**:25, 30, 34, 66, 123, 124; **XXXVI**:19, 199

Aḥmad b. Sallām **XXXI**:189–94

Aḥmad b. Shabbawayh al-Marwazī (father of ʿAbdallāh b. Aḥmad b. Shabbawayh al-Marwazī) **XIV**:68; **XV**:152, 220; **XVI**:7, 141, 151, 156, 171, 187; **XVII**:1, 77, 90, 199; **XXI**:69, 71; **XXXIX**:252, 257

Aḥmad b. Sharīk **XXXVI**:177

Aḥmad b. Shujāʿ **XXXII**:210, 218, 222

Aḥmad b. Simʿān **XXXVIII**:108

Aḥmad b. Sinān **VI**:66

Abū Aḥmad al-Sukkarī. SEE Bishr b. al-Ḥasan al-Sukkarī

Aḥmad b. Sulaymān **XXIX**:259; **XXXVI**:202

Aḥmad b. al-Ṣuqayr **XXXIII**:150, 158–60, 162, 165–66

Aḥmad b. Abī Ṭaybah **IX**:208

Aḥmad b. Thābit al-Rāzī **II**:148; **VI**:61, 153, 159; **XIII**:97, 151, 160, 162, 177, 179; **XIV**:17, 64, 68, 94; **XV**:2, 12, 18, 25, 37, 41, 71, 94, 111, 131, 145, 236, 251; **XVII**:20, 196, 202, 213, 227; **XVIII**:19, 31, 164, 179, 182, 183, 191, 192, 206, 210; **XIX**:90–91, 188, 193, 217, 225; **XXII**:22, 92, 176, 180, 186, 194; **XXIII**:13, 34, 71, 76, 115–16, 129, 139, 145, 148, 156, 179, 183, 202, 213, 217–18; **XXIV**:29, 38, 60, 62, 88, 91, 126, 191, 193; **XXVI**:35, 55, 65, 68, 70, 120, 164, 243; **XXVII**:27, 92, 123, 145, 198; **XXVIII**:250; **XXIX**:92, 122, 179; **XXX**:57

Aḥmad b. Thawr. SEE Muḥammad b. Thawr

Aḥmad b. Ṭughān al-ʿUjayfī **XXXVII**:175, 177; **XXXVIII**:11, 32–34, 41

Aḥmad b. Ṭūlūn **XXXV**:132, 133, 154; **XXXVI**:201, 204; **XXXVII**:4, 6, 63, 78–79, 81–82, 88–89, 97, 123, 127, 144–45, 150–53, 160, 163; **XXXVIII**:23, 44, 128, 155

Aḥmad b. ʿUmar **XIV**:138

Aḥmad b. ʿUthmān. SEE Abū al-Jawzā

Aḥmad b. ʿUthmān b. Ḥakīm **IX**:208, 209; **XV**:202; **XXXIX**:115

Aḥmad b. al-Walīd (Qarmaṭian) **XXXVIII**:132

Aḥmad b. al-Walīd al-Ramlī **II**:144; **XXXIX**:256

Aḥmad b. Waṣīf **XXXIV**:180; **XXXVI**:107

Aḥmad b. Yaḥyā b. Muʿādh **XXXII**:109, 147; **XXXIV**:174, 176

Aḥmad b. Yaḥyā al-Naḥwī **XXXV**:103
Aḥmad b. Ya'qūb, Abū al-Muthannā **XXXVIII**:189, 191
Aḥmad b. Yazīd al-Bazzāz, Abū al-'Awwām. SEE Abū al-'Awwām al-Bazzāz
Aḥmad b. Yūnus **XXXIX**:268
Aḥmad b. Yūsuf **XXXI**:224; **XXXII**:179–80, 185
Aḥmad b. Yūsuf, Abū al-Jahm **XXXIV**:72
Aḥmad b. Yūsuf b. al-Qāsim **XXIX**:102
Aḥmad Zaranjī **XXXVII**:54
Abū Aḥmad al-Zubayrī **II**:102; **VII**:39
Aḥmad b. Zuhayr (Aḥmad b. Abī Khaythamah) **I**:254, 339; **XV**:251, 253; **XVI**:4, 43, 68, 125; **XVIII**:15, 16, 17, 74, 211, 212, 213, 215, 216, 218, 219, 220, 222, 223, 224; **XIX**:218; **XX**:163; **XXI**:45, 135; **XXIV**:40, 46, 47; **XXV**:154; **XXVI**:71–73, 75–78, 80–82, 88, 106, 127, 129, 132, 135, 137, 141, 144, 147–48, 155, 161–62, 180, 183–85, 188–89, 191–92, 201, 204, 214, 216, 238–39, 244, 247–48, 250, 254; **XXVII**:1, 4, 9, 19, 51, 55, 165, 166, 167, 168, 175, 176, 179, 180; **XXVIII**:18; **XXX**:214
Aḥmad b. Zurārah **XXXIV**:115
Aḥmadābādh **XXXV**:17; **XXXVI**:205; **XXXVIII**:71
Aḥmar (*mawlā* of Banū Umayyah) **XVII**:40
Aḥmar (of Banū 'Adī b. al-Najjār) **V**:165
Aḥmar (of Banū Ṭayyi'). SEE Aḥmar b. Ziyād al-Ṭā'ī
Aḥmar (of Banū Thamūd) **VII**:17
Ibn al-Aḥmar (jurist) **XXXII**:213
Aḥmar b. Hadīj al-Hamdānī al-Fā'ishī **XXI**:30, 95
al-Aḥmar b. al-Ḥārith. SEE Dhū al-Khimār
Aḥmar b. Shumayṭ al-Bajalī al-Aḥmasī **XX**:183, 185, 193, 194, 196–97, 203, 215, 222, 223, 224; **XXI**:18, 20, 21, 37, 87–92, 115
Aḥmar b. Ziyād al-Ṭā'ī **XIX**:182; **XXI**:138, 145
al-Aḥmarī. SEE Bukayr b. Ḥumrān al-Aḥmarī
Aḥmarīs. SEE al-Ḥamrā'
Banū Aḥmas b. al-Ghawth b. Anmār (of Bajīlah) **XVI**:129; **XVII**:48–49; **XX**:224
Banū Aḥmūr **XXXIX**:220
Banū al-Aḥnaf **IX**:101
al-Aḥnaf b. al-Ashhab al-Ḍabbī **XX**:74
al-Aḥnaf al-Kalbī **XXVI**:137
al-Aḥnaf (Ṣakhr) b. Qays, Abū Baḥr **II**:82, 83; **XIII**:119, 121, 124, 125, 129, 141, 149, 150; **XIV**:9, 51, 53–60, 62, 83, 134; **XV**:36, 70, 90–91, 102–7, 103, 111; **XVI**:56, 108, 109, 111, 112, 114, 117, 119, 120, 128, 129, 158, 159, 166; **XVII**:83–85, 88, 120–21, 167, 212; **XVIII**:81, 105, 163, 201, 203, 219; **XIX**:31–32; **XX**:11, 13, 27–28, 30–31, 40–47, 167, 168, 174; **XXI**:47–51, 66, 87, 93, 117, 119, 180; **XXXIX**:70, 267
al-Aḥqāf (home of Uz b. Aram) **II**:16
Banū al-Aḥrār (the 'Free Ones,' the Persians) **V**:249, 367, 369
Abū al-Aḥrās al-Murādī **XXI**:98
Ahriyā. SEE Uriah
al-Aḥsā'. SEE Hajar
al-Aḥsiyah (in Arabia) **IX**:165; **X**:24
al-Ahtam. SEE 'Amr b. al-Ahtam
Ibn al-Ahtam. SEE 'Abdallāh b. al-Ahtam
Ahūd. SEE Ehud b. Gera
Ahwad (Persian commander, at al-Qādisiyyah) **XII**:131

al-Ahwāl (brigade fighters under Sa'd b. Abī Waqqāṣ) **XIII**:17, 20
al-Aḥwal (deputy of Abū 'Ubaydallāh). SEE Yazīd al-Aḥwal
al-Aḥwal (*mawlā* of al-Ash'ariyyūn) **XXVI**:49
al-Aḥwaṣ (poet) **XXIV**:195; **XXIX**:125
Abū al-Aḥwaṣ (companion of 'Abdallāh b. Mas'ūd) **II**:84; **XXII**:26
Abū al-Aḥwaṣ (*rāwī*) **I**:177, 285; **XI**:132; **XXXIX**:238
Abū al-Aḥwaṣ al-Bāhilī **XXXVI**:67, 88, 110
Abū al-Aḥwaṣ al-Jushamī **XXI**:76, 113
al-Aḥwaṣ b. Muhājir **XXX**:295
al-Ahwāz **II**:110, 127; **IV**:44, 96; **V**:11–13, 39, 58, 64–65, 255, 291, 407; **IX**:144; **XI**:16; **XII**:166; **XIII**:4, 5, 73, 114–23, 118, 119, 121–26, 130–34, 138, 141, 146, 193, 200, 201, 216; **XIV**:8, 78; **XV**:34, 89; **XVII**:181, 183, 185; **XVIII**:19, 90, 197, 198, 206; **XX**:46, 165, 166, 168, 170, 172, 175; **XXI**:119, 123–25, 133, 184, 200, 202–6; **XXII**:5, 122, 157, 179, 192; **XXIII**:12, 76; **XXIV**:121; **XXVI**:166; **XXVII**:24, 56, 57, 87, 88, 143, 145, 161, 196, 198; **XXVIII**:258, 262–63, 272–73, 278, 280, 282; **XXIX**:77, 80, 180, 195, 216, 219, 222, 235, 239; **XXX**:100, 106; **XXXI**:101, 114–16, 119, 207; **XXXII**:10, 25; **XXXIV**:72–73, 96; **XXXV**:11, 13, 58, 122, 155; **XXXVI**:29, 76, 111, 112, 120, 122–24, 137, 142, 152, 153, 156, 164–66, 168, 180–83, 187, 203, 205, 206; **XXXVII**:2–4, 11, 34–48, 49, 129, 139, 165; **XXXVIII**:35, 45, 94, 95, 105
SEE ALSO al-Ardawān; Khūzistān; Sūq al-Ahwāz
Aḥyā' (watering place, in al-Ḥijāz) **VII**:11, 12
Ahyab (*mawlā* of 'Uthmān) **XXI**:215
al-Aḥzāb. SEE Battle of the Trench
aḥzāb (allied clans) **VIII**:10, 12, 144, 181
Ai ('Āyī), king of **III**:96
Ibn 'Ā'idh (*rāwī*) **VI**:85
'Ā'idh b. Ḥamalah al-Tamīmī **XVII**:132; **XVIII**:130
'Āi'dh b. Mā'iṣ b. Qays b. Khaldah. SEE Mu'ādh b. Mā'iṣ b. Qays b. Khaldah
'Ā'idh b. Qays al-Ḥizmirī **XVII**:26
'Ā'idh b. Yaḥyā **XIV**:115
'A'idhallāh b. 'Abdallāh al-Khawlānī. SEE Abū Idrīs al-Khawlānī
'Ā'idhat Quraysh. SEE Khuzaymah b. Lu'ayy
Banū 'Ā'idhat Quraysh **XVIII**:142; **XIX**:169; **XXVII**:25, 55–57
air cooling techniques
ice, use of **XXIX**:121
khaysh arrangements **XXX**:320
Banū 'Ā'ish b. Mālik b. Taymallāh b. Tha'labah **XVII**:62
Ibn 'Ā'ishah ('Ubaydallāh b. Muḥammad b. Ḥafṣ al-Taymī) **XXIII**:81; **XXVIII**:94, 137, 252, 257; **XXXIX**:237
Ibn 'Ā'ishah (Ibrāhīm b. Muḥammad b. 'Abd al-Wahhāb) **XXXI**:159; **XXXII**:75, 145, 148
Ibn 'Ā'ishah (rebel, in Egypt) **XXX**:295
Ibn 'Ā'ishah (singer) **XXIX**:141
'Ā'ishah bt. 'Abd al-Malik b. Marwān **XXIII**:118
'Ā'ishah bt. 'Abdallāh b. Shihāb **XXXIX**:235
'Ā'ishah bt. Abī Bakr (wife of Prophet Muḥammad) **I**:355; **II**:113; **V**:414; **VI**:49, 67, 69, 145, 147, 153; **VII**:6–8, 62, 74; **VIII**:3, 19–21, 29, 30, 36, 39, 40, 56,

'Ā'ishah bt. Abī Bakr (continued) **VII**:57–67, 165; **IX**:109, 122, 125, 126, 127, 128–30, 131, 137, 147, 152, 166, 169–70, 173, 176, 177, 178, 179, 180, 181, 182, 183, 184, 196, 203, 204, 206, 207, 208; **X**:78; **XI**:130, 133, 135–39, 141, 151, 194; **XII**:46, 202; **XIII**:10; **XIV**:92, 93, 96, 101, 102, 145, 148; **XV**:208–9, 238; **XVI**:34, 35, 37–48, 50, 52–56, 58–64, 67, 68, 70, 73, 74–76, 77, 79, 80, 89, 90, 92, 97, 98, 100, 101, 110, 114–19, 121, 124–27, 130–33, 135, 136, 138–41, 144, 147–52, 155–62, 164, 165, 167, 170, 172; **XVII**:158, 224–25; **XVIII**:39, 127, 153; **XX**:176; **XXXIV**:135; **XXXIX**:12, 13, 165, 167, 170, 171–74, 176, 181, 183, 190, 198, 272, 277, 279, 280

'Ā'ishah bt. Hishām b. Ismā'īl al-Makhzūmiyyah **XXIII**:118; **XXV**:1–2

'Ā'ishah bt. Khalīfah b. 'Abdallāh al-Ju'fiyyah **XXI**:24

'Ā'ishah bt. Mu'āwiyah b. al-Mughīrah b. Abī al-'Āṣ b. Umayyah **XXI**:162; **XXIII**:117–18

'Ā'ishah bt. Mūsā b. Ṭalḥah **XXIII**:118

'Ā'ishah bt. Sa'd **XXXIX**:39

'Ā'ishah bt. Sulaymān **XXX**:57

'Ā'ishah bt. Ṭalḥah b. 'Umar b. 'Ubaydallāh b. Ma'mar **XXVIII**:118, 131

'Ā'ishah bt. 'Uthmān b. 'Affān **XV**:254; **XIX**:205–6

'Ā'ishah bt. al-Zubayr **XXXIX**:193

'Āj. SEE Og

Abū al-'Āj. SEE Kathīr b. 'Abdallāh al-Sulamī

Mt. Aja' (Ajah, of Banū Ṭayyi') **X**:61, 64, 73; **XIX**:99
SEE ALSO Mt. Salmā

al-'Ajājah (name of Suwayd b. Zayd's horse) **IX**:101

ajal (appointed time) **IX**:173

'Ajalah (of Banū Mālik b. Sa'd) **XX**:178

al-Ajall (ruler of Ifrīqiyah) **XIII**:175; **XV**:19–20

Banū 'Ajam b. Qanaṣ **XIII**:36

Ajamat Sālim (in Iraq) **XXV**:179

al-'ajamiyyah (Persian national consciousness) **XXXIII**:189

Banū al-A'jaz **XVI**:120

al-Ajda' b. Mālik, Abū Masrūq **IX**:92; **X**:170

al-Ajdahāq. SEE al-Ḍaḥḥāk

Abū al-'Ajfā' b. Abī al-Kharqā' **XXII**:199

al-Ajfur (on the Meccan Road from Iraq) **XXXVIII**:70

'Ajīb (in Yemen) **X**:174

'Ajj b. Ḥājj **XXXVIII**:96, 187

'Ajlā (mother of 'Abdallāh b. Khāzim) **XV**:37

al-Ajlaḥ (associate of Yazīd b. al-Walīd) **XXVI**:235

al-Ajlaḥ b. 'Abdallāh **X**:186; **XII**:119; **XVII**:112

Banū al-'Ajlān (Bal'ajlān) **VIII**:157; **IX**:61; **X**:63; **XV**:171; **XVI**:191

Ibn 'Ajlān. SEE Muḥammad b. 'Ijlān

Abū al-'Ajlān al-Ḥanīfī **XXVI**:124

'Ajlān b. Rabī'ah **XVIII**:129

'Ajlān b. Suhayl **XXIX**:144–45

'Ajlūn. SEE Eglon

Ajnādayn, battle of **XI**:126, 128, 160; **XII**:183, 185–88, 189, 193; **XXXIX**:19

'Ajrūd (station on the Egyptian pilgrimage route, northwest of Suez) **XV**:172

al-Ajtham al-Marwarrūdhī **XXIX**:44–45

Ibn 'Ajūz (deputy of Kalbātikīn) **XXXV**:34

Ibn al-'Ajūz. SEE Ezekiel b. Buzi

Ajwab (Ajrab) b. Siyāmak **I**:325
ʿAjwah (name of Prophet Muḥammad's milch sheep) **IX**:153
Ajyād (in Mecca) **IV**:154; **VI**:18; **XXXIX**:123
al-ʿAkawwak. SEE ʿAlī b. Jabalah
Akharūn (Akhrūn, Kharūn, in Transoxania) **XXII**:198, 200; **XXIII**:89, 126, 128; **XXIV**:177
Akhbār ahl al-Baṣrah (of ʿUmar b. Shabbah) **XVIII**:177
Akhḍar (of the people of Medina, proverbial for lying) **XVI**:39
Akhlāṭ. SEE Khilāṭ
akhmās (fifths, army division) **XX**:168, 169, 170; **XXI**:87, 93; **XXV**:27, 31
SEE ALSO Ahl al-ʿĀliyah
al-Akhnas b. Sharīq b. ʿAmr b. Wahb al-Thaqafī **VI**:119; **VII**:46; **VIII**:90; **XXI**:18
Akhnūkh b. Yard. SEE Idrīs
al-Akhram (Byzantine fortress) **XXIII**:134, 142
al-Akhram (Turkish horseman) **XXVI**:29
al-Akhram al-Asadī. SEE Muḥriz b. Naḍlah
Akhramahr (around Nahr Bardūdā) **XXXVI**:191
al-Akhran al-Asadī. SEE Muḥriz b. Naḍlah
Akhrūn. SEE Akharūn
Akhshunwār (Hephthalite king) **V**:113–20
al-Akhṭal (poet) **XXVI**:231
Ākhur al-Shāhijān **XIII**:85
Akhust (brother of Frāsiyāt) **IV**:13
Ākil al-Murār (Ḥujr b. ʿAdī al-Kindī), family of **XXV**:22
SEE ALSO Āl al-Ḥārith b. ʿAmr [b.] Ākil al-Murār
Banū ʿAkk **IV**:69; **X**:20, 22, 23, 158, 161–63, 169; **XIII**:76, 144; **XVII**:46, 54–55; **XXIII**:50; **XXIV**:146; **XXXI**:128; **XXXII**:130; **XXXIV**:96
ʿAkk b. ʿAdnān **VI**:36–37
Ibn Akkāl. SEE Ḥīrī b. Akkāl
al-Akkār. SEE ʿAbdallāh b. Rāshid b. Yazīd
al-Akkārūn. SEE Husbandmen
Ak.r.m (?, ethnic group) **XXXIV**:141
ʿAkrūn. SEE Kayrūn
Ibn al-Akshaf (fighter against the Byzantines at Damietta) **XXXIV**:126
Aktal b. Shammākh al-ʿUklī **XI**:180
Ibn Aktham. SEE Yaḥyā b. Aktham
Ibn al-Akwaʿ. SEE Salamah b. ʿAmr b. al-Akwaʿ al-Aslamī
al-ʿĀl (district, between al-Anbār and Baghdad) **XI**:70, 216
al-ʿAlāʾ (*mawlā* of Hārūn al-Rashīd) **XXXI**:14
al-ʿAlāʾ (*rāwī*) **XXX**:37
al-ʿAlāʾ (son of Ibn al-Baʿīth). SEE al-ʿAlāʾ b. Muḥammad b. al-Baʿīth
Abū al-ʿAlāʾ (Abū al-Siʿlāʾ, of Banū Qays b. ʿAylān) **XXVIII**:108
al-ʿAlāʾ b. ʿAbd al-Jabbār **II**:157; **III**:47
al-ʿAlāʾ b. ʿAbd al-Raḥmān b. Yaʿqūb **XI**:71
al-ʿAlāʾ b. ʿAbdallāh b. Zayd al-ʿAnbarī **XV**:135
al-ʿAlāʾ b. Aflaḥ **XXVII**:118–19
al-ʿAlāʾ b. Aḥmad al-Azdī **XXXV**:64, 130; **XXXVI**:161
al-ʿAlāʾ b. Abī ʿĀthah **XIX**:81
Abū al-ʿAlāʾ al-Balkhī **XXXVI**:54
al-ʿAlāʾ b. al-Ḥaddād al-Aʿmā **XXX**:11
al-ʿAlāʾ b. al-Ḥaḍramī **II**:31; **VIII**:99, 142; **IX**:95, 108, 147; **X**:54, 86, 134, 136, 139–44, 146–50; **XI**:144, 225; **XII**:166, 172; **XIII**:59, 127, 129, 131, 190; **XIV**:65; **XV**:27

al-ʿAlāʾ b. Ḥārithah al-Thaqafī. SEE al-ʿAlāʾ b. Jāriyah al-Thaqafī
al-ʿAlāʾ b. Ḥurayth **XXVII**:65, 79
al-ʿAlāʾ b. Jarīr **XXIII**:198
al-ʿAlāʾ b. Jāriyah al-Thaqafī **II**:84; **IX**:32
al-ʿAlāʾ b. Kathīr **VII**:60
al-ʿAlāʾ b. Māhān al-Majūsī **XXX**:279–81
al-Aʿlā b. Maymūn **XVIII**:212
al-ʿAlāʾ b. al-Minhāl al-Ghanawī. SEE al-Ghanawī
al-ʿAlāʾ b. Muḥammad b. al-Baʿīth **XXXIV**:87
al-ʿAlāʾ b. al-Musayyab **I**:209; **VI**:81
Abū al-ʿAlāʾ al-Taymī **XXIII**:147, 150; **XXIV**:32
al-ʿAlāʾ b. ʿUqbah **XXI**:214
al-ʿAlāʾ b. ʿUrwah **XVI**:142
al-ʿAlāʾ b. al-Waḍḍāḥ al-Azdī **XXXI**:159–60, 171
al-ʿAlāʾ b. Wahb al-ʿĀmirī **XXI**:217
al-ʿAlāʾ b. Ziyād **X**:33; **XII**:101, 102
al-ʿAlāʾ b. Zuhayr **XXIV**:130
al-Aʿlāb (toponym) **X**:162
al-ʿAlāʾī *(rāwī)* **XXXIX**:207, 308
ʿAlak (commander of ʿAbd al-Raḥmān b. al-Khaṭṭāb Wajh al-Fals) **XXXV**:46, 47
Ibn al-Aʿlam. SEE Yaʿqūb b. al-Qaʿqāʿ al-Aʿlam al-Azdī
Alān. SEE Alans
Alania. SEE Alans
Alans (Alān, al-Lān, Allān) **V**:151–52; **XIV**:37; **XVIII**:20; **XXIV**:167, 192; **XXV**:8, 69, 111
Alār (on the Persian Gulf coast of Fārs) **V**:16
ʿAlawayh al-Aʿwar **XXXIII**:17, 19
Albaq (Aghbagh, between Lake Van and Lake Urmiya) **XXXIV**:116
Albīd. SEE Elpidius
alchemy **XIX**:226
alcohol. SEE *nabīdh;* wine and wine drinking
Aleppo (Ḥalab) **V**:254; **IX**:142; **XII**:178; **XIX**:18, 83; **XXIV**:145; **XXVIII**:12; **XXIX**:209, 214; **XXXV**:13; **XXXVII**:78, 177; **XXXVIII**:9, 118, 127, 128, 134, 182
Alexander the Great (al-Iskandar, Dhū al-Qarnayn) **I**:371; **II**:50; **III**:2, 3, 4; **IV**:86, 88–96, 98–102, 107–8, 127–29; **V**:2–3, 173, 416–17; **VI**:158; **XIII**:169, 170; **XXIV**:28; **XXV**:45; **XXXIV**:95
Alexander Severus. SEE Severus Alexander
Alexandra (martyred queen) **IV**:185
Alexandretta (al-Iskandariyyah, al-Iskandarūnah) **XXXVIII**:91
Alexandria (al-Iskandariyyah, in Egypt) **I**:181; **II**:136; **IV**:88; **V**:318; **VIII**:100; **IX**:137; **XIII**:162–70; **XV**:12; **XVIII**:91; **XXX**:163; **XXXII**:164–65, 189; **XXXIV**:141; **XXXVII**:66; **XXXVIII**:153, 202, 206; **XXXIX**:193
Alexandria (al-Iskandariyyah, in Syria) **V**:158
Alexandrine calendar **XXXVII**:149
Alḥan b. Mālik **X**:27
ʿAlī *(rāwī).* SEE al-Madāʾinī
ʿAlī (Zayn al-ʿĀbidīn). SEE ʿAlī b. al-Ḥusayn b. ʿAlī b. Abī Ṭālib
Banū ʿAlī (Banū ʿAbd Manāt) **VI**:31–32
ʿAlī b. Abān al-Muhallabī **XXXVI**:32, 34, 39, 42, 44, 45, 48, 49, 52, 54, 55, 59, 61, 62, 65, 123–30, 132, 137, 138, 140, 142, 143, 152, 153, 165, 180, 182–84, 186, 187, 198, 205, 206; **XXXVII**:2–4, 8–11, 24, 34–46, 49, 52, 56, 58–61, 83–84, 92, 98, 104, 106, 112, 119–22?, 130–31, 135–37, 151
ʿAlī b. al-ʿAbbās al-Nahīkī **XXXVIII**:178

ʿAlī b. ʿAbd al-ʿAzīz al-Jarawī **XXXII**:164–65, 182

ʿAlī b. ʿAbd al-Ḥamīd (al-Ḥumayd) **XXVIII**:106

ʿAlī b. ʿAbdallāh (al-Marʿashī?) **XXXV**:64

ʿAlī b. ʿAbdallāh *(rāwī)* **XVIII**:224; **XXXIX**:278

ʿAlī b. ʿAbdallāh b. al-ʿAbbās (al-Sajjād) **X**:190; **XVIII**:19; **XXI**:192; **XXV**:129; **XXVI**:74, 83, 120; **XXVIII**:54; **XXIX**:138; **XXXIX**:54, 74, 216, 232, 322

ʿAlī b. ʿAbdallāh b. Jaʿfar b. Abī Ṭālib **XXXIX**:54

ʿAlī b. ʿAbdallāh b. Khālid b. Yazīd b. Muʿāwiyah al-Sufyānī **XXXII**:234

ʿAlī b. ʿAbdallāh b. Muḥammad b. ʿUmar b. ʿAlī **XXVIII**:120

ʿAlī b. ʿAbdallāh b. Ṣāliḥ **XXXI**:89

ʿAlī b. al-ʿĀbid. SEE ʿAlī b. Ḥasan b. Ḥasan b. Ḥasan b. Abī Ṭālib

ʿAlī b. ʿĀbis al-Azraq **XVI**:49

ʿAlī b. ʿAdī **XVI**:81

ʿAlī Afrāhamard. SEE ʿAlī Farāhmard

ʿAlī b. Aḥmad b. al-Ḥasan al-ʿIjlī **XVI**:52

ʿAlī b. Aḥmad b. ʿĪsā b. Zayd **XXXVI**:133

ʿAlī b. Aḥmad al-Mādharāʾī **XXXVIII**:32

ʿAlī al-Akbar. SEE ʿAlī b. al-Ḥusayn b. ʿAlī b. Abī Ṭālib

ʿAlī b. ʿAmr al-Kindī **XVI**:133

Abū ʿAlī al-Anṣārī **XIX**:88

ʿAlī b. ʿAqīl **XXVII**:129

ʿAlī b. al-Aqmar **XXXIX**:257, 311

ʿAlī b. al-Aʿrābī **XXXVIII**:83

ʿAlī b. Abī al-ʿĀṣ **XXXIX**:13, 162

ʿAlī al-Aṣghar. SEE ʿAlī b. al-Ḥusayn b. ʿAlī b. Abī Ṭālib

ʿAlī b. ʿĀṣim **III**:157, 160, 161, 162; **V**:336; **XXXIX**:182

ʿAlī b. Aṣmaʿ **XXI**:173, 177

ʿAlī Bābā (king of the Bujah) **XXXIV**:143–45

ʿAlī b. Bāris **XXXVI**:97

ʿAlī al-Ḍarrāb (associate of ʿAlī b. Abān al-Muhallabī) **XXXVI**:33

ʿAlī b. Dāwūd **I**:214, 370

ʿAlī b. Dāwūd b. Ṭahmān **XXVIII**:276; **XXIX**:224

ʿAlī Farāhmard (Afrāhamard) **XXXI**:137, 150–51, 171

ʿAlī al-Ḥadhdhāʾ, Abū al-Ḥasan. SEE Abū al-Ḥasan al-Ḥadhdhāʾ

ʿAlī b. al-Ḥajjāj al-Khuzāʿī **XXX**:116

ʿAlī b. Ḥamzah al-ʿAlawī **XXX**:321; **XXXI**:196

ʿAlī b. Ḥanẓalah b. Asʿad al-Shāmī **XIX**:125

Abū ʿAlī al-Harawī. SEE Shibl b. Ṭahmān al-Harawī

ʿAlī b. Ḥarb al-Mawṣilī **I**:332; **V**:285; **VI**:7, 11; **XXI**:113

ʿAlī b. Hārūn *(rāwī)* **XXXII**:105

ʿAlī b. Hārūn al-Rashīd **XXX**:327

Umm ʿAlī bt. Hārūn al-Rashīd **XXX**:328

ʿAlī b. Ḥasan (al-Agharr). SEE ʿAlī b. Ḥasan b. Ḥasan b. Ḥasan b. Abī Ṭālib

ʿAlī b. al-Ḥasan al-Azdī **I**:256, 267; **XVII**:188; **XVIII**:126

ʿAlī b. Ḥasan b. Ḥasan b. Ḥasan b. Abī Ṭālib (ʿAlī b. al-ʿĀbid, ʿAlī al-Khayr, al-Agharr) **XXVIII**:103, 118, 120, 123–24, 131, 136–37

ʿAlī b. al-Ḥasan b. Ibrāhīm **XXX**:99

ʿAlī b. al-Ḥasan b. Ismāʿīl b. al-ʿAbbās b. Muḥammad b. ʿAlī **XXXVI**:67

ʿAlī b. al-Ḥasan b. Qaḥṭabah **XXX**:305

ʿAlī b. al-Ḥasan al-Rāmī **XXXV**:61

ʿAlī b. Ḥasan al-Raydānī **XXXIII**:131

ʿAlī b. al-Ḥasan b. Shaqīq **I**:198, 199, 286; **II**:98; **XXXIX**:250, 263, 264

ʿAlī b. Ḥasan b. Zayd b. al-Ḥasan b. ʿAlī b. Abī Ṭālib **XXVIII**:224; **XXXIX**:260
ʿAlī b. Hāshim b. al-Barīd **III**:106
Banū ʿAlī b. Ḥassān b. ʿAmr **XXXIX**:220
ʿAlī b. Ḥassān al-Anbārī **XXXIII**:29
ʿAlī b. al-Haytham **I**:211, 227, 356; **XXXII**:100–101
ʿAlī b. Ḥayy **XXVIII**:133
ʿAlī b. Hishām al-Marwazī **XXXI**:102; **XXXII**:42–44, 46–47, 81–82, 84, 91–92, 95, 134, 166, 182–83, 189, 192–94, 217, 218; **XXXIII**:190
ʿAlī b. al-Ḥusayn (Ibn al-Ṣuʿlūk) **XXXV**:62
ʿAlī b. al-Ḥusayn b. ʿAbd al-Aʿlā al-Iskāfī **XXXII**:156–57; **XXXV**:1
ʿAlī b. al-Ḥusayn b. ʿAlī b. Abī Ṭālib (ʿAlī al-Akbar) **XIX**:101, 122, 150, 153; **XXXIX**:48, 211
ʿAlī b. al-Ḥusayn b. ʿAlī b. Abī Ṭālib (ʿAlī al-Aṣghar, Zayn al-ʿĀbidīn) **IX**:203; **XIX**:72, 114–15, 117, 123, 161, 162, 164, 166–67, 169–70, 172, 175, 180, 205–6, 216–17; **XX**:4–5; **XXI**:38, 42; **XXIII**:132–33, 213; **XXVI**:10; **XXVIII**:172; **XXXIX**:49, 167, 168, 210–14
ʿAlī b. Ḥusayn b. ʿĪsā **XV**:135, 137, 139, 184, 186, 202, 246–47, 251; **XVI**:1, 2, 16
ʿAlī b. al-Ḥusayn b. Ismāʿīl b. al-ʿAbbās b. Muḥammad **XXXIV**:223; **XXXV**:108, 155
ʿAlī b. al-Ḥusayn b. Jaʿfar **XXXVII**:146
ʿAlī b. al-Ḥusayn al-Jazarī **XXX**:68–69
ʿAlī b. al-Ḥusayn Kuftimur **XXXVII**:78, 90
ʿAlī b. al-Ḥusayn b. Quraysh b. Shibl **XXXV**:156, 157, 158, 159, 160, 161; **XXXVI**:28
ʿAlī b. al-Ḥusayn b. Wāqid **XXXIX**:252
ʿAlī b. Ibrāhīm al-Ḥarbī **XXXIII**:167–68
ʿAlī b. ʿĪsā b. Dāwūd b. al-Jarrāḥ **XXXVIII**:80, 118, 199, 200, 204
ʿAlī b. ʿĪsā al-Ḥakamī **VI**:64
ʿAlī b. ʿĪsā b. Jaʿfar b. Abī Jaʿfar al-Manṣūr **XXXIV**:120, 127
ʿAlī b. ʿĪsā b. Māhān **XXIX**:90, 165–66, 209–10, 236; **XXX**:9, 45, 65, 163, 171, 174, 178, 200, 212–13, 250–54, 256, 260–61, 268–82, 295, 297, 305; **XXXI**:23, 26–27, 44, 48–58, 60–65, 74–85, 87, 101, 112, 203, 211, 229
ʿAlī b. ʿĪsā b. Mūsā **XXX**:239, 304
ʿAlī b. ʿĪsā al-Nawfalī **XXXIX**:19, 60, 63, 64
ʿAlī b. ʿĪsā al-Qummī **XXXII**:197
ʿAlī b. Isḥāq *(rāwī)* **XXXI**:18
ʿAlī b. Isḥāq b. Yaḥyā b. Muʿādh **XXXI**:18; **XXXIII**:194
ʿAlī b. ʿIṣmah **XXIX**:4
ʿAlī b. Ismāʿīl b. Ṣāliḥ b. Mītham al-Ahwāzī **XXVIII**:213, 219, 258
ʿAlī b. Jabalah (al-ʿAkawwak) **XXXI**:113; **XXXII**:246–48
ʿAlī b. al-Jaʿd **XXVIII**:154, 265; **XXIX**:128; **XXXII**:210, 222; **XXXIII**:208; **XXXIX**:331
ʿAlī b. Jaʿfar b. Isḥāq b. ʿAlī b. ʿAbdallāh b. Jaʿfar b. Abī Ṭālib (al-Murajjā) **XXVIII**:224
ʿAlī b. al-Jahm b. Badr **XXXIV**:54–55, 74, 87–88, 94, 128; **XXXV**:13
ʿAlī b. Jahshiyār **XXXV**:97, 98, 99, 127, 129; **XXXVII**:47, 167
ʿAlī b. Judayʿ al-Kirmānī **XXVI**:227, 229, 233; **XXVII**:47, 76, 77, 78, 85, 93–107
Abū ʿAlī al-Jūzjānī **XXIV**:8
ʿAlī b. Kathīr **XVII**:203
ʿAlī b. al-Khalīl **XXIX**:175

ʿAlī al-Khayr. SEE ʿAlī b. Ḥasan b. Ḥasan b. Ḥasan b. Abī Ṭālib
ʿAlī b. al-Layth **XXXVII**:169
ʿAlī b. Maʿbad **I**:282
ʿAlī b. al-Madyanī **XXXIX**:209, 221, 240, 244
ʿAlī b. al-Mahdī (Ibn Rayṭah) **XXIX**:216, 241
ʿAlī b. Mājidah al-Sahmī **XI**:71
ʿAlī b. Mālik al-Jushamī **XXI**:76, 78; **XXXIX**:267
ʿAlī b. Maʿqil **XXVII**:108
ʿAlī b. Marthad, Abū Diʿāmah. SEE Abū Diʿāmah
ʿAlī b. Masrūr al-Balkhī **XXXVI**:204
ʿAlī b. Masʿūd b. Māzin **VI**:31–32
ʿAlī b. al-Mubārak **VI**:73–74
ʿAlī b. al-Muhājir al-Khuzāʿī **XXIII**:101, 103–4
ʿAlī b. Muḥammad (al-Khabīth, the Abominable One, leader of the Zanj) **XXXVI**:29–67, 108–12, 120–35, 137–49, 152–56, 158–67, 174–81, 186, 190–207; **XXXVII**:2–4, 6–12, 24–25, 27, 30–31, 33, 35–36, 40–47, 49–58, 60–62, 65–67, 69–71, 73–75, 77–78, 80, 82–83, 86, 88, 91–103, 106–7, 109–21, 123, 125–26, 128, 131–39, 175
ʿAlī b. Muḥammad (*rāwī*). SEE al-Madāʾinī
ʿAlī b. Muḥammad b. ʿAbdallāh b. Ḥasan b. Ḥasan **XXVIII**:119–20
ʿAlī b. Muḥammad al-Akbar **XXXVI**:33
ʿAlī b. Muḥammad b. ʿAlī al-Riḍā b. Mūsā b. Jaʿfar **XXXIV**:76; **XXXV**:155
ʿAlī b. Muḥammad b. al-Furāt **XXXVIII**:197
ʿAlī b. Muḥammad al-Hāshimī **XXX**:11, 13
ʿAlī b. Muḥammad b. ʿĪsā b. Nahīk **XXXI**:129–30
ʿAlī b. Muḥammad b. Ismāʿīl **XXXI**:243, 247
ʿAlī b. Muḥammad b. Jaʿfar **XXXII**:31–33, 72
ʿAlī b. Muḥammad b. Khālid b. Barmak **XXXI**:196
ʿAlī b. Muḥammad al-Madāʾinī, Abū al-Ḥasan. SEE al-Madāʾinī
ʿAlī b. Muḥammad b. Manṣūr b. Naṣr **XXXVII**:157
ʿAlī b. Muḥammad al-Nawfalī **XXIX**:15, 89, 91, 107, 108, 118, 126, 127, 129, 144, 161, 164, 224, 226, 232, 233, 250, 254, 256, 261, 262; **XXX**:10, 32–33, 83
ʿAlī b. Muḥammad b. Abī al-Shawārib **XXXVI**:180; **XXXVIII**:39, 42
ʿAlī b. Muḥammad b. Sulaymān al-Hāshimī **XXIX**:33, 51, 118, 119, 121, 122, 189, 207, 215, 240
ʿAlī b. Muḥammad al-Ṭūsī **XI**:137
ʿAlī b. Muḥammad b. ʿUbaydallāh **VI**:63
ʿAlī b. Mujāhid **I**:370; **VI**:66, 82, 159, 160; **VIII**:51; **IX**:106, 168, 169; **XIV**:74, 123; **XV**:36, 42–43, 91; **XVII**:183, 204; **XVIII**:176, 183, 212, 218; **XXI**:135–36; **XXIII**:153, 171–72, 174, 185, 188, 189; **XXIV**:50, 52, 54, 60, 82, 93, 187; **XXVII**:175; **XXIX**:107; **XXXIX**:51, 212
ʿAlī b. Abī Muqātil **XXXII**:210–11, 216, 222
ʿAlī b. Murr **XXXIII**:90
ʿAlī b. Mūsā b. ʿĪsā **XXX**:304
ʿAlī b. Mūsā b. Jaʿfar (ʿAlī al-Riḍā) **XXVII**:149, 167; **XXXII**:39, 45, 60–63, 69, 71, 78, 80, 82, 84–85, 101; **XXXIV**:44; **XXXV**:18, 26; **XXXIX**:101
ʿAlī b. Muṣʿab b. Ruzayq **XXXII**:131
ʿAlī b. Muslim al-Ṭūsī **IX**:189; **XVI**:12; **XVII**:84; **XXXIX**:174, 226

ʿAlī b. al-Muʿtaḍid. SEE al-Muktafī
ʿAlī b. al-Muʿtaṣim **XXXIV**:203; **XXXV**:102, 150
ʿAlī b. al-Muṭṭalib b. ʿAbdallāh b. Ḥanṭab al-Makhzūmī **XXVIII**:188, 230
ʿAlī b. Naṣr b. ʿAlī al-Jahḍamī **VI**:98, 136, 145; **VII**:28; **IX**:1, 20, 131
ʿAlī b. Abī Nuʿaym al-Marwazī **XXIX**:243
Abū ʿAlī al-Qaddāḥ **XXVIII**:267
ʿAlī b. Qaraẓah b. Kaʿb **XIX**:135–36
ʿAlī b. Rabāḥ b. Shabīb **XXVIII**:96–97
ʿAlī b. Rabban al-Kātib al-Naṣrānī **XXXIII**:149, 151, 157, 167
ʿAlī b. al-Rabīʿ b. ʿUbaydallāh al-Ḥārithī **XXVII**:203, 204
ʿAlī b. Rabīʿah **I**:244
ʿAlī b. Raḥīb b. Muḥammad b. Ḥakīm **XXXVI**:30
ʿAlī b. al-Rashīd **XXXI**:211
ʿAlī b. Rayṭah **XXVIII**:74; **XXXII**:91
ʿAlī al-Riḍā. SEE ʿAlī b. Mūsā b. Jaʿfar
ʿAlī b. al-Sābiq al-Fallās al-Kūfī **XXX**:28, 32
ʿAlī b. Sahl al-Ramlī **I**:174, 197, 230; **III**:146; **IX**:14; **XIII**:175; **XIV**:141; **XV**:30; **XXXIX**:96, 223, 225
ʿAlī b. Abī Saʿīd **XXX**:217; **XXXII**:10, 18, 23, 26, 27, 39, 44, 78–79, 81
ʿAlī b. Saʿīd al-Kindī **III**:102
ʿAlī b. Ṣāliḥ (b. Ḥayy) **XIX**:35, 65
ʿAlī b. Ṣāliḥ (keeper of caliph's prayer rug) **XXIX**:246, 247; **XXX**:60–62; **XXXI**:45; **XXXII**:240
ʿAlī b. Ṣāliḥ al-Ḥarbī **XXXI**:83
Abū ʿAlī al-Salīṭī **XXXII**:244
ʿAlī b. Abī Shimr **XVIII**:35, 36
ʿAlī b. Shuʿayb al-Simsār **XXXIX**:199
ʿAlī b. Sulaymān (b. ʿAlī) **XXIX**:189, 207, 215, 240; **XXX**:211
ʿAlī b. Sulaymān (*rāwī*). SEE Abū Sulaymān
ʿAlī b. Suwayd b. Manjūf **XXXIX**:267
ʿAlī b. al-Ṭaʿʿān al-Muḥāribī **XIX**:92
ʿAlī b. Abī Ṭalḥah **I**:215, 370
ʿAlī b. Abī Ṭālib (Abū Turāb, caliph) **I**:235, 244, 245, 260, 291, 316; **II**:69, 70, 71, 95, 109; **VI**:47, 80–84, 86, 87, 89–91, 140, 142–44, 148, 152; **VII**:14, 16–18, 17, 33, 34, 39, 43, 52, 53, 65, 81, 89, 115, 118, 119, 121, 123, 132, 137, 138, 157, 161; **VIII**:18–19, 28, 41, 56, 61–62, 80, 85–88, 95, 119–21, 164–65, 167, 176–77, 181, 190; **IX**:9, 12, 29, 35, 44, 51, 62, 63, 65, 77, 78, 89, 90, 103, 108, 110, 111, 119, 128, 143, 144, 147, 154, 157, 170, 174, 175, 176, 178, 183, 186–89, 192, 194–99, 196–98, 200, 202, 205; **X**:3, 10, 11, 14, 39, 71, 97, 113, 152; **XI**:74–75, 83, 225; **XII**:4, 5, 6, 13, 155, 161, 188, 190, 201, 204, 205, 206, 207; **XIII**:29, 32–34, 59, 72, 76, 91, 95, 101, 110, 126, 195, 196, 198; **XIV**:44, 45, 55, 72, 86, 91, 93, 104, 115, 129, 135, 144–53, 157–61; **XV**:28, 37, 38, 54–55, 141–43, 146, 150–52, 160–62, 169, 173–76, 178–81, 187–88, 192–94, 197–98, 206–9, 217, 235–39, 246, 249, 257–58, 261; **XVI**:*passim;* **XVII**:*passim;* **XVIII**:2, 3, 6, 9, 11, 12, 14, 15, 16, 17, 18, 19, 21, 22, 24, 27, 30, 31, 39, 42, 43, 44, 46, 48, 49, 50, 98, 123, 124, 126, 138, 139, 141, 149, 150, 151, 211, 221, 222, 223; **XIX**:8, 10, 12–13, 23, 25, 31–33, 35, 43, 46, 49, 60, 73, 80, 84, 87, 111, 118–19, 133, 135–36, 138–39, 145, 151–52, 155–59, 167, 174, 206; **XX**:142, 187, 217; **XXI**:21, 36, 44, 68–73, 72, 77, 78, 81, 113–14, 135, 214, 215; **XXII**:35, 51, 183; **XXIII**:35, 118; **XXV**:129; **XXVI**:11, 16, 18; **XXVII**:157, 161;

'Alī b. Abī Ṭālib (continued)
XXVIII:4, 60, 128, 150, 161, 167–68, 171–73, 186, 196, 201, 213, 217, 222, 260; XXXII:177, 230; XXXIV:185; XXXVIII:24, 56, 91, 114, 129, 130; XXXIX:11, 13, 25, 34, 35, 36–37, 38–39, 50, 53, 60, 66, 72, 74, 75, 84, 86, 88, 92, 96, 99, 113, 117, 128, 138, 146, 149, 151, 155, 156, 162, 167, 168, 198, 205, 206, 207, 208, 210, 213, 224, 228, 231, 232, 247, 257, 267, 268, 269, 270, 272, 274, 275, 278, 279, 287
age at death XVII:226–27
children XVII:227–29
death XVII:213–22
marriages XI:71; XVII:227–29
physical traits and character XVII:227–32
testament XVII:219–22
SEE ALSO 'Alids; *al-shī'ah*; al-Turābiyyah
'Alī b. Ṭayfūr (Ibn al-Ṭayfūrī) XXXIV:219, 221
'Alī b. Thābit al-Jazarī I:364
'Alī b. 'Ubaydah al-Rayḥānī XXXII:240
'Alī b. 'Ubaydallāh XVIII:222
'Alī b. 'Ubaydallāh b. 'Abdallāh b. Ḥasan b. Ja'far b. Ḥasan b. Ḥasan b. 'Alī b. Abī Ṭālib XXXV:142
'Alī b. 'Umar XV:176; XVII:226
'Alī b. 'Umar (al-Nazzāb) XXXVII:69
'Alī b. 'Umar b. 'Alī b. Ḥusayn b. 'Alī XXVIII:144
'Alī b. Umayyah VII:59; XXXV:74
'Alī b. Wā'il XXVI:227
'Alī b. al-Wāthiq XXXV:86, 87
'Alī b. Yaḥyā (of al-Ma'mūn's letter) XXXII:219
'Alī b. Yaḥyā (*rāwī*) XXXIX:134
'Alī b. Yaḥyā al-Armanī XXXIV:120, 127, 129, 146–47, 165, 167–68; XXXV:9, 10
'Alī b. Yaḥyā b. Abī Manṣūr al-Munajjim XXXIV:161, 183, 222; XXXV:103, 104, 106
'Alī b. Yaḥyā al-Sarakhsī XXXI:27
'Alī b. Ya'lā XXV:126
Abū 'Alī al-Yamāmī al-Ḥanafī XXXV:33
'Alī b. Yaqṭīn XXIX:241, 242–43, 245; XXX:9, 11, 72
'Alī b. Ya'qūb b. Dāwūd XXIX:228
'Alī b. Yazdād al-'Aṭṭār XXXIII:144; XXXIV:190
'Alī b. Yazīd, Abū Di'āmah. SEE Abū Di'āmah
'Alī b. Yazīd (*rāwī*) XXXI:164, 171, 177, 185
'Alī b. Yazīd al-Abnāwī XXXI:208
'Alī b. Yūsuf b. al-Qāsim b. Ṣubayḥ XXX:93, 203
'Alī b. Ẓabyān XXX:294
'Alī b. Zādān XXVIII:216
'Alī b. Zahdam XVIII:110
'Alī b. Zayd IX:207; XII:169; XX:6
'Alī b. Zayd b. Jud'ān I:176, 291, 328, 357, 360; II:82, 86, 87; III:71, 107; XXXIX:222, 280
'Alī b. Zayd al-Ṭālibī XXXV:163; XXXVI:115, 116, 158
'Alids (Ṭālibids) XXX:98, 102; XXXII:19–21, 24, 26–27, 31, 34, 67, 72, 131, 169, 230; XXXV:3, 15, 16, 17, 18, 20, 23, 25, 26, 62, 64, 65, 66, 88, 89, 90, 93, 141, 142, 150, 156; XXXVII:6, 113, 170; XXXVIII:29, 64, 92, 96, 204
SEE ALSO Ahl al-Bayt; Fāṭimids; *al-shī'ah;* al-Turābiyyah; white color symbolism
Alīfaz. SEE Eliphaz
'Ālij (near al-Tha'labiyyah, on the Meccan Road from Iraq) II:13; XXIII:159

Ālīn (Alīn, Allīn, Bālīn, village, near Marw) **XXVII**:64, 68, 76, 80, 95
Ālis. SEE Lamas
Ibn Abī al-ʿĀliyah. SEE Sufyān b. Abī al-ʿĀliyah
ʿĀliyah (wife of Isḥāq b. Sulaymān) **XXIX**:149
al-ʿĀliyah (toponym) **VII**:84; **XXXIX**:194
al-ʿĀliyah (concubine of al-Mufaḍḍal) **XXIV**:143
al-ʿĀliyah *(jāriyah)*. SEE Ḥabābah
al-ʿĀliyah (Medinan army regiment). SEE Ahl al-ʿĀliyah
Abū al-ʿĀliyah al-Barrāʾ (Ziyād b. Fayrūz) **XXXIX**:308
ʿĀliyah bt. Hishām b. Farr-Khusraw **XXX**:271
al-ʿĀliyah bt. Muḥammad b. ʿAlī **XXXIX**:235
Abū al-ʿĀliyah al-Riyāḥī (Rufayʿ b. Mihrān) **I**:279, 288, 291, 298; **XXXIX**:307
al-ʿĀliyah bt. ʿUbaydallāh b. al-ʿAbbās **XXXIX**:74, 235
al-ʿĀliyah bt. Ẓabyān **IX**:138; **XXXIX**:186–88
alkali holder *(ushnāndānah)* **XXIX**:120
Allāhu Akbar. SEE takbīr
Allān. SEE Alans
ʿAllān b. Muḥammad b. Kushmard **XXXVIII**:168, 173, 174, 178
Abū ʿAllāqah (of Banū Fazārah) **XXVII**:192
Allāt. SEE al-Lāt
ʿAllawayh (musician) **XXXII**:242–43, 257
allegiance, oath of. SEE oath of allegiance
alley. SEE entries beginning with Zuqāq
allies. SEE *aḥlāf*
Allīn. SEE Alīn
allocations. SEE stipends
allowances. SEE military payments and allowances
Banū Almaʿ **XII**:10
alms tax. SEE *ṣadaqah; zakāt*
aloe **IV**:79; **XXXI**:143; **XXXV**:19; **XXXVII**:72; **XXXIX**:179
Ibn ʿAlqamah (house owner, in Mecca) **VI**:50; **XIX**:13
ʿAlqamah b. ʿAbdallāh al-Muzanī **XIV**:10
ʿAlqamah b. ʿAmr al-Awdī **XXIII**:77
Abū ʿAlqamah al-Farwī **XXVII**:117
ʿAlqamah b. Ḥakīm al-Firāsī al-Kinānī **XI**:165, 168; **XII**:186, 193; **XIII**:81; **XV**:255
Abū ʿAlqamah al-Khathʿamī. SEE ʿAbdallāh b. ʿAlqamah al-Khathʿamī
ʿAlqamah b. Mālik. SEE Dhū Jadan
ʿAlqamah b. Marthad **XIV**:83; **XV**:229; **XXI**:113; **XXXIX**:97, 207
ʿAlqamah b. Mujazziz al-Mudlijī **XI**:87; **XII**:183–85, 187, 193; **XIII**:81, 106, 177; **XV**:73
ʿAlqamah b. al-Naḍr al-Naḍrī **XIII**:83, 150; **XIV**:54
ʿAlqamah b. Qays al-Nakhaʿī **I**:285; **II**:162; **VII**:27; **VIII**:85; **XV**:96–98, 102, 120; **XVII**:58; **XXXIX**:203, 272, 273
ʿAlqamah b. ʿUlāthah **IX**:98; **X**:75, 76
ʿAlqamah b. Waqqāṣ al-Laythī **VIII**:21, 29, 34, 35, 39, 40, 58; **XVI**:44, 45, 79, 140, 141
Abū ʿAlqamah al-Yaḥmadī **XX**:174
ʿAlqamah b. Yazīd al-Anṣārī **XVII**:87
al-ʿAlth (on the Tigris) **XXXII**:182
althea *(khiṭmī)* **XXIII**:81
Alṭūn (deputy of Kayghalagh) **XXXVI**:99
al-Alūf bt. al-Ḥārith b. Surayj **XXVI**:264
Alūn. SEE Elon
ʿAlwān (Khārijite) **XXII**:118

al-ʿAlyānah (toponym) **XXXVIII**:136
Alys. SEE Lamas
ʿĀm al-Aḥzāb (Year of the Parties) **VIII**:10
SEE ALSO Battle of the Trench
ʿĀm al-Fīl (Year of the Elephant) **I**:371; **V**:268–69; **VI**:159; **XI**:107, 131; **XXXIX**:24, 41, 106
ʿĀm al-Fuqahāʾ (Year of the Jurists) **XXIII**:213; **XXXIX**:214
ʿĀm al-Ḥudaybiyah (Year of al-Ḥudaybiyah) **VIII**:44, 68; **X**:14; **XXXIX**:38
ʿĀm al-Jamāʿah (Year of the Union) **X**:97
ʿĀm al-Juḥāf (Year of the Deluge, Year of Sweeping Away) **XVII**:226; **XXII**:187; **XXXIX**:59
ʿĀm al-Ramādah (Year of the Drought, Year of the Destruction) **XIII**:151, 152, 154–57, 159; **XIV**:119
ʿĀm al-Ruʿāf (Year of Nosebleeds) **XV**:2
al-Aʿmā (between Takrīt and al-Sawdaqāniyyah) **XXXVIII**:191
Amaj (north of Mecca) **V**:168; **VIII**:43, 168; **XXVIII**:183
Amājūr **XXXVI**:116, 117
Amalekites. SEE al-ʿAmāliqah
al-ʿAmāliqah (al-ʿAmālīq, Amalekites) **II**:12, 17, 19, 73, 132, 153; **III**:31, 98, 129; **IV**:131, 134, 139, 148; **VI**:52
Abū Amāmah al-Bāhilī **IX**:79
amān. SEE safe-conduct guarantee
Amānāt b. Qays **XXXIX**:89
Aʿmāq. SEE al-ʿAmq
ʿAmarah. SEE Gomorrah
al-ʿAmarradah (sister of the four kings of Banū ʿAmr b. Muʿāwiyah b. Kindah) **X**:180, 181
Abū al-ʿAmarraṭah. SEE ʿUmayr b. Yazīd al-Kindī
al-Aʿmash (Sulaymān b. Mihrān) **I**:173, 177, 200, 201, 205, 207, 211, 217–19, 227, 261, 265, 286, 305, 315, 327, 365; **II**:116, 123; **III**:43, 47, 102, 104, 106, 154; **VI**:66, 89, 95; **VII**:82; **VIII**:70; **IX**:180; **XI**:157; **XII**:82; **XIII**:12, 19, 20, 24; **XIV**:141, 143; **XVI**:156; **XVII**:66, 67, 68; **XX**:132; **XXVIII**:184; **XXXIX**:135, 248, 268, 270, 273, 285, 313, 332
Amat al-ʿAzīz (wife of Hārūn al-Rashīd) **XXX**:85–86, 327
Amat al-Karīm bt. ʿAbdallāh **XXVIII**:279
Amat al-Mughīth (Adam and Eve's last child) **I**:316
Amat Rabb al-Mashāriq bt. Muʿāwiyah **XVIII**:215
ʿAmawās. SEE ʿAmwās
Amaziah b. Joash **IV**:35
amber **XXX**:310
ambergris **XXXIX**:179, 269
ambergris candles **XXXI**:184; **XXXII**:155, 157
ambergris whale **VIII**:147–49
ambidexterity **XXXIX**:301
Amghīshiyā (Manīshiyā, fortress, near al-Ḥīrah) **XI**:25–27
al-ʿAmi. SEE Murrah b. Mālik b. Ḥanẓalah
Banū al-ʿAmi (ʿAmm) b. Mālik **XIII**:115–17, 119; **XXIV**:53; **XXVIII**:255–57
Āmid (Amida, Diyār Bakr) **V**:137; **XXII**:40; **XXVI**:219; **XXVIII**:243; **XXX**:230; **XXXIV**:146; **XXXVII**:7, 50; **XXXVIII**:73, 75–77
Amida. SEE Āmid
Banū ʿĀmilah **IV**:79; **XII**:132
ʿĀmilah b. Sabaʾ **II**:23
Amīm (b. Abraham) **II**:129
al-Amīn (Muḥammad b. Hārūn al-Rashīd, caliph) **XXVIII**:248; **XXX**:97–98, 111–13, 164, 179–81,

al-Amīn (continued) **XXX**:183–200, 212, 236, 253–54, 292–94, 323, 326–29, 332–34; **XXXI**:1–9, 11, 13–14, 17–37, 39–41, 43–51, 54, 56–60, 63–76, 82–85, 88–104, 108–16, 119–25, 127–34, 136–37, 139, 150–52, 156–57, 159–64, 166–67, 170–74, 176–206, 189, 209–48, 250; **XXXII**:9, 10, 36, 49, 79, 103, 192, 231, 248; **XXXIV**:40, 173; **XXXV**:74
Amīnah bt. ʿAlī **XXVIII**:38–39
Amīnah bt. Khuḍayr **XXVIII**:226
al-Aminah (concubine of Solomon) **III**:169
Āminah *(rāwiyah)* **XXXIX**:280
Āminah bt. ʿAlqamah (mother of Marwān I) **XX**:161
Āminah bt. Abī Murrah **XXXIX**:48, 49
Āminah bt. Abī Qays al-Ghifāriyyah **XXXIX**:185
Āminah bt. Abī Sufyān **IX**:24
Āminah bt. Wahb b. ʿAbd Manāf (mother of Prophet Muḥammad) **V**:269, 271, 275, 283, 651; **VI**:6–8; **IX**:9; **XXVIII**:170
Amīr al-Muʾminīn (Commander of the Faithful)
as ʿAlī b. Abī Ṭālib's title **XVII**:84–85; **XVIII**:6
as ʿUmar b. al-Khaṭṭāb's title **XIV**:113–14
ʿĀmir (associate of Zayd b. ʿAlī) **XXVI**:36
ʿĀmir (in a line of poetry) **XIX**:15, 192
ʿĀmir (progenitor of Banū ʿĀmir) **IV**:128
ʿĀmir *(rāwī)*. SEE al-Shaʿbī
ʿĀmir (uncle of Salamah b. ʿAmr b. al-Akwaʿ al-Aslamī) **VIII**:46, 80, 84
Banū ʿĀmir (of Numayr) **V**:275–76, 279–82; **VI**:66–67, 121; **VII**:30, 71, 95, 119, 151–53, 157; **VIII**:143, 170; **IX**:5, 103–5, 119, 138, 152; **X**:67, 70–72, 74–76, 79, 112–15, 124, 126, 169; **XI**:199, 213; **XIII**:70, 111; **XV**:159; **XVI**:120, 149; **XVIII**:14; **XX**:67; **XXI**:210; **XXIII**:39, 45; **XXIV**:17, 25, 168; **XXVI**:63, 132, 149, 155, 156, 159, 185, 188–89, 196, 217, 235; **XXVII**:164; **XXVIII**:61; **XXXIX**:187, 188
Ibn ʿĀmir. SEE ʿAbdallāh b. ʿĀmir b. Kurayz
Umm ʿĀmir. SEE hyena
ʿĀmir b. ʿAbd al-Aswad **XIII**:134
ʿĀmir b. ʿAbd Qays (ʿAbdallāh) al-Tamīmī al-ʿAnbarī **XIII**:28, 135; **XV**:92, 126–28, 136
ʿĀmir b. ʿAbdallāh b. al-Jarrāḥ al-Fihrī, Abū ʿUbaydah **XI**:74, 81, 83–84, 87–88, 90, 95, 103–5, 107–8, 112, 126, 128–29, 142, 144, 149, 158–65, 168, 170–71, 178, 225
ʿĀmir b. ʿAbdallāh b. Qays. SEE Abū Burdah b. Abī Mūsā al-Ashʿarī
ʿĀmir b. ʿAbdallāh al-Tamīmī al-ʿAnbarī. SEE ʿĀmir b. ʿAbd Qays al-Tamīmī al-ʿAnbarī
ʿĀmir b. ʿAbdallāh b. al-Zubayr **XI**:136; **XX**:55; **XXXIX**:133
ʿĀmir b. ʿAbīdah al-Bāhilī **XXV**:194; **XXVI**:244
ʿĀmir b. al-ʿAmaythal al-Azdī **XXIV**:131, 139
ʿĀmir b. ʿAmr b. ʿAbd ʿAmr **XXII**:104
Abū ʿĀmir al-ʿAqadī **I**:282, 283; **VII**:39; **VIII**:44, 69, 79, 83, 97; **XIV**:109, 113; **XXXIX**:108, 153
Abū ʿĀmir al-Ashʿarī **IX**:17, 19
ʿĀmir b. al-Aswad **XXVI**:88
ʿĀmir b. al-Aswad al-ʿIjlī **XVIII**:145, 147

ʿĀmir b. al-Aswad al-Kalbī **XXI**:45
ʿĀmir b. Aynam al-Wāshijī **XXIV**:56
ʿĀmir b. Ḍubārah al-Murrī **XXVI**:260; **XXVII**:56, 57, 58, 59, 60, 87, 88, 89, 90, 125, 126, 127, 128, 129
ʿĀmir b. Fuhayrah **VI**:146, 148; **VII**:21, 151, 153; **XXXIX**:138, 142
ʿĀmir b. al-Ḥaḍramī **VII**:50, 51
ʿĀmir b. Ḥafṣ **XVI**:76, 131, 144, 145; **XXIV**:32
Banū ʿĀmir b. al-Ḥārith **XXV**:92
ʿĀmir b. al-Ḥārith b. Muḍāḍ. SEE ʿAmr b. al-Ḥārith b. Muḍāḍ
ʿĀmir b. Ḥathmah **XI**:164
ʿĀmir b. Ilyās b. Muḍar. SEE Ṭābikhah
ʿĀmir b. ʿĪsā al-Anqāʾī **XXXVIII**:131
ʿĀmir b. Ismāʿīl b. ʿĀmir **XXXI**:194
ʿĀmir b. Ismāʿīl al-Ḥārithī. SEE ʿĀmir b. Ismāʿīl al-Muslī
ʿĀmir b. Ismāʿīl al-Muslī **XXVII**:108, 170, 173, 174, 175; **XXVIII**:218, 275–76; **XXIX**:79, 211
Āl ʿĀmir b. Juwayn al-Ṭāʾī **XVII**:26, 55; **XVIII**:24
ʿĀmir b. Khālid al-Usayyidī al-Tamīmī **XI**:209
ʿĀmir b. Kinānah **VI**:31
ʿĀmir b. Kurayz **XXXIX**:76, 198
Banū ʿĀmir b. Luʾayy **VI**:100, 112, 119, 138; **IX**:33; **XVI**:175; **XXII**:92; **XXVIII**:143, 162; **XXXIX**:43
ʿĀmir b. Luqaym **II**:32
ʿĀmir b. Mālik al-Ashʿarī **XIII**:18
ʿĀmir b. Mālik al-Ḥimmānī **XXIII**:165; **XXV**:15, 36–37, 73
ʿĀmir b. Mālik b. Jaʿfar, Abū Barāʾ **VII**:151–55; **XXXIX**:73
ʿĀmir b. Masʿūd (of Banū Quraysh) **XVIII**:142
ʿĀmir b. Masʿūd b. Umayyah b. Khalaf al-Jumaḥī (Duḥrūjat al-Juʿal) **XVIII**:142; **XX**:37, 40, 46–47, 92, 116
ʿĀmir b. Maṭar al-Shaybānī **XIII**:204; **XVI**:85
ʿĀmir b. Mismaʿ **XXI**:200 SEE ALSO ʿAmr b. Mismaʿ
ʿĀmir b. Abī Muḥammad **XIV**:94; **XXVIII**:93
ʿĀmir b. Abī Mūsā al-Ashʿarī. SEE Abū Burdah b. Abī Mūsā al-Ashʿarī
ʿĀmir b. Nahshal al-Taymī **XIX**:152, 180
Banū ʿĀmir b. Numayr **XXXIV**:49
ʿĀmir b. Qushayr al-Khujandī **XXV**:47
ʿĀmir b. Rabīʿah al-ʿAnzī **VI**:64, 99, 139, 155
Abū ʿĀmir al-Rāhib **IX**:98
ʿĀmir b. Saʿd b. Abī Waqqāṣ **VII**:11; **XI**:132; **XV**:120, 182
ʿĀmir b. Sahlah al-Ashʿarī **XXVI**:177
Banū ʿĀmir b. Ṣaʿṣaʿah. SEE Banū ʿĀmir
ʿĀmir al-Shaʿbī. SEE al-Shaʿbī
Abū ʿĀmir al-Shaʿbī. SEE Sharāḥīl b. ʿAbd b. ʿAbdah al-Shaʿbī
ʿĀmir b. Shahr al-Hamdānī **X**:18–21, 27, 158
Banū ʿĀmir b. Shahrān **XVIII**:144
ʿĀmir b. Sharāḥīl. SEE al-Shaʿbī
ʿĀmir b. al-Ṭufayl **VII**:152–56; **IX**:103–5
ʿĀmir b. ʿUbaydah al-Bāhilī **XXVI**:35
ʿĀmir b. Abī ʿUmar **XX**:178
ʿĀmir b. ʿUwayf al-Azdī **XVII**:51
ʿĀmir b. Wahb b. al-Aswad b. Masʿūd **IX**:14
ʿĀmir b. Wāthilah. SEE Abū al-Ṭufayl
ʿAmīrah (associate of Bahbūdh b. ʿAbd al-Wahhāb) **XXXVII**:44
ʿAmīrah (father of Shaykh b. ʿAmīrah al-Asadī) **XXXI**:208
Banū ʿAmīrah b. Rabīʿah **XIX**:132

ʿAmīrah b. Rabīʿah al-ʿUjayfī (ʿAmīrat al-Barīd) **XXIV**:16, 153
ʿAmīrah b. Ṭāriq **XIII**:53
ʿAmīrah b. Yathribī al-Ḍabbī. SEE ʿUmayr b. Yathribī al-Ḍabbī
ʿAmīrat al-Barīd. SEE ʿAmīrah b. Rabīʿah al-ʿUjayfī
al-ʿĀmiriyyah (subject of Prophet Muḥammad's marriage proposal). SEE Ḍubāʿah bt. ʿĀmir b. Qurṭ
ʿAmlūq (tyrant of Yamāmah) **IV**:151
Banū al-ʿAmm b. Mālik. SEE Banū al-ʿAmi b. Mālik
ʿAmmān **XXVI**:127, 148, 183
ʿAmmār (Baghdad mobster) **XXXII**:148
ʿAmmār (*mawlā* of Banū Hāshim) **II**:86
ʿAmmār (*mawlā* of Jibraʾīl) **XXVII**: 152, 170
ʿAmmār, Abū al-Haytham. SEE Abū al-Haytham
ʿAmmār b. ʿAbd al-ʿAzīz al-Jushamī **XXI**:211
ʿAmmār b. ʿAbdallāh b. Yasār al-Juhanī **XIX**: 104
ʿAmmār b. Abī ʿAmmār **III**:87
ʿAmmār al-Duhnī. SEE ʿAmmār b. Muʿāwiyah al-Duhnī
ʿAmmār b. al-Ḥasan **I**:268, 272, 279, 288, 291, 296; **II**:99, 101, 102
Abū ʿAmmār al-Marwazī **III**:43
ʿAmmār b. Muʿāwiyah al-Duhnī (Abū Muʿāwiyah al-Bajalī) **XVI**: 129; **XVII**:188; **XIX**:17, 20, 22, 74; **XXXIX**:313
ʿAmmār b. Muḥammad, Abū al-Yaqẓān **I**: 175
ʿĀmmār b. Ruzayq al-Ḍabbī **XXXIX**: 258
ʿAmmār b. al-ʿUbādī **XXV**:25, 29
Abū ʿAmmār al-Wāʾilī **VIII**:7
ʿAmmār b. Yāsir, Abū al-Yaqẓān **VI**:100; **VII**:16, 17, 21; **IX**:57, 189; **XII**:160; **XIII**:64, 142; **XIV**:2, 3, 5, 6, 14, 16, 43, 47–49, 152; **XV**:100, 147–48, 155, 165, 173–74, 180, 228; **XVI**:88, 89, 92–96, 112, 113, 128, 130, 131, 137, 139, 154, 156–58, 171, 172; **XVII**: 23, 31, 32, 36, 51, 64–70; **XIX**:12, 39; **XXVII**:149; **XXXII**:221; **XXXVIII**:56; **XXXIX**: 28–34, 116, 289
Āl ʿAmmār b. Yāsir **XV**:228
ʿAmmār b. Yazīd al-Kalbī **XXII**: 104, 105
ʿAmmār (ʿUmārah) b. Yazīd. SEE Khidāsh
ʿAmmār (Ubayy) b. Zayd **V**:340, 348–49, 351
ʿĀmmār b. Zurayq al-Ḍabbī **XXXIX**: 155
Ammonites (Banū ʿAmūn) **III**:128
ʿAmmūriyyah (Amorium) **XIV**:164; **XXIII**:146; **XXXIII**: 97–99, 107–11, 117–19, 122–24, 210
Amon b. Manasseh **IV**:40
Amorites **III**:97
Amorium. SEE ʿAmmūriyyah
al-ʿAmq (Aʿmāq, alluvial plain, in Cilicia) **XII**:134; **XXVII**:121
ʿAmq Road (between Mecca and al-Madīna) **VI**:146
ʿAmr (b. al-Ahtam?) **X**:139
ʿAmr (brother of Ḥārithah b. Sharāḥīl) **XXXIX**: 7
ʿAmr (*ghulām* of Būdhā) **XXXVII**:40–41
ʿAmr (in a line of poetry) **XIV**:39
ʿAmr (Juʿayl) **VIII**:9
ʿAmr (*mawlā* of Abū Bakr) **X**:164
ʿAmr (*rāwī*) **II**:113, 161, 164, 166–68, 170, 172–74, 179, 181, 182; **XXXIX**: 134
SEE ALSO ʿAmr b. Muḥammad
ʿAmr (relative of Yāsir b. ʿAmr b. Yaʿfūr) **IV**:78

Abū ʿAmr (Maysarah). SEE Maysarah
Abū ʿAmr (*mawlā* of Ibrāhīm b. Ṭalḥah) **X**:14, 19, 21, 76; **XII**:19, 56; **XIII**:103; **XIV**:85, 133
Abū ʿAmr (*rāwī*) **XV**:166; **XVI**:44, 124
Abū ʿAmr (supporter of al-Nafs al-Zakiyyah) **XXVIII**:184
Abū ʿAmr (teacher of Muḥammad b. ʿAbd al-Raḥmān b. Sulaymān) **XXVIII**: 192, 198
Banū ʿAmr (of Julandā) **IX**:39
Banū ʿAmr (of Tamīm) **XII**:42
Ibn ʿAmr (*rāwī*) **II**:86
Ibn Abī ʿAmr (of Banū al-Azd) **XVIII**: 85
Umm ʿAmr (in a line of ʿAmr b. Kulthūm's poetry) **IV**:136, 137
Umm ʿAmr (in line of Ṭarafah' poetry) **XVIII**: 78
Umm ʿAmr (wife of ʿUrwah b. al-Ward al-ʿAbsī) **VII**:160
ʿAmr b. ʿAbasah al-Sulamī **VI**:85, 87; **XI**:92; **XIII**:103, 106
ʿAmr b. ʿAbd al-Aswad **X**:146
ʿAmr (ʿUmar) b. ʿAbd al-ʿAzīz b. al-Ḥārith **XXIV**:19
ʿAmr b. ʿAbd al-ʿAzīz al-Sulamī **XXXI**:108
ʿAmr b. ʿAbd al-Ḥamīd al-Āmulī **II**:178
ʿAmr b. ʿAbd al-Jīnn al-Jarmī **IV**:141, 143
ʿAmr b. ʿAbd al-Malik al-ʿItrī al-Warrāq **XXXI**: 136, 137, 157–59, 160–61, 162–63, 165–67, 170–71, 176–78, 213–14
ʿAmr b. ʿAbd Manāf. SEE Hāshim b. ʿAbd Manāf
ʿAmr b. ʿAbd al-Masīḥ b. Qays b. Ḥayyān b. al-Ḥārith (Ibn Buqaylah) **XI**:29–35, 210; **XII**:51, 173
ʿAmr b. ʿAbd al-Raḥmān **XXVI**:37, 41; **XXXIX**:118
ʿAmr b. ʿAbd Wudd b. Abī Qays **VII**:44; **VIII**:18–19
ʿAmr b. ʿAbdallāh b. ʿAnbasah **XV**: 252–53
ʿAmr b. ʿAbdallāh al-Aqṭaʿ. SEE ʿUmar b. ʿAbdallāh al-Aqṭaʿ
ʿAmr b. ʿAbdallāh al-Ḍabābī **IX**:84
ʿAmr b. ʿAbdallāh al-Jumaḥī, Abū ʿAzzah **VII**: 106, 119, 141
ʿAmr b. ʿAbdallāh al-Ṣāʾidī, Abū Thumāmah **XIX**: 42, 48, 105, 142, 144
ʿAmr b. ʿAbdallāh b. Sinān al-ʿAtakī al-Ṣunābiḥī **XXIV**:36
ʿAmr b. ʿAbdallāh b. al-Zubayr **VIII**:159
ʿAmr b. al-Aḍbaṭ al-Ashjaʿī **VIII**: 151
ʿAmr b. ʿAdī (*naqīb* of al-Ḥīrah) **XI**:35
ʿAmr b. ʿAdī b. Naṣr b. Rabīʿah **IV**:130, 136, 139, 141, 143, 144, 145, 146, 147, 148; **V**: 22, 44
ʿAmr b. al-Ahtam **IX**:68, 73; **X**:96
ʿAmr b. ʿĀʾidh al-Makhzūmī **V**:234
Abū ʿAmr al-Aʿjamī **XXVII**:69, 79
ʿAmr b. Akhṭab al-Anṣārī, Abū Zayd **IX**:158–59
Abū ʿAmr b. al-ʿAlāʾ **V**:369; **X**: 106; **XIV**: 71
ʿAmr b. ʿAlī (*rāwī*) **XXVI**:82
ʿAmr b. ʿAlī b. Baḥr al-Fallās **I**: 290; **II**:85, 183; **VI**:60; **VII**: 34; **IX**:177; **XIV**: 10; **XVI**:117; **XIX**: 19; **XXXIX**: 214, 223
ʿAmr b. ʿAlqamah **VIII**:20, 29, 34, 39
Banū ʿAmr b. ʿĀmir **VI**:53; **IX**:5; **XXIV**: 148
ʿAmr b. ʿAmr (in a line of al-Farazdaq's poetry) **XVIII**:169
ʿAmr b. Abī ʿAmr (*mawlā* of al-Muṭṭalib b. ʿAbdallāh al-Makhzūmī) **XI**:137; **XXXIX**: 337

ʿAmr b. ʿAmr b. ʿAwf b. Mālik al-Jushamī **XVII**:52
ʿAmr b. Abī ʿAmr al-Madanī **XXX**:38
ʿAmr b. ʿAmr b. Muqarrin **XIII**:24, 30, 34, 36
ʿAmr b. Abī ʿAmr al-Shaybānī **XXXIV**:44
ʿAmr b. al-ʿArandas al-ʿAwdī **XVII**:170
ʿAmr b. al-ʿĀṣ (al-ʿĀṣi) **II**:29, 31; **VI**:105; **VII**:107; **VIII**:99, 142–47, 188; **IX**:39, 123; **X**:53, 70–72, 105, 136, 137; **XI**:73, 78–80, 83–84, 86–88, 90, 107–8, 112, 126, 144, 162, 164–65, 170; **XII**:183, 185–93; **XIII**:99, 158, 159, 163–74; **XIV**:13, 14, 101, 102, 108, 148, 161, 162, 164; **XV**:12, 18–19, 23–24, 26–27, 73–74, 136–38, 149, 170–72, 175–76, 183, 243; **XVI**:175, 183, 184, 191–96; **XVII**:2–3, 12, 15, 24, 29, 31, 32, 66, 69, 70, 74, 77–78, 82, 83–86, 88, 89, 90, 91–92, 104–10, 143, 148–61, 214, 223–24; **XVIII**:8, 9, 10, 91, 92, 217, 221, 222, 223, 224; **XIX**:72; **XXVI**:31; **XXXIX**:32, 88, 291
ʿAmr b. Asad **VI**:49
Banū ʿAmr b. Asad **XVI**:73
ʿAmr b. al-Aṣamm **XV**:159
ʿAmr b. al-Ashraf al-ʿAtakī **XVI**:141, 144
ʿAmr (ʿUmar) b. Asīd **VII**:145
ʿAmr b. ʿĀṣim al-Kilābī **VII**:115
ʿAmr b. ʿĀṣim al-Tamīmī **XV**:46
ʿAmr b. Aṣmaʿ al-Bāhilī **XXI**:172–73
ʿAmr b. ʿAṭāʾ (suburb, in Baghdad) **XXXIV**:26
ʿAmr b. Awbār **VIII**:50
Banū ʿAmr b. ʿAwf **VI**:122, 126, 147, 150–52; **VII**:66, 72, 84, 113, 122, 144, 152; **VIII**:15, 16, 31; **IX**:50, 56, 61; **XII**:144; **XXVIII**:152; **XXXIX**:132, 133, 189
ʿAmr b. ʿAwf al-Muzanī **VIII**:10; **XIII**:109
ʿAmr b. ʿAwn **II**:144
ʿAmr b. Aws al-ʿAwdī **XVII**:88–89
ʿAmr b. Aʿyan, Abū Ḥamzah **XXIV**:88; **XXVII**:64, 75
ʿAmr b. Ayyūb **XXVII**:192
ʿAmr al-Azdī **XXIV**:36
ʿAmr al-Azraq (the Blue-Eyed, Arab raider) **V**:300
ʿAmr b. Abī Badhl al-ʿAbdī **XXVI**:40
ʿAmr b. Baḥīr b. Warqāʾ al-Saʿdī **XXIV**:164
ʿAmr b. Bahrāʾ **XXXIX**:301
ʿAmr b. Bakr **XXVI**:229
ʿAmr b. Bakr al-Tamīmī **XVII**:213–14, 223–24
ʿAmr b. Baydaq **XXXIX**:204
ʿAmr b. Bilāl b. al-Ḥārith **XIV**:19
ʿAmr b. Bishr **XX**:159
ʿAmr b. Budayl b. Warqāʾ al-Khuzāʿī **XV**:186
Abū ʿAmr b. Budayl b. Warqāʾ al-Khuzāʿī **XV**:159
Abū ʿAmr Dhakwān **XIV**:96
ʿAmr b. Dīnār **I**:285; **II**:114, 163; **III**:6; **VI**:61, 153, 154, 158–59; **VIII**:147–48; **IX**:207; **X**:39; **XI**:134; **XIII**:59; **XIX**:13; **XXIII**:210; **XXXIX**:167
ʿAmr b. Duljah **XVI**:149
ʿAmr al-Fādusbān al-Sughdī al-Bukhārī **XXVII**:32
ʿAmr b. Fahm b. Taymallāh **IV**:129, 130–31, 132; **V**:20
ʿAmr al-Farghānī **XXXIII**:96, 100, 109, 112–13, 123–28, 130–31
Abū ʿAmr al-Ghifārī **XXVIII**:208, 217
ʿAmr b. Ḥabīb b. ʿAmr **XI**:164
ʿAmr al-Ḥaḍramī **XIX**:120
ʿAmr b. al-Ḥaḍramī **VII**:19–22, 28, 29, 37, 49, 50
ʿAmr b. Ḥafṣ **XXXI**:64–65
ʿAmr b. al-Ḥajjāj al-Zubaydī **XVIII**:142; **XIX**:19–20, 26, 42, 46–47, 80, 107–8, 114, 121, 131, 137–

38, 164; **XX**:211, 213; **XXI**:15, 23–24
'Amr b. al-Ḥakam **X**:43, 44
'Amr b. al-Ḥamiq al-Khuzā'ī **XV**:125, 191–92, 219–20; **XVIII**:31, 98, 99, 129, 130, 137; **XXXVIII**:57; **XXXIX**:92
'Amr b. Ḥammād b. Ṭalḥah **I**:206, 214, 219, 221, 222, 250, 254, 258, 262, 263, 269, 273, 275, 281, 307, 322; **II**:50, 53, 59, 62, 68, 71, 72, 86, 90, 101, 107, 113, 115, 118, 121, 124, 126, 130, 152; **III**:73, 85, 90, 119, 120, 129, 173; **IV**:55, 118; **VII**:21, 24, 40; **XV**:135, 137, 139, 183–84, 186, 202, 246–47, 251; **XVI**:1, 2
'Amr b. Ḥanẓalah **XXI**:65
'Amr b. al-Ḥārith **XII**:41, 42
'Amr b. al-Ḥārith (Baḥzaj) **XXXIX**:36
'Amr b. al-Ḥārith *(rāwī)* **XXXIX**:132, 159
Banū 'Amr b. al-Ḥārith **VI**:29
'Amr b. al-Ḥārith b. Muḍāḍ **VI**:52, 53, 54
'Amr b. al-Ḥārith b. Abī Shamir **XXXIX**:30
'Amr b. al-Ḥārith b. Ya'qūb b. 'Abdallāh al-Anṣārī **VIII**:147, 148
'Amr b. Ḥārithah al-Kalbī **XXVI**:216–17
'Amr b. al-Ḥasan b. 'Alī. SEE Abū Bakr b. al-Ḥasan b. 'Alī b. Abī Ṭālib
'Amr b. Hāshim **XVIII**:74
'Amr b. Ḥassān *(rāwī)* **XVII**:199
Umm 'Amr bt. Ḥassān al-Kūfiyyah **XIV**:114
'Amr b. Ḥassān al-Ṭā'ī **XXIV**:153
'Amr b. Hawṭ al-Sadūsī **XIX**:224
'Amr b. al-Haytham b. al-Ṣalt b. Ḥabīb al-Sulamī **XI**:179
'Amr b. al-Haytham al-Zabīdī, Abū Qaṭan **XI**:145; **XXXIX**:256
Āl 'Amr b. Ḥazm **IX**:54
SEE ALSO Āl Ḥazm
'Amr b. Ḥazm al-Anṣārī **IX**:85, 87, 165; **X**:19, 20, 22, 158, 159; **XV**:189, 200, 204, 208, 219; **XXVI**:11; **XXIX**:125; **XXXIX**:294–95
'Amr b. Hilāl al-Sadūsī (al-Taymī) **XXV**:22
'Amr b. Hishām. SEE Abū Jahl b. Hishām
'Amr b. Hubayrah **XX**:35
'Amr b. Ḥudayr **XIX**:183
'Amr b. Ḥujr al-Kindī **V**:122–23
'Amr b. Ḥurayth al-Makhzūmī **IX**:195; **XIII**:184; **XV**:134–35; **XVIII**:98, 99, 126, 140; **XIX**:21, 53–54, 57–58, 65, 166; **XX**:37–40, 89–90, 92, 106–7, 129, 199, 200, 214–15; **XXI**:19; **XXII**:5, 7; **XXIII**:21; **XXVI**:44; **XXXIX**:59–60, 113, 114, 296
'Amr b. Ḥuwayy al-Saksakī **XXVI**:151
'Amr b. 'Ikrimah **XIX**:178
'Amr b. 'Ikrimah b. Abī Jahl al-Makhzūmī **XI**:99–100
'Amr b. Ilah(?) b. al-Judayy **V**:33, 35
'Amr b. Ilyās b. Muḍar. SEE Mudrikah
'Amr b. Imri' al-Qays al-Bad' **V**:67, 74
'Amr b. 'Īsā al-'Adawī, Abū Na'āmah **XII**:163; **XVI**:117; **XX**:24, 30, 72, 78; **XXXIX**:104, 151
'Amr b. Isfandiyār **XXXIV**:35
'Amr b. Isḥāq b. Ismā'īl **XXXIV**:122
'Amr b. Jahm **XXXIX**:67
'Amr b. al-Jamūḥ **VI**:138; **VII**:136
'Amr b. Ja'wān **XVI**:109, 112, 151
'Amr b. Jiḥāsh **VII**:157, 158, 160

'Amr b. Jirfās b. 'Abd al-Raḥmān b. Shuqrān al-Minqarī. SEE 'Umar

b. Jirfās b. ʿAbd al-Raḥmān b. Shuqrān al-Minqarī
Banū ʿAmr b. Jundab (of ʿAmr b. Tamīm) **X**:171
ʿAmr b. Jundab al-Azdī **XXI**:144
Umm ʿAmr bt. Jundub al-Azdī **XV**:254
ʿAmr (ʿUmayr) b. Jurmūz **XVI**:112, 129, 159
ʿAmr b. Kaʿb al-Ghifārī **VIII**:143
ʿAmr b. Kalīʿ **XXVI**:71
Umm ʿAmr bt. Kathīr al-Khuzāʿī **XXVII**:65
ʿAmr b. Khafājī **IX**:168
ʿAmr b. al-Khalī (of Banū al-Kalāʿ) **XX**:63
ʿAmr b. Khālid b. Ḥuṣayn al-Kilābī **XXII**:175; **XXIII**:94–96
ʿAmr b. Khālid al-Ṣaydāwī **XIX**:97, 150
ʿAmr b. Khālid al-Zuraqī **XXIII**:34
ʿAmr b. Khārijah **II**:42
ʿAmr b. Kinānah **VI**:31
ʿAmr b. Kulayb al-Yaḥṣubī **XI**:164
ʿAmr b. Labīd b. Ḥarām b. Khiddash b. Jundub b. ʿAdī b. al-Najjār **VI**:9
ʿAmr b. Laqīṭ al-ʿAbdī **XXIII**:49; **XXV**:92
ʿAmr b. al-Layth al-Ṣaffār **XXXVI**:203, 205; **XXXVII**:1, 2, 5–6, 12, 51, 63–64, 66, 72, 78, 127, 147, 153, 155, 159, 160–61, 169; **XXXVIII**:2, 10, 29, 39–41, 64, 70, 77, 84–86, 91, 92, 95, 103, 104, 156, 170, 191, 195
Banū ʿAmr b. Luʾayy **VIII**:18, 20, 75, 84, 87, 90, 91, 98, 99
ʿAmr b. Luqaym **II**:32
Banū ʿAmr b. Mabdhūl **V**:165; **XVI**:3
ʿAmr b. Maʿdīkarib al-Zubaydī, Abū Thawr **IX**:90–92; **X**:24, 159, 169–74; **XII**:10, 31, 54–58, 60, 61, 87, 92, 111, 112, 115, 116, 123, 139, 140; **XIII**:27, 29, 42, 180, 201, 202, 205; **XIV**:12, 40; **XV**:106; **XIX**:43, 177; **XXXIV**:33; **XXXIX**:91, 298
Abū ʿAmr al-Madīnī **XXVIII**:148
ʿAmr b. al-Maḥjūb al-ʿĀmirī **IX**:168
ʿAmr b. Mālik al-Asadī. SEE Abū al-Hayyāj al-Asadī
ʿAmr b. Mālik al-Nabhānī **XVII**:116
ʿAmr b. Mālik al-Qaynī, Abū Kabshah **XXI**:8
ʿAmr b. Mālik b. ʿUtbah al-Zuhrī **XI**:168; **XIII**:36, 37, 40
SEE ALSO ʿAmr b. ʿUtbah b. Nawfal
ʿAmr b. Marjūm (Marḥūm) al-ʿAbdī **XVI**:115, 144
ʿAmr b. Marthad **XX**:73, 79
Banū ʿAmr b. Marthad **XXI**:178
ʿAmr b. Marwān b. Bashshār al-Kalbī **XXVI**:144, 147–48, 155, 161–62, 185–92, 216
ʿAmr b. Masʿadah al-Ṣūlī **XXXII**:96, 140; **XXXV**:127; **XXXVI**:51
ʿAmr b. Maymūn al-Awdī **III**:88; **IV**:165; **VI**:80; **XI**:102; **XII**:182; **XIV**:143, 151
ʿAmr b. Abī Mihzam **XXIII**:168
ʿAmr b. al-Mikhlāt al-Kalbī **XX**:67
ʿAmr b. Abī al-Miqdām **XV**:137; **XIX**:178
ʿAmr b. Mismaʿ **XX**:39
SEE ALSO ʿĀmir b. Mismaʿ
Banū ʿAmr b. Muʿāwiyah **X**:177, 178, 180–82; **XXII**:53
ʿAmr b. Muʿawiyah b. al-Muntafiq b. ʿĀmir b. ʿUqayl **XVII**:32
Abū ʿAmr al-Muhallabī **XXXVII**:112
ʿAmr b. Muḥammad **II**:155, 156, 158–61, 163; **XI**:1, 7, 13, 17, 19–20, 25, 38–39, 47, 67, 83, 86, 111, 115, 176, 201–2; **XII**:15, 19, 30, 33, 35, 42, 46, 49, 51, 61, 63, 114, 119–21, 157, 159, 165, 203, 204; **XIII**:1, 6, 12, 18, 19, 22, 23, 28, 29, 31, 34, 37, 38, 42, 44, 46, 51, 53, 57, 61, 65, 67, 68, 76, 77, 79, 87, 111, 114, 121, 123, 126, 132, 140, 145, 148,

'Amr b. Muḥammad (continued) **XIII**:149, 189, 216; **XIV**:2, 18, 43, 51, 64, 70, 73, 80, 95, 142; **XV**:3, 15, 120; **XVI**:36, 39, 95, 153
'Amr b. Muḥammad al-'Amrakī **XXX**:163
'Amr b. Muḥammad al-'Anqazī **II**:140, 150; **IV**:165
'Amr b. Muḥammad al-Murrī **XV**:107
'Amr b. Muḥammad b. al-Qāsim **XXVI**:199–200
'Amr b. Muḥammad b. Qays **XII**:115
'Amr b. Muḥammad b. Sa'īd b. al-'Āṣ **XXVI**:200–201
'Amr b. Muḥriz al-Ashja'ī **XIX**:215, 221
'Amr b. Muḥriz b. Shihāb al-Sa'dī al-Minqarī **XVIII**:68, 180
'Amr b. al-Mundhir b. Hind **V**:163, 237, 242, 370
'Amr b. Muqarrin. SEE 'Amr b. 'Amr b. Muqarrin
'Amr b. Murrah **XXVI**:156
'Amr b. Murrah al-Jamalī **III**:47; **VI**:80, 81, 89; **VII**:82; **VIII**:70; **IX**:155; **XII**:119; **XV**:139; **XIX**:121; **XXXIX**:119, 324
'Amr b. Murrah al-Juhanī **XIII**:37; **XVIII**:199
'Amr b. Abī Mūsā **XXV**:144
'Amr b. Muṣ'ab **II**:113
'Amr b. al-Musabbiḥ **XXXIX**:86–87
'Amr b. Muslim *(rāwī)* **XXIII**:196–97
'Amr b. Muslim b. 'Amr al-Bāhilī **XXIII**:165, 175; **XXIV**:20; **XXV**:11–14, 82, 89, 141, 189, 190
'Amr b. al-Mutawakkil **XXVIII**:211
'Amr b. Nāfi', Abū 'Uthmān **XIX**:53, 63; **XX**:108
'Amr b. Naṣr b. Aḥmad **XXXVIII**:202
'Amr b. Naṣr al-Qiṣāfī **XXXIV**:164
'Amr b. Nufāthah b. 'Adī. SEE Ya'mar b. Nufāthah b. 'Adī b. al-Du'il b. Bakr b. 'Abd Manāt b. Kinānah
'Amr al-Qanā, Abū al-Musaddī **XX**:174–75
'Amr b. Qaraẓah b. Ka'b al-Anṣārī **XIX**:108, 135
'Amr b. Qays *(rāwī)* **X**:18
'Amr b. Qays *(rāwī)* **XXIII**:210
'Amr b. Abī Qays **I**:306; **XXXIX**:137
Banū 'Amr b. Qays 'Aylān **XIII**:76
'Amr b. Qays al-Kindī **XXIV**:42, 79
'Amr b. Qays al-Mulā'ī **II**:117, 120; **IV**:156
'Amr b. Qays b. Thawr al-Sakūnī **XXVI**:155, 160, 185, 189
'Amr b. Qays b. Zā'idah. SEE Ibn Umm Maktūm
Banū 'Amr b. Qurayẓah **VIII**:37, 39
'Amr b. Abī Qurrah al-Kindī **XXIII**:58
'Amr b. al-Rabī' b. 'Abd al-'Uzzā **XXXIX**:13
Banū 'Amr b. Rabī'ah b. Ḥārithah **VI**:53, 54
'Amr b. al-Rayyān **XII**:90, 111, 122
'Amr al-Rūmī **XXX**:54–55
'Amr b. Saba' **II**:23
'Amr b. Sa'd b. Nufayl al-Azdī **XIX**:152–53
'Amr b. Sahl b. 'Abd al-'Azīz **XXVII**:88
'Amr b. Sahlah al-Ash'arī **XXIX**:197
'Amr b. Sa'īd *(rāwī)* **XXII**:20, 21
'Amr b. Sa'īd *(rāwī)* **XXXI**:75
'Amr b. Sa'īd b. al-'Āṣ al-Ashdaq, Abū Umayyah **IX**:144; **XI**:101; **XII**:134; **XIX**:2, 9–15, 70, 73, 90, 176–77, 188–90, 193, 195–97, 203; **XX**:58, 59, 64, 65, 160; **XXI**:154–67; **XXIII**:109; **XXIX**:17
Banū 'Amr b. Sa'īd b. al-'Āṣ al-Ashdaq **XXI**:158–59, 164
'Amr b. Sa'īd al-Thaqafī **XXVI**:128

ʿAmr b. Saʿīd al-Umawī al-Qurashī. SEE ʿAmr b. Saʿīd b. al-ʿĀṣ al-Ashdaq
ʿAmr b. al-Ṣaʿiq al-Kilābī **XI**:54–55
ʿAmr b. Salamah **X**:169; **XII**:124
ʿAmr b. Abī Salamah **I**:179; **VI**:60, 85
ʿAmr b. Sālim al-Khuzāʿī **VIII**:162–63
ʿAmr b. Salimah b. ʿAbdallāh **XXXIX**:268–69
ʿAmr b. Salm b. Qutaybah **XXIX**:48–49
Umm ʿAmr bt. al-Ṣalt **XXVI**:21–22
ʿAmr b. Sarḥ **XXI**:84
ʿAmr b. Saysil(?) b. Kāl **XXXIV**:79–80
ʿAmr b. Shabīb b. Zinbāʿ b. al-Ḥārith b. Rabīʿah **XII**:99
ʿAmr b. Shaddād **XXVIII**:257, 273; **XXIX**:75–76
Banū ʿAmr b. Shahrān **XXII**:48
ʿAmr b. Shamir **XIX**:156
ʿAmr b. Sharāḥīl **XXVI**:129
Abū ʿAmr al-Shārī **XXX**:174
ʿAmr b. Sha's al-Asadī **XII**:95; **XXXIX**:146
Banū ʿAmr b. Shaybān b. Dhuhl **XXIV**:87
Abū ʿAmr al-Shaybānī **XXII**:17; **XXXIX**:306
ʿAmr b. Shimr b. Ghaziyyah **XI**:168
ʿAmr b. Shuʿayb **I**:314; **IX**:21, 26, 31; **X**:70, 99, 125; **XI**:130; **XIII**:174; **XV**:226; **XIX**:159; **XXXIX**:187, 327
ʿAmr b. Shujayrah **XVII**:99, 140
ʿAmr b. Shuraḥbīl **XXX**:152
ʿAmr b. Shuraḥbīl b. Saʿīd b. Saʿd b. ʿUbādah **I**:282, 283
ʿAmr b. Sinān al-Ahtam. SEE ʿAmr b. al-Ahtam
ʿAmr b. Ṣubayḥ al-Ṣudāʾī **XIX**:151, 181; **XXI**:43–44
ʿAmr b. Suʿdā al-Quraẓī **VIII**:32–33
ʿAmr b. Sufyān b. ʿAbd al-Asad **XVI**:32, 84
ʿAmr b. Abī Sufyān b. Ḥarb **VII**:72, 73; **XIV**:133, 134
ʿAmr b. Sufyān al-Sulamī. SEE Abū al-Aʿwar al-Sulamī
ʿAmr b. Abī Sufyān b. Usayd b. Jāriyah al-Thaqafī **II**:84
ʿAmr al-Sulamī **XXXI**:108
ʿAmr b. Sulaymān al-ʿAṭṭār **XXXIX**:251
ʿAmr b. Abī Sulmā **XIII**:201, 202, 205
ʿAmr b. Abī Sulmā al-Hujaymī al-Tamīmī **XI**:219
ʿAmr b. al-Ṭallah **V**:165–66
Banū ʿAmr b. Tamīm **X**:50, 88, 89, 91, 92, 108, 112, 139–41, 145, 146; **XI**:203; **XII**:42; **XVI**:119; **XXIV**:28, 115
ʿAmr b. Tawbah **XXI**:15
ʿAmr b. Thābit **I**:260; **XXXIX**:27
ʿAmr b. Tharb **IV**:138
ʿAmr b. Thubayy **XIII**:205
ʿAmr b. Tubān Asʿad Abī Karib (Mawthabān, Tubbaʿ king, in Yemen) **V**:184–88
ʿAmr b. Tubbaʿ (Tubbaʿ king, in Yemen) **V**:122–24
ʿAmr b. al-Ṭufayl b. ʿAmr al-Dawsī. SEE al-Ṭufayl b. ʿAmr
ʿAmr b. ʿUbayd **II**:89, 95; **III**:161; **VI**:92; **VII**:163; **IX**:51; **XXVIII**:93–94; **XXXIX**:223
ʿAmr b. ʿUbaydallāh b. ʿAbbās al-Sulamī **XIX**:54–56
ʿAmr b. ʿUbaydallāh b. al-Aqṭaʿ. SEE ʿUmar b. ʿAbdallāh al-Aqṭaʿ
ʿAmr b. Udad **VI**:37
ʿAmr al-ʿUdhrī **XI**:79
Abū ʿAmr al-ʿUdhrī **XXII**:112, 119
ʿAmr b. ʿUmays b. Masʿūd **XVII**:210
ʿAmr b. Umayyah (of Banū ʿIlāj) **IX**:42
ʿAmr b. Umayyah al-Ḍamrī **VI**:114; **VII**:16, 146–50, 152, 153, 156, 157; **VIII**:98, 108, 144; **IX**:59; **XV**:229; **XXXIX**:180

'Amr b. Umayyah b. Wahb b. Mu'attib b. Mālik **IX**:23
'Amr b. 'Utbah **XXI**:217
'Amr b. 'Utbah b. Farqad al-Sulamī **XV**:97–98, 102
'Amr b. 'Utbah b. Nawfal **XIII**:40, 78
'Amr b. 'Uthmān b. 'Affān **XV**:254, 261; **XIX**:202, 206, 217; **XXXIX**:335
Umm 'Amr bt. 'Uthmān b. 'Affān **XV**:254
'Amr b. 'Uthmān b. Hāni' **XI**:136–37; **XXIV**:91
'Amr b. 'Uthmān al-Ḥimṣī **VI**:153
'Amr b. 'Uthmān b. Mālik al-Juhanī **XXVIII**:114–15
SEE ALSO Ibn Sanūṭī
'Amr b. 'Uwayf al-Azdī **XVII**:51
'Amr b. Wabarah (of Banū Quḍā'ah) **XII**:14
'Amr b. Wabarah al-Quḥayfī **XXI**:174
'Amr b. al-Waḍḍāḥ **XXVII**:5
'Amr b. al-Walīd b. 'Uqbah b. Abī Mu'ayṭ, Abū Qaṭīfah **XXIII**:119; **XXIV**:113
'Amr al-Warrāq. SEE 'Amr b. 'Abd al-Malik al-'Itrī al-Warrāq
'Amr b. Yaḥyā (b. Ḥabbān) **XXXIX**:154
'Amr b. Yaḥyā al-Māzinī **XXXIX**:133
'Amr b. Yarbū' **XVIII**:188
Banū 'Amr b. Yashkur (of Bajīlah) **XIX**:85
'Amr al-Yashkurī (Khārijite) **XXV**:160
'Amr b. al-Yashkūrī al-Khādim **XXX**:55
'Amr b. Yathribī al-Ḍabbī **XVI**:136–39, 152–54; **XVIII**:18, 21
'Amr b. Yazīd al-Dhuhlī **XVII**:55
'Amr b. Yazīd al-Ḥakamī **XX**:52; **XXI**:192; **XXIV**:119; **XXVI**:137
'Amr b. Yazīd al-Juhanī **XVIII**:192
'Amr b. Yūnus **VII**:155
'Amr b. Abī Zahdam **XXIII**:197
'Amr b. Ẓarīb b. Ḥassān b. Udhaynah b. al-Sumayda' b. Hubār al-'Amlaqī **IV**:138
'Amr (Sumayy) b. Zayd **V**:340
'Amr b. Zayd b. Labīd al-Khazrajī **VI**:9
'Amr b. al-Zubaydī **XIX**:48
'Amr b. al-Zubayr **XVI**:55; **XVIII**:217; **XIX**:10–16; **XX**:35
'Amr b. Zuhayr **XXIX**:72, 74, 76–77, 85, 168
'Amr b. Zurārah **XXVI**:122, 124
Abū 'Amrah. SEE Aḥmad b. Sa'īd; Bashīr b. 'Amr b. Miḥṣan al-Anṣārī
Abū 'Amrah (*mawlā* of 'Uraynah). SEE Kaysān
Abū 'Amrah (*mawlā* of Banū Shaybān) **XI**:55–56, 123
'Amrah bt. 'Abd al-Raḥmān b. Sa'd (As'ad) b. Zurārah **VIII**:58; **IX**:204, 209; **X**:39; **XI**:194; **XIII**:10; **XXXIX**:167, 171, 186
'Amrah bt. 'Alqamah **VII**:107, 118
Abū 'Amrah al-Anṣārī. SEE 'Abdallāh b. 'Abd al-Raḥmān b. Abī 'Amrah al-Anṣārī
'Amrah b. Bajrah **XVI**:137
'Amrah bt. Maṭar **IX**:122
'Amrah bt. Abī Mūsā al-Ash'arī **XXI**:103
'Amrah bt. al-Nu'mān b. Bashīr al-Anṣārī **XXI**:111–12
'Amrah bt. Qays **XII**:171
'Amrah bt. Yazīd al-Kilābiyyah (al-Ghifāriyyah) **IX**:139
Amram ('Armar, 'Imrān) b. Izhar (Kohath) **III**:30, 31, 99
Ibn 'Amrawayh. SEE Muḥammad b. 'Amrawayh
Amū Daryā. SEE Oxus

al-ʿAmūd (camp site of ʿAbd al-Raḥmān b. Mufliḥ) **XXXVI**:154, 155
ʿAmūd Ibn al-Munajjim (canal) **XXXVI**:34
Abū al-ʿAmūd al-Thaʿlabī **XXXV**:6
Āmul (in Ṭabaristān) **XIV**:76?; **XXIII**:90, 128, 135, 153, 177; **XXIV**:150; **XXV**:21, 50, 66, 85, 126; **XXVII**:75, 206; **XXXV**:24, 25, 63, 64, 156; **XXXVI**:159; **XXXVII**:5; **XXXVIII**:204
Āmul (northeast of Marw) **XXVI**:118, 237
amulets **XVIII**:212, 213
Banū ʿAmūn. SEE Ammonites
amusements. SEE entertainment and amusements
ʿAmwās (ʿAmawās), plague of **XII**:200; **XIII**:95, 96–100, 151, 159; **XXXIX**:95
amyāl. SEE *mīl*
ʿAmzūrah bt. Barākīl b. Mehujael **I**:347
Anāḥīd (Moses' mother) **III**:30
Anāhīdh, fire temple of **V**:4, 15
Anak. SEE Og
analogy, legal. SEE *qiyās*
Anas b. al-ʿAbbās **XII**:97
Anas b. ʿAmr al-Azdī **XXI**:17; **XXVI**:41–42
Anas b. Bajālah al-ʿArajī **XXVI**:235
Anas b. Hilāl al-Namarī **XI**:204, 206, 208
Anas b. Ḥujayyah al-Yashkurī **XII**:169
Anas b. al-Ḥulays **XII**:121, 151, 153; **XIII**:10
Anas b. ʿIyāḍ. SEE Abū Ḍamrah
Anas b. Mālik **I**:175, 177–79; **II**:148; **V**:166; **VI**:60, 78, 80, 153; **VII**:5, 6, 63, 120, 122, 155; **IX**:13, 14, 59, 158, 159, 181, 200; **X**:118–19; **XII**:197; **XIII**:112, 137, 139; **XV**:165; **XVIII**:85; **XIX**:124; **XX**:45; **XXII**:2; **XXXIX**:12, 22, 273
Anas b. al-Naḍr **VII**:122, 125
Anas b. Rāfiʿ. SEE Abū al-Ḥaysar
Anas b. Abī Shaykh **XXIII**:212; **XXX**:221
Anas b. Sīrīn **XXXIX**:227
Anas b. Ṭalq al-ʿAbshamī **XXII**:199
Anas b. Abī Unās b. Zunaym **XVIII**:87, 121, 163
Anasah (*mawlā* of Prophet Muḥammad) **IX**:145
Banū Anasallāh **XII**:11
Anastasius (Roman emperor) **IV**:127
ʿĀnāt (on the Tigris) **XVII**:7, 8; **XXXIV**:96
Anatolia (al-Rūm). SEE Byzantium
Anatolikon (Byzantine theme) **XXXVII**:144
ʿAnazah (name of Prophet Muḥammad's lance) **XXXIV**:152
Banū ʿAnazah **X**:144, 155; **XIV**:80; **XVI**:160; **XVIII**:144; **XX**:26; **XXI**:32, 40; **XXII**:44–45; **XXVI**:124
Abū al-ʿAnbar (*khādim* of al-Manṣūr) **XXXI**:246
Abū al-ʿAnbar (servant of al-Manṣūr) **XXIX**:163
Banū al-ʿAnbar **IX**:122; **X**:89, 171; **XVIII**:134; **XXIII**:17; **XXIV**:8; **XXV**:117; **XXXIX**:252
ʿAnbar al-Barbarī **XXXVI**:64
ʿAnbar b. Burʿumah al-Azdī **XXVI**:28
al-Anbār (Fayrūz Sābūr, west of Baghdad) **III**:28; **IV**:66, 67, 69, 79, 127, 128, 130–32; **V**:21–22, 57; **XI**:47, 49–53, 60, 70, 215–21, 223; **XII**:29, 144; **XIII**:63; **XIV**:105; **XVII**:126, 200; **XX**:134; **XXI**:146; **XXII**:67, 97, 119, 129; **XXIV**:128; **XXV**:143; **XXVI**:198; **XXVII**:135, 203, 209, 212; **XXVIII**:2, 5, 7–8, 10, 19–21, 24, 27, 149, 254; **XXX**:179,

al-Anbār (continued) **XXX**:212, 216, 225; **XXXI**:19, 122; **XXXII**:216; **XXXIV**:84, 152; **XXXV**:39, 42, 43, 45, 75, 77, 79, 80, 81, 82, 83, 84, 93, 103, 121; **XXXVI**:16, 181; **XXXVII**:90, 98; **XXXVIII**:78, 79, 167; **XXXIX**:245
SEE ALSO al-Madīnah al-Hāshimiyyah
al-Anbār Gate. SEE Bāb al-Anbār
al-Anbār Road (al-Anbār Gate Road). SEE Bāb al-Anbār
al-ʿAnbarī. SEE Māʾ al-ʿAnbarī
ʿAnbasah (copyist) **XXIX**:212
ʿAnbasah (b. Saʿīd al-Kūfī) **VI**:78; **VII**:26; **XXIV**:50; **XXXIX**:128
ʿAnbasah (b. Saʿīd b. al-Ḍurays) **I**:226, 260?; **III**:44, 120
Banū ʿAnbasah **XXVI**:13
ʿAnbasah b. ʿAbd al-Malik b. Marwān **XXIII**:118
ʿAnbasah b. Isḥāq al-Ḍabbī **XXXIV**:125–26, 143
ʿAnbasah b. Saʿīd al-Umawī **XXI**:163; **XXII**:19, 21, 113, 117; **XXIII**:71, 76
ʿAnbasah b. Abī Sufyān **XVIII**:19, 31, 92, 220, 221; **XXII**:69
ʿAnbasah b. ʿUthmān b. ʿAffān **XV**:254
ʿAnbasah b. al-Walīd b. ʿAbd al-Malik **XXIII**:219
ancestry. SEE genealogy
Andagh (in Khorasān?) **XXVI**:229
al-Andalus (Spain, Andalusians) **XV**:19, 22–23; **XXIII**:164, 182, 201, 215, 219; **XXIV**:30; **XXVIII**:55; **XXIX**:247, 248; **XXXII**:164–65
Andarastān (in Khwārazm) **XXIV**:52
al-Andarhaz (on the Jurjān river) **XXIV**:57
Andarūn (Zanj commander) **XXXVI**:206
al-Andarzaghar b. al-Kharukbadh **XI**:19–20, 185
Andirmān (brother of Frāsiyāt) **IV**:12, 73, 75
Andrayās (patrikios) **XXXVII**:143–44
Andrew (apostle) **IV**:123
Andronikos (patrikios) **XXXVIII**:151, 153, 180–82
Andūmān (village of Asīd b. ʿAbdallāh al-Khuzāʿī) **XXVII**:73, 74
Banū Anf al-Nāqah **XXIII**:17
angel(s) **VIII**:27, 29, 159; **IX**:14; **X**:26, 57, 66, 150; **XIII**:11, 184, 196; **XXI**:28–29, 36; **XXII**:170
  at battle of Badr **VII**:60–61, 70
  Dhū al-Nūn **IX**:167
  Gabriel (Jibrīl, Jibraʾīl, archangel) **I**:232, 234, 237, 238, 240, 241, 258, 298, 322, 324, 333; **II**:59, 61, 68–70, 73, 74, 81, 82, 90, 91, 94, 116, 118, 120–25, 165; **III**:10, 36, 46, 65, 71, 75, 130, 149; **IV**:112–13, 119, 161, 184; **VI**:61, 63, 67–80, 90, 109, 111, 142, 155–56, 162; **VII**:7, 55, 86, 119, 120; **VIII**:12, 27–29, 83; **IX**:11, 134; **X**:66; **XIII**:100; **XIV**:142; **XV**:62; **XVII**:232; **XXV**:105; **XXVIII**:63; **XXXIV**:95; **XXXVII**:146, 173; **XXXIX**:71, 159, 182
    SEE ALSO Nāmūs
  Michael (Mīkāʾīl, archangel) **I**:259; **II**:68, 123; **III**:65, 71; **IV**:181, 184; **VI**:78; **IX**:174; **XVII**:232; **XXV**:105
  Munkar **XXXVIII**:111
  Nakīr **XXXVIII**:111
  thunder and lightning as angels' chant **XXXVII**:31
  in Zanj leader's visions **XXXVI**:133
SEE ALSO jinn

Angel of Death **I**:257, 328–30; **II**:130; **III**:87, 88; **XXX**:311
angina (of the throat) **XXXIV**:218
animals
insects. SEE insects
sacrificial. SEE sacrificial animals
SEE ALSO specific names, e.g. dolphins, sables, etc.
Aniq. SEE Nahr Aniq
Anīq (mother of Umm ʿAlī bt. Hārūn al-Rashīd) **XXX**:328
ʿAnjar. SEE ʿAyn al-Jarr
Ankalawayh (Zanj commander) **XXXVI**:61, 186, 206
Ibn Ankalawayh (Zanj commander) **XXXVII**:56
Ankalāy (son of the Zanj leader) **XXXVI**:120, 195; **XXXVII**:8, 32, 59, 62, 83–84, 87, 94–96, 98, 104, 109, 112–14, 131, 134–48, 151
Ankara (Anqirah) **XXIX**:170; **XXXIII**:99, 103–7, 122
anklet display, by women **XX**:77
Ankyra. SEE Ankara
Anmār. SEE Dhū Amarr
Banū Anmār **XVI**:114
Umm Anmār (*mawlāh* of Sharīq b. ʿAmr b. Wahb al-Thaqafī) **VII**:121
Anmār b. Nizār **VI**:34–36
Anmār b. Sabaʾ **II**:23
Umm Anmār bt. Sibāʿ **XXXIX**:110
Anmatalā bt. Yakfūr **II**:128
Anmūtā bt. Afrāham b. Reu **II**:128
annual revenue (*ghallah*) **XXV**:6
al-ʿAnqāʾ (ancestress of Banū al-Aws and Banū al-Khazraj). SEE Qaylah bt. Kāhil b. ʿUdhrah b. Saʿd
al-ʿAnqāʾ (fabulous bird) **IV**:75
Anqās (Ayqās, Byzantine officer) **XXXIV**:41
Anqirah. SEE Ankara
ʿAns b. Mālik **X**:18
al-Anṣār (Helpers, supporters of Prophet Muḥammad in Medina) **I**:181; **V**:165–67, 174; **VI**:11, 13, 124–26, 130, 133, 136, 139; **VII**:4–5, 33, 35, 39, 42, 52, 53, 56, 66, 67, 75, 79, 83, 84, 90, 100, 101, 108, 117, 120, 122, 127, 133, 137, 147, 150, 152, 157, 160, 164; **VIII**:10, 47, 49, 50, 51, 52, 53, 62, 68, 74, 132, 146, 147, 156, 158, 168, 174, 175, 179, 187; **IX**:9, 11, 12, 15, 19, 26, 28, 31, 36–37, 49, 62, 95, 105, 123, 130, 177, 186, 188, 192–95; **X**:1–7, 13, 15, 46, 57, 62, 63, 74, 99, 105, 116, 120, 122, 123, 126, 128, 160, 180; **XI**:128, 150, 174, 175, 194; **XII**:5, 130, 144, 158, 207; **XIII**:38, 70, 92, 93, 102, 112, 185; **XIV**:92, 101, 113, 142, 146, 151, 161, 162; **XV**:23, 158, 173–74, 194, 218, 231, 248–49, 262; **XVI**:2, 5, 35, 36, 68, 83, 183, 196; **XVII**:36, 58, 121, 123, 152, 166, 175; **XVIII**:132; **XIX**:1, 78, 200, 209; **XX**:112; **XXI**:111; **XXIV**:106, 148, 182; **XXVI**:9, 11, 52; **XXVIII**:152–53, 183, 192, 235; **XXIX**:25; **XXXIV**:18, 19; **XXXIX**:11, 40, 55, 58, 163, 173, 191, 194, 235
al-ʿAnsī. SEE al-Aswad al-ʿAnsī
Anṣinā (in Upper Egypt) **XXXIX**:194
al-Ansur (well, of Banū Ṭayyiʾ) **X**:62, 68
Anṭābulus. SEE Barqah
Anṭākiyah. SEE Antioch
Anṭāliyah (Antalya) **XXXIV**:167; **XXXVIII**:148
al-Anṭāq (commander) **XIII**:37, 43, 54
ʿAntarah (b. Shaddād) **XIX**:136; **XXII**:102
ʿAntarah b. Ḥajanā **XXXVI**:58

anthropomorphism *(tashbīh)* **XXXII**:212–14; **XXXIV**:34; **XXXIX**:264
Antichrist. SEE al-Dajjāl
antidote, for snake bites. SEE theriac
Anṭīghū (fortress, in Cappadocia) **XXXII**:188
antimony. SEE kohl
Antioch (Antiocheia, Anṭākiyah) **IV**:96, 167, 168, 170; **V**:29, 157, 254–55, 304; **XI**:169; **XII**:132, 182; **XIV**:15; **XVIII**:93; **XXII**:182; **XXIII**:134, 204; **XXIV**:42; **XXV**:33; **XXXIV**:157; **XXXVI**:201; **XXXVII**:81; **XXXVIII**:91
Antiochus **IV**:96, 97, 167, 168
Antipatris. SEE Abū Fuṭrus
Antoninus (Caracalla, Roman emperor) **IV**:126
Antoninus (Elagabalus, Roman emperor) **IV**:126
Antoninus Pius **IV**:126
ants **I**:360; **II**:155–56; **VI**:41, 53; **IX**:14
al-ʿAnūd. SEE Ribʿī b. ʿĀmir b. Khālid al-Tamīmī
Anūjūr the Turk **XXXV**:6
Anūshajān (brother of Qubādh) **XI**:12–14, 16–17
al-Anūshajān b. al-Hirbidh **XII**:42, 131
Anūsharwān (Anūshirwān, b. Qubādh, Sasanian emperor). SEE Kisrā I
anvils, origin of **I**:300
ʿanwah (land taken by force) **XII**:156
ʿAnz (in a line of Namīr b. Tawlab al-ʿUklī's poetry) **IV**:153
Banū ʿAnz **VI**:99; **XIII**:18; **XIX**:120
Apamea. SEE Afāmiyah
Aparwēz. SEE Kisrā II
Apollo **IV**:174, 176, 183
apoplexy **XXX**:296; **XXXVI**:161
apostasy **IX**:124; **XII**:116; **XVII**:188–92
  temporary **XXX**:260
  wars of. SEE Riddah wars
apostles **I**:357, 358
  SEE ALSO specific names, e.g. Peter
apparitions. SEE specters
ʿAqabah (in Fārs) **XXIV**:143
al-ʿAqabah (in Sāmarrā) **XXXIII**:88
al-ʿAqabah (mountain pass, between Minā and Mecca) **II**:94; **VI**:23; **IX**:54, 77
  first pledge of **VI**:124–27; **VII**:42; **IX**:8, 54; **XXXIX**:11, 40, 58, 133
  second pledge of **VI**:132–38; **IX**:36, 54, 148
  SEE ALSO Jamrat al-ʿAqabah
al-ʿAqabah (pilgrim station, on the Meccan Road from Iraq) **XXIX**:218; **XXXVIII**:175, 176
  SEE ALSO Baṭn al-ʿAqabah
al-ʿAqadī. SEE Abū ʿĀmir al-ʿAqadī; Bishr b. Muʿādh
ʿAqāmah (*kātib* of Manṣūr b. Muslim) **XXXVII**:177
al-ʿAqanqal (sand dune) **VII**:44, 47, 48
ʿaqʿaq. SEE magpie
ʿAqarqūf (ʿAqraqūfā) **XXII**:68; **XXXI**:207; **XXXII**:39
Aqdhā al-Ḥarūrī **XXXII**:68
Ibn Abī ʿAqib al-Laythī **XIX**:154–55; **XXI**:43
al-ʿĀqib (ʿAbd al-Masīḥ al-Kindī) **IX**:98
al-ʿĀqib (name of Prophet Muḥammad) **IX**:156
ʿAqībah al-Yahūdī (Aqiva the Jew) **XXVI**:24
ʿĀqil b. Abī al-Bukayr **XV**:144
ʿAqīl. SEE ALSO ʿUqayl
ʿAqīl (home owner, in al-Kūfah) **XV**:47

Abū ʿAqīl **XXII**:97
SEE ALSO Ibn Abī ʿAqīl
Āl Abī ʿAqīl (family of Abū ʿAqīl) **XXIII**:56; **XXIV**:4–5, 89
SEE ALSO al-Ḥajjāj b. Yūsuf al-Thaqafī
Bint Abī ʿAqīl (wife of al-Walīd b. ʿUqbah) **XV**:53–54
Ibn Abī ʿAqīl **XXII**:74
SEE ALSO Abū ʿAqīl
Banū ʿAqīl (b. Abī Ṭālib) **XXVIII**:261
Ibn ʿAqīl. SEE Muslim b. ʿAqīl b. Abī Ṭālib
Ibn ʿAqīl (*rāwī*). SEE ʿAbdallāh b. Muḥammad b. ʿAqīl
Abū ʿAqīl al-Dawraqī **IX**:159
ʿAqīl b. Ismāʿīl **XXVIII**:163, 262, 270
ʿAqīl b. al-Aswad **VII**:70
ʿAqīl b. Fārij b. Mālik **IV**:136–37
ʿAqīl b. al-Jābir **VII**:163
ʿAqīl b. Maʿqil al-ʿIjlī **XXVI**:121
ʿAqīl b. Maʿqil al-Laythī **XXVI**:233–34; **XXVII**:32, 33, 38, 81, 94, 97, 102
Banū ʿAqīl b. Masʿūd **XXIV**:141
ʿAqīl b. Shaddād b. Ḥubshī al-Salūlī **XXII**:85–87
ʿAqīl b. Abī Ṭālib **V**:269; **VI**:83; **VII**:34, 71, 81; **IX**:9, 31; **XIV**:115; **XIX**:60, 87–88, 178; **XXVIII**:176; **XXXII**:37–39; **XXXIX**:21, 60, 96, 288
sons of **XIX**:87, 116
ʿAqīl al-Ubullī **XXXVI**:39, 41, 46, 47, 49, 50
ʿAqīl b. Warrād al-Sughdī **XXV**:61
ʿAqīlah (*jāriyah* of Abū Mūsā al-Ashʿarī) **XIII**:110, 113; **XIV**:81, 82
ʿaqīq (pejorative appellation for eunuch). SEE eunuch
al-ʿAqīq (valley, west of Medina) **V**:172; **XXVII**:112; **XXXIX**:38, 47
Aqiva the Jew. SEE ʿAqībah al-Yahūdī
ʿAqqah b. Hilāl **X**:88, 90, 92, 96, 106
ʿAqqah b. Qays al-Namarī **XI**:53–55, 60–61, 65
ʿAqqāl b. Shabbah. SEE ʿIqāl b. Shabbah
al-ʿAqqār b. Dhuʿayr **XXV**:143
al-ʿAqqār b. ʿUqbah al-ʿAwdhī **XXV**:52
al-ʿAqr (ʿAqr Suwayd, ʿAqr Bābil) **V**:378; **XI**:42; **XIX**:103; **XXIV**:121, 128–29, 136, 147, 168
ʿAqr Māwar **XXXVI**:177
al-Aqraʿ (Mt. Casius) **XXXIV**:157
al-Aqraʿ b. ʿAbdallāh al-Ḥimyarī **IX**:167; **X**:159; **XIII**:204
al-Aqraʿ b. Ḥābis al-Tamīmī **VIII**:171; **IX**:28, 30, 32, 33, 35, 67–68, 72, 122; **X**:97; **XI**:49–50, 59–61; **XV**:106; **XXXIX**:82
ʿAqrabāʾ, battle of **X**:112, 115, 128, 129
ʿAqraqūfā. SEE ʿAqarqūf
Aqrun (in western Anatolia) **XXV**:97
Aqsām (toponym) **XII**:95
Aqsās Mālik (on the Euphrates) **XX**:132
Aqshā (opposite Bard al-Khiyār Canal) **XXXVI**:47, 49, 50
al-Aqṣur. SEE Luxor
Ibn al-Aqṭaʿ. SEE ʿUmar b. ʿAbdallāh al-Aqṭaʿ
Aquarius (constellation) **XII**:62
al-ʿArabah (ʿArabāt?, in Palestine) **IV**:68, 69; **XI**:108
ʿArabah bt. Jābir. SEE Ghaziyyah bt. Jābir
ʿArābah b. Aws **VII**:111; **XXXIX**:71, 72, 73–74
al-ʿArabāt (in Palestine) **II**:169; **XI**:126
SEE ALSO Ghamr al-ʿArabāt
al-Aʿrābī (commander of al-Ḥasan b. Sahl) **XXXII**:51
Ibn al-Aʿrābī, Abū ʿAbdallāh **XXXI**:248; **XXXIV**:44

Arabia (Arabian Peninsula, Jazīrat al-ʿArab) **IV**:68, 69, 123, 130; **VIII**:130; **XI**:176; **XII**:165; **XIII**:52, 62, 90, 165; **XV**:60, 158; **XXXIX**:108
Arabian gods and idols **X**:2, 4; **XXV**:75
 of Banū Bāhilah **XXIII**:194
 of the Bujah **XXXIV**:145
 at Buwānah **VI**:66
 destruction of **VI**:152; **VIII**:187–88
 Dhū al-Khalaṣah **IX**:123; **X**:164
 al-Habāʾ (of Banū ʿĀd) **II**:29
 Hubal **V**:271; **VI**:3–4; **VII**:131
 Jadhīma's idols **IV**:134
 al-Lāt **V**:223, 281; **VI**:107, 108, 110–12, 120; **VII**:114; **VIII**:76, 169; **IX**:44–46, 81
 Manāt **VI**:108, 110–12; **VIII**:188; **IX**:81
 of Banū Quraysh **VI**:3–4, 19, 66, 107, 110–12, 120
 Suwāʿ **I**:354; **VIII**:188
 al-ʿUzzā **IV**:143; **V**:281; **VI**:107–12, 120; **VII**:114, 126, 131; **VIII**:187–88; **IX**:11, 81
 Yaʿūq **I**:354
Arabian Peninsula. SEE Arabia
Arabic language **II**:135; **XI**:31, 51; **XV**:7; **XXI**:8; **XXXII**:240
Arabs **II**:1–3, 11, 13, 17, 18, 20, 28, 64, 88, 129, 132, 134; **IV**:66, 67, 69, 127–31, 135, 138, 149, 150; **VIII**:17–19, 60, 65, 67, 68, 72, 76, 84, 98, 101, 107, 153, 154, 156, 159, 165, 177, 187, 189; **IX**:15, 18, 38, 39, 42, 43, 64, 104, 145–46, 164, 193; **X**:2, 4, 6, 13, 14, 27, 36, 40–42, 55, 64, 71, 72, 83, 95, 102, 116, 118, 137, 150, 163, 171, 173, 189; **XI**:6, 11–12, 17, 19–20, 22, 25, 30–31, 34, 36–37, 48–51, 53–55, 60, 62, 76, 89, 94, 102, 106, 122, 138, 144, 158, 170, 181, 184, 188, 190, 196–97, 204–8, 213, 220, 223–24; **XII**:3, 4, 7, 11, 12, 15, 19, 20, 21, 36, 37, 39, 40, 42, 43, 45–49, 51–53, 65, 66, 69–71, 74, 77, 78, 80, 84, 86–88, 94, 117, 121, 132, 137, 138, 175, 178, 185, 189, 190, 202; **XV**:81–84, 87, 90, 102, 115–17, 119, 156, 172, 226; **XVIII**:3, 10, 11, 12, 14, 20, 27, 36, 39, 72, 74, 117, 150, 170, 214; **XXI**:13, 22, 55, 56, 65, 92, 104, 112, 116, 126, 230; **XXII**:132–34, 143, 162, 168, 183, 188; **XXV**:7, 47, 55, 56, 58, 62, 76, 78, 88, 126, 131, 132, 137, 138–39, 146, 152; **XXXI**:79, 83, 95, 98, 100, 104–5, 107, 110, 130, 212, 230, 241; **XXXIV**:122, 169; **XXXIX**:18, 73, 82, 83, 87, 175, 191, 201, 212, 213, 253, 277
 SEE ALSO *ahl al-wabar; ʿāribah* Arabs; Bedouins; *mustaʿribah* Arabs; *mutaʿarribah* Arabs
Ibn ʿArādah (poet) **XX**:70
al-Aʿraf b. al-Aʿlam al-ʿUqaylī **XII**:101
ʿArafah (ʿArafāt, east of Mecca) **II**:81, 82; **VI**:22, 55; **VIII**:161; **IX**:79, 114; **X**:10; **XI**:69; **XV**:38; **XVIII**:6, 73; **XIX**:9, 197; **XXI**:151–52, 207–9; **XXIII**:145; **XXIV**:37; **XXX**:154; **XXXII**:21–22; **XXXIX**:98
 Day of ʿArafah **IX**:79; **XIX**:64; **XXI**:7; **XXXV**:26, 109
al-Aʿraj. SEE Ibrāhīm b. Muḥammad b. Ṭalḥah b. ʿUbaydallāh
Banū al-Aʿraj **XXII**:97
Arak (in the Syrian Desert) **XI**:109
arāk (tree from which toothpicks are made) **IX**:126
al-Arāk (valley, near Mecca) **VIII**:171
Aram b. Shem **II**:12–14, 16, 28

Aramaic language (including Mandaic, Nabatean, Syriac) **I**:237, 274, 324; **II**:18, 108, 128; **III**:139; **IV**:69, 93, 123, 126, 128, 136, 138, 146–47, 173; **V**:37; **XIII**:140
Arameans (al-Aramāniyyūn) **V**:19
SEE ALSO Nabateans
ʿAraq al-Mawt. SEE Ḥusayn
al-ʿArār (in al-Kūfah) **XIX**:50
Ararat (mountain). SEE al-Jūdī
arbāʿ (fourths, army division) **XVIII**:140; **XXI**:5, 67–68; **XXIII**:95
ʿArbā bt. ʿAzrāʾīl. SEE ʿAdnā bt. ʿAzrāʾīl
Arbad (village, in al-Balqāʾ) **XXIV**:194
Arbad (al-ʿAbsī) **XIII**:192
Arbad b. Qays (Rabīʿah) b. Mālik b. Jaʿfar **IX**:103–5
Arbaq (near Rāmhurmuz) **XXXVII**:8
Arbasīsah bt. Marāzīl b. al-Darmasīl b. Mehujael b. Enoch b. Cain b. Adam **II**:11
Arbinjān. SEE Rabinjān
arbitration *(ḥukūmah, taḥkīm al-ḥakamayn)*, at Dūmat al-Jandal **XVII**:89–90, 102, 104–10; **XXXIX**:88
SEE ALSO Khārijites; *taḥkīm*
Arbuk (region, in al-Ahwāz) **XIII**:133
SEE ALSO Qanṭarat Arbuk
Arcadius (Roman emperor) **IV**:127
arch *(ṭāq)*
of al-Jaʿd (in al-Baṣrah) **XVIII**:83
al-Ṭāq (citadel, in Ṭabaristān) **XXVIII**:73
Ṭāq-i Kisrā. SEE Ṭāq-i Kisrā
ṭāqāt (arcades, in Baghdad) **XXXI**:189
arched bridge. SEE bridges
Archelaus (son of Herod) **IV**:125
archery **III**:24; **V**:102
SEE ALSO bows and arrows
Arḍ Ḥazzah. SEE Ḥazzah
arḍ al-Hind ('the land of India,' an epithet of al-Baṣrah) **XII**:166
arḍ al-Hind ('the land of India,' an epithet of al-Ubullah) **XII**:162
arḍ al-Rūm. SEE Byzantium
Ardabīl (in Ādharbayjān) **XXV**:69; **XXXIII**:15, 17, 19–20, 176; **XXXV**:65
Ardah bt. al-Ḥārith b. Kaladah **XII**:170, 171
Ardashīr I (b. Bābak, Sasanian emperor) **II**:134; **IV**:82, 93, 96–101, 107, 127, 129, 149; **V**:2–20, 23–27, 40, 87; **XI**:12; **XII**:43, 64; **XV**:90; **XXXIV**:166?
Ardashīr II (b. Hurmuz II, Sasanian emperor) **V**:66–68
Ardashīr III (b. Shīrūyah, Sasanian emperor) **V**:400–402; **XI**:11–12, 16, 19, 22, 28, 43, 45, 47
Ardashīr Bābakān. SEE Ardashīr I
Ardashīr Bahman b. Isfandiyār b. Bishtāsb **IV**:79–82, 107
Ardashīr Khurrah (Fīrūzābād, Gūr, Jūr) **IV**:100; **V**:10–12, 15–16, 40, 51, 105, 112, 116, 130, 382; **XIII**:149; **XIV**:64, 66, 67, 69; **XV**:69; **XVII**:192; **XXI**:200
Ardawān (b. Ashakān, the Elder, Arsacid emperor) **IV**:99, 100
Ardawān (b. Balash, the Younger, Arsacid emperor) **IV**:97, 99, 100, 101
Ardawān (Artabanus IV, Arsacid emperor) **V**:8, 11, 13–14, 18–20, 22
al-Ardawān (toponym) **XIII**:116
SEE ALSO al-Ahwāz; Khūzistān
Ardawānīs **IV**:130–31; **V**:19
area, measure of. SEE *faddān*
Aretion. SEE Arṭabūn
Abū al-ʿArfā al-Raqāshī **XVI**:143

'arfaj (shrub) **XVI**:128
'Arfajah al-Dārimī al-Tamīmī **XXV**:37, 62
'Arfajah b. Harthamah al-Bāriqī **X**:54, 105, 152–55; **XI**:199–201, 209, 213–15; **XII**:65, 166, 167; **XIII**:54, 56, 60, 129, 133
Arfakhshad b. Shem. SEE Arpachshad b. Shem
Arghū. SEE Reu b. Peleg
Arhā b. al-Aṣḥam b. Abjar (son of the Negus) **VIII**:109
Banū Arḥab (of Hamdān) **XVIII**:108–9; **XXVI**:47; **XXXIX**:220, 268, 269
Arḥabiyyah camels **XVIII**:108, 109
'Arham b. 'Abdallāh b. Qays **XX**:34
al-Ārī (near al-Kūfah) **XIII**:85
'Arīb ('Urayb, songstress) **XXXVIII**:207
'āribah Arabs **II**:13, 18, 28, 129
SEE ALSO Arabs; Proto-Arabs
'Arīḍ, two sons of **XII**:158
'Arīḍ, Abū Yasār **VII**:43
'arīf (head of *'irāfah*, marshal, platoon commander) **XIII**:77, 165; **XIX**:33–35, 39, 53; **XXII**:16, 20, 54, 89; **XXIII**:192; **XXXV**:19, 41
Abū al-'Arīf *(rāwī)* **XV**:54
'Ārim. SEE Zayd 'Ārim
'Ārimah (concubine of Bukayr b. Wishāḥ) **XXII**:169–70, 173, 175
Banū 'Arīn **X**:101; **XXI**:174
Ariobus **IV**:123
Arīs. SEE Bi'r Arīs
al-'Arīs (name of Prophet Muḥammad's camel) **IX**:151
Arish (forebear of Bahrām Jūbīn) **V**:309
al-'Arīsh ('Arīsh Miṣr) **XXVII**:173; **XXXIV**:96; **XXXVIII**:156
Arishshayāṭīn (?, legendary Persian archer) **V**:302
Arishshibaṭīr (Īrash) **III**:24
arithmetic **XXXIX**:268
al-'Arj (mountain pass, between Mecca and Medina) **VI**:146; **VIII**:171; **IX**:77; **XV**:219; **XXX**:317
arjabadh (castellan) **V**:6, 104
al-'Arjulah **XIX**:149
Ark of the Covenant (al-Tābūt) **III**:96, 125, 126, 127, 128, 131, 132, 133, 134, 149; **XXI**:70–71
SEE ALSO Sakīnah
Ark of Moses **III**:34–35
al-Arkhanj al-Muṭahhirī (waterway, near al-Baṣrah) **XXXVI**:59
arm bracelets. SEE neck chains and bracelets
Armān (Armānīs, descendants of Iram) **II**:18; **IV**:130–31
Armant (in Upper Egypt) **XXXIV**:143
'Armar b. Kohath. SEE Amram b. Izhar
Armash b. Abī Ayyūb **XXXV**:4
Armāth. SEE Day of Armāth
Armenia (Armīniyah, Armenians) **V**:14, 95, 147, 151, 153, 306, 321; **XII**:132, 134; **XIII**:86; **XIV**:35, 36, 37, 45; **XV**:8–10, 78; **XIX**:5; **XX**:219; **XXI**:118, 234; **XXIV**:40, 164, 182; **XXV**:69, 98, 99, 111, 122, 130, 166, 194; **XXVI**:3–4, 35, 39, 101, 136, 139, 238–39, 241–42, 249, 251; **XXVII**:3, 12, 180, 195, 198, 203, 204, 208, 211; **XXVIII**:13, 19, 21, 238, 243, 292; **XXIX**:14, 40, 66, 142, 215; **XXX**:103, 115, 143, 168, 170–71, 255; **XXXII**:106, 144, 182, 193; **XXXIII**:72–73, 76, 180, 182–83; **XXXIV**:96, 104, 111, 113–16, 121–22, 182; **XXXV**:7, 10, 64, 130; **XXXVI**:117, 166; **XXXVII**:7; **XXXVIII**:72
al-Arminiyāq **XXXIII**:102, 105
armor. SEE arms and armor
armpits, plucking of **II**:99, 100

arms and armor
arrows. SEE bows and arrows
battle-axes *(ṭabarzīnāt)* **XXXVI**:87
bawārī (shields of tar-covered mats) **XXXV**:41, 47, 67
bows. SEE bows and arrows
coats of mail. SEE coats of mail
collecting of **III**:23
corselets **XXXVIII**:96
dagger making **XXII**:198
daraqah (shield made of animal skin) **VIII**:84, 118
first instance of manufacture **I**:349
javelins. SEE spears, javelins, and lances
kāfirkūbāt (clubs fashioned with iron nails) **XXI**:61; **XXXV**:66
lances. SEE spears, javelins, and lances
mace *(jurz)* **XXVIII**:128
makhāli (nosebags filled with rocks) **XXXV**:41
mighfar (head and neck armor) **VIII**:21, 76, 121; **IX**:154–55; **XXI**:209, 227, 228, 230
naphtha-hurling weapons *(naffāṭāt)* **XXXIII**:56, 68
of Sasanian cavalrymen **V**:262–63
shields **VIII**:84, 118; **XXXV**:41, 47, 67
spears. SEE spears, javelins, and lances
swords. SEE swords
testudo *(dabbāb, dabbābah)* **IX**:20; **XXXIII**:111
thaghrī bridles **XXXV**:4
war engines. SEE war engines
army
ahl (troops) **XXXVI**:5
Ahl al-ʿĀliyah (the Highlanders, Medinan army regiment *[khums]* of al-Baṣrah)

army (continued)
Ahl al-ʿĀliyah (continued) **XX**:170; **XXI**:87, 93, 94; **XXII**:174; **XXIV**:12, 14, 114; **XXV**:133, 143; **XXVI**:62
ahl al-ayyām (those who participated in the earliest Muslim campaigns) **XII**:56, 75, 84, 85, 129, 151, 201; **XIII**:13, 30, 34, 77; **XV**:112
ahl al-balāʾ (distinguished veterans) **XIII**:30, 211; **XV**:133
akhmās (fifths) **XX**:168, 169, 170; **XXI**:87, 93; **XXV**:27, 31
SEE ALSO subhead Ahl al-ʿĀliyah, above
arbāʿ (fourths) **XVIII**:140; **XXI**:5, 67–68; **XXIII**:95
ʿarīf (head of *ʿirāfah*, marshal, platoon commander) **XIII**:77, 165; **XIX**:33–35, 39, 53; **XXII**:16, 20, 54, 89; **XXIII**:192; **XXXV**:19, 41
al-Asāwirah (cavalrymen of the Sasanian army) **IV**:48; **V**:101, 245, 378, 403; **XII**:168; **XIII**:43, 65, 78, 117, 142–44, 184, 201; **XV**:80, 103; **XVI**:190; **XX**:32, 40, 45; **XXIII**:191; **XXV**:142
asbāʿ (sevenths) **XIII**:76; **XVI**:114; **XVII**:121
aʿshār (tenths) **XII**:18, 119; **XIII**:70
ʿaṭāʾ (military stipend) **XII**:16, 199–207; **XIII**:120–21, 143–44; **XIV**:134; **XVII**:13, 162; **XXI**:120, 191; **XXII**:6, 23–24, 178, 184, 191, 194; **XXVII**:50; **XXXV**:5, 87; **XXXVI**:81, 85; **XXXIX**:66, 84, 92, 99, 270, 274
al-Bābiyyah (Sughdī troops) **XXV**:145

army (continued)
battles. SEE battle(s)
Būrān (Persian detachments) **XIII**:7
cavalry. SEE cavalry
of commanders *(jaysh al-umarā')* **VIII**:158
divisions. SEE subheads: *akhmās, arbā', asbā', a'shār, katībah, kurdūs*
hired troops *(farḍ)* **XXII**:41–42; **XXXI**:50, 225
infantry **X**:147, 148
irregular troops fighting for al-Amīn **XXXI**:139, 144–45, 151, 154–57, 163–66, 168, 169, 171, 174, 177, 178
katībah (army unit) **XII**:122, 131; **XVII**:29–31
al-Khaḍrā' (squadron of Prophet Muḥammad's troops) **VIII**:174
kurdūs (pl. *karādīs*, squadron) **XI**:90; **XXII**:42; **XXVII**:52, 55; **XXXIII**:49
al-Laḥjiyyah (Lahjites, Laḥjī troops) **X**:166, 174
al-Malaṭiyyūn (troops from Malaṭyah) **XXXV**:47, 76, 81
maslaḥah (advance party) **XXII**:55, 193; **XXXIV**:18
mountain keepers *(kūhbāniyyah)* **XXXIII**:38
nabīdh, in army life **XXXVI**:46, 48
al-nawāqil (transferred garrison forces) **X**:97
Peacock Army **XXII**:194
Rathāshtārān Sālār (commander's rank) **V**:104
regular army *(athbāt, jaysh, jund)* **XV**:19, 21; **XXXV**:27, 34, 41, 49, 72, 93, 126; **XXXVI**:4, 7
replacement army *(jaysh al-bidāl)* **XI**:78, 81

army (continued)
reserves *(nā'ibah)* **XXXV**:93; **XXXVI**:21
rizq (pl. *arzāq*, provisions for fighting men) **XVII**:211, 212; **XXXIII**:62; **XXXV**:5, 10, 28, 35, 36, 43, 77, 83, 97, 98, 125, 126, 146, 162, 163; **XXXVI**:70, 81, 82, 85
SEE ALSO *'aṭā'*; Dār al-Rizq; Madīnat al-Rizq
al-Shahbā' (Persian corps of troops, in the Lakhmids' service) **V**:79
al-Shākiriyyah (private militia) **XII**:53; **XXIII**:31, 99, 103, 104; **XXIV**:55; **XXV**:66, 79, 140, 144, 163; **XXXIII**:179; **XXXIV**:18–19, 63, 79, 82, 84, 89, 99, 102, 139, 143, 195, 202, 205, 209, 215–18; **XXXV**:3, 4, 7, 10, 16, 26, 27, 31, 39, 46, 63, 71, 72, 77, 80, 90, 92, 125, 126, 127, 128, 129, 140, 141, 143; **XXXVI**:7, 13, 15–17, 21, 69, 98, 102
Solomon's army **III**:154
al-Su'adā' ('the Fortunate Ones,' corps of Persian troops) **V**:400
tajmīr (garrisoning of troops along distant frontiers) **V**:53, 383
Turkish army, Bureau of **XXXV**:39
al-Ūkashiyyah (?, troops) **XXXVI**:93
al-Ushrūsaniyyah (troops from Ushrūsanah) **XXXV**:1, 3, 4, 43, 146; **XXXVI**:93, 107
al-Ushrūsaniyyah al-Ishtīkhaniyyah (Ushrūsaniyyah troops from Ishtīkhan?) **XXXIV**:50

army (continued)
volunteer troops *(al-muṭṭawwi'ah)* **XXIV**:43; **XXXII**:55–60; **XXXIII**:37, 62; **XXXVI**:175; **XXXVII**:63, 76
al-Waḍḍāḥiyyah (military regiment) **XXIV**:30, 134; **XXVII**:5; **XXXI**:160
SEE ALSO arms and armor; warfare and warfare techniques
al-Arnab, battle of **XIX**:177
Arnātjūr the Turk **XXXV**:35
Arpachshad (Arfakhshad) b. Shem **II**:12, 14–16, 21, 127
Abū al-Arqam. SEE 'Abd Manāf b. Quṣayy
al-Arqam (king of al-Ḥijāz) **II**:13
Banū al-Arqam **XVIII**:144
al-Arqam b. 'Abdallāh al-Kindī **XVIII**:144, 148, 152
al-Arqam b. Abī al-Arqam **XXXIX**:5, 38, 46–47, 118, 289
Arqam b. Muṭarrif al-Ḥanafī **XX**:75
al-Arqam b. Shuraḥbīl **IX**:179
'arrādah. SEE mangonels and ballistas
Arrajān (Būqubādh, Wām Qubādh) **V**:12, 130, 137–38; **XVIII**:28, 29, 198; **XXI**:124; **XXXVIII**:95
Arrān (south of the Caucasus) **XXXIV**:124
arrows. SEE bows and arrows
Arsacids (Ashaghan, al-Ashakāniyyah) **IV**:99, 101, 102; **V**:23–24
SEE ALSO Mulūk al-Ṭawā'if
Arsal bt. Batāwil b. Tiras b. Japheth b. Noah **II**:11
Arshaq (toponym) **XXXIII**:17–19, 22–23
Arṭabān (grandfather of 'Abdallāh b. 'Awn b. Arṭabān) **XII**:171
Arṭabūn (Aretion, Byzantine general) **XII**:183–88, 190, 197, 198; **XIII**:169
Arṭāḥ (toponym) **XXXVIII**:91
Arṭāh b. 'Abd Shuraḥbīl b. Hāshim **VII**:121
Arṭāh b. Juhaysh **XI**:100, 102
Arṭāh b. al-Mundhir **I**:208
Artakīn b. B.r.n.m.kātakīn **XXXVI**:96
arthritis *(niqris)* **XXXI**:190; **XXXVII**:97
artillery. SEE mangonels and ballistas
Ibn Abī 'Arūbah. SEE Sa'īd b. Abī 'Arūbah
Ārum (Arim?) **XXXIII**:163
al-'Arūs. SEE Nahr al-'Arūs
Arwā (mother of 'Uthmān b. 'Affān) **XXI**:21
Ibn Arwā. SEE 'Uthmān b. 'Affān
Arwā bt. 'Āmir al-Hilāliyyah **XII**:147
Arwā bt. Hārūn al-Rashīd **XXX**:327
Arwā bt. Kurayz **XV**:212, 231, 234, 254, 259; **XXXIX**:192, 198
Arwā bt. Manṣūr al-Ḥimyariyyah **XXIX**:148
Arwā bt. Rabī'ah b. al-Ḥārith **XXXIX**:198
Arwā bt. Ya'qūb b. al-Faḍl **XXX**:13–14
Arwād (island, near Constantinople) **XVIII**:172
Arwanāz (wife of Afrīdhūn) **II**:5
Aryāṭ, Abū Ṣahām (Arethas?, Abyssinian commander) **V**:207–9, 212–15, 232, 236
Arz (of the people of Marj al-Usquf) **XXXV**:9
al-Arzah (near Damascus?) **XXVI**:145
'Arzam (cemetery, in al-Kūfah) **XVIII**:143
al-'Arzamī. SEE 'Abd al-Malik b. Abī Sulaymān al-Fazārī al-'Arzamī
Arzan (in eastern Anatolia) **XXIII**:149; **XXXIV**:115; **XXXVII**:7

arzāq. SEE *rizq*
Banū al-ʿĀṣ (b. Umayyah) **XV**:159
Ibn al-ʿĀṣ. SEE ʿAmr b. al-ʿĀṣ
Āl Abī al-ʿĀṣ **XVI**:160; **XXV**:174, 176, 193
Banū Abī al-ʿĀṣ **XV**:158; **XXI**:195; **XXIII**:25
al-ʿĀṣ b. Hishām **VII**:38, 68
al-ʿĀṣ b. Munabbih **IX**:154
Abū al-ʿĀṣ (ʿĀṣī) b. al-Rabīʿ (Miqsam) **VII**:73–78; **VIII**:93–94, 131; **IX**:128; **XI**:71; **XXXIX**:13–17, 162, 282
al-ʿĀṣ b. Saʿīd **VII**:43, 128
Abū al-ʿĀṣ b. Umayyah. SEE ʿAbd al-Malik b. Marwān
al-ʿĀṣ b. Umayyah **XV**:56; **XXI**:157
al-ʿĀṣ b. Wāʾil **VI**:93–94, 107, 146; **VII**:6; **VIII**:146; **XV**:171
Asa b. Abijah **IV**:20–22, 25–35
ʿAṣā (name of Jadhīmah al-Abrash's mare) **IV**:142
Asabahar (b. Kaykhusraw) **IV**:19
ʿaṣabiyyah (factionalism, tribalism) **XXVII**:207; **XXX**:12, 109, 131; **XXXVIII**:151
Abū al-Asad (canal). SEE Nahr Abī al-Asad
Abū al-Asad (*mawlā* of Asad al-Qasrī) **XXV**:162, 163
Abū al-Asad (*mawlā* of Khālid b. ʿAbdallāh al-Qasrī) **XXVI**:160, 202, 253
Banū Asad **VI**:5, 29, 32, 57, 100, 141; **VIII**:40, 49, 83, 98, 107, 187; **IX**:19, 40, 108, 119; **X**:42, 44–46, 50, 52, 63, 65, 67–69, 73–76, 78, 99; **XII**:13, 14, 93, 94, 95, 96, 114, 120; **XIII**:34, 67, 70, 76, 102; **XIV**:4; **XV**:114, 151, 233, 246; **XVI**:85, 86, 114; **XVIII**:99, 110, 131, 132, 140, 162; **XIX**:6, 48, 68, 87–88, 91–92, 120, 154–55, 163–64, 179; **XX**:221, 224; **XXI**:5, 43, 67, 102, 177, 178, 185, 209, 224, 229, 230; **XXII**:5, 21, 86; **XXIV**:8, 16, 130, 162; **XXVI**:40–41, 51; **XXVIII**:266; **XXXV**:18, 88, 93; **XXXVI**:30, 127, 204; **XXXVIII**:87, 113, 161, 174, 182; **XXXIX**:3, 105, 231, 248
Banū Asad b. ʿAbd al-ʿUzzā **VI**:5, 57, 100, 141; **VIII**:98, 187; **IX**:19, 40, 108, 119; **XIV**:4; **XV**:246; **XXXIX**:3, 105
Asad b. ʿAbd al-ʿUzzā **VI**:18
Asad b. ʿAbdah **VI**:81
Asad b. ʿAbdallāh (*rāwī*) **XVI**:52, 93
Asad b. ʿAbdallāh al-Azdī **XXIV**:45
Asad b. ʿAbdallāh al-Qasrī **XXV**:14, 16, 18, 20–23, 25, 27, 29–32, 35, 37–39, 42, 111, 112, 115, 118–21, 123, 125–28, 130–42, 145–47, 149–52, 162–64, 166, 167, 168, 169, 178, 180, 187, 188, 189; **XXVI**:56, 67, 91, 220–21, 225–27; **XXVII**:31; **XXIX**:122
Asad b. ʿAmr **I**:287; **XXIV**:52
Asad b. Abī al-Asad **XXXII**:42
Asad b. Dāwūd Siyāh **XXXV**:43, 69, 70
Ibn Asad b. Dāwūd Siyāh **XXXV**:91
Asad al-Ḥarbī **XXXI**:111–12
Asad b. Jandān **XXXV**:64
Banū Asad b. Khuzaymah **VI**:29, 32; **VIII**:40, 49, 83, 98, 107, 187; **XX**:221, 224; **XXI**:102; **XXXVI**:30
Asad b. al-Marzubān (al-Marzbān) **XXVII**:138; **XXVIII**:202, 232, 234; **XXIX**:31, 60; **XXXI**:191; **XXXV**:127
Asad b. Mūsā **II**:114; **XIII**:184; **XIV**:88; **XXXIX**:196, 203, 205, 280
Asad al-Quraẓī **V**:166
Abū al-Asad al-Shaybānī **XXXI**:100
Asad b. ʿUbayd al-Hadlī **VIII**:32
Asad b. Yazīd b. Mazyad **XXX**:176, 297; **XXXI**:10, 92, 94–96, 98–100
Banū Asʿad b. Hammām **VI**:27
Asʿad Abū Karib b. Malkī Karib. SEE Tubbaʿ II

As'ad b. Zurārah b. 'Udas, Abū Umāmah **VI**:125–30, 134; **VII**:5, 6
Asadābādh (east of Hamadhān) **XXXI**:89
Asaf b. Barchiyā. SEE Asaph b. Berechiah
Āsak (Āsik, between Arrajān and Rāmhurmuz) **XVIII**:198; **XIX**:183
Abū al-'Asākir. SEE Khālid b. Ḥassān
al-Aṣamm (*iṣbahbadh*) **XXVIII**:80
Ibn al-Aṣamm **XXVIII**:194
Ibn al-Aṣamm (muezzin) **XXII**:82
al-Aṣamm b. al-Ḥajjāj **XXIV**:27
Aṣamm al-Taym (Aṣamm al-Taymī) **X**:91; **XIII**:14
Asaph b. Berechiah (Asaf b. Barchiyā) **III**:167, 168, 169
Asātakīn (Turkish commander) **XXXVI**:97, 103; **XXXVII**:1, 98
al-Asāwif (date palm grove, at Yathrib) **V**:167
al-Asāwirah (cavalrymen of the Sasanian army) **IV**:48; **V**:101, 128, 245, 262–63, 378, 403; **XII**:168; **XIII**:43, 65, 78, 117, 142–44, 184, 201; **XV**:80, 103; **XVI**:190; **XX**:32, 40, 45; **XXIII**:191; **XXV**:142
asbā' (sevenths, army division) **XIII**:76; **XVI**:114; **XVII**:121
Aṣbagh (subversive element, in al-Manṣūr's caliphate) **XXIX**:117
al-Aṣbagh (*mawlā* of 'Amr b. Ḥurayth) **XXXIX**:113, 114
al-Aṣbagh (*rāwī*). SEE al-Aṣbagh b. Nubātah al-Mujāshi'ī
Abū al-Aṣbagh **XXVIII**:9
Ibn Abī al-Aṣbagh (Aḥmad b. Muḥammad) **XXXVIII**:8, 14
Banū al-Aṣbagh (Aṣbaghites) **XXXVIII**:115, 116, 158
al-Aṣbagh b. 'Amr al-Kalbī **VIII**:95
al-Aṣbagh b. Dhu'ālah al-Kalbī **XXV**:133; **XXVI**:129, 252, 255; **XXVII**:4, 5, 8, 13, 179
al-Aṣbagh b. Nubātah al-Mujāshi'ī **XIII**:95; **XVI**:191; **XIX**:156; **XXXIX**:275
al-Aṣbagh b. Sufyān b. 'Āṣim b. 'Abd al-'Azīz b. Marwān **XXVIII**:236
al-Aṣbagh b. Zayd **III**:46
Aṣbaghites. SEE Banū al-Aṣbagh
Asbāndarah (toponym) **XXXIII**:162
Asbaq (Yasbaq) b. Abraham **II**:129
Abū al-Asbāṭ. SEE Ya'qūb b. Muḥammad b. 'Alī
Ibn Asbāṭ al-Miṣrī **XXXIV**:70
Asbāṭ b. Naṣr **I**:206, 214, 219, 221, 222, 250, 254, 258, 262, 263, 269, 273, 275, 281, 307, 322; **II**:39, 50, 53, 59, 62, 68, 71, 72, 86, 90, 101, 107, 113, 115, 118, 121, 124, 126, 130, 137, 150, 152, 155, 156, 158–60, 163, 166, 168, 170, 172–74, 179, 181, 182; **III**:33, 63, 73, 85, 90, 95, 120, 129, 144, 145, 170, 173; **IV**:55, 118; **VI**:94; **VII**:21, 24, 40, 108, 114, 124; **IX**:77
Asbiwādiq (village, near Marw) **XXVII**:68
Ascalon ('Asqalān) **III**:128; **XIII**:81; **XIV**:165
asceticism. SEE *zuhd*
Asclepias sp. SEE *'ushar*
Asfādh Jushnas **V**:382, 384–86, 395
Banū al-Aṣfar (yellow people, Byzantines) **II**:134, 136; **IX**:48, 57 SEE ALSO Byzantium
Asfarah (heir apparent to the King of Farghānah) **XXIV**:170
Asfarā'īm (Asfarayn, in Khurāsān) **XXXVI**:159
Aṣghajūn (Turkish administrator of al-Ahwāz) **XXXVI**:139, 142–44, 152
Aṣghar b. 'Aynā' al-Ḥimyarī **XXV**:121
Aṣghar al-Khārijī **XXII**:112

al-Aʻshā (Maymūn b. Qays) **I**:172; **IV**:153; **V**:34, 183, 293–94, 341, 358, 366–67, 369; **XVIII**:184; **XXII**:17; **XXIV**:137; **XXVIII**:280; **XXIX**:114
al-Aʻshā (of Banū Rabīʻah) **V**:369–70
al-Aʻshā (of Banū Shaybān) **XXIII**:120
al-Aʻshā (poet) **XXVII**:158
Aʻshā Hamdān **XX**:156–59; **XXI**:33, 35, 50, 71, 73, 90–91, 96–97; **XXIII**:6, 7, 59–63, 82
Ashʻab b. Judayr **XXIX**:120–21
aṣḥāb. SEE entries that follow and those beginning with Ṣāḥib
aṣḥāb al-alfayn (those veterans who received stipends of two thousand dirhams) **XIII**:120–21
aṣḥāb al-dawālīb (waterwheel workers) **XXXV**:91
aṣḥāb al-dibs (date juice makers) **XXX**:326
Aṣḥāb al-Kahf (Companions of the Cave, Men of the Cave, Sleepers of Ephesus) **IV**:155–59; **XXX**:168
aṣḥāb al-marātib (men of rank) **XXXIII**:186; **XXXV**:3, 4
aṣḥāb al-sāj (teak-workers' market, in Baghdad) **XXXVII**:145
Aṣḥāb al-Ukhdūd (Men of the Trench, at Najrān) **V**:195, 202, 204
Ashabb (at Dastabā) **XXX**:117
al-Ashāhib (the Shining Ones, sons of al-Mundhir IV) **V**:341
Abū al-ʻAshāʼir (Aḥmad b. Naṣr al-ʻUqaylī) **XXXVIII**:119, 120, 153, 175
al-Ashajj. SEE al-Ashʻath b. Qays al-Kindī
Ibn al-Ashajj **XVI**:121
Ashak b. Ashak **IV**:100
Ashak b. Darius **IV**:96, 100
Ashak b. Ḥarah **IV**:100
Ashak b. Khurrah **IV**:93; **V**:23–26
Ashakān b. Kayqubād **IV**:100
al-Ashall (mountain) **XVIII**:119–20
al-Aṣḥam b. Abjar. SEE Negus
ʻAshannaq b. ʻAbdallāh **XII**:113; **XIII**:78
Banū al-Ashāqir **XXXIX**:255
aʻshār (tenths, army division) **XII**:18, 119; **XIII**:70
al-Ashʻar (Nabt b. Udad) **VI**:37; **XXXIX**:147
Ibn al-Ashʻar al-Kaʻbī. SEE Khunays b. Khālid
al-Ashʻar b. Sabaʼ **II**:23
al-Ashʻarī. SEE Abū Burdah b. Abī Mūsā
al-Ashʻarī (*rāwī*). SEE Abū Mūsā al-Ashʻarī
al-Ashʻariyyūn (al-Ashʻarūn, Ashʻarīs, south Arabian clan) **IX**:19; **X**:20, 158, 161; **XVI**:114; **XVII**:46; **XXIII**:50; **XXVI**:49, 133; **XXXIX**:147
al-Ashʻath (village, near al-Qādisiyyah) **XXI**:44
Banū al-Ashʻath **XXII**:7, 163
Ibn al-Ashʻath. SEE ʻAbd al-Raḥmān b. Muḥammad b. al-Ashʻath; Muḥammad b. al-Ashʻath b. Qays al-Kindī
al-Ashʻath b. ʻAbd al-Malik (*mawlā* of Ḥumrān b. Abān) **XI**:134
al-Ashʻath b. Dhuʼayb **XX**:181; **XXI**:63
Ashʻath al-Ḥuddānī **XVIII**:99
al-Ashʻath b. Jaʻfar al-Bajalī **XXV**:164
Abū al-Ashʻath al-Kindī **XXIX**:252
Ibn al-Ashʻath al-Kindī. SEE ʻAbd al-Raḥmān b. Muḥammad b. al-Ashʻath
al-Ashʻath b. Miʼnās al-Sakūnī **X**:191; **XII**:177
al-Ashʻath b. Qays al-Kindī (al-Ashajj) **VI**:82, 155?; **IX**:97, 138; **X**:177, 180, 182, 185–89; **XI**:149;

al-Ash'ath b. Qays al-Kindī (continued) **XII**:15, 18, 31, 93, 94, 119, 122, 123, 131; **XIII**:106, 107, 204; **XIV**:13; **XV**:60, 132, 256; **XVII**:12, 82, 84, 87, 88, 126, 136, 194; **XVIII**:31; **XX**:203, 214; **XXI**:96, 191; **XXIII**:25, 58, 79; **XXVII**:12; **XXXIX**:87–88, 89, 90, 190, 298, 302
Abū al-Ash'ath al-Ṣan'ānī **XXXIX**:158
al-Ash'ath b. Abī al-Sha'thā' **XXXIX**:314
Ash'ath b. Siwār **III**:120, 153; **XII**:159; **XV**:67
al-Ash'ath al-Ṭā'ī, Abū Ḥaṭāmah **XXIV**:153
Ashbān (Ishbān) **II**:16, 17, 134
Ashbdād b. Gregory **XXVI**:24
Asher b. Jacob **II**:135, 136; **IV**:61
al-Ashhab (Khārijite) **XXV**:160
Ashhab b. Duwaykil b. Yaḥyā b. Ḥimyar al-'Awfī **XXXIV**:18–20
al-Ashhab b. Rumaylah al-Nahshalī **XVIII**:104, 213; **XXIV**:14
Abū al-Ashhab al-Sa'dī **XV**:105
al-Ashhab b. 'Ubayd ('Ubaydallāh) al-Ḥanẓalī al-Tamīmī **XXIV**:154; **XXV**:20–21, 72, 86, 104
Banū Ashhal **XIX**:209
Ashinās, Abū Ja'far. SEE Ashnās
Banū Ashja' **VIII**:8; **IX**:56; **X**:42; **XI**:49; **XVII**:215; **XVIII**:13; **XXIV**:164; **XXVIII**:114, 210; **XXXIV**:26
Ashja' b. 'Amr al-Sulamī **XXIX**:108
al-Ashja'ī (*rāwī*) **IX**:106?; **XXIII**:210
Ashnās (*ghulām* of Ismā'īl b. Aḥmad) **XXXVIII**:95
Ibn Ashnās. SEE Mūsā b. Ashnās
Ashnās (Ashinās), Abū Ja'far **XXXII**:68, 186
Ashnās the Turk **XXXIII**:12, 98–100, 102–4, 107–9, 111–12, 122, 124–28, 132–33, 178–79, 183, 201, 214; **XXXIV**:5, 21; **XXXV**:146; **XXXVI**:77
Ashot Ardzruni. SEE Ashūṭ b. Ḥamzah al-Armanī
Banū al-Ashqar **XXII**:154
al-Ashqarī. SEE Ka'b b. Ma'dān al-Ashqarī
ashrāf (sg. *sharīf*, tribal dignitaries) **XIII**:111; **XV**:114, 125, 134, 176; **XXI**:10–13, 19, 28, 31, 82, 85, 88, 106, 108, 177; **XXIII**:55, 58, 67, 229; **XXVIII**:208; **XXXII**:116; **XXXIX**:269, 270, 275
SEE ALSO notables
al-Ashraf b. Ḥakīm b. Jabalah **XVI**:78
Ashras (commander) **XXXIV**:29
Abū al-Ashras. SEE 'Ubaydallāh b. al-Ḥurr al-Ju'fī
Ashras b. 'Abdallāh al-Sulamī (Jaghr) **XXV**:42–44, 46–48, 50–56, 62, 63, 65, 66
al-Ashras b. 'Awf al-Shaybānī **XVII**:118
Ashras b. Ḥassān al-Bakrī **XVII**:200
Ashtād b. Farrukhzādh **V**:313
al-Ashtar. SEE 'Abdallāh b. Muḥammad b. 'Abdallāh; Mālik al-Ashtar al-Nakha'ī
Ibn al-Ashtar. SEE Ibrāhīm b. al-Ashtar; Muḥammad b. 'Abdallāh b. Muḥammad b. 'Abdallāh
Banū al-Ash'ūb **XXXIX**:220
Ashūdh. SEE Asshur b. Shem
'Āshūrā' (Yawm al-'Āshūrā', Day of Atonement) **I**:362, 367; **VII**:26; **XIX**:82, 120; **XXXIV**:39; **XXXIX**:248
Ashūṭ b. Ḥamzah al-Armanī (Ashot Ardzruni) **XXXIV**:116, 183
Ashūth (daughter of Adam) **I**:317, 337, 338
Ashyam b. Shaqīq b. Thawr al-Sadūsī **XX**:25–26, 33, 44

Asīd b. ʿAbdallāh al-Khuzāʿī, Abū Mālik **XXVII**:61, 62, 73, 74, 82, 95, 108, 109, 110, 145
Asīd b. Abī Asīd (*mawlā* of Abū Qatādah) **XXXIX**:336
Asīd al-Ghassānī (father of Yazīd b. Asīd al-Ghassānī) **XI**:98
Asīd b. Mālik al-Ḥaḍramī **XIX**:51, 181
Asīd b. al-Mutashammis **XIV**:9, 83; **XV**:106
Asīd (Usayd) b. Saʿyah **VIII**:32
ʿaṣīdah (porridge) **XII**:49
Āsik. SEE Āsak
ʿĀṣim (*rāwī*) **II**:29, 31; **XXXIX**:125
Abū ʿĀṣim (*rāwī*). SEE Abū ʿĀṣim al-Nabīl
Banū ʿĀṣim **X**:101
ʿĀṣim b. ʿAbdallāh al-Azdī **XXI**:95
ʿĀṣim b. ʿAbdallāh b. Yazīd al-Hilālī **XXV**:18, 102–12, 115, 116, 117, 118, 119
ʿĀṣim b. ʿAdī **VII**:84; **IX**:61; **X**:4, 11
ʿĀṣim al-Aḥwal. SEE ʿĀṣim b. Sulaymān al-Aḥwal
ʿĀṣim b. ʿAlī **VII**:80
ʿĀṣim b. ʿAmr. SEE ʿĀṣim b. ʿUmayr al-Ṣuraymī al-Sughdī
ʿĀṣim b. ʿAmr al-Tamīmī al-ʿAmrī **XI**:11, 17, 49, 58–59, 68, 117, 182, 184, 187, 189, 195, 198, 211–12; **XII**:18, 28, 31, 39, 54, 61, 83, 84, 86, 88, 91, 94–96, 99, 109, 113, 117, 131; **XIII**:14, 15, 17, 129, 133, 149, 150; **XIV**:75; **XV**:34–35
alley of. SEE Zuqāq ʿĀṣim b. ʿAmr
Umm ʿĀṣim bt. ʿĀṣim b. ʿUmar b. al-Khaṭṭāb **XXIV**:92
ʿĀṣim al-Aslamī **XXXIX**:70
ʿĀsim b. ʿAwf al-Bajalī **XVIII**:144, 152
Abū ʿĀṣim al-Ḍabbī **XXVI**:81
ʿĀṣim b. al-Dulaf, Abū al-Jarbāʾ **XII**:165; **XIII**:68; **XVI**:63, 106, 119, 146
ʿĀsim b. Faḍālah al-Laythī **XVIII**:85
Abū Āṣim al-Ghanawī **II**:87, 94
ʿĀṣim b. Ḥabīb al-ʿAdawī **XX**:179
ʿĀṣim b. Ḥadrah **XXXIX**:157–58
ʿĀṣim b. Ḥafṣ al-Tamīmī **XXVI**:254; **XXVII**:85
ʿĀṣim b. Hubayrah al-Maʿāfirī **XXVI**:158
ʿĀṣim b. Ḥujr **XXII**:56
ʿĀṣim al-Jaḥdarī **XXXIX**:326
ʿĀṣim b. Kulayb al-Jarmī **I**:267; **XIV**:66, 112, 113; **XV**:68; **XVI**:99, 167
ʿĀṣim b. Muʿawwil al-Bajalī **XXV**:120, 121
ʿĀṣim b. Mūsā al-Khurāsānī **XXIX**:217
Abū ʿĀṣim al-Nabīl (al-Ḍaḥḥāk b. Makhlad) **I**:247, 255, 267, 274, 281, 287; **II**:85, 87, 95, 100, 113, 146, 152, 158; **VI**:157; **VIII**:148; **IX**:158; **XVII**:232; **XX**:35; **XXI**:193; **XXIII**:210; **XXVIII**:92, 212, 224
ʿĀṣim b. Abī al-Najūd **I**:183, 244; **XIV**:96, 97; **XIX**:83; **XXXIX**:51, 238
ʿĀṣim b. Qays b. Ḥabīb al-Hamdānī **XXI**:5
ʿĀṣim b. Qays al-Sulamī **XXVII**:61, 62, 63, 64, 74
ʿĀṣim b. al-Ṣalt b. al-Ḥārith **XX**:75
ʿĀṣim b. Sulaymān (*rāwī*). SEE ʿĀṣim b. Sulaymān al-Aḥwal
ʿĀṣim b. Sulaymān b. ʿAbdallāh b. Sharāḥīl al-Yashkurī **XXV**:117
ʿĀṣim b. Sulaymān al-Aḥwal **IV**:170; **V**:413; **XV**:7; **XXXIX**:125, 328
ʿĀṣim b. Thābit b. Abī al-Aqlaḥ **VII**:66, 122, 143–46; **VIII**:94; **XIV**:101
ʿĀṣim b. ʿUbaydallāh **XIV**:97; **XV**:229; **XXXIX**:96
ʿĀṣim b. ʿUmar b. ʿAbd al-ʿAzīz **XXVI**:257–58; **XXVII**:11, 12, 13, 14, 15

ʿĀṣim b. ʿUmar b. al-Khaṭṭāb **VIII**:94–95; **XIII**:156; **XIV**:101; **XXIV**:92; **XXXIX**:175
ʿĀṣim b. ʿUmar b. Qatādah **VI**:122, 124, 134, 155; **VII**:28, 35, 53, 55, 65, 85, 86, 94, 105, 117, 121, 134, 135, 143; **VIII**:6, 17, 20, 34, 43, 49, 51, 55, 138; **IX**:8, 12, 36, 47, 53, 59, 67, 103, 122; **XV**:72, 174; **XXXII**:219; **XXXIX**:74, 180
ʿĀṣim b. ʿUmayr al-Samarqandī. SEE ʿĀṣim b. ʿUmayr al-Ṣuraymī al-Sughdī
ʿĀṣim b. ʿUmayr al-Ṣuraymī al-Sughdī, Abū al-Aswad **XXV**:66, 79; **XXVI**:26–28; **XXVII**:32, 33, 43, 80, 107, 129, 130
ʿĀṣim b. Yūnus al-ʿIjlī **XXVI**:67; **XXXVI**:23
Abū ʿĀṣim al-Ziyādī **XXIII**:223; **XXVI**:163
ʿĀṣim b. al-Zubayr **XXXIX**:193
Ibn Abī ʿĀṣiyah **XXVIII**:107
Āsiyah bt. Muzāḥim (daughter of Pharaoh) **III**:31, 32, 35, 36
ʿAskar (name of ʿĀʾishah's camel) **XVI**:42, 124
ʿAskar al-Mahdī (quarter, in Baghdad) **XXIX**:181, 182, 203; **XXXI**:174, 185, 191; **XXXII**:42–43, 47, 59, 87, 136; **XXXIV**:156
SEE ALSO al-Ruṣāfah (in Baghdad)
ʿAskar Mukram (in Khūzistān) **XXI**:184; **XXXI**:115; **XXXVI**:165, 169, 182, 183, 186; **XXXVII**:2–3, 37
SEE ALSO Rustaqubādh
ʿAskar Rayḥān (near Nahr al-Sufyānī) **XXXVII**:133–34
Aslam (father of Zayd b. Aslam, *mawlā* of ʿUmar b. al-Khaṭṭāb) **XI**:71; **XII**:205; **XIV**:97, 99, 105, 106, 110, 111, 112, 116, 119, 133; **XV**:75; **XXXIX**:174
Aslam (*ghulām* of Banū al-Ḥajjāj) **VII**:43
Aslam (*mawlā* of al-Manṣūr) **XXIX**:4
Aslam (*mawlā* of Prophet Muḥammad). SEE Abū Rāfiʿ
Banū Aslam **VII**:102; **VIII**:70, 72, 74, 117, 142, 173, 177, 186, 192; **X**:8; **XXIV**:148; **XXVIII**:191; **XXXIX**:122
Aslam, Abū Sulaymān **XXX**:53
Aslam b. Afṣā b. Ḥārithah **VI**:53
Aslam b. Aws b. Bajrah al-Sāʿidī **XV**:248
Aslam b. Ḥassān **XXVII**:127
Aslam b. Sallām, Abū Sallām **XXVII**:96
Aslam b. Ṣubayḥ **XXVII**:79
Aslam b. Zurʿah al-Kilābī **XVIII**:69, 86, 177, 181, 190; **XIX**:183
Asmāʾ bt. ʿAbdallāh b. al-ʿAbbās **XXXIX**:55
Asmāʾ bt. ʿAdī b. Ḥārithah **VI**:26
Asmāʾ bt. ʿAmr b. ʿAdī **VI**:132
Asmāʾ bt. Abī Bakr, Umm Maʿbad **VI**:145, 147, 148–49; **VII**:9; **IX**:2; **XI**:140; **XVI**:54, 55, 127, 140, 147; **XX**:58, 176; **XXI**:226–28; **XXXIX**:105, 172, 193, 208
Asmāʾ bt. Ḥasan b. ʿAbdallāh b. ʿUbaydallāh b. ʿAbbās b. ʿAbd al-Muṭṭalib **XXVIII**:155, 208, 217
Asmāʾ bt. Jaʿfar b. Muḥammad **XXXIX**:249
Asmāʾ b. Khārijah al-Fazārī **XV**:234; **XVIII**:142; **XIX**:22, 37, 42–43, 46, 63; **XX**:215; **XXI**:130
Asmāʾ bt. Mālik al-Tamīmī **IX**:122
Asmāʾ bt. Mukharribah **XXXIX**:112
Asmāʾ bt. al-Nuʿmān al-Kindī **IX**:136, 137; **X**:185, 190; **XXXIX**:188–91
Asmāʾ bt. Salamah b. Mukharribah **XXXIX**:112

Asmāʾ bt. ʿUmays al-Khathʿamiyyah **IX**:79, 177, 178; **X**:39; **XI**:133–34, 141, 147, 153; **XVII**:228; **XIX**:155; **XXXIX**:5, 59, 121, 134, 167, 169, 199, 201, 202
Asmāʾ bt. ʿUṭārid b. Ḥājib al-Tamīmī **XVII**:63
ʿAṣmāʾ bt. al-Ḥārith. SEE Lubābah bt. al-Ḥārith (Lubābah al-Ṣughrā)
al-Aṣmaʿī (ʿAbd al-Malik b. Qarīb al-Naḥwī) **XXI**:223; **XXII**:18; **XXIX**:120, 121, 168, 261; **XXX**:38; **XXXIV**:44; **XXXIX**:222
al-Aṣmaʿī, Abū Zayd **XXII**:16
al-Asnānah(?) **XXXV**:79
ʿAsqalān. SEE Ascalon
al-ʿAsqalānī (killer of Yaḥyā b. ʿUmar b. Yaḥyā b. Ḥusayn b. Zayd b. ʿAlī b. al-Ḥusayn b. ʿAlī b. Abī Ṭālib) **XXXV**:19
Aṣram b. Qabīṣah **XXVI**:226
Asshur b. Shem (Ashūdh) **II**:12, 14
Astakīn (Turkish commander) **XXXV**:36
Asṭānah (Eustathios?, person in charge of ransom negotiations for the Byzantines) **XXXVIII**:154
astrolabe **XXXVI**:49, 63
astrology and astrologers **II**:24; **XII**:46, 47, 48, 62, 73; **XVII**:126; **XX**:185; **XXVI**:117; **XXVIII**:163, 291; **XXXI**:73, 76–77; **XXXIV**:53, 183; **XXXVI**:126; **XXXVII**:176; **XXXVIII**:66
Banū Aʿṣur **XVIII**:131, 132
Aʿṣur b. al-Nuʿmān al-Bāhilī **XVI**:120
al-Aswad. SEE Ghālib al-Masʿūdī
al-Aswad (of Banū Awd) **XIX**:161
al-Aswad (*rāwī*). SEE al-Aswad b. Yazīd al-Nakhaʿī
Abū al-Aswad (Muḥammad b. ʿAbd al-Raḥmān b. al-Aswad b. Nawfal b. Khuwaylid) **VI**:37, 86, 87; **VII**:10; **XXI**:207; **XXXIX**:67
al-Aswad b. ʿAbd al-Asad al-Makhzūmī **VII**:52
al-Aswad b. ʿAbd Yaghūth **VI**:94; **XXXIX**:10, 26, 110, 301
al-Aswad b. ʿĀmir **XXXIX**:239
al-Aswad al-ʿAnsī (Dhū al-Khimār, ʿAbhalah/ʿAyhalah b. Kaʿb, false prophet) **IX**:90, 108, 164–67; **X**:18, 21–38, 41, 42, 53, 158, 159, 163, 169, 170, 173, 176, 177; **XII**:161; **XV**:53–54; **XXXIX**:81, 91, 94
Abū al-Aswad al-Asadī. SEE Abū al-Aswad
al-Aswad b. Abī al-Bakhtarī **XVI**:139, 167, 187, 188; **XVII**:143; **XXXIX**:77
al-Aswad b. Bilāl al-Muḥāribī **XXVI**:119–20, 192
al-Aswad Dhū al-Khimār ʿAbhalah b. Kaʿb al-ʿAnsī. SEE al-Aswad al-ʿAnsī
Abū al-Aswad al-Duʾalī **XVI**:56, 57, 58, 63; **XVII**:118, 121, 140, 203, 209–10, 225–26, 230; **XXXIX**:307
al-Aswad b. Ghifār **IV**:151
al-Aswad b. al-Haytham **XV**:234
Umm al-Aswad bt. Jahm b. Zaḥr **XXIV**:82
al-Aswad b. Jarād al-Kindī **XX**:189, 190; **XXI**:67
al-Aswad b. Khuzāʿī **VII**:101, 102
al-Aswad b. Kulthūm al-ʿAdawī **XV**:92–93
al-Aswad b. Maqṣūd (Mafṣūd, Abyssinian commander) **V**:224
al-Aswad b. Masʿūd **IX**:46
Ibn al-Aswad b. Masʿūd **IX**:24
al-Aswad b. al-Mundhir I (Lakhmid ruler) **V**:126, 162

al-Aswad b. al-Mundhir IV (Lakhmid ruler) **V**:340, 345
al-Aswad b. al-Muṭṭalib **VI**:93–94, 107; **VII**:70
al-Aswad b. Nawfal b. Khuwaylid **XXXIX**:66–67
al-Aswad b. Qays al-ʿAbdī **XII**:112; **XVIII**:38, 43; **XXXIX**:199, 327
al-Aswad b. Qays al-Murādī **XVII**:75–76, 131, 135
al-Aswad b. Quṭbah al-Tamīmī, Abū Mufazzir **XII**:160; **XIII**:11, 14, 45; **XIV**:26; **XV**:97, 101
al-Aswad b. Rabīʿah (al-Muqtarib) **XIII**:136, 137, 145, 146, 199, 201
al-Aswad b. Razn al-Dīlī **VIII**:160–61
al-Aswad b. Saʿd al-Hamdānī **XXII**:141
al-Aswad b. Saʿīd **XXI**:107
al-Aswad b. Sarīʿ al-Saʿdī **XIII**:122; **XVI**:59
al-Aswad b. Shaybān **VIII**:157; **XX**:8, 19; **XXXIX**:256
al-Aswad b. ʿUmārah al-Nawfalī **XXX**:74–75
al-Aswad b. Yazīd al-Murādī **XVII**:130, 135
al-Aswad b. Yazīd al-Nakhaʿī **VI**:159; **VII**:27; **IX**:180; **XII**:55; **XIV**:141, 142; **XV**:101, 114, 164
al-Aswāf (in Medina) **XV**:192, 199
Aswān (Uswān, in Upper Egypt) **XXXIV**:143
ʿaṭāʾ (military stipend) **XII**:16, 199–207; **XIII**:120–21, 143–44; **XIV**:134; **XVII**:13, 162; **XXI**:120, 191; **XXII**:6, 23–24, 178, 184, 191, 194; **XXIV**:97; **XXVII**:50; **XXXV**:5, 87; **XXXVI**:81, 85; **XXXIX**:66, 84, 92, 99, 270, 274
register of. SEE *dīwān*
SEE ALSO *ahl al-balāʾ*; *ahl al-fayʾ*
ʿAṭāʾ (bridge). SEE Qanṭarat ʿAṭāʾ
ʿAṭāʾ (*ṣāḥib al-maẓālim* for ʿAbdallāh b. Ṭāhir) **XXXII**:169
Ibn ʿAṭāʾ **XXXVI**:36
Ibn ʿAṭāʾ (*rāwī*). SEE ʿUthmān b. ʿAṭāʾ al-Khurāsānī
ʿAṭāʾ, Abū Muḥammad (*mawlā* of Isḥāq b. Ṭalḥah) **XIII**:75
ʿAṭāʾ b. ʿAbdallāh b. ʿAṭāʾ b. Yaʿqūb **XXVIII**:225
ʿAṭāʾ b. ʿAjlān **XVII**:124
ʿAṭāʾ b. ʿArfajah b. Ziyād b. ʿAbdallāh al-Wirthī **XXII**:66
ʿAṭāʾ al-Barbarī (commander) **XXXVI**:62
ʿAṭāʾ Bridge (over Balkh River) **XXV**:142
ʿAṭāʾ al-Dabūsī **XXIV**:173; **XXV**:107, 110
ʿAṭāʾ b. Fulān al-Makhzūmī, Abū al-Sāʾib **X**:175
ʿAṭāʾ al-Khurāsānī **II**:21; **III**:146; **V**:327; **X**:18; **XXXIX**:207
ʿAṭaʾ b. Markabūd **IX**:123
ʿAṭāʾ b. Abī Marwān **XVIII**:26; **XXXIX**:69, 160
ʿAṭāʾ b. Muqaddam **XXV**:183
ʿAṭāʾ b. Muslim al-Khaffāf **XVII**:66, 67; **XIX**:83; **XXVI**:7, 14, 16; **XXXIX**:51
ʿAṭāʾ b. Abī Muslim al-Khurāsānī. SEE ʿAṭāʾ al-Khurāsānī
ʿAṭāʾ b. Abī Rabāḥ **I**:209, 210, 214, 222, 223, 293; **II**:87, 95, 181; **V**:284; **VIII**:136; **IX**:170; **XI**:133; **XX**:123; **XXIII**:210; **XXV**:4; **XXXIX**:184, 223, 321
ʿAṭāʾ b. Riʾāb (*mawlā* of al-Ḥārith b. Ḥazn) **XVI**:47
ʿAṭāʾ b. al-Sāʾib **I**:190, 199, 201, 219, 290, 306; **II**:76, 78, 79, 86, 157, 158; **III**:157, 160, 172; **VI**:7; **XIII**:21, 154; **XIV**:118; **XIX**:131; **XXXIX**:98, 128, 129, 270, 327
ʿAṭāʾ b. Abī al-Sāʾib al-Laythī **XXII**:172–74; **XXIII**:56
Abū ʿAṭāʾ al-Sindī **XXVII**:15, 16, 192
ʿAṭāʾ b. Yasār **V**:232; **XXXIX**:317

'Aṭā' b. Yazīd al-Junda'ī **XXXIX**:165
Abū al-'Atāhiyah **XXIX**:244–45; **XXX**:228, 243–44, 255; **XXXI**:180, 215; **XXXII**:175, 245–46; **XXXIV**:117
'atamah prayer (*ṣalāt al-'atamah*, evening prayer) **XX**:113, 125
al-'Athā'ith (Banū Shahrān?) **X**:162
Banū Athālah b. Māzin **XVIII**:189
Athaliah (Ghazaliah, daughter of Omri) **IV**:35
al-Athārib (in Syria) **XXXVIII**:91
'Ath'ath (black slave of Muḥammad b. Yaḥyā b. Mu'ādh) **XXXIV**:174–75, 178–79, 180–81
Athātī (son of Adam) **I**:317
athbāt. SEE regular army
Athfiyān Būrkāw **II**:25
Banū 'Athm **V**:172
Ibn 'Athmah. SEE Muḥammad b. Khālid b. 'Athmah
'Athr (in Yemen) **X**:23
Athrak (bt. Afrīdhūn) **III**:20
'Aththām b. 'Alī **I**:177; **III**:43; **XI**:135
Banū 'Atīk **XXII**:151; **XXIII**:27, 53, 75; **XXIV**:173; **XXXIX**:278
'Ātikah (wet nurse of Hārūn al-Rashīd) **XXX**:52
Ibn 'Ātikah. SEE Yazīd b. 'Abd al-Malik
'Ātikah bt. 'Abd al-Muṭṭalib **VI**:1, 112; **VII**:35–37; **VIII**:169; **XXXIX**:76, 112
'Ātikah bt. 'Abdallāh b. 'Antakah, Umm Maktūm **XXXIX**:68
'Ātikah bt. 'Adwān b. 'Amr **VI**:29
'Ātikah bt. 'Āmir b. Rabī'ah **XXXIX**:175
'Ātikah bt. Asīd b. Abī al-'Īṣ **VII**:94
'Ātikah bt. 'Awf **XIV**:89, 155; **XXXIX**:42, 51
'Ātikah bt. al-Furāt b. Mu'āwiyah al-'Āmiriyyah **XXIV**:90
'Ātikah bt. Khālid al-Qasrī **XXVI**:170
'Ātikah bt. al-Malāt **XXVI**:260
'Ātikah bt. Murrah al-Sulamiyyah **VI**:16
'Ātikah bt. Qurṭah b. 'Abd 'Amr b. Nawfal b. 'Abd Manāf. SEE Fākhitah bt. Qaraẓah b. 'Abd 'Amr
'Ātikah bt. Sa'īd b. Zayd **XIX**:11
'Ātikah bt. Yakhlud b. al-Naḍr **VI**:27
'Ātikah bt. Yazīd b. Mu'āwiyah b. Abī Sufyān **XXIII**:118; **XXVIII**:147
'Ātikah bt. Zayd b. 'Amr b. Nufayl **XI**:70; **XIV**:101, 129
al-'Atīq. SEE Nahr al-'Atīq
'Atīq b. 'Abd al-'Azīz b. al-Walīd b. 'Abd al-Malik **XXVI**:128
'Atīq b. 'Ābid b. 'Abdallāh b. 'Umar b. Makhzūm **IX**:127; **XXXIX**:161
'Atīq b. Abī Quḥāfah al-Taymī. SEE Abū Bakr al-Ṣiddīq
al-'Atīqah (al-Sūq al-'Atīqah, in Baghdad) **XXVIII**:242, 246 SEE ALSO Baghdādh
al-'Atīqah (Old Town, of al-Rayy) **XIV**:25
'atīrah (sacrificial lamb) **VI**:40
'Aṭiyyah (*mawlā* of 'Atīk) **XXIII**:27
Ibn 'Aṭiyyah. SEE 'Abd al-Malik b. Muḥammad b. 'Aṭiyyah
Ibn 'Aṭiyyah (*rāwī*). SEE al-Ḥasan b. 'Aṭiyyah
'Aṭiyyah b. 'Amr al-'Anbarī **XXII**:192; **XXIII**:7
'Aṭiyyah b. 'Amr al-Bakrī **XXI**:148
Umm 'Aṭiyyah al-Anṣāriyyah **IX**:79; **XXXIX**:12, 163
'Aṭiyyah al-A'war al-Naṣrī **XXV**:120
'Aṭiyyah b. Bilāl **X**:84; **XVI**:135, 137, 159, 162
'Aṭiyyah b. al-Ḥārith, Abū Rawq. SEE Abū Rawq al-Hamdānī
'Aṭiyyah b. Sa'd b. Junādah al-'Awfī **I**:215, 246, 313, 329; **VIII**:70; **XXXIX**:228

ʿAṭiyyah al-Thaʿlabī **XXVII**:11, 49, 88
Aṭlāl (name of Bakr b. Shaddākh's mare) **XII**:125
Aṭlāl (name of Prophet Muḥammad's milch sheep) **IX**:153
atmospheric phenomena
clouds **I**:198–203
hail, on the Meccan Road **XXXVIII**:17
rain. SEE entries beginning with rain
redness of the sky, in Egypt **XXXVIII**:44
thunder and lightning. SEE thunder and lightning
yellowish wind **XXXVIII**:71, 72
atonement *(kaffārah)* **XXXIX**:148–49
Atonement, Day of. SEE ʿĀshūrāʾ
Aṭrāf (name of Prophet Muḥammad's milch sheep) **IX**:153
al-Atrāk. SEE Turks
Aṭrūbaylīs. SEE Triphylios
ʿAttāb (scout for Maʿqil b. Qays al-Riyāḥī) **XVIII**:57, 58
ʿAttāb b. Asīd b. Abī al-ʿĪṣ **IX**:8, 21, 38; **X**:158, 160, 164, 192; **XI**:129, 142, 225; **XII**:172; **XIII**:7, 59, 150; **XIV**:42
ʿAttāb b. ʿAttāb **XXXIV**:130–31, 163, 203; **XXXV**:39, 125, 142; **XXXVI**:93, 97, 98, 102
ʿAttāb b. Bishr **XXIII**:213
ʿAttāb b. Fulān (ʿAttāb b. So-and-So) **XI**:66
ʿAttāb al-Liqwah al-Ghudānī **XXII**:166–68, 171
Banū ʿAttāb b. Mālik **IX**:41
ʿAttāb b. Nuʿaym b. ʿAttāb b. al-Ḥārith b. ʿAmr b. Hammām **XII**:99
ʿAttāb b. Warqāʾ al-Riyāḥī **XXI**:130–33, 178, 181, 205; **XXII**:27–28, 93, 96–104, 106–8, 116, 119, 150
Ibn ʿAttāb b. Warqāʾ al-Riyāḥī. SEE Khālid b. ʿAttāb b. Warqāʾ al-Riyāḥī
ʿAttāb b. Ziyād **IX**:155
al-ʿAttābī. SEE Kulthūm b. ʿAmr al-ʿAttābī
ʿAṭṭāf b. Makramah (ʿAṭṭāf al-Akbar) **XXXIX**:42
ʿAṭṭāf b. Makramah (ʿAṭṭāf al-Aṣghar) **XXXIX**:42
al-ʿAṭṭār (slave of one of the salt flat workers) **XXXVI**:36
ʿAtwadah (ʿAtūdah, slave of Abrahah) **V**:215–16
auguries. SEE omens
Augusta. SEE Irene
Augustus (Roman emperor) **IV**:95, 124
Aurelian (Roman emperor) **IV**:126
austringers **XIV**:41
SEE ALSO hunting with birds
avarice **XIV**:125; **XXXII**:116–17, 119
Avars **XXVI**:3
Banū ʿAwān **XXI**:189
Awānā (village, on the Tigris) **XXVII**:135; **XXXV**:44, 49, 66, 67
ʿAwānah *(rāwī)*. SEE ʿAwānah b. al-Ḥakam al-Kalbī
Abū ʿAwānah (al-Waḍḍāḥ) **I**:211, 227; **V**:413; **VI**:91; **IX**:187; **XII**:31; **XIII**:64, 199; **XIX**:77, 224
ʿAwānah b. al-Ḥakam al-Kalbī **IX**:199; **XIV**:121; **XVI**:144, 196, 197; **XVII**:5, 76, 198, 200, 206; **XVIII**:4, 11, 12, 96, 125, 126, 136, 200, 209, 218; **XIX**:30, 71, 104, 173, 176, 178, 209–10, 213–15, 217, 222–23; **XX**:1, 2, 5, 39, 44, 46, 48, 56, 160, 162; **XXI**:2–3, 84, 155–57, 161, 163, 165–67, 173; **XXIII**:39, 73, 118
ʿAwānah bt. Saʿd b. Qays **VI**:32

Banū al-ʿAwaqah **XXXIX**:271
al-Aʿwar al-ʿAbdī al-Shannī (poet) **XI**:212; **XVII**:93
al-Aʿwar b. ʿAmr b. Hunāʾah b. Mālik b. Fahm al-Azdī **IV**:138
al-Aʿwar b. Bashāmah **XII**:42
al-Aʿwar b. Bayān (Bunān) al-Minqarī **XII**:121; **XVI**:107
al-Aʿwar al-Kalbī. SEE Ḥukaym b. ʿAyyāsh al-Kalbī
al-Aʿwar al-Quḍāʿī. SEE Hudbah b. Fiyāḍ al-Quḍāʿī
Banū al-Aʿwar b. Qushayr **XXIV**:86
al-Aʿwar b. Quṭbah **XII**:103, 108
al-Aʿwar al-Shannī. SEE al-Aʿwar al-ʿAbdī al-Shannī
Abū al-Aʿwar al-Sulamī (ʿAmr b. Sufyān) **XI**:91, 164, 168, 170, 172; **XII**:185; **XV**:184, 255; **XVII**:8–16, 19, 31, 69, 74, 87, 110, 148, 159; **XVIII**:148; **XXXIX**:285
al-Aʿwaṣ (near Medina) **VII**:127; **XII**:5, 11; **XV**:160–62; **XXVIII**:105, 108, 192, 194, 237
ʿawāṣim (frontier districts) **XXX**:99, 181, 230; **XXXI**:20, 22; **XXXIV**:38–39, 96, 139; **XXXVIII**:76
ʿAwāṣim (west of Aleppo) **XXXV**:154; **XXXVI**:137
al-Awāyiq (village, near Marw) **XXVII**:68
Awbār (man killed by ʿUkkāshah b. Miḥṣan) **VIII**:50
Banū Awd **XVII**:88–89; **XIX**:161; **XXVII**:151, 159
Banū ʿAwdh b. Sūd **XX**:27
ʿAwf (b. al-Bāridah bt. ʿAwf b. Ghanm b. ʿAbdallāh b. Ghaṭafān) **VI**:27
ʿAwf *(rāwī)*. SEE ʿAwf al-Aʿrābī
Banū ʿAwf **V**:167; **VI**:126; **VII**:160; **VIII**:52; **IX**:5, 50, 202; **X**:50, 85–87, 89, 140; **XVII**:96; **XXI**:210; **XXII**:8, 196–200; **XXIV**:148; **XXVI**:156; **XXXIV**:18, 20; **XXXIX**:248
Ibn ʿAwf. SEE ʿAbd al-Raḥmān b. ʿAwf
Ibn Abī ʿAwf *(rāwī)* **XIX**:218
ʿAwf b. ʿAbd ʿAwf **VIII**:189, 191; **XXXIX**:110
Banū ʿAwf b. ʿĀmir **IX**:5
ʿAwf b. ʿAmr al-Jushamī **XXI**:95
ʿAwf al-Aʿrābī **I**:260, 297, 313; **II**:88; **V**:413; **VIII**:119; **XV**:33; **XVI**:12, 42, 78; **XVIII**:99
ʿAwf b. al-Bilād b. Khālid **X**:87
ʿAwf b. Fulān b. Sinān **X**:45, 51
ʿAwf b. Ḥadīd al-Namarī **XVII**:52
ʿAwf b. al-Ḥārith b. Rifāʿah (Ibn ʿAfrāʾ) **VI**:125; **VII**:52, 55
ʿAwf al-Jadhamī. SEE Dhū al-Khimārayn
ʿAwf b. Abī Jamīlah al-Aʿrābī. SEE ʿAwf al-Aʿrābī
Banū ʿAwf b. Kaʿb b. Saʿd **X**:50, 85–87, 89, 140; **XXI**:210; **XXII**:8, 196–200
Banū ʿAwf b. Kalb **XXVI**:156
ʿAwf b. al-Kharīʿ **XXIII**:205
Banū ʿAwf b. al-Khazraj **VI**:126; **VIII**:52; **IX**:50, 202
ʿAwf b. Kinānah **VI**:31
ʿAwf b. Maʿadd **VI**:36
ʿAwf b. Mālik al-Ashjaʿī **XIV**:94
ʿAwf b. Mālik al-Tamīmī **XII**:108; **XIII**:169
Banū ʿAwf b. Saʿd. SEE Banū ʿAwf b. Kaʿb b. Saʿd
ʿAwf al-Zirqānī **IX**:168
ʿAwf b. Zurārah **XXXIX**:79
Awfā b. Ḥiṣn **XVIII**:97–98
Abū al-ʿAwjāʾ al-ʿAtakī **XXV**:58
Abū al-ʿAwjāʾ b. Saʿīd al-ʿAbdī **XXV**:140
Ibn Abī al-ʿAwjāʾ al-Sulamī **VIII**:138; **IX**:119
al-Awlāj (in al-Ḥijāz) **II**:169; **IX**:100
ʿAwn (merchant of Baghdad) **XXX**:252

Abū ʿAwn (ʿAbd al-Malik b. Yazīd) **XXVII**:75, 107, 109, 110, 131, 132, 161, 162, 172, 173, 174, 195, 197, 198, 204, 208; **XXVIII**:134–35
Abū ʿAwn (Abū Shuraḥbīl b. Abī ʿAwn) **XIX**:11; **XXII**:2; **XXIX**:48–49, 171, 180, 187, 256–57; **XXXIV**:206; **XXXVI**:180; **XXXIX**:51, 52
Abū ʿAwn (*mawlā* of al-Miswar b. Makhramah) **XV**:170, 219, 220
Ibn Abī ʿAwn. SEE ʿAbd al-Wāḥid b. Abī ʿAwn al-Dawsī; Muḥammad b. Abī ʿAwn; Shuraḥbīl b. Abī ʿAwn
Ibn ʿAwn (ʿAbdallāh b. ʿAwn al-Faqīh) **XIV**:141; **XV**:189–91; **XVI**:153, 154, 156; **XVIII**:186; **XXXIX**:134, 222, 258
ʿAwn b. ʿAbdallāh b. Jaʿfar b. Abī Ṭālib **XIX**:73, 152, 180
ʿAwn b. ʿAbdallāh b. ʿUtbah **I**:210; **XV**:47, 50, 256
ʿAwn b. Abī ʿAwn **XXVIII**:135–36
ʿAwn b. ʿAwn al-Faqīh, Abū ʿAbdallāh **XV**:109
ʿAwn al-ʿIbādī **XXX**:216, 320
ʿAwn b. Abī Juḥayfah al-Suwāʾī **XVII**:110; **XIX**:61, 64; **XX**:130
ʿAwn al-Khayyāṭ **XXXIV**:12, 14
ʿAwn b. Mālik **XXIX**:13
ʿAwn b. Abī Shaddād **I**:355, 368
ʿAwn b. ʿUmays **XXXIX**:201
ʿAwram (ruler of Akhrūn and Shūmān) **XXIV**:177
Awrāsh b. Siyāmak **I**:325
Awrāshī bt. Siyāmak **I**:325
Banū al-Aws **IV**:154; **VI**:124, 126, 130, 133, 138, 150; **VII**:83, 90, 101, 117, 158; **VIII**:15, 33, 61, 188; **X**:1, 8, 131; **XI**:64; **XVI**:136; **XIX**:97, 219; **XXVIII**:283; **XXXIX**:130, 231, 283
Ibn Aws. SEE Muḥammad b. Aws al-Balkhī
Aws b. ʿAwf **IX**:41, 43
Aws al-Balkhī **XXXIII**:164–65
Aws b. Ḥajar **XVII**:4; **XXIX**:104
Aws b. Jābir al-Tamīmī al-Jushamī **XV**:90
Aws b. Khārijah al-Dārī **XXXIX**:302
Aws b. Khawlī **IX**:202, 205
Aws b. Khuzaymah al-Hujaymī **X**:91
Aws b. Maghrāʾ **XII**:87; **XV**:98
Banū Aws Manāt (of Namir) **XI**:64
Aws b. Miʿyar b. Lawdhān. SEE Abū Maḥdhūrah
Aws b. Muhalhil al-Quṭaʿī **XXVIII**:283
Aws b. Qal(l)ām (governor of al-Ḥīrah) **V**:74
Aws b. Qayẓī **VIII**:16; **IX**:54; **XXXIX**:71–72, 73
Aws b. Shuraḥbīl **XXXIX**:159
Aws b. Thaʿlabah al-Taymī **XVIII**:188; **XX**:71–79, 177
ʿawsaj. SEE boxthorn
Ibn ʿAwsajah (Kūfan Shiʿite) **XIX**:17
Awshanj (Hūshang, Awshang b. Farwāk) **II**:6, 7
Awṭās (*wādī*, in Banū Hawāzin's territory) **IX**:4, 16, 17; **XVI**:45, 55; **XXVIII**:97; **XXXIX**:101
Awwā. SEE Nahr Awwā
Abū al-ʿAwwām (*rāwī*) **XXXIX**:158
Abū al-ʿAwwām al-Bazzāz (Aḥmad b. Yazīd) **XXXII**:210, 216, 222
al-ʿAwwām b. Khuwaylid **XXXIX**:169, 199
Banū Awzāʿ **XXXIX**:255
al-Awzāʿī (ʿAbd al-Raḥmān b. ʿAmr) **I**:178, 179; **III**:8; **VI**:60, 102; **VII**:156; **XI**:135; **XIV**:13; **XVIII**:212; **XXX**:56; **XXXIX**:132, 136, 148, 156, 255, 262, 279
Ayād (son of Adam) **I**:317
Aʿyan (*mawlā* of Ḥayyān) **XXVII**:33

A'yan (of Ḥammām A'yan, near al-Kūfah) **XXII**:71, 76–77, 80, 114, 117
A'yan b. Ḍubay'ah al-Mujāshi'ī **XVI**:155, 157; **XVII**:166, 168–69
A'yan b. Labaṭah b. al-Farazdaq **XVIII**:104, 110, 113
āyāt (signs of God). SEE miracles
'Ayhalah b. Ka'b b. Ghawth. SEE al-Aswad al-'Ansī
Ibn al-Ayham. SEE Jabalah b. al-Ayham al-Ghassānī
'Āyī. SEE Ai
Aylah (at the Gulf of 'Aqabah) **IX**:58; **XI**:73; **XII**:147, 158; **XIII**:101, 102; **XV**:198; **XVI**:27
Banū 'Aylān. SEE Banū Qays 'Aylān
'Aylān b. Muḍar **VI**:34
'Aylī. SEE Eli
Aymā' b. Raḥḍah **VII**:48, 50
Umm Ayman (Barakah) **XXXIX**:65, 99, 172, 191–92, 199, 287
Ibn Umm Ayman. SEE Ayman b. Umm Ayman
Ayman b. Umm Ayman (Ayman b. 'Ubayd) **IX**:9, 19, 153
Ayman b. 'Ubayd. SEE Ayman b. Umm Ayman
Ayman b. Khuraym **XVIII**:223
'Ayn Fiḥl. SEE Fiḥl
'Ayn al-Jarr ('Anjar) **XXVI**:249, 251; **XXVII**:171
'Ayn Mushāsh **XXXVII**:73
'Ayn al-Nūrah **XXX**:265
'Ayn Shams **XII**:81, 96; **XIII**:168–70, 174; **XVII**:160
'Ayn al-Tamr (in Iraq) **IV**:132; **V**:36; **XI**:47, 49, 53–57, 61, 63, 65, 70, 122–24, 216; **XVII**:56, 198–99, 228; **XVIII**:13; **XXI**:142, 176; **XXII**:74, 97, 99; **XXIII**:22; **XXIV**:9, 81; **XXVI**:167, 198; **XXVII**:25, 56, 57, 143; **XXXVI**:202; **XXXVIII**:79, 161; **XXXIX**:253, 271
'Ayn al-Wardah **I**:367
  battle of **XIII**:159; **XX**:124, 140, 141, 143–59; **XXI**:2, 45, 154; **XXXIX**:138, 274
  SEE ALSO Ra's al-'Ayn
'Ayn Zarbah **XXX**:261; **XXXIII**:11; **XXXIV**:137; **XXXVIII**:89, 90
'Ayn Abī Ziyād (spring of Abū Ziyād) **XXVIII**:188, 222
'Aynān (near Medina) **VII**:107
Ayn.w.r (?, ethnic group) **XXXIV**:141
al-'Ayshī (confidant of Isḥāq b. Ibrāhīm) **XXXII**:234–35
Aytākh. SEE Ītākh
'Ayūf bt. Mālik b. Nahār b. 'Aqrab **XXI**:35
Aywān Kisrā. SEE Ṭāq-i Kisrā
Ayyām Fāris (Byzantine-Persian war) **XIII**:216
Ayyām al-Laḥm ('Meat Battles,' at the battle of al-Qādisiyyah) **XII**:41
Ayyām al-Nās (battle days of pre-Islamic Arabs) **XXIX**:224
Ayyām al-Tashrīq (three days following 'Īd al-Aḍḥā) **VI**:130, 132; **IX**:110; **XV**:202
'ayyārūn (vagabonds) **XXXI**:151, 155, 156, 164; **XXXII**:55; **XXXV**:41, 50, 66; **XXXVI**:88, 104, 202
'Ayyāsh (father of 'Abdallāh b. 'Ayyāsh) **XXI**:183
Ibn 'Ayyāsh. SEE 'Abdallāh b. 'Ayyāsh al-Mantūf al-Hamdānī; 'Abdallāh b. 'Ayyāsh b. Abī al-Rabī'ah; Abū Bakr b. 'Ayyāsh; Muḥammad b. 'Ayyāsh
'Ayyāsh b. 'Abdallāh al-Ghanawī **XXIII**:174–75
'Ayyāsh b. al-Aswad b. 'Awf al-Zuhrī **XXIII**:56
'Ayyāsh b. Ja'dah al-Jadalī **XXI**:56–57

ʿAyyāsh b. Khāzim al-Hamdānī al-Thawrī **XXI**:95
Ibn ʿAyyāsh al-Mantūf. SEE ʿAbdallāh b. ʿAyyāsh al-Mantūf al-Hamdānī
ʿAyyāsh b. Muʾnis **XXXIX**:159
ʿAyyāsh b. Abī Rabīʿah **XXXIX**:68, 112, 114
ʿAyyāsh al-Sulamī **XXI**:150
Abū ʿAyyāsh al-Zuraqī (Zayd b. al-Ṣāmit, ʿUbayd b. Zayd b. Ṣāmit) **VIII**:49; **XXXIX**:285
Ayyūb. SEE Job
Abū Ayyūb. SEE Sulaymān b. ʿAbd al-Malik
Abū Ayyūb *(rāwī)*. SEE Yaḥyā b. Ayyūb
Abū Ayyūb (suburb, in Baghdad) **XXXI**:160
Umm Ayyūb (wife of Abū Ayyūb al-Anṣārī) **VIII**:63–64
Ayyūb b. ʿAbd al-Raḥmān (b. ʿAbdallāh) b. Abī Ṣaʿṣaʿah al-Anṣārī **VIII**:38; **IX**:181; **XXXIX**:205
Ayyūb b. ʿAbdallāh al-Fihrī **I**:230
Ayyūb b. Aḥmad **XXXV**:59, 87, 144
Umm Ayyūb bt. ʿAmr b. ʿUthmān b. ʿAffān **XXIII**:118
Abū Ayyūb al-Anṣārī (Khālid b. Zayd) **VII**:4, 5; **VIII**:63–64; **IX**:185; **X**:14; **XI**:123–24; **XII**:186, 187; **XIV**:164, 165; **XV**:257–58; **XVII**:106, 127, 130, 132; **XVIII**:94; **XXXIX**:40, 133, 185, 283
Abū Ayyūb al-ʿAtakī (Yaḥyā b. al-Mundhir) **XXXIX**:308
Ayyūb b. Bashīr **IX**:171
Ayyūb b. al-Ḥakam b. Abī ʿAqīl **XXIII**:19, 46, 130
SEE ALSO al-Ḥakam b. Ayyūb b. al-Ḥakam b. Abī ʿAqīl al-Thaqafī
Ayyūb b. al-Ḥakam b. Ayyūb **XXXIX**:138
Ayyūb b. Hārūn b. Sulaymān **XXX**:225
Ayyūb b. al-Ḥasan b. Mūsā b. Jaʿfar b. Sulaymān **XXXV**:16
Ayyūb b. Abī Ḥassān al-Tamīmī **XXIV**:175; **XXV**:164
Abū Ayyūb al-Hawzanī **II**:180
Ayyūb b. Ḥumrān (*mawlā* of ʿUbaydallāh b. Ziyād) **XX**:10
Ayyūb b. ʿInābah **XXX**:70
Ayyūb b. al-Junayd al-Naṣrānī **XXXIV**:74
Ayyūb b. Khālid **I**:189, 212, 222, 224, 231
Ayyūb b. Khawalī, Abū Thaʿlabah **XXIV**:109
Ayyūb b. Kḥūṭ **XXXIX**:154
Abū Ayyūb al-Khūzī al-Mūriyānī (Sulaymān b. Ayyūb) **XXVIII**:20, 22, 30, 32–34, 69–70, 166, 240, 254, 262; **XXIX**:64–65
Abū ʿAyyūb al-Mālikī al-Anṣārī. SEE Abū Ayyūb al-Anṣārī
Ayyūb b. Mishraḥ al-Khaywānī **XIX**:139–40, 149
Abū Ayyūb al-Muryānī. SEE Abū Ayyūb al-Khūzī al-Mūriyānī
Ayyūb b. Mūsā **XVII**:204
Ayyūb al-Qazzāz **XXVIII**:94
Ayyūb b. al-Qirriyyah **XXIII**:72–73
Ayyūb al-Sakhtiyānī **II**:64, 74; **VI**:62; **VIII**:78; **XIV**:98, 106; **XVII**:123–24; **XXXIX**:103, 112, 202, 216, 218, 222, 226, 244, 258
Ayyūb b. Salamah al-Makhzūmī **XXIV**:4; **XXVI**:5–6; **XXVIII**:127
Ayyūb b. Sulaymān b. ʿAbd al-Malik **XXIII**:161; **XXIV**:41–42, 60
Ayyūb b. Abī Sumayr **XXX**:297; **XXXI**:14
Ayyūb b. Suwayd **I**:178; **XXXIX**:156
Ayyūb b. Abī Tamīmah al-Sakhtiyānī. SEE Ayyūb al-Sakhtiyānī

Ayyūb b. ʿUmar b. Abī ʿAmr **XVII**:226; **XXVI**:12; **XXVIII**:90, 97, 110, 157, 179, 189–90, 200, 213, 222, 228
Umm Ayyūb bt. ʿUmārah b. ʿUqbah **XVIII**:31
Ayyūb b. al-Usayyah **XIII**:117
Abū Ayyūb b. Zayd **XVI**:6, 36, 66, 162
Ayyūb b. Ziyād **I**:198
al-ʿAyzār b. al-Akhnas **XVII**:135
al-ʿAyzār b. Ḥurayth **XIX**:20
Azabb (b. Azyab, devil) **VI**:135
Āzād (wife of al-Aswad al-ʿAnsī) **X**:27
Āzādbih. SEE al-Āzādhbih
āzādh dates **XXXII**:224, 234
Āzādh Fīrūz (b. Jushnas, al-Mukaʿbir) **V**:290–93; **XIV**:69; **XXI**:176
al-Āzādhbih (Āzādbih, govenor of al-Ḥīrah) **V**:372; **XI**:5, 10, 26–28, 44; **XII**:26
Ibn al-Āzādhbih. SEE Āzādmard b. al-Āzādhbih
Āzādmard b. al-Āzādhbih **XI**:27–28, 205; **XII**:19, 26, 41, 44, 49
Āzar b. Nahor. SEE Terah b. Nahor
Āzarbāyjān. SEE Ādharbayjān
Azariah **IV**:51, 61–63, 106
al-Azāriqah (Azraqites, Khārijite sect) **XX**:45, 164–75; **XXI**:122–34, 198–206; **XXII**:3, 25, 149–50, 161–62, 178; **XXIV**:37
Āzarmīdukht (bt. Kisrā II, Sasanian empress) **V**:399, 406–8; **XI**:120, 122, 176–78
ʿAzāzīl (Iblīs) **I**:254
Banū al-Azd **II**:178; **IV**:79, 128; **VI**:28, 146; **IX**:30, 39, 88, 89; **X**:152, 153, 155, 161, 164, 171; **XI**:108, 109, 200–201, 213; **XII**:163; **XIII**:70, 76, 115, 116; **XVI**:75, 76, 114, 118, 120, 130, 134, 135, 142, 144, 157, 161, 164, 171; **XVII**:34, 49–52, 167–71, 211; **XVIII**:39, 86, 100, 129, 132, 134; **XIX**:50, 62, 120, 134, 168, 217; **XX**:18, 26, 27, 29, 35, 40–47, 71–72, 125, 147, 154, 165, 166, 170, 173–74; **XXI**:14, 22, 48, 87, 93, 123, 127, 149, 173, 175, 201; **XXII**:29–30, 76, 129, 151, 154, 160; **XXIII**:150, 152, 159; **XXIV**:10, 12–14, 22–23, 26–27, 45, 81, 113–14, 122, 131, 144; **XXV**:10–12, 22, 74, 75, 84, 121, 135, 141, 144, 164; **XXVI**:22, 28, 41, 146, 209, 213, 220–21, 227–30, 233; **XXVII**:37, 45, 46, 81, 85, 104, 145; **XXVIII**:225; **XXXII**:144; **XXXIV**:75; **XXXIX**:150, 241, 255
Banū Azd Mazūn **XX**:72
Banū Azd Sarāt **IX**:123, 145
Banū Azd Shanūʾah **VI**:19; **XXII**:30
Banū Azd ʿUmān **XXII**:30
SEE ALSO Mazūn
Azdādh b. Fasāʾah al-Fārisī **XI**:46
al-Azdahāq. SEE al-Ḍaḥḥāk
Azerbaijan. SEE Ādharbayjān
Azhar b. ʿAbd ʿAwf **VIII**:90; **XIII**:109; **XXXIX**:42
Azhar b. ʿAbdallāh al-ʿĀmirī **XXII**:69
al-Azhar b. Jurmūz al-Numayrī **XXV**:127
Abū al-Azhar al-Mahrī **XXVIII**:105–7, 117, 124, 133, 136–37
Azhar b. Saʿīd b. Nāfiʿ **XXVIII**:150, 155, 159, 178, 199–200, 202, 204, 206–7, 209, 218
Azhar al-Sammān **XXIX**:114
Abū al-Azhar al-Shāmī (Farwah b. al-Mughīrah) **XXXIX**:313
Azhar b. Shuʿayb **XXVII**:62
Azhar b. Zuhayr b. al-Musayyab **XXXII**:12
ʿAzīz (*mawlā* of ʿAbdallāh b. Ṭāhir) **XXXII**:182

ʿAzīz b. Miknaf al-Usayyidī al-Tamīmī **XI**:221
Abū ʿAzīz b. ʿUmayr b. Hāshim **VII**:67, 107
ʿAzīzah bt. al-Ghiṭrīf b. ʿAṭāʾ **XXX**:326
ʿAzrah b. ʿAbdallāh b. Ḥāzim (Khāzim) **XX**:125
ʿAzrah b. ʿAzrah al-Aḥmasī **XVIII**:143
ʿAzrah b. Qays al-Aḥmasī **XIX**:26, 105, 113, 120–21, 139, 164
ʿAzrah b. Thābit **IX**:158
ʿAzrāʾīl b. Abūshīl b. Enoch **I**:346
al-Azraq (fortress, in Wādī Sirḥān) **XXVI**:91–92
al-Azraq (slave of al-Ḥārith b. Kaladah) **XXXIX**:29
Banū al-Azraq **II**:13
al-Azraq b. Qurrah al-Mismaʿī **XXVI**:117
Azraqites. SEE al-Azāriqah
ʿAzūrā. SEE Ḥazūrah
Azwārah (brother of Rustam) **IV**:82
Azyab (devil) **VI**:135
ʿAzzah (concubine of Naṣr b. Sayyār) **XXVI**:228
Abū ʿAzzah al-Ḍibābī **XIX**:141
ʿAzzah bt. al-Ḥārith **XXXIX**:201
Abū ʿAzzah al-Jumaḥī. SEE ʿAmr b. ʿAbdallāh al-Jumaḥī
ʿAzzāl b. Shamwīl al-Quraẓī **VIII**:37
Ibn ʿAzzūn. SEE Muḥammad b. ʿAzzūn
ʿAzzūn b. ʿAbd al-ʿAzīz al-Anṣārī **XXXIV**:11, 12, 13, 15
ʿAzzūn b. Ismāʿīl **XXXV**:4

B

bāʿ (measure of length) **XXIII**:172
Bā Jarmā (district, in Iraq) **V**:32, 58 SEE ALSO al-Jarāmiqah
Baal (idol of Israelites) **III**:123
Baʿalbek. SEE Baʿlabakk
Baanes. SEE Bāhān
Bāʿaynāthā (in al-Jazīrah) **XXXIII**:131–32
Bāb ʿAbdallāh al-Iṣfahānī (Gate of ʿAbdallāh al-Iṣfahānī, in al-Baṣrah) **XX**:24
Bāb al-Abwāb (al-Bāb, Darband, Caspian Gates) **V**:162, 299; **XII**:46, 91; **XIII**:37, 175, 190, 193; **XIV**:32, 34–41, 44, 45; **XV**:62, 95–96, 99, 132, 140; **XXIII**:148, 164; **XXV**:70, 83, 98; **XXVI**:239, 241; **XXVIII**:292; **XXX**:170
Bāb al-ʿĀmmah (in Sāmarrā) **XXXIII**:86, 87, 88, 199; **XXXIV**:95, 128, 145, 147, 202; **XXXV**:4, 5, 19, 126; **XXXVI**:11, 90, 98, 136, 148, 151
Bāb al-Anbār (al-Anbār Gate, al-Anbār Gate Road, al-Anbār Road, in Baghdad) **XXXI**:110, 133, 136, 138, 159, 170, 188, 195, 207, 226; **XXXII**:56–57; **XXXV**:43, 91, 92, 129; **XXXVIII**:142
Bāb Baghdād (in al-Madāʾin) **XXXV**:94
Bāb Baghwārayā (Baghwārayā Gate, in Baghdad) **XXXV**:91, 92
Bāb al-Baḥr (in Ṭarsūs) **XXXVII**:81
Bāb al-Baradān (in Baghdad) **XXXV**:40, 60, 124
Bāb al-Baṣrah (in Baghdad) **XXIX**:6; **XXXI**:176, 187; **XXXVII**:151
Bāb al-Bustān (in Baghdad) **XXXI**:207; **XXXVII**:167
Bāb Darsankān (Darsankān Gate, in Marw) **XXVII**:34
Bāb al-Dhahab (Golden Gate, in Baghdad) **XXIX**:128; **XXXI**:179, 202; **XXXV**:20
Bāb al-Farādīs (in Damascus) **XXIII**:219?; **XXVI**:143, 145
Bāb al-Fīl (in al-Kūfah) **XVIII**:31; **XX**:106, 119, 200; **XXII**:114; **XXVI**:44

Bāb al-Ḥadīd (Iron Gate, in Baghdad) **XXXV**:91
Bāb al-Ḥadīd (Iron Gate, in Khurāsān) **XXIII**:175; **XXVI**:24
Bāb Ḥarb (in Baghdad) **XXXV**:72, 125, 126, 129, 130; **XXXVIII**:191
Bāb al-Ḥasak (Gate of Thorns, in Tiflis) **XXXIV**:122–23
Bāb Ḥulwān (northeast of Baghdad) **XXXVI**:24
Bāb Ītākh (Ītākh Gate, in Sāmarrā) **XXXVI**:98
Bāb al-Jābiyah (in Damascus) **XXIII**:125–26; **XXVI**:145, 147, 155
Bāb al-Jihād (in Ṭarsūs) **XXXVII**:81
Bāb al-Jisr (Bridge Gate, in Baghdad) **XXI**:16; **XXX**:28, 32; **XXXI**:83, 109, 112–13, 176, 229; **XXXII**:86, 92; **XXXV**:10, 20, 99, 128
Bāb Banī Jumaḥ (in Mecca) **XXI**:229
Bāb al-Karkh (in Baghdad) **XXVIII**:249; **XXXI**:176–77; **XXXII**:43; **XXXVIII**:150
Bāb Khurāsān (in Baghdad) **XXIX**:5; **XXXI**:75, 110, 164, 176, 189, 198–200; **XXXII**:89; **XXXV**:47, 124; **XXXVII**:160
Bāb Khuzaymah b. Khāzim (in Baghdad) **XXX**:223
SEE ALSO Qaṣr Khuzaymah b. Khāzim
Bāb Kindah (in al-Kūfah) **XVII**:216; **XXXVIII**:163
Bāb Kūdak (in Tustar) **XXXVI**:206
Bāb al-Kūfah (in Baghdad) **XXXI**:110, 138, 156, 176, 188; **XXXII**:51, 76, 86; **XXXVI**:16; **XXXVII**:151, 162
Bāb al-Lān (mountain pass, in central Caucasus) **XXV**:45
Bāb al-Mā' (Water Gate, in Marand) **XXXIV**:80
Bāb al-Madā'in (Madā'in Gate, in Baghdad) **XXXV**:91
Bāb Marwān b. al-Ḥakam (in Medina) **XXVIII**:120, 148; **XXXIV**:24
Bāb al-Maṣāff (al-Maṣāff Gate, in Sāmarrā) **XXXVI**:98
Bāb al-Maydān (Hippodrome Gate, in Tiflis) **XXXIV**:122
Bāb al-Muḥawwal (in Baghdad) **XXIX**:7, 9, 189; **XXXI**:153; **XXXII**:43; **XXXVIII**:123
Bāb al-Nazālah (al-Nazālah Gate, in Sāmarrā) **XXXVI**:99
Bāb Nīq (Nīq Gate, in Marw) **XXVII**:34
Bāb Qalamyah (Qalamyah Gate, near Ṭarsūs) **XXXVII**:143; **XXXVIII**:83
Bāb Qarīs (in Tiflis) **XXXIV**:122
Bāb Qaṭī'at Umm Ja'far (Gate of the Fief of Umm Ja'far, in Baghdad) **XXXV**:40, 48, 49, 70, 95
Bāb Qaṭrabbul (Qaṭrabbul Gate, in Baghdad) **XXXV**:46, 56, 61, 67, 69, 70
Bāb al-Rabaḍ (Suburb Gate, in Tiflis) **XXXIV**:122
Bāb Rastan (Rastan Gate, in Ḥimṣ) **XXXIV**:183
Bāb al-Ruṣāfah (Ruṣāfah Gate, in Baghdad) **XXXVII**:158; **XXXVIII**:141
Bāb Sābāṭ (in al-Madā'in) **XXXV**:94
Bāb al-Ṣafā (al-Ṣafā Gate, in Mecca) **XXI**:229
Bāb al-Ṣaghīr (in Damascus) **XXIII**:219; **XXVI**:145
Bāb al-Ṣaghīr (in Tiflis) **XXXIV**:122
Bāb Banī Sahm (Banū Sahm Gate, in Mecca) **XXI**:229
Bāb al-Salāmah (al-Salāmah Gate, in Baghdad) **XXXV**:72, 98
Bāb Sanjān (Sanjān Gate, in Marw) **XXII**:171

Bāb al-Sha'īr (in Baghdad) **XXIX**:79
Bāb al-Sha'm (Syrian Gate, Damascus Gate, in Baghdad) **XXVIII**:248; **XXIX**:9, 17; **XXXI**:110, 137, 156, 176, 188; **XXXV**:126, 130; **XXXVI**:16–18
Bāb al-Shammāsiyyah (in Baghdad) **XXX**:251; **XXXI**:164; **XXXII**:184; **XXXIII**:11, 32; **XXXV**:40, 44, 45, 46, 47, 54, 55, 57, 58, 59, 60, 61, 69, 71, 92, 95, 98, 102, 103, 104, 105, 123, 124, 125; **XXXVI**:20, 202; **XXXVII**:97; **XXXVIII**:29, 88, 90, 100, 127, 146, 169, 170, 181
Bāb Banī Shaybah (Banū Shaybah Gate, in Mecca) **XXI**:229
Bāb Ṣughdbīl (in Tiflis) **XXXIV**:122
Bāb Ṣūl (Gate of Ṣūl, at the southeastern end of the Caspian Sea) **IV**:76; **V**:112–13, 153
Bāb al-Surādiq (Surādiq Gate, in Khujandah) **XXIV**:175
Bāb Ṭanj (on Nahr Ṭahīthā?) **XXXVI**:178, 179
Bāb al-Ṭāq (in Baghdad) **XXXVI**:139; **XXXVII**:167, 168; **XXXVIII**:43, 46, 141
Bāb Thawrā' (near al-Kūfah) **XII**:41
Bāb Tūmā (Tūmā Gate, in Damascus) **XXVI**:145–46
Bāb 'Uthmān ('Uthmān Gate, in al-Baṣrah) **XXXVI**:131
Bāb al-Wazīrī (in Sāmarrā) **XXXIII**:193
Bāb al-Yūn (Babylon of Egypt) **XIII**:158, 162, 163, 166; **XXI**:162
Bābā (Aramaean king) **V**:19–20
Ibn Bābak **XXXV**:58, 59
SEE ALSO Layth b. Bābak
Bābak b. '.l.y.r.mān (head of the Persian army department) **V**:262–63
Bābak b. Bahrām b. Bābak Canal. SEE Nahr Ṭābaq
Bābak al-Khurramī **XXXII**:65, 98, 106, 108, 134, 144, 176, 181, 182, 192; **XXXIII**:14–23, 36–44, 50, 54–55, 67, 70–83, 84–92, 94, 97, 121, 140, 172, 175, 177, 191
SEE ALSO al-Khurramiyyah
Bābak b. Sāsān **V**:5, 8
al-Babar (on the southwestern shores of the Caspian Sea) **XV**:8
Bābawayh (steward of Bādhān) **VIII**:112–14
Babbah. SEE 'Abdallāh b. al-Ḥārith b. Nawfal
Babel. SEE Babylon
Bābil. SEE Babylon
Bābil Mahrūdh **XIII**:40; **XXII**:50–51, 67, 94
Bābilyūn. SEE Bāb al-Yūn
al-Bābiyyah (Sughdī troops) **XXV**:145
Bābūnaj (*jāriyah* of 'Abdallāh b. 'Āmir b. Kurayz) **XV**:92
Babylon (Bābil) **I**:318, 325, 341, 345, 350, 371; **II**:3, 4, 8, 12, 18, 26, 48, 53, 110, 111, 128, 137; **III**:3, 111, 112, 114; **IV**:1, 6, 7, 17, 39, 41, 46, 48–50, 52, 53, 61–64, 67–69, 85–87, 94, 96, 97, 102, 106–9, 111, 123, 130; **IX**:67; **XI**:118–20, 190; **XIV**:48; **XXXVIII**:69
battle of **XIII**:3–6
Tower of Babel **II**:107, 108
SEE ALSO al-'Aqr
Babylon (of Egypt). SEE Bāb al-Yūn
Babylonia. SEE Babylon
backgammon *(al-nard)* **XXV**:148
Bactrian camels **XXIV**:149; **XXXVIII**:150
bad omens. SEE omens
Badakhshān **XXVI**:63, 221
Badal (nephew of Bukayr b. Wishāḥ) **XXII**:173, 175
Bādām (*mawlā* of Banū al-Ash'ath) **XXII**:163
al-Badandūn. SEE al-Budandūn

Bādarāyā (district, in Iraq) **V**:254
Banū Baddā' (of Kindah) **XIX**:153; **XX**:118
Bādghīs. SEE Bādhghīs
Bādhāfrah (daughter of Bishtāsb) **IV**:74
Bādhām (king of Marw al-Rūdh) **XXIII**:154, 174
Bādhām (*rāwī*). SEE Abū Ṣāliḥ
Bādhān (Bādhām, Bāzān, governor of Yemen) **V**:252, 331, 375; **VIII**:112, 114; **IX**:124; **X**:18, 20, 34; **XI**:214; **XV**:103; **XXXIX**:324
al-Badhāriq (toponym) **XI**:183
Badhash (village of Qūmis) **XXVII**:122, 124
Bādhāward (al-Bādhāward, between Wāsiṭ and al-Baṣrah) **XXXVI**:39, 147, 148, 152–54, 174
al-Badhdh (in Arrān) **XXXII**:65; **XXXIII**:14, 19, 23, 37–40, 50, 56–57, 59–60, 64–72, 82, 92, 120
Bādhghīs (Bādghīs, north of Herat) **V**:299, 302; **XV**:107–8; **XVIII**:85, 163, 164; **XXIII**:74–75, 88, 133; **XXVI**:32; **XXIX**:44; **XXXVI**:151
Bādhibīn (Bādhibān, east of Wāsiṭ) **XXIII**:171; **XXXVI**:169; **XXXVII**:35
Bādhinjārah (of the people of al-Baṣrah) **XXXV**:44
Bādhkar (citadel, at Zamm) **XXV**:106, 121
Bāḍi' (island, off Yemen coast) **XIII**:58
al-Badī'. SEE Qaṣr al-Badī'
Banū Badīl (of Najd) **II**:13
Badīl al-Kashshī **XXXVI**:159
Badīl b. Ṣuraym (of Banū 'Uqfān) **XIX**:142
Bādiyah bt. Ghaylān b. Salamah **IX**:25
Badr (southwest of Medina) **XXVIII**:123
battle of **III**:132; **VI**:29, 32, 130; **VII**:14, 16, 26–69; **VIII**:18, 21,

Badr (continued)
battle of (continued) **VIII**:60, 98, 167, 183; **IX**:54, 116, 117, 121, 125, 132, 145, 154, 192, 202; **X**:106; **XI**:94; **XII**:21, 201, 202; **XIII**:6, 28; **XV**:144; **XVI**:35, 36; **XVIII**:33, 198; **XIX**:48; **XXI**:27; **XXIV**:25; **XXVIII**:128, 175–76, 201; **XXXVIII**:52, 59; **XXXIX**:10, 11, 13, 19, 20, 22, 23, 24, 26, 28, 30, 36, 38, 40, 44, 47, 48, 57, 58, 60, 62, 66, 69, 71, 73, 77, 101, 103, 117, 133, 135, 136, 162, 164, 167, 177, 190, 205, 301
Badr (Abū al-Najm, *ghulām* of al-Mu'taḍid) **XXXVII**:18, 168; **XXXVIII**:1, 23–25, 34–36, 38, 41, 64, 70, 82, 95, 96, 104–11, 113
Badr (*ghulām* of Aḥmad b. Muḥammad al-Ṭā'ī) **XXXVII**:148; **XXXVIII**:89, 92, 93
Badr (in a line of poetry) **XXXI**:225
Badr al-A'jamī **XXXVIII**:189
Badr b. al-Aṣbagh **XXXV**:16
Badr al-Dhakwānī **XXVII**:50
Banū Badr b. Fazārah **VIII**:96; **XXII**:56
Badr al-Ḥammāmī (Badr al-Kabīr) **XXXVIII**:11, 115, 122, 128, 151, 153, 183
Badr b. Juff **XXXVIII**:30
Badr al-Kabīr. SEE Badr al-Ḥammāmī
Badr b. al-Khalīl b. 'Uthmān b. Quṭbah al-Asadī **X**:60; **XIII**:16; **XV**:3, 151, 206, 257
Badr al-Maw'id (Sawīq), expedition of **VII**:89–91, 165–67; **IX**:116
Badr al-Qudāmī **XXXVIII**:76
Badr al-Rūmī al-Sha'rānī **XXXVI**:184
Badr Ṭarkhān (prince of al-Khuttal) **XXV**:162–64

Badr b. ʿUthmān. SEE Badr b. al-Khalīl b. ʿUthmān b. Quṭbah al-Asadī
badrah (purse of money) **V**:377; **XXIX**:249; **XXXIII**:65, 110
Bādūrayā (Bādurayā, Bādurāyā, west of Baghdad) **XI**:222; **XXI**:141; **XXVIII**:242, 249; **XXX**:108; **XXXV**:42, 87, 124; **XXXVII**:157
Bāgh al-Hinduwān (in al-Madāʾin) **V**:379
Bāghar (Bāghir) al-Turkī, Abū Muḥammad **XXXIV**:179; **XXXV**:28, 29, 30, 31, 32, 107
al-Baghayīn (al-Baghiyyīn, district, in Baghdad) **XXX**:148; **XXXI**:136
Baghdad (Madīnat al-Salām) **XXVIII**:72, 134, 161, 177, 228, 237–38, 241–48, 250, 252, 254–56, 258, 267; **XXIX**:3–11, 15, 20, 39, 42, 43, 56, 63, 64, 69, 75, 77, 79, 82, 86, 88, 91, 109, 111, 132, 141, 151, 173, 195, 209, 238, 264; **XXX**:3–5, 7–10, 12, 15, 33, 52, 57, 67, 75, 78, 101–3, 108, 110–11, 132, 136, 142, 144, 148, 162, 164, 168, 173, 176–77, 179, 199–200, 208, 213, 218–19, 254, 256–57, 259–60, 291, 323–24, 334; **XXXI**:1, 2, 3, 12–13, 18–19, 22–23, 27, 37–39, 41, 49–50, 57–58, 70, 74–75, 82–83, 89–91, 95–97, 108, 114, 122, 124, 129–32, 134, 136–50, 153–56, 158–59, 162, 167, 171, 173, 178, 181, 195, 198, 199, 201, 206, 209, 213, 240, 249; **XXXII**:10, 19, 26, 41–44, 46–47, 51–52, 55–60, 68, 75–77, 80–81, 85, 92, 95–97, 99, 135, 144–46, 158, 159, 182, 184, 189, 190, 192, 199, 205, 221, 231, 253; **XXXIII**:2, 7, 27–29; **XXXIV**:26, 28, 29, 30, 31, 32, 34, 35, 39, 51, 69, 73–74, 84–85, 88, 95, 110, 116–17, 118, 119, 122, 131, 140, 149, 170, 172, 187, 190, 203; **XXXV**:3, 10, 11, 13, 15, 18, 20, 27, 31, 32, 33, 39, 40, 41, 42, 43, 44, 45, 47, 48, 49, 50, 51, 53, 54, 55, 56, 58, 59, 60, 62, 63, 64, 66, 67, 68, 71, 72, 75, 77, 79, 80, 82, 83, 86, 87, 88, 90, 91, 92, 93, 95, 96, 100, 102, 106, 108, 113, 115, 116, 121, 122, 123, 124, 125, 126, 128, 131, 136, 141, 142, 143, 144, 149, 150, 152, 154, 161; **XXXVI**:3–5, 7, 13, 15, 16, 20–23, 29, 33, 34, 86, 94, 120, 123, 139, 142, 149, 161, 163, 166, 168, 169, 171, 172, 180, 181, 188, 189, 198, 199, 202, 204; **XXXVII**:1, 2, 5, 24, 56, 66, 78, 81–82, 88; **XXXVIII**:1–207 *passim*; **XXXIX**:249, 253, 264, 265
SEE ALSO Baghdādh; Round City
Baghdad strangler **XXXVI**:123
Baghdādh (Sūq Baghdādh, market of Baghdad) **XI**:60, 70, 215–17, 218, 222; **XVII**:116; **XXII**:61, 65, 80; **XXXI**:138
SEE ALSO al-ʿAtīqah
Bāghir. SEE Bāghar
al-Baghiyyīn. SEE al-Baghayīn
Abū al-Baghl (Qarmaṭian) **XXXVIII**:141
Baghlān (two days' journey from Siminjān) **XXIII**:165, 166
Baghlūn al-Turkī **XXXIV**:179–80
Ibn al-Bāghmardī. SEE Yūsuf b. al-Bāghmardī
Baghrās (near Antioch) **XXXVIII**:91
al-Baghūm (name of Prophet Muḥammad's camel) **IX**:151
al-Baghūm bt. ʿAlī b. al-Rabīʿ **XXIX**:39
Baghwārayā Gate. SEE Bāb Baghwārayā
Bagrat (son of Ashot Bagratuni). SEE Buqrāṭ b. Ashūṭ

Abū al-Bahā' al-Iyādī **XXIV**:35
Bahallah. SEE Bahlah
Bāḥamshā (village, north of Baghdad) **XXVIII**:267, 268
Bāhān (Baanes, Roman general) **XI**:77, 81–82, 85–86, 160; **XII**:134
Bahandaf (in the Māsabadhān plain) **XIII**:57
Bahbūdh b. ʿAbd al-Wahhāb **XXXVI**:183, 187; **XXXVII**:2–3, 9–10, 36, 44, 48–50, 54, 62, 75–77, 82–83
Banū Bahdā (of Tamīm) **X**:85, 87, 89
Bahdal b. Iyās al-Ḍabbī **XXVII**:79
Ibn Baḥdal. SEE Ḥassān b. Mālik b. Baḥdal al-Kalbī; Ḥumayd b. Ḥurayth b. Baḥdal al-Kalbī
Banū Bahdalah (of Kindah) **X**:85, 87, 89; **XIX**:149; **XXVIII**:273
al-Bahī *(rāwī)* **XII**:131
al-Bahī (Rāfiʿ) b. Abī Rāfiʿ **IX**:143–44
al-Bāhilah. SEE Bāhilīs
Banū Bāhilah **X**:81; **XIX**:58; **XXI**:177; **XXIII**:165, 170, 177, 193, 197; **XXIV**:7, 19, 21, 25, 119, 151, 188; **XXV**:68, 124; **XXVI**:117; **XXVIII**:211, 215, 278; **XXX**:331; **XXXIV**:18, 47, 50; **XXXVI**:33
al-Bāhilī. SEE Muslim b. ʿAmr al-Bāhilī; Qutaybah b. Muslim
al-Bāhilī *(rāwī)*. SEE Abū Bakr al-Bāhilī
Bāhilīs (al-Bāhiliyyūn, al-Bāhilah, *rāwīs*) **XXIII**:128, 143, 146, 153, 169, 170, 177, 185, 192, 194–95, 197, 229
al-Bāhiliyyūn (village). SEE Qaryat al-Bāhiliyyīn
al-Bāhiliyyūn (*rāwīs*). SEE Bāhilīs
Baḥīr b. Raysān al-Ḥimyarī **XX**:185; **XXXIX**:221
Baḥīr b. Warqā' al-Ṣuraymī **XX**:179; **XXI**:209–11; **XXII**:8, 10–11, 165–66, 171–75, 196–200
Baḥīrā (Christian monk) **VI**:44–46
Bahlah (Bahallah, al-Mufaḍḍal's mother) **XXIII**:86, 157; **XXXIII**:12
Ibn Bahlah. SEE al-Mufaḍḍal b. al-Muhallab
Bahlūl b. Bishr al-Shaybānī, Abū Bishr (Kuthārah) **XXV**:155, 156, 157, 158, 159, 160
Bahman (legendary Persian king) **IV**:47–51, 79
Bahman Ardashīr. SEE al-Ubullah
Bahmān Dukht **IV**:83
Bahman b. Isfandiyār **IV**:47–51, 78, 82–83, 85; **V**:3, 104
Bahman Jādhawayh (Jādhūyah, Dhū al-Ḥājib) **XI**:19, 22–23, 43–44, 51, 188, 190–91, 193, 195; **XII**:53, 56, 57, 60–62, 94, 98, 100; **XIII**:180, 182, 203
Abū Baḥr. SEE al-Aḥnaf b. Qays
Baḥr b. al-Furāt al-ʿIjlī **XI**:26–27
Baḥr Ḥamrān (on the shore of Fārs) **XXIX**:187
Baḥr b. Kaʿb b. ʿUbaydallāh **XIX**:158–59, 161
Baḥr b. Kanīz al-Saqqā' al-Bāhilī **XXXIX**:256
Baḥr b. Naṣr al-Khawlānī **I**:284; **VI**:85
Baḥr al-Rūm. SEE Mediterranean Sea
Baḥr al-Sha'm. SEE Mediterranean Sea
Bahrā (ʿAbd Bājir) **IV**:148
Banū Bahrā' **VIII**:153; **IX**:76; **XI**:57–58, 76, 115, 124–25
Bahrādhān (Māh Bahrādhān) **XIII**:212, 216; **XVIII**:28, 30
SEE ALSO Māh Bihzādhān; Māh Dīnār; Nihāwand
Bahrām (planet). SEE Mars
Bahrām I (b. Sābūr I, Sasanian emperor) **V**:43, 45
Bahrām II (b. Bahrām I, Sasanian emperor) **V**:46

Bahrām III (b. Bahrām II, Sakānshāh and Sasanian emperor) **V**:47
Bahrām IV (b. Sābūr II, Kirmān-Shāh and Sasanian emperor) **V**:69, 75
Bahrām V (Jūr/Gūr, b. Yazdajird I, Sasanian emperor) **V**:75, 82–106; **XI**:47
Bahrām VI (b. Jushnas, Bahrām Jūbīn/Chūbīn/Shūbīn, Sasanian emperor) **V**:301–4, 306–11, 313–17, 338; **XIII**:26, 27
Bahrām (brother of Fīrān) **IV**:12
Āl Bahrām **XIV**:25
Bahrām b. Cyrus b. Bishtāsb **IV**:48
Bahrām b. al-Farrukhzādh **XIV**:32, 33
Bahrām Sīs (Bahrāmsīs) **XXIV**:193; **XXVI**:24
Bahrām b. Siyāwush **V**:310–11
Baḥrān, expedition of **IX**:116
al-Baḥrānī. SEE Yaḥyā b. Muḥammad al-Azraq
Bahrasīr. SEE Bahurasīr
Baḥrat al-Rughā' (near al-Ṭā'if) **IX**:21
al-Baḥrayn **II**:14; **IV**:128, 129; **V**:15–16, 51, 54–55, 63, 253, 290, 347, 372; **VIII**:99; **IX**:95, 108; **X**:23, 54, 70, 134–51; **XI**:78, 144, 225; **XII**:172; **XIII**:7, 13, 59, 76, 117, 126–28, 131, 150, 176; **XIV**:15, 69, 104, 164; **XV**:37, 117; **XVI**:42, 90; **XVII**:230; **XVIII**:78, 90, 123, 204; **XIX**:35; **XX**:172; **XXI**:119, 206; **XXII**:168; **XXIV**:137, 142; **XXVII**:57, 196, 198, 204; **XXIX**:60, 78, 195, 216, 222, 235, 239; **XXX**:39, 100; **XXXI**:119; **XXXII**:108; **XXXIV**:36, 96, 108, 152–53, 185; **XXXV**:122; **XXXVI**:31–33, 120, 126, 164, 165; **XXXVII**:129; **XXXVIII**:77, 82, 83, 128, 202
al-Baḥriyyah (village, near Qussīn) **XXXV**:17
Abū Baḥriyyah al-Kindī. SEE 'Abdallāh b. Qays al-Kindī
Baḥriyyah bt. al-Mundhir **XVIII**:203
Ibn Abī Baḥriyyah al-Murādī **XIX**:80
al-Baḥtariyyah (mother of Manṣūr b. al-Mahdī) **XXVIII**:74, 79
Bahurasīr (Bahrasīr, Behrasīr, part of al-Madā'in) **V**:118, 376; **XI**:44, 47; **XII**:142; **XIII**:4, 6–9, 11–13, 19–21, 66; **XVIII**:45, 46, 51, 61; **XX**:147; **XXII**:98, 131
Banū Bahz **XXVIII**:201
al-Bahzī. SEE 'Īsā b. Khuṣaylah b. Mu'attib al-Bahzī
Baḥzaj. SEE 'Amr b. al-Ḥārith
Baḥzaj (of Banū Ḍubay'ah) **IX**:61
Bā'i' al-Qatt. SEE Abū Yaḥyā
Ibn al-Ba'īth. SEE Muḥammad b. al-Ba'īth b. Ḥalbas
al-Ba'īth b. Ḥalbas, Abū Muḥammad **XXXIII**:17
al-Ba'īth b. Muḥammad b. al-Ba'īth **XXXIV**:88–89
al-Ba'īth al-Yashkurī **XVIII**:104; **XXI**:185; **XXXI**:93–94
Ba'jah b. Zayd **IX**:102
Banū Bajālah **XIII**:70
Bājarmā (village, near al-Raqqah) **III**:75; **XXXIV**:96
Bājawwā (estate of Khālid b. 'Abdallāh al-Qasrī, near Babylon) **XXV**:184
Banū Bajīlah **IX**:123; **X**:23, 159, 161, 164; **XI**:196, 199–200, 210–11, 213–14; **XII**:13, 14, 92, 93, 120, 140, 141, 145, 146; **XIII**:57, 70, 76; **XVI**:114; **XVII**:35, 48–49; **XVIII**:132; **XIX**:107; **XX**:199; **XXI**:14, 17, 89, 90; **XXII**:147; **XXIV**:114; **XXV**:13, 41, 177, 184; **XXVI**:167, 171, 173; **XXVII**:141

Bājisrā (on the Nahrawān) **XXI**:145
Banū Bajlah **XIII**:70
Bajshūn (Bajsūn). SEE Ibzan
Bājumayrā (Bājumayrāt, near Takrīt) **XVIII**:63, 64, 129; **XIX**:143; **XXI**:70, 171, 180; **XXII**:185
Bājūr (Turkish commander) **XXXV**:154
Bakālabā (Turkish commander) **XXXVI**:73, 79, 82, 96, 101
Bākand (bt. Iṣbahbadh al-Aṣamm) **XXVIII**:80
Bākhamrā (village, on the road from al-Kūfah to Wāsiṭ) **XXVIII**:272, 275, 282, 285–87, 288
al-Bakhrāʾ (citadel of Nuʿmān b. Bashīr) **XXVI**:149, 150–51, 156, 157, 158, 160, 162, 196, 206
Bakht bt. Batāwīl b. Tiras b. Japheth b. Noah **II**:11
al-Bakhtarī (*kātib* of Naṣr b. Sayyār). SEE al-Bakhtarī b. Mujāhid
Abū al-Bakhtarī (*ḥājib* of Riyāḥ b. ʿUthmān) **XXVIII**:110–11
al-Bakhtarī al-ʿAbdī **XVI**:150; **XXIII**:108
al-Bakhtarī b. Abī Dirham al-ʿUbādī **XXV**:10–12, 36, 37, 71, 141
Abū al-Bakhtarī b. Hishām **VI**:93, 106, 113–14, 141; **VII**:44, 56–58, 65, 67; **XXXIX**:77
al-Bakhtarī b. Mujāhid **XXV**:81, 141, 189, 194; **XXVII**:102
Abū al-Bakhtarī al-Qāḍī (Wahb b. Wahb) **XXX**:125, 262, 304; **XXXI**:211
Abū al-Bakhtarī al-Ṭāʾī **XIII**:21; **XV**:139; **XVI**:144; **XXIII**:25, 36, 37, 42, 48; **XXXIX**:119, 209
Banū al-Bakkāʾ **IX**:76; **XIII**:71; **XXIV**:90; **XXVIII**:131
Ibn al-Bakkāʾ al-Akbar, Abū Hārūn **XXXII**:213, 222
Ibn al-Bakkāʾ al-Aṣghar **XXXII**:212, 213
Bakkah (name for Mecca) **VI**:52; **XXXIX**:140
Bakkār (descendant of ʿAbd al-Malik b. Ṣāliḥ) **XXXVII**:78
Abū Bakkār (al-Ḥakam b. Farrūkh al-Ghazzāl) **XXXIX**:312
Ibn Bakkār (*rāwī*). SEE al-Zubayr b. Bakkār
Bakkār b. ʿAbd al-Malik. SEE Abū Bakr b. ʿAbd al-Malik b. Marwān
Bakkār b. ʿAbdallāh b. Muṣʿab **XXX**:120–24, 126, 304
Bakkār b. ʿAbdallāh al-Zubayrī. SEE Bakkār b. ʿAbdallāh b. Muṣʿab
Bakkār al-Anṣārī **XXVII**:189
Bakkār b. Muḥammad (*rāwī*) **XXXIX**:227
Bakkār b. Muḥammad al-ʿAdawī. SEE Abū Bakr b. Muḥammad b. ʿAbdallāh b. ʿUmar al-Qurashī al-ʿAdawī
Bakkār b. Muslim al-ʿUqaylī **XXVII**:181; **XXVIII**:14; **XXIX**:46–48, 66
Bakkār b. Ribāḥ **XXIX**:245–46
Bakr (father of Muʿāwiyah b. Bakr) **II**:32, 36
Abū Bakr (caliph). SEE Abū Bakr al-Ṣiddīq
Ibn Abī Bakr. SEE Muḥammad b. Abī Bakr al-Anṣārī; Muḥammad b. Abī Bakr al-Ṣiddīq
Banū Bakr. SEE Banū Bakr b. Wāʾil
Umm Bakr (wife of al-Ḥārith b. Surayj) **XXVI**:264
Umm Bakr (wife of Asad b. ʿAbdallāh al-Qasrī) **XXV**:141
Abū Bakr b. ʿAbd al-ʿAzīz b. al-Ḍaḥḥāk b. Qays **XXIV**:65
Bakr b. ʿAbd al-ʿAzīz b. Abī Dulaf **XXXVIII**:9, 23, 34, 35, 38, 39, 42, 64, 67, 72

Abū Bakr b. ʿAbd al-ʿAzīz b. Marwān **XXIII**:111
Abū Bakr (Bakkār) b. ʿAbd al-Malik b. Marwān **XXIII**:118
Banū Bakr b. ʿAbd Manāt b. Kinānah **VII**:38, 149; **VIII**:56, 86, 160–63, 175–77
Abū Bakr b. ʿAbd al-Raḥmān b. al-Ḥārith b. Hishām **XVI**:44; **XXIII**:132, 142, 179, 213; **XXIV**:106; **XXXIX**:120
Abū Bakr b. ʿAbd al-Raḥmān b. al-Miswar b. Makhramah **VII**:60
Abū Bakr b. ʿAbd al-Raḥmān b. ʿUbaydallāh b. ʿAbdallāh b. ʿUmar b. ʿAbd al-ʿAzīz **XXX**:316
Abū Bakr b. ʿAbdallāh *(rāwī)* **I**:217, 268, 270; **II**:42; **V**:324–27
Bakr b. ʿAbdallāh b. ʿĀṣim **XXVIII**:96
Abū Bakr b. ʿAbdallāh (ʿUbaydallāh) b. Abī Jahm **VI**:31; **XIX**:15
Abū Bakr b. ʿAbdallāh b. Abī Maryam **XIV**:120
Abū Bakr b. ʿAbdallāh b. Muḥammad b. Abī Sabrah al-ʿĀmirī. SEE Abū Bakr b. ʿAbdallāh b. Abī Sabrah
Abū Bakr b. ʿAbdallāh b. Abī Mulaykah **IX**:182
Abū Bakr b. ʿAbdallāh b. Muṣʿab **XXI**:230
Bakr b. ʿAbdallāh al-Muzanī **XIV**:109
Abū Bakr b. ʿAbdallāh b. Abī Sabrah (Abū Bakr al-Sabrī) **V**:327; **VI**:30–31; **VII**:18, 92; **IX**:150, 153, 154, 180, 181; **X**:39; **XI**:136–37, 146, 151; **XIII**:59; **XV**:1, 23, 229, 238–39, 246, 250; **XVI**:21; **XVII**:226, 227; **XXVIII**:189, 225, 231–32, 234–37; **XXXIX**:17, 45, 69, 73, 80, 81, 167, 173, 174, 187, 209, 213
Bakr b. ʿAbdallāh al-Tamīmī **XV**:101
Abū Bakr b. ʿAbdallāh b. Abī Uways **XV**:249
Abū Bakr al-ʿAbsī **XIV**:104
Bakr b. Aḥmad **XXXI**:96
Abū Bakr b. ʿAlī b. Abī Ṭālib **XIX**:180
Abū Bakr b. ʿAmr b. Ḥazm. SEE Abū Bakr b. Muḥammad b. ʿAmr b. Ḥazm al-Anṣārī
Abū Bakr b. ʿAyyāsh **I**:176, 177, 188, 212, 222, 223, 230; **II**:29; **VII**:39; **XI**:157; **XIII**:75, 76; **XIV**:107, 111, 112; **XVI**:140, 167; **XIX**:89; **XXII**:70; **XXIII**:209–11; **XXXIX**:246, 272, 273
Abū Bakr al-Bāhilī **XXIII**:212; **XXVII**:193
Abū Bakr al-Bakrī **XV**:235
Abū Bakr b. al-Faḍl **XX**:18
Bakr b. Firās al-Bahrānī **XXVI**:226
Bakr b. Ḥabīb al-Sahmī al-Bāhilī **XXIII**:170
Abū Bakr b. Ḥafṣ b. ʿUmar **XIII**:16
Abū Bakr b. al-Ḥārith b. Hishām **XV**:202
Abū Bakr (ʿAmr, ʿUmar) b. al-Ḥasan b. ʿAlī b. Abī Ṭālib **XIX**:154, 172, 180, 181
Bakr b. Hawdhah al-Nakhaʿī **XVII**:57
Abū Bakr b. Ḥazm. SEE Abū Bakr b. Muḥammad b. ʿAmr b. Ḥazm al-Anṣārī
Abū Bakr al-Hudhalī (Sulmā b. ʿAbdallāh) **XIII**:196; **XV**:36–37; **XVI**:3, 76, 77, 78, 115, 138, 139; **XVII**:1–2, 4, 5; **XVIII**:78, 179; **XXIII**:67; **XXIV**:51; **XXVIII**:66–67; **XXIX**:103, 128, 141, 142; **XXXIX**:312
Abū Bakr b. Ibrāhīm **XXVII**:47

Abū Bakr b. Ismāʿīl b. Muḥammad b. Saʿd b. Abī Waqqāṣ **VII**:11; **XIV**:93; **XV**:1, 120, 182, 250; **XVI**:8; **XXXIX**:23, 177
Abū Bakr b. Kaʿb al-ʿUqaylī **XXVII**:124, 191
Bakr b. Kathīr **XXVIII**:272
Banū Abī Bakr b. Kilāb **IX**:136, 138; **X**:78, 138; **XXXIV**:24; **XXXIX**:188
Abū Bakr al-Kindī *(rāwī)* **XVII**:75
Abū Bakr b. Mikhnaf **XXI**:126–27
Umm Bakr bt. al-Miswar b. al-Makhramah **VI**:8; **XV**:181; **XXXIX**:39, 51, 52, 108
Bakr b. Muʿāwiyah **II**:30, 32, 34, 36
Bakr b. Muʿāwiyah al-Bāhilī **XXVII**:170
Abū Bakr (Bakkār) b. Muḥammad b. ʿAbdallāh b. ʿUmar al-Qurashī al-ʿAdawī **XXVII**:114, 118
Abū Bakr b. Muḥammad b. ʿAmr b. Ḥazm al-Anṣārī **IX**:208; **XXIII**:139, 203, 206; **XXIV**:4, 29, 75, 88, 105–7, 167, 182; **XXXIX**:192
Abū Bakr b. Muḥammad b. Abī Jahm al-ʿAdawī **XXII**:102
Abū Bakr b. Muḥammad al-Khuzāʿī **X**:8
Abū Bakr b. Muḥammad b. Wāsiʿ **XXI**:210
Abū Bakr b. Abī Mūsā al-Ashʿarī **VI**:45; **XXIII**:139, 156, 214; **XXIV**:29
Bakr b. Muṣʿab al-Muzanī **XIX**:88
Bakr b. al-Muʿtamir **XXXI**:4–6, 8, 11, 47, 58–59
Abū Bakr al-Nahshalī **XXXIX**:149
Banū Bakr al-Nakhaʿ **XVII**:57
Abū Bakr b. Abī Quḥāfah. SEE Abū Bakr al-Ṣiddīq
Abū Bakr al-Sabrī. SEE Abū Bakr b. ʿAbdallāh b. Abī Sabrah
Banū Bakr b. Saʿd b. Ḍabbah **X**:90
Banū Bakr b. Sakūn **X**:24
Bakr b. Sawādah al-Judhāmī **VIII**:148
Abū Bakr b. Sayf **XIII**:20
Bakr b. Shaddākh (Shaddād) al-Laythī. SEE Bukayr b. ʿAbdallāh al-Laythī
Abū Bakr al-Ṣiddīq (caliph) **II**:30; **V**:326; **VI**:81, 84–85, 86–87, 102, 140, 142, 144–49, 151; **VII**:6–8, 41, 53–55, 81, 82, 123, 131, 152, 157; **VIII**:37, 40, 60, 62–64, 76, 85, 87, 97, 119, 120, 130, 131, 146, 164, 165; **IX**:9, 21, 24, 43–45, 77, 78, 89, 128–30, 150, 160, 172–73, 177, 179, 180, 181–202, 208; **X**:1–18, 33, 38–43, 45–55, 58, 60–63, 65, 69, 71–76, 79, 80, 86, 89, 98, 101–6, 114, 131, 133, 136, 138–41, 150–57, 159, 160, 162–67, 172–77, 185, 187, 188, 190–92; **XI**:1–5, 7–10, 14–16, 25–26, 31–32, 35–36, 48, 57, 61, 63–64, 66, 68–84, 86–89, 95, 102, 107–9, 111–12, 115–16, 116, 121–23, 125–26, 128–42, 144–53, 145–53, 149, 157, 159, 161–62, 169, 173, 175, 177–78, 195, 199, 218; **XII**:7, 38, 98, 201, 205; **XIII**:29, 37, 127, 176, 193; **XIV**:92–94, 102, 116, 132, 136, 140, 151, 154, 159, 160, 165; **XV**:38–39, 63, 77, 118, 141, 157, 163, 178, 183, 205, 227, 238, 250; **XVI**:51, 85, 194; **XVII**:25, 108, 117; **XVIII**:46, 222; **XX**:49, 100–101; **XXI**:214, 228; **XXII**:34, 185; **XXV**:126; **XXVI**:9, 11, 37–38; **XXX**:315–16, 329; **XXXIV**:135; **XXXVI**:88; **XXXIX**:16, 19, 41, 46, 81, 82, 88, 90, 111, 138, 142, 145, 172, 195, 202, 231, 252, 266, 270, 281
  appearance **XI**:138–39
  birth date **XI**:131
  burial time **XI**:135–37
  character **XI**:144–45

Abū Bakr al-Ṣiddīq (continued)
death date **XI**:87, 133, 135
genealogy **XI**:139–40
illness and death **XI**:121–22, 129–32
marriages **XI**:140–41
Abū Bakr b. Sulaymān b. Abī Ḥathmah **XXIII**:132
SEE ALSO Ibn Sulaymān b. Abī Ḥathmah
Bakr b. Thābit b. Nu'aym **XXVI**:242; **XXVII**:6
Bakr b. 'Ubayd **XVIII**:129, 130
Abū Bakr b. 'Ubaydallāh b. Abī Jahm. SEE Abū Bakr b. 'Abdallāh b. Abī Jahm
Abū Bakr b. 'Umar **XXI**:186
Banū Bakr b. Wā'il **V**:55–56, 65, 289, 359–63, 366; **VI**:20, 23–24; **VII**:99; **IX**:119; **X**:24, 51, 88, 134, 137, 144, 146–49, 178; **XI**:5, 21, 70, 114, 120, 207, 211, 221; **XII**:13, 20; **XIII**:40, 76, 96; **XIV**:55; **XV**:69; **XVI**:72, 77, 86, 99, 101, 114, 115, 120–22, 136, 143, 144, 164; **XVII**:61, 62–63, 175, 211, 217; **XVIII**:111; **XIX**:31; **XX**:8–9, 21, 24–28, 38–47, 71–79, 154, 166, 168, 170; **XXI**:48, 87, 93, 126, 151, 173, 187; **XXII**:10, 47, 105, 117, 198; **XXIII**:17, 33, 50; **XXIV**:10, 12, 14, 27, 113–14, 128–29; **XXV**:12, 13, 76, 109; **XXVI**:14, 28, 200, 210, 234, 257, 259; **XXVII**:23, 96, 103, 104, 137, 174; **XXVIII**:191; **XXXVII**:8
Abū Bakr b. Yazīd b. Mu'āwiyah **XIX**:227
Abū Bakrah (Nufay' b. Masrūḥ, *mawlā* of Prophet Muḥammad) **IX**:147; **XII**:168, 169, 172; **XIII**:110–13, 132; **XVIII**:14, 15, 17, 171; **XXXIX**:29, 282
Ibn Abī Bakrah. SEE 'Ubaydallāh b. Abī Bakrah
Baktimur. SEE Buktamir b. Ṭāshtamir
Bākusāyā (in Iraq) **V**:254; **XXXV**:87
balā'. SEE *ahl al-balā'*
Bal'ā' b. Mujāhid al-'Anzī. SEE Bal'ā' b. Mujāhid b. Bal'ā' al-'Anbarī
Bal'ā' b. Mujāhid b. Bal'ā' al-'Anbarī **XXIV**:153; **XXV**:10, 12, 13, 80
Balaam b. Be'or **III**:91, 92, 94, 95
Ba'labakk **XXVI**:144; **XXVII**:171, 208; **XXXVIII**:122
Balad (northwest of Mosul) **XIII**:88; **XXVIII**:50–51; **XXIX**:84; **XXXI**:27; **XXXIII**:131; **XXXIV**:149, 151; **XXXV**:59, 65; **XXXVI**:87; **XXXVII**:4; **XXXVIII**:8, 123
Bālagh (son of Adam) **I**:317
Bal'ajlān. SEE Banū al-'Ajlān
Balanjar (north of Bāb al-Abwāb) **XIV**:38, 39; **XXIV**:182–83, 192; **XXV**:70, 96
battle of **XV**:94–99; **XIX**:86
Balanjar (ethnic group) **V**:151, 153
al-Balaqsūn (toponym) **XXXVIII**:11
Balāsh (father of Ardawān, Arsacid king) **IV**:97, 99, 100
Balāsh (king, in Kirmān) **V**:9–10
Balāsh (b. Yazdajird II, Sasanian emperor) **V**:126–28, 130
Balāsh Jird (near Marw) **XXVII**:80
Balāshāwādh. SEE Sābāṭ
al-Balāṭ (in Medina) **XXVIII**:100, 130; **XXX**:16, 20; **XXXIX**:46
baldness **I**:297; **XXX**:67; **XXXIX**:302–3
Balfardal b. M.k.ḥ.w.n.f.ḥ.l al-Ushrūsanī **XXXV**:92, 93, 94
Balḥajjāj. SEE Bilḥajjāj
Balḥārith. SEE Banū al-Ḥārith b. Ka'b; Banū al-Ḥārith b. Khazraj
Balhīb (Qaryat al-Rīsh, Village of Prosperity, near Bāb al-Yūn) **XIII**:163–64

Banū Balī **VI**:126; **VII**:144; **VIII**:146, 153; **IX**:40, 65, 100; **X**:139; **XII**:132, 177
Bāli'ah (in al-Balqā') **III**:91
Bālīn. SEE Ālīn
Bālis (west of al-Raqqah) **XXVII**:176; **XXXIV**:157; **XXXVII**:82; **XXXVIII**:91
Bālish b. Dāwaṣ (ruler of Babylon) **II**:111
Baliyā b. Malikān b. Peleg. SEE al-Khaḍir
Balj (of Abnā' al-Dawlah) **XXXIII**:11
Balj (officer of Rabī'ah b. 'Abd al-Raḥmān) **XXVII**:91
Abū Balj (Yaḥyā b. Sulaym) **VI**:80; **XXXIX**:310
Balj b. 'Uyaynah b. al-Hayṣam al-Asadī **XXVII**:114, 118
Balkājūr (commander) **XXXIV**:165, 167; **XXXV**:27, 61, 62, 87, 91
Balkh **IV**:1, 11, 43, 44, 47, 73, 74, 76; **V**:15, 99, 160; **XIV**:54, 56, 58, 60, 75; **XV**:36, 106–7; **XVIII**:163; **XXIII**:29, 101, 105, 106, 127–29, 143, 147, 154–55, 165, 172, 175; **XXIV**:12, 54; **XXV**:10, 30, 35, 38, 39, 67, 105, 121, 122, 126–28, 137, 139, 141, 143, 147, 149, 164, 167, 192; **XXVI**:24, 63, 117, 120, 123; **XXVII**:65, 67, 71, 104, 105, 106, 197, 202, 203, 205; **XXX**:269, 284, 287; **XXXIV**:170; **XXXVI**:119, 151; **XXXVIII**:85
Balkh (river). SEE Oxus
ballistas. SEE mangonels and ballistas
Balmuṣṭaliq. SEE Banū al-Muṣṭaliq
al-Balqā' **III**:91; **VIII**:153, 156; **IX**:163; **X**:11, 17; **XI**:74, 108; **XII**:104, 105, 139; **XIV**:15; **XVII**:160; **XX**:69, 152; **XXIV**:193–94; **XXVI**:103, 137, 200–203; **XXVII**:84, 148, 172, 180, 208; **XXIX**:119; **XXX**:158; **XXXIV**:25
Balqayn. SEE Banū al-Qayn b. Jasr
al-Balta' al-Sa'dī **XXIII**:17
bālūdh (sweetmeat) **VI**:40
Balwā (toponym) **XXVII**:162
Bamakah bt. 'Umar b. Salamah **XXVIII**:282
Bāmdād. SEE Nahr Bāmdād
al-Bāmiyān **XXIII**:99; **XXV**:162
Bān. SEE Nahr Abān
Banān (*jāriyah*) **XXXI**:178
Banān (son of Adam) **I**:317
banana trees **XXIX**:121
banāt al-balad. SEE prostitutes
Banāt Talā (toponym) **XXI**:6, 9
Banāwarī (village, in Bādūrayā) **XXVIII**:249; **XXXI**:226
Bānbūrā (near al-Ḥīrah) **XI**:42
al-Bandanījayn (Bandanījīn, near al-Nahrawān) **XVII**:130; **XXXIII**:216; **XXXV**:74
Bandār al-Ṭabarī **XXXV**:68, 69
Bāniqyā (north of al-Ḥillah) **XI**:3, 7, 40, 42, 52; **XII**:151; **XVIII**:112; **XXII**:45
banjakān (*fanjaqān*, five-arrow volley) **V**:247; **XX**:32
bankers **XXI**:120; **XXX**:137, 277; **XXXIII**:157
banners **X**:98, 115, 116, 121, 123, 126; **XIII**:149; **XXI**:79–80; **XXXI**:80–81
  at Battle of the Camel **XVI**:134–35, 142–43
  at battle of Ḥunayn **IX**:15
  at battle of Ṣiffīn **XVII**:27–28, 38, 48–49, 59–60, 63; **XXXIX**:267
  at battle of Uḥud **VII**:117–19
  black flags **XXVII**:30, 65; **XXVIII**:208, 209; **XXXVI**:58; **XXXVII**:130
  cross sign on **XXXVI**:171
  governor's standard **XXXVIII**:2
  green banners **XXXII**:95
  at Khaybar **VIII**:119–20
  at Mecca **VIII**:175, 177

banners (continued)
Persian royal flag (Dirafsh-e Kābyān, Drafsh-i Kayvān) **II**:7; **IV**:11, 74; **V**:308; **XI**:188; **XII**:124, 130
personal banners **XVII**:2, 67, 180
at pilgrimage **XXI**:151–53
of safe conduct **XVII**:189, 192
ṭarrādah (pennant) **XXXIII**:21
tribal banners **XVII**:26–29, 42–43, 48–49, 55, 59–60, 63
Turkish red standards **XXXV**:96
tying of **X**:52–54
white flags **XXXIV**:96; **XXXVII**:45
of Zanj revolt **XXXVI**:36
Banū. SEE specific tribal names
Ibn Bānū (amīr of al-Baḥrayn) **XXXVIII**:128
al-Banūqah (daughter of al-Mahdī) **XXIX**:263–64
baqāyā (arrears of land tax) **V**:99, 376, 404; **XXX**:173
al-Baqīʿ (Baqīʿ al-Gharqad, cemetery, in Medina) **V**:172; **VII**:91, 96; **IX**:168, 169; **X**:80?; **XIII**:59; **XV**:99, 246–49, 259, 260; **XXV**:9; **XXVIII**:155, 199, 217, 233; **XXXIX**:20, 21, 22, 25, 39, 164, 165, 168, 169, 173, 176, 185, 195, 214, 263
Bāqirdā (Qirdā, on upper Tigris) **XXX**:109–10
al-Baqqah (on the Euphrates) **IV**:132, 140, 141
Bāqthā. SEE Nahr Bāqthā
Bāqusyāthā. SEE Quss al-Nāṭif
Bar Musāwir **XXXVI**:176, 195; **XXXVII**:20, 22, 25, 26–28
Bar Tumartā. SEE Nahr Barratimurtā
Abū Barāʾ. SEE ʿĀmir b. Mālik b. Jaʿfar
al-Barāʾ (cavalryman of al-Muhallab b. Abī Ṣufrah) **XXV**:15
al-Barāʾ b. Aws b. Khālid **IX**:39
al-Barāʾ b. ʿĀzib **VII**:39, 40, 84, 100, 111, 113, 131; **VIII**:74, 88; **IX**:12, 90; **XXXIX**:294
al-Barāʾ b. Fulān **X**:105
al-Barāʾ b. Mālik **X**:105, 118, 119, 125; **XIII**:133, 134, 136, 139
al-Barāʾ b. Maʿrūr **VI**:131–33, 135
Ibn al-Barāʾ b. Maʿrūr **XIV**:113
al-Barāʾ b. Qabīṣah **XXII**:141, 143–44, 147, 151–52; **XXIII**:14
barāʾah (dispensation, dissociation) **IX**:77–79; **XX**:98, 100, 101, 103, 133
barāʾāt (vouchers) **XXII**:16, 20
barābiṭ (guitars) **XXVII**:21, 128
al-Baradān (north of Baghdad) **XI**:63; **XXIX**:45, 170, 209; **XXX**:162; **XXXII**:39, 184; **XXXIII**:28, 89; **XXXV**:123; **XXXVI**:4, 5
Baradān Bridge (Qanṭarat al-Baradān, in Baghdad) **XXXVIII**:43
Baradān Gate (Bāb al-Baradān, in Baghdad) **XXXV**:40, 60, 124
Barahūd (Barahūt, valley, in Yemen) **III**:50; **X**:183
al-Barājim (of Banū Tamīm, or ʿAbd al-Qays) **XXIII**:191, 196
Barak (Baraq, Israelite ruler) **III**:127
Barakah. SEE Umm Ayman
Barakah (name of Prophet Muḥammad's milch sheep) **IX**:153
Barakah b. Khawlī al-Rāsibī **XXV**:138
Barākīl b. Mehujael b. Enoch **I**:326, 336, 337, 342, 347
Baraknā bt. Darmasīl b. Mehujael **I**:343
al-Barāmikah. SEE Barmakids
Baranjān (near Tustar) **XXXVI**:183

Barankhal (on 'Amūd Ibn al-Munajjim) **XXXVI**:34, 35
Bāraq (son of Adam) **I**:317
Barāqish (dog's name, of the proverb) **XVIII**:136
Barāsb b. Siyāmak **I**:325
Barashīd (estate of Muḥammad b. Sulaymān b. 'Alī, in al-Ahwāz) **XXX**:106
Barāṭiq. SEE Nahr Barāṭiq
Barāz (head of the Christians, in Ahwāz) **V**:255
Abū Barāz. SEE Māhawayh b. Māfanāh b. Fayd
Barāz (Abraz) b. Māhawayh b. Māfanāh b. Fayd **XV**:83, 88, 93
Barāz al-Rūz (between al-Nahrawān and al-Daskarah) **XXII**:57, 59, 61; **XXXVIII**:82
Barce. SEE Barqah
Bard al-Khiyār. SEE Muḥammad b. 'Alī
Bard al-Khiyār (canal). SEE Nahr Bard al-Khiyār
Bārdab (in India) **XXIX**:172, 187
Bardas (maternal uncle of Michael III, Byzantine emperor) **XXXIV**:168
Bardha' b. Zayd **IX**:102
Bardha'ah (capital of Arrān) **XXX**:168, 176; **XXXIV**:123–24; **XXXVIII**:85
Bardhūn b. Kushānīshāh **XXIV**:179
Bardūdā. SEE Nahr Bardūdā
barges. SEE boats and ships
Barghāmush (deputy of Bughā al-Kabīr) **XXXIV**:123
Barghūth (man at burial of al-Ḥasan b. Sahl) **XXXIV**:110
barīd. SEE postal and intelligence service
Abū al-Barīd al-Bakrī **XXV**:27, 35
al-Bāridah bt. 'Awf b. Ghanm **VI**:27
Bārimmā (in al-Jazīrah) **XXVIII**:240
Bāriq (in Iraq) **V**:361; **XI**:182
Bāriq (of Banū Tamīm) **XXVI**:36
Banū Bāriq **XI**:200–201; **XII**:10; **XIII**:18; **XXVI**:46
Barīrah (*jāriyah*) **VIII**:62
Bārītā (village, near Mosul) **XXI**:74
Bāriz (ethnic group) **V**:150
Barjīsīyā (Jābars, legendary city) **I**:237
Bārkath (east of Samarqand) **XXIV**:161; **XXVII**:206
Barkuwān. SEE Bazkuwār
barley **V**:258; **XVIII**:51; **XX**:4; **XXXIX**:206, 278
Barley Gate. SEE Bāb al-Sha'īr
barley juice sellers (*fuqqā'*) **XXXV**:5
barley meal (*sawīq*) **XIV**:86, 88; **XVIII**:220; **XXVI**:177; **XXVIII**:195; **XXX**:57; **XXXIII**:53, 54, 64, 65; **XXXIV**:24, 143; **XXXVI**:35, 93, 107
barley-meal raid. SEE Badr al-Maw'id
Ibn al-Barm. SEE Yūsuf b. Manṣūr b. Yūsuf al-Barm
Barmak (father of Khālid b. Barmak) **XXIII**:129
al-Barmakān (*rāwī*) **XII**:128
Barmakids (Barmakīs, al-Barāmikah) **XXX**:91–92, 147, 158, 201–29; **XXXII**:256; **XXXIV**:14, 15; **XXXVI**:59
barnī dates **XXIX**:12; **XXXIII**:11
Barqah (Anṭābulus, Barce) **XIV**:13, 14; **XVIII**:103; **XXXII**:188, 192; **XXXIV**:36, 50, 96, 131, 141; **XXXV**:6; **XXXVI**:204; **XXXVIII**:198, 202
Abū Barqah. SEE Yazīd b. Salm
Barrah bt. 'Abd Manāf **VI**:18
Barrah bt. 'Abd al-Muṭṭalib **VI**:1; **IX**:132
Barrah bt. 'Abd al-'Uzzā b. 'Uthmān **VI**:6
Barrah bt. 'Awf b. 'Abīd **VI**:6

Barrah bt. al-Ḥārith. SEE Juwayriyah bt. al-Ḥārith b. Abī Ḍirār
Barrah bt. Mas'ūd b. 'Amr b. 'Umayr al-Thaqafiyyah. SEE Barzah bt. Mas'ūd b. 'Amr b. 'Umayr al-Thaqafiyyah
Barrah bt. Murr b. Udd **VI**:31, 32
Barrah bt. Samaw'al **XXXIX**:185
Barrah bt. Abī Tajrāh **VI**:63
Barrah bt. Abī Tujza'ah **V**:272
Barratimurtā (?, Barrtumartā?) **XXXVI**:201; **XXXVII**:16
Ibn Barṣā' al-Ḥitār (in a line of poetry) **XVIII**:131
SEE ALSO Yazīd b. Ṭarīf al-Muslī
Ibn al-Barṣā' al-Laythī (al-Ḥārith b. Mālik) **VIII**:140–41
Barṣawmā (Kūfan singer) **XXXI**:228
Banū al-Barshā' **XI**:62
Barsīs (Nuṣayr, Narseh?, al-Khurramiyyah commander, in Byzantine service) **XXXIII**:95
Barsūnā (near al-Baṣrah) **XXXVI**:52
Bartholomew (apostle) **IV**:123
Barūkh b. Nāriyyā **VI**:39
Bārummānā (estate of Khālid b. 'Abdallāh al-Qasrī, in Iraq) **XXV**:184
Barūqān (village, near Balkh) **XXIII**:154–55; **XXV**:9–12, 22, 26, 27, 37, 68; **XXVII**:106
al-Barūr (canal). SEE Nahr al-Barūr
Bārūsmā (north of al-Ḥillah) **XI**:3, 183–86; **XXXV**:28
Barwā b. Fashinjān **IV**:13, 14
Barwīz. SEE Kisrā II
Banū Barzā **XXV**:126
Abū Barzah al-Aslamī **VIII**:180; **XIII**:174; **XIX**:76, 176; **XXXIX**:284
Barzah (Barrah) bt. Mas'ūd b. 'Amr b. 'Umayr al-Thaqafiyyah **VII**:107
Barzan (village, in the Marw oasis) **XXV**:39
Barzand (in Ādharbayjān) **XXXIII**:17, 20, 23, 37, 47, 55, 81, 83, 84
Basak b. Māhbūdh **V**:291
Bāsalāmā (village, near Baghdad) **XXXII**:47
Basāmī (toponym) **XXXVII**:22
Bāsān (Bāsār, northwest of Marw) **XXI**:63, 65; **XXII**:169–70
Basar b. Abraham **II**:127
Basbas b. 'Amr al-Juhanī **VII**:40, 44
Bashāshāt. SEE Ja'far b. al-Faḍl b. 'Īsā b. Mūsā
Bashīr (*ghulām* of Ṭughj b. Juff) **XXXVIII**:118
Abū Bashīr (*rāwī*) **XVI**:156
Bashīr b. 'Abdallāh b. Yaḥyā **XXVII**:120
Abū Bashīr al-'Ābidī **XV**:246; **XVI**:2, 3
Bashīr b. 'Amr b. Miḥṣan al-Anṣārī, Abū 'Amrah **XVI**:3; **XVII**:16–17, 37, 70; **XXXIX**:35, 283
Bashīr (Bishr) b. 'Āṣim **XVI**:80, 81, 112, 114, 121, 129
Bashīr b. Ḥassān al-Nahdī **XXII**:122; **XXIV**:38
Bashīr b. Ka'b b. Ubayy al-Ḥimyarī **XI**:105, 161, 168
Bashīr b. al-Khaṣāṣiyyah. SEE Bashīr b. 'Ubaydallāh b. al-Khaṣāṣiyyah
Bashīr b. al-Layth b. Naṣr b. Sayyār **XXX**:297–98, 301
Bashīr b. Ma'bad b. al-Khaṣāṣiyyah. SEE Bashīr b. 'Ubaydallāh b. al-Khaṣāṣiyyah
Bashīr b. al-Muhājir **I**:180
Bashīr b. Muḥammad b. 'Abdallāh b. Zayd **VIII**:133
Bashīr al-Qaysī. SEE Abū al-Kubāsh
Bashīr b. Qushayr al-Khujandī **XXV**:47
Bashīr al-Raḥḥāl **XXVIII**:137, 285

Bashīr b. Raysān al-Ḥimyarī **XIX**:70
Bashīr b. Sa'd **VIII**:132, 133, 138; **IX**:119; **X**:7–10; **XIX**:1
Bashīr b. Salmān **XXXIX**:109
Bashīr b. Abī Thaljah **XXV**:179, 180
Bashīr al-Turkī **XXX**:223; **XXXIII**:68–69
Bashīr b. 'Ubaydallāh *(rāwī)* **XII**:168
Bashīr b. 'Ubaydallāh b. Abī Bakrah **XVIII**:218
Bashīr b. 'Ubaydallāh b. al-Khaṣāṣiyyah **XI**:24, 42, 45, 48, 117, 121, 197, 200, 205, 215; **XII**:14; **XIII**:34, 204
Ibn Bashshār. SEE Muḥammad b. Bashshār
Bashshār b. 'Amr **XXIII**:177
Bashshār b. Burd **XXVIII**:72; **XXIX**:226, 258
Bashshār b. Muslim **XXIII**:143; **XXIV**:20
Bashshār b. Salm al-'Uqaylī **XXVIII**:278
Bashshār al-'Uṣmī **XXXI**:226
basil **XVIII**:196
Basil I (Basīl al-Ṣaqlabī, Ibn al-Ṣaqlabiyyah, Ibn al-Ṣaqlabī, Byzantine emperor) **XXXVI**:135, 156, 188, 204; **XXXVII**:79, 145
Banū Bāsil (b. Ḍabbah) **XIV**:23
Basīl al-Rūmī al-Tarjumān **XXXIII**:116
Basīl al-Ṣaqlabī. SEE Basil I
Basilios *(khādim)* **XXXVIII**:181
Abū Baṣīr ('Utbah b. Asīd b. Jāriyah) **VIII**:90–91
Abū Baṣīrah al-Anṣārī **X**:126, 127
al-Basīṭah (in Najd) **XII**:13; **XX**:108
al-Bāsiyān (toponym) **XXXVII**:36
Baskharā' (in a line of Ka'b al-Ashqarī's poetry) **XXIII**:187
Basmā (in al-Baṭīḥah) **XXXVII**:69
Basmā (of Diyār Rabī'ah). SEE Tall Basmā
Basmā (in al-Sawād) **XI**:40, 42; **XII**:151
Basmah bt. Ishmael **II**:134, 136
Basqat Qudayd (in al-Ḥijāz) **XXVIII**:183
al-Baṣrah **II**:53; **III**:43; **IX**:143; **X**:97; **XI**:2, 14, 223; **XII**:33, 42, 161–72, 203; **XIII**:59, 67, 77, 79, 85, 100, 110–12, 119–21, 126, 129–38, 141, 145, 149–50, 156–57, 159, 178, 185, 189–90, 193–94, 196–99, 211; **XIV**:1, 3, 4, 6, 34, 43, 44, 45, 49, 50, 53, 62, 63, 70, 72, 73, 76, 79, 80, 82, 85, 104, 164, 165; **XV**:33–35, 42, 69, 90, 92, 109–10, 112, 125–29, 145, 147, 154, 157, 162, 165, 176, 186, 199, 203, 207, 220, 226, 255; **XVI**:5, 20, 26, 27, 34, 40, 41, 43, 45–47, 53–56, 59, 64, 68, 70, 72–74, 78–80, 83, 96, 97, 100, 102, 103, 108, 110, 111, 122, 124, 125, 131, 132, 140, 150, 156–58, 162–64, 166–70, 180, 181, 195; **XVIII**:13, 15, 18, 21, 26, 29, 56, 58, 69, 71, 72, 73, 74, 76, 77, 78, 83, 85, 87, 95, 96, 97, 98, 99, 100, 101, 103, 104, 111, 125, 126, 164, 167, 170, 175, 177, 178, 179, 180, 181, 187, 191, 198, 200, 201, 203, 205, 206, 207, 220; **XIX**:1–2, 18, 20, 26–27, 31–33, 41, 76, 83, 85, 90, 168, 175, 184–86, 188–89, 191, 194, 198–99, 218; **XX**:38, 46, 123, 163–64, 176; **XXI**:25, 28, 31, 43, 45–50, 53–55, 67, 83–87, 115, 118–25, 130, 133–34, 141, 153, 168, 170, 172–78, 182, 184, 185, 188, 192–93, 199–203, 204, 206, 212, 232–34; **XXII**:3, 5, 11, 22–25, 67, 72, 92, 122, 175, 177–78, 181, 183, 186, 188, 191, 195; **XXIII**:9–19, 21, 34, 46–49, 67, 69, 130, 139, 156–57, 214, 217; **XXIV**:10, 14, 29, 34–35, 43, 45, 49, 53, 60, 75, 79, 97, 111–14, 118, 121, 123–26, 128, 133–34,

al-Baṣrah (continued) **XXIV**:137, 142–43, 148–49, 165, 168, 186, 191; **XXV**:7, 18, 34, 63, 82, 89, 130, 153, 185, 186, 194; **XXVI**:21, 35, 62, 71, 143, 146, 166, 196, 244; **XXVII**:52, 92, 118, 121, 123, 133, 143, 144, 145, 146, 195, 196, 198, 201, 202, 204, 208; **XXVIII**:6, 17–18, 47, 49, 53, 56, 58, 75, 78, 80–84, 92–93, 141, 178, 183–85, 187, 195, 205, 224, 226, 229, 239, 243, 245, 252–54, 257–58, 260–63, 266–67, 269–80, 282–83, 292; **XXIX**:12, 39, 50, 52, 53, 54, 56, 60, 61, 62, 63, 64, 66, 68, 69, 70, 74, 75–77, 171–72, 180, 187, 188, 189, 193, 195, 198, 203, 216, 218, 222, 223, 235, 238, 239, 258, 263; **XXX**:40, 97, 100, 105, 164, 295, 305; **XXXI**:91, 116–17, 119–20, 128, 159; **XXXII**:10, 16, 17, 23, 25, 26–27, 44, 83, 98, 108, 135, 158, 236; **XXXIII**:8, 59, 201; **XXXIV**:36, 50, 96, 131; **XXXV**:26, 27, 44, 63, 114, 122, 133, 150; **XXXVI**:29, 32–35, 37, 51, 53, 57–59, 61, 64, 66, 67, 108, 109, 110, 112, 120, 122, 125–29, 132–34, 136, 137, 140, 153, 155, 164, 165; **XXXVII**:40, 62, 68, 70–72, 107, 137; **XXXVIII**:72, 77, 82, 83, 86, 87, 98, 111, 150, 154, 155, 174; **XXXIX**:63, 71, 72, 76, 80, 96, 104, 151, 215, 218, 224, 236, 241, 256, 258, 259, 260, 272, 292
Baṣrah Gate. SEE Bāb al-Baṣrah
Ibn al-Baṣrī (ʿUbaydallāh b. al-Mahdī, caliph) **XXXVIII**:202, 205
Basrīsā (Basūsiyā?) **XI**:184
al-Baṣriyyūn. SEE Nahr al-Baṣriyyīn
Bassām (*mawlā* of al-Kirmānī) **XXVI**:229
Ibn Bassām al-Bassāmī **XXXVIII**:43–44
Bassām b. Ibrāhīm b. Bassām **XXVII**:70, 104, 140, 143, 161, 172, 199–201, 207
Bassām al-Kurdī **XXXVIII**:155
Ibn Bassām al-Laythī **XXIII**:168
Bāsūrīn (near Mosul) **XXXVIII**:21
al-Basūs (of bad luck fame) **X**:178; **XXXI**:225
Basūsiyā (near al-Kūfah) **XI**:198, 204
al-Baṭāʾiḥ. SEE al-Baṭīḥah
baṭāriqah. SEE *baṭrīq*
Baṭāṭiyah Bridge. SEE Jisr Baṭāṭiyah
Batāwīl b. Tiras b. Japheth b. Noah **II**:11
Bath Anōsh (Batanūsh, wife of Lamech) **I**:347
bath houses **XXXV**:70
attendants **XXXV**:5
Friday bathing as God's commandment **II**:100
women in **XXXIX**:205
SEE ALSO entries beginning with Ḥammām
al-Baṭḥāʾ (in Mecca) **XXV**:151; **XXXIX**:46
Baṭḥāʾ Ibn Azhar (near Medina) **XXVIII**:195
al-Bathaniyyah (near Damascus) **II**:140, 141; **XI**:169; **XIV**:15; **XXVII**:176, 177, 179, 180; **XXXVIII**:158
Bathq al-Qāṭūfah (near Baghdad) **XXXV**:78
Bathq Shīrīn (near al-Baṣrah) **XXXVII**:40–41, 56, 75
al-Baṭīḥah (al-Baṭāʾiḥ, swamps of southern Iraq) **XIII**:12; **XXIII**:157–58; **XXVI**:192; **XXVIII**:227; **XXIX**:258; **XXXVI**:33; **XXXVII**:52, 56, 69–71, 118, 137
Baṭīḥat al-Ṣaḥnāh **XXXVI**:143
al-Baṭīn (Khārijite) **XXII**:31, 78, 106, 116, 118
al-Bāṭinah (in al-Baṣrah) **XX**:24

Baṭn Adhākhir (Adhāḥir) **XXVIII**:179–80
Baṭn al-ʿAqabah **XIX**:89, 91
Baṭn Dāmān **XXXVIII**:91
Baṭn Iḍam **XXVIII**:226
Baṭn Jūkhā **XXXVI**:24
Baṭn Makkah **XXI**:224, 229
Baṭn Malal **VII**:21
Baṭn Marr (in Mecca) **XXX**:24
Baṭn al-Najjār **IV**:139
Baṭn Nakhl **XV**:38; **XXVIII**:187, 233, 237; **XXX**:23; **XXXIV**:46
Baṭn Nakhlah **XIII**:131
Baṭn Rābigh **VII**:10
Baṭn Ri'm **VI**:147
Baṭn al-Rummah **XIX**:72, 83
Baṭn al-Sirr **XXXIV**:47–48
Baṭn Ya'jaj (valley, of Ya'jaj) **VII**:75, 148
al-Batrā' (mountain, northwest of Medina) **VIII**:42
baṭrīq (*biṭrīq*, pl. *baṭāriqah*, patricius, patrikios) **XII**:174; **XVIII**:20; **XXVIII**:241; **XXX**:39, 151, 263; **XXXIII**:72; **XXXIV**:43, 113–15, 123–24, 139, 165, 168; **XXXVI**:190
Abū al-Baṭrīq b. Yazīd. SEE Yazīd al-ʿUlaymī
al-Batt (near Baghdad) **XXII**:84–85
Abū al-Baṭṭ (commander) **XXXI**:229; **XXXII**:51, 68, 69, 70, 72, 74, 75, 81, 91
al-Baṭṭāl. SEE ʿAbdallāh al-Baṭṭāl
al-Battār (name of Prophet Muḥammad's sword) **IX**:153
al-Battī (*rāwī*). SEE ʿUthmān al-Battī
battle(s)
  banners. SEE banners
  commanders sitting on carpets or chairs **XIX**:213; **XXII**:102–3, 109–10
  cries **XII**:92; **XIX**:48; **XX**:201, 204; **XXVII**:32–33; **XXXII**:109
  distinctive dress **XIII**:208
  duels **XXXIX**:23, 33
battle(s) (continued)
  ears, in battle line formations **XII**:118
  freeing slaves in **XXV**:80
  line formations **XII**:118; **XXVII**:52, 55
  al-maṣāḥif (copies of al-Qur'ān?), raised on lances **XVII**:78–82, 89, 90; **XXVII**:127
  perseverance in **XIX**:210
  running away on a battle day **XXXIX**:200
  simulated flight (*istiṭrād*) **XIII**:205–6
  standards. SEE banners
  tribal affiliations, proclamation of **XII**:103–4
  SEE ALSO entries beginning with Day, Night, Yawm; warfare and warfare techniques; specific toponyms, e.g. al-Qādisiyyah
battle-axes (*ṭabarzīnāt*) **XXXVI**:87
Battle of the Bridge **XI**:169, 173, 188–95, 198, 209, 211, 213; **XII**:13, 14; **XXXIX**:206
Battle of the Camel **XV**:109; **XVI**:122–55, 164, 174; **XVIII**:8, 30, 39, 42, 44, 85; **XIX**:12, 31, 33, 40, 46, 151, 167; **XX**:58; **XXI**:50; **XXXIX**:27, 28, 31, 86, 94, 105, 113, 138, 198, 247, 274, 277
Battle at the Canal. SEE Nahrawān
Battle of the Defile. SEE Yawm al-Shiʿb
Battle of the Masts **XV**:71–72, 76–77, 131
Battle of the Pass. SEE Yawm al-Shiʿb
Battle of the Trench (Battle of the Ditch, al-Khandaq, al-Aḥzāb) **VIII**:5, 7–27, 29, 40, 41, 144; **IX**:117, 125, 132; **XXVIII**:192; **XXXVIII**:52; **XXXIX**:10, 11, 22, 26,

Battle of the Trench (continued)
XXXIX:30, 36, 38, 40, 47, 57, 62, 66, 69, 73, 133
SEE ALSO ʿĀm al-Aḥzāb
Battle by the Water **XVII**:11–16
Baṭūnas (of Men of the Cave) **IV**:156
Bawādirah (by Bukhārā) **XXV**:54
bawārī (shields of tar-covered mats) **XXXV**:41, 47, 67
bawārij (deep water vessels) **XXXV**:63
al-Bawāzīj (on upper Tigris) **XXXV**:147; **XXXVI**:148
Bawāzīj al-Anbār **XI**:52
Bāwīl b. Mehujael **I**:346
al-Bawn (in Yemen) **III**:164
Ibn al-Bawwāb. SEE ʿAbdallāh b. Makhlad; ʿAbdallāh b. Muḥammad b. ʿAbdallāh b. Salm
Bāʾy Bābān (near Marw) **XV**:87
Banū Bayāḍah b. ʿĀmir **VII**:144; **XXXIX**:135
Banū Bayāḍah al-Anṣārī **IX**:108
bayʿah. SEE oath of allegiance
Bāyakbāk (Turkish commander) **XXXV**:34, 35, 72, 87, 90, 122, 123, 140, 141, 152, 154, 164; **XXXVI**:22–24, 73–76, 79, 80, 82, 85, 87–90, 92–98, 102–4, 107
Bayān (canal). SEE Nahr Bayān
Bayān (village, on the way to al-Ahwāz) **XXXVI**:38, 52, 54, 154, 155
Bayān (b. Bishr al-Aḥmasī) **II**:86, 87
Bayān al-ʿAnbarī **XXV**:13, 47
Bayān (Bayāb) Āzar (near al-Ahwāz) **XXXVI**:155
Bayān b. Samʿān al-Tamīmī **XXV**:154
Bayārkath (Bayār, Soghdian commander) **XXIV**:169, 171, 177
Bayāsān (killed by Sardarkhudāh) **XXVI**:237
al-Bayāsān (village, in Marw al-Shāhijān) **XXIV**:48, 52–53
Bayḍ (in Tamannī) **XXXIX**:172
al-Bayḍāʾ (in the direction of Balanjar) **XIV**:39
al-Bayḍāʾ (in Fārs) **V**:6; **XVII**:204
al-Bayḍāʾ (beyond al-Ghābah) **XXVIII**:114
al-Bayḍāʾ (near Khaybar) **VII**:104; **VIII**:126?
al-Bayḍāʾ (ʿUbaydallāh b. Ziyād's residence, in al-Baṣrah) **XX**:36
al-Bayḍāʾ (name of Prophet Muḥammad's bow) **IX**:154
al-Bayḍāʾ. SEE Daʿd bt. Jaḥdam b. ʿAmr; Umm Ḥakīm bt. ʿAbd al-Muṭṭalib
Baydūn (*khādim* of al-Muʿtazz) **XXXIV**:198
Bayhaq (west of Nishapur) **XV**:92; **XXV**:118; **XXVI**:60, 116, 123
Bayḥarah b. Firās **VI**:121
Bayhas (in a line of al-Mutalammis' poetry) **IV**:144
Bayhas (*rāwī*) **XXVII**:24
Ibn Bayhas (adherent to al-Mubarqaʿ's rebellion) **XXXIII**:204, 206
Bayhas b. Budayl al-ʿIjlī **XXVII**:62
Bayhas b. Budayl al-Sulamī **XXVII**:129
Bayhas b. Ṣuhayb al-Jarmī **XVIII**:58, 59
Bayhas b. Zumayl al-Kilābī **XXVI**:148, 150
Baykand (Paykand) **XVIII**:178; **XXIII**:134–37; **XXV**:67
battle of **XXV**:51–54
Baylam (toponym) **XXXVII**:8
al-Baylaqān (in Arrān) **XXXIII**:90; **XXXIV**:124
Baynūn (Baynīn, fortress, in Yemen) **III**:164; **V**:209
al-Baynūq al-Farghānī **XXXV**:42

Bayraḥā (palace, in Medina) **VIII**:66
Bayrūdh (Bīrūdh, Bayrūt, in Khūzistān) **XIV**:78, 79, 80; **XXXVII**:4
Bayrūt. SEE Bayrūdh; Beirut
al-Bayruzān (commander of Rustam b. Farrukhzād al-Armanī) **XII**:45, 62, 82, 95, 98, 100, 123
Baysān (in Palestine) **XI**:160, 170–72; **XII**:183
Bayt Īliyā. SEE Jerusalem
Bayt Jibrīn (Bayt Jibrīl, in Palestine) **XI**:126
bayt al-māl. SEE treasury
Bayt al-Maqdis (Bayt al-Muqaddas). SEE Jerusalem
bayt al-qarāṭīs (document room) **XXI**:161
Bayt Qurrah (toponym) **XXII**:105
Bayt Rūmī (toponym) **XXVIII**:218
Baytak (Bītak) bt. Afrīdhūn **III**:20
Bayṭarā (toponym) **XXII**:107
Bayy b. Jūdharz **IV**:4, 8, 11, 13, 15
Bāzabdā (on upper Tigris) **XXX**:109–10
Bāzagharī (representative of Khāqān) **XXV**:56, 57
Bāzān. SEE Bādhān
Abū Bazīn al-ʿUqaylī **V**:232
Bāziq (Bezek, Canaanite city) **III**:97
Bāziq (king of Jerusalem) **III**:96, 97
Bazkuwār (Barkuwān, near al-Qādisiyyah) **XXXVI**:137
bazmāward (*bizmāward*, kind of meatballs) **XXXI**:246–47; **XXXII**:243
Bāzranjīn (royal family of Fārs) **V**:4–5
Bazūghā (northeast of Baghdad) **XXXV**:66
Ibn Abī Bazzah. SEE al-Qāsim b. Abī Bazzah
al-Bazzāq (toponym) **XXXVI**:194
beacon system. SEE *manār*
beads, in traditional healing **XXIV**:15, 16
beard(s)
dyeing of **XXVIII**:117
plucking, in punishment **XVI**:68
shaving of. SEE shaving heads and beards
Bedouins **VIII**:67, 68, 78, 94; **IX**:2, 3, 28, 31, 36, 40, 49, 149, 151, 152; **XII**:162; **XVI**:19; **XVIII**:188; **XXXV**:13, 16, 27, 46, 47, 61, 75, 76, 80, 89, 90, 108, 141; **XXXIX**:220
SEE ALSO *ahl al-wabar*; Arabs
Beersheba (Biʾr al-Sabaʿ) **II**:23, 65, 128; **III**:2
beetles (*jiʿlān, khanāfis*) **XII**:37; **XIX**:217
beets **XXXIX**:206
beheading. SEE crucifixion after beheading
Behrasīr. SEE Bahurasīr
Beirut (Bayrūt) **XXXIX**:255
Belshazzar b. Evilmerodach b. Nebuchadnezzar **II**:15
Belshazzar b. Merodakh **IV**:49
belt(s)
of Isaac b. Abraham **II**:148–49
zunnār belts (of *ahl al-dhimmah*) **XXXIV**:89, 90, 94
benefit. SEE *niʿmah*
Benjamin b. Jacob (Shaddād) **II**:135, 136, 149, 167, 169, 170, 172–74, 176–80; **IV**:20, 61; **XII**:190; **XIII**:166
Berbers (al-Maghāribah, Maghribites) **II**:16, 17, 21, 127; **III**:98; **IV**:123; **XV**:22–23; **XXVI**:54, 116, 240; **XXVII**:148, 197; **XXXI**:142; **XXXIII**:113, 191; **XXXIV**:19, 79, 81, 122–23, 139, 203; **XXXV**:1, 4, 11, 14, 31, 32, 39, 42, 43, 44, 48, 49, 50, 53, 55, 60, 61, 63, 67, 69, 70, 72, 77, 79, 82,

Berbers (continued) **XXXV**:90, 91, 96, 100, 121, 131, 140, 143, 154, 164; **XXXVI**:55, 81, 93–95, 97, 98, 104, 106; **XXXVII**:124, 162, 164; **XXXVIII**:31, 115, 151, 198, 202, 206
SEE ALSO al-Waḍḍāḥiyyah
Berechiah b. Hananiah **IV**:66, 67
Berechiah b. Zerubabel b. Shealtiel **IV**:68
Bethlehem **IV**:125
Bethuel b. Nahor **II**:61, 131
Bēwarāsb. SEE al-Ḍaḥḥāk
Bezek. SEE Bāziq
Bible. SEE Ahl al-Kitāb; Ezekiel; Gospels; Psalms; Torah
Ibn Bīḍ (poet) **XXIV**:62; **XXVI**:136
Bid'ah (songstress) **XXXVIII**:207
al-Bīḍah (between al-'Udhayb and Wāqiṣah) **XIX**:95
Bidarafsh (sorcerer) **IV**:73
biers **XXXIX**:167, 169
Bifaharid (Arsacid king) **IV**:100
Bih Ardashīr (on the western side of al-Madā'in) **V**:15–16, 61, 87–88, 376
Bihkanid (seven noble men of the Persian court) **IV**:77
Bihlāyā. SEE Qanṭarat Bihlāyā
Bihqubādh (districts, in Iraq) **XI**:41–42, 179; **XX**:219; **XXII**:74; **XXX**:40
Bihrasīr (south of Baghdad) **V**:15
Bijād (of Banū Sa'd b. Bakr) **IX**:18
Bijād (messenger of Sa'd b. Abī Waqqāṣ) **XII**:122
Bijād b. 'Uthmān (of Banū Ḍubay'ah) **IX**:61
Bīl (construction overseer for Junday Sābūr) **V**:38–39
Abū al-Bilād (*mawlā* of Banū 'Abs) **XXVI**:262
Bilād al-Rūm. SEE Byzantium
Bilādhā (Bīlādhā), Abū Anūjūr (king of Farghānah) **XXIV**:170
SEE ALSO al-Naylān; al-Ṭār
Bilāl (Abū Bilāl, house owner of al-Kūfah) **XXI**:35, 102
Bilāl (*mawlā* of Abū Bakr al-Ṣiddīq). SEE Bilāl b. Rabāḥ
Abū Bilāl. SEE Mirdās b. Udayyah
Bilāl b. Asīd al-Ḥaḍramī **XIX**:51, 54
Bilāl b. Abī Burdah **XXV**:44, 63, 130, 185, 186
Bilāl al-Ḍabābī al-Shārī **XXXII**:182
Bilāl b. al-Ḥārith al-Muzanī **XI**:116; **XIII**:155–56
Bilāl b. Rabāḥ **II**:30; **VI**:46, 85; **VII**:59; **VIII**:47, 122, 125; **XI**:162; **XII**:177; **XIII**:104, 105, 107, 176; **XXXIX**:44, 290
Bilāl b. Yasār **XXXIX**:100
al-Bilāliyyah (faction, in al-Baṣrah) **XXXVI**:32, 34, 35, 43, 52, 58, 60, 61, 65, 109, 129, 131, 176
Bilbays (in Egypt) **XV**:185
Bildad (friend of Job) **II**:142
Bilhah (concubine of Jacob b. Isaac) **II**:135, 136
Bilḥajjāj (of Numayr b. 'Āmir) **XXXIV**:49
Bilqīs (Queen of Sheba) **III**:156, 157, 158, 159, 160, 162, 165; **IV**:78; **V**:174; **XXXIX**:255
Bīmā (in Egypt) **XXXII**:191
Bīmand (in Kirmān) **XV**:69
Bīn. SEE Nahr Bīn
al-Bīnajān b. al-Marzubān b. Wahriz **V**:252
Bīnak (commander of Aḥmad b. Laythawayh) **XXXVI**:197; **XXXVIII**:170
Binduwān (*marzubān* of Bāb al-Abwāb) **XII**:46, 98
Bindūyah (Bindī, maternal uncle of Kisrā II) **V**:303–4, 307, 309–11, 313
Bindūyah b. Bisṭām **XI**:183

Bi'r Annā (Unā, in Banū Qurayẓah's territory) **VIII**:28–29
Bi'r Arīs (Well of Arīs, near Medina) **XV**:62
Bi'r al-Ja'd (near al-Kūfah) **XXI**:34
Bi'r Khāsif (in Ādharbayjān) **IV**:17
Bi'r Marq (in Medina) **VI**:127
Bi'r Ma'ūnah, battle of **VII**:21, 151–56
Bi'r Maymūn (near Mecca) **XVI**:46; **XXI**:208–9; **XXVIII**:179; **XXIX**:88, 89, 156, 161, 166; **XXXII**:32, 33–34
Bi'r al-Muṭṭalib (near Medina) **XXX**:21
Bi'r al-Saba'. SEE Beersheba
birdhawn (war horse, non Arabian horse) **XIV**:112; **XXXI**:54; **XXXIX**:224
al-Birdhawn b. Marzūq al-Shaybānī **XXVII**:12, 26
birds
- cranes **XXXVII**:21, 28
- doves. SEE doves
- eagles **II**:36–37, 107–9; **XIV**:41
- fabulous birds. SEE al-'Anqā'
- falcons **XXXIII**:80; **XXXVIII**:77
- flock of birds bearing stones, sent on Abrahah's Abyssinian troops **V**:229, 235
- geese **II**:26
- hawks. SEE hawks
- hoopoe **III**:156–59
- hunting with birds **I**:345; **XIV**:41; **XXXIII**:80; **XXXV**:161; **XXXVIII**:77
- *kudrah* (desert bird) **XVIII**:116
- magpie **XII**:47–48
- Numidian cranes **XXXVII**:21, 28
- ornithomancy (*'iyāfah*) **V**:331; **XII**:47–48; **XV**:225–26; **XXII**:67; **XXIII**:22, 170, 205; **XXIV**:8; **XXXVII**:176
- ostriches **XVIII**:109

birds (continued)
- owl, as spirit of the non-avenged **XXI**:162
- pigeons. SEE pigeons
- quail (*salwā, sumānā*) **III**:82–83
- raven (crow, *ghurāb*) **I**:309, 311, 357; **XII**:47
- sand grouse (*ghuṭāṭ*) **XXII**:18–19
- vultures. SEE vultures

Bīrī (Pīrī, youth raised with Darius' son) **IV**:87, 88
Birkat Zalzal (toponym) **XXXVI**:123
birsām (inflammation of the brain) **XII**:176
Bīrūdh. SEE Bayrūdh
Bīrūnas (of Men of the Cave) **IV**:156
biscuits (*ka'k*) **XXXIII**:52, 54, 64
Bīshah (in Yemen) **VIII**:159; **IX**:72
bishops **VIII**:104–5; **X**:163
Bishr (*mawlā* of Hishām b. 'Abd al-Malik) **XXVI**:76
Bishr (*mawlā* of Banū Kinānah b. 'Awf) **XXVI**:163
Bishr (*wālī* of Banū Bakr of Ḍabbah) **X**:90, 91
al-Bishr (al-Zumayl, east of Ruṣāfat Hāshim) **XI**:61, 65–66, 126
Abū Bishr. SEE Bahlūl b. Bishr al-Shaybānī
Abū Bishr (*rāwī*). SEE Ja'far b. Iyās
Bishr b. 'Abd al-Malik b. Bishr **XXVII**:191
Bishr b. 'Abdallāh al-Asadī **XXI**:145
Bishr b. 'Abdallāh al-Hilālī **XII**:11
Bishr b. Ādam **VII**:115; **XXXIX**:152
Bishr al-Afshīnī **XXXVIII**:163, 167, 169, 170, 204, 206
Bishr b. al-Ajda' al-Hamdānī al-Thawrī **XXII**:129
Bishr b. 'Amr b. al-Ḥārith **XXXIX**:247
Bishr b. 'Āṣim. SEE Bashīr b. 'Āṣim

Bishr b. al-ʿAsūs al-Ṭāʾī al-Milqaṭī **XVII**:56
Bishr b. Bakr **VI**:102
Bishr b. al-Barāʾ b. Maʿrūr **VIII**:123–24
Umm Bishr b. al-Barāʾ b. Maʿrūr (Khulaydah bt. Qays b. Thābit) **VIII**:124; **XXXIX**:287
Bishr b. Bisṭām b. ʿImrān al-Burjumī **XXVII**:29, 99, 128
Bishr al-Buktamirī **XXXVIII**:139
Bishr b. Dāwūd b. Yāzīd al-Muhallabī **XXXII**:106, 175, 179, 189
Bishr b. Diḥyah al-Baṣrī **XXXIX**:125
Bishr b. Ghālib al-Asadī **XXII**:71, 74, 76
Bishr b. Ghiyāth al-Mārisī **XXXII**:100–101, 103–4
Bishr al-Ḥāfī. SEE Bishr b. al-Ḥārith al-Ḥāfī
Bishr b. Halbāʾ al-ʿĀmirī **XXVI**:162
Bishr b. al-Ḥārith al-Ḥāfī (al-ʿĀbid), Abū Naṣr **XXXIII**:207; **XXXIX**:331
Bishr b. Hārūn (garden owner) **XXXVIII**:7
Bishr b. Hārūn al-Naṣrānī **XXXV**:11, 21
Bishr b. al-Ḥasan al-Sukkarī, Abū Aḥmad **XXXIX**:142
Bishr b. Ḥassān b. Ḥawṭ **XVI**:143
Bishr b. Hawdhān al-Jahḍamī **XXV**:73, 74
Bishr b. Abī Ḥawṭ **XIII**:56, 62
Bishr b. Ḥawṭ al-Hamdānī. SEE Bishr b. Sawṭ al-Hamdānī al-Qābidī
Bishr b. Hilāl al-Ṣawwāf **III**:101, 107, 109
Bishr b. ʿImrān **XXXIX**:152
Bishr b. ʿĪsā **XXIII**:174; **XXIV**:6, 48; **XXV**:182; **XXVII**:170, 185, 188
Bishr b. ʿIṣmah al-Muzanī **XI**:164; **XVII**:52–53
Bishr b. Jaʿfar al-Saʿdī **XXVII**:70
Bishr b. Jarīr b. ʿAbdallāh **XXI**:14, 18; **XXII**:5
Bishr b. Job (Dhū al-Kifl) **II**:143
Bishr b. Jurmūz al-Ḍabbī **XXV**:47, 104, 106, 120; **XXVI**:265; **XXVII**:41, 42, 43, 45
Bishr b. Khuzaymah al-Asadī **XXVII**:171
Bishr al-Mārisī. SEE Bishr b. Ghiyāth al-Mārisī
Bishr b. Marwān **XX**:62; **XXI**:191–92, 199, 203, 205, 212, 232–34; **XXII**:3–5, 7, 11, 13, 23, 71, 96, 157; **XXXIX**:269
Bishr b. Maymūn al-Sharawī **XXVIII**:241
Bishr b. Muʿādh al-ʿAqadī **I**:193, 246, 251, 268, 270, 274, 302, 356, 365, 367, 369; **II**:102, 103, 114, 117, 120, 124, 151, 164, 168, 173, 180; **III**:17, 54, 89, 100, 143, 146; **IV**:155, 168, 169; **VII**:40; **VIII**:80
Bishr (al-Jārūd) b. al-Muʿallā. SEE al-Jārūd b. ʿAmr b. Ḥanash b. al-Muʿallā al-ʿAbdī
Bishr b. al-Mufaḍḍal **XXXIX**:134, 136
Bishr b. al-Munajjim **XXIX**:112
Bishr b. al-Mundhir al-Bajalī **XXIX**:117, 180
Bishr b. al-Mundhir b. al-Jārūd al-ʿAbdī **XXIII**:69
Bishr b. Murrah b. Shuraḥbīl **XVII**:63
Bishr b. Mutashammis **XV**:107
Bishr b. Nāfiʿ **XXVI**:207–8
Bishr b. Rabīʿah al-Khathʿamī **XIII**:135
Bishr b. Razīn. SEE Razīn b. Bishr
Bishr b. Saʿīd al-Marthidī **XXXV**:30, 31
Bishr b. Salm **XXVIII**:282
Bishr b. al-Samaydaʿ **XXXI**:27; **XXXIII**:11
Abū Bishr al-Sarī **XXX**:33

Bishr b. Sawṭ al-Hamdānī al-Qābidī, Abū Asmā' **XIX**:152, 180; **XXI**:34
Bishr b. Shurayḥ (al-Ḥuṭam) b. Ḍubay'ah al-Qaysī **XV**:160
Bishr b. Sufyān al-Ka'bī **VIII**:70
Bishr b. 'Ubaydah **XXVI**:32
Bishr b. 'Umārah **I**:252, 258, 261, 264, 266, 269
Bishr b. 'Umayr **XXVI**:160
Bishr b. Unayf al-Riyāḥī **XXV**:107, 126, 127
Bishr b. al-Waḍḍāḥ, Abū al-Haytham **IX**:159
Bishr b. al-Walīd b. 'Abd al-Malik **XXIII**:217–19; **XXVI**:141, 250
Ibn Bishr b. al-Walīd b. 'Abd al-Malik **XXVI**:141
Bishr b. al-Walīd al-Kindī **XXXII**:137, 210–11, 215–16, 220–22
Bishr b. Zayd al-Bawlānī **XVII**:116
Bishr b. Zunbūr al-Azdī **XXV**:47
Bishtāsb b. Luhrāsb (legendary Iranian ruler) **III**:5; **IV**:43, 45–47, 71–74, 76–77, 79, 81–82, 85–86; **V**:390
Bisṭām (in Qūmis) **XIV**:28
Bisṭām (*dihqān* of Burs) **XIII**:3
Bisṭām (father of Bindūyah and Tīrūyah) **XI**:183
Bisṭām (*iṣbahbadh* of al-Sawād) **V**:91
Bisṭām (maternal uncle of Kisrā II) **V**:303–4, 307, 309–10, 313
Bisṭām (Shawdhab, Khārijite rebel). SEE Shawdhab
Abū Bisṭām (Yaḥyā b. 'Abd al-Raḥmān al-Tamīmī) **XXXIX**:311–12
Umm Bisṭām (wife of Mas'ūd b. 'Amr al-Azdī) **XX**:22
Bisṭām b. 'Amr al-Taghlibī **XXIX**:180, 193, 203
Bisṭām al-Bayhasī **XXVII**:9, 10
Bisṭām b. Jūdharz **IV**:17
Bisṭām b. Kazdahman **IV**:15
Bisṭām b. Maṣqalah b. Hubayrah al-Shaybānī **XXI**:142–43; **XXII**:27–28; **XXIII**:37, 38, 43–44, 47–48, 69
Bisṭām b. Muslim **II**:163
Bisṭām b. Qays **X**:88
Bītak. SEE Baytak
al-Biṭān (between al-Shuqūq and al-Tha'labiyyah) **XXXVIII**:177
Biṭān b. Bishr **XIII**:38
Bīṭīq (in Nahr Jawbar district) **XI**:184
Biṭlāyus. SEE Vittelius
biṭrīq. SEE *baṭrīq*
Bīwarasb (Bīwarāsb). SEE al-Ḍaḥḥāk
Bīward. SEE Abīward
Bīzan b. Bayy **IV**:12, 15, 99, 100
bizmāward. SEE *bazmāward*
B.k.sūm (?, ethnic group) **XXXIV**:141
black color symbolism **XXXI**:106, 127, 184, 229
  flags **XXVII**:30, 65; **XXVIII**:208, 209; **XXXIV**:96; **XXXVI**:58; **XXXVII**:130
  garments **XXVII**:65, 171, 186–87; **XXVIII**:265; **XXXI**:56, 106; **XXXII**:61–62, 67, 73, 95, 131; **XXXIII**:32; **XXXIV**:16
  SEE ALSO al-Musawwidah
Black Corner (of al-Ka'bah). SEE al-Rukn
black people (*al-sūdān, al-asāwidah*) **II**:11, 20, 21; **IV**:123; **V**:106; **XIII**:96, 177; **XXVIII**:231–35; **XXXII**:33; **XXXIV**:19, 23, 141; **XXXVI**:37
  SEE ALSO al-Zanj
Black Stone (of al-Ka'bah) **I**:297, 303, 362; **II**:70; **VI**:53, 57–58, 101, 162; **VIII**:135; **XII**:195; **XX**:112, 123, 133; **XXXIX**:64
  SEE ALSO al-Rukn
blind people, providing for **XXVI**:103

Blind Tigris (Dijlah al-ʿAwrāʾ, river) **V**:331–35; **XXXVII**:33–34, 38–39, 41

SEE ALSO Fayḍ al-Baṣrah

blood

burial of martyrs without ritual washing **XII**:107

on copy of al-Qurʾān **XV**:205–6, 216, 218

first blood shed in Islam **VI**:88–89

in urine **XXVIII**:260

water turning into blood **III**:59–60, 66, 67

Blood Canal. SEE Nahr Dam

blood money *(diyah)* **VIII**:55, 91, 161, 181, 184, 190; **X**:49, 78, 91, 98, 102, 112–15; **XX**:42, 43, 45; **XXIV**:56; **XXXIX**:61, 223

SEE ALSO *maʿāqil*

blood revenge (law of retaliation) **IX**:21–22, 112; **XIV**:108; **XXXIX**:61, 98, 219

bloodletting (phlebotomy) and cupping **V**:380; **XXVIII**:133–34; **XXXIII**:207; **XXXIV**:221; **XXXV**:158, 162; **XXXVIII**:142–43

blue eyes **XXI**:139

B.n.dū (?, king of Maysān) **V**:13

B.n.j.r (?, ethnic group) **V**:151, 153

boasting match. SEE *mufākharah*

boats and ships

bawārij (deep water vessels) **XXXV**:63

ḥarrāqah (fire boat) **XXX**:225; **XXXI**:184, 187, 189–90, 199–200, 226–27; **XXXIV**:85; **XXXV**:31; **XXXVI**:199; **XXXVII**:114

ishtiyām (ship master) **XXXV**:63

Jannābī barges **XXXVI**:122

jāribiyyah (flat-bottomed vessel) **XXXVI**:46

al-kārawān (transport boats) **XXXVI**:52

boats and ships (continued)

maʿābir (ferries) **XXXVII**:13

mujawnihāt (reed boats) **XXXVI**:46

qayrawānāt (supply ships) **XXXVI**:125

rafts, of waterskins **XXXIII**:182

raqqiyyah (transport boat) **XXXVII**:119

ṣalghah (large transport boat) **XXXVI**:175; **XXXVII**:19

seagoing vessels **XXXVIII**:91

shabbārah (river boat) **XXXV**:49, 68

shadhāh (pl. *shadhawāt*, war barge) **XXXI**:190; **XXXVI**:56, 137–38, 145, 154–55, 175–80 *passim;* **XXXVII**:94–101 *passim*, 106–38 *passim;* **XXXVIII**:82, 190

SEE ALSO Day of the Barges

shalandiyah vessels **XXXIV**:125, 126

sumariyyah (galley) **XXXVI**:41, 49–50, 145, 175–80 *passim;* **XXXVII**:13–29 *passim*

zallālah (*zulāl*, swift river craft) **XXXIII**:207; **XXXVII**:114

zawraq (small boat, skiff) **XXX**:13; **XXXI**:190; **XXXIII**:10; **XXXIV**:182; **XXXVII**:119

zaww (gondola) **XXX**:222; **XXXIII**:11

boils (ailment) **XII**:83

Book of God **XVII**:29, 37, 78, 79, 82, 83, 85, 86, 93, 100–101, 111, 117, 119, 136, 150, 152, 159, 172, 178, 180, 189, 191, 219; **XVIII**:2, 46, 78, 120, 176; **XX**:92, 98, 99, 100, 103, 113, 136, 154, 191, 194, 217

SEE ALSO al-Qurʾān

booksellers **XXXVII**:176

booty *(fay', nafal)* **VIII**:123, 130; **XI**:167–68, 220; **XII**:154–56, 159, 203, 204; **XIII**:44–51, 66, 104, 113, 120, 136; **XIV**:18, 22, 26, 27, 33, 34, 60, 66, 67, 72, 77, 82, 84, 107, 142; **XV**:7, 61, 134, 157, 222; **XVII**:45, 48, 112, 114, 137, 167, 210; **XVIII**:11, 46, 81; **XX**:14, 38, 100, 127, 187, 212; **XXI**:11–13, 203, 205; **XXII**:15, 34–35, 75, 87, 95, 132, 140; **XXIII**:192; **XXVII**:114, 119; **XXIX**:112, 131, 134, 154, 187, 206; **XXXI**:67, 205
- at Amghīshiyā **XI**:26
- at Badr **VII**:63–64, 65
- at Bu'āth **VIII**:38–39
- at al-Buwayb **XI**:206, 207, 210, 211
- division of **VII**:63–64, 65; **VIII**:38–39, 128–30, 151; **IX**:26–38, 66; **X**:17, 44, 51, 59, 129, 130, 133, 145, 146, 148, 149, 152, 154, 156, 159, 163, 184–88; **XI**:17, 98, 167–68, 206, 207, 210, 211; **XII**:57; **XIII**:24, 27, 29–36, 42–47, 56, 108, 136, 182–84, 191, 200, 211, 212, 214, 217; **XXVII**:114, 153
  - SEE ALSO *khums*
- *fay' al-riyāḥ* ('plunder of the winds') **V**:394
- gifts to women **VIII**:126
- at Ḥunayn **IX**:26–38, 72
- at Jalūlā' **XIII**:44–51
- at Khaybar **VIII**:128–30
- *khums* (fifth of the booty) **VII**:20, 87, 99; **VIII**:38–39, 128, 130; **IX**:30, 32, 75, 87, 196; **X**:59, 154, 156, 157, 185, 188; **XI**:14, 25; **XII**:27, 41, 138, 160–61, 168, 178, 206, 207; **XIII**:27, 211; **XIV**:22, 77, 80; **XXIII**:17; **XXXI**:248; **XXXIX**:75, 183
- of Kisrā **XI**:36, 40, 184

booty (continued)
- at al-Madā'in **XIII**:24–36
- at al-Madhār **XI**:15, 17, 18
- *mirbā'* (setting one-quarter of the booty aside for the leader) **IX**:64
- at Nihāwand **XIII**:211, 212, 214, 217
- at al-Qādisiyyah **XII**:57, 113, 128–29, 154–56, 159, 204
- *ṣafī* (first pick, in division of booty) **VII**:87; **IX**:75
- at Takrīt **XIII**:56
- at al-Yarmūk **XI**:98
- SEE ALSO *ahl al-fay'*

border regions. SEE frontier districts

Borsippa. SEE Burs

Bosphorus **V**:327; **XV**:94

boundaries
- of al-Ḥaram *(a'lām al-Ḥaram)* **XXXIX**:93
- between two kingdoms **III**:24

bowing (prostration, as part of prayer ritual). SEE *rak'ah; sajdah*

bows and arrows
- *banjakān* (five-arrow volley) **V**:247
- divining arrows **VI**:3–5; **IX**:10; **XXXIV**:92
- *gharab* (silver arrow) **XXXV**:70
- hazelwood bow **XXVIII**:258
- nāwakī (nāwakiyyah) bows and arrows **XXXV**:61, 95; **XXXVII**:43, 59, 60, 102
- of Prophet Muḥammad **IX**:154
- repair of **XXII**:56
- Sasanian bow case **V**:263
- *shawḥaṭ* (hardwood tree of which bows are made) **IX**:120, 154
- symbolism of **XXIII**:94
- SEE ALSO archery; *al-maysir*

boxthorn (*'awsaj, Lycium* sp.) **III**:50, 51; **XXI**:149

bracelets. SEE neck chains and bracelets
brain, inflammation of **XII**:176
ʾ.b.rās.yār (tax payment arrangement) **V**:260
bread
dry biscuit *(kaʿk)* **XXXIII**:52, 54, 64
first bread baked in ashes **I**:298
flat bread *(ruqāq)* **XI**:24–25
kakkah (white bread) **XII**:170
wheat bread **XXXIX**:155
bread soup. SEE *tharīd*
breakfast (of dates and water) **XXXIX**:125
breastplates *(jawāshīn, tannūr ḥadīd)* **III**:136; **X**:128; **XXVIII**:197; **XXXV**:45; **XXXVI**:60, 87, 131
bridal gift. SEE dowry
Bridge, Battle of. SEE Battle of the Bridge
Bridge Gate. SEE Bāb al-Jisr
bridges
arched bridge (masonry bridge, *qanṭarah)* **XXI**:68; **XXII**:94; **XXXIII**:85; **XXXV**:10, 42, 76, 83, 85; **XXXVI**:62, 123, 144, 182, 206; **XXXVII**:2
of Baghdad **XXX**:219; **XXXI**:131; **XXXII**:18; **XXXIV**:84; **XXXVI**:16, 19, 202; **XXXVII**:152, 159, 168; **XXXVIII**:7, 39, 43, 45, 73, 82, 111, 144, 152
crown of the bridge *(kursī al-jisr)* **XXX**:95
double bridge of boats, in Baghdad **XXXI**:131; **XXXII**:18; **XXXVI**:19, 202
pontoon bridge *(jisr)* **XIII**:3, 4; **XXXVII**:30, 35, 38, 61, 85–86
of Raʾs al-Jālūt **XXI**:68
bridges (continued)
teakwood bridge **XXXVII**:96, 99–100
SEE ALSO entries beginning with Jisr; Qanṭarat/Qanāṭir
brocade *(dībāj, dabīq, buzyūn)* **I**:349; **XII**:92; **XXIX**:144; **XXX**:264; **XXXV**:59
brotherhood bond *(muʾākhāh)* **XXXIX**:20, 27, 30, 40, 105
B.r.w.m.y.d. al-ʿAwrāʾ (mother of Bābak al-Khurramī) **XXXIII**:90
Buʿāth (in Medina) **VII**:97
battle of **VI**:123, 124; **VIII**:36; **X**:8, 179
SEE ALSO Ḥāṭib, War of
Būdan (army general) **XXXVII**:78
al-Budandūn (Badandūn, Podandos, river and place, in Cilicia) **XXIII**:146; **XXX**:295; **XXXII**:222, 224; **XXXIII**:127; **XXXIV**:43; **XXXVI**:190
al-Budāt (Badāt, near al-Kūfah) **XXI**:138
al-Buḍayḍ (in north central Arabia) **X**:182
Budayḥ (singer) **XVIII**:224
Abū Budayl. SEE Waḍḍāḥ b. Ḥabīb b. Budayl
Ibn Budayl. SEE ʿAbdallāh b. Budayl
Budayl b. Maysarah **XXXIX**:125
Budayl b. Warqāʾ al-Khuzāʿī **VIII**:75–76, 162, 163, 164, 168, 171, 175; **IX**:20
Budayl b. Yaḥyā **XXVIII**:262
Buddhist shrines. SEE al-Nawbahār
Būdh Ardashīr. SEE Ḥazzah
Bughā al-Kabīr (Bughā the Elder) **XXXII**:158; **XXXIII**:19–20, 24, 36–43, 77, 126–27, 176, 178, 192; **XXXIV**:17, 19–20, 22, 26, 36, 45–51, 116, 121–24, 151, 156, 176, 178, 210, 212; **XXXV**:1, 6; **XXXVI**:85

Bughā al-Ṣaghīr al-Sharābī (Bughā the Younger) **XXXIV**:34, 62, 68, 78–81, 86–88, 105, 115–16, 178–81, 212; **XXXV**:1, 2, 5, 7, 8, 11, 12, 13, 28, 29, 30, 31, 32, 34, 44, 45, 46, 64, 67, 78, 92, 95, 96, 99, 102, 103, 104, 105, 106, 107, 122, 123, 124, 143, 146, 152, 153, 154; **XXXVI**:88, 90

Bughā al-Sharābī. SEE Bughā al-Ṣaghīr al-Sharābī

Bughā the Elder. SEE Bughā al-Kabīr

Bughā the Younger. SEE Bughā al-Ṣaghīr al-Sharābī

Bughrāj (commander) **XXXVI**:120, 122, 126, 127, 130, 168; **XXXVII**:28–29, 47

Buhayl (in India) **I**:292

al-Buḥayrah (island, in the Caspian Sea) **XV**:45; **XXIV**:47–51

Buḥrān (mine, above al-Fur') **VII**:19, 21, 88, 93

Banū Buḥtur **XVIII**:140, 160

al-Buḥturī (al-Buḥturī al-Ṭā'ī), Abū 'Ubādah **XXXI**:244; **XXXIII**:195; **XXXIV**:166; **XXXV**:119

building materials **I**:341; **XIII**:67, 68

buildings, height of **XIII**:68

al-Bujah (ethnic group) **XXXIV**:140–45

Abū Bujayd Nāfi' b. al-Aswad **XIII**:15, 52

Bujayr (poet, of Banū Ṭayyi') **XII**:107

Banū Bujayr **XVIII**:19

Bujayr b. al-'Abd b. 'Alqamah al-Taghlibī **XI**:54

Bujayr b. 'Abdallāh al-Muslī **XXI**:105–8

Bujayr b. Duljah **XVI**:144, 149, 150

Bujayr b. Iyās b. 'Abdallāh b. 'Abd Yālīl. SEE al-Fujā'ah al-Sulamī

Bukayr b. 'Abdallāh b. al-Ashajj **XXXIX**:237, 335

Bukayr b. 'Abdallāh al-Laythī **XII**:26, 27, 125, 146, 147; **XIII**:4, 5; **XIV**:3, 22, 26, 31–34, 37

Bukayr b. al-Akhnas **I**:217

Bukayr al-Aṣamm (the Deaf One, poet, of Banū al-Ḥārith b. 'Ubād) **V**:367–68

Bukayr b. Hārūn al-Bajalī **XXII**:140, 145–47

Bukayr b. Ḥayy al-Taymī **XIX**:139

Bukayr b. Ḥumrān al-Aḥmarī **XVIII**:139; **XIX**:54–55, 57, 61

Bukayr b. Māhān **XXV**:25, 29, 125, 171, 172; **XXVI**:66–67, 237–38; **XXVII**:27, 62, 174, 175

Bukayr b. al-Math'abah al-Asadī **XIX**:87

Bukayr b. Mismār **XXXIX**:337

Bukayr b. al-Mu'tamir **XXXI**:230–31

Bukayr b. Rabī'ah b. Tharwān al-Ḍabbī **XXIII**:48, 70

Bukayr b. al-Shammākh **XXI**:217

Bukayr b. Wishāḥ (Wassāj) al-Sa'dī **XX**:78, 79, 177, 178; **XXI**:210–12, 234; **XXII**:7–8, 10–11, 165–75, 196–200; **XXIII**:94

Būkfārasb (name of Alexander the Great's steed) **IV**:92

Bukhārā (Bukhārans) **XVIII**:178, 179; **XXII**:166–67, 189; **XXIII**:90–91, 96–97, 100, 135, 137–38, 146–47, 150, 152, 176–77, 197, 205, 216; **XXIV**:49, 150; **XXV**:14, 29, 47, 48, 50, 52, 65, 88, 122, 189; **XXVI**:26, 29, 31, 46, 264; **XXVII**:75, 197, 203, 206; **XXVIII**:60; **XXX**:297; **XXXI**:53, 55; **XXXVIII**:201

Bukhārā al-A'lā (Upper Bukhārā) **XXIII**:135

Bukhārā-khudāh **XXXIII**:49, 56–58, 60–62, 64, 68–69

Bukhārā-khudāh (Bukhār Khudāh, Ṭughshādah, Ṭūq Shādah, ruler of Bukhārā) **XXIII**:177; **XXV**:40,

Bukhārā-khudāh (continued) **XXV**:53; **XXVI**:29–30, 264; **XXVII**:95, 100
Bukhārans. SEE Bukhārā
al-Bukhāriyyah (military force) **XX**:14, 18, 44; **XXVI**:46; **XXXIII**:155
Bukht Nāṣir (Bukht Naṣṣar). SEE Nebuchadnezzar
Bukhtāshah **XXXIII**:132
Bukhtinaṣṣar. SEE Nebuchadnezzar
Bukhtīshū', Abū Jibrīl (Bukhtīshū' al-Akbar) **XXIX**:20, 128
Bukhtīshū' b. Jibrīl **XXX**:202; **XXXIV**:152–53, 164; **XXXVI**:71
Bukhtiyya camels **XXIV**:149
Bukhtrashah. SEE Nebuchadnezzar
Buktamir (Buktimur, Baktimir) b. Ṭāshtamir **XXXVI**:161; **XXXVII**:5, 7, 46, 167; **XXXVIII**:22
Būlaq (Byzantine fortress) **XXIII**:134
Bulbul (salt flat worker) **XXXVI**:39
Bulghars **II**:26; **XXXI**:19
SEE ALSO al-Burjān; Slavs
Bulls, Day of. SEE Yawm al-Abāqir
Bulqayn. SEE Banū al-Qayn b. Jasr
Būlus (Byzantine fortress) **XXIII**:134
Bunān b. 'Amr al-Ḍārib **XXXIV**:174, 176–78, 180, 224
Bunānah (wife of al-Ḥakam al-Quraẓī) **VIII**:41
Banū Bunānah **XXXIX**:236
Bunānah bt. Abī Yazīd b. 'Āṣim al-Azdī **XXI**:125–26
Bunayy b. Nafīs **XXXVIII**:196
Būnāẓir b. Noah **II**:18
bundār (purchaser of land tax produce) **XXX**:187; **XXXIII**:142
SEE ALSO tax collectors
Bundār al-'Ilj **XIII**:184–87
Bundār b. Mūsā al-Ṭabarī **XXXV**:42, 45, 48, 49, 56, 105, 124, 147, 148, 149
Bunduqah. SEE Muḥammad b. Kumushjūr
Bunjīkath (near Samarqand) **XXIV**:171
al-Bunyān (in Khūzistān) **XIII**:124, 131
Būq. SEE Nahr Būq
Buqayin b. Yaqṭān b. Eber **II**:17
Buqaylah (al-Ḥārith) **XI**:30–31
Banū Buqaylah **V**:349; **XI**:7
Ibn Buqaylah. SEE 'Amr b. 'Abd al-Masīḥ b. Qays b. Ḥayyān b. al-Ḥārith
Buqrāṭ b. Ashūṭ (Bagrat son of Ashot Bagratuni) **XXXIV**:113–14
Būr. SEE Nahr Būr
al-Burak b. 'Abdallāh **XVII**:213–14, 223
Būrān (Persian detachments) **XIII**:7
Būrān bt. al-Ḥasan b. Sahl **XXXII**:82, 153–58
Būrāndukht (bt. Kisrā II) **V**:372, 399, 403–5; **XI**:176–79, 182–83, 186, 203, 222
al-Burāq (mounted by Abraham and Berechiah) **II**:92, 126; **IV**:68
Burayd b. 'Abdallāh b. Abī Burdah b. Abī Mūsā al-Ash'arī **IX**:17
Burayd b. Abī Maryam **XXXIX**:128
Abū Buraydah **XXXIX**:69
Ibn Buraydah. SEE 'Abdallāh b. Buraydah
Abū Buraydah b. 'Awf **XVII**:50
Buraydah b. al-Ḥuṣayb b. 'Abdallāh al-Aslamī **I**:180; **VIII**:119, 120; **XXXIX**:70–71, 290
Buraydah b. Sufyān b. Farwah al-Aslamī **II**:88; **III**:68; **VII**:133; **VIII**:85; **IX**:56
Burayh (Ibrāhīm b. Muḥammad b. Ismā'īl al-Hāshimī) **XXXVI**:108, 127–29, 134, 157, 161, 162; **XXXVII**:13

Ibn Burayh. SEE Ibrāhīm b. ʿĪsā b. al-Manṣūr
Ibn Burayhah. SEE Ibrāhīm b. ʿĪsā b. al-Manṣūr
Buraykah (Khārijite) **XXVII**:181
Buraykah bt. ʿAbd al-Ḥamīd **XXVIII**:158
Burayr b. Ḥuḍayr al-Hamdānī **XIX**:119, 121, 130, 132–33
Buraysh al-Qurayʿī **XXXVI**:33
Burāzah b. Bīfaghān **IV**:15
Burd (*mawlā* of Saʿīd b. al-Musayyab) **XXXIX**:216
Burd b. Ḥārithah al-Yashkurī **V**:365–66
Burd b. Labīd **XXVIII**:261
burd ḥibarah (striped Yemeni cloak) **IX**:203
burdah (Prophet Muḥammad's cloak) **XXXI**:11, 186, 196, 199–200; **XXXV**:99, 101, 108
al-Burdah (name of Prophet Muḥammad's camel) **IX**:152
Abū Burdah (brother of Abū Mūsā al-Ashʿarī) **XXXIX**:147
Abū Burdah (Companion of the Prophet) **XIII**:174
Abū Burdah b. ʿAwf al-Azdī **XIX**:168
Umm Burdah bt. al-Mundhir **IX**:39
Abū Burdah b. Abī Mūsā al-Ashʿarī **IX**:17; **XVIII**:140, 141, 219; **XXII**:80, 186, 195; **XXIII**:13; **XXXIX**:307
Abū Burdah b. Niyār **VII**:111; **IX**:148; **XXXIX**:155, 283
bureau. SEE entries beginning with Dīwān
burial. SEE funerary practices
al-Burj (caliphal ring) **XXXV**:114
Burj al-Ḥamām **XXIII**:204
Burj al-Iṣbahbadh (Iṣbahbadh's fortress) **XXXIII**:139
SEE ALSO Qidḥ al-Iṣbahbadh
al-Burjān (Bulghars of the Middle Volga region) **II**:17; **V**:162; **XXIV**:42
SEE ALSO Bulghars
Burkān, Abū Ṣāliḥ **XXXIX**:306
burning
of Abraham **II**:58–61
public burning of corpses **XXXIV**:147
burnus (hooded cloak) **XVII**:139; **XVIII**:137, 219
Burs (Borsippa) **XI**:120; **XII**:50; **XIII**:2–3
Bursān. SEE Abrusān
Burzāfrah b. Kayqāwus **IV**:8–11, 14
Buṣbuhrā b. Ṣalūbā **XI**:3–4, 7, 191; **XIII**:3
al-Busfurrajān (Vaspurakan) **XXXIV**:116
Būshanj (Pūshang) **XVIII**:85; **XXXVI**:151
Bushayr b. ʿAbd al-Raḥmān b. Bushayr al-ʿIjlī **XXI**:145
al-Bushīr (toponym) **XXXVII**:39
Bushrā (companion of Joseph b. Jacob) **II**:151, 152
Bushrā bt. Qays b. Abī al-Kaysam **X**:190
Bushūtan (son of Bishtāsb) **IV**:73
Būṣīr (village, in Egypt) **XXVII**:170, 173, 174
busr (fresh dates) **XXXIII**:210
Busr b. ʿAmr **VI**:15
Busr b. Abī Arṭāt **XI**:110; **XVI**:184; **XVII**:148, 206–8; **XVIII**:14, 15, 16, 26, 32, 71, 96, 122, 165, 222, 223; **XXXIX**:74
Busr b. Abī Ruhm al-Juhanī **XI**:20, 43, 205; **XII**:30, 65, 88, 132
Busr b. Saʿīd **XXXIX**:203, 304
Busr b. ʿUbaydallāh **XVIII**:16; **XXXIX**:101
Buṣrā **V**:270, 282, 327; **VI**:44; **VIII**:101; **IX**:58; **XI**:103, 108, 116,

Buṣrā (continued) **XI**:126, 128; **XXXI**:216; **XXXV**:61; **XXXVIII**:158

Banū Busrah **XXXIV**:49

Ibn Busrah. SEE ʿUmar b. Hubayrah al-Fazārī

Busrah bt. Ḥassān al-ʿAdawī **XXIV**:187

Bust (in Sijistān) **XXIII**:6, 50; **XXIX**:62; **XXXVIII**:195, 196

Bustān (near Junbulāʾ) **XXXV**:16, 17

Bustān Ibn ʿĀmir (Bustān Ibn Maʿmar, Garden of Ibn ʿĀmir, al-Bustān) **XXVII**:211; **XXIX**:89; **XXXII**:21, 38; **XXXIV**:21; **XXXVII**:127; **XXXVIII**:187

Bustān Bishr b. Hārūn (in Baghdad) **XXXVIII**:7

Bustān al-Hādī. SEE Bustān Mūsā

Bustān Ibn al-Ḥarūrī (near Baghdad) **XXXV**:82, 83

Bustān Khalīl b. Hāshim (Garden of Khalīl b. Hāshim, in Baghdad) **XXXII**:104

Bustān Muʾnisah (in Baghdad) **XXXI**:188, 195

Bustān Mūsā (in Baghdad) **XXXI**:184, 187, 226; **XXXII**:96; **XXXVII**:13

Bustān Ibn Mūsā b. Bughā (below Wāsiṭ) **XXXVII**:14

Bustān Mūsā al-Hādī. SEE Bustān Mūsā

Bustān Umm al-Qāsim (Garden of Umm al-Qāsim, in Baghdad) **XXIX**:149

Bustān al-Qass (in Baghdad) **XXVIII**:242

Bustān ʿUbaydallāh b. Abī Bakrah (in al-Baṣrah) **XXII**:184

Bustān Zāʾidah (Garden of Zāʾidah, in al-Kūfah) **XX**:204; **XXII**:111

al-Buṭāḥ (in Najd) **X**:53, 60, 98–100, 105, 106, 139

al-Buṭayn al-Laythī **XXI**:98

al-Buṭayn b. Umayyah al-Bajalī al-Ḥimṣī **XXXII**:163–64

butchers (*jazzārūn*) **XXXVI**:181; **XXXVII**:127
SEE ALSO al-Dhabbāḥūn; slaughter-board

Buṭḥān (in Medina) **XXVIII**:117, 147–48, 197; **XXXIX**:134

Buṭnān Ḥabīb (near Aleppo) **XXI**:134, 155, 167, 171

butter. SEE clarified butter

al-Buṭūn (of Banū Tamīm) **X**:85–87, 140; **XXII**:8, 200

butūt (head wraps) **XXVIII**:19

Buwānah, idol at **VI**:66

Buwāṭ, expedition of **VII**:13, 15; **IX**:116

Buwayʿ (*mawlā* of Naṣr b. Muʿāwiyah) **XXVII**:66

al-Buwayb (in Egypt) **XV**:194

al-Buwayb (in Iraq), battle of **XI**:196–212, 220; **XII**:42
SEE ALSO Day of Mihrān

Būyanah (village, near Marw) **XXII**:169

al-Buzākhah (in Najd) **X**:52, 60–62, 64, 73, 74, 76, 77, 99

Ibn Buzayʿah. SEE Shaddād b. al-Mundhir b. al-Ḥārith b. Waʿlah al-Dhuhlī

Būzbārah (deputy of al-Afshīn) **XXXIII**:79–80, 83, 89

Buzgala pass. SEE Bāb al-Ḥadīd (in Khurāsān)

Buzmājan (near Samarqand) **XXIV**:171, 179

buzurg framadhār (*buzurjframadhār*, chief minister among the later Sasanians) **IV**:14; **V**:9, 99, 105

Buzurj-Jushnās **XXXIII**:172–74

Buzurj Sābūr (Buzurg Sābūr, Buzurjsābūr, Buzurjshābūr) **V**:56; **XXVII**:135; **XXXII**:67; **XXXVIII**:42
SEE ALSO ʿUkbarāʾ

buzurjframadhār. SEE *buzurg framadhār*
Buzurjmihr al-Hamadhānī **XII**:102
buzyūn (brocade) **XXX**:264
B.yār (in a line of Thābit Quṭnah al-ʿAtakī's verse) **XXIII**:229
Byzantine emperor **XV**:23, 27–28; **XXI**:169; **XXIII**:142, 149–50; **XXXV**:9
Byzantine empress **XV**:28
Byzantine frontier districts. SEE *thughūr*
Byzantines. SEE Byzantium
Byzantium (Byzantines, Romans, al-Rūm, Bilād al-Rūm, Banū al-Aṣfar) **II**:17, 18, 20, 21, 24, 26, 27, 110, 133, 134, 136, 137, 140; **IV**:44, 47, 82, 84–85, 94, 97–98, 123–25, 158, 167, 171; **V**:2, 28, 30, 51, 59–60, 63–65, 84, 103, 108, 137, 143, 159, 244, 299, 304, 317–18, 320, 324–27, 325, 378, 394, 400, 404; **VI**:46; **VIII**:12, 100, 101, 103, 104–7, 153, 154, 156; **IX**:47, 48, 57, 73, 74, 99; **XI**:36, 67, 76, 81–83, 85–86, 88–89, 94, 97–98, 100, 102–4, 107–8, 112–13, 115, 126–27, 159–61, 164, 169–71; **XII**:15, 132, 133, 134, 174–78, 179, 180, 181, 182, 185, 187, 191, 192, 195, 196, 197, 198; **XIII**:54, 55, 69, 75, 79–91, 96, 152, 154, 158, 164, 169–71, 176, 198, 216; **XIV**:32; **XV**:9–11, 13, 23, 26, 29–31, 71, 74, 76, 111, 208; **XVIII**:20, 32, 71, 87, 88, 91, 94, 96, 122, 165, 166, 169, 172, 180, 183, 191, 192, 199, 216, 221; **XIX**:48, 50; **XXI**:169, 233–34; **XXII**:12, 126, 182; **XXIII**:72, 134, 140, 142, 146, 149–50, 184; **XXIV**:28, 30, 42, 60, 74, 164, 167, 192; **XXV**:8, 33, 64, 96, 97, 100, 102, 111, 125, 131; **XXVI**:3, 55, 81, 120, 169; **XXVIII**:8, 25, 48, 49, 69, 243–44; **XXIX**:13, 49, 66, 70, 92, 105, 170, 198, 203, 206, 210, 214–15, 220–21, 223, 235, 238, 240; **XXX**:39, 167–68, 238–40, 257, 261–64, 267–68, 290, 306–7; **XXXII**:29, 45, 144, 165, 184–85, 187–88, 194–97, 198–99, 224, 257; **XXXIII**:3, 11, 126; **XXXIV**:38–43, 124–27, 137–40, 146, 156, 164–65, 169, 170, 204, 205, 208; **XXXV**:8, 9, 11, 87; **XXXVI**:135, 142, 162, 203; **XXXVII**:1–2, 7, 47, 79, 124, 143–44, 145, 152–53, 157; **XXXVIII**:18, 31–33, 65, 73, 74, 84, 91, 97, 120, 133, 147, 148, 151, 153–55, 171, 172, 180, 181, 185, 193, 195, 200, 206; **XXXIX**:6, 40, 108, 263

C

Caesar (Qayṣar, generic title for Roman/Byzantine rulers) **III**:22; **V**:28, 64–65, 157, 159, 205–7, 211, 220–21, 236–37, 253, 309, 315, 327, 329–30; **VIII**:16, 77, 94, 98, 100; **IX**:64, 67, 99; **XV**:61; **XVIII**:168–69, 217, 221; **XIX**:59
Caesarea (Qaysāriyyah, in Palestine) **XII**:183–86, 193; **XIII**:87, 160; **XXI**:197; **XXV**:29, 64, 97
caftan *(khaftān)* **XXXIII**:21
Cain (Qābīl, Qābīn, Qāyin, Qayn) b. Adam **I**:307–17, 331, 335, 337–41, 343, 346, 347, 366; **II**:18
Caleb (Kilāb) b. Jephunneh **III**:81, 91, 118, 121, 127
calendar(s)
  Alexandrine calendar **XXXVII**:149
  Islamic calendar. SEE Islamic era
  lunar calendar. SEE Islamic era
  Persian solar calendar. SEE Persian solar calendar
calf. SEE Golden Calf
Caligula (Roman emperor). SEE Gaius

caliphal insignia
burdah (Prophet Muḥammad's cloak) **XXXI**:11, 186, 196, 199–200; **XXXV**:99, 101, 108
khātam (Prophet Muḥammad's seal) **XXXI**:11, 186
minbar (Prophet Muḥammad's pulpit) **VIII**:131; **XVIII**:101–2; **XXVIII**:163
qaḍīb (Prophet Muḥammad's staff) **VII**:26; **XV**:183; **XVIII**:101–2; **XXXI**:11, 186, 196, 199–200; **XXXV**:101, 108
Caliphal Palace (in Sāmarrā) **XXXIV**:36, 82, 114, 190
caliphal rings **XXXV**:114
SEE ALSO signet and seal rings
call to prayer *(adhān)* **VIII**:125, 158; **IX**:76; **X**:32, 37, 100–103, 107–8; **XXVIII**:236
second call *(iqāmah)* **X**:100–103, 107–8; **XVIII**:22; **XXVIII**:236
SEE ALSO *mu'adhdhin*
calligraphy **XXXI**:48
SEE ALSO *ṭirāz*
caltrops *(ḥasak)* **XIII**:180–81, 187, 188; **XXVIII**:52; **XXXIII**:51
calumny **XXXII**:115
camel(s) **X**:28–29, 32, 46–47, 63, 84, 136, 191
Arḥabiyyah camels **XVIII**:108, 109
Bactrian camels **XXIV**:149; **XXXVIII**:150
Bukhtiyya camels **XXIV**:149
Mahriyyah camels **XVI**:50; **XXXIV**:143
prices for **VIII**:151; **XIV**:74; **XXXVIII**:8
of Prophet Muḥammad **VIII**:47, 81; **IX**:54–55, 146, 150–52
as ransom payment **X**:189
sacrificial camels, substitute for **VIII**:137
ṣadaqah camels **X**:34–35, 45, 51–52, 86, 140, 177–79; **XIV**:103, 104, 105; **XVII**:201
of Salmā bt. Rabīʿah **X**:78–79
stray camels **X**:135
symbolic movement of **XXXVIII**:121
tar treatment for **XIV**:141
as source of water for horses **XI**:114, 124
SEE ALSO Battle of the Camel
campfires
of Muslims **XXV**:133
of Turks **XXV**:133
camphor **XII**:32; **XIII**:24; **XXXV**:19; **XXXVI**:94; **XXXIX**:269
Canaan b. Ham **II**:11, 12, 16
Canaanites **I**:368; **II**:13, 20, 125, 127, 135, 136, 180; **III**:91, 93, 97, 98, 110
canals
digging of **XII**:165; **XXXIV**:155; **XXXVI**:200–201
qanāh (subterranean irrigation tunnel) **XXXIII**:152; **XXXVI**:96
SEE ALSO entries beginning with Nahr
candles, of ambergris **XXXI**:184; **XXXII**:155, 157
candlesticks, in dreams **XX**:57
candy *(qand)* **XXXIV**:126
cannibalism **XXXVII**:102; **XXXVIII**:14
Canopus **XXIX**:176
canopy *(maḍrab)* **XXXV**:105
capitation tax. SEE *jizyah*
Cappadocia (Qadhūqiyyah) **V**:29; **XXVI**:3; **XXXVII**:144
caps. SEE *qalansuwah*
captives
children as **X**:148, 154, 185
hostages **X**:33, 37–38, 61, 114, 178; **XI**:55

captives (continued)
killing of **X**:186; **XVII**:124–25, 129–30, 176–77
lawfulness of taking captives **VII**:80–85
prisoner exchange **X**:129–33, 179; **XXXIV**:38–43, 137–40, 156, 168–70
ransom of **VII**:70, 71–72, 74–75, 81; **X**:47, 57, 189, 190; **XXXVIII**:32–33, 153–54, 155, 181, 185
slain captives' heads, use of **X**:103
treatment of **VII**:69–73, 80–85
women as **X**:57, 102, 115, 119, 152, 156, 189–90
Caracalla (Roman emperor) **IV**:126
caravanserai **XXXV**:122
carob *(kharrūb, khurnūb)* **III**:172–74; **XXIV**:18
carpets and rugs
battle commanders sitting on carpets or chairs **XIX**:213; **XXII**:102–3, 109–10
first wool carpets **I**:345
as indication of person's rank **XX**:60
al-kiswah (al-Kaʿbah's carpet covering) **V**:232; **VI**:116; **XXIII**:181; **XXIX**:194; **XXX**:305; **XXXII**:29, 38; **XXXVII**:6
muṣallā (caliph's prayer rug) **XXXI**:196; **XXXIII**:214
SEE ALSO Ṣāḥib al-Muṣallā
al-qiṭf (Bahār-i Kisrā, Persian carpet) **XIII**:31–35
ṭinfisah **XXII**:103
carrion meat **XXXIX**:151
carrots **XVIII**:51
Carthage **IV**:123
Carus (Roman emperor) **IV**:127
Mt. Casius. SEE al-Aqraʿ
Caspian Gates. SEE Bāb al-Abwāb
Caspian Sea (Sea of Daylam and Jurjān) **XV**:42; **XXIV**:48; **XXXI**:102
castellan. SEE *arjabadh*
castles. SEE citadels and fortresses
castration. SEE eunuchs
catapults. SEE mangonels and ballistas
cathedral church, in Ṣanʿāʾ **V**:217–18, 220–21
SEE ALSO churches
cattle epidemic *(ṣidām)* **XXXIV**:137
Caucasus Mountains (Jabal al-Qabq, Jibāl al-Qabj) **V**:99; **XIV**:32, 38
cavalry **X**:44, 54, 101, 106, 127, 141, 148, 153, 155, 169, 174, 183, 184
booty's share of **XIV**:60
of garrison cities **XIII**:85
mujarradāt (light cavalry) **XII**:17, 188
of the Sasanian army. SEE *al-asāwirah*
squadrons *(karādīs)* **XI**:90; **XXVII**:52, 55
Cave, Companions of. SEE *aṣḥāb al-kahf*
cemeteries
ʿArzam (in al-Kūfah) **XVIII**:143
al-Baqīʿ (Baqīʿ al-Gharqad, in Medina) **V**:172; **VII**:96; **IX**:168, 169, 204; **X**:80; **XIII**:59; **XV**:246–49, 259–60; **XXV**:9; **XXVIII**:155, 199, 217, 233; **XXXIX**:20, 21, 22, 25, 39, 164, 165, 168, 169, 173, 176, 185, 195, 214, 263
Dayr Salʿ (Jewish cemetery, in Medina) **XV**:247
Ḥashsh Kawkab (cemetery, in Medina) **XV**:246, 248–49
Ibn Ḥiṣn (Banū Ḥiṣn, in al-Baṣrah) **XVI**:64; **XVIII**:83
al-Jabbān (in al-Baṣrah) **XX**:29, 31

cemeteries (continued)
of Jews, in Medina **XV**:247; **XXVIII**:218
of al-Khayzurān (in Baghdad) **XXXII**:148; **XXXIX**:253
of Banū Māzin (in al-Baṣrah) **XVI**:64
of Banū Quraysh (in Baghdad) **XXIX**:49; **XXXII**:148
Rahīnah Cemetery (in Baghdad) **XXXV**:91
of Shaybān (in al-Baṣrah) **XVIII**:85
of Banū Yashkur **XXVIII**:268–69, 271; **XXXVI**:131
SEE ALSO Jabbānat Banī Yashkur
SEE ALSO funerary practices; graves; *jabbānah* and entries beginning with Jabbānat
census techniques **XXIX**:70
Ceylon (Sarandīb) **I**:292; **V**:264
chaining of soldiers, in warfare **XII**:53; **XIII**:182, 216
chair(s)
of ʿAlī b. Abī Ṭālib **XXI**:44, 68–73
battle commanders sitting on carpets or chairs **XIX**:213; **XXII**:102–3, 109–10
chamber pages. SEE *ghilmān al-ḥujar*
chamberlain. SEE *ḥājib*
Chancellery Bureau. SEE Dīwān al-Rasāʾil
chariot. SEE glass chariot
check (financial instrument). SEE *ṣakk*
cheerfulness, as blessing **XXXIX**:153
chess and chessplayers **XXX**:240; **XXXV**:133; **XXXVI**:31
chickpeas **XXI**:72
children
adopted children, name giving to **XXXIX**:9–10
children (continued)
as captives, in warfare **X**:148, 154, 185
hajīn (baseborn) **XXIII**:195
infanticide *(waʾd al-banāt)* **XII**:37; **XVIII**:107
killing of **XVII**:124–25
Musaylimah b. Ḥabīb's laws on **X**:94
number of Adam and Eve's children **I**:317, 364–65
orphans **XXVII**:153; **XXXIX**:157
stipend *(rizq al-faṭm)* **XXIV**:97
taḥnīk ritual (to invoke blessings on newborns) **X**:111; **XXXIX**:63
Children of Israel. SEE Israelites
China (al-Ṣīn) **II**:24, 26; **IV**:11, 80, 94, 154; **V**:143–44, 160, 177; **XII**:168; **XIV**:54, 59, 60, 61; **XV**:83; **XXII**:167; **XXIII**:144, 171, 224–26, 228; **XXIV**:176; **XXV**:131, 152; **XXVI**:23, 78; **XXVII**:202; **XXVIII**:238, 243; **XXXVI**:201
Chinese saddles **XXVI**:209; **XXVII**:202
Chinese silk **IV**:79; **XXIII**:136; **XXXII**:12
Chinese silk velvet *(kāmkhān al-Ṣīn)* **XXXIII**:12
Chosroe. SEE Kisrā
Chosroes II. SEE Kisrā II
Christian converts to Islam **X**:150; **XXXVI**:11
Christian crosses **VIII**:100–101; **XXXVII**:144; **XXXVIII**:97, 147
Christians **I**:184, 185, 193, 292, 371; **III**:46; **IV**:51, 85, 102, 107–8, 122–24, 126; **V**:21–22, 58–59, 61–62, 124, 192–202, 205–14, 216, 255, 298, 314–15; **VI**:64, 72, 117; **IX**:64, 66, 75, 87, 94, 128, 133; **X**:14, 88, 93, 134, 163–64, 171; **XI**:18, 21–22, 55, 88, 98, 204, 206; **XII**:32, 127, 136, 158, 159, 202; **XIII**:62, 63, 73,

Christians (continued) **XIII**:75, 85, 88–91, 112, 117, 145, 165, 167; **XIV**:161, 163–64; **XV**:89, 209; **XVI**:118; **XVII**:187, 189, 191–95, 217; **XVIII**:42, 110, 118, 189; **XXI**:129; **XXII**:105; **XXVI**:24, 68, 73, 146, 226, 231; **XXXIV**:89, 129, 133–34, 138, 153, 169–70, 170; **XXXVI**:151; **XXXVII**:173; **XXXVIII**:97, 180–81; **XXXIX**:129, 136, 264
SEE ALSO *ahl al-dhimmah;* Ahl al-Kitāb; apostles; bishops; churches; Easter; al-ʿIbād; Jacobites; Jesus Christ; John the Baptist; monks; Palm Sunday; al-Ṣanāriyyah
chronology. SEE calendar(s); dating principles
chrysolites *(zabarjad)* **VI**:79
churches **X**:163; **XII**:191, 192
cathedral church *(qalīs, qullays),* in Ṣanʿāʾ **V**:217–18, 220–21
conversion to mosques **XXIII**:223–24
defecation in **V**:218, 221
destruction of **XXIII**:223–24; **XXIV**:101; **XXX**:268; **XXXIV**:129, 134
Kanīsat al-Sawdāʾ (near al-Maṣṣīṣah) **XXX**:261; **XXXVIII**:89
Cilicia (Qālūqiyyah) **V**:29; **XIV**:15; **XV**:125
circumambulation of al-Kaʿbah *(ṭawāf).* SEE al-Kaʿbah
circumcision
Arabs as circumcised people in Heraclius's dream **VIII**:101–2
female circumcision **II**:72
SEE ALSO *ibn al-lakhnāʾ*
as God's commandment **II**:99, 100, 103
omission of **XXXIII**:192, 198–99
circumcision (continued)
as religious conversion test **XXIV**:83
uncircumcised as epithet **IX**:15
SEE ALSO *ibn al-lakhnāʾ*
citadels and fortresses **X**:126–32, 183
of al-Kūfah. SEE Qaṣr al-Kūfah
of Marw **XXIV**:351; **XXVII**:31, 34
of Two Shaykhs *(ujum al-shaykhayn)* **VIII**:10
SEE ALSO entries beginning with Ḥiṣn, Qalʿat; specific names
citrons **II**:159; **XIII**:11
City of Peace (Madīnat al-Salām). SEE Baghdad
civet perfume **XXXIX**:179
civil strife. SEE *fitnah*
claims, documentary proof of **XV**:61
clarified butter *(samn)* **XIII**:154–55; **XXIII**:17, 167; **XXXIX**:225
class divisions
commoners *(al-ʿāmmah)* **XV**:5, 54, 147, 154, 224; **XXXV**:10, 94
al-ḍuʿafāʾ (members of society with lower social status) **XVII**:60, 122; **XXI**:27; **XXXIV**:47
notables *(al-khāṣṣah, al-aʿlām)* **XV**:54, 84, 122, 147, 154, 203; **XXIII**:142
SEE ALSO *ashrāf*
origin of **I**:349
Claudius (Roman emperor) **IV**:126
Claudius II (Roman emperor) **IV**:127
clay-dyed robe. SEE *jubbah mumashshaqah*
clay pellets, omens in shooting of **XV**:225–26
Cleopatra **IV**:95
clients. SEE *mawālī*
clientship. SEE *mujāwarah*

clitoris, in cursing **XXVII**:15; **XXVIII**:91; **XXIX**:90, 146; **XXX**:217
SEE ALSO *ibn al-lakhnā'*
cloaks
'abā'ah (sleeveless woolen cloak) **XXII**:117
burd ḥibarah (striped Yemeni cloak) **IX**:203
burdah (Prophet Muḥammad's cloak) **XXXV**:99
burnus (hooded cloak) **XVII**:139; **XVIII**:137, 219
of honor. SEE *khil'ah*
khamīṣah (black coarse cloak) **IX**:206; **XV**:53
malāḥif (rough Bedouin cloaks) **XXVIII**:19
silken cloaks **XXXVIII**:13, 29, 141, 150, 170, 179
cloth. SEE textiles
clothing. SEE dress and dressmaking; garments
clouds **I**:198–203
clover, tax on land planted with **V**:258
coats of mail **X**:129, 130, 131; **XXXV**:45, 66
breastplates *(jawāshīn, tannūr ḥadīd)* **III**:136; **X**:128; **XXVIII**:197; **XXXV**:45; **XXXVI**:60, 87, 131
Davidic tunics *(aqbiyah dāwūdiyyah)* **XXI**:191
ḥuṭamiyyah **XXIII**:150
iron gloves **XXIV**:135
iron sleeves **XXXV**:45
mighfar (head and neck armor) **VIII**:21, 76, 121; **XXI**:209, 227, 228, 230
of Prophet Muḥammad **IX**:154–55
Tibetan coat of mail **XXXV**:18
coinage and coins **XVII**:231; **XXXI**:46–48
badrah (purse of money) **V**:377; **XXIX**:249; **XXXIII**:65, 110
counting of money **II**:153
dāniq (small copper coin) **XXIX**:108
first mint of dirhams **II**:3
fulūs (*fals*, coin) **XXIII**:219; **XXIX**:11
gold and silver vessels used for **XXXI**:136
invalidation of **XXXI**:46–47
reform of 'Abd al-Malik b. Marwān **XXII**:90–92
rubā'iyyah **XXXI**:46–47
suspect coins **XVII**:231
wazn sab'ah (weight of seven, dīnār weighing seven mithqāls) **XXIV**:96
cold. SEE exposure to cold
collection of taxes. SEE tax collection
collective oath *(qasāmah)* **XV**:46–47
colocynth **V**:235; **XXXII**:149
color symbolism. SEE entries beginning with black, green, red, white
comets **XXXVII**:165
SEE ALSO stars and planets
Commander of the Faithful. SEE Amīr al-Mu'minīn
commandments, of God **II**:97–105
Commodus (Roman emperor) **IV**:126
commoners *(al-'āmmah)* **XV**:5, 54, 147, 154, 224; **XXXV**:10, 94
compact. SEE *mīthāq*
Companion (servant) of Moses **III**:6, 9, 10, 13, 14, 16, 17, 18, 81
Companions of the Cave. SEE Aṣḥāb al-Kahf
Companions of the Prophet (al-Ṣaḥābah) **III**:33, 85, 119, 129, 173; **XI**:94, 116, 164, 174–75, 178, 214; **XIII**:37, 92, 94, 99, 101, 112, 115, 119, 121, 122, 137, 140, 149,

Companions of the Prophet (continued) **XIII**:174–76, 180, 195, 197; **XV**:16, 25, 42, 46, 77, 140–41, 152, 155, 164–65, 168, 174, 180, 184–86, 195–96, 203, 211, 249, 259; **XVIII**:19, 85, 93, 154, 157, 200, 216; **XXVIII**:180; **XXXIX**:10, 17, 21, 26, 32, 64, 79, 84, 85, 92, 93, 95, 118, 127, 131, 138–44, 155, 160, 207, 215, 221, 235, 278, 300
complaints. SEE *maẓālim* court
complexion
  of descendants of Ham **II**:19
  of descendants of Japheth **II**:19
  of descendants of Shem **II**:19
concession. SEE *rukhṣah*
concubine. SEE *jāriyah; umm walad*
congregational prayer
  of Muslims. SEE Friday prayer ritual
  of Qarmaṭians **XXXVII**:174
consecration rites. SEE *iḥrām*
Constans I (Qusṭanṭīn, Roman emperor) **IV**:127
Constans II Pogonatus (Qusṭanṭīn b. Hirqal, Byzantine emperor) **XV**:74–76; **XVI**:24–25
Constantine (Qusṭanṭīn, Byzantine commander) **XXV**:97
Constantine I (Qusṭanṭīn, Roman emperor) **IV**:98, 127
Constantine V Copronymous (Qusṭanṭīn, Byzantine emperor) **XXVIII**:48, 55; **XXIX**:92
Constantinople (al-Qusṭanṭīniyyah) **IV**:98; **V**:58, 103, 143, 319, 321, 376; **VIII**:106–7; **XI**:127, 169; **XII**:181, 182, 196; **XV**:22, 99; **XVIII**:32, 94, 172; **XIX**:150, 152; **XXIV**:30, 39–41, 70; **XXIX**:221; **XXXIV**:41, 168, 170; **XXXVIII**:31, 84, 148; **XXXIX**:40
Constantius (Qusṭanṭīn, Roman emperor) **IV**:127
constellations
  Libra **XII**:47
  Pegasus **XII**:47, 62
  Pisces **XII**:47
  SEE ALSO stars and planets
consultation. SEE *shūrā*
contracts
  manumission of slaves by **VIII**:57
  qabālah contract **XXVI**:57; **XXXVI**:79
  of sale **XVII**:231
convents and monasteries. SEE entries beginning with Dayr; Diyār
conversation, art of **XXIX**:107
converts to Islam
  Christian converts to Islam **X**:150; **XXXVI**:11
  circumcision as religious conversion test **XXIV**:83
  Jewish converts to Islam **II**:88; **VIII**:39
converts to Judaism **IV**:110; **VI**:7
cooling of air. SEE air cooling techniques
Copts **II**:11, 16, 21, 63, 129; **VIII**:114; **XIII**:158, 168, 170, 173, 174; **XV**:131; **XXXIV**:126
copying of manuscripts, mistakes in **XXXIX**:278
Cordova **XXIII**:201
corpses. SEE dead bodies
Correspondence, Bureau of. SEE Dīwān al-Rasā'il
corselets **XXXVIII**:96
corvée *(sukhrah)* **V**:112
cotton plantation *(ma'ṭabah)* **XXVIII**:70
council
  electoral council *(shūrā)* **IX**:77, 176; **XIV**:93, 95, 143–61; **XV**:3; **XVII**:24, 99, 105, 180; **XIX**:2, 190, 208, 216, 218; **XXI**:89; **XXII**:132–33, 136,

council (continued)
electoral council (continued) **XXII**:140; **XXVI**:158, 206; **XXXIX**:52
of notables *(mala')* **VII**:65; **XV**:114
covenant. SEE *'ahd*
cows **X**:16, 28–29
worship of **III**:75
Cozbi bt. Zur (Kasbā bt. Ṣūr) **III**:93
cranes **XXXVII**:21, 28
createdness (of al-Qur'ān) doctrine **XXXII**:177, 201, 203–4; **XXXIV**:27–28, 31, 34, 39–40
creation doctrine
beginning of creation **I**:210–13
first creation **I**:198–203
order of creation **I**:213–28
span of years until annihilation **I**:224–25
cremation **XXXVIII**:200
Crete (Iqrīṭiyah, Iqrīṭish) **XXX**:114; **XXXII**:165; **XXXIV**:125; **XXXV**:7
criminal elements
'ayyārūn **XXXI**:151, 155, 156, 164; **XXXII**:55; **XXXV**:41, 50, 66; **XXXVI**:88, 104, 202
fussāq **XXXII**:55–57, 73
al-ḥawziyyah (al-ḥūziyyah) **XXVIII**:74; **XXXV**:24
khalī' (outlaw, rebel) **XXI**:135; **XXXII**:104
al-Kurk (pirates) **XXIX**:51, 64
ṣa'ālīk (riffraff, vagabonds) **XXXIV**:182; **XXXV**:10, 24; **XXXVI**:14, 182, 206
shuṭṭār **XXXII**:55–57
strangler from Baghdad **XXXVI**:123
crippled and blind, providing for **XXVI**:103
Critalius (Roman emperor) **IV**:127
crops. SEE plants
crosses, Christian. SEE Christian crosses
crow. SEE raven
crowns **XXXIII**:92; **XXXVIII**:96
Sasanian royal crown **XIII**:26, 34
crucifixion after beheading (*ṣalaba badanahu*) **II**:3; **XXIII**:113–14, 165, 170, 178; **XXIV**:20, 22, 23, 57, 58, 178, 179; **XXV**:25, 124, 126; **XXVI**:17, 27, 49, 51, 53; **XXVII**:5, 7, 39, 43, 85; **XXIX**:73, 75, 181; **XXX**:28, 32, 69, 70, 219, 220, 223; **XXXII**:26, 147; **XXXIII**:177, 199; **XXXIV**:122, 134, 135; **XXXVI**:45; **XXXVII**:53; **XXXIX**:234
crucifixion alive **XXXI**:209–10
Ctesiphon (al-Madīnah al-'Atīqah, part of al-Madā'in) **III**:115; **V**:14, 52, 60–61, 87–88, 97, 118, 304, 377, 401, 409; **XIV**:48; **XV**:60; **XVIII**:3, 45, 46, 61; **XIX**:182; **XXVI**:255, 258, 263
SEE ALSO al-Qaṣr al-Abyaḍ; Ṭāq-i Kisrā
cubit. SEE *dhirā'*
cucumbers **XXXIII**:54
cupidity **XXXVI**:146
cupper *(ḥajjām)* **XXVIII**:133
SEE ALSO bloodletting and cupping
currency. SEE coinage and coins
cursing
clitoris ('bite your mother's clitoris,' 'sucker of your mother's clitoris') **XXVII**:15; **XXVIII**:91; **XXIX**:90, 146; **XXX**:217
ibn al-lakhnā' ('son of the uncircumcized woman') **XXII**:28; **XXVIII**:33, 128, 239; **XXX**:82, 247, 316; **XXXI**:239; **XXXIII**:163
penis ('may you bite the penis of your father') **XX**:223
curtain. SEE veil
Cush b. Ham b. Noah **II**:11, 14, 16
Cushan (Israelite ruler) **III**:127

cymbals **III**:143; **XXV**:146; **XXXIII**:58
Cyprus **XV**:25–31, 111–12, 130; **XVIII**:216; **XXV**:24; **XXVI**:119–20; **XXX**:262, 265
Cyrus (b. Ahasuerus) **IV**:51, 85–86, 107
Cyrus (b. Jamasb b. Asb) **IV**:41, 48; **XIII**:169
Cyrus Kaykawān (b. Elam b. Shem, Cyrus the Elamite) **IV**:48, 49, 50, 51
Cyrus the Mede (Khayrash al-Mādhī) **II**:15

D

Ibn Da'b *(rāwī)*. SEE 'Īsā b. Yazīd b. Da'b al-Kinānī al-Laythī
Dabā (in 'Umān) **X**:54, 70, 153, 154, 156, 189
Dabāhā (near Baghdad) **XVII**:126; **XXI**:128
Dabasah (in Cappadocia) **XXX**:262
Ibn Da'bāsh (governor of al-Raqqah) **XXXVII**:145
al-Dabbā' (name of Prophet Muḥammad's camel) **IX**:151, 152
dabbāb (dabbābah). SEE testudo
al-Dabbāghūn (tanners' market, in Baghdad) **XXXVII**:145
Banū Ḍabbah **X**:87, 90, 91, 98; **XI**:196, 203; **XII**:108; **XIII**:68, 76; **XV**:92; **XVI**:120, 130, 136–39, 144, 145, 146, 149, 153–55, 164, 171; **XVIII**:112, 180, 181; **XX**:25, 180; **XXI**:103, 116; **XXII**:153; **XXIV**:18–19, 83; **XXVIII**:149; **XXXVIII**:86; **XXXIX**:94, 125
Banū Ḍabbah (of Numayr) **XXXIV**:46
Ibn Ḍabbah **XXVIII**:108
Ḍabbah b. Miḥṣan **XIV**:80–82
al-Dabbāsūn (in lower Iraq) **XXXVI**:36; **XXXVII**:105, 107
al-Ḍabbī *(rāwī)* **XXX**:120
Ibn Ḍābi'. SEE 'Umayr b. Ḍābi' al-Tamīmī al-Ḥanẓalī
Ḍābi' b. al-Ḥārith al-Burjumī **XV**:231–32, 249
Dabīl (Dwin, capital of Armenia) **XXXIV**:115–16, 121–22; **XXXVIII**:12
Dabīlā (ethnic group) **XXXVI**:46, 49, 50
Dābiq (town, near Aleppo) **XXIV**:40, 61–62, 65, 69, 72, 91; **XXV**:29; **XXIX**:198, 214
dabīq (Egyptian embroidered brocade) **XXXV**:59
Dabīrā (near Baghdad) **XXI**:128
Daburā. SEE Deborah
al-Dabūsiyyah (midway between Samarqand and Bukhārā) **XXIV**:172; **XXV**:59, 60, 61
Dacianus (Dadhāna, king) **IV**:173
Da'd bt. Jaḥdam b. 'Amr (al-Bayḍā') **XXXIX**:301
Banū Ḍadd (of 'Ād) **II**:34
Dadhāna. SEE Dacianus
Dādhawayh al-Iṣṭakhrī **IX**:167; **X**:21, 24, 26, 28, 32, 34, 36, 158, 165–67, 172, 174; **XII**:161
Dādhbundādh (*kātib* of Artabanus IV) **V**:14
Dādhī bt. Siyāmak b. Mashī **I**:325
Ḍa'f *(jāriyah)* **XXXI**:179–81
Dafīf b. Rāshid **XXVIII**:268
dagger making **XXII**:198
Ḍaghāṭir (Ṣaghāṭir, bishop) **VIII**:106
Daghfal b. Ḥanẓalah **IX**:207
Banū Daghsh **XXXIX**:87
al-Ḍaḥḥāk (al-Azdahāq, al-Ajdahāq, Bīwarasb, Bīwarāsb, Bēwarāsb) **I**:344, 345, 348, 350, 352, 354; **II**:1, 2–9, 3, 5–7, 9, 10, 23–25, 49, 50, 109–11, 161; **III**:18; **XXI**:213
al-Ḍaḥḥāk (of Banū Nājiyah) **XXV**:61

al-Ḍaḥḥāk *(rāwī)*. SEE al-Ḍaḥḥāk b. Muzāḥim
Abū al-Daḥḥāk *(rāwī)* **XIX**:117
Ibn al-Ḍaḥḥāk. SEE ʿAbd al-Raḥmān b. al-Ḍaḥḥāk b. Qays
al-Ḍaḥḥāk b. ʿAbdallāh *(rāwī)* **XXX**:316
al-Ḍaḥḥāk b. ʿAbdallāh al-Hilālī **XVII**:211–12
al-Ḍaḥḥāk b. ʿAbdallāh al-Mishraqī (al-Mashriqī) **XIX**:114–16, 119, 122, 148–49; **XX**:193; **XXI**:26, 80, 82
al-Ḍaḥḥāk b. Ayman **XXVI**:156
al-Ḍaḥḥāk b. Fayrūz b. al-Daylamī **IX**:165; **X**:25, 34, 38
al-Ḍaḥḥāk b. Ḥumurah **IX**:161
al-Ḍaḥḥāk b. Khalīfah **X**:10, 191
al-Ḍaḥḥāk b. Khaythamah. SEE al-Waḍḍāḥ b. Khaythamah
al-Ḍaḥḥāk b. Makhlad. SEE Abū ʿĀṣim al-Nabīl
al-Ḍaḥḥāk b. Maʿn al-Sulamī **XXX**:80–81
al-Ḍaḥḥāk b. Muzāḥim **I**:205, 209–11, 227, 251–53, 258, 261, 264, 266, 269, 356; **X**:14; **XII**:206; **XXV**:11; **XXXIX**:323
al-Ḍaḥḥāk b. Qays al-Fihrī **XIV**:155; **XV**:11; **XVII**:31, 79, 110, 148, 201–2; **XVIII**:179, 182, 187, 191, 192, 198, 209, 213; **XX**:6, 47–69; **XXI**:3; **XXVI**:150
al-Ḍaḥḥāk b. Qays al-Shaybānī **XXV**:160; **XXVII**:9–19, 23, 24, 25, 26, 27, 49–51, 52, 54, 56, 167
Abū al-Daḥḥāk al-Rawāḥī **XXV**:14
al-Ḍaḥḥāk b. ʿUthmān **XV**:247, 251, 252; **XXXIX**:57
al-Ḍaḥḥāk b. ʿUthmān b. ʿAbdallāh b. Khālid b. Ḥizām **XXVIII**:155
al-Ḍaḥḥāk b. Yarbūʿ **X**:123, 126, 132
al-Ḍaḥḥāk b. Yazīd b. Huzayl **XXIII**:102
Dāhir (ruler of Makrān) **XIII**:26, 27, 175
Dāhir b. Ṣaṣṣah (king of Sind) **XXIII**:149, 223
Dahlak (island archipelago) **XXIV**:80–81, 89; **XXVI**:129; **XXVIII**:71
Dahnāʾ (al-Dahnaj, in India) **I**:290–92
al-Dahnāʾ (in Najd) **X**:89, 141, 147, 150
Daḥnā (in al-Ṭāʾif) **I**:306; **IX**:26, 30
al-Dahnaj. SEE Dahnāʾ
Dahrshīr (at Nahr Abū al-Khaṣīb) **XXXVII**:70
Dāʿis (of Banū ʿAwf b. al-Khazraj) **VII**:160
al-Ḍajāʿim (of Banū Quḍāʿah) **XI**:57–58
Ibn Dajājah (Dijājah). SEE ʿAbdallāh b. ʿĀmir b. Kurayz
Dajājah (Dijājah) bt. Asmāʾ b. al-Ṣalt Sulamī **XV**:34; **XVIII**:72
al-Dajānī (in eastern Arabia) **X**:90
al-Dajjāl (Antichrist, Deceiver, False Messiah) **I**:185; **XII**:182, 189, 190; **XIII**:145, 146; **XXI**:52; **XXXIX**:108
Ḍajnān (mountain, north of Mecca) **VII**:166; **XIV**:131; **XV**:6, 33–37, 42, 69, 77, 90–93, 102, 104, 107–10, 111, 125–26, 128, 136–38, 142, 157, 173, 182, 186, 190, 198, 229, 230, 235, 255; **XVI**:20, 21, 40, 56, 160; **XVII**:39; **XVIII**:9, 18–19, 21, 50, 68–76, 181, 224; **XX**:24; **XXI**:118, 193; **XXXIX**:63, 76
al-Dakar (toponym) **XXXVI**:154
Dākharraqān (in Ādharbayjān) **XXXIV**:78
Ḍakhm (associate of Saʿd b. Abī Waqqāṣ) **XII**:113
al-Dakkā (in Sāmarrā) **XXXVI**:86, 104
Dalfāʾ (*jāriyah* of al-Ḥārith b. ʿAbd al-ʿAzīz) **XXXVIII**:67

Dalham bt. ʿAmr **XIX**:86
Dalham al-Murādī **XXI**:143–44
al-Dāliyah (Dāliyat Ibn Ṭawq, near Raḥbat Mālik b. Ṭawq, on the western bank of the Euphrates) **XXXVIII**:135, 157, 191
Dallah bt. Manjishān **XXXIX**:85
dam *(bathq, sikr)*
Bathq al-Qāṭūfah **XXXV**:78
Bathq Shīrīn **XXXVII**:40–41, 56
at Bihlāyā **XXXV**:83
in Nahr Abī al-Asad **XXXVII**:125, 128
at al-Yāsiriyyah **XXXVII**:145
SEE ALSO *shādurwān*
al-Dāmaghān (in Qūmis) **XXXIV**:146
Dāmān. SEE Baṭn Dāmān
Damascus **IV**:44, 130; **VIII**:107; **IX**:46, 58, 70, 142; **XI**:33, 81–82, 87, 104–5, 115, 128, 159–70, 172; **XII**:97, 110, 132, 174, 177, 189, 203, 204, 206; **XIII**:81, 100, 106, 176; **XIV**:15, 164; **XV**:30, 56, 73, 119; **XVI**:31, 160, 176, 193; **XVIII**:2, 144, 155, 188, 196, 210, 211, 214, 216; **XIX**:18, 169, 175, 222; **XX**:48, 49, 50, 53, 56, 58, 59, 64, 65; **XXI**:134, 154–56, 167, 175, 229; **XXII**:92; **XXIII**:126, 142, 198, 218–19, 223; **XXIV**:27, 74, 92, 120, 163, 193; **XXV**:39, 145; **XXVI**:51, 93, 129, 134, 141–45, 148–51, 155, 157, 161–62, 167, 169–75, 179, 183, 185–90, 195, 200, 202, 217, 243, 250–52, 257; **XXVII**:1, 3, 5, 6, 7, 30, 84, 148, 169, 171, 172, 177, 178, 198, 204; **XXVIII**:75; **XXIX**:241; **XXX**:229; **XXXI**:22, 88; **XXXII**:161, 186, 188, 190, 192, 199, 223, 232, 234, 242, 243, 257; **XXXIII**:194, 204, 206; **XXXIV**:25, 97, 149, 151–52, 157; **XXXVI**:116; **XXXVII**:81–82, 98, 172; **XXXVIII**:26, 113–15, 118, 119, 121, 122, 128, 146, 157–59, 164; **XXXIX**:16, 63, 224, 274
Damascus Gate. SEE Bāb al-Shaʾm
Damāvand. SEE Dunbāwand
Ḍamḍam *(rāwī)*. SEE Ḍamḍam b. Jaws
Ḍamḍam b. ʿAmr **VII**:35, 37
Ḍamḍam b. Jaws **XXXIX**:127, 131, 153
Ḍamḍam b. Yazīd al-Ḥanafī **XX**:75
al-Dāmghān. SEE al-Dāmaghān
Damietta (Dimyāṭ, in Egypt) **XXXIV**:124–26
Ḍamrah *(rāwī)*. SEE Ḍamrah b. Ḥabīb
Abū Ḍamrah (Anas b. ʿIyāḍ) **I**:180; **X**:11, 14, 76; **XII**:30, 203; **XIII**:103; **XXVII**:92, 113
Banū Ḍamrah **VII**:12, 14, 147, 165; **IX**:118
Ḍamrah b. Ḥabīb **I**:208; **VI**:85
Ibn Ḍamrah al-Khuzāʿī **XXVI**:254
Ḍamrah b. Rabīʿah **II**:21; **III**:3; **XIV**:141; **XXIII**:67; **XXXIX**:207, 225
Damyānah (*ghulām* of Yāzmān) **XXXVIII**:34, 41, 73, 91, 141, 151, 196
Dan b. Jacob (Dān b. Yaʿqūb) **II**:135, 136
Danānīr (*jāriyah* of Yaḥyā b. Khālid al-Barmakī) **XXX**:220; **XXXI**:247
al-Danaq (in Ādharbayjān) **V**:313
Danbāwand. SEE Dunbāwand
al-Dandānī (Qarmaṭian). SEE Zikrawayh b. Mihrawayh
al-Dandānī *(rāwī)* **XXXIV**:70
al-Dandānqān (in Khurāsān) **XXV**:115, 117; **XXVII**:61
Daniel (Dāniyāl, prophet) **IV**:45, 50–51, 61–63, 106, 116; **V**:57; **XIII**:146–48; **XIX**:193
dāniq (small copper coin) **XXIX**:108
Dāniyāl. SEE Daniel
Danūr b. ʿAlī **XVI**:121

daqal (lesser quality dates) **V**:258; **XIV**:77
Daqūqā' (north of Baghdad) **XXII**:67, 83; **XXXVIII**:164
Dār ʿAbd al-ʿAzīz b. Marwān (in Medina) **XXVIII**:145, 151
Dār ʿAbdallāh b. Jaʿfar (in Medina) **XXVIII**: 160
Dār ʿAbdallāh b. ʿUmar (in Medina) **XXX**:18
Dār Ibn Aflaḥ (in Medina) **XXVIII**: 199
Dār al-ʿĀmmah (Public Audience Hall, in Baghdad) **XXXVI**:166; **XXXVIII**:40
Dār al-ʿĀmmah (Public Audience Hall, in Sāmarrā) **XXXIII**:87, 88, 96, 180, 199; **XXXIV**:36, 38, 62, 185, 212; **XXXV**:2, 4, 27, 62, 63, 100, 101, 124, 129, 161; **XXXVI**:105, 166; **XXXVII**:37
Dār Banī Azhar (in Medina) **XXVIII**: 146
Dār al-Baṭṭīkh (market, in Baghdad) **XXXVII**:152
Dār al-Fīl (in al-Baṣrah) **XII**:160
Banū al-Dār b. Hāni' **XXXIX**:302
Dār Ibn Hishām (in Medina) **XXVIII**: 130, 147, 150, 177, 189, 206
Dār al-Imārah (in Baghdad) **XXX**:236
Dār al-Imārah (in Marw) **XXVI**:117; **XXXI**:13
Dār al-Imārah (in Mecca) **XXVIII**: 181
Dār Abī ʿĪsā (Zanj leader's residence) **XXXVII**:116, 119
Dār al-Jaḥshiyyīn (dwelling of the Jaḥsh family, in Medina) **XXXIX**: 168
Dār al-Khāṣṣah (Private Palace, in Sāmarrā) **XXXIV**:212
Dār Muḥammad b. ʿAbdallāh b. Ṭāhir (Ibn Ṭāhir's Palace, in Baghdad) **XXXV**:34, 49, 50, 59, 63, 67, 69, 71, 78, 79, 83, 87, 88, 90, 96, 97, 99, 100, 101, 104, 105, 108, 123, 127; **XXXVIII**:81
Dār al-Nadwah (House of Assembly, in Mecca) **VIII**: 134
Dār al-Qawārīr (in Mecca) **XXXII**:38
Dār al-Raqīq (in Baghdad) **XXXI**:137, 154, 156, 176
Dār al-Rizq (in al-Baṣrah) **XI**:201, 204; **XVI**:64, 70; **XXIV**:145
Dār al-Rizq (in al-Kūfah) **XXII**: 62, 116–18; **XXVI**:45
Dār al-Rūmiyyīn (al-Rūmiyyūn, in al-Kūfah) **XX**: 215, 216
Dār Saʿd (in Medina) **XXVIII**:146
Dār Ṣāʿid (Palace of Ṣāʿid, al-Muʿtaḍid's residence, in Baghdad) **XXXVII**:168
Dār Saʿīd al-Khaṭīb (Sharafāniyyah, village, near Baghdad) **XXVIII**: 248
Dār al-Siqāyah (in al-Kūfah) **XXI**:102; **XXII**:114
Dār al-Sulṭān (Public Audience Hall, in Sāmarrā) **XXXV**: 161 SEE ALSO Dār al-ʿĀmmah
Dār Sunbīl (Sabīl, in al-Baṣrah) **XV**: 109; **XVII**:170
Dār b. Ṭāhir. SEE Dār Muḥammad b. ʿAbdallāh b. Ṭāhir
Dār ʿUmar b. ʿAbd al-ʿAzīz (in Medina) **XXVIII**:218
Dār Uways (in Medina) **XXVIII**: 147
Dār al-Walīd b. ʿUqbah b. Abī Muʿayṭ (in al-Kūfah) **XVI**:156; **XXI**:79
Dār Yazīd (in Medina) **XXVIII**:145, 147, 233
Dārā (Dāranawā, west of Naṣībīn) **IV**:89; **V**:254; **XIII**:86; **XXI**:83; **XXII**:33, 37–38; **XXVII**:181

Dārā (ruler, in Fārs) **V**:7
Dārā al-Akbar. SEE Darius the Elder
Dārā al-Aṣghar. SEE Darius the Younger
Darābādh (near Ḥulwān) **XXXIV**:96; **XXXVII**:98
Ḍarābīs (son of Adam) **I**:317
Dārābjird (Darābjird) **IV**:84, 87; **V**:6–9; **XIII**:149; **XIV**:70, 71; **XVIII**:5; **XXI**:200; **XXII**:150–51; **XXVIII**:273
Dāranawā. SEE Dārā
daraqah (shield made of animal skin) **VIII**:84, 118
al-Dārāt (south of Baghdad) **XXX**:179
Dārayyā (near Damascus) **XXVI**:145
al-Darb (near Cilician Gates) **VIII**:107
Darb al-Aqfāṣ (in Baghdad) **XXVIII**:248
Darb ʿAzzūn (in Baghdad) **XXXV**:4
Darb al-Ḥadath (Darb al-Salāmah) **XXVIII**:54; **XXIX**:86; **XXX**:39, 268; **XXXIII**:98; **XXXVIII**:83
SEE ALSO al-Ḥadath
Darb al-Ḥijārah, battle of **XXXI**:162–63
Darb al-Nūrah (in Baghdad) **XXVIII**:248
Darb al-Rāhib (Monk's Road) **XXX**:39
Darb al-Raqīq (in Baghdad) **XXXV**:127
Darb al-Salāmah. SEE Darb al-Ḥadath
Darb Ṣāliḥ al-Miskīn (in Baghdad) **XXXV**:91
Darb Zurāfah (in Baghdad) **XXXV**:4, 5
Darband. SEE Bāb al-Abwāb
Abū al-Dardāʾ (of Banū Khathʿam) **XXIII**:39
Umm al-Dardāʾ (Khayrah bt. Abī Ḥadrad al-Aslamī) **XXXIX**:205, 287
Abū al-Dardāʾ al-Khazrajī **XI**:93; **XV**:25, 31, 65, 165, 255; **XVII**:135; **XXXIX**:283
Dardistān **V**:150
Ibn Ukht al-Dārī (rebel, in Syria) **XXXII**:198
Banū Dārim (of Tamīm) **X**:70, 85, 89, 90, 97; **XVIII**:107; **XXIV**:150; **XXVIII**:137; **XXXVI**:31
Dārīn (on Tarut island) **V**:55; **X**:138, 143, 146–48
Dāris (*mawlā* of Yazīd b. al-Muhallab) **XXIV**:115
Dāris (toponym) **XII**:166
al-Ḍaris (al-Sakb, name of Prophet Muḥammad's horse) **IX**:148
Darius the Elder (Dārā al-Akbar) **IV**:82–91, 98, 108
Darius the Mede **IV**:49
Darius the Younger (Dārā al-Aṣghar) **IV**:86–95, 129; **V**:3, 104
Ḍariyyah (on the Meccan Road from al-Baṣrah) **XXXIV**:26
Ḍariyyah bt. Rabīʿah b. Nizār **VI**:32
al-Dāriyyūn (of Banū Lakhm) **IX**:41
darkness. SEE light and darkness
Darmawayh al-Zanjī **XXXVII**:137–38
Darqīn (toponym) **XXV**:56
Darqīṭ (Durqīṭ). SEE Nahr Durqīṭ
al-Darriyah (village, near al-Qādisiyyah) **XXXVIII**:166
Darsankān Gate. SEE Bāb Darsankān
al-Dārūm (region settled by the descendants of Ham) **II**:19; **IX**:163
Darustān (in southeastern Iraq) **XXXVII**:35
Darwadh (near al-Badhdh) **XXXIII**:37, 39
darwand (wooden stalk to dispel diseases) **XXXV**:31

al-Darzījān (near Baghdad) **XXXI**:124
Dasht Arbuk (Dast Arbuk, near al-Ahwāz) **XXVIII**:259, 272; **XXXVI**:123
Dasht Bārīn (Dasht-i Bārīn, in Fārs) **V**:105; **XXII**:158
al-Daskarah (Daskarat al-Malik, in Iraq) **V**:322–23, 399; **XVII**:130; **XXII**:41–42, 48, 107, 135–37; **XXVII**:134; **XXX**:295; **XXXI**:130; **XXXIII**:179–80; **XXXV**:147, 148, 149; **XXXVI**:24; **XXXVII**:149
Dast Arbuk. SEE Dasht Arbuk
Dast-i Maysān (Dastimaysān, Dastumīsān, west of al-Ahwāz) **XI**:215; **XII**:169, 170; **XIII**:115; **XXXVI**:175
Dastabā (northeast of Hamadhān) **XIII**:210; **XIV**:20, 21, 22, 24; **XV**:43; **XIX**:103; **XXX**:117
Dastajird (near Balkh) **XXVII**:106
Dastān (father of Rustam al-Shadīd) **IV**:82
Dastawā (near al-Ahwāz) **XXII**:24; **XXIII**:12
Dastimārān (near al-Ahwāz) **XXXVI**:152
Dastimaysān (Dastumīsān). SEE Dast-i Maysān
date palm trees **X**:109–12, 149, 168; **XII**:107–8
  blight of **XXVII**:115
  destruction of **XXIX**:12
  Persian date palms, tax on **V**:258
  tax on **V**:258
date-sellers' districts. SEE al-Tammārūn
dates **X**:111, 112
  aṣḥāb al-dibs (date juice makers) **XXX**:326
  āzādh dates **XXXII**:234
  barnī dates **XXIX**:12; **XXXIII**:11
  for breakfast **XXXIX**:125
dates (continued)
  daqal (lesser quality dates) **V**:258; **XIV**:77
  as fodder **VIII**:164; **XX**:4
  fresh dates **XXXII**:234; **XXXIII**:210
  khabīṣ (sweet date mix) **XIV**:34; **XV**:91; **XXIII**:167; **XXX**:264
  nabīdh (date wine) **XXX**:73, 245; **XXXI**:179, 244; **XXXII**:102; **XXXIII**:58, 89, 129; **XXXIV**:29; **XXXVI**:46, 48, 74; **XXXVII**:175
    SEE ALSO wine and wine drinking
  pits as camel fodder **VIII**:164
  Prophet Muḥammad on **XXXIX**:206
  as provisions **XIII**:118–19
  rubbing one's palate with date pits **X**:111
  shahrīz/suhrīz dates **XXIX**:12; **XXXIII**:11
al-Dāthinah (al-Dāthin, near Gaza) **XI**:108
dating principle(s)
  in poetry **VI**:160–61
  Year of the Elephant as **VI**:161
David (king of Israel) **I**:328–31; **III**:136, 137, 139, 142, 143, 144, 145, 146–51, 152, 153, 168, 169; **IV**:5, 20, 23, 31, 44, 46, 48, 61, 108; **V**:187, 416; **XII**:194; **XIV**:157; **XVIII**:81; **XIX**:179; **XXI**:214; **XXVII**:25, 165; **XXXIX**:123
Davidic tunics *(aqbiyah dāwūdiyyah)* **XXI**:191
al-da'wah. SEE 'Abbāsid propaganda
ḍawāḥī (frontier regions) **XXXIII**:101
Dāwandān (Dāwardān, east of al-Wāsiṭ) **III**:119; **XXXIII**:153
al-Dāwardānī. SEE al-Nahr al-Dāwardānī
Dāwaṣ b. Nabaṭ **II**:111

Dawghān (between Naṣībīn and Ra's al-ʻAyn) **XXII**:39–40
Dawīlah b. ʻUmayyah al-Quray'ī **XXI**:211
al-Dawlāb. SEE al-Dūlāb
dawlah (dynasty) **XXXI**:15, 65, 68–69, 94, 109
SEE ALSO Abnā' al-Dawlah
Dawmah (mother of al-Mukhtār b. Abī ʻUbayd) **XI**:191, 194; **XXI**:102
Dawmat al-Jandal. SEE Dūmat al-Jandal
dawn prayer. SEE morning prayer
Dawraq (in Khūzistān) **XIII**:123; **XXXVI**:187
Ibn al-Dawraqī. SEE Aḥmad b. Ibrāhīm al-Dawraqī
Ibn al-Dawraqiyyah. SEE Wakīʻ b. ʻUmayrah al-Qurayʻī
Dawrīn (in Syria) **XXVI**:77–78
Daws (Jew of Najrān) **V**:204
Banū Daws (of al-Azd) **IX**:145; **XIX**:217
Daws b. ʻAdnān **IV**:132
Daws al-ʻAtq **IV**:70
Daws Dhū Thaʻlabān **V**:203, 206–8
Dawsar (toponym) **XXXVIII**:91
Banū Dawsar **V**:79; **XXIV**:122
Dāwūd (king of Israel). SEE David
Dāwūd (*rāwī*). SEE Dāwūd b. Abī Hind
Abū Dāwūd (Khālid b. Ibrāhīm al-Dhuhlī) **XXIII**:171; **XXIV**:87; **XXV**:123; **XXVII**:64, 71, 72, 73, 75, 97, 104, 105, 106, 107, 197, 202, 203, 205–8; **XXVIII**:11, 29, 44, 47, 53, 57–60; **XXXI**:17
Abū Dāwūd (of Mosque of Abū Dāwūd, in al-Kūfah) **XXI**:19
Abū Dāwūd (*rāwī*). SEE Abū Dāwūd al-Ṭayālisī
Abū Dāwūd (Syrian commander) **XXV**:117, 118
Ibn Abī Dāwūd (caretaker of al-Ḥayr, in Karbalā') **XXX**:319
Dāwūd b. al-ʻAbbās al-Ṭūsī **XXXVI**:12
Dāwūd b. ʻAbd al-Raḥmān al-Makkī **XXXIX**:133
Dāwūd b. ʻAbdallāh al-Awdī **IX**:187; **XXXIX**:231
Dāwūd b. ʻAlī b. ʻAbdallāh b. ʻAbbās **XIX**:88; **XXVI**:4–5, 7–8, 15–16, 50, 74; **XXVII**:152, 154, 156, 157, 158, 159, 161, 183, 187, 195, 196; **XXIX**:131, 136, 254; **XXX**:11; **XXXIX**:277–78
Dāwūd b. ʻAmr al-Ḍabbī **XXXIX**:55
Abū Dāwūd al-Anṣārī (ʻUmayr b. ʻĀmir) **XI**:123
Dāwūd al-Aʻsar al Khwārazmī **XXV**:107, 121, 126
Dāwūd al-Awdī. SEE Dāwūd b. ʻAbdallāh al-Awdī
Dāwūd b. Banījūr **XXXII**:108
Dāwūd al-Barbarī **XXV**:180, 181
Abū Dāwūd al-Baṣrī. SEE Abū Dāwūd al-Ṭayālisī
Dāwūd b. Abī Dāwūd b. Yaʻqūb **XXVII**:41
Dāwūd b. Dīnār. SEE Abū ʻUdhāfir
Dāwūd b. Abī al-Furāt **I**:339
Abū Dāwūd al-Ḥafarī **II**:108
Dāwūd b. Ḥasan b. Ḥasan **XXVIII**:118, 139
Dāwūd b. Ḥātim al-Muhallabī **XXVII**:57, 58, 87
Dāwūd b. al-Haytham al-Jaʻfarī **XXXV**:20
Dāwūd b. Ḥayyān **XVIII**:26
Dāwūd b. Abī Hind **I**:265, 327; **II**:84, 87, 98, 161; **XII**:169; **XIV**:99; **XV**:62, 69, 107; **XVI**:11, 154; **XXXIX**:83, 120, 121, 182, 207, 326, 328
Dāwūd b. al-Ḥuṣayn **I**:320; **VI**:49, 106, 155; **VII**:78; **XV**:236; **XXXIX**:16, 217, 335
Dāwūd b. ʻĪsā (son of Abū al-ʻAbbās al-Saffāḥ's nephew) **XXVII**:150

Dāwūd b. ʿĪsā b. Mūsā **XXX**:262; **XXXI**:19, 91, 120, 124–29, 172, 211; **XXXII**:19–21, 28, 32; **XXXIV**:4
Dāwūd b. Jaʿfar b. Sulaymān **XXVIII**:283
Dāwūd b. Jubayr **XXIII**:132
Dāwūd b. Karrāz (Kirāz) **XXVII**:79, 101, 102; **XXVIII**:201; **XXIX**:45
Dāwūd b. Khālid b. Dīnār **XV**:38; **XXIV**:69–70
Abū Dāwūd al-Māzinī **VII**:60
Dāwūd b. Mihrān **II**:183
Dāwūd b. al-Muḥabbar **XXXIX**:170, 193, 224
Dāwūd b. Muḥammad b. Abī al-ʿAbbās al-Ṭūsī **XXXIV**:173
Dāwūd b. Muḥammad b. ʿAlī b. ʿAbdallāh b. al-ʿAbbās b. ʿAbd al-Muṭṭalib **XXXIX**:235
Dāwūd b. Muḥammad b. al-Munkadir **XXXIX**:240
Dāwūd b. Mūsā b. ʿĪsā al-Khurāsānī **XXXI**:108, 115, 120–22
Dāwūd b. Qaḥdham (of Banū Bakr b. Wāʾil) **XXI**:191, 204–5
Dāwūd b. Qaḥdham *(rāwī)* **XXXIII**:173
Dāwūd b. al-Qāsim al-Jaʿfarī, Abū Hāshim **XXXV**:88, 141, 142
Dāwūd b. Qays **II**:147
Dāwūd b. Rashīd **XXIX**:131
Dāwūd b. Rawḥ b. Ḥātim **XXIX**:234–35
Dāwūd b. Razīn **XXX**:100
Dāwūd b. Shuʿayb al-Ḥuddānī **XXV**:133; **XXVI**:228; **XXVII**:36, 43
Dāwūd b. Sinān **XXXIX**:39
Dāwūd Siyāh (al-Khwārazmī) **XXXI**:53–54; **XXXIII**:39, 41–42
Dāwūd b. Sulaymān *(rāwī)* **XXVIII**:267; **XXXI**:103–4, 108
Dāwūd b. Sulaymān b. ʿAbd al-Malik **XXIV**:30, 60, 70
Dāwūd b. Sulaymān al-Jaʿfarī **XXXVI**:164
Dāwūd b. Sulaymān al-Juʿfī **XXIV**:96
Abū Dāwūd al-Ṣuʿlūk **XXXVI**:164, 181–83
Dāwūd b. Ṭahmān **XXIX**:224
Abū Dāwūd al-Ṭayālisī (Sulaymān b. Dāwūd) **I**:259, 331, 353; **III**:71; **V**:413; **VI**:75, 158; **VIII**:70; **IX**:156, 160; **XXIX**:253
  SEE ALSO Sulaymān b. Dāwūd
Dāwūd b. ʿUrwah b. Masʿūd **IX**:24; **XXXIX**:177
Dāwūd b. Yazīd *(rāwī)* **XV**:96, 98
Dāwūd b. Yazīd b. Ḥātim al-Muhallabī **XXX**:173; **XXXII**:106
Dāwūd b. Yazīd b. ʿUmar b. Hubayrah **XXVII**:87, 127, 128, 186, 192
Dāwūdābādh (suburb of Nishapur) **XXXVI**:156
day(s)
  annihilation of **I**:193–94
  created by God **I**:208–10
  meaning of term **I**:225–28
  names of **I**:208–9
  night/day precedence, in creation **I**:228–31
  order of creation by **I**:213–28
  Sabbath **VIII**:24–25, 30
  as unit of time **I**:186–87
  SEE ALSO entries beginning with Ayyām, Yawm
Day of Aghwāth. SEE Yawm al-Katāʾib
Day of ʿArafah. SEE ʿArafah
Day of Armāth (at battle of al-Qādisiyyah) **XII**:81–95, 96, 100, 106, 107
Day of Atonement. SEE ʿĀshūrāʾ
Day of the Barges (Yawm al-Shadhāh) **XXXVI**:66
Day of the Bridge. SEE Battle of the Bridge

Day of the Bulls (Yawm al-Abāqir, at battle of al-Qādisiyyah) **XII**:29, 41
Day of Dār Ḥakīm **XVIII**:131
Day of the Defile. SEE Yawm al-Shiʿb
Day of Dhū Qār. SEE Dhū Qār
Day of the Fish (Yawm al-Ḥītān, at battle of al-Qādisiyyah) **XII**:41
Day of the Gorge. SEE Yawm al-Shiʿb
Day of the Heavy Baggage **XXV**:138–39
Day of the House. SEE Yawm al-Dār
Day of ʿImās (at battle of al-Qādisiyyah) **XII**:106–22
Day of Immolation. SEE ʿĪd al-Aḍḥā
Day of Jabalah (pre-Islamic battle) **I**:371; **V**:267
Day of al-Jaraʿah **XV**:131, 139
Day of Judgment. SEE Yawm al-Qiyāmah
Day of Kulāb (pre-Islamic battle) **I**:371
Day of al-Maqr **XI**:26
Day of Mihrān **XXII**:185; **XXXIX**:86
SEE ALSO al-Buwayb
Day of the Military Units (Yawm al-Katāʾib, Yawm al-Aghwāth, at battle of al-Qādisiyyah) **XII**:96–106, 103
Day of Moistening. SEE Yawm al-Tarwiyah
Day of al-Nukhayl **XXI**:151
Day of the Orchard (Yawm al-Bustān) **XXII**:150
Day of the Pass. SEE Yawm al-Shiʿb
Day of al-Razm (Yawm al-Razm) **IX**:92, 93; **X**:170
Day of Refreshment. SEE Yawm al-Tarwiyah
Day of Resurrection. SEE Yawm al-Qiyāmah
Day of Sacrifice (Yawm al-Naḥr) **IX**:78; **XXXIV**:6, 153; **XXXIX**:132
Day of Shade. SEE Yawm al-Ẓullah
Day of the Tens **XI**:209
SEE ALSO al-Buwayb
Day of Thirst (Yawm al-ʿAṭash) **XXV**:14, 16; **XXVI**:27
Day of the Tree. SEE Pledge of Good Pleasure
Day of the Underwater Humps. SEE Yawm al-Tarwiyah
Day of Wailing **XVI**:55
Day of Watering. SEE Yawm al-Tarwiyah
Day of Zarq **XXV**:110, 116
Daybadīn (day, in Persian solar calendar) **V**:403
al-Daybul (in Sind) **V**:107
Daykawayh (*ʿayyār*) **XXXV**:67
Daylam (Daylamīs, Daylamites) **V**:160; **X**:168; **XII**:127; **XIV**:20, 21; **XIX**:79, 103, 114, 183, 213; **XX**:206; **XXI**:90, 107; **XXIV**:14, 45, 53, 123; **XXVIII**:73, 82–84; **XXX**:115, 117, 119, 255; **XXXI**:78; **XXXII**:64; **XXXIII**:144, 168, 171, 173; **XXXV**:21, 22, 23, 24, 63, 144, 151, 156; **XXXVI**:24–26, 107, 159, 160, 163; **XXXVII**:47, 67; **XXXVIII**:60, 117; **XXXIX**:94
Daylam, Sea of. SEE Caspian Sea
Daylam mountains (in Gīlān) **XXXIX**:94
Daylamāyā (Dīlmayāthā) **XVIII**:62
al-Dayr (canal). SEE Nahr al-Dayr
al-Dayr (Dayr Abī Maryam?) **XXII**:62–63
al-Dayr (near Sūrā) **XIII**:4, 5
Dayr ʿAbd al-Raḥmān (b. Umm al-Ḥakam, north of al-Kūfah) **XVII**:126; **XXI**:68, 128; **XXII**:53, 81
Dayr Umm ʿAmr (near al-Kufah) **XIII**:63
Dayr al-ʿĀqūl (below al-Madāʾin) **XXXII**:48–49, 59; **XXXVI**:170, 194; **XXXVII**:13–14, 24
Dayr al-ʿAtīq (near Baghdad) **XXXVII**:148

Dayr al-Aʿwar (near al-Kūfah) **XII**:50; **XX**:131; **XXI**:145; **XXVII**:137, 139; **XXXII**:72
Dayr Ayyūb (near Damascus) **XXVII**:6, 7, 9, 19
Dayr Bayrimmā (east of al-Nahrawān) **XXII**:54, 56
Dayr Hind (Convent of Hind, in al-Ḥīrah) **XIII**:75; **XX**:204; **XXVI**:258; **XXVII**:14
Dayr Hizqil (in Baghdad) **XXXII**:249
Dayr Ḥurqah (near al-Kufah) **XIII**:63
Dayr Jābīl (near al-Baṣrah) **XXXVII**:47, 83
Dayr al-Jamājim (near al-Kūfah), battle of **XVIII**:64; **XIX**:154; **XXII**:138, 165; **XXIII**:8, 20–26, 35–44, 46, 58, 72; **XXXIX**:248, 270, 277
Dayr al-Jāthalīq (near Maskin) **XXI**:181, 186–87
Dayr Kaʿb **XVIII**:64
Dayr Ibn al-Khararah(?) **XXII**:55–56
Dayr al-Lathiq (near Qarqīsiyāʾ) **XXVII**:8
Dayr Abī Maryam (near Barāz al-Rūz) **XXII**:58, 61, 88, 90
Dayr al-Mislākh (near Kūthā) **XII**:33
Dayr al-Murrān (near Damascus) **XXIII**:219; **XXVI**:145
Dayr Abī Mūsā (near al-Kūfah) **XVII**:126, 175, 176, 177; **XXI**:5
Dayr al-Qāʾim (on the road from al-Raqqah to Baghdad) **XXX**:220
Dayr Qunnā (above Dayr al-ʿĀqūl) **XXVII**:143, 174
Dayr Qurrah (near al-Kufah) **XII**:141, 142; **XXIII**:22
Dayr Salʿ (Jewish cemetery, in Medina) **XV**:247
Dayr Silsilah (near al-Kufah) **XIII**:63
Dayr Simʿān (near Damascus) **XXIV**:90–92, 101
Dayr al-ʿUmmāl (near Wāsiṭ) **XXXVII**:20
Dayr Ibn al-Yaʿār (?) **XXII**:89
Dayr Ibn Yazdajird (near al-Daskarah) **XXII**:55–56, 136
Dayr al-Zaʿfarān (near Mosul) **XXXVIII**:21
Dayr Zakkā (near Damascus) **XXVI**:146
Ibn al-Dayrānī (son of Abū Aḥmad al-Dayrānī) **XXXVI**:189–90
Dayrī (?, village of al-Mutawakkil's mother's) **XXXV**:122
al-Ḍayzan b. Muʿāwiyah. SEE al-Sāṭirūn
Ḍayzans (Jadhīma's idols, at al-Ḥīrah) **IV**:134
dead bodies
  cremation of **XXXVIII**:200
  embalming of. SEE embalming
  gibbeting of. SEE crucifixion after beheading
  impalement of. SEE crucifixion after beheading
  perfectly preserved bodies, in graves **XXXVII**:160
  prayer over **XXXIX**:11, 20, 21, 22, 25, 26, 27, 47, 59, 97, 136, 161, 164, 167, 168, 173, 174, 176, 184, 195, 221, 226, 263, 268
  revival of **III**:119–22
  transport for burial **III**:69
  washing of **I**:333; **XII**:107; **XXXIX**:12
death
  anointing with perfume in preparation for **XIV**:79; **XIX**:121; **XXV**:52
  prayer of death (*ṣalāt al-mawt*) **XXXII**:226
  during sexual intercourse **XXIX**:76

death (continued)
talqīn (pious 'instructions' to the dying) **XXXI**:194
of thirst **XXXIV**:51, 86, 109; **XXXVIII**:30, 188
SEE ALSO Angel of Death; execution; funeral practices; funerary perfumes; martyrdom
Deborah (Dabūrā, prophet) **III**:127
Decius (Roman emperor) **IV**:126, 157
deed of sale. SEE *ṣakk*
defecation
in churches **V**:218
in mosques **XXX**:22
deities. SEE Arabian gods and idols
deluge
Pharaoh sent deluge by God **III**:66
Year of the Deluge. SEE 'Ām al-Juḥāf
Demon. SEE Satan
depilatory paste
first instance of use **III**:163
preparation for death, use in **XXXIV**:31
for pubic hair **XXI**:107; **XXXIII**:188
depression. SEE *al-sawdā'*
desert, people of the. SEE *ahl al-wabar*
destitute and poor, looking after **XXXII**:125
Destruction, Year of. SEE 'Ām al-Ramādah
Devil. SEE Satan
devotion to God. SEE *ikhlāṣ*
Dēwdād. SEE Dīwdād
al-Dhabbāḥūn (butchers' quarter, in al-Baṣrah) **XXI**:46
Dhafirān (valley, near al-Ṣafrā') **VII**:41, 42
Dhafrā' bt. Hanī b. Balī. SEE Fukayhah
Dhakwān, Abū Ṣāliḥ (al-Sammān) **VIII**:148; **XXXIX**:304
Banū Dhakwān (of Sulaym) **VII**:152; **XXXIX**:122
Dhakwān b. 'Abd Qays **VI**:126
Ibn Dhakwān al-Ṣafūrī. SEE al-Walīd b. 'Uqbah b. Abī Mu'ayṭ
al-Dhakwāniyyah (military regiment) **XXVI**:192; **XXVII**:4, 20, 50, 163
Dhanab Naqamā (near Uḥud, north of Medina) **VIII**:14, 15
Dhanabah (near Damascus) **XXVI**:148, 150, 162
Āl Dharīḥ (people of Dharīḥ) **VI**:66
Dharīḥ b. 'Abbād al-'Abdī **XV**:160; **XVI**:71, 72
Dharr (b. 'Abdallāh al-Hamdānī) **XXIII**:6
Dharr b. 'Abdallāh b. Zurārah **XXXIX**:276–77
Abū Dharr al-Ghifārī **I**:231, 232, 323, 344; **II**:130; **III**:110; **VI**:75, 85, 87; **IX**:55–56; **XII**:202; **XIV**:165; **XV**:25, 64–68, 100–101; **XIX**:117; **XXXIX**:45–46, 69–70, 99, 122, 282
Dhāt Aṭlāḥ (near Wādī al-Qurā) **VIII**:143; **IX**:122
Dhāt al-Fuḍūl (name of Prophet Muḥammad's coat of mail) **IX**:155
Dhāt 'Irq (station, on the Meccan Road from Iraq) **VII**:99; **XI**:69; **XVI**:44, 45; **XIX**:72; **XXI**:60; **XXXIV**:20, 21, 22
Dhāt al-Khiyām (in Mahrah) **X**:157
Dhāt al-Radaghah. SEE Fiḥl
Dhāt al-Riqā' (in Najd), expedition of **VII**:161–64; **IX**:116
Dhāt al-Salāsil
battle of **XI**:13, 15, 18, 26, 70, 111
expedition of **VIII**:146–47; **IX**:123
Dhāt al-Sāq (tree, in Baṭḥā' Ibn Azhar, near Medina) **VII**:13

Dhāt Tūmān (well, near Medina) V:165
Dhāt al-ʿUsayr (ʿUshayr). SEE al-ʿUshayrah
Dhāt al-ʿUyūn (battle, at al-Anbār) XI:49–50
al-Dhawāʾibī (Zanj collaborator) XXXVII:78, 150
Abū al-Dhayyāl al-ʿAdawī. SEE Zuhayr b. Hunayd al-ʿAdawī
al-Dhayyāl b. al-Haytham XXXII:210–11, 216, 222
Abū al-Dhayyāl al-Nājī XXVII:32, 80, 81, 128
Ibn Abī Dhiʾb (*rāwī*) VI:86; VIII:137; IX:151; XVII:230; XVIII:217; XXII:2; XXIII:13; XXXIX:100, 120
Banū Dhiʾb b. Ḥajan V:287
al-Dhiʾb b. al-Qāʾim XXXVIII:160, 161
Dhibāb. SEE Dhubāb
Ibn Dhiʾbah al-Thaqafī V:210–11
Abū al-Dhibbān. SEE ʿAbd al-Malik b. Marwān
Ibn Abī Dhibbān. SEE Maslamah b. ʿAbd al-Malik; Yazīd b. ʿAbd al-Malik
dhikr (remembrance of God) XII:84, 153
dhimmah (pact of protection) XV:6
SEE ALSO *ahl al-dhimmah*
dhimmīs. SEE *ahl al-dhimmah*
dhirāʿ (cubit) XVIII:16, 53; XXIII:172; XXVIII:247; XXXIX:168
Dhirāʿ (brother of Ḥārithah b. Badr). SEE Zirāʿ
dhirriyyah (Adam's progeny) I:304–7, 328
Dhū al-Abar (toponym) XXVIII:103
Dhū al-Adhʿār b. Abrahah III:29; IV:6
Dhū al-Ājurah al-Ḥimyarī XVI:120
Dhū al-Aktāf. SEE Sābūr Dhū al-Aktāf
Dhū Amarr (Anmār), expedition of VII:93, 98; IX:116
Dhū Athīr (mountain trail, north of Medina) VIII:46
Dhū Awān (near Medina) IX:60
Āl Dhī Bāriq XXXIX:220
Dhū Bataʿ. SEE Dhū Tubbaʿ
Ibn Dhī al-Burdayn al-Hilālī XII:117, 123
Dhū al-Faqār (name of Prophet Muḥammad's sword) VII:84, 120; IX:154; XXVIII:210–11
Dhū al-Ḥājib. SEE Bahman Jādhawayh
Dhū al-Ḥājibayn XIV:10, 12
SEE ALSO Bahman Jādhawayh
Dhū al-Harm (in al-Ṭāʾif) IX:46
Āl Dhī Ḥawāl XXXIX:220
Dhū al-Ḥulayfah (near Medina) VIII:71, 90; XXIII:144
SEE ALSO Ḥulayfat Ibn Abī Aḥmad
Dhū Ḥusā (in Najd) X:46, 47, 51, 159
Dhū Ḥusum (near Karbalāʾ) XIX:92, 96
Dhū al-Iṣbaʿ al-ʿAdwānī (Ḥurthān b. al-Ḥārith) XXI:189–90
Dhū Jadan (ʿAlqamah b. Mālik) V:216
Dhū Jadan al-Ḥimyarī V:208–10
Āl Dhī al-Jaddayn V:356
Dhū al-Jadr (in Medina) IX:152
Dhū al-Jawshan al-Ḍibābī XI:34
Āl Dhī Juddān XXXIX:220
Dhū al-Kalāʿ (Samayfaʿ b. Nākūr) IX:167; X:27, 165, 166; XI:77, 81, 92, 165, 168, 172; XII:174; XVII:19, 31, 33, 60, 62, 73; XIX:40; XXXIX:32
Dhū al-Khalaṣah (idol) IX:123; X:164
Dhū al-Khimār (false prophet). SEE al-Aswad al-ʿAnsī
Dhū al-Khimār (Subayʿ b. al-Ḥārith, al-Aḥmar b. al-Ḥārith, leader of Banū Mālik) IX:4, 14

Bint Dhī al-Khimār **XV**:53, 54
Ibn Dhī al-Khimār **XI**:91
Dhū al-Khimārayn (ʿAwf al-Jadhamī) **X**:68
Dhū Khushub (near Medina) **XV**:145, 160–62, 170, 172–75, 186, 189, 191–92, 194, 236; **XXIII**:179
Dhū al-Khuwayṣirah al-Tamīmī **IX**:34, 35
Dhū al-Kifl. SEE Bishr b. Job
Dhū al-Kulāʿ (Byzantine town) **XXX**:262, 264; **XXXVIII**:196
Āl Dhī Laʿwah **XXXIX**:220
Ibn Dhī al-Liḥyah **IX**:168
Dhū al-Limmah (name of Maḥmūd b. Maslamah's horse) **VIII**:50
Dhū al-Majāz (near ʿArafah) **IX**:2
Dhū Manār (Abrahah b. Rāʾish, South Arabian king) **III**:29
Dhū al-Maniyyah (name of Ibrāhīm b. ʿUthmān b. Nahīk's sword) **XXX**:245
Āl Dhī Marrān **XXXIX**:220
Dhū al-Marwah (in Wādī al-Qurā) **VIII**:91; **X**:17; **XI**:82–83; **XV**:145, 160–62
Dhū Murrān (toponym) **IX**:168
Dhū Murrān (ʿUmayr b. Aflaḥ, chief of Banū Hamdān) **X**:27, 165
Ibn Dhī Murrān. SEE Saʿīd b. Mujālid
Dhū Nafar al-Ḥimyarī **V**:221–22, 225
Dhū al-Nūn. SEE Jonah
Dhū al-Nūn (spirit, angel) **IX**:167
Dhū al-Nūr. SEE ʿAbd al-Raḥmān b. Rabīʿah al-Bāhilī
Dhū Nuwās (Zurʿah b. Tubān Asʿad Abī Karib) **V**:190–91, 194–95, 202–7, 210–12
Ibn Dhī al-Qalamayn **XXXII**:160
Dhū Qār **XI**:200, 223; **XII**:20; **XIII**:2; **XVI**:43, 51, 68, 86, 87, 95–97, 99, 104, 112, 114, 121
Dhū Qār (continued)
battle of (Dhū al-ʿUrjum, al-Ghadhawān, al-Jubābāt, Qurāqir) **V**:338–39, 356, 358, 362–70; **XI**:30
Dhū Qarad, expedition of **VIII**:43–51; **IX**:117, 118
Dhū al-Qarnayn. SEE Alexander the Great
Dhū al-Qarnayn (Lakhmid ruler). SEE al-Mundhir III
Dhū al-Qarnayn Mosque. SEE Masjid Dhī al-Qarnayn
Dhū al-Qaṣṣah (east of Medina) **VIII**:93; **IX**:119; **X**:40, 45, 47–52, 54, 60, 62, 159; **XI**:150
Dhū al-Qaṭīfah. SEE Muḥammad b. ʿAmr b. al-Walīd b. ʿUqbah b. Abī Muʿayṭ
Dhū al-Qurṭ **XIII**:56, 62
Āl Dhī Raḍwān **XXXIX**:220
Dhū al-Riʾāsatayn. SEE al-Faḍl b. Sahl
Dhū Ruʿayn al-Ḥimyarī **V**:184–86
Banū Dhī Ruʿayn (of Ḥimyar) **IX**:74; **XXXIX**:206
Banū Dhī al-Ruwayḥilah **XI**:220
Ibn Dhī al-Sahmayn. SEE ʿAbdallāh b. Dhī al-Sahmayn al-Khathʿamī
Dhū al-Shaʿbayn (mountain, in Yemen) **XXXIX**:219
Āl Dhī Shaʿbayn **XXXIX**:220
Dhū al-Shāmah. SEE Muḥammad b. ʿAmr b. al-Walīd b. ʿUqbah b. Abī Muʿayṭ
Dhū Shamistān **XII**:178
Dhū al-Shimālayn (Dhū al-Yadayn, ʿUmayr b. ʿAbd ʿAmr) **XXXIX**:301
Dhū al-Shufr. SEE Ṣafwān b. Mālik b. Jadhīmah
Ibn Dhī al-Sunaynah **XIII**:56, 62
Dhū Ṭawā. SEE Dhū Ṭuwā
Dhū al-Thudayyah **XVII**:133–34, 139

Dhū Tubba' (Bata', king of Hamdān) **III**:164, 165
Dhū Ṭuwā (Ṭawā, near Mecca) **VII**:76; **VIII**:70, 176; **XIX**:13–14; **XXVIII**: 180; **XXX**:23–24, 26
Ibn Dhī al-'Unuq. SEE al-Ḥajjāj b. Dhī al-'Unuq
Dhū al-'Urjum. SEE Dhū Qār
Dhū al-Wada'āt. SEE Yazīd b. Tharwān al-Qaysī
Dhū al-Wishāḥ (name of 'Ubaydallāh b. 'Umar b. al-Khaṭṭāb's sword) **XVII**:62
Dhū al-Yadayn. SEE Dhū al-Shimālayn
Dhū al-Yamīnayn. SEE Ṭāhir b. al-Ḥusayn b. Muṣ'ab
Dhū Yanāf (Shahr Dhū Yanāf, South Arabian tribal chief) **X**:165
Dhū Yazan. SEE Abū Murrah al-Fayyāḍ b. Dhī Yazan; Sayf b. Dhī Yazan
Āl Dhī Yazan **V**:182
Dhū Zūd (Sa'īd Dhū Zūd, South Arabian tribal chief) **IX**:168; **X**:27, 165
Dhū Ẓulaym (Ḥawshab Dhū Ẓulaym, South Arabian tribal chief) **IX**:165; **X**:27
Dhu'ālah b. Aṣbagh b. Dhu'ālah **XXVII**: 4, 5, 13
Dhu'ayb (commander of Nubātah b. Ḥanẓalah) **XXVII**:110
Dhu'ayb b. al-Ash'ath **XXVII**: 127, 179
Dhu'ayb b. al-Aswad b. Razn al-Dīlī **VIII**:160–61
Dhubāb (Dhūbāb, Dhibāb, mountain, near Medina) **VII**:87; **VIII**:11; **IX**: 50; **XXIII**:113; **XXVIII**: 198, 218
Ibn Abī Dhubāb al-Dawsī **I**:265, 327
Banū Dhubyān **X**:43, 47, 49, 51, 52, 60; **XX**:67
Dhufāfah (al-'Absī) **XXXI**:249
Dhuhayl b. 'Aṭiyyah **XII**:177
Dhuhayl b. Ṣa'ṣa'ah **XVIII**:105
Banū Dhuhl (of Aws) **XX**:74
Banū Dhuhl (of Bakr b. Wā'il) **XVI**: 143
Dhuhl b. al-Ḥārith al-Dhuhlī **XVII**: 193, 194; **XXII**:69
Banū Dhuhl b. Mu'āwiyah **XVII**:55; **XX**:118; **XXII**:60, 69
Banū Dhuhl b. Shaybān **XVII**: 193; **XX**:26; **XXII**: 37
Banū Dhuhl b. Tha'labah **XVIII**:134; **XX**:26, 28
Dhuwayd (*kātib*) **XXVI**:77–78
Dhuwayd (*mawlā* of 'Umar b. Sa'd) **XIX**:121, 129
dialect differences **X**:101
SEE ALSO language
Di'āmah (*rāwī*) **XXXI**:240
Abū Di'āmah (*rāwī*, 'Alī b. Marthad, 'Alī b. Yazīd) **XXIX**:108, 109; **XXX**:78
Di'āmah al-Shaybānī **XXV**:160
Banū al-Ḍibāb **XI**:34
al-Ḍibāb b. Kilāb **XIX**:121
SEE ALSO Shamir b. Dhī al-Jawshan al-'Āmirī al-Ḍibābī
Ḍib'ān b. Rawḥ **XXVI**:190–91, 193
Di'bil b. 'Alī al-Khuzā'ī **XXXII**:248–49
dibs (date juice). SEE *aṣḥāb al-dibs*
Dīh (of the people of Ardashīr Khurrah) **V**:112
Dihistān **IV**:77; **XIV**:29; **XV**:45; **XXIV**:43, 45, 47–48, 52
dihqān (landlord, village head) **III**:23; **V**:296, 375; **IX**:143; **XI**:19, 27, 41, 179, 186, 200, 208, 216–18; **XII**:27, 71; **XIII**:4; **XV**:81; **XVI**:190; **XVII**: 100, 145, 176; **XVIII**:169; **XX**:36; **XXI**: 142–43; **XXII**:59, 62–63, 67, 94, 163, 172; **XXVIII**:242, 248–49; **XXXIII**:81, 89, 137–38, 152, 197; **XXXIV**:170; **XXXV**:28
Abū al-Dihqānah (*rāwī*) **XIV**:105

Ibn Dihqānah *(rāwī)* **XXXIV**:221
Diḥyah b. Khalīfah al-Kalbī **VIII**:28, 29, 94, 98, 100, 104–6, 117; **IX**:99–100, 138; **XI**:90, 168; **XV**:63; **XXVI**:148; **XXXIX**:71, 166
Dijājah. SEE Dajājah; Dujājah
Dijlah. SEE Tigris
Dijlah al-ʿAwrāʾ. SEE Blind Tigris
Banū al-Dīl b. Bakr **VI**:19, 147; **VII**:61, 149; **VIII**:160–61; **X**:40, 41, 45; **XXVIII**:206; **XXXIX**:29, 73
Dīlmayāthā. SEE Daylamāyā
Ḍimām b. Thaʿlabah **IX**:80–81
al-Dimʿānah (watering place of Banū Baḥr) **XXXVIII**:159
Dimḥāl *(ʿayyār)* **XXXV**:66
Dimimmā (Dimimmāh, village, below al-Anbār) **XXVII**:132, 135; **XXXV**:80, 81, 82, 84; **XXXVI**:202
al-dīn al-abyaḍ (pure [white] religion) **XXXIII**:190
Dīnah bt. Barākīl **I**:326, 336
Dīnah bt. Jacob **II**:134, 137
Dīnak (mother of Hurmuz II and Fayrūz I) **V**:109
Dīnār (black slave) **XXXVI**:54, 55
Dīnār (local Persian ruler) **XIII**:211, 212, 215
Dīnār, Abū Salamah **XXXIX**:333
Dīnār b. ʿAbdallāh **XXXII**:85, 130–31, 154; **XXXV**:150
Dīnār b. al-ʿAyzār **XVI**:142
Banū Dīnār b. al-Najjār **VII**:152
Dīnār al-Sijistānī **XXIII**:27
Banū Dīnār b. Taym al-Lāt **VI**:12, 14; **VII**:137; **XVII**:206
Dīnār b. ʿUdhāfir, Abū Hind **XXXIX**:328
al-Dīnārī. SEE Nahr al-Dīnārī
Dīnawar (al-Māh, Māh al-Kūfah) **XIII**:4; **XIV**:18, 19; **XV**:132, 256; **XXI**:138; **XXVI**:255; **XXVII**:57; **XXXI**:50; **XXXII**:134, 182; **XXXIII**:133; **XXXIV**:96; **XXXVI**:166, 189; **XXXVII**:7; **XXXVIII**:4, 11, 14
Banū Dinnah (of Saʿd) **XXVI**:172
Diocletian (Roman emperor) **IV**:126
diphtheria *(dhubaḥah)* **XXVI**:72
Dirafsh-e Kābyān. SEE Persian royal flag
Ḍirār (b. Muqarrin al-Muzanī?) **XI**:48
Banū Ḍirār (of Ḍabbah) **XVIII**:181
Ḍirār b. al-Azwar al-Asadī **IX**:168; **X**:67, 69, 101, 104, 128; **XI**:28–30, 43, 93, 98–99, 101, 103, 117, 170; **XIII**:151, 153, 154
Ḍirār b. Ḥuṣayn al-Ḍabbī **XXII**:8, 172–73; **XXIII**:135, 169; **XXIV**:13–15; **XXV**:51
Ḍirār b. ʿĪsā al-ʿĀmirī **XXVII**:40
Ḍirār b. al-Khaṭṭāb b. Mirdās (of Banū Muḥārib b. Fihr) **VIII**:18; **XI**:28, 30, 43, 117; **XII**:120, 124; **XIII**:12, 57, 77, 78
Ḍirār b. Muqarrin al-Muzanī **XI**:28–30, 43
Ḍirār b. Murrah. SEE Abū Sinān al-Shaybānī
Ḍirār b. Muslim (Ibn Gharrāʾ) **XXIV**:20, 25
Ḍirār b. Sinān al-Ḍabbī **XXIV**:15
Ḍirghāmah b. Layth. SEE Wakīʿ b. Abī Sūd
Ḍirghāmah b. ʿUlaybah b. Ḥarmalah al-ʿAnbarī **XXXIX**:124
Dirham *(mawlā* of Banū Nahd) **XXI**:22
Ibn Abī Dirham. SEE al-Bakhtarī b. Abī Dirham al-ʿUbādī
Dirham b. Naṣr **XXXVI**:169
Dīs b. Siyāmak **I**:325
discourse, divisions of **XXI**:213–14
diseases and medical conditions
  angina (of the throat) **XXXIV**:218
  apoplexy **XXX**:296; **XXXVI**:161

diseases and medical conditions (continued)
arthritis **XXXI**:190; **XXXVII**:97
birsām (inflammation of the brain) **XII**:176
diagnosis of **XXIX**:88
diphtheria *(dhubaḥah)* **XXVI**:72
dropsy **XXV**:102; **XXXIV**:51, 53
dysentery **XXIX**:89
elephantiasis **XXIII**:129, 144, 219; **XXXVII**:165
epidemics. SEE epidemics
epilepsy **XXXVIII**:66
fainting spell, accompanying revelation **VIII**:3, 63
flatulance **XXX**:313
frostbite, treatment for **XX**:76
gout **XIX**:202; **XXXV**:38; **XXXVII**:165
heatstroke **XXIX**:89
hemiplegia **XXIX**:204; **XXX**:313
hemorrhoids **XXX**:313
hernia **XXII**:23
intermitent fever (malaria?) **XXX**:313
ʿirq al-nasā (ischial pain, sciatica) **XII**:83
irtiʿāsh (trembling in the limbs and body) **XXX**:313
Khaybariyyah fever **XVIII**:118
leprosy **IV**:132; **IX**:137, 141; **XIX**:163; **XXI**:26; **XXIII**:30; **XXVIII**:186; **XXIX**:122, 206; **XXX**:38; **XXXIX**:187, 188
liver disease *(al-suʿād)* **XXIV**:50
measles **V**:235
migraine **VIII**:120
plague. SEE plague
pleurisy *(dhāt al-janb, shawkah)* **VII**:6; **IX**:178; **XIX**:71; **XXIII**:31
podagra **XXXVIII**:201
pustules **VII**:69

diseases and medical conditions (continued)
quffāʿ **XXXVI**:149
rabies **XXV**:72; **XXXVIII**:198
retardedness **XXV**:1–2
al-sawdāʾ (melancholia, depression) **XXXII**:85
scurvy *(ḥumām qurr)* **XXIX**:187
skin complaint *(wadaḥ)* **XXIX**:206
smallpox **V**:235; **XXIII**:166, 168; **XXVIII**:143
stuttering **XXVI**:50; **XXVIII**:160; **XXX**:231
tuberculosis **XXIII**:79
ulcers. SEE ulcers
SEE ALSO traditional healing
dishes. SEE food
dispatch bag. SEE *kharīṭah*
dispensation. SEE *barāʾah; rukhṣah*
dispersal from Minā, as pilgrimage ritual. SEE *ifāḍah*
Dissent, Mosque of. SEE Masjid al-Ḍirār
dissimulation. SEE *taqiyyah*
dissociation. SEE *barāʾah*
distinctive dress
of *ahl al-dhimmah* **XXX**:268; **XXXIV**:89–90, 93–94
in battle **XIII**:208
ṭaylasān as **XXXIV**:89–90, 93–94, 128
zunnār belts **XXXIV**:89, 90, 94
Ditch, Battle of. SEE Battle of the Trench
al-Dīth b. ʿAdnān **VI**:36–37
Banū Dithār **XX**:77; **XXIV**:157
Dithār b. Abī Shabīb, Abū ʿUmar **XIII**:17, 22, 23, 24, 145; **XIV**:71
divination. SEE divining arrows; ornithomancy; prognostications
Divine Throne. SEE Throne
divining arrows **V**:200–201; **VI**:3–5; **IX**:10; **XXXIV**:92

divorce
in oaths **XXI**:63; **XXV**:18, 106–7; **XXVI**:128; **XXVIII**:140; **XXIX**:24, 186; **XXXVI**:37
in polytheism **VIII**:92
rules of **XXXIX**:15, 226
of sinfulness *(ṭalāq al-ḥaraj)* **XXX**:191, 194
dīwān (government exchequer) **V**:116–17
dīwān (military register) **V**:302; **XII**:201–2; **XIII**:30, 45, 75, 177; **XIV**:115–18; **XVIII**:105; **XXI**:161, 214, 215, 217; **XXII**:4; **XXVIII**:205, 206–7; **XXIX**:174, 183, 184, 190, 241, 242; **XXXVI**:14, 81
SEE ALSO *fuṭm*
Dīwān al-Ḍiyā' (Bureau of Estates/Land Holdings) **XXXIV**:158; **XXXV**:12, 39; **XXXVIII**:4
Dīwān Jaysh al-Atrāk (Bureau of Turkish Army) **XXXV**:39
Dīwān al-Jund (Military Department) **XXI**:219; **XXX**:9
Dīwān al-Kharāj (Bureau of Taxation, Landtax Bureau) **XXI**:215–17; **XXVII**:208; **XXX**:9; **XXXIV**:75; **XXXV**:13, 39, 84, 105
Dīwān al-Khātam (Registry Department) **XVIII**:217; **XXI**:159, 215–17
Dīwān al-Khātam al-Ṣaghīr **XXI**:217
Dīwān al-Mawārīth (Bureau of Estates/Legacies) **XXXVIII**:29
Dīwān al-Muqātilah (Department of the Warriors) **V**:262
Dīwān al-Rasā'il (Chancellery Bureau, Bureau of Correspondence) **XXI**:215–19; **XXVI**:13, 71, 99; **XXXI**:45; **XXXV**:13
Dīwān al-Tawqī' wa'l-Tatabbu' 'alā al-'Ummāl (Bureau of Registering and Supervising Government Officials) **XXXIV**:158
Dīwān Zimām al-Nafaqāt (Bureau of Controlling Expenditures, Registry Department) **XXIX**:206, 241; **XXX**:9, 86; **XXXIV**:75
al-Dīwāshinī (Dīwā-shanj, *dihqān* of al-Sughd) **XXIV**:171, 177–78, 183
Dīwāstī (Dīwāsti±, *dihqān* of al-Sughd). SEE al-Dīwāshinī
Dīwdād b. Dīwdast. SEE Abū al-Sāj
Dīwdād (Dēwdād) b. Muḥammad b. Abī al-Sāj **XXXVIII**:94, 97
Diyālā (river, Nahr Diyālā) **XXIX**:85; **XXXI**:124; **XXXII**:82, 91; **XXXVI**:203; **XXXVII**:165; **XXXVIII**:108, 109
Diyār Bakr. SEE Āmid
Diyār Muḍar **XXXII**:110; **XXXIV**:96; **XXXVI**:137; **XXXVII**:82, 124; **XXXVIII**:13, 76, 88, 103, 115, 164
Diyār Rabī'ah **XXXII**:110; **XXXIV**:37, 96; **XXXVII**:1, 6–7; **XXXVIII**:21, 72, 76, 84, 103
Diz (fortress near al-Kharaj) **XXXV**:146
Diz Nibisht (in Iṣṭakhr) **IV**:72
Dizru'īn (Dizrū'īn, Turkish city) **IV**:75
doctors. SEE physicians
documents. SEE writing and written documents
dogs **X**:15; **XIII**:208; **XV**:231; **XXVI**:88, 94; **XXVIII**:211; **XXXV**:160
first guard dogs **I**:345
of al-Ḥaw'ab **X**:78; **XVI**:49, 50–51, 68
playing with **XIX**:198
rabies **XXV**:72; **XXXVIII**:198
Shirshīr **XXXIX**:250
wolfhounds **XXXV**:160

dolphins **XXXI**:227
Dome of the Girdle (of Hārūnī Palace, in Sāmarrā) **XXXIV**:12
Dome of the Rock (in Jerusalem) **III**:151
domed houses, of Banū Aws. SEE *qibāb Aws*
Domitian (Roman emperor) **IV**:126
donkeys **I**:345, 360; **X**:147; **XXII**:52, 198; **XXV**:133; **XXVII**:23
doorkeeper. SEE *ḥājib*
double bridges. SEE bridges
dove(s)
  golden dove, as Satan's shape **III**:144
  Noah's dove **I**:357
  SEE ALSO pigeons
dowry (bridal gift, bridal price, *mahr, ṣadāq*) **VIII**:92, 110, 149; **IX**:133; **X**:95; **XXXVIII**:145; **XXXIX**:164, 173, 178, 180, 186, 189
dreams and their interpretation **VIII**:62, 101, 102, 122; **XVII**:58
  of ʿAbd al-Raḥmān b. ʿAwf **XIV**:151
  of al-Amīn **XXXI**:184
  of ʿĀtikah bt. ʿAbd al-Muṭṭalib **VII**:35–37
  candlesticks in **XX**:57
  of Hārūn al-Rashīd **XXX**:299–301
  of Heraclius **VIII**:101–2
  of al-Ḥuṣayn b. Numayr al-Sakūnī **XX**:57
  of Joseph b. Jacob **II**:161–64, 183
  of al-Mahdī **XXIX**:227; **XXX**:54–55
  of al-Muntaṣir **XXXIV**:220, 224
  of al-Muʿtaḍid bi-llāh **XXXVIII**:24–25
  of al-Mutawakkil **XXXIV**:183–84
  of Prophet Muḥammad **IX**:24; **XXXVIII**:54
  with Prophet Muḥammad **XXXVIII**:154
dreams and their interpretation (continued)
  of Rustam b. Farrukhzād al-Armanī **XII**:81–82
  of ʿUmar b. al-Khaṭṭāb **XIV**:71, 144
  of Yazdajird III **XIV**:52
dress and dressmaking
  Adam and Eve's clothing **I**:294
  distinctive dress. SEE distinctive dress
  origin of dressmaking **I**:343
  ritual dress. SEE *iḥrām*
  Yemenī funeral dress *(ḥullah yamāniyyah)* **IX**:173
  SEE ALSO garments
drinking fountain, in Medina **XXIII**:144
drinking of wine. SEE wine and wine drinking
dropsy **XXV**:102; **XXXIV**:51, 53
drought
  ʿĀm al-Ramādah (Year of the Drought, Year of the Destruction) **XIII**:151, 152, 154–57, 159; **XIV**:119
  in Medina **XIII**:150–59
  as sign of God's wrath **III**:66
  in Syria **XXI**:134
drums **XXVII**:128; **XXXI**:124, 131; **XXXII**:41
dry goods, measure of. SEE *qafīz*
Ibn Abī Duʾād. SEE Aḥmad b. Abī Duʾād
al-ḍuʿafāʾ (members of society with lower social status) **XVII**:60, 122; **XXI**:27; **XXXIV**:47
Ḍubāʿah bt. ʿĀmir b. Qurṭ **IX**:137, 140
Ḍubāʿah bt. al-Zubayr b. ʿAbd al-Muṭṭalib **XXXIX**:197–98
Ibn Ḍubārah. SEE ʿĀmir b. Ḍubārah al-Murrī

Banū Ḍubayʿah **VII**:117; **XIII**:76; **XVIII**:100; **XXIII**:139; **XXVIII**:252; **XXXVI**:32
Banū Ḍubayʿah (of Bakr b. Wāʾil) **XI**:22; **XXI**:32
Banū Ḍubayʿah b. ʿIjl (of Bakr b. Wāʾil) **X**:147
Banū Ḍubayʿah b. Rabīʿah **XX**:26
Banū Ḍubayʿah b. Zayd **IX**:61
Banū al-Ḍubayb **IX**:100–102; **X**:44; **XII**:184
Dubayrān. SEE Nahr Dubayrān
Dubays. SEE Nahr Dubays
Dubbā (near al-Baṣrah) **XXXVI**:57, 58; **XXXVII**:71
duels, in battle **XXXIX**:23, 33
al-Duff (north of Mecca) **V**:168, 173
Abū al-Ḍuḥā (Muslim b. Ṣubayḥ) **I**:201, 203, 219
Duḥaym (*ghulām* of Abū Nuwās) **XXXI**:237
Ibn Duḥaym **XXXVIII**:131
Banū Duhmān (of Juhaynah) **XXI**:34–35
Banū Duhmān (of Qays ʿAylān) **XXI**:214
Banū Duhmān b. al-Ḥārith b. Ghanm **XXXIX**:171
Duḥrūjat al-Juʿal. SEE ʿĀmir b. Masʿūd b. Umayyah b. Khalaf al-Jumaḥī
Banū al-Duʾil b. Bakr. SEE Banū al-Dīl b. Bakr
Dujājah (Dijājah) al-ʿIjlī **XXV**:106
Abū Dujānah al-Sāʿidī al-Anṣārī (Simāk b. Kharashah) **VII**:116, 118, 121, 137, 138, 160; **XII**:146, 147; **XIV**:20, 22, 26, 31–33; **XV**:256; **XXXIX**:286
Dujayl (Kārūn, river) **V**:12; **XIII**:118; **XX**:175; **XXI**:186; **XXIII**:10, 47, 69; **XXVII**:57, 135; **XXVIII**:258–59; **XXXI**:230; **XXXII**:43; **XXXV**:14, 133; **XXXVI**:37, 40, 46–48, 182; **XXXVII**:38; **XXXVIII**:32
Dujayl Bridge. SEE Jisr Dujayl
Dukayn b. al-Shammākh al-Kalbī al-ʿĀmirī **XXVI**:147, 162
Ḍukhaym (Suḥaym, of Banū Ḥuddān) **XVI**:76
Dukht-i Zabān (Būrāndukht bt. Kisrā II?) **XI**:120
Dukhtanūs (pre-Islamic poetess) **XXI**:51
al-Dūlāb (al-Dawlāb, near al-Ahwāz) **XXX**:117; **XXXVI**:155, 165; **XXXVII**:3
battle of **XX**:164, 165, 166
Abū Dulaf (associate of the Zanj leader) **XXXVI**:56, 140, 141
Ibn Abī Dulaf **XXXVIII**:22, 31
SEE ALSO Aḥmad b. ʿAbd al-ʿAzīz; Bakr b. ʿAbd al-ʿAzīz; al-Ḥārith b. ʿAbd al-ʿAzīz; ʿUmar b. ʿAbd al-ʿAzīz
Dulaf b. ʿAbd al-ʿAzīz b. Abī Dulaf **XXXV**:155; **XXXVI**:29, 190, 202
Abū Dulaf al-ʿIjlī (al-Qāsim b. ʿĪsā) **XXXI**:50, 52; **XXXII**:246–48; **XXXIII**:59, 61, 64–65, 70; **XXXVIII**:67
Abū Dulāmah (Zand b. Jawn) **XXIX**:65, 260–61
Banū al-Ḍulayʿ **IX**:100
Ibn Dulayl al-Naṣrānī **XXXVIII**:192
Dulayl b. Yaʿqūb al-Naṣrānī **XXXIII**:32; **XXXIV**:156; **XXXV**:12, 28, 29, 30, 31, 32, 33, 123, 124
Duldul (name of Prophet Muḥammad's mule) **VIII**:131; **IX**:14, 150
Ibn Duljah (ʿAmr [Bujayr], of Banū Ḍabbah) **XVI**:155
Dulūk (frontier fortress town, north of Aleppo) **XXVIII**:5, 8
Duluth (in al-Ahwāz) **XIII**:118
Dumā (one of five cities destroyed by God) **II**:125
Dumā b. Ishmael **II**:132, 133
al-Dūmah. SEE Dūmat al-Jandal

Dūmat al-Jandal (Dawmat al-Jandal, al-Dūmah) **VIII**:4–5, 95; **IX**:58, 116; **X**:44, 98, 139; **XI**:18, 47, 57–61, 70, 80, 113, 144; **XII**:156, 157; **XVI**:160; **XVII**:89, 90, 103, 104, 108; **XXVI**:145; **XXVII**:157; **XXVIII**:177; **XXXIX**:233
Ḍumayrah (b. Abī Ḍumayrah) **XXXIX**:100
Abū Ḍumayrah (*mawlā* of Prophet Muḥammad) **IX**:146
Umm Ḍumayrah **XXXIX**:100
Dūnal (*ʿayyār*) **XXXV**:66
Dunbāwand (Danbāwand, Damavand, mountain) **I**:318, 342, 350; **II**:3, 5, 8, 23, 26, 110; **III**:21; **V**:147; **XIV**:25–27; **XV**:230–31; **XXII**:165; **XXVIII**:65, 72; **XXIX**:219, 235, 239; **XXX**:115–16, 255; **XXXII**:135; **XXXIII**:149, 172
al-Dūr (quarter, in Sāmarrā) **XXXV**:12, 13, 30, 35, 140, 152, 164; **XXXVI**:19, 20, 76, 78, 81, 84, 86, 87, 91, 95, 96, 99; **XXXVII**:155
al-Dūr (Zanj commander) **XXXVII**:49
Dūrān (near al-Kūfah Bridge) **II**:12; **XXVI**:167
al-Durāqiṣ (commander of Heraclius) **XI**:84–85
Durayd b. Kaʿb al-Nakhaʿī **XII**:119
Durayd b. al-Ṣimmah al-Jushamī **IX**:3, 4, 5, 6, 16, 17; **XVII**:93, 118
Dūrayn (toponym) **XXVII**:7, 19
Ḍurays (of Banū Qays) **XII**:198
Abū al-Ḍurays (*mawlā* of Banū Tamīm) **XXII**:71, 76–77, 80
al-Ḍurays al-Bajalī **XVI**:119
al-Durghumān al-Farghānī **XXXV**:48, 60, 61, 72
Durnā, lion of **XX**:159
Durqīṭ. SEE Nahr Durqīṭ
durrāʿah (open-fronted tunic) **XXIII**:180; **XXX**:207; **XXXIII**:21, 31, 82; **XXXIV**:62, 69; **XXXVI**:61
Durrah (mountain) **XXXIII**:101
Abū Durrah (*ghulām* of ʿUmar b. Mihrān) **XXX**:135–37
Durrah bt. Abī Salamah b. ʿAbd al-Asad **IX**:132; **XXXIX**:175
al-Durrī (associate of al-Māzyār b. Qārin) **XXXIII**:147, 169, 171–74
Durtā (near Qaṭrabbul) **XI**:182
Durunjār. SEE Adrunjār
Abū Dusmah. SEE Waḥshī
dust pouring, as insult **VI**:115, 143
Duwāj (concubine of Hārūn al-Rashīd) **XXX**:327
Banū Duwayk (*mawlās* of Banū Mulayḥ b. ʿAmr) **VI**:56
Duwayyah (Ruwayyah, hill, near Ḥanbal) **XVIII**:109
Dwin (Dvin). SEE Dabīl
dyeing and dyestuffs
  of beards **XI**:139, 152; **XXVIII**:117
  of hair **IX**:160–61; **XI**:139, 152; **XXIX**:118
  henna **IX**:160–61; **XI**:139; **XIII**:114; **XIV**:97; **XXIV**:159; **XXVIII**:126, 135; **XXX**:13
  jubbah mumashshaqah (clay-dyed robe) **XXVIII**:205
  katam (herb for hair dyeing) **IX**:160, 161; **XI**:139
  of penis, in fornication **XXIII**:65
  woad, as dyestuff **XIX**:160
dysentery **XXIX**:89

E

eagles **II**:36–37, 107–9; **XIV**:41
earrings, men's **XII**:128; **XV**:86, 87; **XIX**:155
ears, in battle line formations **XII**:118
earth, created by God **I**:188, 216
earthquakes
  in Antioch **XXXIV**:157
  in Baghdad **XXXVII**:66
  in Dabīl **XXXVIII**:12
  in Egypt **XXX**:163; **XXXVII**:151

earthquakes (continued)
at Ḥimṣ **XII**:176–77
in Maghrib **XXXIV**:156
in al-Maṣṣīṣah **XXX**:229
in Qaṣr al-Ma'mūn **XXXVII**:38
in Qūmis **XXXIV**:146
in Rayy **XXXV**:14
in al-Ṣaymarah **XXXVI**:148
in Syria **XXIII**:204
in Tinnīs (Egypt) **XXXIV**:157
Easter **XXXVII**:78
eating, while leaning back **XXXIX**:257
Eber ('Ābir) b. Noah **I**:368
Eber ('Ābir) b. Shelah **II**:15, 21, 22, 28
Eber ('Ābir) b. Shem **II**:14
eclipse. SEE moon; sun
Eden ('Adan), garden of **I**:312, 314
Edessa (al-Ruhā') **V**:254; **XII**:175, 178, 181, 182; **XIII**:80, 86, 88, 159, 160; **XXVII**:181; **XXXIV**:157
Edom (Adum) **II**:136
effeminacy **XX**:69; **XXIII**:226; **XXIV**:162, 167; **XXVI**:80; **XXIX**:107; **XXXIV**:67; **XXXVI**:78
SEE ALSO homosexuality
Eglon ('Ajlūn, king of Moab) **III**:127
Egypt **II**:2, 11, 12, 14, 62, 65, 111, 128, 152, 154, 158, 161, 163, 166–69, 173, 177, 178, 180, 183, 184; **III**:10, 31, 34, 36, 37, 43, 52, 54, 59, 60, 62, 63, 66–69, 72, 74, 76, 93; **IV**:40, 45, 94, 95, 101, 114, 116, 117, 125; **V**:416; **XI**:5, 87; **XII**:197, 203; **XIII**:94, 106, 158, 159, 160–76; **XIV**:15, 104, 112, 164; **XV**:18–19, 23–24, 31, 73–74, 126, 129, 145, 147–49, 165, 168–70, 172, 175, 184–85, 193, 195, 197–99, 207, 219–21, 227, 243, 250, 255; **XVI**:26, 27, 175–77, 179, 180, 183–89; **XVII**:140, 142–66; **XVIII**:13, 32, 93, 102, 103, 196, 217, 221, 222; **XIX**:191, 193; **XX**:48, 64, 160, 175; **XXII**:92; **XXIII**:80, 109, 111–12, 114, 149, 156, 214; **XXIV**:28, 165; **XXV**:64; **XXVII**:7, 88, 174, 195, 197, 198, 204; **XXVIII**:6, 23–24, 47, 53, 75–76, 81, 83, 119–20, 141, 190, 243, 250, 292; **XXIX**:39, 50, 61, 63, 66, 74, 77, 79, 80, 139, 180, 195, 203, 204, 207, 235, 239; **XXX**:28, 134–37, 138, 141, 163, 295, 316; **XXXI**:26; **XXXII**:106, 159–61, 164–65, 168–69, 178, 182, 188, 191, 192, 199; **XXXIII**:29; **XXXIV**:108, 141–43, 145, 157; **XXXV**:8, 150, 154; **XXXVI**:166, 204; **XXXVII**:81, 88–89, 147, 151, 169, 177; **XXXVIII**:30, 31, 44, 73, 76, 86, 115, 116, 121, 127, 146, 151–53, 156, 158, 164, 169, 176, 198, 203, 205, 206; **XXXIX**:212, 220
Egyptian language **III**:35
Ehud (Ahūd) b. Gera **III**:127
Ekron. SEE Kayrūn
Elagabalus (Roman emperor) **IV**:126
Elam b. Shem **II**:12, 14
Eleazar b. Aaron **III**:93
electoral council. SEE *shūrā*
elephantiasis **XXIII**:129, 144, 219; **XXXVII**:165
elephants **II**:26; **V**:225, 228–29, 233, 235; **VIII**:73; **XI**:14, 107, 119, 188–94, 204; **XII**:30, 62, 89, 92–95, 98, 100, 109–11, 113–15, 140, 141; **XIV**:77, 78; **XVIII**:31; **XXXIII**:86–87; **XXXV**:27; **XXXVIII**:29, 141
SEE ALSO 'Ām al-Fīl; Bāb al-Fīl
Eli ('Alī, 'Aylī, Israelite high priest) **III**:128, 133, 134; **IV**:106
Eliezer b. Moses **III**:31, 93
Elijah (Ilyās b. Yāsīn, prophet) **III**:3, 122; **IV**:175
Eliphaz (Alīfaz, friend of Job) **II**:142
Elisha b. Akhṭūb **III**:124, 125, 139

Elizabeth bt. Fāqūd (John the Baptist's mother) **IV**:103
Elon (Alūn, Israelite king) **III**:128
eloquence **XXIII**:76
Elpidius (Albīd, Patricius of Sicily) **XXX**:151
emancipation of slaves. SEE manumission of slaves
embalming
of corpses **XXVIII**:41
in preparation for death **XXV**:52
embargo. SEE sea embargo
embassies to foreign rulers **VIII**:98–100, 104–14, 142
embroidery
Egyptian embroidered brocade *(dabīq)* **XXXV**:59
maṭārif (pl. of *miṭraf*, embroidered silk garment) **XV**:53; **XXIII**:226; **XXXIV**:175
ṭirāz (pl. *ṭuruz*, embroidered garment, state workshop producing such garments) **XXX**:185, 212; **XXXI**:23, 48
emeralds **XXXVI**:9
Emesa. SEE Ḥimṣ
Emigrants. SEE al-Muhājirūn
emigration
of first Muslims to Abyssinia **VI**:98–101, 109, 110, 112, 114; **XXXIX**:5
of first Muslims to al-Madīnah **VI**:139–40
Muhājirat al-Anṣār **XIII**:93
Muhājirat al-Fatḥ (Qurashites who embraced Islam and emigrated after the conquest of Mecca) **XII**:133; **XIII**:93
SEE ALSO *al-hijrah;* al-Muhājirūn
emotions, expression of. SEE grief
endowment *(ḥabīs, waqf)* **XIII**:49; **XXXIV**:188
Enoch. SEE Idrīs
Enosh (Yānish) b. Seth **I**:326, 335, 336
entertainment and amusements
games. SEE games
musical entertainment. SEE musical entertainment
prohibition of **XXIX**:94–95; **XXXVI**:24
Ephesus **XXX**:168
Mt. Ephraim **III**:97
Ephraim (Afrāyīm) b. Joseph **II**:166, 185
epidemics
of cattle **XXXIV**:137
plague. SEE plague
of Tigris districts **XXXVI**:142
epilepsy **XXXVIII**:66
eras
Islamic era. SEE Islamic era
use of **I**:370–71
Esau (ʿAys) b. Isaac **II**:17, 133–37, 139, 147
estates
sale of **XXXV**:6–7
SEE ALSO Dīwān al-Ḍiyāʿ; Dīwān al-Mawārīth; endowment
Esther (bt. Abihail) **IV**:41, 50–51
Esther (Astūryā, Bahman's mother) **IV**:82
eternity, of God **I**:194–98
Ethiopia. SEE Abyssinia
Ethiopian language **III**:174
eunuch *(khaṣī, khādim, ʿaqīq)* **XXX**:24, 31, 99, 206, 220, 293; **XXXI**:2, 225–26, 228, 240, 244; **XXXII**:101; **XXXVI**:72, 175; **XXXVIII**:16, 45–46
SEE ALSO *khadam al-khāṣṣah*
Euphrates **I**:370; **II**:12, 128; **III**:24; **IV**:67, 132, 140; **V**:80, 210, 300; **IX**:40; **X**:88; **XI**:5, 17, 21, 27–28, 36, 40, 52, 67, 179, 189–92, 197, 201, 204, 207, 209, 212, 216, 219; **XII**:28, 42, 51, 182; **XIII**:2, 8, 36, 51, 52, 63, 65, 67, 85; **XIV**:5, 6,

Euphrates (continued) **XIV**:106; **XV**:134; **XIX**:1, 75, 129, 137, 149, 156; **XX**:132, 174; **XXI**:18, 78, 91, 92, 110, 115; **XXII**:62, 66, 72, 74, 97, 107, 116, 192; **XXIII**:44, 75; **XXIV**:121, 128, 134, 185; **XXV**:157, 160; **XXVI**:15, 45, 48, 81, 125, 168, 242; **XXVII**:12, 57, 132, 135, 136, 138, 181, 185; **XXVIII**:61, 80, 238, 241, 243–44, 246; **XXX**:173, 179, 229; **XXXI**:122, 145, 159; **XXXIV**:152; **XXXV**:18, 59, 75, 76, 79, 81, 85, 89, 121; **XXXVI**:43, 120, 121; **XXXVII**:46, 52, 90, 98; **XXXVIII**:78, 115, 147, 159, 167
Euphrates Road **XXXIV**:84; **XXXVI**:124; **XXXVIII**:135, 142, 144, 157, 164, 181, 182
Eustathios. SEE Asṭānah
Evangel. SEE Gospels
Eve (Ḥawwā') **I**:273–81, 287, 288, 290–92, 294, 296, 299, 300, 302–4, 309, 310, 314, 316–18, 320–22, 324, 327, 333, 334, 363; **XII**:64
evening prayer (*ṣalāt al-ʿatamah, ṣalāt al-ʿishā'*) **VIII**:29; **XX**:113, 125; **XXXIX**:71, 120
evil eye **XXXIX**:134
evil omens. SEE omens
evildoers (*fussāq*) **XXXII**:55–57, 76
excrement. SEE feces
execution
  by exposure to cold **XXXV**:132
  by suffocation **XXXV**:132
  by thirst **XXXIII**:132; **XXXIV**:86, 109
  by throwing victim to lions **XXXI**:232
  SEE ALSO crucifixion after beheading
executor (in legal matters). SEE *waṣī*
Exilarch (Ra's al-Jālūt) **XXVIII**:113
exile **XV**:226–27; **XXVI**:231
exorcism **XXXVIII**:66
expeditions, military. SEE military expeditions
expenditures, control of. SEE Dīwān Zimām al-Nafaqāt
exposure to cold, execution by **XXXV**:132
eyes
  blue eyes **XXI**:139
  darkening, with kohl. SEE kohl
  shooting arrows at enemy's eyes, in battle **XI**:49–50
Ezekiel (**27**:19-22) **XII**:196
Ezekiel b. Buzi (Ḥizqīl b. Būdhī, Ibn al-ʿAjūz) **III**:118, 119, 120, 121, 122
Ezra **IV**:64–65, 86

F

factionalism. SEE *ʿaṣabiyyah*
al-Faḍāfiḍ (in al-Ḥijāz) **IX**:100
Fadak (near Khaybar) **VIII**:95, 123, 128, 129, 132; **IX**:119, 196; **XIII**:177; **XVIII**:93, 172; **XXVIII**:183; **XXXIV**:25
  SEE ALSO *ṣadaqah*, of the Prophet of God
Faḍālah (*mawlā* of Prophet Muḥammad) **IX**:146
Abū Faḍālah al-Anṣārī **XXXIX**:35
Faḍālah b. Ḥābis **XVI**:112
Faḍālah al-Laythī **XXXIX**:120, 121
Faḍālah b. Sayyār al-Taymī **XXII**:44–45
Faḍālah b. ʿUbayd (ʿUtbah) al-Anṣārī **XVI**:6; **XVIII**:94, 96, 216
Banū al-Faddām (those who wear cloths over their mouths, Zoroastrians) **V**:367
faddān (measure of area) **XXXIII**:76
al-Fādhūsafān (ruler, in Iṣfahān) **XIV**:7–9
fādhusbān (provincial civil governor) **V**:146–47, 318, 321, 392, 395, 397

al-Fāḍilah bt. Yazīd b. al-Muhallab **XXV**:102, 164
al-Faḍl (*mawlā* of ʿAbd al-Qays) **XXVI**:121
Abū al-Faḍl (b. Zikrawayh) **XXXVIII**:135
Umm al-Faḍl (Lubābah bt. al-Ḥārith, Lubābah al-Kubrā) **VII**:68, 72, 94; **IX**:135; **XVI**:42; **XXVIII**:95; **XXXIX**:54, 96, 111, 186, 201–2, 287
al-Faḍl b. ʿAbbās (poet) **XV**:261
al-Faḍl b. al-ʿAbbās al-ʿAbbāsī **XXXVII**:90
al-Faḍl b. al-ʿAbbās b. ʿAbd al-Muṭṭalib **IX**:9, 169, 170, 180, 202, 205; **X**:39; **XXXIX**:11, 24, 95, 167, 186, 194, 201, 288
al-Faḍl b. al-ʿAbbās b. ʿAbdallāh b. Jaʿfar b. Abī Jaʿfar **XXXI**:230
al-Faḍl b. al-ʿAbbās al-Hāshimī **XXX**:35
al-Faḍl b. al-ʿAbbās b. Jibrīl **XXX**:148
al-Faḍl b. al-ʿAbbās b. Muḥammad b. ʿAlī **XXX**:290, 304
al-Faḍl b. al-ʿAbbās b. Mūsā b. ʿĪsā **XXVIII**:278; **XXXI**:120
al-Faḍl b. ʿAbbās b. Rabīʿah b. al-Ḥārith b. ʿAbd al-Muṭṭalib **XIX**:209–11; **XXIII**:16
al-Faḍl b. ʿAbd al-Malik al-Hāshimī **XXXVIII**:117, 133, 149, 155, 171, 182, 188, 192, 195, 197, 198, 203, 207
al-Faḍl b. ʿAbd al-Raḥmān b. al-Faḍl **XXVIII**:254
al-Faḍl b. ʿAbd al-Ṣamad al-Raqāshī. SEE al-Raqāshī
al-Faḍl b. ʿAbdallāh b. al-ʿAbbās **XXXIX**:54
al-Faḍl b. ʿAdī al-Dārimī **XXXVI**:60, 64, 127, 128, 183
al-Faḍl b. ʿĀmir al-Shaybānī **XXII**:37, 76, 104
al-Faḍl b. ʿAmr al-Fuqaymī **XXVIII**:274
al-Faḍl b. al-ʿAnbar **XXXVI**:187
al-Faḍl b. Bassām **XXIV**:173
al-Faḍl b. Dīnār **XXVII**:173, 174
al-Faḍl b. Dukayn. SEE Abū Nuʿaym
al-Faḍl b. al-Farrukhān **XXXII**:210, 217–18, 222
al-Faḍl b. Ghānim **XXXII**:210, 217, 222
al-Faḍl b. al-Ḥasan b. ʿAmr b. Umayyah al-Ḍamrī **VII**:147
al-Faḍl b. ʿĪsā al-Raqāshī **V**:335
al-Faḍl b. Isḥāq b. al-Ḥasan b. Ismāʿīl b. al-ʿAbbās **XXXVI**:135, 149, 167, 184, 188
al-Faḍl b. Isḥāq b. Sulaymān al-Hāshimī **XXX**:15, 30, 58, 86, 147; **XXXI**:23, 26–27, 49; **XXXIV**:52–53
al-Faḍl b. Kāwūs b. Khārākhuruh **XXXII**:135; **XXXIII**:38, 41–43, 60
al-Faḍl b. Khālid. SEE Abū Muʿādh
al-Faḍl al-Kirmānī **XV**:69
SEE ALSO al-Mufaḍḍal al-Kirmānī
Umm al-Faḍl bt. al-Maʾmūn **XXXII**:82, 185
Abū al-Faḍl b. Maʿqil **XXVIII**:266
al-Faḍl b. Marwān **XXXIII**:28–35, 212, 216; **XXXIV**:75; **XXXV**:13
al-Faḍl b. Maymūn **XXXVI**:64
al-Faḍl b. Muḥammad b. al-Faḍl **XXXV**:78
al-Faḍl b. Muḥammad b. al-Ṣabbāḥ al-Kindī **XXXII**:70, 74
al-Faḍl b. Mūsā **III**:43
al-Faḍl b. Mūsā b. Bughā **XXXVI**:202; **XXXVII**:20, 47; **XXXVIII**:163
al-Faḍl b. Mūsā b. ʿĪsā al-Hāshimī **XXXI**:122–23
al-Faḍl b. Mūsā b. Khuṣaylah, Abū Mūsā **XVIII**:108
al-Faḍl b. al-Muẓaffar al-Sabaʿī **XXXV**:84

al-Faḍl b. Qārin **XXXIV**:167; **XXXV**:7, 27
al-Faḍl b. al-Rabīʿ **XXVIII**:67, 110, 212; **XXIX**:7, 10, 94, 101, 125, 128, 138, 199–202, 215, 250; **XXX**:8, 66–67, 73, 85–86, 107–8, 126–27, 131, 153, 206, 235, 245–46, 303, 317, 322–23, 330, 332; **XXXI**:5, 9, 11, 13, 15, 22–23, 27–28, 40–44, 47–49, 57–59, 63, 65–66, 92–95, 97–98, 114, 203, 236–38, 248–50; **XXXII**:48–49, 59, 91, 110, 137, 139–40
al-Faḍl b. Rawḥ b. Ḥātim al-Muhallabī **XXX**:142
al-Faḍl b. al-Ṣabbāḥ **XXXIX**:196
al-Faḍl b. Sahl (Dhū al-Riʾāsatayn) **XXIX**:140; **XXX**:261, 292; **XXXI**:12–17, 24, 26–30, 34, 36, 39, 41, 43, 55–56, 63, 70–73, 87, 101–2, 148–50, 196, 211, 224, 238; **XXXII**:13–14, 35, 40–41, 59, 62, 69, 78–81, 105, 156, 179; **XXXIII**:38, 41, 170; **XXXIV**:53
al-Faḍl b. Sahl al-Aʿraj **XXXIX**:157
al-Faḍl b. Saʿīd *(rāwī)* **XXX**:44, 56
al-Faḍl b. Saʿīd al-Ḥarūrī **XXX**:102
al-Faḍl b. Ṣāliḥ b. ʿAlī b. ʿAbdallāh b. ʿAbbās **XXVI**:55; **XXVIII**:52, 90–91, 254; **XXIX**:177, 180, 195, 203
al-Faḍl b. Sulaymān b. ʿAlī **XXX**:216
al-Faḍl b. Sulaymān b. Isḥāq al-Hāshimī **XXIX**:9, 182; **XXX**:7, 86
al-Faḍl b. Sulaymān al-Numayrī **XXVIII**:209
al-Faḍl b. Sulaymān al-Ṭūsī, Abū al-ʿAbbās **XXIV**:153; **XXVII**:61, 73, 108, 143, 191; **XXVIII**:62, 242; **XXIX**:9, 59, 68, 165, 234, 235, 239; **XXX**:101, 305
al-Faḍl b. Suwayd **XXIII**:211
al-Faḍl b. ʿUbaydallāh b. Abī Rāfiʿ **XVIII**:230
Umm al-Faḍl bt. Waṣīf **XXXVI**:90
al-Faḍl b. Yaḥyā al-Barmakī **XXX**:6, 56, 92, 112–13, 115–19, 139, 143–52, 163, 168, 212–14, 218–20, 224, 227, 237, 296–97, 305, 312; **XXXI**:123–24?
al-Faḍl b. Yaʿqūb b. al-Faḍl **XXX**:13
Faḍlān (Christian physician) **XXXV**:133
Fādusbān (Qādusbān, of *al-ḥawziyyah* of Ṭabaristān) **XXXV**:24
Fāhī bt. Masīn b. Bethuel b. Elias **III**:30
fāḥishah (indecency, sexual offense) **IX**:113
al-Fahlūj (ethnic group) **XI**:189; **XIII**:193
Banū Fahm **IX**:30; **XXXIX**:275
Banū Fahm b. ʿAmr **XXIII**:119
Fāh.r (?, chief Zoroastrian priest) **V**:9
Fahraj. SEE Nahr Fahraj
Fāʾid (in a line of Ḥabīb b. Khidrah's poetry) **XXII**:148
Fāʾid (*mawlā* of ʿUbaydallāh b. ʿAlī b. Abī Rāfiʿ) **I**:355; **XXXIX**:199
Abū Fāʾid *(rāwī)* **XXXIX**:27
fainting spell, accompanying revelation **VIII**:3, 63
Banū Fāʾish (al-Fāʾishiyyūn, of Hamdān) **XVII**:19, 97; **XIX**:115; **XXI**:30
Fakʾhah. SEE Fukayhah
Abū Fākhitah (Saʿīd b. ʿIlāqah) **XXXIX**:306
Fākhitah bt. ʿĀmir **XXXIX**:202
Fākhitah bt. Ghazwān **XIII**:131; **XV**:254
Fakhitah bt. Abī Hāshim **XX**:65, 161
Fākhitah (ʿĀtikah) bt. Qaraẓah (Qurṭah) b. ʿAbd ʿAmr **XV**:94; **XVIII**:215
Fākhitah bt. Abī Ṭālib. SEE Umm Hāniʾ
Fākhitah bt. al-Walīd **VIII**:185

Fakhkh, battle of **XXVIII**:182; **XXX**:14, 28, 30–38; **XXXIX**:50
al-Fākih b. al-Mughīrah **VIII**:189, 191
al-Falālīj (in al-Sawād) **XI**:41–42, 48, 216; **XXIII**:22
falcons, hunting with **XXXIII**:80; **XXXVIII**:77
Fāligh b. ʿĀbir. SEE Peleg b. Eber
Falj (valley, in northeastern Arabia) **X**:74; **XVI**:46; **XVIII**:110
al-Fallūjah (west of Baghdad) **XI**:49; **XXI**:142; **XXIII**:43; **XXVII**:135, 136; **XXXV**:16; **XXXVIII**:158
fals. SEE *fulūs*
False Messiah. SEE al-Dajjāl
false prophets. SEE al-Aswad al-ʿAnsī; Musaylimah b. Ḥabīb; Ṭulayḥah b. Khuwaylid al-Asadī
fālūdhaj (*fālūdhaq*, sweetmeat) **XII**:49; **XXXIII**:89, 131
Fam al-ʿAtīq **XI**:27
SEE ALSO Nahr al-ʿAtīq
Fam al-Jāmiʿ **XXXI**:121
SEE ALSO Nahr al-Jāmiʿ
Fam al-Nīl **XXIV**:128; **XXVI**:258; **XXXI**:120
SEE ALSO Nile
Fam al-Ṣarāt **XXXII**:51
SEE ALSO al-Ṣarāt
Fam al-Ṣilḥ **XXXI**:119; **XXXII**:49–50, 153, 156–58; **XXXIV**:184; **XXXVII**:14
SEE ALSO Nahr al-Ṣilḥ
Family of the Prophet. SEE Ahl al-Bayt
famine **XXV**:100–101; **XXXII**:65; **XXXVIII**:14; **XXXIX**:156–57
Fāmiyah. SEE Afāmiyah
al-Fandam (near al-Ahwāz) **XXXVI**:124; **XXXVII**:36
Fanīn (village, of Marw) **XXVII**:64, 75
Fanj Jāh (water spring, in Siminjān) **XXIII**:166
fanjaqān. SEE *banjakān*
Abū Faqʿas (punished for abusing the pious ancestors) **XXXVI**:148
Faqḥal (in a line of poetry) **IV**:148
faqīh. SEE ʿĀm al-Fuqahāʾ
al-Faqīr. SEE ʿAbdallāh b. Muslim
Faqṭas (twin of Iblīs) **XXVIII**:113
Fārāb (on the east bank of the Jaxartes) **XXVI**:31
al-Farādīs. SEE Bāb al-Farādīs
al-Farāghinah (regiment of soldiers from Farghānah) **XXXV**:12, 32, 43, 47, 48, 90, 146, 164; **XXXVI**:70, 93–95, 97, 102–4, 106, 107, 141, 185
Farʿah bt. Saʿd b. Ḥārithah b. Lām **V**:355
farāʾiḍ. SEE *ʿilm al-farāʾiḍ*
Faraj al-Baghwārī **XXXII**:145, 148
Faraj al-Daylamī **XXXII**:80
Faraj b. Faḍālah **XXXIX**:331
Faraj al-Khaṣī (Faraj the Eunuch) **XXVIII**:177
Abū al-Faraj b. Najāḥ (Muḥammad b. Najāḥ b. Salamah) **XXXIV**:159–60, 163; **XXXVI**:71
Faraj al-Rukhkhajī **XXXII**:107; **XXXIII**:12?
Faraj al-Ṣaghīr (Faraj the Younger) **XXX**:99; **XXXIV**:179; **XXXVI**:96
Faraj al-Turkī, Abū Sulaym **XXX**:99; **XXXII**:148
al-Faraj b. ʿUthmān **XXXVII**:173
Faraj the Younger. SEE Faraj al-Ṣaghīr
farajiyyah (woolen long-sleeved robe) **XXXIV**:73
Farakhlād (brother of Fīrān) **IV**:12
al-Faramā (on the Mediterranean shore of Egypt) **XIII**:169, 170; **XXVII**:173
al-Faramā (brother of Alexander the Great) **XIII**:169, 170
Faramurz (b. Azwārah) **IV**:82

Farandiyyah (near Malaṭyah) **XXV**:69
Ibn Faras (conmmander from Mecca) **XXVIII**:179
Farāshah (*mawlā* of al-Mahdī) **XXIX**:219, 235, 238, 239
Ibn Farāshah. SEE Ismā'īl b. Farāshah
Farashkhādh (brother of Fīrān) **IV**:12
Farāwandah (in Khurāsān) **XVIII**:92
al-Farawī (*rāwī*). SEE Isḥāq b. 'Abdallāh b. Abī Farwah
al-Farawsyaj (district, in Bādūrayā) **XXVIII**:249
Farāz-marā-āwar-khudāyā (fire temple, near Abruwān) **V**:105
al-Farazdaq (Hammām b. Ghālib b. Ṣa'ṣa'ah) **XI**:119; **XIV**:154; **XV**:262; **XVIII**:103, 104–19, 117, 168, 169; **XIX**:22, 62, 70–71; **XX**:24, 33; **XXI**:175; **XXIII**:64–65, 84, 158; **XXIV**:20, 25–26, 63–64, 115, 118, 128–29, 163; **XXVI**:92, 177; **XXIX**:141; **XXX**:329; **XXXIX**:82, 123
Fardah (in Najd) **IX**:106; **XXXIX**:85
Farewell Pilgrimage (*ḥijjat al-wadā'*, Pilgrimage of Completion, *ḥijjat al-tamām*, Pilgrimage for Conveying the Message, *ḥijjat al-balāgh*, Pilgrimage of Islam, *ḥijjat al-Islām*) **IX**:108, 109–15, 124, 162, 164; **X**:18–21, 70; **XXXIX**:19, 55, 92, 128, 149, 165
Farghānah **V**:160; **XIV**:56, 59, 62; **XV**:34, 83; **XXIII**:143, 190, 195, 197, 204–6, 224; **XXIV**:25, 169–70, 173–74; **XXV**:14, 20, 55, 58, 73; **XXVI**:25, 28, 31–33, 59; **XXVII**:197; **XXX**:283; **XXXIII**:68–69, 71, 133, 212; **XXXVII**:17, 71, 81, 124
SEE ALSO al-Farāghinah
Farghānah valley. SEE Wādī Farghānah
Fāri' (fortress of Ḥassān b. Thābit) **VIII**:22–23, 56
al-Fāri'ah bt. Ṭarīf **XXX**:153
al-Fāri'ah bt. 'Uqayl ('Aqīl) **IX**:25
Farīd. SEE Nahr Farīd
Farīdūn. SEE Afrīdhūn
Farīk. SEE Franik
Fāris (south of Nishapur) **XXVII**:107
Fāris, sons of **III**:22
Fāris al-'Abdī **XXXVII**:157
Fāris b. Bughā al-Sharābī **XXXIV**:111; **XXXV**:29; **XXXVII**:89
Fāris b. Lud (Lāwudh) **II**:12, 13
Fāris b. Nabras b. Nāsūr b. Shem b. Noah **II**:17
Fāris al-'Unāb al-Taghlibī **XI**:218–19
Fāriṭ (near al-Anbār) **XXIV**:128
Farj Bayt al-Dhahab **XXXIV**:96
SEE ALSO al-Multān
Farj al-Hind **XII**:15, 165
SEE ALSO al-Ubullah
Farkūshak (bt. Afrīdhūn) **III**:20
Farmīshā (king of India) **V**:389–90
Farqab. SEE al-Muqawqis
Farqad (*mawlā* of al-Kirmānī) **XXVI**:229
Banū Farqad **XXVI**:21
Farqad al-Sabakhī **II**:182
Farrūkh (*ghulām* of al-Rabī' b. Ziyād) **XVIII**:164
Farrūkh (of the people of Bārūsmā) **XI**:184, 185
Ibn Farrūkh (in a line of 'Āṣim b. 'Amr al-Tamīmī al-'Amrī's poetry) **XI**:187
Farrūkh al-Rummānī, Abū al-Muthannā **XXV**:172
Farrukh Hurmuz (commander of Kisrā II) **V**:313
Farrukh Hurmuz (*iṣbahbadh* of Khurāsān) **V**:406

al-Farrukhān (*iṣbahbadh* of Khurāsān) **XIV**:30
al-Farrukhān al-Ahwazī **XII**:132; **XIII**:4, 5
al-Farrukhān b. al-Zīnabī **XIV**:25
Farrukhshādh (village, outside the wall of Samarqand) **XXV**:77
Farrukhzād (associate of Yazdajird III) **XV**:82–84
al-Farrukhzādh b. al-Bindawān **XI**:48, 120, 176–78
Farrukhzādh Khusraw (son of Kisrā II, Sasanian emperor) **V**:408–10
Farrukhzādh (Farrukhānzādh) b. Sumayy **V**:376, 378
Fārs **I**:318, 326, 345; **II**:4, 13; **III**:19; **IV**:71, 74, 84, 87, 96, 97, 100, 129; **V**:3–4, 12–13, 19, 51, 54, 63, 285, 291–92, 313; **IX**:145; **X**:40; **XI**:2, 16; **XIII**:7, 37, 115, 124, 126–34, 144, 146, 149, 190, 193, 199, 201; **XIV**:1, 10, 52, 65, 67–69, 71, 73; **XV**:32, 34–37, 44, 68–69, 78, 82, 90, 107, 126; **XVII**:183, 187, 203–4; **XVIII**:14, 15, 18, 26, 27, 28, 29, 30, 59, 70; **XIX**:185; **XXI**:86, 122–24, 177, 182, 202, 205; **XXII**:122, 150; **XXIII**:7–8, 16, 18, 24, 65, 156, 228; **XXIV**:47, 113, 121, 125, 143; **XXVII**:24, 56, 57, 58, 60, 85–89, 90, 110, 194, 195, 198; **XXVIII**:253, 273, 280, 282; **XXIX**:75, 77, 85, 180, 187, 195, 219, 222, 235, 239; **XXX**:100, 106; **XXXI**:128, 207; **XXXII**:10; **XXXIV**:37, 51, 96, 104, 107–8, 146; **XXXV**:11, 27, 58, 156, 157, 158, 159; **XXXVI**:28, 76, 116, 119, 120, 123, 135, 137, 164–66, 168, 170, 172, 181, 185, 205; **XXXVII**:36, 66, 125, 150; **XXXVIII**:35, 86, 94–96, 105, 107, 119, 156, 157, 193, 195; **XXXIX**:113, 228
Fārs bridge. SEE Qanṭarat Fārs
farsakh (measure of distance) **XII**:57; **XV**:69; **XVIII**:56, 62, 65, 178, 220; **XXII**:24; **XXVIII**:287; **XXXVI**:108, 157, 169, 178, 186, 191, 192, 196
Fartah b. Tafāraghān **IV**:15
Fartanā (fortress, at Marw al-Rūdh) **XX**:178, 179; **XXI**:62; **XXIII**:90
Fartanā (singing girl of ʿAbdallāh b. Khaṭal) **VIII**:179–81
Farūdhah b. Fāmdān **IV**:15
al-Fārūq. SEE ʿUmar b. al-Khaṭṭāb
Farūriyyah (Byzantine fortress) **XXXV**:8
Abū Farwah (quarter, in Baghdad) **XXVIII**:248
Abū Farwah (house owner, in al-Baṣrah) **XXVIII**:258, 260
Abū Farwah (in charge of the judiciary of al-Kūfah). SEE Abū Qurrah
Ibn Abī Farwah (son-in-law of Marzūq, *mawlā* of al-Manṣur) **XXVIII**:157
Banū Farwah (of Baghdad *dihqāns*) **XXVIII**:248
Umm Farwah (i.e., ballista) **XIX**:224
Farwah b. ʿAmr al-Bayāḍī **VII**:66
Farwah b. ʿAmr al-Judhāmī **IX**:146, 149, 150
Farwah b. al-Daffān al-Kalbī **XXII**:111
Umm Farwah bt. Jaʿfar b. Muḥammad **XXXIX**:248
Farwah b. Laqīṭ al-Azdī al-Ghāmidī **XV**:8, 9; **XX**:146, 149; **XXII**:37, 54, 75–77, 93, 99–100, 105–6, 110, 112, 121, 123–24, 126
Farwah b. al-Mughīrah. SEE Abū al-Azhar al-Shāmī
Farwah b. Musayk al-Murādī **IX**:92–94, 94, 165; **X**:19, 24, 159, 169–71, 174

Farwah b. Nawfal al-Ashjaʿī
XVII:57, 130; **XVIII**:12, 13
Umm Farwah bt. al-Qāsim
XXXIX:248
Umm Farwah bt. Abī Quḥāfah
X:188, 189; **XI**:138
Abū Farwah al-Ruhāwī. SEE Yazīd b. Sinān al-Ruhāwī
Farwandādh (of the people of Nahr Jawbar) **XI**:184–85
al-Fāryāb (Faryāb) **XV**:102, 104–5; **XVIII**:85; **XX**:71; **XXIII**:147, 154, 165; **XXV**:104, 106; **XXVI**:58
Farzāwinah (fortress, near Samarqand) **XXV**:60
Farzūshak (Frazūshak) bt. Afrīdhūn **III**:20
Fasā (in Fārs) **V**:148; **XIII**:149; **XIV**:70, 71; **XXI**:200; **XXII**:150
fasāṭīṭ (large tents) **XXXIII**:31
Fashanj (Fashak) b. Zāshamīn **III**:23
Fashinjān **IV**:15
Fashūtan (brother of Isfandiyār) **IV**:75
Abū al-Faṣīl (pejorative name for Abū Bakr) **IX**:198; **X**:61, 65
Fāsīn (ruler, in Fārs) **V**:7
faṣl al-khiṭāb ('separation of the speech') **XXI**:214
fast and fasting
on ʿĀshūrāʾ. SEE ʿĀshūrāʾ
breaking the fast of Ramaḍān, festival of. SEE ʿĪd al-Fiṭr
of one year **XXXIX**:242
of Qarmaṭians **XXXVII**:174
of Ramaḍān **VII**:25–28; **VIII**:168; **XI**:67
of sixty days **XXXIX**:242
in winter **XXXIX**:119
Fatḥ (*ghulām* of Abū al-Ḥadīd) **XXXVI**:184
Fatḥ (*ghulām* of Abū Shīth) **XXXVI**:60, 62, 64, 128, 130
Fatḥ (*khādim* of al-Maʾmūn) **XXXII**:101–2
Abū al-Fatḥ. SEE Naṣr b. al-Mughīrah
Ibn al-Fatḥ. SEE ʿAbdallāh b. al-Fatḥ
Fatḥ al-Aʿjamī **XXXVIII**:185
Fatḥ al-Ḥajjām **XXXVI**:39, 54
al-Fatḥ b. Khāqān **XXXIV**:109, 134, 165, 171–75, 178–82, 184, 195, 197, 199, 205; **XXXVII**:81
Fatḥ b. Muḥammad b. Abī al-Sāj. SEE Abū al-Musāfir
Fatḥ al-Qalānisī (*ghulām* of al-Muwaffaq) **XXXVIII**:23
al-Fatḥ b. Q.rāṭ **XXXIII**:155
al-Fatḥ b. Sahl **XXXV**:101
Fatḥ al-Saʿīdī **XXXVII**:152
fathom. SEE *qāmah*
Fātik (*mawlā* of al-Muʿtaḍid) **XXXVIII**:72, 153, 169
Faṭīm (mother of Mūsā b. al-Amīn) **XXXI**:233
Fāṭimah (bt. ʿUmar b. al-Khaṭṭāb) **XIV**:100
Fāṭimah (wife of ʿUmar b. ʿAbd al-ʿAzīz) **XXIV**:101
Fāṭimah bt. ʿAbd al-Malik b. Marwān **XXIII**:118
Fāṭimah bt. ʿAlī b. Abī Ṭālib **XVII**:229; **XIX**:171, 173; **XXV**:123; **XXXIX**:278–79
Fāṭimah bt. ʿAmr b. ʿĀʾidh b. ʿImrān b. Makhzūm **VI**:1; **XXVIII**:168, 170
Fāṭimah bt. Asad b. Hāshim **XXVIII**:94
Fāṭimah bt. Aws **XV**:202, 249
Abū Fāṭimah al-Azdī **XXV**:47, 48, 106, 120, 121; **XXXIX**:153
Fāṭimah bt. al-Ḍaḥḥāk b. Sufyān al-Kilābiyyah **IX**:39; **XXXIX**:186–88
SEE ALSO al-Nashāt bt. Rifāʿah
Fāṭimah bt. al-Faḍl b. Yaʿqūb **XXX**:13–14

Fāṭimah bt. Hārūn al-Rashīd **XXX**:55, 328
Fāṭimah bt. Ḥasan **XXX**:33
Fāṭimah bt. al-Ḥusayn b. ʿAbdallāh b. Ismāʿīl b. ʿAbdallāh b. Jaʿfar b. Abī Ṭālib (Umm al-Ḥusayn, mother of Abū Ḥusayn Yaḥyā b. ʿUmar) **XXXV**:15
Fāṭimah bt. al-Ḥusayn b. ʿAlī b. Abī Ṭālib **VI**:73; **XIX**:174; **XXIV**:180–81; **XXVI**:10; **XXVIII**:94–95, 123, 139, 211; **XXX**:326; **XXXIX**:49, 195, 196, 230, 279
Fāṭimah bt. al-Ḥusayn al-Athram b. al-Ḥasan b. ʿAlī b. Abī Ṭālib **XXXIX**:248
Fāṭimah bt. Jaʿfar b. Muḥammad **XXXIX**:249
Fāṭimah bt. Muḥammad (daughter of Prophet Muḥammad) **VI**:48, 61; **VII**:17, 18, 92, 137, 138, 142; **VIII**:164–65; **IX**:64, 110, 119, 128, 187, 189, 192, 196, 197; **X**:3, 39, 113; **XI**:149; **XIII**:109; **XIV**:101; **XVII**:227–28; **XIX**:69, 84, 89, 96, 118, 126, 129, 134, 151, 157, 162, 165, 174, 176, 179, 182; **XXI**:32, 78; **XXV**:39; **XXVIII**:94, 106, 134–35, 141, 168, 171; **XXX**:36; **XXXIV**:185; **XXXVIII**:60; **XXXIX**:12–13, 13, 80, 155, 162, 166–69, 172, 195–96
Fāṭimah bt. Muḥammad b. ʿAbdallāh b. Ḥasan **XXVIII**:217
Fāṭimah bt. Muḥammad b. ʿĪsā b. Ṭalḥah b. ʿUbaydallāh **XXVIII**:278–79; **XXIX**:148–49
Fāṭimah bt. Muḥammad b. ʿUmārah **IX**:204, 209
Fāṭimah bt. al-Mundhir **XXXIX**:208
Fāṭimah bt. Murr **VI**:7–8
Fāṭimah bt. Qays al-Fihriyyah **XIV**:155, 161
Fāṭimah bt. Rabīʿah b. Badr. SEE Umm Qirfah
Fāṭimah bt. Saʿd b. Sayal **VI**:19
Fāṭimah bt. Shurayḥ **IX**:139
Fāṭimah al-Ṣughrā. SEE Fāṭimah bt. al-Ḥusayn b. ʿAlī b. Abī Ṭālib
Fāṭimah bt. ʿUmārah b. ʿAmr b. Ḥazm **XXXIX**:243
Fāṭimah bt. ʿUtbah b. Rabīʿah b. ʿAbd Shams **XXVIII**:225
Fāṭimah bt. al-Walīd b. ʿAbd Shams b. al-Mughīrah b. ʿAbdallāh b. ʿUmar b. Makhzūm **VII**:107; **XI**:162; **XIII**:176; **XV**:254
Fāṭimah bt. Zāʾidah b. al-Aṣamm **IX**:127
Fāṭimah bt. Zaynab bt. ʿAlī **XIX**:160, 164
Fāṭimids **XXXVIII**:115, 158, 198
fatrah (interval between two prophets) **V**:413, 414; **VII**:2
fatwā (legal opinion) **XXXVI**:13
SEE ALSO *muftī*
favor. SEE *niʿmah*
Umm al-Fawāris (in a line of Abū Duʾād al-Ruʾāsī's poetry) **XXII**:16
Abū al-Fawāris al-Tamīmī **XX**:178; **XXIII**:205
fayʾ. SEE *ahl al-fayʾ*; booty
Fayd (station, on the Meccan Road from Iraq) **IX**:106; **X**:68; **XVI**:84, 85; **XXVIII**:102, 186, 188; **XXXIII**:201; **XXXVIII**:175, 178, 182
Fayḍ al-Baḥr (canal, in al-Baṣrah) **XXIV**:9
Fayḍ al-Baṣrah **XXXVII**:71
SEE ALSO Blind Tigris
al-Fayḍ b. al-Faḍl **II**:174
al-Fayḍ b. ʿImrān **XXIV**:151
al-Fayḍ b. Muḥammad *(rāwī)* **XV**:49
al-Fayḍ b. Muḥammad b. al-Qāsim al-Thaqafī **XXVI**:132
al-Fayḍ b. Abī Ṣāliḥ **XXI**:220
Fayfāʾ al-Faḥlatayn **IX**:103

Faylakān (chieftain of Abazqubādh) **XII**:170
Faymiyūn (Christian ascetic of Najrān) **V**:193–94, 196–200
Fayrūz I (Fīrūz, Pērōz, b. Yazdajird II, Sasanian emperor) **V**:96, 107–21; **XIII**:27
Fayrūz II (Fīrūz, Pērōz, b. Mihrān Jushnas, Sasanian emperor) **V**:408
Fayrūz (minister of Shīrūyah) **V**:398
Fayrūz, sons of **XXXIII**:12
Fayrūz, Abū al-Sha'thā' **XXXIX**:309–10
Fayrūz (b.) al-Daylamī **IX**:123, 167; **X**:21, 24, 26–32, 34–37, 158, 165–67, 169, 172, 190; **XXXIX**:94–95, 299
Fayrūz Ḥuṣayn, Abū 'Uthmān **XXIII**:56, 64, 67
Fayrūz Iṣbahbadh. SEE Sunbādh
Fayrūz al-Kabīr (Fayrūz the Elder) **XXXVI**:60
Fayrūz al-Nihāwandī. SEE Abū Lu'lu'ah
Fayrūz b. Qūl **XXIV**:48–49, 53
Fayrūz (Fīrūz, Fērōz) b. Yazdajird b. Shahriyār **I**:369; **XXVI**:243
al-Fayrūzān (Persian commander) **IV**:101; **XI**:189, 197, 203, 221–22; **XIII**:3, 4, 43, 52, 53, 193, 199, 203, 209, 210; **XIV**:19, 53
Fayrūzdukht (daughter of Fayrūz I) **V**:119–20
Fayshān (Pishon) **I**:370
Fayūmān **XIII**:4, 5
al-Fayyāḍ. SEE Nahr al-Fayyāḍ
Ibn al-Fayyāḍ **XXXVII**:165
al-Fayyūm (near Hīt, in Iraq) **V**:140; **XII**:41; **XXVI**:48
fāzah (twin-poled tent) **XXXIII**:81, 126
Banū Fazārah (Fazārīs) **VIII**:8, 96–97; **IX**:28, 77, 108, 120, 148; **X**:40, 41, 44, 54, 62, 65–67, 78, 84; **XI**:92, 173; **XV**:29; **XVII**:199; **XIX**:37, 85, 180; **XXIII**:219; **XXIV**:113, 163–64, 185; **XXVI**:91, 212; **XXVII**:187, 192; **XXVIII**:215; **XXXIV**:25, 26, 51; **XXXVII**:63
Fazārah b. Dhubyān **VI**:27
al-Fazārī. SEE 'Abd al-Raḥmān b. Shabīb al-Fazārī; Marwān b. Mu'āwiyah al-Fazārī
Ibn al-Fazārī. SEE Aḥmad b. al-Faraj
Fazārīs. SEE Banū Fazārah
Umm al-Fazr (of Banū al-Ḍulay') **IX**:102
fear
  of God **XII**:9
  prayer of fear (*ṣalāt al-khawf*) **VII**:161, 162, 163; **XI**:97; **XIX**:144
Feast of Breaking the Fast of Ramaḍān. SEE 'Īd al-Fiṭr
Feast of Sacrifice. SEE 'Īd al-Aḍḥā
feces
  churches, defecation in **V**:218
  mosques, defecation in **XXX**:22
  in physician's diagnosis **XXIX**:88
  washing up, as ritual purification **II**:99
female circumcision **II**:72
  SEE ALSO *ibn al-lakhnā'*
female infanticide (*wa'd al-banāt*) **XII**:37
Fērōz b. Yazdjard b. Shahriyār. SEE Fayrūz b. Yazdajird b. Shahriyār
ferries (*ma'ābir*) **XXXVII**:13
  SEE ALSO boats and ships
Fēshdādh. SEE OÚshahanj
festivals, Zoroastrian
  al-Mihrijān. SEE al-Mihrijān
  Nowrūz. SEE Nowrūz

fever
intermittent fever **XXX**:313
Khaybariyyah fever **XVIII**:118
umm mildam **IX**:106
Fezzan (Fezzanites, people and place) **II**:11, 15, 16
Fiḍḍah (name of Prophet Muḥammad's coat of mail) **IX**:155
Fiḍḍah (name of Prophet Muḥammad's mule) **IX**:150
fifth (of the booty). SEE *khums*
fifths (army division). SEE *akhmās*
fig leaves **I**:299
Fiḥl (on the Jordan) **XII**:174, 183
expedition of **XI**:159–65, 168–71
Banū Fihr **VIII**:178; **IX**:71; **X**:82; **XX**:64; **XXIV**:106–7; **XXXII**:31, 67
Fihr b. Mālik **VI**:22, 28–29
al-Fihr al-Taghlibī. SEE ʿAbdallāh b. Kulayb b. Khālid
Fijār war (Sacrilegious War) **VI**:50, 161; **XIV**:98; **XXXIX**:41, 73
al-Fīl. SEE Bāb al-Fīl
al-Fīl (in Khwārazm) **XXIII**:186–89, 230
al-Fīl (Fīl, *mawlā* of Ziyād) **XVIII**:166; **XX**:44
Abū al-Fīl (of Abnāʾ al-Dawlah) **XXXI**:108
Filasṭīn. SEE Palestine
Fils (idol, in Najd) **IX**:153
finances
annual revenue *(ghallah)* **XXV**:6
badrah (purse of money) **V**:377; **XXIX**:249; **XXXIII**:65, 110
bankers **XXI**:120; **XXX**:137, 277; **XXXIII**:157
barāʾāt (vouchers) **XXII**:16, 20
controller *(zimām)* **XXXIII**:31
SEE ALSO Dīwān Zimām al-Nafaqāt
house sale, use of money from **XXXIX**:114
loans. SEE loans
finances (continued)
promissory notes (*safātij*) **XXXVI**:8
Ṣāḥib Bayt Māl al-Khāṣṣah (Head of the Privy Exchequer) **XXX**:72
ṣakk (deed of sale, authorization for payment, check) **XXIV**:32; **XXX**:106; **XXXIII**:26
sale contracts **XVII**:231
Find b. Ḥājibah **XXXIII**:174
al-Fīqār b. Nasṭūs **XI**:84–85, 98; **XII**:183, 184
al-Firāḍ (on the border of Syria, Iraq, and al-Jazīrah) **XI**:47, 67–68, 69, 70, 111; **XII**:41
Fīrān b. Wīsaghān **IV**:3–4, 9, 12–13
Abū Firās *(rāwī)* **XIV**:108
Banū Firās **XXII**:65
Firās b. Ḥābis **IX**:122
Firās b. Khindif. SEE Abū al-Mukhtār
Abū Firās b. Abī Sunbulah al-Aslamī **VIII**:192
Firʿawn. SEE Pharaoh
Firḍim (b. al-ʿUjayl) **X**:157
fire(s)
in al-Baṣrah **XIII**:67
in Ḥarrat Laylā **XIII**:161
of Hell. SEE Hell
in al-Kūfah **XIII**:67
sacred fire. SEE fire temples
signal fires **XXV**:139
fire boat. SEE *ḥarrāqah*
fire hurlers. SEE naphtha throwers
fire temples **I**:337; **V**:4, 11, 15, 95, 97, 98, 105, 285, 410; **XII**:155; **XIII**:48, 128, 210; **XIV**:52; **XXIII**:177, 194; **XXIV**:101
Mt. Firīm **XXXV**:24
al-Firk (south of Baghdad) **XXXI**:144; **XXXVII**:13, 24, 165; **XXXVIII**:83
Firnās (*khādim* of al-Maʾmūn) **XXXII**:45

first Muslim(s)
emigrating to Abyssinia **VI**:98–101
emigrating to al-Madīna **VI**:139–40
first male Muslim **VI**:80–87
Khadījah as first Muslim **VI**:76–77
killed in battle **VII**:55
of al-Madīna **VI**:122–30, 136–40
pledge of al-ʿAqabah. SEE al-ʿAqabah
SEE ALSO al-Anṣār; Companions of the Prophet
Fīrūz. SEE Fayrūz
Fīrūzābād. SEE Ardashīr Khurrah
Fīrūzān. SEE al-Fayrūzān
al-Firyābī *(rāwī)*. SEE Muḥammad b. Yūsuf al-Firyābī
fiscal agent *(sāʿī)* **XXXIII**:151
fish
as army provision **XXXVII**:69–71
Banū Azd, as symbol for **XXVII**:85
created by God **I**:218, 219
Day of the Fish (at battle of al-Qādisiyyah) **XII**:41
kanʿadah fish **XXX**:107
al-Khaḍir, as sign of **III**:9, 10, 13–14, 17
Moses' story of **III**:6–7
rubaythāʾ **XXIX**:249
shark, as eponym of Quraysh **VI**:30
fitnah (civil strife) **VII**:23; **IX**:168, 182, 199; **X**:107; **XV**:57, 59, 110, 118, 124, 140, 150, 172, 191, 222, 224; **XVI**:36, 78, 88–91, 94, 104, 124, 135; **XVII**:36, 37, 65, 74, 80, 82, 98, 105, 107, 123–24, 127, 138, 156, 177, 182; **XIX**:200; **XX**:6, 109, 117, 123, 154, 186; **XXI**:61, 135, 152, 209, 224; **XXIII**:8; **XXXVI**:5; **XXXIX**:102, 193
fiṭr. SEE ʿĪd al-Fiṭr
Fiṭr b. Khalīfah **I**:177; **XVI**:122, 156
Banū Fityān **XIX**:62
Ibn Fityān. SEE al-Muʿtamid ʿalā-llāh
al-Fizr b. al-Aswad **XXII**:66
flagon. SEE *raṭl*
flags. SEE banners
flash floods. SEE floodwaters
flatulance **XXX**:313
flax **XXXIV**:126
flies **XII**:78
flight in battle, simulated. SEE simulated flight
flogging and shaving heads, as punishment **VIII**:63; **XV**:54–55; **XXIII**:200; **XXIV**:4; **XXV**:37; **XXXVI**:123; **XXXIX**:228
SEE ALSO punishment
floodwaters
in Baghdad **XXXVIII**:154
flash floods **XXII**:187; **XXIII**:145; **XXXVIII**:146
of the Flood **I**:356–71 *passim*
Israelites relieved of **III**:59
Florian (Roman emperor) **IV**:127
flute **I**:340; **III**:143; **XXVII**:128; **XXXIII**:208
Followers (generation succeeding Companions of the Prophet). SEE al-Tābiʿūn
food
ʿaṣīdah (porridge) **XII**:49
bālūdh (sweetmeat) **VI**:40
bazmāward (*bizmāward*, kind of meatballs) **XXXI**:246–47; **XXXII**:243
beetles as **XII**:37
clarified butter *(samn)* **XIII**:154–55; **XXIII**:17, 167; **XXXIX**:225
created by God **I**:217
fālūdhaj (*fālūdhaq*, sweetmeat) **XII**:49; **XXXIII**:89, 131
first cooked food **III**:115
gruel *(jashīsh)* **VIII**:14; **XXX**:312–13

food (continued)
  isfīdbāj (meat dish) **XXXIII**:131
  ka'k (biscuits) **XXXIII**:52, 54, 64
  kamākh (kind of relish) **XXX**:64
  kardanāj (minced meat) **XXXVIII**:6
  khabīṣ (sweet date mix) **XIV**:34; **XV**:91; **XXIII**:167; **XXX**:264
  khazīrah (meat stew) **XV**:229
  offensive food **XXXIV**:91–92
  pilgrims, office of feeding and watering of **VI**:15, 17, 18, 25–26; **XXX**:144
  prices **XXXVI**:160–61
  qand (candy) **XXXIV**:126
  scorpions as **XII**:37
  snakes as **XII**:37
  spices. SEE spices
  sweatmeats **XII**:49; **XXXII**:243; **XXXIII**:89, 131
  tharīd (bread soup) **VI**:16, 17; **XXXIII**:13
  ṭifshīl (grain dish) **III**:52; **IV**:66
  truffles **XXVI**:77
food habits, of 'Uthmān b. 'Affān **XV**:229–30
Footstool *(al-kursī)* **I**:206–8, 232, 247
  SEE ALSO *kursī*
forbearance *(ḥilm)* **XIV**:139; **XVIII**:127; **XXXIX**:126
forced labor. SEE corvee
fornication. SEE *zinā*
fortresses. SEE citadels and fortresses
fountains **XXIII**:144; **XXX**:110
fourths (army division). SEE *arbā'*
foxes **XII**:77, 78, 137
Franik (Farīk, daughter of Bahman) **IV**:82
frankincense **X**:157; **XXV**:2
Frāsiyāb (Afrāsiyāb, Afrāsyāt, Frāsiyāt) b. Fashanj b. Rustam b. Turk b. Shahrāsb b. Tūj b. Afrīdhūn **III**:23–24, 111, 112, 114, 115; **IV**:2–5, 8–10, 12–13, 16–18, 76; **V**:302
Fravāk. SEE Afrawāk
free will, proponents of. SEE al-Qadariyyah
freedmen. SEE *mawālī*
freeing of slaves. SEE manumission of slaves
freethinker. SEE *zindīq*
Friday (Yawm al-Jum'ah) **I**:223, 282–88
Friday mosque
  of Baghdad **XXXV**:50, 113, 126
  of al-Kūfah **XXVI**:39–41, 43–45
  of Sāmarrā **XXXIV**:170
  of al-Zanj **XXXVII**:86–87
Friday prayer ritual **VII**:1–4, 108; **XIII**:23, 31, 204; **XXV**:36; **XXVIII**:7
  'Uthmān's alteration of **XV**:70
frogs **III**:66, 67; **X**:109; **XXVI**:231
frontier districts
  'awāṣim **XXX**:99, 181, 230; **XXXI**:20, 22; **XXXIV**:38–39, 96, 139; **XXXVIII**:76
  ḍawāḥī **XXXIII**:101
  manāẓir (guard posts) **V**:55
  mobile frontier force **XXV**:42
  thughūr **XXVIII**:81; **XXX**:99, 181; **XXXI**:22; **XXXIII**:118; **XXXVI**:190; **XXXVII**:145
frostbite, treatment for **XX**:76
fruit
  citrons **II**:159; **XIII**:11
  dates. SEE dates
  grapes **XXXII**:84
  Indian preserved fruit **XXIII**:220
  kinds of fruit provided to Adam by God **I**:298
  nāṭif (dried fruit seller) **XXXV**:5
  nithār (strewing of fruits, nuts, or money, on festive occasions, or as a reward) **XXXIV**:177–78, 186
  peaches **XXVI**:77
  pears **XXV**:169

fruit (continued)
plums **XXXIII**:196
pomegranates **X**:37; **XXVI**:177
quince **V**:285–86; **XXIV**:188; **XXX**:316
watermelons **XXIV**:184; **XXXI**:244–45
al-F.r.ww.iyah (?, ethnic group) **XXXIV**:141
F.ryāb (?, in Transoxania) **XXIII**:175
al-F.ṣ.l (Syncellus?, vizier of Theophilus) **XXXII**:195
Abū Fudayk (ʿAbdallāh b. Thawr) **XX**:102; **XXI**:206, 232–33; **XXII**:9–10, 79
Ibn Abī Fudayk (Muḥammad b. Ismāʿīl) **II**:147; **XI**:137; **XXXIX**:120
Abū Fudayk al-Azdī **XXV**:164
Fuḍayl (*rāwī*, Fuḍayl b. ʿIyāḍ?) **XVI**:128, 129
al-Fuḍayl (*rāwī*) **XXIV**:97
Ibn Fuḍayl. SEE Muḥammad b. Fuḍayl b. Ghazwān al-Ḍabbī
Fuḍayl b. ʿAbd al-Wahhāb **V**:413; **XXXIX**:260
Fuḍayl (al-Fuḍayl) b. Hannād al-Ḥārithī al-Azdī **XXV**:73, 74, 75
Fuḍayl b. Ḥayyān al-Mahrī **XXV**:133
Fuḍayl b. ʿImrān **XXIX**:145–46
Fuḍayl b. ʿIyāḍ **II**:113, 142; **XVI**:128?, 129?; **XXXIX**:330
Fuḍayl b. Khadīj al-Kindī **XVII**:30, 41, 44, 54, 55, 80, 93, 146, 165; **XVIII**:122; **XIX**:120, 149; **XX**:118, 120, 122, 152, 182, 209, 219; **XXI**:67–69, 80, 81, 91, 101, 128; **XXII**:53; **XXIII**:10
al-Fuḍayl b. Sulaymān **I**:179, 189
Fuhayrah bt. ʿĀmir b. al-Ḥārith **VI**:53
al-Fujāʾah al-Sulamī (Iyās b. ʿAbd Yālīl) **X**:79–81; **XI**:149
Fukayhah (concubine of ʿUmar b. al-Khaṭṭāb) **XIV**:101
Fukayhah (Fakhah, Dhafrāʾ bt. Hanī b. Balī) **VI**:31
Fulayḥ al-ʿAnazī **XXXIX**:199
Fulayḥ b. Sulaymān al-Madanī **XVIII**:217; **XXVIII**:117; **XXXIX**:205
Fulfillment, Lesser Pilgrimage of. SEE *ʿumrat al-qaḍāʾ*
fulūs (sg. *fals*, coin) **XXIII**:219; **XXIX**:11
Funduq al-Ḥusayn (toponym) **XXXVIII**:91
funeral dress (*ḥullah yamāniyyah*) **IX**:173
funerary perfumes (*ḥunūṭ*) **XXI**:103; **XXXV**:132
funerary practices
biers **XXXIX**:167, 169
cremation **XXXVIII**:200
embalming of corpses **XXVIII**:41
al-Maʾmūn's burial instructions **XXXII**:226–27
martyrs buried without ritual washing **XII**:107
origin of **I**:309, 311
prayer **XXXIX**:11, 20, 21, 22, 25, 26, 27, 47, 59, 97, 136, 161, 164, 167, 168, 173, 174, 176, 184, 195, 221, 226, 263, 268
Prophet Muḥammad's burial **IX**:202–3
transport of dead bodies for burial **III**:69
washing of the dead **I**:333; **XII**:107; **XXXIX**:12
SEE ALSO cemeteries; graves
Fūqā. SEE Phocas
fuqahāʾ. SEE ʿĀm al-Fuqahāʾ
Abū Fuqaym (*rāwī*) **XVI**:156
Banū Fuqaym **XVIII**:103, 104, 108, 118; **XXIV**:156

Banū Fuqaym (of Mālik of Kinānah) **V**:218, 221
al-Fuqaymī. SEE Aḥmad b. Khālid al-Fuqaymī
al-Fur' (village, between Mecca and Medina) **VII**:19, 88, 93; **XIX**:7; **XXVIII**:215
al-Furaḍ (on the Persian Gulf) **XXIX**:216, 219
al-Furāfiṣah (garrison commander at Jazzah) **XXV**:12, 140
Bint al-Furāfiṣah. SEE Nā'ilah bt. al-Furāfiṣah al-Kalbiyyah
al-Furāfiṣah b. al-Aṣbagh b. Dhu'ālah al-Kalbī **XXVII**:4
al-Furāfiṣah al-'Ijlī **XXVIII**:266
al-Furāfiṣah b. Ẓuhayr al-'Absī (Bakrī) **XXVI**:225; **XXVII**:106
al-Furāt (near al-Ubullah) **XII**:163, 164, 169, 170
al-Furāt (river). SEE Euphrates
Banū al-Furāt **XXXVII**:165
Ibn al-Furāt. SEE Aḥmad b. Muḥammad b. al-Furāt; 'Alī b. Muḥammad b. al-Furāt
Ibn Abī al-Furāt (*mawlā* of Usāmah b. Zayd) **XXXIX**:192
al-Furāt b. Aḥmad b. Muḥammad b. al-Furāt **XXXVIII**:177
Furāt Bādaqlā (near al-Ḥīrah) **XI**:26–28, 181, 197; **XII**:47
Furāt al-Baṣrah **XXXVI**:29; **XXXVII**:38, 47, 68
Furāt b. Ḥayyān al-'Ijlī **VII**:99; **IX**:168; **XI**:21, 26–27, 116, 219–21; **XII**:14, 30; **XIII**:54, 56, 91; **XXI**:103
al-Furāt al-'Ijlī. SEE Furāt b. Ḥayyān al-'Ijlī
al-Furāt b. Mu'āwiyah **XXIV**:90
Furāt b. Salmān **VI**:158
Furāt Siryā (in Iraq) **XI**:41; **XII**:53
al-Furāt b. Zaḥr b. Qays al-Ju'fī **XXI**:22, 24
al-Furātiyyah (group of al-Zanj) **XXXVI**:43
al-Furay'ah (mother of Ḥassān b. Thābit) **VIII**:65
Furayqīsh b. Qays b. Ṣayfī b. Sibā **II**:17
al-Furḍah (in al-Jazīrah). SEE Furḍat Nu'm
al-Furḍah (near al-Baṣrah) **XVI**:114, 115
Furḍat al-Baṣriyyīn (in Baghdad) **XXXVIII**:150
Furḍat Ja'far (Ja'far Harbor, in Baghdad) **XXVIII**:250
Furḍat Nu'm (al-Furḍah, in al-Jazīrah) **IV**:141; **V**:188
al-Furqān (epithet for al-Qur'ān) **II**:130; **VI**:63
al-Furu' (in al-Ḥijāz) **IX**:116
Furūdh b. Siyāwakhsh **IV**:9
Fus Farrukh b. Mā(h) Khurshidhān **V**:402–3
al-Fusayfisā' (name of al-Jazl b. Sa'īd's horse) **XXII**:83
Banū al-Fuṣayṣ **XXXVIII**:131, 135
fussāq (evildoers) **XXXII**:55–57, 73
fusṭāṭ. SEE *fasāṭīṭ*
al-Fusṭāṭ (Miṣr) **XIII**:172; **XVII**:156, 157, 160; **XXVII**:170, 173; **XXXII**:159; **XXXIV**:125; **XXXVIII**:151–53, 158, 169, 205
fuṭm (place in a military register) **XXII**:163
Abū Fuṭrus (near al-Ramlah) **XXVII**:171, 172, 173, 175, 178

G

Gabriel (Jibrīl, Jibra'īl, archangel) **I**:232, 234, 237, 238, 240, 241, 258, 298, 322, 324, 333; **II**:59, 61, 68–70, 73, 74, 81, 82, 90, 91, 94, 116, 118, 120–25, 165; **III**:10, 36, 46, 65, 71, 75, 130, 149; **IV**:112–13, 119, 161, 184; **VI**:61, 63, 67–80, 90, 109, 111, 142, 155–56, 162; **VII**:7, 55, 86, 119, 120; **VIII**:12, 27–29, 83; **IX**:11, 134; **X**:66; **XIII**:100;

Gabriel (continued) **XIV**:142; **XV**:62; **XVII**:232; **XXV**:105; **XXVIII**:63; **XXXIV**:95; **XXXVII**:146, 173; **XXXIX**:71, 159, 182
SEE ALSO Nāmūs
Gad (Jād) b. Jacob **II**:135, 136
Gaius (Caligula, Roman emperor) **IV**:126
Gaius Julius (Julius Caesar, Roman emperor) **IV**:95
Galār (frontier region of Ṭabaristān) **XXXV**:21, 22, 23, 24
galleys. SEE boats and ships
Gallienus (Roman emperor) **IV**:127
Gallus (Roman emperor) **IV**:126
games
  backgammon *(al-nard)* **XXV**:148
  chess **XXX**:240; **XXXV**:133; **XXXVI**:31
  al-maysir **XXI**:96
  polo *(al-ṣawālajah)* **XXIX**:212; **XXXI**:18; **XXXIII**:213; **XXXVI**:88
garden(s)
  Bāgh al-Hinduwān (in al-Madā'in) **V**:379
  of death **X**:125
  of Eden **I**:312, 314
    SEE ALSO Paradise
  walled garden of ʿAbd al-Malik b. Marwān **XXX**:82
  SEE ALSO entries beginning with Bustān
Garden Gate. SEE Bāb al-Bustān
garlic **XXXII**:254
garments
  ʿAdanī garments **XXXIX**:225
  black garments **XXVII**:65, 171, 186–87; **XXVIII**:265; **XXXI**:56, 106; **XXXII**:61–62, 67, 73, 95, 131; **XXXIII**:32; **XXXIV**:16
    SEE ALSO black color symbolism; al-Musawwidah
garments (continued)
  caftan *(khaftān)* **XXXIII**:21
  cloaks. SEE cloaks
  corselets **XXXVIII**:96
  durrāʿah (open-fronted tunic) **XXIII**:180; **XXX**:207; **XXXIII**:21, 31, 82; **XXXIV**:62, 69; **XXXVI**:61
  farajiyyah (woolen long-sleeved robe) **XXXIV**:73
  ghilālah (undershirt) **XXX**:320; **XXXIII**:153
  girdles **XXV**:26; **XXXIV**:94
  green garments **XXXII**:61–62, 67, 71, 73, 95, 96
  ḥubwah **XVII**:92
  jilbāb (coarse waist wrapper) **VIII**:52, 59, 65
  jubbah mumashshaqah (clay-dyed robe) **XXVIII**:205
  jubbah saʿīdiyyah (Saʿīdī robe) **XXX**:107
  liḥāf (woman's outer garment) **XXI**:101
  linen clothes **IX**:111; **XXVIII**:140; **XXIX**:138–39
  malāḥif (cloaks) **XXVIII**:19
  maṭārif (pl. of *miṭraf*, embroidered silk garment) **XV**:53; **XXIII**:226; **XXXIV**:175
  midraʿah (woolen sailor's tunic) **XXXIV**:16
  prayer garments **IX**:86
  qabā' (sleeved close-fitting coat) **XV**:97; **XX**:33, 199, 214; **XXXII**:62, 95; **XXXIII**:87; **XXXIV**:84
  qabāṭāq (kind of gown) **XXXIII**:126
  qamīṣ (body shirt) **XIII**:102; **XVIII**:170; **XXXIV**:34
  qarqar (sleeveless robe of figured silk) **XXX**:42
  Qūhistān tunics **XXXI**:223

garments (continued)
ridā' (garment covering upper body) **XXIII**:150, 180, 212, 226
ritual garments, at pilgrimage. SEE *iḥrām*
short garments *(muqaṭṭaʿāt)* **XII**:34
ṣudrah (waistcoat) **XXXIII**:212
ṭaylasān. SEE *ṭaylasān*
ṭirāz (embroidered calligraphic motifs) **XXX**:185, 212; **XXXI**:23, 48
white garments **XXVII**:176–82; **XXVIII**:185, 194, 267, 270; **XXIX**:53; **XXXII**:68; **XXXVIII**:104. SEE ALSO al-Mubayyiḍah; white color symbolism
SEE ALSO dress and dress making
garrison cities *(amṣār)* **XIII**:85; **XV**:3; **XVIII**:11, 22; **XXIII**:16, 22, 48, 62, 71, 76, 88, 135, 141, 145, 148, 181, 183, 202, 217; **XXIX**:41, 43, 63, 208, 222; **XXXIV**:141
garrison posts *(masāliḥ)* **V**:140; **XVII**:201; **XXI**:203
gate(s)
transfer of gates from one city to another **XXXVII**:107–8
SEE ALSO entries beginning with Bāb
Gate of Repentance **I**:241–42
Gaza (Ghazzah) **III**:128; **VI**:9, 18; **VIII**:102; **XII**:183–85
gazelles of Zamzam **VI**:15, 53, 55
geese **II**:26
Gehenna. SEE Hell
genealogy *(nasab)*
attached to corpses **XXIX**:153
fixing of **XXIX**:188–93
Persian genealogists **I**:341–42
proclamation of affiliations, in battle **XII**:103–4
of Prophet Muḥammad **VI**:1–43
genealogy (continued)
in verbal abuse **XXI**:176–77
generosity, of Prophet Muḥammad **IX**:159–60
genie. SEE jinn
genitals
of Adam and Eve **I**:276, 299
clitoris, in cursing **XXVII**:15; **XXVIII**:91; **XXIX**:90, 146; **XXX**:217
SEE ALSO *ibn al-lakhnā'*
concealing of Abel's secret parts by Cain **I**:309, 311
exposure of, while cursing **XVI**:157
penis. SEE penis
testicles. SEE testicles
touching of, with the right hand **XV**:214
George (son of Cyriac, Theodora's prisoner exchange negotiator) **XXXIV**:138–39
St. George (Jirjīs) **IV**:173–86
Georgia (Jurzān) **XIV**:45–46
Gershom b. Moses **III**:31
Gershon b. Levi **III**:30
Gether (Ghāthir) b. Aram **II**:13
Gether (Ghāthir) b. Uz **II**:13
al-Ghābah (north of Medina) **VIII**:13, 43, 44, 149; **IX**:151; **XXVIII**:114; **XXXIX**:176
expedition of. SEE Dhū Qarad
al-Ghābir (spring, near Rakūbah) **VI**:146
al-Ghaḍbān b. al-Qabaʿtharā **XXI**:178
al-Ghadhawān. SEE Dhū Qār
Ghāḍirah (*mawlā* of Banū Azd) **XXII**:57
Banū Ghāḍirah (of Asad) **XXII**:21
al-Ghāḍirī al-Muḍḥik **XXVIII**:108, 194
al-Ghāḍiriyyah (northeast of Karbalā') **XIX**:103, 163

Abū Ghādiyah al-Muzanī **XXXIX**:31, 33
ghāf trees **XXI**:149
Banū Ghafār (of Najd) **II**:13
al-Ghāfiqī b. Ḥarb al-ʿAkkī **XV**:159, 166; **XVI**:10
al-Ghaf.r (?, ethnic group) **XXXIV**:141
Ghalāfiqah (north of Aden) **X**:23
Ghalaṭān (in Khorasān?) **XXVI**:229
Ghālib (*mawlā* of Hishām b. ʿAbd al-Malik b. Marwān) **XXVI**:100
Ghālib (of the people of Abrashahr) **XXV**:38, 39
Abū Ghālib (nephew of Ibrahīm b. Muḥammad b. al-Mudabbir) **XXXVI**:121
Banū Ghālib **XVIII**:158
Banū Ghālib (of Tamīm) **XXV**:21
Umm Ghālib (in a line of Aʿshā Hamdān's poetry) **XX**:157
Ghālib b. ʿAbdallāh al-Asadī **XII**:86, 87, 90, 91, 93, 119
Ghālib b. ʿAbdallāh al-Laythī al-Kalbī **VII**:89; **VIII**:132–33, 139, 140, 142; **IX**:119, 122; **XI**:201, 209; **XII**:27
Ghālib b. Faḍālah al-Laythī **XVIII**:93
Ghālib b. Fihr **V**:180–81; **VI**:28; **VII**:127
Ghālib b. Ghallāb **I**:209, 214, 222, 223
Ghālib al-Hamdānī **XXVIII**:131
Ghālib al-Masʿūdī (al-Aswad) **XXXII**:80
Ghālib b. al-Muhājir al-Ṭāʾī **XXIV**:153; **XXV**:60
Ghālib al-Naṣrānī **XXXVIII**:42
Ghālib al-Qaṭṭān **XXIV**:37
Ghālib b. Saʿīd **XXVII**:62, 74
Ghālib b. Ṣaʿṣaʿah **XVIII**:104, 105
Ghālib b. Sulaymān **XVIII**:119, 120
Ghālib al-Wāʾilī **XIII**:115, 118, 121, 132, 199
ghāliyah (perfume) **XXIII**:226; **XXX**:310–11; **XXXI**:130; **XXXIII**:175
al-Ghāliyah (extremist section of al-Rāfiḍah) **XXXII**:72
al-Ghallāq b. Shihāb **XIII**:4
ghalwah (measure of distance) **XXV**:27, 88
Banū Ghāmid **IX**:88; **XII**:10
al-Ghamīm (near Medina) **XXXIX**:70
al-Ghamr (east of Medina) **X**:73
  raid on **VIII**:93
al-Ghamr b. al-ʿAbbās al-Khathʿamī **XXIX**:188, 203
Ghamr al-ʿArabāt (north of Aylah) **XI**:107–8
al-Ghamr b. Ḥamzah b. Abī Ramlah **XXVIII**:181
Ghamr b. Yazīd b. ʿAbd al-Malik **XXVI**:119, 214, 239; **XXIX**:212
al-Ghamrah (near Medina) **VII**:99; **IX**:119; **XXX**:166
Ghānah, people of **XXXIV**:141
al-Ghanawī (officer of Ibn Ṭūlūn) **XXXVII**:127
  SEE ALSO al-ʿAbbās b. ʿAmr al-Ghanawī
al-Ghanawī (*rāwī*, al-ʿAlāʾ b. al-Minhāl al-Ghanawī?) **XXIV**:135
al-Ghanawī (singer) **XXX**:83
Banū Ghanī **XIX**:155; **XXI**:43, 210; **XXIV**:15, 19; **XXVI**:76; **XXXIX**:102
Ghānim b. Abī Muslim b. Ḥumayd al-Ṭūsī **XXXIV**:37
Abū Ghānim al-Qarmaṭī. SEE ʿAbdallāh b. Saʿīd
Ghānim al-Shiṭranjī **XXXVI**:31
Abū Ghānim al-Ṭāʾī. SEE ʿAbd al-Ḥamīd b. Ribʿī al-Ṭāʾī
Ibn Abī Ghaniyyah (Yaḥyā b. ʿAbd al-Malik b. Ḥumayd) **I**:340, 365
Banū Ghanm (of al-Anṣār) **VIII**:29; **XVI**:116

Banū Ghanm (of Ḥadas) **VIII**:159; **X**:78
Banū Ghanm b. ʿAwf **VI**:126
Ghanm b. Kinānah **VI**:31
Banū Ghanm b. al-Najjār **VII**:4
Banū Ghanm b. Wadīʿah b. Lukayz b. Afṣā **XXV**:92
Ghannām (al-Murtadd, the apostate) **XXXIII**:178
gharab (silver arrow) **XXXV**:70
Gharafah b. al-Ḥārith al-Kindī **XXXIX**:149
al-Gharbī. SEE Nahr al-Gharbī
Gharīb al-Jabalī *(khādim* of Badr, al-Muʿtaḍid's *mawlā)* **XXXVIII**:106
Ibn al-Ghariq. SEE ʿAbd al-Raḥmān b. al-Ghariq
al-Ghariyyān (in the suburbs of al-Kūfah) **XI**:28; **XII**:51; **XVIII**:110, 144; **XXIII**:16
Gharjistān. SEE Gharshistān
Gharqadah (of Banū Bāriq) **XIII**:18
Ibn Gharrāʾ. SEE Ḍirār b. Muslim
Gharrāʾ bt. Ḍirār b. al-Qaʿqāʿ b. Maʿbad b. Zurārah **XXIV**:20
al-Ghars (near Medina) **XXVIII**:222
Gharshistān (Gharjistān, east of Bādhghīs) **XXVI**:32
al-Gharūr. SEE al-Mundhir b. al-Nuʿmān b. al-Mundhir
al-Gharūr b. Suwayd **X**:138, 146
Ibn al-Ghasīl. SEE ʿAbdallāh b. Ḥanẓalah al-Ghasīl al-Anṣārī
Ghasmiyanus. SEE Maximinus
Ghassān (Ghassānids) **V**:347, 349; **VI**:16; **IX**:88; **XI**:57–58, 76, 110, 115, 126; **XII**:132, 176; **XVI**:135, 136; **XIX**:99; **XX**:59, 61; **XXIV**:26, 148; **XXVI**:146; **XXXIX**:30
Abū Ghassān. SEE Mālik b. Mismaʿ; Muḥammad b. Yaḥyā; Yazīd b. Ziyād
Abū Ghassān *(rāwī).* SEE Mālik b. Ismāʿīl; Sakan b. ʿAbd al-Raḥmān b. Ḥubaysh
Ibn Ghassān, Abū Ibrāhīm. SEE Ghassān b. Abī al-Faraj b. Ghassān
Ghassān b. ʿAbbād b. Abī al-Faraj **XXXII**:53, 104–5, 156, 179–80, 189–90
Ghassān b. ʿAbd al-Ḥamīd **X**:38, 151; **XXVI**:75
Ghassān b. ʿAbd al-Malik **XXIX**:172
Ghassān b. Abī al-Faraj b. Ghassān, Abū Ibrāhīm **XXXII**:24–25, 53, 69, 74
Ghassān b. Muḍar **XVIII**:100
Abū Ghassān al-Nahdī. SEE Mālik b. Ismāʿīl
Ghassān b. Qiʿās al-ʿUdhrī **XXVI**:201
Ghassān b. al-Rabīʿ **II**:104
Banū Ghassān b. Shibām **XIII**:76
Banū Ghaṭafān **VI**:27; **VII**:88, 89, 93, 161–63; **VIII**:8, 14–15, 17, 23–25, 27, 30, 43, 47, 51, 116, 133; **IX**:56, 98, 100, 119; **X**:41, 42, 44, 60, 67–69, 74–78, 99; **XII**:13; **XIII**:76; **XVI**:120; **XVIII**:131, 132; **XIX**:215; **XXIV**:25, 153; **XXV**:81; **XXVII**:164; **XXVIII**:192; **XXXIV**:26; **XXXIX**:304
Ghaṭafān b. ʿAmr b. al-Ṭamthān **IV**:129, 131
Abū Ghaṭafān b. ʿAwf b. Saʿd b. Dīnār **XXI**:214
Ghaṭafān b. Unayf al-Kaʿbī **XX**:32, 34; **XXI**:173
al-Ghawr (valley, in Palestine) **XI**:126; **XXVI**:92
Ghawr ʿĀḥir (valley of ʿĀḥir) **III**:96
Abū al-Ghawr b. Khālid b. ʿImrān **XXXV**:19
Banū al-Ghawth (of Ṭayyiʾ) **X**:42, 60, 62, 68, 172; **XVIII**:159, 160
al-Ghawth b. Murr **VI**:55
Ghaylān (b. Muslim al-Qibṭī al-Dimashqī) **XXVI**:75–76, 197

Ghaylān (chief of guards for al-Walīd b. Yazīd b. 'Abd al-Malik) **XXVI**:176
Ghaylān (poet) **XII**:108
Ghaylān b. 'Abdallāh al-Khuzā'ī **XXVII**:65, 74, 187, 188
Ghaylān b. Faḍālah **XXVII**:62, 74
Ghaylān b. Ḥurayth **XXVII**:25, 26
Ghaylān b. Jāmi' **IX**:161
Ghaylān b. Jarīr al-Ma'walī **VI**:62
Ghaylān b. Kharashah al-Ḍabbī **X**:96; **XV**:33, 35–36
Banū Ghaylān ('Uthmān) b. Mālik b. 'Amr b. Tamīm **XII**:165; **XVI**:63, 119
Ghaylān b. Muḥammad **XX**:12
Ghaylān b. Salamah b. Mu'attib al-Thaqafī **IX**:20; **XXI**:104–5
Abū al-Ghayth (Sālim, *mawlā* of 'Abdallāh b. Muṭī') **VIII**:124; **XXXIX**:209
al-Ghāz b. Rabī'ah al-Jurashī **XIX**:168
Ibn Umm Ghazāl al-Hamdānī **XIII**:150; **XIV**:54
Ghazālah (Byzantine fortress) **XXIII**:142, 184, 204
Ghazālah (mother of 'Alī b. al-Ḥusayn b. 'Alī b. Abī Ṭālib) **XXXIX**:211
Ghazālah (wife of Shabīb b. Yazīd) **XXII**:44, 111–12, 114, 117–19
Ghazaliah. SEE Athaliah
ghazawāt (*maghāzī*, military expeditions) **VII**:26–69, 85–87, 89–91, 105–41, 156–67; **VIII**:4, 5, 27–57, 116–30, 152–60; **IX**:62, 115–18
chronology of **IX**:116–17
Banū Ghaziyyah (of Hawāzin) **XVII**:93
Ghaziyyah ('Adhiyyah, 'Arabah) bt. Jābir, Umm Sharīk **IX**:135, 136, 139; **XXXIX**:204, 287
Ghazwān (*ghulām* of Sufyān b. Abī 'Āliyah al-Khath'amī) **XXII**:49
Ghazwān (*mawlā* of al-Manṣūr) **XXVIII**:267
Ibn Ghazwān (early supporter of the 'Abbāsid Revolution) **XXVII**:82–83
Ghazwān al-Ghifārī. SEE Abū Mālik
Ghazwān al-Iskāf (ruler of Zamm) **XXIII**:27
Ghazwān b. Jaz' al-'Adawī **XXI**:63
Ghazwān b. Kinānah **VI**:31
al-Ghazz (near Kafartūthā) **XXVII**:50
Ghazzah. SEE Gaza
Ghazzah (west of al-Kūfah) **XXVII**:25
Abū Ghifār (*rāwī*) **XXXIX**:124
Banū Ghifār **VII**:41, 48, 60, 160; **VIII**:43, 51, 177, 186; **IX**:50, 51; **XIX**:146; **XXVIII**:191, 200, 208; **XXXIX**:69, 122
Ghifār b. Mulayk **XVIII**:86
al-Ghifāriyyah (Bint Abī al-Ḥakam) **XXXIX**:204
ghilālah (undershirt) **XXX**:320; **XXXIII**:153
ghilmān al-ḥujar (chamber pages) **XXXVIII**:89
ghilmān al-khidmah (bodyguards) **XXXV**:34
al-Ghilẓah (al-'Ulṭah?, near Khaffān) **XXII**:66
al-Ghiṭrīf b. 'Aṭā' **XXX**:73–74, 113, 134, 305
al-Ghiṭrīf b. Ḥusayn b. Ḥanash. SEE Abū Shās
Ghiṭrīf al-Khujandī **XXXIII**:133
al-Ghiṭrīf b. Tha'labah b. Imri' al-Qays b. Māzin b. al-Azd. SEE Mā' al-Samā' b. Ḥārithah
Banū Ghiyarah **IX**:15
Ghiyāth b. Ibrāhīm **I**:316; **II**:140; **XV**:78

Ghiyāth b. ʿImrān b. Murrah b. al-Ḥārith **XVIII**:156
Ghiyāth b. Kulthūm al-Jārūdī **XXV**:108
Ghiyāth b. Laqīṭ al-Bakrī **XVII**:63
Banū Ghubar **XXVI**:22
Abū Ghubshān. SEE Sulaym b. ʿAmr b. Buwayy b. Milkān b. Afṣā
Ghuḍā Shajar (between al-Ahwāz and Marj al-Qalʿah) **XIII**:201, 212
Banū Ghudānah **XXI**:211; **XXIV**:21
al-Ghudānī. SEE Wakīʿ b. Abī Sūd
Banū Ghudaynah **VI**:126
Ghuḍayy (near al-Baṣrah) **XI**:223; **XII**:7, 16, 42
ghulām (page, servant boy) **XVIII**:35; **XXI**:24; **XXII**:88; **XXIII**:30; **XXXV**:62; **XXXVI**:15
ghilmān al-ḥujar (chamber pages) **XXXVIII**:89
ghilmān al-khidmah (bodyguards) **XXXV**:34
Ghulām Nūn (ʿAbdallāh) **XXXVIII**:120
Ghulām Zurāfah **XXXVIII**:148
al-Ghumayr (in Iraq) **IV**:132
al-Ghumayṣāʾ (watering place of Banū Jadhīmah) **VIII**:189
Ghumdān (fortress, in Ṣanʿāʾ) **V**:209–10, 250
Ghundar. SEE Muḥammad b. Jaʿfar
al-Ghūr (mountainous region of Herat) **XVIII**:92; **XXV**:25, 26, 30, 34; **XXVI**:32
Ghurāb (mountain, near Medina) **VIII**:42
al-Ghurābiyyah (al-Amīn's Abyssinian guards) **XXXI**:225
Ghūrak (Ghūzak, ruler of al-Sughd) **XIV**:56; **XXIII**:176, 177, 192, 194–95, 197–98; **XXV**:46, 54, 60, 78, 79
brother of **XXV**:15
Ghurān (valley, between Amaj and ʿUsfān) **VIII**:42–43
Ghurrab (mountain, in Syria) **XXIII**:159
Ghuṣaṣ (Muṣaffā, mother of Fāṭimah bt. Hārūn al-Rashīd) **XXX**:328
Ghushtāsbān (Qaybishtasbān, king of Akharūn and Shūmān) **XXIII**:128, 174
Abū al-Ghuṣn al-Aʿrābī **XXXIV**:97
al-Ghuṣn b. al-Qāsim al-Kinānī **X**:152; **XI**:29, 33, 36, 39; **XII**:95, 101, 102, 131; **XIV**:39; **XV**:47, 50, 56, 96
al-Ghūṭah (region around Damascus) **XI**:105, 110; **XVIII**:188; **XXVI**:142, 146, 186; **XXVII**:5, 208
Banū Ghuṭayf (b. ʿAbdallāh, of Murād) **X**:189
Ghūthā. SEE Nahr al-Ghūthā
al-Ghuwayr (toponym) **XXVI**:156
Ghuwayth (of Banū Kaʿb b. Mālik b. Ḥanẓalah) **XVIII**:189
Ghūzak. SEE Ghūrak
Abū Ghuzayyah *(rāwī)* **XXX**:80
al-Ghuzayyil, Abū Kāmil **XXVI**:162
Ghuzziah b. Amazia. SEE Uzziah b. Amazia
Giants, story of **III**:81–84, 86, 88–89, 90, 94–95
gibbeting of corpses. SEE crucifixion after beheading
Gibeon (Jabʿūn, Gibeonites) **III**:96, 97
Gideon b. Joash (Jadʿūn b. Juwāsh) **III**:127
gifts
dowry (bridal gift, bridal price, *mahr, ṣadāq*) **VIII**:92, 110, 149; **IX**:133; **X**:95; **XXXVIII**:145; **XXXIX**:164, 173, 178, 180, 186, 189

gifts (continued)
of honor **XXXV**:47, 49, 67, 69, 71, 80, 85, 90, 107, 115, 122, 146, 158
SEE ALSO cloaks
of perfumes **XXXV**:27; **XXXVIII**:77
Gīlān. SEE Jīlān
giraffe **XXXVIII**:3
girdles **XXV**:26; **XXXIV**:94
glass chariot (of Jamshēd) **I**:350
Gloom, Day of. SEE Yawm al-Ẓullah
gloves. SEE iron gloves
gluttony **XXXIV**:107
gnats **II**:106–7
goat(s) **III**:109; **VIII**:151; **X**:16, 109, 182
goat milk, in Musaylimah b. Ḥabīb's revelations **X**:109
God
commandments of **II**:97–105
eternity of **I**:194–98
ikhlāṣ (exclusive devotion to God) **XXXII**:215
obedience to **XXVI**:110
as originator of everything **I**:194–98
uniqueness of **I**:195–98
SEE ALSO Throne
God's Messenger. SEE Muḥammad
gods (idols). SEE Arabian gods and idols
Gog and Magog (Yājūj wa Mājūj) **I**:238; **II**:11, 16, 21; **IV**:27
gold and silver workers **XXXVIII**:176
gold mines **XXXIV**:142–43
Gold Palace. SEE Qaṣr al-Dhahab
gold powder, sour milk laced with **XXIV**:161
Golden Calf **III**:72–73, 74–75, 78, 80; **XX**:83–84; **XXI**:69
golden dove, as Satan's shape **III**:144, 147
Golden Gate. SEE Bāb al-Dhahab
golden gazelles. SEE gazelles of Zamzam
Goliath (Jālūt) **III**:129, 132, 135, 136, 137, 141, 142; **IV**:23, 31; **XXVII**:25, 165
Gomer (Jāmir) b. Japhet b. Noah **I**:186, 318; **II**:9, 11, 14–16
SEE ALSO Jayūmart b. Japheth b. Noah
Gomorrah (ʿAmarah) **II**:125
gondola *(zaww)* **XXX**:222; **XXXIII**:11
good omens. SEE omens
Good Pleasure, Pledge of. SEE Pledge of Good Pleasure
goose. SEE geese
Gordian (Roman emperor) **IV**:126
gorge. SEE entries beginning with Shiʿb
Gospels (Evangel, Injīl) **II**:130; **III**:101; **XI**:55; **XXXIV**:207; **XXXIX**:136
gout **XIX**:202; **XXXV**:38; **XXXVII**:165
governors **X**:18–21, 158–60, 175–77, 190, 191; **XIV**:51; **XV**:5, 15, 73, 136, 140, 148, 157, 170, 184; **XXV**:18; **XXVI**:35; **XXIX**:101, 106; **XXXII**:122–23
SEE ALSO agent; *fādhusbān;* tax collectors
grain (unit of weight). SEE *ḥabbah*
grammatical mistakes **XXIII**:76
grants. SEE stipends
grape-stone *(ʿajam)* **XXII**: 17
grapes **XXXII**:84
Gratianus (Roman emperor) **IV**:127
grave(s)
of Adam **I**:333–34
descending into **XXXIX**:11–12, 38, 161, 163, 164, 167, 174, 194
of Joseph b. Jacob **III**:66, 69
of al-Manṣūr **XXIX**:167

grave(s) (continued)
praying toward graves **XXXIX**:101
of Prophet Muḥammad **IX**:204
sitting on **XXXIX**:101
sword breaking over graves **XXXVI**:107
of ʻUthmān b. ʻAffān **XV**:246–50
SEE ALSO cemeteries; funerary practices
graveyards. SEE cemeteries
grazing reserves. SEE reserved pasture
Great Bridge. SEE al-Jisr al-Akbar
Great Hall (at White Palace, in Ctesiphon). SEE al-Qaṣr al-Abyaḍ
Great Swamp. SEE al-Baṭīḥah
greed. SEE cupidity
Greek language **XII**:187
Greek slaves **XXX**:308
Greeks **I**:184; **II**:11, 137; **IV**:86, 88–89, 91–93, 95, 99, 125; **XXXVII**:79
SEE ALSO Banū al-Aṣfar; Byzantium
green color symbolism
banners **XXXII**:95
garments **XXXII**:61–62, 67, 71, 73, 95, 96
Green Dome (of al-Manṣūr's palace, in Baghdad) **XXVIII**:152
SEE ALSO Qaṣr Abī Jaʻfar
greetings
formula for **I**:327; **VII**:79; **XXXIX**:124
kissing the uncovered belly in **XXXIX**:230
Gregory (Jirjīr, Jurjīr, governor of Ifrīqiyah) **III**:98; **XV**:23
grief, expression of **XXIX**:163; **XXXIX**:273
grievances. SEE *maẓālim* court
gruel (*jashīsh*) **VIII**:14; **XXX**:312–13
guarantee
loans with **IX**:7
qabālah contract **XXVI**:57; **XXXVI**:79
of safe-conduct. SEE safe-conduct guarantee
guardians of orphans **XXXIX**:157
guards
dayādibah (watchmen) **XXXIII**:85
first guard dogs **I**:345
frontier guard posts *(manāẓir)* **V**:55
ghilmān al-khidmah (bodyguards) **XXXV**:34
al-Ghurābiyyah (al-Amīn's Abyssinian guards) **XXXI**:225
ḥaras (police guard) **XVIII**:128–31, 216; **XXX**:9; **XXXI**:45, 49, 74
al-Jarādiyyah (al-Amīn's Slav guards) **XXXI**:142, 225
guest, protection of. SEE *ijārah; jār; mujāwarah*
Guftān (K.ftān, in the Surkhān valley) **XXIII**:95, 98, 106, 128
guitars. SEE *barābiṭ*
gum arabic **XXVIII**:275
Gūr. SEE Ardashīr Khurrah
Gurgān. SEE Jurjān

H

Banū Ḥāʼ (of Madhḥij) **XXIV**:11
Ḥāʼ Mīm (letters at the beginning of several sūrahs of al-Qurʼān) **IX**:14; **XXIII**:104
al-Habāʼ (idol of Banū ʻĀd) **II**:29
Ḥabābah (al-ʻĀliyah, *jāriyah*) **XXIV**:194–96
Habannaqah. SEE Yazīd b. Tharwān al-Qaysī
Ḥabāqīq (devil) **III**:172
Ḥabāsah (b. Yūsuf) **XXXVIII**:205, 206

Ḥabash (brother of Yaʿqūb Qawṣarah) **XXXV**:5
al-Ḥabashah. SEE Abyssinia
Ḥabashiyyah (mother of al-Muntaṣir) **XXXIV**:223
al-Habātān, Battle of **XIX**:213
ḥabbah (grain, measure of weight) **XXII**:91–92; **XXIX**:11; **XXXIII**:30
Ḥabbah b. Juwayn al-ʿUranī **XVII**:64–65
Ḥabbān. SEE Ḥibbān
Ibn Habbār (house owner, in al-Kūfah) **XI**:101; **XII**:160; **XV**:47; **XX**:200
Habbār b. al-Aswad b. ʿAbd al-Asad **XI**:101
SEE ALSO Habbār b. Sufyān b. ʿAbd al-Asad al-Makhzūmī al-Qurashī
Habbār b. al-Aswad b. al-Muṭṭalib **VII**:76; **XXXIX**:4, 77–79, 163
Abū Habbār al-Muzanī **XXVIII**:92, 99–100, 103, 104, 226
Abū al-Habbār al-Qurashī **XXVII**:5, 6
Habbār b. Sufyān b. ʿAbd al-Asad al-Makhzūmī al-Qurashī **XI**:128
SEE ALSO Habbār b. al-Aswad b. ʿAbd al-Asad
Ḥabīb (*mawlā* of Banū Mahrah) **XXV**:56
Ḥabīb (of the people of Antioch) **IV**:167, 169–70
Ḥabīb (wife of Mūsā b. Bughā) **XXXVI**:7
Umm Ḥabīb (canal). SEE Nahr Umm Ḥabīb
Ḥabīb, Abū al-Ḥasan (father of al-Ḥasan al-Baṣrī) **XI**:18
SEE ALSO Yasār
Umm Ḥabīb bt. al-ʿAbbās b. ʿAbd al-Muṭṭalib **IX**:140; **XXXIX**:201
Ḥabīb b. ʿAbd al-Raḥmān al-Ḥakamī **XXII**:96, 105, 119–20, 122, 127
Āl Ḥabīb b. ʿAbd Shams (of Quraysh) **XV**:36
Ḥabīb b. ʿAbdallāh b. ʿAmr b. Ḥuṣayn al-Bāhilī **XXIII**:172
Ḥabīb b. ʿAbdallāh b. Rughbān **XXVIII**:82
Ḥabīb b. ʿAmr b. ʿUmayr **VI**:115
Umm Ḥabīb bt. Asad b. ʿAbd al-ʿUzzā b. Quṣayy **VI**:6
Ḥabīb b. Aws. SEE Abū Tammām al-Ṭāʾī
Ḥabīb b. Abī Aws **VIII**:144
Ḥabīb b. Budayl al-Nahshalī **XIX**:161; **XXI**:85; **XXVII**:125, 126
Umm Ḥabīb bt. Bujayr. SEE al-Ṣahbāʾ
Ḥabīb b. Dhuʾayb **XVI**:3
Umm Ḥabīb bt. Hārūn al-Rashīd **XXX**:327; **XXXIII**:216; **XXXV**:101; **XXXVII**:34
Ḥabīb b. Jahm al-Namarī **XXXI**:130
Ḥabīb b. Khudrah **XXII**:118, 148; **XXVII**:17, 24, 60
Ḥabīb b. Kurrah **XIX**:7, 201–4; **XX**:62
Umm Ḥabīb bt. al-Maʾmūn **XXXII**:82
Ḥabīb b. Marzūq **XXVIII**:164
Ḥabīb b. Maslamah al-Fihrī **IV**:159; **XI**:91, 110; **XIII**:89; **XIV**:34, 35, 45, 46; **XV**:10–11, 31, 78, 94, 98–99, 164, 207, 255, 259; **XVII**:19, 24, 31, 33, 37, 40, 79, 87, 92, 110, 148; **XVIII**:148, 216
Ḥabīb b. al-Muhallab **XX**:174; **XXII**:28, 180, 189; **XXIII**:31–32, 63–64, 129, 157, 162; **XXIV**:112, 124–25, 135–36, 139
Ḥabīb b. Munqidh al-Thawrī **XX**:219; **XXI**:67–68
Ḥabīb b. Murrah al-ʿAbsī **XXV**:67–68
Ḥabīb b. Murrah al-Murrī **XXVII**:176, 177, 179–80
Abū Ḥabīb al-Mūshī **XXXI**:249

Ḥabīb b. Muẓāhir al-Faqʿasī **XIX**:29, 105–6, 112–13, 120, 124, 130, 137–38, 142–44
Ḥabīb b. Qurrah al-Yarbūʿī **XIII**:134; **XV**:36
Ḥabīb b. Rabīʿah al-Asadī **X**:67
Umm Ḥabīb bt. Rabīʿah b. Bujayr. SEE al-Ṣahbāʾ
Umm Ḥabīb bt. al-Rashīd. SEE Umm Ḥabīb bt. Hārūn al-Rashīd
Ḥabīb al-Salāmānī **IX**:87
Ḥabīb b. Shihāb al-Shaʾmī **XVIII**:18
Ḥabīb b. Sibāʿ, Abū Jumʿah **XXXIX**:285
Ḥabīb b. Ṣuhbān, Abū Mālik **XIII**:12, 19, 20, 24
Ḥabīb b. Suwayd al-Asadī **XXVIII**:14
Ḥabīb b. Abī Thābit **I**:305; **IX**:195; **XI**:46, 52; **XIII**:50, 52; **XIV**:141; **XXXIX**:146, 325
Ḥabīb b. Abī ʿUbayd al-Fihrī **XXIV**:30
Ḥabīb b. ʿUqbah b. Nāfiʿ al-Fihrī **XXIII**:201
Ḥabīb b. ʿUyaynah b. Ḥiṣn **VIII**:50
Abū Ḥabībah (agent for ʿUmar b. al-Khaṭṭāb) **XIII**:177
Abū Ḥabībah (*mawlā* of al-Zubayr b. al-ʿAwwām) **XV**:183, 197; **XVI**:9; **XXIII**:178; **XXXIX**:17, 41, 106, 161
Ibn Abī Ḥabībah (*rāwī*) **VI**:49
Umm Ḥabībah (Ramlah bt. Abī Sufyān b. Ḥarb) **VIII**:109–10, 164; **IX**:133–34; **XV**:208, 209; **XVII**:88, 106; **XXXVIII**:58; **XXXIX**:177–80, 287
Ḥabībah bt. ʿAbd al-Raḥmān b. Jubayr **XXVI**:128
Abū Ḥabībah b. al-Azʿar (of Banū Ḍubayʿah b. Zayd) **IX**:61
Ḥabībah bt. Khārijah b. Zayd b. Abī Zuhayr **XI**:141, 152
Ḥabībah bt. ʿUbaydallāh b. Jaḥsh **XXXIX**:177
Ḥabībah bt. Abī Umāmah **XXXIX**:303
Hābīl. SEE Abel
al-Habīr (on the Meccan Road from Iraq) **XXXVIII**:178
ḥabīs. SEE inalienable property
Ḥābis al-Tamīmī **IX**:33
ḥabl (measure of distance?) **XXXVI**:141
ḥabr al-ʿarab (rabbi of the Arabs) **III**:46, 47
Ḥabrak (servant of Pharaoh) **III**:56
Ḥabshūn b. Bughā the Elder **XXXV**:71; **XXXVI**:96–99, 101
ḥabūr (new convert to Judaism) **IV**:110
Ḥabūs. SEE Yaḥyā b. Ḥafṣ
Banū Ḥadāʾ (of Murād) **XV**:139
al-Hadʾah (in al-Ḥijāz) **VII**:144, 145
Banū Ḥadas (of Lakhm) **VIII**:159; **X**:78; **XI**:78
al-Ḥadath (between Marʿash and Malaṭyah) **XXIX**:206; **XXXVII**:79; **XXXVIII**:147
SEE ALSO Darb al-Ḥadath
Ḥadath al-Zuqāq (in the Palmyra desert) **XXIV**:90
Hadaz (son of Adam) **I**:317
ḥadd punishment **VIII**:63; **IX**:191; **XIII**:152; **XV**:51, 150, 155, 243; **XVIII**:46; **XXII**:34, 132; **XXIV**:107, 187; **XXX**:260, 282; **XXXII**:115; **XXXIV**:136
al-Ḥaddād (Qarmaṭian agitator) **XXXVIII**:182
Haddār (Companion of the Prophet) **XXXIX**:155
Banū al-Ḥadhdhāʾ **XIII**:65
Ḥadhfah (Ḥidhqah, horse name, in a line of Saʿīd b. ʿAmr b. al-Aswad al-Ḥarashī's poetry) **XXIV**:189
Hadhram b. Eber b. Siba **II**:17
al-Hādī (Mūsā b. Muḥammad, caliph) **XXI**:220–23; **XXVIII**:211; **XXIX**:90, 91, 162, 165, 168, 179,

al-Hādī (continued) **XXIX**:182–86, 194, 204, 209, 223, 230, 233, 236, 238, 242, 252, 258; **XXX**:3–15, 23, 27–30, 32, 37–38, 41–86, 91–97; **XXXI**:234; **XXXIV**:33; **XXXV**:71
al-Hādī b. Ḥafṣ **XXXI**:115, 123
Abū al-Ḥadīd al-Shannī **XXI**:200
al-Ḥādidī (the Iron One, name of a Turkish boat) **XXXV**:95
Abū Ḥāḍir al-Asadī **XXI**:177
  father of **XVII**:167
Ibn Abī Ḥāḍir al-Tamīmī **XXIV**:141
al-ḥadīth (Traditions of the Prophet)
  authorization and authentication of **XXXIX**:255
  invented **XXIX**:72–73
  scholars of **XXXIV**:27–28
  al-sunnah compared to **XXXIX**:243
  tadlīs (tampering with chains of transmitters) **XXXIX**:240
  transmission of **XXXIX**:120, 256, 257, 264
  use of written records **XXXIX**:222–23
al-Ḥadīthah (Ḥadīthat al-Mawṣil) **XV**:9; **XXVI**:146; **XXIX**:43, 146; **XXX**:55; **XXXVI**:102, 148; **XXXVII**:157
al-Ḥadīthah (near Damascus) **XXVI**:146
Banū Hadl **VIII**:32
al-Ḥaḍr. SEE Hatra
Ibn Abī Ḥadrad. SEE ʿAbdallāh b. Abī Ḥadrad al-Aslamī; al-Qaʿqāʿ b. ʿAbdallāh b. Abī Ḥadrad al-Aslamī
Abū Ḥadrad al-Aslamī **XXXIX**:284
Ḥadrah b. ʿAbdallāh al-Azdī **XXI**:128
Ḥaḍramawt **II**:14; **V**:245; **IX**:108, 139; **X**:19–25, 53, 54, 105, 153, 157, 175–89, 190, 191; **XI**:143; **XII**:10; **XV**:60, 61; **XVIII**:33; **XXI**:35, 131; **XXII**:72, 81; **XXIX**:101; **XXXIV**:96; **XXXIX**:148
Banū Ḥaḍramawt (Ḥaḍramīs) **VIII**:160; **X**:176–77; **XIII**:76; **XVII**:62, 216; **XVIII**:132, 158, 160; **XIX**:49
al-Ḥaḍramī (ʿAlid). SEE Sharīk b. Shaddād al-Ḥaḍramī
al-Ḥaḍramī (*rāwī*) **I**:208, 209
al-Ḥaḍramī (*rāwī*, transmitting from Abū Ṣādiq) **XVII**:30
Ibn al-Ḥaḍramī. SEE ʿAbd al-Raḥmān b. ʿAbdallāh b. ʿĀmir al-Ḥaḍramī; ʿAbdallāh b. ʿAmr b. al-Ḥaḍramī
al-Ḥaḍramī b. ʿĀmir al-Asadī **IX**:166
Ḥaḍramīs. SEE Banū Ḥaḍramawt
Hadrian (Roman emperor) **IV**:126
Ḥaḍūr (in Yemen), people of **IV**:68, 69; **VI**:37
Ḥadyā (black rebel) **XXVIII**:233
Hadyah (in a line of Ḥabīb b. Khiḍrah's poetry) **XXII**:149
Hafandā (near al-Kūfah) **XXXV**:17
al-Ḥaffār. SEE Nādir al-Aswad
ḥāfiẓ (expert on prophetic tradition) **XXXIX**:232, 237
Ḥafn (in upper Egypt) **XXXIX**:194
Ḥafṣ (*mawlā* of Muzaynah) **XXIX**:247
Abū Ḥafṣ. SEE al-Ḥuḍayn b. al-Mundhir al-Dhuhlī al-Raqāshī; Qutaybah b. Muslim; ʿUmar b. al-Khaṭṭāb
Abū Ḥafṣ (in a line of Bakr b. ʿAbd al-ʿAzīz's poetry) **XXXVIII**:37
Abū Ḥafṣ (ruler of Crete) **XXXIV**:125
Abū Ḥafṣ (ʿUmar b. Ḥafṣ al-Ballūṭī) **XXXII**:165
Abū Ḥafṣ b. ʿAlī **XXV**:192
Ḥafṣ b. ʿĀmir al-Sulamī **XXIX**:206

Abū Ḥafṣ al-Azdī **XV**:92; **XVIII**:200; **XIX**:187; **XX**:71; **XXIV**:32, 48; **XXVII**:103, 148; **XXVIII**:18, 22, 35–36, 41
Ḥafṣ b. Dīnār **XXVII**:208
Ḥafṣ b. Fulān (Qurashite emissary to Prophet Muḥammad) **VIII**:79
Ḥafṣ b. Ghiyāth **I**:209; **III**:102; **XXIX**:116; **XXXIX**:273, 311, 327
Abū Ḥafṣ Hazārmard. SEE ʿUmar b. Ḥafṣ b. ʿUthmān b. Abī Ṣufrah al-ʿAtakī
Ḥafṣ b. Ḥumayd **II**:108, 120
Ḥafṣ b. Irmiyāʾīl **XXXI**:184–85
Ḥafṣ b. Abī Jumʿah al-Umawī **XXIX**:147
Ḥafṣ b. Khālid **XVII**:232
Abū Ḥafṣ al-Kirmānī **XXX**:47–48, 50, 52, 97, 115, 223
Ḥafṣ b. Maymūn **XXXIX**:56
Abū Ḥafṣ al-Muhallabī **XXVII**:127
Ḥafṣ b. Muslim **XXX**:150
Ḥafṣ b. al-Sabīʿ **XXVII**:143
Ḥafṣ b. Shabīb **XXVII**:128
Abū Ḥafṣ al-Sulamī **XXX**:15
Ḥafṣ b. Sulaymān. SEE Abū Salamah al-Khallāl
Umm Ḥafṣ bt. Thābit b. Quṭbah **XXIII**:96
Ḥafṣ b. ʿUmar (*kātib* of Ziyād b. ʿUbaydallāh) **XXVIII**:91
Ḥafṣ b. ʿUmar b. ʿAbbād al-Taymī **XXV**:188, 191
Ḥafṣ b. ʿUmar b. Ḥafṣ b. ʿUmar b. ʿAbd al-Raḥmān b. al-Ḥārith **XXVIII**:273–74
Ḥafṣ b. ʿUmar b. Ḥammād **XXIX**:107
Ḥafṣ b. ʿUmar al-Ḥawḍī, Abū ʿUmar **XXVIII**:269; **XXXIX**:39, 97, 245
Ḥafṣ b. ʿUmar b. Qabīṣah **XXIII**:56
Ḥafṣ b. ʿUmar b. Saʿd **XXI**:38–39
Ḥafṣ b. ʿUmar al-Shannī **XXXIX**:100
Ḥafṣ al-Umawī. SEE Ḥafṣ b. Abī Jumʿah al-Umawī
Abū Ḥafṣ b. Wāʾil al-Ḥanẓalī **XXV**:10
Ḥafṣah (in a line of Kaʿb al-Ashqarī's poetry) **XXII**:155
Ibn Abī Ḥafṣah. SEE Marwān b. Abī al-Janūb
Ibn Abī Ḥafṣah (commander of al-Mustaʿīn) **XXXV**:115
Ḥafṣah bt. Sīrīn **XXXIX**:125
Ḥafṣah bt. ʿUmar b. al-Khaṭṭāb (wife of Prophet Muḥammad) **VII**:7, 105; **IX**:127, 131, 170, 179; **XII**:205, 206; **XIV**:100; **XVI**:41, 45; **XXXIV**:135; **XXXIX**:174–75, 190
Abū Ḥafṣah al-Yamānī **XV**:200–201
Ibn al-Ḥafṣī al-Mughannī **XXXIV**:174–77
Haftānbukht (ʾ.t.n.b.w.d, ruler, in the Persian Gulf coastlands) **V**:10
Hagar **II**:64, 65, 70, 72, 74–77, 89, 92, 93, 125, 126, 129, 132, 133; **XIII**:168
hail, on the Meccan Road **XXXVIII**:17
hair
- baldness **I**:297; **XXX**:67; **XXXIX**:302–3
- braiding of **IX**:86
- depilatory paste for. SEE depilatory paste
- dyeing of. SEE dyeing and dyestuffs
- parting, as ritual purification **II**:99
- plucking, in punishment **XVI**:68
- of Prophet Muḥammad **IX**:160–61
- Prophet Muḥammad's miracle of making a bald man grow hair **XXXIX**:303
- pubic hair. SEE pubic hair
- shaving heads and beards. SEE shaving heads and beards
- styling, for battle **X**:128

hair (continued)
trimming, at end of pilgrimage **XIX**:69
hair screens **XXVIII**:124
hair tents, people of. SEE *ahl al-wabar*
al-Ḥā'ir. SEE al-Ḥayr
ḥajafah (shield made of animal skin) **VIII**:84
Hajar (western coast of the Persian Gulf) **V**:54, 56, 291–92; **X**:137, 143, 146, 150; **XII**:17, 202; **XIII**:76, 130; **XVI**:121; **XVII**:64, 65; **XXI**:176–77; **XXXVI**:31; **XXXVIII**:82, 87, 202; **XXXIX**:32
Ḥajar (in al-Yamāmah) **XXIX**:100
al-Ḥajar (near al-Baṣrah) **XXXVI**:56
al-Hajarī. SEE ʿUbaydallāh b. Ḥabīb al-Hajarī
ḥājib (chamberlain, doorkeeper) **XVIII**:74; **XXVIII**:110–11, 125; **XXXI**:12; **XXXV**:103, 131, 144
Ḥājib b. ʿAmr al-Ḥārithī **XXIV**:191
Ḥājib b. Dhubyān **XXIV**:140
Ḥājib b. Ṣaddān **XXVII**:160
Ḥājib b. Ṣāliḥ **XXXII**:175
Ḥājib b. Zayd **XII**:107, 108
hajīn (baseborn) **XXIII**:195
al-Ḥājir (canal). SEE Nahr al-Ḥājir
al-Ḥājir (near Mecca) **VI**:137
al-Ḥājir (of Baṭn al-Rummah, in Najd) **XIX**:83, 84; **XXXVIII**:207; **XXXIX**:261
ḥajj (*al-ḥajj al-akbar*, Greater Pilgrimage) **IX**:86; **X**:10; **XVI**:109, 112; **XVIII**:114, 146, 153, 188; **XXI**:208–9; **XXVIII**:19–20, 94; **XXXIX**:129
banners at **XXI**:151–53
circumambulation of al-Kaʿbah. SEE al-Kaʿbah
feeding and watering of pilgrims, office of **VI**:15, 17, 18, 25–26; **XXX**:144
ḥajj (continued)
on foot, as expiation for oath breaking **XXX**:96
as God's commandment **II**:78, 102
as governors' requirement **XIV**:51
ifāḍah (permission for dispersal from Minā) **VI**:22–23, 55; **XXXII**:22
ifrād (performance of *ḥajj* without the Lesser Pilgrimage [*ʿumrah*]) **IX**:109
ijāzah (permission to leave ʿArafah) **VI**:55
jimār, stoning of **II**:100; **VI**:22–23
Laylat al-Ḥaṣbah (the fourteenth night of Dhū al-Ḥijjah) **IX**:110
lesser pilgrimage. SEE *ʿumrah*
lighting of fire at al-Muzdalifah **VI**:31
menstruation and **IX**:109
polytheists and **VIII**:41, 115, 137; **IX**:79
of Prophet Muḥammad **IX**:125–26
SEE ALSO Farewell Pilgrimage
riding beasts for **XII**:204, 205; **XXVII**:62–63
saʿy (running between al-Ṣafā and al-Marwah) **II**:100; **IX**:109; **XXXII**:22
stoning *jimār* **II**:100; **VI**:22–23
ʿUthmān's alterations of rites **XV**:38–40
water scarcity and **XXXIX**:261
by women **XXIV**:96
wuqūf (*mawqif*, Place for Standing, station) **II**:100; **VI**:22; **IX**:114–15; **XXXII**:22; **XXXIV**:6; **XXXV**:109
SEE ALSO *maqām Ibrāhīm*; al-Muzdalifah
al-ḥajj al-akbar. SEE *ḥajj*

al-ḥajj al-aṣghar. SEE *ʿumrah*
ḥajjat al-wadāʿ (*ḥajjat al-tamām, ḥajjat al-balāgh, ḥajjat al-Islām*). SEE Farewell Pilgrimage
Ḥajjāj (*rāwī*). SEE Ḥajjāj b. Muḥammad
al-Ḥajjāj. SEE al-Ḥajjāj b. Dhī al-ʿUnuq
al-Ḥajjāj (*mawlā* of al-Hādī) **XXX**:40
Abū al-Ḥajjāj. SEE Mujāhid b. Jabr
Abū al-Ḥajjāj (al-Jammāl) **XXVIII**:214
Banū al-Ḥajjāj **VII**:30, 43
SEE ALSO Bilḥajjāj
al-Ḥajjāj b. ʿAbd al-Malik b. Marwān **XXIII**:118; **XXV**:8
al-Ḥajjāj b. ʿAbdallāh al-Baṣrī **XXVI**:198
al-Ḥajjāj b. ʿAbdallāh al-Ḥakamī **XXV**:69
al-Ḥajjāj b. ʿAlī al-Bāriqī **XVII**:6; **XIX**:23, 29, 47, 159; **XXI**:28
al-Ḥajjāj b. ʿAmr al-Ṭāʾī **XXIV**:153
al-Ḥajjāj b. Arṭāh al-Nakhaʿī **XVI**:129; **XXVI**:214; **XXVII**:184, 195; **XXVIII**:245; **XXIX**:6
al-Ḥajjāj b. ʿĀṣim al-Muḥāribī **XXVII**:92, 123, 133
al-Ḥajjāj b. Bāb al-Ḥimyarī **XX**:165
al-Ḥajjāj b. Bishr b. Fayrūz al-Daylamī **XXVI**:129
al-Ḥajjāj b. Dhī al-ʿUnuq **XI**:46, 48; **XII**:169; **XIV**:46
al-Ḥajjāj b. Dīnār **XIV**:88
al-Ḥajjāj b. Ghaziyyah al-Anṣārī **XVII**:73, 163
al-Ḥajjāj b. al-Ḥajjāj **VI**:85
al-Ḥajjāj b. Hārūn b. Mālik al-Numayrī **XXV**:120; **XXVI**:62
al-Ḥajjāj b. Ḥumayd al-Naḍrī **XXV**:57, 58, 59
al-Ḥajjāj b. ʿIlāṭ al-Sulamī al-Bahzī **VIII**:126–28; **XVI**:171; **XVIII**:108
al-Ḥajjāj b. Jāriyah al-Khathʿamī **XXI**:142–43; **XXII**:137–39, 145–46, 148; **XXIII**:25, 39; **XXIV**:44
al-Ḥajjāj b. Abī Manīʿ **XXXIX**:109
al-Ḥajjāj b. Marwān **XXIII**:107
al-Ḥajjāj b. Masrūq al-Juʿfī **XIX**:93
Ḥajjāj (al-Ḥajjāj) b. al-Minhāl **I**:190, 204, 211, 227, 291; **III**:9; **VI**:61, 153; **IX**:206, 207; **XXXIX**:215
Abū al-Ḥajjāj al-Minqarī **XXVIII**:210
al-Ḥajjāj b. al-Muhājir **XXXIX**:154
Ḥajjāj (al-Ḥajjāj) b. Muḥammad **I**:189, 192, 207, 212, 222, 224, 231, 246, 250, 251, 268, 270, 278, 287, 309, 357, 365, 367; **II**:42, 43, 45, 58, 68, 87, 94, 101, 146, 156, 170, 180; **III**:47, 99, 131, 154; **IV**:51; **V**:269, 324; **VI**:111; **VII**:25, 39; **X**:70; **XXXIX**:269, 280
Umm al-Ḥajjāj bt. Muḥammad b. Yūsuf al-Thaqafī **XIX**:23, 27, 29, 47, 159; **XXIV**:89–90; **XXVI**:164, 238
al-Ḥajjāj b. Nāshib al-ʿAdawī **XX**:179; **XXI**:62–64
al-Ḥajjāj b. al-Qāsim b. Muḥammad **XXVI**:49
al-Ḥajjāj al-Qaynī **XXIII**:171
al-Ḥajjāj b. Qutaybah b. Muslim **XXII**:114–15; **XXVI**:34–35; **XXVIII**:280
Hajjāj al-Ṣawwāf **XII**:158
al-Ḥajjāj b. ʿUbayd **XIII**:110
al-Ḥajjāj b. Yūsuf al-Taymī (ʿAbdallāh b. Yūsuf, Abū Muḥammad) **XXX**:241, 243
al-Ḥajjāj b. Yūsuf al-Thaqafī **I**:171, 326; **XII**:28, 29; **XV**:79, 233–34; **XVIII**:20, 64, 156; **XIX**:12–13, 21, 63, 85, 157, 213; **XX**:63, 110, 149, 163; **XXI**:109, 115, 126, 206–9, 212, 224–26, 228–32, 234; **XXII**:1, 2, 7, 11–13, 15, 18–28, 31, 41, 44, 48, 50–51, 53–54, 57–58, 61–64,

al-Ḥajjāj b. Yūsuf al-Thaqafī (continued) **XXII**:66–68, 70–74, 78–79, 81–85, 90, 92–100, 105–19, 122, 127–30, 135–38, 140–45, 147–48, 150–54, 162–63, 165, 175, 177–81, 183, 185–86, 190–95; **XXIII**:3–27, 32–34, 38–42, 44–48, 50–51, 57–71, 72–73, 76–88, 105, 109, 111–12, 115, 126, 128–30, 135, 138–40, 147, 149, 150, 152, 156–60, 162–63, 169–70, 172, 175, 195, 198, 201, 202, 206–7, 209–14, 216–17, 220–21, 223; **XXIV**:4, 6, 24, 29, 31, 62, 83, 90, 116, 131, 165, 187; **XXV**:79; **XXVI**:166; **XXVII**:16, 147; **XXVIII**:93, 257–58; **XXIX**:5, 102, 103, 140; **XXXIII**:150; **XXXIX**:51, 224, 228, 270–71, 276 SEE ALSO Āl Abī ʿAqīl

al-Ḥajjājiyyah (near Ṭahīthā) **XXXVI**:193, 196; **XXXVII**:19

al-Ḥajjām (slave) **XXXVI**:45

Ḥajjār b. Abjar b. Jābir al-ʿIjlī **XVII**:217; **XVIII**:34–36, 142; **XIX**:25, 49, 125; **XX**:203; **XXI**:15, 23, 30, 145, 178, 181; **XXXIX**:275

Ḥajr (oasis, west of al-Dahnāʾ, in Najd) **X**:93

al-Ḥajūn (mountain, in Mecca) **VI**:54, 113; **VIII**:175; **XXI**:208, 231; **XXIII**:148; **XXXIX**:4, 161, 266

Ḥajūr b. Arhīr **II**:129

Banū Ḥakam (of Yemen) **XXIV**:11

Ibn Umm al-Ḥakam. SEE ʿAbd al-Raḥmān b. ʿAbdallāh b. ʿUthmān al-Thaqafī

al-Ḥakam b. Abān **II**:99; **III**:46

al-Ḥakam b. ʿAbd al-Malik b. Bishr **XXVII**:192

al-Ḥakam b. ʿAbd al-Malik b. Marwān **XXIII**:118

al-Ḥakam b. ʿAbd al-Raḥmān b. Abī Nuʿm **XXXIX**:279

Umm al-Ḥakam bt. ʿAbdallāh b. al-Ḥārith **XXXIX**:235

al-Ḥakam b. ʿAbdallāh b. al-Mughīrah b. Mawhab **XXVIII**:236

al-Ḥakam b. Abī Abyaḍ al-ʿAbsī **XXVII**:90

Umm al-Ḥakam bt. ʿAmmār b. Yāsir **XXXIX**:31

al-Ḥakam b. ʿAmr al-Ghifārī **XVIII**:85, 86, 92, 119, 120, 121, 163, 164; **XXII**:179; **XXXIX**:122

al-Ḥakam b. ʿAmr al-Taghlibī **XIV**:77, 78

al-Ḥakam b. ʿAmr b. Wahb b. Muʿattib **IX**:43

al-Ḥakam b. Abī al-ʿĀṣ b. Bishr b. Duhmān al-Thaqafī **XIV**:68–70; **XV**:156–58; **XVIII**:86

Āl (Banū) al-Ḥakam b. Abī al-ʿĀṣ b. Umayyah **XV**:24, 158, 182

al-Ḥakam b. Abī al-ʿĀṣ b. Umayyah **IX**:168; **XV**:227; **XXXVIII**:54

al-Ḥakam b. ʿAwānah al-Kalbī **XXV**:38

al-Ḥakam b. Aws **XXIV**:160

al-Ḥakam b. Ayyūb b. al-Ḥakam b. Abī ʿAqīl al-Thaqafī **XXII**:22, 122; **XXIII**:11–12, 19, 46, 130

al-Ḥakam b. Bashīr **II**:117, 120; **IV**:156; **VIII**:67; **XIV**:142; **XXXIX**:109, 226

al-Ḥakam b. Ḍabʿān al-Judhāmī **XXVII**:171

al-Ḥakam b. Farrūkh al-Ghazzāl. SEE Abū Bakkār

al-Ḥakam b. Abī Ghaylān al-Yashkurī **XXVIII**:273–74

al-Ḥakam b. Ḥazn al-Qaynī. SEE al-Ḥakam b. Jirʾ al-Qaynī

Abū Ḥakam b. Hishām. SEE Abū Jahl b. Hishām

al-Ḥakam b. Hishām b. ʿAbd al-Raḥmān **XXI**:44, 72

al-Ḥakam b. Jirʾ (Ḥazn) al-Qaynī **XXVI**:168, 190–91

al-Ḥakam b. Kaysān **VII**:19, 21, 29

al-Ḥakam b. Makhramah al-ʿAbdī **XXIII**:69
al-Ḥakam b. Masʿūd al-Najrānī **XXXIX**:102
al-Ḥakam b. al-Mundhir b. al-Jārūd **XXI**:176
al-Ḥakam b. Mūsā al-Ḍamrī **XXX**:54–55
al-Ḥakam b. al-Naḍr **XXV**:183
al-Ḥakam b. al-Nuʿmān **XXVI**:130, 163
al-Ḥakam b. Numaylah al-Numayrī **XXVI**:62–63; **XXVII**:99, 102
al-Ḥakam b. al-Qāsim **XV**:220
al-Ḥakam al-Quraẓī **VIII**:41
al-Ḥakam b. Saʿd al-Ashīrah **VII**:154; **XXIV**:82
Banū al-Ḥakam b. Saʿd al-Ashīrah **XXXIX**:100
al-Ḥakam b. Ṣadaqah b. Nizār **XXVIII**:165
al-Ḥakam b. Saʿīd **XXIX**:215
al-Ḥakam b. al-Ṣalt **XVII**:160
Ibn al-Ḥakam b. al-Ṣalt **XXV**:183; **XXVI**:37, 39, 40–41, 49–50, 57–60
al-Ḥakam b. Samarqand **XXIX**:189
Ibn Umm Ḥakam bt. Abī Sufyān **IX**:14
Umm al-Ḥakam bt. Abī Sufyān **IX**:14; **XVIII**:192–93, 196; **XXI**:216
al-Ḥakam b. Thābit b. Abī Masʿar al-Ḥanafī **XXVII**:129
al-Ḥakam b. ʿUbādah b. al-Salīl al-Muḥāribī **XXV**:77
al-Ḥakam b. ʿUmayr al-Taghlibī **XIII**:149, 150
SEE ALSO al-Ḥakam b. ʿAmr al-Taghlibī
al-Ḥakam b. ʿUtaybah al-Asadī **I**:340, 365; **III**:13; **IV**:170; **VI**:140; **VII**:39, 60, 69, 133; **VIII**:134; **XII**:81; **XVI**:36; **XXVII**:14; **XXXIX**:230–31, 277
al-Ḥakam b. ʿUthmān **XXIII**:225
Ḥakam al-Wādī **XXIX**:261–62; **XXX**:83–84
al-Ḥakam b. al-Walīd b. Yazīd **XXVI**:104–5, 114, 128, 155, 160, 251–53, 271; **XXVII**:3
al-Ḥakam b. Wāqid **XXXIX**:252
al-Ḥakam b. Yazīd b. ʿUmayr al-Usayyidī (al-Asadī) **XXV**:191
al-Ḥakam b. Yūsuf **XXIX**:85
Umm al-Ḥakam bt. al-Zubayr **XXXIX**:198, 287
al-Ḥakam b. Ẓuhayr **II**:152
Ḥakamah b. Mālik b. Ḥudhayfah **X**:77
Ḥakīm (of the people of al-Baṣrah) **XXVIII**:226–27
Abū Ḥakīm. SEE ʿAbd al-Raḥmān b. Mikhnaf al-Azdī
Umm Ḥakīm (in a line of poetry) **XX**:166
Ibn Umm Ḥakīm. SEE ʿAbdallāh b. ʿĀmir b. Kurayz
Ḥakīm b. ʿAbd al-Karīm **XXVIII**:285–86
Umm Ḥakīm bt. ʿAbd al-Muṭṭalib (al-Bayḍāʾ) **XV**:254; **XXXIX**:76, 198
Hakīm b. ʿAbd al-Raḥmān b. Saʿīd al-Bakkāʾī **XVII**:113
Ḥakīm al-Fard, Abū al-Majd **XXVII**:88
Ḥakīm al-Ḥadhdhāʾ. SEE Abū Khabṭah
Ḥakīm b. Ḥakīm b. ʿAbbād b. Ḥunayf **VIII**:189; **XXXIX**:229
Ḥakīm b. al-Ḥārith al-Azdī **XXII**:129
Umm Ḥakīm bt. al-Ḥārith b. Hishām **VII**:107; **VIII**:179–80, 185; **XII**:133; **XIV**:100; **XXXIX**:17
Ḥakīm al-Ḥārithī **XXXII**:71
Ḥakīm b. Ḥizām b. Khuwaylid **VI**:106, 141; **VII**:44, 49–51; **VIII**:168, 171, 174–75; **IX**:32;

Ḥakīm b. Ḥizām b. Khuwaylid (continued) **XV**:174, 246–48; **XXXIX**: 6, 40–42, 43, 106, 161
Ḥakīm (Ḥukaym) b. Jabalah al-ʿAbdī **XV**: 126, 159–60, 165, 194, 199; **XVI**: 13, 15, 63, 64, 70–72, 76–78, 86, 125
Ḥakīm b. Jābir **XV**:235; **XVI**: 150
Ḥakīm b. Jubayr **III**:46, 75
Ḥakīm b. Munqidh al-Kindī **XX**:124, 125, 131
Ḥakīm al-Muqannaʿ. SEE al-Muqannaʿ
Ḥakīm b. Saʿd **XVII**:132
Ḥakīm b. Salāmah **XVI**:108, 121
Ḥakīm b. Sharīk al-Muḥāribī **XXVI**: 51, 54
Ḥakīm b. Abī Sufyān al-Azdī **XXII**:147
Ḥakīm b. Ṭufayl al-Ṭāʾī al-Sinbisī **XIX**:179; **XXI**:40
Ḥakīm b. ʿUmayr **XIII**:51
Umm Ḥakīm bt. Yaḥyā b. al-Ḥakam b. Abī al-ʿĀṣ **XXV**:65; **XXVI**:90
Umm Ḥakīm bt. Zuhayr b. al-Ḥārith **XXXIX**: 106
al-Ḥakīmī (Qarmaṭian) **XXXVIII**:184
Ḥakkāk (shaykh of Banū Ḍubayʿah) **XVIII**: 100
Ḥakkām b. Salm **I**:226, 306; **II**:113, 177, 178; **III**:44, 120; **VI**:78; **XXXIX**: 128
Ḥalab. SEE Aleppo
Hālah. SEE Nahr Hālah
Abū Hālah (poet) **XVI**: 162
al-Ḥālah (watering place of Banū Baḥr) **XXXVIII**:159
Hālah b. Abī Hālah **XXXIX**: 79
Hālah bt. Khuwaylid **VII**: 73; **XXXIX**: 13, 162
Abū Hālah b. al-Nabbāsh b. Zurārah **IX**:127; **XXXIX**: 3, 79, 161
Hālah bt. Uhayb b. ʿAbd Manāf b. Zuhrah. SEE Hālah bt. Wuhayb b. ʿAbd Manāf
Hālah bt. Wuhayb (Uhayb) b. ʿAbd Manāf **VI**: 8; **XXXIX**: 169, 198
Abū Hālah b. Zurārah b. Nabbāsh. SEE Abū Hālah b. al-Nabbāsh b. Zurārah
Ḥalāl (in a line of poetry) **XXVI**: 134
Halān (in al-Yamāmah) **XXXIV**:50
Halāy (Helen?, mother of Alexander the Great) **IV**:90–91
Abū al-Halbāʾ al-Bahrānī **XXVI**: 187–88
Ḥalbas b. Muḥammad b. al-Baʿīth **XXXIV**:88–89
al-Ḥalḥāl b. Dhurrī al-Ḍabbī **XV**:97, 101–2
ḥalīf. SEE *aḥlāf*
Ḥalīmah (of Banū Muzaynah) **VIII**:93
Ḥalīmah bt. Abī Dhuʾayb (wetnurse of Prophet Muḥammad) **V**:271–75; **VI**:63; **XXXIX**:21
al-Ḥallāj (al-Ḥusayn b. Manṣūr), Abū Muḥammad **XXXVIII**:199
Ḥallām b. Ṣāliḥ **XII**:85, 89; **XIII**:86; **XXII**:131
Ḥalūb (mother of Arwā bt. Hārūn al-Rashīd) **XXX**:327
Ḥaly (mother of Umm Ramlah bt. Hārūn al-Rashīd) **XXX**:328
Ḥalyah (valley, in Tihāmah) **VIII**:191
Halys. SEE Lamas River
Ham b. Noah (Ḥām b. Nūḥ) **I**:347, 357, 358, 360, 365, 366, 368–70; **II**:11, 14–21; **XXI**:232
Hamadhān **IV**:90, 92; **V**:14, 372, 376; **XIII**:37, 42, 72, 75, 209–11; **XIV**:3, 17–24, 31, 64; **XV**:132, 256; **XVI**: 195; **XVIII**:161; **XIX**:103; **XXI**:192; **XXII**:128, 138, 141–42; **XXVI**: 27, 255; **XXVII**:125, 126;

Hamadhān (continued) **XXVIII**:42–43, 45, 137; **XXX**:180, 187, 189, 255; **XXXI**:44, 48, 50–51, 58, 74, 77, 84–87, 89, 102; **XXXII**:93; **XXXIII**:2, 3, 137; **XXXV**:25, 48, 62, 145, 146; **XXXVI**:27, 29; **XXXVII**:29; **XXXVIII**:14
Ḥamāh (in Syria) **XXVI**:187; **XXVII**:5; **XXXVIII**:122, 135, 136, 140
al-Ḥamāh (near al-Samāwah) **XI**:65
Ḥamal b. Mālik al-Muḥāribī **XXI**:32
Ḥamalah b. Juwayyah al-Kinānī **XII**:30; **XIV**:38
Ḥamalah b. Mālik b. Ḥudhayfah **X**:77
Ḥamalah b. Nu'aym al-Kalbī **XXV**:145; **XXVI**:60–63
Haman (Hāmān) **III**:53, 54, 60, 64, 110; **XXI**:84; **XXVIII**:167
al-Hāmarz (Persian commander) **V**:365–67
Hamasf b. Fashinjān **IV**:9
Ḥamd b. al-Wazīr **XXXV**:27
Hamdān (tribe and territory north of Ṣan'ā') **III**:164; **IX**:74, 90, 92, 94; **X**:20, 27, 28, 31, 158, 170; **XII**:150; **XIII**:70, 76; **XVI**:134, 146; **XVII**:42–43, 46–47, 59, 62, 69; **XVIII**:58, 131, 132, 133, 137, 140, 143; **XIX**:48, 63, 115, 119, 121, 148; **XX**:39, 119, 152, 159, 189, 198, 200, 221, 225; **XXI**:14, 21, 29–30, 35, 50, 55, 56, 68, 82–83, 89, 95, 108, 114, 138–39, 188; **XXII**:5, 63, 86, 103, 193; **XXIII**:7, 21; **XXIV**:16, 129, 130; **XXVI**:14, 40, 43; **XXVII**:121; **XXXIX**:151, 219, 220, 268, 275, 277
Ḥamdān (Qarmaṭ) **XXXVII**:172, 175; **XXXVIII**:113
Ḥamdān b. Ḥamdūn **XXXVII**:150; **XXXVIII**:15, 17, 20, 21, 27, 28
Ḥamdān al-Shārī **XXXVII**:50
Ḥamdawayh (Muḥammad b. 'Īsā) **XXIX**:240
Ḥamdawayh b. 'Alī b. al-Faḍl al-Sa'dī **XXXIV**:79–80
Ḥamdawayh b. 'Alī b. 'Īsā b. Māhān **XXXII**:27, 38, 83
Ḥamdūn b. Ismā'īl **XXXIII**:196, 198–99
Ibn Ḥamdūn al-Nadīm ('Abdallāh b. Aḥmad b. Ibrāhīm) **XXXVIII**:45
Ḥamdūn al-'Ullayṣī. SEE Ḥumayd al-'Ullayṣī
Ḥamdūnah bt. Ghaḍīḍ. SEE Ḥamdūnah bt. Hārūn al-Rashīd
Ḥamdūnah bt. Hārūn al-Rashīd, Umm Muḥammad **XXX**:55, 328; **XXXII**:154, 156
al-Ḥamdūnī (poet) **XXXV**:13
Ḥāmid b. al-'Abbās **XXXVIII**:86
Ḥāmid b. Fīrūz **XXXVIII**:178
Ḥamīd b. al-Masīḥ **XXX**:260
Ḥamīdah bt. Ziyād b. Muqātil. SEE Ḥumaydah bt. Ziyād b. Muqātil
Banū al-Ḥamīm b. 'Awf **V**:77
Ḥamlah b. Nu'aym al-Kalbī. SEE Ḥamalah b. Nu'aym al-Kalbī
Ḥammād (*rāwī*) **II**:87, 94
SEE ALSO Ḥammād b. Salamah; Ḥammād b. Abī Sulaymān
Ḥammād al-Abaḥḥ **XXVI**:75
Abū Ḥammād al-Abraṣ. SEE Abū Ḥammād al-Marwazī
Ḥammād b. Aḥmad **XXXVIII**:201
Ḥammād b. Aḥmad al-Yamānī **XXIX**:97
Ḥammād 'Ajrad **XXIX**:73–74, 126–27
Ḥammād b. 'Āmir b. Mālik al-Ḥimmanī **XXV**:108; **XXVII**:29, 33
Ḥammād b. 'Amr al-Sughdī **XXVI**:124; **XXIX**:45
Ḥammād al-Barbarī **XXX**:173, 267, 292, 304
Ibn Ḥammād al-Barbarī **XXXV**:157, 159, 160

Ḥammād al-Burjumī **XIII**:42; **XVI**:154
Ḥammād b. al-Ḥasan **XXXII**:100
Ḥammād b. Isḥāq b. Ḥammād b. Zayd **XXXV**:97; **XXXVI**:3
Ḥammād b. Jarīr al-Ṭabarī **XXXIV**:18
Ḥammād b. Khālid al-Khayyāṭ **II**:147
Ḥammād al-Kundughūsh. SEE Kundghūsh
Abū Ḥammād al-Marwazī (al-Sulamī, al-Abraṣ) **XX**:77; **XXVII**:69, 127, 197; **XXVIII**:51, 271
Ḥammād b. Muḥammad b. Ḥammād b. Danqash **XXXVI**:11, 12
Ḥammād b. Mūsā **XXIX**:218
Ḥammād b. Muslim **XXIII**:165
Ḥammād al-Rāwiyah **IV**:130; **V**:340
Ḥammād b. Sa'īd al-Ṣan'ānī **XXV**:5
Ḥammād al-Ṣā'igh **XXVI**:221
Ḥammād al-Sājī **XXXVI**:65
Ḥammād b. Salamah **I**:190?, 204, 230, 262, 291, 328, 332; **II**:76, 148, 157–58; **III**:47, 48, 71, 87; **VI**:60, 61, 153–54; **VII**:5; **IX**:13, 161, 198, 206, 207; **XIII**:181; **XIV**:10; **XX**:6; **XXXIX**:50, 50k, 132, 193, 222, 256
Ḥammād b. Sālim, Abū 'Iṣmah **XXX**:216
Abū Ḥammād al-Sulamī. SEE Abū Ḥammād al-Marwazī
Ḥammād b. Abī Sulaymān **I**:173, 190?; **XXXIX**:233
Ḥammād al-Turkī (Ḥammād the Turk) **XXVIII**:244, 246, 248, 250; **XXIX**:94–95, 134, 150
Ḥammād b. Usāmah *(rāwī)*. SEE Abū Usāmah
Ḥammād b. Wāqid **IX**:159
Ḥammād b. Yaḥyā b. 'Amr. SEE Ḥammād 'Ajrad
Ḥammād b. Zayd **II**:145; **IX**:159, 207; **XXXIX**:125, 202, 216, 223, 226, 227
Ḥammādah bt. Mu'āwiyah b. 'Abdallāh **XXVIII**:156
al-Ḥammah (in Iraq) **XXV**:181, 183
Ḥammah al-Adhrūliyyah. SEE Adhrūliyyah
Ḥammāl b. Mālik al-Asadī **XII**:18, 93, 99, 113, 114, 119, 145; **XIII**:17
Ḥammāl b. Zaḥr al-Ju'fī **XXIV**:120
Abū Hammām (al-Walīd b. Shujā' al-Sakūnī) **I**:291, 295, 296, 303; **XXXIX**:250
Banū Hammām. SEE Banū Hammām b. Murrah
Ibn Hammām (in a line of poetry) **VI**:160
Ibn Hammām (poet). SEE 'Abdallāh b. Hammām al-Salūlī
Hammām b. Ghālib b. Ṣa'ṣa'ah. SEE al-Farazdaq
Hammām b. al-Ḥārith al-Nakha'ī **XII**:146
Hammām b. Munabbih **XVIII**:225; **XXXIX**:322
Banū Hammām b. Murrah (of Shaybān) **X**:88; **XVIII**:138; **XXVI**:258
Hammām b. Qabīṣah al-Namarī **XVIII**:190; **XX**:66
Hammām b. Qatādah **V**:314
Hammām b. Yaḥyā **I**:353; **VII**:25; **XXXIX**:97, 198
Ḥammām 'Amr b. Ḥurayth (in al-Kūfah) **XXI**:19
Ḥammām A'yan (near al-Kūfah) **XIX**:103; **XXI**:11, 69, 88; **XXII**:71, 98, 108, 114, 117; **XXVII**:142, 143, 159, 160
Ḥammām Bāb al-Qaṭī'ah (in Baghdad) **XXXV**:70
Ḥammām Ibn Abī Bakrah (in al-Baṣrah) **XXII**:184
Ḥammām Fārs **XXIII**:65

Ḥammām Jarīr. SEE Laḥḥām Jarīr
Ḥammām al-Mahbadhān (Bath of al-Mahbadhān, at al-Sabakhah, in al-Kūfah) **XXI**:22
Ḥammām Qaṭan b. ʿAbdallāh (Bath of Qaṭan b. ʿAbdallāh, in al-Kūfah) **XXI**:19
Ḥammām Ibn Abī al-Ṣaʿbah (Bath of Ibn Abī al-Ṣaʿbah, in Medina) **XXVIII**:199
Ḥammām Ibn ʿUmar. SEE Ḥammām ʿUmar b. Saʿd
Ḥammām ʿUmar b. Saʿd **XXI**:37; **XXII**:61, 107; **XXIII**:70
Ḥammawayh (*mawlā* of al-Mahdī) **XXX**:267, 275; **XXXI**:1
hammers, origin of **I**:300
Ḥamnah bt. Jaḥsh **VII**:137; **VIII**:61, 63
al-Ḥamqatān (in Syria) **X**:44, 53
al-Ḥamrāʾ (Aḥmarīs, Persian soldiers settled in al-Kūfah) **XI**:11; **XII**:56; **XIII**:43, 53, 65, 76, 201; **XVIII**:129, 156; **XX**:208, 210; **XXII**:139; **XXIV**:115
Abū al-Ḥamrāʾ (Hilāl b. al-Ḥārith) **XXXIX**:154, 155, 285
Ḥamrāʾ al-Asad **VII**:138–42; **IX**:116; **XXXIX**:58
Ḥamrāʾ Siyāh (as name of Aḥmarīs) **XI**:11
hamstringing of horses (*ʿaqr*) **VIII**:156; **XXIV**:155; **XXXIX**:5
al-Ḥamūkiyyūn (Turkish nobles) **XXV**:148
Abū Ḥamzah (*mawlā* of al-Anṣār) **VI**:80–81
Abū Ḥamzah (Nuṣayr). SEE Nuṣayr
Abū Ḥamzah (*rāwī*) **III**:47, 48 SEE ALSO Abū Jamrah al-Ḍubaʿī
Ibn Abī Ḥamzah (*rāwī*) **XXXI**:196
Ḥamzah, Abū Aḥmad. SEE Mushriq
Ḥamzah b. ʿAbd al-Muṭṭalib **V**:272; **VI**:48, 90, 103–6; **VII**:10, 13, 15, 16, 33, 52, 59, 81, 87, 113, 118, 121, 122, 129, 130, 132–34, 137, 143; **VIII**:182; **IX**:118, 132; **X**:39, 120; **XIV**:150; **XIX**:123, 145, 158; **XXVIII**:174, 210; **XXXIX**:19, 101, 169, 198, 202
Ḥamzah b. ʿAbdallāh b. Muḥammad b. ʿAlī **XXVIII**:218, 224
Ḥamzah b. ʿAbdallāh b. ʿUmar **XXXIX**:175
Ḥamzah b. ʿAbdallāh b. al-Zubayr **XXI**:118–20, 226; **XXXIX**:333
Ḥamzah b. ʿAlī b. al-Muḥaffiz, Abū al-Khaṭṭāb. SEE Abū al-Khaṭṭāb
Ḥamzah b. Aṣbagh b. Dhuʾālah **XXVII**:4, 8, 12, 13
Ḥamzah b. Atrak al-Sijistānī **XXX**:152, 175
Ḥamzah b. Bīḍ **XXIII**:194–95
Ḥamzah b. Ḥabīb al-Zayyāt **XXXIX**:254–55
Ḥamzah b. al-Haytham al-Khuzāʿī. SEE Ḥamzah b. Mālik b. al-Haytham
Ḥamzah b. al-Hirmās al-Māzinī **XV**:104
Ḥamzah b. Ibrāhīm **XXIII**:171–72; **XXIV**:16, 21
Abū Ḥamzah al-Khārijī (al-Mukhtār b. ʿAwf al-Azdī al-Salīmī) **XXVII**:53, 90, 91, 112–20, 133
Ḥamzah b. Mālik al-Hamdānī **XVII**:19, 55–56, 87, 148
Ḥamzah b. Mālik b. al-Haytham **XXVIII**:212; **XXIX**:171; **XXX**:134, 139, 305
Ḥamzah b. al-Mughīrah b. Shuʿbah **XIII**:193, 195; **XIX**:104; **XXII**:128, 138–39, 141–42
Ḥamzah b. Mujjāʿah b. al-ʿAtakī **XXV**:74, 75
Ḥamzah b. Rutaym (Zunaym) al-Bāhilī **XXVII**:66, 68
Ḥamzah b. (Abī) Ṣāliḥ al-Sulamī **XVIII**:21; **XXVII**:29

Ḥamzah b. Sinān al-Asadī **XVII**:115, 130, 131
Abū Ḥamzah al-Sukkarī (Muḥammad b. Maymūn) **I**:286; **II**:86, 147; **IX**:126; **XIV**:114; **XXXIX**:312
Ḥamzah b. Ṭalḥah al-Sulamī **XXVI**:66
Abū Ḥamzah al-Thumālī **XIX**:175
Ḥamzah b. Abī Usayd al-Sā'idī **XXXIX**:190, 319
Ḥamzah b. 'Utbah b. Ibrāhīm al-Lihbī **XXXIX**:64
Ḥamzah al-Zayyāt **II**:86
Ḥamzah b. Zunaym al-Bāhilī. SEE Ḥamzah b. Rutaym al-Bāhilī
Ḥanafī swords **XXIII**:170; **XXIX**:96
Ḥanafites (Ḥanafīs) **XXXII**:196; **XXXIX**:251, 264
Ibn al-Ḥanafiyyah. SEE Muḥammad b. al-Ḥanafiyyah
Hananiah (Ḥanāniyā, prophet) **IV**:51, 61–63
Ḥanash b. 'Abdallāh al-Ṣan'ānī **II**:99; **VI**:62, 162; **IX**:208; **XV**:75
Ḥanash b. al-Ḥārith al-Nakha'ī **XII**:10; **XXXIX**:51, 65
Ḥanash b. Mālik al-Taghlibī **XV**:42–43
Ḥanash al-Nakha'ī. SEE Ḥanash b. al-Ḥārith al-Nakha'ī
Ḥanash b. Rabī'ah al-Kinānī, Abū al-Mu'tamir **XX**:84, 142
Ḥanash (al-Jaysh) b. al-Sabal (al-Subul, ruler of Khuttal) **XXV**:131, 152; **XXVI**:31; **XXVII**:197
Ḥanash al-Ṣan'ānī. SEE Ḥanash b. 'Abdallāh al-Ṣan'ānī
Ḥanbal (marsh, on Banū Tamīm's territory) **XVIII**:109
Ibn Ḥanbal. SEE 'Abd al-Raḥmān b. Ḥanbal al-Jumaḥī; Aḥmad b. Ḥanbal
Ḥanbal b. Abī Ḥuraydah (Ḥarīdah) **XIV**:74; **XXIII**:171–72, 174, 185
handidness. SEE ambidexterity
al-Hanī (canal) **XXVII**:19
Umm Hāni' (Hind bt. 'Alī b. Abī Ṭālib) **II**:114; **VIII**:186; **IX**:140, 161, 205; **XVII**:140, 229; **XXI**:72; **XXXIX**:196–97, 286–87, 304
Hāni' b. 'Adī **XXXIX**:274
Hāni' b. Bishr **XXVI**:203
Hāni' b. Hāni' (tax office chief, in Samarqand) **XXV**:21, 22, 47, 48
Hāni' b. Hāni' b. al-Sabī'ī **XIX**:25–26
Hāni' b. Abī Ḥayyah al-Wādi'ī al-Hamdānī **XVIII**:143; **XIX**:63, 64; **XX**:106, 107, 117
Hāni' b. Khaṭṭāb al-Arḥabī **XVI**:146; **XVII**:62, 132
Hāni' al-Makhzūmī **V**:285
Hāni' b. Mas'ūd al-Shaybānī **V**:356, 358–59, 361
Hāni' b. Qabīṣah b. Hāni' b. Mas'ūd al-Shaybānī **V**:359, 363–64; **XI**:6; **XXXII**:13
Hāni' b. Qays **XIII**:54; **XXI**:60, 61
Umm Hāni' bt. Abī Ṭālib. SEE Umm Hāni'
Hāni' b. Thubayt al-Ḥaḍramī **XIX**:108, 138, 155–56, 180
Hāni' b. 'Urwah al-Murādī **XIX**:18–21, 37–47, 61–63, 77–78, 87, 89, 126; **XX**:106
Hāni' b. Yazīd **XXXIX**:298
Abū Ḥanīfah (al-Nu'man b. Thābit) **XXVI**:235; **XXVIII**:245–47; **XXXII**:239; **XXXIX**:238, 250–52, 264, 331
Abū Ḥanīfah (Ḥarb b. Qays) **XXVIII**:33, 38; **XXIX**:166; **XXX**:102
Banū Ḥanīfah **VI**:121; **IX**:58, 95–97; **X**:87, 92, 93, 106, 107, 110–13, 115–21, 123, 125, 128, 131–33, 139, 189; **XIV**:18; **XVIII**:163; **XX**:26, 75, 78, 98, 208; **XXI**:105;

Banū Ḥanīfah (continued) **XXII**:198; **XXIII**:57; **XXIV**:88; **XXV**:106; **XXVI**:124; **XXXIX**:208
Ḥanīfah b. Qays **XXVII**:68
al-Ḥannā' (name of Prophet Muḥammad's camel) **IX**:151
Hanna (Ḥannah) bt. Fāqūd b. Qabil **IV**:103
Hannād b. al-Sarī **I**:176, 177, 188, 212, 222, 223, 230, 315; **II**:69; **V**:272; **XIV**:96, 97
al-Ḥantaf (al-Ḥunayf) b. al-Sijf al-Tamīmī **XX**:162
Ibn Ḥantamah. SEE 'Umar b. al-Khaṭṭāb
Ḥantamah bt. Hāshim b. al-Mughīrah **XIV**:95
Banū Ḥanẓalah (of Tamīm) **V**:56; **IX**:108; **X**:85, 91, 97, 99, 139; **XI**:202; **XII**:42; **XIII**:115; **XVI**:119, 120; **XIX**:106; **XXI**:174; **XXV**:72; **XXXVI**:31
Ḥanẓalah b. al-A'lam **XVI**:191
Ḥanẓalah b. 'Alī al-Aslamī **XVIII**:26
Ḥanẓalah b. Abī 'Āmir. SEE Ḥanẓalah b. al-Rāhib
Ḥanẓalah b. 'Arāḍah **XIX**:186
Ḥanẓalah b. As'ad al-Shibāmī **XIX**:146–47
Ḥanẓalah b. 'Attāb b. Warqā' al-Tamīmī **XXIV**:130
Ḥanẓalah b. Bayhas **XX**:102
Ḥanẓalah b. al-Ḥārith al-Yarbū'ī **XXII**:101
Ḥanẓalah b. Mālik **XXII**:66
Ḥanẓalah b. Nubātah **XXVII**:16
Ḥanẓalah b. Qays **XXXIX**:134
Ḥanẓalah b. al-Rabī' al-Tamīmī al-Usayyidī **IX**:148; **XI**:40, 42, 46, 195; **XII**:30, 119, 131; **XIII**:204; **XV**:164, 208; **XXI**:214
Ḥanẓalah b. al-Rāhib (Ḥanẓalah b. Abī 'Āmir) **VII**:125–27
Ḥanẓalah b. Ṣafwān **XXVI**:240
Ḥanẓalah b. Abī Sufyān **VII**:72, 125, 126
Ḥanẓalah b. Tha'labah b. Sayyār al-'Ijlī **V**:360–64, 366
Ḥanẓalah b. al-Ṭufayl al-Sulamī **XII**:144
Ḥanẓalah al-Usayyidī. SEE Ḥanẓalah b. al-Rabī' al-Tamīmī al-Usayyidī
Ḥanẓalah b. al-Warrād al-Tamīmī **XXIII**:19
Ḥanẓalah b. Ziyād b. Ḥanẓalah **XI**:14–15
Ibn al-Ḥanẓaliyyah. SEE al-Qa'qā' b. 'Amr b. Mālik al-Tamīmī
al-Haqwān (toponym) **XII**:95
al-Ḥaram (sacred enclave, sacred territory, sanctuary) **I**:362; **II**:16, 73; **IV**:154; **VII**:19, 146, 147; **VIII**:161–62, 176; **IX**:95; **X**:108; **XIII**:109; **XV**:14; **XX**:2, 98, 109, 112, 115, 122–23, 156, 176; **XXI**:60, 192, 207, 227; **XXIII**:178–79; **XXXV**:9; **XXXIX**:42, 93
SEE ALSO al-Ka'bah
Ḥarām, brother of (in a line of poetry) **XII**:184
Banū Ḥarām (of Sa'd) **XXXIX**:248
Banū Ḥarām (of Sulaym) **IX**:136; **XXV**:188
Umm Ḥarām (wife of 'Ubādah b. al-Ṣāmit) **XV**:25
Ibn Ḥarām al-Anṣārī (Sa'd b. 'Amr b. Ḥarām al-Anṣārī) **XI**:109; **XVII**:94
Banū Ḥarām b. Ka'b b. Ghanm **VI**:125
Ḥarām b. Milḥān **VII**:151, 152, 155
al-Ḥarām Mosque. SEE al-Masjid al-Ḥarām
Ḥarām b. 'Uthmān **X**:52
al-Ḥaramān (two sacred enclaves, Mecca and Medina) **XVI**:151; **XXVIII**:250; **XXX**:263; **XXXV**:6; **XXXVI**:120
Haran b. Terah **II**:61, 131

ḥaras (police guard) **XVIII**:128–31, 216; **XXX**:9; **XXXI**:45, 49, 74
al-Ḥarashī. SEE Saʿīd b. ʿAmr b. al-Aswad al-Ḥarashī
al-Ḥarashī square. SEE Murabbaʿat al-Ḥarashī
Ḥarastā (near Damascus) **XXVI**:145
Harāt. SEE Herat
Ḥarb (canal). SEE Nahr Ḥarb
Ḥarb (guard of al-Manṣūr) **XXVIII**:39
Ḥarb (b. Umayyah b. ʿAbd Shams) **XVIII**:106, 206
Abū Ḥarb. SEE al-Mubarqaʿ al-Yamānī
Abū Ḥarb *(rāwī)* **XXXIX**:120, 121
Ibn Abī Ḥarb *(rāwī)* **XXVIII**:163, 165
Banū Ḥarb (b. Umayyah) **VIII**:98; **XV**:159; **XVIII**:133, 133?, 176, 189, 190; **XXVII**:154, 155
Ibn Ḥarb. SEE Muʿāwiyah b. Abī Sufyān; Ziyād b. Abī Sufyān
Ibn Ḥarb (of Banū Kāhil b. Asad) **XII**:116
Ḥarb b. ʿAbdallāh al-Rāwandī **XXVIII**:268; **XXIX**:14, 15
Ḥarb b. ʿAbdallāh b. Yazīd b. Muʿāwiyah **XXVI**:187
Ḥarb b. ʿĀmir b. Aytham al-Wāshijī **XXVI**:226, 229
Ḥarb b. Maḥrabah **XXV**:72
Ḥarb b. Muḥammad b. ʿAbdallāh b. Ḥarb **XXXV**:129
Ḥarb b. Qaṭan al-Kinānī **XXVII**:89
Ḥarb b. Qays. SEE Abū Ḥanīfah
Ḥarb b. Salm b. Aḥwaz **XXVII**:138
Ḥarb b. Shuraḥbīl al-Shibāmī **XVII**:97
Ḥarb b. Ṣubḥ **XXV**:86
Ḥarb b. ʿUbaydallāh **XXXIX**:129
Ḥarb b. Umayyah b. ʿAbd Shams **VI**:18; **XXI**:213; **XXV**:174, 193; **XXXIX**:177
Ḥarb b. ʿUthmān **XXV**:39
Ḥarb b. Yazīd b. Muʿāwiyah **XIX**:227
Ḥarb b. Ziyād **XXVII**:208
Ḥarbā (Ḥarbāʾ, north of Baghdad) **XXII**:67
al-Ḥarbiyyah (quarter, in Baghdad) **XXXI**:110–11, 130, 136–37; **XXXII**:41–44, 47–48, 55, 57–59, 77; **XXXIII**:25; **XXXV**:72, 101; **XXXVIII**:202
harbor. SEE entries beginning with Furḍah
Abū Ḥardabah (of Banū Athālah b. Māzin) **XVIII**:189
Banū Hāribah (b. Dhubyān) **X**:78
Harim b. ʿAbdallāh b. Diḥyah **XXVI**:152
Harim b. Ḥassān al-Yashkurī **XV**:36, 69
Harim b. Ḥayyān al-ʿAbdī **XIII**:118; **XV**:36, 69, 165
Harim b. al-Qarār al-ʿAbdī **XXIV**:142
Harim b. Sinān **XXXII**:255–56
harīr. SEE Laylat al-Harīr
Banū al-Ḥarīsh **IX**:150; **XXX**:172
al-Ḥarīsh b. ʿAmr b. Dāwūd **XXVI**:121
al-Ḥarīsh b. Hilāl al-Saʿdī al-Qurayʿī **XX**:168, 178–81; **XXI**:66; **XXIII**:17–18
al-Ḥarīsh b. Muḥammad al-Dhuhlī **XXVIII**:60
al-Ḥarīsh al-Sijistānī **XXIX**:47–49
al-Ḥārith (astrologer) **XXVIII**:163
al-Ḥārith (Iblīs) **I**:252, 321, 322
al-Ḥārith (of Banū al-Najjār) **VIII**:35
al-Ḥārith *(rāwī)*. SEE al-Ḥārith b. Muḥammad b. Abī Usāmah
Banū al-Ḥārith (b. Asad) **IX**:167
Ibnat al-Ḥārith. SEE Ramlah bt. al-Ḥārith
al-Ḥārith b. al-ʿAbbās b. al-Walīd **XXVI**:159, 198, 200

al-Ḥārith b. ʿAbd ʿAmr al-Azdī. SEE al-Ḥārith b. ʿAbdallāh al-Azdī
al-Ḥārith b. ʿAbd al-ʿAzīz b. Abī Dulaf, Abū Laylā **XXXVII**:167; **XXXVIII**:67–71
al-Ḥārith b. ʿAbd Kulāl **IX**:74
al-Ḥārith b. ʿAbd al-Malik b. ʿAbdallāh al-Ashjaʿī **IX**:170
Banū al-Ḥārith b. ʿAbd Manāt **VI**:9; **VII**:107, 124, 132; **VIII**:78, 176
al-Ḥārith b. ʿAbd al-Muṭṭalib **VI**:8; **VIII**:169
al-Ḥārith b. ʿAbd al-Raḥmān (al-Ḥarashī) **XXIX**:123
al-Ḥārith b. ʿAbd al-ʿUzzā **V**:271
al-Ḥārith b. ʿAbdallāh (ʿAbd ʿAmr) al-Azdī **XVIII**:72, 76
al-Ḥārith b. ʿAbdallāh b. al-Ḥashraj al-Jaʿdī **XXV**:192; **XXVI**:223
al-Ḥārith b. ʿAbdallāh b. Kaʿb (al-Aʿwar) **XXXIX**:267–68
al-Ḥārith b. ʿAbdallāh b. Abī Rabīʿah al-Makhzūmī (al-Qubāʿ) **XVIII**:213; **XIX**:85; **XX**:43, 162, 166, 167–75, 176, 185, 186; **XXI**:46–48, 54, 67, 83–84, 120, 122, 126–28, 130, 133, 147
Banū al-Ḥārith b. ʿAdī (of Kindah) **XVII**:55
al-Ḥārith b. Aflaḥ b. Mālik **XXVI**:62
al-Ḥarīth b. ʿĀmir b. ʿAbd al-Raḥmān b. al-Ḥārith b. Hishām **XXVIII**:125
al-Ḥārith b. ʿĀmir b. Mālik **XXXIX**:29, 116
al-Ḥārith b. ʿĀmir b. Nawfal **VI**:56, 140; **VII**:44, 144, 145
Āl al-Ḥārith b. ʿAmr [b.] Ākil al-Murār **V**:161
al-Ḥārith b. ʿAmr b. Ḥarajah al-Ṭāʾī **XXIV**:186; **XXV**:65, 70
al-Ḥārith b. ʿAmr b. Ḥujr b. ʿAdī al-Kindī **V**:124–25, 139–42
al-Ḥārith b. ʿAmr al-Ṭāʾī. SEE al-Ḥārith b. ʿAmr b. Ḥarajah al-Ṭāʾī
al-Ḥārith b. Asad **XXXV**:79, 80, 90, 121
al-Ḥārith b. al-Aswad **VII**:70
al-Ḥārith b. ʿAwf b. Abī Ḥārithah al-Murrī **VIII**:8, 17, 133
al-Ḥārith b. Aws b. Muʿādh (Ibn Hunaydah) **VII**:95, 97; **VIII**:21; **IX**:16
al-Ḥārith b. al-Ayham **XI**:115
al-Ḥārith al-Azdī *(rāwī)*. SEE al-Ḥārith b. Kaʿb b. Fuqaym al-Azdī al-Wālibī
al-Ḥārith b. al-Azmaʿ al-Hamdānī **XVIII**:143
Ibn al-Ḥārith b. Abī Bakr **XV**:202
al-Ḥārith b. Bilāl al-Muzanī **XI**:117
al-Ḥārith b. Abī Ḍirār **VIII**:51
al-Ḥārith b. Ḍubayrah b. Suʿayd al-Sahmī. SEE Abū Wadāʿah b. Ḍubayrah al-Sahmī
Banū al-Ḥārith b. Fihr (of Quraysh) **VI**:29, 100; **VII**:71; **XXXIX**:41, 301
al-Ḥārith b. al-Fuḍayl (father of ʿAbdallāh b. al-Ḥarith b. al-Fuḍayl) **VI**:99; **XV**:194, 201; **XXXIX**:31
al-Ḥārith b. Fulān al-Subayʿī **X**:45, 51, 53
al-Ḥārith b. Ḥarb b. Umayyah **XXXIX**:169, 199
al-Ḥārith al-Ḥārithī, Abū al-Ghassān **XXVII**:143
al-Ḥārith b. Ḥaṣīrah al-Azdī **XVI**:166; **XVII**:49, 51, 127; **XVIII**:141; **XIX**:111, 114–15, 217–18; **XX**:89; **XXI**:79
al-Ḥārith b. Ḥassān (Ḥarūriyyah rebel) **XXVII**:14
al-Ḥārith b. Ḥassān al-Bakrī **II**:29
al-Ḥārith b. Ḥassān b. Ḥawṭ (Khūṭ) al-Dhuhlī **XI**:117; **XII**:31; **XIII**:54, 56; **XIV**:53; **XVI**:143
al-Ḥārith b. Ḥāṭib **VII**:84
al-Ḥārith b. Ḥazn **XVI**:47

al-Ḥārith b. Hishām (commander) **XXXI**:120–22
al-Ḥārith b. Hishām b. al-Mughīrah al-Makhzūmī **VI**:135–36; **VII**:107, 129; **VIII**:160; **IX**:32; **XI**:97–98, 103, 162; **XII**:200; **XIII**:97, 103; **XXXI**:115
al-Ḥarīth b. ʿĪsā **XXVIII**:252
al-Ḥarīth b. Isḥāq **XXVIII**:94, 99, 102, 104–7, 111, 114, 118, 122, 125, 142–43, 154, 162, 176–77, 185, 187–88, 192–93, 197, 204–6, 210, 217, 231–35, 237, 269, 286, 288
al-Ḥārith b. Jaʿwanah **XXII**:40
al-Ḥārith b. Juhwah (Jurwah) **X**:108
al-Ḥārith b. Jumhān al-Juʿfī **XVI**:190; **XVII**:9, 44, 46
Banū al-Ḥārith (Balḥārith) b. Kaʿb **IV**:70; **IX**:82–83, 84–85; **X**:163; **XIII**:14; **XIV**:93; **XIX**:177; **XXVII**:199; **XXXIX**:235
al-Ḥārith b. Kaʿb b. Fuqaym al-Azdī al-Wālibī **XVI**:15, 187, 188; **XVII**:161, 171, 183, 189, 190; **XIX**:66, 69, 72, 117, 171, 173; **XX**:205, 208, 211
al-Ḥārith b. Kaladah al-Thaqafī **XI**:129; **XXXIX**:29
al-Ḥārith b. Khālid b. al-ʿĀṣ b. Hishām **XIX**:66
al-Ḥārith b. Khālid al-Makhzūmī **XIX**:11
Banū al-Ḥārith (Balḥārith) b. Khazraj **VI**:151; **VII**:133; **VIII**:15, 66; **IX**:9, 69, 119, 130, 182; **XI**:141, 152; **XXXIX**:192, 283, 284
al-Ḥārith b. Khufāf b. Īmāʾ b. Raḥḍah **XXXIX**:121
al-Ḥārith b. Kinānah **VI**:31
Abū al-Ḥārith al-Kindī **XXI**:98
al-Ḥārith b. Mālik **XXXIX**:154
al-Ḥārith b. Mālik (Ibn al-Barṣāʾ al-Laythī). SEE Ibn al-Barṣāʾ al-Laythī
al-Ḥārith b. Mālik b. Rabīʿah al-Ashʿarī **XXIII**:163
al-Ḥārith b. Māriyah al-Ghassānī (Ibn Jafnah) **V**:77–79
Banū al-Ḥārith b. Muʿāwiyah (of Kindah) **X**:180, 182
al-Ḥārith b. Muʿāwiyah al-Ḥārithī **XIX**:185
Banū al-Ḥārith b. Muʿāwiyah b. Thawr **XXII**:39
al-Ḥārith b. Muʿāwiyah b. Abī Zurʿah b. Masʿūd al-Thaqafī **XXII**:108, 116
al-Ḥārith b. Muḍāḍ al-Jurhumī **IV**:70
Banū al-Ḥārith b. Mudlij **XVI**:179
al-Ḥārith b. Muḥammad b. Abī Usāmah **I**:247, 287, 290, 291, 297, 303, 314, 324, 331, 333, 334, 336, 340, 344, 348, 355, 356, 358, 362, 364–66, 368; **II**:12, 17, 18, 61, 95, 113, 127, 128, 145, 146, 151, 163, 170, 172, 182, 183; **IV**:161; **V**:272, 284, 413, 414; **VI**:8–9, 17, 18, 30–31, 36, 38–39, 49, 63, 64, 77, 84, 86, 92, 99, 155; **VII**:9, 10, 27, 85, 111; **IX**:78, 117, 123, 124, 126, 148, 149, 150, 151, 152, 153, 154, 155; **XI**:130, 133–34, 136–39, 145, 151, 224; **XIV**:89, 93, 95–97, 99, 100, 102, 113–20; **XV**:1, 249, 250, 251, 252, 253; **XVI**:8, 21; **XVII**:213, 226–28, 229; **XVIII**:183, 184, 185, 199, 210, 211; **XIX**:82; **XXI**:207, 224–26, 228–30, 232; **XXIII**:114, 116–17; **XXIV**:69, 91–92; **XXVIII**:138; **XXXIV**:158, 160; **XXXIX**:4, 9, 27, 98, 106, 115, 168, 169, 170, 176, 182, 191, 193, 202, 215, 221, 224, 225, 233, 262, 267, 268

al-Ḥārith b. Mundhir al-Tanūkhī **XVII**:72
al-Ḥārith b. Munqidh **XXIII**:96
al-Ḥārith b. Murrah al-ʿAbdī **XVII**:125
al-Ḥārith b. Muṣarrif al-Awdī **XXIV**:116
Ibn al-Ḥārith b. Nahār **XVI**:121
al-Ḥārith b. Nawfal b. ʿAbd Manaf **XXXIX**:105
al-Ḥārith b. Nawfal b. al-Ḥārith **XXXIX**:63, 96, 97
al-Ḥārith b. Qays (poet) **XVI**:155
al-Ḥārith b. Qays b. al-Haytham al-Sulamī **XIX**:185
al-Ḥārith b. Qays b. Ṣuhbān **XX**:15–17, 17–18, 21–22
Ḥārith al-Qaysī **XXXVI**:62
al-Ḥārith b. Abī Rabīʿah. SEE al-Ḥārith b. ʿAbdallāh b. Abī Rabīʿah al-Makhzūmī
al-Ḥārith b. Ribʿī al-Anṣārī. SEE Abū Qatādah
al-Ḥārith b. Abī Sadad. SEE al-Rāʾish b. Qays b. Ṣayfī
al-Ḥārith al-Sadūsī **XVI**:73
al-Ḥārith b. Saʿīd b. Qays **XXXIX**:89
al-Ḥārith b. Salamah **XII**:144
al-Ḥārith al-Samarqandī **XXXIII**:113, 122, 128–29
al-Ḥārith b. Abī Shamir (Shimr) al-Ghassānī **V**:353; **VIII**:98; **IX**:27, 63, 153
al-Ḥārith b. Shuraḥbīl **XVII**:63
al-Ḥārith b. Sīmā al-Sharābī **XXXVI**:116, 123, 164
al-Ḥārith b. al-Ṣimmah **VII**:84, 123, 151
al-Ḥārith b. Surayj **XXV**:51, 52, 106, 108–10, 112, 115–22, 126, 127, 137–39, 141, 143, 145, 146, 147, 148, 170; **XXVI**:25, 28–31, 58–59, 158, 220–21, 232, 234–37, 263–65; **XXVII**:27, 28–49, 81
al-Ḥārith b. Suwayd al-Taymī **XV**:102
Banū al-Ḥārith b. Tamīm. SEE Banū Shaqirah
Banū al-Ḥārith b. Ṭarīf (of Ḍabbah) **XI**:62; **XIII**:27
Banū al-Ḥārith b. ʿUbād **V**:367; **XXV**:36
al-Ḥārith b. ʿUmayrah b. Dhī al-Mishʿar al-Hamdānī **XXII**:41–43, 48
al-Ḥārith b. Umayyah b. ʿAbd Shams **VI**:138
al-Ḥārith b. Abī Usāmah. SEE al-Ḥārith b. Muḥammad
al-Ḥārith b. Waʿlah **XXIII**:8
al-Ḥārith b. Yāsir b. ʿĀmir **XXXIX**:29, 116
al-Ḥārith b. Yazīd **XXVI**:77
al-Ḥārith b. Yazīd al-ʿĀmirī **XIII**:58
al-Ḥārith b. Yazīd al-Bakrī **II**:31
al-Ḥārith b. Ẓabyān b. al-Ḥārith **XII**:98
al-Ḥārith b. Zuhayr al-Azdī **XVI**:141
Abū Ḥārithah (Muḥriz al-ʿAbshamī) **XI**:83, 170; **XII**:183, 193, 197; **XIII**:94, 96, 100–102, 105, 106, 151, 154, 157, 166, 170; **XIV**:133; **XV**:18, 26, 27–28, 30, 72–73, 128, 151, 159, 166, 206–7, 210, 213, 249, 251–52, 255; **XVI**:10, 12, 191
Banū Ḥārithah (of Aws) **XIX**:219; **XXXIX**:283
Banū Ḥārithah (of Sulaym) **X**:81
Banū Ḥārithah b. ʿAmr **VI**:53, 129
Ḥārithah b. Badr al-Ghudānī **XVI**:160; **XVIII**:29, 83; **XX**:26, 164–66, 169; **XXIV**:137
Banū Ḥārithah b. al-Ḥārith **VII**:95, 98, 110, 112; **VIII**:10, 16–17, 19, 49, 118, 123, 129; **XXXIX**:132
Banū Ḥārithah b. Janāb **XXVI**:157
Ḥārithah (Jābir) b. Kathīr **XXV**:16

Ḥārithah b. Muḍarrib **II**:70; **VII**:32, 34; **XII**:170
Abū Ḥārithah al-Nahdī **XXIX**:112
Ḥārithah b. Sharāḥīl b. ʿAbd al-ʿUzzā **XXXIX**:6, 8
Ḥārithah b. Surāqah (of Banū ʿAdī b. al-Najjār) **VII**:55
Ḥārithah b. Surāqah b. Maʿdīkarib al-Kindī, Abū al-Sumayṭ **X**:178, 179; **XXXIX**:90–91
al-Ḥārithiyyūn **XX**:12
Ḥarīz b. ʿUthmān **IX**:160
al-Ḥarjaliyyah (near Ṭahīthā) **XXXVI**:196
Harjand b. Sām **V**:24
Ibn Harmah (Ibrāhīm b. ʿAlī b. Salamah b. ʿĀmir) **XXVII**:168; **XXVIII**:159, 160, 165
Abū Ḥarmalah. SEE Muḥammad b. ʿUthmān
Ḥarmalah b. ʿAbd al-ʿAzīz **XXIV**:100
Ḥarmalah al-ʿAnbarī **XXXIX**:124
Abū Ḥarmalah al-Ḥajjām **XXXVI**:88
Ḥarmalah b. ʿImrān **XV**:220; **XVIII**:221; **XXXIX**:149
Ḥarmalah b. al-Kāhil **XIX**:180; **XXI**:43
Ḥarmalah b. Muraytah **XI**:9; **XIII**:115, 118, 119, 121, 132–34, 201
Ḥarmalah b. ʿUmayr al-Lakhmī **XXIV**:38
ḥarrah (lava field) **V**:179, 181; **XII**:107
al-Ḥarrah (northeast of Medina) **XV**:223; **XXVII**:92, 112; **XXVIII**:116, 214; **XXXVIII**:59
  battle of **XIX**:189, 207–9, 213, 217–18, 223; **XX**:3, 50
Ḥarrat Laylā **IX**:102; **XIII**:161
Ḥarrat al-Rajlāʾ **IX**:99, 100
Ḥarrat Shawrān **X**:83, 84
Ḥarrat Banī Sulaym **XXXIV**:19
Ḥarrat Wāqim **XIV**:110
Ḥarrān **II**:61, 111, 127, 131; **IV**:69; **XII**:180; **XIII**:80, 82, 86, 88, 159, 160; **XV**:119; **XXII**:39; **XXIV**:109; **XXVI**:239, 242, 250; **XXVII**:4, 50, 57, 131, 158, 162, 167, 168, 169, 171, 180, 181; **XXVIII**:6, 9–10, 37; **XXIX**:123; **XXX**:46–47; **XXXIV**:157
Ḥarrān b. Karīmah **XXVI**:47
al-Ḥarrānī. SEE Ibrāhīm al-Ḥarrānī
ḥarrāqah (fire boat) **XXX**:225; **XXXI**:184, 187, 189–90, 199–200, 226–27; **XXXIV**:85; **XXXV**:31; **XXXVI**:199; **XXXVII**:114; **XXXVIII**:22
Harshā (mountain pass, near al-Juḥfah) **XIX**:222
Harthamah (Shār Bāmiyān) **XXXIV**:16, 69
Harthamah b. Aʿyan **XXIX**:65, 181–82; **XXX**:92, 141–42, 162, 179, 200, 207, 219–20, 223, 253–54, 268–69, 271–87, 295, 297, 305, 325; **XXXI**:19, 24, 55–56, 101, 103, 114, 129, 130, 134–36, 164–66, 173–75, 179, 183–90, 194–95, 198–200, 209, 211, 230; **XXXII**:11, 12, 17–19, 23–24, 39–42, 44, 72, 79
Harthamah b. al-Naḍr al-Khuttalī **XXXIII**:133
al-Ḥarūb (?, toponym) **XXII**:159
al-Ḥarūn al-ʿAlawī **XXXVII**:78–79, 80
Hārūn (brother of Moses). SEE Aaron b. Amram
Hārūn (*rāwī*) **X**:125, 126
Hārūn (son of al-Mahdī). SEE Hārūn al-Rashīd
Hārūn b. ʿAbd al-Raḥmān b. al-Azhar al-Shīʿī **XXXVI**:88, 102, 129
Hārūn b. ʿAntarah **III**:11; **XXXIX**:327
Abū Hārūn b. al-Bakkāʾ. SEE Ibn al-Bakkāʾ al-Akbar

Hārūn b. Ghazwān **XXIX**:145
Hārūn b. Ḥumayd al-Iyādī **XXVIII**:273
Hārūn b. Idrīs al-Aṣamm **III**:153; **V**:272
Hārūn b. ʿImrān. SEE Aaron b. Amram
Hārūn b. ʿĪsā **XXIII**:134
Hārūn b. ʿĪsā b. al-Manṣūr **XXXIII**:185, 188, 190
Hārūn b. Isḥāq al-Hamdānī **VII**:32, 39, 100, 113, 131; **VIII**:87; **IX**:12
Hārūn b. Jabghūyah **XXXII**:103
Hārūn b. Khumārawayh **XXXVIII**:32, 73, 76, 113, 115, 146, 151
Hārūn b. Maʿmar **XXXV**:87
Hārūn b. al-Maʾmūn **XXXIV**:189
Hārūn b. Maymūn al-Khuzāʿī **XXIX**:257
Hārūn b. al-Mughīrah **VI**:78; **VII**:32, 34; **XXXIX**:137
Hārūn b. Muḥammad **IX**:151–52
Hārūn b. Muḥammad, Abū Bakr **XXXVIII**:98
Hārūn b. Muḥammad b. ʿAbdallāh b. al-ʿAbbās. SEE Hārūn al-Rashīd
Hārūn b. Muḥammad b. Isḥāq b. Mūsā b. ʿĪsā b. Mūsā al-Hāshimī **XXXVI**:199, 207; **XXXVII**:11, 64, 127, 152, 154–55; **XXXVIII**:5
Hārūn b. Muḥammad b. Ismāʿīl b. Mūsā al-Hādī **XXIX**:102; **XXX**:60, 62; **XXXII**:240
Hārūn b. Muḥammad b. Abī Khālid al-Marwarrūdhī **XXXII**:16, 26, 49, 51, 87, 182; **XXXIII**:201
Hārūn b. Muḥammad b. Sulaymān al-Hāshimī **XXXIV**:176
Hārūn b. Mūsā al-Farwī **XXVII**:53, 90, 91, 92, 112, 113, 115, 117, 118, 119, 120; **XXX**:80
Hārūn b. al-Musayyab **XXXII**:27, 35
Hārūn b. Muslim **XIX**:35, 65
Hārūn b. al-Muʿtaṣim. SEE al-Wāthiq bi-llāh
Hārūn b. al-Muwaffaq **XXXVII**:34, 38–39, 90–91, 98, 144
Hārūn al-Naḥwī **III**:90
Hārūn b. Nuʿaym b. al-Waḍḍāh **XXXIII**:8
Hārūn al-Rashīd (caliph) **XXI**:223; **XXVIII**:71, 211–12; **XXIX**:179, 187, 189, 194, 204, 210, 211–15, 220–21, 223, 230, 234, 240, 242, 246; **XXX**:4, 6, 29, 44–58, 77, 86, 91–118, 120–43, 148, 152, 159–67, 170, 172–75, 177–335 *passim;* **XXXI**:1–14, 20, 22–23, 27, 30, 32, 34, 36, 40–41, 57, 66, 73, 103, 125, 127, 193, 222, 234, 242, 249; **XXXII**:36, 84; **XXXIII**:26; **XXXIV**:12–15, 38; **XXXV**:101; **XXXVII**:33; **XXXIX**:249, 263, 264, 265
Hārūn b. Saʿd **XV**:135, 139
Hārūn b. Saʿd al-ʿIjlī **XXVIII**:219, 274–76
Abū Hārūn al-Sarrāj **XXXIV**:28, 29, 30, 35
Hārūn al-Shārī al-Wāziqī **XXXVII**:150; **XXXVIII**:15, 27–29
Hārūn b. Shuʿayb **XXXV**:67
Hārūn b. al-Siyāwush **XXVI**:30, 62
Hārūn b. Ṣuwārategin **XXXIV**:179–80
Hārūn b. Abī ʿUbaydallāh **XXIX**:246
Hārūn al-ʿUllayṣī **XXXVIII**:137
Hārūn al-Wāziqī al-Shārī. SEE Hārūn al-Shārī al-Wāziqī
Hārūn b. Ziyād b. Khālid b. al-Ṣalt **XXIX**:6
Hārūn b. Zurārah **XXXIV**:115
Hārūnī Palace (in Sāmarrā) **XXXIV**:11, 12, 52, 69, 109; **XXXV**:1, 4, 30
Ḥarūrāʾ (near al-Kūfah) **XIII**:126; **XVII**:98, 113, 138, 139, 140; **XVIII**:12; **XXI**:92, 97, 99

Ḥarūrāʾ (continued)
battle of **XXI**:83
Ḥarūrīs. SEE al-Ḥarūriyyah
al-Ḥarūriyyah (Ḥarūrīs, Khārijite sect) **XIII**:126; **XVII**:90, 122; **XVIII**:12, 31, 53, 100, 171; **XX**:16; **XXI**:152; **XXII**:13, 57; **XXIV**:76–77, 118; **XXVII**:9, 14, 181; **XXXIX**:273
SEE ALSO Khārijites
Ḥasak ʿImrān **XXXVI**:57
Ḥasakah al-Ḥabaṭī **XI**:48; **XIII**:135
al-Ḥasan (*rāwī*). SEE al-Ḥasan al-Baṣrī
Abū al-Ḥasan. SEE Isḥāq b. Thābit b. Abī ʿAbbād
Abū al-Ḥasan **XXXVI**:109
Abū al-Ḥasan (physician) **XXXVIII**:123, 126
Abū al-Ḥasan (*rāwī*). SEE al-Madāʾinī
Banū Ḥasan. SEE Ḥasanids
al-Ḥasan b. Abān al-ʿUlaymī **XXIII**:160
Abū al-Ḥasan b. Abī ʿAbbād al-Kātib. SEE Isḥāq b. Thābit b. Abī ʿAbbād
al-Ḥasan b. ʿAbd al-Raḥmān b. Sharāḥīl (Rustam al-Ḥaḍramī) **XXIV**:144
al-Ḥasan b. ʿAbdallāh b. ʿAlī b. Abī Ṭālib **XXX**:102
al-Ḥasan b. ʿAbdallāh b. ʿUbaydallāh b. al-ʿAbbās **XXXIX**:55
al-Ḥasan b. al-Afshīn **XXXIII**:174, 185, 193; **XXXV**:27, 43, 44, 47, 96, 105
al-Ḥasan b. Aḥmad al-Kawkabī **XXXV**:144
al-Ḥasan b. ʿAlī (al-Uṭrūsh). SEE al-Uṭrūsh
al-Ḥasan b. ʿAlī (of Banū Shaybān) **XXXV**:74, 75
al-Ḥasan b. ʿAlī al-Bādhghīsī al-Maʾmūnī **XXXI**:24, 52, 115–16, 123, 188; **XXXII**:25
al-Ḥasan b. ʿAlī al-Ḥarbī **XXXV**:72
al-Ḥasan b. ʿAlī b. Ḥusayn b. ʿAlī b. Ḥusayn b. ʿAlī **XXVIII**:144, 189, 201
al-Ḥasan b. ʿAlī b. al-Jaʿd **XXXIV**:147
al-Ḥasan b. ʿAlī Kūrah **XXXVIII**:15, 21, 89, 91, 97, 106
al-Ḥasan b. ʿAlī al-Maʾmūnī. SEE al-Ḥasan b. ʿAlī al-Bādhghīsī al-Maʾmūnī
al-Ḥasan b. ʿAlī al-Rabaʿī **XXX**:301
al-Ḥasan b. ʿAlī b. Abī Ṭālib **VII**:28, 91, 142; **VIII**:164–65; **IX**:65, 110; **XII**:202; **XIII**:191; **XV**:42, 161, 166, 207, 211–12, 218, 249; **XVI**:4, 32, 48, 51, 88, 92–94, 96, 112, 113; **XVII**:41, 63, 96, 110, 209, 218–23, 226, 232; **XVIII**:2, 3, 4, 5, 7, 8, 9, 10, 11, 12, 14, 15, 16, 18, 138, 152, 154, 210, 211; **XIX**:2, 118, 145, 154–58, 172; **XX**:105; **XXVI**:5, 16; **XXVIII**:168, 171, 173; **XXXVIII**:60; **XXXIX**:39–40, 49, 75, 80, 96, 121, 231, 268, 269, 319
al-Ḥasan b. ʿAlī b. Yazdād **XXXIII**:145
al-Ḥasan b. Abī al-ʿAmarraṭah al-Kindī **XXIV**:176; **XXV**:22, 46, 47
al-Ḥasan b. ʿAmr b. Qimāsh **XXXV**:44
al-Ḥasan b. ʿAmr b. Shaddād **XXVIII**:257
al-Ḥasan b. ʿArafah **I**:175, 364, 365; **II**:79; **XXXIX**:133, 157
al-Ḥasan al-Ashyab. SEE al-Ḥasan b. Mūsā al-Ashyab
al-Ḥasan b. ʿAṭiyyah (b. Najīḥ) al-ʿAwfī **I**:286, 302; **II**:104; **III**:84; **XIX**:214
al-Ḥasan b. ʿAṭiyyah b. Saʿd b. Junādah **I**:215, 246, 313, 329; **VIII**:70
al-Ḥasan b. Ayyūb al-Ḥaḍramī **V**:415
al-Ḥasan b. Barmak **XXIX**:84, 213

al-Ḥasan (b. Abī al-Ḥasan) al-Baṣrī I:268, 270, 302?, 314, 316, 320, 322, 332, 357, 363, 369; **II**:20, 21, 82, 83, 88, 89, 95, 103, 104, 113, 142, 146, 172, 177, 178, 180, 183, 184; **III**:146, 161; **V**:335; **VI**:92; **VII**:163; **IX**:51, 94, 207; **X**:14, 134; **XI**:18; **XII**:156, 171, 203; **XIII**:140, 141; **XIV**:8, 15, 67, 83, 103, 104; **XV**:189, 205, 223, 235–36, 252; **XVII**:84; **XX**:6, 33; **XXIV**:75, 123–24, 133–34; **XXVIII**:224–25; **XXXI**:250; **XXXIX**:66, 99, 123, 158, 221–27, 266, 317
al-Ḥasan b. Bilāl **I**:230, 262
al-Ḥasan b. Dhakwān **I**:332
al-Ḥasan b. Dīnār **I**:360; **II**:58, 82, 89, 94; **VI**:62; **IX**:94; **XXXIX**:160
al-Ḥasan al-Dirhamī **XXXVI**:170
Abū al-Ḥasan al-Ḥadhdhā' ('Alī) **XXVIII**:203, 210, 265
al-Ḥasan al-Ḥājib **XXIX**:211; **XXXI**:12
SEE ALSO al-Ḥasan al-Waṣīf
al-Ḥasan b. Ḥamdān **XXVII**:207
al-Ḥasan b. Ḥammād **XVIII**:224; **XXI**:49; **XXIV**:61
SEE ALSO Sajjādah
al-Ḥasan b. Hāni'. SEE Abū Nuwās
al-Ḥasan b. Harthamah (al-Shār) **XXXVI**:152, 153
Umm al-Ḥasan bt. Hārūn al-Rashīd **XXX**:327–28
al-Ḥasan b. Abī al-Ḥasan. SEE al-Ḥasan al-Baṣrī
al-Ḥasan b. al-Ḥasan b. 'Alī b. Abī Ṭālib **XIX**:181; **XXVIII**:117–18, 121, 122, 125, 128, 131, 139, 172
al-Ḥasan b. al-Ḥasan b. al-Ḥasan b. 'Alī b. Abī Ṭālib **XXVI**:8; **XXVIII**:117–18, 122, 125, 131, 139
al-Ḥasan b. al-Ḥasan b. Zayd b. al-Ḥasan b. 'Alī b. Abī Ṭālib **XXIX**:49, 50, 61, 66, 68, 74, 103, 162, 164
al-Ḥasan b. Ḥayy **XXVIII**:133
SEE ALSO al-Ḥasan b. Ṣāliḥ
al-Ḥasan al-Hirsh. SEE al-Hirsh
al-Ḥasan b. al-Ḥusayn b. Muṣ'ab **XXXII**:136; **XXXIII**:148, 152–56, 160–71; **XXXIV**:44
al-Ḥasan b. al-Ḥusayn al-'Uranī **XVI**:156
al-Ḥasan b. Ibrāhīm b. 'Abdallāh b. al-Ḥasan b. al-Ḥasan b. 'Alī b. Abī Ṭālib **XXVIII**:276; **XXIX**:139, 172–73, 194, 225, 226
al-Ḥasan b. 'Imrān b. 'Uyaynah **XXXIX**:266
al-Ḥasan b. 'Īsā **XXIX**:32
al-Ḥasan b. Ismā'īl **XXXVIII**:177
al-Ḥasan b. Ja'far (Zāwashār) **XXXVI**:152, 153
Ḥasan b. Ja'far b. Ḥasan b. Ḥasan **XXVIII**:118
al-Ḥasan b. Jamīl **XXX**:305
al-Ḥasan b. Junayd **XXVII**:207
Abū al-Ḥasan al-Jushamī **XXIII**:133, 199; **XXIV**:8; **XXVII**:70, 107, 110, 131, 132
SEE ALSO Abū al-Ḥasan al-Khurāsānī
al-Ḥasan al-Kabīr (*khādim* of Hārūn al-Rashīd) **XXXI**:188
al-Ḥasan b. Kathīr **XXI**:81
Abū al-Ḥasan al-Khurāsānī **XXIV**:32, 35–36; **XXVII**:131, 174
Abū al-Ḥasan al-Madā'inī. SEE al-Madā'inī
al-Ḥasan b. Makhlad b. al-Jarrāḥ **XXXIV**:150, 158–63; **XXXV**:7, 83, 103, 104, 154, 161, 162, 163; **XXXVI**:10–13, 72, 73, 76, 107, 188, 199
al-Ḥasan b. al-Ma'mūn **XXXVI**:96
al-Ḥasan b. Mu'āwiyah b. 'Abdallāh b. Ja'far **XXVI**:256; **XXVII**:86; **XXVIII**:158, 160, 178–79, 180–84, 205

al-Ḥasan b. Muḥammad **II**:74, 76, 108, 151, 156, 157, 172, 174, 183
al-Ḥasan b. Muḥammad b. ʿAbdallāh b. al-Ḥasan, Abū al-Zift **XXVIII**:148; **XXX**:15–17, 26, 28, 32
al-Ḥasan b. Muḥammad b. ʿAlī b. Abī Ṭālib. SEE al-Ḥasan b. Muḥammad b. al-Ḥanafiyyah
al-Ḥasan b. Muḥammad b. al-Ḥanafiyyah **VI**:26, 47; **XXXIX**:322
al-Ḥasan b. Muḥammad b. Jaʿfar al-ʿUqayqī **XXXVII**:5
al-Ḥasan b. Muḥammad al-Qāḍī. SEE al-Ḥasan b. Muḥammad b. Abī al-Shawārib; Nahr al-Ḥasan b. Muḥammad al-Qāḍī
al-Ḥasan b. Muḥammad b. Abī al-Shawārib **XXXIV**:139–40; **XXXV**:27, 143, 164; **XXXVI**:3, 67, 167
al-Ḥasan b. Mūsā al-Ashyab **I**:247, 287; **II**:145; **IV**:161; **VI**:62; **XV**:252
al-Ḥasan b. Mūsā al-Rabaʿī **XXXVIII**:173
al-Ḥasan b. Nasīm (Tasnīm) al-Ḥawārī **XXX**:39
al-Ḥasan b. Niyār **XII**:42
al-Ḥasan b. Qaḥṭabah **XXVII**:109, 110, 111, 124–29, 131, 134, 137–43, 161, 185, 186, 187, 188, 189, 194; **XXVIII**:10, 13–14, 16, 19, 21, 55; **XXIX**:42, 206, 210–11; **XXXI**:152
al-Ḥasan b. Qārin al-Ṭabarī **XXXIII**:149, 162, 173
al-Ḥasan b. Qazaʿah al-Bāhilī **XXXIX**:120
al-Ḥasan b. Quraysh **XXX**:181
al-Ḥasan b. Qutaybah **XXXIX**:330
al-Ḥasan b. Rajāʾ **XXXIII**:195
al-Ḥasan b. Rashīd (Rushayd) al-Jūzjānī (al-Jūzajānī) **XV**:37, 107, 110; **XVIII**:178; **XIX**:188; **XX**:72, 177; **XXI**:62; **XXIII**:126, 137, 174, 185, 188; **XXIV**:6, 16, 24, 32; **XXVII**:70, 103, 107, 124, 127, 129, 134, 135, 148, 162; **XXX**:319
al-Ḥasan al-Rūmī **XXXIII**:116
al-Ḥasan b. Saʿd (*mawlā* of Quraysh) **XXVII**:32
al-Ḥasan b. Saʿd (*rāwī*) **I**:267
Ḥasan al-Ṣaghīr (*khaṣī* of al-Amīn) **XXXI**:226
al-Ḥasan b. Sahl **XXXI**:28–29, 34, 56, 102; **XXXII**:9–10, 12, 13–14, 15, 17, 26–27, 37, 38, 39, 42–43, 47–54, 59, 61–63, 69–71, 75, 78–79, 81, 82, 83, 85, 105–6, 147, 153–58; **XXXIII**:38; **XXXIV**:53, 109–10, 189
al-Ḥasan b. Sahl b. Nūḥ al-Ahwāzī **XXXIV**:160
al-Ḥasan b. Abī Saʿīd **XXIX**:246, 247, 248; **XXXI**:15, 56, 187–88, 195–96
al-Ḥasan b. Ṣāliḥ (Ḥayy) **XXXIX**:258–59
al-Ḥasan b. Sawwār **XXXIX**:131
al-Ḥasan b. Abī al-Shawārib. SEE al-Ḥasan b. Muḥammad b. Abī al-Shawārib
al-Ḥasan b. Shaykh al-Azdī **XXV**:39, 75
Ibn al-Ḥasan b. al-Shaykh al-Azdī **XXVII**:81
Umm al-Ḥasan bt. Sulaymān **XXX**:57
al-Ḥasan b. Sulaymān al-Dūshābī **XXXVI**:10, 11
al-Ḥasan b. Tasnīm al-Ḥawārī. SEE al-Ḥasan b. Nasīm al-Ḥawārī
al-Ḥasan b. ʿUmārah **I**:299; **II**:71; **III**:13, 16; **IV**:170; **VI**:140; **VII**:60, 69, 133; **VIII**:134; **XXV**:184
al-Ḥasan b. ʿUqbah al-Murādī, Abū Kibrān **XII**:111; **XV**:55; **XIX**:42
al-Ḥasan b. Usāmah b. Zayd **XXXIX**:192
al-Ḥasan b. ʿUthmān. SEE Abū Ḥassān al-Ziyādī
al-Ḥasan b. ʿUthmān al-Muhallabī (Mundaliqah) **XXXVI**:131, 132

al-Ḥasan b. Wahb b. Sa'īd **XXIX**:81; **XXXIV**:9; **XXXVI**:198

al-Ḥasan al-Waṣīf **XXIX**:170, 212, 250
SEE ALSO al-Ḥasan al-Ḥājib

al-Ḥasan b. Yaḥyā **I**:229, 267, 277, 290, 292, 293, 301, 353; **II**:41, 99, 102, 104, 106, 121, 163; **IV**:157–58; **VII**:40; **VIII**:44, 69, 79, 83, 97

al-Ḥasan b. Yaḥyā al-Fihrī **XXXII**:163

Ḥasan b. Ya'qūb al-Baghdādī **XXXIV**:160

al-Ḥasan b. Yazīd (commander) **XXVII**:56

al-Ḥasan b. Yazīd al-'Anbarī. SEE al-Ḥasan b. Zayd al-Azdī

al-Ḥasan b. Yūnus **XXXIII**:211

al-Ḥasan b. Yūnus al-Muḥāribī **XXXI**:52

al-Ḥasan b. Zayd (cavalry leader of al-Ḥasan b. Zayd b. al-Ḥasan b. 'Alī b. Abī Ṭālib) **XXXV**:25

al-Ḥasan b. Zayd al-Azdī (al-Ḥasan b. Yazīd al-'Anbarī) **XXV**:124

al-Ḥasan b. Zayd b. al-Ḥasan b. 'Alī b. Abī Ṭālib **XXVIII**:87, 94, 223–24, 229–30; **XXXIX**:260–61

al-Ḥasan b. Zayd b. Muḥammad b. Ismā'īl b. al-Ḥasan b. Zayd b. al-Ḥasan b. 'Alī b. Abī Ṭālib **XXXV**:21, 23, 24, 25, 26, 64, 65, 142, 156; **XXXVI**:24–26, 106, 116, 148, 155, 158–61, 163

al-Ḥasan b. Zayd al-Tamīmī **XXVI**:122–23

Umm al-Ḥasan bt. al-Zubayr **XXXIX**:193

Ḥasanah (*jāriyah* of al-Mahdī) **XXIX**:244, 263

Ḥasanah (of Banū 'Adūl) **XXXIX**:111

Āl Ḥasanaj (Ḥashanaj) **XXXVII**:157

Ibn Ḥasanaj. SEE Rūmī b. Ḥasanaj

al-Ḥasanī (canal). SEE al-Nahr al-Ḥasanī

Ḥasanī Palace (in Baghdad) **XXXVII**:178; **XXXVIII**:4, 101, 103, 154
SEE ALSO Qaṣr al-Ḥasan b. Sahl

Ḥasanids (Ḥasanīs, Banū Ḥasan) **XXVI**:8; **XXVIII**:91, 96, 107, 117, 120, 122–25, 127, 131, 133–34, 136–37, 139, 142, 221–22; **XXXVII**:90

al-Ḥasaniyyah (east of Mosul) **XXXVIII**:17

ḥaṣbah. SEE Laylat al-Ḥaṣbah

Hasfā. SEE Hayfā

Āl Ḥashanaj. SEE Āl Ḥasanaj

Banū al-Ḥashḥās **XXI**:219

al-Ḥashḥās al-Azdī **XXVI**:124

Hāshim (*ghulām* of Ṣiddīq al-Farghānī) **XXXVII**:156

Abū Hāshim ('Abdallāh b. Muḥammad b. al-Ḥanafiyyah) **XXVII**:147; **XXXIX**:236

Abū Hāshim (Mukhallad b. Muḥammad b. Ṣāliḥ) **XXVI**:202, 239, 248, 250; **XXVII**:1, 4, 7, 9, 19, 49, 51, 55, 167, 168, 176, 180

Abū Hāshim (*rāwī*) **I**:201–3
SEE ALSO Ismā'īl b. Kathīr; Mughīrah b. Miqsam

Banū Hāshim (Hāshimīs, Hāshimites) **I**:295; **II**:86; **VI**:7, 13, 14–15, 83, 97, 105–6, 112–14; **VII**:46, 56, 57, 128; **VIII**:187, 188; **IX**:19, 196, 199; **XIV**:91, 116, 137, 138, 147, 152, 153; **XVI**:125; **XVII**:84; **XVIII**:218; **XIX**:35, 80, 125, 159, 177, 179–82, 209; **XX**:20, 23; **XXI**:179; **XXIII**:211; **XXV**:3; **XXVII**:64, 76, 79, 86, 88, 150, 156, 182; **XXVIII**:27, 30, 35, 63, 85–87, 101, 162, 168, 171, 175, 184, 235, 277, 280; **XXIX**:76, 79; **XXX**:98, 118–19, 144, 148, 184, 223–24, 307–8; **XXXI**:75, 139, 152, 204,

Banū Hāshim (continued)
XXXI:227–28, 234, 236; XXXII:13, 50, 52–53, 61, 66, 80, 91, 95; XXXIV:63, 84, 104, 172, 184, 203, 212; XXXV:2, 4, 5, 20, 34, 67, 78, 86, 87, 89, 102, 113, 165; XXXVII:141; XXXVIII:60, 122, 124; XXXIX:19, 25, 39, 55, 60, 64, 98, 161, 199, 210, 277
SEE ALSO 'Abbāsids
Hāshim ('Amr) b. 'Abd Manāf VI:9–11, 16–18; XXVIII:168, 171
Hāshim b. 'Āṣim al-Aslamī XXXIX:70, 71
Hāshim b. Bānījūr XXXIV:150
Hāshim b. Ḥarmalah XIX:213
Umm Hāshim (Khālid) bt. Abī Hāshim b. 'Utbah b. Rabī'ah b. 'Abd Shams XIX:226; XX:5
Hāshim al-Ishtākhanj XXIX:63
Abū Hāshim al-Ja'farī. SEE Dāwūd b. al-Haytham al-Ja'farī
Abū Hāshim b. Ṣadaqah al-Kātib XXXVIII:66
Hāshim b. Sa'īd al-Ju'fī XXI:218
Hāshim b. Sa'īd b. Manṣūr XXIX:219, 235
Abū Hāshim b. 'Utbah b. Rabī'ah b. 'Abd Shams XIV:15; XXXIX:76
Hāshim b. 'Utbah b. Abī Waqqāṣ al-Zuhrī (al-Mirqāl) XI:90, 168; XII:33, 97, 105, 108–11, 142; XIII:2, 3, 5, 7, 36, 38, 39, 42, 43, 52, 53, 57, 86; XV:16; XVI:112; XVII:9, 31, 67, 68, 70–73, 165; XXXIX:31, 32, 35, 108
Abū Hāshim al-Wāsiṭī VI:78
Hāshimites (Hāshimīs). SEE Banū Hāshim
Hāshimiyyah (city). SEE al-Madīnah al-Hāshimiyyah
al-Hāshimiyyah (Hāshimīs, 'Abbāsid shī'ah) XXV:126; XXVI:15, 27, 34, 66, 68, 168, 254; XXVII:96, 97
al-Hāshimiyyah (continued)
SEE ALSO 'Abbāsids; Banū Hāshim; *shī'ah* ('Abbāsid party)
Abū Ḥashīshah (Muḥammad b. 'Alī b. Umayyah b. 'Amr al-Ṭunbūrī) XXXII:241; XXXIV:189
Ḥashraj (in a line of 'Ubaydallāh b. al-Ḥurr al-Ju'fī's poetry) XXI:148
Ḥashsh Kawkab (cemetery, in Medina) XV:246, 248–49
Ḥashsh Ṭalḥah (in Medina) XXVIII:146
Hashtādsar (in northern Ādharbayjān) XXXII:181; XXXIII:36–38, 43–44, 71–72
al-Ḥaṣīd (in southern Iraq) X:151
Abū Ḥaṣīn ('Uthmān b. 'Āṣim) I:176, 177, 259, 260; II:174; III:44; XIV:107; XXIII:210
Ḥaṣīrah (of the people of Medina) XVI:192
Ḥaṣīrah b. 'Abdallāh b. al-Ḥārith b. Durayd al-Azdī XVIII:50, 55, 57, 60, 65; XX:186, 205, 214, 219; XXI:98, 99, 130, 198; XXII:101
al-Ḥasnā (name of Prophet Muḥammad's camel) IX:151
Ḥassān b. 'Abd Kalāl al-Ḥimyarī VI:28–29
Ḥassān b. 'Abd al-Malik al-Kindī IX:59
Ḥassān b. 'Amr Dhū al-Sha'bayn XXXIX:219–20
Ḥassān b. Asmā' b. Khārijah XIX:43
Ḥassān Dhū al-Sha'bayn. SEE Ḥassān b. 'Amr Dhū al-Sha'bayn
Ḥassān b. Fā'id al-'Absī XIX:106; XXI:15, 20
Ḥassān b. Ja'dah al-Ja'farī XXIV:111; XXVI:178
Ḥassān b. Khālid al-Asadī XXV:10; XXVI:118; XXVII:32
Ḥassān b. Ma'dān al-Ṭā'ī XXIV:153

Ḥassān b. Mālik b. Baḥdal al-Kalbī (Ibn Baḥdal) **XX**:49–53, 56, 58, 59, 66, 68, 160, 161; **XXI**:156, 159
Ḥassān b. Mallah al-Ḍubaybī **IX**:100–102
Ḥassān al-Nabaṭī **XXV**:172, 173, 182, 186; **XXVI**:131
Ḥassān al-Sharawī **XXIX**:165, 203
Ḥassān b. Thābit al-Anṣārī **VI**:84–85; **VII**:103, 119, 128–30, 154, 155; **VIII**:22–23, 63–66, 131, 166, 186; **IX**:37, 67, 70–72, 147; **XV**:141, 174, 258–59, 260–61; **XVI**:6, 187, 191; **XXII**:18; **XXXIX**:49, 55, 72, 103, 141, 144, 194, 291
Ḥassān b. Tubān As'ad Abī Karib **V**:183–88
Ḥassān b. Tubba' As'ad Abī Karib **IV**:132, 151–54; **V**:122–24, 142, 144–45
Ibn Ḥassān al-Yashkurī. SEE Harim b. Ḥassān al-Yashkurī
Abū Ḥassān al-Ziyādī (al-Ḥasan b. 'Uthmān) **XXXII**:104–5, 158, 210–12, 217, 222; **XXXIII**:216; **XXXIV**:135–36, 147
al-Ḥaṣṣāṣah (north of Qaṣr Ibn Hubayrah) **XX**:134; **XXII**:67
al-Ḥatf (name of Prophet Muḥammad's sword) **IX**:153
Ḥaṭḥaṭ (chief of Pharaoh's sorcerers) **III**:57
Ibnat Abī Ḥathmah **XIV**:129
Abū Ḥathmah al-Ḥārithī **VII**:111, 112
Abū Ḥathmah b. Hudhayfah al-'Adawī al-Qurashī **XI**:100
Ḥāṭib, War of **X**:179
SEE ALSO Bu'āth
Ḥāṭib b. 'Amr b. 'Abd Shams **VI**:100; **XXXIX**:170
Ḥāṭib b. Abī Balta'ah al-Lakhmī **VIII**:98, 100, 131, 166–67; **XXXIX**:194, 289, 296–97
Ḥāṭib b. Umayyah b. Rāfi' **VII**:135
hātif (mysterious hidden voice) **VIII**:36; **XXX**:238
Ḥātim (*rāwī*). SEE Ḥātim b. Ismā'īl b. Ibrāhīm al-Makhzūmī
Abū Ḥātim. SEE Harthamah b. A'yan al-Ḍabbī
Ibn Ḥātim. SEE 'Adī b. Ḥātim al-Ṭā'ī
Ḥātim b. Dāwūd b. Bajūr **XXXV**:67
Ḥātim b. al-Ḥārith b. Surayj **XXVII**:36, 80, 85, 129
Ḥātim b. Harthamah **XXXI**:10
Abū Ḥātim al-Ibāḍī **XXIX**:65, 69
Ḥātim b. Ismā'īl b. Ibrāhīm al-Makhzūmī **XXXIX**:114
Ḥātim b. Kurayb **XXXIX**:147
Ḥātim b. al-Nu'mān al-Bāhilī **XIV**:54, 58; **XV**:91–92, 93; **XVIII**:87; **XXI**:218
Ibn Ḥātim b. al-Nu'mān al-Bāhilī **XXIV**:74
Ḥātim b. Qabīṣah b. al-Muhallab **XVIII**:119, 120; **XXIV**:49
Ḥātim b. Abī Ṣaghīrah (Abū Yūnus al-Qushayrī) **II**:114, 145; **XXIII**:197
Ḥātim b. al-Ṣaqr **XXXI**:139, 164–66, 176, 182
Ḥatīm b. al-Sharqī b. 'Abd al-Mu'min **XXVI**:254
Ḥātim b. Abī Sulaymān **XXVIII**:31
Ḥātim Ṭayyi' (al-Ṭā'ī) **IX**:64–66; **XVII**:46; **XXXI**:53; **XXXII**:255–56
Ḥātim b. Zayrak b. Salām **XXXVI**:157
al-ḥaṭīm (wall enclosing al-Ḥijr, in Mecca) **XVII**:222; **XXVI**:65
Haṭmah (in southern Iraq) **XXXVI**:120
Hatra (al-Ḥaḍr) **IV**:97; **V**:31, 34
hats. SEE headgear
al-Ḥaw'ab (south of Ḥimā Ḍariyyah) **X**:78; **XVI**:50–51, 68
al-Hawāfī (toponym) **XI**:183
al-ḥawā'iṭ (agricultural properties around Mecca) **XXXII**:20

al-Ḥawānīt (north of al-Baṭīḥah) **XXXVI**:135, 174–77, 178, 180, 190, 195; **XXXVII**:28–29
al-Ḥawārī b. Ziyād b. ʿAmr al-ʿAtakī **XXIV**:119–20, 138
Banū Hawāzin **VIII**:131, 170, 175, 176; **IX**:1, 2, 3, 4, 5, 6, 7, 8, 9, 10, 12, 14, 21, 26, 27, 29, 30, 103, 119; **X**:42, 54, 65, 67, 69, 75–79, 99, 158, 161; **XII**:7, 8; **XIII**:76; **XVI**:120; **XVIII**:131, 132; **XIX**:179; **XX**:224; **XXIV**:25; **XXXIX**:19, 106
Ḥawb (city built by al-Ḍaḥḥāk in the land of Babylon) **II**:6
Ibn al-Hawbar **XI**:203, 206; **XIII**:204
Hawdhah b. ʿAlī al-Ḥanafī **V**:289–91, 293; **VIII**:98, 99; **X**:106
Hawdhah b. Khalīfah **XXXIX**:324
Hawdhah b. Qays al-Wāʾilī **VIII**:7
al-Ḥawf (in Egypt) **XXX**:141, 295; **XXXII**:182, 189
Ibn Ḥawiyyah. SEE ʿAbdallāh b. Ḥawiyyah al-Saʿdī al-Tamīmī
hawks
  austringers **XIV**:41
  hunting with **XXXIII**:80; **XXXV**:161
  as presents **XXXV**:161
  sparrowhawk **X**:73; **XXXIII**:80
al-Hawl (nephew of Saʿīd b. Sājūr) **XXXII**:74
Abū al-Hawl (deputy of Kanjūr al-Bukhārī) **XXXV**:131
Ḥawlāyā (near al-Nahrawān) **XXI**:145; **XXII**:46; **XXIX**:85; **XXX**:266; **XXXII**:68
Ḥawlāyā (river) **XXII**:84–86
Ḥawmal (toponym) **XXV**:27
Ḥawmal b. Job **II**:143
Ḥawrān (in Iraq) **XI**:63, 65, 219
Ḥawrān (in Syria) **III**:97; **IX**:36, 58; **XI**:169; **XIV**:15; **XIX**:222; **XXIII**:216; **XXVII**:176, 177, 179, 180; **XXXVIII**:158
Ḥawshab (al-Ḥajjāj b. Yūsuf al-Thaqafī's executioner) **XXIII**:66
Ḥawshab (nickname of Abū al-ʿAbbās al-Saffāḥ) **XXVIII**:98
Ḥawshab (*rāwī*) **XXXIX**:266
Umm Ḥawshab (in a line of Imruʾ al-Qays b. Ḥujr's poetry) **XXXIX**:87
Ḥawshab al-Bursumī (keeper of ʿAlī b. Abī Ṭālib's chair) **XXI**:44, 68, 73
Ḥawshab Dhū Ẓulaym **IX**:167; **X**:165; **XI**:92; **XVII**:73? SEE ALSO Dhū Ẓulaym
Ḥawshab b. Ruwaym. SEE Ḥawshab b. Yazīd b. al-Ḥārith b. Ruwaym
Ḥawshab b. Yazīd b. al-Ḥārith b. Ruwaym **X**:27; **XVIII**:156; **XXI**:102, 145–46; **XXII**:69, 116; **XXIII**:72, 73; **XXVI**:53
Hawshil b. Japheth **II**:11
al-Ḥawshiyyah. SEE al-Jūshiyyah
Ḥawṭ (Khūṭ) b. ʿUmayr al-Sadūsī **XXII**:118
Ḥawtharah b. Asad **XXII**:46
Ḥawtharah b. Muḥammad al-Minqarī **XXXIX**:134
Ḥawtharah b. Suhayl al-Bāhilī **XXVII**:132, 135, 137, 140, 141, 185, 191, 192; **XXIX**:145
Ḥawtharah b. Yazīd b. al-Ḥurr al-ʿAnbarī **XXV**:17, 89, 119
Ḥawwāʾ. SEE Eve
Ḥawwān b. Japheth **II**:11
Hawwiz (ruler) **II**:3
Ibn Ḥawzah **XIX**:132
Ḥawzān (toponym) **XXVI**:228, 230
al-ḥawziyyah (*al-ḥūziyyah*, thugs) **XXVIII**:74; **XXXV**:24
Hayādah b. Maʿadd **VI**:36
Ḥayān (son of Adam) **I**:317
Ḥaydah b. Maʿadd **VI**:36
al-Haydam b. al-ʿAlāʾ b. Jumhūr al-ʿIjlī **XXXV**:18

al-Haydam al-ʿIjlī. SEE al-Haydam b. al-ʿAlāʾ b. Jumhūr al-ʿIjlī
Ḥaydān b. Maʿadd **VI**:36
Ḥaydar, Abū Ḥasan (ʿAlī b. Abī Ṭālib's nickname) **XVII**:225
Abū al-Haydhām (head of Nizārīs) **XXX**:131
Hayfā (Hasfā, toponym) **XXVIII**:194
al-Hayjumānah bt. ʿAmr b. Abī Rabīʿah b. Dhuhl b. Shaybān **V**:126
haykal (cosmological structure) **I**:207–8
Ḥayqār b. al-Ḥīq **IV**:129, 130
al-Ḥayr (al-Ḥāʾir, in Karbalāʾ) **XXX**:319
al-Ḥayr (in Sāmarrā) **XXXIII**:86; **XXXIV**:196, 199; **XXXVI**:68–70, 82, 84, 86, 89, 95, 100, 103, 145; **XXXVII**:91
Ḥayr Road (in Sāmarrā) **XXXV**:163
Hayṣam (Khārijite) **XXIII**:207
al-Hayṣam al-ʿIjlī **XXXVII**:53, 90–91, 171–72
al-Hayṣam al-Yamānī **XXX**:267, 295
Abū al-Ḥaysar (Anas b. Rāfiʿ) **VI**:123
Haysham (in a line of ʿUljūm al-Muḥāribī's poetry) **X**:157
al-Ḥaysumān b. ʿAbdallāh b. Iyās (Iyās b. ʿAbdallāh) **VII**:67; **XXXIX**:93
Ibn al-Ḥaysumān al-Khuzāʿī **XV**:45–46
al-Haytham (al-Qāriʾ al-Baṣrī, *rāwī*) **XXIX**:129
Abū al-Haytham (ʿAmmār, sugar cane seller) **XXXIX**:314
Umm al-Haytham (of Banū al-Ḥanīfah) **X**:110
al-Haytham b. ʿAdī **V**:416; **VI**:85; **XVIII**:78; **XX**:38–39; **XXI**:183, 214, 216; **XXV**:184, 185, 187; **XXVI**:4, 132, 168, 177; **XXVII**:54, 209; **XXVIII**:2, 11–12, 240, 247; **XXIX**:103, 114, 124, 134, 143, 149, 166, 210, 251; **XXXI**:118
al-Haytham b. al-Aswad al-Nakhaʿī **XVIII**:143, 167; **XX**:42–43; **XXI**:36
al-Haytham al-Bakkāʾī **XI**:69, 111
al-Haytham b. Bassām **XXVII**:172
al-Haytham al-Ghanawī **XXXIII**:17–18, 20–22
al-Haytham b. Khālid al-Naṣrānī **XXXIV**:75
al-Haytham b. Khārijah **XXXIX**:331
al-Haytham b. Muʿāwiyah al-ʿAtakī **XXVIII**:63, 75, 81, 83; **XXIX**:70, 74, 75–76
al-Haytham b. al-Munakhkhal al-Jurmūzī **XXIII**:27; **XXIV**:19
al-Haytham b. Saʿīd **XXIX**:177
Haytham b. Shaddād. SEE Shaddād b. al-Haytham al-Hilālī
al-Haytham b. Shihāb **XVI**:96
al-Haytham b. Shuʿbah (deputy of Khuzaymah b. Khāzim) **XXXI**:119
al-Haytham b. Shuʿbah b. Ẓuhayr **XXVII**:191, 192; **XXVIII**:64, 202; **XXIX**:47–48
Abū al-Haytham b. al-Tayyihān **VI**:126, 133, 134; **XVI**:35; **XXXIX**:286
al-Haytham b. ʿUrwah al-Anṣārī **XXX**:67
al-Haytham b. Wāqid **XXIV**:69, 91
al-Haytham b. Yazīd b. Kaysān **XXVII**:66
al-Haytham b. Ziyād **XXVII**:127, 143
Abū Ḥaywah (Shurayḥ b. Yazīd) **XXXIX**:205
Ḥaywah b. Shurayḥ al-Tujībī **XXXIX**:328
Abū al-Ḥayy al-ʿAbsī **XXIX**:258
Abū Ḥayyah al-Māzinī **XV**:248
Ḥayyah b. Nubātah b. Ḥanẓalah al-Kilābī **XXVII**:111

Ḥayyah b. Salāmah al-Kalbī **XXVI:**187
Ibn Ḥayyah al-Ṭā'ī. SEE al-Nu'mān b. Qabīṣah
Abū al-Hayyāj. SEE Ḥayyān al-Nabaṭī
al-Hayyāj b. 'Abd al-Raḥmān al-Azdī **XXIV:**56
Abū al-Hayyāj al-Asadī ('Amr b. Mālik) **XII:**151, 154; **XIII:**68, 71; **XXXIX:**314
Hayyāj al-Kalbī **XXVII:**38
Abū al-Hayyāj b. Mālik. SEE Abū al-Hayyāj al-Asadī
Ḥayyān (*ghulām* of Shabīb b. Yazīd) **XXII:**127
Ḥayyān (*mawlā* of Banū Shaybān) **XXIV:**13
Ḥayyān (*mawlā* of Maṣqalah b. Hubayrah al-Shaybānī). SEE Ḥayyān al-Nabaṭī
Ḥayyān (paternal cousin of Shāhīn b. Bisṭām) **XXXVI:**124
Abū Ḥayyān (*rāwī*) **XIV:**105
Ḥayyān b. 'Abdallāh b. Ḥibrān al-Ḥimmānī **XXIX:**34
Ḥayyān b. Abjar al-Kinānī **XXII:**65
Ḥayyān b. 'Alī al-'Anazī. SEE Ḥabbān b. 'Alī al-'Anazī
Abū Ḥayyān al-Ashja'ī **XXXIX:**311
Ḥayyān al-'Aṭṭār (maternal uncle of Ibrāhīm b. Salamah) **XXIV:**87
Ḥayyān b. Bishr **XXXIV:**118
Ḥayyān b. Hawdhah al-Nakha'ī **XVII:**57, 77
Ḥayyān b. Iyās al-'Adawī **XXIII:**196; **XXIV:**17
Ḥayyān b. al-Mundhir b. Ḥassān b. Ḍirār al-Ḍabbī **XX:**218
Ḥayyān al-Nabaṭī, Abū al-Hayyāj **XXIII:**153, 200; **XXIV:**14–15, 18, 23, 53–55, 135, 160–61; **XXV:**150; **XXVI:**235
Ibn Ḥayyān al-Nabaṭī **XXIV:**18
Ḥayyān al-Ṣā'igh **XI:**145
Ḥayyān b. 'Ubaydallāh (*rāwī*) **I:**205
Ḥayyān b. 'Ubaydallāh b. Zuhayr b. Ḥayyān al-'Adawī **XXV:**74
Ḥayyān b. Ẓabyān al-Sulamī **XVIII:**21, 22, 23, 24, 25, 33, 34, 193, 194, 195
Ḥayyāsh b. Ḥabīb al-Ṭā'ī **XXVII:**162; **XXVIII:**9, 22
Hayzan (of the Kurds of Persia) **II:**58
Ḥayzūm (name of Angel Gabriel's horse) **VII:**60
Ḥāz. SEE Jāzān
Ibn al-Hazallaj (Aḥmad b. Muḥammad b. Aḥmad) **XXXVIII:**177
ḥazarah (spoils of Kisrā) **XI:**36, 40, 184
Hazārasp (in Khwārazm) **XXIII:**186–87
Hazārdar (near al-Baṣrah) **XXXVI:**109
Ibn Hazārif (of Banū Tazīd b. Ḥaydān) **XI:**127
Hazārmard. SEE 'Umar b. Ḥafṣ b. 'Uthmān b. Abī Ṣufrah al-'Atakī
Hazārmard (commander of 'Īsā b. Mūsā) **XXVIII:**199, 202–3
Hazarmavet b. Joktan b. Eber b. Shelah **II:**17
Ḥazawwar (*mawlā* of al-Muhājir b. Dārah al-Ḍabbī) **XXV:**126
al-Ḥazawwarah (marketplace, in Mecca) **XXXIX:**109
hazelwood bow **XXVIII:**258
Ḥāzim (Kurdish chief) **XXXVI:**182
Abū Ḥāzim (Nabtal) **XXXIX:**309
Abū Ḥāzim (*qāḍī*). SEE Abū Khāzim
Abū Ḥāzim (*rāwī*) **VII:**17
Abū Ḥāzim (Salamah b. Dīnār) **I:**179, 180; **VI:**158; **XXXIX:**160
Abū Ḥāzim al-Ashja'ī (Salmān) **XXXIX:**309
Ḥāzim b. Ḥātim **XXVII:**33

Ḥāzim b. Abī Ḥāzim al-Aḥmasī
XVII:49
Ḥāzim b. Qudāmah al-Khath'amī
XXII:52
al-Hazīm (south of Palmyra)
XXVI:149
al-Ḥazīn al-Dīlī XXVIII:95
Āl Ḥazm XV:201, 208, 209
SEE ALSO Āl 'Amr b. Ḥazm
Ibn Ḥazm. SEE Abū Bakr b. Muḥammad b. 'Amr b. Ḥazm al-Anṣārī
Hazmān (toponym) X:110
al-Hazmāz b. 'Amr al-'Ijlī XII:97
al-Ḥazn (Ḥazn Yarbū'?, near al-Kūfah) XII:13, 14
al-Ḥazn (plateau, in northeastern Arabia) X:89, 99
Ḥazn b. Abī Wahb VIII:97
Abū Ḥazrah. SEE Ya'qūb b. Mujāhid
Ḥazūrah ('Azūrā, daughter of Adam) I:317, 324, 335
al-Ḥazwarah (toponym) VI:10
Ḥazzah (Arḍ Ḥazzah, Būdh Ardashīr) V:16; XXVIII:51
Hazzān b. Sa'd XXVII:191
head(s)
first head carried to the ruler, in Islam XXXIX:92
protector, in warfare. SEE *mighfar*
shaving of. SEE shaving heads and beards
slain captives' heads as cooking pot support X:103
headgear
black headgear, wearers of IV:80
butūt (head wraps) XXVIII:19
qalansuwah (tall pointed cap) IV:7; XI:13, 27; XII:127; XIII:107; XVII:6, 7; XXIII:180; XXIX:19, 53, 65, 79, 233; XXX:66, 262–63; XXXI:106, 127, 184, 187; XXXII:62, 95;
headgear (continued)
qalansuwah (continued)
XXXIV:90; XXXV:122, 163; XXXVI:61
qalansuwah Ruṣāfiyyah
XXXIV:62
Tibetan helmet *(kashkhūdah)*
XXV:59
healing, traditional XX:76; XXIV:15, 16; XXXV:31
health, Prophet Muḥammad on XXXIX:153
heat, noon prayer and XXXIX:109
heatstroke XXIX:89
heavens
created by God I:188, 216
Prophet Muḥammad's ascent to. SEE night journey
seven heavens VIII:35
Heavy Baggage. SEE Day of the Heavy Baggage
Hebrew language II:128, 160, 161; IV:76; VIII:105; XIII:140
Hebron II:125, 130, 147
Hegira. SEE *hijrah*
heir. SEE *waṣī*
Helakos (region, in Greek territory) IV:95
Helen (Hali). SEE Halāy
Hell (Hellfire, Gehenna [Jahannam], the Fire [al-Nār], Saqar) VIII:37, 46, 55, 125, 152; X:13, 61, 114, 118, 135, 149; XII:32, 79, 164; XVIII:212, 214; XXI:49, 50; XXIV:100; XXXV:57
helmets. SEE Tibetan helmet
Helpers. SEE al-Anṣār
hemiplegia XXIX:204; XXX:313
hemorrhoids XXX:313
henna IX:160–61; XI:139; XIII:114; XIV:97; XXIV:159; XXVIII:126, 135; XXX:13; XXXIX:200
Hephthalites (al-Hayāṭilah, White Huns) V:107, 110–11, 136, 152, 160; XV:91; XXIII:97

Heraclea (Heraclia, Hiraqlah) V:158–59; XXIII:146, 215; XXX:241, 244, 262, 264; XXXII:188; XXXVII:7
Heraclius (Heraklius, Herakleios, Hiraql, Byzantine emperor) IV:127; V:319–24, 378; VI:42; VIII:100–106, 153, 156; IX:98; XI:83–85, 102–4, 107, 126–27, 129, 160–61, 165, 169–70; XII:132, 134, 174–76, 178, 179–82; XIII:26, 27, 58, 81, 82, 87, 89, 160, 167, 170, 176; XV:28, 63
heralds (public criers) X:11, 142, 157, 185
Herat (Harāt) IV:94; V:299, 302; XIV:53; XV:36, 91, 107–8; XVIII:85, 120; XX:71, 73, 74, 76, 77, 79, 177; XXII:113; XXIII:52–53, 64, 77, 155, 164; XXIV:152, 163, 184; XXV:67, 71, 106, 168, 170, 192; XXVI:124, 230; XXVII:77; XXIX:44; XXXIV:224; XXXVI:151, 156, 157; XXXVIII:196
Hērbadh. SEE Hirbadh
herbs. SEE plants
heretics
  mulḥid XV:158
  zindīq V:38, 139, 142; XXIX:73, 126–27, 214, 234–35, 237, 240, 241; XXX:10–14, 69–70, 98, 163; XXXI:237, 239, 248, 250
Mt. Hermon (Jabal al-Thalj) XXXII:243
hernia XXII:23
Herod (king of Israel) IV:108, 124–25
  SEE ALSO Khardūs
Herodias (wife of Herod's brother Philip) IV:108
Mt. Heshbon (Ḥusbān, Ḥasbān) III:92
Hezekiah b. Ahaz IV:35, 40, 48–49
Ḥibāl b. ʿAmr al-Kalbī XXVI:129, 154
Ḥibāl b. Salamah b. Khuwaylid IX:166–67; X:45, 48, 49
Hibatallāh. SEE Seth
Ḥibbān b. ʿAlī al-ʿAnazī VI:157; VII:119; XXI:49
Ḥibbān b. Hilāl XVI:12; XVII:84
Ḥibbān b. Mūsā XVI:81; XVIII:18
Ḥibbān b. Qays b. al-ʿAriqah VIII:20, 21
Ḥibbān b. Wāsiʿ b. Ḥibbān b. Wāsiʿ VII:53
al-Hibyāṭ b. ʿUthmān b. Abī Zurʿah al-Thaqafī XXI:44
hidden *imām*. SEE Second Coming
Banū Ḥidhmir XVIII:161
  SEE ALSO Banū Ḥizmir
Ibn al-Ḥidrijān XI:58–59
Banū Hiffān b. ʿAdī b. Ḥanīfah XXV:188
Highlanders. SEE Ahl al-ʿĀliyah
ḥijāb. SEE veil
al-Ḥijāz II:12–14, 26, 41, 127; III:127; IV:45, 149; V:332; VI:4; VII:19, 144; VIII:37, 53, 102, 112, 122, 126; IX:90, 118, 168, 178, 184; X:111; XI:8, 174; XII:137, 198; XIII:48, 92, 103, 158, 177, 197; XV:60–61, 145; XVI:40, 94, 103, 181; XVIII:112, 167, 168, 173, 209; XIX:23, 67–68, 193, 195, 199, 203, 223; XXI:2, 84, 104; XXVI:18, 22, 65; XXVII:178; XXVIII:173, 191, 239, 253; XXXII:10; XXXIV:18, 25; XXXV:105; XXXIX:91, 276
ḥijjat al-wadāʿ (*ḥijjat al-tamām*, *ḥijjat al-balāgh*, *ḥijjat al-Islām*). SEE Farewell Pilgrimage
al-Ḥijr (in Mecca) VI:10, 12, 57, 101, 102; VII:78, 79; XVI:38, 53; XIX:68; XX:112, 113, 123, 176; XXII:1; XXV:20; XXXIX:9

al-Ḥijr (ruined site, near Madā'in Ṣāliḥ) **II**:16, 20, 41, 46, 73, 133; **IX**:52, 53
al-hijrah (Prophet Muḥammad's emigration from Mecca to Medina, in A.D. 622) **IX**:37; **X**:1, 5, 14; **XVI**:26
'Ā'ishah as chronology source for **VI**:145, 147
date of **VI**:136, 150–51
SEE ALSO Islamic era
Hilāl *(rāwī)* **XIII**:102
SEE ALSO Hilāl b. Usāmah
Hilāl (*rāwī*, father of Ibn Hilāl) **XXII**:91
Hilāl (*rāwī*, father of Muḥammad b. Hilāl) **VII**:84
Abū Hilāl (Muḥammad b. Sulaym) **II**:99, 104; **III**:90; **IV**:161; **VI**:62; **XIV**:99; **XV**:252; **XVI**:23; **XXXIX**:312
Abū Hilāl (the Turk) **XXXVI**:50, 51
Banū Hilāl (b. 'Āmir) **VII**:150; **VIII**:131; **IX**:3, 4; **XI**:63; **XII**:147; **XIII**:110, 111; **XVII**:211–12; **XVIII**:142; **XXII**:148; **XXIV**:169; **XXVII**:17; **XXXIV**:21, 22; **XXXIX**:54, 96, 253, 254, 265
Ibn Hilāl *(rāwī)* **XXII**:91
Hilāl b. 'Abdallāh al-Ḥaḍramī **XXXI**:50
Hilāl b. Aḥwaz al-Tamīmī **XXIV**:144–45
Hilāl b. al-'Alā' al-Raqqī **XXXIX**:97
Hilāl b. 'Aqqah b. Qays (Bishr) al-Namarī **XI**:66–67, 124
Hilāl b. Badr **XXXVIII**:107
Hilāl al-Ḍabbī (of Banū Dhuhl) **XX**:74–75
Hilāl al-Hajarī **XII**:19
Hilāl al-Ḥarīrī **XXIV**:156
Hilāl b. Khabbāb **XXIII**:213; **XXXIX**:330
Abū Hilāl al-Rāsibī (Muḥammad b. Sulaym). SEE Abū Hilāl
Hilāl al-Rāzī **XXXIV**:157
Abū Hilāl al-Ṭā'ī **XXXIX**:313
Hilāl b. 'Ulaym al-Ḥanẓalī **XXIV**:172–73; **XXV**:104, 107
Hilāl b. 'Ulaym al-Mujāshi'ī al-Tamīmī. SEE Hilāl b. 'Ulaym al-Ḥanẓalī
Hilāl b. 'Ullafah al-Taymī **XI**:201, 215; **XII**:124, 125, 127, 130, 140
Hilāl b. Umayyah **IX**:50, 62
Hilāl b. Usāmah **XXII**:91
Hilāl b. Wakī' b. Mālik b. 'Amr **XVI**:119, 120
Hilāl b. Abī al-Ward **XXVI**:258
Hilāl b. Yasāf **XIX**:78–79
al-Hilālī. SEE Shaddād b. al-Haytham al-Hilālī
Hilālīs. SEE Banū Hilāl
ḥilf. SEE *aḥlāf*
al-Hilqām b. Nu'aym b. al-Qa'qā' b. Ma'bad b. Zurārah **XXIII**:56–57, 66
al-Hilwāth al-Kalbī **XXIII**:223
ḥimā (protected [sacred] area) **V**:227, 228; **IX**:89; **XVI**:38
SEE ALSO al-Ḥaram; reserved pasture
Ḥimā Ḍariyyah **VI**:32
Abū al-Ḥimār (head of Bureau of Taxation) **XXXV**:39
Ḥimās b. Qays b. Khālid al-Bakrī **VIII**:177–78
Abū al-Ḥiml (Abū al-Jamal, Qarmaṭian commander) **XXXVIII**:137, 141
al-Ḥimmān (near al-Baṣrah) **XXVIII**:80
Banū Ḥimmān **XXV**:36; **XXXVI**:128, 130
al-Ḥimmānī. SEE 'Abd al-Ḥamīd b. Bashmīr al-Ḥimmānī; Jābir b. Nūḥ al-Ḥimmānī
Ḥimṣ (Homs) **V**:254; **VIII**:101, 107; **IX**:142; **XI**:81, 83, 87, 103–4, 162, 164–65, 172; **XII**:18, 174, 175–78,

Ḥimṣ (continued) XII:179, 182, 183, 203; XIII:58, 79–85, 87, 89, 106, 108, 176; XIV:5, 13, 15, 44, 164; XV:26, 73, 119, 125, 255; XVIII:88, 89; XIX:18, 40, 171, 212, 225; XX:49, 56, 58, 63; XXI:217, 228, 229; XXIV:79, 194; XXV:144; XXVI:136, 148, 150, 155–56, 159, 170, 183–90, 250, 252; XXVII:3, 4–9, 21, 22, 23, 49, 52, 169, 171, 177, 179, 198, 204, 208; XXVIII:75; XXXI:21, 45, 106; XXXII:163–64, 199, 223; XXXIV:97, 130, 133–35, 157; XXXV:7, 27, 43; XXXVI:161; XXXVII:4, 78, 82; XXXVIII:116, 122, 130, 134; XXXIX:100, 145, 206
Himyān b. ʿAdī al-Sadūsī XX:21, 24, 44; XXII:194
Banū Ḥimyar (Ḥimyarīs, Ḥimyarites) III:98, 164; IV:6, 79–80, 131, 148, 151–52; V:121–24, 145, 170–71, 183–84, 188–89, 191, 202, 207, 210, 216, 233, 235, 245, 248, 374; VI:16, 28–29; VIII:114; IX:73–74, 76; X:31, 53, 152, 159, 170, 172; XIII:76, 144; XVII:3, 59–62; XVIII:216; XIX:99, 134, 168; XX:152; XXI:158; XXVI:134, 146; XXXI:235; XXXII:240; XXXVI:38, 39, 41, 44–46; XXXIX:33, 85, 94, 201, 206, 220, 261, 299, 317
Ḥimyar b. Qays al-Nāʿiṭī XVII:44
Ḥimyar b. Sabaʾ II:23
Ḥimyarites. SEE Banū Ḥimyar
Ḥimyaritic language V:243; VIII:114
Banū Hinb XVI:136
Hind (fortress, in Yemen) III:164
Hind (bt. al-Ḥārith, of Banū Murrah, in a line of ʿUmar b. Abī Rabīʿah al-Qurashī's poetry) XXXIV:14
Hind (in a line of al-Sharʿabī al-Ṭāʾī's poetry) XXV:90, 91
Hind (in a line of Ubayy b. Wahb al-Tamīmī's poetry) V:292–93
Hind (mother of Muḥammad b. al-Ḥasan). SEE Hind bt. Abī ʿUbaydah b. ʿAbdallāh
Abū Hind (*mawlā* of Farwah b. ʿAmr al-Bayāḍī) VII:66
Banū Hind (of Kindah) X:183; XVIII:129; XX:119, 120, 182
Banū Hind (of Shaybān) XI:176; XVIII:155–56
Ibn Hind. SEE Muʿāwiyah b. Abī Sufyān
Umm Hind. SEE Khadījah bt. Khuwaylid
al-Hind. SEE India
Hind bt. ʿAbd b. al-Ḥārith b. Zuhrah b. Kilāb XXXIX:203
Hind bt. ʿAbdallāh b. ʿĀmir b. Kurayz XIX:175
Hind bt. ʿAlī b. Abī Ṭālib. SEE Umm Hāniʾ
Hind b. ʿAmr al-Jamalī al-Murādī XIII:91; XIV:27, 30, 31; XVI:92, 96, 136, 137, 139, 145, 153, 154, 168
Hind bt. ʿAmr b. Qays VI:32
Hind bt. Asmāʾ XXI:80
Hind (Khawlah) bt. ʿAwf b. Zuhayr XXXIX:185, 201
Hind bt. Bakr b. Wāʾil VI:31
Hind bt. Fahm b. ʿAmr b. Qays b. ʿAylān VI:29
Hind b. Abī Hālah IX:127; XXXIX:3, 79–80, 161
Hind bt. al-Ḥārith b. ʿAmr b. Ḥujr V:163, 370
Hind bt. al-Ḥārith al-Firāsiyyah XXXIX:176
Hind bt. Ḥārithah al-Bāriqiyyah VI:26
Hind bt. Khadījah XXXIX:161
Hind bt. Muʿāwiyah XVIII:73
Hind bt. al-Muhallab XXIII:157; XXIV:146–47

Hind bt. al-Mutakallifah al-Nā'iṭiyyah **XXI**:98–99
Hind bt. Abī Sufyān b. Ḥarb b. Umayyah **XX**:23, 29
Hind bt. Surayr b. Thaʿlabah **VI**:26
Hind bt. Abī Ṭālib. SEE Umm Hāni'
Hind bt. Abī ʿUbaydah b. ʿAbdallāh **XXVIII**:119, 121, 130
Hind bt. Abī Umayyah. SEE Umm Salamah bt. Abī Umayyah
Hind bt. ʿUtbah b. Rabīʿah **VII**:75, 107, 118, 129, 130; **VIII**:181–83; **XIV**:133, 134; **XVIII**:73, 215, 220
Hind bt. Zayd b. Makhramah al-Anṣāriyyah **XVIII**:154
Hind bt. Zayd Manāt al-Ghassāniyyah (mother of al-Mundhir I) **V**:125
al-Hindawānī (poet) **XXXV**:86
Abū al-Hindī al-Asadī **XXV**:151
al-Hiny (northwest of al-Baradān) **XI**:63
Hippodrome of Bughā the Younger. SEE Maydān Bughā al-Ṣaghīr
Hippodrome Gate. SEE Bāb al-Maydān
Ḥirā (mountain, outside Mecca) **I**:294, 314; **V**:234–35; **VI**:67, 70–71, 74, 76
al-Ḥīrah **II**:134; **III**:160; **IV**:66–67, 79, 127–28, 130–32, 134, 137, 143, 145, 148–49; **V**:20–22, 44, 67, 74–82, 124, 142, 177, 182, 237, 347–48, 352, 370, 372; **VIII**:12, 13; **IX**:67; **X**:137, 138; **XI**:2, 4–7, 10, 19, 22, 25–29, 31, 33–39, 41, 43–50, 52, 60–61, 68–70, 109, 111, 113, 117–18, 122, 178, 181, 187, 197, 200, 205, 210, 215–16, 221, 223; **XII**:3, 23, 24, 26, 29, 40, 44, 49, 51, 74, 135, 162, 166, 202; **XIII**:2, 52, 65, 67, 69, 70, 72, 75, 193; **XIV**:48, 89, 163; **XVIII**:34, 36, 155; **XX**:118; **XXI**:111; **XXII**:21, 66, 105; **XXIV**:121, 141, 143, 145; **XXV**:156, 157, 161, 183; **XXVI**:15, 37, 40, 45, 148, 166–67, 177, 196, 198–99, 220, 254–55, 257–61; **XXVII**:11, 14, 16, 176, 203; **XXVIII**:7, 60; **XXX**:164, 212–13, 216; **XXXII**:72, 73; **XXXIV**:4
al-Ḥīrah (canal). SEE Nahr al-Ḥīrah
Hīraj (b. Afrīdhūn) **IV**:92
Hiraql. SEE Heraclius
Hiraqlah. SEE Heraclea
Hirbadh (Hērbadh, Zoroastrian priest) **V**:33, 104, 298; **XIII**:128, 210; **XIV**:67
Hirbadhān-hirbadh (Chief Hērbadh) **V**:104
Ibn al-Hirbidh. SEE al-Anūshajān b. al-Hirbidh
al-Ḥirdah (north of Aden) **X**:23
hired troops *(farḍ)* **XXII**:41–42; **XXXI**:50, 225
Ḥīrī (Jabrī) b. Akkāl **XI**:29–30, 35
al-Hirmās b. Ziyād al-Bāhilī **XXXIX**:128–29
Hirr bt. al-Nuʿmān **V**:126, 163
al-Hirsh (al-Ḥasan al-Hirsh) **XXXI**:139, 145, 153, 162, 169–70, 176, 186, 229; **XXXII**:9, 12
Ibn al-Hirsh **XXXII**:210, 222
al-Ḥisā' (south of the Dead Sea) **VIII**:155
Hishām *(rāwī)*. SEE Hishām b. Muḥammad b. al-Sā'ib al-Kalbī
Abū Hishām. SEE Muḥammad b. Sulaymān b. al-Ḥakam
Hishām b. ʿAbd al-Malik *(rāwī)* **VIII**:69
Hishām b. ʿAbd al-Malik b. Marwān (caliph) **XV**:20–23; **XXI**:216; **XXIII**:118, 134; **XXIV**:71–73, 146, 182, 193–94; **XXV**:1, 4, 7, 9, 19, 20, 34, 35, 38, 67, 69, 70, 81–84, 102, 111, 112, 115, 119, 128, 133, 149–51, 155, 156, 158, 159, 161, 172, 173, 177–79, 181, 182, 184, 185, 187–91; **XXVI**:5–8, 10–14, 16–20,

Hishām b. ʿAbd al-Malik b. Marwān (continued) **XXVI**:23, 35, 50–51, 54, 57–62, 68, 70–83, 87–101, 103, 117, 121, 127–30, 136, 138, 152, 156, 165–68, 170–73, 175, 180, 185, 205, 239–40; **XXVII**:3, 7, 19, 21, 115, 193; **XXIX**:115, 145; **XXXVI**:30; **XXXVIII**:115; **XXXIX**: 221, 228, 233, 234
Hishām b. ʿAbd al-Raḥmān al-Thaqafī **XIV**:48; **XXI**:44, 72, 91
Hishām b. Abī ʿAbdallāh al-Dastawāʾī **VII**:162; **IX**:207; **XV**: 252; **XXXIX**:136, 198
Hishām b. ʿĀmir **XIII**:112; **XV**:32, 165; **XVI**:58
Hishām b. ʿAmr b. al-Ḥārith al-ʿĀmirī **VI**:112, 114; **IX**:33
Hishām b. ʿAmr al-Taghlibī **XXVII**: 171; **XXVIII**:15–16; **XXIX**:54–56, 68, 77, 79
Hishām b. al-ʿĀṣī b. Wāʾil **XI**:101, 128
Hishām b. Ayyūb b. ʿAbd al-Raḥmān b. Abī ʿAqīl al-Thaqafī **XXIII**: 19, 49, 57
Hishām b. Bashīr. SEE Hushaym
Hishām al-Dāff **XXXVI**:131
Hishām al-Dastawāʾī. SEE Hishām b. Abī ʿAbdallāh al-Dastawāʾī
Hishām b. Abī Dulaf **XXXV**:80, 88, 90, 93
Hishām b. Farr-Khusraw **XXX**:269–71
Hishām b. al-Ghāz **XVI**:24; **XXXIX**: 152
Hishām b. Ḥakīm b. Ḥizām **XXXIX**: 41, 106
Hishām b. Hashīm b. Ṣafwā b. Mazyad **XXVII**:192
Hishām b. Ḥassān **II**:63, 64, 142, 178, 183; **VI**: 61, 153, 154; **XV**:235; **XXIII**:68; **XXXIX**:66, 98
Hishām b. Abī Haytham **XXVII**:42
Hishām b. Abī Hishām **XVI**:7
Umm Hishām bt. Hishām b. ʿAbd al-Malik **XXVI**:185
Umm Hishām bt. Hishām b. Ismāʿīl b. Hishām b. al-Walīd b. al-Mughīrah al-Makhzūmī. SEE ʿĀʾishah bt. Hishām b. Ismāʿīl al-Makhzūmiyyah
Hishām b. Hubayrah **XVIII**:198, 207; **XIX**:90, 189, 194; **XX**:123, 176; **XXI**:67, 121, 153, 168, 211, 234; **XXII**:11
Hishām b. Ḥubaysh al-Kaʿbī **XIV**: 117; **XXXIX**:138, 184
Hishām b. Ibrāhīm b. Hishām b. Rāshid **XXVIII**: 137, 222
Hishām b. Ismāʿīl al-Makhzūmī **XXIII**:33, 71, 76, 113–15, 129, 131–33; **XXV**:2; **XXVI**: 6, 89, 119; **XXXIX**: 213
Hishām b. al-Kalbī. SEE Hishām b. Muḥammad b. al-Sāʾib al-Kalbī
Hishām b. Khālid (*rāwī*) **XIV**: 119
Hishām b. Khālid al-Qasrī **XXVI**: 169
Hishām b. Maṣād **XXVI**:186–87
Hishām b. al-Mughīrah **VII**:19
Hishām b. Muḥammad b. al-Sāʾib al-Kalbī (Ibn al-Kalbī) **I**:290, 291, 293, 297, 303, 314, 324, 326, 331, 333, 334, 336, 340, 341, 344, 345, 348, 352, 355, 358, 362, 365, 366, 368; **II**:2, 3, 4, 5, 12, 17, 18, 23, 50, 127, 128; **III**:22, 23, 28, 98; **IV**:6, 7, 44, 66, 68, 76, 78, 82–83, 88–89, 96, 98, 108, 127–28, 131–33, 144, 146, 150–52; **V**:5, 18, 20, 32–33, 67, 70, 79–81, 109, 121, 125, 139, 161–62, 187, 211, 220, 242, 268, 283, 289, 294–95, 298, 330, 338, 372–73, 376, 379, 415–16, 444; **VI**:1, 9, 13, 16, 17–18, 19, 20, 26–29, 33, 36, 38–39, 42, 45, 47, 51, 74, 149; **VII**:46, 71; **IX**:126, 131, 138, 139, 144, 168, 178, 184, 199, 200; **X**: 1, 8, 53, 62–65, 83, 104,

Hishām b. Muḥammad b. al-Sā'ib al-Kalbī (continued) **X**:184; **XI**:4, 7, 140; **XIV**:95, 99, 100; **XV**:8, 9, 81, 251, 252, 254; **XVI**:175–77, 184, 185, 187–89; **XVII**:6, 21, 62, 65, 70, 73, 76, 160, 161, 171, 226, 228; **XVIII**:21, 33, 38, 96, 122, 125, 126, 127, 136, 193, 195, 208, 209, 210, 211, 213, 215; **XIX**:2, 4, 6, 22, 30–31, 34, 39, 65, 71, 89, 91–92, 104, 106, 136, 155–56, 163, 168, 173, 175–79, 183, 189, 201, 209–11, 213, 214–17, 221–22, 224–25; **XX**:1–6, 39–43, 46–47, 48–54, 56–61, 61–68?, 80–122 *passim,* 124–59, 160, 161, 162–63, 165–75, 181–225 *passim;* **XXI**:2, 4, 14, 51, 53, 59, 67, 72, 74, 81, 85, 98, 120, 123, 126, 155–57, 163, 165–66, 198, 213, 230; **XXII**:3, 23, 25, 32, 44, 62, 68, 70, 76, 93, 107, 112, 122, 126, 128, 150, 162, 178, 183, 190; **XXIII**:4, 14, 20, 35, 39, 46, 56–57, 73, 77, 81, 88, 156, 160, 218; **XXIV**:31, 43, 50, 55–56, 58, 61, 79, 89, 91–92, 105, 112, 114, 123–24, 127, 130, 135–36, 193–94; **XXVI**:4–5, 13, 21, 36, 70–71, 83, 121, 124, 164, 196, 243, 247, 254; **XXVII**:24, 49, 51, 54, 57, 132, 136, 140, 145, 175, 212; **XXIX**:92, 113, 157, 245, 247–48; **XXX**:58, 303; **XXXI**:210; **XXXII**:231; **XXXIV**:119; **XXXIX**:9, 16, 32, 68, 69, 85, 89, 90, 115, 130, 166, 170, 188, 190, 191, 196, 199, 236, 248, 255, 266, 278, 283, 284, 287
Hishām b. Muḥammad b. 'Urwah b. Hishām b. 'Urwah **XXVIII**:196, 209
Hishām b. Musāḥiq b. 'Abdallāh b. Mukhrimah al-Qurashī **XXIV**:112–13
Hishām b. Qaḥdham **XX**:35
Abū Hishām al-Rifā'ī (Muḥammad b. Yazīd) **I**:173, 176, 192; **IX**:180; **XXXIX**:250
Hishām b. Sa'd **XIV**:99; **XV**:75; **XVI**:23; **XVIII**:224; **XIX**:11
Hishām b. Ṣubābah **VIII**:51, 55–56
Hishām b. 'Ubayd (Muḥammad) **XVIII**:96
Hishām b. 'Umārah b. al-Qa'qā' al-Ḍabbī **XXI**:152; **XXV**:52; **XXXIX**:79
Hishām b. 'Umārah b. al-Walīd b. 'Adī al-Khiyār **XXVIII**:207
Hishām b. 'Urwah **VI**:49, 98, 115, 136, 145; **VII**:28, 116, 153; **VIII**:119, 174; **IX**:2, 20, 164–65; **X**:13, 17, 41, 60, 71, 102; **XI**:82, 135, 140; **XII**:46; **XIII**:102; **XIV**:129; **XV**:59; **XVI**:147; **XVIII**:136; **XX**:54; **XXXIX**:27, 109, 190, 193, 208, 212, 334
Hishām b. al-Walīd al-Makhzūmī (brother of Khālid b. al-Walīd) **XI**:4, 40, 42, 45–46, 137–38
Hishām b. al-Walīd al-Makhzūmī *(rāwī)* **XVIII**:211; **XIX**:83, 225
Hishām b. Yūsuf **XVI**:44, 79; **XIX**:191, 193; **XXXIX**:216
Ḥismā (west of Tabūk) **I**:363; **IX**:120
raid on **VIII**:94
Ḥiṣn (b. Ḥudhayfah b. Badr al-Fazārī) **IX**:33
Banū Ḥiṣn **XVI**:64; **XXXVI**:131
Ibn Ḥiṣn (Banū Ḥiṣn, cemetery, in al-Baṣrah) **XVI**:64; **XVIII**:83
Ḥiṣn b. al-'Anbar **XXXVI**:187
Ḥiṣn Arwakh (in al-Baṣrah) **XXXVII**:107
Ḥiṣn 'Awf (Byzantine fortress) **XXIV**:28
Ḥiṣn al-Ḥadīd (Byzantine fortress) **XXIII**:184
Ḥiṣn al-Ḥijārah (fortress, near Naṣībīn) **V**:407, 409

Ḥiṣn al-Mahdī (fortress, in the Dujayl's estuary) **XXXVI**:154
Ḥiṣn al-Mar'ah (Castle of the Woman, near Malaṭyah) **XV**:111; **XXIV**:30, 60
Ḥiṣn Maslamah. SEE Qaṣr Maslamah
Ḥiṣn Qurrah. SEE Qurrah
Ḥiṣn al-Ṣaqālibah (north of the Cilician Gates) **XXX**:262
Ḥiṣn Sinān (near Heraclea) **XXX**:239, 264; **XXXII**:186
Ibn Ḥiṣn al-Tamīmī. SEE ʿAbdallāh b. Ḥiṣn
al-Ḥiṣnān (i.e., al-Mawṣil and Nīnawā) **XII**:162; **XIII**:55, 56, 61; **XXXVI**:190
historians. SEE *ahl al-akhbār; ahl al-siyar*
Hīt **IV**:132; **XIII**:58; **XVII**:7, 94, 200; **XX**:137, 153; **XXII**:97; **XXIII**:22; **XXVI**:48, 168; **XXX**:153; **XXXIV**:96; **XXXVIII**:79, 159, 160, 167, 171; **XXXIX**:263
al-ḥītān. SEE Yawm al-Ḥītān
al-Ḥiyār (near Qinnasrīn) **XXVIII**:253
Ḥizām (b. Ghālib) **XXXIII**:86
Ḥizām (brother of Muḥammad b. Yaʿqūb) **XXXV**:78
Ḥizām b. Hishām al-Kaʿbī **XIV**:117; **XXVII**:114; **XXXIX**:138, 184
Ḥizām b. Khālid b. Rabīʿah, Abū al-Majl **XVII**:228
Ḥizām b. Khuwaylid **XXXIX**:41
Hizām b. Murrah al-Muzanī **XXVI**:42
Banū Ḥizmir (of Ṭayyiʾ) **XVII**:26–29
  SEE ALSO Banū Ḥidhmir
Hizqīl (messenger of Ṣalūbā b. Nasṭūnā) **XI**:44
Ḥizqīl b. Būdhī. SEE Ezekiel b. Buzi
al-H.nāzī (?, poet) **XXX**:30
Holy House. SEE al-Kaʿbah
Holy Land (Bayt al-Maqdis) **III**:69, 81, 89
  SEE ALSO Jerusalem
Holy Mosque. SEE al-Masjid al-Ḥarām
Holy Spirit *(rūḥ al-qudus)* **VIII**:83
holy war. SEE *jihād*
homosexuality **II**:154; **XXVII**:89; **XXIX**:145–46, 259; **XXXI**:58, 225–26; **XXXII**:32; **XXXIV**:131, 224
  lesbianism **XXX**:72–73
  SEE ALSO effeminacy; Sodom
Homs. SEE Ḥimṣ
honey **XIV**:19, 20
  crystallized **XII**:91
  drink of **XVI**:184; **XIX**:215
  of Ifrīdhīn **XIII**:11
  mixed with wheat and butter **XXXIX**:225
  poured into wells **XXI**:101
  wine mixed with **XXX**:85
honor, gifts of. SEE *khilʿah*
Honorius (Roman emperor) **IV**:127
hood-like garment. SEE *ṭaylasān*
hoopoe **III**:156–59
Hormizd. SEE Hurmuz
horn, David's **III**:136, 141
hornets **VII**:145
Horseman of Soghd **XXIII**:91
horsemen relays. SEE *sikkat al-barīd*
horses **X**:34, 51; **XX**:78; **XXI**:4; **XXIII**:93
  birdhawn (war horse) **XIV**:112; **XXXI**:54
  camels as source of water for **XI**:114
  Chinese saddles **XXVI**:209; **XXVII**:202
  first instance of use **I**:345, 346
  hamstringing of **VIII**:156; **XXIV**:155; **XXXIX**:5
  kurraj (hobby horse) **XXXI**:247, 248
  neighing, symbolism of **XII**:34

horses (continued)
of Prophet Muḥammad **IX**:148–49
races *(ḥalbah)* **XXXIV**:67
shihrī horses **XXX**:67; **XXXVI**:11, 19
thaghrī bridles **XXXV**:4
SEE ALSO cavalry
hostages. SEE captives
hour
last hour of daytime on Friday **I**:286–88
as unit of time **I**:176–82
House, Day of the. SEE Yawm al-Dār
House, Sacred. SEE al-Kaʿbah
House of Assembly (Dār al-Nadwah, in Mecca) **VIII**:134
House of Torture (in Mecca) **XXXII**:30
house sale, use of money from **XXXIX**:114
howdah *(shijār)* **IX**:4
al-Hūb (site of al-Amīn's villa) **XXXI**:226
al-Ḥubāb (in a line of ʿUbaydah al-Kindī's poetry) **XVIII**:162
al-Ḥubāb b. al-Mundhir b. al-Jamūḥ **VII**:47; **X**:5–7, 10
al-Ḥubāb b. Yazīd al-Mujāshiʿ **XV**:262
Ḥubābah bt. ʿĀmir b. ʿAbdallāh b. ʿĀmir b. Bishr b. ʿĀmir Mulāʿib al-Asinnah **XXVIII**:131
Hubal (old Arabian god) **V**:271; **VI**:3–4; **VII**:131
Ḥubāshah (in Tihāmah) **VI**:49
Ibn Ḥubayn alley. SEE Zuqāq Ibn Ḥubayn
Ibn Hubayrah. SEE ʿUmar b. Hubayrah al-Fazārī; Yazīd b. ʿUmar b. Hubayrah al-Fazārī
Ibn Hubayrah *(rāwī)* **II**:99
Hubayrah b. al-Ashʿath **XIII**:25, 28
Hubayrah b. Ḥudayr al-ʿAdawī **V**:292; **XX**:27, 28, 30, 32
Hubayrah b. Khāzim **XXXI**:208
Hubayrah al-Makshūḥ. SEE Qays b. al-Makshūḥ al-Murādī
Hubayrah b. al-Mushamraj al-Kilābī **XXIII**:225, 227–28
Hubayrah b. Sharāḥīl **XXVI**:265; **XXVII**:32, 36
Hubayrah b. Shurayḥ **XVII**:42
Hubayrah b. Abī Wahb al-Makhzūmī **VIII**:18, 185–86; **XXXIX**:196, 197
Ḥubaysh (*mawlā* of Naṣr b. Sayyār al-Laythī) **XXVII**:37
Ḥubaysh (of Banū Nājiyah) **XXVI**:157
Ḥubaysh (Khunays) al-Asadī **XV**:112–14, 256
Ḥubaysh b. Duljah al-Qaynī **XX**:161–63; **XXI**:2
Ḥubaysh (Khunays) b. Khālid al-Ashʿar **VIII**:177–78; **XXXIX**:138
Ḥubayshah (of Banū Jadhīmah) **VIII**:191–92
Ḥubbā bt. Ḥulayl b. Ḥubshiyyah **VI**:18, 19, 20, 21
Ḥubbā al-Madīniyyah **XXI**:186–87
Banū al-Ḥublā (of Asad) **XIV**:4
Banū Ḥubshī (of Sulaym) **XXXIV**:20
Ḥubshī b. Junādah **XXI**:79; **XXXIX**:84, 127–28
Ḥubshī b. Abī Rabīʿ **XXXIV**:183–84
ḥubwah (garment) **XVII**:92
Hūd b. ʿAbdallāh b. Ribāḥ (prophet) **II**:28–29, 34–36, 39, 46, 50
Ḥudāl b. Kinānah **VI**:31
al-Ḥudaybiyah (al-Ḥudaybiyyah, near Mecca) **VI**:114; **VIII**:73–75, 81
expedition of **VIII**:67, 69–70, 83, 115, 128; **IX**:117; **XXXIX**:10, 11
treaty of **V**:330; **VIII**:85–90, 92, 98, 100, 104, 161, 162, 163,

al-Ḥudaybiyah (continued)
treaty of (continued) **VIII**:175; **XII**:201, 202; **XVII**:84–85; **XXXIX**:44
truce of **IX**:98, 117; **XIV**:100; **XXXIX**:107
SEE ALSO ʿĀm al-Ḥudaybiyah
Abū Ḥudayd (Zanj commander) **XXXVI**:36
Banū Ḥudaylah **VIII**:66
al-Ḥuḍayn b. al-Mundhir al-Dhuhlī al-Raqāshī, Abū Ḥafṣ **XV**:106; **XVII**:58, 59, 166; **XVIII**:142; **XX**:8–9; **XXI**:30; **XXIII**:86–87, 194; **XXIV**:12–14, 21, 23; **XXXIX**:266–67
Āl al-Hudayr (of Banū Taym b. Murrah) **XXXIX**:245
Ḥudayr b. Abī Maḥdhūrah **XXXIX**:48
Hudbah b. ʿĀmir al-Shaʿrāwī **XXVI**:235; **XXVII**:31
Hudbah b. Fayyāḍ al-Quḍāʿī (al-Aʿwar) **XVIII**:148, 149, 150
Hudbah b. Khashram **XXI**:221–22
Hudbah al-Shaʿrāwī. SEE Hudbah b. ʿĀmir al-Shaʿrāwī
Hudbah al-Yashkurī **XXIV**:109
Banū Ḥudbān (of Kinānah) **X**:171
Banū al-Ḥuddān (of Azd) **XVI**:118, 121; **XVII**:167
Ḥudhāfah b. Ghānim **VI**:21–22
al-Hudhalī. SEE Abū Bakr al-Hudhalī
Ḥudhayfah (governor of al-Madāʾin) **XII**:158, 159
Abū Ḥudhayfah (Mūsā b. Masʿūd) **I**:274; **II**:101, 123, 124, 155; **III**:172; **IV**:148
Abū Ḥudhayfah (Salamah b. Ṣuhayb) **XXXIX**:311
Banū Ḥudhayfah (in al-Kūfah) **XX**:215
Ḥudhayfah b. Asīd al-Ghifārī **XIII**:36; **XIV**:5, 34, 37
Ḥudhayfah b. Fuqaym b. ʿAdī. SEE al-Qalammas
Ḥudhayfah b. Miḥṣan al-Ghalfānī (al-Ghalafānī) **X**:53, 105, 152–55; **XI**:220, 225; **XII**:65, 69, 70, 86, 172; **XIII**:7, 59, 129, 133, 145, 150
Abū Ḥudhayfah b. al-Mughīrah **XXXIX**:29, 117
Ḥudhayfah b. Saʿīd **XXVI**:190
Abū Ḥudhayfah b. ʿUtbah b. Rabīʿah **VI**:99, 100, 110; **X**:105, 113, 115, 120, 121; **XIV**:144; **XXXIX**:300
Ḥudhayfah b. al-Yamān **I**:242; **II**:117, 120, 121; **VII**:134, 135; **VIII**:10, 25–27; **XII**:33; **XIII**:36, 62, 63, 65, 180–82, 185, 188, 189, 200, 201, 203, 204, 209–17; **XIV**:5, 6, 13, 18, 19; **XV**:8, 42, 62, 98–99, 139, 140; **XVII**:65; **XXII**:94; **XXXIX**:30, 133, 300, 301–2
Abū al-Hudhayl (of Banū al-Sakūn) **XIX**:155
Banū Hudhayl **IV**:80; **V**:168–69, 172–73, 219, 224, 226; **VII**:144, 145; **VIII**:188; **IX**:22, 117; **XV**:16, 47–48; **XIX**:186; **XXIII**:76; **XXXIX**:61, 110
Ibn Abī al-Hudhayl (*rāwī*) **II**:86, 180
Abū al-Hudhayl al-ʿAllāf **XXIX**:143
Ibn al-Hudhayl al-Asadī al-Kāhilī **XI**:32, 46–47; **XII**:132; **XIII**:57
al-Hudhayl b. ʿImrān **X**:88, 90, 92, 96, 106; **XI**:54, 61–63, 65–66
Ibn al-Hudhayl al-Kāhilī. SEE Ibn al-Hudhayl al-Asadī al-Kāhilī
Abū al-Hudhayl al-Sulamī. SEE al-Ḥuṣayn b. ʿAbd al-Raḥmān
al-Hudhayl b. Zufar b. al-Ḥārith al-ʿĀmirī **XX**:137; **XXI**:192; **XXIV**:23, 90–91, 134–35
al-Ḥuḍūḍ (canal) **XII**:23
al-Ḥufayr (near al-Baṣrah) **XI**:11–12, 19, 32; **XVI**:56; **XVIII**:109
Ḥufayr Abī Mūsā al-Ashʿarī (toponym) **XXXVIII**:179

Banū Huff **II**:13
Banū al-Hujaym **X**:91; **XVIII**:104–5
Ḥujayr b. Abī Ihāb al-Tamīmī **VII**:144
Ibn al-Ḥujayr al-Iyādī **XIII**:56, 62
Ḥujayr b. al-Rabīʿ **XVI**:117
Ḥujayr al-Thaʿlabī **VII**:27
Ḥujayr b. ʿUmayr **X**:107, 108
Ibn Ḥujayrah (ʿAbd al-Raḥmān) **I**:229
Ḥujayyah b. al-Akhlaj (al-Ajlaḥ) al-Kindī **XXVI**:15
Banū Ḥujr **XX**:118
Ibn Ḥujr (Muhalhil b. Rabīʿah) **XXXIII**:195
Ḥujr b. ʿAdī b. Jabalah al-Kindī (Ibn Adbar) **XIII**:42, 192; **XVI**:93, 96, 114; **XVII**:18, 87, 122, 130, 201–2; **XVIII**:30, 122, 123, 124, 125, 126, 127–36, 138–41, 143–48, 151–54, 156, 158, 162, 170; **XIX**:24, 38, 54, 63, 126, 168, 169; **XX**:81, 86; **XXI**:35, 45; **XXXVIII**:57; **XXXIX**:274
Ḥujr b. ʿAmr (father of Imruʾ al-Qays b. Ḥujr) **VI**:160
Abū al-Ḥujr al-Bāhilī **XXIV**:24
Ḥujr b. Saʿīd al-Ṭāʾī **XXVII**:192
Ḥujr b. Yazīd al-Kindī **XVIII**:134–36
al-Ḥujūn (hillside, in Mecca) **XXV**:49
Ḥukākah (in a line of al-Ḥazīn al-Dīlī's poetry) **XXVIII**:95
Ḥukaym b. ʿAyyāsh al-Kalbī (al-Aʿwar) **X**:96
Ḥukaym b. Jabalah al-ʿAbdī. SEE Ḥakīm b. Jabalah al-ʿAbdī
Ḥukaym b. Salāmah al-Ḥizāmī **XV**:132
Ḥulayfat Ibn Abī Aḥmad (al-Ḥulayfah) **VIII**:167
SEE ALSO Dhū al-Ḥulayfah
Ḥulayl b. Ḥubshiyyah al-Khuzāʿī **VI**:20–22
Ḥulays (b. Fulān, of Banū Asad) **XIII**:34
al-Ḥulays b. ʿAlqamah (al-Ḥulays b. Zabbān) **VII**:132; **VIII**:77–78
al-Ḥulays b. Ghālib al-Shaybānī **XX**:159; **XXIII**:56; **XXIV**:153; **XXV**:77, 78, 79
al-Ḥulays b. Zabbān. SEE al-Ḥulays b. ʿAlqamah
al-Hulb b. Yazīd al-Ṭāʾī **XXXIX**:302–3
Ḥulsidān (between Marw and Marw al-Rūdh) **XV**:85
Ḥulwān **V**:130; **XIII**:20, 21, 29, 37, 41–43, 49, 51, 53, 61, 77–79, 142, 190, 193, 210; **XIV**:4, 18; **XV**:135, 256; **XVII**:194, 195; **XVIII**:28, 194; **XIX**:116; **XX**:220; **XXII**:55–56, 137, 148; **XXIV**:8, 143; **XXVI**:255; **XXVII**:56, 85, 131, 132; **XXVIII**:24, 27–28, 35, 285; **XXX**:207; **XXXI**:77, 84, 90, 92, 99–101, 112, 114, 164, 203; **XXXII**:97, 104, 184; **XXXIII**:84–85; **XXXV**:8, 48, 149; **XXXVI**:166, 190; **XXXVII**:72, 98; **XXXVIII**:72
Banū Ḥulwān (of Quḍāʿah) **V**:35
Ḥulwān b. ʿImrān b. al-Ḥāf b. Quḍāʿah **IV**:139
Ḥulwān pass. SEE Thaniyyat Ḥulwān
Ibn al-Ḥulwānī. SEE Yazīd b. ʿAbdallāh al-Ḥulwānī
Ḥumayd (*mawlā* of Muḥammad b. Abī al-ʿAbbās) **XXVIII**:213
Ḥumayd (*mawlā* of Naṣr b. Sayyār al-Kinānī) **XXVI**:208, 213
Ibn Ḥumayd (Muḥammad b. Ḥumayd al-Rāzī, Abū ʿAbdallāh) **I**:172, 174, 177, 201, 202, 211, 217, 219, 226, 227, 244, 251, 254, 255, 259, 263, 265, 273, 276, 279, 281, 284, 292, 296, 299, 300, 306, 310, 315–17, 320, 323, 324, 330, 332, 335–37, 343, 346, 358, 360, 366,

Ibn Ḥumayd (continued) **I**:368; **II**:3, 11, 32, 49, 50, 58, 61, 64, 65, 71, 73, 79, 80, 86, 88, 89, 92–95, 97, 103, 112, 113, 116, 117, 119, 120, 125, 127, 132, 134, 140, 143, 144, 148, 153, 154, 165, 166, 168, 169, 171, 172, 177–79, 184; **III**:4, 11, 13, 16, 30, 31, 44, 46, 49, 54, 56, 66–71, 75, 78, 86–88, 90, 91, 99, 101, 118, 120–25, 139, 140, 143, 152, 153, 163, 166; **IV**:36, 41, 55, 103, 108, 122–24, 150–51, 156–57, 162, 165, 167, 169–70, 173; **V**:146, 164, 166, 170, 171, 174–76, 178, 183, 195, 199, 204, 206, 235, 242, 268–69, 271, 272, 282–84, 331, 335; **VI**:1, 2, 6, 9, 19, 23–24, 26, 28, 33, 38, 44, 46, 47, 51, 57–58, 61, 62, 65–66, 70, 73, 77, 78, 80, 82–86, 89, 92, 93, 96, 100, 101, 104, 108, 112, 114–15, 120–24, 127, 130, 133–34, 137, 138, 140, 142, 147, 149, 150, 162; **VII**:4, 5, 11, 12, 17, 18, 25, 26, 28, 34, 35, 38, 39, 43, 47, 49, 53, 55, 56, 58–67, 69–72, 74, 75, 77, 78, 83, 85, 88–90, 93–96, 105, 117, 118, 120–24, 126, 129, 131–40, 143, 147, 150–53, 157, 160, 163, 165; **VIII**:5, 6, 13, 17, 19, 20, 22, 25, 27, 31, 34, 36, 38, 40, 41, 43, 49, 50, 51, 55, 56, 57, 58, 63, 65, 66, 67, 68, 70, 71, 72, 74, 76, 77, 78, 81, 82, 85, 89, 90, 96, 98, 99, 100, 104, 105, 106, 108, 111, 115, 116, 117, 119, 121, 122, 124, 125, 128, 129, 132, 133, 134, 135, 136, 138, 140, 142, 143, 146, 149, 151, 152, 155, 156, 158, 159, 160, 161, 166, 168, 176, 177, 178, 181, 184, 185, 186, 187, 188, 189, 191, 192; **IX**:3, 6, 7, 8, 11, 12, 13, 14, 15, 16, 18, 19, 20, 21, 24, 26, 29, 31, 34, 35, 36, 37, 41, 42, 45, 47, 51, 53, 56, 59, 64, 67, 73, 79, 82, 85, 88, 90, 92, 94, 95, 96, 97, 98, 99, 103, 105, 106, 108, 109, 110, 111, 112, 114, 116, 118, 121, 122, 126, 163, 168, 169, 171, 172, 176, 177, 178, 179, 181, 182, 183, 184, 185, 186, 194, 200, 201, 202, 203, 204, 205, 206; **X**:65, 72, 80, 81, 83, 103, 116, 117, 120, 126, 129, 133, 136, 151, 188; **XI**:3, 71–74, 107, 127, 131, 133, 146, 153, 160, 162–63, 169, 185, 193–94, 213, 224; **XII**:133, 138, 139, 140; **XIII**:36, 86, 92, 94, 96–100, 151, 160, 162, 163, 179; **XIV**:15, 95, 114, 136, 142; **XIX**:204; **XXXIX**:5, 13, 14, 98, 109, 119, 128, 129, 137, 146, 160, 216, 223, 226, 242, 268, 270

Ḥumayd b. ʿAbd al-Ḥamīd al-Ṭūsī **XXXII**:51–52, 53, 54, 60, 69–72, 74, 81–82, 86, 87, 89–92, 95, 157–58, 166, 246–47; **XXXV**:40

Ḥumayd b. ʿAbd al-Malik b. al-Muhallab **XXIV**:113–14, 119–20

Umm Ḥumayd bt. ʿAbd al-Raḥmān **XXXIX**:279–80

Ḥumayd b. ʿAbd al-Raḥmān b. ʿAwf al-Zuhrī **XI**:151; **XXXIX**:244

Ḥumayd b. ʿAbd al-Raḥmān al-Ḥimyarī **IX**:187

Ḥumayd b. ʿAbdallāh **XXV**:16

Ḥumayd b. ʿAbdallāh al-Lakhmī **XXVI**:241

Ḥumayd al-Arqaṭ **XXIII**:82

Ḥumayd al-Azraq, Abū Ṣāliḥ **XXVII**:68

Ḥumayd b. Baḥdal. SEE Ḥumayd b. Ḥurayth b. Baḥdal al-Kalbī

Ḥumayd b. Bukayr (Bakr) al-Aḥmarī **XIX**:46, 164

Ḥumayd b. Abī Ghānim al-Ṭāʾī **XXX**:302–3

Ḥumayd b. Ḥabīb al-Lakhmī **XXVI**:145, 148

Ḥumayd b. Ḥamzah **XIX**:198

Ḥumayd b. Hilāl **XVII**:123, 124; **XVIII**:219; **XX**:30; **XXXIX**:70, 122
Ḥumayd b. Ḥurayth b. Baḥdal al-Kalbī (Ibn Baḥdal) **XX**:69; **XXI**:75, 155–59, 161
Ḥumayd b. Khiyār al-Māzinī **XV**:104
Abū Ḥumayd al-Marwarrūdhī (al-Marwazī) **XXVII**:108, 171; **XXVIII**:11, 27–30
Ḥumayd b. Masʿadah al-Sāmī **XXXIX**:134
Ḥumayd b. Maʿyūf **XXX**:262
Ḥumayd b. Muslim al-Azdī **XVII**:89; **XIX**:107, 110, 129, 141, 151–52, 158, 160–64, 166–67; **XX**:82, 85, 122, 126, 142, 143, 144, 146, 150, 155, 184, 197, 199, 205; **XXI**:22, 33–34; **XXII**:29
Ḥumayd b. Naṣr al-Lakhmī **XXVI**:129, 154
Ḥumayd b. Qaḥṭabah **XXVII**:137, 143, 161, 169, 172, 178, 179; **XXVIII**:9, 11–13, 46–47, 81, 187, 193, 196–97, 199, 201, 204, 208–10, 212–13, 283, 287, 289; **XXIX**:62, 168, 170; **XXXI**:156
Ḥumayd b. al-Qāsim al-Ṣayrafī **XXIX**:79
Ḥumayd b. al-Rabīʿ al-Kharrāz **IX**:170
Ḥumayd b. Razīn **XXVII**:65
Ḥumayd b. Saʿīd **XXXI**:225–26
Abū Ḥumayd al-Sāʿidī (ʿAbd al-Raḥmān b. Saʿd) **XV**:174; **XXXIX**:286
Ḥumayd b. Abī Shajjār **XII**:117
Ḥumayd al-Ṭawīl **VII**:63, 120, 122, 152; **IX**:160; **XVI**:4; **XXVII**:88; **XXXIX**:309
Ḥumayd b. Thawr al-Hilālī **XXXIX**:126
Ḥumayd (Ḥamdūn) al-ʿUllayṣī **XXXVIII**:137
Ḥumayd al-Wartakānī **XXVII**:202
Ḥumaydah bt. ʿUmar b. Saʿd **XXI**:38
Ḥumaydah (Ḥamīdah) bt. Ziyād b. Muqātil **XXIII**:17
Ḥumayḍah b. al-Nuʿmān b. Ḥumayḍah al-Bāriqī **X**:161; **XII**:10, 54, 122
al-Ḥumaydī ([Ibn] ʿAbdallāh b. al-Zubayr) **III**:45
Banū Humaym **XVIII**:144, 158; **XX**:26
al-Ḥumaymah (near al-ʿAqabah) **XXV**:129; **XXVII**:84, 148, 149, 150, 158; **XXIX**:93
Humaynah bt. Khalaf b. Asʿad b. ʿĀmir b. Bayāḍah **VI**:87
Ḥumaynah bt. Abī Ṭalḥah b. ʿAbd al-ʿUzzā **XXXIX**:277
Humayniyā (Humayniyyah, on the Upper Zāb) **IV**:81; **XXXI**:207
Ḥumayr (toponym, in a line of poetry) **IX**:89
al-Ḥumayrāʾ (near Medina) **XXVIII**:222
humiliation methods
  cutting out holes in rear of trousers **XXV**:13
  mounting on camel facing its rump **XXVIII**:70
  seals worn around necks **XXII**:2; **XXV**:162
  shaving heads **XXIII**:200; **XXIV**:4; **XXV**:37; **XXXIX**:228
  silken cloaks, forced wearing of **XXXVIII**:13, 29, 141, 150, 170, 179
  urinating on someone's head **XXXI**:246
  verbal abuse, use of genealogy in **XXI**:176–77
  women humiliating men **XX**:41
Ḥumrah b. Mālik al-Hamdānī **XVIII**:148
Ḥumrān (*mawlā* of ʿUbaydallāh b. Ziyād) **XX**:10
Ḥumrān (near Abrashahr) **XV**:92

Ḥumrān (slave trader) **XXIX**:95
Ḥumrān b. Abān **XI**:56, 124; **XV**:126–27, 229; **XVIII**:13, 14; **XXI**:173, 176, 192–93, 215
Abū Ḥumrān b. Bujayr al-Hamdānī **XVIII**:52
Ḥumrān b. Mālik **XXII**:66
Banū Hunā'ah (of Azd) **XXVIII**:89
Ḥunāṭah al-Ḥimyarī **V**:224–26
al-Hunayd b. 'Ūṣ al-Ḍulay'ī **IX**:100
Hunaydah (fortress, in Yemen) **III**:164, 165
Hunaydah (wife of al-Qa'qā' b. 'Amr al-Tamīmī) **XII**:147
Abū Hunaydah. SEE Wā'il b. Ḥujr al-Ḥaḍramī
Ibn Hunaydah. SEE al-Ḥārith b. Aws b. Mu'ādh
Hunaydah b. Khālid al-Khuzā'ī **XXXIX**:145
al-Ḥunayf b. al-Sijf al-Tamīmī. SEE al-Ḥantaf b. al-Sijf al-Tamīmī
Ḥunayn (between Mecca and al-Ṭā'if) **VII**:61; **VIII**:176; **IX**:2, 8, 17; **XIV**:134; **XIX**:208; **XXVIII**:201; **XXXIX**:11, 20, 21, 24, 34, 43, 46, 61, 62, 64, 73, 82, 101, 105, 106, 108, 112, 115, 127, 192
  battle of **IX**:1–20, 21, 26, 29, 31, 34, 35, 68, 72, 117, 154; **X**:81; **XVIII**:186; **XXI**:28
Abū Ḥunayn **XXVIII**:99, 119
Ḥunayn b. 'Abdallāh **XXVIII**:190
Ḥunn b. Rabī'ah b. Ḥarām **VI**:19
Huns, White. SEE Hephthalites
hunting with birds **I**:345; **XIV**:41; **XXXIII**:80; **XXXV**:161; **XXXVIII**:77
  austringers **XIV**:41
Ibn Abī al-Ḥuqayq. SEE Sallām b. Abī al-Ḥuqayq
al-ḥuqb (measure of time, equalling eighty years) **I**:184
Banū Ḥuraqah (of Juhaynah) **VIII**:132; **IX**:123; **XXI**:31
Huraym (father of Sa'īd b. Huraym) **XXVIII**:284, 285
Huraym b. 'Adī (father of Khālid b. Huraym) **XXII**:189
Huraym b. Abī Ṭaḥmah al-Mujāshi'ī **XXII**:170; **XXIII**:151; **XXIV**:16, 53, 115, 128
Ḥuraymilah bt. 'Abd al-Aswad b. Khuzaymah **XXXIX**:67
Hurayrah (singing girl of Bishr b. 'Amr) **XXXIV**:54
Abū Hurayrah (*rāwī*) **I**:176, 177, 184, 189, 191, 197, 212, 222, 224, 230, 231, 265, 266, 283–87, 327, 331; **II**:61, 63, 64, 84, 104; **III**:87; **IV**:165–66; **VII**:84, 145, 162; **VIII**:13, 124; **IX**:24, 184; **X**:131, 143; **XIII**:176; **XIV**:40, 119; **XV**:96, 166, 213; **XVII**:208–9; **XVIII**:101; **XIX**:117; **XXVIII**:290; **XXXIX**:50, 70, 173, 174, 176, 185, 209, 223, 283
Abū Hurayrah al-Dawsī. SEE Abū Hurayrah
Abū Hurayrah b. Shurayḥ **XXI**:131–32
Ḥurayth (b. Abī al-Mālik al-Ghassānī) **XXVI**:129
Ḥurayth (hostage of 'Ayn al-Tamr) **XI**:55–56
Ḥurayth b. Baḥdal al-Kalbī **XXI**:157
Ḥurayth b. Abī al-Jahm **XXVI**:196, 199
Ḥurayth b. al-Mu'allā **IX**:167
Ḥurayth b. al-Nu'mān (of Banū Kinānah b. Taym) **XIII**:92
Ḥurayth b. Quṭbah **XXII**:170; **XXIII**:29–31, 96–99
Ḥurayth b. Yāsir **XXXIX**:29
Ḥurayth b. Zayd (Yazīd) **XXI**:142
Ḥurayth b. Zayd al-Khayl **XXXIX**:85
Ḥurf (near al-Anbār) **XXXIV**:152
Hurmuz (al-Hurmuzān, Arsacid ruler) **IV**:99, 100, 101

Hurmuz (agent sent against Bahrām Jūbīn) **V**:315–16
Hurmuz (Hormizd I Ardashīr, b. Sābur I, Sasanian emperor) **V**:39–43
Hurmuz (Hormizd II, b. Narsī, Sasanian emperor) **V**:49–50
Hurmuz (Hormizd III, b. Yazdajird II, Sasanian emperor) **V**:107–10
Hurmuz (Hormizd IV, b. Khusraw I Anūsharwān, Sasanian emperor) **V**:265, 294–98, 301, 303–7, 373, 382; **XIII**:27
Hurmuz (Persian general) **XI**:9–13, 16–18, 37
Hurmuz (ruler of al-Bāb) **XII**:91; **XIV**:45, 46
Ibn Hurmuz (head of military register) **XXIV**:180–81
Ibn Hurmuz (jurist). SEE ʿAbdallāh b. Yazīd b. Hurmuz
Hurmuz Ardashīr. SEE Sūq al-Ahwāz
Hurmuz Jādhūyah **XI**:118, 120
Hurmuz al-Wālibī. SEE Abū Khālid al-Wālibī
al-Hurmuzān (Arsacid ruler). SEE Hurmuz
al-Hurmuzān (in a line of Jarīr b. ʿAṭiyyah's poetry) **III**:22
al-Hurmuzān (Persian commander, at al-Qādisiyyah) **XII**:45, 53, 62, 83, 95, 123, 131; **XIII**:3, 4, 114–16, 118, 119, 121–24, 126, 131–42, 145, 150, 184, 189, 199; **XIV**:10, 53, 161, 162, 163; **XV**:3, 4
Hurmuzdābādh (mountain) **XXXIII**:146, 163, 165
Hurmuzjān (toponym) **V**:13
Hurmuzjird (in al-Ahwāz) **II**:127, 128; **XI**:41
Banū Ḥurqūṣ **XVI**:160
Ḥurqūṣ b. al-Nuʿmān al-Bahrānī (al-Namarī) **XI**:63, 64–65, 109
Ḥurqūṣ b. Zuhayr al-Saʿdī **XIII**:121–26, 132–34; **XV**:160; **XVI**:71–73, 97, 108; **XVII**:111, 115, 117, 130, 132
Abū al-Ḥurr. SEE Mūsā b. Zurārah
Ibn al-Ḥurr. SEE ʿUbaydallāh b. al-Ḥurr al-Juʿfī
al-Ḥurr b. ʿAbdallāh b. ʿAwf **XXII**:94
al-Hurr b. Mūsā. SEE al-Ḥusayn b. Mūsā
al-Ḥurr b. Qays b. Ḥiṣn al-Fazārī **III**:9
al-Ḥurr b. al-Ṣayyāḥ al-Nakhaʿī **XVII**:44, 107, 188; **XXXIX**:142
al-Ḥurr b. Yazīd al-Tamīmī al-Yarbūʿī al-Ḥanẓalī al-Riyāḥī **XIX**:74, 79, 92–99, 101–3, 120–21, 127–28, 136, 140, 144
al-Hurth (toponym) **XXXVII**:20
Ḥurthān b. al-Ḥārith. SEE Dhū al-Iṣbaʿ
al-Ḥuṣayd (near ʿAyn al-Tamr?) **XI**:60, 61, 62, 65, 109
Ḥusayl b. Jābir (al-Yamān) **VII**:134, 135; **XXXIX**:301
Ḥusayl b. Nuwayrah al-Ashjaʿī **VIII**:133
Abū al-Ḥusayn. SEE ʿAlī b. Abī Ṭālib; Yaḥyā b. ʿUmar b. Yaḥyā b. Ḥusayn b. Zayd b. ʿAlī b. al-Ḥusayn b. ʿAlī b. Abī Ṭālib
Abū al-Ḥusayn (maternal uncle of Muḥammad b. ʿAbdūs al-Ghanawī) **XXXV**:19
Bint al-Ḥusayn. SEE Fāṭimah bt. al-Ḥusayn
Ibn al-Ḥusayn. SEE Muḥammad b. al-Ḥusayn
Umm al-Ḥusayn. SEE Fāṭimah bt. al-Ḥusayn b. ʿAbdallāh b. Ismāʿīl b. ʿAbdallāh b. Jaʿfar b. Abī Ṭālib
Ḥusayn (*khādim* of al-Maʾmūn) **XXXII**:103

Ḥusayn (*khādim* of Hārūn al-Rashīd) **XXX**:207, 209, 219, 254, 303; **XXXI**:5, 242
Ḥusayn (*khādim*, ʿAraq al-Mawt) **XXXVI**:117
al-Ḥusayn (b. Muṣʿab b. Ruzayq) **XXXII**:163
al-Ḥusayn (*rāwī*). SEE al-Ḥusayn b. Dāwūd
Ḥusayn, Abū Jaʿfar (*rāwī*) **XIX**:131
al-Ḥusayn b. ʿAbd al-Raḥmān (of Banū al-ʿAmm) **XXIV**:53
al-Ḥusayn b. ʿAbdallāh al-Bursumī **XX**:188, 189
Ḥusayn b. ʿAbdallāh b. Ḍumayrah **IX**:146; **XXXIX**:100
Abū Ḥusayn b. ʿAbdallāh b. Ḍumayrah b. Abī Ḍumayrah **IX**:145
Ḥusayn b. ʿAbdallāh al-Hamdānī **XVIII**:127
al-Ḥusayn b. ʿAbdallāh b. al-Jaṣṣāṣ. SEE Ibn al-Jaṣṣāṣ
Umm Ḥusayn bt. ʿAbdallāh b. Muḥammad b. ʿAlī b. Ḥusayn **XXVIII**:218
Ḥusayn b. ʿAbdallāh b. ʿUbaydallāh b. ʿAbbās **VI**:120; **VII**:68, 138; **VIII**:171; **IX**:201
al-Ḥusayn b. Aḥmad b. Ismāʿīl b. Muḥammad b. Ismāʿīl al-Arqaṭ b. Muḥammad b. ʿAlī b. al-Ḥusayn b. ʿAlī b. Abī Ṭālib al-Kawkabī. SEE al-Kawkabī
al-Ḥusayn b. ʿAlī b. al-Ḥasan b. al-Ḥasan b. al-Ḥasan b. ʿAlī b. Abī Ṭālib **XXX**:14–28, 30–38, 38
Ḥusayn b. ʿAlī b. Ḥusayn b. ʿAlī **XXVIII**:144, 168, 174
al-Ḥusayn b. ʿAlī b. ʿĪsā b. Māhān **XXXI**:52, 88, 106, 107–12, 113–14, 132, 166, 186, 188, 204, 229
al-Ḥusayn b. ʿAlī al-Ṣudāʾī **I**:189, 212, 222, 224, 231; **XXXIX**:151, 199, 242
al-Ḥusayn b. ʿAlī b. Abī Ṭālib **VII**:142, 161; **X**:43; **XII**:202; **XV**:42; **XVII**:41, 96, 110, 219–22, 228; **XVIII**:5, 11, 138, 186, 200, 208–10; **XIX**:2–10, 16–18, 22–36, 40, 42, 49, 53, 56–57, 59–60, 64–116, 118–22, 125–32, 134–44, 146–65, 168–71, 173–79, 181, 185, 189–91, 197, 204; **XX**:35–36, 39, 80–97, 105, 109, 124–28, 132–34, 162, 182, 190–94, 197, 201–3, 217, 221; **XXI**:1, 21–24, 27, 31–35, 38–41, 43, 52, 60–62, 77–78, 81; **XXIII**:65; **XXVI**:11, 16–17, 42–43, 48, 53; **XXX**:36; **XXXIV**:110–11; **XXXVIII**:60; **XXXIX**:48–51, 53, 96, 121, 187, 211, 215, 248, 274, 279, 288
al-Ḥusayn b. ʿAlī b. Yaḥyā al-Armanī **XXXV**:78, 79, 85
al-Ḥusayn b. ʿAmr b. Muḥammad al-ʿAnqazī **II**:137, 140; **IV**:165
al-Ḥusayn b. ʿAmr al-Naṣrānī **XXXVIII**:15, 76, 103, 121, 126
al-Ḥusayn b. al-Ḍaḥḥāk al-Bāhilī (al-Khalīʿ) **XXXI**:136, 138, 152, 167, 175, 214–17, 227; **XXXII**:251–52, 256; **XXXIII**:121; **XXXIV**:53–54
al-Ḥusayn b. Dāwūd **I**:192, 207, 208, 246, 250, 251, 256, 268, 270, 278, 287, 309, 357, 364, 365, 367; **II**:42, 45, 58, 61, 68, 101, 145–47, 180; **III**:47, 99, 106, 131, 154; **IV**:51; **V**:324, 326; **VI**:111
al-Ḥusayn b. al-Faraj **I**:227, 251
al-Ḥusayn b. Firās **XXXI**:248
al-Ḥusayn b. Ḥamdān b. Ḥamdūn **XXXVIII**:21, 27–29, 128, 137–39, 157, 159–61, 181, 182, 189–91, 200
Ḥusayn al-Ḥammāmī (Zanj commander) **XXXVI**:65, 206
al-Ḥusayn b. al-Ḥasan b. ʿAlī b. al-Ḥusayn (al-Afṭas) **XXXII**:19, 22, 29–32

al-Ḥusayn b. al-Ḥasan al-Kindī **XXIV**:191; **XXV**:7
al-Ḥusayn b. al-Ḥasan b. Muḥammad b. al-Ḥasan b. ʿAṭiyyah **I**:215, 246, 313, 329; **VIII**:69–70
Ḥusayn b. Hishām **XXXII**:192
Abū al-Ḥusayn b. Hishām **XXXV**:94
Ḥusayn b. al-Ḥurr al-Baddī **XIX**:153–54
Ḥusayn b. Abī al-Ḥusayn **XXXIX**:174
Ḥusayn b. ʿĪsā **XV**:135, 137, 184, 186, 202, 246–47, 251; **XVI**:1, 2
al-Ḥusayn b. Ismāʿīl (police chief) **XXXVII**:148
al-Ḥusayn b. Ismāʿīl (*ṣāḥib al-ḥarb*) **XXXV**:47
SEE ALSO al-Ḥusayn b. Ismāʿīl b. Ibrāhīm b. Muṣʿab b. Ruzayq
al-Ḥusayn b. Ismāʿīl b. Ibrāhīm b. Muṣʿab b. Ruzayq **XXXIV**:108–9; **XXXV**:17, 18, 20, 21, 45, 47, 71, 77, 78–86, 90, 92, 104, 115, 127, 128, 129, 130; **XXXVI**:16–19, 21
al-Ḥusayn b. Jaʿfar b. al-Ḥusayn b. al-Ḥusayn **XXX**:19–20
al-Ḥusayn b. Jaʿfar b. Mūsā b. Jaʿfar b. Muḥammad b. ʿAlī b. Ḥusayn **XXXVII**:146
al-Ḥusayn b. Khālid al-Madāʾinī **XXXIII**:47–49
al-Ḥusayn b. Manṣūr. SEE al-Ḥallāj
al-Ḥusayn b. Muʿādh b. Muslim **XXX**:67–68
al-Ḥusayn al-Muʿallim **XXXIX**:69
al-Ḥusayn b. Muḥammad (b. Bahrām) **I**:304
al-Ḥusayn b. Muḥammad b. ʿAbdallāh **XXX**:15, 27
al-Ḥusayn b. Muḥammad b. Ḥamzah b. ʿAbdallāh b. al-Ḥusayn b. ʿAlī b. al-Ḥusayn b. ʿAlī b. Abī Ṭālib **XXXV**:88–90, 93, 142
Ḥusayn b. Mujāhid al-Rāzī **XXIII**:134
al-Ḥusayn b. Mūsā **XXXVIII**:183, 184
al-Ḥusayn b. Muṣʿab **XXVIII**:235; **XXX**:269–70, 272; **XXXI**:12–13
al-Ḥusayn b. Naṣr al-Āmulī **VI**:153; **IX**:208; **XIX**:77, 79
al-Ḥusayn b. Naṣr al-ʿAṭṭār **XVI**:52
Abū al-Ḥusayn b. Quraysh **XXXV**:91
al-Ḥusayn b. Abī Saʿīd **XXXI**:178
al-Ḥusayn b. Ṣakhr al-Uwaysī **XXVIII**:162–63, 179
al-Ḥusayn al-Ṣaydanānī **XXXVI**:33, 53, 55
al-Ḥusayn b. Ṭāhir b. ʿAbdallāh b. Ṭāhir **XXXVI**:167, 180, 188, 203; **XXXVII**:12
al-Ḥusayn b. Thawlāʾ **XXVIII**:272
al-Ḥusayn b. al-ʿUllayṣī **XXXVIII**:137
al-Ḥusayn b. ʿUmar al-Rustumī **XXXI**:25, 52, 114–16
al-Ḥusayn b. ʿUqbah al-Murādī (al-Marādī) **XVIII**:122; **XIX**:137, 168
Ḥusayn b. ʿUthmān b. Bishr b. al-Muḥtafiz **XXV**:22
al-Ḥusayn b. Wāqid al-Khurāsānī **I**:300, 364; **II**:80, 97
Ḥusayn b. Yazīd **XXVI**:82; **XXVIII**:108, 216
al-Ḥusayn b. Yazīd al-Adamī **I**:285
al-Ḥusayn b. Yazīd al-Ḥarrānī **XXXV**:90
al-Ḥusayn b. Yazīd al-Ṭaḥḥān **II**:83
Ḥusayn b. Zafar **XXII**:56
Ḥusayn b. Zayd b. ʿAlī b. al-Ḥusayn b. ʿAlī b. Abī Ṭālib **XXVIII**:124, 223; **XXXIX**:330
al-Ḥusayn b. Zikrawayh (Man of the Mole, al-Mahdī) **XXXVIII**:116, 122, 123, 127–36, 141–47, 152, 157, 158, 165
Ḥusayn Z.j.lah (Zujlah?) **XXXII**:154

Abū Ḥuṣayn *(rāwī)* **XXXIX**:81
Ibn Ḥuṣayn. SEE ʿImrān b. al-Ḥuṣayn
Ḥuṣayn b. ʿAbd al-Raḥmān (Abū al-Hudhayl al-Sulamī) **II**:159; **III**:160; **XII**:31, 32; **XIII**:64, 199; **XVI**:109; **XIX**:77–81
al-Ḥuṣayn b. ʿAbd al-Raḥmān b. ʿAmr b. Saʿd b. Muʿādh **VI**:123; **VII**:105, 120; **XXXIX**:83
al-Ḥuṣayn b. ʿAbdallāh al-Kilābī **XVIII**:148
al-Ḥuṣayn b. ʿAbdallāh b. Saʿd b. Nufayl al-Azdī **XXII**:128
al-Ḥuṣayn b. ʿAbdallāh b. ʿUbaydallāh **XXXIX**:55
al-Ḥuṣayn b. Ḥammād al-Kalbī **XXIV**:141
al-Ḥuṣayn b. al-Ḥārith b. al-Muṭṭalib b. ʿAbd Manāf **XXIV**:82; **XXXIX**:24
Ḥuṣayn b. Ḥukaym **XXVI**:228
al-Ḥuṣayn b. al-Ḥumām al-Murrī **XIX**:176; **XXI**:231
SEE ALSO Ḥuṣayn al-Murrī
al-Ḥuṣayn b. Abī al-Ḥurr **XI**:48; **XIII**:129; **XV**:34, 127
Ḥuṣayn b. Jundub, Abū Ẓabyān. SEE Abū Ẓabyān
al-Ḥuṣayn b. Maʿbad b. al-Nuʿmān **XII**:42; **XIII**:133; **XVI**:135
al-Ḥuṣayn b. Mālik b. Ḥudhayfah **X**:77
Ḥuṣayn al-Murrī **XI**:158; **XIV**:103
SEE ALSO al-Ḥuṣayn b. al-Ḥumām al-Murrī
Ḥuṣayn b. Muslim **XXIV**:20
al-Ḥuṣayn b. Niyār **X**:87, 89
al-Ḥuṣayn b. Numayr al-Sakūnī **X**:180; **XII**:12; **XIX**:83, 98, 205, 211–12, 222–24; **XX**:1–6, 48, 56–57, 68–69, 114–16, 139, 143–45, 153, 156; **XXI**:78, 80–81; **XXXIX**:274
Ibn Ḥuṣayn al-Saʿdī **XXVII**:140
al-Ḥuṣayn b. Tamīm **XIX**:53, 79, 83–84, 98, 136, 139, 142, 156
al-Ḥuṣayn b. ʿUbayd b. Khalaf **XXXIX**:137
Ḥuṣayn b. Waʿlah al-Sadūsī **XXVII**:88, 89
al-Ḥuṣayn b. Yazīd b. ʿAbdallāh b. Saʿd b. Nufayl **XX**:85, 90, 134, 154–55; **XXII**:129
Ḥusaynids (Ḥusaynīs) **XXVI**:8; **XXVIII**:120; **XXXVII**:90
Banū Huṣayṣ **VII**:70
Husbandmen (al-Akkārūn), sin of **VIII**:104
Hushaym *(rāwī)* **I**:256, 363; **II**:86, 88; **III**:101; **IX**:207; **XV**:223, 252; **XVI**:4
Ḥushaym, brother of (in a line of poetry) **XII**:184
al-Ḥūshiyyah. SEE al-Jūshiyyah
al-Ḥuṣṣ (near Ḥimṣ) **XII**:106
Banū Ḥūt (Ḥarb?) **XVIII**:133
al-Ḥuṭam b. Ḍubayʿah **X**:134, 137, 138, 143–46, 149, 151
ḥuṭamiyyah (coat of mail) **XXIII**:150
al-Ḥutāt b. Yazīd, Abū Munāzil **IX**:68; **XVII**:167; **XVIII**:105, 106, 108
al-Ḥuṭayʾah (Jarwal b. Aws) **X**:47, 51; **XII**:87; **XIV**:81, 82; **XVIII**:117
Ḥūth. SEE ʿAbdallāh b. Sabuʿ; ʿAbdallāh b. Sabuʿ al-Hamdānī
Ḥuṭṭī (ruler) **II**:3
Abū al-Ḥuwayrith (ʿAbd al-Raḥmān b. Muʿāwiyah) **V**:269; **XIV**:115; **XX**:54, 160; **XXXIX**:240–41, 309
al-Ḥuwayrith b. Nuqaydh b. Wahb b. ʿAbd b. Quṣayy **VIII**:179, 181
Ḥuwayṭib b. ʿAbd al-ʿUzzā **XIII**:109; **XV**:247; **XXXIX**:42, 43–46, 300
Ḥuwayṭib b. ʿAbd al-ʿUzzā b. Abī Qays **VIII**:79, 80, 136; **IX**:32
Ḥuwayy (*mawlā* of Abū Dharr al-Ghifārī) **XIX**:117

Ibn Ḥuwayy (of the tribal dignitaries of Damascus) **XXVI**:189
Ḥuwayy al-Saksakī **XXXIX**:33
Banū Ḥuwayy b. Sufyān b. Mujāshiʿ **XVIII**:105
Ḥuwayyiṣah b. Masʿūd **VII**:97, 98
Ḥuwwārīn (Ḥuwwārayn, Yazīd I's death place, two stages from Palmyra) **XI**:110; **XVIII**:214; **XIX**:225; **XX**:70; **XXVI**:185
Ḥuyayy b. ʿAbdallāh **I**:245
Ḥuyayy b. Akhṭab al-Naḍarī **VII**:90, 158–60; **VIII**:7, 14–15, 30, 35–37; **XXX**:119
Huzaylah bt. Bakr **II**:32, 36
Huzaylah bt. al-Ḥārith **XXXIX**:201
al-ḥūziyyah. SEE *al-ḥawziyyah*
Abū Ḥuzzābah. SEE al-Walīd b. Nahīk
Ḥuẓẓayyān (in al-Yamāmah) **XXXIV**:46
hyena (Umm ʿĀmir) **XXII**:58; **XXIX**:113
Hypocrites (al-Munāfiqūn) **VII**:57, 110, 112, 135; **VIII**:8, 9, 12, 13, 16, 54, 61, 167; **XIII**:152; **XX**:50, 51, 58; **XXXIX**:9, 156

I

al-ʿIbād (Christians of al-Ḥīrah) **V**:21; **XII**:32, 127, 202; **XIII**:75, 76, 90
SEE ALSO Banū ʿIbād
Banū ʿIbād **IV**:148; **XI**:56; **XXV**:12; **XXXIX**:244
SEE ALSO al-ʿIbād
ʿIbādah b. Qurṣ al-Laythī **XVIII**:19
al-Ibāḍiyyah (Ibāḍīs, Khārijite sect) **XXVII**:201; **XXX**:84
Iblīs. SEE Satan
ibn al-lakhnāʾ (ʻson of the uncircumsized woman') **XXII**:28; **XXVIII**:33, 128, 239; **XXX**:82, 247, 316; **XXXI**:239; **XXXIII**:163
ibn al-lakhnāʾ (continued)
SEE ALSO clitoris
ibn al-sabīl (wayfarer, traveler) **VIII**:128; **XIII**:50, 109, 216, 217
Ibrāhīm (half-brother of al-Muhtadī) **XXXVI**:29, 73
Ibrāhīm (*mawlā* of Prophet Muḥammad). SEE Abū Rāfiʿ
Ibrāhīm (prophet, Friend of God). SEE Abraham
Ibrāhīm (*rāwī*). SEE Ibrāhīm b. Saʿd b. Abī Waqqāṣ; Ibrāhīm b. Yazīd al-Nakhaʿī
Ibrāhīm (*rāwī*, father of Muḥammad b. Ibrāhīm) **XVIII**:223
Ibrāhīm (son of al-Mutawakkil). SEE al-Muʾayyad bi-llāh
Ibrāhīm b. al-ʿAbbās b. Muḥammad b. Ṣūl (al-Ṣūlī) **XXXII**:96, 135; **XXXIV**:72, 75, 104, 150
Ibrāhīm b. ʿAbd al-Raḥmān (*rāwī*) **XXIX**:114
Ibrāhīm b. ʿAbd al-Raḥmān al-Anṣārī **XXI**:79
Ibrāhīm b. ʿAbd al-Raḥmān b. ʿAwf **VII**:59
Ibrāhīm b. ʿAbd al-Raḥmān al-Ḥanafī **XXV**:167
Ibrāhīm b. ʿAbd al-Raḥmān b. Kaʿb **VII**:103
Ibrāhīm b. ʿAbd al-Raḥmān b. Nuʿaym al-Ghāmidī **XXV**:17
Ibrāhīm b. ʿAbd al-Raḥmān b. Abī Rabīʿah **I**:355
Ibrāhīm b. ʿAbd al-Raḥmān al-Ṣāʾigh **XXVII**:29, 30
Ibrāhīm b. ʿAbd al-Salām **XXIX**:118; **XXX**:59
Ibrāhīm b. ʿAbdallāh al-ʿAlawī. SEE Ibrāhīm b. ʿAbdallāh b. Ḥasan b. Ḥasan b. ʿAlī b. Abī Ṭālib
Ibrāhīm b. ʿAbdallāh b. ʿAṭāʾ b. Yaʿqūb **XXVIII**:225
Ibrāhīm b. ʿAbdallāh b. Abī Farwah **XXIV**:182

Ibrāhīm b. ʿAbdallāh b. Ḥasan b. Ḥasan b. ʿAlī b. Abī Ṭālib **XXVIII**:85–86, 90–91, 94, 97, 99, 101, 105, 107–11, 117–19, 121–22, 125–26, 128–31, 138–40, 143, 148–50, 164, 183–85, 201, 220–21, 227, 250, 252–80, 282–91; **XXIX**:4, 9, 12, 120, 122, 139, 141, 143, 224–25, 251–52; **XXXIX**:246

Ibrāhīm b. ʿAbdallāh b. Jarīr al-Bajalī **XXVI**:40

Ibrāhīm b. ʿAbdallāh al-Laythī **XXV**:48

Ibrāhīm b. ʿAbdallāh al-Mismaʿī **XXXVIII**:184

Ibrāhīm b. ʿAbdallāh b. Muḥammad **XXXIX**:182

Ibrāhīm b. ʿAbdallāh al-Sulamī **XXVII**:33, 43

Ibrāhīm b. ʿAbdallāh b. ʿUtbah b. Ghazwān **IX**:153

Ibrāhīm b. ʿAdī **XV**:202, 249
SEE ALSO Ibrāhīm b. ʿArabī al-Kinānī

Ibrāhīm b. al-Aghlab **XXX**:29, 174

Ibrāhīm b. Aḥmad al-Mādharāʾī **XXXVII**:159; **XXXVIII**:26

Ibrāhīm b. Abī ʿAlī **XXIX**:253

Ibrāhīm b. ʿAlī b. Salamah b. ʿĀmir b. Harmah. SEE Ibn Harmah

Ibrāhīm b. ʿĀmir (of Banū Ghāḍirah) **XXII**:21

Ibrāhīm b. ʿĀmir b. Abī Sufyān **XXXIX**:64

Abū Ibrāhīm al-Anṣārī **XXXIX**:136

Ibrāhīm b. ʿArabī al-Kinānī **XXI**:161, 163
SEE ALSO Ibrāhīm b. ʿAdī

Ibrāhīm b. ʿArīf **XXVIII**:42

Ibrāhīm b. Abī al-Ashʿath **XXXVIII**:177

Ibrāhīm b. al-Ashtar **XVII**:80; **XX**:193–203, 207, 209–16, 221, 223–24; **XXI**:10–11, 14–18, 20, 67–69, 74–83, 88, 109–10, 118, 128, 130, 134, 180–82, 185; **XXVII**:175

Ibrāhīm b. ʿĀṣim al-ʿUqaylī **XXV**:117, 132–34, 136, 137, 138

Ibrāhīm b. ʿAṭāʾ **XXXIV**:110

Ibrāhīm b. ʿAttāb **XXXIV**:110

Ibrāhīm b. Ayyūb al-Abrash (Ibn al-Abrash) **XXXIV**:174

Ibrāhīm al-Bakhtarī **XXXIII**:8

Ibrāhīm b. Abī Bakr **II**:124

Ibrāhīm b. Bashshār al-Ramādī **III**:89; **XXXIX**:252

Ibrāhīm b. Bassām **XXVI**:60; **XXVII**:38

Ibrāhīm al-Dayraj **XXXV**:20, 39, 43
SEE ALSO Ibrāhīm b. Sahl al-Dārij

Ibrāhīm b. Dhakwān al-Ḥarrānī. SEE Ibrāhīm al-Ḥarrānī

Abū Ibrāhīm b. Ghassān. SEE Ghassān b. Abī al-Faraj

Ibrāhīm al-Ghaṭafānī. SEE Ibrāhīm b. Abī Isḥāq

Ibrāhīm al-Haftī **XXXIII**:29–30

Ibrāhīm b. Ḥammād al-Zuhrī **XXXIX**:261

Ibrāhīm al-Ḥarrānī (Ibrāhīm b. Dhakwān) **XXX**:46–47, 53–54, 61, 63, 71–72, 77, 82, 86, 95, 97

Ibrāhīm b. Hārūn **XXXV**:11

Ibrāhīm b. Ḥasan b. Ḥasan **XXVIII**:118, 120, 131, 134, 139; **XXIX**:139

Ibrāhīm b. al-Ḥasan b. Zayd **XXXIX**:260

Ibrāhīm b. Ḥassān al-Sulamī. SEE Abū Ḥammād al-Marwazī

Ibrāhīm b. Hishām (garrison commander at al-Shubūrqān) **XXV**:149

Ibrāhīm b. Hishām b. Ismāʿīl al-Makhzūmī **XXV**:3, 4, 8, 9, 23, 28, 29, 32, 63, 68, 94, 96, 97, 98; **XXVI**:5, 8, 9, 89, 119, 177

Ibrāhīm b. Ḥubaysh al-Kūfī **XXIX**:8

Ibrāhīm b. Ḥujr al-Muḥallimī al-Shaybānī, Abū al-Ṣuqayr **XXII**:37, 41, 47, 76, 89
Ibrāhīm b. Ḥumayd al-Marwarrūdhī **XXX**:219
Ibrāhīm al-Imām. SEE Ibrāhīm b. Muḥammad b. ʿAlī
Ibrāhīm b. ʿĪsā b. al-Manṣūr (Ibn Burayh/Burayhah) **XXVIII**:244, 248; **XXIX**:17, 113, 132, 138, 145; **XXXII**:232–33
Ibrāhīm b. Abī Isḥāq al-ʿAbsī (Ibrāhīm al-Ghaṭafānī) **XXVIII**:192, 198
Ibrāhīm b. Isḥāq b. Ibrāhīm **XXXV**:3, 20, 45, 67; **XXXVI**:16, 18
Ibrāhīm b. Isḥāq al-Mawṣilī **XXX**:81, 98, 118
Ibrāhīm b. Ismāʿīl **VI**:155; **VII**:103, 145, 146
Ibrāhīm b. Ismāʿīl b. Hāniʾ **XXXI**:233
Ibrāhīm b. Ismāʿīl b. Ibrāhīm b. al-Ḥasan b. al-Ḥasan b. ʿAlī b. Abī Ṭālib. SEE Ṭabāṭabā
Ibrāhīm b. Jaʿfar al-Balkhī **XXXI**:187–88, 191
Ibrāhīm b. Jaʿfar al-Hamdānī **XXXVI**:42, 43; **XXXVII**:49, 59, 83, 102–3, 128, 134, 136, 152
Ibrāhīm b. Jaʿfar b. Abī Jaʿfar al-Manṣūr **XXIX**:207–8; **XXX**:53, 138?
Ibrāhīm b. Jaʿfar b. Maḥmūd **VIII**:5; **XXXIX**:43, 45, 58, 68
Ibrāhīm b. Jaʿfar b. Muṣʿab **XXVIII**:196
Ibrāhīm b. Jaʿfar b. al-Muʿtaṣim. SEE al-Muʾayyad bi-llāh
Ibrāhīm b. Jahrawayh **XXXIII**:29
Ibrāhīm b. al-Jarrāḥ **XXXI**:231
Ibrāhīm b. Jaysh **XXXIV**:220
Ibrāhīm b. Jibrīl al-Bajalī **XXX**:147–48, 248
Ibrāhīm b. Juʿlān **XXXVI**:207
Ibrāhīm b. al-Junayd al-Naṣrānī **XXXIV**:74
Ibrāhīm b. Kayghalagh **XXXVIII**:138–39, 146, 156
Ibrāhīm b. Khālid (nephew of Saʿīd b. ʿĀmir) **XXVIII**:123
Ibrāhīm b. Khālid (*rāwī*) **XXXIX**:218
Ibrāhīm b. Khālid al-Muʿayṭī **XXIX**:261
Ibrāhīm b. al-Khalījī. SEE al-Khalījī
Ibrāhīm b. al-Khaṭṭāb al-ʿAdawī **XXV**:39
Ibrāhīm b. Khāzim b. Khuzaymah **XXX**:143
Ibrāhīm b. al-Layth b. al-Faḍl (al-Tujībī?) **XXXII**:144; **XXXIII**:91
Ibrāhīm b. al-Mahdī **XXVIII**:74, 80; **XXX**:8, 174, 209–10, 326; **XXXI**:179–81, 185, 187, 196–97, 206, 243, 247–48; **XXXII**:62–63, 66–69, 73, 74, 75–78, 81, 85–92, 146–49, 153, 155, 216, 220, 249; **XXXIII**:177; **XXXIV**:54
Ibrāhīm b. al-Mahdī al-Maṣṣīṣī (al-Miṣṣīṣī) **II**:144; **XXXIX**:238, 253
Ibrāhīm b. Mālik al-Ashtar. SEE Ibrāhīm b. al-Ashtar
Ibrāhīm al-Mawṣilī. SEE Ibrāhīm b. Isḥāq al-Mawṣilī
Ibrāhīm b. Maymūn. SEE Abū Isḥāq al-Ṣāʾigh
Ibrāhīm b. Mihrān **XXXIII**:149, 151, 162, 164; **XXXV**:32
Abū Ibrāhīm al-Muʾadhdhin **XXX**:69
Ibrāhīm al-Muʾayyad bi-llāh. SEE al-Muʾayyad bi-llāh
Ibrāhīm b. al-Mudabbir **XXXIV**:83–85, 188; **XXXVI**:111, 112, 121; **XXXVIII**:4
Ibrāhīm b. al-Muhājir **XXXIX**:116
Ibrāhīm b. Muḥammad **XXXVI**:3
Ibrāhīm b. Muḥammad (*rāwī*) **XIV**:122

Ibrāhīm b. Muḥammad (son of Prophet Muḥammad) **VIII**:100; **IX**:39, 137; **XIII**:58, 168; **XXVIII**:171; **XXXIX**:22, 161, 193, 194
Ibrāhīm b. Muḥammad b. ʻAbd al-Wahhāb. SEE Ibn ʻĀʼishah
Ibrāhīm b. Muḥammad b. ʻAbdallāh al-Jaʻfarī **XXVIII**:142–43
Ibrāhīm b. Muḥammad b. ʻAbdallāh b. Muḥammad b. ʻAlī. SEE Ibrāhīm b. al-Mahdī
Ibrāhīm b. Muḥammad b. ʻAlī (Ibrāhīm al-Imām) **XXVI**:27, 67, 120, 237–38; **XXVII**:26, 27, 48, 61, 64, 71, 73, 75, 83, 84, 107, 148, 149, 150, 151, 158, 159, 160, 166–68, 171; **XXVIII**:26, 29; **XXXIX**:235
Ibrāhīm b. Muḥammad b. Abī Bakr al-Usāmī **XXIX**:254
Ibrāhīm b. Muḥammad al-Ḥajabī **XXX**:179, 184
Ibrāhīm b. Muḥammad b. Ḥātim **XXXV**:91
Ibrāhīm b. Muḥammad b. Ibrāhīm (governor of Medina) **XXIX**:76, 80; **XXX**:304
Ibrāhīm b. Muḥammad b. Ibrāhīm b. Muṣʻab b. Zurayq **XXXVI**:88
Ibrāhīm b. Muḥammad b. Ismāʻīl al-Hāshimī. SEE Burayh
Ibrāhīm b. Muḥammad b. Abī al-Karrām b. ʻAbdallāh b. ʻAlī b. ʻAbdallāh b. Jaʻfar **XXVIII**:196, 205, 212, 290
Ibrāhīm b. Muḥammad al-Mudabbir. SEE Ibrāhīm b. al-Mudabbir
Ibrāhīm b. Muḥammad b. al-Munkadir **XXXIX**:240
Ibrāhīm b. Muḥammad b. Shuraḥbīl **XXV**:3
Ibrāhīm b. Muḥammad b. Ṭalḥah b. ʻUbaydallāh (al-Aʻraj) **XX**:47, 92–97, 121–22, 128–30, 155, 158, 184–86, 220; **XXV**:19–20
Ibrāhīm b. al-Mukhtār **II**:84, 165; **VI**:80
Ibrāhīm b. al-Mundhir al-Ḥizāmī **V**:269; **XXVI**:82
Ibrāhīm b. Mūsā **XX**:122
Ibrāhīm b. Abī Mūsā al-Ashʻarī **XXXIX**:233
Ibrāhīm b. Mūsā b. ʻĪsā b. Mūsā b. Muḥammad b. ʻAlī b. ʻAbdallāh b. ʻAbbās **XXVIII**:201, 283; **XXIX**:140
Ibrāhīm b. Mūsā b. Jaʻfar (al-Jazzār) **XXXII**:28–29, 37–38, 83
Ibrāhīm b. Muṣʻab (commander of Muḥammad b. ʻAbdallāh b. Ṭāhir) **XXXV**:91
Ibrāhīm b. Muṣʻab b. ʻUmārah b. Ḥamzah b. Muṣʻab b. al-Zubayr **XXVIII**:201, 219, 225–26
Ibrāhīm b. Abī al-Naḍr **XI**:147
Ibrāhīm b. Nāfiʻ **II**:79; **VI**:84; **IX**:161; **XXIV**:38; **XXXIX**:221
Ibrāhīm al-Nakhaʻī. SEE Ibrāhīm b. Yazīd al-Nakhaʻī
Ibrāhīm b. Nuʻaym al-ʻAdawī **XIX**:210
Ibrāhīm al-Qārīʼ (Abū Isḥāq al-Kūfī) **XXXIX**:142
Ibrāhīm b. Qays **XXXIX**:89
Ibrāhīm b. Rabāḥ (Riyāḥ) al-Jawharī **XXXIV**:10, 12, 15, 158
Ibrāhīm b. Saʻd b. ʻAbd al-Raḥmān b. ʻAwf al-Zuhrī **XXVI**:5
Ibrāhīm b. Saʻd b. Abī Waqqāṣ **XII**:11, 128, 129
Ibrāhīm b. Saʻd al-Zuhrī **IX**:156; **XIV**:96, 112; **XXXIX**:23, 216
Ibrāhīm b. Saʻdān al-Naḥwī **XXXVI**:88
Ibrāhīm b. Sahl al-Dārij **XXXV**:12 SEE ALSO Ibrāhīm al-Dayraj

Ibrāhīm b. Sa'īd al-Jawharī **I**:305; **V**:415; **VI**:62, 162; **VIII**:139–40; **IX**:208; **XXXIX**:205
Ibrāhīm al-Ṣā'igh. SEE Abū Isḥāq al-Ṣā'igh
Ibrāhīm b. Salamah **XXIV**:87; **XXVII**:151, 159, 160
Ibrāhīm b. Ṣāliḥ **XXIX**:102, 219, 235
Ibrāhīm b. Salm **XXVIII**:266, 286
Ibrāhīm b. Salm b. Qutaybah **XXX**:39, 53, 68
Ibrāhīm b. Sīmā al-Turkī **XXXVI**:123–25, 153–55, 165, 170, 172
Ibrāhīm b. Sulaymān al-Ḥanafī **XXI**:113
Ibrāhīm b. Sulaymān b. Wahb **XXXVI**:199
Ibrāhīm b. Ṭahmān **III**:172; **VI**:85
Ibrāhīm b. Ṭalḥah b. 'Umar b. 'Ubaydallāh b. Ma'mar **XXVIII**:189
Ibrāhīm al-Ṭālibī **XXXVI**:88
Ibrāhīm b. 'Uthmān b. Nahīk al-'Akkī **XXX**:179, 183, 220, 245–46, 324
Ibrāhīm b. al-Walīd b. 'Abd al-Malik **XXI**:217; **XXIII**:219; **XXVI**:193, 202, 238, 244, 247–48, 250–51, 253, 256–57; **XXVII**:1, 4, 5, 8, 13, 164
Ibrāhīm b. Wathīmah b. Mālik **IX**:39; **XXXIX**:188
Ibrāhīm b. Yaḥyā al-Muhallabī **XXXVI**:127, 131, 132
Ibrāhīm b. Yaḥyā b. Muḥammad b. 'Alī al-'Abbāsī **XXIX**:91–92, 168, 235, 238
Ibrāhīm b. Yaḥyā b. Abī Ya'qūb **III**:45
Ibrāhīm b. Ya'qūb b. Sa'd b. Abī Waqqāṣ **XXVIII**:146–47
Ibrāhīm b. Yazīd al-Khurāsānī **XXVII**:69, 135
Ibrāhīm b. Yazīd al-Nakha'ī **I**:284–86; **II**:162, 163; **III**:100; **VI**:85; **VII**:27; **XII**:159, 161, 203; **XIII**:50, 51; **XIV**:141, 143; **XVI**:141; **XXXIX**:203, 223, 268, 273
Ibrāhīm b. Yūsuf **IX**:89; **XXXIX**:115
Ibrāhīm b. Ziyād **II**:144; **XXIX**:210
Ibrāhīm b. Ziyād (envoy of Naṣr b. Sayyār al-Kinānī) **XXVI**:60
Ibrāhīm b. Ziyād b. 'Anbasah **XXVIII**:160
Ibzan (Bajshūn, Bajsūn, ruler of Israelites) **III**:128
ice
  in air cooling **XXIX**:121
  brought to Mecca for al-Mahdī **XXIX**:195
'Īd al-Aḍḥā (Feast of Sacrifice) **VII**:87, 88; **XXV**:40, 139; **XXX**:256; **XXXIV**:153; **XXXV**:104
'Īd al-Fiṭr (Feast of Breaking the Fast [of Ramaḍān]) **VII**:26; **XVIII**:32; **XXV**:139; **XXVIII**:80, 276; **XXXIV**:139; **XXXV**:147, 148, 149
Ibn 'Iḍāh al-Ash'arī **XIX**:191
Iḍam (near Medina) **VI**:54; **VIII**:151–52; **IX**:123; **XXXIII**:120
  SEE ALSO Baṭn Iḍam
'iddah (waiting period after divorce or widowhood before remarrying) **XV**:126, 127; **XXVIII**:117; **XXXIX**:175, 178
Īdhaj (in Luristan) **XIII**:133, 199; **XIV**:43, 44; **XV**:34; **XXI**:133; **XXXVII**:129
idols
  Abraham selling idols **II**:52, 54–57
  old Arabian gods and idols. SEE Arabian gods and idols
  of Paykand **XXIII**:137
Idrīs (Akhnūkh b. Yard, Enoch, prophet) **I**:336–38, 340, 343–46, 354; **II**:130; **VI**:42, 79; **XXI**:213

Idrīs I al-Akbar. SEE Idrīs b. ʿAbdallāh b. Ḥasan
Idrīs II al-Aṣghar. SEE Idrīs b. Idrīs b. ʿAbdallāh
Abū Idrīs (Sawād) **XXXIX**:314
Ibn Idrīs (ʿAbd al-Munʿim b. Idrīs) **II**:83–84, 100, 174; **III**:148; **XVI**:109; **XVII**:113, 114; **XXXII**:213; **XXXIX**:94, 226, 227, 231, 233
Ibn Idrīs (ʿAbdallāh b. Idrīs) **I**:286; **VIII**:104; **XIV**:106?; **XV**:183; **XVII**:140
Idrīs b. ʿAbdallāh b. Ḥasan (Idrīs I al-Akbar) **XXVIII**:223; **XXX**:19–20, 28–31
Idrīs b. Badr **XXX**:207
Idrīs b. Abī Ḥafṣah **XXX**:79
Idrīs b. Ḥanẓalah al-ʿAmmī **XV**:44, 92; **XXIII**:147, 150; **XXIV**:36, 47, 50, 82, 93
Idrīs b. Idrīs b. ʿAbdallāh (Idrīs II al-Aṣghar) **XXX**:31
Abū Idrīs al-Khawlānī (ʿĀʾidhallāh b. ʿAbdallāh) **I**:323, 325, 344; **II**:130; **III**:110; **VI**:127; **XVIII**:216; **XXII**:2; **XXXIX**:101
Idrīs b. Maʿqil **XXVI**:67–68; **XXVII**:71
Idrīs b. Mūsā b. ʿAbdallāh **XXXV**:26, 65
Idṭarbad. SEE Adṭarbad
ifāḍah (permission for dispersal from Minā, as pilgrimage ritual) **VI**:22–23, 55; **XXXII**:22
ʿIfāq (b. Shuraḥbīl al-Taymī?) **XXII**:199
ʿIfāq b. Ḥarb **XII**:117
ifrād (performance of *ḥajj* without the Lesser Pilgrimage [*ʿumrah*]) **IX**:109
al-Ifranjah (ʿFranksʾ) **XV**:22
Ifrīdhīn (Ifrandīn? between al-Rayy and Nishapur) **XIII**:11
al-Ifrīqī. SEE Muḥammad b. Ibrāhīm b. al-Aghlab al-Ifrīqī
Ifrīqīs b. Qays b. Ṣayfī **III**:98
Ifrīqiyah. SEE Africa
ʿIfrīt. SEE Satan
Ightibāṭ. SEE Qalam
Ignorance, Time of. SEE al-Jāhiliyyah
Abū Ihāb b. ʿAzīz b. Qays b. Suwayd al-Tamīmī **VI**:56
iḥrām (state of ritual consecration; *muḥrim*) **VIII**:68, 171; **IX**:109, 110, 203; **XV**:108; **XXI**:208; **XXIII**:144; **XXVIII**:52, 60; **XXIX**:91, 162; **XXXIX**:103
ijāzah (permission to leave ʿArafah, during pilgrimage) **VI**:55
al-Ijjānah (lagoon, near al-Baṣrah) **XII**:168
Banū ʿIjl **V**:362, 366; **X**:144; **XI**:5, 21–22, 206; **XIV**:18; **XX**:26; **XXII**:141; **XXVIII**:213, 262; **XXX**:27; **XXXV**:18; **XXXVI**:45
ʿIjl b. ʿAbdallāh **XVI**:166; **XVII**:51
Banū al-ʿIjlān **IX**:195
ikhlāṣ (exclusive devotion to God) **XXXII**:215
al-Ikhrīd (ruler of Kish) **XXV**:73; **XXVII**:202
Ikhshād (Ikhshīd, ruler of Farghānah) **XXIII**:190–91, 195
Ibn al-Ikhshād **XXXVIII**:71, 74, 79, 83
Ikhshīd. SEE Ikhshād
ʿIkrimah (*mawlā/ghulām* of Ibn ʿAbbās) **I**:188, 190, 212, 217, 222, 223, 226, 227, 229, 230, 233, 243, 244, 255, 300, 320, 339, 353, 364; **II**:84, 97, 98, 101, 112, 113, 161, 163, 165, 181; **III**:16, 46, 73, 89, 90; **IV**:155, 158; **V**:324, 326–27, 413; **VI**:49, 61, 106, 153–55; **VII**:35, 54, 61, 68, 78, 138, 155; **VIII**:78, 81, 171; **IX**:153, 181, 201, 203; **X**:21, 114, 131, 158, 172; **XI**:211;

ʿIkrimah (continued) **XIV**:136; **XV**:62, 66, 236–39; **XXI**:153; **XXXIX**:16, 186, 215–18, 320
ʿIkrimah (supporter of al-Ḥārith b. Surayj) **XXV**:121
Banū ʿIkrimah **XIX**:90
ʿIkrimah b. ʿAmmār al-Yamāmī **VII**:54, 80; **VIII**:44, 69, 80, 83, 97; **XIV**:138; **XXXIX**:128, 131
ʿIkrimah b. Abī Jahl **VII**:12, 61, 105, 107, 112, 113; **VIII**:18, 24, 71–72, 162, 166, 177–80, 185; **X**:53, 54, 87, 105, 106, 139, 152–57, 171, 177, 182–87, 190; **XI**:77, 81–84, 88, 90, 95, 97–100; **XXXIX**:17–19, 115
ʿIkrimah b. Khālid **XX**:122
ʿIkrimah bt. Khālid (in a line of poetry) **XII**:148
ʿIkrimah b. Ribʿī **XXI**:30, 101
Abū ʿIkrimah al-Ṣādiq. SEE Ziyād al-Sarrāj al-Ṣādiq
Abū ʿIkrimah al-Sarrāj. SEE Ziyād al-Sarrāj al-Ṣādiq
ʿIkrimah b. Shaybān **XXVII**:16
ʿIkrishah bt. ʿAdwān **VI**:29
Ik.r.m (?, ethnic group) **XXXIV**:141
Banū ʿIlāf **V**:33
Īlāf (Aylāf, Israelite ruler) **III**:126
Banū ʿIlāj **IX**:42
Abū ʿIlāqah al-Quḍāʿī **XXVI**:154
Abū ʿIlāqah al-Saksakī (al-Sarī b. Ziyād b. ʿIlāqah b. Abī Kabshah) **XXVI**:129, 154, 252; **XXVII**:6
Abū ʿIlāqah b. Ṣāliḥ al-Salāmānī **XXVI**:147
ʿIlbāʾ *(rāwī)*. SEE ʿIlbāʾ b. Aḥmar al-Yashkurī
ʿIlbāʾ b. Aḥmar al-Yashkurī **I**:300, 339; **IX**:158; **XXIV**:177–78; **XXV**:108
ʿIlbāʾ b. Ḥabīb al-ʿAbdī **XXIV**:150
ʿIlbāʾ b. al-Haytham al-Sadūsī **XVI**:104, 131, 136, 137, 139, 153, 154, 168
ʿIlbāʾ b. Jaḥsh al-ʿIjlī **XII**:101
ʿIlbāʾ b. Manẓūr al-Laythī **XXVI**:79–80
Banū ʿIlbāʾ b. Shaybān b. Dhuhl b. Thaʿlabah **XXV**:35
ʿIlbāʾ al-Sulamī **XXXIX**:239
Īliyāʾ (archbishop of Marw) **XV**:89
Īliyāʾ (Jerusalem). SEE Jerusalem
Abū al-ʿIlj (*mawlā* of ʿUbaydallāh b. Maʿmar) **XXIII**:56
ill omens. SEE omens
illicit sexual relations, accusation of. SEE *qadhf*
illness. SEE diseases and medical conditions
ʿilm al-farāʾiḍ (science of division of inheritances) **XXXIX**:268
Īlsharah (mother of Bilqīs) **IV**:78
Ilyās b. Muḍar **VI**:33–34
īmāʾ prayer (*ṣalāt al-īmāʾ*, prayer by gesture only) **XVII**:75
SEE ALSO *ṣalāt al-khawf*
imām (religious leader) **XV**:6, 115, 124, 140, 142, 155, 175, 195, 221, 235, 259; **XVIII**:39, 70, 84, 125; **XXI**:77, 110, 141, 152, 198–99; **XXVIII**:26, 29, 167
hidden *imām*. SEE Second Coming
ʿimāmah. SEE turban
ʿImlīq (ʿUrayb) b. Lud **II**:12, 16–17, 18
immunity guarantees **VI**:16
ʿImrān (Amram, ʿArmar). SEE Amram b. Izhar
ʿImrān (husband of Ankalāy's grandmother) **XXXVI**:120
ʿImrān (soldier, married to the mother of Abū al-ʿAbbās b. Ayman) **XXXVI**:56
Ibn ʿImrān *(rāwī)* **II**:45
ʿImrān b. ʿĀmir b. Mismaʿ **XXIV**:113–14
ʿImrān b. ʿAmr **IV**:128
ʿImrān b. Abī Anas **VI**:86

ʿImrān b. Bakkār al-Kalāʿī **II**:21; **XXXIX**:157
ʿImrān b. al-Faḍl al-Azdī **XXVII**:39
ʿImrān b. Faṣīl (Faḍīl) al-Burjumī **XV**:35, 36; **XIX**:186; **XXIII**:139
ʿImrān b. Halbāʾ al-Kalbī **XXVI**:133
Banū ʿImrān b. Ḥazm (of Dawsar) **XXIV**:122
ʿImrān b. Hind b. ʿAbdallāh **XXXIX**:47
ʿImrān b. Ḥudayr **I**:245; **XVII**:135
ʿImrān b. al-Ḥuṣayn **I**:204, 205; **II**:21; **XIII**:112; **XIV**:113; **XV**:165; **XVI**:56, 57, 58, 63, 117, 118; **XVIII**:85; **XXXIX**:137, 292–93
ʿImrān b. ʿIṣām al-ʿAnazī **IX**:206; **XX**:26; **XXIII**:109–11
ʿImrān b. Ismāʿīl, Abū al-Najm **XXIV**:87; **XXV**:40; **XXVII**:71, 97
Abū ʿImrān al-Jawnī (ʿAbd al-Malik b. Ḥabīb al-Azdī) **III**:109; **XIV**:10, 106; **XXXIX**:308
Abū ʿImrān al-Juʿfī **XI**:180
ʿImrān b. Khālid (of Banū ʿAnazah) **XXI**:32
ʿImrān al-Marzubānī **XXXVIII**:201
ʿImrān b. Māthān (father of Mary Magdalene) **IV**:102
ʿImrān b. Muḥammad b. Abī Laylā **II**:83
ʿImrān b. Muḥriz **XXVIII**:131, 237
ʿImrān b. Mūsā al-Barmakī **XXXII**:189
ʿImrān b. Mūsā al-Qazzāz **I**:304; **XXXIX**:195
ʿImrān al-Ṣanʿānī, Abū al-Hudhayl **II**:163
ʿImrān b. Sawādah **XIV**:139
ʿImrān b. Thābit b. Nuʿaym **XXVI**:242; **XXVII**:6
ʿImrān b. ʿUyaynah **I**:290, 305; **XXXIX**:327
ʿImrān b. Zayd **II**:113
Banū Imriʾ al-Qays (of Tamīm) **XXII**:30–31; **XXVII**:96
Imruʾ al-Qays b. ʿĀbis al-Kindī **X**:181
Imruʾ al-Qays (al-Badʾ) b. ʿAmr b. ʿAdī **V**:44, 67
Imruʾ al-Qays (al-Badʾ) b. ʿAmr b. Imriʾ al-Qays (al-Badʾ?) **V**:74–75
Imruʾ al-Qays b. al-Aṣbagh al-Kalbī **X**:43; **XI**:61, 80, 90
Imruʾ al-Qays b. Bishr **XI**:63
Imruʾ al-Qays b. Fulān **X**:43
Imruʾ al-Qays b. Ḥujr (poet) **III**:29; **VI**:160; **XXXIII**:195; **XXXIX**:87
imtiḥān. SEE *miḥnah*
inalienable property (*ḥabīs, waqf*) **XIII**:49; **XXXIV**:188
incense
  frankincense **X**:157; **XXV**:2
  myrrh **X**:157
  olibanum **XXX**:310
  use before sexual intercourse **XX**:31, 41
  SEE ALSO perfumes
incest **XIII**:178; **XX**:170; **XXX**:13
income
  annual revenue (*ghallah*) **XXV**:6
  income-generating properties (*mustaghallāt*) **XXI**:215
incontinence **XXX**:313
India (al-Hind) **I**:290–92, 295–97, 303, 342, 363, 364; **II**:5, 11, 15, 17, 24, 26; **III**:28; **IV**:21, 28, 35, 47, 50, 71, 79, 88, 95; **V**:100–102; **IX**:84; **XI**:2, 9, 11; **XII**:148, 162, 166; **XIII**:96; **XVIII**:78, 103; **XXIII**:204, 215, 219, 223; **XXIV**:64; **XXV**:101, 157; **XXVI**:24; **XXVIII**:71, 75, 78, 121, 243; **XXIX**:171–72; **XXXI**:142
  SEE ALSO al-Sind
Indian Ocean. SEE Sea of Persia and India
Indian preserved fruit **XXIII**:220
Indian swords **X**:117; **XXI**:98; **XXIV**:64
Indians. SEE India

individual combat *(muṭāradah)* **XII**:100
infanticide *(wa'd al-banāt)* **XII**:37; **XVIII**:107
infantry **X**:147, 148
SEE ALSO army
information
gathering. SEE postal and intelligence service
news blockade **XXXI**:31
relaying, in warfare **XII**:82–83
inheritance
Dīwān al-Mawārīth (Bureau of Estates/Legacies) **XXXVIII**:29
'ilm al-farā'iḍ (science of division of inheritances) **XXXIX**:268
of Prophet Muḥammad **IX**:196, 197
proportion of property left for heirs **X**:136
waṣī (executor, heir, legatee) **XV**:146; **XXI**:114; **XXVIII**:167; **XXXIX**:236
waṣiyyah (will, testament) **XII**:19
wilāyah (spiritual inheritance) **XV**:222; **XVIII**:46; **XXVIII**:167, 171–72
initials of names, in prognostications **XXVII**:15
Injīl. SEE Gospels
ink holder *(dawāh)* **V**:257; **IX**:175
innovation in religion *(iḥdāth fī al-dīn)* **XV**:129, 193, 195, 196, 222, 226; **XVIII**:46, 148; **XIX**:60
inns, establishment of **XXIV**:94
inquisition. SEE *miḥnah*
insects
ants **I**:360; **II**:155–56; **VI**:41, 53; **IX**:14
beetles *(ji'lān, khanāfis)* **XII**:37; **XIX**:217
flies **XII**:78
gnats **II**:106–7
insects (continued)
hornets **VII**:145
lice **XXXI**:195
locusts **III**:59, 66, 67; **XXI**:26; **XXXIX**:127
midges **V**:142
scorpions. SEE scorpions
termites **III**:160, 173–74
vermin, as sign of God's wrath **III**:66, 67
insignia, caliphal. SEE caliphal insignia
insults
dust pouring, as insult **VI**:115, 143
ibn al-lakhnā' (lit. 'son of the uncircumsized woman') **XXII**:28; **XXVIII**:33, 128, 239; **XXX**:82, 247, 316; **XXXI**:239; **XXXIII**:163
Prophet Muḥammad insulted by Banū Quraysh **VI**:114–15
intelligence service. SEE postal and intelligence service
intercalation. SEE *nasī'*
intermittent fever (malaria?) **XXX**:313
interpretation of dreams. SEE dreams and their interpretation
interpreters. SEE translators and interpreters
Īn.w.r (?, ethnic group) **XXXIV**:141
'Iqāl ('Aqqāl) b. Shabbah **XXIV**:157; **XXVI**:72–73, 104–5, 175; **XXIX**:36–37; **XXXIX**:82
iqāmah (second call to prayer) **X**:100–103, 107–8; **XVIII**:22; **XXVIII**:236
Iqrīṭish (Iqrīṭiyah). SEE Crete
'Irābah (concubine of Hārūn al-Rashīd) **XXX**:327–28
Irad (b. Enoch) **I**:338
'irāfah (administrative unit) **XII**:17; **XIII**:67, 77; **XIX**:33, 35; **XX**:95
Īraj b. Afrīdhūn **II**:25, 26; **III**:19, 23

ʿIrāk (cousin of al-Junayd b. ʿAbd al-Raḥmān) **XXV**:82
ʿIrāk al-Sughdī **XXVI**:188
Iram (Dhāt al-ʿImād, pre-Islamic city) **XXXIII**:120
Iram (ethnic group) **IV**:130; **VI**:125; **XVII**:186; **XXI**:87; **XXXI**:219
Iram (name for Damascus) **IV**:130; **XXXIX**:16
Iram Dhī Yazan **V**:180
Iran (Iranians). SEE Persia
Īrān-Khurrah-Sābūr (al-Karkh, city, in al-Ahwāz) **V**:57
Īrānshahr (Īrānkard, region) **II**:26; **III**:114; **IV**:47
Īrānshahr-Sābūr (town, in al-Ahwāz) **V**:65
Iraq **II**:20, 24, 25, 90; **III**:23, 46; **IV**:66, 96, 101, 127, 129–30, 145–47, 149–50; **VI**:16, 18, 152; **VII**:99; **IX**:124; **X**:40, 44, 53, 73, 74, 88, 89, 97, 139, 151, 168; **XI**:2–4, 7, 9–10, 17, 36, 48, 52, 67, 86, 88, 90, 111–12, 115–16, 116, 121–22, 150, 168–69, 173, 178, 185, 196, 199–201, 213–14, 224; **XII**:9, 10, 14, 15, 21, 97, 110, 134, 135, 150, 171, 201, 202; **XIII**:23, 45, 48, 68, 73, 92–96; **XIV**:1, 44; **XV**:58–61, 73, 92, 112, 115, 119, 126, 132, 150, 197, 220; **XVI**:45, 183; **XVIII**:2, 3, 6, 7, 11–13, 20, 21, 72, 86, 97, 119, 120, 148, 150, 156, 160, 167, 194, 201, 204, 205, 209, 210, 217, 220; **XIX**:1, 2, 20, 23, 64, 65, 66–68, 70–72, 74, 82–83, 85, 91, 109, 116, 143, 155, 189, 200; **XXI**:2–3, 55, 74, 109, 122, 148, 155, 165, 171, 178, 180–82, 186, 188, 192, 194, 195; **XXII**:12–14, 18, 20, 96–97, 114, 153, 178–79, 186, 191, 195, 200; **XXIII**:6, 9–10, 13, 23, 44, 60, 66, 72, 88, 97, 102, 115–16, 129, 139, 156, 201, 207, 214, 216, 223; **XXIV**:4–5, 8, 11, 26–27, 29, 31–35, 75–77, 79, 82, 87, 126, 139, 159, 161–62, 164–65, 167–68, 178, 183, 186, 191; **XXV**:3, 7, 13, 20, 23, 33, 38, 44, 63, 68, 102, 112, 115, 122, 130, 147, 151, 159, 166, 173, 175, 177, 181, 182, 183, 187, 190, 194; **XXVI**:7–8, 15, 21, 35, 48, 58–59, 61, 74, 104, 118–19, 121, 125, 129–31, 166, 168–69, 176, 195–98, 204, 207–8, 210–11, 213–14, 219–21, 223, 226, 232, 244, 257, 260, 264; **XXVII**:24, 56, 60, 92, 133, 149, 150, 157, 158, 209; **XXVIII**:2, 12, 16, 21, 31, 67, 84, 114, 121, 128, 138, 140, 153, 177, 194, 218; **XXX**:9, 164, 180; **XXXIV**:126, 150; **XXXV**:6, 16, 41; **XXXVI**:14, 30; **XXXVII**:63, 127, 142, 165; **XXXVIII**:36; **XXXIX**:72, 88, 229, 233, 253, 262, 265, 269
  SEE ALSO al-Sawād
Iraq Road (to Mecca) **XXI**:207
Iraqis. SEE Iraq
Īrash. SEE Arishshibaṭīr
Banū Irāshah (of Balī) **VIII**:153
al-ʿIrbāḍ b. Sāriyah **XXXIX**:292
al-ʿIrḍ (in al-Yamāmah) **X**:132, 133; **XXVII**:198, 204
Irene (Rīnī, Augusta, Byzantine empress) **XXIX**:221; **XXX**:168, 239–40
Abū al-ʿIrfān (associate of Shuʿayb al-Sammān) **XXVIII**:267
Irmīs (Irmish) al-Farghānī **XXXV**:78
iron breastplates. SEE breastplates
Iron Gate. SEE Bāb al-Ḥadīd
iron gloves **XXIV**:135
iron maiden (*tannūr*, torture instrument) **XXXIV**:70–71
iron rods
  Adam's oven hammered from **I**:297, 356, 363–64
  in pits (to trap bypassers, in warfare) **XXXVII**:17

iron sleeves **XXXV**:45
iron spear **III**:93
iron spikes. SEE caltrops
ironworking **I**:341, 349; **III**:143; **XXII**:198
Ibn al-ʿIrq (*mawlā* of Thaqīf) **XX**:108, 110
ʿirq al-nasā (ischial pain, sciatica) **XII**:83
ʿIrqah (in Syria) **XXXVIII**:132
irrigation
  canals. SEE canals
  qanāh (subterranean irrigation tunnel) **XXXIII**:152; **XXXVI**:96
Ibn ʿIrs al-ʿAbdī (Khālid b. al-Muʿārik) **XXV**:90, 92, 170
al-ʿIrs b. ʿUrāhim **XXXV**:19
irtiʿāsh (trembling in the limbs and body) **XXX**:313
al-ʿĪṣ (valley, on the Red Sea) **VIII**:91, 93; **IX**:118
Banū al-ʿĪṣ **XV**:159
ʿĪsā. SEE Jesus Christ
ʿĪsā (canal). SEE Nahr ʿĪsā
ʿĪsā (father of Bishr b. ʿĪsā) **XXV**:182
ʿĪsā (Khārijite) **XXII**:118
ʿĪsā (lieutenant of Yulnār) **XXXV**:35
ʿĪsā (*mawlā* of ʿĪsā b. Sulaymān al-ʿAnazī) **XXVI**:124
ʿĪsā (*mawlā* of Jaʿfar) **XXIX**:222
ʿĪsā (*mawlā* of Jaʿfar b. Khārijah) **XXXIX**:205
ʿĪsā *(rāwī)*. SEE ʿĪsā b. Maymūn
Ibn ʿĪsā *(rāwī)* **XIII**:140
Ibn ʿĪsā (son of ʿĪsā b. al-Shaykh) **XXXVI**:116–17
ʿĪsā b. ʿAbd al-Raḥmān **XV**:125; **XXXIX**:92
ʿĪsā b. ʿAbd al-Raḥmān al-Marwazī **XVI**:156
ʿĪsā b. ʿAbdallāh b. Ḥasan **XXVIII**:223
ʿĪsā b. ʿAbdallāh b. Ḥumayd **XXIX**:132
ʿĪsā b. ʿAbdallāh b. Muḥammad b. ʿUmar b. ʿAlī b. Abī Ṭālib **XXVIII**:92, 105, 107–8, 112, 115, 117, 120, 124–25, 129, 133, 135–38, 144, 148, 151, 157, 160, 177–78, 184, 187–88, 194, 197–98, 201–2, 204, 207, 215–18, 222, 224, 226, 230, 233, 234
ʿĪsā b. ʿAbdallāh al-Nawfalī **XXXIX**:19, 60, 63
ʿĪsā b. ʿAbdallāh al-Sulamī **XXVII**:33
ʿĪsā b. al-ʿAkkī **XXX**:159
ʿĪsā b. ʿAlī al-ʿAbbāsī. SEE ʿĪsā b. ʿAlī b. ʿAbdallāh b. ʿAbbās
ʿĪsā b. ʿAlī b. ʿAbdallāh b. ʿAbbās **XXVI**:74; **XXVII**:86, 149, 194, 212; **XXVIII**:27, 56–57, 66, 91, 139, 228, 249; **XXIX**:7, 19, 20–23, 73, 86, 90, 92, 125, 177, 198, 209
Umm ʿĪsā bt. ʿAlī b. ʿAbdallāh b. ʿAbbās **XXVIII**:54
ʿĪsā b. ʿAlī b. ʿĪsā b. Māhān **XXX**:175–76, 260–61, 267–69; **XXXI**:51
ʿĪsā b. ʿAlqamah **XV**:74
ʿĪsā b. ʿAqīl al-Laythī **XXVII**:77
ʿĪsā b. ʿĀṣim al-Asadī **XVIII**:196
ʿĪsā al-Aʿwar (bathhouse attendant) **XXXIV**:30
ʿĪsā b. Aʿyan, Abū al-Ḥakam **XXIV**:88; **XXVII**:64, 65, 102
ʿĪsā b. Abī Burayq **XXV**:37
ʿĪsā b. Daʾb. SEE ʿĪsā b. Yazīd b. Daʾb al-Kinānī al-Laythī
ʿĪsā b. al-Faḍl b. Maʿqil **XXXIX**:146
ʿĪsā b. Farrukhānshāh **XXXIV**:161; **XXXV**:13, 105, 115, 131, 140; **XXXVI**:99–101
ʿĪsā b. Ḥafṣ **XIV**:113
ʿĪsā al-Ḥakamī (father of ʿAlī b. ʿĪsā al-Ḥakamī) **VI**:64
ʿĪsā al-Ḥanẓalī (al-Aʿraj) **XXV**:141

Abū ʿĪsā b. Hārūn al-Rashīd **XXXII**:135
ʿĪsā b. al-Ḥasan b. Zayd **XXXIX**:260
ʿĪsā b. Ḥiṭṭān **XVI**:156
ʿĪsā b. Ibrāhīm b. Nūḥ, Abū Nūḥ **XXVIII**:219; **XXXIV**:181, 197; **XXXV**:86, 90, 105, 154, 161, 162, 163; **XXXVI**:9, 11, 12
ʿĪsā b. Isḥāq b. ʿAlī **XXIX**:153
ʿĪsā b. ʿIṣmah, Abū al-Juwayriyah. SEE Abū al-Juwayriyah
ʿĪsā b. Iyās al-ʿAdawī **XXVII**:138
ʿĪsā b. Jaʿfar b. al-Ḥasan **XXXV**:163
ʿĪsā b. Jaʿfar b. Abī Jaʿfar **XXX**:26, 112, 120, 124, 162, 164, 295, 305; **XXXI**:67–68, 73
Ibnat ʿĪsā b. Jaʿfar b. Abī Jaʿfar **XXXI**:214
ʿĪsā b. Abī Jaʿfar al-Manṣūr **XXIX**:11, 94, 148
ʿĪsā b. Jaʿfar b. Muḥammad b. ʿĀṣim **XXXIV**:135–37
ʿĪsā al-Julūdī. SEE ʿĪsā b. Yazīd al-Julūdī
ʿĪsā b. Jurz, Abū Jaʿfar **XXVII**:40
ʿĪsā b. Kaʿb *(naqīb)* **XXVII**:97
ʿĪsā b. Kaʿb b. Mālik. SEE Abū Maʿn
ʿĪsā al-Karkhī **XXXVI**:76, 77, 87, 103; **XXXVII**:4
ʿĪsā b. Khālid al-Makhzūmī. SEE Abū Saʿīd al-Makhzūmī
ʿĪsā b. Khuḍayr. SEE Ibn Khuḍayr
ʿĪsā b. Khuṣaylah b. Muʿattib al-Bahzī **XVIII**:108–9, 110
ʿĪsā b. Luqmān b. Muḥammad **XXIX**:175, 203, 207
ʿĪsā b. Māhān *(naqīb)* **XXVII**:206, 207; **XXXI**:195
ʿĪsā b. Māhān al-Rāzī, Abū Jaʿfar **I**:253, 268, 272, 288, 291, 296, 367; **II**:101, 102; **IV**:162
ʿĪsā b. Manṣūr (al-Rāfiʿī?) **XXXII**:194
ʿĪsā b. al-Manṣūr. SEE ʿĪsā b. Abī Jaʿfar al-Manṣūr
ʿĪsā b. Maʿqil al-ʿIjlī **XXVI**:66–67, 120
ʿĪsā b. Maryam. SEE Jesus Christ
ʿĪsā b. Maymūn **I**:247, 267, 274, 281, 287; **II**:95, 100, 113, 146, 152, 158
ʿĪsā b. Mihrawayh **XXXVIII**:116
ʿĪsā b. al-Mughīrah **XIV**:55
ʿĪsā b. Muḥammad **XXIX**:155, 165
ʿĪsā b. Muḥammad b. Abī Khālid **XXXII**:12, 48, 51, 52, 54–55, 58–63, 70–76, 81, 82, 86–89, 106, 108, 139; **XXXIII**:91
ʿĪsā b. Muḥammad al-Makhzūmī **XXXV**:109
ʿĪsā b. Mūsā al-Hādī **XXX**:265
Umm ʿĪsā bt. Mūsā al-Hādī **XXX**:59; **XXXI**:96
ʿĪsā b. Mūsā b. Muḥammad b. ʿAlī **XXVII**:150, 157, 158, 161, 195, 198, 204, 208, 212; **XXVIII**:2, 3, 5–8, 17, 20–21, 25, 27, 34–37, 40, 47, 53, 58, 65, 75, 81, 83, 141, 155, 158, 160, 163, 165, 183, 185–90, 192–201, 203–4, 207, 210, 212–18, 222, 226, 231–32, 267, 277, 281, 283–84, 286–90, 292; **XXIX**:15–38, 59, 63, 65, 71, 90–91, 93, 155, 165, 177–79, 182–87, 236–37; **XXXI**:26
ʿĪsā b. Mūsā al-Qāʾid **XXIX**:205
ʿĪsā b. Mūsā al-Shaʿrānī **XXXVII**:62, 83
ʿĪsā b. Muṣʿab b. al-Zubayr **XXI**:182–86
ʿĪsā b. Muslim al-ʿUqaylī **XXVI**:251; **XXVII**:20
Abū ʿĪsā b. al-Mutawakkil **XXXVI**:148
ʿĪsā b. al-Naḍr **XXVIII**:186, 267
ʿĪsā b. Nahīk al-ʿAkkī **XXVIII**:65; **XXIX**:124
ʿĪsā al-Nūsharī **XXXVII**:168; **XXXVIII**:2, 35, 38, 42, 69, 86, 106, 108, 139, 152
SEE ALSO al-Nūsharī
Abū ʿĪsā b. Ṣāʿid b. Makhlad **XXXVII**:150

Īsā b. Shabīb al-Taghlibī **XIX**:185; **XXVI**:145
Īsā b. Shaddād al-Burjumī **XXV**:41
Ibn Īsā b. al-Shaykh. SEE Muḥammad b. Aḥmad b. Īsā b. Shaykh
Īsā b. al-Shaykh b. al-Salīl al-Shaybānī **XXXIV**:80; **XXXV**:65, 143; **XXXVI**:116, 117; **XXXVII**:7, 50, 97
Īsā b. Shubayl. SEE Abū al-Waḍḍāḥ al-Hurmuzfarrī
Īsā b. Sulaymān al-ʿAnazī **XXVI**:124
Īsā b. ʿUthmān b. ʿĪsā **IX**:180
Īsā b. Yazīd b. Daʾb al-Kinānī al-Laythī **II**:177; **XI**:158; **XII**:166; **XIV**:122, 129, 139; **XIX**:35; **XXIX**:254; **XXX**:35–36, 71–72, 76–77
Īsā b. Yazīd al-Julūdī **XXXI**:183, 189, 229; **XXXII**:27, 33, 35–37, 38–39, 49, 83, 106
Īsā b. Yazīd al-Kinānī. SEE ʿĪsā b. Yazīd b. Daʾb al-Kinānī al-Laythī
Īsā b. Yazīd al-Laythī. SEE ʿĪsā b. Yazīd b. Daʾb al-Kinānī al-Laythī
Īsā b. Yūnus b. Abī Isḥāq b. al-Sabīʿī **XXVIII**:270; **XXXIX**:215, 329
Īsā b. Yūsuf. SEE Ibn Iṣṭifānus
Abū ʿĪsā al-Zāhid **XXXIX**:257
Īsā b. Zayd b. ʿAlī b. al-Ḥusayn **XXVIII**:157; **XXIX**:155, 165; **XXXIX**:258, 259
Īsā b. Zurʿah al-Sulamī **XXVII**:105
Īsā b. Zurārah **XXXIV**:115
Isaac b. Abraham (Isḥāq b. Ibrāhīm, prophet) **II**:61, 68, 78, 83–92, 127, 129, 131, 133–38, 147–49, 184; **III**:22, 32, 136, 144; **IV**:30
Īsābādh (east of Baghdad) **XXIX**:218, 227, 234, 238, 244; **XXX**:10, 41, 48, 57–58, 67, 78, 86, 95; **XXXII**:91
SEE ALSO Qaṣr al-Salāmah
Isāf (idol of Banū Quraysh) **VI**:4, 52
Isaiah (Shaʿyā, prophet) **IV**:35–37, 40–42, 48, 55, 107, 125
ʿIṣām (Abū ʿImrān b. ʿIṣām) **XXIII**:111
ʿIṣām (prefect of Abū Dāwūd's police) **XXVIII**:60
Ibn ʿIṣām **XXVI**:144
ʿIṣām b. ʿAbdallāh al-Bāhilī **XXIII**:224; **XXIV**:170, 173; **XXV**:91
ʿIṣām b. Qudāmah **XXXIX**:145
ʿIṣām b. Shahbar al-Jarmī **XI**:25
iṣbabadh. SEE *iṣbahbadh*
Isbādhrū (river, in southeastern Ādharbayjān) **XXVIII**:50
Iṣbahān. SEE Iṣfahān
iṣbahbadh (*isbahbadh, iṣbabadh, ispahbadh, ispabadh,* provincial military governor) **IV**:2, 10, 14, 44; **V**:91, 104, 131, 149, 303, 309, 401, 406; **XIV**:17; **XV**:41, 82; **XXIII**:154, 165; **XXVII**:207; **XXVIII**:44–45, 72–73, 78–80
SEE ALSO al-Ṣibāhbadh
al-Isbīdhahān (near Nihāwand) **XIII**:203, 209
ischial pain. SEE *ʿirq al-nasā*
Iṣfahān (Iṣbahān) **I**:292; **II**:4, 7; **IV**:8, 14, 94, 97, 100; **V**:12, 62, 313; **IX**:144; **XIII**:37, 133, 142, 179, 184, 201; **XIV**:1, 7, 9, 44, 52, 53, 80, 83; **XV**:81, 132, 256; **XVII**:102, 131; **XVIII**:6, 130, 135; **XX**:172, 175; **XXI**:123, 124, 130–33, 178, 192; **XXII**:139, 141, 144, 174; **XXIII**:182, 209; **XXVI**:17, 67, 255; **XXVII**:85, 86, 90, 110, 127, 128, 129; **XXIX**:215; **XXX**:40; **XXXI**:48; **XXXII**:65, 183; **XXXIII**:2; **XXXIV**:37, 96, 171; **XXXVI**:166, 202, 205; **XXXVIII**:15, 31, 35, 39, 42, 67, 69, 86, 107, 183, 184
SEE ALSO Jayy
Isfakhram (brother of Frasiyat) **IV**:12

Isfandiyādh (b. Farrukhzādh, brother of Rustam) **XIV**:21, 31–33
Isfandiyār b. Bishtasb **IV**:73–76, 79
Isfandiyār al-Falhawī **IV**:77
isfīdbāj (meat dish) **XXXIII**:131
Isfitūr (Spityura, brother of Jam) **I**:351
Isḥāq *(khādim)* **XXXI**:13
Isḥāq *(rāwī)* **XXIX**:105
Isḥāq (of Banū Bakr b. Wā'il) **XXV**:12
Isḥāq (b. Yūsuf al-Azraq?) **II**:99, 122; **III**:141
Abū Isḥāq. SEE Khālid b. 'Uthmān; al-Mukhtār b. Abī 'Ubayd b. Mas'ūd al-Thaqafī
Abū Isḥāq *(rāwī)*. SEE Abū Isḥāq al-Hamdānī al-Sabī'ī
Ibn Isḥāq (Muḥammad b. Isḥāq b. Yasār) **I**:174, 201–3, 211, 212, 254, 263, 265, 273, 276, 279, 281, 292, 296, 310, 317, 320, 323, 324, 332, 333, 335–38, 343, 346, 358, 360, 366, 368, 370; **II**:11, 12, 14, 32, 38, 49, 50, 52, 56, 58, 60, 61, 64, 65, 71, 73, 80, 84, 88, 89, 92, 93, 94, 95, 125, 127, 132–34, 140, 143, 144, 148, 153, 154, 166, 168, 169, 171, 172, 179, 184; **III**:4, 5, 13, 16, 31, 33, 44, 46, 49, 54, 56, 66–71, 75, 78, 86–88, 90, 91, 99, 101, 118, 120–23, 125, 139, 140, 143, 152–54, 163, 166; **IV**:35, 41, 55, 103, 108, 122–23, 124, 150–51, 156–57, 162, 165, 167–71, 173; **V**:146, 164, 166, 170, 171, 174, 175, 176, 178, 183, 188, 195, 199, 202, 203, 206, 214, 215, 217, 222, 235, 236, 242, 251, 268, 269, 271, 272, 283, 331, 335; **VI**:1, 2, 6, 9, 19, 20, 21, 23, 24, 26–29, 33, 38, 44, 46–47, 51, 55, 57–58, 62, 65–66, 70, 73, 77, 82–84, 86–87, 89, 92, 93, 96, 100, 101, 103, 104, 107, 108, 112, 114–15, 117–18, 120–21, 123–24, 127, 130, 133–34, 136–38, 140, 142, 147, 149, 150, 159, 162; **VII**:4, 5, 11, 12, 16–18, 21, 25, 34–35, 35, 38–40, 42, 43, 47, 49, 51, 53, 55, 56, 58–67, 69–72, 74, 75, 77, 78, 83, 85, 86, 88–90, 93–96, 105, 110, 112, 116–18, 120–24, 126, 129, 131–40, 143, 145, 147, 150–53, 157, 160, 161, 163, 165; **VIII**:6, 8, 13, 17, 19, 20, 22, 23, 25, 27, 29, 30, 31, 32, 33, 34, 35, 36, 38, 40, 41, 43, 44, 48, 49, 50, 51, 54, 55, 56, 57, 58, 63, 65, 66, 67, 68, 70, 72, 74, 76, 77, 78, 81, 82, 84, 85, 89, 90, 91, 92, 96, 98, 99, 100, 104, 105, 106, 107, 108, 109, 111, 112, 113, 115, 116, 117, 119, 121, 122, 124, 125, 126, 128, 129, 132, 133, 134, 135, 136, 138, 140, 142, 143, 146, 149, 151, 152, 155, 156, 158, 159, 160, 161, 162, 166, 168, 171, 176, 177, 178, 181, 184, 185, 186, 187, 188, 189, 190, 191, 192; **IX**:3, 6, 7, 8, 11, 12, 13, 14, 15, 16, 18, 19, 20, 21, 24, 26, 29, 31, 34, 35, 36, 37, 41, 42, 45, 47, 49, 51, 53, 56, 59, 64, 67, 73, 79, 82, 85, 88, 90, 92, 94, 95, 96, 97, 98, 99, 103, 105, 106, 108, 109, 110, 111, 112, 114, 116, 118, 121, 122, 123, 124, 163, 169, 171, 176, 177, 178, 179, 181, 182, 183, 184, 200, 201, 202, 203, 205, 206, 208, 209; **X**:39, 65, 72, 80, 81, 83, 103, 116, 117, 120, 121, 125, 126, 129, 133, 136, 151, 188; **XI**:3, 7, 71–74, 107, 122–23, 127, 153, 160–63, 169–70, 185, 193–94, 213, 224; **XII**:5, 132, 133, 138–40, 161, 181, 207; **XIII**:36, 86, 92, 94, 96–101, 151, 160, 162, 163, 179; **XIV**:15, 95, 123, 136, 139, 141; **XV**:78, 183, 186, 202; **XVI**:190; **XVII**:76, 107;

Ibn Isḥāq (continued) **XVIII**:166, 176; **XXXIX**:5, 13, 14, 16, 26, 109, 146, 160, 204, 283
Umm Isḥāq (mother of al-Mu'ayyad) **XXXV**:132
Isḥāq b. al-ʿAbbās b. Muḥammad **XXXII**:53, 183
Isḥāq b. ʿAbdallāh b. ʿAṭā' b. Yaʿqūb **XXVIII**:225
Isḥāq b. ʿAbdallāh b. Abī Farwah **VII**:18, 92; **X**:39; **XI**:224; **XVII**:227; **XVIII**:101; **XXI**:179, 226; **XXXIX**:37, 226, 337
Isḥāq b. ʿAbdallāh b. al-Ḥārith **XXXIX**:19, 60, 198
Isḥāq b. ʿAbdallāh b. Nawfal **XXXIX**:198
Isḥāq b. ʿAbdallāh b. Abī Ṭalḥah al-Anṣārī **VII**:155, 156; **IX**:13
Isḥāq b. Aḥmad (Sāmānid) **XXXVIII**:201
Isḥāq b. Aḥmad b. al-Ṣuqayr **XXXIII**:159
Isḥāq b. al-Ashʿath. SEE Isḥāq b. Muḥammad b. al-Ashʿath
Isḥāq b. Ayyūb (chief of security) **XXXVII**:7, 50; **XXXVIII**:20, 21, 84
Isḥāq b. Ayyūb (*rāwī*) **XVIII**:212; **XIX**:188; **XXVI**:88
Isḥāq b. al-Faḍl b. ʿAbd al-Raḥmān **XXIX**:225, 226, 233; **XXX**:12–13
Isḥāq b. al-Faḍl al-Hāshimī **XXVII**:184
Isḥāq b. Farāshah **XXXI**:235
Isḥāq al-Farghānī **XXXVIII**:113
Isḥāq al-Farwī. SEE Isḥāq b. ʿAbdallāh b. Abī Farwah
Isḥāq b. al-Ḥajjāj **I**:253, 299, 301; **II**:119; **III**:133; **IV**:120, 162
Abū Isḥāq al-Hamdānī al-Sabīʿī (ʿAmr b. ʿAbdallāh) **I**:245, 316; **II**:70, 84, 86, 102, 103, 109, 146, 157; **III**:83, 84, 88, 153; **IV**:165; **VI**:159; **VII**:27, 32, 34, 39, 40, 100, 113, 131; **VIII**:54, 88; **IX**:12, 90, 124, 125, 126, 153, 175; **XI**:132; **XII**:90, 132; **XV**:125; **XVII**:209, 226; **XVIII**:74, 136, 137, 154; **XXI**:129; **XXII**:3; **XXIII**:7–8; **XXXIX**:115, 119, 122, 128, 145, 155, 224, 238–39, 268, 325
Isḥāq b. Ḥammād **XXXVII**:13
Isḥāq b. al-Ḥasan b. Zayd (al-Aʿwar) **XXXIX**:260
Isḥāq b. Ḥassān al-Khuraymī, Abū Yaʿqūb **XXX**:132–33; **XXXI**:113, 122, 139–50
Isḥāq b. Ḥaywah al-Ḥaḍramī **XIX**:163
Isḥāq b. Ibrāhīm **XI**:111, 115; **XXVII**:151, 160; **XXXV**:11?, 20, 149; **XXXVI**:86; **XXXIX**:159
Isḥāq b. Ibrāhīm (prophet). SEE Isaac b. Abraham
Isḥāq b. Ibrāhīm b. Ḥabīb b. al-Shahīd **II**:86; **XVI**:140; **XXXIX**:272, 278
Isḥāq b. Ibrāhīm b. Ḥasan b. Ḥasan **XXVIII**:118, 138
Isḥāq b. Ibrāhīm b. Abī Khamīṣah **XXXIV**:36
Isḥāq b. Ibrāhīm al-Mawṣilī **XXIX**:4, 125, 130, 138, 141, 142, 228, 250; **XXX**:81, 83–84; **XXXII**:253–55; **XXXIII**:215
Isḥāq b. Ibrāhīm b. Muṣʿab **XXXII**:129, 135, 182, 184, 189, 199, 204–5, 210–14, 220–22, 229, 234; **XXXIII**:3, 7, 88–89, 95, 134, 179, 186, 190, 212–15; **XXXIV**:11, 21, 29, 32, 35, 73, 78, 81, 83–86, 105, 107–8
Isḥāq b. Ibrāhīm al-Rāfiqī **XXXII**:161–62
Isḥāq b. Ibrāhīm al-Ramlī **XXXIX**:150
Isḥāq b. Ibrāhīm al-Ṣawwāf **XXXIX**:124
Isḥāq b. Idrīs **XVI**:4; **XVIII**:99
Isḥāq b. ʿImrān **XXXVIII**:162–66

Isḥāq b. ʿĪsā **XIII**:97, 151, 160, 162, 177, 179; **XIV**:17, 64, 68, 94; **XV**:2, 12, 18, 25, 37, 41, 71, 94, 111, 131, 145, 236, 251; **XVII**:196, 202, 212, 227; **XVIII**:19, 31, 164, 179, 182–83, 206, 210; **XIX**:90–91, 188, 193, 217, 225; **XXII**:22, 92, 176, 181, 186, 194; **XXIII**:13, 34, 71, 76, 115–16, 129, 139, 145, 148, 156, 179, 183, 202, 214, 217; **XXIV**:29, 38, 60, 62, 88, 91, 126, 191, 193; **XXV**:28, 32, 44, 63, 94, 96, 98, 100, 194; **XXVI**:35, 55, 65, 68, 70, 120, 164, 243; **XXVII**:27, 92, 123, 145, 198; **XXIX**:92, 131, 179, 238
Isḥāq b. ʿĪsā b. ʿAlī **XXVIII**:287; **XXX**:15, 304, 305; **XXXI**:12, 229
Isḥāq b. Ismāʿīl, Abū Yūnus **XXX**:126
Isḥāq b. Ismāʿīl (*mawlā* of Banū Umayyah) **XXXIV**:121–23
Isḥāq b. Abī Isrāʾīl **II**:161; **XX**:2, 176; **XXXII**:210; **XXXIV**:157; **XXXIX**:214
Isḥāq b. Jaʿfar b. Muḥammad **XXXIX**:249
Isḥāq b. Jaṣṣāṣ **V**:339
Isḥāq b. Khulayd **XVIII**:214
Abū Isḥāq al-Kūfī. SEE Ibrāhīm al-Qāriʾ
Isḥāq b. Kundāj (Kundājīq) **XXXVI**:153, 155, 202, 203; **XXXVII**:4, 7, 50, 89–91, 97–98, 127, 145, 153–54; **XXXVIII**:8
Isḥāq b. Manṣūr **XXXV**:162
Isḥāq b. Manṣūr (*rāwī*) **I**:285; **XXXIX**:246
Isḥāq b. Masʿūd **XX**:219
Isḥāq al-Mawlā (*rāwī*) **XXX**:333
Isḥāq al-Mawṣilī. SEE Isḥāq b. Ibrāhīm al-Mawṣilī
Isḥāq b. Muḥammad (*qāḍī* of Mecca) **XXXII**:32
Isḥāq b. Muḥammad (*rāwī*) **XXXIX**:180
Isḥāq b. Muḥammad b. al-Ashʿath **XXI**:14, 18; **XXII**:5, 7, 162–63; **XXIII**:4
Isḥāq b. Muḥammad b. Ḥassān al-Ghudānī **XXV**:16–17, 52
Isḥāq b. Muḥammad al-Nakhaʿī **XXX**:124
Isḥāq b. Muḥammad b. Yūsuf al-Jaʿfarī **XXXVII**:6
Isḥāq b. al-Mundhir **II**:144
Isḥāq b. Mūsā al-Hādī **XXX**:58; **XXXI**:229; **XXXII**:42–43, 63, 67, 72, 77
Isḥāq b. Mūsā b. ʿĪsā **XXXII**:28, 33–34, 65
Isḥāq b. Mūsā b. ʿĪsā (*rāwī*) **XXIX**:101
Isḥāq b. Muslim al-ʿUqaylī **XVI**:149; **XXV**:167; **XXVI**:239, 241, 251; **XXVII**:51, 180, 181; **XXVIII**:251
Isḥāq b. al-Muʿtamid **XXXVII**:166
Abū Isḥāq al-Muʿtaṣim. SEE al-Muʿtaṣim bi-llāh
Abū Isḥāq b. Rabīʿah **XXIV**:186; **XXVI**:17, 34
Isḥāq b. Rāshid **XVI**:139
Isḥāq b. Abī Ribʿī **XXXII**:161
Isḥāq b. al-Ṣabbāḥ al-Kindī **XXIX**:175, 176, 180, 195, 204, 216; **XXX**:304–5
Abū Isḥāq al-Sabīʿī. SEE Abū Isḥāq al-Hamdānī al-Sabīʿī
Isḥāq b. Saʿd b. Masʿūd al-Qutrabbulī **XXXIV**:159–60, 162
Abū Isḥāq al-Ṣāʾigh (Ibrāhīm b. Maymūn) **XXIV**:86; **XXXIX**:312
Isḥāq b. Shāhīn al-Wāsiṭī **I**:210; **II**:87, 98; **XXXIX**:121
Abū Isḥāq al-Shaybānī (Sulaymān b. Abī Sulaymān) **I**:210; **VI**:69; **X**:186; **XI**:76, 199; **XXIII**:67; **XXXIX**:239
Isḥāq b. Sulaymān b. ʿAlī **XXIX**:149; **XXX**:97, 100, 104, 109, 140, 205; **XXXI**:21, 45

Isḥāq b. Suwayd al-ʿAdawī **XX**:28, 30, 32, 33
Isḥāq b. Ṭalḥah (commander) **XXVII**:162
Isḥāq b. Ṭalḥah b. ʿUbaydallāh **XI**:139; **XIII**:75; **XVIII**:142, 188
Umm Isḥāq b. Ṭalḥah b. ʿUbaydallāh **XXVIII**:95; **XXXIX**:49
Isḥāq b. Thābit b. Abī ʿAbbād, Abū al-Ḥasan **XXXIII**:26; **XXXIV**:86
Isḥāq b. Thābit al-Farghānī **XXXIV**:224
Isḥāq b. Yaḥyā b. Muʿādh **XXXII**:223; **XXXIII**:179; **XXXIV**:8
Isḥāq b. Yaḥyā b. Ṭalḥah **IV**:80; **XI**:139; **XV**:152, 220; **XVIII**:77; **XXI**:69–70, 224–25; **XXIII**:180–81; **XXXV**:11; **XXXIX**:56, 183
Isḥāq b. Yasār **VI**:6, 26; **VII**:49, 60, 136, 151; **VIII**:29, 57, 63; **IX**:13, 205; **XXXIX**:253
Isḥāq b. Yazīd **XXII**:2
Isḥāq b. Yūsuf (al-Azraq) **I**:200, 209, 214, 218, 222, 223; **IX**:125; **XXVIII**:267, 270
al-Isḥāqī. SEE Nahr al-Isḥāqī
al-Isḥāqī Road (between Sāmarrā and al-Anbār) **XXXV**:76
Isḥāqiyyah (village) **XXXI**:96
al-Isḥāqiyyah (military group) **XXXV**:17
Ishbān. SEE Ashbān
al-Ishkand (ruler of Nasaf) **XXV**:79, 121, 135, 136
Ishmael (Ismāʿīl b. Ibrāhīm, prophet) **II**:13, 17, 65, 68, 70, 73, 74, 76–80, 83, 86–90, 92–95, 102, 125–27, 129, 132–34, 136; **IV**:30; **VI**:6, 15, 20, 38–40, 42, 51–52, 64, 159, 160; **IX**:122; **XIII**:168; **XXI**:158; **XXVI**:9, 12–13; **XXXIX**:130
al-Ishtākhaniyyah (military group) **XXXVI**:107
al-Ishtākhanj (Persian commander) **XXVIII**:50
Ishtīkhan (north of Samarqand) **XXIV**:169, 171
al-Ishtīkhan (military ruler) **XXV**:135
al-Ishtīkhaniyyah. SEE al-Ushrūsaniyyah al-Ishtīkhaniyyah
ishtiyām (ship master) **XXXV**:63
Īshūʿhab (catholicos) **V**:405
Iskāf (Iskāf Banī al-Junayd, east of Baghdad) **XXXII**:48; **XXXV**:162; **XXXVI**:23
al-Iskandar. SEE Alexander the Great
al-Iskandariyyah. SEE Alexandretta; Alexandria
al-Iskandarūnah. SEE Alexandretta
Iskīmisht (southeast of Baghlān) **XXIII**:166, 170
Islam
  apostasy. SEE apostasy
  Christian converts to **X**:150; **XXXVI**:11
  Christianity, Muslim converts to **XXXIV**:170
  described to Heraclius **XII**:181–82
  first blood shed in cause of **VI**:88–89
  first Muslims. SEE first Muslims
  innovation in religion *(iḥdāth fī al-dīn)* **XV**:129, 193, 195, 196, 222, 226; **XVIII**:46, 148; **XIX**:60
  polytheism, Muslims reverting to **VIII**:179
  taqiyyah (justifaible concealment of one's true religious views under duress or threat of injury) **XXXIII**:192
Islamic era
  date of establishment **VI**:157–61; **XIII**:59

Islamic era (continued)
intercalation (*nasī'*, postponement of the sacred month) **VI**:55; **IX**:112
sacred months **IX**:113
islands. SEE entries beginning with Jazīrat
'Iṣmah (*iṣbahbadh* of Bābak) **XXXIII**:16–17
Abū 'Iṣmah. SEE Ḥammād b. Sālim
Abū 'Iṣmah (courtier of Mūsā al-Hādī) **XXX**:95
Banū 'Iṣmah **XI**:93
'Iṣmah b. 'Abdallāh al-Asadī **XI**:93; **XXVI**:118, 213, 225, 227, 230, 232–33; **XXVII**:33, 37, 81, 82
'Iṣmah b. 'Abdallāh b. 'Ubaydah b. Sayf b. 'Abd b. al-Ḥārith al-Ḍabbī **XI**:62, 196–98, 200, 210–12, 215; **XII**:129; **XIII**:27; **XIV**:6, 9, 20
'Iṣmah al-Ḍabbī. SEE 'Iṣmah b. 'Abdallāh b. 'Ubaydah b. Sayf b. 'Abd b. al-Ḥārith al-Ḍabbī
'Iṣmah b. Ḥammād b. Sālim **XXXI**:44, 50, 74, 211
'Iṣmah b. al-Ḥārith al-Ḍabbī. SEE 'Iṣmah b. 'Abdallāh b. 'Ubaydah b. Sayf b. 'Abd b. al-Ḥārith al-Ḍabbī
'Iṣmah b. al-Muqsha'irr **XXVII**:4, 8
'Iṣmah b. Ubayr al-Taymī **X**:87; **XVI**:160
'Iṣmah al-Wābilī **XII**:110
Ismā'īl (al-A'raj). SEE Ismā'īl b. Ja'far b. Muḥammad
Ismā'īl (father of Abū Bakr b. Ismā'īl) **VII**:11
Ismā'īl (*ghulām* of Sahl al-Ṭaḥḥān) **XXXVI**:36
Ismā'īl (*mawlā* of Banū 'Aqīl b. Mas'ūd) **XXIV**:141
Ismā'īl (of Banū Asad) **XXIV**:162
Ismā'īl (prophet). SEE Ishmael
Ismā'īl (*rāwī*) **XXXIX**:216, 268. SEE ALSO Ismā'īl b. Abī Khālid; Abū Sa'īd al-Yaḥmadī; Ibn 'Ulayyah
Ismā'īl b. Abān **I**:260; **XXXIX**:101
Ismā'īl b. al-'Abbās b. Muḥammad **XXXI**:211
Ismā'īl b. 'Abd al-Karīm **I**:173, 174, 206–8, 210, 301, 351; **II**:10–11, 40, 119, 122, 140; **IV**:21, 42, 55, 113, 120; **V**:415
Ismā'īl b. 'Abd al-Raḥmān al-Suddī. SEE al-Suddī
Ismā'īl b. 'Abdallāh b. Ja'far b. Abī Ṭālib **XXVIII**:156
Ismā'īl b. 'Abdallāh al-Marwazī, Abū Naṣr **XXXVI**:117
Ismā'īl b. 'Abdallāh al-Qasrī **XXVI**:166–67, 169–70, 172, 256–60; **XXVII**:11, 14, 189
Ismā'īl b. 'Abdallāh b. Zurārah **XXXIX**:98
Ismā'īl b. Aḥmad **XXXVIII**:2, 11, 70, 84, 85, 91, 92, 95, 104, 112, 117, 118, 146, 147, 183, 201
Abū Ismā'īl al-'Alawī **XXXV**:89
Ismā'īl b. 'Alī b. 'Abdallāh b. al-'Abbās **XXVII**:150, 194, 196, 198, 204, 208; **XXVIII**:40, 46, 51, 65, 81–82, 273; **XXIX**:71, 125
Ismā'īl b. Abī 'Amr **XXVIII**:200
Ismā'īl b. 'Amr b. Sa'īd b. al-'Āṣ **XXI**:166; **XXXIX**:177, 334
Ismā'īl b. al-Ash'ath **XXII**:192
Ismā'īl b. 'Ayyāsh al-Ḥimṣī **II**:21, 38; **VI**:60; **XXXIX**:133
Ismā'īl b. Ayyūb b. Salmah b. 'Abdallāh b. al-Walīd b. al-Mughīrah **XXVIII**:144–45
Ismā'īl b. Bulbul, Abū al-Ṣaqr **XXXVI**:203; **XXXVII**:151, 162, 164–69, 173
Ismā'īl b. Burayh al-Hāshimī **XXXVII**:151
Ismā'īl b. Dāwūd **XXXII**:205
Ismā'īl b. Dīnār **XXVIII**:248

Ismāʿīl b. Farāshah **XXXV**:25, 48, 62, 72, 75, 87
Ismāʿīl b. Ḥafṣ b. Muṣʿab **XXX**:276, 284
Ismāʿīl b. al-Ḥakam b. ʿAwānah **XXVIII**:149
Ismāʿīl b. Abī Ḥakīm al-Qurashī **VI**:73; **XIV**:131; **XXI**:216
Abū Ismāʿīl al-Hamdānī **XII**:167; **XIV**:122; **XVIII**:183
Ismāʿīl b. Ḥammād b. Abī Ḥanīfah **XXXII**:136
Ismāʿīl b. Hāniʾ (brother of Abū Nuwās) **XXXI**:233
Abū Ismāʿīl b. Hārūn al-Rashīd **XXXIII**:216
Ismāʿīl b. al-Ḥasan **XXVII**:147, 174
Ismāʿīl b. Ḥasan b. Zayd **XXXIX**:260
Ismāʿīl al-Haytham, Abū al-ʿĀliyah **III**:48
Ismāʿīl b. Ibrāhīm, Abū Yaḥyā **VII**:41
Ismāʿīl b. Ibrāhīm (*rāwī*). SEE Abū Saʿīd al-Yaḥmadī
Ismāʿīl b. Ibrāhīm al-Asadī. SEE Ibn ʿUlayyah
Ismāʿīl b. Ibrāhīm al-Fihrī **XXIX**:131
Ismāʿīl b. Ibrāhīm b. Ḥasan b. Ḥasan **XXVIII**:118, 138
Ismāʿīl b. Ibrāhīm b. Hūd **XXVIII**:149, 154
Ismāʿīl b. Ibrāhīm al-Makhzūmī **XXXIX**:114
Ismāʿīl b. Ibrāhīm b. Muhājir **XXXIX**:114
Ismāʿīl b. Ibrahīm b. Shammās **XXIV**:53
Ismāʿīl b. Ibrāhīm b. ʿUqbah **XXIII**:178
Ismāʿīl b. ʿĪsā b. Mūsā **XXX**:30
Ismāʿīl b. Isḥāq **XXXVI**:119, 164, 168, 180; **XXXVII**:166–67
Ismāʿīl b. Abī Ismāʿīl al-Thaqafī **XXVII**:132, 134; **XXIX**:168, 175
Ismāʿīl b. Isrāʾīl al-Ramlī **VII**:40
Ismāʿīl b. Iyās b. ʿAfīf **VI**:82
Ismāʿīl b. Jaʿfar b. Ibrāhīm **XXVIII**:118, 221
Ismāʿīl b. Jaʿfar b. Abī Kathīr al-Madanī **XXXIX**:331
Ismāʿīl b. Jaʿfar b. Muḥammad (al-Aʿraj) **XXVIII**:99; **XXXIX**:248
Ismāʿīl b. Jāmiʿ, Abū al-Qāsim. SEE Ibn Jāmiʿ
Bint Ismāʿīl b. Jarīr **XXVI**:82
Ismāʿīl b. Kathīr **XX**:119, 120, 182
Ismāʿīl b. Abī Khālid **I**:181; **II**:100; **III**:100; **VI**:155; **VII**:7; **VIII**:83; **XI**:39, 147; **XII**:30, 62, 92, 140, 203; **XIII**:19, 36; **XIV**:48, 139; **XV**:16, 235; **XVI**:150; **XXXIX**:113, 114
Ismāʿīl b. Abī Masʿūd **XXXII**:205
Ismāʿīl b. Masʿūd al-Jaḥdarī **XXXIX**:226
Ismāʿīl b. Abī al-Muhājir **XXI**:183
Ismāʿīl b. Muḥammad b. ʿAlī **XXXIX**:236
Ismāʿīl b. Muḥammad al-Ḥimyarī. SEE al-Sayyid al-Ḥimyarī
Ismāʿīl b. Muḥammad b. Muʿāwiyah b. Bakr al-Bāhilī **XXXIV**:30
Ismāʿīl b. Muḥammad al-Munshiʾ **XXXVIII**:9
Ismāʿīl b. Muḥammad al-Qurashī **XXXI**:123
Ismāʿīl b. Muḥammad b. Saʿd b. Abī Waqqāṣ **VII**:137; **XII**:111; **XIV**:93, 118; **XV**:120, 181, 182; **XVI**:9; **XXXIX**:23, 177
Ismāʿīl b. Mūsā al-Bajalī **XXVIII**:186, 267
Ismāʿīl b. Mūsā al-Fazārī **XVI**:49; **XVII**:230
Ismāʿīl b. Mūsā al-Hādī **XXX**:55, 58
Ismāʿīl b. Mūsā al-Suddī **XXXIX**:99, 128
Ismāʿīl b. Muṣʿab, Abū Muṣʿab **XXXIX**:188

Ismāʿīl b. Muslim **X**:134, 137; **XII**:156; **XV**:102
Ismāʿīl b. al-Mutawakkil **XXVII**:131
Ismāʿīl b. al-Mutawakkil al-Ashjaʿī **II**:46
Ismāʿīl b. Nawbakht **XXXIV**:53
Ismāʿīl b. Nuʿaym al-Hamdānī al-Namarī al-Bursumī **XVIII**:127; **XX**:189; **XXI**:55; **XXII**:58
Ismāʿīl b. al-Nuʿmān al-ʿUllayṣī, Abū Muḥammad **XXXVIII**:136, 144–45, 148
Ismāʿīl b. Rāshid **XVII**:213; **XVIII**:2, 6
Ismāʿīl b. Sadūs **IV**:157
Ismāʿīl b. Sālim **III**:101
Ismāʿīl b. Samīʿ al-Ḥanafī **XVII**:113
Ismāʿīl b. Ṣubayḥ **XXIX**:241; **XXX**:46–47, 199, 290, 303, 312; **XXXI**:11, 66
Ismāʿīl b. Sulaymān b. Mujālid **XXIX**:234
Ismāʿīl b. Ṭalḥah b. ʿUbaydallāh, Abū al-Bakhtarī **XVIII**:142; **XIX**:46; **XXI**:70, 131, 183
Ismāʿīl b. ʿUbayd b. Abī Karīmah **II**:83
Ismāʿīl b. ʿUbaydallāh **I**:178, 179
Ismāʿīl b. ʿUlayyah al-Asadī. SEE Ibn ʿUlayyah
Ismāʿīl b. Umayyah **I**:189, 212, 222, 224, 231; **VII**:8
Ismāʿīl b. ʿUqbah **XXV**:47
Ismāʿīl b. Yaḥyā al-Maʿāfirī **XXXIX**:146
Ismāʿīl b. Yaʿqūb al-Taymī **XXVIII**:152
Ismāʿīl b. Yazīd al-Azdī **XVII**:30, 89; **XX**:127
Ismāʿīl b. Yūsuf b. Ibrāhīm b. ʿAbdallāh b. al-Ḥasan b. al-Ḥasan b. ʿAlī b. Abī Ṭālib **XXXV**:108, 109, 144
Ismāʿīl b. Zurārah **XXXIV**:115
Isnā (in Upper Egypt) **XXXIV**:143
ispabadh (ispahbadh). SEE *iṣbahbadh*
Israel (Jacob) b. Isḥāq. SEE Jacob b. Isaac
Israelites (Banū Isrāʾīl, Children of Israel) **I**:314, 316; **II**:20, 133; **III**:3, 4, 5–7, 9–11, 14, 17, 31–42, 43, 52, 53, 54, 59, 62–67, 68, 69, 70, 71, 72, 73–78, 80, 81, 86, 88, 90–97, 94, 95, 104, 105, 106, 108, 110, 111, 118, 119, 121–25, 126, 127, 128–32, 133–37, 141–43, 147, 149–52, 169, 170, 171; **IV**:20–21, 25, 31, 35–36, 40, 42–44, 46, 49, 50–52, 54–56, 59, 60–61, 63–65, 68, 70, 85–86, 95, 97–98, 101, 104–5, 107–9, 111, 120, 126–27; **V**:276, 414; **VI**:79; **VIII**:36, 73; **XII**:196; **XIV**:35, 157; **XX**:83; **XXI**:69, 70, 78; **XXVIII**:113; **XXXVIII**:54; **XXXIX**:212
SEE ALSO *ahl al-dhimmah;* Ahl al-Kitāb; Canaanites; Exilarch; Ezekiel; Hebrew language; Jews; Judaism; Banū al-Naḍīr; Passover; Psalms; Banū Qaynuqāʿ; Banū Qurayẓah; Sabbath; synagogues; Torah
Isrāfīl (archangel) **II**:115; **IV**:184; **VI**:155, 162; **IX**:174
Isrāʾīl *(rāwī)* **I**:226, 245, 281; **II**:41, 86, 87, 102, 104, 165, 180; **IV**:155, 165; **VII**:27, 32, 34, 39, 100, 113, 131; **VIII**:54, 88; **IX**:12, 124; **XXXIX**:116, 119, 122, 145, 197, 200
Abū Isrāʾīl *(rāwī)* **XXXIX**:230, 277
Banū Isrāʾīl. SEE Israelites
Ibn Isrāʾīl. SEE Aḥmad b. Isrāʾīl
Isrāʾīl b. Yūnus. SEE Isrāʾīl *(rāwī)*
Isrāʾīl b. Zakariyyāʾ al-Ṭayfūrī. SEE al-Ṭayfūrī
Issachar b. Jacob (Yashar b. Yaʿqūb) **II**:134
Istabrāq. SEE Stauracius

Iṣṭakhr **III**:22, 135, 154; **IV**:72, 83, 100; **V**:3–5, 8, 12, 15, 62, 235, 285, 292, 402, 409–10; **X**:115; **XIII**:10, 128, 130, 142, 143, 149; **XIV**:64, 66–70; **XV**:24, 32, 35–36, 79, 81, 90; **XVII**:204; **XVIII**:14, 28, 83; **XXI**:124, 177, 200; **XXII**:150, 180; **XXVII**:85, 86, 87, 89; **XXVIII**:273; **XXXVII**:66
Istarkhān al-Khwārazmī **XXIX**:14
Iṣṭawanah (b. Īraj) **II**:27
Ibn (Ukht) Iṣṭifānus (ʿĪsā b. Yūsuf) **XXXIII**:78, 82, 90; **XXXIV**:124
Iṣṭīmiyā **XII**:54
istiʿrāḍ (killing of captives) **XVII**:124–25, 129–30, 176–77
Ītākh (Aytākh) **XV**:4; **XXXIII**:46, 94, 98, 113, 116–17, 123, 127, 130, 134, 179, 183–84, 198–99, 206, 210, 214; **XXXIV**:9, 15, 16, 37, 61, 68, 81–86; **XXXV**:29; **XXXVI**:52
Ītākh Gate. SEE Bāb Ītākh
al-Ītākhiyyah (in Sāmarrā) **XXXV**:161
Iṭfīr b. Rawhīb. SEE Potiphar
iʿtikāf (retreat during Ramaḍān) **XVII**:215; **XXIV**:4
Ibn al-Iṭnābah (poet) **XVII**:47
al-ʿItrī. SEE ʿAmr b. ʿAbd al-Malik al-ʿItrī al-Warrāq
ʿItrīs b. ʿUrqūb al-Shaybānī, Abū Sulaymān **XVIII**:194–95
Īwān (in al-Kūfah) **XXII**:108
Īwān Kisrā. SEE Ṭāq-i Kisrā
Banū Iyād. SEE Banū Iyād b. Nizār
Iyād b. Laqīṭ **IX**:161
Banū Iyād b. Nizār **IV**:79, 134; **V**:363; **X**:88; **XI**:51–53, 67; **XIII**:54–56, 62, 76, 88, 90; **XVIII**:100; **XXXIV**:35
Iyād b. Nizār b. Maʿadd **VI**:34–36
ʿIyāḍ (canal). SEE Nahr ʿIyāḍ
ʿIyāḍ (of Banū Ḍabbah) **XXVII**:144
ʿIyāḍ (overseer of Sālim, *mawlā* of ʿAnbasah b. ʿAbd al-Malik) **XXV**:179, 180
ʿIyāḍ (*rāwī*) **XI**:158
Ibn ʿIyāḍ (ʿAbbāsid commander) **XXXVI**:189
ʿIyāḍ b. Aslam b. Kaʿb b. Mālik b. Laghaz b. Aswad b. Kaʿb b. Ḥadas b. Aslam al-Jurashī **XX**:63
ʿIyāḍ b. Ghanm al-Fihrī **XI**:7–8, 10, 47–49, 57–59, 61, 90, 144, 165, 170; **XII**:134, 135, 141, 142, 180; **XIII**:60, 80, 84, 86–89, 106, 159; **XIV**:46, 112; **XV**:72
ʿIyāḍ b. al-Ḥārith **XVIII**:183
ʿIyāḍ b. Himyān al-Bakrī **XXIII**:6, 50
ʿIyāḍ b. Ḥuḍayn b. al-Mundhir **XXIII**:87
ʿIyāḍ al-Jurashī. SEE ʿIyāḍ b. Aslam b. Kaʿb b. Mālik b. Laghaz b. Aswad b. Kaʿb b. Ḥadas b. Aslam al-Jurashī
ʿIyāḍ b. Abī Līnah al-Kindī **XXII**:54–55, 59–60, 63
ʿIyāḍ b. Muslim **XXVI**:92–93, 100
ʿIyāḍ b. Warqāʾ al-Usaydī **XV**:104
Iyās b. ʿAbd Yālīl. SEE al-Fujāʾah al-Sulamī
Iyās b. ʿAbdallāh b. ʿAmr **XXIII**:127, 200
Iyās b. ʿAfīf **VI**:82
Iyās b. ʿAmr **XXIV**:20
Iyās b. al-ʿAthl al-Ṭāʾī **XIX**:56–57
Iyās b. Bayhas b. ʿAmr al-Bāhilī **XXIII**:137; **XXIV**:17, 19
Iyās al-Ḥirābī **XXXI**:122
Iyās b. Muʿādh **VI**:123–24
Iyās b. Muʿāwiyah b. Qurrah al-Muzanī, Abū Wāthilah **XXIV**:75; **XXXIX**:326
Iyās b. Muḍārib al-ʿIjlī **XX**:186, 188, 189, 200, 201
Iyās b. al-Muhallab **XV**:106; **XXIII**:134, 137

Iyās b. Qabīṣah al-Ṭā'ī **II**:134; **V**:341–42, 359–60, 363, 366, 371–72; **XI**:28, 30, 35
Iyās b. Qatādah **XX**:41
Iyās b. Rabī'ah b. al-Ḥārith b. 'Abd al-Muṭṭalib **XXXIX**:62
Iyās b. Salamah b. al-Akwa' **VIII**:44, 69, 79, 80, 82, 83, 97; **XIV**:138; **XXXIX**:58, 319
Iyās b. Shurayḥ **XXI**:126
Iyās b. Ṭalḥah b. Ṭalḥah **XXVII**:99
Iyās b. Zuhayr b. Ḥayyān **XX**:78; **XXIII**:224; **XXXIX**:151
Īzadh Jushnas **V**:307
Īzak (bt. Afrīdhūn) **III**:20
Izhar b. Konath **III**:30, 99
Abū 'Izzah al-Qābiḍī **XX**:125

J
Jabal (b. Lamech). SEE Tūlīn
al-Jabal. SEE al-Jibāl
al-Jabal (caliphal ring) **XXXV**:114
Jabal b. Jawwāl al-Tha'labī **VIII**:36; **XXX**:120
Jabal Juhaynah **XXVIII**:200
Jabal al-Milḥ **XXV**:134
Jabal al-Mushāt **XXI**:152
Jabal al-Shayāṭīn (Devils' Mountain) **XXXVI**:42
Jabal al-Summāq (near Ḥimṣ) **XXVII**:22
Jabal al-Thalj. SEE Mt. Hermon
Jabal Zaynī **XXXVI**:91
Jabalah (on the coast of Syria) **XXXIV**:157
Jabalah (*ghulām* of Asad b. 'Abdallāh al-Qasrī) **XXV**:119
Jabalah (*ghulām* of Ḥabīb b. al-Muhallab) **XXII**:189
Banū Jabalah (of Kindah) **XVIII**:132; **XIX**:51
Jabalah, Day of. SEE Day of Jabalah
Jabalah b. 'Abd al-Raḥmān **XXIV**:188
Jabalah b. 'Abdallāh al-Khath'amī **XX**:139, 144
Jabalah b. 'Amr al-Sā'idī **XV**:182
Jabalah b. al-Ayham al-Ghassānī **XI**:58, 59; **XII**:132
Jabalah b. Farrūkh al-Tājī **XXIII**:224; **XXIV**:6; **XXVII**:124, 127, 131, 132, 134, 135, 142, 148, 151, 162, 178, 182
Jabalah b. Ḥārithah **XXXIX**:7
Jabalah b. Makhramah al-Kindī **XXIV**:134
Jabalah b. Masrūq **XVII**:159
Jabalah b. Abī Rawwād **XXIV**:6; **XXV**:102, 141
Jabalah b. Suḥaym **XXXIX**:326
Jabalah b. Zaḥr b. Qays al-Ju'fī **XXIII**:25–26, 35–37, 39
Jābalq. SEE Marqīsīyā
Jābān (governor of Ullays) **XI**:5, 22–23, 179–81, 183, 186, 195; **XII**:47–49
Jabār (near Khaybar) **IX**:120
Jābars. SEE Barjīsīyā
al-Jabbān (cemetery, in al-Baṣrah). SEE *jabbānah*
jabbānah (tribal cemetery) **XXI**:34; **XXVI**:22, 40–42, 220, 255
in al-Baṣrah **XVI**:64; **XX**:29, 31
in al-Kūfah **XII**:16; **XVII**:138; **XX**:198, 199, 202, 204, 205; **XXI**:14, 15, 16–19, 21, 24, 27, 29, 31, 40, 67, 100–101; **XXVI**:22, 40–41, 41, 42, 44, 48, 49
in Medina **XIV**:119
SEE ALSO following entries beginning with Jabbānat
Jabbānat Bishr (in al-Kūfah) **XXI**:14
Jabbānat Kindah (in al-Kūfah) **XVIII**:132; **XXI**:14, 100; **XXVI**:42
Jabbānat Mikhnaf b. Sulaym (in al-Kūfah) **XXI**:14; **XXVI**:42

Jabbānat Murād (in al-Kūfah) **XVII**:138; **XXI**:15, 100
Jabbānat al-Sabīʿ (in al-Kūfah) **XIX**:62; **XXI**:14, 16–19, 21, 24, 27, 29, 31, 40, 67, 100; **XXVI**:48
Jabbānat al-Ṣāʾidiyyīn (in al-Kūfah) **XVIII**:132; **XXI**:100–101; **XXVI**:41
Jabbānat Sālim al-Salūlī (in al-Kūfah) **XXVI**:22, 40–41, 44, 49
Jabbānat Banī Salūl (in al-Kūfah) **XXI**:15, 16
Jabbānat Banī Yashkur (in al-Baṣrah) **XXIV**:115
Abū al-Jabbār (courtier of al-Manṣūr) **XXIX**:72
Jabbār (Ḥayyān) b. Fayḍ **V**:203
Jabbār b. Ṣakhr b. Khansāʾ al-Salimī **VIII**:129
Jabbār b. Sulmā b. Mālik b. Jaʿfar **VII**:153, 154; **IX**:103
Jabbāsh *(khādim)* **XXXVI**:175, 180, 195–98, 201
Jabbul (halfway between Wāsiṭ and al-Madāʾin) **XXV**:165; **XXXII**:50, 52, 58; **XXXVI**:204
Jabghūyah (ruler of Ṭukhāristān) **XXIII**:154–55, 166, 168, 172; **XXV**:84, 127, 128, 140, 141, 145, 147; **XXXI**:71–72
Jabiltā (Jabultā, northeast of Takrīt) **XXXIV**:155
Jabin (Yāfīn, king of Canaan) **III**:127
Jābir *(rāwī)*. SEE Jābir b. Yazīd al-Juʿfī
Ibn Jābir *(rāwī)*. SEE ʿAbd al-Raḥmān b. Yazīd b. Jābir
Jābir b. ʿAbdallāh b. ʿAmr b. Ḥarām al-Khazrajī al-Anṣārī **II**:46; **VI**:74, 76, 80, 125; **VII**:87, 139, 162, 163; **VIII**:69, 70, 83, 84, 118, 129, 147, 148; **IX**:8, 12, 125, 176; **X**:11; **XIII**:29; **XVII**:207; **XVIII**:101; **XIX**:124; **XXII**:2; **XXXIX**:58–59, 214, 223, 230, 291, 311
Jābir b. Abjar al-ʿIjlī **V**:364
Jābir b. ʿAmr al-Muzanī **XIII**:36; **XIV**:5; **XV**:256
Jābir b. Anas al-Riyāḥī **XXVIII**:191–92
Jābir al-Asadī **XII**:54
Jābir b. al-Aswad b. ʿAwf al-Zuhrī **XX**:162; **XXI**:153, 194; **XXIII**:114
Jābir b. Bujayr al-ʿIjlī **XI**:21–22
Jābir b. Fulān **X**:106
Jābir b. Ḥammād **XXVIII**:268
Jābir b. al-Ḥārith al-Salmānī **XIX**:146–47, 150
Jābir b. Hārūn al-Naṣrānī **XXXV**:21, 22
Jābir (Ḥārithah) b. Kathīr al-Khuzāʿī **XXV**:16
Ibn Jābir b. al-Kurdī al-Wāsiṭī **IX**:161
Jābir b. Muṣʿab **XXXI**:247
Jābir b. Nūḥ al-Ḥimmānī **II**:102, 116, 123, 144; **III**:100, 102, 104; **XXXIX**:207
Abū Jābir al-Salimī **VII**:109
Jābir b. Samurah **I**:177; **IX**:161; **XXXIX**:108, 297
Jābir b. Ṭāriq **XI**:45
Jābir b. Tawbah (Tūbah) al-Kilābī **XXVII**:144; **XXIX**:61, 62
Jābir b. ʿUmārah **XXIII**:56
Jābir b. Wahb al-Rāsibī, Abū Muḥammad **XVII**:167
Jābir b. Yazīd al-Juʿfī **II**:86, 87, 95, 147; **X**:38; **XII**:159; **XIV**:94, 114; **XV**:67; **XVI**:113, 130; **XVII**:99, 140; **XIX**:156; **XXXIX**:237–38, 253
Jābir b. Zayd al-Azdī. SEE Abū al-Shaʿthāʾ al-Azdī
Banū Jābir b. Zuhayr b. Janāb al-Kalbī **XXIV**:138
Abū Jabīrah *(rāwī)* **I**:181
Abū Jabīrah b. al-Ḍaḥḥāk al-Anṣārī **XXI**:214
Jābirat (?, city built by Faqṭas) **XXVIII**:113

al-Jābiyah (gate). SEE Bāb al-Jābiyah
al-Jābiyah (Jābiyat al-Jawlān, south of Damascus) **IX**:70; **XI**:108; **XII**:144, 188–91, 193, 194, 197; **XIII**:81, 84, 85, 89, 97, 98, 102, 106; **XVIII**:216; **XX**:53, 55, 56, 59; **XXVI**: 145, 151
Jabr b. Nawf al-Hamdānī. SEE Abū al-Waddāk al-Hamdānī
Jabr b. Abī ʿUbayd al-Thaqafī **XI**:191, 194
Jabrī b. Akkāl. SEE Ḥīrī b. Akkāl
Jabultā. SEE Jabiltā
Jacob b. Isaac (Yaʿqūb b. Isḥāq) **II**:61, 67, 68, 84–86, 88–90, 131, 133, 134, 136, 137, 138, 139, 143, 147–49, 154, 167–71, 174, 175, 177, 181, 183, 184; **III**:30, 32, 144; **IV**:30, 61; **V**:416; **VIII**:63
Jacobite Kurds (al-Akrād al-Yaʿqūbiyyah, Kurds of the Yaʿqūbiyyah) **XXXVI**:136; **XXXVII**:4
al-Jaʿd. SEE Ṭāq al-Jaʿd
Banū al-Jaʿd (of Hamdān) **XIX**: 129
al-Jaʿd b. Dirham **XXIV**:129
al-Jaʿd b. Qays al-Tamīmī (al-Numayrī) **XVIII**:83, 177, 178
al-Jadʿāʾ (name of Prophet Muḥammad's camel) **IX**:151
Abū Jaʿdah (*mawlā* of Banū Quraysh) **XXVI**: 187
Banū Jaʿdah **VI**: 160; **XXIII**:43; **XXXIX**: 126
Ibn Jaʿdah. SEE Saʿīd b. ʿAmr b. Jaʿdah b. Hubayrah al-Makhzūmī
Ibn Jaʿdah b. Hubayrah **XXIII**: 43
SEE ALSO Saʿīd b. ʿAmr b. Jaʿdah b. Hubayrah al-Makhzūmī
Jaʿdah b. Hubayrah b. Abī Wahb al-Makhzūmī **VI**:57; **XVII**:99, 140, 216; **XXI**: 70, 72
al-Jadalī (commander of Qutaybah b. Muslim) **XXIII**:192
al-Jadd b. Qays al-Anṣārī **VIII**:83, 84; **IX**:48
Jaddālah bt. Waʿlān b. Jawsham **VI**:34
Banū Jadhīmah (of ʿAbd al-Qays) **XVI**: 121; **XVIII**:204
Jadhīmah al-Abrash **IV**:129, 132–42, 147–49
Banū Jadhīmah b. ʿĀmir b. ʿAbd Manāt b. Kinānah, expedition against **VIII**:188–91
Banū Jadhīmah b. Mālik **XXI**:102; **XXXIX**: 238
Ibn Jadhl al-Ṭiʿān al-Kinānī **XVIII**: 59
Banū Jadīlah **X**:42, 60, 62, 68; **XI**:199; **XIII**:70, 76; **XVIII**: 160; **XXV**: 159
Jadīlah bt. Murr **XXXIX**:276
Jadīs (b. Eber/b. Gether/b. Lud) **II**:13, 16, 18, 20
Banū Jadīs **IV**:132, 148, 151, 154; **V**:122
Jadmīr b. Jūdharz **IV**:15
Jadʿūn b. Juwāsh. SEE Gideon b. Joash
Jaʿfar (*ghulām* of al-Kirmānī) **XXVI**: 228–29
Jaʿfar (*rāwī*). SEE Jaʿfar b. Abī al-Mughīrah
Āl Jaʿfar. SEE Banū Jaʿfar b. Kilāb
Abū Jaʿfar, Palace of. SEE Qaṣr Abī Jaʿfar
Abū Jaʿfar. SEE Muḥammad b. ʿAbd al-Malik al-Zayyāt; Muḥammad b. ʿAlī b. al-Ḥusayn
Ibn Abī Jaʿfar. SEE ʿAbdallāh b. Abī Jaʿfar al-Rāzī
Banū Jaʿfar (of Thaʿlabah b. Yarbūʿ) **X**:101
Ibn Jaʿfar. SEE ʿAbdallāh b. Jaʿfar b. Abī Ṭālib
Umm Jaʿfar. SEE Zubaydah bt. Abī Jaʿfar al-Manṣūr
Jaʿfar b. al-ʿAbbās **XXXV**:126, 127

Abū Ja'far al-'Abbās. SEE al-Manṣūr
Ja'far b. al-'Abbās al-Kindī **XXVI**:39–40; **XXVII**:11, 12–13, 15–16
Ja'far b. 'Abd al-Raḥmān b. Mikhnaf **XXII**:5, 27, 163–64
Ja'far b. 'Abd al-Wāḥid b. Ja'far b. Sulaymān b. 'Alī **XXXIV**:132, 139–40, 212, 224; **XXXV**:14, 26, 140; **XXXVI**:99, 105
Ja'far b. 'Abdallāh b. Aslam **VII**:117
Ja'far b. 'Abdallāh b. 'Aṭā' b. Ya'qūb **XXVIII**:225
Ja'far b. 'Abdallāh b. Muḥammad. SEE Ja'far b. al-Manṣūr
Ja'far b. 'Abdallāh al-Muḥammadī **XV**:135, 137, 139, 183–84, 186, 202, 246–47, 251; **XVI**:1, 2
Ja'far b. 'Abdallāh b. 'Uthmān al-Qurashī **VI**:75
Ja'far b. 'Abdallāh b. Yazīd b. Rukānah **XXVIII**:67, 148
Abū Ja'far al-'Absī **XIX**:170
Ja'far b. Aḥmad (maternal uncle of Ankalāy) **XXXVI**:195
Ja'far b. Aḥmad b. 'Ammār al-Qāḍī **XXXV**:27
Ja'far b. Aḥmad al-Bayān (Ibn al-Khabbāzah) **XXXV**:44
Ja'far b. Aḥmad b. Yaḥyā **XXIX**:126
Ja'far b. Aḥmad b. Zayd al-'Alawī **XXIX**:232
Ja'far b. 'Alī b. Abī Ṭālib **XIX**:111–12, 155–56, 158, 179
Umm Ja'far bt. 'Alī b. Abī Ṭālib **XVII**:229
Ja'far b. 'Amr b. Umayyah **VII**:146
Ja'far b. 'Aqīl b. Abī Ṭālib **XIX**:152, 180
Ja'far b. 'Awn al-'Amrī **VII**:103, 145, 146; **XIV**:83, 87, 89
Ja'far b. al-Bāghamardī **XXXVII**:127
Ja'far b. Baghlāghaz **XXXVII**:46; **XXXVIII**:64
Abū Ja'far al-Bajalī (Mūsā b. al-Musayyib) **XXXIX**:310
Ja'far b. Burqān **I**:197; **XVIII**:218
Ja'far b. Dāwūd al-Qummī **XXXII**:182, 190, 197
Ja'far b. Dīnār al-Khayyāṭ **XXXII**:186; **XXXIII**:46–47, 57–62, 64–69, 94, 98, 116, 174, 178; **XXXIV**:36, 129, 148–50; **XXXV**:9, 34, 39
Ja'far b. al-Faḍl b. al-Ḥasan b. 'Amr b. Umayyah al-Ḍamrī **VII**:147
Ja'far b. al-Faḍl b. 'Īsā b. Mūsā (Bashāshāt) **XXXV**:27, 108
Ja'far b. Ḥadhdhā' (?) **XXXIV**:40, 43
Ja'far b. Ḥāmid **XXXIV**:182
Ja'far b. Ḥanẓalah al-Bahrānī **XXV**:144, 147, 166, 170, 187, 189, 194; **XXVII**:191; **XXVIII**:40, 55, 186, 262–63, 291–92; **XXIX**:13
Ja'far Harbor. SEE Furḍat Ja'far
Ja'far b. Ḥasan b. Ḥasan b. 'Alī **XXVI**:8, 10; **XXVIII**:138
Abū Ja'far al-Ḥuddānī **XXXIX**:215
Ja'far b. Ḥudhayfah al-Ṭā'ī **XVII**:26, 55; **XVIII**:33; **XIX**:56
Ja'far b. Ḥumayd al-Kurdī **XXXVIII**:129
Ja'far b. al-Ḥusayn b. 'Alī **XXXIX**:49
Ja'far b. al-Ḥusayn al-Lahbī **XXX**:221
Ja'far b. Ibrāhīm al-Sajjān **XXXVI**:141; **XXXVII**:65
Ja'far b. 'Īsā al-Ḥasanī **XXXII**:209, 214, 219
Ja'far b. Isḥāq b. 'Alī b. 'Abdallāh b. Ja'far b. Abī Ṭālib **XXVIII**:224
Ja'far b. Iyās, Abū Bishr **I**:211, 227, 330; **II**:94
Ja'far b. Ja'far b. Abī Ja'far al-Manṣūr **XXX**:305
Ja'far b. Abī Ja'far al-Manṣūr. SEE Ja'far b. al-Manṣūr
Ja'far al-Khayyāṭ. SEE Ja'far b. Dīnār al-Khayyāṭ

Banū (Āl) Ja'far b. Kilāb **VII**:153; **XXIII**:216
Ja'far al-Kurdī **XXXV**:123
Abū Ja'far al-Madā'inī ('Abdallāh b. al-Miswar b. Muḥammad b. Ja'far b. Abī Ṭālib) **XXXIX**:309
Ja'far b. Maḥmūd *(wazīr)* **XXXV**:39, 162, 163
Ja'far b. Maḥmūd b. Muḥammad b. Maslamah al-Ashhalī **VIII**:5; **IX**:155; **XV**:191; **XXXIX**:43, 45, 58, 68
Ja'far al-Ma'lūf **XXXIV**:160–61, 163; **XXXVI**:133
Ja'far b. al-Manṣūr (al-Akbar, the Elder) **XXVII**:149; **XXVIII**:66; **XXIX**:41, 49, 128, 145–46, 148; **XXX**:167, 179, 305; **XXXI**:234
Ja'far b. al-Manṣūr (al-Aṣghar, the Younger) **XXIX**:149
Abū Ja'far al-Manṣūr (caliph). SEE al-Manṣūr
Ja'far b. Maymūn **XXXIX**:326
Ja'far b. Mihrij.sh al-Kurdī **XXXIII**:206
Ja'far al-Mufawwaḍ ilā-llāh. SEE Ja'far b. al-Mu'tamid
Ja'far b. Abī al-Mughīrah **I**:217, 259, 299, 330, 331; **II**:95, 108, 116, 119; **VIII**:71; **XV**:200
Ja'far b. Muḥammad b. 'Alī b. Ḥusayn (Ja'far al-Ṣādiq) **IX**:125, 203; **XVII**:226; **XIX**:111, 156, 161; **XXVI**:38; **XXVIII**:124, 144, 172, 188, 218, 222; **XXIX**:119; **XXXII**:31; **XXXIX**:13, 60, 180, 214, 229, 248–49
Ja'far b. Muḥammad al-'Āmirī **XXXII**:138
Ja'far b. Muḥammad b. 'Ammār al-Burjumī **XXXV**:14
Ja'far b. Muḥammad b. al-Ash'ath al-Khuzā'ī **XXX**:101, 108, 305
Ja'far b. Muḥammad b. al-Ba'īth **XXXIV**:88–89
Ja'far b. Muḥammad b. Bawwāzah al-Farrā' **XXXIII**:27
Ja'far b. Muḥammad al-Buzūrī **VII**:34
Ja'far b. Muḥammad b. Ḥafṣ **XXXVIII**:83
Ja'far b. Muḥammad b. Ḥakīm al-Kūfī **XXX**:221
Ja'far b. Muḥammad b. Abī Khālid **XXXII**:49, 50
Ja'far b. Muḥammad al-Kūfī **XIV**:103
Ja'far b. Muḥammad al-Mu'taṣim b. Hārūn al-Rashīd. SEE al-Mutawwakil 'alā-llāh
Ja'far b. Muḥammad al-Ṣūḥānī **XXXVI**:141
Abū Ja'far al-Mukharramī **XXXV**:67
Ja'far b. Mūsā al-Hādī **XXX**:45–46, 55, 59, 95–96
Ja'far b. al-Mu'tamid (al-Mufawwaḍ ilā-llāh) **XXXVI**:148, 157, 166, 167, 169, 188; **XXXVII**:97, 98, 166, 168, 176; **XXXVIII**:10
Ja'far b. al-Mu'taṣim. SEE al-Mutawwakil 'alā-llāh
Ja'far b. Nāfi' b. al-Qa'qā' al-Dhuhlī **XXVI**:257–58
Abū Ja'far al-Qāri' (Yazīd b. al-Qa'qā') **XXXIX**:303
Ja'far b. Abī Qāsim al-'Abdī **XVII**:62
Ja'far b. Rabī'ah **I**:284
Ja'far b. Rabī'ah al-'Āmirī **XXVIII**:280–81
Ja'far b. Rāshid **XIII**:214
Abū Ja'far al-Rāzī. SEE 'Īsā b. Māhān al-Rāzī
Ja'far b. Rustam al-Kalārī **XXXIII**:172–74; **XXXV**:22, 23
Ja'far al-Ṣadafī **XVIII**:99
Ja'far al-Ṣādiq. SEE Ja'far b. Muḥammad b. 'Alī b. Ḥusayn
Ja'far b. Si'r (Sa'd) **XXXVIII**:89

Jaʿfar b. Abī Sufyān b. al-Ḥārith **XXXIX**:21, 62–63
Jaʿfar b. Sulaymān b. ʿAlī al-Hāshimī **XXVI**:75; **XXVIII**:120–211, 213, 224–25, 229, 271–72, 277, 279, 288; **XXIX**:13, 49, 78, 113, 120, 121, 204, 216, 219, 223, 254; **XXX**:30, 305; **XXXVI**:41, 66; **XXXIX**:236
Jaʿfar b. Sulaymān al-Ḍubaʿī **II**:163, 182; **III**:101, 107, 109; **V**:413; **XVI**:12, 130; **XIX**:82; **XXXIX**:66, 98, 159, 239
Jaʿfar b. Abī Ṭālib **VI**:83, 101; **VIII**:108–9, 144, 152, 156–59; **IX**:122; **X**:39; **XIX**:73, 124, 145; **XXVIII**:174; **XXXIX**:4–6, 178, 202
Jaʿfar b. Wandāmīd **XXXIII**:154
Jaʿfar b. Yaḥyā b. Khālid al-Barmakī **XXI**:223; **XXIX**:199; **XXX**:107, 134, 155–58, 162–63, 200–202, 205–6, 209–19, 221, 223–25, 227–29, 245–46, 256, 305, 312, 314; **XXXI**:40; **XXXVI**:19
Jaʿfar b. Ziyād (al-Aḥmar) **XXXIX**:258, 259
Jaʿfar b. al-Zubayr **I**:323; **II**:104; **XIX**:6–7
Jaʿfarawayh **XXXVI**:206; **XXXVII**:2–3
Jaʿfarī Palace (al-Jaʿfariyyah, in Sāmarrā) **XXXIV**:154–56, 161, 163, 168, 170, 172, 190–91, 195, 199, 202, 210, 222
Jaʿfarids (Jaʿfarīs) **XXXVII**:6, 90
al-Jaʿfariyyah (near al-Ahwāz) **XXXVII**:39
al-Jaʿfariyyah (on Nahr Ḥarb) **XXXVI**:41, 42, 44, 45, 59–61
Jafnah (b. ʿAmr b. Muzayqiyāʾ?, Ghassānid ruler) **XXX**:240
Ibn Jafnah. SEE al-Ḥārith b. Māriyah al-Ghassānī
Jafnah b. al-Nuʿmān al-Jafnī **V**:347–48
al-Jafshīsh. SEE Maʿdān b. al-Aswad
al-Jafūl. SEE Mālik b. Nuwayrah
Jaghr. SEE Ashras b. ʿAbdallāh al-Sulamī
al-Jahāḍim. SEE Banū Jahḍam b. Jadhīmah
jahbadh (banker) **XXX**:137, 277; **XXXIII**:157
Jaḥdam **X**:186
Jaḥdam (of Banū Jadhīmah) **VIII**:189–90
Abū Jahḍam al-Azdī **XVII**:148; **XXIII**:47–48
Banū Jahḍam b. Jadhīmah (al-Jahāḍim) **XX**:16; **XXIII**:12
Banū Jaḥdar (of Shaybān) **XX**:24, 74; **XXIII**:18
al-Jaḥḥāf b. Nubayṭ al-Shaybānī **XXII**:69
al-Jaḥḥāf b. Sawwād **XXXV**:80, 81
al-Jāhiliyyah (Time of Ignorance, pre-Islamic era) **I**:303, 339, 340; **II**:46; **VII**:79, 105, 117, 135; **VIII**:22, 23, 36, 76, 161, 181, 184, 189–91; **IX**:84; **X**:10, 38, 58, 68, 136, 152, 171, 189; **XI**:59, 106, 140–41, 196, 208, 213, 220–21; **XII**:106, 116, 128; **XIII**:73, 104, 109, 156, 159, 177, 201; **XVI**:7, 8, 93, 103, 118; **XVIII**:2, 74, 80, 106, 123, 155; **XX**:26, 28; **XXI**:12, 152; **XXVIII**:168, 175; **XXXIX**:43, 72, 73, 116, 156, 197
Jahīzah (al-Jahīzah, mother of Shabīb b. Yazīd) **XXII**:47, 125–26
Jaḥjabā b. ʿAtīk b. Lakhm **V**:74
Banū Jaḥjabā b. Kulfah b. ʿAmr b. ʿAwf **VII**:144
Jahjāh b. Saʿīd al-Ghifārī **VIII**:51, 52; **XV**:183
Abū Jahl (ʿAmr) b. Hishām **VI**:93–96, 103–4, 106, 112–14, 119–20, 141–43, 149; **VII**:10, 13, 36, 44–46, 49–51, 61–63, 65, 67, 84, 128; **VIII**:89; **XXXIX**:60, 112

Jaḥl al-ʿIjlī **XIII**:14
Abū al-Jahm b. ʿAṭiyyah **XXVII**:65, 79, 108, 137, 151, 152, 159, 160, 190, 200, 212; **XXVIII**:5, 34, 40; **XXIX**:112
al-Jahm al-Bāhilī **XXIII**:152
Abū Jahm b. Ḥudhāfah b. Ghānim al-Khuzāʿī **VIII**:92
Abū Jahm b. Ḥudhayfah al-ʿAdawī **XIV**:100; **XV**:174, 247–48; **XVII**:105
al-Jahm b. Abī al-Jahm **V**:272
Abū al-Jahm b. Kinānah al-Kalbī **XXII**:163; **XXIII**:45–46; **XXIV**:52
Jahm b. Masʿūd b. Nājī **XXVI**:227; **XXVII**:33
Jahm b. Qays b. Shuraḥbīl **XXXIX**:67
Jahm b. Ṣafwān, Abū Muḥriz **XXVII**:29, 31, 35
Jahm b. ʿUthmān **XXVIII**:147, 201
Jahm b. Zaḥr b. Qays al-Juʿfī **XXIII**:152, 206; **XXIV**:14, 19–21, 32, 43–44, 49, 56, 58, 150–51
al-Jahmiyyah (Jahmites, sect) **XXXV**:143; **XXXIX**:264
Jaḥnash (Juḥaysh) **XXXVIII**:82
al-Jaḥshiyyūn. SEE Dār al-Jaḥshiyyīn
Jahwar b. Marrār al-ʿIjlī **XXVII**:107, 108, 188, 190; **XXVIII**:17, 44–45, 49–50
Jair (Yāʾir, Israelite judge) **III**:128; **IV**:82
Jakhdab b. Jarʿab **XII**:110
al-Jāl (south of al-Madāʾin) **XXII**:45–47
al-Jalābzīn (Persian commander) **V**:360–61, 363
al-Jālah (near Wāsiṭ) **XXXVI**:135
Abū al-Jald *(rāwī)* **VI**:63
al-Jalḥāʾ (near al-Baṣrah) **XVI**:111; **XXII**:22
Ibn al-Jalīl (executioner of ʿAlī b. Hishām al-Marwazī) **XXXII**:192
al-Jālinūs. SEE al-Jālnūs
Jalnaj (Soghdian commander) **XXIV**:171, 175–76
al-Jālnūs (al-Jālinūs) **XI**:183–86, 188, 190; **XII**:45, 49, 52, 53, 55–57, 60–63, 82, 83, 94, 124, 126–28, 132, 141
Jalūlāʾ (northeast of Baghdad) **XII**:33; **XIII**:57; **XXII**:42, 83; **XXVII**:134, 135; **XXXII**:26; **XXXV**:151
battle of **XII**:143, 162; **XIII**:31, 36–52, 53, 54, 61, 64, 65, 142, 160, 161; **XIV**:51; **XVI**:90; **XVII**:28; **XVIII**:160; **XXI**:141; **XXVII**:132; **XXXIX**:88
Jalūlāʾ al-Waqīʿah. SEE Jalūlāʾ
Jalultā (near al-Nahrawān) **XXXI**:130
Jālūt. SEE Goliath
Jam (Jam Shādh, Jam al-shīdh, Jamshēd) b. Wēwanjihān **I**:348, 350–52; **II**:2, 4, 6, 7, 23, 24, 25, 26
Jamʿ (pilgrimage station). SEE al-Muzdalifah
al-jamāʿah. SEE ʿĀm al-Jamāʿah
Jamāʿah b. Muḥammad b. ʿAzīz, Abū Khalaf **XXVII**:36
Jamad (chief of Banū ʿAmr b. Muʿāwiyah) **X**:180, 181
al-Jamājim. SEE Dayr al-Jamājim
Banū Jamal **XXXIX**:92
Ibn Abī al-Jamal (rebel, in Syria) **XXXII**:175
Jamāl b. Zaḥr **XXIV**:43–44, 49, 82
Jāmās (b. Kaykhusraw) **IV**:19
Jāmāsb (b. Fayrūz I, Sasanian emperor) **V**:133–36
Jāmāsb b. Qaḥad **IV**:73, 74, 76–77
James (apostle) **IV**:123
jāmiʿ. SEE Friday mosque
al-Jāmiʿ (canal). SEE Nahr al-Jāmiʿ
al-Jāmiʿ (settlement, on Nahr Sūrā) **XXV**:184; **XXXII**:16
Ibn Jāmiʿ (singer) **XXX**:81–84

Jāmiʿ b. Khālid **XXXV**:31
Jāmiʿ al-Marwazī *(rāwī)* **XXX**:297
Jāmiʿ b. Shaddād **I**:204, 205; **XI**:157
al-Jāmidah (near Wāsiṭ) **XXXVI**:135
Jamīl (*mawlā* of Muḥammad b. Abī al-ʿAbbās) **XXVIII**:265
Umm Jamīl bt. al-Afqam **XIII**:110, 111, 113
Jamīl b. Ghazwān al-ʿAdawī **XXV**:74
Jamīl b. Marthad al-Ṭāʾī **XIX**:99–100; **XXXIX**:9
Jamīl b. al-Nuʿmān **XXVI**:225–26
Jamīl (b. Zayd) al-Ṭāʾī **XI**:37
Jamīlah (wife of ʿUmar b. al-Khaṭṭāb) **XIV**:100
Jamīlah bt. ʿAbdallāh b. Ubayy **VII**:142
Jamīlah bt. ʿAdwān **VI**:28
Jamīlah bt. Thābit b. Abī al-Aqlaḥ **VIII**:94–95
Jāmir. SEE Gomer
al-Jammāʾ (near Medina) **IV**:123; **VII**:16; **IX**:152
al-Jammāz (poet) **XXXIV**:118
al-Jamrah (at western exit from Minā) **XXI**:167
SEE ALSO *jimār*
Jamrah al-ʿAṭṭārah (perfumer to al-Manṣūr) **XXIX**:152; **XXXI**:178
Abū Jamrah al-Ḍubaʿī **VI**:60, 154; **VIII**:148; **IX**:206; **XXXIX**:310
Jamrah bt. al-Ḥārith b. Abī Ḥārithah **IX**:140
Jamrat al-ʿAqabah (at Minā) **XXXIV**:7
SEE ALSO al-ʿAqabah (between Minā and Mecca)
Jamshēd. SEE Jam
al-Jamūm, raid on **VIII**:93; **IX**:120
Abū Janāb *(rāwī)* **XIV**:83, 87
al-Janāb (toponym) **XI**:63
Abū Janāb al-Kalbī (Yaḥyā b. Abī Ḥayyah) **XVII**:44, 77, 82, 87, 88, 98, 100, 107, 108, 132, 188; **XIX**:49, 63, 68, 70, 86, 88, 91, 108, 110, 127, 129
al-Janad (in Yemen) **X**:20, 21, 23, 33, 158, 186, 190; **XI**:143; **XIV**:164; **XV**:255; **XXI**:27; **XXXIX**:221
Janādah b. Maʿadd **VI**:36
Janafāʾ (in Syria) **XXXIV**:25
Janāḥ (*mawlā* of al-Walīd) **XXI**:215
al-Janāḥ (name of ʿUkkāshah b. Miḥṣan's horse) **VIII**:50
al-Janāḥ (name of Yazīd b. Zamʿah b. al-Aswad's horse) **IX**:19
Janāḥ b. Nuʿaym al-Kalbī **XXVI**:151
Janāḥ al-Sukkarī (al-Aʿwar) **XXXIII**:38, 43
Banū Janb **XII**:11; **XXI**:42
Jandal (of Banū ʿIjl) **XI**:25
Abū Jandal b. Suhayl b. ʿAmr **VIII**:87, 91; **XI**:103; **XIII**:151, 153
Jandalah bt. ʿĀmir b. al-Ḥārith b. Muḍāḍ al-Jurhumī **VI**:28
Jannābā (on the Persian Gulf) **XXXVII**:48, 54–55
al-Jannābī. SEE Abū Saʿīd al-Jannābī
Jannābī barges **XXXVI**:122
Jannād *(rāwī)* **XXV**:178
Janūb (in a line of al-Ṭufayl b. ʿĀmir b. Wāthilah's poetry) **XXIII**:16
Abū al-Janūb al-Juʿfī. SEE ʿAbd al-Raḥmān b. Abī Sabrah al-Juʿfī
al-Janūb bt. al-Qaʿqāʿ b. al-Aʿlam **XXV**:22
Abū al-Janūb al-Yashkurī **XIV**:55
Japheth (Yāfith, Japhethites) **I**:347, 360, 365, 366, 368; **II**:10, 11, 14, 16–21, 21
jār (pl. *jīrān*, protected guest, protégé) **VII**:77; **XII**:76; **XV**:117; **XXXIX**:116
SEE ALSO *jiwār; mujāwarah*
al-Jār (on the Red Sea) **VIII**:110; **XXVIII**:222–23; **XXXIV**:18; **XXXVII**:6

al-Jara'ah (near al-Qādisiyyah) **XV**:135, 139, 154; **XVI**:87; **XVII**:161
Day of al-Jara'ah **XV**:131, 139
Jarabbah (conquered from Byzantines) **XVIII**:94
Jarād b. 'Amr. SEE Abū al-Mujālid
Jarādah (*kātib* of Abū al-Ṣaqr) **XXXVII**:176–77
Jarādah (wife of Solomon) **III**:171
al-Jarādiyyah (al-Amīn's Slav guards) **XXXI**:142, 225
Jarajah (Armenian commander) **XII**:132
al-Jarāmiqah (people of Bā Jarmā) **V**:32; **XXIII**:40
Jarash (southwest of Jabal 'Ajlūn) **XXVI**:146
al-Jarawī. SEE 'Alī b. 'Abd al-'Azīz al-Jarawī
Jarbā' (fortress, north of Adhruḥ) **IX**:58
Abū al-Jarbā'. SEE 'Āṣim b. al-Dulaf
al-Jarbā' bt. Qasāmah b. Zuhayr **XXVIII**:95
Jardā (b. 'Alwān) **XXVII**:66
Jardabah (messenger of Hishām b. 'Abd al-Malik b. Marwān) **XXVI**:99
Jardmān (Gardmān, fortress, between Bardha'ah and Tiflis) **XXXIV**:123
Jardmān Road **XXXIV**:123
Jared (Yarid, Yārid) **I**:336, 337, 339, 342–44, 346
jarīb (measure of surface area) **V**:256, 258, 260–61; **XII**:177, 203; **XVIII**:15; **XXVIII**:291; **XXXIV**:131
jāribiyyah (flat-bottomed vessel) **XXXVI**:46
Jarīr (poet) **II**:61, 64, 79, 113; **III**:21; **XII**:15; **XVII**:171; **XVIII**:195, 197; **XXIII**:212, 221; **XXIV**:5, 63, 65, 157; **XXIX**:54; **XXXII**:244, 253, 257
Jarīr (*rāwī*). SEE Jarīr b. 'Abd al-Ḥamīd; Jarīr b. Ḥāzim
Banū Jarīr **XXV**:155
Jarīr b. 'Abd al-Ḥamīd **I**:201, 211, 219, 227, 244, 284, 315, 321; **III**:101; **VI**:61, 85; **IX**:126, 185, 186; **XI**:131; **XIX**:204; **XXXIX**:98, 128, 129, 168, 214, 216, 223, 242, 270
Jarīr b. 'Abd al-Masīḥ. SEE al-Mutalammis
Jarīr b. 'Abdallāh al-Bajalī **IX**:56, 123, 167; **X**:159, 164, 174; **XI**:36, 39, 132, 144, 195–97, 199–200, 206–7, 210–15, 223; **XII**:14–16, 84, 138, 141, 142, 145, 160; **XIII**:51, 132, 180, 181, 204, 217; **XIV**:47, 48; **XV**:132, 135, 256; **XVI**:195–97; **XVIII**:136, 148; **XXXIX**:298–99
Jarīr b. 'Abdallāh al-Ḥimyarī **XI**:40, 42, 45, 48, 189; **XIII**:132, 204
Jarīr b. Ashras **XVI**:151
SEE ALSO Jarīr b. Sharis
Jarīr b. 'Aṭiyyah b. al-Khaṭafā. SEE Jarīr (poet)
Jarīr b. Ḥāzim **I**:229, 268, 270, 304; **II**:145; **V**:268; **VI**:67; **XIV**:98; **XVI**:7, 151, 153, 171; **XVIII**:169, 222; **XX**:17, 46, 163, 164, 165; **XXXIX**:121, 123
Jarīr b. Himyān al-Sadūsī **XXIV**:176; **XXV**:104
Jarīr b. al-Ḥusayn al-Kindī **XXII**:56
Umm Jarīr bt. Khālid al-Qasrī **XXVI**:169
Jarīr b. Kurayb **XXI**:143, 144
Jarīr b. Mālik b. Zuhayr b. Jadhīmah al-'Absī **XVIII**:21
Jarīr b. Maymūn **XXV**:126
Jarīr b. Sharis **XVI**:99
SEE ALSO Jarīr b. Ashras
Jarīr b. Yazīd al-Jahḍamī **XXIV**:32
Jarīr b. Yazīd b. Jarīr b. 'Abdallāh al-Bajalī **XVIII**:169; **XXVI**:196; **XXVIII**:25; **XXX**:305

jāriyah (slave girl) **VIII**:62, 109–10; **XIII**:110, 113; **XIV**:81, 82; **XVIII**:134; **XX**:31; **XXI**:233; **XXIII**:162; **XXIV**:194–96; **XXVI**:82, 169; **XXVII**:21; **XXIX**:60, 149, 244, 263; **XXX**:85–86, 220, 327; **XXXI**:178, 179–81, 247; **XXXII**:158; **XXXIV**:55–57; **XXXV**:71, 114, 115, 123, 165; **XXXVIII**:67; **XXXIX**:178–80
SEE ALSO *umm walad*
Jāriyah *(rāwī)* **XII**:178
Jāriyah b. ʿAbdallāh al-Ashjaʿī **XI**:93
Jāriyah b. ʿĀmir **IX**:61
Jāriyah b. Abī ʿImrān **VI**:92
Jāriyah b. Qudāmah al-Saʿdī **XVI**:61; **XVII**:121, 169–70, 203, 208; **XVIII**:105; **XXXIX**:316–17
Jarjarāyā (near Dayr al-ʿĀqūl) **XVII**:178; **XVIII**:5, 24, 50, 57, 60; **XXII**:57; **XXVIII**:238; **XXIX**:85, 86; **XXXII**:47, 49, 50; **XXXV**:87, 93; **XXXVI**:204; **XXXVII**:14, 24
Banū Jarm **XVII**:190; **XXII**:172; **XXIII**:8
Jarmīdhān (near Hamadhān) **XIV**:20
Ibn al-Jarr *(rāwī)* **IX**:198
Ibn al-Jarrāḥ. SEE Muḥammad b. Dāwūd b. al-Jarrāḥ
al-Jarrāḥ b. ʿAbdallāh al-Ḥakamī **XXIII**:26, 39–40, 139, 156, 214; **XXIV**:34, 75, 80–85, 87, 121, 145, 146, 182–83, 192; **XXV**:65, 69, 70, 76–77, 83, 133
al-Jarrāḥ b. Sinān al-Asadī **XIII**:190, 191
Abū al-Jarrāḥ al-ʿUllayṣī **XXXVIII**:137
al-Jarrāḥ b. ʿUmar **XXVIII**:132
Jarūd (village of Maʿlūlā) **XXVI**:141
al-Jārūd (grandfather of al-Ḥakam b. al-Mundhir b. al-Jārūd) **XXI**:176; **XXV**:108
Abū al-Jārūd (Ziyād b. al-Mundhir) **XXI**:41; **XXX**:309
Ibn al-Jārūd. SEE ʿAbdallāh b. al-Jārūd
Ibn al-Jārūd (al-Mundhir b. Bishr?) **XVI**:121
al-Jārūd b. ʿAmr b. Ḥanash b. al-Muʿallā al-ʿAbdī, Abū al-Mundhir **IX**:94, 95; **X**:134, 135, 137, 143; **XIII**:127, 128; **XIV**:69
al-Jārūd al-Hudhalī. SEE al-Jārūd b. Abī Sabrah al-Hudhalī
al-Jārūd b. al-Muʿallā. SEE al-Jārūd b. ʿAmr b. Ḥanash b. al-Muʿallā al-ʿAbdī
al-Jārūd b. Abī Sabrah al-Hudhalī **XVI**:77; **XVIII**:15; **XX**:13
Abū Jārūd al-Sulamī **XXVII**:166
al-Jārūdiyyah (Shīʿite group) **XXXV**:88
Jārūrat Banī Marwān (canal) **XXXVI**:179
Jarwal b. Aws. SEE al-Ḥuṭayʾah
Jarwal b. Kinānah **VI**:31
Ibn Jashīb al-Lihbī **XXVIII**:92
Banū Jāsim **II**:13, 14; **XIV**:158
Ibn al-Jaṣṣāṣ (al-Ḥusayn b. ʿAbdallāh) **XXXVIII**:2, 3, 19, 26, 191, 205
al-Jāt. SEE al-Zuṭṭ
Jaththāmah b. Ṣaʿb b. Jaththāmah, Abū Muṣʿab **XV**:52, 57
Jaṭṭā (canal). SEE Nahr Jaṭṭā
Javan b. Japheth **II**:16, 17
javelins. SEE spears, javelins, and lances
Banū Jaʿwah. SEE Banū Jiʿāwah
jawālī (poll tax) **XXIX**:77
SEE ALSO *jizyah*
Jawbar (canal). SEE Nahr Jawbar
Jawbar (village, near al-Kharrārah) **XXI**:129
al-Jawf (near al-Ḥīrah) **XI**:197, 201, 212
al-Jawhar **XXXI**:178

al-Jawharī (castle, in the salt flats of the Barmakids) **XXXVI**:59
Jawhurmuz (brother of Kharzāsf) **IV**:73–75
Ibn Jāwīdhān (b. Sahl) **XXXIII**:42
Jāwīdhān b. Sahl **XXXII**:65
al-Jāwīdhāniyyah (partisans of Jāwīdhān b. Sahl) **XXXII**:65
al-Jawlān (toponym) **XXVII**:208
Abū al-Jawn (bridge). SEE Qanṭarat Abī al-Jawn
Abū al-Jawn (*dihqān* of Baghdad) **XXVIII**:248
Abū al-Jawn (Zanj commander) **XXXVI**:62
Banū Jawn **XXXIX**:188, 190
al-Jawn b. Kaʿb al-Hamdānī **XXI**:144, 145
al-Jawn b. Kilāb al-Shaybānī **XXVII**:56, 58, 59, 60
al-Jawn (Jawn) b. Qatādah al-ʿAbshamī **XVI**:128, 129; **XVIII**:105
Jawniyyah (wife of Prophet Muḥammad) **XXXIX**:188
al-Jawsaq (palace, in Sāmarrā) **XXXIII**:184; **XXXIV**:164, 222; **XXXV**:6, 7, 13, 31, 35, 131, 140, 144, 152, 153; **XXXVI**:6, 68, 69, 72, 73, 82, 84, 87, 91, 93–99, 101, 103, 105, 107, 157, 199; **XXXVII**:91; **XXXVIII**:120
Ibn Jawshan (commander of al-Afshīn) **XXXIII**:38, 43
Jaww (name for al-Yamāmah) **II**:14; **IV**:132, 152
Jawwāb (deputy of Ibn Ṭūlūn) **XXXVII**:97
Jawwād b. Ghālib b. Mūsā, Abū Sahl **XXVIII**:213, 262, 265
al-Jawwāniyyah (near Medina) **IX**:152
Jawwās b. al-Musayyab al-Yamānī **XXIX**:8
Jawwās b. Qaʿṭal **XX**:67
Jawwīth Bārūbah (near al-Ubullah) **XXXVII**:52–53, 71
Abū al-Jawzāʾ (Aḥmad b. ʿUthmān) **VI**:67
Ibn Abī al-Jawzāʾ **XXIX**:132
Jāyā (Daylamite chief) **XXXV**:24
al-Jāyastār (administrative title?) **XVII**:145
Jaydāʾ (Sulāfah, mother of ʿAlī al-Aṣghar) **XXXIX**:49
Jayfar. SEE Jayfar b. Julandā al-Azdī
Banū Jayfar **IX**:38
Jayfar b. Julandā al-Azdī **VIII**:99, 142; **X**:70, 152, 153
Jayhalah (mother of al-Ḍayzan b. Muʿāwiyah) **V**:32
Jayḥān (river) **I**:370; **XXVIII**:55; **XXIX**:214; **XXXVIII**:89, 155
Jayhān b. Mashjaʿah al-Ḍabbī **XX**:178; **XXI**:62, 65
Jayḥūn. SEE Oxus
Jayrūn, first day of **XX**:53
Jayrūt (in Mahrah) **X**:155, 157
al-Jaysh (al-Ḥanash, heir of al-Sabal). SEE Ḥanash b. al-Sabal
Jaysh b. Ḥamartakīn **XXXVI**:194
Jaysh b. Khumārawayh b. Aḥmad b. Ṭūlūn **XXXVIII**:30–32
Jaysh b. Rabīʿah al-Kinānī, Abū al-Muʿtamir **XVII**:132
Jayūmart b. Japheth b. Noah **I**:185, 186, 318, 319, 325, 326, 342, 369; **II**:15, 133; **III**:21; **V**:390
Jayy (part of Iṣfahān) **IX**:144; **XIV**:7, 44, 53, 80; **XXII**:143
SEE ALSO Iṣfahān
Jazʾ, brothers of (of Banū Madhḥij) **XII**:11
Jazʾ b. Muʿāwiyah al-Saʿdī **XII**:42; **XIII**:85, 123, 124, 132, 134; **XV**:104
Jāzān (Ḥāz, in Yemen) **X**:23, 44
Jāzir (near al-Nahrawān) **XIII**:22
al-Jazīrah (region, between the upper Tigris and Euphrates) **I**:366; **IV**:88, 98, 138; **V**:137; **IX**:5;

al-Jazīrah (continued) **X**:88, 91, 92, 96–98; **XI**:60, 67–68, 219; **XII**:180; **XIII**:58, 60, 79–90, 92, 150, 160; **XIV**:15, 34, 44, 45, 50, 104; **XV**:17, 45, 48, 72, 119, 132, 133; **XX**:162; **XXI**:3, 34, 43, 75, 82, 83, 110, 118, 133; **XXII**:33, 39, 41; **XXIII**:22; **XXIV**:77, 79, 121, 125, 163; **XXV**:29, 111, 159; **XXVI**:3, 75, 144, 218–19, 238–39, 242, 249–50, 252, 256; **XXVII**:2, 7, 9, 10, 11, 15, 24, 49, 50, 51, 57, 59, 129, 132, 150, 158, 169, 180–82, 194–95, 198, 204, 208, 211; **XXVIII**:5, 9, 19, 24, 45–47, 81, 84–85, 238, 243, 250, 268; **XXIX**:14, 70, 71, 84, 177, 180, 195, 203, 208, 213–14, 215, 240; **XXX**:99, 102, 163, 181, 316; **XXXI**:20, 98, 104, 107–8, 182; **XXXII**:10, 19, 25, 106, 109, 169, 192, 199; **XXXIII**:17, 95; **XXXIV**:96, 115, 138, 147; **XXXV**:9, 43, 59, 87; **XXXVI**:160, 166, 176, 195; **XXXVII**:4, 89; **XXXVIII**:8, 72, 91, 117; **XXXIX**:92, 264
al-Jazīrah al-Rūḥiyyah (al-Rūḥiyyah Island) **XXXVII**:70
Jazīrat al-ʿAbbās (west of Baghdad) **XXXI**:170
Jazīrat al-ʿArab. SEE Arabia
Jazīrat Ibn Kāwān (Ibn Kāwān Island) **XXI**:176; **XXIII**:103; **XXIV**:11; **XXVII**:60, 88, 201; **XXX**:256
Jazīrat al-Muʾayyad (Island of al-Muʾayyad, in Sāmarrā) **XXXVI**:199
Jazīrat ʿUthmān (Island of ʿUthmān, at al-Tirmidh) **XXIII**:106
al-Jazl (ʿUthmān) b. Saʿīd b. Shuraḥbīl b. ʿAmr al-Kindī **XXII**:53–61, 63, 81–83, 88
al-Jazūr (in Khūzistān) **XXII**:159
Jazzah (in al-Jūzjān) **XXV**:139, 140, 141, 147, 151
al-Jazzār. SEE Ibrāhīm b. Mūsā b. Jaʿfar
Jeddah (Jiddah, Juddah) **I**:291, 292; **VI**:56; **VIII**:184–85; **XXIX**:51, 64; **XXX**:177, 241; **XXXII**:34; **XXXV**:109; **XXXVII**:81; **XXXIX**:20
Jehoahaz b. Josiah **IV**:40
Jehoiachin b. Jehoiakim **IV**:40, 49
Jehoiakim b. Jehoahaz **IV**:40, 49
Jehoshafat b. Asa **IV**:35
Jephthah (Yaftaḥ) **III**:128
Jeremiah (b. Hilkiah, prophet) **III**:4, 18; **IV**:44–46, 55–56, 58–62, 68–69, 107
Jericho **III**:80, 88, 89, 90, 94, 96
Jeroboam b. Nabat **IV**:20
Jerusalem (Bayt al-Maqdis, Bayt al-Muqaddas, Īliyā, Bayt Īliyā, Aelia, al-Quds, Ūrshalīm, Ūrī shalam) **I**:334, 370; **II**:66, 68, 128, 129, 139, 151; **III**:34, 80, 96, 97, 126; **IV**:25, 27, 37, 39, 43–44, 46, 48, 51, 55, 60–61, 85–86, 95, 99–100, 108, 123, 124, 126; **V**:318, 416–17; **VII**:24, 25; **VIII**:101; **IX**:142; **X**:97; **XI**:102, 168; **XII**:144, 185, 187, 196; **XIII**:95, 166; **XVII**:104; **XVIII**:6; **XXI**:81; **XXIII**:84; **XXVI**:190; **XXVIII**:60–61; **XXIX**:84, 215, 262; **XXXVII**:174; **XXXIX**:159
  conquest of **XII**:189–99
  pilgrimage to **XXXVII**:174
  qiblah towards **VII**:24–25; **XII**:195; **XXXVII**:174
Jesse (b. Kish) **III**:142
Jesus Christ (ʿĪsā b. Maryam) **I**:185, 357, 358, 371; **II**:133, 158; **III**:111, 121; **IV**:37, 95, 98–103, 108–9, 112, 114–18, 120–22, 124, 126–27, 143, 156, 168, 173, 175; **V**:192, 196, 199, 202, 275, 413–14, 416; **VI**:61, 78, 134; **VII**:82; **VIII**:99, 108–9; **IX**:191; **XIV**:157; **XV**:146; **XVII**:232; **XXII**:133; **XXVII**:35,

Jesus Christ (continued) **XXVII**:157; **XXXII**:207; **XXXVII**:171, 173; **XXXVIII**:44, 54; **XXXIX**:179
Jethro (Yathrā, ruler of Midian) **III**:31, 47, 48
SEE ALSO Shuʿayb (prophet)
jewels and jewelry
of caliphs **XXXV**:107, 115
earrings, men's **XII**:128; **XV**:86, 87; **XIX**:155
neck chains and bracelets **XII**:128, 129; **XIII**:5, 6; **XXXIII**:65, 66; **XXXV**:47, 49, 67, 69, 80, 85, 158
pearls. SEE pearls
rings. SEE rings
SEE ALSO precious stones
Jewish converts to Islam **II**:88; **VIII**:39
Jews (al-Yahūd) **I**:184–85, 188, 190, 193, 211, 212, 217, 233, 273, 292, 312, 315, 324, 331, 335–38, 343, 344, 346, 359, 361, 366, 368, 371; **II**:87, 88; **III**:46, 69, 120, 121; **IV**:47–48, 60, 85, 121, 154; **VI**:64; **VII**:9, 20, 85–86, 97, 102, 111, 136, 157–59, 167; **VIII**:7, 8, 22, 24, 30, 54, 95, 101, 116, 122, 126, 129, 130; **IX**:5, 54, 58, 75, 87, 119, 120, 144, 191; **X**:14, 178; **XI**:129; **XII**:189, 190, 191, 195; **XIII**:88, 117, 176, 177; **XV**:64, 67, 145, 209; **XVI**:193; **XVIII**:33, 42, 118; **XIX**:69; **XXI**:120; **XXII**:105; **XXVI**:24, 226; **XXVIII**:218; **XXIX**:65; **XXXIV**:153; **XXXV**:28; **XXXIX**:108, 129, 136, 263
SEE ALSO *ahl al-dhimmah;* Ahl al-Kitāb; Canaanites; Exilarch; Ezekiel; Hebrew language; Israelites; Judaism; Banū al-Naḍīr; Passover; Psalms; Banū Qaynuqāʿ; Banū Qurayẓah; Sabbath; synagogues; Torah
Jezebel **III**:123; **IV**:175
Banū Jiʿāwah (Jaʾwah) **XXI**:184
al-Jibāl (al-Jabal, region, in northwestern Iran) **IV**:96, 100; **V**:14; **XI**:16; **XII**:159; **XIII**:37, 40–43, 48, 57, 127, 134, 190, 193, 194, 201, 210; **XIV**:43; **XVII**:204; **XVIII**:28; **XX**:220; **XXI**:108, 109, 136, 139; **XXII**:99, 107, 128, 137, 141; **XXIV**:125, 129; **XXVI**:123, 208, 253, 255, 262; **XXVII**:86, 195, 198, 204, 211; **XXVIII**:44, 239, 241, 245, 253; **XXX**:115–16, 174; **XXXI**:32, 44, 48, 88, 96, 115; **XXXII**:10, 19, 104, 183, 192, 193; **XXXIII**:2, 3, 95; **XXXIV**:37, 96, 171; **XXXV**:10, 11, 64, 96, 105, 122, 143, 145; **XXXVI**:27, 97, 112, 160, 180; **XXXVII**:159–60, 165; **XXXVIII**:14, 22, 31, 42, 64, 70, 96, 107, 108, 184
Jibāl Qārin **XXXIII**:157
Jibāl al-Rūm. SEE Taurus Mountains
Jibāl Sharwīn (mountains of Sharwīn, in Ṭabaristān) **XVIII**:162; **XXXIII**:148, 158
Jibāl Wandāhurmuz **XXXIII**:161
Jibraʾīl (archangel). SEE Gabriel
Jibraʾīl b. Yaḥyā al-Khurāsānī **XXVIII**:71; **XXIX**:15, 45, 171, 196
Jibrīl (archangel). SEE Gabriel
Jibrīl b. Bukhtīshūʿ **XXX**:216, 293, 299–301
Jiddah. SEE Jeddah
Jiddah Road **XXXV**:108
al-Jidhʿ. SEE Thaʿlabah b. Kaʿb
Ibn Jidhl al-Ṭiʿān **XXVIII**:251
Banū Jidhrah (Jadhrah) **XI**:23
jihād (holy war) **X**:2, 65, 129, 177; **XI**:79–80, 108; **XII**:83, 119, 200, 204, 205; **XV**:21, 35, 77, 136, 140, 209; **XVII**:39, 51, 64, 71, 76, 96, 120, 121, 123, 136, 137, 147, 150, 151, 153, 154, 156, 159, 162, 164, 168, 221; **XVIII**:12, 23, 24, 47, 49,

jihād (continued) **XVIII**:68, 193, 194; **XXI**:78; **XXII**:151, 193; **XXIII**:175; **XXVIII**:83; **XXXIV**:206–9
Jihrāzād (nickname of Darius the Elder) **IV**:87
Jījak (al-Muktafī's mother) **XXXVIII**:185
jīl (ruler of Jīlān) **XIV**:30
Jīlān (Gīlān) **XI**:213; **XIV**:30, 40; **XV**:95–96; **XVIII**:162; **XIX**:79; **XXIV**:53; **XXVIII**:73
Jīlān b. al-Sughdī, Abū Khadījah **XXVII**:68
jilbāb (coarse waist wrapper) **VIII**:59, 65
jalābīb Quraysh **VIII**:52
Abū Jildah al-Yashkurī **XXIII**:49
Jīlinūs (Jālinūs, Persian guard commander) **V**:384–86
Jilliq. SEE Thaniyyat Jilliq
jimār, stoning of (pilgrimage ritual) **II**:100; **VI**:22–23
Jināb (near Khaybar) **VIII**:133; **IX**:119
jinn **I**:166, 250–57, 272, 279, 300, 349, 350; **III**:65, 154, 155, 157, 158, 160, 161, 162, 163, 164, 166, 169, 170, 172, 173, 174; **VI**:117–18, 120, 149; **X**:9, 57; **XII**:147; **XIII**:21, 213; **XXIII**:93; **XXVIII**:222
Jinnī al-Ṣafwānī (al-Jinnī the Elder) **XXXVIII**:70, 139, 163, 164, 167
jīrān. SEE *jār*
al-Jiʿrānah (near Mecca) **IX**:20, 21, 27, 30, 32, 35, 37, 38, 95; **XXXIX**:79, 188
Jīranj (near Marw) **XXVII**:67
Jirih (southwest of Shīrāz) **V**:13
Jirjīr. SEE Gregory
Jirjīs. SEE St. George
Jīruft (Jīraft, in Kirmān) **XIV**:74; **XIX**:185; **XXII**:150, 154; **XXVII**:59
Jirwah b. al-Ḥārith **XXXIX**:301
al-Jisr (in Egypt) **XXXVIII**:151
al-Jisr (the Bridge, Main Bridge, in Baghdād) **XXXIV**:84, 105; **XXXV**:34, 63, 99, 102, 127, 128; **XXXVI**:5, 202
al-Jisr al-Akbar (Great Bridge, in al-Baṣrah) **XI**:14; **XVII**:118; **XXVIII**:93
al-Jisr al-Akbar (Great Bridge, in al-Kūfah) **XX**:168, 174–75; **XXI**:87, 124
al-Jisr al-Aṣghar (Little Bridge, in al-Kūfah) **XX**:168, 174
Jisr al-Baṣrah **XVIII**:19; **XXIV**:79
Jisr Baṭāṭiyah (in Baghdad) **XXXV**:129
Jisr Dujayl (Dujayl Bridge, at al-Ahwāz) **XXII**:122
Jisr al-Kūfah **II**:12; **XVIII**:195; **XXXV**:17, 89
Jisr Manbij **XVII**:6; **XX**:95
Jisr al-Nahrawān **XVII**:115
Jisr Sābāṭ (Sābāṭ Bridge, west of al-Madāʾin) **XVIII**:62
al-Jisrān (double bridge of boats, in Baghdad) **XXXVI**:19
SEE ALSO al-Safīnatān
al-Jiwāʾ (toponym) **X**:79, 82
jiwār (hospitality, protection of the guest) **XVII**:167, 169, 170, 219, 220–22; **XXXIX**:14–15, 103
SEE ALSO *jār*; *mujāwarah*
jizyah (*jizāʾ*, capitation tax, poll tax) **V**:259–60; **VI**:96; **VIII**:107, 142; **IX**:39, 58, 75, 87, 108; **XI**:3–4, 6–7, 10, 20, 29, 31–32, 35, 40–42, 45–46, 96, 126, 160, 184; **XII**:32, 36, 38, 39, 40, 69, 74, 138, 156–58, 167, 189, 191, 192, 199, 207; **XIII**:6, 9, 16, 20, 21, 47, 48, 50, 53, 58, 62, 78, 86–88, 90, 91, 122, 123, 148, 164–67, 171, 215, 216, 217; **XIV**:9, 13, 28, 29, 33, 46, 66; **XV**:30; **XVII**:101, 192, 210; **XX**:96; **XXII**:85; **XXIII**:74; **XXIV**:83;

jizyah (continued) **XXV**:46; **XXVI**:4, 24, 25; **XXIX**:221, 222
jizyat al-jamājim (poll tax) **V**:255
Joash b. Ahaziah **IV**:35
Job (Ayyūb, prophet) **II**:140–43, 163
Jochebed bt. Samuel (mother of Moses) **III**:30, 34, 35, 38, 39, 40, 41, 42, 52
John the Baptist (Yaḥyā b. Zakariyyā') **II**:133; **IV**:37, 54–55, 68, 95–97, 101–8, 110, 114, 119, 123, 127; **VI**:78; **XX**:110; **XXXVII**:173
Joktan b. Eber. SEE Qaḥṭān b. ʿĀbir; Yaqṭān b. Qaḥṭān
Jonah (b. Amittai, Dhū al-Nūn, prophet) **IV**:160–66; **VI**:117; **XV**:167
Jordan. SEE al-Urdunn
Jordan (river). SEE al-Urdunn
Joseph b. Jacob (Yūsuf b. Yaʿqūb) **I**:298, 371; **II**:84, 86, 135, 136, 143, 151–53, 155, 157–62, 165, 167, 169, 170, 172–74, 177–81, 183, 184; **III**:31, 32, 38, 66, 69, 144; **IV**:61, 112–14, 125; **VI**:78; **VIII**:63; **IX**:180
Joshua (Yūshaʿ b. Nūn) **II**:185; **III**:1, 17, 31, 81, 86, 88, 89, 90, 91, 95, 96, 97, 98, 110, 111, 118, 121, 127, 139; **IV**:26; **XIII**:102; **XVII**:232
Joshua b. Pandera **IV**:125
Josiah b. Amon (Yūshiyah b. Amūn) **III**:4, 5; **IV**:40
Josiah b. Amoz **IV**:55
journey. SEE travel
Jovian (Yūsānūs, Roman emperor) **IV**:127; **V**:59–63
Juʿayl (ʿAmr) **VIII**:9
Juʿayl b. Surāqah al-Ḍamrī **IX**:34
Ibn Juʿayyah al-Aʿrajī **XV**:105
al-Jubābāt. SEE Dhū Qār
Jūbak (near al-Baṣrah) **XXXVI**:52
Jubal. SEE Tūbāl; Tūbīsh
Jūbān, village of **XXVII**:68
Jūbānān (in Fārs) **V**:7
Jubaylah Hujūʿ (Hujūm) **X**:113
Abū Jubayr (shaykh of the people of al-Ḥaramayn) **XVI**:151
Ibn Jubayr. SEE Saʿīd b. Jubayr
Jubayr b. ʿAbdallāh b. Yaʿqūb b. ʿAṭā' **XXVIII**:143
Jubayr b. al-Daḥḥāk **XVIII**:181
Jubayr al-Ḥaḍramī **XXI**:14
Jubayr b. Ḥayyah **XIII**:184, 187
Jubayr b. al-Ḥuwayrith b. Nuqayd **XIV**:115
Jubayr b. Muṭʿim **IV**:130; **VI**:137–38, 140; **VII**:106, 129; **IX**:13, 156; **X**:119–20; **XIII**:35; **XIV**:14, 116; **XV**:57, 174, 246–48; **XXXIX**:79, 102, 291
Jubayr b. Nufayr **I**:182; **VI**:85; **XV**:31; **XXXIX**:200
Jubayr b. Ṣakhr **XI**:75; **XIII**:156
Jubayr b. Shaybah **XXI**:169
Jubayrayn (?, in Fārs) **XXII**:158
al-Jubb (near Dhū Qār) **V**:363
Jubb Summāqā **XXIX**:85
Jubbā (canal). SEE Nahr Jubbā
Jubbā (east of the Dujayl) **XXXVI**:40, 56, 111, 112, 124, 125, 137, 140, 174; **XXXVII**:36; **XXXVIII**:146
al-Jubbah (near al-Kūfah) **XXI**:138
jubbah mumashshaqah (clay-dyed robe) **XXVIII**:205
jubbah saʿīdiyyah (Saʿīdī robe) **XXX**:107
al-Jubbā'ī. SEE Aḥmad b. Mahdī al-Jubbā'ī
al-Jubbānah (below Thaniyyat al-Wadāʿ) **IX**:50
Judah (Yahūdhā b. Yaʿqūb) **II**:134, 136, 139, 150, 154, 181, 182, 184; **III**:97; **IV**:20, 61, 66
Judaism **VIII**:39; **IX**:75, 87
  converts to **IV**:110; **VI**:7
  SEE ALSO Jewish converts to Islam; Jews

Judas (apostle) **IV**:123
Juday' b. 'Alī al-Kirmānī **XXV**:126, 127, 128, 147, 187, 188, 189; **XXVI**:220–21, 224–35, 265; **XXVII**:27, 29, 30, 35, 36, 37, 38, 41, 42, 43, 44, 47, 64, 75, 81, 82, 83, 84, 85
Juday' al-Kirmānī. SEE Juday' b. 'Alī al-Kirmānī
Juday' b. Sa'īd b. Qabīṣah b. Sarrāq al-Azdī **XXII**:4
Juday' b. Yazīd **XXIII**:54
Banū Judayd **X**:153
Judayl b. Khabbāb al-Nabhānī **X**:64
Judays. SEE Jadīs
Judayy b. Akhṭab **VII**:159
Juddah. SEE Jeddah
judge's office *(qaḍā')* **XXXII**:120
qāḍī al-jamā'ah (judge of pilgrims' community) **XXXII**:120
quḍāt al-kuwar (judges of the provinces) **V**:261
Judgment, Day of. SEE Yawm al-Qiyāmah
Banū Judhām **IV**:79; **VI**:29; **VIII**:94, 146, 153; **IX**:58, 99–101, 102, 120, 123; **X**:17; **XI**:76, 78; **XII**:132, 133, 184; **XVIII**:130; **XX**:49; **XXIV**:146; **XXVI**:135
Judhām b. 'Adī **II**:23
Judhāmah bt. al-Ḥārith. SEE al-Shaymā'
Jūdharz b. Abzān b. Balāsh **IV**:101
Jūdharz b. Ashaghānān (the Elder) **IV**:99
Jūdharz b. Ashaghānī **IV**:99
Jūdharz b. Ashkān **IV**:97
Jūdharz al-Iṣbahbadh (army general) **IV**:8, 10
Jūdharz Jashwādghān **IV**:11–15, 17–18
Jūdharz b. Sābūr (Shāpūr) b. Afqūr **IV**:101
al-Jūdī (mountain, traditionally identified with Ararat) **I**:294, 362, 366, 367
al-Jūdī b. Rabī'ah **XI**:58–59
Bint al-Jūdī b. Rabī'ah **XI**:60, 70
Ibn Ju'dubah. SEE Yazīd b. 'Iyāḍ b. Ju'dubah
Ibn Ju'dubah *(rāwī)* **XXXIX**:160
Jufaynah (Christian slave from al-Ḥīrah) **XIV**:161, 163–64
Banū Ju'fī **IV**:79, 80, 131; **XII**:11; **XXI**:144, 151, 188; **XXIII**:199; **XXIV**:82
Jufrat Nāfi' b. al-Ḥārith (Jufrat Khālid, in al-Baṣrah) **XXI**:173, 193
al-Jufriyyah (Khālid b. 'Abdallāh b. Khālid b. Asīd's forces) **XXI**:173, 176
al-juḥāf. SEE 'Ām al-Juḥāf
al-Juhaniyyah (*jāriyah* of Yazīd b. al-Muhallab) **XXIV**:37, 56
Abū Juḥayfah (Wahb b. 'Abdallāh al-Suwā'ī) **IX**:160; **XXXIX**:257, 285
Abū Juhaym b. al-Ḥārith **XXXIX**:35
Juhaym b. al-Ṣalt b. Makhramah **VII**:45; **XXXIX**:77
Banū Juhaynah **VI**:53, 159; **VII**:13; **VIII**:132, 147, 174, 177, 178, 187; **IX**:123; **XIII**:70; **XVI**:42, 162; **XX**:119; **XXI**:34, 101; **XXVI**:41, 49, 146; **XXVIII**:103, 104, 114, 139, 143, 191, 200, 204, 207; **XXXII**:35
Juḥaysh. SEE Jaḥnash
al-Juḥfah (in Tihāmah) **II**:19, 20; **VII**:32, 45, 46, 50; **XIX**:222; **XXI**:209; **XXXII**:34
juice *('aṣīr)*, fermented **XXIII**:176
jujube tree **XX**:180
Jūkhā **XVII**:117; **XVIII**:50; **XX**:130, 219; **XXI**:5, 125, 139; **XXII**:42, 48, 51, 53–54, 57, 81, 84, 121, 129; **XXIV**:77; **XXVII**:199; **XXXII**:48;

Jūkhā (continued) **XXXVII**:35
SEE ALSO Baṭn Jūkhā
al-Jūkhāniyyūn **XXXVI**:175
al-Julāḥ (of Banū Kunnah) **IX**:16
Ju'lān (*'ayyār*) **XXXVI**:202
Ju'lān al-Turkī **XXXV**:87; **XXXVI**:66, 67, 108–10, 148, 174, 190, 193, 195–97
al-Julandā (b. al-Mustakir) **X**:152
Banū al-Julandā (of Azd) **IX**:39
Julandā b. Mas'ūd b. Jayfar b. Julandā al-Azdī (al-Julandā) **XXVII**: 60, 201–2
al-Julās b. Ṭalḥah **VII**:107
Julbādh (Julbād) b. Wīsaghān (Wīsghān) **IV**: 12, 14
Julfar (near Marw) **XXVII**:80
Julhumah (original name of Banū Ṭayyi') **XXXIX**:85
Julhumah b. al-Khaybarī **II**:32, 34
Julhumah b. Rabī'ah b. Ḥarām **VI**:19
Julian (Lulyānūs, Roman emperor) **IV**:127; **V**:58–62
Julius Caesar. SEE Gaius Julius
al-Jull (on the road from al-Qādisiyyah to Mecca) **XI**: 200, 223
al-Julūdī. SEE 'Īsā b. Yazīd al-Julūdī; Muḥammad b. 'Īsā b. Yazīd al-Julūdī
al-Jum' (castle, in Jabal al-Sharāh) **XXVI**: 198
Banū Jumaḥ (of Quraysh) **VI**:57, 116, 141; **VIII**:184; **IX**:29; **XIX**:14; **XXI**:217; **XXXIX**: 118
Ibn Abī Jum'ah (*kātib* of Ibrāhīm b. al-Walīd b. 'Abd al-Malik) **XXI**:217
Jum'ah bt. Bughā **XXXV**:152
Jumānah, sons of **XXVII**:121
Jumānah bt. 'Alī b. Abī Ṭālib **XVII**: 229
Jumānah bt. al-Musayyib b. Najabah b. Rabī'ah b. Riyāḥ **XIX**:180
Jumay' b. Ḥāḍir (al-Qāḍī al-Nājī) **XXIV**: 94
Jumay'ah bt. Qays **IX**:122
Jumayl b. 'Imrān **XXIV**: 183–84
Jumaymah (nurse of 'Ā'ishah bt. Abī Bakr) **IX**:130
Jumdān (north of Mecca) **V**:173
Jumhūr al-Najjārī **XXXI**:122–23
jummān (kind of plant) **XII**:108
al-Junābidh. SEE Masjid al-Junābidh
Ibn Jūnabūdh (in a line of poetry) **XXIV**: 51
Junādah b. 'Awf b. Umayyah, Abū Thumāmah **VI**:55
Junādah b. Mālik **XXXIX**: 156
Junādah b. Mulayḥah **VII**: 57
Junādah b. Tamīm al-Mālikī **XII**:185
Junādah b. Abī Umayyah al-Azdī **XV**: 26–27; **XVIII**:166, 172, 183, 192, 199, 208
Banū Junādah b. Zuhayr (of Kalb) **XI**:65
al-Junayd b. 'Abd al-Raḥmān al-Murrī **XXIV**:157; **XXV**:65, 66, 70–72, 74, 76–78, 80–86, 88–90, 92, 96, 100–105, 119; **XXVI**:58, 63, 66, 78, 136; **XXX**:300
al-Junayd b. Khālid b. Huraym al-Taghlibī **XXVIII**:60
Junayd b. Ma'add **VI**:36
Junaydib b. al-Adla' (al-Athwa') al-Hudhalī **VIII**: 184
Junbulā' (between Wāsiṭ and al-Kūfah) **XXXV**:16; **XXXVI**:197, 198, 200, 201; **XXXVIII**: 88, 162
jund. SEE regular army
Banū Junda' **XXXIX**:303
al-Junda'ī (father of 'Abd al-'Azīz b. al-Junda'ī) **XXXIX**:165
al-Junda'ī (of Banū Shibām) **XXI**:21
Jundab (Jundub) **XV**:113

Jundab (Jundub, *kātib*) **XIV**:33
Jundab (Jundub, *mawlā* of Yūsuf b. ʿUmar al-Thaqafī) **XXV**:179
Banū Jundab **XXII**:198
Jundab (Jundub) b. ʿAbdallāh al-Azdī **VII**:22; **XV**:49–52; **XVI**:141; **XVII**:11, 30, 35, 79, 80, 82, 89, 93, 103, 161, 196, 218
SEE ALSO Jundab b. Zuhayr
Jundab (Jundub) b. ʿAmr b. Ḥumamah al-Dawsī **XI**:92, 101
Jundab (Jundub) b. Kaʿb al-Azdī **XV**:125; **XXI**:72
Jundab (Jundub) b. Makīth al-Juhanī **VIII**:140, 141
Jundab (Jundub) b. Sulmā (Salmā) **X**:160
Jundab (Jundub) b. Zuhayr **XV**:125; **XVII**:50–51
SEE ALSO Jundab b. ʿAbdallāh al-Azdī
Jundah b. Bayāsān **XXVI**:237
Junday Sābūr (Jundaysābūr, Jundī Sābūr, Jundīsābūr) **V**:29, 38–39, 45, 64–65; **XIII**:124, 131, 136, 146–49, 199; **XXXI**:115; **XXXV**:155; **XXXVI**:182, 187; **XXXVII**:2, 37
jundsalārūn (commanders) **XVI**:190
Junthī (name of Salmān b. Rabīʿah al-Bāhilī's sword) **XII**:131
Junzah (in Sijistān) **XX**:70
Jupiter (al-Birjīs) **I**:235–36
Jūr. SEE Ardashīr Khurrah
Jurash (in Yemen) **V**:179; **IX**:20, 88, 89; **XI**:144; **XXX**:326
Banū Jurash (of Ḥimyar) **XX**:63
Jurāshah b. Mālik b. Ḥudhayfah **X**:77
al-Jurashiyyah al-ʿUthmāniyyah bt. ʿAbdallāh b. Muḥammad b. ʿAbdallāh b. ʿAmr b. ʿUthmān b. ʿAffān **XXX**:326–27
Jurayḥ (the Turk) **XXXVI**:67
Ibn Jurayj (ʿAbd al-Malik b. ʿAbd al-ʿAzīz) **I**:189, 192, 207, 212, 222, 231, 246, 250, 251, 287, 309, 365, 367; **II**:43, 45, 46, 58, 68, 95, 101, 146, 151, 156, 158, 170, 180, 181; **III**:47, 99, 131; **IV**:51; **V**:284; **VI**:7, 157; **VIII**:148; **X**:39; **XIV**:98, 142; **XV**:3; **XXVIII**:182; **XXIX**:86–88; **XXXIX**:12, 167, 173, 186, 204, 279, 280
al-Jurayrī (*rāwī*). SEE Saʿīd al-Jurayrī
Jurazm (slanderer of Isfandiyār) **IV**:73
Jurbān (Abū Yaʿqūb) **XXXVI**:34, 41, 44
Jurd b. Jarhamān **IV**:16–17
al-Jurf (near Medina) **VIII**:13; **IX**:51, 166; **X**:11, 17; **XIX**:12; **XXVII**:120; **XXVIII**:194, 197, 217; **XXXIX**:26, 65, 99
Banū Jurhum **II**:75, 77, 126, 132; **IV**:70, 131; **V**:169; **VI**:15, 23, 37, 52–55
Jurhum (Hadhram) b. Eber **I**:364; **II**:17, 18
Jurhum b. Fālij **VI**:41
jurists. SEE ʿĀm al-Fuqahāʾ
Jurjah b. Tawdhurā **XI**:84–85, 95–97
Jurjān, Sea of. SEE Caspian Sea
Jurjān (Gurgān) **IV**:14, 77; **V**:15, 73, 112, 153; **XIV**:17, 27, 28–30, 46; **XV**:42–45, 91, 95–96; **XXIV**:42–43, 45–49, 51–55, 57–58, 60, 82; **XXVI**:226, 234; **XXVII**:74, 109, 110, 111, 121, 122, 126; **XXIX**:207, 208, 219, 234, 235, 238, 239, 242; **XXX**:3, 8–10, 12, 15, 40, 59, 75, 115–16, 163, 276, 284, 297; **XXXI**:102, 134; **XXXII**:37, 94; **XXXIII**:142, 147–48; **XXXV**:25, 63; **XXXVI**:160, 163, 166, 168; **XXXVII**:5; **XXXVIII**:92
SEE ALSO Wādī Jurjān
Jurjān b. Lud b. Shem **II**:12

Jurjīn b. Mīlādhān **IV**:11, 15, 17
Jurjīr. SEE Gregory
Ibn Jurmūz (killer of al-Zubayr b. al-ʿAwwām) **XVI**:127; **XVIII**:89
Abū Jurrah al-Ḥanafī **XVII**:193
Jurzān. SEE Georgia
Jūsham b. Julhumah **IV**:70
Banū Jusham b. Muʿāwiyah **VIII**:149; **IX**:6, 17; **XXVIII**:115
Jusham b. Qurṭ al-Hilālī **XXV**:75
Banū Jusham b. Saʿd (of Tamīm) **XI**:202; **XV**:90; **XX**:72, 178
Jushaysh al-Daylamī **IX**:167
Jushaysh b. al-Daylamī **X**:25, 26, 165, 166
al-Jūshiyyah (al-Ḥawshiyyah, al-Ḥūshiyyah, between Najd and Syria) **IX**:65; **X**:66
Jushnas [Ban]Dih (ephemeral Sasanian emperor) **V**:405
Jushnasmāh (commander of Jābān) **XII**:48, 49
Ibn Justān al-Daylamī. SEE Wahsūdhān b. Justān al-Daylamī
justice
ʿUmar b. al-Khaṭṭāb on **XII**:11
unjust rulers, Prophet Muḥammad on **XXXIX**:159
Justin I (Byzantine emperor) **IV**:127
Justin II (Byzantine emperor) **IV**:127
Justinian (Yakhṭiyānūs, Byzantine emperor) **IV**:127; **V**:252–53, 255
Jūthah b. ʿUbayd al-Dīlī **XXXIX**:73
Juwānī (head of the Persian chancery) **V**:88–89
Juwāthā, battle of **V**:372
Juwāthā (citadel of ʿAbd al-Qays, in al-Khaṭṭ) **X**:138
Abū al-Juwayriyah (ʿĪsā b. ʿIṣmah) **XXV**:103; **XXVI**:49
Abū al-Juwayriyah al-ʿAbdī **XX**:145, 153
Abū al-Juwayriyah b. al-Aḥmar **XX**:142
Juwayriyah b. Asmāʾ **X**:38, 39, 151; **XVII**:77; **XVIII**:173, 219, 222; **XIX**:218; **XXVI**:8, 88; **XXVIII**:123
Juwayriyah b. Badr al-Tamīmī **XIX**:80–81
Juwayriyah bt. al-Ḥārith b. Abī Ḍirār **VIII**:51, 56–57; **IX**:133; **XXXIX**:182–84
Juwayriyah bt. Abī Sufyān **XI**:100
al-Juwayth (?, in Iraq) **XXXVI**:15
Juwayy Kūr. SEE Nahr Juwayy Kūr
al-Jūzajān. SEE al-Jūzjān
Jūzhir (Juzhir, ruler, in Iṣṭakhr) **V**:5–8
al-Jūzjān (Jūzajān, in Ṭukhāristān) **XV**:102, 104–6; **XX**:71; **XXIII**:154, 165, 172; **XXIV**:20; **XXV**:106, 141, 145–47, 150; **XXVI**:62–63, 124; **XXVII**:104
al-Jūzjān b. al-Jūzjān **XXV**:144, 146; **XXVI**:30
al-Jūzjānī (king of al-Jūzjān) **XXIII**:154

K

Kaʿb (*ghulām* of Zuhayr b. Dhuʾayb al-ʿAdawī) **XX**:76
Kaʿb (*rāwī*). SEE Kaʿb al-Aḥbār
Kaʿb (stepfather of Tubayʿ). SEE Kaʿb al-Aḥbār
Abū Kaʿb (*rāwī*) **XXVIII**:213
Abū Kaʿb (standard bearer of al-Ḥajjāj b. Yūsuf al-Thaqafī) **XXII**:117
Ibn Kaʿb (*rāwī*). SEE Muḥammad b. Kaʿb b. Qaraẓah al-Quraẓī
Banū Kaʿb b. ʿAbd al-Ashhal **VIII**:49
Kaʿb al-Aḥbār **I**:173, 183, 211, 216, 227, 233, 243, 244, 285; **II**:84; **III**:13, 49, 50; **IV**:167; **V**:145, 166; **XII**:194, 195, 196; **XIII**:94–95; **XIV**:90, 92, 105; **XV**:22, 66–67,

Ka'b al-Aḥbār (continued) **XV**:151; **XVIII**:172; **XXI**:158; **XXXIX**:206–7, 317
Ka'b b. 'Amr, Abū al-Yasar. SEE Abū al-Yasar al-Badrī
Banū Ka'b b. 'Amr (of Khuzā'ah) **VI**:14, 149; **VIII**:162–63, 166, 175–76; **XVI**:99, 101; **XXIV**:148
Banū Ka'b b. 'Amr (of Tamīm) **XXI**:173
Ka'b b. Asad al-Quraẓī **VII**:158; **VIII**:14–15, 30, 35, 37
Ka'b b. al-Asḥam **XVI**:76
Ka'b b. al-Ashraf **VII**:94–97, 99, 103; **IX**:121; **XVIII**:33
Ka'b al-Baqar. SEE Muḥammad b. Aḥmad b. 'Īsā b. Abī Ja'far al-Manṣūr
Ka'b b. Dhī al-Ḥabakah al-Nahdī **XV**:113, 230–32
Ka'b b. Fuqaym al-Azdī **XVII**:183, 184, 185
Ka'b b. Ḥāmid al-'Ansī (al-'Absī) **XXIV**:71–72; **XXVI**:240
Ka'b b. Jābir b. 'Amr al-Azdī **XIX**:133–35
Ka'b b. Ju'ayl al-Taghlibī **IV**:131; **XV**:43; **XVII**:34, 43, 62–63; **XVIII**:117, 118
Ka'b b. Abī Ka'b al-Khath'amī **XX**:198, 204; **XXI**:12–13, 14, 18
Banū Ka'b b. Lu'ayy (of Quraysh) **VI**:24, 27, 159; **VII**:29, 30; **VIII**:75
Ka'b b. Ma'dān al-Ashqarī **XX**:76; **XXII**:154–55; **XXIII**:28, 74, 89, 187, 189, 199
Ka'b b. Mālik al-Anṣārī **VI**:11, 131, 134–37; **VII**:91, 122, 154, 155; **IX**:50, 62; **XV**:141, 174, 249, 258–60; **XVI**:6; **XXXIX**:291
Banū Ka'b b. Mālik b. Ḥanẓalah ('wolves' of Banū Tamīm) **XVIII**:26; **XX**:30
Ka'b b. Mālik b. Abī Ka'b. SEE Ka'b b. Mālik al-Anṣārī
Ka'b b. Mālik al-Tamīmī **XIII**:116
Ka'b b. Māti'. SEE Ka'b al-Aḥbār
Banū Ka'b b. Qurayẓah **VIII**:37
Ka'b al-Quraẓī. SEE Ka'b al-Aḥbār
Ibn Ka'b al-Quraẓī. SEE Muḥammad b. Ka'b b. Qaraẓah al-Quraẓī
Banū Ka'b b. Rabī'ah **IX**:3, 5; **X**:75; **XXIV**:169; **XXXIX**:137, 141, 142, 145
Banū Ka'b b. Sa'd **XXII**:197
Ka'b b. Sharāḥīl **XXXIX**:8
Ka'b b. Sūr al-Azdī **XIII**:133–35, 159; **XIV**:165; **XV**:165; **XVI**:65–67, 107, 111, 118, 124, 131, 133, 144, 151, 152, 163
Abū Ka'b al-Ṭā'ī **XII**:124
Abū Ka'b b. 'Ubayd b. Sarjis **XXIII**:11
Ka'b b. 'Ujrah **XVI**:6
Ka'b b. 'Umayr al-Ghifārī **IX**:122
Ka'b b. Zayd **VII**:152
Ka'b b. Zuhair **VI**:32
al-Ka'bah (the House, the Sacred/Holy House) **I**:295, 301–3, 308, 335, 362, 367; **V**:168–70, 172–73, 177, 218, 221–24, 226–28, 232–35, 266, 271, 281; **VI**:78, 81, 103, 105, 116, 119, 138; **VII**:24–25; **VIII**:68, 75, 77, 78, 91, 137, 178; **IX**:67; **XII**:195; **XIII**:159; **XV**:100; **XIX**:12, 23, 68; **XX**:184; **XXI**:110, 152, 229; **XXII**:1; **XXV**:151; **XXVI**:89; **XXVIII**:152; **XXX**:11, 183–84, 189, 194, 198–200; **XXXI**:27, 125–27; **XXXII**:36; **XXXVI**:167; **XXXIX**:135
  Black Stone **I**:297, 303, 362; **II**:70; **VI**:53, 57–58, 101, 162; **VIII**:135; **XII**:195; **XX**:112, 123, 133; **XXXIX**:64
  building of **I**:216–17, 293–95; **II**:69–73, 78–82; **VI**:159; **XXXIX**:37, 166, 167, 174
  burning of **XIX**:222, 224–25; **XX**:114

al-Ka'bah (continued)
carpet covering. SEE *al-kiswah*
circumambulation *(ṭawāf)* of **I**:293–95, 301; **II**:100, 103, 104; **VI**:70, 72, 101–2, 113; **VII**:36, 148; **VIII**:82, 128; **IX**:29, 34, 78–79, 79, 109, 110, 115, 141, 158; **XXI**:208–9; **XXX**:24, 110, 211–12; **XXXII**:22, 32; **XXXIX**:132
custodianship of **VI**:20–25, 52, 55; **VIII**:181; **IX**:198
demolished and rebuilt by Quraysh **VI**:51, 56–59, 161
demolished and rebuilt in 'Abdallāh b. al-Zubayr's time **XX**:122–23, 176
destruction in Noah's time **VI**:51–52
destruction in Yazīd b. 'Abd al-Malik's time **XXIV**:124; **XXXIX**:51
Ḥimyarites' plan of transfer to Yemen **VI**:28–29
looting of **XXXV**:108
al-multazam (area between the door of al-Ka'bah and Black Stone) **XXXIX**:64
in oaths. SEE Lord of the Ka'bah
perfumes for **XXXII**:38
ram's head and horns hanging in **II**:87, 90, 94
al-Rukn (eastern corner, where the Black Stone is mounted) **III**:50; **VI**:53; **VIII**:135; **XXI**:61; **XXII**:187; **XXIX**:91
sacrifices at **VI**:1–5
treasures of **VI**:15, 51, 56
Yemenī corner **XIX**:225
SEE ALSO al-Ḥaram
al-Kabāth (marketplace of Banū Taghlib) **XI**:218–19
Kabāthah b. Aws b. Qayẓī **XXXIX**:71, 73
Kābī (of the people of Iṣfahān) **II**:7, 8
Banū Kabīr (of Azd) **XX**:125
SEE ALSO Banū Kuthayr
Kabīrah (in a line of Sawwār b. al-Ash'ar's poetry) **XXV**:193
Kābiyān. SEE Persian royal flag
Abū Kabshah (Sulaym, *mawlā* of Prophet Muḥammad) **IX**:145
Ibn Abī Kabshah (son of Abū Kabshah, nickname of Prophet Muḥammad) **VIII**:103
Kābul **XV**:6, 34, 83; **XX**:70; **XXII**:178; **XXIII**:53, 97, 171; **XXV**:34; **XXIX**:62; **XXX**:147, 150, 175–76; **XXXV**:27; **XXXVI**:119; **XXXIX**:237
king of **XXXI**:71–72
Kābul Shāh **XXIII**:154, 166
Kābulistān **V**:150
Kadā' (mountain, near Mecca) **VIII**:163, 176
al-Kadīd (in al-Ḥijāz) **VIII**:139–40, 168; **IX**:119
Kafar 'Azūn (near Sarūj) **XXXII**:138–39
Kafartūthā **XXVII**:9, 24, 49, 50; **XXXV**:6
kāfirkūbāt (clubs fashioned with iron nails) **XXI**:61; **XXXV**:66
Kaftimur 'Alī b. al-Ḥusayn b. Dāwūd **XXXVI**:181
Kāfūr *(khādim)* **XXXVI**:72
Banū Kāhil b. Asad **X**:79?; **XII**:116; **XXXIX**:248
Ibn al-Kāhiliyyah ('Abdallāh b. al-Zubayr) **XIX**:6; **XXI**:60
SEE ALSO 'Abdallāh b. al-Zubayr
kāhin (*kāhinah*, soothsayer) **III**:47; **IV**:150; **V**:175, 178–83, 279, 286–88; **VI**:7; **VIII**:159; **XIII**:214; **XIX**:180; **XXI**:43; **XXVI**:167
Kahlān b. Saba' **II**:23
kakkah (white bread) **XII**:170
Banū al-Kalā' (of Ḥimṣ) **XX**:63
Kaladah b. al-Ḥanbal **IX**:10

al-Kalaj al-Ḍabbī (grandfather of Hubayrah b. al-Ashʿas) XI:189, 215; XII:129; XIII:14, 25
al-Kalaj b. Kaʿb al-Hamdānī XIII:14
Kalān Rūdh XXXIII:47–48, 50, 55
Ibnat al-Kalandāniyyah (wife of Bābak al-Khurramī) XXXIII:75
Banū Kalb (Kalbīs) IV:79, 111, 148; V:78; VI:121; IX:119, 122, 144; X:43, 74, 139; XI:57–59, 65, 76, 124; XIV:133; XV:47, 113; XVI:160, 190; XVIII:34, 188; XIX:49, 129, 130, 168; XX:47–69; XXI:75, 156–58, 164; XXIII:158–59; XXIV:138, 146; XXVI:129, 134, 146, 157, 178, 203, 213; XXVII:2, 3, 4, 5, 8, 17, 144, 178; XXXI:106; XXXV:13, 27; XXXVIII:113, 114, 158, 160, 161, 182; XXXIX:7
Banū Kalb b. ʿAwf b. ʿĀmir b. Layth b. Bakr VIII:51
Abū Kalbah (of Banū Qays) V:368–69
al-Kalbāniyyah XIII:142; XXI:25
SEE ALSO al-Kaltāniyyah
Kalbātikīn (Turkish commander) XXXV:20, 21, 34, 35, 43
al-Kalbī (*rāwī*). SEE Muḥammad b. Sāʾib al-Kalbī
Ibn al-Kalbī (*rāwī*). SEE Hishām b. Muḥammad b. al-Sāʾib al-Kalbī
Kalbīs. SEE Banū Kalb
Kalīlah and Dimnah, Book of XXXIII:188
Kaliman (ruler) II:3
al-Kallāʾ (port and market, in al-Baṣrah) XXI:46; XXIII:11
Ibn Kallūb XXXVIII:65, 83, 84
al-Kaltāniyyah XXXIV:119
SEE ALSO al-Kalbāniyyah
Kalwādhā (south of Baghdad) XI:49, 52; XII:33; XIII:52; XXII:52, 53, 131; XXVIII:243; XXXI:216; XXXII:18, 53, 70
SEE ALSO Raqqat Kalwādhā
Kalwāṣ (near al-Rayy) XXXI:79
kamākh (kind of relish) XXX:64
Kamarjah (west of Samarqand) XXV:54–62
Abū Kāmil (*mawlā* of Ismāʿīl b. ʿAlī) XXX:24, 31
Abū Kāmil (of the people of Khurāsān) XXVII:124, 129
al-Kāmil (fortress) XXVII:19–20, 21
al-Kāmil (name of Nāfiʿ b. Hilāl's horse) XIX:97
al-Kāmil (name of Yazīd b. al-Muhallab's horse) XXIII:54
Kāmil b. Jāmiʿ XXXI:239
Kāmil b. Muẓaffar, Abū Ṣāliḥ XXVII:68, 79, 80, 98, 207
al-Kāmilī (Turkish commander) XXXVI:97
kanʿadah fish XXX:107
Kanārā (Persian cavalry commander) XII:53; XV:91–92
Kandahar. SEE al-Qandahār
Kandak (near Kashsh) XXVII:202
Kanīsat al-Sawdāʾ (near al-Maṣṣīṣah) XXX:261; XXXVIII:89
al-Kāniyyah (?, in Ṭabaristān) XXXIII:165
Kanjūr al-Bukhārī XXXV:103, 131, 144; XXXVI:28, 29, 72, 102, 116, 150, 151, 198
Kannāz b. al-Ḥuṣayn. SEE Abū Marthad al-Ghanawī
Abū al-Kanūd. SEE ʿAbd al-Raḥmān b. ʿUbayd
al-Karaj (in al-Jibāl) XXXV:145, 146; XXXVI:166; XXXVII:159; XXXVIII:15, 22
Karāmah bt. ʿAbd al-Masīḥ XI:34, 37–38
Karāmah b. Murr XXXVIII:65
Karārdashīr b. Dashkāl IV:50
al-kārawān (transport boats) XXXVI:52
Kārazīn (in the district of Ardashīr Khurrah) V:130

Karbah (lieutenant of Abū al-Sāj) **XXXV**:121
Karbalā' **IX**:132; **XI**:49; **XIX**:75, 79, 81, 82, 92, 103, 111, 114, 127, 172, 180, 182; **XXVI**:16, 48, 198; **XXVII**:137, 139; **XXXIX**:211
battle of **XIX**:72, 105, 108, 127, 129–30, 132, 136
Karbeas (Qarbiyās, Paulician iconoclast) **XXXIV**:147, 167
Kard (Kardār) b. Mihr Narsī **V**:104, 105
Kārdadhān (fire temple, near Abruwān) **V**:105
Kardām al-Khurāsānī. SEE 'Abdawayh
Kardam b. Marthad b. Najabah al-Fazārī **XXI**:125
Kardān (supporter of 'Amr b. Muslim b. 'Amr al-Bāhilī) **XXV**:12
kardanāj (minced meat) **XXXVIII**:6
Kardar (in a line of poetry) **XXVI**:209
Kardār b. Mihr Narsī. SEE Kard b. Mihr Narsī
Kardaway b. Asharnīdah **IX**:145
Abū Karib (of the people of Hamdān) **XV**:218, 247
Karib b. Abī Karib al-'Uklī **XII**:25
Karib b. Maṣqalah **XXVII**:90
Karib b. Nimrān **XX**:125
Karīm b. 'Afīf al-Khath'amī **XVIII**:140, 144, 148, 150, 152
Ibn Abī Karīmah (poet) **XXX**:228
Karīmah bt. al-Miqdād (Bint al-Miqdād b. al-Aswad al-Bahrānī) **VI**:38; **XXXIX**:26, 197
Karītā (Abraham's maternal grandfather) **II**:128
Kāriz b. Hārūn, Abū Marwān **XXXII**:245
al-Karkh (in al-Ahwāz) **V**:57, 65
al-Karkh (in Baghdad) **XVII**:116; **XXI**:127; **XXII**:61, 65; **XXIX**:8–9, 78, 95, 143; **XXX**:252, 326; **XXXI**:139, 145, 153, 159, 168–69, 175–76; **XXXII**:43, 51, 55, 76, 87; **XXXVII**:145, 151; **XXXVIII**:46
al-Karkh (in Sāmarrā) **XXXV**:12, 30, 140, 152, 153, 164; **XXXVI**:69, 76–78, 82, 84–87, 91, 93, 95, 96, 99, 104, 107; **XXXVII**:157
SEE ALSO Karkh Juddān
al-Karkh (Karkh al-Baṣrah?) **XXIII**:68–69
al-Karkh (near 'Ayn al-Tamr) **XI**:54
Karkh Fīrūz **XXXIV**:111
Karkh Juddān **XXXV**:147; **XXXVI**:164; **XXXVIII**:16
SEE ALSO al-Karkh (in Sāmarrā)
Karkh Maysān **V**:13, 16
Karkhāyā. SEE Nahr Karkhāyā
Karkhthā (?, near al-Baṣrah) **XXVIII**:284
Karmā (above al-Māḥūzah) **XXXIV**:155
Karnabā (Kūthbā) **XXVII**:135; **XXXVI**:138
al-Karnabā'ī. SEE Muḥammad b. Yaḥyā b. Sa'īd al-Karnabā'ī
Abū al-Karrām al-Ja'farī **XXVIII**:97
Ibn Abī al-Karrām al-Ja'farī. SEE Muḥammad b. 'Abdallāh b. Abī al-Karrām al-Ja'farī
Kārtaqabad (guide of Sawrah b. al-Ḥurr) **XXV**:78
al-Karukbadh (commander of Hurmuz Jādhūyah) **XI**:118
Kārūn. SEE Dujayl
Karzam al-Sadūsī **XXVIII**:261, 269
Kārzanj (Soghdian commander) **XXIV**:169–71, 174–75, 177
Ka's bt. Arī **IX**:122
Kasākas. SEE Muḥammad b. 'Ammār
Kāsān (in Farghānah) **XXIII**:205, 206
Kasbā bt. Ṣūr. SEE Cozbi bt. Zur
Kashar (Shakar, mountain, near Jurash) **IX**:88

Kāshghar **XXIII**:219, 224, 225
Kaskar (district, between al-Kūfa and al-Baṣrah) **II**:49; **XI**:5, 19, 179, 182–84, 216; **XII**:29; **XIII**:179, 180, 199, 200; **XXI**:91, 144; **XXIII**:71; **XXVII**:144; **XXVIII**:31; **XXIX**:183, 222, 235, 239; **XXXII**:108; **XXXIII**:8; **XXXV**:121; **XXXVI**:166; **XXXVII**:28
Kāsrūd (river) **IV**:9, 76
Kaṣūṭūnas (of Men of the Cave) **IV**:156
katam (herb for hair dyeing) **IX**:160, 161; **XI**:139
al-Kathab (near Damascus) **XI**:115
Banū Kath'am **XVIII**:132
Kathīr. SEE Nahr Kathīr
Kathīr (b. Sa'd, Abū al-Ḥusayn) **XXV**:40–41
Abū Kathīr (b. Rūzbih b. Buzurgumihr b. Sāsān) **XIII**:75, 76
Ibn Abī Kathīr. SEE Yaḥyā b. Abī Kathīr
Ibn Kathīr. SEE 'Abdallāh b. Kathīr
Umm Kathīr (wife of Hammām b. al-Ḥārith al-Nakha'ī) **XII**:146
Kathīr b. al-'Abbās b. 'Abd al-Muṭṭalib **IX**:11; **XXXIX**:75, 96
Kathīr b. 'Abdallāh (governor of Ma'din Banī Sulaym) **XXVII**:53
Kathīr b. 'Abdallāh (*rāwī*) **IX**:202
Kathīr b. 'Abdallāh b. 'Amr b. 'Awf al-Muzanī **VI**:31; **VIII**:10; **XIII**:109
Kathīr b. 'Abdallāh al-Sha'bī **XIX**:105, 125, 145, 149
Kathīr b. 'Abdallāh al-Sulamī, Abū al-'Āj **XXV**:194; **XXVI**:142–43
Kathīr b. 'Amr al-Muzanī **XX**:147
Kathīr b. Bahz al-Ḥaḍramī **XVII**:112
Kathīr b. Fulān (commander) **XXIII**:225
Kathīr b. Ḥuṣayn al-'Abdī **XXVIII**:186, 199, 217, 231–32
Kathīr b. Ismā'īl al-Kindī **XXI**:88
Kathīr b. Kathīr **II**:79
Kathīr b. Muḥammad **XXXIX**:250
Kathīr b. Murrah **XXXIX**:153
Kathīr b. al-Naḍr b. Kathīr **XXVIII**:255
Kathīr b. Qādirah **XXXI**:39, 89, 108
Kathīr b. Qutaybah b. Muslim **XXIV**:20
Kathīr b. al-Ṣalt al-Kindī **X**:175, 177, 186; **XV**:174, 203; **XXVIII**:229
Kathīr b. Shihāb b. Ḥuṣayn al-Ḥārithī **XVIII**:142, 143; **XIX**:48, 49, 50, 57, 62
Kathīr b. Shihāb al-Sa'dī **XIII**:4, 5
Abū Kathīr al-Suḥaymī **XVI**:46
Kathīr b. Umayyah al-Khuzā'ī **XXV**:132–33, 138
Kathīr b. Zayd **IX**:24; **XXXIX**:164, 176, 185
Kathīr b. Ziyād **XVIII**:167
Abū Kathīr al-Zubaydī **XXXIX**:313
Abū Kathīrah. SEE Rufay'
al-Kathīthah (toponym) **XXXVII**:28
al-Kathth (near al-Ahwāz?) **XXVIII**:259
kātib. SEE secretaries
al-Kātib al-Khurāsānī. SEE Muḥammad b. 'Īsā b. 'Abd al-Raḥmān
katībah (army unit) **XII**:122, 131; **XVII**:29–31
al-Katībah (fortress, at Khaybar) **VIII**:123, 128
Katwah bt. Qaraẓah **XVIII**:216
Ibn Kāwān Island. SEE Jazīrat Ibn Kāwān
al-Kawāẓim (al-Kāẓimah, south of al-Baṣrah) **V**:51; **XI**:11–12, 17, 37; **XVIII**:110
Kawkab (in Cappadocia) **XXXVI**:190

al-Kawkabī (al-Ḥusayn b. Aḥmad b. Ismāʿīl b. Muḥammad b. Ismāʿīl al-Arqaṭ b. Muḥammad b. ʿAlī b. al-Ḥusayn b. ʿAlī b. Abī Ṭālib) **XXXV**:108, 150, 151
Kawthar (*khādim* of Muḥammad al-Amīn) **XXXI**:57–58, 167, 200, 212, 231, 240–41
al-Kawthar (river, in Paradise) **VI**:79
Kawthar Mosque. SEE Masjad Kawthar
al-Kawthar b. Zufar **XXIV**:185
al-Kawthariyyah (near Baghdad) **XXXI**:131
Kāwūs b. Khārākhuruh (ruler of Ushrūsanah) **XXV**:145; **XXXII**:135
Ibn al-Kawwāʾ (ʿAbdallāh b. Abī Awfā al-Yashkurī) **I**:244, 245; **XV**:113, 125, 129; **XVII**:99, 102, 138; **XVIII**:31, 72
kay (Persian royal title) **II**:25
Kay Afinah b. Kayqubādh **III**:116
Kay Arash (Arsh) b. Kayabiwah **IV**:17, 85–86
Kay Arsh b. Kayqubādh **III**:116
Kay Bih Arash (Kaybah Arsh) **III**:116; **IV**:17
Kay Kāus (Kāwūs) b. Kayabiwah. SEE Kayqāwus b. Kayabiwah b. Kayqubādh
Kay Kāus (Kāwūs) b. Kayqubādh **III**:116
Kay Luhrāsf. SEE Luhrāsb
Kay Ojī (Kaywajī) b. Kay Manūsh b. Kay Fāshīn b. Kayabiwah **IV**:17; **V**:3
Kāyakbāk (brother of Ṭaghūtyā) **XXXVI**:94
Kaybah Arsh b. Kayqubādh **III**:116
Kaybayh b. Kayqubādh **III**:116
Kayd al-Kalb. SEE Muqallad
Kaydar b. ʿUbaydallāh **XXXV**:7
Kayfāshīn b. Kayqubādh **III**:116
Kayghalagh (Turkish general) **XXXVI**:96, 97, 99, 101, 156, 180, 188, 199; **XXXVII**:1, 25, 72, 98; **XXXVIII**:138, 139, 146
Ibn Kayghalagh. SEE Aḥmad b. Kayghalagh; Ibrāhīm b. Kayghalagh
Kaykadar (Qayqadūr) **IV**:5
Kaykhusraw (Kaykhusrawanh) b. Siyāwakhsh b. Kayqāwus **IV**:3, 8–14, 16–19, 43, 86
Kaykhusrawanh. SEE Kaykhusraw
kaylajah (measure of weight) **XXXVI**:9
Kayqāwus (Kay Kāus, Qabūs, Qābūs) b. Kayabiwah b. Kayqubādh **IV**:1–8, 6, 44, 76, 78, 86
Kayqubādh **III**:116–17, 118; **IV**:1
al-Kayraj (in India) **XXIII**:215
Kayrūn (ʿAkrūn) **III**:128
kaysān (perfidy) **XXIV**:10
Kaysān (b. Abraham) **II**:129
Kaysān (*mawlā* of ʿAlī b. Abī Ṭālib) **XVII**:40
Kaysān (Abū ʿAmrah, *mawlā* of ʿUraynah) **XX**:219, 221; **XXI**:25–26, 35, 37–38, 88
Kaysān (*mawlā* of Banū Thaʿlabah) **XV**:104
Kaysān (*mawlā* of Yūsuf b. ʿUmar al-Thaqafī) **XXV**:182
Bint Kaysān al-Ḍabbiyah **XII**:34
Kaysān al-Maqburī. SEE Abū Saʿīd al-Maqburī
Kaysūm (in upper Euphrates region) **XXXII**:144, 188; **XXXVIII**:97
al-Kayyāl (Qarmaṭian) **XXXVIII**:182
Kāzah (near Marw) **XXIII**:187, 188
Kāzarūn (in Fārs) **V**:13; **XXII**:25, 30, 158
SEE ALSO Sābūr (in Fārs)
al-Kāẓimah. SEE al-Kawāẓim
Kāzir. SEE Kāzarūn

Kāz.r.nk (king of the Turks) XXIII:229
Kenan (b. Enosh b. Seth b. Adam) I:326, 336, 337
keys of Korah III:101–2
al-Khabār (desert) VII:13
al-Khabaṭ, expedition of VIII:147–49; IX:123
Khabbāb (*mawlā* of 'Utbah b. Ghazwān) XIII:131
Ibn Khabbāb. SEE 'Abdallāh b. Khabbāb b. al-Aratt
Khabbāb b. al-Aratt XII:160; XVII:96; XXXIX:110, 289
Ibn al-Khabbāzah. SEE Ja'far b. Aḥmad al-Bayān
khabīṣ (sweet date mix) XIV:34; XV:91; XXIII:167; XXX:264
al-Khabīth (the Abominable One). SEE 'Alī b. Muḥammad
Abū Khabṭah (Ḥakīm al-Ḥadhdhā') XXXIX:311
al-Khābūr (river) XX:153; XXX:153; XXXIV:96
khadam al-khāṣṣah (caliph's personal servants) XXXIV:179 SEE ALSO al-Khāṣṣah al-Mutawakkiliyyah
Banū Khaḍḍam (of Tamīm) X:85, 87, 89
Khadījah (wife of Ya'qūb b. al-Faḍl al-Hāshimī) XXX:13–14
Khadījah bt. 'Alī b. Abī Ṭālib XVII:229
Khadījah bt. Hārūn al-Rashīd XXX:328
Khadījah bt. Khuwaylid, Umm Hind (wife of Prophet Muḥammad) VI:47–50, 68, 70, 72–74, 76–77, 77–78, 81–82, 86, 87, 106, 115; VII:7, 73, 74; IX:32, 110, 127–28, 129, 131, 135, 138; X:19; XXVIII:95, 168; XXXIX:3–4, 6, 13, 79, 161, 162, 163, 166, 170, 192
Khadījah bt. Sa'īd b. Sahm VI:10
Khadījah bt. al-Zubayr XXXIX:193
khādim (as euphemism for eunuch). SEE eunuch
khādim (servant) XXXIV:13
al-Khaḍir (al-Khiḍr, prophet) III:1–18; IV:55, 58; XII:105
Khaḍir b. Khālid XXVII:33
al-Khaḍir b. Tamīm XXVII:37, 38
al-Khaḍrā' (palace, in Baghdad) XXVIII:152; XXIX:122
al-Khaḍrā' (palace, in Damascus) XXVI:189, 203
al-Khaḍrā' (squadron of Prophet Muḥammad's troops) VIII:174
Khaffān (near al-Kūfah) XI:5, 179, 181, 197, 212; XII:63, 109; XVII:195; XIX:83, 93; XXII:66; XXVIII:266
Khaffān Road XXXVIII:179
Khafīf (*ghulām* of al-Mu'taḍid) XXXVII:18
Khafīf al-Adhkūtakīnī XXXVIII:78, 79, 106
Khafīf al-Samarqandī XXXVIII:1, 43, 89
Khafiyyah (near al-Kūfah) IV:132
Khalaf (*rāwī*). SEE Khalaf b. Wāṣil
Abū Khalaf. SEE 'Abdallāh b. 'Īsā al-Khazzāz
Khalaf b. 'Abdallāh XXIX:219, 222
Khalaf al-Aḥmar XXIX:168
Khalaf al-Farghānī XXXVII:29, 81
Khalaf b. Hishām II:151–52; XXXIX:332
Khalaf b. Ja'far XXXVI:138
Khalaf b. Khalīfah I:364; II:144, 161; XXIII:212; XXV:115; XXVI:178, 230; XXVII:57
Khalaf al-Miṣrī XXXII:79, 81
Khalaf b. Mūsā I:175
Khalaf b. Muwarri' al-Hamadhānī XXVII:134
Khalaf b. Tamīm XXIV:99; XXXIX:242
Khalaf b. Wāṣil I:231, 232; XVII:65

al-Khalanjī **XXXIV**:118; **XXXV**:104, 106, 143
SEE ALSO al-Khaljī
al-Khalaṣah. SEE Dhū al-Khalaṣah
khalī' (outlaw, rebel) **XXI**:135; **XXXII**:104
al-Khalī'. SEE al-Ḥusayn b. al-Ḍaḥḥāk al-Bāhilī
Khālid (b. Makhlad) **I**:180
Khālid (brother of Abū Ayyūb al-Muryānī) **XXIX**:68
Khālid (brother of Yazīd al-Naḥwī) **XXIV**:83
Khālid (envoy of 'Umar b. Hubayrah) **XXIV**:189
Khālid (*mawlā* of Banū Layth) **XXVII**:122
Khālid (*rāwī*) **VII**:54; **XXIV**:93; **XXXIX**:154
Abū Khālid (Moses' epithet for the Red Sea) **III**:64
SEE ALSO Red Sea
Abū Khālid (*rāwī*) **II**:99; **XXVI**:78
Ibn Abī Khālid (commander of Muḥammad b. 'Abdallāh b. Ṭāhir) **XXXV**:91
Banū Khālid (of al-Wirthah) **XXII**:39
Umm Khālid (in a line of Thābit Quṭnah's poetry) **XXIV**:147
Khālid b. 'Abd al-'Azīz **XXIV**:82
Khālid b. 'Abd al-Malik b. al-Ḥārith b. al-Ḥakam **XXV**:97, 98, 99, 122, 128, 129; **XXVI**:10–11
al-Khālid b. 'Abd al-Raḥmān (commander of Naṣr b. Sayyār al-Laythī) **XXVII**:32, 40
Khālid b. 'Abd al-Raḥmān b. Khālid b. al-Walīd **XVIII**:89, 93
Khālid b. 'Abd al-Raḥmān al-Makhzūmī **II**:133
Khālid b. 'Abd al-'Uzzā b. Ghaziyyah b. 'Amr **V**:166–67
Khālid b. 'Abdallāh (brother of Khulayd b. 'Abdallāh al-Ḥanafī) **XVIII**:163, 203
Khālid b. 'Abdallāh (*rāwī*) **II**:87; **XXXIX**:121
Khālid b. 'Abdallāh (al-Ṭaḥḥān) **I**:210; **II**:98
Khālid b. 'Abdallāh b. Khālid b. Asīd **XXI**:172–75, 177, 187, 193, 199–206, 212, 233, 234; **XXII**:5–6, 9, 22, 179
Khālid b. 'Abdallāh al-Qasrī, Abū al-Haytham (Ibn al-Naṣrāniyyah) **VI**:28; **XX**:213; **XXIII**:144, 147, 177–78, 181, 202, 210, 212, 214; **XXIV**:28, 114, 119, 185–87; **XXV**:4–7, 13, 20, 23, 25, 33, 34, 35, 36, 37, 38, 42, 44, 63, 68, 83, 89, 91, 103, 111, 113, 118, 119, 123, 130, 140, 149–54, 156–61, 165, 166, 172, 173, 175–81, 183, 185, 186, 187; **XXVI**:4–5, 8, 14, 67, 74, 81–82, 90–91, 128–33, 135, 137, 151, 160, 162, 166–80, 197, 202, 256; **XXVII**:16; **XXIX**:5; **XXX**:150; **XXXIX**:265
Khālid b. 'Abdallāh b. Zuhayr **XV**:36
Abū Khālid al-Aḥmar. SEE Sulaymān b. Ḥayyān
Abū Khālid al-Aḥwal. SEE Yazīd al-Aḥwal
Khālid b. 'Ajlān **XXVII**:147
Khālid b. 'Amr **XXVI**:235–37
Khālid b. 'Ar'arah **II**:69, 71
Khālid b. al-'Āṣ b. Hishām **X**:113; **XV**:237–38; **XVIII**:20, 70
Khālid b. al-Aṣfaḥ **XXIII**:198; **XXVII**:137
Khālid b. Asīd **X**:160, 165, 173
Khālid b. Asīd al-Bāhilī **XXVIII**:285
Khālid b. Asīd b. Abī al-'Īṣ **XXVIII**:279
Khālid b. Aslam, Abū Thawr **XXXIX**:335

Khālid b. ʿAttāb b. Warqāʾ **XXII**:111, 115–19, 148; **XXIII**:19
Khālid b. Bāb **XXIII**:192
Khālid b. al-Baʿīth b. Ḥalbas **XXXIV**:87
Khālid b. Abī Bakr **XIV**:97
Khālid al-Barbarī **XXX**:19–20, 33–34
Khālid b. Barmak **XXI**:218; **XXIII**:129; **XXV**:27; **XXVII**:75, 108, 109, 110, 111, 127, 143, 195, 198, 204, 208; **XXIX**:4–5, 32, 81–85, 212–13
Ibn Khālid al-Barmakī **XXXV**:123
Khālid b. Abī Barzah al-Aslamī **XXIII**:106, 107
Khālid al-Baṭīn **XXIX**:119
Khālid b. al-Bukayr **VII**:143, 144
Khālid al-Daryūsh **XXXII**:55, 57–58
Khālid b. Fulān al-Makhzūmī **X**:113, 183
Khālid b. al-Ghuzayyil **XXVII**:15
Khālid al-Ḥadhdhāʾ **V**:336; **XIV**:134; **XXXIX**:221, 306, 326
Khālid b. Ḥakīm b. Ḥizām **XXXIX**:41, 106
Khālid b. Ḥammād **XXXI**:13
Khālid b. al-Ḥārith **IX**:160
Abū Khālid al-Ḥasan (b. ʿUlwān) **XXVII**:66
Umm Khālid bt. Abī Hāshim b. ʿUtbah b. Rabīʿah b. ʿAbd Shams. SEE Umm Hāshim bt. Abī Hāshim b. ʿUtbah b. Rabīʿah b. ʿAbd Shams
Khālid b. Ḥassān (Abū al-ʿAsākir) **XXVIII**:102
Khālid b. Ḥayyān al-Kharrāz, Abū Yazīd **VI**:158
Khālid b. Hilāl **XI**:210
Khālid b. Huraym **XXII**:189; **XXV**:107; **XXVII**:29
Khālid b. Ibrāhīm al-Dhuhlī. SEE Abū Dāwūd
Khālid b. ʿIlbāʾ b. Ḥabīb b. al-Jārūd **XXV**:108
Khālid b. Ilyās **XIX**:15
Khālid b. Abī ʿImrān **VI**:62, 162; **IX**:208; **XV**:75; **XXXIX**:101–2
Khālid b. ʿImrān al-Ṭāʾī al-Mawṣilī **XXXV**:17, 18, 42, 48, 49, 57, 69, 72, 80, 83, 84, 85
Khālid b. ʿĪsā al-Kātib **XXX**:212
Khālid b. Ismāʿīl b. Ayyūb **XXVIII**:144–45
Khālid b. Jabalah **V**:252–53
Khālid b. Jābir **XVII**:232
Khālid b. Jaʿfar b. Kilāb **XXIV**:64
Khālid b. Jarīr b. ʿAbdallāh al-Qasrī **XXIII**:47
Khālid b. Jazʾ al-Sulamī **XXII**:40–41
Abū Khālid al-Kāhilī **XIX**:122
Khālid b. Kathīr (Abū Mughīrah) **XXVIII**:60
Khālid b. Kaysān **XXIII**:149
Khālid b. Khidāsh b. ʿAjlān **XXVIII**:268; **XXXIX**:50, 202, 225, 226
Khālid b. al-Lajlāj **XXXIX**:148
Khālid b. Maʿdān al-Kalāʿī **XI**:81, 83, 87, 94, 98, 100, 161, 163; **XIII**:157, 166; **XV**:26, 28, 31, 73; **XXIV**:40; **XXXIX**:215
Khālid b. Maʿdān al-Ṭāʾī **XVII**:184; **XVIII**:58
Abū Khālid al-Marwarrūdhī **XXVII**:110, 111, 143; **XXIX**:63, 166; **XXX**:102
Abū Khālid al-Marwazī. SEE Abū Khālid al-Marwarrūdhī
Khālid b. Mihrān al-Bajalī **XVI**:48
Khālid b. Mihrān al-Baṣrī. SEE Khālid al-Ḥadhdhāʾ
Khālid b. al-Muʿammar **XVII**:18, 58–61
Khālid b. al-Muʿārik. SEE Ibn ʿIrs al-ʿAbdī
Khālid b. Muljam **XII**:13; **XV**:148; **XVI**:104
Khālid b. Nahīk (b. Qays al-Kindī) **XXII**:60, 63, 86–87; **XXVIII**:256

Khālid b. Nājid **XVII**:51
Khālid al-Najjār **XXIX**:190
Khālid b. al-Qāsim al-Bayāḍī **XVIII**:101; **XXIII**:208; **XXXIX**:25, 56, 217
Khālid al-Qasrī. SEE Khālid b. ʿAbdallāh al-Qasrī
Khālid b. Qaṭan al-Ḥārithī **XVII**:7; **XXIII**:59; **XXVI**:255
Khālid b. Rabīʿah **XV**:97
Khālid b. Abī Rabīʿah **XXII**:91
Khālid b. Saʿd b. Nufayl **XX**:84, 85, 148, 159
Khālid b. Saʿīd (b. ʿAmr b. Saʿīd) **XIX**:193
Khālid b. Saʿīd b. al-ʿĀṣ (al-ʿĀṣī) **VI**:87; **VIII**:109–10; **IX**:44, 94, 133, 143, 147, 165; **X**:19, 20, 22, 53, 158, 159, 173; **XI**:36, 74–78, 81–83, 87–88, 90–91, 101–2, 107, 109, 111–12, 161; **XIII**:27; **XXI**:214; **XXXIX**:178, 179, 180
Khālid b. Salamah al-Makhzūmī **XXVII**:192
Khālid b. Shadīd **XXV**:164
Khālid b. Shuʿayb b. Abī Ṣāliḥ al-Ḥuddānī **XXVI**:227
Khālid b. Ṣubayḥ **XXIV**:52, 54
Khālid b. Sufyān b. Nubayḥ al-Hudhalī **IX**:121
Khālid b. Sumayr **VIII**:157; **XX**:8
Khālid al-Ṭaḥḥān. SEE Khālid b. ʿAbdallāh al-Ṭaḥḥān
Khālid b. Ṭalīq b. ʿImrān b. Ḥuṣayn al-Khuzāʿī **XXIX**:223, 235
Khālid b. ʿUbaydallāh b. Ḥabīb al-Hajarī **XXV**:47, 80, 119
Khālid b. ʿUmayr **XII**:163; **XXXIX**:104
Khālid b. ʿUrfuṭah **XII**:18, 83–85, 91, 125, 138, 142; **XIII**:2, 86; **XVIII**:140; **XX**:199; **XXVI**:43
Khālid b. ʿUthmān (al-Mikhrāsh), Abū Isḥāq **XXVI**:156, 158; **XXVII**:79, 98; **XXVIII**:11, 30, 34–35, 40–41
Khālid b. ʿUthmān b. ʿAffān **XV**:254
Abū Khālid al-Wālibī **I**:177, 260; **XXXIX**:313
Khālid b. al-Walīd **V**:372; **VII**:112–15; **VIII**:70–72, 143, 145–46, 157, 158, 159, 174–78, 187–91; **IX**:58–59, 82–84, 90; **X**:53, 57, 58, 60–65, 72–74, 76–79, 81–83, 97–106, 112–18, 120, 121, 123, 124, 126–33, 136, 151, 152; **XI**:1–36, 38–55, 57–70, 82, 86–90, 94–99, 102–4, 109–17, 121–22, 124–26, 128, 144, 150, 158–67, 170–71, 195; **XII**:13, 42, 97, 146, 157, 166, 174, 175, 177–79, 180, 183, 188, 190, 191, 192, 193; **XIII**:79–84, 89, 103, 105, 106–9, 193; **XIV**:13, 42; **XV**:72, 119; **XXXIX**:85, 108, 111, 165, 198, 202, 208, 271, 291
Khālid b. al-Walīd b. ʿAbd al-Malik **XXIII**:219
Khālid b. al-Walīd al-Makhzūmī. SEE Khālid b. al-Walīd
Khālid b. al-Walīd b. al-Mughīrah. SEE Khālid b. al-Walīd
Khālid b. al-Walīd b. ʿUqbah b. Abī Muʿayṭ **XXIV**:138
Khālid b. al-Wāshimah **XI**:48
Khālid b. Yaʿmar al-Tamīmī al-ʿUmarī **XII**:118
Khālid b. Yasār **VIII**:106
Umm Khālid bt. Yazīd (wife of Khālid b. Barmak) **XXI**:218
Khālid b. Yazīd b. Asad b. ʿAbdallāh al-Qasrī **XIX**:74, 155; **XXI**:165
Khālid b. Yazīd al-Bāhilī **XX**:35
Khālid b. Yazīd b. Ḥātim **XXIX**:178
Khālid b. Yazīd b. Mazyad **XXXII**:147
Khālid b. Yazīd b. Muʿāwiyah **XIX**:171–72, 226; **XX**:51–59, 65, 68, 69, 161; **XXI**:166, 179, 192;

Khālid b. Yazīd b. Mu'āwiyah (continued) **XXIII**:9; **XXVI**:185, 219; **XXVII**:148; **XXXIX**:216
Khālid b. Yazīd b. al-Muhallab **XXIV**:52, 56, 120
Khālid b. Yazīd b. Wahb b. Jarīr b. Khāzim, Abū al-Haytham **XXIX**:57, 95, 258
Khālid b. Zayd al-Anṣārī. SEE Abū Ayyūb al-Anṣārī
Khālid b. Ziyād al-Baddī **XXVI**:235–37
Khalīfah (*ghulām* of Muḥammad b. al-Ba'īth) **XXXIV**:77, 86
Khalīfah al-Aqṭa' **XXIV**:119
Khalīfah al-A'war **XXI**:46
Khalīfah b. Farwah **XXXIX**:166
Khalīfah b. Khayyāṭ **XXVIII**:72
khalīfah mahdī (i.e., 'Uthmān b. 'Affān) **XVII**:24
Khalīfah b. Mihrān, Abū Hāshim **XXVII**:68
Khalīfah b. al-Mubārak. SEE Abū al-Agharr
Khalīfah b. Warqā' **XX**:190
Ibn Khalīj. SEE al-Khalījī
al-Khalījī (Ibrāhīm al-Khalījī, Ibn al-Khalīj) **XXXVII**:81; **XXXVIII**:152, 153, 156, 158, 169, 170
SEE ALSO al-Khalanjī
al-Khalīl (of the people of Basmā, of Diyār Rabī'ah) **XXXVII**:69
Banū Khalīl (Khaylīl, of Lakhm) **X**:44
Ibn al-Khalīl (Baghdad garrison commander) **XXXV**:124, 128, 129, 130
al-Khalīl b. Abān **XXXVI**:32, 182, 186, 198, 206; **XXXVII**:2–3, 9–10, 131
al-Khalīl b. Aḥmad al-Farāhīdī **XXXIX**:278
al-Khalīl b. Aws al-'Abshamī, Abū Rustam **XXII**:169; **XXIV**:160
al-Khalīl b. Ghazwān al-'Adawī **XXVI**:265; **XXVII**:36, 38
Khalīl b. Hāshim **XXXII**:104
al-Khalīl b. Hishām **XXXI**:13
Khalīl b. al-Ḥuṣayn **XXIX**:13
al-Khalīl b. Rīmāl (Raymāl) **XXXVII**:72; **XXXVIII**:72
al-Khalīl b. Wandāsfajān **XXXIII**:146
Khāliṣah (*jāriyah* of al-Khayzurān) **XXIX**:107; **XXX**:42–43, 56–57
Ibn Khallād (poet) **XXXV**:121
Khallād al-Asadī **IX**:173
Khallād b. Aslam **I**:178, 204; **XIV**:103
Khallād b. 'Aṭā' **I**:254
Khallād b. Rifā'ah b. Rāfi' **XXXIX**:134–35
Khallād al-Sharawī **XXXI**:249
Khallād b. Suwayd b. Tha'labah b. 'Amr b. Balḥārith b. al-Khazraj **VIII**:40, 41
Khallād b. 'Ubaydah **XVIII**:218
Khallād b. Yazīd al-Bāhilī (al-Arqaṭ) **XVIII**:82, 197, 198; **XX**:35; **XXII**:114–15, 125
al-Khallālūn (vinegar-sellers' quarter, in al-Baṣrah) **XXI**:46
Khalṣ (*wādī*) **XXX**:317
khalūq (perfume) **XXIX**:194
Abū Khalwah al-Khādim (*mawlā* of Muḥammad b. Sulaymān) **XXX**:24
Kham Jird, king of **XXIII**:184, 186
Khāmir (mountain) **X**:162
khamīṣah (black coarse cloak) **IX**:206; **XV**:53
al-Khams (?, ethnic group) **XXXIV**:141
Khamūsh (commander of Ṣāliḥ b. Waṣīf) **XXXVI**:71
Khān 'Āṣim (caravanserai, in Baghdad) **XXXIV**:135
al-Khanāfis (near Baghdad) **XI**:60, 61, 62, 63, 215–17

Khānākhurrah (ruler of Ushrūsanah) **XXV**:145, 148
SEE ALSO Khārākharah
al-Khandamah (mountain, east of Mecca) **VIII**:177, 178; **XXXIX**:165
khandaq (trench, moat-canal)
of Akhshunwār **V**:115
of Prophet Muḥammad. SEE Battle of the Trench
of Sābūr Dhū al-Aktāf **XII**:23; **XVIII**:112
of Ṭāhir b. al-Ḥusayn **XXXI**:159, 207
al-Khandaq (in Yemen) **X**:186
al-Khandaq (near Medina) **IX**:117; **X**:62
al-Khandaq (village of Bih-Ardashīr) **V**:376
Khānījār (south of Daqūqā') **XXII**:67, 80; **XXXVIII**:164
Khāniqīn **V**:357–58; **XIII**:42, 43, 53; **XXII**:42, 48, 50, 83; **XXVII**:132, 134, 135; **XXXI**:101; **XXXIII**:11; **XXXVI**:112, 115
Abū al-Khanjar (Zanj rebel) **XXXVI**:36, 61
Khanjarah (in Byzantine territory) **XXIII**:184
Abū al-Khansā'. SEE Kusayb al-'Anbarī
al-Khansā' (poetess) **X**:81
Ibn al-Khansā'. SEE Abū Shajarah b. 'Abd al-'Uzzā
Khanthar b. 'Ubaydah b. Khālid **XVII**:57
Khāqān (Abū Muzāḥim, ruler of the Turks) **XXIII**:195?; **XXIV**:145, 152–54, 156; **XXV**:14–16, 30, 34, 45, 50, 55–60, 61, 62, 66, 67, 70–73, 76, 78, 79, 84–89, 91, 95, 96, 98, 131, 133–40, 142–47, 150, 151, 152, 168
Khāqān (in a line of 'Āmir b. Wāthilah's poetry) **XXIII**:18
Khāqān (in a line of Marwān b. Abī Ḥafṣah's poetry) **XXX**:119
Khāqān (*khādim* of Hārūn al-Rashīd) **XXX**:207, 209, 310–11; **XXXII**:231; **XXXIV**:22, 38–43
Khāqān (ruler of the Turks) **V**:94–99, 126, 128, 152–53, 160, 265, 307; **XIII**:26, 27, 175; **XXIII**:152; **XXVI**:56, 265; **XXXI**:71–72
Khāqān (ruler of Khazars) **XXX**:168, 170
Khāqān (ruler of Tibet) **XXXI**:71
Khāqān (Turkish ruler, ally of Yazdajird) **XIV**:54, 56, 57, 59, 60, 62
Ibn Khāqān. SEE 'Ubaydallāh b. Yaḥyā b. Khāqān
Ibn Khāqān (in a line of al-Ba'īth al-Yashkurī's poetry) **XXXI**:94
Khāqān al-Mufliḥī **XXXVIII**:30, 89, 106, 113, 138, 142, 184
Khāqān b. Zayd **XXVIII**:132
Khāqānī Garden (north of Sāmarrā) **XXXIII**:26
Khāqānī Palace (in Baghdad) **XXXV**:153
Kharā Bughrah (father of Khānākhurrah) **XXV**:145, 148
kharāj (land tax) **V**:99, 255, 258, 261, 376, 404; **X**:97; **XI**:18, 32, 43, 45, 52; **XII**:154, 155; **XIII**:9, 47, 51, 60, 90, 100, 121, 126, 158, 159, 180, 215; **XIV**:43, 75, 84, 86; **XV**:6, 24, 45, 103, 170; **XVI**:169, 180, 189; **XVII**:145, 148, 177, 183, 185, 194, 203, 204; **XVIII**:5, 11, 89; **XX**:36, 47, 92, 96, 130, 186; **XXI**:86, 199; **XXII**:57–58, 81, 84–85, 94, 106, 142–43, 150, 167, 172, 179, 183, 186, 193; **XXIII**:147; **XXV**:46; **XXVI**:24–25, 58–59, 118, 167, 170, 191, 220; **XXIX**:150, 168, 204, 241; **XXX**:173; **XXXI**:17, 32, 45, 76, 102; **XXXII**:121–22; **XXXIII**:142;

kharāj (continued) **XXXIV**:140; **XXXV**:143; **XXXVI**:26, 137, 181
SEE ALSO Dīwān al-Kharāj
Khārākharah (Khārākhurrah, ruler of Ushrūsanah) **XXX**:143
SEE ALSO Khānākhurrah
Kharaq (near Marw) **XXVII**:80
Kharashah b. ʿAmr al-Tamīmī **XXIII**:8
Kharbitā (in Egypt) **XVI**:27, 179, 180, 183, 184, 190; **XVII**:143, 144
Khardūs (Babylonian king) **IV**:109–10
SEE ALSO Herod
Banū Khārif **XXI**:71; **XXXIX**:220
al-Khārijah. SEE Khārijites
Bint Khārijah (of Balḥārith of al-Khazraj) **IX**:182
Khārijah b. al-Ḥārith **XXXIX**:58
Khārijah b. Ḥiṣn al-Fazārī **IX**:77; **X**:40, 41
Khārijah b. Ḥudhāfah al-Sahmī **XV**:18, 165; **XVII**:223–24
Khārijah b. Muṣʿab al-Ḍabʿī **II**:98; **XXIV**:85
Umm Khārijah bt. Saʿd b. al-Rabīʿ **XXXIX**:205
Khārijah b. al-Ṣalt **XIII**:42; **XVI**:154
Āl Khārijah b. (al-Ṣalt?) al-Tamīmī **XVII**:12
Khārijah b. Zayd b. Thābit **VII**:27, 28; **XXIII**:132, 142
Khārijah b. Zayd b. Abī Zuhayr **VI**:151
Khārijites (al-Khawārij, al-Khārijah, al-Shurāt, Sellers) **XIII**:126; **XV**:233; **XVI**:167; **XVII**:82, 90, 100–104, 110–41, 144, 187, 213–14; **XVIII**:12–13, 21, 22, 23, 24, 25, 31, 33, 36, 37, 39, 41, 50, 51, 53–55, 58, 60, 61, 67, 68, 81, 89, 193, 196–98, 221; **XIX**:25, 35, 45, 63, 154, 183, 184, 197, 223; **XX**:35–37, 38, 40–45, 97–105, 115, 164–75; **XXI**:8, 123–34, 167, 198–200, 202–6, 232–33; **XXII**:5, 13, 24–27, 30, 39–40, 43, 47, 53, 58, 71, 110, 114, 116, 119–20, 150–53, 179, 198–99; **XXIII**:27, 92, 207; **XXIV**:76, 109–10, 118; **XXV**:24, 62, 155, 156, 157, 160, 161, 164; **XXVI**:39, 43; **XXVII**:12, 14, 15, 16, 17, 24, 25, 26, 51, 52, 54, 57, 59, 90, 103, 112–19, 183, 184; **XXVIII**:45–46; **XXIX**:14, 62, 67, 102; **XXX**:162–63, 174–75, 175, 230, 265–66, 315; **XXXI**:53, 238; **XXXII**:67–68, 76, 105, 234; **XXXV**:147–51; **XXXVI**:161; **XXXVIII**:10, 15, 27–29; **XXXIX**:217
SEE ALSO arbitration, at Dūmat al-Jandal; al-Azāriqah; al-Ḥarūriyyah; al-Ibāḍiyyah; Muḥakkimūn; al-Najdiyyah; al-Sufriyyah; *taḥkīm*
Kharistān, battle of **XXV**:143–57; **XXVI**:56
kharīṭah (mail pouch) **XXXII**:133, 220; **XXXIII**:85; **XXXIV**:190; **XXXVIII**:87
kharīṭat al-mawsim (pouch of the pilgrimage season) **XXXV**:105
al-Kharkh (east of the Dujayl) **XXXVI**:40, 46
Kharnābān (steward of al-Maṣmughān) **XXVIII**:80
Kharqān (near Marw) **XXIII**:147; **XXVII**:65, 66, 68, 80
Kharqānah (Lower Kharqānah, near Bukhārā) **XXIII**:147
al-Kharrār (watering place of Banū Ḍamrah) **VI**:146
expedition to **VII**:11; **IX**:118
al-Kharrārah (near al-Saylaḥūn) **XII**:56, 61, 125, 126, 128, 140; **XXI**:129; **XXIX**:258
al-Kharsāʾ (brigade of fighters under Saʿd b. Abī Waqqāṣ) **XIII**:17, 20, 27

Kharshanah (near Malaṭyah) **XXV**:69; **XXXVI**:190
Kharshāsb b. Athraṭ b. Sahm (Kharshāsb b. Athraṭ b. Asās) **III**:115–16
al-Kharukbadh (commander of Hurmuz Jādhūyah) **XI**:118
Kharūn. SEE Akharūn
Kharzāsf b. Kay Sawāsf **IV**:18, 72–75
Khaṣafah al-Taymī **X**:146
al-Khaṣāṣah (near Sāmarrā) **XXXIV**:155
Khāsh (brother of al-Afshīn Khaydhar b. Kāwūs) **XXXIII**:190
Khashabat Bābak (in Sāmarrā) **XXXIV**:34, 37, 95, 224; **XXXV**:112, 122; **XXXVI**:12, 94, 104
al-Khashabiyyah (followers of al-Mukhtār b. Abī 'Ubayd b. Mas'ūd al-Thaqafī) **XXI**:50, 59–62; **XXVI**:151
Ibn Khashanaj. SEE Rūmī b. Ḥasanaj
Khashram (near Thaniyyat al-Wadā') **XXVIII**:204
khaṣī. SEE eunuch
Banū Khāsi' **X**:78
al-Khaṣīb (physician) **XXIX**:127
Abū al-Khaṣīb (canal). SEE Nahr Abī al-Khaṣīb
Abū al-Khaṣīb. SEE Marzūq; Wuhayb b. 'Abdallāh al-Nasā'ī
Banū Khaṣīb **IX**:101–2
Khaṣīf (Khuṣayf b. 'Abd al-Raḥmān) **I**:267, 303
al-Khaṣṣāf (legal appointee of Muḥammad b. 'Imrān al-Ḍabbī) **XXXV**:143
al-Khāṣṣah al-Mutawakkiliyyah **XXXIV**:155
Khaṭārmish (Khaṭārimush, Khuṭārmish) **XXXV**:151; **XXXVI**:97, 103; **XXXVII**:89
Banū Khath'am **V**:216, 222; **VI**:7, 160; **IX**:88–89, 123; **X**:39, 161, 162, 164; **XI**:202; **XIII**:76; **XVI**:114; **XVII**:34; **XX**:204, 224; **XXI**:14, 43, 89, 95; **XXII**:136; **XXIII**:39, 45; **XXIV**:114; **XXXIX**:201
Ibn al-Khath'amiyyah. SEE Muḥammad b. Abī Bakr al-Anṣārī
Khaṭīah (*jāriyah* of Sulaymān b. 'Abd al-Malik) **XXIII**:162
khaṭīb **XXIII**:5
SEE ALSO *khuṭbah*
al-Khaṭīm. SEE Yazīd b. Mālik al-Bāhilī
Khaṭm al-Ḥajūn (near Mecca) **VI**:113
Banū Khaṭmah (of Aws) **VI**:130; **XXXIX**:34
al-Khaṭṭ (coastal strip of Baḥrayn and 'Umān) **X**:137; **XV**:117; **XXI**:146
SEE ALSO Khaṭṭī spears
al-Khaṭṭ (Fasā Ardashīr, in eastern Arabia) **V**:16, 54–55
al-Khaṭṭāb (father of 'Umar b. al-Khaṭṭāb) **VIII**:172; **XIV**:131
Abū al-Khaṭṭāb (Ḥamzah b. 'Alī) **XI**:4, 211; **XXVI**:171, 213; **XXVII**:64, 79, 93, 97; **XXIX**:197, 251; **XXX**:125–26
Abū al-Khaṭṭāb al-Hajarī **XVI**:49
al-Khaṭṭāb b. Muḥriz al-Sulamī **XXV**:65, 66, 104; **XXVII**:94
al-Khaṭṭāb b. Wajh al-Fals **XXXIV**:44
Khaṭṭāb b. Ziyād **XXXI**:188
al-Khaṭṭābiyyah (village, in Baghdad) **XXVIII**:248
Khaṭṭī spears **XVI**:62
Khātūn (wife of Khāqān) **V**:98, 265, 316–17
Khātūn (wife of the king of the Turks) **XXXVIII**:11
Khaṭūs (wife of Bishtāsb) **IV**:74

al-khawal (slaves) **XXXVI**:38, 55, 56, 59
ra'īs al-khawal (chief of the servants) **V**:409–10
Khawalī b. Yazīd al-Aṣbaḥī **XIX**:155, 157, 160–61, 163–64, 179; **XXI**:35
al-Khawāniq (toponym, in a line of poetry) **VIII**:191
al-Khawārij. SEE Khārijites
al-Khawarnaq (Lakhmid palace, east of al-Ḥīrah) **V**:75–76, 78, 81; **XI**:28, 32, 197; **XII**:24, 51; **XV**:261; **XVIII**:155; **XXI**:129, 195–96
Khawlah (in a line of 'Abdah b. al-Ṭabīb al-Sa'dī's poetry) **XI**:119
Khawlah bt. 'Awf. SEE Hind bt. 'Awf
Khawlah bt. Ḥakīm b. Umayyah b. al-Awqaṣ. SEE Khuwaylah bt. Ḥakīm b. Umayyah b. Ḥārithah b. al-Awqaṣ al-Sulamiyyah
Khawlah bt. al-Hudhayl b. Hubayrah **IX**:139; **XXXIX**:166
Khawlah bt. Ja'far al-Ḥanafiyyah **X**:112, 113; **XVII**:229; **XIX**:8; **XXXIX**:208
Khawlah bt. Manẓūr b. Zabbān b. Sayyār al-Fazārī **XIX**:181
Banū Khawlān **IX**:98; **X**:166; **XI**:143; **XV**:184
al-Khawlānī. SEE Abī Idrīs al-Khawlānī
Khawṣā' (in a line of al-Qa'qā' b. 'Amr al-Tamīmī's poetry) **XII**:118
al-Khawṣā' bt. Khaṣafah b. Thaqīf b. Rabī'ah b. 'Ā'idh b. al-Ḥārith b. Taymallāh b. Tha'labah **XIX**:180
Khawwāt b. Bukayr b. Khawwāt b. Jubayr **XXVIII**:148, 158
Khawwāt b. Jubayr **VII**:84, 114; **VIII**:15
Khaybar (north of Medina) **VII**:101–3, 160; **VIII**:48, 95, 110; **IX**:99, 119, 120, 196; **X**:61, 63; **XI**:25; **XIII**:176, 177; **XV**:60; **XVI**:7; **XVIII**:33; **XXXIV**:25; **XXXVI**:46; **XXXIX**:5, 10, 11, 66, 160, 185, 203
expedition to **VIII**:116–26, 128–30, 133, 152; **IX**:17, 99, 115, 116, 117, 120, 135, 155
Khaybar sorceress **VI**:4–5
al-Khaybārī (Khārijite) **XXVII**:9–10, 17, 51–52, 54, 55, 59
Khaybariyyah fever **XVIII**:118
Khaydhar b. Kāwūs. SEE al-Afshīn
al-Khayf (of Minā) **XIX**:144; **XXI**:167
Banū Khaylīl (of Lakhm) **X**:44
Khayr (*mawlā* of Abū Dāwūd al-Anṣārī) **XI**:123
Abū al-Khayr. SEE 'Abdallāh b. Mu'āwiyah b. Abī Sufyān; Marthad b. 'Abdallāh al-Yazanī
Khayr b. Khālid b. 'Imrān **XXXV**:18, 19
Umm al-Khayr bt. Ṣakhr b. 'Āmir b. Ka'b b. Sa'd b. Taym b. Murrah **XI**:139–40
Khayrah (al-Ḥasan al-Baṣrī's mother) **XXXIX**:222
Khayrah bt. Abī Ḥadrad al-Aslamī. SEE Umm al-Dardā'
Khayrah bt. Khufāf b. 'Amr **XX**:18
Khayrah al-Qushayriyyah (wife of al-Muhallab b. 'Alī Ṣufrah) **XXII**:180
Khayrān (Yasār, *mawlā* of Qaḥṭabah b. Shabīb al-Ṭā'ī) **XXVII**:137
Khayrash al-Mādhī. SEE Cyrus the Mede
khaysh arrangements, for air cooling **XXX**:320
Abū Khaythamah (brother of Banū Sālim b. 'Awf) **IX**:50, 52
Abū Khaythamah (*rāwī*). SEE Zuhayr b. Ḥarb
Ibn Abī Khaythamah. SEE Aḥmad b. Zuhayr
Khaythamah b. 'Abd al-Raḥmān **III**:101, 102; **XXXIX**:285

Abū Khaythamah b. ʿAbdallāh **XXII**:105
Khaywān (in Yemen) **XXI**:143
Ibn al-Khayyāṭ (of the people of Egypt) **XVIII**:217
al-Khayzurān (cemetery, in Baghdad) **XXXII**:148; **XXXIX**:253
al-Khayzurān (wife of al-Mahdī) **V**:269; **XXIX**:108, 177, 258; **XXX**:41–45, 52, 55–58, 62, 73–74, 85, 91–92, 98, 102, 107, 135, 326
al-Khayzurāniyyah (in Baghdad) **XXX**:292; **XXXI**:142, 166, 226; **XXXII**:47, 95; **XXXVI**:124, 125, 137, 138
Khazars **II**:14, 16, 26; **IV**:11, 92; **V**:59–60, 149, 160, 299; **XV**:83, 95–99; **XIX**:86; **XXVI**:239; **XXVII**:203; **XXVIII**:292; **XXX**:168, 170–71; **XXXIII**:182–83; **XXXIV**:81; **XXXVII**:47; **XXXVIII**:165
khazāzīf (ceramic rollers), in warfare **XI**:29–30
Abū Khāzim (Abū Ḥāzim, ʿAbd al-Ḥamīd b. ʿAbd al-ʿAzīz) **XXXVIII**:100, 101, 107, 108, 111, 119
Ibn Khāzim. SEE ʿAbdallāh b. Khāzim b. Ẓabyān al-Sulamī
Khāzim b. ʿAbdallāh b. Khāzim **XXIII**:99, 108
Khāzim b. Khuzaymah **XXVII**:70–75, 108, 125, 131, 135, 142, 186, 191, 192, 199–202; **XXVIII**:14, 50–52, 64, 66, 70, 72–73, 78–79, 80, 85, 278; **XXIX**:45–49
Khāzim b. Mūsā b. ʿAbdallāh b. Khāzim **XXV**:109
Khāzim b. Sufyān al-Khathʿamī **XXII**:48
Khāzir (river and adjacent region) **XIX**:62; **XXI**:74–75, 80, 82, 88
khazīrah (meat stew) **XV**:229
al-Khazraj. SEE Zayd Manāt
Banū al-Khazraj **IV**:154; **VI**:13, 123, 124–26, 130–38; **VII**:14, 83, 86, 90, 101, 117; **VIII**:15, 33, 55, 61, 188; **IX**:11, 36, 48, 50, 53, 85, 90, 95; **X**:1, 8, 19, 50; **XXXVIII**:59; **XXXIX**:130
al-Khazraj al-Taghlibī **XXV**:17
al-Khazzāz. SEE al-Naḍr
Kh.dāsh (river) **XXIII**:68
Khidām (Khidhām) b. Khālid **IX**:61
Khidāsh (toponym) **XXV**:131
Khidāsh (ʿUmārah/ʿAmmār b. Yazīd) **XXV**:126; **XXVI**:255; **XXVIII**:268
Khidāsh b. Yazīd al-Asadī **XXI**:177–78
Khidhām b. ʿAmmār al-Kindī **XXVII**:66, 68
al-Khiḍr. SEE al-Khaḍir
khilʿah (robes of honor) **XXXVI**:72
Khilāṭ (Akhlāṭ, northwest of Lake Van) **XXVI**:216; **XXXIV**:115
Khindif. SEE Laylā bt. Ḥulwān b. ʿImrān
Khindif (ancestor of Banū Khindif) **VI**:33; **XXXVIII**:60
Banū Khindif **VI**:33; **XVI**:109; **XVIII**:158; **XX**:75; **XXIV**:22; **XXV**:13, 191; **XXXVIII**:60
Khīr (near Iṣṭakhr) **V**:4
khiraq (cloth tent) **XXVIII**:67
Khirāsh b. Ḥawshab b. Yazīd al-Shaybānī **XXVI**:53, 125
Abū Khirāsh al-Hudhalī **IV**:137
Khirāsh b. al-Mughīrah b. ʿAṭiyyah **XXVI**:261
Khirāsh b. Umayyah b. al-Faḍl al-Kaʿbī al-Khuzāʿī **VIII**:81, 89, 184
al-Khirbāq (Companion of the Prophet) **XXXIX**:301
Khirniq bt. Khalīfah **XXXIX**:166
al-Khirrīt b. Rāshid **X**:154; **XV**:36; **XVI**:120; **XVII**:171–97
Banū al-Khiyār (of Azd) **XX**:156

al-Khiyār b. Sabrah b. Dhu'ayb b. 'Arjafah b. Muḥammad b. Sufyān b. Mujāshi' **XXIII**:85
Kh.n.s. Ṭarkhān (?, police chief) **XXIII**:168
Ibn Khubayb (associate of 'Ubaydallāh b. al-Ḥurr) **XXI**:138
Khubayb b. 'Abdallāh b. al-Zubayr **XIX**:12; **XXI**:226; **XXIII**:202
Khubayb b. 'Adī **VII**:144–46, 149; **VIII**:16, 42
Khubayb b. Isāf **VI**:151
Khubayb b. Thābit b. 'Abdallāh b. al-Zubayr **XXVIII**:155
al-Khubayt (valley, between Mecca and Medina) **XIX**:28
Khubbān (near Najrān) **IX**:165; **X**:22, 38
Khubth (concubine of Hārūn al-Rashīd) **XXX**:327
Abū Khubzah (lieutenant of Aḥmad b. Muḥammad b. Kushmard) **XXXVIII**:135
Ibn Khuḍayr (descendant of Muṣ'ab b. al-Zubayr) **XXVIII**:153–54, 205–9, 218, 220, 226
Khuḍayr Mosque. SEE Masjid Khuḍayr
Khudhaynah. SEE Sa'īd b. 'Abd al-'Azīz b. al-Ḥārith b. al-Ḥakam b. Abī al-'Āṣ
Khudrah (mother of al-Abjar) **XXXIX**:57
Khudrah b. 'Awf b. al-Ḥārith. SEE al-Abjar
Khufāf al-Bakrī **XXVII**:104
Khufāf b. Īmā' b. Raḥḍah al-Ghifārī **VII**:48; **IX**:50; **XXXIX**:121
Khufāf b. Manṣūr al-Jurjānī (al-Marwarrūdhī) **XXVII**:143, 172; **XXVIII**:9, 57
Khufāf al-Marwarrūdhī. SEE Khufāf b. Manṣūr al-Jurjānī
Khufāf b. Nudbah (Khufāf b. 'Umayr b. al-Ḥārith) **X**:81; **XI**:144
Khufāf b. 'Umayr b. al-Ḥārith. SEE Khufāf b. Nudbah
Khujandah (in Transoxania) **XXIII**:205; **XXIV**:169–71, 173–75, 177, 179; **XXV**:16
Khulayd (*mawlā* of Ḥassān b. Maḥdūj al-Dhuhlī) **XX**:207
Khulayd (*rāwī*) **XXXIX**:223
Khulayd b. 'Abdallāh al-Ḥanafī **XV**:107; **XVIII**:85, 86, 163, 170, 171
Khulayd b. 'Ajlān **XVIII**:214
Khulayd 'Aynayn (of Banū 'Abd al-Qays) **XXIII**:55
Khulayd b. Dhafarah al-Namarī **XIV**:49, 95; **XV**:2
SEE ALSO Khulayd b. Zufar al-Namarī
Khulayd b. al-Mundhir b. Sāwī **XIII**:127–30
Khulayd b. Qurrah al-Yarbū'ī **XVI**:191; **XVII**:99, 140, 197
Khulayd b. Ṭarīf **XVI**:191
Khulayd b. Zufar al-Namarī **X**:112; **XII**:6
SEE ALSO Khulayd b. Dhafarah al-Namarī
Umm Khulaydah (*jāriyah* of Qutaybah b. Muslim) **XXIV**:21
Khulaydah bt. al-Mu'ārik **XXIX**:53
Khulaydah bt. Qays b. Thābit. SEE Umm Bishr b. al-Barā' b. Ma'rūr
al-Khuld (palace, in Baghdad) **XXVIII**:241, 246, 250; **XXIX**:78, 85; **XXX**:9–10, 52, 102, 334; **XXXI**:2, 110, 139, 176, 179, 181, 186, 187, 196, 198, 199–200, 207, 220, 226, 231; **XXXII**:86; **XXXIII**:209; **XXXVIII**:150
al-Khuljān (chief of Banū 'Ād) **II**:38–39
Khulm (east of Balkh) **XXIII**:154, 156, 165–66; **XXV**:140, 150
Khumān b. Wīsghān **IV**:12

Khumānī (bt. Ardashīr Bahman) **IV**:51, 74, 81–85, 107
Khumāniyah (in al-Sawād) **V**:380
Khumārawayh (*ghulām* of Quraysh al-Dandānī) **XXXI**:193
Khumārawayh b. Aḥmad b. Ṭūlūn **XXXVII**:147–48, 162, 177; **XXXVIII**:2, 3, 11, 14, 18, 22, 26, 41, 44, 85, 170
daughter of **XXXVIII**:3, 19, 22, 85
Khumāy (Humāy, palace, near Iṣṭakhr) **V**:8
Ibn Abī Khumayṣah (warden of al-Mustaʿīn) **XXXV**:132
khums (army division). SEE *akhmās*
khums (fifth of the booty) **VII**:20, 87, 99; **VIII**:38–39, 128, 130; **IX**:30, 32, 75, 87, 196; **X**:59, 154, 156, 157, 185, 188; **XI**:14, 25; **XII**:27, 41, 138, 160–61, 168, 178, 206, 207; **XIII**:27, 211; **XIV**:22, 77, 80; **XXIII**:17; **XXXI**:248; **XXXIX**:75, 183
Khunārath (Khunyārith, central continent in Iranian cosmology) **II**:26, 27; **III**:112, 114; **IV**:16
Khunās bt. Mālik b. al-Muḍarrib **VII**:107
Khunāṣirah (southeast of Aleppo) **XXIV**:75, 91, 98
Khunays (crossroads, in al-Kūfah) **XXI**:102
Ibn Khunays (*kātib* of al-Mughīrah b. Shuʿbah) **XVIII**:184
Khunays al-Asadī. SEE Ḥubaysh al-Asadī
Khunays b. Hudhāfah al-Sahmī **VII**:105; **IX**:131
Khunays b. Khālid al-Ashʿar b. Rabīʿah. SEE Ḥubaysh b. Khālid al-Ashʿar
Khunī Sābūr (in Bā Jarmā) **V**:58
Khunyārith. SEE Khunārath
Khurāsān **II**:129; **IV**:6, 8, 11–12, 43, 84, 92, 94, 154; **V**:15, 28, 58, 99, 109–11, 113, 118, 149, 160, 313–14, 406; **XI**:19, 177, 179; **XIII**:43, 53, 149, 175, 190, 193, 216; **XIV**:3, 30, 53–63, 74, 75; **XV**:6, 34–37, 42, 44, 68–69, 79, 82, 90–91, 107–10, 111; **XVI**:191; **XVII**:99–100, 140, 197; **XVIII**:2, 18, 68–70, 72, 78, 83, 85–87, 92–93, 119, 121, 163, 164, 170, 171, 175, 178–79, 181, 187–88, 190–91, 199; **XIX**:32, 76, 184–87, 189, 200; **XX**:69, 167, 170, 176; **XXI**:62–66, 67, 121, 153, 168, 182, 209–12, 216, 234; **XXII**:7–12, 22–23, 92, 165–67, 171–73, 176–81, 183, 186, 195–98; **XXIII**:10, 13, 26, 33, 34, 47, 52–53, 67, 70, 76, 83, 85–88, 92, 94, 96–97, 102, 104, 126–27, 130, 133, 136–38, 139, 156, 158, 160, 174, 194–95, 198, 214, 225; **XXIV**:5–7, 9, 11, 13–14, 16, 21, 24, 26, 29–34, 36–38, 43, 47–49, 55, 58, 75, 80–82, 84–88, 93, 95, 97, 120, 125–26, 130, 148–50, 152–53, 160–66, 168, 174, 183–89, 191–92; **XXV**:7, 20, 23, 25, 29, 31, 38, 39, 42, 44, 53, 55, 63, 71, 72, 76, 88, 96, 100–104, 106, 109, 110–12, 115, 118, 119, 125, 130, 133, 136, 138, 141, 146, 150, 154, 162, 166, 168, 169, 170, 171, 187, 188, 189, 191, 194; **XXVI**:24–26, 34–35, 50–52, 55–62, 66–68, 73, 115–18, 120, 122–23, 136, 166, 175, 207–10, 213, 220–23, 225–26, 229, 231, 233–35, 237, 244; **XXVII**:27, 28–49, 52, 61–81, 92, 122, 123, 126, 128, 129, 130, 135, 148, 156, 182–85, 186, 189, 195, 197, 198, 201, 204, 209; **XXVIII**:5, 9, 11, 15, 23–24, 27, 29–30, 37, 42–44, 47, 53, 57–61, 69–71, 75, 84–85, 89, 100, 105, 128, 134–36, 141, 174, 194, 208; **XXIX**:27, 38, 44, 47, 56, 59, 65, 79, 95, 137, 168, 170, 180, 181, 183,

Khurāsān (continued) **XXIX**:185, 187, 195, 196, 209, 215, 216, 219, 234, 235, 239, 250; **XXX**:101, 108, 112–13, 134, 139, 143–45, 147–50, 152, 162, 171–72, 175, 178, 185–87, 189, 192, 200, 212–13, 250, 252–54, 256, 267–69, 271–74, 276, 278, 283, 291–92, 295, 300, 305; **XXXI**:4, 12, 15, 18–19, 26, 28, 31–32, 46, 49, 53, 56–57, 63–65, 67, 71–77, 79, 82, 84–85, 91, 96, 104–7, 112, 130, 154–55, 187, 207, 209, 238, 241; **XXXII**:17, 19, 27, 65, 97, 100, 104–6, 133–35, 136, 166, 182, 192, 234; **XXXIII**:5–6, 79, 87–88, 137–38, 140; **XXXIV**:21, 28, 96, 101–4, 116, 128, 146, 215–16; **XXXV**:5, 10, 15, 17, 18, 23, 27, 41, 48, 67, 85, 86, 125, 149, 161; **XXXVI**:14, 15, 19, 22, 74, 157, 160, 163, 166–68, 171, 205; **XXXVII**:12, 51, 63, 90, 127, 147, 149, 157; **XXXVIII**:2, 70, 92, 96, 112, 146, 174, 176, 183, 200; **XXXIX**:71, 75, 218, 228, 239, 263

Khurāsān Gate. SEE Bāb Khurāsān

Khurāsān Road **XXXI**:78; **XXXV**:147; **XXXVI**:23, 24, 92, 95, 103, 164–66

Khurāshah (b. Sinān) al-Shaybānī **XXX**:163

Khuraskhāris (?, Byzantine commander?) **XXXVI**:142

al-Khuraybah (Khuraybat al-Baṣrah) **XII**:163, 166, 168; **XVI**:110, 168; **XVIII**:82; **XXVIII**:283; **XXX**:164; **XXXVI**:127, 129, 130

Khuraym b. ʿAmr al-Murrī **XXIV**:23, 36

Khuraym b. Abī Yaḥyā **XXIV**:23, 26

al-Khuraymī. SEE Isḥāq b. Ḥassān al-Khuraymī

Khurdādhbih al-Rāzī **XV**:79

Khurrakhusrah b. al-Bīnajān **V**:252

Khurrakhusrah Dhū al-Miʿjazah **VIII**:112–14

Khurrakhusrah b. al-Marūzān **V**:375

Khurramābādh **XXXIII**:158–59, 161–62, 165

Khurramah (near Shīrāz) **XXXVI**:166

al-Khurramiyyah (religious sect) **XXV**:125; **XXX**:294; **XXXII**:193; **XXXIII**:2–3, 7, 22, 52, 55, 58–61, 66, 68–72, 74, 180; **XXXV**:19
SEE ALSO al-Mazdakiyyah; al-Muḥammirah

Khurrazād (?, near Ḥawlāyā) **XXII**:46

Khurrazādh (king of Khwārazm) **XXIII**:185

Khurrāzādh b. Khurrahurmuz **XIII**:41

Khurrazādh Khusraw **V**:407

Khurrazādh-Mihr (brother of Rustam) **XV**:79

Khurshād b. Jīlaw **XXXVI**:160

Khurshādh. SEE Nahr Khurshādh

Khurshīdhān (guide of Bindūyah) **V**:310

Khusāf (in Syria) **XXVII**:20, 176; **XXXV**:13; **XXXVIII**:91
battle of **XXVII**:23

Khushakajistān b. Ibrāhīm b. al-Khalīl b. Wandāsifjān **XXXV**:24

Khushanaj (deserter from Mūsā b. Bughā al-Kabīr's army) **XXXVI**:103

Khushaynah b. al-Walīd **XXIII**:6

Khushaysh (?, ʿAbbāsid officer) **XXXVI**:178–80, 190, 192

Khushsh (between Ardabīl and Barzand) **XXXIII**:17, 20, 37

Abū Khushshah al-Ghifārī **XV**:52, 57

Khushwarāgh (in Transoxania) **XXV**:132

Khusraw (Miqlāṣ, cavalryman of the Sasanian army) **XIII**:144, 145
Khusraw (Sasanian emperor). SEE Kisrā
Khusraw Anūshirwān. SEE Kisrā I
Khusraw I Anūsharwān. SEE Kisrā I
Khusraw I b. Kawādh. SEE Kisrā I
Khusraw II Abarwīz. SEE Kisrā II
Khusraw II Parvīz. SEE Kisrā II
Khusraw Shāh Qubādh **V**:401
Khusraw b. Yazdajird **XXV**:56
Khusrawshunūm al-Hamadhānī **XII**:132; **XIII**:53, 210, 211; **XIV**:19
Khusrū Sābūr (Khusrūsābūr, near Wāsiṭ) **XXXVI**:201; **XXXVII**:18
Khūṭ (mountains, near Balkh) **XV**:106; **XXV**:26
Khūṭ b. 'Umayr al-Sadūsī. SEE Ḥawṭ b. 'Umayr al-Sadūsī
Khuṭārmish. SEE Khaṭārmish
Khuṭarniyah (in Iraq) **XX**:105; **XXVII**:71
al-Khuṭayl b. Aws **X**:47
khuṭbah (sermon) **XVI**:16; **XVIII**:70, 78; **XXXVI**:38, 138, 183
Ibn Khuthaym *(rāwī)*. SEE 'Abdallāh b. 'Uthmān b. Khuthaym
al-Khuttal **XXII**:188; **XXIV**:82–83; **XXV**:31, 32, 132, 134–36, 138, 139, 145, 150, 152, 162, 163, 164; **XXVI**:31–32; **XXVII**:106, 197
Khuwār (al-Khuwār, east of Rayy) **XIV**:27; **XXVII**:122, 124, 125
Khuwārizm. SEE Khwārazm
Khuwaylah (Khawlah) bt. Ḥakīm b. Umayyah b. Ḥārithah b. al-Awqaṣ al-Sulamiyyah **IX**:24, 129, 130, 141
Khuwaylid (grandfather of 'Abdallāh b. al-Zubayr) **XIX**:6
Khuwaylid b. Asad **VI**:48, 49
Khuwaylid b. Wāthilah al-Hudhalī **V**:226
al-Khuwaythiyyah (mountain folk, in Armenia) **XXXIV**:115, 123
Banū Khuzā'ah **VI**:14–15, 17, 20–23, 33, 53, 54–55, 87; **VII**:140; **VIII**:41, 51, 75, 86, 92, 160–63, 166, 171–72; **IX**:68, 117; **X**:8, 54, 160; **XIV**:117; **XVI**:99; **XVII**:36, 46; **XVIII**:132, 184; **XIX**:188; **XXII**:167, 169, 175; **XXIII**:29, 103; **XXIV**:88; **XXV**:138; **XXVII**:64, 73, 75, 96, 97, 112, 114; **XXVIII**:42, 183, 225; **XXX**:20; **XXXIV**:120; **XXXIX**:110, 277, 287, 301
al-Khuzā'ī (opponent of Mūsā b. 'Abdallāh b. Khāzim) **XXIII**:94–96
Khuzā'ī b. al-Aswad **VII**:102
Khūzak (Khūshak, bt. Īraj) **II**:27
Khuzār (south of Nasaf) **XXIV**:179
Ibn Khuzaymah. SEE Khāzim b. Khuzaymah
Khuzaymah b. 'Abdallāh **XXX**:50
Abū Khuzaymah al-Bādhghīsī **XXIX**:257
Khuzaymah b. al-Ḥasan **XXXI**:221–23
Khuzaymah b. Jahm **XXXIX**:67
Khuzaymah b. Khāzim **XXVII**:70, 104; **XXX**:96, 170–71, 255, 291, 305; **XXXI**:20, 22, 65, 119, 173–75, 186, 209; **XXXII**:47–48, 50, 53, 59, 81, 82; **XXXIV**:84–85
gate of. SEE Bāb Khuzaymah b. Khāzim
Khuzaymah b. Lu'ayy ('Ā'idhat Quraysh) **VI**:27, 29, 32
Khuzaymah b. Mudrikah **VI**:32
Khuzaymah b. Muḥammad b. 'Umārah **XXXIX**:131
Khuzaymah b. Naṣr al-'Absī **XX**:209, 210, 211; **XXII**:26
Khuzaymah b. Shajarah al-'Uqfānī **X**:100, 103
Khuzaymah b. Thābit (Dhū Shahādatayn) **IX**:149; **XVI**:35, 36; **XXXIX**:34, 131, 294
brother of **XXXIX**:131

Ibn Khuzaymah b. Thābit al-Anṣārī. SEE ʿUmārah b. Khuzaymah b. Thābit al-Anṣārī
Khūzistān **IV**:17, 86; **XV**:37; **XXXVII**:169
Khwārazm (Khwārazmians) **V**:15, 99; **XV**:106; **XIX**:187–88; **XX**:70; **XXIII**:87, 104–9, 190, 194, 200, 205, 229; **XXIV**:48, 177; **XXV**:192; **XXVI**:209; **XXVII**:65; **XXXI**:53; **XXXVIII**:40
Khwārazm Shāh **XXIII**:185–87, 201; **XXIV**:177; **XXXVI**:188
al-Khwārazmī (al-Khwārizmī). SEE Muḥammad b. Mūsā al-Khwārazmī
al-Khwārazmī (*mawlā* of Qutaybah b. Muslim) **XXIII**:224
Khwāst (in Khurāsān) **XV**:91
Kh.z.q. (mother of Umm al-Qāsim bt. Hārūn al-Rashīd) **XXX**:328
Abū Kibrān. SEE al-Ḥasan b. ʿUqbah al-Murādī
Kidām b. Ḥayyān al-ʿAnazī **XVIII**:144, 151
Kīdar b. Fashinjān **IV**:4, 5
Kiftān. SEE Guftān
Banū Kilāb **VII**:154; **IX**:3, 5, 135, 149; **X**:75; **XXII**:192; **XXIII**:39; **XXIV**:187; **XXVI**:201; **XXXIV**:26, 51; **XXXIX**:83
Umm Kilāb (mother of ʿUbayd b. Abī Salimah) **XVI**:38
Ibn Umm Kilāb. SEE ʿUbayd b. Abī Salimah
Kilāb b. Jephunneh. SEE Caleb b. Jephunneh
Kilāb b. Murrah **VI**:19, 20, 26
Kilāb b. Ṭalḥah **VII**:107, 122
al-Kilābiyyah. SEE al-ʿĀliyah bt. Ẓabyān; Fāṭimah bt. al-Ḍaḥḥāk b. Sufyān al-Kilābiyyah; Sanā bt. Sufyān b. ʿAwf
al-Kilghariyyah (labor corps) **XXXIII**:52, 66
Banū Kinānah **V**:219, 224, 226; **VI**:18, 20, 23, 29, 32; **VII**:38, 106, 107, 132; **VIII**:13, 18, 77, 165, 187; **IX**:23; **X**:40, 45, 101, 158, 160; **XI**:29, 33, 36, 39, 197, 201, 209; **XII**:95; **XIII**:76; **XIV**:39, 132; **XV**:34, 96; **XVI**:114, 179, 190; **XVII**:36; **XVIII**:59; **XIX**:8; **XX**:84, 136, 150; **XXIV**:113–14; **XXVI**:59, 213; **XXXIV**:18; **XXXIX**:119, 165
Banū Kinānah (of Kalb) **XXVI**:163
Kinānah b. ʿAbd Yālīl **IX**:98
Kinānah b. ʿAttāb. SEE Kinānah b. Bishr b. ʿAttāb al-Tujībī
Kinānah b. Bishr b. ʿAttāb al-Tujībī **XV**:148, 159, 201, 219, 249–50; **XVII**:154, 156, 157, 159
Kinānah b. Jabalah **VI**:85
Kinānah b. Khuzaymah **VI**:32
Kinānah b. al-Rabīʿ b. Abī al-Ḥuqayq **VII**:75, 76, 160; **VIII**:7, 117, 122–23; **IX**:135; **XXXIX**:185
Kinānah b. Ṣūriyāʾ **VII**:158
Banū al-Kinānah b. Taym **XIII**:92
Kinānah b. ʿUmayr **XXVI**:160
al-Kinānī (*rāwī*) **XXVII**:175
Kināz b. al-Ḥuṣayn. SEE Abū Marthad al-Ghanawī
Banū Kindah **I**:209; **IV**:131; **V**:122; **VI**:120–21; **IX**:58, 92, 93, 97, 136, 137; **X**:19, 53, 175–77, 181–84, 189, 190; **XI**:108; **XII**:12, 93, 94, 120, 122, 144; **XIII**:70, 76; **XVII**:46, 214, 216; **XVIII**:31, 130–33, 140, 152; **XIX**:5, 19, 48, 49, 51, 78, 120, 153, 154, 179; **XX**:28, 38–40, 56, 69, 118, 151; **XXI**:95; **XXII**:5, 81, 86–87, 89; **XXIV**:130, 144; **XXV**:25, 117; **XXVI**:46, 133, 145, 213, 227; **XXVII**:43; **XXVIII**:258; **XXXIX**:87, 88, 90, 111, 149, 188, 191, 230, 232
SEE ALSO Jabbānat Kindah
Ibn Kindīr al-Qushayrī **XV**:36
al-Kindiyyah (poetess) **XVIII**:155

kingship
institution of **II**:7
Manūshihr on **III**:25–28
Kinkiwar. SEE Qaṣr al-Luṣūṣ
kinship
matrilinear. SEE matrilineal kinship
SEE ALSO genealogy
Umm al-Kirām bt. ʿAlī b. Abī Ṭālib **XVII**:229
Kirdās al-Anbārī. SEE Muḥammad b. ʿAbdawayh
Kirmān **IV**:17–73; **V**:9–10, 56, 65, 66, 69; **XIII**:149; **XIV**:1, 8, 9, 52, 60, 73–74, 77; **XV**:34–35, 44, 69, 78, 82, 87, 90, 107; **XVII**:203–4; **XVIII**:206–7; **XIX**:185, 186; **XX**:170, 172, 175; **XXI**:123, 124, 133, 177, 200; **XXII**:122, 150, 153, 159, 161–62, 181, 194; **XXIII**:8, 10, 16, 49, 79; **XXIV**:47, 121, 143, 188; **XXV**:191; **XXVI**:224, 230, 255; **XXVII**:59, 86, 87, 89, 126, 127; **XXVIII**:253; **XXIX**:77, 80, 222, 235, 239; **XXXI**:128; **XXXII**:175; **XXXIV**:21; **XXXV**:156, 157, 158, 160; **XXXVI**:119, 166, 205; **XXXVII**:155
al-Kirmānī. SEE Judayʿ b. ʿAlī al-Kirmānī
al-Kirmānī *(rāwī)* **XXIV**:32, 36
Kish (Kishsh, Kiss, south of Samarqand) **XXII**:188–90; **XXIII**:27, 29, 31, 91–93, 100, 147, 174–77, 205, 216; **XXIV**:49, 178; **XXV**:72, 76, 81, 85; **XXVI**:26; **XXVII**:202, 207; **XXIX**:197, 209
Kishkīsh. SEE Kishshīn
Kishm (in Badakhshān) **XXV**:127
Kishsh. SEE Kish
Kishshīn (Kishkīsh, Soghdian commander) **XXIV**:169, 177
Kisrā (Chosroe, Chosroes, Khusraw) **I**:186; **III**:22; **IV**:99–101; **VIII**:12, 13, 16, 77, 98, 110–14; **IX**:64, 68, 95; **X**:168; **XI**:36, 40, 184; **XII**:7, 82, 95, 135, 148, 155; **XV**:61, 71, 103; **XVIII**:132, 168–69, 184, 217; **XIX**:59; **XXIII**:7; **XXVIII**:249; **XXIX**:4, 86; **XXXI**:217, 231–32; **XXXIX**:94, 227, 299, 324
SEE ALSO Sasanians
Kisrā I (Anūshirwān b. Qubādh/Kawādh) **V**:128, 136, 138–39, 146–62, 237–45, 252–66, 285–89, 294, 306, 353; **X**:18; **XI**:47; **XIV**:38, 41–42; **XVII**:204; **XXIV**:59; **XXXIV**:123
Kisrā II (Barwīz/Abarwīz/Aparwēz b. Hurmuz IV) **II**:134; **IV**:149; **V**:303–4, 304–14, 317–24, 326–28, 330–39, 342–43, 346, 348–52, 354–57, 359, 371–73, 375–82, 384–98, 407; **VIII**:111; **XI**:4, 27, 32, 40–41, 117, 122, 182–83, 187–88, 214, 222–23; **XV**:63; **XXI**:213; **XXIV**:59
Kisrā b. Hurmuz. SEE Kisrā II
Kisrā b. Qubādh. SEE Kisrā I
Kiss. SEE Kish
al-kiswah (al-Kaʿbah's carpet covering) **V**:232; **VI**:116; **XXIII**:181; **XXIX**:194; **XXX**:305; **XXXII**:29, 38; **XXXVII**:6
Kitāb Akhbār ahl al-Baṣrah (of ʿUmar b. Shabbah) **XVIII**:177
Kitāb Allāh. SEE Book of God
Kitāb al-Dawlah (Book of the State) **XXIX**:212
Kitāb al-Muwaṭṭaʾ (of Mālik b. Anas) **XXXIX**:262
al-Kitāmah (al-Kutāmah, Berber group) **II**:17; **III**:98
Kithīsh. SEE Xtiš
Kitmān (concubine of Hārūn al-Rashīd) **XXX**:327
Kohath b. Levi **III**:30, 99
kohl (antimony) **IX**:97; **XVIII**:212, 217; **XX**:69; **XXIV**:184; **XXX**:13; **XXXIX**:242

Korah b. Izhar (Qārūn b. Yiṣhar b. Qāhith) **II**:1; **III**:30, 99, 100, 101–9, 110
Koran. SEE al-Qur'ān
K.shbyz (king of the Turks) **XXIII**:229
Kubādqān (in Khurāsān) **XXVII**: 107
Abū al-Kubāsh (Abū al-ʿAbbās b. Ayman) **XXXVI**:54–56
Kudā (mountain, near Mecca) **VIII**:176
Abū Kudaynah *(rāwī)* **I**:285; **II**:159
al-Kudr. SEE Qarqarat al-Kudr
kudrah (desert bird) **XVIII**: 116
kūfah (place covered in pebbles) **XIII**:3, 63, 67
al-Kūfah (Kūfah) **I**:341, 364; **II**:53; **III**:43, 46, 160; **IV**:80, 96; **VIII**:25; **IX**:157; **X**:97, 173; **XI**:2, 10, 70, 197, 214, 225; **XII**: 18, 33, 62, 63, 131, 143, 144, 159, 161, 165, 172, 173, 178, 179, 182, 203; **XIII**:2, 3, 43, 49, 52, 53, 57, 59, 61–74, 75, 77–81, 84, 88–89, 95, 120–21, 127, 130, 132–34, 137, 145–46, 149–50, 156–57, 159, 176–78, 183–85, 190, 192, 193–94, 196–200, 207, 211, 213, 215; **XIV**: 1–6, 10, 13, 14, 16, 19, 31, 43–45, 47–51, 53, 62, 63, 70, 83, 104, 164, 165; **XV**:5, 8–9, 15–17, 42–43, 45–46, 48–50, 56–59, 62, 91, 94, 97–100, 112–15, 119–21, 124–26, 128–29, 131–39, 135, 139–40, 145, 147, 149, 154, 162, 164, 176, 199, 207, 209, 220, 226, 230–34, 255–56; **XVI**:5, 20, 26, 28, 41, 43, 53, 59, 81, 82, 86–89, 94, 95, 99, 103, 112–14, 122, 132, 142, 145, 146, 168, 180, 181, 195; **XVII**:96, 97, 98, 117, 136, 140, 162, 171, 226; **XVIII**:7–9, 12–14, 16, 18, 20–23, 30, 34, 36, 45, 56, 57, 58, 59, 60–62, 64–65, 69, 70, 72, 74, 76, 80, 82, 87, 95–101, 103, 111, 123, 125–26, 128–29, 131–32, 139–40, 143, 148–49, 150, 154, 157, 164, 167–68, 170–71, 175, 179, 182, 184, 187, 191–92, 194–95, 196, 198–200, 207; **XIX**: 1–2, 16–26, 28, 29, 30–36, 38–40, 44, 48, 49, 50–54, 56–57, 59, 64–69, 72, 74–75, 77–80, 83–90, 94–95, 97, 98–104, 111, 119, 125–29, 137, 139, 143, 151–52, 156, 157, 164, 168, 173, 175, 177, 181, 188–89, 193–95, 199, 204, 209; **XX**:38–40, 46–47, 79–97, 105–22, 123, 124–31, 175, 176, 182–225; **XXI**: 1, 3, 5, 6, 10–24, 17, 27–45, 48, 53, 54, 59, 60, 67, 78, 82, 83, 85–88, 90, 91–92, 93, 94, 95, 98, 99, 100–109, 111, 113–14, 116–18, 120, 121, 122, 126, 128, 130, 135–37, 141, 144–47, 153, 168, 170, 178, 179, 187, 188–91, 193, 195, 199, 203, 205, 212, 214, 215, 232–34; **XXII**:3–5, 7, 11–13, 20–23, 26–27, 28, 31, 41, 44, 48, 53, 55, 56, 57–58, 58–59, 60–63, 66–68, 70, 72–74, 78–81, 84, 85, 89, 90, 92, 96–97, 99–100, 105–8, 111, 112, 114, 116–17, 119, 126, 128, 144, 148, 162–63, 175, 177, 181, 183, 186, 191, 195; **XXIII**:13, 16, 19–21, 26, 34, 44, 46, 48, 72, 130, 139, 156, 212, 214, 217; **XXIV**:10, 14, 29, 38, 43, 45, 49, 53, 75, 77, 96, 108–10, 112, 114, 118, 120, 125–26, 128–29, 131, 135, 139, 141, 148, 165, 168, 191; **XXV**:6, 7, 21, 40, 63, 82, 89, 113, 119, 157, 160, 161, 178–80, 185, 186; **XXVI**: 7–8, 12–17, 15–19, 21–22, 35, 37, 39–40, 42–43, 43–45, 46, 48, 49–50, 50–52, 54–55, 63, 66–67, 121, 132, 145, 149, 151, 166, 198, 201, 213–14, 220, 235–36, 244, 253–58, 260–63; **XXVII**: 11, 12, 13, 14, 16, 24, 26, 49, 55, 56, 57, 71, 85, 87, 92, 123,

al-Kūfah (continued) **XXVII**:132, 133, 134, 135, 136, 139, 140, 141, 142, 143, 150, 151, 154, 156, 157, 158, 159, 160, 161, 175, 182, 183, 185, 195, 198, 204, 208, 212; **XXVIII**:4, 6, 7, 17, 21, 37, 47, 53, 58, 75, 81, 83–84, 94, 134, 141, 161, 163–64, 219, 238, 243, 245, 250, 252, 254, 262–67, 270, 272, 276, 281–87, 290, 292; **XXIX**:3, 5, 15, 18, 20, 24, 38, 50, 56, 61, 63, 65, 68, 69–70, 72, 73, 74, 85, 88, 89, 116–17, 136, 152, 168, 175, 178–79, 180, 195, 199, 203, 204, 218, 219, 235, 236, 237, 239; **XXX**:18, 32–33, 40, 164, 213, 304; **XXXI**:91, 97, 119–22; **XXXII**:10, 14, 17, 19, 23, 24, 39, 49, 53, 60, 67, 68, 70–74, 135; **XXXIII**:201, 216; **XXXIV**:4, 83, 129; **XXXV**:14, 15, 16, 17, 18, 21, 28, 83, 88, 89, 90, 93, 121, 141, 142, 163; **XXXVI**:19, 30, 32, 115, 116, 150, 158, 165, 166, 197, 200; **XXXVII**:33, 157, 169, 172–73, 175; **XXXVIII**:14, 24, 30, 65, 71, 79, 99, 113, 114, 135, 143, 161–68, 174, 177; **XXXIX**:36, 39, 53, 60, 69, 84, 86, 88, 93, 113, 114, 138, 210, 215, 218, 220, 224, 228, 229, 233, 237, 238, 239, 242, 243, 248, 250, 251, 254, 258, 259, 264, 268, 269, 270, 275
al-Kūfah Bridge. SEE Jisr al-Kūfah
al-Kūfah Road (near Nars) **II**:2
al-Kuḥayl (below Mosul) **XXV**:159; **XXXVI**:91; **XXXVII**:88
Kūjarān (in Fārs) **V**:16
Kulāb, Day of. SEE Day of Kulāb
Kulayb (father of ʿĀṣim b. Kulayb al-Jarmī) **XIV**:66; **XVI**:99–100, 167
Kulayb b. Abī al-Bukayr al-Laythī **XIV**:90
Kulayb b. al-Ḥalḥāl **XV**:101
Kulayb b. Khalaf al-ʿAmmī **XV**:44; **XXIII**:87, 126, 153, 185; **XXIV**:6, 8, 16, 24, 36, 46, 82, 93, 94
Kulayb b. Qanān al-Dhuhlī **XXV**:55, 58, 59, 61
Kulayb b. Udhaynah **XXIV**:184
Kulayb al-ʿUllayṣī (Qarmaṭian commander) **XXXVIII**:137
Kulayb b. Wāʾil al-Kulaybī **XIII**:115, 118, 119, 121, 132
Kulthum bt. Wahb **XXVIII**:155
Umm Kulthūm bt. ʿAbd al-Malik b. Marwān **XXIII**:118
Umm Kulthūm bt. ʿAbdallāh b. ʿĀmir **XIX**:226
Umm Kulthūm bt. ʿAbdallāh b. Yazīd b. ʿAbd al-Malik **XXVI**:156
Umm Kulthūm bt. ʿAlī b. Abī Ṭālib (Umm Kulthūm al-Kubrā, the Elder) **XIII**:109–10; **XIV**:72, 85, 86, 88, 101, 102; **XV**:28; **XVI**:34, 35; **XVII**:218; **XXXIX**:279
Umm Kulthūm bt. ʿAlī b. Abī Ṭālib (Umm Kulthūm al-Ṣughrā, the Younger) **XVII**:229
Kulthūm b. ʿAmr al-ʿAttābī **XXXII**:253–55
Umm Kulthūm bt. ʿAmr b. Jarwal al-Khuzāʿiyyah. SEE Umm Kulthūm bt. Jarwal
Umm Kulthūm bt. Asmāʾ b. Abī Bakr al-Ṣiddīq. SEE Umm Kulthūm bt. al-Zubayr b. ʿAwwām
Kulthūm b. al-Aswad b. Razn al-Dīlī **VIII**:160–61
Umm Kulthūm bt. Abī Bakr al-Ṣiddīq **XI**:141; **XIV**:101, 102
Umm Kulthūm bt. al-Faḍl b. al-ʿAbbās b. ʿAbd al-Muṭṭalib **XXI**:73
Umm Kulthūm bt. al-Ḥasan b. Zayd **XXXIX**:260
Kulthūm b. Hidm **VI**:151; **VII**:5

Kulthūm b. Ḥuṣayn b. Khalaf al-Ghifārī, Abū Ruhm **VIII**:168
Kulthūm b. ʿIyāḍ al-Qushayrī (al-Qasrī) **XXVI**:54, 169–72, 240
Kulthūm b. Jabr **I**:304, 305
Umm Kulthūm bt. Jarwal (wife of ʿUmar b. al-Khaṭṭāb) **VIII**:92; **XIV**:100
Kulthūm al-Marāʾī **XXVIII**:88
Umm Kulthūm bt. Muḥammad (daughter of Prophet Muḥammad) **VI**:48; **VII**:73, 98; **VIII**:100, 131; **IX**:79, 127, 128; **XV**:254; **XXXIX**:11–12, 163, 172
Kulthūm b. Shabīb **XXVII**:127
Kulthūm b. Thābit b. Abī Saʿd **XXXII**:132
Kulthūm b. Tujīb **XV**:216
Kulthūm b. ʿUmayr **XXVI**:203
Umm Kulthūm bt. ʿUqbah b. Abī Muʿayṭ **VIII**:92; **XV**:172; **XXXIX**:198, 287
Umm Kulthūm bt. al-Zubayr b. al-ʿAwwām (Umm Kulthūm bt. Asmāʾ b. Abī Bakr al-Ṣiddīq) **XXXIX**:279
Kūm (village, in al-Sughd) **XXIV**:177
Banū Kūmā **XXXVI**:170; **XXXVIII**:109
Kumayl b. Ziyād al-Nakhaʿī **XV**:113, 121, 125, 232–35; **XVI**:34; **XXIII**:26, 45; **XXXIX**:270–71
al-Kumayt b. Zayd al-Asadī **XXII**:17; **XXIII**:137, 198, 229; **XXV**:112; **XXVI**:90
Kumushjūr (commander of al-Muʿtaḍid bi-llāh) **XXXVII**:20
Ibn Kumushjūr. SEE Aḥmad b. Muḥammad b. Kushmard; Muḥammad b. Kumushjūr
al-Kunāsah (in al-Kūfah) **XV**:48; **XVIII**:141; **XIX**:21; **XX**:198, 200, 203, 207, 213, 214; **XXI**:15, 18, 30, 67, 100; **XXVI**:42, 49; **XXVII**:159; **XXIX**:73, 136; **XXXI**:153, 156, 159–60; **XXXII**:73–74; **XXXV**:92, 93
Ibn Kundāj. SEE Isḥāq b. Kundāj; Muḥammad b. Isḥāq b. Kundāj
Kundghūsh (Ḥammād al-Kundughūsh) **XXXI**:209; **XXXII**:26
Kundur (near Qazwīn) **XVIII**:162
Banū Kunnah **IX**:16
Kūn.s (?, in Fārs) **V**:7
kunyah (agnomen, teknonym) **VII**:107; **XVIII**:215; **XX**:5; **XXIII**:117; **XXXIX**:3
Kur (river) **XXXIV**:122
Kurāʿ al-Ghamīm (mountain, near ʿUsfān) **VIII**:43, 71
Kurāʿ Rabbah (in Banū Judhām's country) **IX**:100, 102
kūrah (administrative division) **V**:38, 254
Kūrah. SEE al-Ḥasan b. ʿAlī Kūrah
Kūrat Sābūr (estate of Khālid b. ʿAbdallāh al-Qasrī, in Iraq) **XXV**:184
Kurayb (*mawlā* of Ibn ʿAbbās) **IX**:80
Kurayb (*rāwī*). SEE Kurayb b. Abrahah b. al-Ṣabbāḥ al-Ḥimyarī
Abū Kurayb (Muḥammad b. al-ʿAlāʾ) **I**:176, 177, 180, 205, 244, 246, 252, 258, 261, 264, 266, 269, 285–87, 302, 305, 364; **II**:20, 29–31, 63, 64, 81–83, 86–88, 95, 100, 104, 114, 116, 123, 156, 165, 174, 180; **III**:5, 43, 84, 87, 100–102, 104, 106, 153; **VI**:61, 74, 81, 82, 85, 89, 95–96; **VII**:27, 39, 119, 145, 146; **VIII**:54, 120, 171; **IX**:89, 94, 124, 175, 179; **XI**:132, 135, 157; **XIV**:106, 107, 111, 112; **XVI**:167; **XVII**:113, 114; **XXIII**:209–11; **XXXI**:79, 115, 122–23; **XXXIX**:97, 113, 116, 146, 154, 156, 197, 200, 204, 206, 221, 266, 270

Kurayb b. Abrahah b. al-Ṣabbāḥ al-Ḥimyarī **XIII**:154; **XV**:23; **XXI**:157
Kurayb b. Salamah b. Yazīd al-Juʿfī **XVIII**:143
Kurayb b. Shurayḥ **XVII**:42
Kurayb b. Yazīd al-Ḥimyarī **XX**:134, 152
Kurayz b. Rabīʿah **XXXIX**:198
Kūrbaghānūn (Kūrmaghānūn) al-Turkī **XXIII**:143; **XXV**:138
Kurbuj Dīnār (near al-Ahwāz) **XXVII**:87
Kurdar (on the Oxus) **XXV**:62
Kurdī (brother of Bahrām VI) **V**:304, 308–9, 313
Kurdiyah (sister of Bahrām VI) **V**:309, 316–17
Ibn al-Kurdiyyah. SEE Muḥammad b. Ibrāhīm b. Jaʿfar al-Aṣghar b. al-Manṣūr
Kurds (al-Akrād) **II**:58; **V**:11; **XIII**:51, 121, 124; **XIV**:71, 78, 83; **XV**:43; **XVII**:185; **XVIII**:14, 59; **XX**:220; **XXII**:137–38, 144; **XXIII**:48, 156; **XXV**:122; **XXVI**:145; **XXIX**:83; **XXXIV**:37; **XXXV**:75; **XXXVI**:136; **XXXVII**:4, 8; **XXXVIII**:16, 17, 21, 22, 68, 108, 183, 184
kurdūs (pl. *karādīs*, squadron) **XI**:90; **XXII**:42; **XXVII**:52, 55; **XXXIII**:49
Kurdūs b. Hāniʾ **XII**:160
al-Kurdūsiyyah (fief of Kurdūs b. Hāniʾ) **XII**:160
al-Kurk (pirates) **XXIX**:51, 64
Kūrmaghānūn. SEE Kūrbaghānūn al-Turkī
kurr (measure of weight) **XXXV**:124; **XXXVI**:161; **XXXVIII**:160
kurr (water reservoir) **XXXV**:159
Kurr (river, in Iṣṭakhr) **IV**:84
kurraj (hobby horse) **XXXI**:247, 248
kursī (stool) **XVIII**:97; **XXX**:63; **XXXIII**:57
SEE ALSO Throne
Kūrṣūl (Turkish commander) **XXIV**:153; **XXV**:60, 61, 62, 148; **XXVI**:23, 25–28
al-Kurz (toponym) **XXIII**:166, 169, 174
Banū Kurz **XXVI**:179
Kurz b. ʿAlqamah **XXXIX**:92–93
Kurz b. Jābir al-Fihrī **VII**:14, 16, 18; **VIII**:97–98, 176–78; **IX**:116
Kusaʿ (Kusaʿī, of the people of Kusaʿ) **V**:345; **XVI**:125
Kusayb (of Banū Mālik b. Saʿd) **XX**:178
Kusayb al-ʿAnbarī, Abū al-Khansāʾ **XX**:33
Kūshak (bt. Īraj) **III**:19
Kūshān, king of **V**:15
Kushānshāh (in Marw oasis) **XXV**:40
Kushmāhan (northeast of Marw) **XXII**:166, 169; **XXIII**:216; **XXVI**:264; **XXVIII**:59
Ibn Kushmard. SEE Aḥmad b. Muḥammad b. Kushmard; ʿAllān b. Muḥammad b. Kushmard
Kushmayhan. SEE Kushmāhan
Kushtāsib (king of Persia) **IX**:146
kustīj girdles **XXXIV**:94
Kuswah (river, near Damascus) **XXVII**:172
Kūtakīn (deserter from Mūsā b. Bughā al-Kabīr's army) **XXXVI**:103
al-Kutāmah. SEE al-Kitāmah
Kūthā (south of Baghdad) **II**:48, 49, 128; **V**:15; **XII**:33, 49, 50; **XIII**:4–6, 11; **XVIII**:50, 51, 64; **XXXI**:123; **XXXII**:16, 54
Kuthārah. SEE Bahlūl b. Bishr al-Shaybānī
Banū Kuthayr (of Azd) **XIX**:50
SEE ALSO Banū Kabīr
Kuthayyir ʿAzzah (poet) **XXXIX**:217
Kuthayyir b. al-Dabūsī **XXIV**:155

Kuthayyir al-Nahshalī **XV**:106
Kutlah (*khādim* of Harthamah b. Aʿyan) **XXXI**:188
kuttāb. SEE secretaries
al-Kuwayfah **XI**:42; **XVIII**:160; **XXI**:91; **XXIV**:149
Kuwayfat ʿUmar b. Saʿd **XII**:144
Kuzmān (*mawlā* of ʿAbdallāh b. Abī Muḥill) **XIX**:111

L

Laban (Lābān, Labān) b. Bethuel b. Nahor **II**:61, 131, 135–37
Labaṭah b. al-Farazdaq b. Ghālib **XIX**:71
labbayka ('here I am')
  as pilgrim's cry **II**:80; **VIII**:77, 79; **XXXIX**:128, 277
  in pre-Islamic times **XXXIX**:103
  in secular context **XVII**:75
Abū Labīd al-Jahḍamī. SEE Limāzah b. Ziyād al-Jahḍamī
Labīd b. Jārir **XI**:64
Labīd b. Rabīʿah **IX**:105; **XXI**:221; **XXX**:234; **XXXIX**:83, 299
Banū Labīd b. Sulaym **XXXIV**:19
Labīd b. ʿUṭārid al-Tamīmī **XVIII**:142
labor
  corvee *(sukhrah)* **V**:112
  al-Kilghariyyah (labor corps) **XXXIII**:52, 66
Labūdhā (Abel's twin sister) **I**:317
Labūrah (in mountains of Wandāhurmuz) **XXXIII**:161, 164
Ibn Ladhʿah. SEE Rabīʿah b. Rufayʿ b. Uhbān al-Sulamī
Abū Lahab (ʿAbd al-ʿUzzah b. ʿAbd al-Muṭṭalib) **VI**:50, 56, 89, 90, 98, 105, 120; **VII**:37, 38, 68; **XXII**:134; **XXVII**:88; **XXVIII**:178
al-Lahāzim (grouping of Bakrī tribes) **V**:368; **X**:144, 149; **XX**:25–26
Lahdah bt. al-Khaybarī **II**:32
Laḥḥām Jarīr (in al-Kūfah) **XX**:208; **XXI**:144; **XXII**:110
Ibn Lahīʿah (ʿAbdallāh b. Lahīʿah) **I**:245; **II**:99; **III**:148; **VI**:37, 62, 86, 162; **IX**:208; **XI**:140; **XIII**:175; **XXXII**:165; **XXXIX**:203, 205
Lāḥiq (name of al-Ḥusayn b. ʿAlī b. Abī Ṭālib's horse) **XIX**:122
Lāḥiq b. Ḥumayd, Abū Mijlaz **XVII**:135; **XXIV**:84, 85, 97
Lāhiz b. Qurayẓ al-Tamīmī **XXIV**:87; **XXV**:123, 124; **XXVI**:67, 120; **XXVII**:26, 96, 98, 99, 101, 102, 103
al-Laḥjiyyah (Laḥjites, Laḥjī troops) **X**:166, 174
Laʿīs (b.? ʿAlī Bābā) **XXXIV**:143
Lakhīʿathah (?, Yanūf Dhū Shanātir, Ḥimyarite ruler) **V**:188–91
Banū Lakhm (Lakhmids) **IV**:79, 134, 136; **VIII**:98, 153, 159; **IX**:27, 41; **X**:44, 78, 137; **XI**:76; **XII**:132, 133; **XIII**:36; **XVII**:35; **XIX**:97; **XX**:49; **XXVI**:135, 146; **XXVII**:6; **XXXIX**:289, 302
Lakhm b. ʿAdī **II**:23
Lakhmids. SEE Banū Lakhm; Mundhirs
al-lakhnāʾ. SEE *ibn al-lakhnāʾ*
Laʿlaʿ (halting place, between al-Kūfah and al-Baṣrah) **XIX**:83
Lamas (Lamos, Lāmis, Halys, Ālis, river) **XXXIII**:98, 100–102, 105–6; **XXXIV**:38, 42, 140; **XXXVIII**:172
Lamech **I**:336, 338, 347, 348
Lāmis (town) **XXXVIII**:33
  SEE ALSO Lamas
Lamos (town) **XXXIV**:41
  SEE ALSO Lamas
lamp use, after bedtime **XIV**:109
Lamīs bt. Zuhayr (sister of Jadhīmah al-Abrash) **IV**:129
al-Lān. SEE Alans
lances. SEE spears, javelins, and lances

land concession (land grants, *iqṭāʿ*, *qaṭāʾiʿ*) **XIII**:50, 68; **XIV**:74; **XV**:58, 59–61, 112–13, 120–21, 158; **XXVIII**:249–50; **XXXV**:40, 70, 136; **XXXVI**:77
land properties
ʿanwah (land taken by force) **XII**:156
as booty. SEE booty
endowment (*ḥabīs, waqf*) **XIII**:49; **XXXIV**:188
estates. SEE estates
al-ḥawāʾiṭ (agricultural properties around Mecca) **XXXII**:20
income-generating properties **XXI**:215
leasing of **XIII**:48
mawāt (uncultivated state lands) **XXVIII**:36; **XXXV**:21, 22
ṣawāfī (conquered lands) **XII**:155; **XIII**:49, 123; **XXIX**:194
sharecropping arrangements **VIII**:129–30
talājī properties **XXXVI**:81
tax on. SEE *kharāj*
SEE ALSO Dīwān al-Ḍiyāʿ; Dīwān al-Mawārīth
land survey (*misāḥah*) **XIV**:14; **XXXIII**:140
land tax. SEE *kharāj*
landlord. SEE *dihqān*
lane. SEE entries beginning with Zuqāq
language
confusion of tongues **II**:18, 22
dialect differences **X**:101
discourse divisions **XXI**:213–14
grammatical mistakes **XXIII**:76
slips of the tongue **XXIII**:31–32
SEE ALSO specific languages, e.g. Ḥimyaritic language
Lanṭā b. Javan b. Japheth b. Noah **II**:18
Laodicea (Laodiceia) **XXIX**:66; **XXXIV**:157
Laqafā (?, settlement of al-Mukhtār b. Abī ʿUbayd b. Masʿūd al-Thaqafī) **XX**:105
Laqīṭ (*rāwī*) **XIX**:92
Laqīṭ b. ʿAbd al-Qays b. Bajrah **XI**:92
Laqīṭ al-Akhḍar **XXVII**:38, 43
Laqīṭ b. Bukayr al-Muḥāribī **XXIX**:260
Laqīṭ b. Mālik al-Azdī **X**:152–55
Laqīṭ b. Yāsir al-Juhanī **XIX**:181
Larissa. SEE Raslah
al-Lāriz (in Daylam) **XIV**:27; **XXXII**:64; **XXXIII**:149; **XXXV**:26
al-Laṣaf (west of the Meccan Road from Iraq) **XXII**:66, 126
Lāshām (Daylamite chief) **XXXV**:24
lasso (*wahaq*) **II**:27
al-Lāt (Allāt, al-Ṭāghiyah, idol of Banū Thaqīf) **V**:223, 281; **VI**:107, 108, 110–12, 120; **VII**:114; **VIII**:76, 169; **IX**:44–46, 81
latticed windows (*mashrabah*) **XIII**:111
law
fatwā (legal opinion) **XXXVI**:13
qiyās (legal analogy) **XXXIX**:252
rayʾ (personal opinion) **XXXIX**:265
of retaliation (blood revenge) **IX**:21–22, 112; **XIV**:108; **XXXIX**:61, 98
waṣī (executor, heir, legatee) **XV**:146; **XXI**:114; **XXVIII**:167; **XXXIX**:236
waṣiyyah (will, testament) **XII**:19
Lawdhān (*rāwī*) **XIX**:90
Banū Lawdhān **XIX**:133
Banū al-Lawdhiyyah **II**:35
Lāwī b. Yaʿqūb. SEE Levi b. Jacob
Lāwudh. SEE Lud

al-Lawzajān (retainer of Qārin b. Shahriyār) **XXXIII**:146, 159
laxatives, use in punishment **XVIII**:203–4
Āl La'y (i.e., Banū Hāshim) **XVI**:125
La'y b. Mālik b. Ḥudhayfah **X**:77
Laylā (in a line of ʿAbdallāh b. Khalīfah al-Ṭāʾī's poetry) **XVIII**:157
Laylā (in a line of Thābit Quṭnah's poetry) **XXV**:49
Laylā (of Majnūn Laylā) **XXXIV**:56
Laylā (mother of ʿAbd al-ʿAzīz b. Marwān) **XXI**:162
Abū Laylā. SEE ʿAbdallāh b. Sahl b. ʿAbd al-Raḥmān b. Sahl al-Ḥārithī al-Anṣārī; al-Ḥārith b. ʿAbd al-ʿAzīz b. Abī Dulaf; Muʿāwiyah b. Yazīd
Abū Laylā (Bilāl b. Bulayl b. Uḥayḥah b. al-Julāḥ) **XXXIX**:282, 310
SEE ALSO Abū Laylā (Dāwūd)
Abū Laylā (Dāwūd) **XVI**:142, 144; **XXXIX**:310
Abū Laylā (king of Daylam) **XXXII**:64
Abū Laylā *(rāwī)*. SEE Abū Laylā (Dāwūd)
Ibn Abī Laylā (ʿAbd al-Raḥmān b. Abī Laylā) **XVI**:80, 81, 112, 114; **XXIII**:25, 35, 48; **XXXIX**:207, 310, 320
Ibn Abī Laylā (Muḥammad b. ʿAbd al-Raḥmān b. Abī Laylā) **I**:302; **XVI**:80, 112, 114; **XXV**:153; **XXVI**:55, 244; **XXVII**:195, 198, 204, 208; **XXVIII**:6; **XXXIX**:231
Ibn Abī Laylā *(rāwī)* **II**:81–82
Abū Laylā b. Fadakī **XI**:61, 62, 63, 65
Laylā bt. al-Ḥārith b. Tamīm **VI**:28
Laylā bt. Abī Ḥathmah **VI**:100, 139
Laylā bt. Ḥulwān b. ʿImrān (Khindif) **VI**:32–33
Laylā bt. Khālid **XI**:66
Laylā bt. al-Khaṭīm b. ʿAdī **IX**:139
Laylā bt. Masʿūd b. Khālid **XVII**:228; **XIX**:155, 180; **XXXIX**:271
Laylā bt. Abī Murrah b. ʿUrwah b. Masʿūd b. Muʿattib al-Thaqafī **XIX**:150, 180
Laylā bt. Qumāmah al-Muzaniyyah **XXI**:98
Abū Laylā b. ʿUmar b. al-Jarrāḥ **XVI**:32, 84, 142, 144
Laylā bt. ʿUmays **XV**:210
Laylat al-Furqān (at battle of Badr) **VII**:28
Laylat al-Harīr (Night of Howling, Night of Clamor)
at al-Qādisiyyah **XII**:115–22, 125; **XIII**:39
at Ṣiffīn **XVII**:70, 76
Laylat al-Ḥaṣbah (the fourteenth night of Dhū al-Ḥijjah) **IX**:110
Laylat al-Qadr (at battle of Badr) **VII**:27
Layth (*mawlā* of al-Mahdī) **XXIX**:196, 222
al-Layth (Layth, *rāwī*). SEE al-Layth b. Saʿd al-Miṣrī
Layth b. ʿAbdallāh al-Laythī **XXV**:117
al-Layth b. ʿAlī b. al-Layth **XXXVIII**:156, 193, 194
al-Layth b. Bābak **XXXV**:62
SEE ALSO Ibn Bābak
Banū Layth b. Bakr **V**:276; **VII**:57; **IX**:22, 26, 112; **X**:45; **XV**:214–15, 225; **XVI**:38, 130; **XVIII**:225; **XXI**:210; **XXIV**:8; **XXV**:117; **XXVI**:64, 118; **XXVII**:104; **XXVIII**:253; **XXXIX**:61, 138, 303, 336
Abū al-Layth al-Iṣbahānī (Muḥammad b. ʿAbdallāh) **XXXVI**:61, 65, 121, 132, 134, 137, 138, 143
Abū al-Layth al-Qawārīrī **XXXVI**:61

Layth b. Qubādh **XXXV**:24
al-Layth b. Abī Ruqayyah **XXI**:216
al-Layth (Layth) b. Sa'd al-Miṣrī **I**:198, 284; **II**:87; **III**:102, 148; **VIII**:69; **IX**:181; **XI**:148, 150–51; **XV**:30; **XVII**:140; **XXXIX**:97, 101, 154, 156, 195, 196, 221, 329
Layth b. Abī Sulaym **I**:175, 276, 364; **II**:58; **XVII**:114; **XXXIX**:332
Abū Layth b. Abī Sulaym **XXII**:69
Ibn Laythawayh. SEE Aḥmad b. Laythawayh
lead (molten), in warfare **XXXVII**:93, 95
Leah bt. Laban (Liyyā bt. Lābān) **II**:61, 131, 134–39, 182
leather mat (*naṭ'*) **XXX**:63; **XXXIII**:57
leaves of Abraham **II**:130–31
Mt. Lebanon **I**:294
leeks **XXIX**:249
legal alms. SEE *ṣadaqah*
legatee. SEE *waṣī*
Lehi (toponym) **IV**:171
lending of money. SEE loans
Leo I (Byzantine emperor) **IV**:127
Leo III (Byzantine emperor) **XXIV**:40–41; **XXVI**:68
Leo V the Armenian (Leo the General, Byzantine emperor) **XXXI**:45; **XXXII**:45; **XXXIV**:39
Leo VI (Byzantine emperor) **XXXVIII**:31, 181
Leo the General. SEE Leo V the Armenian
leprosy **IV**:132; **IX**:137, 141; **XIX**:163; **XXI**:26; **XXIII**:30; **XXVIII**:186; **XXIX**:122, 206; **XXX**:38; **XXXIX**:187, 188
SEE ALSO entries beginning with Ibn Barṣā'
lesbianism **XXX**:72–73
Lesser Pilgrimage. SEE *'umrah*
Lesser Pilgrimage of Fulfillment. SEE *'umrat al-qaḍā'*
Lesser Pilgrimage of the Pact. SEE *'umrat al-qaḍā'*
letter(s)
seals for **XV**:62–63; **XXI**:114
tying up of **XVIII**:217
letter symbolism, in al-Qur'ān **IX**:14, 42; **XXI**:84; **XXIII**:104; **XXVIII**:167
Levi b. Jacob (Lāwī b. Ya'qūb) **II**:134, 136; **III**:30; **IV**:61
levies. SEE taxes
Libdah b. 'Āmir b. Khath'amah **XI**:164
Libra (constellation) **XII**:47
lice **XXXI**:195
license. SEE *rukhṣah*
Lifar (king of Babylon) **IV**:40
Lift (*wādī*, between Mecca and Medina) **XXXIX**:172
light and darkness, created by God **I**:201
lightning. SEE thunder and lightning
liḥāf (woman's outer garment) **XXI**:101
Banū Lihb **IV**:135
Banū Liḥyān **IV**:80, 131; **VII**:145
expedition against **VIII**:42–43; **IX**:117
Limāzah b. Ziyād al-Jahḍamī, Abū Labīd **XVI**:171; **XX**:17, 20
Abū Līnah ('Abdallāh b. Abī Karib) **XXXIX**:285
line formations, in battle **XII**:118; **XXVII**:52, 55
linen (*qaṣab*) **XXX**:321
clothes **IX**:111; **XXVIII**:140; **XXIX**:138–39
lion(s)
in caliphal palaces **XXXVI**:24
of Durnā **XX**:159
execution by throwing victims to **XXXI**:232
of Sharā **XVII**:137
tamed lions **XIII**:7

Lisān al-Barr (al-Lisān, elevated site planned for al-Kūfah) **XIII**:1, 2, 65
Abū Lislās (*mawlā* of ʿAbdallāh b. Jaʿfar b. Abī Ṭālib) **XIX**:177
al-Līt (near Mecca) **VIII**:177
Little Bridge. SEE al-Jisr al-Aṣghar
Liunan b. Babuttan (exilarch) **IV**:125
liver disease *(al-suʾād)* **XXIV**:50
al-Liwā (toponym, in a line of poetry) **XXIII**:159
Liyyā (bt. Yethro) **III**:47
Liyyā bt. Jacob **II**:140
Liyyā bt. Lābān. SEE Leah bt. Laban
Liyyah (valley, east of al-Ṭāʾif) **IX**:21
lizards, killing of **XXXIX**:204
Lizāz (name of Prophet Muḥammad's horse) **IX**:149
loans
guaranteed **IX**:7
reward for **XXXIX**:114–15
usury **IX**:112
locusts **III**:59, 66, 67; **XXI**:26; **XXXIX**:127
Logothete (al-Lughuthīṭ) **XXXIV**:76, 165
Lord of the Golden Throne. SEE Lord of the Throne
Lord of the Kaʿbah (Rabb al-Kaʿbah, in oath formulas) **VII**:155, 156; **XI**:158; **XII**:124; **XVI**:58, 90; **XVII**:40, 157; **XVIII**:152; **XIX**:119, 138, 210; **XX**:143, 210; **XXI**:167; **XXV**:141; **XXXIX**:8
Lord of the (Golden) Throne (Ṣāḥib al-Sarīr, Ṣāḥib Sarīr al-Dhahab) **XXVI**:3; **XXXIV**:123
SEE ALSO Master of the Throne
Lot (Lūṭ b. Haran b. Terah) **II**:61, 62, 66, 67, 90, 116, 117, 119–23, 125, 127, 131, 140; **III**:127; **XIII**:95
wife of **II**:118, 119–23
lote tree *(sidr, sidrah)* **I**:333; **IX**:22
Lote Tree of the Utmost Boundary (Sidrat al-Muntahā) **VI**:79; **IX**:173
lots
casting of lots with arrows **V**:200–201; **VI**:3–5; **IX**:10; **XXXIV**:92
drawing of **VIII**:58
louse. SEE lice
L.r.wīr (?, in Fārs) **V**:7
Banū Luʾayy b. Ghālib (of Quraysh) **V**:175; **X**:82
Luʾayy b. Ghālib b. Fihr **VI**:27–28; **VIII**:186
Abū Lubābah. SEE Abū Lubābah b. ʿAbd al-Mundhir
Abū Lubābah b. ʿAbd al-Mundhir **I**:283; **VII**:84, 86, 91; **VIII**:29, 31–32; **IX**:61; **XXXIX**:286
Lubābah bt. ʿAbdallāh b. al-ʿAbbās **XXXIX**:54
Lubābah bt. ʿAlī b. ʿAbdallāh b. al-ʿAbbās **XXVIII**:54
Lubābah bt. ʿAlī b. al-Mahdī **XXXI**:214
Lubābah bt. al-Ḥārith (Lubābah al-Kubrā). SEE Umm al-Faḍl
Lubābah bt. al-Ḥārith (Lubābah al-Ṣughrā) **XXXIX**:111, 202
Lubābah bt. Muḥammad b. ʿAlī **XXXIX**:236
Lubad (last of Luqmān's vultures) **II**:37; **XXXI**:223
Lubbādah (warrior of Yaʿqūb b. al-Layth al-Ṣaffār) **XXXVI**:170
Lubnā (mother of al-Nuʿmān b. Abī Jiʿāl) **IX**:100
Lud b. Shem (Lāwudh b. Sām) **II**:12, 14–16
al-Lughuthīṭ. SEE Logothete
al-Luḥayf (al-Lukhayf, name of Prophet Muḥammad's horse) **IX**:149
Luhayy (Rabīʿah) b. Ḥārithah b. ʿAmr **VI**:28

Luhayyah (wife of ʿUmar b. al-Khaṭṭāb) **XIV**:101
Luhrāsb (Kay Luhrāsf) **IV**:18, 19, 43, 45, 47, 73–74, 77, 86
Luhrasb b. Kāwghān b. Kaymūs **XXI**:213
Lujayn. SEE Masjid Lujayn
Lukhayf. SEE al-Luḥayf
Lulon. SEE Luʾluʾah
Luʾluʾ (associate of the Zanj leader) **XXXVII**:21
Luʾluʾ (*ghulām* of al-Muktafī) **XXXVIII**:109, 111, 138?
Luʾluʾ (*ghulām* of Ibn Ṭūlūn) **XXXVII**:4–5, 21, 78, 82, 89, 123–25, 130–32, 135, 153; **XXXVIII**:23
Abū Luʾluʾ al-Ḍabbī **XVIII**:15
Luʾluʾah (Lulon, fortress, near Ṭarsūs) **XXXII**:194; **XXXIV**:165, 169; **XXXVI**:162, 188, 190
Luʾluʾah (*mawlāh* of Umm al-Ḥakam) **XXXIX**:31, 33
al-Luʾluʾah (palace, part of the Jaʿfarī Palace complex, in Sāmarrā) **XXXIV**:155
al-Luʾluʾah (prison, in Sāmarrā) **XXXIII**:184, 196
al-Luʾluʾah (quarter, in Damascus) **XXVI**: 155–57
Abū Luʾluʾah (Fayrūz al-Nihāwandī) **XIII**:216; **XIV**:89, 90, 92, 103, 130, 161, 163; **XV**:4
Lulyānūs. SEE Julian
Lūnān (Lūzān) al-Ṭabarī **XXVIII**:45
lunar calendar. SEE Islamic era
lunar eclipse. SEE moon
Luqaym b. Hazzāl **II**:32, 35
Luqmān (b. ʿĀd) **I**:220; **II**:32, 34, 36–37; **VI**:123; **X**:150; **XXIV**:17
Lūṭ b. Haran b. Terah. SEE Lot
Lūṭ b. Yaḥyā b. Saʿīd. SEE Abū Mikhnaf
Lūṭān (b. Abraham) **II**:129
lute (*ṭunbūr, ʿūd*) **III**:143; **XVIII**:154; **XIX**:198; **XXIX**:94–95; **XXXII**:243; **XXXIX**: 251
Luxor (al-Aqṣur, in Upper Egypt) **XXXIV**:143
Lūzān al-Ṭabarī. SEE Lūnān al-Ṭabarī
Lydda (in Palestine) **XII**:189, 190, 192
lying. SEE mendacity

M

Māʾ al-ʿAnbarī (toponym) **XI**:69
Māʾ al-Samāʾ (Māriyah bt. ʿAwf b. Jusham) **V**:124–25, 161, 163
Māʾ al-Samāʾ b. Ḥārithah (al-Ghiṭrīf b. Thaʿlabah b. Imriʾ al-Qays b. Māzin b. al-Azd) **IV**:128
Maʾāb (in Syria) **VIII**:153, 154; **XI**:108
Abū Maʿadd **XXXVIII**: 148
SEE ALSO Nizār b. Muḥammad
Maʿadd b. ʿAdnān **IV**:67–70, 128, 148; **VI**:36–40; **X**:158
Banū Maʿadd b. ʿAdnān **VI**:55; **IX**:70; **XI**:32; **XII**:87; **XIII**: 116, 117; **XV**: 212; **XXI**: 27; **XXIII**:7, 33; **XXV**: 117; **XXXIX**:7
Maʿāfir (in Yemen) **IX**:74
al-maʿāfir (Yemeni cloth) **V**:169; **IX**:75
Abū al-Maʿālī al-Kilābī **XXX**:263
maʿāqil (blood money) **VII**: 92
Maʿarrat Maṣrīn (near Aleppo) **XIV**: 15
Maʿarrat al-Nuʿmān (south of Aleppo) **XXXVIII**:122, 136
al-Maʿāwil (of Banū al-Azd) **XXXIX**: 241
maʿāwin. SEE *maʿūnah*
Maʿbad (singer) **XXIX**:121, 261
Umm Maʿbad. SEE Asmāʾ bt. Abī Bakr
Maʿbad b. al-ʿAbbās **XXXII**:86; **XXXIX**: 75, 96, 201

Abū Ma'bad al-'Absī **XIII**:214
Ma'bad b. 'Amr **VII**:91
Ma'bad al-Aslamī **XVI**:30
SEE ALSO Ma'bad b. Umm Ma'bad al-Aslamī
Abū Ma'bad al-Aslamī **XIV**:122
Ma'bad b. Hilāl **I**:179
Ma'bad b. al-Ḥuṣayn b. Ma'bad b. al-Nu'mān **XVI**:135
Ma'bad b. Ka'b b. Mālik al-Anṣārī **VI**:130, 134; **VIII**:29
Ma'bad b. Khālid al-Jadalī **XVIII**:77; **XXI**:69–70, 189
Ma'bad b. Khālid al-Juhanī, Abū Raw'ah **XXXIX**:294
Ma'bad b. al-Khalīl al-Muzanī **XXVIII**:60; **XXIX**:79, 80, 172
Ma'bad al-Khuzā'ī **VII**:140, 165
Abū Ma'bad al-Khuzā'ī **XXXIX**:139, 140, 142, 143, 144
Umm Ma'bad al-Khuzā'iyyah **XXXIX**:138, 139, 141, 142, 287
Ma'bad b. Umm Ma'bad al-Aslamī **XI**:117
SEE ALSO Ma'bad al-Aslamī
Ma'bad b. Murrah al-'Ijlī **XII**:65
Mabashā (Mabashām) b. Ishmael **II**:132, 133
Mabhūt (agent for al-Manṣūr) **XXVIII**:107
Mābūr (*khaṣī* of Prophet Muḥammad) **VIII**:131; **IX**:147; **XXXIX**:194
mace (*jurz*) **XXVIII**:128
Macedonia **IV**:89
Macrinus (Marciarus, Roman emperor) **IV**:126
al-Maḍā' b. al-Qāsim al-Taghlibī al-Jazarī **XXVIII**:261, 272, 286
al-Madā'in (Madā'in Kisrā, southeast of Baghdad) **I**:186; **IV**:101; **V**:14–16, 65, 109, 130, 141, 157, 159–60, 292, 303–4, 306, 309–10, 313, 323, 336, 376, 407, 410; **VIII**:12, 13; **XI**:7, 10, 16, 19, 43, 47–49, 61, 119, 176–77, 189, 200, 216–17, 222; **XII**:23, 24, 30, 33, 39, 46, 52, 83, 115, 142, 144, 152, 158, 161, 162, 165, 203; **XIII**:1–5, 8, 10–13, 15, 19–24, 28–31, 33–38, 40, 42–47, 49, 50, 52–54, 57, 61–67, 77–79, 131, 161; **XIV**:4, 25, 48, 69; **XVII**:5, 115–16, 122, 127, 200; **XVIII**:9, 13, 28, 42, 45, 51, 60–62, 66, 137; **XIX**:182; **XX**:85, 87, 105, 130, 146, 147, 153, 219; **XXI**:5, 10, 82, 103, 122, 125, 127, 130, 136, 139, 145, 180; **XXII**:37, 43, 48, 50–54, 60, 63–65, 81–82, 85, 94–95, 99–101, 107, 119, 128–29, 135, 137; **XXIII**:19, 46; **XXVII**:59, 143, 161, 199; **XXVIII**:24, 27, 32, 35, 239, 254, 257, 280; **XXIX**:4, 138; **XXXI**:120–21, 123–24, 167; **XXXII**:17, 18, 23, 51, 53, 59, 67, 70, 77, 81–82, 90; **XXXIV**:81, 127, 156; **XXXV**:75, 93, 94, 100, 101, 103; **XXXVI**:23, 172, 174; **XXXVII**:13, 24, 166; **XXXIX**:88, 99
al-Madā'in al-Quṣwā (eastern part of the city) **XIII**:12
SEE ALSO Bahurasīr; Ctesiphon; Ṭāq-i Kisrā
Madā'in Gate. SEE Bāb al-Madā'in
Madā'in Kisrā. SEE al-Madā'in
al-Madā'inī ('Alī b. Muḥammad) **VII**:32, 34; **X**:38, 40, 151, 192; **XI**:2, 70, 74, 107, 128–29, 132, 135, 138–41, 153, 158–59; **XII**:162, 165–67, 171; **XIII**:142–44; **XIV**:30, 74, 94, 95, 99–102, 120–23, 129, 131, 132, 134, 135, 143; **XV**:33, 36, 41–44, 69–70, 78–79, 90–93, 102–10, 235, 255; **XVI**:3, 5, 6, 11, 39, 42, 44, 46, 67, 76, 77–81, 85, 112–14, 121, 129, 130, 133, 138, 139, 141, 142, 144, 145, 171, 190, 191, 196, 197; **XVII**:99, 140, 166, 183, 198, 200, 202, 203, 204, 213, 226, 227;

al-Madāʾinī (continued) **XVIII**:9, 14, 15, 16, 17, 18, 19, 21, 26, 27, 29, 31, 69, 70, 71, 72, 73, 76, 78, 82, 85, 86, 88, 90, 96, 97, 99, 104, 120, 121, 163, 164, 167, 170, 173, 174, 175, 176, 177, 178, 179, 180, 181, 183, 184, 185, 187, 188, 189, 199, 200, 201, 210, 211, 212, 213, 214, 215, 216, 218, 219, 220, 222, 223, 224; **XIX**:82, 184, 188; **XX**:5, 14, 21, 35, 44–46, 70–79, 163, 177–81; **XXI**:45, 59, 62, 84, 116, 135, 136, 141, 172–76, 183–84, 185, 188–89, 192, 193, 209, 232; **XXII**:7–8, 20, 165, 179, 188, 196–97; **XXIII**:26–31, 53–56, 74, 76, 83–88, 91–108, 109–13, 117–19, 126, 133–39, 143, 147, 150–54, 164–72, 174–77, 185–200, 216, 218–29; **XXIV**:5–8, 16, 21–22, 24, 26, 31–32, 35–37, 40–41, 46–48, 50–52, 55–56, 58, 60, 62–63, 82, 85–87, 93–94, 97, 150, 152, 160, 162, 166, 168–69, 172, 184–87, 193–96; **XXV**:13, 14, 22, 26, 30, 35, 38, 42, 43, 50, 52, 53, 65, 70, 71, 77, 92, 100, 101, 102, 104, 111, 119, 131, 154, 162, 167, 179, 182, 188; **XXVI**:10, 24, 56, 58, 62, 67, 70–78, 80–83, 88, 106, 116, 127, 129–30, 132–33, 135, 137, 141, 144, 147–48, 155, 161–62, 164, 180, 183–86, 188–92, 201, 204, 207, 214, 216, 221–22, 229, 235, 238, 243–44, 247, 254, 261, 263; **XXVII**:28, 43, 61, 70, 75, 85, 98, 99, 103, 104, 107, 110, 122, 124–31, 132, 134–38, 142, 147, 148, 151, 162, 163, 165, 170, 171, 174, 175, 178, 179, 182, 185, 209, 210, 211; **XXVIII**:2–4, 8, 18–19, 21–23, 35–37, 41, 62, 66, 69, 71, 92–94, 131; **XXIX**:10, 123, 143; **XXX**:72, 319–21; **XXXI**:181, 186, 188, 197, 208–9; **XXXIV**:6; **XXXIX**:39, 49, 50, 51, 54, 56, 57, 59, 75, 169, 209, 211, 212, 222, 224, 225, 230, 236, 249, 256, 260, 267, 271

Madan b. Abraham **II**:129

Madān (valley) **IX**:100, 101

Maʿdān (b. Abī Ṭalḥah?) **XXXIX**:257

Maʿdān b. al-Aswad (al-Jafshīsh) **XXXIX**:90

Maʿdān b. Abī Ṭalḥah **XIV**:107

Maday (Mādhay, Mādhī) b. Japheth **II**:15, 16

Madbad (Zanj commander) **XXXVII**:56

madd (measure for grain) **XXIV**:39

Māderek bt. Wāman. SEE Mādūl bt. Wāman

al-Madhād (west of Mt. Salʿ) **VIII**:10; **XXVIII**:143, 147–48, 150

al-Madhār (near al-Nahrawān) **XVII**:178, 181, 228; **XVIII**:50, 51; **XXXVI**:42, 43, 174; **XXXVII**:27

battle of Khālid b. al-Walīd **XI**:15–19

battle of al-Mukhtār b. Abī ʿUbayd b. Masʿūd al-Thaqafī **XXI**:88–90, 115; **XXXIX**:271

al-Mādharāʾī. SEE Ibrāhīm b. Aḥmad al-Mādharāʾī; Muḥammad b. ʿAlī b. Aḥmad b. Abī Zunbūr

Mādharwāsb (*dihqān* of Bābil Mahrūdh) **XXII**:67, 94

Banū Madhḥij **IX**:92, 94, 98, 108, 165; **X**:18, 22, 24, 28, 39, 159, 163, 170; **XII**:10, 11; **XIII**:76; **XVI**:114, 146; **XVII**:41, 46, 59; **XVIII**:131–33, 140; **XIX**:18–20, 22, 38, 46, 48–49, 61, 63, 75, 97, 120, 179; **XX**:221, 223; **XXI**:5, 15, 67, 83, 137, 140, 151, 181, 188; **XXII**:5, 20, 86, 96, 105; **XXIII**:7; **XXIV**:26–27, 43, 130, 146; **XXVI**:14, 40, 178; **XXXIX**:29, 85, 91, 266, 272

mādhiyyah swords **II**:15

al-Madhrī b. al-Mushma'ill **XIX**:68, 70, 86, 88, 91
Madh'ūr b. 'Adī **XI**:5, 9, 21, 90, 117, 166, 189, 198, 205; **XII**:65
al-Māḍī b. Muḥammad **I**:322, 325, 344; **II**:130; **III**:110
Ma'dīkarib b. Abī Murrah (Ma'dīkarib b. Dhī Yazan) **V**:216, 242, 244–45
SEE ALSO Sayf b. Dhī Yazan
al-Ma'din (Ma'din al-Nuqrah) **XXXVIII**:81
Ma'din Banī Sulaym (near Medina) **XXVII**:53
al-Madīnah. SEE Medina
al-Madīnah al-'Atīqah. SEE Ctesiphon
al-Madīnah al-Hāshimiyyah (of Abū al-'Abbās al-Saffāḥ, near al-Kūfah) **XXVII**:161, 183, 184; **XXVIII**:61, 65, 133, 136, 140, 237–38, 240, 264; **XXXIX**:246
Madīnat Ibn Hubayrah (adjacent to al-Kūfa) **XXVII**:141; **XXVIII**:237–38, 267; **XXIX**:3
SEE ALSO Qaṣr Ibn Hubayrah
Madīnat Abī Ja'far al-Manṣūr. SEE Round City
Madīnat al-Rizq (in al-Baṣrah) **XVI**:77; **XXI**:46–47
Madīnat al-Salām. SEE Baghdad
al-Maḍīq (in Khubayt valley) **XIX**:28
al-Mādiyān (canal). SEE Nahr al-Mādiyān
al-Mādiyān (in lower Iraq) **XXXVI**:175; **XXXVII**:16
Maḍraḥī b. Ya'mar **XII**:115
Mādūl (Māderek) bt. Wāman **III**:113, 114
Madyān (Madyan) b. Abraham **II**:127, 129, 143
Ibn al-Madyanī. SEE 'Alī b. al-Madyanī
Māfannah (*mawlā* of 'Uthmān) **XI**:18
Mafrūq (al-Nu'mān b. 'Amr?) **X**:148–49
al-Maftaḥ (between al-Baṣrah and Wāsiṭ) **XXXVI**:46
al-Maftaḥ (in Ahwāz) **XX**:175
al-Maghāribah. SEE Berbers
maghāzī. SEE military expeditions
Abū al-Maghrā' (deputy of 'Īsā b. al-Shaykh b. al-Salīl al-Shaybānī) **XXXV**:143
Maghrā' b. Aḥmar **XXV**:169; **XXVI**:59–65
Abū al-Maghrā' b. Ḥayyān. SEE 'Uthmān b. Ḥayyān al-Murrī
Maghrā' b. al-Mughīrah b. Abī Ṣufrah **XXIII**:108
Abū al-Maghrā' b. Mūsā b. Zurārah **XXXVII**:7, 50
al-Maghrib **IV**:45, 47, 95, 123; **XV**:12; **XXIV**:24; **XXVII**:148; **XXXII**:10, 224; **XXXIV**:96, 141, 156, 170; **XXXV**:8; **XXXVII**:47; **XXXIX**:218, 220, 262
SEE ALSO Berbers
al-Maghrūr (of Banū Asad) **XIII**:67
al-Maghūd (of the people of al-Baṣrah) **XXVII**:174
Magians. SEE Zoroastrians
magical spells. SEE *nīranj*
Magnentius (pre-Islamic dignitary) **IV**:175
Magog. SEE Gog and Magog
magpie (*'aq'aq*) **XII**:47–48
Magus. SEE *mōbadh mōbadhān*
Māh (Māhāt). SEE Media
al-Māh (al-Māhān, two regional centers). SEE Dīnawar; Nihāwand
Māh Afrīdhūn **XX**:30, 32
Māh Bahrādhān. SEE Bahrādhān
Māh al-Baṣrah. SEE Nihāwand
Māh Bihzādhān **XXII**:93–94
SEE ALSO Bahrādhān

Māh Dīnār **XIII**:212, 215, 217; **XIV**:44; **XVIII**:28; **XXII**:138–39 SEE ALSO Bahrādhān; Nihāwand
Māh al-Kūfah. SEE Dīnawar
Māh Mihr (Mihr Māh, month of Mihr, in Persian solar calendar) **II**:5, 27
Māh Nihāwand. SEE Nihāwand
Māh Sabadhān. SEE Māsabadhān
Maḥā (in Ḥaḍramawt) **X**:183
Māhak (nephew of Bādhān) **XV**:103
Mahalalel b. Kenan **I**:326, 336, 337, 339, 341–43
Māhān *(rāwī)* **XI**:39, 41, 45, 48; **XII**:13, 14, 15, 156; **XIII**:48–50, 85; **XXIII**:205
al-Māhān (in Kirmān) **XXVI**:255
al-Māhān (two regional centers). SEE Dīnawar; Nihāwand
Māhān b. Bakht **XXVIII**:196, 209
Māhān al-Ḥanafī **XVI**:191
Māhawayh b. Māfanāh b. Fayd (Māhawayh Abrāz) **XV**:79–80, 83–87; **XVI**:190, 191
al-Mahbadhān. SEE Ḥammām al-Mahbadhān
al-Mahbūdhān (Persian commander) **XI**:62
Mahdad bt. al-Lihamm **VI**:36
Abū Maḥdhūrah (Aws b. Mi'yar b. Lawdhān, or Samurah b. 'Umayr b. Lawdhān) **XXXIX**:48, 118, 181, 282
al-Mahdī. SEE al-Ḥusayn b. Zikrawayh; Muḥammad b. 'Abdallāh b. Ḥasan b. Ḥasan b. 'Alī b. Abī Ṭālib; Muḥammad b. al-Ḥanafiyyah; al-Sufyānī
al-Mahdī (Muḥammad b. 'Abdallāh, caliph) **IX**:146; **XXI**:39, 60, 219–20; **XXIII**:129; **XXVII**:149; **XXVIII**:69–70, 72–73, 76, 84–85, 98, 220, 222, 228, 249, 277–78; **XXIX**:15, 18, 20–24, 26–27, 32–38, 45–46, 49–56, 59, 60, 66, 68, 69, 81, 85, 86, 94, 102, 106, 107, 108, 109, 110, 128, 147, 148, 149, 161–264 *passim;* **XXX**:3–5, 8, 11–15, 33, 54, 59, 62, 68–69, 78, 80, 85, 95; **XXXI**:16, 234; **XXXIX**:256, 258, 260
Abū al-Mahdī (relative by marriage of sons of Yaḥyā al-Barmakī) **XXX**:219
Ibn Mahdī. SEE 'Abd al-Raḥmān b. Mahdī
Mahdī b. 'Alwān al-Ḥarūrī **XXXII**:67–68
al-Mahdiyyah (on Jayḥān river) **XXIX**:214
Maḥdūj (supporter of 'Alī b. Abī Ṭālib) **XVI**:168
Banū Maḥdūj **XVI**:143
Ibn Maḥdūj al-Bakrī **XVI**:96
al-Māḥī (name of Prophet Muḥammad) **IX**:156
Māhiyāhind (bt. Hazārmard b. Mihrādmah) **IV**:88
Maḥlab (prison mate of Joseph b. Jacob) **II**:162
Maḥmiyah (of Banū Ḥanīfah) **XX**:78
Maḥmiyah b. Jaz' al-Zubaydī **VIII**:151; **XI**:159; **XXXIX**:201
Maḥmiyah al-Sulamī **XXIII**:104
Maḥmiyah b. Zunaym **XI**:95
Maḥmūd (name of Abrahah's elephant) **V**:228–29, 233, 235
Maḥmūd b. 'Amr b. Yazīd b. al-Sakan **VII**:120
Maḥmūd b. al-Faraj al-Naysābūrī **XXXIV**:95
Maḥmūd b. Khidāsh **II**:147
Maḥmūd b. Labīd **VI**:123–24; **VII**:134; **IX**:36, 53–54; **XV**:174–75
Maḥmūd b. Ma'mar b. Abī al-Shadā'id al-Fazārī **XXVIII**:159, 215

Maḥmūd b. Maslamah **VIII**:49–50, 87, 117, 123
Maḥmūd b. Rabīʻah b. Ḥarām **VI**:19
mahr. SEE dowry
Mahrah (in southern Arabia) **II**:30, 32; **X**:54, 105, 139, 151–57, 171; **XVI**:167
SEE ALSO Mahriyyah camels
Mahrah (of the people of Darqīn) **XXV**:56
Mahrawayh al-Rāzī. SEE Mahrūyah al-Rāzī
Mahrīn (son of daughter of Isfandiyār b. Bishtasb) **IV**:75
Mahrīstānī b. Shahrīz **XXXIII**:158
Banū al-Mahriyyah **X**:111
Mahriyyah camels **XVI**:50; **XXXIV**:143
Mahrūdh. SEE Bābil Mahrūdh
Mahrūdh (canal). SEE Nahr Mahrūdh
Mahrūyah (Mahrawayh) al-Rāzī **XXX**:32, 174–75
Mahsimilinā (of Men of the Cave) **IV**:156
Banū Maḥūl **XXVIII**:102
al-Māḥūz (of Banū Salīṭ b. Yarbūʻ) **XX**:102, 165
Ibn Māḥūz. SEE al-Zubayr b. al-Māḥūz
al-Māḥūzah (near Sāmarrā) **XXXIV**:154–55, 168, 202
SEE ALSO Jaʻfarī Palace
Maḥyāt bt. Imriʼ al-Qays al-Kalbī **XVII**:229
Māhyāy (?, instructor of cavalrymen of the Sasanian army) **V**:403
mail, coats of. SEE coats of mail
mail pouch. SEE *kharīṭah*
mail service. SEE postal and intelligence service
Ibn Maʻīn *(rāwī)*. SEE Yaḥyā b. Maʻīn
Main Bridge (in Baghdad). SEE al-Jisr
Ibn Māʻiz (ʻAbd al-Malik b. Muḥammad b. ʻAṭiyyah's deputy in Mecca) **XXVII**:120
Ibn Māʻiz al-Asadī **XXVIII**:267
Mājān (suburb of Marw) **XV**:87; **XXVI**:118, 208
Majannah (near Murr al-Ẓahrān) **VII**:165; **IX**:38
al-Majdal (region settled by the descendants of Shem) **II**:19
Majdī b. ʻAmr al-Juhanī **VII**:10, 13, 44
Abū Mājid al-Asadī **IX**:166; **XIII**:95
Mājidah (in Cappadocia) **XXIX**:214; **XXXII**:185
Ibn Mājidah al-Sahmī. SEE ʻAlī b. Mājidah al-Sahmī
al-Mājishūn. SEE Yaʻqūb b. Abī Salamah
Majlis al-Shurṭah (Police Headquarters, in Baghdad) **XXXV**:128
Majlīṭīs (pre-Islamic dignitary) **IV**:180–81
majmaʻ al-baḥrayn (meeting place of the two seas) **III**:6, 10, 13
al-Majnūn (horseman of Banū Numayr) **XXXIV**:50
Mājūj. SEE Gog and Magog
al-Majūs. SEE Zoroastrians
Mājushnasfān (fire temple, near Abruwān) **V**:105
al-Majūsī al-Quṭrabbulī. SEE Muḥammad b. Mūsā al-Khwārazmī
Mājusnas (b. Mihr Narsī) **V**:104–5
Majzaʼah b. al-Kawthar b. Zufar b. al-Ḥārith, Abū al-Ward **XXVII**:5, 6, 176–79, 180
Majzaʼah b. Thawr **XIII**:129, 133–36, 139
makhāli (nosebags filled with rocks) **XXXV**:41
Makhīḍ (north of Medina) **VIII**:42
Makhlad *(rāwī)* **XXXIX**:268

Abū Makhlad *(rāwī)* **IV**:170
Ibn Makhlad. SEE al-Ḥasan b. Makhlad b. al-Jarrāḥ
Ibn Makhlad al-Azdī **XXX**:256
SEE ALSO Mukhallad b. al-Ḥasan al-Azdī
Makhlad al-Bakrī **XIV**:83
Makhlad b. Ḥamzah b. Bīḍ **XXIII**:194
Makhlad b. al-Ḥasan **XVIII**:126, 127
Makhlad b. al-Ḥasan al-Azdī. SEE Mukhallad b. al-Ḥasan al-Azdī
Makhlad b. Kathīr **XVI**:152
Makhlad b. Muḥammad b. al-Ḥārith, Abū Hāshim **XXI**:217
Makhlad b. Qays **XIII**:64, 67; **XVI**:45
SEE ALSO Muḥammad b. Qays al-ʿIjlī
Makhlad b. Yaḥyā b. Ḥāḍir b. al-Muhājir al-Bāhilī **XXI**:184; **XXVIII**:209
Makhlad (Mukhallad) b. Yazīd b. al-Muhallab **XXIV**:34–36, 43, 49, 54–55, 80, 93
Makhrabah b. ʿAdī **IX**:102
Makhramah b. Bukayr **XXXIX**:169
Makhramah b. Kinānah **VI**:31
Makhramah b. Nawfal b. Uhayb al-Zuhrī **VII**:34, 46; **VIII**:171; **IX**:33; **XIII**:109; **XIV**:115; **XXXIX**:42–43, 69, 297
Makhramah b. Sulaymān al-Wālibī **XV**:247, 251, 252; **XXI**:226; **XXIII**:141
Makhshī b. ʿAmr al-Ḍamrī **VII**:12, 165
Makhshī b. Ḥumayyir **IX**:56–57
Makhshiyyah (toponym, in a line of Ṭarafah's poetry) **XXIII**:198
Makhshiyyah bt. Shaybān b. Muḥārib b. Fihr **VI**:26–27
Makḥūl (*ghulām* of al-Zubayr b. al-ʿAwwām) **XVI**:117
Makḥūl (*ghulām* of Prophet Muḥammad) **IX**:19, 125
Makḥūl al-Shaʾmī *(rāwī)* **V**:275; **VII**:64; **IX**:155
Mākhuwān (near Marw) **XXVII**:67, 68, 74, 78, 79, 80, 95, 100, 101
Banū Makhzūm (of Quraysh) **VI**:57, 104, 139, 141; **VII**:19, 50, 62; **VIII**:18, 19, 22; **X**:53, 157, 184; **XII**:134; **XIII**:105; **XIV**:152; **XV**:154; **XXI**:205; **XXIII**:147, 178, 219; **XXXII**:31; **XXXIX**:17, 47, 111, 116
mosque of. SEE Masjid Banī Makhzūm
Makhzūm b. Hāniʾ al-Makhzūmī **V**:285
al-Makhzūmī **XXX**:38
al-Makhzūmī. SEE Abū al-Mughīrah al-Makhzūmī
Ibn al-Makhzūmī **XXXVII**:7
Makkah. SEE Mecca
makkūk (measure of weight) **XII**:171; **XXXVI**:9
Maknūn (*ghulām* of Rāghib) **XXXVII**:177; **XXXVIII**:79
Makrān (Mukrān) **IV**:14; **V**:15, 102; **XIII**:149, 175; **XIV**:77–78; **XV**:34, 36; **XXX**:106, 109; **XXXIV**:96
Makrān b. al-Band **II**:17
Maksimilinā (of Men of the Cave) **IV**:156
Ibn Umm Maktūm **VII**:89, 141, 161; **XXXIX**:68–69, 118–19
Umm Maktūm. SEE ʿĀtikah bt. ʿAbdallāh b. ʿAntakah
malaʾ (council of notables) **VII**:65; **XV**:114
Malādh (river, in Qūmis) **XIV**:28
malāḥif (sg. *milḥafah*, rough Bedouin cloaks) **XXVIII**:19
al-Malāḥim (books of prognostications) **XXXIV**:183
Banū al-Malakān **XXIII**:137
Malal. SEE Baṭn Malal
Malāqūbiyah (in Byzantine territory) **XXX**:262

malaria. SEE intermittent fever
al-Malaṭiyyūn (troops from Malaṭyah) **XXXV**:47, 76, 81
Malaṭyah (in southeastern Anatolia) **XII**:134; **XV**:111; **XXIII**:184; **XXIV**:60; **XXVIII**:48–49, 54, 71; **XXXII**:185; **XXXIII**:93, 122; **XXXIV**:209; **XXXV**:9, 77, 150; **XXXVI**:156; **XXXVII**:79; **XXXVIII**:85, 90
Malaṭyah pass **XXVIII**:55
Malham (northwest of Ḥajr) **X**:129
al-Malḥamah. SEE Qaryat al-Malḥamah
Malḥātā. SEE Nahr Malḥātā
Malīḥ al-Armanī **XXXVIII**:196
Malīḥ b. ʿAwf al-Sulamī **XVI**:55
Abū al-Malīḥ al-Hudhalī. SEE Abū al-Mulayḥ al-Hudhalī
Malīḥ b. Khālid al-Bajalī **XXVII**:141
Mālik (Abū al-Mukhāriq, *mawlā* of Banū Ḥimyar) **XVIII**:216
Mālik (in a line of Ayyūb b. Khawalī's poetry) **XXIV**:109
Mālik (man under protection of ʿUmar b. al-Khaṭṭāb) **XIV**:105
Mālik (of Banū al-Muṣṭaliq) **VIII**:56
Abū Mālik (Ghazwān al-Ghifārī) **I**:206, 214, 219, 221, 222, 250, 254, 258, 262, 263, 269, 273, 275, 281, 307; **II**:50, 53, 86, 90, 107, 113, 115, 118, 121; **III**:33, 85, 120, 129, 173; **IV**:118; **VII**:24
Abū Mālik (messenger of al-Manṣūr) **XXVIII**:28, 30
Abū Mālik *(rāwī)* **XXIV**:20, 35
Banū Mālik (of Thaqīf) **IX**:4, 14, 41, 43
Ibn Mālik. SEE Abū al-Hayyāj al-Asadī
Ibn Mālik (Zanj rebel) **XXXVII**:78
Mālik b. ʿAbbād al-Awsī **XI**:11
Mālik b. ʿAbbād al-Ḥadramī **VIII**:160
Mālik b. ʿAbd b. Surayʿ **XIX**:146
Mālik b. ʿAbdallāh (poet) **XV**:234
Mālik b. ʿAbdallāh al-Hamdānī al-Murhibī **XXII**:87
Mālik b. ʿAbdallāh al-Khathʿamī **XVIII**:88, 180, 192, 208
Mālik b. Adʾham b. Muḥriz al-Bāhilī **XX**:139; **XXVII**:125, 126, 129; **XXIX**:144
Mālik b. Afṣā b. Ḥārithah **VI**:53
Mālik b. ʿAlī al-Khuzāʿī **XXX**:305
Mālik b. ʿĀmir (of Banū ʿAnz) **XIII**:18
Mālik b. ʿĀmir b. Mālik **XXXIX**:29, 116
Mālik b. ʿAmr (of Banū al-Najjār) **VII**:108
Mālik b. ʿAmr (of Banū Tamīm) **IX**:122
Umm al-Malik bt. ʿAmr b. Ḥujr **V**:163
Mālik b. ʿAmr al-Nahdī, Abū Nimrān **XX**:197, 216; **XXI**:20, 32, 92, 94–95
Mālik b. ʿAmr al-Tamīmī **XXVII**:82
Banū Mālik b. ʿAmr b. Thumāmah **XIX**:56
Mālik b. ʿAmr al-Tinʿī **XVII**:62
Mālik b. Anas **I**:306; **IX**:172; **XIV**:165; **XXVIII**:121–22, 156, 216; **XXIX**:194; **XXXIX**:55, 132, 217, 226, 243, 249, 252, 261–63
Mālik b. ʿAqadiyyah (Mālik b. al-Julāḥ) al-Jushamī **XVII**:52–53
Abū Mālik al-Ashʿarī **XXXIX**:147
Abū Mālik al-Ashjaʿī **IX**:106–7
Mālik al-Ashtar al-Nakhaʿī (Mālik b. al-Ḥārith al-Nakhaʿī) **IX**:56; **XI**:100, 168; **XV**:57, 113–14, 119–21, 125, 132–33, 135, 139, 159, 189–90, 194, 199, 205, 232; **XVI**:4, 5, 12–14, 87, 93–96, 102–4, 112, 140–42, 147, 148, 153, 167, 184, 192, 196, 197; **XVII**:6, 8–12, 18, 19, 30, 31, 33, 41–47, 76–77, 79–83, 87, 93, 110, 144, 145, 146;

Mālik al-Ashtar al-Nakhaʿī (continued) **XVIII**:134, 136; **XXI**:83; **XXIII**:23; **XXXIX**:272–73

Mālik b. ʿAwf al-Naṣrī **IX**:2, 3, 4, 5, 6, 16, 18, 22, 30, 32; **X**:158

Mālik b. Aws b. al-Ḥadathān **XIII**:111; **XV**:74; **XXXIX**:183

Mālik b. Aʿyan al-Juhanī **XVII**:33, 35, 37, 40, 47, 65, 73, 128; **XXI**:31; **XXV**:154

Mālik b. Bishrān **XXXVII**:68–70, 113

Mālik b. Daʿar b. Yawbūb **II**:153

Mālik b. Dīnār **II**:163; **III**:101; **XVI**:130; **XX**:30; **XXXIX**:237

Mālik b. al-Dukhshum **VII**:71; **IX**:60–61

Mālik b. Fahm b. Taymallāh **IV**:129, 130–31, 132; **V**:20

Mālik b. Fārij b. Mālik **IV**:136–37

Mālik b. Ḥabīb al-Yarbūʿī **XIII**:58; **XV**:132, 256; **XVI**:108, 121

Mālik b. Ḥadīd al-Namarī **XVII**:52

Mālik b. Ḥanẓalah (of Banū al-Wirthah) **XXII**:66

Banū Mālik b. Ḥanẓalah (of Tamīm) **X**:85, 87, 89, 98

Mālik b. al-Ḥārith al-Nakhaʿī. SEE Mālik al-Ashtar al-Nakhaʿī

Mālik b. al-Haytham al-Khuzāʿī, Abū Naṣr **XXIV**:87; **XXV**:123; **XXVI**:67, 120; **XXVII**:68, 69, 79, 95, 96, 98, 101, 107, 187, 188, 194; **XXVIII**:10, 22, 28, 35, 41–43, 64, 279; **XXXI**:17; **XXXIV**:27

Abū Mālik al-Ḥimyarī **V**:232

Banū al-Mālik b. Ḥisl b. ʿĀmir b. Luʾayy **VII**:107; **XIII**:130; **XXXIX**:185

Mālik b. Hubayrah al-Sakūnī **XVIII**:88, 91, 93–94, 148, 152–53; **XX**:56, 57, 62, 68–69

Mālik b. Ḥudhayfah b. Badr **VIII**:96; **X**:77

Mālik b. al-Ḥūr **XVII**:165

Mālik b. Ḥuwayrith al-Laythī **XXXIX**:300

Mālik b. Ibrāhīm b. al-Ashtar **XXIV**:143–44

Mālik b. Ismāʿīl, Abū Ghassān **XXIII**:212; **XXXIX**:212, 215

Abū Mālik al-Janbī **VII**:39

Mālik b. al-Julāḥ al-Jushamī. SEE Mālik b. ʿAqadiyyah al-Jushamī

Mālik b. Kaʿb al-Hamdānī al-Arḥabī **XIII**:14; **XV**:120; **XVII**:87, 162–63, 195, 198–99

Mālik b. Kaydar al-Ṣafadī **XXXIII**:103–5, 107

Mālik b. Kinānah **VI**:31, 32

Banū Mālik b. Kinānah **VI**:25, 32, 55; **VII**:106; **X**:171; **XII**:185

Mālik b. Abī Maryam **XXXIX**:147

Mālik b. Mighwal **IX**:175, 198; **XXXIX**:311

Mālik b. Mismaʿ, Abū Ghassān **XVI**:120, 160, 161; **XVII**:166; **XIX**:31–32; **XX**:8–9, 19, 24–28, 31, 34, 38, 39, 41–45, 168; **XXI**:48–49, 87, 93, 120, 135, 173–75, 178; **XXIV**:114–15, 128–29, 141; **XXV**:35

Banū Mālik b. Mismaʿ **XXIV**:113

Mālik b. al-Mundhir b. al-Jārūd **XXI**:87, 93; **XXIV**:114, 118; **XXV**:23, 33, 34

Mālik b. Murrah al-Rahāwī **IX**:74, 76

Mālik b. al-Naḍr al-Arḥabī **XIX**:115

Mālik b. al-Naḍr b. Kinānah **V**:181; **VI**:29–31

Banū Mālik b. al-Najjār **VI**:12, 14, 125; **VII**:84; **XI**:124

Abū Mālik al-Nakhaʿī **XXXIX**:199

Mālik b. Numayr al-Khuzāʿī **XXXIX**:145

Mālik b. al-Nusayr al-Baddī **XIX**:102, 153; **XXI**:31

Mālik b. Nuwayrah (al-Jafūl) **IX**:108; **X**:53, 85, 89–91, 98–104, 139; **XI**:64, 162; **XXXIX**:83
Mālik b. Qādim **XXVII**:173
Mālik b. Abī Qawqal **VII**:160
Mālik b. Qays **XI**:23
Banū Mālik b. Rabī'ah **XXIV**:118
Mālik b. Rabī'ah b. Khālid al-Taymī al-Wāthilī **XII**:41
Mālik b. Rabī'ah al-Sā'idī. SEE Abū Usayd al-Sā'idī
Mālik b. Rabī'ah al-Salūlī, Abū Maryam **XXXIX**:128
Mālik b. Rāfilah **VIII**:153, 159
Mālik b. al-Rayb al-Māzinī **XVIII**:188, 189
Mālik b. Abī al-Rijāl **XI**:133
Banū Mālik b. Sa'd **X**:183; **XX**:178
Mālik b. Ṣafwān Dhī al-Shafr **IX**:133
Mālik b. Abī al-Samḥ **XXVI**:163–64
Mālik b. Shāhī **XXXII**:145–46, 148
Mālik b. Ṭarīf **XXVII**:127, 131, 161
Mālik b. Ṭawq **XXXV**:39; **XXXVIII**:135
Mālik b. al-Tayyihān. SEE Abū al-Haytham b. al-Tayyihān
Abū Mālik b. Tha'labah b. Abī Mālik al-Quraẓī **V**:170
Mālik b. 'Ubādah **IX**:76
Banū Mālik b. Udad **XXXIX**:29
Banū Mālik b. Uqaysh **VI**:120
Mālik b. Yazīd b. Mālik b. Ka'b **XX**:60
Mālik b. Zayd (Mālik b. Yazīd) **XI**:46
Mālik b. Zayd b. Shadad **XXXIX**:255
Mālik b. Zuhayr b. 'Amr b. Fahm **IV**:129, 131; **V**:20
Mālik b. Zuhayr b. Jadhīmah **XXII**:133; **XXXI**:231
Mallah (father of Ḥassān and Unayf) **IX**:101
mallets, origin of **I**:300
mallow. SEE althea
Ma'lūn Shamsā (city in the East) **II**:19
Malūriyah (in Byzantine territory) **XXXVIII**:14
Malwiyyah (mountain road) **XIV**:19
Ma'mar (killer of al-Ḥutam b. Ḍubay'ah) **X**:147, 151
Ma'mar *(rāwī)*. SEE Ma'mar b. Rāshid
Ma'mar b. al-Muthannā. SEE Abū 'Ubaydah
Abū Ma'mar al-Qaṭī'ī **XXXII**:210, 218, 222
Ma'mar b. Rāshid **I**:201, 207, 252, 267, 290, 301, 353; **II**:99, 102, 104, 106, 116, 121, 124, 145, 151, 170, 182; **IV**:157–58; **VI**:8, 49, 76; **VII**:6, 40, 159; **VIII**:68, 69, 74, 88; **IX**:150, 196, 197; **XIII**:110; **XV**:77; **XXXIX**:12, 108, 112, 167, 174, 176, 190, 218, 240, 265
al-Ma'mūn ('Abdallāh b. Hārūn al-Rashīd, caliph) **XXIX**:140; **XXX**:56, 59, 95, 98, 172, 179–81, 183–200, 212, 236, 253–54, 261, 292–94, 297, 306, 323, 328, 332–33; **XXXI**:1, 3–9, 13–19, 22–44, 47–51, 53, 55–57, 59–60, 63–76, 82–83, 87–88, 91, 93–94, 95, 96, 101–2, 108, 110, 120–21, 124–30, 133–34, 148, 152, 172, 174, 178, 183, 185–86, 190, 192–98, 200–202, 207, 211–12, 217, 221–22, 224–26, 229–30, 240–41; **XXXII**:*passim;* **XXXIII**:2, 134, 172; **XXXIV**:28–29, 81, 173, 189; **XXXV**:74, 143; **XXXVIII**:48, 207
al-Ma'mūnī. SEE al-Ḥasan b. 'Alī al-Bādhghīsī al-Ma'mūnī
Mamzūj (*mawlā* of Banū Shaybān) **XXIV**:78
Man of the Mole. SEE al-Ḥusayn b. Zikrawayh

Abū Ma'n ('Īsā b. Ka'b b. Mālik) **VI**:11
Banū Ma'n (of Azd) **XXV**:11
Banū Ma'n (of Ṭayyi') **XVIII**:160; **XIX**:99?; **XXXIX**:6
Ma'n b. 'Adī **IX**:61, 194–95
Ma'n b. Ḥājiz **X**:81
Ma'n b. 'Īsā al-Qazzāz **IX**:170; **XXXIX**:127, 199, 243
Ma'n b. al-Mughīrah **XXI**:233
Ma'n al-Sulamī. SEE Ma'n b. Yazīd b. al-Akhnas al-Sulamī
Ma'n b. Yazīd b. al-Akhnas al-Sulamī **XVII**:24–26, 103; **XIX**:80
Ma'n b. Zā'idah **XXVII**:87, 88, 89, 138, 187, 188; **XXVIII**:63, 65–68; **XXIX**:60, 62, 72, 95–100, 103
Manādhir (al-Manādhir, north of al-Ahwāz) **XIII**:114–16, 118, 119, 121, 131, 133; **XIV**:79; **XXV**:166
Manāf (Meccan idol) **VI**:19
manār (beacon, lighthouse) **V**:144; **XXVII**:203
Pharos of Alexandria **XXX**:163
Manārah (*mawlā* of al-Manṣūr) **XXIX**:165
Abū Manārah (*ghulām* of salt flat workers) **XXXVI**:43
Manasseh (Manashā) b. Hezekiah **IV**:40
Manasseh (Manashā) b. Joseph **II**:166, 185
Manāt (old Arabian goddess) **VI**:108, 110–12; **VIII**:188; **IX**:81
Manbij (in Syria) **V**:254; **XXI**:149; **XXVI**:250; **XXVII**:171; **XXX**:183, 238; **XXXII**:185; **XXXIII**:130
SEE ALSO Jisr Manbij
al-Mandab, coast of **V**:211
Mandaic language. SEE Aramaic language
al-Mandal (in India) **I**:292; **XXIII**:215
Māndawayh (Jew from Khaybar) **XXXVI**:46
Manf. SEE Memphis
mangonels and ballistas (*manjanīq, 'arrādah*) **IX**:20, 23; **XIII**:9, 11; **XV**:95; **XIX**:224; **XXI**:225; **XXVII**:21, 23, 38, 42, 129; **XXXI**:134–37, 145–47, 150, 154, 164, 176, 181, 198, 209, 212; **XXXIII**:66, 109, 111; **XXXIV**:79, 127; **XXXV**:32, 40, 46, 47, 59, 60, 63, 64, 68, 73, 91, 95; **XXXVII**:43, 101, 105, 175; **XXXVIII**:75
Manḥūr al-Khārijī **XXIII**:207, 209
Mani (Mānī the Zindīq) **V**:38, 45; **XXX**:69–70
Mānī's Gate (at Junday Sābūr) **V**:45
Manī' b. al-'Alā' al-Sa'dī **XXI**:51
al-Manī'ah (nortwest of al-Baṣrah) **XXXVII**:25
Manicheans. SEE al-Māniyyūn; *zindīq*
al-Manīnah (Manīnā, Zanj commander) **XXXVI**:191; **XXXVII**:56
Manīshiyā. SEE Amghīshiyā
al-Māniyyūn (Manicheans) **XXX**:313
SEE ALSO *zindīq*
Manjānah (daughter of the Persian king) **XII**:143
manjanīq. SEE mangonels and ballistas
Ibn Manjūf. SEE Suwayd b. Manjūf al-Sadūsī
Manjūr (governor of Ḥimṣ) **XXXVI**:161
Manjūr (*mawlā* of al-Mu'tamid) **XXXVI**:193
Mankā (Munkā, canal). SEE Nahr Munkā
Mankah (Indian physician) **XXX**:313–14
Mankajūr b. Ḥandarūs **XXXV**:90–91, 94

Mankajūr b. Qārin al-Ushrūsanī **XXXIII**:175–76, 182, 197; **XXXV**:58
mann (measure of weight) **XXXVII**:72
manna *(taranjubīn)* **III**:82–83
Ibn Mannāḥ *(rāwī)* **XXXIX**:187
al-Manqabah (in al-Anbār) **XXXVIII**:78
al-Mansaʿah (outside Medina) **V**:167
Mansak (nation at the ends of the earth) **I**:238
Mansif. SEE Memphis
al-Manṣūr (ʿAbdallāh b. Muḥammad, Abū Jaʿfar, caliph) **XXI**:218–19; **XXIII**:217; **XXVI**:75, 214; **XXVII**:86, 149, 150, 157, 158, 178, 180, 181, 182–85, 185–90, 191–94, 198, 204, 208, 209–10, 211–12; **XXVIII**:1–4, 6–10, 13, 16–17, 19–21, 23–25, 27–30, 32–45, 47, 49–50, 55–57, 59–73, 75, 77–78, 80–110, 113–14, 117–23, 125–30, 133–42, 150, 152, 154, 156–57, 159–67, 169, 177, 179–81, 184–89, 193–94, 196, 214, 217–19, 222–26, 228–33, 236–52, 254–57, 260, 262–65, 267–73, 275–86, 289–92; **XXIX**:3–157 *passim*, 198, 199, 200, 225, 251–52; **XXX**:10, 54, 148, 180, 261, 292, 305; **XXXI**:15, 156; **XXXVI**:93, 120; **XXXVII**:15, 150; **XXXIX**:235, 246, 248, 249, 253–54, 255, 260, 261, 262
Manṣūr (household manager of Muḥammad b. al-Baʿīth) **XXXIV**:80
Manṣūr (*khādim* of al-ʿAbbās b. ʿAbdallāh b. Jaʿfar b. Abī Jaʿfar) **XXXI**:228
Manṣūr *(rāwī)* **VI**:155
Manṣūr *(rāwī)* **XXXIX**:137
Manṣūr *(rāwī)*. SEE Manṣūr b. al-Muʿtamir al-Sulamī
Manṣūr (son of the sister of ʿĪsā al-Nūsharī) **XXXVIII**:106
Ibn Abī Manṣūr *(rāwī)*. SEE Muḥammad b. Abī Manṣūr al-Āmulī
Manṣūr b. ʿAbd al-Raḥmān **VI**:63
Manṣūr b. ʿAbdallāh b. Manṣūr al-Kātib **XXXVIII**:184
Manṣūr b. ʿAbdallāh b. Yazīd b. Shammar al-Ḥimyarī **XXIX**:157
Manṣūr b. Abī al-Aswad **XIV**:141
Manṣūr b. al-Ḥasan Hār **XXXIII**:149
Manṣūr b. ʿIkrimah b. Hāshim **VI**:114
Manṣūr b. Ītākh **XXXIV**:85–86
Manṣūr b. Jaʿfar b. Dīnār al-Khayyāṭ **XXXVI**:120, 122, 123, 125, 137, 138
Manṣūr b. Jaʿwanah b. al-Ḥārith al-ʿĀmirī **XXVIII**:61
Abū Manṣūr al-Juhanī. SEE Mālik b. Aʿyan al-Juhanī
Manṣūr b. Jumhūr **XXIII**:46; **XXVI**:118, 129, 147–48, 151–52, 154, 157–58, 163, 195–202, 204, 207–8, 213–14, 219–20, 226, 232; **XXVII**:6, 13, 16–18, 25, 26, 49, 57, 58, 86, 88, 195, 198, 203; **XXVIII**:274
Manṣūr b. Abī al-Khirqāʾ al-Sulamī. SEE Manṣūr b. ʿUmar b. Abī al-Kharqāʾ al-Sulamī
Manṣūr b. al-Mahdī **XXVIII**:74, 79; **XXXI**:91, 120, 134, 245–46; **XXXII**:18, 23–24, 46–48, 52–53, 58–59, 62, 66, 73, 81, 82
Manṣūr b. Abī Maṭar **XXXI**:39
Manṣūr b. Muḥammad b. ʿAbdallāh b. Muḥammad b. ʿAlī **XXX**:177
Manṣūr b. Muslim, Abū Ṭalḥah **XXXVII**:177; **XXXVIII**:25
Manṣūr b. Muslim al-Bajalī. SEE Manṣūr b. Sālim al-Bajalī

Manṣūr b. al-Mu'tamir al-Sulamī, Abū 'Attāb **II**:113; **III**:101, 120; **IX**:126; **XIV**:88; **XXXIX**:242
Manṣūr b. Muzāḥim **XXIV**:100
Manṣūr b. Abī Muzāḥim **XXIV**:92
Manṣūr al-Namarī **XXX**:113, 156, 330–31
Manṣūr b. Naṣīr **XXVI**:198
Manṣūr b. Naṣr b. Ḥamzah **XXXV**:122, 132
Manṣūr b. Abī Nuwayrah **XVII**:65
Manṣūr b. Sa'd **XXXIX**:125
Manṣūr b. Sālim (Muslim) al-Bajalī (Sālim b. Manṣūr al-Bajalī) **XXV**:127, 142, 143, 145
Manṣūr b. 'Umar b. Abī al-Kharqā' al-Sulamī **XXV**:104, 189, 190; **XXVI**:24, 237; **XXVII**:97, 102
Manṣūr b. al-Walīd b. 'Abd al-Malik **XXIII**:219
Manṣūr al-Yashkurī **XVII**:205
Manṣūr b. Yazīd b. Manṣūr al-Ḥimyarī **XXIX**:218, 219, 235; **XXX**:152, 305
Manṣūr b. Zādhān **XXXIX**:241
Manṣūr b. Ziyād **XXX**:116–17, 142, 209
Manṣūrah (capital of Sind) **XXVII**:6, 203; **XXIX**:203
al-Manṣūrah (northwest of al-Baṣrah) **XXXVII**:28, 32
SEE ALSO Ṭahīthā
al-Manṣūriyyah (in Iraq) **XXXV**:79
mantle. SEE *ṭaylasān*
al-Mantūf (*mawlā* of Banū Bakr b. Wā'il) **XXIV**:128–29
Manuel (Byzantine *patricius*) **XXXII**:186
manumission of slaves **XXVI**:218; **XXXVIII**:110; **XXXIX**:279
in battle **XXV**:80
by contract **VIII**:57
in oaths **XVI**:116–17, 126; **XXV**:106–7; **XXVI**:11; **XXIX**:24, 186
manumission of slaves (continued)
when giving birth to master's offspring **XIV**:140
manuscripts
copying mistakes **XXXIX**:278
as gifts **XXXVI**:204
Manūshihr (legendary Kayanid ruler) **III**:18, 19, 21, 23, 24, 25, 28, 29, 30, 88, 111–13, 114; **IV**:18; **V**:7, 302, 309
Manushkarfāgh (Manushkhwārnāgh, b. Afrīdhūn) **III**:20
Manushkharnar (b. Wayrak, or b. Manushkhwārnāgh) **III**:19, 20, 21
Manushkhorak (bt. Afrīdhūn) **III**:20
Manushkhwārnāgh. SEE Manushkarfāgh
Manushrāzūk (bt. Manushkhwārnāgh) **III**:20, 21
Manẓūr b. Jumhūr **XXVI**:208–9, 257–60
Manẓūr b. Sayyār al-Fazārī **XV**:219
Manẓūr b. Zabbān b. Sayyār **X**:41
maqām Ibrāhīm (standing place of Abraham, in Mecca) **II**:78, 79, 81, 100; **VI**:104; **XIII**:159; **XXI**:61, 230; **XXIII**:222; **XXIX**:91; **XXXI**:126; **XXXII**:29, 36
al-Maqburī. SEE Sa'īd b. Abī Sa'īd al-Maqburī
Ma'qil (canal). SEE Nahr Ma'qil
Ma'qil (of Banū 'Abd al-Qays) **XXIII**:49
Ma'qil b. 'Abdallāh **XX**:123
Ma'qil b. al-A'shā b. al-Nabbāsh (Abyaḍ al-Rukbān) **XI**:17
Ma'qil b. Munabbih **XXXIX**:322
Ma'qil b. Muqarrin al-Muzanī **XI**:14; **XIII**:189

Maʿqil b. Qays al-Riyāḥī **XVII**:5, 18, 88, 122, 130, 181, 183–93; **XVIII**:37, 43, 44–45, 49, 50–51, 53–55, 57–58, 59–61, 65–66
Maʿqil b. Sinān al-Ashjaʿī **XIX**:39–40, 42, 44, 209, 214–15
Maʿqil b. Yasār al-Riyāḥī al-Muzanī **XIV**:9, 10, 12; **XVI**:114; **XXXIX**:292
al-Maqr. SEE Day of al-Maqr
maqṣūrah (enclosure, in mosques) **XVII**:223; **XVIII**:75, 99; **XX**:32; **XXI**:161, 165; **XXII**:113; **XXVI**:143, 217, 232; **XXVIII**:120; **XXIX**:198
al-Marāḍ (near al-Ṭaraf, in Najd) **VIII**:5
al-Marāghah (southeast of Lake Urmiya) **XXXIII**:24, 43–44, 133; **XXXIV**:78, 88; **XXXVIII**:9, 23, 192
Marāḥ (fortress, in Yemen) **III**:164
Marʾah (in al-Yamāmah) **XXXIV**:46
al-Marʾah (canal). SEE Nahr al-Marʾah
al-Marah Pass. SEE Thaniyyat al-Marah
Marājil (concubine of Hārūn al-Rashīd) **XXX**:327
Marʿam (in Marw) **XXV**:41
Marand (north of Lake Urmiya) **XXXIV**:77–80
Mārasfand (at whose house Kisrā II was imprisoned) **V**:382
Marʿash (in Cilicia) **XXII**:12; **XXV**:96; **XXVII**:121; **XXIX**:198; **XXX**:268; **XXXVII**:79; **XXXVIII**:90, 151, 153
al-Marʿashī. SEE ʿAlī b. ʿAbdallāh
Marcian (Roman emperor) **IV**:127
Marciarus. SEE Macrinus
Marcus Aurelius (Roman emperor) **IV**:126
Mardādhān (in a line of Kaʿb al-Ashqarī's poetry) **XXIII**:187
al-Mardamah (near al-Kūfah) **XXII**:70, 72
Mardānshāh (commander of Jābān) **XI**:180, 195, 205
Mardānshāh (courtier of Kisrā II) **V**:395–97
Mardānshāh (*dihqān* of al-Ahwāz) **XXI**:119
Mardānshāh (ruler of Dunbāwand) **XIV**:27
Mardānshāh al-Khaṣī **XI**:191
Mardbūdh (adviser of Fayrūz I) **V**:115
Marḍī b. Muqarrin **XIV**:37
Mārdīn (in al-Jazīrah) **XXVII**:181; **XXXVIII**:3, 17
Abū Mardiyyah (*mawlā* of Banū Bāhilah) **XXIII**:176
al-Marghāb (canal, near al-Baṣrah) **XII**:170
al-Marghāb (river, in Khurāsān). SEE al-Murghāb
Marḥab the Jew **VIII**:118, 121
Mārī (Māshī, son of Jayūmart) **I**:319, 325, 326
Maʾrib (in Yemen) **X**:20, 22, 23, 158, 177, 182, 190
Mārid al-Muḥrizī, Abū ʿĪsā **XXXIV**:179
Māridah (concubine of Hārūn al-Rashīd, mother of al-Muʿtaṣim) **XXX**:327; **XXXIII**:216
Mariḥu (Māriḥ) b. Japheth **II**:11
Ibn Mārimmah. SEE Aḥmad b. Mārimmah
Banū Marīnā (of al-Ḥīrah) **V**:341, 343
al-Māriqī (singer, in a line of Diʿbil b. ʿAlī al-Khuzāʿī's poetry) **XXXII**:249
Māriyah (bt. Shamʿūn al-Qibṭiyyah, concubine of Prophet Muḥammad) **VIII**:100, 131; **IX**:39, 137, 141, 147; **XIII**:58; **XXXIX**:22, 161, 193–95
Māriyah bt. ʿAwf b. Jusham. SEE Māʾ al-Samāʾ

Māriyah bt. al-Ḥārith b. Julhum
V:340
Māriyah bt. Sa'd (Māriyah bt. Munqidh) **XIX**:26–27
Māriyānah (Mashyānah, daughter of Jayūmart) **I**:319, 325
al-Marj. SEE Marj al-Qal'ah; Marj Rāhiṭ; Marj al-Sughd
Marj 'Adhrā'. SEE 'Adhrā'
Marj al-Akhram **XXVII**:178
Marj Ardabīl (field of Ardabīl) **XXV**:69
Marj Dābiq (north of Aleppo) **XXIX**:50
Marj al-Dībāj (near al-Maṣṣīṣah) **XIII**:84
Marj Musalliḥ **XI**:183
Marj al-Nabīdh (Wine Meadow) **XXIII**:176
Marj Nīrān **XXVI**:230
Marj al-Qal'ah (al-Marj, in al-Jibāl) **XIII**:201, 212; **XIV**:18; **XXVII**:131; **XXX**:103, 175; **XXXIII**:85
Marj Rāhiṭ (al-Marj, near Damascus)
battle of **XX**:55–69; **XXI**:3, 165; **XXVI**:134
Khālid b. al-Walīd's attack on Ghassān **XI**:110, 115, 126
Marj al-Rūm **XXVII**:172
battle of **XII**:174–75
Marj al-Sibākh (between al-Qādisiyyah and Khaffān) **XI**:197, 200
Marj al-Ṣīn (Meadow of al-Ṣīn) **XXIV**:26
Marj al-Ṣuffar **XI**:81, 104–5, 107, 109, 112, 115, 161–62, 164–65
Marj al-Usquf (west of Podandos River) **XXXIII**:99–100; **XXXV**:9
Marjānah (mother of 'Ubaydallāh b. Ziyād) **XX**:15
Ibn Marjānah. SEE 'Ubaydallāh b. Ziyād b. Abī Sufyān
Markabūd (of al-Abnā', descendants of Persian soldiers in Yemen) **IX**:123
markets
of Baghdad **XXVIII**:246; **XXIX**:8–10, 59; **XXXI**:109; **XXXV**:40, 72, 75; **XXXVII**:145, 168
of al-Baṣrah **XX**:32; **XXVII**:144
of Sāmarrā **XXXV**:61
SEE ALSO entries beginning with Sūq; Suwayqat
Marmara. SEE Sea of Marmara
Marqīsīyā (Jābalq, legendary city) **I**:237
Marr. SEE Baṭn Marr
Marr al-Ẓahrān (between Medina and Mecca) **VII**:165; **VIII**:138, 168, 171, 174, 175; **IX**:38
Bint Marrār. SEE Rabī'ah bt. al-Marrār b. Salāmah al-'Ijlī
Marrār b. 'Abd al-Raḥmān b. Abī Bakrah **XXII**:9
Marrār b. Anas al-Ḍabbī **XXVII**:183, 184
al-Marrār b. Salāmah al-'Ijlī **XVIII**:110
marriage(s)
to captive women **X**:113, 115, 119, 131
during *'iddah* **XV**:126, 127
Musaylima's marriage laws **X**:94–95
mut'ah (temporary marriage) **XIV**:140; **XXXV**:117
of Prophet Muḥammad **VI**:47–50; **VII**:6–8, 105, 150, 167; **VIII**:1–4, 31, 57, 109–10, 136–37, 187; **IX**:39, 126–39
to slave girls of the People of the Book **XII**:158–59
unlawful marriages **XXXIV**:92
Marrūd. SEE Marw al-Rūdh
Mars (Bahrām, planet) **I**:235; **XII**:47
Mārsarjas (near Marw) **XXVII**:68

marsh areas, of southern Iraq. SEE al-Baṭīḥah
marshal. SEE *ʿarīf*
Marthad (in a line of Qays b. al-Makshūḥ al-Murādī's poetry) **X**:172
Marthad (*khādim* of ʿUmar b. ʿAbd al-ʿAzīz) **XXIV**:101–2
Umm Marthad *(rāwiyah)* **XXXIX**:205
Marthad b. ʿAbdallāh al-Mujāshiʿī **XXVII**:44
Marthad b. ʿAbdallāh al-Yazanī, Abū al-Khayr **I**:229; **VI**:127; **XV**:198
Abū Marthad al-Ghanawī (Kannāz/Kināz b. al-Ḥuṣayn) **VII**:10; **XI**:70; **XXXIX**:100, 101, 281
Marthad b. al-Ḥārith al-Jushamī **XVII**:29
Marthad b. Abī Marthad al-Ghanawī **VII**:84, 143, 144; **IX**:119; **XXXIX**:101
Marthad al-Qābiḍī **XX**:117
SEE ALSO Thubayt b. Marthad al-Qābiḍī
Marthad b. Qays **XVI**:75, 76
Marthad b. Saʿd b. ʿUfayr **II**:32, 34, 36, 37
Marthad b. Shurayḥ **XVII**:42
Marthad b. Zayd b. Shadad **XXXIX**:255
Martinakios (?, Byzantine naval commander) **XXXIV**:124
Martūs (of Men of the Cave) **IV**:156
martyrdom *(shahādah,* martyr, *shahīd)* **VII**:154; **VIII**:46, 67, 154, 155, 158; **XII**:46, 97, 101, 107, 119, 123, 125–27, 149; **XVIII**:127; **XIX**:212; **XX**:134; **XXXIX**:4, 11, 19, 22, 154, 158, 164, 192, 205, 301
Maʿrūf (Jaʿfar b. Sulaymān b. ʿAlī al-Hāshimī's messenger to al-Manṣūr) **XXVIII**:277
Ibn Maʿrūf. SEE al-Qāsim b. Bishr
Maʿrūf b. al-Kharrabūdh (Kharrabūdh) al-Makkī **VI**:17; **XXXIX**:16
Maʿrūf b. Suwayd **XXVII**:167; **XXVIII**:238, 253, 255, 271, 277; **XXIX**:75
al-Maʿrūr b. Suwayd, Abū Umayyah **XII**:93; **XIII**:67; **XXXIX**:325
al-Marūzān (Persian governor, in Yemen) **V**:294, 373–75
SEE ALSO al-Marzubān b. Wahriz
Marw (Marv, Merv, Marw al-Shāhijān) **I**:319; **IV**:94; **V**:15; **XIII**:132, 190; **XIV**:52, 53, 54, 58–61; **XV**:36, 78–90, 92–93, 105, 107, 111; **XVI**:190–91; **XVII**:99, 140; **XVIII**:2, 85, 92, 119–21, 179; **XIX**:187–88; **XXI**:210–11; **XXII**:10, 166–68, 171, 175, 189, 198; **XXIII**:26–27, 29, 31–32, 54, 56, 90, 94, 102, 127–28, 135, 137, 143, 147, 152, 164, 171–72, 176–77, 185, 190, 199–200, 206, 216, 225; **XXIV**:8, 12, 36, 54, 95, 151, 179; **XXV**:13, 22, 26, 42, 48, 62, 67, 81, 101, 103, 105, 107, 112, 113, 117, 125, 128, 133, 140, 142, 150, 164, 187, 188, 189; **XXVI**:24–25, 67, 118, 122, 230, 236–38, 263–64; **XXVII**:30, 37, 39, 40, 41, 43, 44, 46, 63, 66, 68, 70, 71, 73, 75, 76, 80, 81, 83, 84, 85, 93–104, 126, 183, 203; **XXVIII**:59; **XXIX**:196, 224; **XXX**:113, 149, 163, 174, 178, 208, 269, 277–79, 284–87, 297; **XXXI**:1, 5, 13–14, 25, 27, 55, 72, 128, 196, 212; **XXXII**:37, 39, 41, 78, 80; **XXXIII**:207; **XXXVI**:16, 18, 151, 188, 203; **XXXIX**:71
Marw cloth (Marawī cloth) **XXVII**:73
Marw al-Rūdh (Marwarūdh, Marrūdh) **XIV**:53, 54, 56, 58, 60; **XV**:36, 85, 102–6, 111; **XVIII**:2, 85; **XX**:71–74, 79, 178–79; **XXIII**:31,

Marw al-Rūdh (continued) **XXIII**:33, 54, 87, 135, 154, 165, 199; **XXV**:92, 106, 117, 119, 147, 192; **XXVI**:230–31; **XXVII**:64, 65, 67, 70–75, 83, 105, 201, 202; **XXVIII**:50, 70; **XXIX**:44–45; **XXXI**:93

Marw al-Shādhān (village, in Fārs) **XXVII**:88

Marw al-Shāhijān. SEE Marw

al-Marwah (hill, in Mecca) **II**:70, 73, 76, 100; **XIX**:66, 69; **XXI**:208, 229; **XXVIII**:102; **XXX**:24, 110; **XXXII**:22
SEE ALSO *sa'y*

al-Marwaḥah (across the Euphrates from Quss al-Nāṭif) **XI**:188–91

Marwak, Book of. SEE *Mazdak, Book of*

Marwān I. SEE Marwān b. al-Ḥakam

Marwān II. SEE Marwān b. Muḥammad

Marwān *(rāwī)* **XXXIX**:157

Abū Marwān. SEE Kāriz b. Hārūn

Abū Marwān (*mawla* of Banū Sulaym) **XXVIII**:261; **XXIX**:12

Ibn Marwān. SEE ʿAbd al-Malik b. Marwān; Yazīd b. ʿAbd al-Malik b. Marwān

Marwān b. ʿAbd al-Malik b. Marwān (Marwān al-Akbar, the Elder) **XXIII**:118

Marwān b. ʿAbd al-Malik b. Marwān (Marwān al-Aṣghar, the Younger) **XXIII**:118; **XXIV**:42

Marwān b. ʿAbd al-Raḥmān al-Ḥumaysī **XVI**:48

Marwān b. ʿAbdallāh b. ʿAbd al-Malik **XXVI**:184–86

Abū Marwān al-Aslamī **XXXIX**:69, 160

Marwān Gate. SEE Bāb Marwān b. al-Ḥakam

Marwān b. Abī Ḥafṣah al-Akbar (the Elder) **XXIX**:221–22, 258–59; **XXX**:79–80, 118–19, 144–46, 148, 151, 165, 257, 306–8

Marwān b. Abī Ḥafṣah al-Aṣghar (the Younger). SEE Marwān b. Abī al-Janūb

Marwān b. al-Ḥakam (Marwān I, caliph) **VI**:2; **VII**:50; **VIII**:68, 69, 74, 88, 90, 161; **XI**:106–7; **XIV**:150; **XV**:60, 144, 153, 171, 173–75, 177–80, 182, 187, 192–93, 197–98, 200–204, 209, 211, 214, 218, 220, 236, 247, 249–50; **XVI**:12, 44–46, 127, 153, 160, 161, 166, 167, 187, 188; **XVII**:143, 166; **XVIII**:20, 32, 70, 75, 87, 93–95, 117, 172–74, 179, 182, 187, 191–92, 205, 216, 224; **XIX**:2–6, 12, 15, 170, 175, 189, 190–91, 201–2, 204–7, 213–24, 226; **XX**:47–69, 159, 160–62, 175; **XXI**:2–3, 75, 104, 126, 150, 159–60, 163, 165, 178, 193, 214; **XXIII**:132, 206; **XXV**:193; **XXVI**:73–74, 134, 151–52, 216; **XXVIII**:101, 106, 110–11, 119, 124, 139, 143–45, 151, 178, 184, 204, 232–33; **XXIX**:125; **XXX**:18; **XXXVIII**:54, 61, 62; **XXXIX**:28, 43, 47, 53, 93, 174, 184, 209, 210, 274, 315

Banū Marwān b. al-Ḥakam **XVI**:161; **XXI**:120, 159, 160, 165; **XXIII**:24, 61; **XXIV**:78; **XXV**:4, 38, 39, 120; **XXVII**:31, 70, 154, 155

Umm Marwān b. al-Ḥakam al-Kināniyyah **XXI**:165

Marwān b. al-Haytham al-Hilālī **XVIII**:142

Marwān b. Abī al-Janūb (Marwān b. Abī Ḥafṣah al-Aṣghar, the Younger) **XXXIII**:209; **XXXIV**:185–86, 188

Marwān al-Jurjānī **XXVII**:179

Marwān b. Muʿāwiyah al-Fazārī **XXXIX**:311

Marwān b. al-Muhallab, Abū Qabīṣah **XXIII**:157; **XXIV**:34–35, 112, 124, 133–34, 145
Marwān b. Muḥammad (Marwān II, caliph) **XIX**:11; **XXI**:217; **XXII**:92; **XXIV**:162; **XXV**:98, 99, 111, 123, 130, 166, 194; **XXVI**:3–4, 35, 68, 101–3, 138–40, 154, 180, 195, 202, 214, 217–19, 233, 238–42, 244, 247, 249–53, 256–57; **XXVII**:1–4, 4–9, 9–19, 19–27, 28, 49, 51, 52, 53, 54, 55, 56, 57, 59, 60, 76, 83, 84, 90, 94, 103, 118, 119, 122, 128, 131, 132, 133, 135, 141, 148, 149, 150, 156, 158, 159, 160, 161, 162–66, 167, 168–75, 176, 181, 182, 185, 186, 189, 195, 212; **XXVIII**:8, 16, 113, 161–62, 186–87; **XXIX**:197–98
Marwān al-Qaraẓ **V**:356
Marwān b. Saʿīd b. Hishām **XXVII**:23, 167
Marwān b. Abī Saʿīd b. al-Muʿallā. SEE Marwān b. ʿUthmān b. Abī Saʿīd b. al-Muʿallā
Marwān b. Shujāʿ **XXIV**:92; **XXVI**:73
Marwān b. ʿUthmān b. Abī Saʿīd b. al-Muʿallā **VIII**:124; **IX**:153, 154; **XI**:151
Marwān b. al-Walīd b. ʿAbd al-Malik **XXIII**:184, 219
al-Marwāniyyah (Marwānids) **XVIII**:20; **XXI**:178; **XXIV**:124, 132, 136, 143, 194; **XXVI**:74–75, 78, 134–35, 137–38, 141, 179, 183–84, 218, 225, 254; **XXVIII**:86; **XXXVIII**:61; **XXXIX**:96
Marwarūdh. SEE Marw al-Rūdh
al-Marwazī. SEE ʿAbdān b. Muḥammad al-Marwazī
Mary (Maryam bt. ʿImrān, mother of Jesus) **IV**:102–3, 108, 112–14, 116–17, 119–20, 122, 124–25, 143, 156, 168, 175–76; **VII**:7; **VIII**:108; **XIV**:157; **XV**:115
Mary Magdalene (saint) **IV**:122
Maryam (daughter of Maurice, Roman emperor) **V**:305, 312
Maryam (name of al-Walīd b. Yazīd b. ʿAbd al-Malik's she-mule) **XXVII**:61
Abū Maryam. SEE ʿAbd al-Ghaffār b. al-Qāsim; ʿAbdallāh b. ʿAbd al-Raḥmān; Mālik b. Rabīʿah al-Salūlī; Ṭahmān
Abū Maryam (*ghulām* of Saʿīd al-Jawharī) **XXXII**:102
Abū Maryam (*mawlā* of Salāmah) **XII**:193
Ibn Abī Maryam. SEE Saʿīd b. Abī Maryam
Abū Maryam al-Asadī **XXXIX**:314
Abū Maryam al-Balawī **XII**:169
Abū Maryam al-Filasṭīnī **XXXIX**:158
Abū Maryam al-Ḥanafī **XIII**:150
Maryam bt. ʿImrān. SEE Mary; Miriam bt. Amram
Ibn Abī Maryam al-Madanī **XXX**:308–12
Abū Maryam al-Thaqafī **XVI**:95; **XVII**:138, 140
Maryam bt. ʿUthmān b. ʿAffān **XV**:254
marzbān. SEE *marzubān*
al-Marzbānān (Byzantine fortress) **XXIII**:215
marzubān (*marzbān*, military governor) **IV**:11; **V**:96, 239, 285, 303, 365, 392; **XII**:46; **XIV**:73; **XV**:78
  of Qūhistān (*rāwī*) **XXIII**:171–72, 174, 185
Marzubān b. Justān **XXX**:255
Marzubān b. T.r.k.sh **XXXIII**:187, 189, 192
al-Marzubān b. Wahriz **V**:251
  SEE ALSO al-Marūzān
al-Marzubānah bt. Qudayd **XXVI**:265

al-Marzubānān. SEE al-Marzbānān
al-Marzubānī. SEE ʿImrān al-Marzubānī
Marzūq, Abū al-Khaṣīb **XXVIII**:17, 23, 35, 67–68, 72, 79, 157
Mās (Masā) b. Ishmael **II**:132, 133
Māsabadhān (Māh Sabadhān, south of Ḥulwān) **XIII**:57, 77–79; **XIV**:43; **XV**:256; **XXII**:137; **XXIII**:38; **XXIX**:242, 243, 244, 245, 246; **XXX**:3, 5, 8; **XXXIII**:2; **XXXIV**:96; **XXXV**:8; **XXXVII**:98
Abū Maṣād al-Kalbī **XXVIII**:253
Maṣād b. Yazīd b. Nuʿaym. SEE Muṣād b. Yazīd b. Nuʿaym
Masʿadah (supporter of ʿAmr b. Muslim b. ʿAmr al-Bāhilī) **XXV**:12
Masʿadah b. ʿAbdallāh al-Yashkurī **XXVI**:209–10
Masʿadah b. Ḥakamah b. Mālik b. Badr **VIII**:96
Masʿadah b. Qays **XXIV**:42
Masʿadah al-Ṭāʾī **XXVII**:110
al-Maṣāff. SEE Bāb al-Maṣāff
Māsah (in Byzantine territory) **XXIII**:184
al-maṣāḥif (copies of al-Qurʾān?), raised on lances, in battles **XVII**:78–82, 89, 90; **XXVII**:127
Umm al-Masākīn. SEE Zaynab bt. Khuzaymah
maṣāniʿ (water reservoirs) **XXIX**:198
al-Maṣāniʿ (fortress, in Yemen) **V**:374–75
Māsawān. SEE Nahr al-Māsawān
Masdūd al-Ṭunbūrī **XXXIV**:221
Mash b. Aram b. Shem b. Noah **II**:17
Mashʿalah b. Nuʿaym **XIII**:76
Abū Maʿshar. SEE Ziyād b. Kulayb
Abū Maʿshar (Najīḥ b. ʿAbd al-Raḥmān al-Sindī) **I**:210, 213, 221, 223, 278, 367; **III**:154; **VI**:111; **IX**:78; **X**:38, 39, 151; **XI**:131, 224; **XIII**:97, 151, 160, 162, 177, 179; **XIV**:17, 64, 68, 94, 123; **XV**:2, 11, 12, 14, 18, 25, 37, 41, 71, 94, 111–12, 130, 131, 145, 236, 251; **XVII**:20, 196, 202, 213, 227; **XVIII**:19, 31, 165, 171, 179, 182, 183, 191, 192, 198, 206, 210; **XIX**:82, 90–91, 188, 193, 217, 225; **XXII**:22, 92, 176, 181, 186, 194; **XXIII**:13, 34, 71, 76, 115–17, 129–39, 145, 148, 156, 179, 183, 202, 213–14, 217–18; **XXIV**:29, 38, 60, 62, 88, 91, 126, 165, 167, 191, 193; **XXV**:28, 32, 44, 63, 94, 96, 98, 100, 110, 194; **XXVI**:35, 55, 65, 68, 70, 120, 164, 243; **XXVII**:27, 52, 92, 123, 133, 145, 198; **XXIX**:92, 179, 245; **XXX**:57; **XXXIX**:50, 69, 165, 177, 240, 282
Mashārif (village, in al-Balqāʾ) **VIII**:156
Mashārif al-Shaʾm (highlands of Syria) **IX**:164
Māshaṭah (daughter of Pharaoh) **II**:158
Māshī. SEE Mārī
Banū Mashjaʿah (of Quḍāʿah) **XI**:110
Ibn Mashjaʿah (in a line of ʿUbaydallāh b. al-Ḥurr al-Juʿfī's poetry) **XXI**:143
Mashraʿat al-Qayyār **XXXVI**:66
Mashrafī (Mashrafiyyah) swords **V**:367; **XV**:134, 203; **XVI**:17, 145, 146; **XVII**:133
Mashyānah. SEE Māriyānah
al-Masīḥ b. al-Ḥawārī **XXVII**:87
al-Masīḥī (canal). SEE Nahr al-Masīḥī
masjid (sanctuary) **VIII**:173
masjid (mosque)
  conversion from church **XXIII**:223–24
  defecating in **XXX**:22

masjid (continued)
first mosque, in al-Baṣrah **XXXIX**:104
formula uttered on entering **XXXIX**:195–96
maqṣūrah (enclosure) **XVII**:223; **XVIII**:75, 99; **XX**:32; **XXI**:161, 165; **XXII**:113; **XXVI**:143, 217, 232; **XXVIII**:120; **XXIX**:198
perfume wearing in **XXXIX**:203
tracing out of **XV**:66
SEE ALSO Friday mosque
Masjid ʿAbbād (ʿAbbād Mosque, in al-Baṣrah) **XXXVI**:33, 53
Masjid ʿAbd al-Qays (Mosque of ʿAbd al-Qays, in al-Kūfah) **XXI**:19
Masjid Banī ʿAdī (Mosque of Banū ʿAdī, in al-Kūfah) **XXVI**:41
Masjid ʿAdī b. Ḥātim (Mosque of ʿAdī b. Ḥātim, in al-Kūfah) **XVIII**:139
Masjid Aḥmas (Mosque of Aḥmas, in al-Kūfah) **XXI**:18
Masjid al-Anṣār (Mosque of the Anṣār, in al-Kūfah) **XIX**:78
Masjid Asad b. al-Marzubān (Mosque of Asad b. al-Marzubān, in Baghdad) **XXXI**:191
Masjid al-Ashʿas (Mosque of al-Ashʿas, in al-Kūfah) **XX**:203
al-Masjid al-Aʿẓam (Great Mosque, in al-Kūfah) **XIX**:39
Masjid Abī Bakrah (Mosque of Abū Bakrah, in Marw) **XXVII**:33
Masjid al-Baṣrah (the Mosque, in al-Baṣrah) **XVI**:163
Masjid Abī Dāwūd (Mosque of Abū Dāwūd, Masjid al-Quṣṣāṣ, in al-Kūfah) **XXI**:19
Masjid Dhī al-Qarnayn (Mosque of Dhū al-Qarnayn, near Bāb al-Lān) **XXV**:45
Masjid Banī Dhuhl (Mosque of Banū Dhuhl, in al-Kūfah) **XX**:118; **XXII**:69
Masjid al-Ḍirār (Mosque of Dissent, near Medina) **IX**:60–61
Masjid Banī Duhmān (Mosque of Banū Duhmān, in al-Kūfah) **XXI**:34
al-Masjid al-Ḥarām (Holy Mosque, in Mecca) **IX**:78; **XIII**:69, 109; **XXI**:61
expansion of **XV**:14–15; **XXIX**:238
gold scraping from **XXXII**:30
al-Kaʿbah. SEE al-Kaʿbah
thunderbolt striking it **XXIX**:68; **XXX**:177
Masjid Banī Ḥarām (Mosque of Banū Ḥarām, in al-Kūfah) **XXXIX**:248
Masjid Banī Hilāl b. ʿĀmir (Mosque of Banū Hilāl b. ʿĀmir, in al-Kūfah) **XXVI**:22
Masjid al-Ḥuddān (Mosque of al-Ḥuddān, in al-Baṣrah) **XVI**:118; **XVII**:167
Masjid Ibrāhīm (Mosque of Abraham, in Mecca) **XXXVII**:64
Masjid al-Jamāʿah (Congregational Mosque, in al-Baṣrah?) **XXIII**:64
Masjid Abī al-Jarrāḥ (Mosque of Abū al-Jarrāḥ, in Medina) **XXVIII**:197
Masjid Juhaynah (Mosque of Juhaynah, in al-Bāṭinah of al-Kūfah) **XX**:119; **XXI**:101
Masjid al-Junābidh (Mosque of al-Junābidh, in Nishapur) **XXIV**:98
Masjid Kawthar (Mosque of Kawthar, in Baghdad) **XXXI**:113–14; **XXXII**:92
Masjid Khuḍayr (Mosque of Khuḍayr, in Baghdad) **XXIX**:59
Masjid Lujayn (Mosque of Lujayn, in Sāmarrā) **XXXVI**:86

Masjid Banī Makhzūm (Mosque of Banū Makhzūm, in al-Kūfah) **XXI**:101
Masjid al-Mawālī (Mosque of the Mawlās, between al-Qādisiyyah and al-Baṣrah) **XXVIII**:266
Masjid al-Mu'ādil (Mosque of al-Mu'ādil, in al-Kūfah) **XVIII**:100
Masjid Banī Qays (Mosque of Banū Qays, in al-Baṣrah) **XI**:216
Masjid al-Quṣṣāṣ. SEE Masjid Abī Dāwūd
Masjid Rasūl Allāh (Mosque of the Messenger of God, in Medina) **VII**:4–5; **XV**:37–38; **XXIII**:141–42, 181
Masjid al-Ruqayyah (Mosque of al-Ruqayyah, in al-Baqī' of Medina) **XXXIX**:168
Masjid al-Sahlah (in al-Kūfah) **XXXVIII**:14
Masjid al-Sakūn (Mosque of the Sakūn, in al-Kūfah) **XX**:202
Masjid Ṣāliḥ (Mosque of Ṣāliḥ) **II**:43
Masjid Shabath (Mosque of Shabath, in al-Kūfah) **XX**:207; **XXII**:111
Masjid Simāk (Mosque of Simāk, in al-Kūfah) **XIV**:24
Masjid Ṭāhir b. al-Ḥusayn (Mosque of Ṭāhir b. al-Ḥusayn, in Baghdad) **XXXII**:58, 77
al-Maskanīn **XXXVI**:190; **XXXVII**:155
Maskin (north of Baghdad) **XVIII**:4, 11; **XXI**:178, 180–81; **XXXV**:124; **XXXVI**:16; **XXXVII**:157; **XXXVIII**:42
  battle of **XXIII**:46–48, 53, 63, 68, 69
maslaḥah (advance party) **XXII**:55, 193; **XXXIV**:18
Maslamah (*rāwī*). SEE Maslamah b. Muḥārib b. Salm b. Ziyād
Maslamah b. 'Abd al-Malik **XV**:50; **XXI**:216; **XXIII**:118, 129, 133–34, 140–42, 146, 148–49, 164, 182, 184, 214; **XXIV**:21, 28, 30, 39–42, 74, 77, 86, 110, 121, 127–32, 134–35, 137–38, 140–41, 143–50, 162–64, 181–82, 196; **XXV**:24, 29, 45, 70, 95, 96, 98; **XXVI**:3, 73, 78, 87, 136, 155, 235, 239; **XXVII**:176; **XXIX**:210
Maslamah b. 'Alqamah **XXXIX**:120
Maslamah b. Hishām b. 'Abd al-Malik, Abū Shākir **XXV**:166, 173; **XXVI**:72, 89–91, 100
Maslamah b. Muḥārib b. Salm b. Ziyād **XIV**:134; **XV**:34, 69, 90, 107–9; **XVI**:11, 42, 78, 114; **XVIII**:14, 26, 72, 78, 82, 85–86, 88, 97, 163, 175, 177–79, 188–89, 200; **XIX**:184, 187–88; **XX**:21, 28, 34, 70–71; **XXI**:59, 66, 172, 173, 175; **XXIV**:6, 22, 32; **XXVIII**:18; **XXXIX**:39
Maslamah b. Mukhallad al-Anṣārī **XVI**:6, 179, 180, 184, 187; **XVII**:150, 151; **XVIII**:102–3
Maslamah b. Sulaymān b. 'Abdallāh b. Khāzim **XXV**:190
Maslamah al-'Uqfānī (of Banū Tamīm) **XXV**:10
Maslamah b. Yaḥyā **XXVII**:75, 98
Masma' b. Ishmael. SEE Misma' b. Ishmael
al-Maṣmughān (ruler of Dunbāwand) **XIV**:26; **XXVIII**:65, 72–74, 80
Maṣmughān (of *al-ḥawziyyah* of Ṭabaristān) **XXXV**:24
Maṣqalah (of the proverb) **XXIV**:47
Maṣqalah (slave of 'Amr b. Sa'īd b. al-'Āṣ) **XXI**:161
Maṣqalah b. Hubayrah al-Shaybānī **XVII**:188, 192–95; **XVIII**:142; **XX**:207; **XXIV**:160; **XXV**:120

Maṣqalah b. Karib b. Raqabah al-ʿAbdī **XXIII**:44
Maṣqalah b. Muhalhil al-Ḍabbī **XXII**:117
Maṣqalah's Wādī. SEE Wādī Maṣqalah
Masrūḥ (son of Thuwaybah, wet nurse of Prophet Muḥammad) **V**:272
Masrūḥ al-Saʿdī **XXVI**:46
Masrūq b. Abrahah **V**:160, 236, 240, 242, 244–46
Masrūq b. al-Ajdaʿ **I**:315; **II**:86; **X**:170; **XV**:164; **XVI**:88
Masrūq al-ʿAkkī **X**:162, 163, 172; **XI**:93, 165, 168; **XII**:186, 187
Masrūq b. Wāʾil **XIX**:132
Masruqān (canal). SEE Nahr Masruqān
al-Masrūqī *(rāwī)*. SEE Mūsā b. ʿAbd al-Raḥmān
Masrūr (*khādim* of Hārūn al-Rashīd). SEE Masrūr al-Kabīr al-Khādim
Masrūr b. Aḥmad **XXXVIII**:131, 132
Masrūr al-Balkhī **XXXVI**:97, 99, 136, 148, 155, 158, 164–67, 169, 170, 172, 174, 176–78, 181, 198, 199, 205–7; **XXXVII**:2, 10, 35, 37, 47, 59, 62, 66, 106; **XXXVIII**:11
Masrūr al-Kabīr al-Khādim **XXIX**:243; **XXX**:204, 216–17, 219–20, 222, 224, 237, 268, 293, 301, 303; **XXXII**:20–21; **XXXIII**:6, 26; **XXXIV**:169
Masrūr al-Khādim. SEE Masrūr al-Kabīr al-Khādim
Masrūr al-Khādim al-Kabīr. SEE Masrūr al-Kabīr al-Khādim
Masrūr market. SEE Suwayqat Masrūr
Masrūr Sammānah (*khādim* of al-Wāthiq) **XXXIV**:57, 69, 73, 74
Masrūr al-ʿUlaymī (al-ʿUllayṣī, Qarmaṭian commander) **XXXVIII**:137
Masrūr b. al-Walīd b. ʿAbd al-Malik **XXIII**:219; **XXVI**:185, 187, 193, 250
al-Maṣṣīṣah (al-Miṣṣīṣah, in Cilicia) **XIII**:84; **XXIII**:72, 134; **XXVIII**:71; **XXX**:229, 262; **XXXII**:187; **XXXIV**:157; **XXXVIII**:89–91, 151
Master of the Throne (Rabb al-Sarīr) **XXXIII**:13
SEE ALSO Lord of the Throne
Masts, Battle of. SEE Battle of the Masts
Masʿūd (leader of Banū al-Azd) **XVI**:120
Masʿūd (nephew of Abū Ayyūb al-Khūzī al-Mūriyānī) **XXIX**:64–65
Ibn Masʿūd *(rāwī)*. SEE ʿAbdallāh b. Masʿūd
Masʿūd b. ʿAmr b. ʿAdī b. Muḥārib b. Ṣunaym b. Mulayḥ b. Sharṭān b. Maʿn b. Mālik b. Fahm. SEE Masʿūd b. ʿAmr al-Azdī
Masʿūd b. ʿAmr al-Azdī **XIX**:32; **XX**:14, 16–22, 26–35, 40–45, 102, 165; **XXV**:35
Masʿūd b. ʿAmr al-Kirmānī **XXV**:142
Masʿūd b. ʿAmr al-Maʿnī. SEE Masʿūd b. ʿAmr al-Azdī
Masʿūd b. ʿAmr al-Qārī **IX**:20
Masʿūd b. ʿAmr b. ʿUmayr al-Thaqafī **VI**:115; **XXXIX**:185
Abū Masʿūd al-Anṣārī. SEE ʿUqbah b. ʿAmr al-Anṣārī
Masʿūd b. Ḥārithah al-Shaybānī **XI**:117–18, 205–8, 210
Masʿūd b. Ḥayyān **XXV**:51
Masʿūd b. ʿIlāj **XXVII**:137, 138, 139, 143
Masʿūd b. ʿĪsā al-ʿAbdī **XXXI**:237

Mas'ūd b. Khirāsh **XII**:85, 89
Mas'ūd b. Mālik al-Asadī **XII**:118
Mas'ūd b. Mu'attib **V**:223
Mas'ūd b. Nu'aym al-Nahshalī **XV**:57
Mas'ūd b. Rukhaylah b. Nuwayrah **VIII**:8
Mas'ūd b. Sinān **VII**:101, 102
Abū Mas'ūd al-Thaqafī **V**:234
Mas'ūd b. 'Urwah **IX**:119
al-Mas'ūdī *(rāwī)*. SEE 'Abd al-Raḥmān al-Mas'ūdī
al-Maṭābikh (in Mecca) **IV**:154
al-Maṭāmir (al-Maṭmūrah, in Cappadocia) **XXVI**:3; **XXX**:165, 295; **XXXIII**:99
Maṭar (*mawlā* of al-Manṣūr) **XXIX**:79, 80, 177
Maṭar (servant of Āl Qafal) **XXI**:111
Maṭar *(su'lūk)* **XXXIII**:90
Banū Maṭar **II**:13
Maṭar b. Fiḍḍah al-Taymī **XI**:180–81
Maṭar b. Jāmi' **XXXVI**:196, 197; **XXXVII**:2, 3
Maṭar b. Nājiyah al-Riyāḥī **XXII**:117–19; **XXIII**:19–21
Maṭar al-Shaybānī **XI**:220
Maṭar b. Ṭahmān al-Warrāq **II**:99; **III**:146; **XXXIX**:239
Maṭar b. al-Taw'am **XXI**:174
Maṭar b. Thalj al-Tamīmī **XIV**:40–42
maṭārif (pl. of *miṭraf*, embroidered silk garment) **XV**:53; **XXIII**:226; **XXXIV**:175
al-Maṭbaq (al-Muṭbaq, prison, in Baghdad) **XXVIII**:228; **XXIX**:197, 217, 230; **XXX**:41, 204; **XXXII**:146, 148; **XXXIV**:37, 106, 111, 164; **XXXV**:154; **XXXVI**:16–18; **XXXVII**:150, 167
al-Maṭbaq (prison, in Sāmarrā?) **XXXIII**:206; **XXXVI**:87
al-Mathniyyah. SEE Nahr al-Mathniyyah
al-Maṭīrah (palace, near Sāmarrā) **XXXIII**:85–87, 200
Maṭmah. SEE Nahr Maṭmah
maṭmūrah (underground storehouse) **V**:10, 112; **XXVI**:3; **XXIX**:170; **XXX**:167, 295; **XXXII**:188; **XXXIII**:99; **XXXV**:9
al-Maṭmūrah. SEE al-Maṭāmir
al-Matn (name of Hāshim b. 'Utbah's sword) **XIII**:7
matrilineal kinship **XXVIII**:169–70
Matrūd b. Ka'b al-Khuzā'ī **VI**:16, 21–22
Mattaniah (Zedekiah, king of Israel) **IV**:41, 49
Matthew (apostle) **IV**:123
Mattūth (fortress, between al-Ahwāz and Wāsiṭ) **XXXVII**:11
Maṭyār (*dihqān* of Iṣfahān) **XV**:81–82
Ma'ubā (b. Shuqrān) **IX**:143
ma'ūnah (grant to soldiers) **XVII**:162, 230; **XXI**:124, 170, 199; **XXXI**:128
ma'ūnah (pl. *ma'āwin*, security police) **XXII**:81; **XXIII**:19; **XXXII**:99; **XXXIII**:194; **XXXIV**:81, 99, 125, 130, 143; **XXXV**:133
Maurice (Mawrīq, Roman emperor) **IV**:127; **V**:304, 311–15, 317, 319, 383
mawālī (pl. of *mawlā; mawlās*, clients, freedmen) **XX**:8, 208; **XXI**:11–13, 50, 55, 77, 85, 86, 88–89, 95, 97, 117, 159, 163, 172; **XXV**:17, 21, 25, 76, 146; **XXVI**:218; **XXX**:4; **XXXI**:2; **XXXIV**:81, 99, 101, 102, 153, 196, 204, 205, 209, 212, 217; **XXXV**:1, 4, 7, 11, 12–13, 28, 44, 95–96, 105, 123, 124, 149; **XXXVI**:2, 9, 24, 26–29, 31, 40–42, 48, 52, 69–71, 73,

mawālī (continued) **XXXVI**:75–86, 88, 90, 95–97, 100–103, 107, 108, 154, 202
mawāt (uncultivated state lands) **XXVIII**:36; **XXXV**:21, 22
Abū Mawdūd *(rāwī)* **II**:147
Mawdūd al-Naḍrī (of Banū al-ʿAnbar) **XXIII**:78–79
Mawhūb b. Rashīd b. Ḥayyān b. Abī Sulaymān b. Samʿān al-Kilābī **XXVIII**:159, 193
Abū Māwiyyah (Jew) **XXIV**:194
Abū Māwiyyah (*mawlā* of ʿAbdallāh b. ʿĀmir) **XXII**:180
Māwiyyah bt. Kaʿb b. al-Qayn **VI**:27
mawlā (client, freedman). SEE *mawālī*
mawqif. SEE *wuqūf*
Mawqūʿ (in al-Baṭāʾiḥ) **XXIII**:158
Mawrīq. SEE Maurice
al-Mawriyān al-Rūmī **XV**:10–11
al-Mawṣil. SEE Mosul
Abū al-Mawt (of Banū Jadīlah) **XXV**:159, 160
Maximian (Roman emperor) **IV**:127
Maximinus (Ghasmiyanus, Roman emperor) **IV**:126
Māyān Rūdhān **XXXVI**:43; **XXXVII**:49
Maydān Bughā al-Ṣaghīr (Hippodrome of Bughā the Younger, in Sāmarrā) **XXXVI**:88
Maydān Yazīd (Field of Yazīd, in Marw) **XXII**:170; **XXV**:14
al-Mayfaʿah (in Najd) **VIII**:132
Maymūn (canal). SEE Nahr Maymūn
Maymūn (*ghulām* of Ḥawshab) **XXII**:69
Maymūn, Abū ʿAbdallāh **VIII**:119
Maymūn al-ʿAdhdhāb **XXV**:169
Maymūn al-Aʿsar al-Khwārazmī **XXVII**:81
Maymūn b. Ibrāhīm al-Kātib **XXXIV**:161; **XXXVIII**:177
Maymūn al-Jurjumānī **XXIII**:134
Maymūn b. Mihrān **VI**:158; **XXIV**:93; **XXV**:24; **XXVI**:75–76; **XXXIX**:56, 322
Maymūn b. Mihrān al-Jazarī **XI**:102
Maymūn b. Qays. SEE al-Aʿshā
Maymūn b. Siyāh **VI**:78
Abū Maymūnah (*mawlā* of Umm Salamah) **XXXIX**:304
Abū Maymūnah *(rāwī)* **XV**:246; **XVI**:2
al-Maymūnah (leader of the Zanj's market) **XXXVII**:86
Maymūnah bt. ʿAlī b. Abī Ṭālib **XVII**:229
Maymūnah bt. al-Ḥārith **VIII**:136, 137; **IX**:135, 169, 177; **XXXIX**:111, 185–86, 201, 317
Maymūnah bt. Saʿd **XXXIX**:200
Maymūnah bt. Abī Sufyān b. Ḥarb **XIX**:180
Maysān (in southern Iraq) **I**:292; **V**:13, 37, 408; **XI**:118, 215; **XII**:28, 170; **XIII**:5, 115, 133; **XVIII**:168; **XXIII**:84; **XXIX**:240; **XXXIX**:222
Maysān (sailor) **XXXV**:32
Maysarah (ʿAbbāsid missionary) **XXIV**:87, 164; **XXV**:3
Maysarah (*ghulām* of Khadījah bt. Khuwaylid) **VI**:48
Maysarah (of Muslim militia, in Africa) **XV**:21
Abū Maysarah *(rāwī)* **II**:86
Maysarah, Abū ʿAmr **XXXIX**:337
Maysarah, Abū Jamīlah **XVI**:156
Maysarah, Abū Ṣāliḥ **XXXIX**:305
Maysarah al-Fajr *(rāwī)* **XXXIX**:125
Maysarah al-Jadalī **XXIV**:17
Maysarah b. Masrūq al-ʿAbsī **XIII**:176
al-maysir (game of chance, with arrows) **XXI**:96
Maysūn bt. Baḥdal b. Unayf al-Kalbī **XVIII**:215; **XIX**:226

Mayṭān (mountain, near Medina) **XXVIII**:220
Maythā' (sister of 'Abdallāh b. Khalīfah al-Ṭā'ī) **XVIII**:139
Abū Maythā'. SEE Muḥammad b. al-Ash'ath
Ma'yūf b. Yaḥyā al-Ḥajūrī **XXIX**:65–66, 86; **XXX**:39, 265
Mayyāfāriqīn (in upper Iraq) **XXXV**:10
Mayyah (in a line of Abū Shajarah b. 'Abd al-'Uzzā's poetry) **X**:82
Ibn Abī Mayyās al-Murādī **XVII**:225
maẓālim court **XXIX**:110, 119, 189, 246, 248, 253; **XXX**:61; **XXXII**:169; **XXXIV**:11, 38, 99, 116–17, 117,
maẓālim court **XXXIV**:203; **XXXV**:143; **XXXVI**:24, 68–69, 79; **XXXVII**:163; **XXXVIII**:73
Māzarwān (Māzrawān, near al-Baṣrah) **XXXVI**:193, 195, 197; **XXXVII**:16, 19–20
Mazdak (Marwak?), Book of **XXXIII**:188
Mazdak (Mazdaq) b. Bamdādh **V**:132–35, 148–49
al-Mazdakiyyah (Mazdakites, religious sect) **V**:155–56
SEE ALSO al-Khurramiyyah; al-Muḥammirah
Banū Māzin **XVI**:63, 64; **XXIV**:157
Banū Māzin b. Mālik b. 'Amr b. Tamīm **X**:89, 92; **XIV**:71; **XX**:38; **XXIV**:140, 144
Banū Māzin b. Manṣūr **XII**:165
Banū Māzin b. al-Najjār **VI**:12, 14, 132; **VII**:40, 60; **XI**:123
Māziyār b. Qārin. SEE Māzyār b. Qārin
Māzrawān. SEE Māzarwān
Mazūn (Mazūnīs) **XX**:72; **XXVII**:45, 46
SEE ALSO Banū Azd 'Umān
Mazyad (in a line of Ismā'īl b. Muḥammad al-Ḥimyarī's poetry) **XXVI**:53
Mazyad b. Shaqīq al-Sulamī **XXVII**:94, 95
Māzyār b. Qārin b. Shahriyār **XXXII**:64, 166–67; **XXXIII**:135–40, 144, 146–49, 151–52, 156–57, 159–60, 162–73, 179–80, 182, 187, 190–91; **XXXV**:27, 64
M.dh.riyyah (?, Mazdak b. Bamdādh's birthplace) **V**:148
measles **V**:235
measures. SEE weights and measures
meat
Ayyām al-Laḥm ('Meat Battles,' at the battle of al-Qādisiyyah) **XII**:41
bazmāward (*bizmāward*, kind of meatballs) **XXXI**:246–47; **XXXII**:243
butchers (*jazzārūn*) **XXXVI**:181; **XXXVII**:127
carrion meat **XXXIX**:151
eating, with front teeth **XXXIX**:118
isfīdbāj (meat dish) **XXXIII**:131
kardanāj (minced meat) **XXXVIII**:6
khazīrah (meat stew) **XV**:229
slaughter-board **XXII**:14, 16
Mecca (Makkah) **I**:291, 292–95, 294, 295, 300, 303, 304, 308, 333, 335; **II**:14, 16, 30, 32, 34–36, 70, 71, 73, 76–78, 90, 92, 127, 129, 132, 133; **III**:46, 50; **IV**:70, 154; **V**:173, 224–29, 266, 273, 325, 327; **VI**:*passim;* **VII**:6, 8, 25, 30, 32, 35, 36, 44, 50, 57, 58, 59, 73, 74, 76, 77, 78, 80, 89, 90, 94, 99, 123, 132, 144, 146, 148, 149, 165, 166; **VIII**:7, 42–44, 55, 56, 71–73, 80–82, 86, 88, 90–92, 97, 126, 127, 134, 136, 138, 189; **IX**:2, 3, 8, 10, 21, 30, 38, 95,

Mecca (continued) **IX**:109, 110, 111, 117, 129, 131, 145, 158, 204, 207, 208; **X**:74, 158, 165, 177; **XI**:68, 73, 77, 80, 129, 139, 142, 145, 196, 224–25; **XII**:21, 99, 201; **XIII**:7, 59, 69, 71, 82, 93, 95, 109, 150, 164, 165, 176, 196, 197; **XIV**:15, 42, 140, 164; **XV**:14, 39, 57, 60–61, 100–101, 156–57, 183, 217, 237–38, 245–46, 253, 255; **XVI**:5, 12, 20, 21, 23, 29, 32, 37–40, 42, 43, 45–47, 52–54, 110, 111, 167, 168, 170; **XVII**:110, 140, 196, 221, 230; **XVIII**:20, 26, 70, 73, 119, 127, 176; **XIX**:2, 7, 8–17, 22–25, 28, 57, 64–66, 68–69, 70, 71–72, 79, 83–85, 87, 89–90, 95, 109, 189–92, 196–97, 200–202, 208, 218, 221–25; **XX**:1–6, 63, 155, 173, 174, 176; **XXI**:53–56, 59–62, 84, 119, 120, 151–53, 167, 169, 182, 192, 202, 206–9, 224–32; **XXII**:11, 187; **XXIII**:145, 147, 156, 177, 181, 202, 206, 210, 212, 214; **XXIV**:28–29, 38, 42, 60, 75, 126, 165, 167, 179, 191; **XXV**:3, 7–9, 23, 32, 63, 98–100, 122, 129, 141, 146, 156, 166, 194; **XXVI**:13, 15, 35, 42, 55, 66–67, 90, 119, 120, 244; **XXVII**:27, 40, 48, 52, 53, 90, 91, 92, 120, 123, 133, 195, 196, 203, 204, 208, 211; **XXVIII**:2–3, 5–7, 19, 36, 46–47, 53, 55, 58, 74–75, 81, 83, 86, 97, 99, 102, 141, 158, 178–83, 185, 194, 205, 213, 217, 226, 253, 270, 292; **XXIX**:13, 39, 43, 50, 61, 63, 64, 66, 68, 74, 76, 80, 86, 87, 88, 91, 92, 103, 125, 128, 149, 155, 161, 162, 164, 166, 168, 194, 198, 204, 216, 219, 223, 230–31, 234, 235, 238; **XXX**:18, 22, 30–31, 39, 99–100, 102, 110, 151, 154, 164, 173, 177, 179, 198, 215–16, 249, 253, 290, 304, 317; **XXXI**:19, 27, 91, 120, 124–29, 133, 172, 211; **XXXII**:19–22, 28–39, 83, 98, 144, 185, 231; **XXXIII**:45, 201; **XXXIV**:19, 20, 21, 75–76, 81–83, 96, 129, 145, 157, 160, 165, 170, 190; **XXXV**:14, 27, 41, 105, 106, 108, 109, 114, 144; **XXXVI**:8, 117, 160, 161, 181, 207; **XXXVII**:2, 7, 63, 79, 81, 127, 147–48, 161; **XXXVIII**:24, 52, 81, 96, 107, 110, 168, 174, 177, 178, 188; **XXXIX**:3, 4, 7, 8, 13, 15, 16, 29, 30, 41, 42, 44, 45, 46, 48, 52, 59, 60, 65, 66, 67, 68, 70, 75, 78, 79, 81, 93, 109, 110, 112, 117, 138, 142, 144, 163, 170, 172, 177, 186, 193, 201, 202, 212, 221, 223, 244, 247, 261, 265, 266, 277
- Black Stone. SEE al-Kaʿbah
- conquest of **VIII**:40, 145, 151, 152, 160–87, 189, 192; **IX**:8, 24, 68, 117, 124, 148; **X**:19, 42, 53, 75, 97, 158, 160; **XII**:21; **XXXIX**:11, 14, 17, 20, 21, 24, 34, 35, 44, 45, 61, 62, 64, 73, 76, 77, 81, 93, 98, 101, 102, 106, 107, 108, 112, 114, 115, 116, 118, 165
- al-Ḥaram. SEE al-Ḥaram
- al-Kaʿbah. SEE al-Kaʿbah
- al-Masjid al-Ḥarām. SEE al-Masjid al-Ḥarām
- mosque of. SEE al-Masjid al-Ḥarām
- names of **VI**:52–53; **XXXIX**:140
- sacred territory. SEE al-Ḥaram

'Meccan documents' **XXX**:183–99; **XXXI**:3, 27–28, 40, 42, 125, 127, 216

Meccan Road (from Iraq) **XXVIII**:3; **XXXIV**:6, 36, 53, 76, 108, 129, 148, 150, 152; **XXXV**:46, 71, 80, 143; **XXXVI**:119–20, 166, 181, 204; **XXXVIII**:17, 30, 80, 173–78, 182

Media (Medes, Māh, Māhāt) **IV**:100, 123; **V**:97, 296

medical conditions. SEE diseases and medical conditions
medical doctors. SEE physicians
medicine, beginnings of **II**:22
Medina (al-Madīnah, Yathrib, Ṭaybah) **II**:13, 19, 124; **IV**:45, 154; **V**:145, 164–74, 283–84; **VI**:1, 2, 8, 9–10, 11, 13, 64, 66, 122–30, 136–40, 139–40, 145–50, 150–51, 151–52, 153, 154, 156; **VII**:*passim;* **VIII**:5, 8, 10, 11–12, 13, 14, 15, 17, 19, 22, 23, 27, 28, 30, 35, 41–45, 48, 51–54, 57, 59, 60, 66, 67, 71, 90, 91, 93, 94, 97, 110, 112, 115, 116, 124, 129, 130, 132, 133, 137, 138, 143, 148, 152, 159, 160, 163, 164, 168, 169, 171; **IX**:2, 21, 38, 41, 43, 47, 51, 60, 62, 66, 74, 77, 88, 93, 94, 96, 102, 105, 106, 108, 117, 118, 124, 131, 143, 147, 148, 151, 158, 159, 162, 164, 179, 187, 190, 204, 206, 207, 208; **X**:9, 11, 14, 19, 40, 41, 42, 45–47, 49–52, 62, 63, 69, 73, 74, 80, 83, 86, 101, 104, 106, 128, 138, 159, 175, 185, 189; **XI**:2, 7–8, 14, 70, 73, 75, 83, 95, 108, 112, 121–22, 161, 163, 177–78, 189, 193–94, 196, 210, 224; **XII**:4–6, 10, 11, 13, 14, 18, 99, 135, 150, 161, 188, 190, 204; **XIII**:31, 32–34, 59, 74, 75, 80, 88, 89, 90–92, 101, 104, 106, 108–10, 119, 127, 136–37, 140, 146, 152, 154–59, 155, 161, 164–66, 217; **XIV**:15, 73, 82, 111, 112, 119, 122, 134, 141, 150, 151, 163; **XV**:4, 5, 13, 24, 37, 39, 46, 48, 53, 56–57, 59–60, 62–66, 68, 101, 119, 127, 129, 135, 139, 144, 147, 151, 153–56, 159–60, 162–63, 168–72, 184, 186, 188–89, 191, 193, 199, 203–4, 207, 211, 216–17, 224–26, 236–38, 244, 246–47, 249, 258; **XVI**:1–4, 7, 9–11, 13, 21, 23, 29, 30, 32–41, 43, 45, 47–49, 51, 52, 54, 60–62, 64–66, 72, 74, 76, 77, 80, 82, 87, 89, 109, 110, 112, 122, 141, 159, 166, 167, 170, 177, 187, 191, 192; **XVII**:140, 143; **XVIII**:11, 12, 15, 20, 26, 70, 87, 89, 93, 94–95, 99, 101, 102, 103, 117, 118, 140, 164, 171, 172, 173, 176, 179, 186, 187, 191, 192, 207, 223, 226; **XIX**:2, 3, 9–12, 15, 17, 27–28, 48, 59, 64, 77, 83, 89–90, 95, 109, 120, 168, 172–73, 175–76, 178, 188–91, 195–96, 198–210, 213–15, 217–20, 223; **XX**:4–5, 50, 55, 161–63; **XXI**:5, 53, 55–56, 58, 67, 120, 153, 186, 194, 207, 212, 214, 227, 232; **XXII**:1–2, 5, 11–13, 22, 86, 92, 104, 163, 175–76, 181, 186, 195; **XXIII**:13, 33, 71, 113, 114, 131–32, 139, 141–42, 144, 156, 178, 179, 180, 183, 201, 202–3, 206–7, 209, 214, 219; **XXIV**:3, 26, 29, 63, 75, 105, 107, 126, 130, 165, 167, 179–82, 191; **XXV**:3, 7, 8, 19, 23, 32, 44, 63, 97, 98, 99, 122, 128, 166, 194; **XXVI**:5, 7, 8, 10, 15, 35, 51–52, 71, 75, 90, 119, 137, 238, 244; **XXVII**:21, 27, 90, 92, 112–20, 123, 133, 145, 172, 195, 196, 204, 208; **XXVIII**:5–6, 46, 52–53, 58, 60, 74–75, 81, 85, 88, 91, 94, 100, 102, 104–5, 107–11, 115, 121, 123, 130, 138, 141–43, 145, 148–49, 153–55, 161–63, 166, 175, 177, 182–83, 185–91, 193–98, 200, 202–6, 208, 211, 213, 215, 217, 222, 224, 226, 229, 231–33, 236–37, 262, 270, 292; **XXIX**:13, 49, 50, 52, 56, 61, 68, 74, 80, 168, 171, 180, 193, 194, 216, 219, 223, 234, 235, 238, 241, 254; **XXX**:15–16, 19–23, 30, 32–33, 36, 39, 97, 99–100, 121–22, 154, 179, 249, 304, 333; **XXXI**:27, 91, 120, 124–25, 128–29, 133, 196, 211; **XXXII**:19, 22, 98, 185; **XXXIV**:16, 17, 18, 19, 20, 22–24, 26, 75–76,

Medina (continued) **XXXIV**:81; **XXXV**:105, 106, 108; **XXXVI**:120, 161, 166; **XXXVII**:2, 6, 90, 146–47, 161; **XXXVIII**:6, 24, 59, 175, 177, 178; **XXXIX**:3, 4, 5, 10, 16, 21, 26, 28, 38, 42, 43, 47, 48, 59, 63, 65, 66, 68, 69, 70, 73, 74, 77, 81, 83, 88, 91, 99, 102, 105, 106, 113, 135, 138, 142, 155, 162, 163, 167, 169, 170–71, 172, 173, 174, 175, 176, 177, 180, 182, 184, 189, 190, 192, 193, 194, 199, 201, 202, 209, 210, 214, 217, 218, 223, 229, 231, 234, 237, 240, 241, 243, 244, 245, 246, 249, 251, 253, 260, 262, 263, 302, 304
Mediterranean Sea (Baḥr al-Rūm, Baḥr al-Sha'm) **XIII**:158, 169; **XV**:27; **XXIX**:188; **XXXII**:164
Mehujael **I**:338
melancholia. SEE *al-sawdā'*
Memphis (Manf) **III**:36; **XIII**:168
Men of the Cave. SEE Aṣḥāb al-Kahf
men of rank. SEE *aṣḥāb al-marātib*
mendacity **XIV**:82; **XXXII**:115
  Abraham's lies **II**:63, 64–65
  al-yamīn al-ghamūs (mendacious oath) **XXX**:123
menstruation
  origin of **I**:278, 280–81
  pilgrimage and **IX**:109
  sexual intercourse and **III**:170; **X**:101–2
Merari b. Levi **III**:30
Mercury ('Uṭārid, planet) **I**:235
Merodakh (b. Nebuchadnezzar) **IV**:49
Merv. SEE Marw
Meshech (b. Japheth) **II**:16
Mesopotamia. SEE Iraq; al-Sawād
messages
  attached to arrows **XIII**:135
  on walls **XXXVI**:34
Messenger of God. SEE Muḥammad
messenger service. SEE postal and intelligence service
Messiah, False. SEE al-Dajjāl
messianic beliefs. SEE al-Sufyānī
metalwork
  gold and silver workers **XXXVIII**:176
  ironworking **I**:341, 349; **III**:143; **XXII**:198
meteor shower, in Baghdad **XXXIV**:137
Methuselah **I**:336, 346–48
Methushael (Abūshīl) **I**:338
Michael (Mīkā'īl, archangel) **I**:259; **II**:68, 123; **III**:65, 71; **IV**:181, 184; **VI**:78; **IX**:174; **XVII**:232; **XXV**:105
Michael I Rhangabe (Mīkhā'īl b. Jīrjis, Byzantine emperor) **XXXI**:19, 45
Michael II the Stammerer (Byzantine emperor) **XXXII**:45, 144; **XXXIV**:39
Michael III (son of Theophilus, Byzantine emperor) **XXXIV**:3, 39, 41, 76, 138, 156, 168; **XXXVI**:135
Michael the Patrician (Byzantine commander) **XXIX**:198, 217
Mi'ḍad al-Shaybānī **XV**:95, 96–98, 102
midafternoon prayer. SEE afternoon prayer
Mid'am (*ghulām* of Prophet Muḥammad) **IX**:118, 146
middle prayer (*al-ṣalāt al-wusṭā*) **XXXIX**:280
  SEE ALSO afternoon prayer
midges **V**:142
Midian (Midianites) **II**:127, 129, 143, 144, 145; **III**:31, 37, 43, 44, 47, 93, 141; **XIX**:10
midra'ah (woolen sailor's tunic) **XXXIV**:16
Abū al-Miḍraḥī al-Kilābī **XXX**:35

mighfar (head and neck armor) **VIII**:21, 76, 121; **XXI**:209, 227, 228, 230
of Prophet Muḥammad **IX**:154–55
Ibn Mighwal. SEE Mālik b. Mighwal
migraine **VIII**:120
Mih Ādhar Jushnas **V**:400–401
Miḥfan b. Jaz' al-Kilābī **XXIII**:170; **XXIV**:17–18
Mihisht (Sasanian title) **V**:83
Mihja' (*mawlā* of 'Umar b. al-Khaṭṭāb) **VII**:55
Abū Miḥjan (*mawlā* of Khālid al-Qasrī) **XXVI**:179
Abū Miḥjan b. Ḥabīb b. 'Amr b. 'Umayr al-Thaqafī **IX**:30; **X**:39; **XI**:195; **XII**:84, 104–6, 136, 139, 172; **XIII**:58
Abū Miḥjan al-Thaqafī. SEE Abū Miḥjan b. Ḥabīb b. 'Amr b. 'Umayr al-Thaqafī
Banū Mihjwār b. Yūmāst **IX**:145
miḥnah (*imtiḥān*, Mu'tazilī inquisition) **XXXII**:47, 199–223, 229; **XXXIII**:33; **XXXIV**:31, 38
Mihr Hurmuz b. Mardānshāh **V**:395, 397–98
Mihr Māh. SEE Māh Mihr
Mihr Narsī (Mihr Narsih, vizier of Yazdajird I) **V**:72, 99–100, 103–6, 108
Mihr Narsiyān (fire temple, in southwestern Persia) **V**:105
Mihr Rūz (Rūz Mihr, Day of Mihr, in Persian solar calendar) **II**:5, 27
miḥrāb **XIII**:71
miḥrāb Dāwūd (*miḥrāb* of David, in Jerusalem) **XII**:193, 194
Mihrajān. SEE al-Mihrijān
Mihrajān Qadhaq. SEE Mihrijān Qadhaq
Mihrajānqadhaq. SEE Mihrijān Qadhaq
Mihrak (king of Abarsās?) **V**:10–11, 40–42
Mihrān (b. Mihribandādh al-Hamadhānī) **XXII**:185
Mihrān (father of al-A'mash) **XXXIX**:248
Mihrān (*mawlā* of 'Ubaydallāh b. Ziyād) **XIX**:36–38
Mihrān (*mawlā* of Prophet Muḥammad) **IX**:147
SEE ALSO Safīnah
Mihrān (*mawlā* of Yazīd b. Hāni') **XVII**:14
Mihrān (Persian family name) **V**:131–32, 288
Mihrān (*rāwī*) **I**:217
Mihrān b. Bādhān al-Hamadhānī. SEE Mihrān b. Mihribundādh al-Hamadhānī
Mihrān b. Bahrām al-Rāzī **XII**:45, 53, 62; **XIII**:3–5, 20, 24, 36–38, 43, 52–54
Mihrān b. Bahrām VI Jūbīn **XI**:53–54
Mihrān b. Mihribundādh (Bādhān) al-Hamadhānī **XI**:197–98, 200, 203–6, 208, 210, 212–14; **XII**:162; **XVIII**:160
Mihrān al-Rāzī. SEE Mihrān b. Bahrām al-Rāzī
al-Mihrās (source of water, at Uḥud) **VII**:123
Mihrgān. SEE al-Mihrijān
al-Mihrijān (Mihrajān, Mihrgān, Mihrjān, Zoroastrian festival) **II**:5, 27; **III**:114; **XV**:106–7; **XXIV**:96; **XXV**:167, 169; **XXXIV**:96; **XXXVII**:174
Mihrijān (Mihrajān) Qadhaq (Mihrijānqadhaq, Mihrajānqadhaq) **III**:112; **XIII**:4, 115, 119, 124, 131, 140, 141; **XIV**:44, 49, 53; **XXVII**:196, 198, 204; **XXXIII**:2; **XXXIV**:96; **XXXV**:8; **XXXVI**:166; **XXXVII**:98

al-Mihrizār (?, toponym) **XXXIV**:35
al-Mihrjān. SEE al-Mihrijān
Mihrūd (river) **IV**:76
Mihzam b. Jābir **XXIV**:190
Abū Mijlaz *(rāwī)*. SEE Lāḥiq b. Ḥumayd
Mīkā'īl (Khwārazmian commander) **XXXI**:53
Mīkhā'īl (Byzantine dignitary) **XII**:185
Mīkhā'īl b. Jūrjis. SEE Michael I Rhangabe
al-Mikḥāl (name of Tha'labah b. 'Amr's camel) **IX**:103
al-Mikhdham (name of Prophet Muḥammad's sword) **IX**:63, 153
mikhlāf (pl. *makhālīf*, administrative division, in Yemen) **V**:212, 249
Abū Mikhnaf (Lūṭ b. Yaḥyā al-Azdī) **IX**:168, 184, 189; **X**:1, 8, 63–65, 83; **XI**:4, 7; **XII**:162, 167; **XIV**:143; **XV**:8, 9, 10, 91; **XVI**:5, 42, 67, 79, 81, 113, 130, 139, 141, 142, 175, 177, 185, 187–89, 191; **XVII**:6–196 *passim*; **XVIII**:21, 24, 29, 33, 38, 43, 44, 50, 51, 55, 56, 57, 59, 60, 61, 63, 65, 68, 69, 122, 123, 125, 127, 129, 132, 136, 141, 144, 153, 154, 156, 193, 208, 213; **XIX**:2, 8, 21–23, 26–27, 29–31, 34, 39, 42, 46–51, 54, 56–58, 61, 63–66, 68–70, 72, 76–77, 80–81, 83, 85–86, 88, 90–91, 95, 99–101, 106–11, 114–17, 119–22, 125, 127, 129, 131–32, 134–37, 139, 141, 144, 148–52, 154, 157–61, 164, 166, 168, 170–71, 175, 177, 179, 181, 183, 189, 195, 198–99, 201, 206, 209, 211, 213–14, 216, 218, 221–22; **XX**:16–17, 61–63, 80–97, 97–105, 105–22, 124–59, 165–75, 182–225; **XXI**:4, 6–9, 11–13, 16–17, 23–24, 26–34, 36, 38, 41–42, 44, 51, 53, 55, 57, 59, 67, 69, 72–73, 74, 79–82, 85–86, 90–91, 95, 98–99, 101, 108–10, 112, 120, 123, 126, 128–30, 133, 198; **XXII**:3–4, 23, 25, 27, 32–33, 35, 37–38, 41, 44, 46, 48, 53–54, 56–58, 63, 66, 74–76, 78, 80, 83, 87, 89, 93, 99–101, 105–7, 110, 112, 119–26, 128–29, 131, 137, 139–40, 142–48, 150, 152, 162, 178–79, 183, 190–91, 193–94; **XXIII**:3–5, 6–8, 10–12, 14, 19–20, 24, 26, 35–37, 39, 42, 44, 46–49, 57–59, 63, 68, 77–79, 81, 88, 156, 225; **XXIV**:8, 19, 23, 31–32, 35, 43, 46, 55–56, 58, 61, 79, 81, 89, 91, 112, 114, 123–24, 127, 130, 133, 135–36, 138–40; **XXVI**:5, 13–14, 21, 36, 54, 121, 196–97, 254; **XXVII**:24, 49, 51, 57, 132, 136, 140; **XXXIX**:32, 94
Ibn Mikhnaf. SEE 'Abd al-Raḥmān b. Mikhnaf; Abū Bakr b. Mikhnaf
Mikhnaf b. Sulaym al-Azdī **XVI**:114, 142; **XVII**:13, 50, 51, 199; **XXII**:30; **XXXIX**:93
Mikhrāq (*mawlā* of Banū Tamīm) **XXX**:333
Ibn Mikhrāq *(rāwī)* **XII**:103, 106, 124
al-Mikhrāsh. SEE Khālid b. 'Uthmān
Mikhwaṣ (chief of Banū 'Amr b. Mu'āwiyah) **X**:180, 181
Miknaf. SEE Muknif
Mikraz (of al-'Abalāt) **VIII**:80
Mikraz b. Ḥafṣ b. al-Akhyaf **VII**:11, 71; **VIII**:78, 87, 138
mīl (pl. *amyāl*, measure of distance) **XVIII**:53; **XXII**:5; **XXV**:53; **XXVIII**:123
Mīlādh b. Jurjīn **IV**:11, 16
Mīlādhjird (in Khurāsān) **XXVII**:68
Milcah (bt. Haran b. Terah) **II**:61
milestones, on the Meccan Road from Iraq **XXVII**:203
al-Milḥ (fortress, in a line of poetry) **XX**:180

Milḥān b. Maʿrūf al-Shaybānī
  XXVII:11, 14, 16, 24, 25, 49
military expeditions
  ahl al-ayyām (those who participated in the earliest Muslim campaigns) **XII**:56, 75, 84, 85, 129, 151, 201; **XIII**:13, 30, 34, 77; **XV**:112
  ahl al-balāʾ (distinguished veterans) **XIII**:30, 211; **XV**:133
  ghazawāt (maghāzī) **VII**:10–16, 26–69, 85–87, 89–91, 105–41, 156–67; **VIII**:4, 5, 27–130, 152–60; **IX**:62, 115–18; **XXXIX**:235, 241, 253
  paying for substitutes *(juʿālah)* **XXII**:172
  sarāyā (raiding parties) **VIII**:93–98; **IX**:62, 118–25; **X**:11, 15, 17, 44, 46, 48, 75, 79, 89, 90, 92, 100–103, 109, 112, 115, 133, 175
  SEE ALSO specific names, e.g. Dhū Qarad
military payments and allowances
  XXXV:78, 88
  ʿaṭāʾ. SEE *ʿaṭāʾ*
  maʿūnah. SEE *maʿūnah*
  rizq. SEE *rizq*
  thousanders *(al-azārmardūn)* **XXVII**:176
military register. SEE *dīwān*
milk
  ewe milking miracle **XXXIX**:139–44
  goat milk, in Musaylimah b. Ḥabīb's revelations **X**:109
  sour milk, laced with gold powder **XXIV**:161
milk teeth, kept into adulthood
  XXX:177
Banū al-Milkān. SEE Banū al-Malakān
Milkān b. Afṣā b. Ḥārithah **VI**:53
Milkān b. Kinānah **VI**:31
Milkān b. Kindah **IV**:131
millet (grain) **XXIII**:192
mills
  of ʿAbdallāh b. Mālik (near Qarn al-Ṣarāt) **XXXII**:90, 92
  of Baghdad **XXVIII**:241; **XXXI**:142, 156; **XXXII**:90, 92
  of Patricius (in Baghdad) **XXVIII**:241
al-Milṭāṭ (al-Milṭāṭān, area along the Euphrates, near al-Kūfah) **XI**:41, 198; **XII**:51; **XIII**:65; **XV**:113
Minā (east of Mecca) **II**:81, 82, 94, 95; **VI**:22–23, 26, 55, 82, 120, 135, 137; **VIII**:71; **IX**:54, 78, 110, 115, 189; **XV**:38, 70, 230; **XIX**:13, 69, 144, 202; **XXI**:167; **XXII**:27; **XXIII**:145; **XXV**:44; **XXVIII**:128; **XXX**:18, 34, 154; **XXXII**:20–21, 22, 32, 35; **XXXIV**:6; **XXXVIII**:187
Mīnās (Byzantine chieftain)
  XII:178, 179, 182
minbar (pulpit, dais) **VIII**:131; **XVII**:167; **XX**:11; **XXXVI**:183
  of Prophet Muḥammad **VIII**:131; **XVIII**:101–2, 101–2; **XXVIII**:163
minerals, first use of **I**:341
  SEE ALSO precious stones
mines
  gold mines **XXXIV**:142–43
  SEE ALSO entries beginning with Maʿdin
al-Minhāl *(rāwī)*. SEE al-Minhāl b. ʿAmr
Abū al-Minhāl *(rāwī)* **XXXIX**:152
  father of **XXXIX**:152
al-Minhāl b. ʿAbd al-Malik **XXV**:1; **XXVI**:127
al-Minhāl b. ʿAmr **I**:207, 302; **II**:116; **III**:43, 104, 106, 154; **VI**:81, 89; **XXXIX**:212
Minhāl b. Fattān **XXVII**:122, 162, 173

Minjāb (supporter of Ibrāhīm b. al-Mahdī) **XXXII**:66
Minjāb (al-Minjāb) b. Rāshid al-Ḍabbī **X**:139; **XV**:36; **XVI**:119, 120; **XVII**:184, 189, 190; **XVIII**:29
Minkajūr al-Ushrūsanī **XXXIII**:175–76, 178, 182, 197
Minnah bt. Abī al-Minhāl **XXVIII**:252
minor pilgrimage. SEE *ʿumrah*
Abū Minqar (of Banū Qays b. Thaʿlabah) **XXIV**:113
al-Minqār. SEE ʿAbdallāh b. Muḥammad
Banū Minqar **XVIII**:68, 145, 151; **XXIV**:113
mints. SEE coinage and coins
Minwar (in al-Ḥijāz) **V**:293
al-Miqdād b. ʿAmr (al-Miqdād b. al-Aswad) **VII**:11, 12, 34, 41, 84, 113, 115; **VIII**:46, 49; **IX**:76; **XI**:94; **XII**:177; **XIV**:146, 148, 152, 153; **XV**:25; **XXXIX**:10, 25–27, 99, 110, 197, 289, 300–301
al-Miqdād b. al-Aswad al-Bahrānī. SEE al-Miqdād b. ʿAmr
Bint al-Miqdād b. al-Aswad al-Bahrānī. SEE Karīmah bt. al-Miqdād
Abū al-Miqdām *(rāwī)* **XII**:25; **XV**:69, 223, 252
al-Miqdām b. ʿAbd al-Raḥmān b. Nuʿaym al-Ghāmidī **XXV**:17, 143, 144; **XXVI**:227
al-Miqdām al-Ḥārithī. SEE al-Miqdām b. Shurayḥ al-Ḥārithī
Miqdām b. al-Kayyāl **XXXVIII**:158, 161
al-Miqdām b. Maʿdīkarib **XXXIX**:299
al-Miqdām b. Abī al-Miqdām **XII**:25
Miqdām b. Nuʿaym al-Ghāmidī **XXVII**:35
al-Miqdām b. Shurayḥ al-Ḥārithī **XII**:51, 111, 145; **XIII**:9; **XVI**:146
Miqlāṣ. SEE al-Manṣūr
Miqsam. SEE Abū al-ʿĀṣ b. al-Rabīʿ
Miqsam, Abū al-Qāsim **IV**:170; **VI**:140; **VII**:39, 60, 69, 133; **VIII**:134; **IX**:34, 205; **XXXIX**:320
miqwal. SEE *qayl*
Miqyas b. Ṣubābah **VIII**:55–56, 179, 180
sister of **VIII**:180
miracles *(āyāt)* **X**:33, 67, 141–43, 147–48, 150
Pharaoh shown nine signs of God **III**:66–68
Prophet Muḥammad's **VI**:90; **VII**:100–101; **VIII**:73–74; **IX**:53–54, 60; **X**:110–11; **XXXIX**:139–40, 143–44, 303
mirage, of water **X**:142–43
miʿrāj. SEE night journey
mirbāʿ (setting one-quarter of the booty aside for the leader) **IX**:64, 66
al-Mirbāʿ (toponym) **V**:37
al-Mirbaʿ b. Qayẓī **VII**:112
al-Mirbad (in al-Baṣrah) **XII**:163; **XIII**:112; **XVI**:59–61; **XVIII**:104; **XXI**:47, 64; **XXIII**:17; **XXIV**:115; **XXVIII**:226; **XXIX**:75, 76, 126–27; **XXX**:107; **XXXVI**:128, 130
Mirbad Road (in al-Baṣrah) **XXXVI**:130, 131
Ibn Mirdā. SEE ʿAbdallāh b. Kulayb b. Khālid
Mirdās (maternal uncle of Muḥammad b. Wāṣil b. Ibrāhīm al-Tamīmī) **XXXVI**:166
Mirdās b. ʿAmr b. Ḥudayr. SEE Mirdās b. Udayyah
Mirdās b. Nahīk **VIII**:132; **IX**:122
Mirdās al-Sulamī (father of ʿAbbās b. Mirdās) **IX**:33
Mirdās b. Udayyah, Abū Bilāl **XVIII**:81, 100, 196, 197, 198; **XIX**:183–84; **XX**:97, 102

Miriam bt. Amram (Maryam bt. ʿImrān, sister of Moses) **III**:91
al-Mirqāl. SEE Hāshim b. ʿUtbah b. Abī Waqqāṣ al-Zuhrī
mirror
sent by God to Adam **XXVIII**:113–14
telling enemy from friend **XXVIII**:255
Abū Miryām (Christian bishop) **XIII**:167, 172
Misʿar (black rebel) **XXVIII**:237
Misʿar (*rāwī*). SEE Misʿar b. Kidām b. Ẓāhir al-Hilālī
Misʿar b. Fadakī al-Tamīmī **XVII**:31, 79, 82, 88, 118
Misʿar b. Kidām b. Ẓāhir al-Hilālī **I**:260; **II**:174; **VII**:40; **XI**:142; **XXXIX**:253–54, 327
Mishael **IV**:51, 61, 62–63, 106
al-Mīshān (toponym) **XXXVII**:40
Mishraḥ (chief of Banū ʿAmr b. Muʿāwiyah) **X**:180, 181; **XXVIII**:95
Mishraḥ b. ʿĀhān **XXXIX**:322
Mishraḥ b. Maʿdīkarib **X**:180, 181; **XXXIX**:54
al-Mishraqī (*rāwī*). SEE al-Ḍaḥḥāk b. ʿAbdallāh al-Mishraqī
Miskīn b. ʿĀmir b. Unayf b. Shurayḥ b. ʿAmr b. ʿUdas **XVIII**:54–55, 65, 68, 168–69; **XXI**:51
Miskīn b. ʿAmr **XXVIII**:135
Miskīn b. Dārim. SEE Miskīn b. ʿĀmir b. Unayf b. Shurayḥ b. ʿAmr b. ʿUdas
Miskīn b. Ḥabīb b. Muḥammad **XXVIII**:206
Miskīn b. Hilāl **XXVIII**:179, 182
Miskīn b. Nāfiʿ **XXVIII**:179
Mismaʿ (b. Shaybān?) **X**:146
Mismaʿ (of Banū Bakr b. Wāʾil, father of Mālik b. Mismaʿ and ʿAbd al-Malik b. Mismaʿ) **XXIV**:115, 128–29, 141
Ibn Mismaʿ. SEE ʿAbd al-Malik b. Mismaʿ; Mālik b. Mismaʿ
Mismaʿ b. ʿAbd al-Malik **XVIII**:111; **XXVIII**:165
Mismaʿ (Masmaʿ) b. Ishmael **II**:132
Mismaʿ b. Mālik b. Mismaʿ **XXI**:200; **XXIII**:70
Mismaʿ b. Muḥammad b. Shaybān b. Mālik b. Mismaʿ, Abū al-ʿAskar **XXVIII**:186–87
al-Mismaʿī. SEE ʿAbdallāh b. Ibrāhīm; Ibrāhīm b. ʿAbdallāh
Abū Mismār (Baghdad mobster) **XXXII**:148
Mismār al-Qurashī **XV**:107
Miṣr. SEE Egypt
Miṣr (city). SEE al-Fusṭāṭ
miṣr (garrison city). SEE garrison cities
al-Miṣṣīṣah. SEE al-Maṣṣīṣah
Umm Misṭaḥ bt. Abī Ruhm b. al-Muṭṭalib b. ʿAbd Manāf **VIII**:60
Misṭaḥ b. Uthāthah **VII**:10; **VIII**:60, 61, 63, 64; **XV**:144
Miswar b. ʿAbbād al-Ḥabaṭī **XXIV**:115
al-Miswar b. ʿAbdallāh b. Muslim al-Bāhilī **XXIX**:176, 180
al-Miswar b. ʿAmr **X**:164
al-Miswar b. Makhramah **VIII**:68, 69, 74, 88, 90, 161; **XIV**:89, 148, 150, 151, 154, 155, 159; **XV**:181–82; **XIX**:218, 223; **XX**:114; **XXXIX**:42, 51–52, 107, 108, 237, 296, 335
Miswar b. Musāwir **XXIX**:248
al-Miswar b. ʿUmar b. ʿAbbād **XXVI**:244
mīthāq (compact) **XV**:168, 240
Mithqab (in al-Sawād) **XI**:216
Mithqab (near al-Buzākhah, in Najd) **X**:74; **XI**:69
mithqāl (unit of weight) **XII**:171; **XXII**:91–92; **XXIII**:137, 142, 194; **XXXVI**:96

Mīzān, Abū Ṣāliḥ **XXXIX**:305–6
Mizrayim b. Ham **II**:16
al-Mizzah (near Damascus)
XXVI:142, 144–45, 147, 217;
XXVII:172
M.kār.h (?, ethnic group)
XXXIV:141
Ibn M.k.ḥ.w.n.f.h.l al-Ushrūsanī
XXXV:92
moat-canal. SEE *khandaq*
mōbadh (Zoroastrian priest)
XIII:142
mōbadh mōbadhān (*mūbadhān mūbadh*, Mūbadh, chief Zoroastrian priest, Chief Magus)
III:25, 28; **V**:9, 90–92, 104, 119–20, 132, 245, 265, 285–87, 397;
XXXIII:187–89
mobile frontier force **XXV**:42
mobsters (*shuṭṭār*) **XXXII**:55–57
Moistening, Day of. SEE Yawm al-Tarwiyah
monasteries and convents
SEE entries beginning with Dayr; monks
Monday, as day of congregational prayer for Qarmaṭians
XXXVII:174
monetary reform, of ʿAbd al-Malik b. Marwān. SEE coinage and coins
money. SEE finances
monks **X**:16, 150, 163; **XIV**:33
Monk's Road. SEE Darb al-Rāhib
months
Muḥarram. SEE Muḥarram
*nasī*ʾ (intercalation, in lunar year calendar) **VI**:55; **IX**:112
number of **IX**:113
Ramaḍān. SEE Ramaḍān
sacred months **IX**:113
Ṣafar, inauspiciousness of
XXX:226
moon
after Day of Judgment **I**:242
creation history **I**:166–67, 190–93, 230–34, 247–48
on Day of Judgment **I**:240, 244–46
eclipse of **XXXIV**:146;
XXXV:149; **XXXVI**:126;
XXXVII:80; **XXXVIII**:12
new moon, tax collection and
XXXIX:83
night measured by **I**:186–87
Ramaḍān, new moon of **I**:229
SEE ALSO lunar year calendar
Mordechai (milk-brother of Esther)
IV:51
morning (dawn) prayer (*ṣalāt al-fajr, ṣalāt al-ṣubḥ*) **VIII**:32, 97, 125;
XVII:35, 36; **XVIII**:22; **XXXIX**:14, 113, 114, 120, 125
Moses (Mosheh b. Amram, Mūsā b. ʿImrān) **I**:297, 344, 371; **II**:17, 85, 136, 184; **III**:1, 2, 4–18, 23, 30–70, 72–91, 86, 92, 93, 94, 96–101, 104–11, 122, 126, 129, 131, 133; **IV**:23, 26, 31, 36, 120; **V**:275, 413–14, 416; **VI**:68, 79–80, 114, 118, 154;
VII:26, 41, 83; **VIII**:145; **IX**:51, 184;
XIV:128; **XIX**:179; **XXI**:70, 84;
XXII:133; **XXIII**:105; **XXV**:85;
XXVII:98; **XXVIII**:167; **XXX**:324;
XXXII:208; **XXXVI**:24;
XXXVIII:162; **XXXIX**:123, 241
Moses b. Manasseh (Mūsā b. Mīshā)
III:13
mosque. SEE Friday mosque; *masjid*, and entries beginning with Masjid
Mosul (al-Mawṣil) **I**:362; **III**:28;
IV:40, 79, 96–97, 130, 160, 173–74; **V**:14, 16, 322; **XII**:179; **XIII**:31, 36, 54–56, 59, 61, 65, 71, 78, 79, 88, 150; **XIV**:44, 45; **XV**:9, 132;
XVII:5; **XVIII**:137, 150, 205, 206;
XIX:116; **XX**:219; **XXI**:3–4, 6, 74,

Mosul (continued) **XXI**:82, 83, 118, 123, 133, 182; **XXII**:33, 41–42, 44, 48, 83–84; **XXIII**:23, 44; **XXIV**:125; **XXV**:156, 159; **XXVI**:21, 60, 67, 176, 242; **XXVII**:10, 25, 49, 50, 54, 55, 56, 58, 60, 131, 132, 162, 171, 195, 198, 204, 208; **XXVIII**:5, 13, 21, 43, 45–46, 50–51, 84, 238, 243, 245, 254, 267–68; **XXIX**:14, 81, 83, 84, 203, 219; **XXX**:162, 177; **XXXI**:120, 224, 242; **XXXII**:10, 176, 185, 186; **XXXIII**:33, 182, 206; **XXXIV**:37, 96, 224; **XXXV**:19, 36, 43; **XXXVI**:166, 181, 199; **XXXVII**:1, 2, 7, 89, 145, 159; **XXXVIII**:8, 15, 17, 19–21, 27, 72, 120, 123, 184
SEE ALSO al-Ḥiṣnān
Mosul Road **XXXVI**:185; **XXXVIII**:10, 97, 119, 120, 127
Mother of the Faithful (title of Prophet Muḥammad's wives) **VIII**:19, 40
mountain keepers *(kūhbāniyyah)* **XXXIII**:38
mountain passes. SEE entries beginning with Shiʿb; Thaniyyat
mountains **I**:216, 292–94; **II**:108
Abānī mountains **X**:84
Caucasus Mountains **V**:99; **XIV**:32, 38
Daylam mountains (in Gīlān) **XXXIX**:94
Taurus Mountains (Jibāl al-Rūm) **XI**:102–3; **XIV**:32; **XXXVI**:190
of Banū Ṭayyiʾ **III**:28; **V**:355; **IX**:53; **X**:61, 64, 68, 73; **XVII**:28, 55; **XVIII**:157; **XIX**:99; **XXXI**:167
SEE ALSO entries beginning with Jabal, Jibāl; specific names, e.g. Mt. Sinai
mouth rinsing, as act of ritual purification **II**:99
al-Muʿaddal b. ʿAlī b. al-Layth **XXXVIII**:196
Muʿādh *(rāwī)* **XVI**:171
Abū Muʿādh (al-Faḍl b. Khālid) **I**:227, 251
Abū Muʿādh *(rāwī)* **II**:178
Muʿādh b. ʿAbdallāh **XXXII**:70
Muʿādh b. ʿAbdallāh b. Khubayb **XXXIX**:153
paternal uncle of **XXXIX**:153
Muʿādh b. ʿAfrāʾ. SEE Muʿādh b. al-Ḥārith b. Rifāʿah
Muʿādh b. ʿAmr b. al-Jamūḥ **VI**:138; **VII**:61
Muʿādh b. Anas al-Juhanī **XXXIX**:146, 147
Abū Muʿādh al-Anṣārī. SEE Sulaymān b. Arqam
Muʿādh b. Hāniʾ b. ʿAdī al-Kindī **XXI**:35
Muʿādh b. al-Ḥārith (Muʿādh al-Qāriʾ) **XI**:194–95; **XXXIX**:295
Muʿādh b. al-Ḥārith b. Rifāʿah (Muʿādh b. ʿAfrāʾ) **VI**:126; **VII**:4, 5
Muʿādh b. Hishām **VII**:162; **IX**:207; **XV**:252; **XXXIX**:198
Muʿādh b. Jabal **I**:241; **IX**:21, 38, 76; **X**:19, 20, 22, 24, 25, 33, 34, 158, 192; **XI**:143; **XIII**:84, 97, 99, 100; **XXXIX**:210
Muʿādh b. Jabalah **XXVII**:29
Muʿādh b. Juwayn b. Ḥuṣayn al-Ṭāʾī al-Sinbisī **XVIII**:24–25, 33, 41, 193–95
Muʿādh b. Māʿiṣ b. Qays b. Khaldah **VIII**:49
Muʿādh b. Muʿādh **IX**:160, 161; **XI**:134; **XXVIII**:270; **XXXIX**:226, 260, 324
Muʿādh b. Muḥammad **XXXIII**:70
SEE ALSO Muḥammad b. Muʿādh
Muʿādh b. Muḥammad al-Anṣārī **VIII**:138; **IX**:117–18

Mu'ādh b. Muslim b. Mu'ādh **XXIX**:45, 187, 195, 196, 215; **XXX**:25, 225; **XXXVII**:54
Mu'ādh al-Qāri'. SEE Mu'ādh b. al-Ḥārith
Abū Mu'ādh al-Qurashī **XXXVI**:176
Mu'ādh b. Sa'd (Sa'īd) **XXIV**:123, 127
Mu'ādh b. al-Ṭabīb **XXX**:81
Mu'ādh b. 'Ubaydallāh **XVI**:46
Mu'ādhah bt. 'Abdallāh al-'Adawiyyah **XIX**:187
mu'adhdhin (muezzin, announcer of call to prayer) **XII**:86, 126, 194; **XVIII**:221; **XXXIX**:96–97
Abū al-Mu'āfā (poet) **XXX**:75
mu'ākhāh. SEE brotherhood bond
Abū al-Mu'allā (Zayd b. Murrah) **XXXIX**:157, 312
al-Mu'allā (*mawlā* of al-Mahdī) **XXIX**:222, 231, 235, 239
al-Mu'allā (of Banū Zurayq) **XI**:123
al-Mu'allā (on Nahr Shayṭān) **XXXVI**:63
al-Mu'allā (palace). SEE Qaṣr al-Mu'allā
al-Mu'allā al-Anṣārī **XI**:123
Abū al-Mu'allā al-'Aṭṭār (Yaḥyā b. Maymūn) **XXXIX**:312
al-Mu'allā b. Ayyūb **XXXII**:235; **XXXV**:161; **XXXVI**:57
al-Mu'allā b. Kulayb al-Hamdānī **XVII**:119; **XIX**:34, 39
al-Mu'allā b. Manṣūr **XXXIX**:157
al-Mu'ammal b. al-'Abbās **XXVI**:155
Mu'ammal (Mu'ammil) b. Ismā'īl **I**:174; **II**:70, 85; **III**:83; **IV**:170; **IX**:14; **XXXIX**:96
Mu'ammar (commander, of Banū 'Abd al-Qays) **XXVIII**:264
Mu'ammar (*rāwī*, of Banū Tamīm) **XVIII**:70
Mu'ammil b. Ismā'īl. SEE Mu'ammal b. Ismā'īl
al-Mu'ammil b. Umayl **XXIX**:108–10
Mu'ān (in Syria) **VIII**:153, 154
Mu'ānah bt. Jawsham b. Julhumah b. 'Amr **IV**:70; **VI**:36
al-Mu'annā b. Ḥārithah **XI**:15–16, 56, 118, 205; **XII**:19, 20, 31, 48, 49
Mu'aqqir b. Aws b. Ḥimār al-Bāriqī **XXVIII**:291
Mu'arriḍ b. al-Ḥajjāj b. 'Ilāṭ al-Sulamī al-Bahzī **VIII**:126
al-Mu'arriḍ b. 'Ilāṭ **XVI**:171
Mu'attib (*ghulām* of Ja'far b. Muḥammad) **XXXIX**:249
Banū Mu'attib **IX**:46
Abū Mu'attib b. 'Amr **XXXIX**:160
Mu'attib b. Abī Lahab **XXXIX**:64
Mu'attib b. Qushayr **VIII**:16; **IX**:61
Mu'āwiyah (brother of Bābak) **XXXIII**:75
Mu'āwiyah (commander of Bābak) **XXXIII**:15
Mu'āwiyah (leader of Banū 'Uqayl) **X**:169
Mu'āwiyah (*rāwī*). SEE Mu'āwiyah b. Ṣāliḥ
Abū Mu'āwiyah (al-Ḍarīr) **I**:177, 205, 315; **III**:47, 100, 154; **IV**:103; **VI**:66, 89; **VII**:82; **IX**:180; **XIV**:105; **XXIV**:22; **XXXIX**:311
Banū Mu'āwiyah **XIV**:19
Mu'āwiyah b. 'Abd al-Malik b. Marwān **XXIII**:118
Mu'āwiyah b. 'Abd al-Raḥmān **XVII**:1
Mu'āwiyah b. 'Abdallāh b. Ja'far b. Abī Ṭālib **XXVIII**:156
Mu'āwiyah b. 'Abdallāh b. 'Ubaydallāh b. Abī Rāfi' **IX**:151
Banū Mu'āwiyah al-Akramūn **XXXIX**:285
Mu'āwiyah b. 'Āmir b. 'Alqamah al-'Ulaymī **XXIII**:169
Mu'āwiyah b. 'Ammār al-Duhnī **XXXIX**:60

Muʿāwiyah b. ʿAmr b. ʿUtbah **XXVI**: 138
Muʿāwiyah b. Anas **X**:159
Abū Muʿāwiyah al-Bajalī. SEE ʿAmmār b. Muʿāwiyah al-Duhnī
Muʿāwiyah b. Bakr **II**:32–34, 36
Muʿāwiyah b. Bakr *(rāwī)* **XXIX**:146
Muʿāwiyah b. Fulān al-Wāʾilī **X**:43
Muʿāwiyah b. al-Ḥajjāj al-Ṭāʾī, Abū Saʿīd **XXIV**:153, 156, 158
Muʿāwiyah b. Hishām (jurist) **XXVIII**: 270
Muʿāwiyah b. Hishām *(rāwī)* **I**:173; **II**:95
Muʿāwiyah b. Hishām b. ʿAbd al-Malik **XXV**:24, 33, 45, 64, 69, 96, 97, 100, 102, 111, 125; **XXVI**:81–82; **XXVII**: 194
Muʿāwiyah b. Ḥudayj al-Sakūnī al-Kindī **XI**:92; **XII**: 12, 13; **XV**:164; **XVI**: 184; **XVII**:144, 150, 151, 156–59; **XVIII**:91–92, 102–3, 196
Muʿāwiyah b. Isḥāq (b. Ṭalḥah) **XI**:139
Muʿāwiyah b. Isḥāq b. Zayd b. Ḥārithah al-Anṣārī **XXVI**: 15, 22, 39, 45, 47, 49–50
Muʿāwiyah b. Khālid b. Abī Barzah **XXIII**:106
Banū Muʿāwiyah b. Kindah **X**:19, 20, 179, 180; **XII**:177
Muʿāwiyah b. Mālik b. Ḥudhayfah **X**:77
Muʿāwiyah b. Marwān b. al-Ḥakam **XXI**:165
Muʿāwiyah b. Maṣād al-Kalbī **XXVI**: 142
Muʿāwiyah b. Miḥṣan al-Kindī **XXII**:162
Muʿāwiyah b. al-Mughīrah b. Abī al-ʿĀṣ **VII**: 141
Muʿāwiyah b. Qays al-Janbī **X**:23
Muʿāwiyah b. Qurrah al-Muzanī **XX**:165; **XXI**:90
Muʿāwiyah b. Sahl b. Sunbāṭ **XXXIII**:90; **XXXIV**:124
Muʿāwiyah b. Ṣakhr **XXXIX**:72
Muʿāwiyah al-Saksakī **XXVII**:4, 5, 8, 22
SEE ALSO al-Saksakī
Muʿāwiyah b. Ṣāliḥ **I**:182, 198, 215, 370; **VI**:85; **XXXIX**:147
Muʿāwiyah b. Shaddād al-ʿAbsī **XVI**: 148
Muʿāwiyah b. Abī Sufyān (caliph) **II**:83; **VI**: 50; **VII**:137; **VIII**: 92; **IX**:32, 117, 142, 148, 199; **X**:97, 158; **XI**: 70, 82, 88, 111, 132; **XII**:183–86, 192, 193; **XIII**:46, 73, 76, 100, 103, 106, 126, 160, 215; **XIV**: 15, 42, 44, 45, 76, 100, 133, 134, 141, 164, 165; **XV**:6, 9–11, 13, 24, 25–31, 55–56, 64–65, 67, 72–74, 94, 111, 114–19, 121–24, 128–29, 131–32, 136–38, 143, 149–53, 164, 173, 182, 185, 190, 198, 207, 219, 243, 246, 255, 259, 261; **XVI**: 22–24, 29–32, 35, 41, 94, 166, 175, 176, 180–85, 188, 190, 191, 194–97; **XVII**:2–5, 15–18, 21–24, 69, 70, 110, 143–61, 198–202, 206, 209, 214, 222–24; **XVIII**:2–3, 6–12, 14–17, 20, 23, 26–30, 39, 69–78, 73, 83, 84, 89, 91, 93–95, 97–98, 101–3, 105–7, 122–27, 136–37, 141, 145, 147–54, 163, 166–67, 170–77, 180–88, 190–92, 195–96, 199, 201–6, 208–25, 215, 217; **XIX**:1, 3, 5, 10–11, 17–18, 23–24, 30–31, 35, 57, 60, 66, 72, 80–81, 84, 119, 126, 133, 139, 172, 174, 183, 185, 203, 218–19; **XXI**: 135, 193, 214, 215; **XXIII**:181, 208; **XXIV**: 47; **XXVI**: 16; **XXVIII**: 173; **XXIX**:188, 190–92, 194, 195; **XXXII**:175, 217; **XXXVIII**: 46–48, 53, 55, 56, 58, 62; **XXXIX**:32, 39, 40, 41, 42, 43, 46, 47, 61, 63, 65, 71, 72, 75, 77, 81, 93, 99, 102, 106,

Mu'āwiyah b. Abī Sufyān (continued) **XXXIX**:158, 170, 174, 176, 180, 184, 185, 209, 210, 233, 269, 275, 297
children of **XVIII**:215–16
day of death **XVIII**:211
kunyah **XVIII**:215
last illness **XVIII**:211–13
length of reign **XVIII**:210–11
testament of **XVIII**:209–10
time of death **XVIII**:210
wives of **XVIII**:215–16
Mu'āwiyah b. Sufyān b. Mu'āwiyah al-Muhallabī **XXVII**:144
Mu'āwiyah b. Abī Sufyān b. Yazīd b. Khālid **XXVI**:159–60
Mu'āwiyah b. Abī Sufyān b. Yazīd b. Mu'āwiyah **XXVII**:8
Mu'āwiyah b. 'Ubaydallāh. SEE Abū 'Ubaydallāh
Mu'āwiyah al-'Udhrī **X**:44
Mu'āwiyah b. Yazīd (caliph) **XIX**:225–26; **XX**:1–6, 5, 48–49, 160; **XXI**:215
Mu'āwiyah b. Yazīd b. al-Ḥuṣayn al-Sakūnī **XXVI**:184–86, 189, 193; **XXVII**:3
Mu'āwiyah b. Yazīd b. al-Muhallab **XXIV**:49, 127, 129, 141–43
Mu'āwiyah b. Zufar b. 'Āṣim **XXX**:151, 164
Mu'awwidh b. al-Ḥārith (Ibn 'Afrā') **VII**:52, 61
al-Mu'aydī (of the proverb) **XVIII**:196
Banū (Āl) Abī Mu'ayṭ **XIV**:91; **XXIV**:87, 140
Ibn Abī Mu'ayṭ. SEE al-Walīd b. 'Uqbah b. Abī Mu'ayṭ
al-Mu'ayyad (island). SEE Jazīrat al-Mu'ayyad
al-Mu'ayyad bi-llāh (Ibrāhīm b. Ja'far) **XXXIV**:96, 97–104, 178–79, 197, 199, 210–18, 223; **XXXV**:6, 7, 35, 37, 61, 130, 131, 132, 134, 136; **XXXVI**:4, 71
Mubakkir b. al-Ḥawārī b. Ziyād **XXVI**:260
al-Mubārak (canal). SEE Nahr al-Mubārak
al-Mubārak (north of Wāsiṭ) **XXV**:166, 184; **XXXII**:50, 51, 52, 69; **XXXIX**:241
al-Mubarāk *(rāwī)*. SEE al-Mubārak b. Faḍālah
Ibn al-Mubārak. SEE 'Abdallāh b. al-Mubārak
Mubārak al-Baḥrānī **XXXVI**:62
al-Mubārak b. Faḍālah **I**:268, 270, 357; **II**:83, 87, 183; **XIII**:184; **XIV**:8, 143; **XVII**:84; **XXIV**:92; **XXXIX**:307
Mubarāk b. Ḥassān **II**:133
Abū al-Mubārak al-Kindī **XXV**:42
Mubārak al-Maghribī **XXXIV**:71, 74; **XXXV**:5
al-Mubārak b. Mujāhid, Abū al-Azhar **I**:251; **II**:178
al-Mubārak al-Qummī **XXXVIII**:139, 154, 175
Mubārak al-Ṭabarī **XXIX**:106, 107
Mubārak al-Turkī **XXIX**:82; **XXX**:21, 28, 30, 32, 35
al-Mubārakah (site of Round City) **XXVIII**:247
al-Mubārakah (Zanj leader's market, on Abū al-Khaṣīb Canal) **XXXVII**:103–4
al-Mubarqa' al-Maghribī **XXXVI**:170
al-Mubarqa' al-Yamānī, Abū Ḥarb **XXXIII**:202–6
Abū Mubashshir *(rāwī)* **VII**:87
Mubashshir b. al-Fuḍayl **X**:11, 121, 122; **XI**:75, 81, 83, 175–76; **XII**:205; **XIII**:29, 108, 156; **XV**:67, 73, 224, 226, 228
Mubashshir (b. Ismā'īl) al-Ḥalabī **I**:208

Mubashshir b. al-Walīd b. ʿAbd al-Malik **XXIII**:219
al-Mubayyiḍah (ʿAbbāsid troop contingent) **XXXV**:4, 47, 48, 49, 50, 68, 105
al-Mubayyiḍah (supporters of ʿAlids against ʿAbbāsids) **XXX**:20–21
Banū al-Mūd **IV**:148
al-Mudabbaj (near Mosul) **XXII**:42, 44
Ibn al-Mudabbir. SEE Ibrāhīm b. al-Mudabbir
Muḍāḍ (of Banū Jurhum) **VI**:52
Ibn Muḍāhim al-Kalbī **XVI**:190; **XVII**:144
Mudallah (Mudillah). SEE ʿAbdallāh b. al-Ḥasan b. al-Ḥasan b. ʿAlī b. Abī Ṭālib
Abū Mudallah. SEE Shabīb b. Yazīd
Mudallij b. al-Miqdām b. Zaml b. Rabīʿah b. ʿAmr al-Jurashī **XX**:60
Abū Muḍar. SEE Ziyādatallāh b. al-Aghlab
Muḍar (*rāwī*) **IV**:130
Banū Muḍar (Muḍarīs) **V**:44, 67, 219; **VI**:29, 55; **VIII**:65, 187; **IX**:113; **X**:96, 112; **XI**:9, 223; **XII**:15, 97; **XIV**:132; **XVI**:31, 98, 118, 120, 121, 123, 131–33, 135, 147, 150, 151, 164; **XVIII**:58, 132, 140; **XIX**:139; **XX**:20, 24, 25, 27, 42, 44, 45, 71–79, 156; **XXI**:15, 17–18, 20, 30, 49, 50, 65, 70, 187, 188, 211; **XXII**:21, 144, 190; **XXIII**:66, 133, 198; **XXIV**:13, 26–27, 116; **XXV**:9, 11, 35, 38, 68, 123, 179, 189, 192; **XXVI**:134, 179, 198, 224–25, 257, 259–60; **XXVII**:10, 16, 38, 39, 42, 44, 45, 46, 77, 78, 80, 82, 94, 95, 99, 100, 102, 103, 105, 106, 128, 144, 191; **XXIX**:50, 98; **XXXI**:233; **XXXII**:108, 110, 234, 238; **XXXV**:154; **XXXIX**:91, 266
Banū Muḍar al-Ḥamrāʾ **XX**:137
Muḍar b. Nizār b. Maʿadd **VI**:34–36
al-Muḍārib (b. Yazīd) al-ʿIjlī **XI**:218; **XII**:65; **XIII**:57; **XIV**:26, 27
Muḍarīs. SEE Banū Muḍar
Muḍarris b. ʿImrān **XXVI**:237
al-Muddaththir (ʿAbdallāh b. ʿĪsā b. Mihrawayh) **XXXVIII**:116, 135, 141, 143, 144
al-Mudhayyal (*The Supplemented*, of al-Ṭabarī) **XXXIX**:37, 53, 81, 209, 233
Muʾdhin al-Namarī **XI**:66
Banū Mudlij **VII**:14, 16; **VIII**:189; **X**:45, 160, 161
al-Mudlijah Road (between Mecca and al-Madīnah) **VI**:146
Mudrik b. Ḍabb al-Kalbī **XXIV**:143–44
Mudrik b. al-Muhallab **XXIII**:105–7; **XXIV**:121–22
Mudrik b. al-Rayyān **XVII**:173–74, 185
Mudrik b. Unayf **XXII**:169
Mudrikah (ʿAmr b. Ilyās b. Muḍar) **VI**:32–33
muezzin. SEE *muʾadhdhin*
al-Mufaḍḍal (*mawlā* of al-Mahdī) **XXIX**:231; **XXX**:4, 25, 30–31
al-Mufaḍḍal (*rāwī*) **XXIV**:82, 93
al-Mufaḍḍal b. ʿAbdallāh **XXXIX**:230
al-Mufaḍḍal b. Bakr **XXII**:46
al-Mufaḍḍal al-Ḍabbī. SEE al-Mufaḍḍal b. Muḥammad al-Ḍabbī
al-Mufaḍḍal (Mufaḍḍal) b. Faḍālah **I**:357; **XVIII**:103
al-Mufaḍḍal b. Jaʿfar b. Sulaymān **XXVII**:167; **XXX**:31
al-Mufaḍḍal al-Kirmānī **XV**:90
al-Mufaḍḍal b. al-Muhallab **XXIII**:32, 54–55, 83, 86, 88, 105, 108, 126, 156–57; **XXIV**:62, 112, 130, 135, 138–39, 142–43, 145

al-Mufaḍḍal b. Muḥammad al-Ḍabbī **XV**:105; **XVI**:138, 145; **XX**:72; **XXI**:209; **XXII**:8, 165, 179, 188, 197; **XXIII**:26, 29, 31, 53, 74, 83, 88–89, 143, 153; **XXIV**:16, 22, 24, 37; **XXVII**:98, 104, 128; **XXX**:328, 332
al-Mufaḍḍal b. Muḥammad b. al-Mufaḍḍal **XXX**:35
Mufaḍḍal b. Sharqī al-Sulamī **XXVII**:63
al-Mufaḍḍal b. Sulaymān. SEE al-Mufaḍḍal b. Ja'far b. Sulaymān
Mufaddāt (in a line of 'Umārah b. 'Aqīl's poetry) **XXXII**:255
mufākharah (boasting match) **IX**:68–72; **XXXIX**:122–23
Mufarraj al-Nūbī (al-Nūbī the Younger), Abū Ṣāliḥ **XXXVI**:39, 40, 41, 206
Ibn Mufarrigh. SEE Yazīd b. Rabī'ah b. Mufarrigh al-Ḥimyarī
al-Mufawwaḍ. SEE Ja'far b. al-Mu'tamid
al-Mufawwar (in Ḥaḍramawt) **X**:22
Abū Mufazzir al-Tamīmī. SEE al-Aswad b. Quṭbah al-Tamīmī
Mufliḥ (Turkish commander) **XXXV**:86, 145, 154, 156; **XXXVI**:24–26, 69, 71, 73, 79, 82, 86, 87, 89, 90–92, 97, 99, 102, 103, 107, 116, 136, 137, 139–42, 181; **XXXVII**:67; **XXXVIII**:132
al-Mufqānīs. SEE Ptolemies of Egypt
muftī (jurist in charge of giving opinions on legal issues) **XXXIX**:244
SEE ALSO *fatwā*
Abū al-Mughaffal (*rāwī*) **XVII**:110
Mughallis b. 'Abd al-Raḥmān b. Muslim **XXIV**:20
Abū al-Mughallis al-Kinānī al-Laythī **XX**:216; **XXII**:152
Mughallis b. Ziyād al-'Āmirī **XXVI**:124; **XXVII**:29
al-Mughammis (valley, near Mecca) **V**:223–24
Abū al-Mughīrah. SEE Ziyād b. 'Amr al-'Atakī
Abū al-Mughīrah (*rāwī*) **I**:313
Abū al-Mughīrah (*rāwī*). SEE 'Abd al-Quddūs b. al-Ḥajjāj
al-Mughīrah (canal). SEE Nahr al-Mughīrah
al-Mughīrah (*rāwī*) **XXXIX**:273
al-Mughīrah (*rāwī*). SEE al-Mughīrah b. Miqsam; al-Mughīrah b. Shu'bah al-Thaqafī; al-Mughīrah b. 'Utaybah b. al-Nahhās al-'Ijlī
Banū al-Mughīrah (of Makhzūm) **X**:184; **XXIX**:191
al-Mughīrah b. 'Abd al-Raḥmān b. al-Ḥārith b. Hishām **VII**:151; **XXXIX**:168
al-Mughīrah b. 'Abdallāh b. Abī 'Aqīl al-Thaqafī **XXII**:177–78; **XXIII**:130, 154, 200–201; **XXIV**:113–14
al-Mughīrah b. 'Abdallāh b. 'Umar b. Makhzūm **VI**:4; **XIII**:105
al-Mughīrah b. al-Akhnas b. Sharīq al-Thaqafī **X**:17–18; **XV**:203, 211–14
al-Mughīrah b. 'Aṭiyyah **XXII**:112; **XXVI**:261
al-Mughīrah b. Abī Farwah **XXI**:216
al-Mughīrah b. al-Faz' **XXVII**:200; **XXVIII**:261, 272–74, 278
al-Mughīrah b. Ḥabnā' **XX**:79; **XXIII**:170, 173
Mughīrah b. Ḥakīm **I**:175
Abū al-Mughīrah b. 'Īsā b. Muḥammad al-Makhzūmī. SEE Abū al-Mughīrah al-Makhzūmī
al-Mughīrah b. Abī Labīd **IV**:171; **V**:195
Abū al-Mughīrah al-Makhzūmī **XXXVI**:207; **XXXVII**:64, 79, 81

al-Mughīrah (Mughīrah) b. Miqsam, Abū Hāshim **I**:284, 285; **II**:61, 64; **VI**:85; **IX**:185; **XV**:48; **XVI**:141; **XIX**:204; **XXXIX**:223
SEE ALSO Abū Hāshim *(rāwī)*
Umm al-Mughīrah bt. al-Mughīrah b. Khālid b. al-ʿĀṣ b. Hishām b. al-Mughīrah **XXIII**:118
al-Mughīrah b. al-Muhallab b. Abī Ṣufrah **XX**:175; **XXI**:173, 200, 233; **XXII**:28, 151, 179–80, 186; **XXIII**:13, 26–28
al-Mughīrah b. Abī Qurrah **XXIV**:59
al-Mughīrah b. Saʿīd al-ʿIjlī **XXV**:152, 153, 154, 155; **XXVI**:38
al-Mughīrah b. Shibl **XIII**:51
al-Mughīrah b. Shuʿbah al-Jahḍamī **XXVI**:210, 227–28; **XXVII**:29
al-Mughīrah b. Shuʿbah al-Thaqafī **VIII**:76; **IX**:15, 23, 43–46, 205; **X**:185, 187; **XII**:16, 31, 32, 63, 65, 70–73, 74, 75, 86, 135–37, 169, 170, 172; **XIII**:7, 59, 79, 110–14, 131, 132, 140, 180, 181, 185–87, 188, 203, 204, 206, 207, 209, 216; **XIV**:10–12, 14, 17, 21, 50, 51, 63, 89, 92, 129, 148, 154, 161, 164; **XV**:5, 15, 142, 217; **XVI**:7, 20, 21, 23, 43, 44; **XVII**:90, 91, 105; **XVIII**:10, 13–14, 20, 23–24, 26–29, 31, 33–34, 37, 41–45, 48, 50, 65, 70, 76–77, 87, 95–97, 122–25, 183–84, 193, 218, 226; **XXII**:128, 131, 134, 138, 145, 147; **XXXIX**:38–39, 84, 169, 174, 292
al-Mughīrah b. ʿUtaybah b. al-Nahhās al-ʿIjlī **XI**:9–10, 21, 25–27, 30, 39, 41, 48, 76, 111, 221; **XII**:33
al-Mughīrah b. ʿUthmān **VII**:21
al-Mughīrah b. Ziyād b. ʿAmr al-ʿAtakī **XXIV**:113
al-Mughīrah b. Zurārah b. al-Nabbāsh b. Ḥabīb al-Usaydī **XII**:30, 37, 38, 39
al-Mughīth (valley, in southern Arabia) **II**:19, 35
Abū al-Mughīth al-Rāfiʿī. SEE Mūsā b. Ibrāhīm al-Rāfiʿī
al-Mughīthah (on the Meccan Road from Iraq) **XXXVI**:204
Mughūn (village, in Nishapur) **XXIV**:173
Muhaddid (of Banū ʿĀd) **II**:35, 36
al-Muhadhdhab (Khārijite) **XXII**:118
Muhadhhab (Zanj rebel) **XXXVII**:51
Muḥaffiz b. Thaʿlabah al-ʿĀʾidhī **XI**:204, 206, 216, 222; **XIII**:40, 42; **XVIII**:142; **XIX**:169, 170, 173, 174
al-Muhājir (*mawlā* of al-Qalammas) **XIX**:16
Abū al-Muhājir (*mawlā* of Maslamah b. Mukhallad) **XVIII**:103
al-Muhājir b. Aws **XIX**:127, 145
Abū al-Muhājir b. Dārah **XXIV**:153
al-Muhājir b. Khālid b. al-Walīd **XIII**:103
al-Muhājir b. Maymūn **XXV**:127, 128
al-Muhājir b. Mismār **XXXIX**:80
Muhājir b. Ṭulayq **XXXVIII**:139
al-Muhājir b. Abī Umayyah b. al-Mughīrah **IX**:108; **X**:20, 53, 105, 153, 165, 173–77, 182, 184–87, 190, 191; **XI**:142–43; **XXXIX**:80–81
al-Muhājir b. ʿUthmān **XXVII**:62, 74
al-Muhājir b. Yazīd, Abū ʿAbdallāh **XXXIX**:337
Muhājir b. Yazīd al-Ḥarashī **XXIV**:179
al-Muhājir b. Ziyād **XIV**:79
al-Muhājir b. al-Zubayr **XXXIX**:193
Muhājirat al-Anṣār **XIII**:93

Muhājirat al-Fatḥ (Qurashites who embraced Islam and emigrated to Medina after the conquest of Mecca) **XII**:133; **XIII**:93
al-Muhājirūn (Emigrants) **VII**:5, 10, 12, 13, 16, 18, 35, 39, 83, 84, 122, 126, 157, 160, 164; **VIII**:10, 50, 52, 60, 68, 70, 80, 120, 146, 147, 168, 174, 175, 176; **IX**:9, 11, 28, 34, 36, 62, 164, 186, 190, 192, 193, 194, 195; **X**:1, 3–5, 7, 11, 15, 57, 106, 115, 122, 123, 128, 160; **XI**:121, 174, 194; **XII**:5, 130, 140, 146, 158, 205–7; **XIII**:38, 50, 92, 102, 112, 131, 137, 185; **XIV**:92, 113, 141, 142, 151, 161, 162; **XV**:23, 158, 173–74, 223–24; **XVI**:2, 44, 69, 85, 156, 196; **XVIII**:10; **XIX**:67, 215; **XXVIII**:153, 192; **XXXIX**:18, 51, 115, 191
Abū al-Muḥajjal al-Rudaynī **XIV**:83
al-Muḥakkam b. al-Ṭufayl (Muḥakkam al-Yamāmah) **X**:113, 116, 119, 123, 125, 126
Muḥakkimūn (pl. of Muḥakkim, Khārijites) **XXVII**:9; **XXXV**:147–49
SEE ALSO arbitration, at Dūmat al-Jandal; Khārijites; *taḥkīm*
Muhalhil (poet) **VI**:55
al-Muhalhil b. Ṣafwān **XXVII**:167; **XXVIII**:46; **XXIX**:208, 216
Muhalhil b. Zayd al-Ṭāʾī **X**:68; **XIV**:19, 20
al-Muhallab (Muslim of Shūmān) **XXIII**:175
al-Muhallab (of the Muslim garrison at Kamarjah) **XXV**:55
al-Muhallab b. ʿAbd al-ʿAzīz al-ʿAtakī **XXV**:128
al-Muhallab b. Iyās al-ʿAdawī **XXIII**:134, 137, 147, 150, 153, 169, 185–86, 224; **XXVI**:118; **XXVII**:44, 99
al-Muhallab b. Abī Ṣufrah, Abū Saʿīd **XIV**:69; **XV**:233; **XVIII**:119–20, 188; **XIX**:186–88; **XX**:71–72, 164, 167–75; **XXI**:86–87, 89–90, 92–94, 100–102, 110, 118, 123, 133–34, 144, 149, 182, 198–204; **XXII**:3–5, 13–14, 16, 20–21, 23–28, 30, 96, 150–55, 158, 161, 178–81, 183, 186, 188–90, 195, 198–200; **XXIII**:9–11, 13, 26–33, 64, 89, 96, 139, 160, 199; **XXIV**:7, 9, 112; **XXV**:4, 15; **XXXII**:179; **XXXIX**:316
Āl al-Muhallab b. Abī Ṣufrah. SEE Muhallabids
al-Muhallab b. ʿUqbah al-Asadī **XI**:9, 11, 16, 19, 45, 48, 53, 57, 60, 67, 86, 111, 116; **XII**:131, 146, 149, 150, 165, 203, 204; **XIII**:1, 6, 8, 12, 18, 19, 21, 22, 23, 24, 26, 28, 29, 31, 34, 37, 38, 42, 44–46, 53, 54, 57, 61, 65, 67, 68, 76, 77, 87, 106, 111, 114, 121, 123, 126, 132, 148, 149, 189, 216; **XIV**:2, 9, 18, 43, 51, 64, 70, 73, 80
al-Muhallab b. Ziyād al-ʿIjlī **XXV**:79
al-Muhallabī. SEE ʿAlī b. Abān al-Muhallabī
Muhallabids (Muhallabīs, Āl al-Muhallab b. Abī Ṣufrah) **XXIII**:84–85, 88; **XXIV**:80, 116, 118, 120, 122, 142–44, 148, 163; **XXVI**:225; **XXXVI**:128, 131
al-Muhallabiyyah (village, on Nahr al-Mādiyān) **XXXVI**:50
al-Muḥallil b. Wāʾil al-Yashkurī **XXII**:36–37, 55, 98, 102, 110, 123, 131
Muḥallim (Bedouin Arab of Medina) **XIII**:34, 35
Muḥallim (river, in eastern Arabia) **V**:291
Banū Muḥallim (b. Dhuhl) **V**:367; **XXII**:37–38
Muḥallim b. Jaththāmah b. Qays al-Laythī **VIII**:151

al-Muḥallimī. SEE Ibrāhīm b. Ḥujr al-Muḥallimī al-Shaybānī
Muḥammad (Prophet) **I**:165–371 *passim;* **II**:20, 21, 29–32, 42, 44–46, 45, 46, 50, 53, 63–65, 75, 81–83, 82, 90, 102, 104, 107, 113, 114, 115, 118, 122, 130, 133, 145, 148, 157, 178, 181; **III**:5, 6, 8, 9, 13, 17, 18, 39, 46, 65, 71, 87, 94, 106, 107, 110, 111, 118, 121, 123, 143, 148, 151, 172; **IV**:37, 68, 126–27, 156; **V**:163–64, 172–73, 175, 252, 266, 268–84, 330, 381, 413, 416; **VI**:*passim;* **VII**:*passim;* **VIII**:*passim;* **VII**:*passim;* **X**:2–7, 11, 14, 15, 17–20, 24, 25, 27, 33–34, 38–44, 46–50, 53–56, 62, 63, 67–71, 75, 77, 85, 88, 95, 97, 106, 107, 110–12, 114, 117, 118, 124, 131, 134–37, 140, 158–61, 159, 163–65, 168–70, 175, 176, 181, 185, 187, 190, 191; **XI**:4, 8, 24–25, 36–38, 64, 72, 74–75, 78–80, 89, 94–96, 98, 106–7, 121–22, 131–32, 135–37, 139, 149–50, 175–76, 194; **XII**:4, 8, 16, 17, 52, 64, 75, 79, 88, 99, 131, 137, 148, 156, 157, 164, 167, 192, 195, 202, 205; **XIII**:16, 29, 32, 58, 59, 84, 90, 92, 94, 96, 99, 100, 105, 106, 110, 127, 137, 138, 155–58, 167, 168, 176–78, 181, 182, 186, 187, 191–93, 207; **XIV**:11, 19, 39, 52, 66, 84, 89, 91–93, 96, 106–8, 116–18, 125, 127, 128, 132, 135, 137, 138, 140, 144, 145, 147, 149, 150, 152, 153, 156, 157, 159, 160, 164; **XV**:3, 7, 38–39, 42, 62–63, 68, 77, 99, 100, 103, 116, 117, 118, 122–23, 139–40, 142, 146, 151, 153, 155, 157, 160–61, 163, 165, 174, 176, 182–84, 199–200, 204–5, 208, 214–15, 218, 222, 224, 227, 228–29, 240–44, 253–54, 256, 258, 261–62; **XVI**:2, 7, 33, 57, 62, 67, 82, 83, 87, 92, 95, 103, 107, 110, 111, 143, 159, 162, 178, 179, 193, 194; **XVII**:25, 26, 27, 37, 69, 72, 84, 100, 101, 108, 117, 118, 124, 134, 156, 189, 220, 221; **XVIII**:2, 8, 11, 18, 19, 38, 46, 81, 85, 86, 93, 101–2, 124, 154, 157, 168, 187, 188, 200, 210, 212, 217; **XIX**:20, 32, 86, 94, 123, 126, 129, 131, 164, 165, 175, 176, 189, 222; **XX**:23, 57, 58, 81, 83, 85, 90, 91, 92, 99, 100, 101, 103, 113, 132, 133, 155, 191, 192, 204, 216, 217; **XXI**:23, 27, 31–32, 37, 39, 44, 53, 58, 60, 71, 77, 78, 82, 87, 89, 104, 110, 112, 114, 115, 141, 176; **XXII**:2, 33–35, 103, 132–34, 136, 140, 145, 185; **XXIII**:8–9, 61, 141, 198; **XXIV**:22, 27, 72, 76, 92, 123–24, 132, 155; **XXV**:40, 108, 109, 115, 119, 164; **XXVI**:4, 9, 11, 13, 16–17, 19, 23, 37–39, 42, 46, 53, 83, 106–8, 148–49, 151, 173, 193, 216; **XXVII**:70, 72, 109, 111, 114, 116, 152, 153, 154, 155, 157; **XXVIII**:26–29, 126, 132–33, 159, 162–63, 166, 168, 170–72, 175–76, 180, 190–92, 194–95, 199, 201, 208, 210–11, 220–21, 225, 235; **XXIX**:25, 27, 35, 53, 57, 58, 72, 98, 132, 134, 135, 137, 153, 183, 188, 189, 191, 192, 229, 251, 254, 255; **XXX**:12, 122, 144–45, 150, 191, 194, 197, 205, 308, 330; **XXXI**:9, 193, 197, 215, 229; **XXXII**:9, 12, 37, 60, 61, 75, 112, 130, 143, 206, 207, 208, 215, 225, 226, 230; **XXXIII**:5; **XXXIV**:31–32, 105, 136, 152, 185, 189, 206, 214; **XXXV**:18, 20, 26, 37, 58, 74, 99, 106, 114, 117, 120, 139; **XXXVI**:77, 78, 80; **XXXVII**:64, 146–47, 170, 173; **XXXVIII**:16, 43, 49, 51–58, 60–62, 129, 132, 154; **XXXIX**:3, 4, 5, 6, 8, 9, 10, 11, 12, 13, 14, 15, 16, 17, 18, 20, 21, 22, 23, 24, 27, 29, 30, 31, 36, 37, 38, 40, 41, 44, 45,

Muḥammad (continued) **XXXIX**:46, 47, 51, 55, 56, 57, 58, 60, 61, 62, 63, 64, 65, 66, 68, 69, 70, 71, 72, 73, 74, 75, 78, 79, 80, 81, 82, 83, 85, 87, 88, 89, 90, 91, 92, 95, 96, 97, 98, 99, 100, 101, 102, 103, 104, 105, 106, 107, 108, 109, 110, 111, 112, 113, 114, 115, 116, 117, 118, 119, 120, 121, 122, 123, 124, 125, 126, 127, 128, 129, 131, 132, 133, 134, 135, 136, 137, 138, 139–45, 146, 147, 148, 149, 150, 151, 152, 153, 154, 155, 156, 157, 158, 159, 160, 161, 162, 163, 164, 165, 166, 167, 168, 169, 170, 171, 172, 173, 174, 175, 176, 178, 179, 180–81, 182, 183, 184, 185, 186, 187, 188–90, 191, 192, 193, 194, 195, 196, 197, 198, 199, 200, 201, 202, 203, 204, 205, 206, 209, 210, 212, 213, 222, 230, 235, 241, 251, 253, 255, 257, 266, 274, 278, 279, 280, 282, 286, 287, 293, 298, 301, 303
- age at death **IX**:206–8
- birth **VI**:161, 162
- burial preparations **IX**:202–3
- camels of **VIII**:47, 81; **IX**:54–55, 146, 150–52
- cloak of **XXXV**:99, 101
- conception **VI**:6–8
- concubines of **VIII**:39; **IX**:141
- day and month of death **IX**:208–9
- day of birth **VI**:162
- death **VI**:162; **IX**:176, 181, 183–87, 206–8, 208–9
- dreams of **IX**:24; **XXXVIII**:54
- foretold in Christian scriptures **VIII**:105–6
- formula for addressing the Prophet **XXXIX**:116
- genealogy **VI**:1–43
- hair of **IX**:160–61
- horses of **IX**:148–49
- inheritance of **IX**:196, 197
- *kunyah* **VI**:49, 72; **VIII**:141; **XVII**:220
- last illness **IX**:168–76
- marriages **VI**:47–50; **VII**:6–8, 105, 150, 167; **VIII**:1–4, 31, 57, 109–10, 136–37, 187; **IX**:39, 126–39; **XXXIX**:163–66, 169–91
- *mawlās* of **IX**:142–47
- migraines **VIII**:120
- miracles performed **VI**:90; **VIII**:73–74; **IX**:53–54, 60; **X**:110–11; **XXXIX**:139–40, 143–44
- mules of **IX**:150
- names of **VI**:64, 66; **VIII**:106; **IX**:155–56; **X**:168
- physical traits **IX**:157–58
- pilgrimages **IX**:125–26
- prophethood. SEE prophethood, Muḥammad's
- scribes of **IX**:147–48
- sheep of **IX**:153
- spears of **XXXIV**:152; **XXXV**:3, 99; **XXXVIII**:139
- staff of. SEE caliphal insignia
- swords of **VII**:84, 120; **IX**:63, 153–54; **XXVIII**:210–11
- tomb of **XXXIV**:23
- washing of the body before burial **IX**:202–3
- women proposed to but not married **IX**:140–41
- year of birth **VI**:161
- SEE ALSO *al-ḥadīth; al-sunnah*

Muḥammad (Bukhārī gate-keeper) **XXVIII**:38

Muḥammad (al-Mahdī). SEE Muḥammad b. ʿAbdallāh b. Ḥasan b. Ḥasan b. ʿAlī b. Abī Ṭālib

Muḥammad (nephew of Abū Ayyūb al-Khūzī al-Mūriyānī) **XXIX**:64–65

Muḥammad (*rāwī*). SEE Ibn Isḥāq; Muḥammad b. ʿAbdallāh b. Sawād b. Nuwayrah; Muḥammad b. Sīrīn; al-Wāqidī
Muḥammad (*rāwī*) **XXXIX**:202
Muḥammad (*rāwī*, b. Bakkār?) **IX**:152
SEE ALSO Muḥammad b. Bakkār
Abū Muḥammad. SEE ʿAbd al-Raḥmān b. ʿAwf; Ḥuḍayn b. al-Mundhir; Ismāʿīl al-Nuʿmān
Abū Muḥammad (*rāwī*) **X**:34
Abū Muḥammad (*rāwī*) **I**:363
Muḥammad b. Abān al-Muhallabī **XXXVI**:32, 183; **XXXVII**:49, 131
Muḥammad b. Abān al-Qurashī **XVIII**:175; **XXI**:113; **XXXIX**:152
Muḥammad b. Abbā, Abū Jaʿfar **XXXVIII**:11
Muḥammad b. ʿAbbād **XXVI**:49
Muḥammad b. ʿAbbād b. Ḥabīb al-Muhallabī **XXVIII**:89, 96
Muḥammad b. ʿAbbād b. Mūsā **XVII**:64, 65
Muḥammad b. al-ʿAbbās **XXX**:146
Muḥammad b. ʿAbbās al-Kilābī **XXXVII**:88
Muḥammad b. Abī al-ʿAbbās al-Saffāḥ **XXVIII**:84, 185, 187, 199–200, 201, 213, 265; **XXIX**:39, 126–27
Muḥammad b. Abī al-ʿAbbās al-Ṭūsī **XXXII**:100–103
Muḥammad b. ʿAbd al-Aʿlā al-Ṣanʿānī **I**:179, 201, 207, 252; **II**:116, 121, 124, 151, 170, 182, 183; **VI**:76; **VII**:6, 22; **VIII**:68, 74, 76, 78, 88, 92
Muḥammad b. ʿAbd al-ʿAzīz al-ʿAtakī **XXV**:141
Muḥammad b. ʿAbd al-ʿAzīz b. ʿUmar b. ʿAbd al-Raḥmān b. ʿAwf al-Zuhrī **XIX**:198; **XXVI**:12; **XXVIII**:107, 144, 154, 161, 217, 234, 235, 237; **XXXIX**:157
Muḥammad b. ʿAbd al-ʿAzīz al-Zuhrī. SEE Muḥammad b. ʿAbd al-ʿAzīz b. ʿUmar b. ʿAbd al-Raḥmān b. ʿAwf al-Zuhrī
Muḥammad b. ʿAbd al-Ḥamīd, Abū al-Rāzī **XXXII**:176, 181
Muḥammad b. ʿAbd al-Ḥamīd al-Ḥaydī **XXXIV**:134
Muḥammad b. ʿAbd al-Ḥamīd al-Kātib **XXXVIII**:4, 83
Muḥammad b. ʿAbd al-Malik b. Marwān **XV**:50; **XXIII**:118; **XXVI**:190–92; **XXVII**:123
Muḥammad b. ʿAbd al-Malik b. Abī al-Shawārib **I**:245; **VI**:69
Muḥammad b. ʿAbd al-Malik al-Zayyāt, Abū Jaʿfar **XXXIII**:31, 87, 179, 186–87, 189, 209; **XXXIV**:10, 36, 38, 39, 52, 57, 61, 63, 65–73, 75, 81, 186, 188
Muḥammad b. ʿAbd al-Raḥmān (*rāwī*) **XIX**:159
Muḥammad b. ʿAbd al-Raḥmān (*rāwī*) **XXXIX**:186, 195
Muḥammad b. ʿAbd al-Raḥmān b. ʿAbdallāh b. al-Ḥuṣayn al-Tamīmī **VI**:147; **VII**:162; **XI**:153, 194
Muḥammad b. ʿAbd al-Raḥmān al-ʿAjlānī **VI**:36, 38, 121
Muḥammad b. ʿAbd al-Raḥmān b. al-Aswad b. Nawfal. SEE Abū al-Aswad
Muḥammad b. ʿAbd al-Raḥmān al-ʿAṭawī. SEE Abū ʿAbd al-Raḥmān al-ʿAṭawī
Muḥammad b. ʿAbd al-Raḥmān b. Bashshār **XXX**:44
Muḥammad b. ʿAbd al-Raḥmān b. Abī Dhiʾb. SEE Ibn Abī Dhiʾb
Muḥammad b. ʿAbd al-Raḥmān b. al-Ḥārith b. Hishām **XXIII**:179

Muḥammad b. ʿAbd al-Raḥmān b. al-Ḥuṣayn. SEE Muḥammad b. ʿAbd al-Raḥmān b. ʿAbdallāh b. al-Ḥuṣayn al-Tamīmī
Muḥammad b. ʿAbd al-Raḥmān b. ʿĪsā b. Mūsā **XXXIII**:201
Muḥammad b. ʿAbd al-Raḥmān al-Kindī **XXXI**:232
Muḥammad b. ʿAbd al-Raḥmān b. Abī Laylā. SEE Ibn Abī Laylā
Muḥammad b. ʿAbd al-Raḥmān al-Makhzūmī. SEE Muḥammad b. ʿAbd al-Raḥmān b. Muḥammad al-Makhzūmī
Muḥammad b. ʿAbd al-Raḥmān b. al-Mughīrah. SEE Ibn Abī Dhiʾb
Muḥammad b. ʿAbd al-Raḥmān b. Muḥammad al-Makhzūmī **XXXI**:125; **XXXII**:21, 136–37
Muḥammad b. ʿAbd al-Raḥmān b. Abī Sabrah al-Juʿfī **XXII**:88–90; **XXIII**:40, 144; **XXIV**:43–45, 49–50
Muḥammad b. ʿAbd al-Raḥmān b. Saʿīd b. Qays al-Hamdānī **XXI**:102, 108, 116, 178, 182; **XXII**:5, 7, 101, 103, 106
Muḥammad b. ʿAbd al-Raḥmān b. al-Salmānī **V**:232
Muḥammad b. ʿAbd al-Raḥmān b. Sulaymān **XXVIII**:193
Muḥammad b. ʿAbd al-Raḥmān b. Thawbān **XXXIX**:183
Muḥammad b. ʿAbd al-Wahhāb al-Muhallabī **XXIX**:131
Muḥammad b. ʿAbd al-Wāḥid b. ʿAbdallāh b. Abī Farwah **XXVIII**:207
Muḥammad b. ʿAbdallāh. SEE Abū al-Layth al-Iṣbahānī
Muḥammad b. ʿAbdallāh, Abū al-ʿAbbās **XXXV**:3
Muḥammad b. ʿAbdallāh (al-Anṣārī?) **XI**:133
Muḥammad b. ʿAbdallāh (al-Mahdī). SEE Muḥammad b. ʿAbdallāh b. Ḥasan b. Ḥasan b. ʿAlī b. Abī Ṭālib
Muḥammad b. ʿAbdallāh (b. Muslim b. ʿUbaydallāh b. ʿAbdallāh al-Zuhrī) **XI**:130, 151
Muḥammad b. ʿAbdallāh (governor of Medina) **XXX**:304
Muḥammad b. ʿAbdallāh (*mawlā* of Banū Hāshim) **XXIX**:156
Muḥammad b. ʿAbdallāh *(rāwī)* **VII**:85
Muḥammad b. ʿAbdallāh *(rāwī)* **XXXIX**:67, 164, 165, 186, 187
SEE ALSO Abū Bakr b. ʿAbdallāh b. Abī Sabrah
Muḥammad b. ʿAbdallāh *(ṣāḥib al-marākib)* **XXXII**:251
Muḥammad b. ʿAbdallāh b. al-ʿAbbās **XIX**:200; **XXXIX**:54
Muḥammad b. ʿAbdallāh b. ʿAbd al-Ḥakam **I**:178; **IX**:138, 181; **XXXIX**:120, 156
Muḥammad b. ʿAbdallāh b. ʿAbd al-Malik b. Marwān **XXIV**:143–44
Muḥammad b. ʿAbdallāh b. ʿAbd al-Raḥmān b. Abī Ṣaʿṣaʿah al-Māzinī **VII**:132; **XXXIX**:205
Muḥammad b. ʿAbdallāh b. ʿAmr b. Saʿīd b. al-ʿĀṣ b. Umayyah b. ʿAbd Shams **XXVIII**:224
Muḥammad b. ʿAbdallāh b. ʿAmr b. ʿUthmān **XXVII**:91; **XXVIII**:123, 125–29, 127–28, 134, 135, 139–41; **XXX**:304
Muḥammad b. ʿAbdallāh b. ʿAnbasah, Abū Jabrah **XXVIII**:179
Muḥammad b. ʿAbdallāh al-Anṣārī **XIV**:143
Muḥammad b. ʿAbdallāh b. ʿAqīl. SEE Muḥammad b. ʿAbdallāh b. Muḥammad b. ʿAqīl

Muḥammad b. ʿAbdallāh al-Asadī. SEE Muḥammad b. ʿAbdallāh b. al-Zubayr al-Asadī
Muḥammad b. ʿAbdallāh b. ʿAzīz al-Kindī **XX**:151
Muḥammad b. ʿAbdallāh b. Bazīʿ **I**:179, 189; **XXXIX**:136
Muḥammad b. ʿAbdallāh b. Bishr b. Saʿd al-Marthidī **XXXV**:44
Muḥammad b. ʿAbdallāh b. Dāwūd al-Hāshimī (Utrujjah) **XXXVIII**:69, 74, 80, 93
Muḥammad b. ʿAbdallāh al-Ḥaḍramī **XXXIX**:230
Muḥammad b. ʿAbdallāh b. al-Ḥārith b. Hishām **XIX**:15
Muḥammad b. ʿAbdallāh b. al-Ḥasan b. ʿAlī al-Maʾmūnī al-Bādhghīsī **XXXVI**:206, 207
Muḥammad b. ʿAbdallāh b. Ḥasan b. Ḥasan b. ʿAlī b. Abī Ṭālib (al-Nafs al-Zakiyyah, al-Mahdī) **XXVII**:189; **XXVIII**:85–94, 97, 99–105, 107–11, 113–21, 125, 130, 134–35, 137–39, 141–43, 145, 147–67, 167, 176–79, 181–226, 228–29, 231–32, 234–35, 246–47, 250–52, 261–63, 269–70, 275–76, 278, 280–81, 286; **XXIX**:3, 9, 53, 139, 141, 143, 224–25; **XXX**:122–23; **XXXIX**:246
Muḥammad b. ʿAbdallāh b. Ḥawdhān al-Jahḍamī **XXV**:75
Muḥammad b. ʿAbdallāh al-Hilālī **XXXIX**:152
Muḥammad b. ʿAbdallāh b. Abī Ḥurrah **XXIII**:207
Muḥammad b. ʿAbdallāh al-Iṣbahānī. SEE Abū al-Layth al-Iṣbahānī
Muḥammad b. ʿAbdallāh b. Jaʿfar b. Abī Ṭālib **XIX**:73, 152, 180
Muḥammad b. ʿAbdallāh b. Jubayr **XXIII**:144
Muḥammad b. ʿAbdallāh b. Jusham al-Ribʿī **XXXII**:255
Muḥammad b. ʿAbdallāh b. Abī al-Karrām **XXVIII**:135–36, 187–88, 194, 215, 217–19, 231, 275, 289
Muḥammad b. ʿAbdallāh al-Kathīrī **XXIX**:171, 193
Muḥammad b. ʿAbdallāh b. Khāzim **XX**:79, 177, 178; **XXI**:62, 65, 66
Muḥammad b. ʿAbdallāh b. Marthad al-Khuzāʿī **XXIII**:99
Muḥammad b. ʿAbdallāh b. Muḥammad b. ʿAbdallāh (Ibn al-Ashtar) **XXIX**:56
Muḥammad b. ʿAbdallāh b. Muḥammad b. ʿAlī b. ʿAbdallāh b. al-ʿAbbās. SEE al-Mahdī (caliph)
Muḥammad b. ʿAbdallāh b. Muḥammad b. ʿAlī b. ʿAbdallāh b. Jaʿfar b. Abī Ṭālib **XXIX**:254
Muḥammad b. ʿAbdallāh b. Muḥammad b. ʿAqīl, Abū ʿAqīl **XXVIII**:189, 199
Muḥammad b. ʿAbdallāh b. Muḥammad b. Ismāʿīl b. Jaʿfar **XXXVIII**:114
Muḥammad b. ʿAbdallāh b. Muḥammad b. ʿUmar **XXIII**:132
Muḥammad b. ʿAbdallāh al-Mukharrimī **XI**:142
Muḥammad b. ʿAbdallāh b. Muslim **VI**:49; **XXXIX**:170
Muḥammad b. ʿAbdallāh b. Qays b. Makhramah **VI**:47
Muḥammad b. ʿAbdallāh al-Qummī **XXXIV**:141–45
Muḥammad b. ʿAbdallāh b. Ṣafwān al-Thaqafī **XII**:31; **XIII**:64
SEE ALSO Muḥammad b. ʿUbaydallāh b. Ṣafwān al-Thaqafī
Muḥammad b. ʿAbdallāh b. Abī Ṣaʿṣaʿah. SEE Muḥammad b. ʿAbdallāh b. ʿAbd al-Raḥmān b. Abī Ṣaʿṣaʿah al-Māzinī

Muḥammad b. ʿAbdallāh b. Sawād b. Nuwayrah **XI**:14–15, 17, 20–21, 26–27, 30, 34, 39, 41, 45, 48–49, 53, 56, 60, 67, 76, 86, 94, 102, 111, 114, 116, 161, 173, 177, 182, 186–88, 195–96, 201–2, 205, 207, 210, 215, 218, 221–22, 224; **XII**:11, 13, 14, 42, 46, 49, 52, 53, 61, 65, 74, 76, 79, 81, 82, 84, 86, 89, 90, 92, 93, 96, 99, 103, 106, 108, 113, 115, 121, 125, 127, 131, 146, 149, 150, 166, 203–5; **XIII**:1, 6, 8, 10, 12, 18, 19, 21, 22, 23, 24, 26, 28, 29, 31, 34, 37, 38, 42, 44–46, 50, 53, 54, 57, 61, 63, 65, 67, 68, 76, 77, 79, 87, 111, 114, 121, 123, 126, 132, 140, 145, 148, 149, 154, 189, 216; **XIV**:2, 9, 18, 43, 51, 64, 70, 73, 80, 106, 118; **XV**:5, 17–18, 22, 34, 37, 45, 48, 51, 56, 61–62, 95, 98, 112, 126–27, 140, 147–48, 159, 166, 206–7, 210, 213, 223, 226, 230, 249, 251, 252; **XVI**:10, 13, 15, 17, 19, 26, 32, 35–37, 40, 43, 47, 52, 53–57, 63, 69, 82, 83, 85, 88, 96, 103, 117–20, 122, 124, 131, 133, 134, 135, 147, 149, 155, 157–59, 162–64, 166–70, 191, 193, 196

Muḥammad b. ʿAbdallāh b. Ṭāhir b. al-Ḥusayn, Abū al-ʿAbbās **XXXIII**:195; **XXXIV**:116, 120, 136, 170, 190, 206, 212–13; **XXXV**:5, 6, 7, 11, 16, 17, 19, 20, 21, 22, 35, 39, 40, 41, 42, 43, 44, 45, 46, 47, 48, 49, 50, 52, 54, 55, 56, 57, 58, 59, 60, 66, 67, 68, 69, 71, 72, 73, 74, 75, 76, 77, 79, 80, 82, 83, 84, 85, 87, 90, 91, 92, 93, 94, 95, 96, 97, 98, 99, 100, 101, 102, 103, 104, 105, 106, 107, 113, 114, 115, 117, 121, 122, 123, 124, 125, 127, 128, 129, 132, 138, 139, 141, 142, 143, 147, 149; **XXXVII**:151; **XXXVIII**:25, 81, 101, 187

Muḥammad b. ʿAbdallāh b. Ṭāhir b. al-Ḥusayn (continued)
palace of. SEE Dār Muḥammad b. ʿAbdallāh b. Ṭāhir

Muḥammad b. ʿAbdallāh al-Ṭarsūsī **XXXIV**:41, 42

Muḥammad b. ʿAbdallāh al-Thaqafī **XVIII**:165

Muḥammad b. ʿAbdallāh b. ʿUlāthah **XXVI**:250; **XXIX**:173–75, 182, 203, 248

Umm Muḥammad bt. ʿAbdallāh b. ʿUthmān b. Abī al-ʿĀṣ al-Thaqafī **XIX**:187–88

Muḥammad b. ʿAbdallāh b. ʿUthmān b. Ṭalḥah **XXXI**:27

Muḥammad b. ʿAbdallāh al-ʿUthmānī. SEE Muḥammad b. ʿAbdallāh b. ʿAmr b. ʿUthmān

Muḥammad b. ʿAbdallāh b. Yaḥyā **XXXVIII**:114

Muḥammad b. ʿAbdallāh b. Abī Yaʿqūb al-Ḍabbī **XXXIX**:121

Muḥammad b. ʿAbdallāh b. Yaʿqūb b. Dāwūd **XXI**:219; **XXIX**:231, 249; **XXX**:65

Abū Muḥammad b. ʿAbdallāh b. Yazīd b. Muʿāwiyah. SEE Abū Muḥammad al-Sufyānī

Muḥammad b. ʿAbdallāh b. al-Zubayr al-Asadī, Abū Aḥmad **I**:259, 260, 267, 303; **II**:103; **IX**:157; **XIV**:50, 102; **XXXIX**:27, 254

Muḥammad b. ʿAbdawayh (Kirdās al-Anbārī) **XXXIV**:130, 133–35

Muḥammad b. ʿAbdūs al-Ghanawī. SEE Abū al-Sanā al-Ghanawī

Muḥammad b. Abī ʿAdī. SEE Ibn Abī ʿAdī

Muḥammad b. ʿAdī b. Arṭāt al-Fazārī **XXIV**:141

Muḥammad b. Aḥmad b. Abī Duʾād, Abū al-Walīd **XXXIV**:116–17, 129, 131

Muḥammad b. Aḥmad al-Hāshimī **XXXI**:214
Muḥammad b. Aḥmad b. ʿĪsā b. Abī Jaʿfar al-Manṣūr (Kaʿb al-Baqar) **XXXV**:109; **XXXVI**:117
Muḥammad b. Aḥmad b. ʿĪsā b. Shaykh (Ibn ʿĪsā b. Shaykh) **XXXVIII**:73, 75, 76, 81
Muḥammad b. Aḥmad al-Khallāl **I**:256
SEE ALSO Abū Naṣr *(rāwī)*
Muḥammad b. Aḥmad b. Rashīd **XXXIII**:207
Muḥammad b. ʿAjlān. SEE Muḥammad b. ʿIjlān
Muḥammad b. al-ʿAlāʾ, Abū Kurayb. SEE Abū Kurayb
Muḥammad b. al-ʿAlāʾ al-Khādim **XXXIV**:65
Muḥammad b. ʿAlī (al-Mahdī). SEE Muḥammad b. al-Ḥanafiyyah
Muḥammad b. ʿAlī (Bard al-Khiyār) **XXXIV**:223
Muḥammad b. ʿAlī *(rāwī)* **XVIII**:104, 106; **XX**:21
Muḥammad b. ʿAlī *(rāwī)* **XXV**:126
Muḥammad b. ʿAlī b. ʿAbdallāh b. al-ʿAbbās **XXIV**:87–88, 183; **XXV**:3, 25, 29, 38, 39, 125, 129, 171, 172; **XXVI**:68, 74, 82–83, 120, 170–71, 238; **XXVII**:26, 71, 96, 147, 148; **XXIX**:136; **XXXIX**:74, 235–36
Muḥammad b. ʿAlī b. Aḥmad b. Abī Zunbūr al-Mādharāʾī, Abū Bakr **XXXVIII**:202
Muḥammad b. ʿAlī al-Armanī, Abū Naṣr **XXXV**:62
Muḥammad b. ʿAlī b. Fayḍ al-Ṭāʾī **XXXVI**:172
Muḥammad b. ʿAlī b. Ḥabīb al-Yashkurī **XXXVI**:193, 194; **XXXVII**:78
Muḥammad b. ʿAlī b. al-Ḥasan b. Shaqīq **I**:286; **IX**:126
Muḥammad b. ʿAlī b. al-Ḥusayn, Abū Jaʿfar (Muḥammad al-Bāqir) **VII**:53; **VIII**:189; **IX**:7, 35, 203; **XVII**:227; **XIX**:17, 19, 20, 22, 74, 154; **XXI**:37; **XXVI**:5, 38; **XXVIII**:172; **XXXIX**:12, 25, 37, 39, 167, 214, 229–30, 230
Muḥammad b. ʿAlī b. ʿĪsā b. Māhān **XXXI**:174–75
Muḥammad b. ʿAlī b. Khalaf al-ʿAṭṭār **XXXV**:141, 142
Muḥammad b. ʿAlī b. al-Layth **XXXVIII**:195
Muḥammad b. ʿAlī b. Mūsā **XXXII**:82, 185
Muḥammad b. ʿAlī b. Ṣāliḥ al-Sarakhsī **XXXII**:233
Muḥammad b. ʿAlī b. Ṭāhir **XXXV**:26; **XXXVI**:22
Muḥammad b. ʿAlī b. Abī Ṭālib (al-Akbar, the Elder). SEE Muḥammad b. al-Ḥanafiyyah
Muḥammad b. ʿAlī b. Abī Ṭālib (al-Aṣghar, the Younger) **XVII**:228; **XIX**:155, 180
Muḥammad b. ʿAlī b. Abī Ṭālib (al-Awsaṭ, the Middle One) **XVII**:229
Muḥammad b. ʿAlī b. Umayyah b. ʿAmr al-Ṭunbūrī. SEE Abū Ḥashīshah
Muḥammad b. ʿAlwān **XXVII**:66
Muḥammad b. ʿĀmir **XVIII**:224
Muḥammad b. ʿAmmār (Kasākas) **XXVIII**:236
Muḥammad b. ʿAmmār al-Rāzī **II**:83; **XIX**:77
Muḥammad b. ʿAmmār b. Yāsir **XIX**:12; **XXI**:31
Muḥammad b. ʿAmr (b. ʿAlqamah) **I**:286, 287
Muḥammad b. ʿAmr *(rāwī)* **I**:247, 265, 267, 274, 281, 287, 327; **II**:95, 100, 113, 146, 152; **VII**:18, 71;

Muḥammad b. ʿAmr (continued) **VIII**:20, 21, 29, 34, 39; **IX**:129; **XII**:186, 187
Muḥammad b. ʿAmr (*rāwī*) **XXXIX**:121, 184
Muḥammad b. ʿAmr b. ʿAbd al-Raḥmān **XXXIX**:118
Muḥammad b. ʿAmr b. al-ʿĀṣ **XV**:171; **XVI**:191, 194; **XVII**:3
Muḥammad b. ʿAmr b. ʿAṭāʾ **XI**:163
Muḥammad b. ʿAmr al-Balkhī **XXXVIII**:40
Muḥammad b. ʿAmr b. Hayyāj. SEE Muḥammad b. ʿUmar b. Hayyāj al-Hamdānī
Muḥammad b. ʿAmr b. Ḥazm al-Anṣārī **XIX**:213
Muḥammad b. ʿAmr al-Rūmī **XXX**:52–53
Muḥammad b. ʿAmr b. Saʿīd b. al-ʿĀṣ **XXI**:166
Muḥammad b. ʿAmr al-Shārī (Khārijite) **XXXIV**:37, 224; **XXXV**:144
Muḥammad b. ʿAmr b. al-Walīd b. ʿUqbah b. Abī Muʿayṭ (Dhū al-Shāmah, Dhū al-Qaṭīfah) **XV**:50; **XXIV**:113, 132, 140–41, 163–65
Muḥammad b. ʿAmr b. Zanbīl b. Nahshal **XXVIII**:148
Muḥammad b. ʿAmrawayh **XXXVIII**:170, 191
Muḥammad b. ʿAqīl **XXV**:153
Muḥammad b. Abī al-ʿĀṣ **XXXI**:152
Ibn Muḥammad b. al-Ashʿath. SEE ʿAbd al-Raḥmān b. Muḥammad b. al-Ashʿath
Muḥammad b. al-Ashʿath al-Khuzāʿī **XXVII**:87, 107, 194, 195, 197, 198; **XXVIII**:49, 75, 81, 277; **XXIX**:42
Muḥammad b. al-Ashʿath b. Qays al-Kindī, Abū al-Qāsim (Abū Maythāʾ) **XVIII**:134–35, 136, 156, 162, 219; **XIX**:19, 37, 42–43, 49–50, 54, 55–57, 60–61, 65, 78; **XX**:38–40; **XXI**:12, 44, 85–86, 90, 93, 95, 96–97, 100, 116; **XXIII**:58; **XXXIX**:269, 315
Abū Muḥammad al-Aswārī **XXIX**:32
Muḥammad b. ʿAṭāʾ b. Muqaddam al-Wāsiṭī **XXX**:69
Muḥammad b. ʿAthmah. SEE Muḥammad b. Khālid b. ʿAthmah
Muḥammad b. ʿAṭiyyah **XXVIII**:192
Muḥammad b. ʿAttāb b. ʿAttāb **XXXVI**:181
Muḥammad b. ʿAwf al-Ṭāʾī **I**:175; **XIV**:104; **XXXIX**:127, 145, 153, 155
Muḥammad b. ʿAwn. SEE Muḥammad b. Jaʿfar b. Abī Ṭālib
Muḥammad b. ʿAwn (*rāwī*) **XV**:66
Muḥammad b. Abī ʿAwn **XXXV**:35, 41, 56, 66, 68, 98, 103, 122, 123, 128; **XXXVI**:17, 33, 39, 42, 44, 45, 49, 53, 56; **XXXIX**:204
Muḥammad b. ʿAwn b. ʿAbdallāh b. al-Ḥārith **XXIX**:162, 164
Muḥammad b. Aws al-Balkhī **XXXV**:21, 22, 23, 24, 25; **XXXVI**:13, 15, 16, 18–24, 165, 170, 185
Muḥammad b. ʿAyyāsh **XXXIV**:30, 160
Muḥammad b. Ayyūb b. Jaʿfar b. Sulaymān **XXXII**:236; **XXXIII**:201
Muḥammad b. Abī Ayyūb al-Makkī **XXIX**:234
Muḥammad b. ʿAzīz (ʿUzayz) al-Kindī **XX**:177; **XXIV**:6, 178; **XXVI**:124
Muḥammad al-Azraq al-Qawārīrī **XXXVI**:61
Muḥammad b. ʿAzzūn **XXXV**:141
Muḥammad al-Bāhilī **XXIV**:86
Muḥammad b. al-Baʿīth b. Ḥalbas **XXXIII**:15–17, 40–41, 43; **XXXIV**:77–80, 86–89
Muḥammad b. Bakkār **XXXIX**:240

Muḥammad b. Bakr *(rāwī)* **XXXIX**:158
Muḥammad b. Abī Bakr al-Anṣārī **VI**:11, 13; **XIII**:111; **XVI**:140; **XXXIX**:243–44
Muḥammad b. Abī Bakr b. Muḥammad. SEE Muḥammad b. Abī Bakr al-Anṣārī
Muḥammad b. Abī Bakr al-Muqaddamī. SEE Ibn al-Muqaddamī
Muḥammad b. Abī Bakr al-Ṣiddīq **XI**:134, 141; **XV**:77, 155, 165, 172, 180, 190, 198, 200, 205, 208, 210, 213, 223, 226, 230, 249, 251, 252; **XVI**:81, 82, 86, 96, 100, 112, 127, 140, 156–58, 161, 170, 175, 183, 184, 186–90; **XVII**:140, 142–59, 160, 161, 163–65; **XXXIX**:202
Muḥammad al-Bāqir. SEE Muḥammad b. ʿAlī b. al-Ḥusayn
Muḥammad b. Barrād **XXI**:29
Muḥammad b. Bashīr **XXVIII**:165
Muḥammad b. Bashshār **I**:174, 175, 201, 219, 229, 244, 260, 261, 282, 283, 297, 313, 315, 320, 330, 353, 369; **II**:70, 80, 85, 86, 95, 99, 102–4, 146; **III**:83, 90, 100; **IV**:155, 170; **V**:413; **VII**:162; **VIII**:10, 119; **XII**:163; **XIV**:107, 109, 141; **XXXIX**:101, 103, 104, 114, 121, 125, 146, 158, 197, 198, 204
Muḥammad b. Bishr **VIII**:20, 29, 34, 39
Muḥammad b. Bishr al-Hamdānī **XIX**:23, 29, 47, 120
Muḥammad b. Bughā, Abū Naṣr **XXXV**:76, 84, 93, 164; **XXXVI**:75, 80, 82, 85, 87, 91, 96, 97, 99, 100, 101, 106–8
Muḥammad b. Dāwūd *(kātib)* **XXXII**:223
Muḥammad b. Dāwūd *(rāwī)* **XXXIX**:215
Muḥammad b. Dāwūd b. ʿAlī **XXX**:27
Muḥammad b. Dāwūd b. ʿĪsā b. Mūsā **XXXII**:20–21; **XXXIII**:45, 83, 134, 177, 193, 201; **XXXIV**:7, 16, 21, 64, 76
Muḥammad b. Dāwūd b. al-Jarrāḥ **XXXVII**:172; **XXXVIII**:80, 158, 160, 165, 167, 173, 176, 177, 189, 190
Muḥammad b. Dāwūd al-Ṭūsī **XXXV**:88
Abū Muḥammad b. Dhakwān al-Qurashī **XVIII**:174, 220
SEE ALSO Abū Muḥammad al-Qurashī
Muḥammad b. Dīnār *(rāwī)* **XXXI**:232
Muḥammad b. Dīnār *(rāwī)* **XXXVI**:206
Muḥammad b. Dirham **XXV**:62
Muḥammad b. al-Faḍl (governor of Mosul) **XXIX**:219
Muḥammad b. al-Faḍl *(rāwī)* **VII**:87
Muḥammad b. al-Faḍl b. al-ʿAbbās **XXXIX**:118, 288
Muḥammad b. al-Faḍl b. ʿAṭiyyah al-ʿAbsī al-Khurāsānī **XVI**:171; **XVIII**:21, 170; **XXVI**:264
Muḥammad b. al-Faḍl al-Jarjarāʾī **XXXIV**:75, 111; **XXXV**:13
Muḥammad b. al-Faḍl b. Sinān al-Qazwīnī al-ʿIjlī **XXXVI**:156; **XXXVII**:1
Muḥammad b. al-Faḍl b. Sufyān **XXX**:204
Muḥammad b. Faraj **XXXIV**:73
Muḥammad b. Farrūkh, Abū Hurayrah **XXVII**:160; **XXIX**:179, 182; **XXX**:102
Muḥammad b. Fuḍayl b. Ghazwān al-Ḍabbī **I**:200, 218, 321; **II**:79, 162; **XI**:158; **XIV**:103; **XVII**:64; **XXXIX**:268

Muḥammad Ghānim b. al-Shāh **XXXVII**:168
Muḥammad b. Ghazzān (ʿIzzān) al-Kalbī **XXVI**:199–200
Muḥammad b. Ḥafṣ al-Dimashqī **XXVIII**:263
Muḥammad b. Ḥafṣ b. Mūsā b. ʿUbaydallāh b. Maʿmar b. ʿUthmān al-Taymī **XVIII**:178, 187; **XX**:27; **XXII**:115; **XXVIII**:94, 252
Muḥammad b. Ḥafṣ al-Thaqafī al-Ṭabarī **XXXIII**:139, 146–47, 156, 168, 173
Muḥammad b. al-Ḥajjāj *(rāwī)* **XII**:166
Muḥammad b. al-Ḥajjāj b. Yūsuf al-Thaqafī **XXIII**:16, 48
Muḥammad b. al-Ḥakam **XVIII**:213
Muḥammad b. al-Ḥakam b. Abī ʿAqīl al-Thaqafī **XV**:43
Muḥammad b. Hakīm **XXXVI**:30
Muḥammad b. Ḥakīm b. Marwān **XXXII**:34
Muḥammad b. Ḥamd b. Manṣūr al-Saʿdī **XXXV**:42
Abū Muḥammad b. al-Hamdānī **XXI**:24
SEE ALSO Yūnus b. Abī Isḥāq al-Sabīʿī
Muḥammad b. Ḥamīd (Ḥumayd) **XXI**:219–20
Muḥammad b. Ḥammād *(rāwī)* **XXXVII**:13, 27, 28, 30, 31, 39, 41, 61, 71, 74, 139
Muḥammad b. Ḥammād al-Barbarī **XXXI**:121–22
Muḥammad b. Ḥammād b. D.n.q.sh al-Kātib **XXXIII**:184
Muḥammad b. Ḥamzah **XI**:130; **XXV**:42
Muḥammad b. al-Ḥanafiyyah (Muḥammad b. ʿAlī al-Akbar, al-Mahdī) **VI**:47; **XVI**:2, 5, 32, 84, 85, 122, 130, 132, 133; **XVII**:32–33, 41, 75, 96, 218–19, 226, 229; **XIX**:8, 83; **XX**:93, 120, 132, 190–92, 192, 194, 195–97; **XXI**:13, 15, 38–39, 53, 58–62, 98–99, 152–53; **XXXIX**:56, 208–9, 276
Muḥammad b. Ḥarb **II**:99
Muḥammad b. Abī Ḥarb **XXVIII**:128, 134–35
Muḥammad b. Ḥarb b. Jirfās al-Minqarī **XXVI**:265
Muḥammad b. al-Ḥārith (of the Kūfan army of al-Ḥārith b. ʿAbdallāh b. Abī Rabīʿah al-Makhzūmī) **XXI**:130
Muḥammad b. al-Ḥārith (officer of Ibrāhīm b. Salamah) **XXVII**:160
Muḥammad b. Ḥārith al-ʿAmmī **XXXVII**:55–56
Muḥammad b. al-Ḥārith b. Surayj **XXVI**:264; **XXVII**:42
Muḥammad b. Abī Ḥarmalah **XV**:23; **XXXIX**:336
Muḥammad b. Harthamah b. al-Naḍr **XXXV**:78, 125
Muḥammad b. Hārūn (b. al-ʿAbbās b. ʿĪsā b. Abī Jaʿfar al-Manṣūr). SEE Ibn Turunjah
Muḥammad b. Hārūn (*kātib* of al-Maʾmūn) **XXXII**:103
Muḥammad b. Hārūn (*kātib* of Muḥammad b. ʿAlī [Bard al-Khiyār]) **XXXIV**:223–24
Muḥammad b. Hārūn (lieutenant of Rāfiʿ b. Harthamah) **XXXVIII**:92, 104, 111, 112, 117
Muḥammad b. Hārūn al-Ḥarbī **XXXIX**:222
Muḥammad b. Hārūn b. ʿĪsā b. Jaʿfar **XXXV**:87
Muḥammad b. Hārūn b. al-Muʿammar **XXXVI**:158
Muḥammad b. Hārūn al-Qaṭṭān **I**:203
Muḥammad (al-Akbar, the Elder) b. Hārūn al-Rashīd. SEE al-Amīn

Muḥammad b. Hārūn al-Rashīd, Abū al-ʿAbbās **XXX**:327
Muḥammad b. Hārūn al-Rashīd, Abū Aḥmad **XXX**:327
Muḥammad b. Hārūn al-Rashīd, Abū ʿAlī **XXX**:327
Muḥammad b. Hārūn al-Rashīd, Abū ʿĪsā **XXX**:327
Muḥammad b. Hārūn al-Rashīd, Abū Isḥāq. SEE al-Muʿtaṣim bi-llāh
Muḥammad b. Hārūn al-Rashīd, Abū Sulaymān **XXX**:327
Muḥammad b. Hārūn al-Rashīd, Abū Yaʿqūb **XXX**:327
Umm Muḥammad bt. Hārūn al-Rashīd. SEE Ḥamdūnah bt. Hārūn al-Rashīd
Muḥammad b. al-Ḥasan (*rāwī*) **XXXI**:243; **XXXII**:219
SEE ALSO Muḥammad b. al-Ḥasan al-Shaybānī
Muḥammad b. al-Ḥasan b. ʿAlī b. ʿĀṣim **XXXII**:210, 219, 222
Muḥammad b. al-Ḥasan al-ʿAnbarī **XXXVII**:70–71
Muḥammad b. al-Ḥasan al-Azdī **XXVII**:101
SEE ALSO Mukhallad b. al-Ḥasan al-Azdī
Muḥammad b. al-Ḥasan al-Baghdādī **XXXVI**:45
Muḥammad b. al-Ḥasan al-Faqīh. SEE Muḥammad b. al-Ḥasan al-Shaybānī
Muḥammad b. al-Ḥasan al-Iyādī **XXXVI**:33
Muḥammad b. al-Ḥasan b. Jaylawayh **XXXV**:42
Muḥammad b. al-Ḥasan b. Muṣʿab **XXXI**:196
Muḥammad b. al-Ḥasan b. Qaḥṭabah **XXX**:162
Muḥammad b. al-Ḥasan b. Qārin **XXXV**:27
Muḥammad b. al-Ḥasan b. Sahl (Shaylamah) **XXXII**:154; **XXXVI**:55, 60, 61, 64, 65, 109, 121, 125–27, 129, 133, 134, 139, 142, 146, 152, 175, 176, 180, 183, 195–98, 201, 205, 206; **XXXVII**:2, 4, 13, 27, 30–31, 39, 42, 74, 91, 93, 98; **XXXVIII**:6, 7
Muḥammad b. al-Ḥasan al-Shaybānī **XXX**:125; **XXXIX**:264–65, 331
Abū Muḥammad b. Bint Ḥasan b. Shunayf. SEE Aḥmad b. Bint Ḥasan b. Shunayf
Muḥammad b. al-Ḥasan b. Usāmah **XXXIX**:10
Muḥammad b. al-Ḥasan b. Zabālah (Ibn Zabālah) **XXVIII**:116, 122, 124–25, 133, 159, 192, 202, 205, 214, 216, 219, 235
Muḥammad b. al-Ḥasan b. Zayd **XXXIX**:260
Muḥammad b. Hāshim b. al-Barīd **XXVIII**:127
Muḥammad b. Ḥāṭib **XXXIX**:297
Muḥammad b. Ḥātim **XXIII**:213
Muḥammad b. Ḥātim b. Harthamah **XXXIV**:79
Muḥammad b. Ḥātim b. Maymūn **XXXII**:211, 218, 222
Muḥammad b. al-Haytham b. ʿAdī al-Ṭāʾī **XXXII**:232, 249; **XXXIV**:53
Muḥammad al-Ḥazmī al-Sughdī **XXVII**:81, 82
Muḥammad b. Hilāl **VII**:84
Muḥammad b. Hishām (official of al-Muʿtaḍid bi-llāh) **XXXVIII**:77
Muḥammad b. Hishām b. ʿAbd al-Malik **XXVI**:73
Muḥammad b. Hishām b. Ismāʿīl al-Makhzūmī **XXV**:98, 99, 100, 122, 128, 129, 166, 194; **XXVI**:35, 55, 68, 89, 119, 177
Muḥammad b. Hishām al-Kirmānī, Abū Wāthilah **XXXVII**:27, 31, 35

Muḥammad b. Hishām al-Makhzūmī **XXX**:94
Muḥammad b. Abī Ḥudhayfah (Ibn Sahlah) **XV**:75–77, 155, 165, 172–73, 198–99, 227, 255; **XVI**:175, 176; **XVII**:159, 160
Muḥammad b. Ḥudhayfah b. al-Yamān **XII**:15
Muḥammad b. al-Hudhayl **XXVIII**:93
Muḥammad b. Ḥumayd *(kātib)*. SEE Muḥammad b. Ḥamīd
Muḥammad b. Ḥumayd al-Rāzī. SEE Ibn Ḥumayd
Muḥammad b. Ḥumayd al-Ṭāhirī **XXXI**:187–88, 193
Muḥammad b. Ḥumayd al-Ṭūsī **XXXII**:176, 181; **XXXIII**:37–39, 43, 91
Muḥammad b. Ḥumrān al-Minqarī **XXVI**:265
Muḥammad b. Ḥumrān al-Saʿdī **XXIV**:36
Muḥammad b. Ḥurayth b. Sulaym **XX**:64
Muḥammad b. al-Ḥusayn *(rāwī)* **II**:39; **III**:144, 170; **VI**:94; **VII**:109, 114, 124; **IX**:77; **XXXIX**:278
Muḥammad b. al-Ḥusayn b. al-Fayyāḍ **XXXVI**:137
Muḥammad b. al-Ḥusayn b. Jaʿfar b. Mūsā **XXXVII**:146
Muḥammad b. al-Ḥusayn b. Muṣʿab **XXX**:112; **XXXI**:150; **XXXIII**:162
Muḥammad b. al-Ḥuṣayn al-ʿAbdī **XXVII**:151, 160; **XXVIII**:2–3, 258–59, 272–73
Muḥammad b. Ibrāhīm, Abū ʿĪsā **XXXVII**:39–41, 113, 116
Muḥammad b. Ibrāhīm (Ibn Ṣudrān) **XXXIX**:146
Muḥammad b. Ibrāhīm (Minqār) **XXXV**:39
Muḥammad b. Ibrāhīm *(rāwī)* **XVIII**:223
Muḥammad b. Ibrāhīm b. Abī ʿAdī. SEE Ibn Abī ʿAdī
Muḥammad b. Ibrāhīm b. al-Aghlab al-Ifrīqī **XXXI**:182, 229; **XXXII**:51, 69, 75, 145, 148
Muḥammad b. Ibrāhīm b. al-Ḥārith al-Taymī **VIII**:66, 94, 138, 149; **IX**:34; **XI**:147, 151; **XIV**:96; **XXXV**:23
Muḥammad b. Ibrāhīm b. Ḥasan b. Ḥasan **XXVIII**:118, 133
Muḥammad b. Ibrāhīm al-Ḥimyarī, Abū Ḥumayd **XXVII**:151, 152, 159, 160
Muḥammad b. Ibrāhīm b. al-Ḥusayn b. Muṣʿab. SEE Muḥammad b. Ibrāhīm b. Muṣʿab
Muḥammad b. Ibrāhīm al-Ifrīqī. SEE Muḥammad b. Ibrāhīm b. al-Aghlab al-Ifrīqī
Muḥammad b. Ibrāhīm b. Ismāʿīl b. Ibrāhīm b. al-Ḥasan b. al-Ḥasan b. ʿAlī b. Abī Ṭālib. SEE Ibn Ṭabāṭabā
Muḥammad b. Ibrāhīm b. Jaʿfar al-Aṣghar b. al-Manṣūr (Ibn al-Kurdiyyah) **XXXV**:89, 106, 142, 143
Muḥammad b. Ibrāhīm b. Muḥammad b. ʿAlī b. ʿAbdallāh b. al-ʿAbbās **XXVI**:55; **XXVII**:150; **XXVIII**:71; **XXIX**:43, 50, 61, 62, 66, 68, 74, 76, 86, 87–89; **XXX**:117, 151, 304; **XXXIX**:249
Muḥammad b. Ibrāhīm b. Muṣʿab **XXXIII**:98, 131–32, 149, 162, 164–66, 168–69, 172–74, 214; **XXXIV**:29, 30, 51, 107–9
Muḥammad b. Ibrāhīm al-Qasmalī. SEE Ibn Abī ʿAdī
Muḥammad b. Ibrāhīm al-Sabārī **XXXII**:253
Muḥammad b. ʿIjlān (ʿAjlān) **XIV**:112; **XXVIII**:190, 216, 224–25; **XXXIX**:157

Muḥammad b. ʿImrān (*kātib* of ʿAlī b. Murr) **XXXIII**:90
Muḥammad b. ʿImrān (*mawlā* of Muḥammad b. Ibrāhīm) **XXIX**:87
Muḥammad b. ʿImrān al-Ḍabbī **XXXV**:143
Muḥammad b. ʿImrān b. Hind **XXXIX**:47
Muḥammad b. ʿImrān b. Ibrāhīm b. Muḥammad b. Ṭalḥah **XXVIII**:121–22, 145, 234–36
Muḥammad b. ʿĪsā (*kātib* of Muḥammad b. ʿAbdallāh) **XXXV**:85, 123
Muḥammad b. ʿĪsā b. ʿAbd al-Raḥmān (al-Kātib al-Khurāsānī) **XXXVI**:15, 22
Muḥammad b. ʿĪsā al-Julūdī. SEE Muḥammad b. ʿĪsā b. Yazīd al-Julūdī
Muḥammad b. ʿĪsā al-Maysānī. SEE Ḥamdawayh
Muḥammad b. ʿĪsā b. Nahīk **XXXI**:25, 45, 49, 67, 69, 73, 151–53, 182–83, 185–86
Muḥammad b. ʿĪsā al-Qurashī **XXXVI**:106
Muḥammad b. ʿĪsā b. Yazīd al-Julūdī **XXXI**:182–83, 188–89, 195; **XXXII**:37
Muḥammad b. Isḥāq (*mawlā* of Banū al-Muṭṭalib). SEE Ibn Isḥāq
Muḥammad b. Isḥāq (*rāwī*). SEE Ibn Isḥāq
Muḥammad b. Isḥāq al-Hāshimī **XXX**:96, 221–23
Muḥammad b. Isḥāq b. Ibrāhīm b. Muṣʿab **XXXIV**:109–10
Muḥammad b. Isḥāq b. Khuzaymah. SEE Khāzim b. Khuzaymah
Muḥammad b. Isḥāq b. Kundāj (Kundājīq) **XXXVIII**:3, 30, 106, 109, 138, 142, 146, 160, 161, 168
Muḥammad b. Isḥāq b. Mihrān **XXVIII**:288
Muḥammad b. Isḥāq b. Muḥammad b. al-Ashʿath **XXIV**:130, 143
Muḥammad b. Isḥāq al-Ṣāghānī **XXXIX**:265
Muḥammad b. Isḥāq b. Yasār. SEE Ibn Isḥāq
Muḥammad b. Ismāʿīl (*rāwī*) **XXXI**:184
Muḥammad b. Ismāʿīl (*rāwī*) **XXXIX**:127, 153
Muḥammad b. Ismāʿīl al-Aḥmasī **II**:81
Muḥammad b. Ismāʿīl al-Ḍirārī (Abū Ṣāliḥ al-Ḍirārī) **VI**:153, 157–59; **IX**:196; **XXXIX**:230, 231, 254, 257
Muḥammad b. Ismāʿīl b. Abī Fudayk. SEE Ibn Abī Fudayk
Muḥammad b. Ismāʿīl al-Hāshimī. SEE Muḥammad b. Ismāʿīl b. Jaʿfar
Muḥammad b. Ismāʿīl b. Jaʿfar **XXVIII**:86–88, 130, 137, 156, 158, 191, 195, 208, 210; **XXIX**:139; **XXXVIII**:114
Muḥammad b. Ismāʿīl al-Murādī **XI**:150
Muḥammad b. Ismāʿīl al-Sulamī **XXXIX**:131
Muḥammad b. ʿIzzān al-Kalbī. SEE Muḥammad b. Ghazzān al-Kalbī
Muḥammad b. Jābir **XXVIII**:244; **XXIX**:67
Muḥammad b. Jaʿfar (caliph). SEE al-Muntaṣir bi-llāh
Muḥammad b. Jaʿfar (governor of al-Baṣrah) **XXVII**:145
Muḥammad b. Jaʿfar (*rāwī*) **I**:177, 180, 260, 297, 313, 330; **II**:84, 87; **VI**:62, 80; **VIII**:119; **IX**:63, 124
Muḥammad b. Jaʿfar (Ṭālibid rebel) **XXXV**:25, 26, 65
Muḥammad b. Abī Jaʿfar. SEE al-Mahdī (caliph)

Muḥammad b. Ja'far b. al-Ḥusayn (al-Ḥasan?) b. Ja'far b. al-Ḥusayn (al-Ḥasan?) b. al-Ḥasan, Abū Aḥmad **XXXV**:88, 141, 142
Muḥammad b. Ja'far b. Ibrāhīm **XXVIII**:135, 223
Muḥammad b. Ja'far b. Muḥammad b. 'Alī b. al-Ḥusayn b. 'Alī b. Abī Ṭālib **XXXII**:31–37, 45, 49; **XXXIX**:249
Muḥammad b. Ja'far al-Muraydī **XXXVI**:57–58
Muḥammad b. Ja'far b. Abī Ṭālib **XV**:210; **XVI**:81, 82, 86, 96, 183; **XXXIX**:202
Muḥammad b. Ja'far b. Wardān al-Bannā' **XXIII**:141
Muḥammad b. Ja'far al-Warkānī **XXXIX**:168
Muḥammad b. Ja'far b. al-Zubayr **VI**:150; **VII**:27, 78, 89, 162; **VIII**:36, 56, 152, 159, 166, 167, 184; **IX**:121, 177, 178; **XI**:127
Muḥammad b. al-Jahm **XXXII**:256
Muḥammad b. Abī al-Jahm b. Ḥudhayfah al-'Adawī **XIX**:214
Muḥammad b. Jamīl al-Kātib. SEE Muḥammad b. Jumayl al-Kātib
Muḥammad b. Jarīr b. 'Abdallāh al-Bajalī **XXIV**:77, 108
Muḥammad b. Jarīr al-'Abdī **XII**:122
Muḥammad b. al-Jarrāḥ al-'Abdī **XXV**:67
Muḥammad b. Jubayr b. Muṭ'im **VI**:49; **IX**:156; **XXI**:152, 153; **XXXIX**:79, 318
Muḥammad b. Juḥādah **XXXIX**:157
Muḥammad b. Jumayl (Jamīl) al-Kātib **XXIX**:138–39, 236; **XXX**:8–9
Muḥammad b. Junayd **XXX**:255
Muḥammad b. Ka'b b. Qaraẓah al-Quraẓī **II**:88, 89, 125, 147; **III**:67, 68, 70, 154; **V**:199, 202; **VI**:108, 111, 115, 142; **VII**:16, 17, 133; **VIII**:6, 25, 85; **IX**:56, 78; **XV**:23; **XIX**:82; **XX**:219; **XXXIX**:160, 231, 333
Muḥammad al-Kalbī. SEE Muḥammad b. Sā'ib al-Kalbī
Muḥammad b. Karīm **XXXIV**:42, 43
Muḥammad b. Karrāz **XXV**:62
Muḥammad b. Kathīr (commander of Ya'qūb b. al-Layth al-Ṣaffār) **XXXVI**:169, 170
Muḥammad b. Kathīr *(rāwī)* **II**:46; **XXVII**:191
Muḥammad b. Khalaf al-'Asqalānī **I**:265, 327; **VI**:60, 154; **IX**:181, 207; **XXXIX**:108, 145, 257
Muḥammad b. Khālid *(rāwī)* **XXXIX**:151
Muḥammad b. Khālid b. 'Abdallāh al-Qasrī **XXVI**:169; **XXVII**:140–43; **XXVIII**:74–75, 81, 85, 107–12, 151, 157, 176–77, 206
Muḥammad b. Khālid b. 'Athmah **I**:369; **VIII**:10
Muḥammad b. Khālid al-Azdī **XXVI**:31
Muḥammad b. Khālid b. Barmak **XXX**:152–53, 212, 219, 222, 224
Muḥammad b. Khālid b. Ismā'īl b. Ayyūb b. Salamah al-Makhzūmī **XXVIII**:97, 228
Muḥammad b. Abī Khālid al-Marwarrūdhī **XXXI**:105, 110–11, 153, 208; **XXXII**:42–44, 47–52
Muḥammad b. Khālid al-Murabba'ī **XXVIII**:272
Muḥammad b. Khālid al-Qasrī. SEE Muḥammad b. Khālid b. 'Abdallāh al-Qasrī
Muḥammad b. Khālid b. Yazīd b. Mazyad al-Shaybānī **XXXIV**:78; **XXXV**:59, 87
Muḥammad b. Khallād al-Sharawī **XXXI**:249

Muḥammad b. Khāzim (al-Ḍarīr). SEE Abū Muʿāwiyah

Muḥammad b. Khunays (*mawlā* of Hamdān) **XXIV**:87; **XXV**:2-3, 25

Muḥammad b. Khuzāʿī b. Ḥuzābah **V**:218–20

Muḥammad b. Kumushjūr (Bunduqah) **XXXVII**:78; **XXXVIII**:30, 89, 105, 138, 146

Muḥammad b. Kunāsah **XXXIV**:55

Muḥammad b. Kurayb **XIII**:35; **XV**:47, 55

Muḥammad Kūtah **XXXIII**:96, 121

Muḥammad b. al-Layth (governor of Fārs) **XXXVII**:66

Muḥammad b. al-Layth (official of Hārūn al-Rashīd) **XXX**:203–4

Muḥammad b. Lūṭ b. al-Mughīrah b. Nawfal b. al-Ḥārith b. ʿAbd al-Muṭṭalib **XXVIII**:215

Muḥammad b. Makhramah **XXXIX**:42

Muḥammad b. Mālik (commander) **XVIII**:172

Muḥammad b. Mālik al-Hamdānī al-Khaywānī **XXV**:115; **XXVI**:40

Muḥammad b. Maʿmar **I**:282, 283; **VI**:154; **XXXIX**:153, 267

Muḥammad b. Maʿn **XXVIII**:157

Muḥammad b. al-Manṣūr. SEE al-Mahdī (caliph)

Muḥammad b. Manṣūr (*kātib* of Ibrāhīm al-Bakhtarī) **XXXIII**:8

Muḥammad b. Abī Manṣūr al-Āmulī **I**:211, 231, 232, 356; **XXXIX**:207

Muḥammad b. Manṣūr al-Bāwardī **XXXI**:136

Muḥammad b. Manṣūr al-Ṭūsī **VIII**:79, 80; **XXXIX**:255

Muḥammad b. Manṣūr b. Ziyād **XXX**:229

Muḥammad b. Maʿrūf b. Suwayd **XXVII**:167; **XXVIII**:110, 238, 253, 255, 271, 277; **XXIX**:75

Muḥammad b. Marwān b. al-Ḥakam **XX**:175; **XXI**:179, 181, 183, 233; **XXII**:12, 38–40; **XXIII**:24, 44; **XXVI**:242, 249; **XXVII**:175

Muḥammad b. Marwān b. Abī al-Janūb b. Marwān b. Abī Ḥafṣah **XXXV**:117, 134

Muḥammad b. Marwān b. Abī Salīṭ **XXVIII**:152

Muḥammad b. Marzūq **III**:9; **VII**:155; **X**:83

Muḥammad b. Maslamah (of the people of al-Kūfah) **XXXII**:30

Muḥammad b. Maslamah al-Anṣārī **VII**:95, 97, 158; **VIII**:32, 93, 118, 123, 138; **IX**:119, 121, 135, 155; **XIII**:73–74, 190–92; **XV**:147, 165, 174–75, 191–97; **XVI**:6, 9, 66; **XVIII**:32; **XXXIX**:205

Muḥammad b. Masrūr al-Balkhī **XXXVI**:204

Muḥammad b. Maymūn al-ʿAnbarī **XXIX**:199

Muḥammad b. Maymūn al-Sukkarī. SEE Abū Ḥamzah al-Sukkarī

Muḥammad b. Maymūn al-Zaʿfarānī **VI**:61

Muḥammad b. Mīkāl **XXXV**:26

Muḥammad b. Mikhnaf (paternal uncle of Yaḥyā b. Saʿīd b. Abī Mikhnaf) **XVI**:142; **XVII**:13; **XVIII**:132; **XXI**:126

Muḥammad b. Misʿar b. al-ʿAlāʾ **XXVIII**:260

Muḥammad b. Muʿādh **XXXV**:150 SEE ALSO Muʿādh b. Muḥammad

Muḥammad b. Muʿāwiyah al-Anmāṭī **I**:199; **XXXIX**:203

Muḥammad b. Mubāshir al-Karkhī **XXXVI**:76, 77, 84, 93–95, 100

Muḥammad b. al-Mughīrah b. Shuʿbah al-Azdī **XXXIII**:155

Muḥammad b. al-Muhallab **XXIV**:113–16, 132, 135, 138–39

Muḥammad b. Muḥammad al-Maʿbadī **XXXI**:229; **XXXII**:86
Muḥammad b. Muḥammad b. al-Qāsim al-Thaqafī **XXVI**:131
Muḥammad b. Muḥammad b. ʿUmayrah **XXVII**:38
Muḥammad b. Muḥammad b. Zayd b. ʿAlī b. al-Ḥusayn b. ʿAlī b. Abī Ṭālib **XXXII**:15, 25, 27, 64
Muḥammad b. al-Muktafī, Abū Aḥmad **XXXVIII**:121, 145
Muḥammad b. al-Mundhir b. al-Zubayr **XIX**:11, 16
Muḥammad b. al-Munkadir **VI**:83; **VIII**:83; **XIV**:123; **XXXIX**:240, 333
Muḥammad b. al-Muntashir **XXXIX**:33
Muḥammad b. Muqātil b. Ṣāliḥ **XXXI**:54
Muḥammad b. Mūsā *(rāwī)* **XXXIX**:185
Muḥammad b. Mūsā al-Aʿraj **XXXVII**:177
Muḥammad b. Mūsā b. Bughā **XXXVII**:20, 47, 78
Muḥammad b. Mūsā b. al-Furāt **XXVIII**:248–49
Muḥammad b. Mūsā b. Ḥafṣ **XXXII**:175; **XXXIII**:158–60, 162, 166
Muḥammad b. Mūsā al-Ḥarashī **VI**:106; **XV**:62, 252
Muḥammad b. Mūsā al-Khwārazmī (al-Majūsī al-Quṭrabbulī) **XXX**:14; **XXXI**:210–11; **XXXII**:158; **XXXIV**:53
Muḥammad b. Mūsā b. Muḥammad b. Ibrāhīm b. Muḥammad b. ʿAlī b. ʿAbdallāh b. ʿAbbās **XXIX**:57
Muḥammad b. Mūsā b. Shākir (Muḥammad b. Mūsā al-Munajjim, the astrologer) **XXXIV**:161, 222; **XXXV**:45, 100, 106, 114
Muḥammad b. Mūsā al-Shaʿrānī **XXXVII**:62, 83
Muḥammad b. Mūsā b. Ṭalḥah b. ʿUbaydallāh **XXI**:232; **XXII**:71, 76–79
Muḥammad b. Abī Mūsā al-Thaqafī **XVIII**:96; **XXXIX**:39
Muḥammad b. Muṣʿab (commander of Ṭāhir b. Ḥusayn) **XXXI**:52
Muḥammad b. Muṣʿab al-Qirqisānī (al-Qarqasānī) **I**:267; **XIV**:119–20
Muḥammad b. Muslim b. ʿAmr **XXIV**:20
Muḥammad b. Muslim al-ʿAnbarī **XXV**:108, 109, 118
Muḥammad b. Muslim b. Shihāb al-Zuhrī. SEE Ibn Shihāb al-Zuhrī
Muḥammad b. Muslim al-Ṭāʾifī **VI**:153, 158–59; **XIII**:59
Muḥammad b. Muslim b. ʿUbaydallāh. SEE Ibn Shihāb al-Zuhrī
Muḥammad b. Muslim b. ʿUbaydallāh b. ʿAbdallāh b. Shihāb al-Zuhrī. SEE Ibn Shihāb al-Zuhrī
Muḥammad b. Muslim al-Zuhrī. SEE Ibn Shihāb al-Zuhrī
Muḥammad al-Muʿtaṣim, Abū Isḥāq. SEE al-Muʿtaṣim bi-llāh
Muḥammad b. al-Mutawakkil **IV**:3
Muḥammad al-Muʿtazz bi-llāh. SEE al-Muʿtazz
Muḥammad b. al-Muthannā *(rāwī)* **XXIII**:133
Muḥammad b. al-Muthannā, Abū Mūsā **I**:175, 177, 179, 200, 218, 254, 259; **II**:70, 84, 87, 98, 102; **V**:268; **VI**:60, 61, 62, 73–74, 80, 153; **VII**:27; **VIII**:70, 148; **IX**:63, 124, 155, 156, 157, 158, 159, 160, 161, 206, 207; **XIV**:99, 106, 107; **XXXIX**:124, 136, 204, 207

Muḥammad b. al-Muthannā al-Baṣrī. SEE Muḥammad b. al-Muthannā
Muḥammad b. Muthannā al-Farāhīdhī al-Azdī **XXV**:107, 108, 143; **XXVI**:32, 228–29; **XXVII**:36, 38, 81, 82, 94
Muḥammad al-Muwallad **XXXVI**:134, 135, 150, 167, 169, 190, 197, 198, 202
Muḥammad al-Muẓaffar b. Saysal **XXXV**:115; **XXXVI**:23
Muḥammad b. Najāḥ b. Salamah. SEE Abū al-Faraj b. Najāḥ
Muḥammad b. Naṣr b. Ḥamzah b. Mālik al-Khuzāʿī **XXXV**:71, 130; **XXXVI**:21
son of **XXXV**:71
Muḥammad b. Naṣr b. Manṣūr b. Bassām **XXXVI**:23
Muḥammad b. Nubātah **XXVII**:89, 137, 139, 186, 188, 191, 192
Muḥammad b. Nūḥ al-Maḍrūb **XXXII**:210, 218, 220–21
Muḥammad b. Nuwayrah. SEE Muḥammad b. ʿAbdallāh b. Sawād b. Nuwayrah
Muḥammad b. Qarāṭughān **XXXVIII**:139
Muḥammad b. al-Qāsim (associate of the Zanj leader) **XXXVI**:34
Muḥammad b. al-Qāsim (*ṣāḥib al-ḥaras*) **XXX**:67
Muḥammad b. al-Qāsim b. al-Rabīʿ **XXX**:52
Muḥammad b. al-Qāsim al-Thaqafī **XXIII**:149, 204, 206, 219, 223; **XXXIX**:228
Muḥammad b. al-Qāsim b. ʿUmar b. ʿAlī b. al-Ḥusayn b. ʿAlī b. Abī Ṭālib **XXXIII**:5–7
Muḥammad b. Qaṭan b. ʿImrān al-Asadī **XXVII**:33, 34, 38, 40, 102
Muḥammad b. Qays (*rāwī*) **I**:278, 367; **VI**:111
Muḥammad b. Qays (*rāwī*) **XIX**:83, 144
Muḥammad b. Qays (*rāwī*) **XXI**:60
Muḥammad b. Qays al-Asadī (al-Wālibī) **XI**:52; **XII**:54, 60, 93, 156, 159; **XIII**:51, 214; **XVI**:15
Muḥammad b. Qays al-Ghanawī (al-ʿAnbarī) **XXIV**:156
Muḥammad b. Qays al-ʿIjlī **XIII**:29
SEE ALSO Makhlad b. Qays
Muḥammad b. Qudāmah **XXXIX**:164
Abū Muḥammad al-Qurashī **IX**:200; **XVI**:85?; **XXV**:1
SEE ALSO Abū Muḥammad b. Dhakwān al-Qurashī
Muḥammad b. Abī Qutayrah **XV**:165
Muḥammad b. Rabīʿah (*rāwī*) **II**:113
Muḥammad b. Rabīʿah b. al-Ḥārith **XXXIX**:198, 315
Muḥammad b. Abī Rajāʾ (jurist) **XXXII**:89
Muḥammad b. Rajāʾ al-Ḥiḍārī **XXXIV**:131, 205; **XXXV**:60, 77, 78, 82, 87, 125; **XXXVI**:32–34
Muḥammad b. Rāshid (*rāwī*) **XXXI**:179; **XXXIII**:212
Muḥammad b. Rāshid (*rāwī*) **XXXIX**:216
Muḥammad b. Rāshid al-Khuzāʿī **XXVI**:190, 203–4
Muḥammad b. Rāshid al-Maghribī **XXXV**:44, 46, 131, 140, 141
Muḥammad b. Rāshid al-Sulamī **XVI**:156, 166
Muḥammad al-Rawwāʿī **XXXII**:77
Muḥammad b. Rifāʿah b. Thaʿlabah **XXII**:187; **XXXIX**:56
Muḥammad b. Riyāḥ al-Jawharī **XXIX**:115
Muḥammad b. Rizqallāh **XXXIV**:134
Muḥammad b. Rustam al-Kalārī **XXXIII**:172–74; **XXXV**:22, 23

Muḥammad b. al-Ṣabbāḥ *(rāwī)* **II**:144
Muḥammad b. al-Ṣabbāḥ (treasurer of ʿAbdallāh b. Ṭāhir) **XXXIII**:167
Muḥammad b. al-Ṣabbāḥ al-Ṭabarī **XXX**:292
Muḥammad b. Abī Sabrah. SEE Muḥammad b. ʿAbd al-Raḥmān b. Abī Sabrah al-Juʿfī
Muḥammad b. Saʿd (b. Muḥammad b. al-Ḥasan b. ʿAṭiyyah b. Saʿd b. Junādah al-ʿAwfī) **I**:215, 246, 313, 329; **III**:9
Muḥammad b. Saʿd *(rāwī)*. SEE Ibn Saʿd
Muḥammad b. Saʿd b. Abī Waqqāṣ **XIX**:213; **XXIII**:25, 46, 56–57, 65
Muḥammad b. Saʿd al-Zuhrī. SEE Ibn Saʿd
Muḥammad b. Saʿdān al-Naḥwī **XXXIV**:44
Abū Muḥammad al-Ṣādiq. SEE Ziyād al-Sarrāj al-Ṣādiq
Muḥammad b. Ṣafwān al-Jumaḥī **XXV**:4
Muḥammad b. Sahl b. ʿAskar al-Bukhārī **I**:173, 206, 207, 210, 351; **II**:10, 40, 140; **III**:119, 150; **IV**:21, 42, 55; **V**:415; **XXXIX**:112, 158
Muḥammad b. al-Sāʾib al-Kalbī **I**:290, 291, 293, 297, 303, 314, 324, 331, 333, 334, 336, 340, 344, 348, 355, 362, 365, 366, 368; **II**:17, 18, 153; **V**:414, 415, 416; **VI**:1, 9, 13, 16, 19, 38, 51, 140; **X**:95, 112; **XIII**:170; **XV**:185; **XIX**:156, 163; **XXI**:98; **XXIII**:24, 39, 44; **XXXIX**:9, 85, 130, 170, 236, 247–48, 255, 304
Muḥammad b. al-Saʾib b. Mālik al-Ashʿarī **XXI**:103–4
Muḥammad b. Saʿīd (governor of Egypt) **XXIX**:63, 66, 68, 74, 77, 79
Muḥammad b. Saʿīd *(rāwī)* **XV**:26
Muḥammad b. Saʿīd *(rāwī)* **XXXIV**:184
Muḥammad b. Saʿīd al-ʿĀmirī **XXVI**:132
Muḥammad b. Abī Saʿīd b. ʿAqīl **XIX**:181
Muḥammad b. Saʿīd b. al-ʿĀṣ **XXI**:165
Muḥammad b. Saʿīd al-Azraq **XXXVIII**:190, 191
Muḥammad b. Saʿīd b. Ḥassān al-Urdunnī **V**:272; **XXVI**:191
Muḥammad b. Saʿīd b. Muṭarrif al-Kalbī **XXVI**:202–3
Muḥammad b. Saʿīd b. Nāfiʿ **XXVIII**:199
Muḥammad b. Saʿīd al-Saʿdī **XXXIII**:125–26, 128, 132
Muḥammad b. Abī Saʿīd al-Thaqafī **V**:232
Muḥammad b. Saʿīd b. ʿUmar b. Mihrān **XXX**:68
Muḥammad b. Abī al-Sāj **XXXVII**:2, 6, 7, 53, 78–79, 81, 90, 98, 148, 153–54, 160, 162, 167, 169; **XXXVIII**:9, 13, 72, 75, 85, 86, 88, 94, 97, 170, 204
Ibn Muḥammad al-Sakūnī **XXVII**:90
Muḥammad b. Salamah **VII**:16; **XV**:230
Muḥammad b. Ṣāliḥ, Abū Sahl **XXXVI**:183, 186
Muḥammad b. Ṣāliḥ *(rāwī)* **XXX**:15–16, 22, 27
Muḥammad b. Ṣāliḥ b. al-ʿAbbās al-Hāshimī **XXXIV**:16, 18, 25
Muḥammad b. Ṣāliḥ b. Dīnār **I**:370; **VI**:155, 159; **VII**:27, 28, 86; **XIV**:121, 132; **XV**:72, 174, 182; **XXXIX**:4, 180
Muḥammad b. Ṣāliḥ b. Mihrān. SEE Muḥammad b. Ṣāliḥ b. al-Naṭṭāḥ
Umm Muḥammad bt. Ṣāliḥ al-Miskīn **XXX**:326–27

Muḥammad b. Ṣāliḥ b. Mu'āwiyah **XXVIII**:179
Muḥammad b. Ṣāliḥ b. al-Naṭṭāḥ **XXVIII**:244; **XXX**:153
Muḥammad b. Sālim al-Khwārazmī **XXIX**:100
Muḥammad b. Sallām al-Jumaḥī **XXI**:180–81, 182; **XXIX**:232, 259
Muḥammad b. Salm (al-Qaṣṣāb al-Ḥajarī) **XXXVI**:33, 34, 39, 41–43, 46, 48, 52, 54, 58, 60–62, 64
Muḥammad b. al-Ṣalt **II**:159
Muḥammad b. al-Ṣalt al-Thaqafī **XXV**:42
Muḥammad b. Samā'ah **XXXII**:136
Muḥammad b. al-Sammāk **XXX**:172
Muḥammad b. al-Shāh b. Mīkāl **XXXVIII**:1
Muḥammad b. Shihāb al-Zuhrī. SEE Ibn Shihāb al-Zuhrī
Muḥammad b. Shu'ayb al-Ishtiyām **XXXVII**:13–14, 16, 18–20, 22–24, 28
Muḥammad b. Shuraḥbīl **XXV**:3
Muḥammad b. Sim'ān al-Kātib **XXXVI**:64, 129, 130, 131, 142, 144, 146; **XXXVII**:31, 67, 86, 93–94, 115
Muḥammad b. Sinān al-Qazzāz **I**:183, 205, 255, 291, 328; **II**:79, 87; **V**:270; **XVI**:4; **XVII**:232; **XXXIX**:132
Muḥammad b. Sīrīn **II**:63, 64; **V**:414; **VI**:158; **X**:76; **XI**:55; **XII**:30, 170, 203; **XV**:67, 92, 102; **XVI**:12; **XVIII**:126–27; **XXXIX**:223, 225, 226, 227
Muḥammad b. Ṣubayḥ. SEE Ibn al-Sammāk
Abū Muḥammad al-Sufyānī (Abū Muḥammad b. 'Abdallāh b. Yazīd b. Mu'āwiyah) **XXVI**:99, 100, 148, 162, 185–86, 188, 190, 253; **XXVII**:2, 3, 167, 178, 179
Muḥammad b. Suhayl **XXXIX**:176, 191
Muḥammad b. Ṣūl **XXVII**:163, 171, 203, 204, 208
Muḥammad b. Sulaym *(rāwī)*. SEE Abū Hilāl
Muḥammad b. Sulaym al-Nāṣiḥ **XXIII**:155
Muḥammad b. Sulaymān (commander) **XXXI**:121–22
Muḥammad b. Sulaymān, Abū Ḍamrah **XXIX**:180, 195, 204
Muḥammad b. Sulaymān b. 'Abd al-Ṣamad b. 'Alī **XXXV**:87
Muḥammad b. Sulaymān b. 'Abdallāh b. Muḥammad b. Ibrāhīm (al-Imām, al-Zaynabī) **XXXIV**:165, 170, 203; **XXXV**:8
Muḥammad b. Sulaymān b. 'Alī b. 'Abdallāh b. 'Abbās **XXVIII**:227, 229, 264, 271–72, 276–77, 279, 286, 288; **XXIX**:12, 15, 38–39, 50, 61, 63, 66, 68, 72–73, 90–91, 113, 118, 162, 166, 182, 183, 187, 188, 193, 195, 198, 203, 216, 217–18, 239; **XXX**:23–26, 30, 38, 40, 57, 97, 100, 105–8, 305, 326
Muḥammad b. Sulaymān b. Dāwūd b. al-Ḥasan b. al-Ḥasan b. 'Alī b. Abī Ṭālib **XXXII**:19, 22
Muḥammad b. Sulaymān b. al-Ḥakam, Abū Hishām **XXXIX**:138–40
Muḥammad b. Sulaymān b. Abī Ḥathmah **IX**:117
Muḥammad b. Sulaymān al-Kātib **XXXVII**:167; **XXXVIII**:30, 133, 134, 136, 141–43, 146, 151, 152, 154, 158
Muḥammad b. Sulaymān al-Zaynabī. SEE Muḥammad b. Sulaymān b. 'Abdallāh b. Muḥammad b. Ibrāhīm al-Imām
Muḥammad b. Sūqah **XII**:12; **XIV**:66; **XV**:68; **XVI**:99

Muḥammad b. Ṭāhir b. ʿAbdallāh b. Ṭāhir **XXXV**:5, 6, 21, 22, 25, 26, 27, 63, 64, 65; **XXXVI**:151, 156, 157, 159, 163, 168, 171, 172, 188, 203; **XXXVII**:12, 51, 144, 147–48, 150–52
Muḥammad b. Ṭalḥah *(rāwī)* **XI**:21; **XVI**:46, 62, 66, 79, 122, 148
Muḥammad b. Ṭalḥah *(rāwī)* **XXIV**:96
Muḥammad b. Ṭalḥah b. ʿUbaydallāh **XV**:207, 211–12; **XVI**:46, 62, 66, 79, 122, 148, 167; **XXXIX**:28, 288, 315
Muḥammad b. Ṭalḥah b. Yazīd b. Rukānah **X**:65, 72
Muḥammad b. Ṭālūt **XXXI**:115, 119
Muḥammad b. Tarkash (Tarkashah) **XXXVI**:71, 169
Muḥammad b. Ṭayfūr **XXIX**:234
Muḥammad b. Thābit al-Anṣārī. SEE Muḥammad b. Thābit b. Qays b. Shammās al-Anṣārī
Muḥammad b. Thābit al-Qāḍī **XXVII**:35
Muḥammad b. Thābit b. Qays b. Shammās al-Anṣārī, Abū Yūsuf **IX**:118; **XIX**:212–13; **XXXIX**:133
Abū Muḥammad al-Thaqafī **XXIV**:51
Muḥammad b. Thaqīf al-Aswad **XXXVI**:77
Muḥammad b. Thawr (commander) **XXXVIII**:10
Muḥammad b. Thawr *(rāwī)* **I**:201, 207, 252; **II**:116, 121, 124, 151, 170, 182; **VI**:76; **VII**:159; **VIII**:68, 74, 88
Muḥammad Ṭughtā al-Turkī **XXXVI**:170
Muḥammad b. ʿUbayd al-Muḥāribī **VI**:81; **VII**:17, 39, 41, 54; **XXXIX**:195, 279
Muḥammad b. ʿUbayd b. ʿUmayr **XIX**:13
Muḥammad b. ʿUbaydah **XXVI**:144
Muḥammad b. Abī ʿUbaydallāh **XXIX**:201, 202, 235
Muḥammad b. ʿUbaydallāh b. al-ʿAbbās **XXXIX**:74, 288
Muḥammad b. ʿUbaydallāh b. ʿAbdallāh b. Ṭāhir **XXXVII**:81
Muḥammad b. ʿUbaydallāh b. Azārmard al-Kurdī **XXXVI**:181–83, 207; **XXXVII**:8–10, 37–38
Muḥammad b. ʿUbaydallāh al-Kurayẓī **XXXVI**:117
Muḥammad b. ʿUbaydallāh b. Abī Rāfiʿ **VII**:119
Muḥammad b. ʿUbaydallāh b. Ṣafwān al-Thaqafī **XIII**:199
SEE ALSO Muḥammad b. ʿAbdallāh b. Ṣafwān al-Thaqafī
Muḥammad b. ʿUbaydallāh al-Thaqafī, Abū ʿAwn **VII**:28
Muḥammad b. ʿUbaydallāh b. Yaḥyā b. Khāqān **XXXVIII**:197, 199
Muḥammad b. Ubayy b. Kaʿb **XXXIX**:316
Muḥammad b. ʿUlāthah **XXVI**:242
Muḥammad b. Abī Umāmah b. Sahl **XXXIX**:36
Muḥammad b. ʿUmar *(rāwī)*. SEE al-Wāqidī
Muḥammad b. ʿUmar b. ʿAlī b. Abī Ṭālib **XXVI**:4–6, 21; **XXVIII**:199; **XXXIX**:38, 167, 168
Muḥammad b. ʿUmar al-Aslamī. SEE al-Wāqidī
Muḥammad b. ʿUmar (ʿAmr) b. Hayyāj (al-Hayyāj) al-Hamdānī **I**:181; **IX**:89; **XXXIX**:156
Muḥammad b. ʿUmar b. al-Ṣabāḥ al-Hamdānī **IX**:173
Muḥammad b. ʿUmar al-Wāqidī. SEE al-Wāqidī
Muḥammad b. ʿUmar al-Yamānī **XXIX**:97

Muḥammad b. ʿUmārah al-Asadī **I**:260, 285; **II**:157; **VII**:27; **VIII**:79, 80, 82; **XVI**:128, 129; **XVII**:231; **XXXIX**:119, 122, 145
Muḥammad b. ʿUmārah b. Khuzaymah b. Thābit **XXXIX**:91, 131
Muḥammad b. ʿUmārah al-Qurashī **VI**:7
Abū Muḥammad al-Umawī **XVIII**:218
Muḥammad b. ʿUmayr b. ʿUṭārid al-Tamīmī **XVIII**:142; **XIX**:26; **XX**:219; **XXI**:18, 51, 130, 179, 192; **XXII**:15
Muḥammad b. ʿUqbah **XXXIX**:56
Muḥammad b. ʿUrwah b. Hishām b. ʿUrwah **XXVIII**:228
Muḥammad b. Usāmah b. Zayd **IX**:178
Muḥammad b. ʿUthmān (brother of Asad b. al-Marzubān) **XXVIII**:202
Muḥammad b. ʿUthmān (chief of the Zuṭṭ) **XXXIII**:9
Muḥammad b. ʿUthmān, Abū Ḥarmalah **XXVIII**:99
Muḥammad b. ʿUthmān al-ʿAbbādānī **XXXVI**:175, 176, 180
Muḥammad b. ʿUthmān b. Muḥammad b. Khālid b. al-Zubayr **XXVIII**:201–2, 226, 229
Muḥammad b. ʿUthmān b. Ṣafwān al-Thaqafī **IX**:198
Muḥammad b. Abī ʿUyaynah **XX**:6, 16, 164, 165; **XXIII**:194
Muḥammad b. ʿUzayz al-Kindī. SEE Muḥammad b. ʿAzīz al-Kindī
Muḥammad b. Wahb b. Abī Karīmah al-Ḥarrānī **XXXIX**:205
Muḥammad b. Wahb al-Sulamī **XXVIII**:87
Muḥammad b. al-Walīd b. ʿAbd al-Malik **XXIII**:219
Muḥammad b. al-Walīd b. Nuwayfiʿ **IX**:80
Muḥammad b. Wāqid al-Sharawī **XXX**:19
Muḥammad b. Ward al-ʿAṭṭār **XXXVIII**:24, 25
Muḥammad b. Wāsiʿ al-Azdī **XXIV**:51–52
Muḥammad b. Wāṣil b. Ibrāhīm al-Tamīmī **XXXVI**:116, 135, 137, 164, 166, 172, 181, 185
Muḥammad b. Wassāj **XXV**:58
Muḥammad b. al-Wāthiq. SEE al-Muhtadī bi-llāh
Muḥammad b. Abī al-Wazīr **XXXI**:196
Muḥammad b. Yaḥyā **XXXVI**:3
Muḥammad b. Yaḥyā, Abū Ghassān. SEE Muḥammad b. Yaḥyā b. Muḥammad
Muḥammad b. Yaḥyā b. ʿAbd al-Malik al-Naysābūrī **XXXI**:56
Muḥammad b. Yaḥyā b. Fīrūz **XXXV**:29
Muḥammad b. Yaḥyā b. Ḥabbān **VI**:99; **VII**:43, 105; **VIII**:1, 51; **XXXIX**:57, 180
Muḥammad b. Yaḥyā b. al-Ḥārith b. Shikhkhīr **XXX**:163
Muḥammad b. Yaḥyā al-Iskandarānī **VII**:60
Muḥammad b. Yaḥyā b. Khālid al-Barmakī **XXX**:47, 51, 97, 212, 219, 224, 227
Muḥammad b. Yaḥyā al-Kirmānī **XXXVI**:183; **XXXVII**:10
Muḥammad b. Yaḥyā b. Muḥammad, Abū Ghassān **XVIII**:211; **XIX**:225; **XXI**:194; **XXII**:13, 18; **XXVI**:260; **XXVIII**:91, 94, 99–100, 102, 104–7, 109–11, 114, 118–19, 122, 125, 142–43, 145, 151–52, 154, 159, 161–62, 165, 176, 184–85, 188, 190,

Muḥammad b. Yaḥyā b. Muḥammad (continued) **XXVIII**:192–93, 197, 204, 206, 208, 210, 217, 219, 231–35, 237
Muḥammad b. Yaḥyā b. Sahl b. Abī Ḥathmah **VII**:9; **VIII**:150; **IX**:117, 148, 149
Muḥammad b. Yaḥyā b. Saʿīd al-Karnabāʾī **XXXVII**:35–36, 94–95, 119
Muḥammad b. Yaḥyā al-Wāthiqī **XXXV**:77, 124, 125; **XXXVI**:102
Muḥammad b. Yaʿlā **V**:275
Muḥammad b. Yaqṭīn b. Mūsā **XXXII**:54
Muḥammad b. Yaʿqūb (brother of Ḥuzām) **XXXV**:78
Muḥammad b. Yaʿqūb, Abū al-Rabīʿ **XXXIV**:116
Muḥammad b. Abī Yaʿqūb **XVI**:153, 154, 171
Muḥammad b. Yaʿqūb b. Dāwūd **XXI**:219
Muḥammad b. Yaʿqūb b. ʿUtbah **XIII**:110; **XXXIX**:188
Muḥammad b. Yazdād **XXXII**:235
Muḥammad b. Yazīd (*rāwī*) **VII**:7; **VIII**:83; **XIV**:139; **XXXIX**:114
Muḥammad b. Yazīd (*rāwī*) **XXXIX**:184
Muḥammad b. Yazīd b. ʿAbdallāh b. ʿAbd al-Madān **XXVII**:196, 197, 203
Muḥammad b. Yazīd al-Adamī **I**:180; **XXXIX**:127
Muḥammad b. Yazīd al-Anṣārī **XXIII**:112; **XXIV**:165
Muḥammad b. Yazīd al-Baṣrī **XXXVI**:200
Muḥammad b. Yazīd al-Dārimī **XXXVI**:126
Muḥammad b. Yazīd b. Ḥātim al-Muhallabī **XXXI**:114–19
Muḥammad b. Yazīd b. ʿImrān **XXVIII**:264, 271
Muḥammad b. Yazīd b. Khuthaym **VII**:16
Muḥammad b. Yazīd b. Mazyad **XXX**:265, 268
Muḥammad b. Yazīd b. Muʿāwiyah **XIX**:227
Muḥammad b. Yazīd al-Rifāʿī. SEE Abū Hishām al-Rifāʿī
Muḥammad b. Yazīd al-Tamīmī **XXX**:179, 184; **XXXI**:134
Abū Muḥammad al-Yazīdī **XXX**:205; **XXXII**:250–51
Muḥammad b. Yūsuf (brother of al-Ḥajjāj) **V**:269; **XXIV**:90
Muḥammad b. Yūsuf (*rāwī*). SEE Muḥammad b. Yūsuf b. Thābit al-Anṣārī
Muḥammad b. Yūsuf al-Firyābī **XXXIX**:145, 329
Muḥammad b. Yūsuf al-Jaʿfarī **XXXIV**:26, 46–47, 49–50
Muḥammad b. Yūsuf al-Kh.ḥ.b.q.w.ṣ **XXXII**:166
Muḥammad b. Yūsuf al-Marwazī, Abū Saʿīd **XXXII**:192; **XXXIII**:15, 17–20, 22–23, 47, 52–53, 57–70 *passim*, 79, 89, 116, 127–28; **XXXIV**:111–12
Muḥammad b. Yūsuf b. Thābit al-Anṣārī al-Khazrajī, Abū Yūsuf **XVI**:175, 177; **XVII**:155; **XX**:111, 114, 124; **XXI**:57, 112
Muḥammad b. Yūsuf al-Thaqafī **XXIII**:221–22
Muḥammad b. Yūsuf b. Yaʿqūb, Abū ʿUmar **XXXVIII**:100, 101, 106–11, 119, 170, 191
Muḥammad b. Yūsuf b. Yaʿqūb al-Hāshimī **XXX**:28
Muḥammad b. Zakariyyāʾ b. Maymūn al-Farghānī **XXXII**:256
Abū Muḥammad al-Zammī **XXIII**:27–28
Muḥammad b. al-Zandī **XXV**:87

Muḥammad b. Zayd (b. al-Muhājir b. Qunfudh) **I**:189
Muḥammad b. Zayd *(rāwī)* **XXVIII**:197–98, 204, 217
Muḥammad b. Zayd b. ʿAbdallāh b. ʿUmar b. al-Khaṭṭāb **XXVI**:80
Muḥammad b. Zayd al-ʿAlawī **XXXVIII**:24, 29, 64, 91, 104, 111–12
Muḥammad b. Zaydawayh **XXXVI**:167, 169, 180
Muḥammad b. Ziyād (commander) **XXXI**:121
Muḥammad b. Ziyād b. Muḥammad b. Ḥātim b. ʿUbaydallāh b. Abī Bakrah **XXX**:302
Abū Muḥammad al-Ziyādī **XXV**:1
Muḥammad b. Zubaydah. SEE al-Amīn
Muḥammad b. al-Zubayr **XXVII**:41
Muḥammad b. al-Zubayr *(rāwī)* **XIII**:172; **XVIII**:166, 222; **XX**:46, 164
Muḥammad b. Zurʿah **XXVII**:33
Muḥammad b. Zurārah **XXXIV**:115
al-Muḥammadiyyah (near al-Baṣrah) **XXXVI**:39, 47, 96
al-Muḥammadiyyah (near al-Rayy) **XXXV**:65
al-Muḥammadiyyah (near Sāmarrā) **XXXIV**:154; **XXXVI**:100, 101
al-Muḥammirah (religious sect) **XXVII**:163; **XXIX**:207; **XXX**:163; **XXXIII**:95; **XXXV**:10
SEE ALSO al-Khurramiyyah; al-Mazdakiyyah
Ibn al-Muhandis (dignitary of Ṭarsūs) **XXXVIII**:90
Abū al-Muhannad (*mawlā* of Banū Ḥanīfah) **XXV**:188, 191
Muḥārib (b. Labīd b. Rabīʿah) **XXI**:221
Muḥārib *(rāwī)* **XV**:33
Banū Muḥārib **VII**:161, 163; **IX**:98; **X**:156; **XIII**:70, 76; **XIV**:119; **XVII**:57; **XX**:62
Muḥārib b. Fihr **VI**:28
Banū Muḥārib b. Fihr **VIII**:18, 176; **XIII**:57
Muḥārib b. Mūsā **XXVII**:85, 86, 87
Muḥārib b. Naṣr **XXVIII**:269
al-Muḥāribī (ʿAbd al-Raḥmān b. Muḥammad) **I**:287, 367; **II**:161; **III**:153; **V**:272
Muḥarram (month, in Muslim calendar)
fighting in, refraining from **XVII**:20
as first month of Islamic era **VI**:158–59, 162
Ibn al-Muḥarrish b. ʿAbd ʿAmr al-Ḥanafī **XV**:160; **XVI**:71
Muḥāṣir (grandfather of Yazīd b. Ziyād) **XIX**:149
Muḥāṣir b. Ṣayfī al-ʿUdhrī **XXII**:122, 125
al-Muḥaṣṣab (valley, near Minā) **V**:230; **XIV**:148
Muḥassin b. ʿAlī b. Abī Ṭālib. SEE Muḥsin b. ʿAlī b. Abī Ṭālib
al-Muḥawwal (on Nahr ʿĪsā) **XXXV**:77, 81, 83
al-Muḥawwal Gate. SEE Bāb al-Muḥawwal
al-Muḥawwal al-Kabīr **XXXI**:159, 160
Ibn Muḥayrīz al-Jumaḥī **X**:152, 171; **XXIII**:140; **XXXIX**:57, 118
Muḥayyiṣah b. Masʿūd al-Ḥārithī **VII**:97, 98; **VIII**:123, 128
Abū al-Muhazzam *(rāwī)* **XXXIX**:50
al-Muḥdath. SEE Nahr al-Muḥdath
al-Muḥdathah (near al-Baṣrah) **XXVI**:176; **XXX**:164
al-Muḥill b. Khalīfah al-Ṭāʾī **X**:64; **XVI**:113; **XVII**:21, 24, 135; **XVIII**:24, 33; **XX**:134

al-Muḥill al-Ṭufāwī **XXIII**:101
Muhrah (name of Prophet Muḥammad's camel) **IX**:152
muḥrim. SEE *iḥrām*
Ibn Muḥriz (lane, in al-Kūfah) **XX**:213
Muḥriz b. ʿAbd al-Raḥmān al-ʿIjlī **XVII**:61
Muḥriz al-ʿAbshamī. SEE Abū Ḥārithah
Muḥriz b. Bujayr b. Sufyān **XVIII**:55
Muḥriz b. al-Ḥarīsh al-Muḥāribī **XI**:114
Muḥriz b. Ḥumrān al-Saʿdī **XXIV**:113
Muḥriz b. Ibrāhīm al-Jūbānī, Abū al-Qāsim **XXVII**:66, 67, 68, 108, 124, 131, 171; **XXVIII**:18; **XXIX**:172; **XXX**:7
Muḥriz b. Jāriyah b. Rabīʿah b. ʿAbd al-ʿUzzā b. ʿAbd Shams **XVIII**:142
SEE ALSO Abū Ḥārithah
Muḥriz b. Naḍlah (al-Akhram al-Asadī) **VIII**:46, 49–50; **IX**:118
Ibn Muḥriz al-Qurashī **XXVI**:255
Muḥriz b. Ṣaḥṣaḥ **XVII**:62
Muḥriz b. Shihāb b. Bujayr b. Sufyān b. Khālid b. Minqar al-Tamīmī **XVII**:123; **XVIII**:53, 55, 144–45, 151
Muḥsin (Muḥassin) b. ʿAlī b. Abī Ṭālib **XVII**:228
Muḥsin b. al-Muntāb **XXXV**:91
Ibn al-Muhtadī. SEE ʿAbdallāh b. al-Muhtadī
al-Muhtadī bi-llāh (Muḥammad b. al-Wāthiq, Abū ʿAbdallāh, caliph) **XXXIV**:62; **XXXV**:86, 87; **XXXVI**:1, 3, 4, 5, 7, 10–12, 16, 24, 25, 27–29, 68–70, 72–80, 82–87, 89, 90, 91–99, 100, 101, 104–8, 112, 115
Muḥtafiz b. ʿUthmān b. Bishr al-Mazanī **XXVII**:80, 94
al-Muḥtaraqah (near Samarqand) **XXV**:72
muḥtasib (market administrator) **XXIX**:9
al-Mujadhdhar b. Dhiyād **VII**:57, 58
Mujāhid (poet) **XXIX**:249
Mujāhid *(rāwī)* **XVII**:135
Mujāhid *(rāwī)*. SEE Mujāhid b. Jabr
Mujāhid b. Balʿāʾ al-ʿAnbarī **XXV**:80
Mujāhid b. Jabr, Abū al-Ḥajjāj **I**:175, 192, 200–203, 211, 217, 218, 227, 246, 247, 254, 267, 274, 281, 287, 292, 295, 296, 303, 364; **II**:22, 58, 73, 74, 80, 86–88, 95, 100, 101, 113, 123, 124, 146, 148, 152, 155, 158, 159, 170, 172, 174; **III**:33, 103, 120, 148, 157, 160; **IV**:156–57, 170; **V**:232; **VI**:83, 84, 140; **VIII**:67, 89, 136; **IX**:125, 161; **XVIII**:172; **XXIII**:210; **XXIV**:40; **XXXIX**:116, 221
Mujāhid b. Mūsā **I**:178; **VII**:5
Mujāhid b. Yaḥyā b. Ḥuḍayn **XXVII**:102
Mujālid *(rāwī)*. SEE Mujālid b. Saʿīd al-Hamdānī
Abū al-Mujālid (Jarād b. ʿAmr) **XIII**:105, 106, 151, 154, 157; **XIV**:133; **XV**:26, 27, 72
Ibn al-Mujālid. SEE Saʿīd b. Mujālid
Umm Mujālid (mother of ʿIkrimah b. Abī Jahl) **VIII**:166
Mujālid (al-Mujālid) b. Saʿīd al-Hamdānī **I**:181; **VI**:84–85, 157; **IX**:94; **X**:41, 186; **XI**:7, 10, 17, 19, 38–40, 44, 47, 175–76, 186–87, 190, 193, 199, 201–2; **XII**:19, 30, 61–63, 89, 99, 110, 122, 128, 130, 150, 162, 167, 203; **XIII**:29, 42, 44, 78, 103; **XIV**:48, 73, 95, 122; **XV**:2, 5, 120, 217, 247, 250, 251; **XVI**:36, 79; **XVII**:104; **XVIII**:18, 136–37, 225; **XIX**:42, 51, 100, 109, 166;

Mujālid (continued) **XX**:119; **XXI**:23, 49; **XXXIX**:249, 268, 332
Mujālid b. Yazīd b. ʿImrān **XXVIII**:264, 271
Banū al-Mujammiʿ **XXXIX**:159
Mujammiʿ b. ʿAbdallāh al-ʿĀʾidhī **XIX**:97–98, 150
Mujammiʿ b. Jāriyah b. ʿĀmir **IX**:61; **XXXIX**:132–33
Mujammiʿ b. Yaḥyā **IX**:157
mujarradāt (light cavalry) **XII**:17, 188
Mujāshiʿ (black slave) **XV**:67
Abū Mujāshiʿ. SEE Saʿīd b. al-Walīd al-Kalbī
Banū Mujāshiʿ b. Dārim **XVI**:111; **XVII**:171; **XXIII**:50; **XXIV**:65
Mujāshiʿ b. Ḥurayth al-Anṣārī **XXVIII**:60
Mujāshiʿ b. Masʿūd al-Sulamī **XII**:33, 169, 170; **XIII**:149, 201, 203; **XIV**:65, 66; **XV**:69–70, 90, 186, 207; **XVI**:68, 120
Mujāshiʿ b. Yazīd **XXVII**:198, 203
al-Mujashshar b. Muzāḥim al-Sulamī. SEE al-Mujashshir b. Muzāḥim al-Sulamī
al-Mujashshir (associate of ʿUbaydallāh b. Ḥurr) **XXI**:143–45
al-Mujashshir (al-Mujashshar) b. Muzāḥim al-Sulamī, Abū al-ʿAdabbas **XXIII**:189; **XXIV**:166, 168, 179; **XXV**:47–48, 67, 71, 72, 80, 81, 106, 112, 144, 163, 188, 190; **XXVIII**:70
mujāwarah (clientship) **XXXVI**:21
SEE ALSO *jār*; *jiwār*
mujawniḥāt (reed boats) **XXXVI**:46
Mujjāʿah b. ʿAbd al-Raḥmān al-ʿAtakī **XXI**:233; **XXIII**:27–28
Mujjāʿah b. al-Azhar **XXIX**:97–100
Mujjāʿah b. Murārah **X**:112–16, 118, 120, 121, 126–33
Mujjāʿah b. Siʿr al-Saʿdī **XXIII**:85
Ibn al-Mujjāʿah al-Tamīmī **XVII**:212
al-Mukaʿbir al-Asadī **XVI**:148
al-Mukaʿbir al-Ḍabbī **XVI**:148
al-Mukaʿbir al-Fārisī. SEE Āzādh Fīrūz
mukātabah (manumission by contract) **VIII**:57
al-Mukāthir. SEE Nahr al-Mukāthir
al-Mukhabbal (Rabīʿah b. ʿAwf al-Saʿdī) **IV**:147
Mukhallad (nephew of Abū Ayyūb al-Khūzī al-Mūriyānī) **XXIX**:64–65
Ibn Mukhallad. SEE Maslamah b. Mukhallad al-Anṣārī
Mukhallad (Makhlad) b. al-Ḥasan al-Azdī **XXVII**:44, 78
SEE ALSO Ibn Makhlad al-Azdī; Muḥammad b. al-Ḥasan al-Azdī
Mukhallad b. Muḥammad b. Ṣāliḥ. SEE Abū Hāshim
Mukhallad b. Muḥārib **XXVII**:87
Mukhallad b. Yazīd b. al-Muhallab. SEE Makhlad b. Yazīd b. al-Muhallab
Mukhāriq (singer) **XXXI**:243–44, 247–48; **XXXII**:257; **XXXIV**:44
Abū al-Mukhāriq (*mawlā* of Banū Ḥimyar). SEE Mālik
al-Mukhāriq b. ʿAbdallāh al-Bajalī **VII**:41; **XIII**:97
al-Mukhāriq b. Ghifār **XXVII**:127, 139, 163; **XXVIII**:9
al-Mukhāriq b. al-Ḥārith al-Zubaydī **XVII**:87
Mukhāriq al-Mughannī. SEE Mukhāriq
Abū al-Mukhāriq al-Rāsibī **XIX**:26, 183; **XX**:97, 165, 174; **XXI**:120, 123; **XXII**:178–79, 183; **XXIII**:3–4, 42, 88, 156
Mukhāriq b. Shabīb **XXVII**:178

Ibn al-Mukhāriq b. Shihāb. SEE Shihāb b. al-Mukhāriq b. Shihāb al-Māzinī
Mukharramī. SEE Abū Ja'far al-Mukharramī
al-Mukharrim (district, in Baghdad) **XXVIII**:242; **XXXV**:114, 125
Mukhayrīq the Jew **VII**:136
al-Mukhdaj. SEE Nāfi' al-Mukhdaj
al-Mukhdaj (b. Yazdajird III) **XV**:79
Banū al-Mukhtalis **XXXIX**:85
al-Mukhtār (palace, in Sāmarrā) **XXXIV**:155
al-Mukhtār (*mawlā* of Mu'āwiyah b. Abī Sufyān) **XVIII**:216
Abū al-Mukhtār (Firās b. Khindif) **V**:339, 358, 364, 366
al-Mukhtār b. 'Awf al-Azdī al-Salīmī. SEE Abū Ḥamzah al-Khārijī
al-Mukhtār b. Ghūrak **XXV**:60
al-Mukhtār b. Abī 'Ubayd b. Mas'ūd al-Thaqafī, Abū Isḥāq **VII**:10; **XI**:194; **XII**:131; **XIV**:47; **XVII**:5, 116, 228; **XVIII**:4, 143; **XIX**:28, 39, 65; **XX**:92–94, 105–22, 126, 153–55, 182–225; **XXI**:1, 3–5, 10–20, 22–25, 27–46, 48–56, 58–61, 67–70, 72–73, 77, 81–83, 85–96, 100–107, 109, 111, 114, 115–18, 120, 136–39, 184; **XXIII**:7; **XXVI**:151; **XXXIX**:86, 209, 211, 271, 276
al-Mukhtārah (northwest of al-Baṣrah) **XXXVII**:43
Muknif (slave) **XIII**:148
Ibn Abī Muknif (*rāwī*) **XI**:41
Muknif b. Zayd al-Khayl **XXXIX**:85
Ibn Mukram (*qāḍī*) **XXXVIII**:153
Mukram b. Muṭarrif b. Sīdān al-Bāhilī **XXI**:184
Mukrān. SEE Makrān
al-Muktafī ('Alī b. al-Mu'taḍid, Abū Muḥammad, caliph) **XXXVIII**:3, 14, 15, 23, 35, 37, 73, 76, 89, 101, 103–85 *passim*, 187
Mul' (mountains, near Balkh) **XXV**:26
Mulabbid b. Ḥarmalah al-Shaybānī **XXVIII**:45–46, 50–52
Mulāwiḥ (name of Prophet Muḥammad's horse) **IX**:148
Banū al-Mulawwiḥ, raiding party against **VIII**:139–42; **IX**:119
Mulayḥ (of Banū Kindah) **VI**:120
al-Mulayḥ (valley, near al-Ṭā'if) **IX**:21
Banū Mulayḥ b. 'Amr **VI**:56; **XXXIX**:277
Abū al-Mulayḥ (al-Malīḥ) al-Hudhalī **XII**:169; **XVI**:3, 76; **XXIII**:202
Banū Mulayḥ b. Rabī'ah **XXXIX**:137
al-Mulaykah (toponym) **XXVI**:155, 156, 157
Mulaykah (wife of 'Abd al-Raḥmān b. Muḥammad b. al-Ash'ath, daughter of Yazīd) **XXIII**:43, 78
Ibn Abī Mulaykah. SEE 'Abdallāh b. Abī Mulaykah
Mulaykah bt. Dāwūd al-Laythiyyah **VIII**:187
Mulaykah bt. Jarwal al-Khuzā'ī **XIV**:100
Mulaykah bt. Ka'b al-Laythī **XXXIX**:165
Mulaykah bt. Mālik **XXXIX**:41
mules **I**:345; **II**:26; **IX**:150; **X**:147, 173; **XXII**:109
mulḥid (heretic) **XV**:158
Mul'ī girdles **XXV**:26
Mūlīth (bt. Enoch) **I**:338
Ibn Muljam ('Abd al-Raḥmān b. 'Amr al-Murādī) **XVII**:213–26; **XVIII**:22; **XIX**:43
al-Mulqā (toponym) **XVIII**:109
al-Multān **XXVII**:6
SEE ALSO Farj Bayt al-Dhahab
al-multazam (area between the door of al-Ka'bah and Black Stone) **XXXIX**:64

Mulūk al-Ṭawā'if (Party Kings, regional princes, of pre-Islamic Iran) **IV**:46, 99; **V**:1, 3, 17, 22
SEE ALSO Arsacids
Mu'minah (wife of Zikrawayh) **XXXVIII**:179, 182?
Banū Munabbih **XII**:10
Munabbih b. al-Ḥajjāj **VI**:93, 141; **VII**:44, 65, 67, 84; **IX**:154
Munabbih al-Khuzā'ī **VIII**:162
Munabbih b. 'Uthmān b. 'Ubayd b. al-Sabbāq b. 'Abd al-Dār **VIII**:19
al-Munāfiqūn. SEE Hypocrites
Ibn al-Munajjim. SEE Muḥammad b. Mūsā b. Shākir
al-Munajjim al-Sulamī **XXX**:171
al-Munakhkhal b. Ḥābis al-'Abdī **XXIII**:6, 49
Mundaliqah. SEE al-Ḥasan b. 'Uthmān al-Muhallabī
al-Mundhir (canal). SEE Nahr al-Mundhir
al-Mundhir I (b. al-Nu'man I, Lakhmid ruler) **V**:83–89, 93, 124–26, 139, 159, 161, 163
al-Mundhir II (b. al-Mundhir I b. al-Nu'mān, Lakhmid ruler) **V**:163
al-Mundhir III (b. al-Nu'mān II. al-Mundhir b. Imri' al-Qays al-Bad', Dhū al-Qarnayn, Lakhmid ruler) **V**:163, 253, 353; **X**:137
al-Mundhir IV (b. al-Mundhir III, Lakhmid ruler) **V**:341–42, 370
Āl al-Mundhir (House of al-Mundhir) **V**:352
al-Mundhir (son of Salmā bt. Qays) **VIII**:38
Abū al-Mundhir (*rāwī*). SEE Hishām b. Muḥammad b. al-Sā'ib al-Kalbī
al-Mundhir b. 'Abd al-Malik b. Marwān **XXIII**:118
al-Mundhir b. 'Abd al-Raḥmān **XXVII**:108
al-Mundhir b. 'Abdallāh al-Ḥizāmī **XXXIX**:41, 106, 161
al-Mundhir al-Akbar (the Elder). SEE al-Mundhir III
al-Mundhir b. 'Amr (brother of Banū Sā'idah b. Ka'b b. al-Khazraj) **VI**:137; **VII**:151, 152; **IX**:119
al-Mundhir b. 'Amr (nephew of Nu'aym b. Muqarrin) **XIV**:25
al-Mundhir b. Abī 'Amr, Abū al-Zubayr **XXVI**:99
al-Mundhir b. Asad b. 'Abdallāh al-Qasrī **XXVI**:166, 169
al-Mundhir b. al-Ḥārith b. Abī Shimr al-Ghassānī **VIII**:107–8
al-Mundhir b. Ḥassān b. Ḍirār al-Ḍabbī **XI**:203, 207, 214; **XX**:218; **XXI**:116
al-Mundhir b. Imri' al-Qays al-Bad'. SEE al-Mundhir III
al-Mundhir b. Jahm al-Asadī **XXI**:226; **XXXIX**:45, 71
al-Mundhir b. al-Jārūd **XIII**:128; **XVIII**:203–4; **XIX**:32; **XXIII**:15
Āl al-Mundhir b. al-Jārūd **XXI**:200
Ibnat al-Mundhir b. al-Jārūd **XXI**:200
al-Mundhir b. Mālik al-'Abdī al-'Awqī. SEE Abū Naḍrah
al-Mundhir b. Muḥammad b. al-Ash'ath al-Kindī **XXVI**:40
al-Mundhir b. Muḥammad al-Jārūdī **XXIX**:172
al-Mundhir b. al-Nu'mān b. al-Mundhir (al-Gharūr) **V**:372; **IX**:95; **X**:137
Umm al-Mundhir bt. Qays. SEE Salmā bt. Qays
al-Mundhir b. Qays al-Judhāmī **XX**:163
al-Mundhir al-Raqqāshī (poet) **XXVII**:34
al-Mundhir b. Sāwā (Sāwī) al-'Abdī **VIII**:99, 142; **IX**:95; **X**:70, 134, 136, 138

al-Mundhir b. Suwayd b. al-Mundhir **X**:146
Mundhir al-Thawrī **XVI**:122
al-Mundhir b. ʿUbayd **XXXIX**:194
al-Mundhir b. Abī Usayd al-Sāʿidī **XXXIX**:319
al-Mundhir b. al-Zubayr **XVI**:55; **XVIII**:142; **XIX**:11, 16, 198–99, 223; **XX**:114; **XXXIX**:318
Mundhirān (village, on Nahr al-Qandal) **XXXVI**:57
Mundhirs (al-Mundhirūn, Lakhmid rulers) **XI**:32
SEE ALSO Banū Lakhm
Munīb b. Mudrik al-Azdī **XXXIX**:150
Muʾnis (*ghulām* of al-Muʿtaḍid) **XXXVII**:18
Muʾnis (*khādim* of al-Mutawakkil) **XXXIV**:179
Muʾnis b. ʿImrān **XXXI**:249
Muʾnis al-Khādim (al-Muẓaffar) **XXXVIII**:89, 160, 190, 192–94, 205
Muʾnis al-Khāzin (al-Faḥl) **XXXVIII**:79, 89, 112, 113, 191
Munjiḥ (*mawlā* of al-Ḥusayn b. ʿAlī) **XIX**:181
Munkā (Mankā, canal). SEE Nahr Munkā
al-Munkadir Road (between al-Yamāmah and Syria) **XVI**:46, 55, 68
Āl al-Munkadir (family of al-Munkadir) **XXXIX**:333
Ibn al-Munkadir *(rāwī)*. SEE Muḥammad b. al-Munkadir
al-Munkadir b. Muḥammad b. al-Munkadir **XXXIX**:240
Munkar (angel) **XXXVIII**:111
Banū Munqidh **VIII**:177
Munqidh b. ʿAbd al-Raḥmān al-Hilālī **XXVII**:193
Munqidh al-ʿIrāqī **XXIII**:207
Munqidh b. al-Nuʿmān **XVI**:153
Munqidh b. Qays al-Nāʿiṭī **XVII**:44
Muntāb (Zanj commander) **XXXVII**:19, 41–42
al-Muntajiʿ b. ʿAbd al-Raḥmān al-Azdī **XXIV**:150–51
al-Muntajiʿ b. al-Zubayr al-Azdī **XXVII**:104
al-Muntaqim (Qarmaṭian agitator) **XXXVIII**:182
al-Muntaṣir bi-llāh (Muḥammad b. Jaʿfar, caliph) **XXXIV**:75, 86, 95–104, 108, 111, 163, 172–74, 176–78, 180–81, 183, 185, 190–91, 195–224 *passim;* **XXXV**:1, 8, 42, 165; **XXXVI**:31, 99
Munyah bt. Jābir **XXXIX**:104, 302
Ibn al-Muqaddamī (Abū ʿUthmān al-Muqaddamī) **IX**:158; **XXXIX**:226
Muqaddis b. Ṣayfī **XXXI**:220–21
Ibn al-Muqaffaʿ **XXVII**:88
Muqāʿis (of Banū Taymallāh b. Thaʿlabah) **XVIII**:112–13
Banū Muqāʿis **X**:85–87, 140; **XXII**:8, 200
Muqallad (Kayd al-Kalb) **XXXV**:39
Mūqān (plain, along the west coast of the Caspian) **XIV**:37, 38; **XV**:8; **XXXIII**:19, 23
al-Muqannaʿ (Ḥakīm al-Muqannaʿ) **XXIX**:196–97, 209, 214; **XXXI**:15
al-Muqarraṭ (tamed lion of Kisrā) **XIII**:7
Abū Muqarrin al-Duhnī. SEE ʿUbaydallāh al-Duhnī
al-Muqaʿṭar (of Banū Ḍabbah) **XXII**:153
Muqātil (of Banū Taym b. Shaybān) **XXII**:124
Muqātil, Abū al-Naʿthal **XXVII**:10
Banū Muqātil, citadel of **XXVI**:167
al-Muqātil al-ʿAkkī. SEE Muqātil b. Ḥakīm al-ʿAkkī
Muqātil b. ʿAlī al-Maraʾī (al-Murrī) **XXVI**:226

Muqātil b. ʿAlī al-Sughdī **XXVI**:58, 118
Muqātil b. Ḥakīm al-ʿAkkī **XXVII**:82, 108, 109, 111, 127, 143, 211; **XXVIII**:9–12
Muqātil b. Ḥayyān al-Nabaṭī **I**:231, 233; **XV**:93, 104; **XVIII**:68–69, 200; **XXIV**:8, 54–55, 94; **XXV**:42, 104, 108, 109, 149, 150; **XXVI**:235–37; **XXVII**:29, 31, 41, 105
Abū Muqātil al-Khurāsānī **XXIX**:112
Muqātil b. Mālik al-ʿAkkī **XXVII**:137
Muqātil b. Mismaʿ al-Bakrī **XVI**:161; **XX**:38; **XXI**:93, 177, 200, 202, 206
Muqātil b. Shaybān, Abū Shaybān **XXIV**:109
Muqātil b. Sulaymān **IV**:156; **XXVII**:29, 32, 42, 43
Abū Muqātil al-Zanjī **XXXVII**:112
al-Muqaṭṭaʿ b. al-Haytham b. Fujayʿ al-ʿĀmirī al-Bakkāʾī **XI**:69, 111; **XVI**:93
al-Muqawqis (Farqab, patriarch of Alexandria) **VIII**:98, 100, 114, 131; **IX**:137, 147, 149, 150; **XIII**:167, 169, 174; **XXXIX**:193, 194
Ibn Muqbil. SEE Tamīm b. Ubayy b. Muqbil
Muqlah (*kātib* of al-Muʿtazz) **XXXV**:86
Ibn Muqrin (money changer) **XXVIII**:265
Abū Muqrin al-Hujaymī **XXVIII**:274
al-Muqtadir bi-llāh (Jaʿfar b. al-Muʿtaḍid, caliph) **XXXVIII**:25, 185, 187–207 *passim*
al-Muqtarib. SEE al-Aswad b. Rabīʿah
Murabbaʿat al-Ḥarashī (al-Ḥarashī square, in Baghdad) **XXXIII**:27
Banū Murād (of Madhḥij) **X**:23, 24, 159, 170, 189; **XII**:150; **XV**:139; **XVII**:224; **XVIII**:22; **XIX**:43, 47–48, 63; **XX**:206; **XXXIX**:91, 266
al-Murādī. SEE Ibn Muljam
al-Murajjā. SEE ʿAlī b. Jaʿfar b. Isḥāq b. ʿAlī b. ʿAbdallāh b. Jaʿfar b. Abī Ṭālib
Murāmir (toponym) **X**:82
al-Muraqqaʿ b. Thumāmah al-Asadī **XIX**:162–63
al-Murār Pass. SEE Thaniyyat al-Murār
Murārah b. al-Rabīʿ **IX**:50, 62
al-Muraysīʿ, expedition of. SEE Banū al-Muṣṭaliq
Murayy (of Banū Ḥurqūṣ) **XVI**:160
Murayy b. Muʿādh al-Aḥmarī. SEE Murrī b. Muʿādh al-Aḥmarī
Murayy b. Sinān b. Thaʿlabah **VII**:111
al-Murghāb (al-Marghāb, river, in Khurāsān) **XV**:78–79, 80, 81, 105; **XVIII**:179; **XXV**:109; **XXXVI**:120
al-Murghāb (district, near Samarqand) **XXV**:79
Murhibah (quarter, in al-Kūfah) **XI**:212
al-Muʿriqah Road (from Mecca to Syria) **XI**:73
Mūriyān (village, in Khūzistān) **XXVII**:57
al-Murjiʾah (Murjiʾites, theological party) **XVIII**:24; **XXIV**:132, 140; **XXV**:113; **XXXIX**:276
al-Murr (in Baṭn Iḍam) **XXVIII**:226
al-Murr (in Mahrah) **X**:157
Murr b. Sabaʾ **II**:23
Murrah (toponym) **XI**:32
Murrah (father of Abū al-Muʿallā) **XXXIX**:157
Murrah (*ghulām* of Banū Saʿd b. Thaʿlabah b. ʿĀmir) **XVI**:84
Murrah (messenger from al-Ḥīrah) **XI**:44

Murrah *(rāwī)* **XXXIX**:157
Banū Murrah **IX**:122, 149; **X**:45; **XIII**:111; **XV**:107; **XVIII**:156; **XIX**:222; **XXIV**:138; **XXV**:71; **XXXIV**:23, 25, 51
Banū Murrah (in Fadak) **IX**:119
Banū Murrah (of Ghaṭafān) **XXV**:81
Murrah b. ʿAṭāʾ b. Abī al-Sāʾib **XXIII**:56
Banū Murrah b. ʿAwf **VI**:25; **VIII**:8, 132, 156; **XXXIX**:5
Abū Murrah al-Fayyāḍ b. Dhī Yazan **V**:216, 242–44
Murrah al-Hamdānī **I**:206, 214, 219, 221, 222, 250, 254, 258, 262, 263, 269, 273, 275, 281, 307; **II**:50, 53, 86, 90, 107, 113, 115, 118, 121; **III**:33, 85, 120, 129, 153, 173; **IV**:118; **VII**:24
Banū Murrah b. Hammām **XXII**:124–25
Banū Murrah b. Kaʿb b. Luʾayy **VIII**:8
Murrah b. Kaʿb b. Luʾayy **VI**:26–27
Murrah b. Maḥkān **XXI**:173, 177
Murrah b. Mālik b. Ḥanẓalah (al-ʿAmi) **XIII**:116, 117
Murrah b. Munqidh b. al-Nuʿmān al-ʿAbdī **XVI**:143; **XVIII**:43; **XIX**:151, 180; **XXI**:42
Murrah al-Nakhaʿī **XXIV**:51
Banū Murrah b. Ṣaʿṣaʿah. SEE Banū Salūl
Murrah b. Sharāḥīl al-Hamdānī. SEE Murrah al-Hamdānī
Banū Murrah b. ʿUbayd **XXVIII**:93
Murrī (Murayy?) b. Muʿādh al-Aḥmarī **XIX**:167
al-Murtajiz (name of Prophet Muḥammad's horse) **IX**:149
Mūsā (canal). SEE Nahr Mūsā
Mūsā (ʿAbbāsid commander) **XXXII**:78, 81
Mūsā (*mawlā* of al-Muwaffaq) **XXXVII**:67
Mūsā (nephew of Aḥmad b. Naṣr) **XXXIV**:119
Mūsā (the Patriarch). SEE Moses
Mūsā *(rāwī)* **XXXIX**:225
Mūsā (son of Mufliḥ's sister) **XXXVII**:67, 164
Abū Mūsā (ʿAbbāsid partisan) **XXV**:39, 40
Abū Mūsā *(rāwī)* **XXXIX**:224
Mūsā b. ʿAbd al-ʿAzīz b. ʿUmar b. ʿAbd al-Raḥmān b. ʿAwf **XXVIII**:90, 100, 109
Mūsā b. ʿAbd al-Malik **XXXIV**:75, 158–63
Mūsā b. ʿAbd al-Raḥmān al-Kindī **IX**:17
Mūsā b. ʿAbd al-Raḥmān al-Masrūqī **I**:364; **VII**:103, 104; **XVII**:66, 213; **XVIII**:3, 6
Mūsā b. ʿAbdallāh b. Ḥasan b. Ḥasan b. ʿAlī b. Abī Ṭālib **XXVIII**:87, 119, 129–30, 137, 158, 176–78, 221, 223, 226–28
Mūsā b. ʿAbdallāh al-Ḥusaynī **XXXV**:66
Mūsā b. ʿAbdallāh b. Khāzim **XV**:92; **XX**:74; **XXI**:63–65; **XXII**:166, 168, 175; **XXIII**:31, 56, 90–108
Mūsā b. ʿAbdallāh b. Mālik **XXX**:65, 66
Mūsā b. ʿAbdallāh b. Mūsā b. ʿAbdallāh b. Ḥasan **XXVIII**:120–22, 129–30, 153
Mūsā b. Abī ʿĀʾishah **IX**:177
Mūsā b. ʿAlī *(rāwī)*. SEE Mūsā b. ʿUlayy
Mūsā b. ʿAlī b. Mūsā **XXX**:23
Mūsā b. ʿĀmir al-ʿAdawī al-Juhanī, Abū al-Ashʿar **XX**:217; **XXI**:4, 7–8, 9, 31, 34–36, 38, 53, 72–73
Umm Mūsā bt. ʿAmr b. Saʿīd b. al-ʿĀṣ **XXI**:158

Mūsā b. Anas **XXII**:181, 186, 195; **XXV**:7
Mūsā b. ʿAqīl **XXVII**:127, 191
Abū Mūsā al-Ashʿarī (ʿAbdallāh b. Qays) **I**:260, 297; **VI**:45, 157; **IX**:17, 18, 156, 160; **X**:19, 20, 22, 158; **XI**:92, 143; **XII**:160, 172; **XIII**:79, 86, 97, 98, 103, 106, 110, 112, 113, 132–37, 142–47, 149, 150, 185; **XIV**:3, 4, 8, 9, 34, 43, 44, 47, 49, 50, 63, 70, 79, 80–83, 106, 164; **XV**:5, 33–37, 135, 139–40, 154, 243, 256; **XVI**:29, 33, 81, 85–91, 93–95, 112, 113; **XVII**:82–83, 85–86, 90, 91–92, 104–10, 207; **XVIII**:92, 103, 219; **XX**:215, 216, 218; **XXI**:29, 118, 213; **XXII**:80; **XXXII**:124; **XXXIX**:69, 88, 147, 233, 282
Mūsā b. Ashnās **XXXV**:67, 69, 72
Mūsā b. Aswad **XXV**:78
Mūsā b. Abī Bakr **XXIII**:142, 179
Mūsā b. Bughā al-Kabīr (the Elder) **XXXIV**:178–79; **XXXV**:6, 27, 42, 43, 63, 72, 124, 131, 145, 146, 150, 151, 164; **XXXVI**:7, 24–29, 68–73, 76, 79–88, 90–92, 95–99, 102, 103, 105–7, 112, 115, 116, 148, 153, 155, 156, 164–67, 170, 172, 174, 181, 188, 189
Mūsā Dāljawayh (Dāljuwayh) **XXXVI**:185; **XXXVII**:22, 47
Mūsā b. Dāwūd *(rāwī)* **VI**:62, 162; **IX**:208
Mūsā b. Dāwūd b. ʿAlī **XXVII**:150, 157, 158, 196
Mūsā b. Dāwūd al-Muhandis **XXIX**:5
Mūsā b. Dīnār **XXIX**:9, 68
Mūsā al-Furāniq **XXXIV**:160
Mūsā b. al-Ghuṣn **X**:171, 173, 174
Mūsā b. Ḥabīb **XXVI**:124
Mūsā al-Hādī. SEE al-Hādī
Mūsā b. Ḥafṣ **XXXII**:135, 175
Mūsā b. Hārūn al-Hamdānī **I**:206, 214, 219, 221, 222, 250, 254, 258, 262, 263, 269, 273, 275, 281, 307, 322; **II**:50, 53, 59, 62, 68, 71, 72, 86, 90, 101, 107, 113, 115, 118, 121, 124, 126, 130; **III**:33, 63, 73, 85, 90, 119, 120, 129, 173; **IV**:55, 104, 118; **VII**:21, 24, 40; **XXIX**:155, 165
Umm Mūsā al-Ḥimyariyyah (wife of al-Manṣūr) **XXIX**:127–28, 157
Mūsā b. Hurmuz al-Zāhid **XXXIII**:150–51
Mūsā b. Ibrāhīm al-Masʿūdī **XXIX**:227
Mūsā b. Ibrāhīm al-Rāfiʿī, Abū al-Mughīth **XXXIV**:130
Mūsā b. ʿImrān. SEE Moses
Mūsā b. ʿĪsā *(kātib)* **XXXIV**:220
Mūsā b. ʿĪsā al-Hamdānī **XIII**:78
Mūsā b. ʿĪsā b. Mūsā **VI**:13; **XXIX**:21–24, 211, 212; **XXX**:23, 25–28, 30, 35–37, 39–40, 100, 117–18, 132, 134–35, 164, 169, 304–5
Mūsā b. Ismāʿīl al-Tabūdhakī, Abū Salamah **I**:205, 328, 339; **XIII**:193; **XIV**:99; **XVIII**:99, 171; **XX**:6; **XXXIX**:100, 121, 132, 223
Mūsā b. Jaʿfar **XXXVI**:152–53
Mūsā b. Jaʿfar b. Muḥammad b. ʿAlī b. al-Ḥusayn b. ʿAlī b. Abī Ṭālib **XXVII**:149, 167; **XXIX**:252–53; **XXX**:172; **XXXIX**:249
Mūsā al-Jalyūsī **X**:152
Mūsā b. Kaʿb al-Marāʾī al-Tamīmī, Abū ʿUyaynah **XXVII**:64, 75, 80, 96, 104, 110, 151, 152, 159, 160, 162, 163, 164, 180, 181, 200, 203, 204; **XXVIII**:75, 77; **XXIX**:71, 81, 84, 169; **XXXI**:17
Mūsā b. Kaʿb al-Tamīmī **XXIV**:87; **XXV**:123, 124
Mūsā b. Kathīr **XXVII**:53, 90, 113, 118

Mūsā b. Abī Kathīr **XXXIX**:116
Mūsā al-Kāẓim. SEE Mūsā b. Ja'far b. Muḥammad b. 'Alī b. al-Ḥusayn b. 'Alī b. Abī Ṭālib
Mūsā b. Khalaf **I**:175
Mūsā b. al-Mahdī (caliph). SEE al-Hādī
Mūsā b. Mas'ūd. SEE Abū Hudhayfah
Mūsā b. Maymūn **XXVIII**:13
Mūsā b. Maysarah **XXXIX**:173
Mūsā b. Mihrān al-Kurdī **XXXVI**:166
Mūsā b. Mīshā. SEE Moses b. Manasseh
Mūsā b. Mishkān **XXIV**:174
Mūsā b. Muḥammad (caliph). SEE al-Hādī
Mūsā b. Muḥammad b. 'Abd al-Raḥmān **XXXIX**:171, 186, 195
Mūsā b. Muḥammad b. 'Alī b. 'Abdallāh b. al-'Abbās b. 'Abd al-Muṭṭalib **XXXIX**:235
Mūsā b. Muḥammad b. Hārūn al-Rashīd (al-Nāṭiq bi-al-Ḥaqq) **XXXI**:22–23, 25–27, 44, 47–49, 58–59, 65, 67, 75, 125, 207, 211, 220, 233; **XXXII**:137
Mūsā b. Muḥammad b. Ibrāhīm **VIII**:94; **IX**:150; **XI**:151
Mūsā b. Muḥammad b. Ibrāhīm b. Muḥammad b. 'Alī b. 'Abdallāh b. 'Abbās **XXIX**:57
Mūsā b. Muḥammad b. Yūsuf al-Ja'farī **XXXVII**:6
Banū Mūsā b. al-Munajjim **XXXVI**:34
Mūsā b. Abī Mūsā al-Ash'arī **XXI**:73
Mūsā b. Mūsā al-Hādī **XXX**:58–59
Mūsā b. Muṣ'ab al-Khath'amī **XXVII**:170; **XXIX**:239
Mūsā b. al-Musayyib. SEE Abū Ja'far al-Bajalī
Abū Mūsā b. al-Mutawakkil **XXXVI**:199
Mūsā b. al-Mutawakkil al-Quray'ī **XXIII**:151
Mūsā b. al-Na'ir **XXV**:80
Mūsā b. Numayr **I**:256
Mūsā b. Nuṣayr **XI**:55; **XXIII**:164, 182, 201, 215, 219
Mūsā b. Sahl **XXXIX**:150
Mūsā b. Sahl al-Ramlī **I**:199; **XXXIX**:118
Mūsā b. Sa'īd **XXXIX**:187
Mūsā b. Sa'īd b. 'Abd al-Raḥmān al-Jumaḥī **XXVIII**:98, 152
Mūsā b. Ṣāliḥ b. Shaykh **XXIX**:117; **XXX**:70–71; **XXXV**:106
Mūsā b. Sarjis **IX**:181
Mūsā b. Shaybah **V**:272; **XXXIX**:83
Mūsā b. Ṣubayḥ, Abū Nu'aym **XXVII**:68
Mūsā b. Suwār **XXII**:106–7
Mūsā b. Abī Suwayd b. Rādī **XXII**:126
Mūsā b. Ṭalḥah **IV**:80; **XV**:48, 152, 220, 235; **XVIII**:142
Mūsā b. Ṭarīf **XII**:54, 60, 93
Abū Mūsā al-Thaqafī **XXXIX**:39
Mūsā b. 'Ubaydah **II**:147; **VIII**:79, 82; **XXXIX**:69
Mūsā b. 'Ulayy ('Alī) **XVIII**:103
Mūsā b. 'Ulayy b. Rabāḥ **XXXIX**:156
Mūsā b. 'Umar **IX**:155
Mūsā b. 'Umar b. Mūsā b. 'Abdallāh b. Khāzim **XXVIII**:260
Mūsā b. 'Uqbah **II**:45; **X**:17, 191; **XIV**:121; **XV**:138, 197; **XVI**:9, 44, 79; **XIX**:191; **XXIII**:178; **XXXIX**:17, 41, 45, 66, 69, 106, 161, 336
Mūsā b. Utāmish **XXXVI**:151, 174, 202, 203; **XXXVII**:4
Mūsā b. Abī 'Uthmān **I**:284
Mūsā b. al-Wajīh al-Ḥimyarī al-Kalā'ī **XXIV**:75, 79, 116
Mūsā b. Warqā' al-Nājī **XXVI**:118
Mūsā b. Yaḥyā b. Khālid **XXX**:132–34, 211–13, 219, 224

Mūsā b. Ya'qūb b. 'Abdallāh b. Wahb b. Zam'ah **I**:355; **VI**:38; **XIV**:119; **XVI**:193; **XX**:54, 160; **XXI**:227; **XXIII**:142; **XXXIX**:26
Mūsā b. Yasār **XXXIX**:253
Umm Mūsā bt. Yazīd b. Manṣūr **XXX**:319–20
Mūsā b. Ẓafar. SEE al-Sāmirī
Mūsā b. Zurārah, Abū al-Ḥurr **XXXIV**:115
Muṣ'ab (b. 'Abdallāh b. Abī 'Aqīl al-Thaqafī) **XXIII**:14–15
Muṣ'ab (b. Ruzayq) **XXXII**:163
Muṣ'ab (*rāwī*). SEE Muṣ'ab b. 'Abdallāh b. Muṣ'ab b. Thābit b. 'Abdallāh b. al-Zubayr
Muṣ'ab (Ṣa'ṣa'ah, of Banū Layth) **XXIV**:8
Ibn Muṣ'ab. SEE 'Abdallāh b. Muṣ'ab b. Thābit b. 'Abdallāh b. al-Zubayr; 'Īsā b. Muṣ'ab b. al-Zubayr
Muṣ'ab b. 'Abd al-Raḥmān b. 'Awf al-Zuhrī **XIX**:14, 223; **XX**:114
Muṣ'ab b. 'Abdallāh al-Azdī **XXXIX**:156
Muṣ'ab b. 'Abdallāh b. Muṣ'ab b. Thābit b. 'Abdallāh b. al-Zubayr **IX**:143; **XIV**:110, 165; **XV**:250; **XVI**:9; **XVII**:226; **XIX**:192; **XXIX**:106, 112, 113; **XXX**:75, 315, 333; **XXXIX**:217, 263
Muṣ'ab b. 'Abdallāh al-Zubayrī. SEE Muṣ'ab b. 'Abdallāh b. Muṣ'ab b. Thābit b. 'Abdallāh b. al-Zubayr
Muṣ'ab b. 'Amr al-Khuzā'ī **XXV**:138, 144, 162, 163, 164
Muṣ'ab b. Ḥayyān **XV**:93, 104; **XVIII**:200; **XXIII**:143, 170; **XXIV**:8, 94
Abū Muṣ'ab b. Jaththāmah. SEE Jaththāmah b. Ṣa'b b. Jaththāmah
Muṣ'ab b. al-Miqdām **III**:87; **VII**:32, 39, 100, 113, 131; **VIII**:87; **IX**:12; **XXXIX**:116
Muṣ'ab b. Qays al-Ḥanafī **XXVII**:68, 79
Muṣ'ab b. al-Rabī' al-Khath'amī **XXI**:217–18; **XXVII**:170
Muṣ'ab b. Ruzayq al-Khuzā'ī **XXXII**:163
Muṣ'ab b. Sa'd **XII**:90, 122
Muṣ'ab b. al-Ṣaḥṣaḥ al-Asadī **XXVII**:56, 89
SEE ALSO al-Ṣaḥṣaḥiyyah
Muṣ'ab b. Salām al-Tamīmī **XVI**:99
Muṣ'ab b. Thābit **VI**:86, 87; **VII**:10; **XX**:55; **XXI**:207, 209, 224, 227, 229
Muṣ'ab b. 'Umayr b. Hāshim b. 'Abd Manāf b. 'Abd al-Dār **VI**:99, 127–30; **VII**:67, 113, 121, 128, 137; **XXXIX**:40, 67
Muṣ'ab b. 'Uthmān b. Muṣ'ab b. 'Urwah b. al-Zubayr **XXI**:194; **XXVIII**:125, 192
Muṣ'ab b. al-Zubayr **XVIII**:22, 63–64, 129; **XIX**:134, 139, 143; **XX**:64, 125, 160, 172, 175–76, 186, 187; **XXI**:25, 42–44, 55, 66, 83–94, 98–112, 115–21, 122–26, 131, 133, 139–50, 153, 155, 164, 165, 168, 169, 171–72, 174–88, 192–95, 198–99, 207, 209; **XXII**:24; **XXIII**:116, 213; **XXV**:1, 2; **XXVIII**:197, 205, 220; **XXXIX**:246, 271, 318
Muṣ'ab al-Zubayrī. SEE Muṣ'ab b. 'Abdallāh b. Muṣ'ab b. Thābit b. 'Abdallāh b. al-Zubayr
al-Muṣabbaḥ (of Banū Muḥārib) **X**:156
Muṣād (Maṣād?) b. Yazīd b. Nu'aym **XXII**:37, 47, 49, 55, 57, 63, 74, 76, 87–88, 99, 111, 118
Musaddad b. Musarhad, Abū al-Ḥasan **XXXIX**:324

Musāfi' b. 'Abd Manāt b. Wahb **VII**:106
Musāfi' b. Ṣafwān **XXXIX**:183
Musāfi' b. Ṭalḥah **VII**:107, 122
Abū al-Musāfir (Fatḥ b. Muḥammad b. Abī al-Sāj) **XXXVIII**:75
Musāfir b. Sa'īd b. Nimrān al-Nā'iṭī **XXI**:38, 54, 93, 108–9
Musahhab (in a line of Ka'b b. Mālik's poetry) **VII**:154
muṣallā (caliph's prayer rug) **XXXI**:196; **XXXIII**:214
keeper of (*ṣāḥib al-muṣallā*) **XXXI**:25, 45; **XXXII**:17, 66
al-muṣallā (place for collective prayer, oratory)
in Baghdad **XXXIII**:27; **XXXV**:123–24; **XXXVIII**:4, 142, 143
of Khālid b. 'Abdallāh, in al-Kūfah **XX**:213; **XXII**:22; **XXVI**:42
in Medina **VII**:26, 65, 87; **X**:80
al-Musannāt, battle of **XVII**:159
al-Musarbal b. al-Khirrīt b. Rāshid al-Nājī **XXIV**:179
Muṣarrif b. 'Amr al-Yāmī **I**:208, 209
Musāwir b. 'Abd al-Ḥamīd al-Shārī **XXXV**:147, 149, 151, 155, 161; **XXXVI**:18, 24, 87, 90–92, 95, 96, 112, 116, 136, 148, 158, 164, 187
Ibn Abī Musāwir b. 'Abdallāh b. Musāwir **XXVIII**:181
Musāwir b. al-Nu'mān al-Taymī al-Rubayyi'ī **XII**:41
Musāwir b. Sawwār al-Jarmī **XXIX**:73
Musāwir al-Shārī. SEE Musāwir b. 'Abd al-Ḥamīd al-Shārī
Ibn Musāwir al-Shārī **XXXVII**:4
Musāwir al-Warrāq **XXXIX**:222
Musawwar b. 'Abd al-Malik al-Yarbū'ī **VII**:50; **XXVIII**:234, 236
al-Musawwidah (wearers of black garments, supporters of 'Abbāsids) **XXX**:20–21; **XXXII**:27, 30; **XXXIII**:32, 152
Musaylimah b. Ḥabīb (al-Kadhdhāb, the Liar, false prophet) **IX**:96–97, 106–8, 164, 166, 195; **X**:41, 42, 53, 92–96, 105–27, 152; **XXIV**:10
Ibn al-Musayyab. SEE Sa'īd b. al-Musayyab
al-Musayyab b. 'Abd Khayr **XV**:16
al-Musayyab b. Bishr al-Riyāḥī, Abū Bishr **XXIV**:153–57, 177–78; **XXV**:15
al-Musayyab b. Muslim al-Awdī **VIII**:120
al-Musayyab b. Najabah al-Fazārī **XVI**:96; **XVII**:200–201; **XIX**:24; **XX**:81–82, 95–96, 126, 133, 137–38, 142–46, 154; **XXXIX**:53, 273–74, 314
al-Musayyab b. Rāfi' **II**:64
al-Musayyab b. Sharīk **I**:211, 227, 356
al-Musayyab b. Zuhayr al-Ḍabbī **XXVII**:109, 110, 143, 203; **XXVIII**:70–71, 77–78, 95, 150, 255, 264; **XXIX**:10–11, 72, 83, 85, 91, 133, 134, 215, 216, 219, 234
al-Muṣayyakh (Muṣayyakh Bahrā', between Ḥawrān and al-Qalt) **X**:151; **XI**:8
battle of **XI**:61, 62–65, 109, 115
al-Musayyib. SEE al-Musayyab
Muṣfā (chief of Pharaoh's sorcerers) **III**:57
al-muṣḥaf. SEE *al-maṣāḥif*
Mushāfi' b. 'Abdallāh b. Shāfi' **XI**:168
al-Mushallal (mountain, overlooking Qudayd) **VIII**:141, 188; **XIX**:222, 224
mushammas. SEE parasol

al-Mushaqqaq (on the route from Tabūk to Medina) **IX**:60
al-Mushaqqar (fortress, in al-Baḥrayn) **V**:291–93; **XVIII**:204; **XXI**:233; **XXII**:185
Musharriq (valley, between al-'Udhayb and 'Ayn Shams) **XII**:96, 107, 125
Ibn Musharriṭ al-Ḥijārah **XIII**:23
Mushāsh (near Mecca) **XXXII**:20, 21, 28, 33; **XXXIV**:157
Ibn Mushaymaṣah al-Jubayrī **IX**:168
al-Mushayrib (water source, near Medina) **VII**:13
Mūshgīr. SEE Waṣīf Mūshgīr
Abū Mus'hir ('Abd al-A'lā b. Mus'hir) **XVIII**:6; **XXXII**:219; **XXXIX**:158
Mus'hir b. 'Abd al-Malik b. Sal' **XXXIX**:151
Mushkuwayh (on the road from al-Rayy to Sāwah) **XXXI**:51
al-mushrikūn. SEE polytheists and polytheism
Mushriq (*ghulām* of Yaḥyā b. 'Abd al-Raḥmān b. Khāqān) **XXXVI**:34, 41, 44, 49, 62
musical entertainment **XXVI**:116–17
prohibition of **I**:354; **XIX**:198; **XXVI**:76; **XXXVI**:82; **XXXIX**:147
singing. SEE singing
musical instruments
barābiṭ (guitars) **XXVII**:21, 128
cymbals **III**:143; **XXV**:146; **XXXIII**:58
drums **XXVII**:128; **XXXI**:124, 131; **XXXII**:41
flute **I**:340; **III**:143; **XXVII**:128; **XXXIII**:208
invention of **I**:338–39
musical instruments (continued)
lute (*ṭunbūr*, *'ūd*) **III**:143; **XVIII**:154; **XIX**:198; **XXIX**:94–95; **XXXII**:243; **XXXIX**:250
sūrnāy (*ṣurnay*, oboe, reed pipes, trumpet) **XXXI**:247; **XXXIII**:58; **XXXVI**:49
trumpet **I**:237, 242–43; **XXXIII**:58; **XXXVII**:130
Mūsīl (Armenian ruler) **V**:313
musk (*misk*) **IV**:79; **VI**:79; **XI**:208; **XV**:101; **XIX**:121; **XXI**:80; **XXIII**:94; **XXV**:83; **XXXV**:19, 161; **XXXVI**:171; **XXXVII**:72; **XXXVIII**:125; **XXXIX**:269
SEE ALSO *ghāliyah*
musk-oxen (*al-kilāb al-tubbatiyyah*, Tibetan musk-oxen) **XXX**:310
Muṣliḥ (Zanj commander) **XXXVI**:63, 65, 138; **XXXVII**:109?
Muslim(s). SEE Islam
Muslim (Mas'ūd b. 'Amr al-Azdī's assassin) **XX**:41
Muslim (*mawlā* of Ḥudhayfah) **XII**:158
Abū Muslim (amanuensis of Yazīd b. Hārūn) **XXXII**:204
Abū Muslim (leader of 'Abbāsid movement) **XXIII**:99; **XXV**:154; **XXVI**:66–68, 118, 120; **XXVII**:27, 48, 61–70, 70–75, 75–81, 82–85, 93–113, 125, 126, 148, 163, 182–85, 189, 190, 194, 195, 197, 198, 202, 204, 205–8, 209–10, 211–12; **XXVIII**:3–4, 7, 10–11, 13–25, 27–41, 43–44, 49, 62–63, 67, 86, 169; **XXIX**:138, 224; **XXX**:225; **XXXI**:13, 15; **XXXVI**:93
SEE ALSO al-Rāwandiyyah
Ibn Muslim. SEE Qutaybah b. Muslim
Muslim b. 'Abd al-Malik **XXIV**:119
Muslim b. 'Abd al-Raḥmān al-Jarmī. SEE Muslim al-Jarmī

Muslim b. ʿAbd al-Raḥmān b. Muslim al-Bāhilī **XXV**:68, 71, 120, 190, 192; **XXVI**:61, 63; **XXVII**:32, 37, 39, 40, 105, 106
Muslim b. ʿAbdallāh **XVI**:130, 152
Muslim b. ʿAbdallāh (associate of Saʿd b. Abī Waqqāṣ) **XII**:56, 60, 113; **XIII**:65, 78
Muslim b. ʿAbdallāh al-Ḍibābī **XVII**:52; **XIX**:138; **XX**:220–21; **XXI**:24, 26
Muslim b. ʿAbdallāh al-ʿIjlī **XVI**:133
Muslim b. ʿAbdallāh b. Khubayb al-Juhanī **VIII**:140
Muslim b. ʿAmr al-Bāhilī **XVIII**:90; **XIX**:31, 33–34, 44–45, 57–58; **XX**:108; **XXI**:142, 148–49, 181, 185; **XXIII**:138–39, 192; **XXIV**:20
Muslim b. ʿAqīl b. Abī Ṭālib **XIX**:16–19, 21–22, 26–31, 36–37, 39, 41–42, 44–45, 47–65, 74, 77–78, 84, 87–89, 96, 116, 125, 181, 216; **XX**:105–7
Muslim al-Arghadī **XXVII**:202
Muslim al-Aʿwar **XVII**:64
Muslim b. ʿAwsajah al-Asadī **XIX**:39, 42, 48, 116, 137, 138
Muslim b. Bābak **XXI**:208
Muslim al-Bāhilī. SEE Muslim b. ʿAmr al-Bāhilī
Muslim b. Bakkār b. Muslim al-ʿUqaylī **XXX**:163
Muslim al-Baṭīn **I**:261
Muslim b. Budayl al-ʿAdawī **XXIV**:176; **XXXIX**:151
Muslim b. Dhakwān **XXVI**:203, 216–19
SEE ALSO al-Dhakwāniyyah
Muslim b. Ibrāhīm **III**:90; **XIV**:113; **XXXIX**:122
Muslim b. Jaʿfar al-Bajalī **IX**:173
Muslim al-Jarmī **I**:267; **XVIII**:126
Muslim b. Jundub **XXX**:15–16
Muslim al-Khaṣī (*mawlā* of Muḥammad b. Sulaymān b. ʿAlī b. ʿAbdallāh b. ʿAbbās) **XXVIII**:264
Abū Muslim al-Khawlānī **XV**:165; **XXXIX**:308
Abū Muslim al-Khurāsānī. SEE Abū Muslim
Muslim b. al-Mughīrah **XXIV**:185; **XXVII**:170; **XXVIII**:18–19, 21
Muslim b. Muḥārib. SEE Maslamah b. Muḥārib b. Salm b. Ziyād
Muslim b. al-Musayyab **XIX**:28; **XXVII**:86
Muslim b. Nudhayr **XXXIX**:275
Muslim b. Qutaybah **XXIII**:129
Muslim b. Saʿīd b. Aslam b. Zurʿah b. ʿAmr b. Khuwaylid al-Ṣaʿiq al-Kilābī **XXIV**:183, 185, 187–93; **XXV**:11, 13–18, 20, 22, 25; **XXVI**:24, 27
Muslim b. Ṣubayḥ. SEE Abū al-Ḍuḥā
Muslim b. ʿUbays b. Kurayz b. Rabīʿah b. Ḥabīb b. ʿAbd Shams b. ʿAbd Manāf **XX**:104–5, 165
Ibn Muslim b. ʿUqbah **XXVIII**:144, 150–51, 206
Muslim b. ʿUqbah al-Murrī **XVII**:31; **XVIII**:209; **XIX**:168, 189, 203, 205–24
Muslim b. Yasār al-Juhanī **I**:306; **XIII**:12; **XXXIX**:158
Muslim b. Zaḥr al-Khawlānī **XX**:152
Musliyah (mother of Kathīr b. al-ʿAbbās) **XXXIX**:75
Banū Musliyah **XII**:11; **XXV**:3; **XXVII**:175
mustache, trimming of **II**:99, 100; **VIII**:112–13
al-mustahziʾūn (those who mocked Prophet Muḥammad) **XXXIX**:117

al-Musta'īn bi-llāh (Aḥmad b. Muḥammad b. al-Mu'taṣim, caliph) **XXXIV**:222; **XXXV**:1, 2, 4, 5, 6, 7, 8, 12, 13, 19, 20, 22, 25, 27, 29, 30, 31, 33, 34, 35, 36, 40, 41, 42, 43, 45, 46, 59, 60, 62, 64, 65, 83, 87, 88, 90, 94, 98, 99, 100, 101, 102, 103, 104, 105, 106, 107, 108, 113, 114, 115, 117, 118, 119, 125, 126, 132, 133, 134; **XXXVI**:9, 74, 79, 80
Banū al-Muṣṭaliq (Balmuṣṭaliq), expedition against **VIII**:41, 51–57; **IX**:117, 124, 133; **XXVI**:39; **XXXIX**:10, 57, 183
al-Muṣṭaliq b. Sa'd b. 'Amr **IX**:133
al-Mustanīr b. Khālid **XVII**:57
al-Mustanīr b. Yazīd al-Nakha'ī **IX**:165; **X**:25, 33, 165, 173, 174; **XI**:100, 102; **XII**:10, 119, 159, 161, 203; **XIII**:50, 51; **XV**:96, 131, 232
mustard seed **X**:93
musta'ribah Arabs (allies of Byzantium) **XXIII**:134, 142
SEE ALSO Arabs
al-Mustawrid (commander of al-Ribāb) **XII**:42
al-Mustawrid *(rāwī)* **XIII**:103, 108
al-Mustawrid b. Shaddād al-Fihrī **I**:181
al-Mustawrid b. 'Ullafah al-Taymī **XVIII**:24–25, 33–34, 38, 40–42, 46–50, 53–57, 60–63, 65, 68, 193
Mūtā (Daylamī leader) **XIV**:21, 23, 24
muta'arribah Arabs **II**:14
SEE ALSO Arabs
al-Mu'taḍid bi-llāh (Abū al-'Abbās b. al-Muwaffaq, caliph) **XXXVII**:12–26, 28–29, 31–32, 34, 38–39, 41–45, 47, 49–50, 62–63, 68, 70–72, 74–77, 87, 94, 102–6, 109, 111–15, 119–24, 126, 130, 133–36, 144–45, 147–50, 157–58, 165–66, 168; **XXXVIII**:1–101 *passim*, 103–5, 113, 115, 118, 153, 168, 177
al-Mu'taḍidī New Year **XXXVIII**:19
al-Mu'tafikah (in Palestine) **II**:65, 90, 124, 125
Mu'tah (village, in al-Balqā'), raid on **VIII**:129, 137, 152–60; **IX**:9, 124, 142; **XI**:38–39; **XXXIX**:4, 5, 60
mut'ah (temporary marriage) **XIV**:140; **XXXV**:117
Muṭahhar b. al-Ḥārith **XXVIII**:253, 254
Muṭahhar b. Ḥurr al-'Akkī (al-Judhāmī) **XXIII**:10–12
Muṭahhar b. Juwayriyyah al-Sadūsī **XXVIII**:271
Muṭahhar b. Ṭāhir b. al-Ḥusayn **XXXII**:131
al-Muṭahhirī. SEE al-Arkhanj al-Muṭahhirī
al-Mutalammis (Jarīr b. 'Abd al-Masīḥ) **IV**:144; **IX**:199; **XVIII**:122
al-Mu'taman. SEE al-Qāsim b. Hārūn al-Rashīd
al-Mu'tamid 'alā-llāh (Aḥmad b. Abī Ja'far, Ibn Fityān, caliph) **XXXVI**:68, 69, 95, 99, 105, 115, 116, 119, 123, 137, 139, 145, 153, 166, 169, 170, 172, 174, 183, 189, 198, 199; **XXXVII**:51, 88–91, 97, 114, 144, 166–67, 178
Abū al-Mu'tamir (commander of al-Mukhtār b. Abī 'Ubayd b. Mas'ūd al-Thaqafī) **XXI**:60–61
Abū al-Mu'tamir *(rāwī)* **XV**:205
Abū al-Mu'tamir (Yazīd b. Ṭahmān) **XXXIX**:313
Mu'tamir (al-Mu'tamir) b. Sulaymān al-Taymī **I**:179, 333; **II**:61, 183; **VII**:22; **XV**:167, 204; **XVI**:112; **XXXIX**:221, 226, 273, 310, 323
Mutammim b. Nuwayrah **IV**:137; **X**:102, 103

Mu'taq b. Abī Quḥāfah al-Taymī **XI**:140
Muṭarraḥ (al-Muṭarraḥ, *rāwī*) **XI**:104; **XIII**:95
Abū Muṭarrif. SEE Wakī' b. Abī Sūd
Muṭarrif (of Banū Ṭayyi') **XVII**:57
Muṭarrif *(rāwī)* **XIV**:106
Muṭarrif *(rāwī)* **IX**:126
Muṭarrif b. 'Abdallāh b. al-Shikhkhīr al-Ḥarashī **XIV**:53; **XXV**:32
Muṭarrif b. 'Abdallāh al-Yasārī **XXXIX**:243
Muṭarrif b. 'Āmir b. Wāthilah al-Kinānī **XXII**:142; **XXIII**:5
Muṭarrif b. al-Mughīrah b. Shu'bah **XXII**:85, 94, 98–99, 107, 127–35, 137–47, 177
Muṭarrif b. Sīdān al-Bāhilī **XXI**:184–85
daughter of **XXI**:185
al-Mu'taṣim bi-llāh (Muḥammad b. Hārūn al-Rashīd, Abū Isḥāq, caliph) **XXX**:327; **XXXI**:206; **XXXII**:37, 45, 68, 148, 171, 174, 181–82, 186, 188, 197, 199, 222–25, 227–29, 231, 235, 242, 257; **XXXIII**:1–2, 207–9, 210–16; **XXXIV**:3, 67, 81, 86, 127, 173, 188–90; **XXXV**:3; **XXXVI**:70
al-Mutawakkil (poet) **XXI**:52, 72
Umm al-Mutawakkil (caliph's mother) **XXXIV**:157, 190; **XXXV**:122
al-Mutawakkil 'alā-llāh (Ja'far b. Muḥammad al-Mu'taṣim b. Hārūn al-Rashīd, caliph) **XXXIII**:33; **XXXIV**:4, 59, 61–191 *passim*, 195–96, 198–99, 202, 213–14, 220–21, 224; **XXXV**:2, 10, 15, 28, 30, 41, 114, 122, 125; **XXXVI**:7, 9, 26, 70, 74, 86, 99
Mutawakkil b. Abī al-Faḥwah **XXVIII**:207
Abū al-Mutawakkil al-Jurjānī **XXVII**:179
Abū al-Mutawakkil al-Nājī **XXXIX**:276, 308
al-Muṭawwaq (*ghulām* of al-Ḥusayn b. Zikrawayh) **XXXVIII**:116, 127, 135, 141
al-Mu'tazilah (Mu'tazilites) **XXVIII**:86, 97; **XXXV**:143; **XXXIX**:244
Mu'tazilī inquisition. SEE *miḥnah*
al-Mu'tazz (Muḥammad b. Ja'far al-Mutawakkil, caliph) **XXXIV**:88, 96, 104, 108, 164, 172–73, 175, 178, 182, 197–99, 210–18; **XXXV**:3, 4, 6, 7, 34, 35, 36, 38, 39, 41, 42, 43, 44, 46, 48, 53, 60, 61, 62, 63, 67, 71, 72, 73, 74, 76, 86, 93, 96, 97, 98, 99, 100, 105, 106, 107, 108, 109, 111, 113, 114, 117, 118, 119, 120, 121, 122, 123, 124, 126, 127, 130, 131, 132, 133, 134, 136, 141, 142, 143, 144, 145, 146, 147, 148, 149, 150, 152, 153, 154, 161, 162, 163, 164, 165; **XXXVI**:1–4, 8, 15, 25, 26, 28, 70, 75, 189
Ibn al-Mu'tazz ('Abdallāh b. al-Mu'tazz, al-Rāḍī bi-llāh) **XXXVIII**:189–90
al-Mu'tazz bi-llāh. SEE al-Mu'tazz
al-Muṭbaq. SEE al-Maṭbaq
Abū al-Muthannā. SEE 'Umar b. Hubayrah al-Fazārī
Abū al-Muthannā *(qāḍī)*. SEE Aḥmad b. Ya'qūb
Abū al-Muthannā *(rāwī)* **XX**:102
Ibn al-Muthannā. SEE Muḥammad b. al-Muthannā
al-Muthannā b. 'Abdallāh **XVI**:78; **XXIV**:124
al-Muthannā b. al-Ḥajjāj b. Qutaybah b. Muslim **XXX**:116
al-Muthannā b. Ḥārithah al-Shaybānī **X**:146; **XI**:2, 5–6, 9–10, 14–16, 29–30, 35, 43, 49, 70, 86,

al-Muthannā b. Ḥārithah al-Shaybānī (continued) **XI**:109, 112, 116–22, 173, 175–79, 181, 183–85, 187, 189, 191–98, 200–221, 223–25; **XII**:7, 13, 14, 19, 20, 96, 132, 138, 146, 166, 179; **XXVIII**:246
Ibn al-Muthannā al-Ḥuddānī **XVI**:76
al-Muthannā b. Ibrāhīm al-Āmulī **I**:190, 202, 204, 210, 211, 213, 214, 221, 223, 227, 253, 274, 299, 301, 355; **II**:99, 101, 119, 122–24, 144, 151, 152, 155; **III**:90, 133, 141; **IV**:120, 162; **VII**:25
al-Muthannā b. ʿImrān al-ʿA'idhī **XXVII**:25, 55, 56, 57
Ibn al-Muthannā al-Jushamī **XI**:202
al-Muthannā b. Lāḥiq al-ʿIjlī **XI**:21
al-Muthannā b. Makhramah **XVI**:155
al-Muthannā b. Muʿāwiyah **XXVI**:155–56, 160
al-Muthannā b. Mukharribah al-ʿAbdī **XX**:89, 133, 147, 153, 183; **XXI**:45–48, 55
al-Muthannā b. Mūsā b. Salamah b. al-Muḥabbiq **XII**:171
al-Muthannā b. Yazīd b. ʿUmar b. Hubayrah **XXVII**:197
al-Muthaqqab (part of the residence of Ḥumayd b. Abī Ghānim al-Ṭā'ī) **XXX**:302–3
Muthawwib b. Yaghfur **II**:36
mutilation
for abuse of prophets **X**:191–92
cutting off of diseased limb **XVIII**:167–68
of the dead **XVII**:30
as punishment **II**:3; **X**:191–92; **XVII**:153, 154, 155, 222
al-Muṭʿim b. ʿAdī b. Nawfal b. ʿAbd Manāf **V**:234; **VI**:97, 113, 114, 119; **IX**:130; **XXXIX**:103
al-muṭʿimūn (those giving sustenance to others) **XXVIII**:176
al-Muṭṭalib (b. Ḥantab al-Makhzūmī?) **VI**:94
al-Muṭṭalib b. ʿAbd Manāf **VI**:10–11, 14–16, 18
Banū al-Muṭṭalib b. ʿAbd Manāf **VI**:97, 105–6, 112–14; **VII**:45, 57; **XIV**:153; **XXXIX**:102–3
al-Muṭṭalib b. ʿAbdallāh b. Ḥanṭab. SEE al-Muṭṭalib b. ʿAbdallāh b. al-Muṭṭalib b. Ḥanṭab al-Makhzūmī
al-Muṭṭalib b. ʿAbdallāh b. Mālik b. ʿAbdallāh al-Khuzāʿī **XXXI**:120; **XXXII**:59–60, 66, 68, 81, 82, 89–92, 217
al-Muṭṭalib b. ʿAbdallāh b. al-Muṭṭalib b. Ḥanṭab al-Makhzūmī **XI**:137; **XXXIX**:164, 176, 337
al-Muṭṭalib b. ʿAbdallāh b. Qays b. Makhramah **V**:268
al-Muṭṭalib b. Abī Wadāʿah **VII**:71, 94; **XXXIX**:284
al-Muṭṭalib b. Ziyād **XXXIX**:195
al-muṭṭawwiʿah. SEE volunteer troops
al-Muwaffaq bi-llāh, Abū Aḥmad **XXXIV**:179, 181; **XXXV**:43, 44, 45, 49, 53, 58, 67, 68, 72, 73, 95, 97, 98, 103, 104, 106, 121, 122, 123, 131, 132, 150, 155; **XXXVI**:4, 117, 119, 120, 137, 139, 140–48, 150, 152, 157, 164–74, 176, 185, 187, 189, 197, 199–205; **XXXVII**:1, 11, 13, 16, 22–24, 26–39, 41–57, 59–63, 65–71, 73–80, 81–88, 91–126, 129–40, 142, 144, 163, 165–68, 177; **XXXVIII**:4, 6, 23, 24, 41, 65, 73, 79, 105, 112
al-Muwaffaq al-Khārijī **XXXV**:65
Muwaffaq al-Ṣaqlabī **XXXII**:80

al-Muwaffaqiyyah (al-Muwaffaq's city) **XXXVII**:48, 53, 58, 62, 66–67, 73, 84, 87–88, 100, 103, 105–7, 113, 116–17, 121, 131, 133, 139
muwallad (f. *muwalladah,* slave of foreign origin reared among Arabs) **XIII**:113, 215
al-Muwallad. SEE Muḥammad al-Muwallad
Abū Muwarriʿ al-Asadī **XV**:49, 52–54, 232
Muwarriʿ b. Abī Muwarriʿ al-Asadī **XV**:46
Muwarriʿ al-Sulamī **XXVII**:89
al-Muwaṭṭaʾ (of Mālik b. Anas) **XXXIX**:262
Abū Muwayhibah (*mawlā* of Prophet Muḥammad) **IX**:107, 145, 163, 168, 169
al-Muẓaffar b. Ḥājj **XXXVIII**:78, 119, 139, 169, 184
Muẓaffar b. Ītākh **XXXIV**:85–86
Muẓaffar b. Kaydar **XXXIII**:49
Muẓaffar b. Muʿarriḍ **XVI**:73
al-Muẓaffar b. al-Mubārak al-Qummī **XXXVIII**:175
al-Muẓaffar b. Murajjā **XXXII**:213
al-Muẓaffar b. Saysal **XXXV**:50, 66, 68, 69, 92, 93, 147, 148; **XXXVI**:19, 21
Ibn al-Muẓaffar b. Saysal **XXXV**:132
Muzāḥim (*mawlā* of ʿUmar b. ʿAbd al-ʿAzīz) **XXIII**:202
Muzāḥim b. Ḥurayth **XIX**:137
Muzāḥim b. Khāqān Urṭūj **XXXIV**:205; **XXXV**:67, 68–69, 72, 80, 88–90, 142, 150
Muzāḥim b. Mālik **XXI**:76
Muzāḥim b. Abī al-Mujashshir al-Sulamī **XXII**:173
Muzāḥim b. Ṭufayl **XX**:209
Ibn Abī Muzāḥim b. Yaḥyā b. Khāqān **XXXV**:86
Muzāḥim b. Zufar b. Jassās al-Taymī **XXII**:112; **XXXIX**:259
al-Muzāḥimiyyah (village, near Sūrā) **XVIII**:65
al-Muzanī. SEE Sulaymān b. Ḥudhayfah b. Hilāl b. Mālik al-Muzanī
Banū Muzaynah **VIII**:93, 167, 168, 177, 186; **IX**:146; **X**:48; **XIII**:70, 156; **XVI**:6, 114; **XX**:90, 152, 155, 212; **XXII**:65; **XXIV**:114; **XXVIII**:139, 191; **XXXIX**:31
al-Muzdalifah (Jamʿ, pilgrimage station) **II**:81; **VI**:31; **IX**:114; **XXIII**:145; **XXXII**:22; **XXXIV**:190; **XXXIX**:266
Muz®lim Sābāṭ (al-Muẓlim) **XII**:142; **XIII**:7, 40; **XX**:105
Muzn (toponym) **XXXIII**:147, 173
myrrh **X**:157
myrtle **I**:197

N

al-Naʿāʾim. SEE Pegasus
Abū Naʿāmah al-ʿAdawī. SEE ʿAmr b. ʿĪsā al-ʿAdawī
nabʿ (hardwood tree of which bows are made) **IX**:154; **XXI**:149
Nabaṭ b. Qaʿūd **II**:110
Nabateans (al-Nabaṭ, al-Anbāṭ, al-Nabīṭ, also used to refer to the non-Arab population of conquered Iraq) **II**:6, 17, 109–11; **IV**:130; **V**:19, 375–76; **IX**:152; **XIII**:117, 215; **XXI**:10, 147, 176; **XXVI**:212; **XXXVIII**:166
SEE ALSO Aramaic language; Arameans
Nabhān (*mawlā* of Umm Salamah) **IX**:152; **XXXIX**:320
Banū Nabhān (of Ṭayyiʾ) **VII**:94; **X**:64; **XVIII**:160; **XXVII**:136, 137; **XXXIX**:209
Ibn Nabhān al-Sadūsī **XXVII**:138

al-Nābī b. Suwayd al-ʿIjlī **XXVII**:107, 108, 109, 122
al-Nābī b. Ziyād b. Ẓabyān **XXI**:184–85
nabīdh (date wine) **XXX**:73, 245; **XXXI**:179, 244; **XXXII**:102; **XXXIII**:58, 89, 129; **XXXIV**:29; **XXXVI**:46, 48, 74; **XXXVII**:175
SEE ALSO wine and wine drinking
al-Nābighah (whose house in Medina was ʿAbdallāh b. ʿAbd al-Muṭṭalib's burial place) **V**:283; **VI**:9
Ibn al-Nābighah (commander) **XII**:42
al-Nābighah al-Dhubyānī **VI**:141; **XXVI**:223
al-Nābighah al-Jaʿdī (Qays b. ʿAbdallāh b. ʿUdas b. Rabīʿah b. Jaʿdah) **VI**:160; **XXI**:221; **XXXI**:179, 232; **XXXIX**:126, 302
Abū Nabiqah (ʿAbdallāh b. ʿAlqamah b. al-Muṭṭalib b. ʿAbd Manāf) **XXXIX**:77
al-Nabīt. SEE Nabt b. Ismāʿīl
Nabīt b. ʿAwṣ (Thaʿlabah, ancestor of Thaʿlabīs) **VI**:40
Nābit b. Ishmael. SEE Nabt b. Ismāʿīl
Nabīt b. Ismāʿīl. SEE Nabt b. Ismāʿīl
Nabit (Nabīṭ) b. Mash b. Aram b. Shem b. Noah **II**:17
Nābitah bt. Mārī b. Issachar **III**:30
Nabt b. Ismāʿīl (al-Nabīt, Nābit b. Ishmael) **II**:132; **VI**:39, 40, 52
Nabt b. Udad. SEE al-Ashʿar
Nabtal, Abū Ḥāzim. SEE Abū Ḥāzim
Nabtal b. al-Ḥārith **IX**:61
Nabū (prison mate of Joseph b. Jacob) **II**:162–64
Nabūzarādhān (military chieftain of Khardūs) **IV**:109–11
al-Nadā (toponym) **VIII**:11
Naḍaḍūn (in Mahrah) **X**:155
Naḍalah b. Nuʿaym b. Khāzim b. ʿAbdallāh al-Nahshalī **XXVII**:201; **XXVIII**:51–52
Nadhīr (*ghulām* of al-Muʿtaḍid) **XXXVII**:18
Nadhīr b. ʿAmr **XII**:28, 150
al-Nadhīr b. Yazīd **XXVIII**:151–52
Nādir, Abū Naʿjah **XXXVI**:64
Banū al-Naḍīr **VII**:90, 94, 156–61; **VIII**:6, 7, 32, 122; **IX**:141; **XI**:32; **XXIII**:172, 190; **XXXIX**:165, 185
expedition of **IX**:116
SEE ALSO Battle of the Trench; Jews
Nādir al-Aswad (al-Ḥaffār) **XXXVII**:135
al-Naḍīrah bt. al-Ḍayzan **V**:34–37
Naḍlah b. Hāshim b. ʿAbd Manāf **VI**:112
al-Naḍr (secretary to al-Walīd II) **XXVI**:105
al-Naḍr, Abū ʿAmr (al-Khazzāz) **I**:364
Abū al-Naḍr (of the people of Khurāsān) **XXVII**:137, 139
Abū al-Naḍr *(rāwī)* **IX**:172
al-Naḍr b. ʿAmr (of the people of Syria) **XXXIX**:226
al-Naḍr b. ʿAmr (of the people of Yemen) **XXI**:217
al-Naḍr b. Anas b. Mālik **XXIV**:123–24
al-Naḍr b. Ghallāq al-Sughdī **XXVII**:36
al-Naḍr b. Ḥadīd **XXIX**:130
al-Naḍr b. al-Ḥārith b. Kaladah **VI**:141; **VII**:44, 65
al-Naḍr b. Isḥāq b. ʿAbdallāh b. Khāzim **XXVIII**:260
al-Naḍr b. Isḥāq al-Sulamī **XII**:165; **XV**:70
al-Naḍr (Qays) b. Kinānah **VI**:30–32
Banū al-Naḍr b. Kinānah **VI**:21, 29–30; **IX**:97

al-Naḍr b. Abī Maryam **XXXIX**:327–28
al-Naḍr b. Nuʿaym al-Ḍabbī **XXVII**:77
al-Naḍr b. al-Qaʿqāʿ b. Shawr al-Dhuhlī **XXII**:70, 72
al-Naḍr b. Rāshid al-ʿAbdī, Abū Ḍamrah **XXV**:75
al-Naḍr b. Saʿīd b. ʿAmr al-Ḥarashī **XXVI**:260; **XXVII**:10, 11, 12, 13, 14, 16, 24, 27
al-Naḍr b. Ṣāliḥ b. Ḥabīb al-ʿAbsī, Abū Zuhayr **XVII**:10, 107; **XVIII**:21–22, 24, 44, 144; **XIX**:106, 136, 139, 164; **XX**:105, 106, 155, 214, 216, 219; **XXI**:11, 30, 67, 128, 130, 133, 198; **XXII**:23, 25, 53, 87, 131, 134, 137, 139–40, 143–46, 148
al-Naḍr b. al-Sarī al-Ḍabbī **XI**:185–87, 191, 193; **XII**:45, 47, 49, 52, 63, 73, 77, 86, 117, 120, 121, 126, 149; **XIII**:3, 4, 6, 9, 16, 24
al-Naḍr b. Shumayl **I**:178, 204; **XIV**:103; **XXIII**:68; **XXXII**:210, 222
Naḍr b. Ṣubayḥ al-Tamīmī (al-Murrī) **XXVII**:65, 70, 75, 106
al-Naḍr b. Sulaymān b. ʿAbdallāh b. Khāzim **XXIII**:106–7
al-Naḍr b. ʿUmar al-Jarashī **XXVI**:145–46
Abū Naḍrah (al-Mundhir b. Mālik al-ʿAbdī al-ʿAwqī) **I**:176; **IX**:159; **XIV**:108; **XV**:167–68, 204; **XXXIX**:271
al-Naḍrī. SEE ʿAbd al-Wāḥid b. ʿAbdallāh b. Bishr al-Naḍrī
nafal. SEE booty
Nafawār (b. al-Ḍaḥḥāk) **II**:3
Nāfiʿ (*mawlā* of Banū Asad) **XXI**:209, 229–30
Nāfiʿ (*mawlā* of Banū Makhzūm) **XXIII**:147, 178
Nāfiʿ (*mawlā* of Ibn ʿUmar) **I**:174, 295; **VI**:31; **VIII**:137; **IX**:208; **X**:76; **XI**:151, 224; **XII**:74, 81, 205; **XIII**:153, 154; **XIV**:98, 142; **XV**:183; **XVII**:107; **XXI**:152; **XXIV**:92; **XXXIX**:30, 112, 173, 176, 188, 323
Abū Nāfiʿ (Habannaqah, Dhū al-Wadaʿāt). SEE Yazīd b. Tharwān
Ibn Nāfiʿ (*rāwī*). SEE ʿAbdallāh b. Nāfiʿ
Nāfiʿ b. ʿAbd al-Ḥārith al-Khuzāʿī **XIV**:164; **XXXIX**:146
Nāfiʿ b. ʿAbd al-Qays al-Fihrī **VII**:76
Nāfiʿ b. ʿAlqamah **XXIII**:84
Nāfiʿ b. al-Azraq **XX**:46, 97–105, 164–65
Nāfiʿ b. Budayl b. Warqāʾ al-Khuzāʿī **VII**:151
Nāfiʿ b. al-Ḥārith b. Kaladah **XII**:168, 169, 172; **XIII**:110, 113; **XVI**:168; **XVII**:166
Nāfiʿ b. Hilāl al-Jamalī al-Murādī **XIX**:97, 107–8, 136–37, 145
Nāfiʿ Iblīs **XXVIII**:261
Nāfiʿ b. Jubayr **IX**:157; **XIII**:35; **XV**:47, 55
Nāfiʿ b. Kaladah. SEE Nāfiʿ b. al-Ḥārith b. Kaladah
Nāfiʿ b. Khālid al-Ṭāḥī **XVIII**:85–87
Nāfiʿ al-Marwazī **XXVII**:110
Nāfiʿ al-Mukhdaj (the Deformed) **XVII**:139
Nāfiʿ b. Abī Nuʿaym **XXXIX**:304
Nāfiʿ b. Thābit b. ʿAbdallāh b. al-Zubayr **XXVIII**:178
Umm Nāfiʿ bt. ʿUmārah b. ʿUqbah **XIX**:43
Nāfiʿ b. ʿUqbah b. Salm **XXIX**:60
Nāfiʿ b. ʿUtbah b. Abī Waqqāṣ **XXXIX**:108
Nāfiʿ b. Zayd al-Ḥimyarī **XIII**:135
Nāfidh. SEE Nahr Nāfidh
Nāfis b. Abraham **II**:129
Nafīs (Nāfis) b. Ishmael **II**:132, 133
Nafīs al-Muwalladī **XXXVIII**:78, 177

Nafīsah bt. 'Alī b. Abī Ṭālib XVII:229
Nafīsah bt. Munyah XXXIX:105
al-Nafs al-Zakiyyah. SEE Muḥammad b. 'Abdallāh b. Ḥasan b. Ḥasan b. 'Alī b. Abī Ṭālib
Nafthālī b. Ya'qūb. SEE Naphthali b. Jacob
Nāghiḍah (of Banū Kalb) XX:51, 52
Nahār b. 'Abdallāh b. al-Ḥutāt al-Mujāshi'ī XXVI:265
Nahār b. al-Ḥārith XIII:120
Nahār b. Ḥuṣayn al-Sa'dī XXVII:160; XXIX:47–48
Nahār b. Tawsi'ah al-Taymī XXIII:32, 147, 172, 199; XXIV:25, 37, 166; XXV:81, 82, 169
Nahār (al-Rajjāl, al-Raḥḥāl) b. 'Unfuwah X:107, 108, 110, 111, 113, 114, 117, 118, 120, 123, 126
Nahāwand. SEE Nihāwand
Banū Nahd (in al-Kūfah) XXXIX:215
Banū Nahd (of Quḍā'ah) X:189; XII:91; XV:42–43; XX:203, 222; XXI:22, 71; XXVI:22
Banū Nahd b. Kahmas b. Marwān al-Najjārī XXVI:41
Nahd b. Zayd VI:159
al-Nahhās b. Qahm, Abū al-Khaṭṭāb XXXIX:328
Abū Nahīk *(rāwī)* I:364
Abū Nahīk b. Ziyād XXIV:86
Nahīk b. Zuhayr XVII:55
Naḥlab bt. Mārib b. al-Darmasīl b. Mehujael b. Enoch b. Cain b. Adam II:11
Nahor b. Āzar. SEE Nahor b. Terah
Nahor b. Serug b. Reu II:16, 22
Nahor b. Terah (Nahor b. Āzar) II:61, 131, 135
al-Nahr, battle of. SEE al-Nahrawān
Nahr Abān (Abān Canal) XXIV:81; XXXI:96; XXXVI:176, 195, 197; XXXVII:14–15
Nahr Abī al-'Abbās (Abū al-'Abbās Canal) XXXVI:124
Nahr al-'Abbās XXXVI:139, 142–44
Nahr 'Abdallāh XXXVII:58
Nahr 'Adī XXXVI:126; XXXVII:56
Nahr al-Amīr (in al-Baṣrah) XXXVI:58, 59, 198; XXXVII:15, 17, 19, 62, 70–72, 133–35
Nahr Aniq(?) XXXV:80, 84
Nahr al-'Arūs XXXIII:8
Nahr Abī al-Asad (Abū al-Asad Canal) XXXVI:45, 142, 143, 144, 146; XXXVII:56
Nahr al-'Atīq (al-'Atīq Canal) XII:23, 25, 27, 48, 53, 61–63, 81–83, 86, 89, 109, 114–17, 123–25, 136, 138; XIII:1, 2, 31; XVIII:112; XXXV:80?, 84?; XXXVI:175–77
SEE ALSO Fam al-'Atīq; Qanṭarat al-'Atīq
Nahr al-Atrāk. SEE Nahr Abī al-Khaṣīb
Nahr Awwā XXXVI:134
Nahr Bābak b. Bahrām b. Bābak. SEE Nahr Ṭābaq
Nahr Bāmdād XXXVI:42
Nahr Bāqthā XXXVI:46
Nahr Barāṭiq XXXVII:22, 25–26
Nahr Bard al-Khiyār (Bard al-Khiyār Canal) XXXVI:47–49
Nahr Bardūdā (Bardūdā Canal) XXXIII:8; XXXVI:191, 197; XXXVII:14–18, 25, 29–30, 34
Nahr al-Barūr XXXVI:177
Nahr al-Baṣriyyīn XXI:115; XXVIII:283
Nahr Bayān XXXVI:52, 53, 55, 56; XXXVII:49–50
Nahr Bīn (Bīn Canal) XXXI:50, 114, 135, 164, 229–30; XXXII:92
SEE ALSO al-Nahrabīn
Nahr Būq XXVIII:243; XXXII:67

Nahr Būr **XXXVI**:38
Nahr Dam (Blood Canal) **XI**:5, 24
Nahr Darqīṭ. SEE Nahr Durqīṭ
al-Nahr al-Dāwardānī **XXXVI**:58
Nahr Dayālā. SEE Diyālā
Nahr al-Dayr (Canal of al-Dayr) **XXXVI**:49; **XXXVII**:56, 75
Nahr al-Dīnārī (Dīnārī Canal) **XXXVI**:30, 59, 60; **XXXVII**:68, 135
Nahr Diyālā. SEE Diyālā
Nahr Dubayrān (Dubayrān Canal) **XXXVI**:54
Nahr Dubays **XXXVII**:71
Nahr Dujayl. SEE Dujayl
Nahr Durqīṭ (Darqīṭ) **V**:15; **XXII**:94; **XXXI**:122
Nahr Fahraj **XXXVII**:137
Nahr Farīd **XXXVI**:45
Nahr al-Fayyāḍ **XXXVI**:58, 59; **XXXVII**:69–70
Nahr al-Gharbī **XXXVII**:58–59, 62, 66, 71, 104–7, 125–26, 130
Nahr al-Ghūthā **XXXVI**:134
Nahr Umm Ḥabīb (Umm Ḥabīb Canal) **XXXVI**:65, 66
Nahr al-Ḥājir (al-Ḥājir Canal) **XXXVI**:67
Nahr Hālah **XXXVII**:47
Nahr Ḥarb **XXXVI**:60, 61, 63
Nahr al-Ḥasan b. Muḥammad al-Qāḍī (Canal of al-Ḥasan b. Muḥammad al-Qāḍī) **XXXVI**:45
al-Nahr al-Ḥasanī (al-Ḥasanī Canal) **XXXVI**:57, 58
Nahr al-Ḥīrah (al-Ḥīrah Canal) **XXI**:92
Nahr al-Ḥusayn **XXXVIII**:72
Nahr ʿĪsā (ʿĪsā Canal) **XXXI**:122; **XXXII**:18, 86; **XXXV**:77; **XXXVII**:145, 148, 167
Nahr al-Isḥāqī **XXXVII**:73
Nahr ʿIyāḍ (ʿIyāḍ Canal) **XXVII**:80
Nahr al-Jāmiʿ (al-Jāmiʿ Canal) **XXV**:184; **XXXI**:121–22
SEE ALSO Fam al-Jāmiʿ
Nahr Jaṭṭā **XXXVII**:45–47, 136
Nahr Jawbar (Jawbar Canal district, in Iraq) **V**:15; **XI**:183–84; **XXVIII**:291
Nahr Jubbā **XXXVI**:138
Nahr Juwayy Kūr **XXXVII**:47, 66, 92, 104–6, 119, 130
Nahr Karkhāyā (Karkhāyā Canal) **XXXI**:156; **XXXV**:81
Nahr Kathīr **XXXVI**:62, 64
Nahr Khālid (estate of Khālid b. ʿAbdallāh al-Qasrī) **XXV**:184
Nahr Abī al-Khaṣīb (Abū al-Khaṣīb Canal, Nahr al-Atrāk) **XXXVI**:109, 141, 147; **XXXVII**:33–34, 36, 41–42, 44–45, 46, 47, 49, 54–55, 58, 59, 60, 62, 70, 76, 91, 94–96, 99–103, 107–15, 117–19, 121–25, 128, 132–33, 135–36
Nahr Khurshādh (Khurshādh Canal) **XXI**:91
Nahr al-Mādiyān (al-Mādiyān Canal) **XXXVI**:50
Nahr Mahrūdh **XXXVII**:30
Nahr Malḥātā (Talḥānah) **XXXVIII**:161
Nahr al-Malik (south of Baghdad) **XVIII**:62; **XXXII**:16; **XXXV**:28
Nahr Mankā. SEE Nahr Munkā
Nahr Maʿqil (Maʿqil Canal) **XXIX**:76; **XXX**:164; **XXXVI**:110, 111, 120, 121, 123, 135, 139; **XXXVII**:40, 71, 75; **XXXVIII**:72; **XXXIX**:292
Nahr al-Marʾah **XI**:15; **XII**:166; **XXXVI**:174; **XXXVII**:40–41, 56
Nahr al-Māsawān **XXXVII**:132
Nahr al-Masīḥī **XXXVII**:71–72
Nahr Masruqān (Masruqān Canal) **XVIII**:206; **XXVIII**:259; **XXXVI**:182, 184, 186, 206; **XXXVII**:2
Nahr al-Mathniyyah **XXXVIII**:165, 172
Nahr Maṭmah **XXXVII**:47
Nahr Maymūn **XXXVI**:37, 40, 46, 47

Nahr al-Mubārak **XXXVII**:38–39, 41–42, 45
Nahr al-Mughīrah **XXXVII**:47, 83, 133
Nahr al-Muḥdath **XXXVI**:59
Nahr al-Mukāthir **XXXVI**:36
Nahr al-Mundhir **XXXVII**:33
Nahr Munkā (Mankā) **XXXVI**:147; **XXXVII**:55, 59–60, 66, 84–85, 91, 106
Nahr Murghāb. SEE al-Murghāb
Nahr Mūsā **XXXVI**:124
Nahr Nāfidh **XXXVI**:61, 109; **XXXVII**:76
Nahr al-Nīl. SEE Nile
Nahr al-Qādisiyyah **XXI**:92
Nahr al-Qarīrī **XXXVII**:132
Nahr al-Qindal (al-Qindal Canal, near al-Baṣrah) **XXXVI**:43, 56, 57
SEE ALSO al-Qindal
Nahr Abī Qurrah **XXXVI**:67
Nahr Qūsān (Qūsān Canal) **XXI**:91
Nahr al-Rayḥān **XXXVIII**:83
Nahr al-Razīq (Razīq Canal) **XV**:87; **XXVII**:34, 38
Nahr al-Riqq (Riqq Canal) **XXXVII**:22
Nahr al-Riyāḥī (al-Riyāḥī) **XXXVI**:59, 61
Nahr Rufayl (Rufayl) **XXXV**:80
Nahr al-Rummān **XXV**:172
Nahr al-Sababijah **XXXVI**:62
Nahr Saʿīd b. ʿAbd al-Malik (Canal of Saʿīd b. ʿAbd al-Malik) **XXVII**:24, 25
Nahr al-Saʿīdī **XXXVII**:76
al-Nahr al-Ṣāliḥī (al-Ṣāliḥī Canal) **XXXVI**:57
Nahr al-Saranjān (Saranjān River, near Balkh) **XXVII**:105
Nahr Ṣarṣar (Ṣarṣar Canal) **XXI**:142; **XXXI**:121, 124, 130–31; **XXXII**:18, 39, 43, 44, 53, 54, 88; **XXXV**:93
Nahr Sayḥān (Sayḥān Canal) **XXX**:164
Nahr al-Saylaḥīn (near al-Anbār) **XI**:217; **XXI**:92
Nahr Abī Shākir (Abū Shākir Canal) **XXXVII**:104, 119, 130
Nahr Sharīkān **XXXVI**:55
Nahr Shāsh (Shāsh River) **XXIV**:170; **XXVI**:25
Nahr Shayṭān (Shayṭān Canal) **XXXVI**:62, 63, 65
Nahr Shīrzād (waterway called Shīrzād) **XXXVII**:25
Nahr al-Sidrah **XXXVI**:154, 155, 187; **XXXVII**:3
Nahr al-Ṣilah **XXIX**:241; **XXXVII**:160
Nahr al-Ṣilḥ (al-Ṣilḥ Canal) **XXV**:184; **XXXVII**:14–15, 24
SEE ALSO Fam al-Ṣilḥ
Nahr Ibn Simʿān **XXXVII**:61, 66
Nahr Sindād (Nahr Sindādān, Sindād Canal) **XXXVI**:176; **XXXVII**:17, 25, 47
Nahr al-Sufyānī **XXXVII**:131, 133
Nahr Banī Sulaym **XI**:205
Nahr Sūrā (Sūrā, river) **XXXI**:121
Nahr Ṭābaq (Ṭābaq Canal, Bābak b. Bahrām b. Bābak Canal) **XXVIII**:249
Nahr Ṭahīthā **XXXVI**:177, 178
SEE ALSO Ṭahīthā
Nahr Ṭīn (near al-Baṣrah) **XXXVI**:39
Nahr Tīrā (northwest of al-Ahwāz) **XIII**:114–16, 118, 119, 121, 131, 133; **XIV**:79, 80; **XXIII**:68
Nahr al-Ubullah (Ubullah Canal) **XXX**:164; **XXXVI**:110; **XXXVII**:71, 75–76
Nahr Ibn ʿUmar (Ibn ʿUmar Canal) **XXXVII**:53, 56
Nahr al-ʿUmaysiyyīn **XXXVII**:126
Nahr Ibn ʿUtbah **XXXVII**:68
Nahr Uṭṭ **XI**:43
Nahr al-Yahūdī **XXXVI**:175; **XXXVII**:45, 63, 69–70, 76

Nahr Yaḥyā **XXXVI**:154
Nahr Yaʿqūb (river of Yaʿqūb) **XXVI**:50
Nahr Yaʿqūb b. al-Naḍr **XXXVI**:176
Nahr Yazīd **XXXVII**:40–41
Nahr Yūsuf (Yūsuf Canal) **XXI**:92; **XXXVIII**:166
Nahr Ziyād (near al-Kūfah) **XII**:41
Nahr al-Zuhayrī **XXXVI**:200
al-Nahrabīn **XXX**:116
SEE ALSO Nahr Bīn
al-Nahrān (near al-Kūfah) **XI**:24, 42, 197; **XII**:41, 54; **XXVI**:48; **XXXVII**:169
Nahrān al-Aṣbaḥī (of Banū ʿAbd al-Dār b. Quṣayy) **XV**:220
al-Nahrawān (al-Nahr) **V**:254, 304, 307–8; **XIII**:20, 24, 25, 29, 47, 126; **XVI**:36; **XVII**:112, 117, 213–14; **XVIII**:24; **XXI**:125; **XXII**:51–52, 58, 185; **XXIX**:85, 109, 181, 243; **XXX**:11, 253, 292; **XXXI**:50, 75, 130; **XXXII**:40, 81, 94, 95; **XXXV**:47, 48, 59, 87; **XXXVI**:22, 23; **XXXVII**:165; **XXXVIII**:24
battle of **XVII**:127–34, 137–41; **XVIII**:13, 21, 23, 24, 31, 33, 36, 39, 50, 82, 100; **XXXIX**:86
Banū Nahshal. SEE Banū Nahshal b. Dārim
Banū Nahshal b. Dārim **XVIII**:103–4, 108; **XIX**:161
Nahshal b. Ḥarrī b. Ḍamrah b. Jābir al-Tamīmī **IV**:141
Nahshal b. Ṣakhr b. Khuzaymah b. Khāzim **XXXV**:98
Nahshal b. Yazīd al-Bāhilī **XXIII**:195; **XXIV**:154
paternal uncle of **XXIII**:195
nāʾibah (extraordinary levies) **V**:112
Nāʾil b. Farwah (of Banū ʿAbs) **XXVI**:45–46
Nāʾil b. Juʿshum al-Aʿrajī, Abū Nubātah **XIII**:5, 6
Nāʾilah (idol of Banū Quraysh) **VI**:4, 52
Abū Nāʾilah. SEE Silkān b. Salāmah b. Waqsh
Banū Nāʾilah **XXVIII**:181
Nāʾilah bt. ʿAmr. SEE al-Zabbāʾ
Nāʾilah bt. al-Furāfiṣah al-Kalbiyyah **XV**:31, 177–79, 206, 216, 218–19, 247–50, 254; **XVI**:196, 197
Nāʾilah bt. ʿUmārah al-Kalbiyyah **XVIII**:215; **XX**:63
nails, paring of **II**:99, 100; **XVIII**:212
Nāʿim (fortress, at Khaybar) **VIII**:117
Nāʿim (mother of al-Muqtadir). SEE Shaghab
Nāʿim b. Mazyad **XXIX**:111
Nāʿim b. Ujayl, Abū Qudāmah **XXXIX**:320
Naʿīm b. ʿAbdallāh al-Naḥḥām **XI**:128
al-Nāʿimah bt. Abī al-Shadāʾid **XXVIII**:215
Nāʿir (toponym) **X**:79
al-Naʿir (of Banū Mujāshiʿ b. Dārim) **XVI**:111, 112
Banū Nāʿiṭ (al-Nāʿiṭiyyūn) **XVII**:44, 98; **XXI**:29
Najabah b. Abī al-Maythāʾ **X**:79, 80
Najabah b. Ṣabīgh **I**:197
al-Najaf **V**:80, 142; **XI**:28, 197; **XII**:49, 51–53, 56, 57, 60, 86, 126; **XXI**:113, 114; **XXV**:182; **XXVIII**:133, 218; **XXXIV**:111
Najāḥ (*ghulām* of Aḥmad b. ʿĪsā b. Shaykh) **XXXVIII**:87
Ibn al-Najāḥ (Turkish commander) **XXVII**:202, 207
Najāḥ al-Ḥuramī **XXXVIII**:16
Najāḥ b. Salamah, Abū al-Faḍl **XXXIV**:10, 73–74, 157–64
al-Najāshī. SEE Negus
al-Najāshī (poet) **XIV**:55

Najd **II**:13; **VI**:140–42; **VII**:90, 93, 98, 151, 154, 161, 162; **VIII**:14, 39, 131; **IX**:106, 116, 119; **X**:52, 62, 155, 156; **XII**:6, 7; **XIII**:52; **XVIII**:189, 221; **XIX**:83, 91; **XXV**:113; **XXXIV**:187; **XXXV**:118; **XXXIX**:188, 191
Banū al-Najdah (of al-ʿAmālīq) **IV**:131
Najdah b. ʿĀmir al-Ḥanafī al-Ḥarūrī **XIX**:197, 223; **XX**:102; **XXI**:104, 152–53, 206
SEE ALSO al-Najdiyyah
Najdah b. al-Ḥakam al-Azdī **XXIV**:109
al-Najdiyyah (Khārijite sect) **XXI**:119
Banū Nājī (of ʿAdwān) **XXI**:190–91
Najīdā (village, below Wāsiṭ) **XXXIII**:8
Najīḥ, Abū ʿAbdallāh **XXIV**:140
Ibn Abī Najīḥ *(rāwī)*. SEE ʿAbdallāh b. Abī Najīḥ
Najīḥ b. ʿAbd al-Raḥmān al-Sindī. SEE Abū Maʿshar
Banū Nājiyah **VI**:27; **X**:154, 155, 171; **XVI**:136; **XVII**:171–97; **XX**:15, 16, 17; **XXV**:61; **XXVI**:157, 227
Nājiyah bt. Hāniʾ b. Qabīṣah b. Hāniʾ al-Shaybānī **XXII**:70
Nājiyah b. Marthad al-Ḥaḍramī **XXII**:72
Nājiyah al-Qurashī **XVII**:230, 231
father of **XVII**:231
Nājiyah b. ʿUmayr b. Yaʿmar b. Dārim **VIII**:74
al-Najjār. SEE Baṭn al-Najjār
Banū al-Najjār **V**:165, 167; **VI**:10, 12–14, 57, 125–26, 134, 147; **VII**:4–6, 13, 40, 108, 128, 132; **VIII**:35, 56, 63; **IX**:85, 95; **XI**:93; **XVII**:206; **XXIV**:106; **XXXIX**:34, 303
Abū al-Najm. SEE ʿImrān b. Ismāʿīl
Abū al-Najm (*ghulām* of al-Muʿtaḍid). SEE Badr
Abū al-Najm al-ʿIjlī **XVIII**:111; **XXII**:18; **XXVI**:81
Abū al-Najm al-Rājiz. SEE Abū al-Najm al-ʿIjlī
Abū al-Najm al-Sijistānī **XXIX**:45
Najrān (in Yemen) **IV**:67; **V**:181, 192–96, 198–206; **VI**:35; **VIII**:185–86; **IX**:82, 87, 98, 108, 110, 165, 198; **X**:18, 20, 22, 27, 33, 34, 158, 159, 163–64, 169, 174, 176; **XI**:144, 175, 178; **XIII**:177; **XVII**:208
Najrān (Najrān al-Kūfah, near ʿAyn al-Tamr) **XXII**:74
Najūbah b. Qays b. Abī al-Saʿdī **XXXV**:39, 42, 61, 66, 67, 75, 76, 77, 79, 80, 93
Najwah bt. Nahd **IX**:122
naked state, circumambulation of al-Kaʿbah in **IX**:78, 79, 141
Banū al-Nakhaʿ b. ʿAmr **X**:39, 171, 172; **XII**:10, 98, 119, 120, 139, 146, 147, 148; **XIII**:70; **XV**:234; **XVII**:57, 80; **XVIII**:134; **XXI**:75; **XXVI**:256; **XXXIX**:51
al-Nakhaʿī. SEE Ibrāhīm b. Yazīd al-Nakhaʿī; Sharīk b. ʿAbdallāh al-Nakhaʿī
Nakhb (Nakhib, valley, near al-Ṭāʾif) **VIII**:112; **IX**:22
Abū Nakhīlah (poet) **XXIX**:33–35
al-Nakhīrajān (Persian commander) **V**:371; **XIII**:2–5, 20, 183, 210
Nakhl (in Najd) **VII**:161, 162, 164
SEE ALSO Baṭn Nakhl
Nakhlah (valley, near Mecca) **VI**:29, 117; **VIII**:187; **IX**:16, 119, 121; **XVIII**:186, 187
expedition of **VII**:18–23, 29
SEE ALSO Baṭn Nakhlah
Nakhlah al-Yamāniyyah (valley) **IX**:21
Nakhshab. SEE Nasaf

al-Nakhudh (in Afghanistan)
 XXV:104
Nakīr (angel) **XXXVIII**:111
Na'mah bt. Seth **I**:335, 336
Namārī (*kātib* of al-Mu'tazz)
 XXXV:86
al-Namāriq (near al-Kūfa) **XI**:176–81, 182, 183
Nāmdār Jushnas (b. Ādhar Jushnas)
 V:401
names and name giving
 Adam taught by God **I**:266–74
 adopted sons **XXXIX**:9–10
 changing of names **XXXIX**:62, 114, 137, 184, 283, 293, 298
 children's names **XX**:71
 fathers' names **XXXIX**:110
 first initials to predict future events **XXVII**:15
 God's names **X**:148
 good omens **XX**:143
 ill omens **XXII**:68; **XXV**:143, 189
 place names **XIV**:18
 of Prophet Muḥammad **IX**:155–56
 six days of creation **I**:208–9
Banū al-Namir (b. Qāsiṭ) **V**:125, 161; **X**:88, 149; **XI**:53, 64, 67, 115, 204, 219–20; **XII**:41; **XIII**:54–56, 62, 76; **XVII**:49, 51, 62; **XIX**:129; **XXXVIII**:168, 182
Ibn Ukht al-Namir. SEE al-Sā'ib b. Yazīd
al-Namīr b. Tawlab al-'Uklī **IV**:153
Nāmiyah (desert) **XV**:43
Abū Namlah (*'ayyār*) **XXXV**:66
Namrūd. SEE Nimrod
Namrūn (king of al-Gharshistān)
 XXV:25
Nāmūs (archangel Gabriel) **VI**:68, 72; **VIII**:145
 SEE ALSO Gabriel
naphtha
 camels treated with **XIV**:141
naphtha (continued)
 in warfare **XXXI**:136, 146; **XXXVII**:99, 100, 108, 113
 watering places, spoiling of **XIX**:219
naphtha throwers *(naffāṭūn)*
 XXXI:136, 146; **XXXIII**:64, 68, 71; **XXXIV**:122; **XXXV**:11, 59, 102; **XXXVI**:20; **XXXVII**:93, 103, 108, 112; **XXXVIII**:116
naphtha torches *(naffāṭāt)*
 XXXIII:56
Naphthali b. Jacob (Nafthālī b. Ya'qūb) **II**:135, 136; **III**:127; **IV**:61
al-Naq' (toponym) **X**:74
Naq'ā' (in al-Ḥijāz) **VIII**:53
al-Naqī' (in al-Ḥijāz) **VII**:150; **VIII**:53
naqīb ('Abbāsid propagandist)
 XXVI:238
naqīb (pl. *nuqabā'*, tribal chief)
 XXVIII:38
naqīb (tribal representative appointed by Prophet Muḥammad) **VI**:132, 133–34; **VII**:6; **XXXIX**:303
Abū al-Nār (commander)
 XXVIII:237
al-Nār. SEE Hell
narcissus **XXXIII**:35
al-nard. SEE backgammon
Nars (Narsā, east of al-Kūfa) **II**:3; **XXI**:142
Narsī (b. Abzān/b. Jūdharz al-Aṣghar, Arsacid ruler) **IV**:99, 100, 101
Narsī (b. Bahrām I, Sasanian emperor) **V**:48
Narsī (brother of Bahrām Jūr) **V**:95, 97, 99
Narsī (son of maternal aunt of Kisrā II) **XI**:179, 182–84, 186
Narsī (Narsah) b. Jūdharz al-Aṣghar (the Younger). SEE Narsī

Nasā (in northern Khurāsān) **XV**:90–92; **XXVII**:61, 63, 73, 74, 75, 82, 83, 108; **XXX**:172, 176, 178, 276, 284; **XXXIII**:6; **XXXV**:34
nasab. SEE genealogy
Nasaf (Nakhshab, in Transoxania) **XXIII**:27, 100, 147, 174–77, 205, 216; **XXIV**:49, 178; **XXV**:55, 79, 81, 85, 135; **XXVI**:228; **XXX**:267
Ibn Nasʿah. SEE Saʿīd b. ʿAmr b. al-Aswad al-Ḥarashī
al-Nasawī (commander of Muḥammad b. ʿAbdallāh b. Ṭāhir) **XXXV**:91
Nashāstaj (in Iraq) **XV**:60, 113
al-Nashāt bt. Rifāʿah (of Banū Kilāb b. Rabīʿah) **IX**:135
SEE ALSO Fāṭimah bt. al-Ḍaḥḥāk b. Sufyān al-Kilābiyyah
al-Nashawā (in Ādharbayjān) **XXXIV**:116
Nāshib b. al-Ḥasḥās **XX**:30
Nāshirah (of Banū Māzin) **X**:92
Nāshiṭ. SEE Shiʿb Nāshiṭ
nashsh (measure of weight) **VII**:150
*nasī*ʾ (intercalation, postponement of the sacred month, in lunar calendar) **VI**:55; **IX**:112
Naṣībīn (Niṣībīn) **V**:28, 62, 321–22, 407, 409; **VI**:117–18; **XII**:180; **XIII**:80, 82, 86, 88, 160; **XVII**:144; **XXI**:82–83; **XXII**:38; **XXVII**:50, 51; **XXVIII**:12–13; **XXX**:143; **XXXIII**:130; **XXXIV**:135, 184; **XXXVII**:1, 6, 50
Nāṣiḥ al-Ramlī **XXXVI**:47, 64
al-Nāṣir (li-Dīn Allāh). SEE al-Muwaffaq bi-llāh
Nāṣirah. SEE Nazareth
Nasnās (fantastic creatures) **II**:13; **III**:29
Nasr (old Arabian god) **I**:354; **IV**:143
Naṣr (*mawlā* of ʿUmar b. Faraj) **XXXIV**:73
Naṣr (Qarmaṭian). SEE ʿAbdallāh b. Saʿīd
Abū Naṣr. SEE Mālik b. al-Haytham al-Khuzāʿī
Abū Naṣr (*rāwī*) **I**:181
SEE ALSO Muḥammad b. Aḥmad al-Khallāl
Banū Naṣr. SEE Banū Naṣr b. Muʿāwiyah
Ibn Naṣr. SEE Aḥmad b. Naṣr al-Khuzāʿī
Naṣr b. ʿAbd al-Ḥamīd **XXIII**:99
Naṣr b. ʿAbd al-Raḥmān al-Azdī **V**:275
Naṣr b. ʿAbīdah al-Naṣrī **XXXIX**:122
Naṣr b. Aḥmad b. Asad al-Sāmānī **XXXVI**:165; **XXXVIII**:2
Naṣr b. Aḥmad b. Ismāʿīl b. Aḥmad **XXXVIII**:201
Naṣr b. Aḥmad al-Zubayrī **XXXVI**:98
Naṣr b. ʿAlī al-Jahḍamī **I**:355, 368; **XXXIX**:125, 138
Naṣr b. ʿAlqamah **VI**:85
Naṣr b. al-Azhar b. Faraj al-Shīʿī **XXXIV**:138, 156, 168–69
Naṣr b. Bāb **XXXIX**:83
Abū Naṣr b. Bughā. SEE Muḥammad b. Bughā
Naṣr b. Duhmān **XXXIX**:89
Naṣr b. Farqad **XXVIII**:269
Naṣr b. Ḥabīb b. Baḥr b. Māsik b. ʿUmar al-Kirmānī **XXV**:188
Naṣr b. Ḥamzah b. Mālik al-Khuzāʿī **XXXII**:47; **XXXIV**:44
Naṣr b. Ḥarb b. ʿAbdallāh al-Tamīmī **XXIX**:3, 85, 117
Naṣr al-Iqrīṭashī **XXXVI**:156
Naṣr b. Khālid al-Bahzī **XVIII**:108
Naṣr b. Khuzaymah al-ʿAbsī **XXII**:26; **XXVI**:15, 22, 41–46, 49
Naṣr b. al-Layth **XXXIV**:119
Naṣr b. Mālik **XXIX**:204; **XXXV**:10
Naṣr b. Manṣūr b. Bassām **XXXIII**:31

Naṣr b. Manṣūr b. Naṣr b. Mālik **XXXI**:124
Banū Naṣr b. Muʿāwiyah **IX**:2, 3; **XXII**:45, 163, 169; **XXIII**:63, 65
Naṣr b. al-Mughīrah, Abū al-Fatḥ **XI**:142
Naṣr b. Muḥammad b. al-Ashʿath al-Khuzāʿī **XXVII**:170; **XXIX**:197, 203, 216, 218
Naṣr b. Muzāḥim al-ʿAṭṭār **XVI**:52, 61, 93, 95; **XIX**:77
Naṣr b. Qādim **XXVIII**:102
Banū Naṣr b. Quʿayn **X**:73
Naṣr b. Qudayd b. Naṣr b. Sayyār, Abū Ṣafwān **XXVIII**:114, 253, 255–56, 258, 260, 271, 276
Naṣr al-Qushūrī **XXXVIII**:20, 138, 200
Naṣr b. Rabīʿah **II**:134; **IV**:148, 149–50; **V**:370, 372–73
Naṣr b. Rāshid **XXVII**:205, 206
Naṣr al-Rūmī **XXXVI**:184; **XXXVII**:54
Naṣr b. Saʿīd al-Anṣārī **XXVI**:179
Naṣr b. Saʿīd al-Jahbadh **XXXIV**:175
Naṣr b. Saʿīd al-Maghribī **XXXIV**:205–6; **XXXV**:140, 141
Naṣr Salhab (Maghribī commander) **XXXV**:96
Naṣr b. Sayyār al-Laythī **XXI**:216; **XXIII**:128; **XXIV**:160, 178; **XXV**:11–14, 17, 35, 36, 38, 48, 49, 50, 54, 105, 106, 113, 121, 170, 188, 192–94; **XXVI**:23–35, 56–65, 104, 106, 115–19, 121–24, 207–14, 220–28, 230–37, 244, 263–66; **XXVII**:27, 28–49, 52, 61, 64, 67, 68, 69, 70–75, 76, 77, 78, 80, 81, 82, 83, 84, 85, 92, 93–103, 107, 122, 123, 124, 125, 126, 129, 140; **XXIX**:93, 224
Naṣr b. Shabath al-ʿUqaylī **XXXI**:107–8; **XXXII**:10, 105, 106, 108, 110, 129, 134, 138–44, 145–46, 159; **XXXVI**:102
  son of **XXXVI**:102
Naṣr al-Sindī **XXXVII**:20
Abū Naṣr al-Tammār **XXXII**:210, 217, 222
Naṣr b. Waṣīf **XXXIV**:180
Naṣrānah (alleged birthplace of the Qarmaṭian al-Faraj b. ʿUthmān) **XXXVII**:173
Ibn al-Naṣrāniyyah. SEE Khālid b. ʿAbdallāh al-Qasrī
al-Naṣriyyūn (opponents of the commander Yūnus) **XXXVII**:164
al-Nāssah (name for Mecca) **VI**:52
Nasṭās. SEE Nisṭās
Nasṭūnā. SEE Ṣalūbā b. Nasṭūnā b. Buṣbuhrā
Nasṭur b. Zarīn **IV**:73
Nasṭūrus (Roman commander) **XI**:171
Nasūkhā (toponym) **XXXVI**:154
Naṭāh (fortress, at Khaybar) **VIII**:123, 128
Naʿthal (nickname of ʿUthmān b. ʿAffān) **XVI**:53, 146; **XXI**:114
nāṭif (dried fruit seller) **XXXV**:5
al-Naṭif (of Banū Salīṭ) **V**:289
al-Nāṭiḥ (£ of Aries) **XX**:185
Nātil (*mawlā* of ʿUthmān b. ʿAffān) **XVII**:23
Nātil b. Qays al-Judhāmī **XVIII**:221; **XX**:50, 56, 63
al-Nāṭiq bi-al-Ḥaqq. SEE Mūsā b. Muḥammad b. Hārūn al-Rashīd
Ibn al-Naṭṭāḥ. SEE Muḥammad b. Ṣāliḥ b. al-Naṭṭāḥ
al-Nāʿūrah (between Aleppo and Bālis) **XXVII**:176; **XXXVIII**:91
naval warfare **XV**:28
  sea embargo **XXVIII**:222–23
  SEE ALSO boats and ships
nāwakī (nāwakiyyah) bows and arrows **XXXV**:61, 95; **XXXVII**:43, 59, 60, 102

Nawākith (capital of the Khāqān) **XXV**:132
Nawāl (*khādim* of Ibrāhīm b. ʿUthmān b. Nahīk) **XXX**:245
al-nawāqil (transferred garrison forces) **X**:97
al-Nawār (bt. Khalīfah al-Ṭāʾī) **XVIII**:156
al-Nawār (wife of Ṭulayḥah b. Khuwaylid al-Asadī) **X**:66
al-Nawār bt. Jābir **XIX**:134
al-Nawār bt. Mālik b. ʿAqrab **XIX**:163
al-Nawāṣif (toponym) **XVI**:23
al-Nawbahār (Buddhist shrine, near Balkh) **XXIII**:129, 154; **XXV**:27
Nawbakht. SEE Naybakht
Ibn Nawf. SEE ʿAbdallāh b. Nawf al-Hamdānī
Nawf al-Bikālī. SEE Nawf b. Faḍālah al-Bikālī al-Shaʾmī
Nawf b. Faḍālah al-Bikālī al-Shaʾmī **II**:157; **III**:6, 13, 83; **XXXIX**:272, 323
Nawf al-Shaʾmī. SEE Nawf b. Faḍālah al-Bikālī al-Shaʾmī
Nawfal (*mawlā* of al-Hādī, *khādim* of al-Maʾmūn) **XXXI**:14, 57, 225
Nawfal (poet) **XXVI**:91
SEE ALSO Ibn Nawfal
Ibn Nawfal (Yaḥyā b. Nawfal al-Ḥimyarī) **XXV**:154–55
SEE ALSO Nawfal
Nawfal b. ʿAbd Manāf **VI**:11–16, 18
Banū Nawfal b. ʿAbd Manāf (al-Nawfaliyyūn) **VI**:140–41; **VII**:12, 21, 144; **XIV**:164; **XXX**:120; **XXXVI**:134; **XXXIX**:104
Nawfal b. ʿAbdallāh b. al-Mughīrah al-Makhzūmī **VII**:19; **VIII**:18–19
Nawfal b. al-Furāt **XXVIII**:75–76, 81, 83
Nawfal b. al-Ḥārith b. ʿAbd al-Muṭṭalib **VII**:34, 71; **XXXIX**:19, 21, 60, 62
Nawfal b. Khuwaylid **VII**:44; **XXXIX**:67
Nawfal b. Muʿāwiyah al-Dīlī **VIII**:161–62; **IX**:24; **X**:40, 41; **XXXIX**:72–73, 119–20
Nawfal b. Musāḥiq b. ʿAbdallāh b. Makhramah **XX**:213, 214; **XXXIX**:272
Nawfal b. Musāḥiq b. ʿAmr b. Khudāsh al-ʿĀmirī **XXII**:92; **XXIII**:33
al-Nawfaliyyūn. SEE Banū Nawfal b. ʿAbd Manāf
Banū Nawlah b. Fuqaym **XVIII**:110
Nawrūz. SEE Nowrūz
Nawsh (village, near Marw) **XXVI**:228–30
Nawzādh b. Wahriz **V**:240
Naybakht (astrologer) **XXVIII**:267, 291
al-Naylān (paternal cousin of the king of Farghānah) **XXIV**:173; **XXV**:91
SEE ALSO Bilādhā; al-Ṭār
al-Nayrāb (village, near Damascus) **XXVI**:142
al-Nayrūdh (toponym) **XXV**:71
Nayrūz. SEE Nowrūz
Naysābūr. SEE Nishapur
Nayzak (river) **XXXV**:152
Nayzak (commander of Aṣghajūn) **XXXVI**:152
Nayzak (commander of Abū Muslim) **XXVIII**:20, 29–30
Nayzak (Nīzak), Abū al-Hayyāj **XXIII**:74–76, 96–97, 103–4, 133–34, 143, 153–56, 164–74
Nayzak b. Ṣāliḥ **XXVI**:31
Nayzak Ṭarkhān **XV**:84–85; **XVIII**:164
al-Nazālah Gate. SEE Bāb al-Nazālah
Nazareth (Nāṣirah, in Palestine) **IV**:125
al-Nazzāb. SEE ʿAlī b. ʿUmar

Nebuchadnezzar (Bukht Nāṣir, Bukht Naṣṣar, Bukhtinaṣṣar, Bukhtrashah) **I**:352; **II**:50, 109, 110, 163; **III**:18; **IV**:40–41, 43–45, 48–55, 59, 61–71, 86, 104–7, 127–28, 131; **V**:22, 417; **VI**:37; **XI**:51; **XIII**:146
neck chains and bracelets **XII**:128, 129; **XIII**:5, 6; **XXXIII**:65, 66; **XXXV**:47, 49, 67, 69, 80, 85, 158
neck protector. SEE *mighfar*
negroes. SEE black people
Negus (al-Najāshī, ruler of Abyssinia) **V**:205–8, 211–18, 221, 232; **VI**:16, 18, 98, 100, 105, 114; **VIII**:77, 98, 108–10, 143–45; **IX**:77, 133; **XXXIV**:152; **XXXIX**:178–79, 180
neighbors, granting protection to. SEE *jār; jiwār; mujāwarah*
Nero (Roman emperor) **IV**:126
Nerva (Roman emperor) **IV**:126
New Year
- al-Muʿtaḍidī New Year **XXXVIII**:19
- Zoroastrian festival. SEE Nowrūz

newcomers, among Arab clansmen, in conquered territories. SEE *al-rawādif*
news blockade **XXXI**:31
Abū Niʿāmah al-ʿAdawī **XX**:32, 72, 78
Ibn al-Nibāʿ. SEE ʿUrwah b. Shuyaym b. al-Nibāʿ al-Laythī
al-Nibāj (toponym, or toponyms, in eastern Arabia) **X**:49, 91; **XI**:4–5, 8; **XXXVIII**:179
Nicephorus I (Niqfūr, Byzantine emperor) **XXX**:239–44, 261, 263–64; **XXXI**:19
Nicetas (Niqīṭā, Byzantine commander) **XXIX**:220
Nicomedia (in Byzantine territory) **XXIX**:220
Abū al-Nidāʾ (Syrian rebel) **XXX**:266, 295
Abū al-Nidāʾ (Zanj commander) **XXXVI**:179; **XXXVII**:28–29, 56, 85–86
Niffar (Nippur) **IV**:130–31; **XVII**:176, 177, 178; **XXII**:80–81
night
- annihilation of **I**:193–94
- day/night precedence, in creation **I**:228–31
- as unit of time **I**:186–87
- SEE ALSO entries that follow and those beginning with Laylat

Night of Aghwāth (at battle of al-Qādisiyyah) **XII**:103, 150
Night of Armāth (at battle of al-Qādisiyyah) **XII**:103, 113
Night of Blackness (at battle of al-Qādisiyyah) **XII**:106
Night of Clamor. SEE Laylat al-Harīr
Night of Howling. SEE Laylat al-Harīr
Night of Tranquility (at battle of al-Qādisiyyah) **XII**:106
night journey *(miʿrāj)* **VI**:78–80
night prayer. SEE *ʿatamah* prayer; *ṣalāt al-ʿishāʾ*; *ṣalāt al-witr*
Nihāwand (Māh Nihāwand, al-Māh, Māh al-Baṣrah) **IV**:77; **IX**:90; **XII**:142; **XIII**:4, 141, 145, 146, 148, 179, 180, 182, 184, 185, 187, 189, 190, 192, 193, 196, 198–203, 210–14, 216, 217; **XIV**:2–4, 6, 18, 19, 22; **XVIII**:28, 160; **XXVI**:27, 255; **XXVII**:57, 126, 127, 128, 129, 130, 131, 162; **XXXI**:48; **XXXIV**:96; **XXXVIII**:15
- battle of **XIII**:204–10, 213, 214–15, 216; **XV**:8, 42, 81; **XXI**:141; **XXXIX**:88
- SEE ALSO Bahrādhān; Māh Dīnār

Nīḥlūs (mountain) **IV**:157
Banū Nihm (of Hamdān) **XXXIX**:220

Niḥrīr the Elder **XXXVIII**:106
Niḥrīr al-Khādim **XXXV**:164
Niḥrīr al-ʿUmarī **XXXVIII**:167
Niḥrīr the Younger **XXXVIII**:108
Nihyā (southwest of Palmyra?) **XXVI**:157–58
Ibn Nihyah (police chief) **XXII**:20
al-Nijāf (toponym) **XII**:40; **XIII**:65
Nikētiatēs (?, Ibn Qaṭūnā, Byzantine naval commander) **XXXIV**:124
al-Nīl (town, on Nahr al-Nīl) **XXVIII**:254, 275; **XXXII**:9, 49–54, 70–72, 75, 81; **XXXVI**:205
Nile (Nahr al-Nīl, river) **I**:370; **II**:184; **III**:32, 34, 66, 69, 84; **XIII**:162, 169, 171; **XXIII**:75; **XXVII**:173; **XXXVII**:169; **XXXVIII**:151
SEE ALSO Fam al-Nīl
Nimr b. Jurwah **X**:108
Abū Nimrān *(rāwī)* **XII**:83
Nimrān b. Abī Nimrān al-Hamdānī **XVI**:134
Abū Nimrān al-Raḥabī **XXXIX**:159
Nimrod b. Arghu **II**:50
Nimrod b. Arpachshad **II**:16
Nimrod b. Bālish **II**:111
Nimrod (Namrūd) b. Canaan b. Cush b. Ham **II**:4, 15, 16, 18, 22, 27, 50, 52, 53, 56, 57, 60, 61, 97, 108–11, 128, 140
Nimrod b. Cush. SEE Nimrod b. Canaan b. Cush b. Ham
Nīmrūz (province) **V**:149, 395–97, 401
Nīnawā (Nineveh) **IV**:40, 160, 161; **V**:322; **VI**:117
SEE ALSO al-Ḥiṣnān
Nīnawā (village, near Karbalā') **XIX**:82, 102, 103, 105; **XXVI**:48; **XXXV**:90, 93; **XXXVIII**:79
Nineveh. SEE Nīnawā
Nippur. SEE Niffar
Nīq Gate. SEE Bāb Nīq
Nīq al-ʿUqāb (near al-Juḥfah) **VIII**:169, 171
Niqfūr. SEE Nicephorus I
nīranj (magical spells) **XV**:230
al-Nirsiyān (near Kaskar) **XI**:182, 184
Nīrūfarr (?, ruler of al-Ahwāz) **V**:12
Nīsābūr. SEE Nishapur
Nishapur (Nīshāpūr, Naysābūr, Nīsābūr) **V**:15, 58, 65, 128, 130, 136; **XIII**:11; **XIV**:53, 54, 60; **XV**:36, 91, 93; **XVII**:99, 140; **XVIII**:163, 179; **XX**:72; **XXI**:209–11; **XXII**:10; **XXIII**:90, 201; **XXV**:39, 106, 119, 189, 192; **XXVI**:60, 122–23, 208, 210, 213; **XXVII**:68, 81, 100, 106, 107, 108, 109, 122, 126, 182, 209, 211; **XXVIII**:44, 70; **XXIX**:45; **XXX**:176, 276, 284; **XXXI**:15–16, 25; **XXXII**:105–6; **XXXIII**:148, 181; **XXXIV**:21, 95; **XXXV**:144; **XXXVI**:151, 156, 157, 159, 188, 203; **XXXVIII**:10, 29, 64, 77, 84
SEE ALSO Abrashahr
Nīshāpūr. SEE Nishapur
Niṣībīn. SEE Naṣībīn
Nistar (in Lower Bihqubādh) **XI**:42
Nisṭās (*mawlā* of Ṣafwān b. Umayyah) **VII**:147
Nisṭās, Abū Zubayr **XXVI**:96, 172
Nisṭās b. Nasṭūrus **XI**:165
nithār (strewing of fruits, nuts, or money, on festive occasions, or as a reward) **XXXIV**:177–78, 186
nitrous topsoil. SEE *sibākh*
Nīw Khusraw (commander of Ardashīr III's guard) **V**:401
Nīwāndukht (mother of Kisrā I) **V**:128–29, 136
Niyār b. ʿAbdallāh al-Aslamī **XV**:200–201, 214
Niyār b. ʿIyāḍ **XV**:203
Niyār b. Mikraz **XV**:174

Niyār b. Mukram al-Aslamī **XV**:247, 248

Nīzak. SEE Nayzak

Nizār (Khurāsanī commander) **XXVIII**:46

Banū Nizār (al-Nizāriyyah, Nizārīs) **XIX**:146; **XXV**:13, 113; **XXVI**:134–35, 180, 220, 255; **XXVII**:2, 16, 189; **XXX**:131–32, 146, 157; **XXXI**:155

Abū Nizār al-Ḍarīr **XXXII**:246, 248

Nizār b. Ma'add **IV**:70; **VI**:32, 34, 36; **XX**:71, 75

Nizār b. Muḥammad **XXXVIII**:97, 150, 182
SEE ALSO Abū Ma'add

Nizārīs. SEE Banū Nizār

al-Nizāriyyah. SEE Banū Nizār

Noah (Nūḥ, prophet) **I**:297, 302, 326, 334, 340, 341, 344, 347, 348, 353–70; **II**:10–12, 14, 20, 21, 23, 48–50; **V**:413, 416; **VI**:42, 51, 52, 154; **VII**:83; **XV**:210, 242; **XIX**:146; **XXXI**:224; **XXXVII**:173; **XXXIX**:246

Noah's ark **I**:355–68

Noam. SEE Na'mah bt. Seth

nobility contest. SEE *tanāfur*

nomads. SEE Bedouins

non-Arabs (*'ilj*, pl. *a'lāj*, *'ulūj*) **V**:78, 375, 378; **XVIII**:57; **XXIII**:25, 68; **XXIX**:90; **XXXIII**:27, 52, 62, 72, 89, 104; **XXXIV**:41; **XXXV**:87

noon (midday) prayer (*ṣalāt al-ẓuhr*) **IX**:171; **XXXIX**:109

North Star **II**:19

nose rings **XIX**:178

nosebags. SEE *makhāli*

nosebleeds. SEE 'Ām al-Ru'āf

nostrils, cleansing of **II**:99

notables (*al-khāṣṣah*, *al-a'lām*) **XV**:54, 84, 122, 147, 154, 203; **XXXI**:3
SEE ALSO *ashrāf*

notaries (*'udūl*) **XXXV**:7

notes. SEE promissory notes

Nowrūz (Nawrūz, Nayrūz, Zoroastrian New Year festival) **I**:350; **III**:114; **XXIV**:96; **XXXIII**:13; **XXXIV**:108, 129, 165–66; **XXXVII**:78, 174; **XXXVIII**:19, 20, 45

Nu'aylah b. Mulayk **XVIII**:86

Nu'aym (*rāwī*) **XVI**:95

Nu'aym (*rāwī*) **XXXIX**:222

Nu'aym (*rāwī*) **XVII**:138

Abū Nu'aym (al-Faḍl b. Dukayn) **I**:175, 180; **II**:144; **VI**:157, 159; **XI**:132; **XXI**:186; **XXVI**:177; **XXVIII**:134, 143, 253–54, 291; **XXXIX**:60, 65, 70, 155, 214, 218, 230, 231, 238, 253, 254, 257, 259, 273, 277, 278

Ibn Abī Nu'aym (seal bearer for Sulaymān b. 'Abd al-Malik) **XXIV**:62

Nu'aym b. 'Abd Kulāl **IX**:74

Nu'aym b. 'Abd al-Raḥmān b. Nu'aym al-Ghāmidī **XXV**:17

Nu'aym b. 'Abdallāh al-Mujmir **XXXIX**:69

Nu'aym b. 'Amr b. 'Attāb **XII**:99

Nu'aym b. Ḥammād **I**:199; **VI**:159; **XIII**:59; **XIV**:98; **XXXIX**:218

Nu'aym b. al-Ḥārith b. al-'Ulayyah al-Bajalī **XVII**:49

Nu'aym b. Ḥāzim **XXX**:297; **XXXI**:102

Nu'aym b. Hubayrah (brother of Maṣqalah b. Hubayrah al-Shaybānī) **XVII**:194–95; **XX**:207, 208, 222

Nu'aym b. Khāzim **XXXII**:75

Nu'aym b. Mas'ūd al-Ashja'ī **VII**:166; **VIII**:23–25; **IX**:107, 168; **XIII**:115, 118

Nu'aym b. Muqarrin **XIII**:115, 118, 200, 201, 203, 209, 211, 217; **XIV**:3, 19, 21–27, 31

Nu'aym b. Salāmah **XXI**:216

Nuʿaym b. Ṣuhayb b. al-ʿUlayyah al-Bajalī **XVII**:49
Nuʿaym b. Thābit b. Nuʿaym **XXVI**:242; **XXVII**:6
Nuʿaym b. ʿUlaym al-Taghlibī **XXII**:101, 103
Nuʿaym b. al-Waḍḍāḥ **XXXI**:160
Nuʿaym b. Zayd **IX**:68
al-Nuʿaymān (Ibn al-Nuʿaymān) **XXXIX**:103
Nūbā bt. Karītā b. Kūthā **II**:127
al-Nūbah (ethnic group) **XXXIV**:141; **XXXVI**:43
SEE ALSO Nubia
al-Nūbandajān (in Fārs) **XXXVI**:185; **XXXVIII**:194
Nubātah b. Ḥanẓalah al-Kilābī **XXVI**:260; **XXVII**:16, 57, 86, 87, 88, 89, 109, 110, 111, 121, 122, 124, 126, 127
Banū Nubayh **XXXIX**:168
Nubayh b. al-Ḥajjāj **VI**:93, 141; **VII**:44, 65, 67
Nubayh b. Wahb b. ʿĀmir **VI**:26; **VII**:67
al-Nūbī the Younger. SEE Mufarraj al-Nūbī
Nubia (Nubians) **II**:11, 15, 16; **IX**:146; **XIII**:170–72, 175; **XXXI**:142
SEE ALSO al-Nūbah
Ibn Nuḍaylah *(rāwī)*. SEE ʿUbayd b. Nuḍaylah
al-Nuḍayr b. al-Ḥārith b. Kaladah b. ʿAlqamah **IX**:32
Nuḍayr b. Kinānah **VI**:31
Nudbah (mother of Khufāf b. ʿUmayr b. al-Ḥārith) **XXVI**:238
Mt. Nūdh (in India) **I**:291, 292, 295, 303, 315, 334, 340
Nūdnūd (killer of Bābak al-Khurramī) **XXXIII**:89
Nufayʿ (killer of al-Zubayr b. al-ʿAwwām) **XVI**:112
Nufayʿ (*mawlā* of al-Manṣūr) **XXIX**:236
Nufayʿ b. Dhuʾayb **XXI**:215
Nufayʿ b. Masrūḥ. SEE Abū Bakrah
Nufayl b. ʿAbd al-ʿUzzā b. Riyāḥ **VI**:18
Nufayl b. Ḥabīb al-Khathʿamī **V**:221–23, 228, 230–31, 233–34
al-Nughayl (raider on the Byzantines) **XXXVIII**:84, 90
Ibn al-Nughayl **XXXVIII**:90
Nūḥ (prophet). SEE Noah
Abū Nūḥ *(kātib)*. SEE ʿĪsā b. Ibrāhīm b. Nūḥ
Abū Nūḥ *(rāwī)* **VI**:45
Ibn Nūḥ (head of embroidery workshops) **XXX**:212
Nūḥ b. ʿAbdallāh b. Khāzim **XXII**:168; **XXIII**:99, 103–4, 108
Nūḥ b. ʿAmr b. Ḥuwayy al-Saksakī **XXVI**:152, 155
Nūḥ b. Asad **XXXIII**:185
Nūḥ b. Darrāj **XXXIX**:231
Nūḥ b. Ḥabīb al-Qūmisī **XIX**:191; **XX**:56
Nūḥ b. Qays **I**:355, 368; **XVIII**:99; **XXXIX**:125
Nūḥ b. Qays al-Ṭāḥī **VI**:159
Nūḥ b. Shaybān b. Mālik b. Mismaʿ **XXIV**:113
Abū Nuhayk b. Ziyād. SEE Abū Nahīk b. Ziyād
Ibn Abī Nuhaylah *(rāwī)* **XXVI**:72
Nujayḥ (slave of ʿUthmān b. ʿAffān) **XV**:250
Nujayḥ b. ʿAbd al-Raḥmān al-Sindī. SEE Abū Maʿshar
Nujayr (in Ḥaḍramawt), battle of **X**:183–87, 191; **XXIII**:62; **XXXIX**:89
al-Nukhayl. SEE Day of al-Nukhayl
al-Nukhaylah (between al-Kūfah and Mecca) **XI**:212, 214

al-Nukhaylah (Nukhaylah, northwest of al-Kūfah) **XVI**:197; **XVII**:5, 94, 112, 120–21, 136, 200; **XVIII**:12; **XIX**:129; **XX**:80, 86, 124, 125, 126, 129, 131; **XXI**:128, 141, 188; **XXIV**:131; **XXVI**:43, 48; **XXVII**:12, 56, 183; **XXXIV**:46; **XXXIX**:53, 86, 94
Nu'm (in al-Jazīrah). SEE Furḍat Nu'm
Nu'm (in Yemen) **V**:294
Ibn Abī Nu'm. SEE al-Ḥakam b. 'Abd al-Raḥmān b. Abī Nu'm
al-Nu'mān I (b. Imri' al-Qays II, Lakhmid ruler) **IV**:130; **V**:75, 79–81, 124–25
al-Nu'mān II (b. al-Aswad b. al-Mundhir, Lakhmid ruler) **V**:163
al-Nu'man III (b. al-Mundhir IV, Lakhmid ruler) **II**:134; **IV**:149–50; **V**:182, 237, 286, 339–47, 350–52, 354–58, 361, 370–71; **IX**:27; **X**:138; **XI**:4, 32; **XII**:20; **XIII**:26, 27, 35; **XIX**:97, 99
al-Nu'mān (nephew of Ismā'īl b. al-Nu'mān) **XXXVIII**:136, 138, 141
al-Nu'mān (prince of Dhū Ru'ayn) **IX**:74
al-Nu'mān, Abū Sarī. SEE Abū al-Sarī al-Azdī
al-Nu'mān b. al-Afqam al-Naṣrī **XV**:92
al-Nu'mān b. 'Ajlān al-Zuraqī **XVI**:42
al-Nu'mān b. 'Amr b. Muqarrin. SEE al-Nu'mān b. Muqarrin al-Muzanī
al-Nu'mān b. al-Aswad b. Sharāḥīl b. al-Jawn al-Kindī. SEE al-Nu'mān b. Abī al-Jawn al-Kindī
al-Nu'mān b. 'Awf b. Abī Jābir al-Azdī **XXI**:5
al-Nu'mān b. 'Awf b. al-Nu'mān al-Shaybānī **XI**:66, 220
al-Nu'mān b. Bashīr al-Anṣārī **VII**:9, 10; **X**:7; **XVI**:6, 169; **XVII**:198–99; **XVIII**:147, 199–200, 207, 216; **XIX**:1–2, 17–18, 23–24, 29–30, 36, 172, 199–200; **XX**:49, 56, 63; **XXVI**:149, 156; **XXXIX**:295–96
al-Nu'mān b. Buzurj **IX**:123
al-Nu'mān b. Ibrāhīm b. al-Ashtar al-Nakha'ī **XXIV**:130, 143
al-Nu'mān b. Imri' al-Qays (al-Bad') b. 'Amr b. Imri' al-Qays. SEE al-Nu'mān I
al-Nu'mān b. Abī Ja'd **XX**:205, 210
al-Nu'mān b. al-Jawn. SEE al-Nu'mān b. Abī al-Jawn al-Kindī
al-Nu'mān b. Abī al-Jawn (b. al-Jawn) al-Kindī **IX**:137; **X**:190; **XXXIX**:188–89
al-Nu'mān b. Abī Ji'āl **IX**:100
al-Nu'mān b. Mālik al-Anṣārī **VII**:109
al-Nu'mān b. al-Mundhir *(rāwī)* **IX**:125
al-Nu'mān b. al-Mundhir I b. Imri' al-Qays b. al-Shaqīqah **V**:85, 87–88, 139
al-Nu'mān b. Muqarrin al-Muzanī **VIII**:10; **X**:48, 49, 51; **XII**:30, 34, 35; **XIII**:36, 132–36, 145, 146, 179–83, 185, 187–89, 199–209, 212, 213, 216; **XIV**:5, 6, 9, 10, 12, 13, 18, 20, 44
al-Nu'mān b. Qabīṣah b. Ḥayyah al-Ṭa'ī, Abū 'Āmir **XII**:135, 136
al-Nu'mān b. Rāshid **VI**:67
al-Nu'mān b. Sa'd al-Ḥimyarī **XXII**:120
al-Nu'mān b. Sarī **XXVII**:148
al-Nu'mān b. Ṣuhbān al-Rāsibī **XVII**:190–91; **XX**:20–23; **XXI**:22
al-Nu'mān al-'Ullayṣī **XXXVIII**:137
al-Nu'mān b. 'Uthmān, Abū Ḥāzim **XXIX**:206
al-Nu'mān b. Yazīd b. 'Abd al-Malik **XXVI**:70

al-Nuʿmān b. Zurʿah al-Taghlibī **V**:359–60, 369
al-Nuʿmāniyyah (halfway between Baghdad and Wāsiṭ) **XXXVI**:23, 169, 204; **XXXVIII**:108
Numārah b. Jurwah **X**:108
Banū Numārah b. Lakhm **IV**:129, 136, 141
Numārah b. Qays b. Numārah **IV**:131
Abū Numaylah (Ṣāliḥ b. ʿAbbār) **XXVI**:29, 63–65
Numaylah b. ʿAbdallāh **VIII**:180
Numaylah b. Murrah al-ʿAbshamī **XXVIII**:227, 260–61, 272, 276, 282
Banū Numayr (Numayrīs) **XXI**:184; **XXVI**:64, 202; **XXVIII**:209; **XXXIV**:45–51; **XXXIX**:127
Ibn Numayr (*rāwī*) **XXXIX**:113
Numayr b. Kharashah b. Rabīʿah **IX**:43
Numayr al-Khuzāʿī (father of Mālik b. Numayr) **XXXIX**:145–46
Numayr b. Waʿlah al-Hamdānī al-Yanāʿī **XV**:91; **XVI**:81; **XVII**:74, 89, 135; **XIX**:9, 42, 139, 148; **XX**:193; **XXII**:191
al-Numayrī (slave) **XXXVI**:45
numbers, symbolic use of **XXVIII**:180
Numidian cranes **XXXVII**:21, 28
Nun b. Ephraim (Nūn b. Ifrāʾīm) **II**:185
Nūnah. SEE Umm al-ʿAbbās bt. Mūsā al-Hādī
nuqabāʾ. SEE *naqīb*
al-Nuqrah. SEE al-Maʿdin
Nusaybah bt. Kaʿb, Umm ʿUmārah **VI**:132
Nuṣayḥah (in a line of poetry) **XVIII**:126
al-Nusayr b. ʿAmr al-ʿIjlī **XIV**:73
al-Nusayr b. Daysam b. Thawr al-ʿIjlī. SEE al-Nusayr b. Thawr al-ʿIjlī
al-Nusayr al-ʿIjlī. SEE al-Nusayr b. Thawr al-ʿIjlī
al-Nusayr b. Thawr al-ʿIjlī **XI**:198, 205, 210; **XIII**:201, 212; **XIV**:18; **XV**:132, 256
Nuṣayr (father of Mūsā b. Nuṣayr) **XI**:55–56
Nuṣayr (*mawlā* of al-Faḍl b. ʿAbbās b. Rabīʿah) **XXIII**:16
Nuṣayr, Abū Ḥamzah **XXXVI**:111, 175, 201; **XXXVII**:14–16, 18–19, 22–23, 25, 33–34, 39–41, 44–45, 47–50, 54, 59, 71, 96, 99
al-Nuṣayr b. al-Ḥārith b. Kaladah. SEE al-Nuḍayr b. al-Ḥārith b. Kaladah b. ʿAlqamah
Nuṣayr b. al-Khaṭṭāb **XXXI**:121
Nuṣayr b. al-Muḥtafiz **XXVII**:162
Nuṣayr al-Waṣīf (*khādim* of al-Mahdī) **XXIX**:172, 173, 255; **XXX**:4–5, 8; **XXXII**:66
al-Nūshajān **XV**:92
Nūsharā b. Ṭājibak **XXXV**:146, 155
al-Nūsharī **XXXVI**:23, 24, 71, 90
SEE ALSO ʿĪsā al-Nūsharī
Banū Nutaylah **XXVIII**:98, 132; **XXXIX**:246
Nutaylah bt. Janāb b. Kulayb **XXXIX**:24, 246
nuts. SEE *nithār*
Abū Nuwās (al-Ḥasan b. Hāniʾ) **II**:1; **IV**:7; **XXX**:226, 254, 334; **XXXI**:226–28, 233–42, 248–50

O

oath of allegiance (*bayʿah*) **XVII**:99, 179, 192; **XVIII**:141; **XXI**:55, 59–60, 87, 89, 110, 141, 209; **XXII**:43; **XXXV**:108
to ʿAbd al-Malik b. Marwān **XXI**:186, 188–89, 199, 232
to ʿAbdallāh b. ʿAmr b. al-Ḥaḍramī **XVII**:168

oath of allegiance (continued)
to ʿAlī b. Abī Ṭālib **XVI**:1–7, 9, 11–15, 168; **XVII**:25, 85, 100, 208
of ʿAmr b. al-ʿĀṣ **VIII**:145
to Abū Bakr **IX**:184–201
bayʿat al-riḍwān (Pledge of Riḍwān, Pledge of Good Pleasure, Day of the Tree) **VIII**:70, 82–84; **IX**:11; **XII**:21
to al-Ḥasan b. ʿAlī b. Abī Ṭālib **XVII**:218; **XVIII**:2, 3
to al-Manṣūr **XXVIII**:1
to Muʿāwiyah b. Abī Sufyān **XVI**:191–95; **XVII**:31, 36, 148, 207; **XVIII**:5, 6
to al-Mustaʿīn **XXXV**:2
of the Negus of Abyssinia to Prophet Muḥammad **VIII**:109
to Prophet Muḥammad **VIII**:38, 175, 176, 181–84
SEE ALSO al-ʿAqabah
to Qaṭarī b. al-Fujāʾah **XXI**:133
to ʿUthmān b. ʿAffān **XIV**:154, 160; **XV**:1–3
of women **VI**:126–27; **VIII**:38, 182–84
to Yazīd b. Muʿāwiyah b. Abī Sufyān **XVIII**:208; **XIX**:1
to Zayd b. ʿAlī b. al-Ḥusayn b. ʿAlī b. Abī Ṭalib **XXVI**:22–23
oaths and pledges
of allegiance. SEE oath of allegiance
of al-ʿAqabah. SEE al-ʿAqabah
breaking of **XX**:184–85; **XXX**:96
collective oath *(qasāmah)* **XV**:46–47
of divorcing one's wife **XXI**:63; **XXVI**:128; **XXVIII**:140; **XXIX**:24, 186; **XXXII**:242; **XXXVI**:37
oaths and pledges (continued)
of freeing slaves **XVI**:116–17, 126; **XXV**:106–7; **XXVI**:11; **XXIX**:24, 186
mendacious oath *(al-yamīn al-ghamūs)* **XXX**:123
sacrificial oath **VI**:1–2
of women **VI**:126–27; **VIII**:38, 182–84
oboe. SEE *sūrnāy*
oceans, created by God **I**:235
ode. SEE *qaṣīdah*
offensive behavior **XXXV**:61
offensive food **XXXIV**:91–92
offices. SEE entries beginning with Dīwān
official documents. SEE writing and written documents
official rank *(martabah)*. SEE *aṣḥāb al-marātib*
offspring. SEE children
Og (ʿĀj, b. Anak, giant) **I**:361; **III**:81, 83, 84
oil burning, in warfare **XXXV**:151
oil-sellers' quarter. SEE al-Zayyātūn
ointment *(wars)* **XXI**:33
Old Bridge. SEE al-Qanṭarah al-ʿAtīqah
olibanum **XXX**:310
olive trees, tax on **V**:258
Mt. of Olives (east of Jerusalem) **I**:294
omens
crows cawing **XVIII**:77
good omens **XX**:143, 167; **XXIII**:170; **XXVI**:261; **XXVII**:162
ill omens **VII**:41; **XII**:35, 47–48; **XVII**:7; **XVIII**:77; **XX**:185; **XXII**:68, 108; **XXIII**:93; **XXV**:143, 189; **XXVII**:112; **XXVIII**:271; **XXX**:226
neighing of horses **XXIII**:93
rain clouds **XXVIII**:212
of Ṣafar **XXVIII**:212

omens (continued)
sandals in **VI:** 135–36; **XII:** 34, 35
SEE ALSO divining arrows; ornithomancy
Omri (father of Athaliah) **IV:**35
onions **XXXII:** 254
Ooryphas (Byzantine naval commander) **XXXIV:**124
opening formula, in official documents **VI:**114; **XXX:** 166
oratory. SEE *al-muṣallā*
orchards. SEE entries beginning with Bustān; Day of the Orchard; gardens
ornithomancy (*ʿiyāfah*) **V:**331; **XII:**47–48; **XV:**225–26; **XXII:**67; **XXIII:**22, 170, 205; **XXIV:**8; **XXXVII:**176
orphans **XXVII:**153; **XXXIX:**157
OÚshahanj b. Eber b. Shelah (Fēshdādh) **I:**326, 327, 341, 342, 344, 345
Ostahan (brother of Fīrān) **IV:** 12
ostriches **XVIII:** 109
Othniel b. Kenaz **III:** 127
outhouse. SEE privies
outlaw. SEE *khalīʿ*
oven, Adam's **I:**297, 356, 363–64
owl, as spirit of the non-avenged **XXI:**162
Oxus (Amū Daryā, Balkh, Jayḥūn, river) **III:** 24, 117; **XIV:**54; **XVIII:** 69, 164; **XIX:** 187–88; **XXII:**175, 188; **XXIII:**29, 90, 99, 186; **XXIV:**15, 158, 193; **XXV:**10, 11, 13, 20, 21, 30, 46, 50, 53, 71, 85, 105, 121; **XXVI:** 62–63, 78, 117–18, 209, 221; **XXVII:**71, 105, 197, 205; **XXXI:**24; **XXXVI:** 165; **XXXVIII:**84

P

pact. SEE *ʿahd*
Pact, Lesser Pilgrimage of. SEE *ʿumrat al-qaḍāʾ*
paganism. SEE polytheists and polytheism
Pakoros (Afqūrshāh) b. Balāsh **IV:**101
palaces. SEE entries beginning with Dār, Qaṣr
palanquins (*ṣanādīq*) **XII:**82
palate. SEE *taḥnīk* ritual
Palestine (al-Shaʾm) **IV:**24, 41, 45–46, 48, 52–53, 61, 64, 103, 105, 108–9, 116–17, 127
Palestine (Filasṭīn) **II:**65, 66, 112, 128, 136, 167, 169, 180; **III:** 128; **IV:**45–46, 98–99, 125–26, 173; **V:**318; **VI:** 16; **VIII:**107; **IX:**163; **X:**34, 97; **XI:**73, 80, 84, 87, 107, 108, 126, 160–65; **XII:**187, 190–92, 203; **XIII:** 87, 106; **XIV:**15; **XV:**73–74, 171, 176, 199, 255; **XVI:** 175; **XVII:** 152, 160; **XVIII:** 221; **XX:** 49, 50, 56, 64, 160; **XXI:**216, 217, 229; **XXIII:**84, 159; **XXV:**144; **XXVI:** 189–93, 241; **XXVII:**3, 6, 170, 171, 172, 198, 204, 208; **XXIX:**142, 215; **XXX:**141; **XXXI:**107; **XXXII:** 199, 223; **XXXIII:**202, 206; **XXXIV:**97; **XXXV:**13; **XXXIX:** 305
SEE ALSO al-Urdunn
Palm Sunday (Yawm al-Shaʿānīn) **XXXIV:**91, 129, 153; **XXXVI:**172; **XXXVII:**78
palms. SEE date palm trees
Palmyra. SEE Tadmur
Palmyra Road **XXXVIII:**114
Paradise (*al-jannah*, the Garden) **I:**250–51, 254, 275–85; **III:**50, 60, 66, 146; **VIII:**26, 46, 125, 126; **X:**13, 16, 17, 63; **XII:**32, 50, 67, 87, 102, 164; **XVIII:** 68, 195, 203, 214; **XXX:**110
SEE ALSO Eden
paralytic stroke. SEE apoplexy

parasol (*mushammas, shamsah,* symbol of royal authority) **XXXIII**:31; **XXXV**:42; **XXXVIII**:177, 179
parental obedience, Prophet Muḥammad on **XXXIX**:200
paring of nails **II**:99, 100; **XVIII**:212
parks. SEE pleasure parks
partisans. SEE entries beginning with *shīʿat*
Passover **XXXIV**:153
pasture
  created by God **I**:216
  reserved pasture *(maḥjar, ḥimā)* **X**:51, 180–83; **XV**:156, 167
    SEE ALSO *ḥimā*
patricius (patrikios). SEE *baṭrīq*
Paul (apostle) **IV**:123, 126
Paykand. SEE Baykand
payments. SEE military payments and allowances
peace treaty, of Damascus **XII**:177
peaches *(durrāq)* **XXVI**:77
Peacock Army **XXII**:194
peacocks **XXIII**:177
pearl(s)
  al-Kaʿbah as a pearl **I**:301–2
  of Lote Tree **VI**:79
  in man's ears **XIX**:155
  as part of estates **XXXV**:7
  of the Umayyads **XXXIX**:245
pears **XXV**:169
Pegasus (al-Naʿāʾim, constellation) **XII**:47, 62
Peleg b. Eber (Fāligh b. ʿĀbir) **II**:15, 16, 20, 22
pen *(qalam),* as first created thing **I**:198–203, 218, 219
penalties. SEE punishment
penis
  in cursing **XX**:223
  dyeing, in fornication **XXIII**:65
  as spoils of war **XV**:42–43
Penitents. SEE al-Tawwābūn
pennants. SEE banners
pensions. SEE military payments and allowances
People of the Book. SEE Ahl al-Kitāb
People of the Desert. SEE Bedouins
People of the Gospel. SEE Christians
People of the Household. SEE Ahl al-Bayt
perfume commanders **XXXI**:130–32
perfumers **XXX**:321; **XXXI**:178
perfumes **XXVI**:103; **XXVIII**:135
  civet **XXXIX**:179
  funerary perfumes (*ḥunūṭ*) **XXI**:103; **XXXV**:132
  ghāliyah **XXIII**:226; **XXX**:310–11; **XXXI**:130; **XXXIII**:175
  as gifts **XXX**:310–11; **XXXV**:27; **XXXVIII**:77; **XXXIX**:179
  for al-Kaʿbah **XXIX**:194; **XXXII**:38
  khālūq **XXIX**:194
  in mosques **XXXIX**:203
  origin of **I**:296–97
  preparation for death, anointing oneself in **XIV**:79; **XIX**:121; **XXI**:103; **XXV**:52; **XXXIV**:31
  tighār (urn for perfumes) **XXX**:321
  use by men **XX**:69; **XXIV**:118; **XXV**:14; **XXIX**:144; **XXX**:321
Pērōz. SEE Fayrūz
Persia (Persians, Iran, Iranians) **I**:318, 319, 325, 326, 341, 342, 344, 345, 348, 369, 371; **II**:2, 3, 5–7, 9, 14, 16, 17, 23–25, 48, 49, 58, 109, 133, 134; **III**:1, 3, 19, 22, 24, 29, 98, 111, 112–17; **IV**:5, 27, 43, 76–77, 82, 85–86, 89, 92–93, 95–96, 98–100, 102, 124–25, 129, 149, 151; **VIII**:100–101, 111–12, 114; **IX**:27, 123, 143, 144, 145; **XI**:2, 5–7, 10–11, 12–15, 17, 20–23, 22, 27, 31, 35–36, 39, 43–45, 47–50, 53–54, 60, 62, 67, 70, 117–22, 173, 177–78, 180–82, 184–85, 186–92, 193, 194–95, 200, 203–8, 211–13, 214,

Persia (continued) **XI**:221–24, 222–23; **XII**:6, 7, 15, 18, 20, 21, 24–27, 29–31, 32–34, 36, 40, 42–44, 46, 50, 53, 54–56, 57–60, 62–66, 69, 70, 74, 76, 81, 82, 84, 86, 88, 89, 91–95, 98, 99–106, 108–17, 119–26, 128–32, 135, 136, 138–40, 142, 147, 148, 149, 152, 154–56, 161, 162, 164, 166, 168, 171, 196; **XIII**:3–7, 8–12, 14–23, 25–30, 37–44, 46–47, 49–53, 62, 72, 75, 85, 96, 101, 114–19, 127–29, 134–53, 140–45, 164, 170, 180–82, 184–88, 190, 192–94, 196, 198, 200–206, 208–11, 215–16; **XIV**:1, 18, 22, 23, 37, 51, 52, 59, 60, 62, 91; **XV**:81, 102–3, 117, 208; **XVI**:175; **XVIII**:6, 12, 14, 20, 22, 82, 112, 163, 203, 206; **XIX**:74, 75, 79, 169, 185, 188; **XXI**:13, 33, 38, 91, 116, 176; **XXII**:10; **XXIII**:165; **XXV**:61, 128, 137, 138, 139, 151, 168; **XXVI**:43, 150; **XXVIII**:50; **XXXI**:86, 96, 193, 217, 222; **XXXIV**:182; **XXXV**:145; **XXXIX**:108
  SEE ALSO Ayyām Fāris; Sasanians
Persia, Sea of **XXXI**:102
Persian bracelets **XIII**:5, 6
Persian date palms, tax on **V**:258
Persian emperors **I**:344–45, 348–52
  chronology principles of **VI**:158
  kay (royal title) **II**:25
  Nawfal b. ʿAbd Manāf's treaty with **VI**:16
  qualities of Persian kingship *(al-kayiyyah)* **V**:41–42
  SEE ALSO Kisra; specific names, e.g. Yazdajird
Persian genealogists **I**:341–42
Persian language **II**:13; **XXXI**:188, 190, 192–93, 222
Persian national consciousness **XXXIII**:189
Persian new year. SEE Nowrūz
Persian royal flag (Dirafsh-e Kābyān, Drafsh-i Kayvān) **II**:7; **IV**:11, 74; **V**:308; **XI**:188; **XII**:124, 130
Persian solar calendar
  Ābān (day) **III**:114
  Ābānmāh (month) **III**:114
  Daybadīn (day) **V**:403
  Isfandārmadh (month) **V**:403
  Māh Mihr (month) **II**:5, 27
  Tīr-Māh (month) **XXXIII**:142
Pertinax (Roman emperor) **IV**:126
pestilence. SEE plague
Peter (apostle) **IV**:123, 126
  SEE ALSO Simon (Shamʿūn)
petitions and complaints. SEE *maẓālim* court
Pharaoh (Firʿawn) **II**:1, 2, 13, 14, 16, 62, 64, 111, 154, 158, 165, 182, 184; **III**:10, 17, 31, 32, 33, 34, 35, 36, 37, 38, 39, 40, 41, 42, 43, 49, 51, 52, 53, 54, 55, 56, 57, 58, 59, 60, 61, 62, 63, 64, 65, 66, 67, 68, 69, 70, 71, 72, 75, 110, 117; **IV**:23, 31; **VII**:26; **VIII**:145; **XXI**:78, 84; **XXIII**:6, 46; **XXV**:40; **XXVII**:165, 174; **XXVIII**:152, 167; **XXX**:135–36, 234–35; **XXXIII**:189–90; **XXXVIII**:162
  wife of **III**:35, 39, 40, 41
Pharaonite (al-Firʿawnī) **III**:41, 42, 43
Pharos of Alexandria **XXX**:163
Philip (apostle) **IV**:123
Philip (brother of King Herod) **IV**:108
Philip (Roman emperor) **IV**:126
Philip of Macedon **IV**:89, 92–93
Phineas b. Eleazer **III**:93
phlebotomy. SEE bloodletting and cupping
Phocas (Fūqā, Byzantine emperor) **IV**:127; **V**:317, 319

physicians **XI**:129; **XXII**:65; **XXVI**:47; **XXIX**:88; **XXX**:313–14; **XXXV**:133; **XXXVI**:145; **XXXVIII**:123; **XXXIX**:29
physiognomy *(firāsah, qiyāfah)* **XXII**:67; **XXXII**:161–63
piety. SEE zuhd
pigeon post **XXXVIII**:174
pigeons
 first person to use pigeons **II**:26
 of al-Ḥaram **XX**:2
 in omens **XV**:225–26
 wild pigeons **X**:73
 SEE ALSO dove
Pilate. SEE Pontius Pilate
pilgrimage
 Farewell Pilgrimage. SEE Farewell Pilgrimage
 Greater Pilgrimage. SEE *ḥajj*
 to Jerusalem **XXXVII**:174
 Lesser Pilgrimage. SEE *ʿumrah*
Pisces (constellation) **XII**:47, 62
Pishon. SEE Fayshān
Place for Standing. SEE *wuqūf*
plague **X**:16; **XVIII**:167–68; **XXIII**:31; **XXVI**:80–81; **XXVII**:10, 166; **XXIX**:169; **XXXIX**:244
 in Ādharbayjān **XXXVIII**:94
 of ʿAmwās **XII**:200; **XIII**:96–100, 151, 159
 of ants **VI**:53
 in Baghdad **XXIX**:238; **XXXVIII**:199, 202
 in al-Baṣrah **XX**:46, 163–64; **XXII**:188; **XXVII**:121; **XXIX**:238; **XXXV**:114
 in Egypt **XIII**:94
 in Iraq **XIII**:94–96; **XXV**:102
 among Israelites **III**:93, 119–20, 121, 150
 among Japheth's descendants **II**:19
 in al-Kūfah **XVIII**:95
 in Marw al-Rudh **XXIII**:87
 in Mecca **XXX**:110
plague (continued)
 in Syria **XIII**:92–96; **XXII**:182; **XXV**:25, 100, 102; **XXVI**:137, 142, 150
 in Wāsiṭ **XXV**:98, 102
planets. SEE stars and planets
plants (including herbs and trees)
 acacia tree **I**:277; **II**:73; **IX**:11
 aloe **IV**:79; **XXXI**:143; **XXXV**:19; **XXXVII**:72; **XXXIX**:179
 althea *(khiṭmī)* **XXIII**:81
 arāk (tree from which toothpicks are made) **IX**:126
 ʿarfaj **XVI**:128
 banana trees **XXIX**:121
 barley **V**:258; **XVIII**:51; **XX**:4
 basil **XVIII**:196
 beets **XXXIX**:206
 boxthorn (*ʿawsaj, Lycium* sp.) **III**:50, 51; **XXI**:149
 carob *(kharrūb, khurnūb)* **III**:172–74; **XXIV**:18
 carrots **XVIII**:51
 chickpeas **XXI**:72
 citron **II**:159
 clover **V**:258
 colocynth **V**:235; **XXXII**:149
 cotton plantation *(maʿṭabah)* **XXVIII**:70
 cucumbers **XXXIII**:54
 cutting of trees, for construction **I**:341
 date palm. SEE date palm trees
 Day of the Tree. SEE Pledge of Good Pleasure
 Dhāt al-Sāq **VII**:13
 eternity, tree of **I**:275–81
 fig leaves **I**:299
 first tree, planted by God **III**:50
 flax **XXXIV**:126
 garlic **XXXII**:254
 ghāf trees **XXI**:149
 hazelwood bow **XXVIII**:258
 jujube tree **XX**:180
 jummān **XII**:108

plants (continued)
katam (herb for hair dyeing) **IX**:160, 161; **XI**:139
leeks **XXIX**:249
lote tree *(sidr, sidrah)* **I**:333; **IX**:22
Lote Tree of the Utmost Boundary (Sidrat al-Muntahā) **VI**:79; **IX**:173
myrtle **I**:197
*nab*ʿ (hardwood tree of which bows are made) **IX**:154; **XXI**:149
narcissus **XXXIII**:35
Noah's ark, tree for construction of **I**:355
olive trees, tax on **V**:258
onions **XXXII**:254
Paradise, trees of **I**:296
qalāsim trees **XIV**:23
rue *(ḥarmal)* **V**:235; **VII**:135
rughl **XII**:108
sacred trees **IX**:11
safflower **XIII**:105
salamah tree **XXIV**:11
senna *(qilqil)* **XXIV**:10
shawḥaṭ (hardwood tree of which bows are made) **IX**:120, 154
shīz wood **XXXIII**:12
ṣilliyān plant **XXIV**:11
southernwood (*Artemisia* sp.) **XXIV**:10
swallow-wort **V**:235
tamarisk **II**:19
thaghāmah (mountain plant, known for its whiteness) **XXI**:149
tragacanth bush **XXX**:53
trefoil **V**:258
ʿ*ushar* (*Asclepias* sp.) **II**:19; **VIII**:118; **XII**:171
wheat **I**:298; **V**:258; **XXXIX**:225
woad, as dyestuff **XIX**:160

plants (continued)
wormwood (*Artemisia* sp.) **XXIV**:10
SEE ALSO fruit
platoon commander. SEE *ʿarīf*
pleasure parks **XXIX**:227
Pledge of Good Pleasure (*bayʿat al-riḍwān*, Pledge of Riḍwān, Day of the Tree) **VIII**:70, 82–84; **IX**:11; **XII**:21
SEE ALSO oaths and pledges
Pleiades **XVII**:83; **XVIII**:107
pleurisy *(dhāt al-janb, shawkah)* **VII**:6; **IX**:178; **XIX**:71; **XXIII**:31
plums *(ijjāṣ)* **XXXIII**:196
plunder, justification of **XXXVI**:22
podagra **XXXVIII**:201
Podandos. SEE al-Budandūn
poetry
pre-Islamic poetry, attitudes to **XXXIX**:84
Prophet Muḥammad's self-perception as poet **VI**:71–72
qaṣīdah (ode) **XVIII**:110, 111, 119, 202, 205; **XXI**:147, 149
rajaz (poetic meter) **VIII**:9, 45, 118, 141, 155, 178; **IX**:12; **XI**:95; **XII**:102, 116; **XVIII**:177; **XXI**:80, 128, 229
rajaz poets **XI**:67, 106; **XII**:122; **XXIII**:28
satire *(hijāʾ)* **VIII**:179
sponsorship of **XXIX**:109–11; **XXX**:116, 119, 306–8
transmitters of **XXXIX**:253
poison **XVII**:145, 214, 218, 223; **XXIII**:94
poisoning techniques **VIII**:123–24; **XXIV**:184; **XXXIV**:221
police
aḥdāth. SEE *aḥdāth*
ḥaras. SEE *ḥaras*
Majlis al-Shurṭah (Police Headquarters, in Baghdad) **XXXV**:128

police (continued)
ma'ūnah. SEE ma'ūnah
shurṭah. SEE shurṭah
poll tax. SEE jawālī; jizyah
polo (al-ṣawālajah) **XXIX**:212; **XXXI**:18; **XXXIII**:213; **XXXVI**:88
polytheists and polytheism **VIII**:17, 40, 41, 45, 79–81, 87, 89, 92, 97, 115, 134, 137, 164, 178, 179; **XVII**:32, 113, 127, 186; **XXI**:200
Prophet Muḥammad and **VI**:46–47
SEE ALSO idols; al-Jāhiliyyah
pomegranates **X**:37; **XXVI**:177
Pontius Pilate **IV**:125
pontoon bridge (jisr) **XIII**:3, 4; **XXXVII**:30, 35, 38, 61, 85–86
SEE ALSO entries beginning with Jisr
ports. SEE entries beginning with Furḍah
postal and intelligence service (barīd) **IV**:87; **V**:50, 328; **XII**:155, 185; **XV**:28; **XVIII**:118, 163; **XXII**:109, 180, 193; **XXVII**:162; **XXVIII**:105; **XXIX**:234; **XXX**:5, 8, 28, 56, 59, 267; **XXXI**:2, 23, 28, 48, 55–56, 96, 192; **XXXII**:132, 224; **XXXIII**:8; **XXXIV**:141; **XXXV**:6, 39, 124; **XXXVI**:129. SEE ALSO kharīṭah; news blockade; pigeon post; Ṣāḥib al-Barīd; secret messages; sikkat al-barīd
Potiphar (Qiṭṭīn, Qaṭafīr, Iṭfīr b. Rawhīb) **II**:153, 155–57, 164, 165, 184
poverty. SEE destitute and poor
prayer garments **IX**:86
prayer ritual (ṣalāt) **VI**:77–78, 79–80; **IX**:86–87; **X**:7, 10, 24, 32–34, 39, 40, 45, 69, 93, 101–3, 142, 150, 158; **XIII**:21, 23, 30, 31, 36, 41, 72, 112, 128, 147, 152, 156, 157, 176, 181, 182, 187, 188, 192; **XVII**:71, 99, 102, 104, 110, 126, 172,

prayer ritual (continued) **XVII**:176–77, 208–9, 215–19; **XVIII**:126, 146; **XXIII**:129, 217; **XXXIX**:109, 120, 121, 129, 135, 146, 198, 200, 223, 232, 247, 280, 290
'Abbāsid prayer **XXVII**:66–67
ablution (ghusl) **VI**:77–78; **IX**:86, 87; **X**:142; **XXXIX**:198
afternoon (midafternoon) prayer (ṣalāt al-'aṣr) **VIII**:28, 29, 140; **XXXIX**:120, 121
alteration of **X**:95; **XXIII**:36
bowing. SEE prostration
of breaking the fast of Ramaḍān (ṣalāt al-fiṭr) **XXXVI**:37
at burial **XXXIX**:11, 20, 21, 22, 25, 26, 27, 47, 59, 97, 136, 161, 164, 167, 168, 173, 174, 176, 184, 195, 221, 226, 263, 268
call to prayer (adhān). SEE call to prayer
congregational prayer. SEE Friday prayer ritual
deliberate neglect of **XXXIX**:200
direction of prayer. SEE qiblah
of dying (ṣalāt al-mawt) **XXXII**:226
evening prayer (ṣalāt al-'atamah, ṣalāt al-'ishā') **VIII**:29; **XX**:113, 125; **XXXIX**:71, 120
of fear (ṣalāt al-khawf) **VII**:161, 162, 163; **XI**:97; **XIX**:144
forgetting to pray **VIII**:125
Friday prayer ritual **VII**:1–4, 108; **XIII**:23, 31, 204; **XV**:70; **XXV**:36; **XXVIII**:7
heat, noon prayer and **XXXIX**:109
īmā' prayer (by gesture only) **XVII**:75
imām. SEE imām
on journeys **VIII**:192
middle prayer (al-ṣalāt al-wusṭā) **XXXIX**:280

prayer ritual (continued)
missing a prayer **XXXIX**:120
morning (dawn) prayer (*ṣalāt al-fajr, ṣalāt al-ṣubḥ*) **VIII**:32, 97, 125; **XVII**:35, 36; **XXXIX**:14, 113, 114, 120, 125
Musaylimah b. Ḥabīb's alterations **X**:95
noon (midday) prayer (*ṣalāt al-ẓuhr*) **IX**:171; **XXXIX**:109
place for collective prayer (oratory). SEE *al-muṣallā*
of Qarmaṭians **XXXVII**:170, 171, 174
rain-seeking prayer (*ṣalāt al-istisqā'*) **VIII**:95; **XIII**:156–57; **XIV**:40; **XXVIII**:175
rak'ah (unit of prayer). SEE *rak'ah*
Ramaḍān prayers **XIV**:114–15; **XXXVI**:37
sajdah (bowing, prostration) **XXXIX**:121, 153
second call to prayer. SEE call to prayer
shortening of **VIII**:192
taghlīs (performance of daybreak prayer while it is still dark) **XVII**:35, 36
takbīr (utterance of Muslim slogan 'God is great') **IX**:132; **XXII**:18; **XXIII**:95; **XXIV**:57, 58; **XXXVIII**:4
'Uthmān's alterations **XV**:38–40, 70
of victory **XI**:38
prayer rug, sultan's. SEE *muṣallā*
pre-Islamic era. SEE al-Jāhiliyyah
pre-Islamic poetry, attitudes to **XXXIX**:84
precedence. SEE *sābiqah*
precious stones
chrysolites (*zabarjad*) **VI**:79
emeralds **XXXVI**:9
grape-stone (*'ajam*) **XXII**: 17
ruby (*yāqūt*) **I**:293, 301–2; **VI**:79; **XXVI**:82; **XXXV**:115; **XXXVI**:9
Solomon given the test of piercing a gem **III**:159–60
SEE ALSO jewels and jewelry
predestination. SEE *al-qadar*; al-Qadariyyah
prefatory formula, in official documents **VI**:114; **XXX**:166
preserved fruit **XXIII**:220
prisoner exchange **XXXIV**:38–43, 137–40, 156, 168–70
SEE ALSO captives
prisons
'Ārim (Zayd 'Ārim's prison, in Medina) **XIX**:14, 16
of Baghdad **XXXVI**:16–18; **XXXVIII**:81
of al-Baṣrah **XXXVIII**:111
al-Maṭbaq (al-Muṭbaq, in Baghdad) **XXVIII**:228; **XXIX**:197, 217, 230; **XXX**:41, 204; **XXXIV**:37, 106, 111, 164; **XXXV**:154; **XXXVI**:16–18; **XXXVII**:150, 167
al-Maṭbaq (in Sāmarrā?) **XXXIII**:206; **XXXVI**:87
of al-Mu'taḍid (in Baghdad) **XXXVIII**:25, 66, 103
New Prison (in Baghdad) **XXXVIII**:10, 13, 108, 150, 170
of al-Sharqiyyah (in Baghdad) **XXIX**:6
women's prisons **XXXV**:97
Private Palace. SEE Dār al-Khāṣṣah
private parts. SEE genitals
privies **VIII**:60; **XIII**:31
privy seal **XXXV**:25, 39, 105
Probus (Roman emperor) **IV**:127
progeny, Adam's **I**:304–7, 328
prognostications
al-Malāḥim (books of prognostications) **XXXIV**:183

prognostications (continued)
ornithomancy. SEE ornithomancy
use of initials of names **XXVII**:15
prognosticators (*ḥuzāt*) **V**:331
prolixity, in writing **XIX**:63
promissory notes (*safātij*) **XXXVI**:8
property
inalienable property (*ḥabīs, waqf*) **XIII**:49; **XXXIV**:188
land properties. SEE land properties
proportion of property left for heirs **X**:136
'Uthmān's policy on exchange of **XV**:60
prophecies
associated with Baghdad **XXVIII**:239
SEE ALSO *Kitāb al-Dawlah*
Prophet Muḥammad. SEE Muḥammad
prophethood
of Adam **I**:323–24
burdens of **XXXVI**:146
of Muḥammad. SEE prophethood, Muḥammad's
prophethood, Muḥammad's
acknowledged by Baḥīrā **VI**:44–46
age at commencement **VI**:60–61, 153–56, 162; **IX**:206–8
day of commencement **VI**:62
first people to believe in. SEE first Muslims
miracles (*āyāt*) **VI**:90; **VII**:100–101; **VIII**:73–74; **IX**:53–54, 60; **X**:110–11; **XXXIX**:139–40, 143–44, 303
night journey (*mi'rāj*) **VI**:78–80
predictions **VI**:64–66
proofs of **VI**:66–67
public preaching, beginning of **VI**:88–92
prophethood, Muḥammad's (continued)
seal of prophethood **VI**:45, 46, 64, 66, 75; **IX**:159–60; **XXXVIII**:50
signs of **VI**:63–64
visions **VI**:67–76
prophets
Biblical. SEE specific names, e.g. Jonah
false prophets. SEE al-Aswad al-'Ansī; Musaylimah b. Ḥabīb; Ṭulayḥah b. Khuwaylid al-Asadī
Muḥammad. SEE Muḥammad
proportional tax (*muqāsamah*) **XXXII**:97–98
prosecutor (*munāẓir*) **XXXIII**:186
prostitutes (*banāt al-balad*) **XXV**:112; **XXXI**:160
prostration, in prayer ritual. SEE *rak'ah; sajdah*
protected area. SEE *ḥimā*
protected people. SEE *ahl al-dhimmah*
protection
of guest. SEE *jār; jiwār; mujāwarah*
pact of protection (*dhimmah*) **XV**:6
SEE ALSO *ahl al-dhimmah*
safe-conduct guarantee (*amān*) **XII**:25, 68, 191; **XXVIII**:11, 56, 169; **XXX**:125; **XXXIX**:17–18, 45
protection money (*khifārah*) **XXXII**:58
protégé. SEE *jār*
Proto-Arabs (*al-'āribah al-ūlā*) **IV**:132, 133, 139, 148
SEE ALSO Arabs; *'āribah* Arabs
proverbs, collection of **XXIX**:256
provisions
dates as **XIII**:118–19
depots. SEE Dār al-Rizq; Madīnat al-Rizq

provisions (continued)
for fighting men *(rizq, razqa, arzāq)* **XVII**:211, 213; **XXXIII**:62; **XXXV**:5, 10, 28, 35, 36, 43, 77, 83, 97, 98, 125, 126, 146, 162, 163; **XXXVI**:70, 81, 82, 85
Psalms (al-Zabūr) **II**:130; **III**:143; **V**:175; **XII**:84
Ptolemies of Egypt (al-Mufqānīs) **IV**:95
pubic hair
depilatory for **XXI**:107; **XXXIII**:188
shaving, as ritual purification **II**:99, 100
Public Audience Hall. SEE Dār al-ʿĀmmah
public display
burning of corpses **XXXIV**:147
of the hanged **XXXVII**:152
of severed limbs **XXXVII**:156
Public Gate. SEE Bāb al-ʿĀmmah
public order. SEE Ṣāḥib al-Rabʿ
Public Palace. SEE Dār al-ʿĀmmah
public treasury. SEE treasury
pulpit. SEE *minbar*
punishment
flogging and shaving heads **VIII**:63; **XV**:54–55; **XXIII**:200; **XXIV**:4; **XXV**:37; **XXXVI**:123; **XXXIX**:228
ḥadd punishment **VIII**:63; **IX**:191; **XIII**:152; **XV**:51, 150, 155, 243; **XVIII**:46; **XXII**:34, 132; **XXIV**:107, 187; **XXX**:260, 282; **XXXII**:115; **XXXIV**:136
hair plucking **XVI**:68
laxatives used for **XVIII**:203–4
mutilation **II**:3; **X**:191–92; **XVII**:153, 154, 155, 222
stoning, for adultery *(zinā)* **III**:105; **IX**:190–91; **X**:104
SEE ALSO public display
punitive measures, in tax collection **XXX**:173
purity, ritual. SEE ritual purity and purification
purse of money. SEE *badrah*
Pūshang. SEE Būshanj
pustules **VII**:69
Put b. Ham (Qūṭ b. Ḥām) **II**:11, 16

Q

qabāʾ (sleeved close-fitting coat) **XV**:97; **XX**:33, 199, 214; **XXXII**:62, 95; **XXXIII**:87; **XXXIV**:84
qabālah contract **XXVI**:57; **XXXVI**:79
qabāṭāq (kind of gown) **XXXIII**:126
Qabāth (Qubath) b. Ashyam al-Kinānī al-Laythī **V**:268–69; **XI**:93–94, 106–7; **XV**:214
qabāṭī (fine cotton clothes) **XIV**:125
Qabīḥah (mother of al-Muʿtazz) **XXXIV**:175; **XXXV**:114, 161, 162, 165; **XXXVI**:6–8, 24, 25, 73–75, 189
Ibn Qabīḥah. SEE al-Muʿtazz
Qābīl b. Ādam. SEE Cain b. Adam
Qābīn b. Ādam. SEE Cain b. Adam
Qabīṣah (of Banū Rawāḥah of ʿAbs) **XVI**:30
Abū Qabīṣah. SEE Marwān b. al-Muhallab
Qabīṣah b. ʿAbd al-Raḥmān al-Quḥāfī al-Khathʿamī **XX**:99; **XXII**:33, 44, 136, 143
Qabīṣah b. al-Dammūn **XVIII**:33–34, 43–44
Qabīṣah b. Dhuʾayb b. Ḥalḥalah al-Khuzāʿī, Abū Isḥāq **VI**:1; **XVIII**:101–2; **XXI**:159, 215; **XXIII**:108–9, 181; **XXXIX**:317
Qabīṣah b. Ḍubayʿah b. Ḥarmalah al-ʿAbsī **XIII**:191, 192; **XVII**:131; **XVIII**:138, 143–44, 149, 151
Qabīṣah b. Hulb **XXXIX**:302

Qabīṣah b. Iyās b. Ḥayyah al-Ṭā'ī **XI**:4; **XII**:135
Qabīṣah b. Jābir al-Asadī **XII**:145; **XVIII**:225
Qabīṣah b. Marwān **XX**:18
Qabīṣah b. al-Mukhāriq **XXXIX**:297
Qabīṣah b. Wāliq al-Taghlibī **XXII**:97, 101, 103
al-Qabj (al-Qabq). SEE Caucasus Mountains
Qabj Khātūn (wife of king of Bukhārā) **XVIII**:178
Qabr al-'Ibādī (toponym) **XIII**:75
Qābūs. SEE Kayqāwus b. Kayabiwah b. Kayqubādh
Abū Qābūs. SEE al-Nu'man III
Abū Qābūs (officer of Ṭāhir b. Muḥammad b. 'Amr b. al-Layth al-Ṣaffār) **XXXVIII**:156, 157
Qābūs b. al-Mundhir III the Elder **V**:341, 370–71
Qābūṣ b. Muṣ'ab b. Mu'āwiyah **II**:154, 184; **III**:31
Qābūs b. Qābūs b. al-Mundhir **XII**:19, 20
Qābūs b. Abī Ẓabyān **II**:79
Qādaman b. Ishmael. SEE Qaydamān b. Ishmael
al-qadar (predestination) **XXXIX**:226–27
al-Qadariyyah (Qadarites) **XXVI**:75, 129, 142, 186, 191, 216, 238, 243; **XXIX**:202, 254; **XXXV**:143; **XXXIX**:223, 226
Ibn al-Qaddāḥ *(rāwī)* **XXX**:85
Qadhaydhiyyah (in Cappadocia) **XXXVI**:190
qadhf (unproven accusation of adultery) **III**:105–8; **XIII**:110–14; **XXX**:282
SEE ALSO *ḥadd* punishment
Banū al-Qādhir **XII**:196
Qadhūqiyyah. SEE Cappadocia
qāḍī (pl. *quḍāt*). SEE judge's office
al-Qāḍī al-Nājī. SEE Jumay' b. Ḥāḍir
Qadīm. SEE Suwayqat al-Qadīm
Qadir (ruler of al-Shāsh) **XXVI**:31
Qādis (village, near al-'Udhayb) **XII**:81, 106, 108, 136, 148; **XVIII**:85
al-Qādisiyyah (southwest of al-Ḥīrah) **IX**:67; **XI**:197; **XIII**:1, 2, 51; **XV**:139; **XVI**:111; **XVIII**:12; **XIX**:36, 74, 83, 84, 88, 93, 95; **XXI**:32, 44, 85; **XXII**:72; **XXIII**:21; **XXVI**:13, 15, 16; **XXVII**:24; **XXVIII**:101, 266; **XXIX**:63, 198; **XXXII**:24–25; **XXXVIII**:163, 164, 177–79
al-Qādisiyyah, battle of **XI**:100; **XII**:11–161 *passim*, 201, 203, 204, 206; **XIII**:3, 9, 10, 29, 34, 52, 62, 65, 70–71, 77, 80, 115, 120–21, 127, 203, 217; **XIV**:44, 60; **XV**:58, 60, 112; **XXI**:141; **XXXIX**:22, 69, 85, 86, 88, 271, 274
 Ayyām al-Laḥm ('Meat Battles') **XII**:41
 banners **XII**:17, 18
 booty **XII**:57, 113, 128–29, 154–56, 159, 204; **XIII**:46
 causes of **XI**:221–24
 date of **XII**:161
 Day of Armāth **XII**:81–95, 96, 100, 106, 107
 Day of the Bulls (Yawm al-Abāqir) **XII**:29, 41
 Day of the Fish (Yawm al-Ḥītān) **XII**:41
 Day of 'Imās **XII**:106–22
 Day of the Military Units (Yawm al-Katā'ib, Yawm al-Aghwāth) **XII**:96–106
 elephants **XII**:30, 62–63, 89, 92–95, 98, 100, 109–11, 113–15, 140, 141
 Laylat al-Harīr (Night of Howling, Night of Clamor) **XII**:115–22, 125; **XIII**:39
 locale **XII**:23–24

al-Qādisiyyah, battle of (continued)
Muslim casualties **XII**:107, 125
Night of Aghwāth **XII**:103, 150
Night of Armāth **XII**:103, 113
Night of Blackness **XII**:106
Night of Tranquility **XII**:106
number of fighters **XII**:11, 14, 15
organization of troops **XII**:17–19
Rustam's army **XII**:53, 60, 82, 89, 136
Sa'd b. Abī Waqqāṣ's letter to 'Umar b. al-Khaṭṭāb **XII**:23–24, 27–28, 30
'Umar b. al-Khaṭṭāb's letters **XI**:21–23, 25
women at **XII**:146–47
Yazdajird III, Muslim delegation and appeal to **XII**:33–40, 42–43
SEE ALSO *ahl al-Qawādis*
al-Qādisiyyah (village, in al-Baṭā'iḥ) **XXXVI**:40, 48, 175
al-Qādisiyyah (canal). SEE Nahr al-Qādisiyyah
al-Qadūm (mountain, near Medina) **II**:104; **XXVIII**:194
Qādusbān. SEE Fādusbān
Āl (Banū) Qafal (of Taymallāh b. Tha'labah) **XXI**:111; **XXXIX**:250
qafīz (measure of dry goods) **V**:260, 261; **XXIV**:22; **XXXII**:98, 135
al-Qāflānī *(rāwī)* **XX**:46
Qaḥdham (*kātib* of Yūsuf b. 'Umar al-Thaqafī) **XV**:43; **XXVI**:82
Qaḥdham (official of Abū Bakr) **X**:55
Qaḥdham *(rāwī)* **XX**:35
al-Qaḥdhamī. SEE al-Walīd b. Hishām b. Qaḥdham
al-Qaḥl b. 'Ayyāsh **XXIV**:138
al-Qaḥm b. Ma'add **VI**:36
qahramān (member of domestic stuff of the court) **XXIX**:243
Abū Qaḥṭabah. SEE Aḥmad b. Abī Qaḥṭabah
Ibn Abī Qaḥṭabah. SEE Aḥmad b. Abī Qaḥṭabah
Qaḥṭabah b. Ghadānah al-Jushamī **XXIX**:129, 130
Abū Qaḥṭabah al-Maghribī al-Ṭurṭūsī **XXXIV**:139
Qaḥṭabah b. Shabīb al-Ṭā'ī **XXIV**:87; **XXVI**:27, 67, 120; **XXVII**:26, 41, 63, 64, 73, 74, 75, 96, 107, 108–12, 121, 122, 124–40, 162, 185; **XXVIII**:11, 265; **XXXI**:17
Qaḥṭān (Qaḥṭān b. 'Ābir, Joktan b. Eber, ancestor of all the South Arabian tribes) **II**:15, 17, 22; **IV**:6; **XXXI**:155; **XXXIX**:130
Banū Qaḥṭān (Qaḥṭānīs) **IV**:6; **VI**:14; **XXIII**:7, 33, 64; **XXIV**:27; **XXVI**:9, 11; **XXVII**:80, 94, 95; **XXX**:146, 157; **XXXI**:155, 234; **XXXIX**:130
SEE ALSO Banū Yaqṭan b. 'Ābir
al-Qā'im (messianic title) **XXVII**:143
al-Qā'im (toponym, in Sāmarrā) **XXXVI**:169, 189
al-Qā'im bi-al-Ḥaqq. SEE 'Abdallāh b. Muḥammad b. Hārūn al-Rashīd; Muḥammad b. Zayd al-'Alawī
al-Qala'ī (name of Prophet Muḥammad's sword) **IX**:153
SEE ALSO Qal'ī swords
Qalam (Ightibāṭ, *jāriyah*) **XXXIV**:55–57
al-Qalammas **XIX**:16
al-Qalammas (Ḥudhayfah b. Fuqaym b. 'Adī) **VI**:55
Abū al-Qalammas. SEE 'Uthmān b. 'Ubaydallāh b. 'Abdallāh b. 'Umar b. al-Khaṭṭāb
Ibn al-Qalammas (in a line of 'Amr b. al-Walīd b. 'Uqbah b. Abī Mu'ayṭ's poetry) **XXIII**:119
Qalamyah Gate. SEE Bāb Qalamyah

qalansuwah (tall pointed cap) **IV**:7; **XI**:13, 27; **XII**:127; **XIII**:107; **XVII**:6, 7; **XXIII**:180; **XXIX**:19, 53, 65, 79, 233; **XXX**:66, 262–63; **XXXI**:106, 127, 184, 187; **XXXII**:62, 95; **XXXIV**:62, 90; **XXXV**:122, 163; **XXXVI**:61
qalansuwah Ruṣāfiyyah (Ruṣāfī cap) **XXXIV**:62
qalāsim trees **XIV**:23
Qalʿat Ziyād (Qalʿat Manṣūr, in Fārs) **XVII**:204–5
Qālī al-Farrāshah *(jāriyah)* **XXIX**:149
Qalʿī swords **VI**:15
SEE ALSO al-Qalaʿī
Qalīmā (twin sister of Cain) **I**:314, 316
Qālīqalā (in Anatolia) **XXII**:196; **XXIX**:207
al-Qalt (southwest of Hīt?) **XI**:63
Qālūqiyyah. SEE Cilicia
Qālūs (of Men of the Cave) **IV**:156
al-Qalūṣ. SEE Aḥmad b. Mūsā b. Saʿīd al-Baṣrī
Abū al-Qalūṣ (of Banū Shibām) **XXI**:20–21
al-Qalūṣ b. Kurayb (brother of Wahb) **XVII**:43
Qamaʿah (ʿUmayr b. Ilyās b. Muḍar) **VI**:33
qāmah (fathom, measure of height) **XXVIII**:247
al-Qamar. SEE ʿAbd Manāf b. Quṣayy
Ibn al-Qamīʾah al-Laythī al-Ḥārithī **VII**:121, 124, 132
qamīṣ (body shirt) **XIII**:102; **XVIII**:170; **XXXIV**:34
ʿUthmān b. ʿAffān's bloodstained shirt **XVI**:196–97
Qamūdiyyah (in Byzantine territory) **XXIII**:146
al-Qamūṣ (fortress, in Khaybar) **VIII**:117, 122
Abū al-Qamūṣ (Zayd b. ʿAlī) **XXXIX**:327
Qaʿnab b. ʿAttāb al-Riyāḥī **V**:292; **VI**:40
Qaʿnab al-Muḥallimī (Khārijite) **XXII**:49, 78, 98, 106, 117–18, 123, 131, 135
Qaʿnab b. Muḥriz al-Bāhilī **XXIX**:146, 261
Qaʿnab al-Riyāḥī. SEE Qaʿnab b. ʿAttāb al-Riyāḥī
qanāh (subterranean irrigation tunnel) **XXXIII**:152; **XXXVI**:96
Qanaṣ (Qunuṣ) b. Maʿadd **IV**:130; **VI**:36; **XIII**:35
Qanāt (valley, of Medina) **VII**:107, 112, 153; **IX**:43
Qanāṭir Ḥudhayfah (near Baghdad) **XXXIII**:85
Qanāṭir Raʾs al-Jālūt (bridges of Raʾs al-Jālūt, north of al-Kūfah) **XXI**:68
Qanbar (*ghulām* of ʿAlī b. Abī Ṭālib) **XVII**:3
Āl Qanbar **XXVII**:75
Qandābīl (in Sind) **XXIV**:142, 144; **XXXIV**:96
al-Qandahār (Kandahar) **XIV**:75; **XXX**:175
al-Qandal. SEE al-Qindal
al-Qanṭarah (Qanṭarat al-Kūfah) **XVII**:126; **XXXII**:72
al-Qanṭarah al-ʿAtīqah (Old Bridge, in Baghdad) **XXVIII**:250, 255
Qanṭarat Arbuk (Arbuk Bridge, over the Dujayl) **XIII**:122; **XXXVI**:123, 153; **XXXVII**:2, 37–38
Qanṭarat ʿAṭāʾ (Bridge of ʿAṭāʾ, over Balkh River) **XXV**:105, 142
Qanṭarat al-ʿAtīq (bridge, over Nahr al-ʿAtīq) **XII**:25, 27, 48, 60–61, 63, 65, 70, 73, 74, 81, 82, 126
Qanṭarat al-Baradān (Baradān Bridge, in Baghdad) **XXXVIII**:43

Qanṭarat Bihlāyā (masonry bridge of Bihlāyā) **XXXV**:83
Qanṭarat Dayr ʿAbd al-Raḥmān (bridge, north of al-Nukhaylah) **XXI**:68
Qanṭarat Fārs **XXXVI**:182, 183, 206
Qanṭarat al-Ḥīrah **XXII**:66
Qanṭarat Abī al-Jawn **XXVIII**:248
Qanṭarat al-Qādisiyyah (al-Qādisiyyah bridge) **XII**:49
Qanṭarat Rāmhurmuz **XXII**:23
Qanṭarat al-Saylaḥīn (bridge of al-Saylaḥūn, near al-Qādisiyyah) **XII**:41
Qanṭarat Ṭamastān (Ṭamastān Bridge, near Iṣṭakhr) **XXI**:124
Qanṭarat Zabārā (Zabārā bridge, in al-Kūfah) **XXII**:23; **XXIII**:20
Qanṭūrā bt. Mafṭūr (Qanṭūrā bt. Yaqṭān) **II**:129
Qaʿqāʿ (associate of Sajāḥ bt. al-Ḥārith b. Suwayd) **X**:90
Ibn al-Qaʿqāʿ *(rāwī)* **VIII**:151
(Abū) al-Qaʿqāʿ b. ʿAbdallāh b. Abī Ḥadrad al-Aslamī. SEE Ibn ʿAbdallāh b. Abī Ḥadrad al-Aslamī
al-Qaʿqāʿ b. al-Aʿlam al-Azdī **XXIV**:150–51; **XXV**:22
al-Qaʿqāʿ b. ʿAmr b. Mālik al-Tamīmī (Ibn al-Ḥanẓaliyyah) **X**:75, 97; **XI**:8, 13, 24, 36, 40, 42–43, 45, 48, 60–63, 65, 90, 95, 166, 168; **XII**:97, 98–100, 102, 108–10, 113–15, 118, 120–23, 125, 127, 131, 132, 145, 147; **XIII**:17, 18, 26, 27, 36, 37, 39–43, 53, 61, 65, 77, 78, 80, 82–84, 87, 203, 206, 209–11, 217; **XIV**:19, 75; **XV**:132–34, 140, 154, 164, 207, 256; **XVI**:28, 91, 96, 97, 99, 103, 104, 108, 121, 131, 148, 149, 155, 157, 162, 165, 166
al-Qaʿqāʿ al-Azdī. SEE al-Qaʿqāʿ b. al-Aʿlam al-Azdī
al-Qaʿqāʿ b. al-Darmāʾ al-Kalbī **IV**:139
al-Qaʿqāʿ b. Ḍirār (of Āl Zurārah) **XXVIII**:65, 267; **XXIX**:33
al-Qaʿqāʿ b. Abī Ḥadrad al-Aslamī **XXXIX**:146
al-Qaʿqāʿ b. Khulayd (Khālid) al-ʿAbsī **XXI**:215; **XXIV**:23, 36; **XXVI**:89; **XXVIII**:253–54
al-Qaʿqāʿ b. Maʿbad **IX**:122
al-Qaʿqāʿ b. al-Ṣalt **XII**:25; **XV**:101
al-Qaʿqāʿ b. Shawr al-Dhuhlī **XVIII**:142; **XIX**:49–50, 65; **XX**:108
al-Qaʿqāʿ b. Suwayd b. ʿAbd al-Raḥmān al-Saʿdī al-Minqarī **XX**:200; **XXII**:137
al-Qaʿqaʿah b. Qays al-Ṭāʾī **XVII**:117
Qāquwayh (Zanj rebel) **XXXVI**:48, 49
al-Qarʿāʾ (on the Meccan Road from Iraq) **X**:139; **XX**:117; **XXXVI**:149
al-Qaradah (in Najd), expedition to **VII**:98–99
Qarʿah. SEE Qurʿah
al-Qārah (mountain) **II**:44, 45
Banū al-Qārah **VII**:143, 147; **VIII**:16; **XIX**:33; **XXI**:156; **XXVI**:37; **XXVIII**:179; **XXX**:38
al-Qarār. SEE Qaṣr al-Qarār
Qarāṭīs (mother of al-Wāthiq) **XXXIV**:3–4, 53
al-Qarāṭīsī (poet) **XXXI**:162
Qaraẓah b. Kaʿb al-Anṣārī **XIV**:21; **XVI**:113; **XVII**:176; **XXXIX**:300
Qarbiyās. SEE Karbeas
Qardā (resting place of Noah's ark, in al-Jazīrah) **I**:366
al-Qardah (in Najd), expedition to **IX**:119
qāriʾ. SEE *qurrāʾ*
al-Qāriʾ al-Baṣrī *(rāwī)*. SEE al-Haytham
Qarīb (Khārijite) **XVIII**:100
Qarīb b. Ẓafar al-ʿAbdī **XIII**:194, 200, 201

Qārib b. al-Aswad b. Mas'ūd b. Mu'attib **IX**:3, 15, 46
Qarībah bt. Abī Umayyah b. al-Mughīrah. SEE Quraybah bt. Abī Umayyah b. al-Mughīrah
Qārin (commander of a Khurāsān army) **XV**:107–10; **XVIII**:179
Qārin (Persian commander, at al-Qādisiyyah) **XII**:131
Qārin (Persian noble) **XIII**:211
Qārin (pre-Islamic Persian hero). SEE Sūkhrā b. Wīsābūr
Āl Qārin **XIII**:215
Bint al-Qārin (of Banū Shaybān, poetess) **V**:365
Ibn Qārin. SEE al-'Abbās b. Qārin
Qārin al-Falhawī **IV**:77
Qārin b. Qaryānis **XI**:16–17, 19, 37
Qārin b. Shahriyār **XXXIII**:156–57, 162; **XXXV**:24, 64
al-Qarīrī. SEE Nahr al-Qarīrī
Qarīs Gate. SEE Bāb Qarīs
Qarishat (ruler) **II**:3
SEE ALSO al-Ḍaḥḥāk
Qarīṭ b. 'Abdallāh b. Abī Bakr b. Kilāb **XXVIII**:193
Qarmāsīn (Qirmāsīn, southwest of Hamadhān) **XXVII**:132; **XXVIII**:84; **XXX**:186, 189, 200, 294; **XXXIII**:139, 143; **XXXVII**:29
Qarmaṭ (of the people of al-Kūfah). SEE Ḥamdān
Qarmaṭians (al-Qarmaṭiyyūn) **XXXVI**:43; **XXXVII**:169–75; **XXXVIII**:66, 77, 82, 83, 86–88, 92, 93, 99, 113–16, 118, 119, 122, 123, 125–36, 138, 141–47, 152, 157–68, 171–79, 202
Qarn (in Najd) **IX**:21
Qarnabīl bt. Batāwīl b. Tiras b. Japheth **II**:11
al-Qarnān (in al-Yamāmah) **XXXIV**:47
qarqar (sleeveless robe of figured silk) **XXX**:42
Qarqarat al-Kudr (al-Qarqarah, near Khaybar), expedition to **VII**:88, 90, 153; **IX**:116, 120; **XIV**:140
Qarqīsiyā' (in al-Jazīrah) **XII**:179; **XIII**:57–58, 77–80; **XV**:132, 135, 256; **XVI**:197; **XVII**:7; **XVIII**:77; **XX**:63, 65, 137, 153; **XXI**:155; **XXVII**:9, 19, 55, 56, 57, 180; **XXXIV**:96; **XXXVII**:5, 82, 98; **XXXVIII**:191; **XXXIX**:138
al-Qarqus. SEE Battle of the Bridge
Qartak bt. Tadarsiyā **III**:116
al-Qartha' al-Ḍabbī **I**:284–86; **XV**:97
brother of **XV**:102
Qārūn b. Yiṣhar b. Qāhith. SEE Korah b. Izhar
al-Qarwānah (toponym) **XXXVIII**:136
Qaryah (in Fārs) **XXIII**:228
al-Qaryah (in Syria) **XXVI**:149
al-Qaryah (name for al-Yamāmah) **IV**:152
al-Qaryah (near Ruṣāfat Hishām) **XXVI**:168
Qaryāqis (*dihqān* of Marw) **XXV**:107
Qaryat 'Abdallāh (in the Zanj revolt area) **XXXVII**:14, 25
Qaryat al-A'rāb **XXXI**:123; **XXXII**:70
Qaryat al-Arzāq (near al-Baṣrah) **XVI**:121
Qaryat al-Bāhiliyyīn (near Tustar) **XXXVI**:184, 186
Qaryat Ḥarb b. 'Āmir (village of Ḥarb b. 'Āmir) **XXXI**:123
Qaryat Ḥassān (between Dār al-'Āqūl and Wāsiṭ) **XXXVI**:184
Qaryat Banī Ja'dah (at al-Fallūjah) **XXIII**:43
Qaryat al-Jawziyyah **XXXVII**:30
Qaryat Khālid b. Ibrāhīm (village of Khālid b. Ibrāhīm) **XXVII**:64
Qaryat al-Malḥamah (Qaṣr al-Malḥamah) **XXII**:179

Qaryat Marwān (village of Marwān) **XXXVI**:177, 193, 194
Qaryat al-Muhallabī. SEE al-Muhallabiyyah
Qaryat Abī Quraysh (near Wāsiṭ) **XXXII**:48–49
Qaryat al-Raml (near Wāsiṭ) **XXXVII**:17, 18
Qaryat al-Rīsh (Village of Prosperity). SEE Balhīb
Qaryat al-Shaghar. SEE al-Shaghar
Qaryat Shāhī. SEE Shāhī
Qaryat Shawwāl. SEE Shawwāl
Qaryat al-Yahūd **XXXVI**:42
al-qaryatān (Mecca and al-Ṭā'if) **V**:187
al-Qaryatān (between Tadmur and Damascus) **XI**:110
qaṣab (fine linen material, *qaṣabiyyāt,* fine clothes) **IX**:111; **XIV**:130; **XXVIII**:140; **XXIX**:138–39; **XXX**:321
qaṣabah (reed linear measure) **XXVIII**:247
qaṣabah (unit of time) **XXIV**:194
Qasāmah b. Zuhayr al-Māzinī **I**:260, 297; **XII**:168
qaṣaṣ (sermon) **XXII**:33, 101–2 SEE ALSO *quṣṣāṣ*
al-Qash'am b. 'Amr b. Yazīd al-Ju'fī **XIX**:157
Qāshān (between Qumm and Iṣfahān) **XXII**:139; **XXVII**:127; **XXXIV**:96; **XXXVIII**:192
al-Qāshānī *(rāwī)* **XXXVI**:26
qaṣīdah (ode) **VI**:154; **XVIII**:110, 111, 119, 202, 205; **XXI**:147, 149
Qaṣif (concubine of Hārūn al-Rashīd) **XXX**:327
al-Qasīm (region of Najd) **XVIII**:189
al-Qāsim (b. Sallām, Abū 'Ubayd) **I**:364
al-Qāsim (*mawlā* of Yazīd b. Mu'āwiyah). SEE al-Qāsim b. 'Abd al-Raḥmān
al-Qāsim *(rāwī).* SEE al-Qāsim b. al-Ḥasan; al-Qāsim b. Muḥammad b. Abī Bakr
Abū al-Qāsim. SEE 'Abdān al-Muwaffaq; Muḥammad b. al-Ash'ath b. Qays al-Kindī; Muḥammad b. al-Ḥanafiyyah
Abū al-Qāsim (commander of Abū 'Ubayd b. Mas'ūd al-Thaqafī) **XI**:191
Abū al-Qāsim (*kunyah* of Prophet Muḥammad) **VI**:49, 72; **VIII**:141; **XVII**:220
Abū al-Qāsim *(rāwī)* **XVII**:203
al-Qāsim b. 'Abd al-Ghaffār al-'Ijlī **XXVI**:259
al-Qāsim b. 'Abd al-Raḥmān (*mawlā* of Yazīd b. Mu'āwiyah) **I**:323; **II**:104; **XI**:99, 104; **XIII**:95; **XVII**:31; **XIX**:170; **XXXIX**:101
al-Qāsim b. 'Abd al-Raḥmān b. 'Abdallāh b. Mas'ūd **XXIV**:165, 168
al-Qāsim b. 'Abd al-Raḥmān b. Rāfi' **VII**:122
al-Qāsim b. 'Abdallāh b. Muḥammad. SEE al-Qāsim b. al-Manṣūr
al-Qāsim b. 'Abdallāh b. 'Umar **VIII**:83
al-Qāsim b. Aḥmad b. 'Alī, Abū Muḥammad **XXXVIII**:161, 162, 165–67
al-Qāsim b. Aḥmad al-Kūfī **XXXIV**:109
al-Qāsim b. 'Alī **XXXVI**:182
al-Qāsim b. al-Aṣbagh b. Nubātah **XIX**:156–57
al-Qāsim b. Abī Ayyūb **III**:37, 46
al-Qāsim b. Abī Bazzah **I**:199; **II**:99

al-Qāsim b. Bishr b. Maʿrūf **I**:189, 212, 222, 224, 230; **II**:20; **VIII**:157
al-Qāsim b. Bukhayt al-Murāghī **XIX**:175; **XXV**:141, 144, 149
al-Qāsim b. Dīnār al-Qurashī **XXXIX**:246
al-Qāsim b. Ḥabīb **XIX**:143; **XXIV**:82
al-Qāsim b. Hārūn al-Rashīd (al-Qāsim al-Muʾtaman) **XXX**:181, 183, 190–91, 200, 238–39, 248, 253–54, 257, 291, 327, 332; **XXXI**:7, 9, 20, 22–23, 27, 47, 125, 134, 211
Umm al-Qāsim bt. Hārūn al-Rashīd **XXX**:328
al-Qāsim b. al-Ḥasan *(rāwī)* **I**:192, 207, 208, 246, 250, 251, 268, 270, 278, 287, 309, 357, 364, 365, 367; **II**:42, 45, 58, 61, 68, 101, 145–47, 170, 180; **III**:47, 99, 106, 131, 154; **IV**:51; **V**:324, 326; **VI**:111
al-Qāsim b. al-Ḥasan b. ʿAlī b. Abī Ṭālib **XIX**:153, 180
al-Qāsim b. al-Ḥasan al-Nawfalī **XXXVI**:134
al-Qāsim b. al-Ḥasan b. Zayd b. al-Ḥasan b. ʿAlī b. Abī Ṭālib **XXVIII**:195, 199, 217; **XXXIX**:260
al-Qāsim b. Ibrāhīm b. Ṭabāṭabā al-Rassī **XXXII**:170
al-Qāsim b. Isḥāq b. ʿAbdallāh b. Jaʿfar b. Abī Ṭālib **XXVIII**:158, 179, 183, 224
al-Qāsim b. Abī Jaʿfar al-Manṣūr. SEE al-Qāsim b. al-Manṣūr
al-Qāsim b. Jaʿfar b. Sulaymān al-Hāshimī **XXXVI**:130
al-Qāsim b. Maʿn **XIII**:66; **XXI**:189
al-Qāsim b. al-Manṣūr **XXIX**:149, 162
al-Qāsim b. Mimāh **XXXVI**:202
al-Qāsim b. Muḥammad *(rāwī)* **I**:323, 325, 344; **II**:130; **III**:110
al-Qāsim b. Muḥammad (son of Prophet Muḥammad) **VI**:48–49; **IX**:127
Umm al-Qāsim bt. Muḥammad b. ʿAbdallāh (b. Ṭāhir) **XXXVIII**:25
al-Qāsim b. Muḥammad b. ʿAbdallāh b. ʿAmr b. ʿUthmān b. ʿAffān **XXVIII**:87
al-Qāsim b. Muḥammad b. al-Ashʿath **XXIII**:6, 79–80
al-Qāsim b. Muḥammad b. Abī Bakr **VI**:92; **IX**:109, 181; **X**:44, 52, 60, 99, 105, 127, 152, 158, 171, 176; **XI**:79, 81, 134, 136–37, 153, 173, 175; **XII**:7, 11; **XIV**:97; **XV**:226, 228, 256; **XVI**:11, 47, 61; **XVII**:158; **XXIII**:132, 142; **XXIV**:182; **XXV**:9
al-Qāsim b. Muḥammad al-Ḥaḍramī **XXIII**:56
al-Qāsim b. Muḥammad al-Ṭayfūrī **XXXII**:249
al-Qāsim b. Mujāshiʿ al-Marāʾī al-Tamīmī **XXIV**:87; **XXVII**:64, 73, 75, 79, 80, 95, 96, 98, 101, 107, 108; **XXIX**:251
al-Qāsim b. Mukhaymirah **XXXIX**:156, 158
al-Qāsim b. Mūsā b. Fūʿūs **XXXIV**:134
al-Qāsim b. Muslim (of Banū ʿAbd al-Qays) **XVI**:142
al-Qāsim b. Muslim *(rāwī)* **XXV**:109
al-Qāsim al-Muʾtaman. SEE al-Qāsim b. Hārūn al-Rāshid
al-Qāsim b. Najīb **XXVI**:231
al-Qāsim b. Naṣr b. Mālik **XXIX**:165
al-Qāsim b. Quzmān **XIII**:163, 165, 166
al-Qāsim b. Rabīʿah al-Thaqafī **XV**:255
al-Qāsim b. Ṣafwān al-Zuhrī **XXXIX**:109
al-Qāsim b. Salmān **II**:3

Abū al-Qāsim al-Shanawī **X**:33, 34
al-Qāsim al-Shaybānī **XXV**:47, 121, 122; **XXVI**:237; **XXVII**:34, 35, 43
al-Qāsim b. Sīmā al-Farghānī **XXXVIII**:117, 138, 144, 145, 147, 148, 164, 191, 193, 195
al-Qāsim b. Sulaym b. ʿAbd al-Raḥmān al-Saʿdi **XII**:100, 101, 102, 105, 146
al-Qāsim al-Tinʿī al-Ḥaḍramī **XXVI**:39–40
al-Qāsim b. ʿUbaydallāh b. Sulaymān, Abū al-Ḥusayn **XXXVIII**:39, 43, 44, 100–101, 103–5, 107–9, 120, 121, 126, 128, 133, 134, 140, 141, 145, 148
al-Qāsim b. Wāʾil **XXVIII**:202
al-Qāsim b. al-Walīd al-Hamdānī **XII**:83; **XIII**:18; **XV**:16; **XVII**:113; **XXXIX**:156
al-Qāsim b. Yaḥyā **XXX**:319
al-Qāsim b. Yazīd **IX**:170
Qaṣīr b. Saʿd **IV**:140–47
Qasiyy (ancestor of Banū Thaqīf) **XXI**:38; **XXXIX**:38
Banū Qasr (in a line of poetry) **XXV**:37, 155
Qaṣr al-ʿAbdawayh (in Baghdad) **XXIX**:88, 149; **XXXV**:76
al-Qaṣr al-Abyaḍ (one of the forts of al-Ḥīrah) **XI**:28–29, 222–23; **XXVI**:198
al-Qaṣr al-Abyaḍ (White Palace, in Ctesiphon) **XIII**:12, 16, 21, 23, 24, 30, 31; **XVIII**:4, 45; **XXI**:180; **XXII**:131; **XXIX**:86
Qaṣr al-ʿAdasiyyīn (one of the forts of al-Ḥīrah) **XI**:28; **XVIII**:34
Qaṣr al-Aḥmar (in Sāmarrā) **XXXVI**:68, 100
Qaṣr al-Aḥnaf (Castle of al-Aḥnaf, near Marwarrūdh) **XV**:104, 105
Qaṣr Anas **XXXVI**:127
Qaṣr Asfād **XX**:76
Qaṣr Aws (in al-Baṣrah) **XVIII**:188; **XX**:71
Qaṣr al-Badīʿ (Palace of al-Badīʿ, in Sāmarrā) **XXXIV**:155
Qaṣr al-Bāhilī (fortress of al-Bāhilī) **XXIV**:151, 153, 154, 156–58
Qaṣr Bukhārā Khudhāh (in Bukhārā) **XXV**:53
Qaṣr Bukhārākhudā (Qaṣr Bukhār Khudāh, Palace of Bukhār Khudāh, in Marw) **XXVI**:264; **XXVII**:29, 95, 100
Qaṣr Ibn Buqaylah (one of the forts of al-Ḥīrah) **XI**:29
Qaṣr al-Dhahab (Gold Palace, in Baghdad) **XXXIV**:88; **XXXV**:154
Qaṣr Dīnār b. ʿAbdallāh (Palace of Dīnār b. ʿAbdallāh, in Baghdad) **XXXV**:150
Qaṣr al-Ḥasan b. Sahl (Palace of al-Ḥasan b. Sahl, in al-Mukharrim, Baghdad) **XXXV**:113
SEE ALSO Ḥasanī Palace
Qaṣr Ibn Hubayrah (midway between al-Kūfa and Baghdad) **XXII**:61; **XXVIII**:134, 252; **XXXI**:120–21; **XXXII**:15, 16, 17, 18, 53, 54, 60, 69, 70, 71; **XXXV**:77, 80, 88, 93, 121
SEE ALSO Madīnat Ibn Hubayrah
Qaṣr Ḥumayd b. ʿAbd al-Ḥamīd (Palace of Ḥumayd b. ʿAbd al-Ḥamīd, in Baghdad) **XXXV**:40
Qaṣr ʿĪsā b. Jaʿfar (Qaṣr ʿĪsā, near al-Baṣrah) **XXXVI**:127; **XXXVII**:71
Qaṣr Abī Jaʿfar (Palace of Abū Jaʿfar, in Baghdad) **XXVIII**:152; **XXXI**:2–3, 18, 108, 110, 114, 207
Qaṣr Umm Jaʿfar (Palace of Umm Jaʿfar, Palace of Zubaydah, in Baghdad) **XXXI**:176, 186, 190
Qaṣr Jaʿfar b. Yaḥyā b. Khālid b. Barmak (Palace of Jaʿfar b. Yaḥyā b. Khālid b. Barmak, in Baghdad) **XXXVI**:19

Qaṣr Khālid b. Ḥammād (castle of Khālid b. Ḥammād, near Marw) **XXXI**:13
Qaṣr al-Khalīl b. Wandāsfajān (Palace of al-Khalīl b. Wandāsfajān) **XXXIII**:146
Qaṣr al-Khuld. SEE al-Khuld
Qaṣr Khuzaymah b. Khāzim (in Baghdad) **XXXIV**:84
SEE ALSO Bāb Khuzaymah b. Khāzim
Qaṣr al-Kūfah (citadel of al-Kūfa, governor's residence, palace of al-Kūfa) **XIII**:71–74; **XX**:199, 203, 213–18, 225, 116; **XXIII**:19–21
Qaṣr al-Luṣūṣ (Kinkiwar) **XIV**:20; **XXX**:256, 294; **XXXI**:89
Qaṣr al-Māʾ (near al-Qayrawān) **XXIII**:215
Qaṣr al-Malḥamah. SEE Qaryat al-Malḥamah
Qaṣr al-Maʾmūn (in Baghdad) **XXXVII**:38, 39
Qaṣr Maslamah (Ḥiṣn Maslamah, between Ḥarrān and al-Raqqah) **XXIX**:210, 214
Qaṣr Banī Māzin (one of the forts of al-Ḥīrah) **XI**:29
Qaṣr al-Milḥ (fortress of al-Milḥ) **XX**:180
Qaṣr al-Muʿallā (al-Muʿallā Palace, in Baghdad) **XXXI**:226
Qaṣr Mujāshiʿ (in Bīmand) **XV**:69
Qaṣr al-Mukhtār (Palace of al-Mukhtār, in Sāmarrā) **XXXIV**:155
Qaṣr Banī Muqātil (Qaṣr Muqātil, near al-Quṭquṭānah) **XII**:135; **XIX**:100–101; **XXII**:67; **XXVI**:167–68; **XXX**:51
Qaṣr Nafīs (near Medina) **XXVIII**:123
Qaṣr al-Qarār (al-Qarār Palace, in Baghdad) **XXXI**:179, 184, 219–20, 228
Qaṣr al-Qurashī (castle of al-Qurashī?) **XXXVI**:34–36
Qaṣr Raqqat Kalwādhā (Palace of Raqqat Kalwādhā, south of Baghdad) **XXXI**:134
Qaṣr al-Rīḥ (near Nīshāpūr) **XXIV**:172; **XXV**:86
Qaṣr al-Salāmah (Qaṣr al-Salām, east of Baghdad) **XXVIII**:240; **XXIX**:218, 234
SEE ALSO ʿĪsābādh
Qaṣr Ṣāliḥ (Palace of Ṣāliḥ b. Abī Jaʿfar al-Manṣūr, in Baghdad) **XXXI**:137, 150–52, 156
Qaṣr al-Ṣawāmiʿ (Ṣawāmiʿ Palace, in Sāmarrā) **XXXV**:165
Qaṣr-i Shīrīn (near Ḥulwān) **XIII**:53
Qaṣr Sulaymān (in al-Jurf) **XXVIII**:197
Qaṣr Sulaymān b. Abī Jaʿfar (Palace of Sulaymān b. Abī Jaʿfar, in Baghdad) **XXXI**:137, 150
Qaṣr al-Ṭīn (in Baghdad) **XXXV**:47
Qaṣr ʿUbaydallāh (ʿAbdallāh) b. Ziyād (castle of ʿUbaydallāh b. Ziyād, in al-Baṣrah) **XXXV**:165
Qaṣr al-ʿUdhayb. SEE al-ʿUdhayb
Qaṣr al-Waḍḍāḥ (al-Waḍḍāḥ Palace, in Baghdad) **XXXI**:176; **XXXII**:43
Qaṣr Zubaydah. SEE Qaṣr Umm Jaʿfar
al-Qasrī. SEE Muḥammad b. Khālid b. ʿAbdallāh al-Qasrī
Ibn al-Qasrī. SEE Muḥammad b. Khālid b. ʿAbdallāh al-Qasrī
qāṣṣ. SEE *quṣṣāṣ*
al-Qaṣṣāb al-Ḥajarī. SEE Muḥammad b. Salm
al-Qasṭal (in al-Balqāʾ) **X**:17; **XI**:77; **XXVI**:137; **XXVII**:8
al-Qaṣwāʾ (name of Prophet Muḥammad's camel) **IX**:54–55, 150–51

Abū Qatādah (al-Ḥārith b. Ribʿī al-Sulamī al-Anṣārī) **VI**:62; **VII**:101–3; **VIII**:46, 47, 49, 50, 149–51, 158; **X**:50, 77, 101, 103; **XVI**:42; **XVII**:130; **XXXIX**:283, 336
Abū Qatādah al-Anṣārī. SEE Abū Qatādah
Qatādah b. Diʿāmah al-Sadūsī **I**:175, 177–79, 193, 246, 251, 252, 255, 267, 268, 270, 274, 290, 302, 320, 333, 353, 356, 365, 367, 369, 370; **II**:20, 21, 56, 61, 94, 99, 102, 103, 114, 116, 117, 120, 121, 124, 145, 151, 164, 168, 170, 173, 180, 182; **III**:17, 54, 89, 90, 100, 103, 109, 143, 147; **IV**:155, 158–59, 168–69; **VI**:62, 85, 156; **VII**:25, 40, 162; **VIII**:80, 181; **IX**:207; **XII**:170; **XIV**:99, 107, 143; **XV**:252; **XVI**:78, 114, 115; **XXXI**:250; **XXXIX**:158, 198
Qatādah b. al-Nuʿmān al-Ẓafarī **VII**:121; **XIV**:164; **XXXIX**:57
Qaṭafīr. SEE Potiphar
Qaṭāmi bt. al-Shijnah **XVII**:214–15
Qaṭan (in Banū Asad's territory) **IX**:119; **XXXIX**:175
Qaṭan (village, near Damascus) **XXVI**:142, 147
Qaṭan (*mawlā* of Yazīd b. al-Walīd) **XXVI**:137–38, 151
Qaṭan (*rāwī*) **XIV**:103
Abū Qaṭan. SEE ʿAmr b. al-Haytham al-Zabīdī
Abū Qaṭan (of the people of Hamdān) **XX**:200
Banū Qaṭan (of Numayr) **XXXIV**:49
Qaṭan b. ʿAbd al-Raḥmān b. Juzayy al-Bāhilī **XXV**:105
Qaṭan b. ʿAbdallāh b. Ḥuṣayn al-Ḥārithī **XVIII**:77, 142; **XXI**:19, 178, 181, 191
Qaṭan b. Ḥarb al-Hilālī **XXVII**:129
Qaṭan b. al-Mughīrah b. ʿAjrad **XXVII**:43
Qaṭan b. Muḥammad **XXVII**:29, 32
Qaṭan b. Qutaybah b. Muslim **XXV**:50–52, 54, 67, 85, 188, 192; **XXVI**:61
Qaṭar **XXI**:177
Qaṭarī (*mawlā* of al-Walīd b. Yazīd b. ʿAbd al-Malik) **XXVI**:151
Qaṭarī cloth **VIII**:121
Qaṭarī b. al-Fujāʾah **XXI**:133, 200, 206; **XXII**:96, 149–50, 153–54, 161–63, 176; **XXVIII**:258
al-Qaṭīʿah (near Baghdad) **XXXV**:81, 84
Qaṭīʿat al-Rabīʿ (land grant of al-Rabīʿ) **XXVIII**:249
Qaṭīʿat Umm Jaʿfar. SEE Bāb Qaṭīʿat Umm Jaʿfar
al-Qaṭīf (on the Persian Gulf coast) **IX**:95; **X**:134, 137, 138; **XXXVIII**:77, 128
Abū Qaṭīfah. SEE ʿAmr b. al-Walīd b. ʿUqbah b. Abī Muʿayṭ
Banū Qatīrah b. Ḥārithah **X**:184
Qaṭīṭiyā (?, toponym) **XXII**:59
Qaṭrabbul. SEE Quṭrabbul
Qaṭrāthā (near al-Nahrawān) **XXII**:51, 58
Qaṭṭ (Qiṭṭ, village, between al-Ramlah and Jerusalem) **II**:66
al-Qattāl (Subkarā's commander-in-chief) **XXXVIII**:195
Umm Qattāl bt. Nawfal b. Asad b. ʿAbd al-ʿUzzā **VI**:5, 6
al-Qaṭṭān (associate of Mufliḥ, commander of Mūsā b. Bughā) **XXXVI**:181
al-Qāṭūfah. SEE Bathq al-Qāṭūfah
al-Qāṭūl (south of Sāmarrā) **XXXIII**:24–28, 32; **XXXIV**:82; **XXXV**:43, 132, 133; **XXXVI**:29, 71, 108
Ibn Qaṭūnā. SEE Nikētiatēs
Qaṭūrah bt. Yaqṭān **II**:127
Qaṭūṭā. SEE Suwayqat Qaṭūṭā

al-Qawārīrī ('Ubaydallāh b. 'Umar) **XXXII**:210, 219, 220–22
Ibn Abī al-Qaws (Qarmaṭian leader) **XXXVIII**:99
Qawṣarah. SEE Ya'qūb b. Ibrāhīm al-Bādhghīsī al-Būshanjī
Qaybishtasbān. SEE Ghushtāsbān
Qaydamān (Qādaman) b. Ishmael **II**:132, 133
Qaydar (Qaydhar, Qaydār) b. Ishmael **II**:132, 133; **VI**:38, 39, 42
Qāyin b. Ādam. SEE Cain b. Adam
qayl (*miqwal*, petty ruler, in South Arabia) **III**:160, 163; **V**:185, 211, 287
Qayl b. 'Anz **II**:31–37
Banū Qaylah **VI**:11, 151; **VII**:112
Qaylah bt. Kāhil b. 'Udhrah b. Sa'd **XXXIX**:130
Qaylūh, Abū Ṣāliḥ **XXXIX**:305
Qayn b. Ādam. SEE Cain b. Adam
Banū al-Qayn (Balqayn, Bulqayn) b. Jasr **IV**:136; **VIII**:153; **X**:43; **XII**:132, 176; **XVIII**:14; **XX**:61; **XXV**:157; **XXVI**:91, 190, 213; **XXXIX**:6
Qaynān b. Arpachshad **II**:15, 21
Qaynān b. Yānish. SEE Kenan
al-Qaynī (Syrian commander) **XXV**:157, 158
Banū Qaynuqā' **VII**:85–87; **VIII**:33, 54; **IX**:54, 153, 154
SEE ALSO Jews
Qayqadūr. SEE Kaykadar
al-Qayrawān (in al-Maghrib) **IV**:123; **XV**:20; **XVIII**:102–3; **XXIII**:215; **XXIX**:69
qayrawānāt (supply ships) **XXXVI**:125
Qays (*ghulām* of 'Umārah b. 'Uqbah) **XIX**:58
Qays (in a line of poetry) **XXIII**:44
Abū Qays (hostage of 'Ayn al-Tamr) **XI**:56
Ibn Abī Qays (*rāwī*). SEE 'Amr b. Abī Qays
Banū Qays (Qays 'Aylān, al-Qaysiyyah, Qaysīs) **V**:368; **VIII**:8, 149, 187; **X**:65, 74, 156; **XII**:11, 13, 14, 198; **XIV**:136; **XV**:186; **XVI**:31, 75, 76, 102, 114, 164; **XVII**:211–12; **XVIII**:69, 190; **XIX**:28, 54; **XX**:29, 40–69 *passim*, 224; **XXI**:3, 15, 16, 75, 146–47, 149, 150, 157, 210, 214; **XXIII**:85, 96, 97, 188, 194, 206; **XXIV**:22, 23, 35, 90–91, 109, 114–15, 118, 128, 158, 185–86; **XXV**:13, 52, 72, 149, 155, 159, 164, 169, 191; **XXVI**:59, 62–63, 65, 129, 133–34, 146, 150, 197, 213, 240, 250, 259; **XXVII**:2, 16, 29, 40, 41, 122, 144, 177, 191; **XXVIII**:108, 129, 191; **XXIX**:193; **XXX**:141; **XXXI**:107; **XXXII**:178, 234
Qays b. 'Abd Yaghūth al-Murādī. SEE Qays b. al-Makshūḥ al-Murādī
Qays b. 'Abdallāh al-Bāhilī **XXV**:54
Qays b. 'Abdallāh al-Ṣā'idī **XIX**:149
Qays b. 'Abdallāh b. 'Udas b. Rabī'ah b. Ja'dah. SEE al-Nābighah al-Ja'dī
Qays b. 'Ā'idh b. Qays al-Ḥizmirī **XVII**:26
Qays b. 'Amr b. Zayd b. 'Awf b. Madhbūl b. Māzin **XI**:92
Qays b. al-'Aqadiyyah al-Ḥumaysī **XVI**:59
Qays b. al-Ash'ath b. Qays **XIX**:114, 120, 125, 161, 164, 179
Qays b. 'Āṣim **IX**:68, 73, 108, 122, 168; **X**:49, 85, 86, 90, 91, 140, 145, 147
Abū Qays b. al-Aslat **VI**:130; **VII**:14
Qays b. Bishr (of Banū Hilāl) **XI**:63
Qays b. Fahdān al-Kindī **XVII**:54–55; **XVIII**:131
Qays b. Ghālib b. Fihr **VI**:28, 29

Qays Ghudar. SEE Qays b. al-Makshūḥ al-Murādī
Qays b. Ḥamzah al-Hamdānī XVIII:216
Qays b. Hāni' al-'Absī XXVI:195
Qays b. al-Ḥārith IX:68
Qays b. al-Haytham al-Sulamī XV:36–37, 108–10, 186; XVIII:18, 21, 68–70, 73, 85, 200; XIX:32, 185; XX:6, 12, 20–23; XXI:46–48, 87, 93, 173–74, 181
Qays b. Abī Ḥāzim al-Aḥmasī al-Bajalī I:181; XI:39, 147; XII:30, 62, 92, 110, 140, 141; XIII:19, 36; XV:16; XVII:49; XXXIX:325
Qays b. Ḥidhyam b. Jurthumah XII:91
Qays b. Hubayrah b. 'Abd Yaghūth al-Murādī. SEE Qays b. al-Makshūḥ al-Murādī
Qays b. al-Ḥuṣayn b. Yazīd Dhī al-Ghuṣṣah IX:84, 85
Qays al-'Ijlī XIII:29, 64
Qays b. 'Iṣmah b. Mālik b. Ḍubay'ah b. Zayd b. al-Aws XIV:101
Qays b. Khuzā'ī V:219–20
Qays b. Kinānah. SEE al-Naḍr b. Kinānah
Banū Qays Kubbah XI:213
Qays b. Makhramah b. al-Muṭṭalib b. 'Abd Manāf V:268; XI:123; XXXIX:76, 102, 253
Qays b. Makshūḥ b. Hilāl, Abū Shaddād XVII:48–49
Qays b. al-Makshūḥ al-Murādī (Qays b. Hubayrah b. 'Abd Yāghūth, Qays Ghudar) IX:90, 91, 165; X:23–28, 30, 32, 34, 35, 53, 158, 165–67, 169, 172, 174; XI:168, 178; XII:55, 58, 60, 61, 86, 87, 97, 109–11, 116, 117, 118, 119, 123, 135, 136, 138; XIII:29, 42, 180, 181; XXXIX:91–92
Qays b. Mālik XXI:61
Qays b. Mālik b. Ḥudhayfah X:77
Qays b. Mas'ūd b. Qays b. Khālid b. Dhī al-Jaddayn V:356–57, 361, 367, 369
Qays b. Mu'āwiyah al-Duhnī XVII:133
Qays b. al-Musaḥḥar al-Ya'murī VIII:96
Qays b. Mus'hir al-Ṣaydāwī XIX:25, 27–28, 83–84, 98
Qays b. Qurrah XVII:53–54
Qays b. al-Rabī' I:267, 286, 302, 303; II:152; III:84; XIV:118; XXXIX:196
Ibn Qays al-Ruqayyāt. SEE 'Ubaydallāh b. Qays
Qays b. Sa'd al-'Ijlī XXII:141–42
Qays b. Sa'd b. 'Ubādah al-Anṣārī VIII:148; XVI:26, 27, 33, 175–88, 190; XVII:18, 31, 33, 36, 127, 130, 142–43, 160; XVIII:2–3, 9–10; XXXIX:296
Qays b. al-Sā'ib b. 'Uwaymir XXXIX:116
Qays b. Sa'īd XXI:107
Qays b. Abī Ṣa'ṣa'ah VII:40
Qays b. Shammās XXXIX:134
Qays b. Sharāḥīl b. 'Abd al-'Uzzā XXXIX:7
Qays b. Shimr XVIII:133
Qays b. Ṭahfah al-Nahdī XX:203, 204, 222; XXI:67
Banū Qays b. Tha'labah X:133, 134, 137, 144–46, 149; XX:25, 44, 71, 73, 102; XXI:204, 206; XXIII:17; XXIV:36, 113; XXV:145
Qays b. 'Ubād al-Shaybānī XVIII:138, 155–56
Qays b. al-Walīd b. 'Abd Shams b. al-Mughīrah XVIII:140–41
Qays b. Yazīd al-Kindī XVII:55; XVIII:133–35
Qays b. Yazīd al-Nakha'ī XV:96, 131
Qays b. Zanjūyah XXXIII:153, 164
Qayṣar (generic title for Roman/Byzantine rulers). SEE Caesar

Qayṣar (*mawlā* of Banū Azd) **XXII**:57
Qayṣar b. Urkhūz **XXXVII**:71
Qaysāriyyah. SEE Caesarea
Qaysīs. SEE Banū Qays
al-Qaysiyyah. SEE Banū Qays
al-Qayyārah (toponym) **XX**:134, 135
Qayyārān (toponym) **XXXVI**:49
Qazwīn **XVIII**:162; **XXIV**:20; **XXXI**:88–89; **XXXIV**:96; **XXXV**:26, 108, 150, 151; **XXXVI**:166, 171; **XXXVIII**:14
qibāb Aws (domed houses of Banū Aws) **XXVIII**:283
qiblah (direction of prayer) **VI**:131–32; **VII**:54; **VIII**:38, 142, 190; **XIV**:159; **XVIII**:24, 152, 167; **XXI**:107, 112; **XXII**:145; **XXIII**:141, 180; **XXVIII**:80, 168; **XXXVI**:89; **XXXIX**:224
  ahl al-qiblah (Muslims) **XV**:139; **XXXII**:214
  change to al-Kaʿbah **VII**:24–25
  of congregational mosque, in Baghdad **XXIX**:6
  position in mosque **XII**:195
  toward Jerusalem **VII**:24–25; **XII**:195; **XXXVII**:174
Qidḥ al-Iṣbahbadh (toponym) **XXXIII**:159
  SEE ALSO Burj al-Iṣbahbadh
Qidḥ al-S.l.tān (toponym) **XXXIII**:162
Qifṭ (in Upper Egypt) **XXXIV**:143
Qihā (village, between al-Rayy and Qazwīn) **XIV**:24
Abū Qilābah. SEE ʿAbdallāh b. Zayd al-Jarmī
al-Qindal (near al-Baṣrah) **XXXVI**:126; **XXXVII**:49, 71–72, 77
Qinnasrīn **V**:254; **XII**:178–80, 182; **XIII**:79, 82–84, 105, 106, 108; **XIV**:15, 44; **XV**:24, 73, 255; **XX**:49, 56, 63; **XXI**:134, 229; **XXIII**:216; **XXIV**:61; **XXV**:169; **XXVI**:62, 80, 136, 193, 250, 252; **XXVII**:7, 11, 19, 20, 169, 171, 176, 177, 178, 179, 180, 198, 204, 208; **XXVIII**:75, 254; **XXIX**:205, 240; **XXX**:99; **XXXI**:20, 22; **XXXII**:199; **XXXIV**:96; **XXXV**:154; **XXXVI**:137; **XXXVII**:82; **XXXVIII**:76
qinṭār (unit of weight) **XV**:23, 24
al-Qīqāniyyah (archers from Qīqān) **XXVI**:41, 46
qirā. SEE *ruqāq*
qīrāṭ (unit of weight) **XXII**:91–92; **XXIX**:11
Qirdā. SEE Bāqirdā
Umm Qirfah (Fāṭimah bt. Rabīʿah b. Badr) **VIII**:96; **X**:77, 78
  daughter of **VIII**:96, 97
    SEE ALSO Salmā bt. Rabīʿah b. Fulān b. Badr
Qirfah b. Mālik b. Ḥudhayfah **X**:77
Qirfah b. Ẓāhir al-Taymī al-Wāthilī **XII**:65
Qirmāsīn. SEE Qarmāsīn
Ibn al-Qirriyyah. SEE Ayyūb b. al-Qirriyyah
Qirṭās (*ghulām* of the Zanj leader) **XXXVII**:82, 87, 137
al-Qiṣāfī. SEE ʿAmr b. Naṣr al-Qiṣāfī
Qisṭānah. SEE Qusṭānah
al-qiṭf (Bahār-i Kisrā, Persian carpet) **XIII**:31–35
al-Qitrīj (Patrikios of Jardmān) **XXXIV**:123
Qiṭṭ. SEE Qaṭṭ
Qiṭṭīn. SEE Potiphar
qiyās (legal analogy) **XXXIX**:252
Qiyy (near Samarqand) **XXIV**:154, 171
Q.ṭ.mah (?, Byzantine commander) **V**:327
quail (*salwā, sumānā*) **III**:82–83
Quʿayqiʿān (mountain) **XXI**:119
Qubā (near Farghānah) **XXVI**:31

Qubā' (south of al-Madīnah) **VI**:150, 151–52; **VII**:1, 5, 156; **XIX**:214
al-Qubā'. SEE al-Ḥārith b. 'Abdallāh b. Abī Rabī'ah al-Makhzūmī
Qubādh (brother of Anūshajān) **XI**:12–14, 16–17
Qubādh I (b. Fayrūz I, Sasanian emperor) **V**:126, 128–42, 152, 255–56, 377; **XIII**:27
Qubādh II (b. Kisrā II, ephemeral Sasanian emperor). SEE Shīrūyah b. Kisrā II Barwīz
Qubādh b. 'Abdallāh al-Khurāsānī **XIII**:43, 53, 65, 78, 190
Qubādh Khurrah (in Ardashīr Khurrah) **V**:130
Qubāth b. Ashyam al-Kinānī al-Laythī. SEE Qabāth b. Ashyam al-Kinānī al-Laythī
Qubayḍ (*ghulām* of 'Umar b. Hubayrah al-Fazārī) **XXIV**:185–86
Abū Qubays (hill, in Mecca) **I**:333, 335, 362; **VI**:150; **VII**:36; **XXVIII**:112
Qubbīn (village, near Sūrā) **XVIII**:65; **XXII**:61
al-Qubiqulār (commander of Heraclius) **XI**:127
Banū Quḍā'ah **IV**:79; **V**:20, 32–33, 35; **VI**:19–23, 36; **VIII**:143, 146, 175; **IX**:65; **X**:17, 43, 44, 53, 54, 69, 74, 105, 139, 154, 189; **XI**:79–80, 107, 110, 112, 127, 215; **XII**:13, 14, 132; **XIII**:76; **XVI**:120; **XVIII**:14, 132; **XX**:60, 68–69; **XXI**:188; **XXIII**:61; **XXVI**:9, 91, 129, 134; **XXVII**:164; **XXX**:141; **XXXII**:234; **XXXIX**:283
Quḍā'ah b. Ma'add **VI**:36
al-Quḍā'ī. SEE Hudbah b. Fiyāḍ al-Quḍā'ī
Quḍā'ī b. 'Amr al-Du'alī **IX**:167; **X**:69; **XIII**:45
Quḍā'ī al-Daylamī **IX**:168
Qudāmah (*rāwī*, father of Muḥammad b. Qudāmah) **XVIII**:149
Abū Qudāmah (*rāwī*) **XXIX**:109
Abū Qudāmah (*rāwī*). SEE 'Uthmān b. Muḥammad b. 'Ubaydallāh b. 'Abdallāh b. 'Umar
Qudāmah b. 'Abd al-Raḥmān b. Nu'aym al-Ghāmidī **XXVI**:227
Qudāmah b. al-'Ajlān al-Azdī **XVII**:96; **XVIII**:62, 243
Qudāmah b. al-Ḥarīsh al-Tamīmī **XXIII**:40–42
Qudāmah b. Ḥawshab **XXI**:12
Qudāmah b. Ḥāzim b. Sufyān al-Khath'amī **XXII**:89
Qudāmah b. Abī 'Īsā b. Rabī'ah al-Naṣrī **XX**:219
Qudāmah al-Kāhilī **XII**:116
Qudāmah b. Mālik al-Jushamī **XX**:189, 2019
Qudāmah b. Maẓ'ūn (Qudāmah b. al-Maẓ'ūn) **XIII**:127, 176; **XVI**:7; **XVII**:20
Qudāmah b. Muḥammad **XXVIII**:216
Qudāmah b. Mūsā **XXVIII**:120, 237
Qudāmah b. Muṣ'ab al-'Abdī **XXVI**:213–14
Ibn Qudāmah al-Qushayrī **XVI**:74
Qudāmah b. Sa'īd b. Zā'idah b. Qudāmah al-Thaqafī **XIX**:54, 57–58
Qudāmah b. Yazīd b. Huzayl **XXIII**:102
Qudāmah b. Ziyād al-Naṣrānī **XXXIV**:85
Qudayd (in al-Ḥijāz) **VI**:146; **VII**:166; **VIII**:41, 51, 140, 141, 170; **XIV**:117; **XXVII**:112, 113, 115, 117, 118; **XXVIII**:183; **XXXIX**:172
Qudayd b. Manī' al-Minqarī **XXV**:190; **XXVI**:233, 265; **XXVII**:33, 36

Ibn Qudayd b. Naṣr. SEE Naṣr b. Qudayd b. Naṣr b. Sayyār
Qudays (near al-Qādisiyyah) **XII**:25, 27, 28, 39, 61, 84, 89, 115, 125
al-Quds. SEE Jerusalem
Queen of Sheba. SEE Bilqīs
quffāʿ (kind of malady) **XXXVI**:149
al-Qufs (southeast of Jīruft) **XIV**:73
al-Qufṣ (in Baghdad) **XXXIII**:11; **XXXV**:45, 49, 50; **XXXVI**:45
Abū Quḥāfah (ʿUthmān b. ʿĀmir b. Kaʿb b. Saʿd b. Taym b. Murrah) **XI**:138–40, 145; **XXXIX**:111, 281
Ibn Abī Quḥāfah. SEE Abū Bakr al-Ṣiddīq
Banū Quḥāfah **XVIII**:144, 150
Abū Quḥāfah al-Murrī **XXVI**:176
Qūhistān (Quhistān) **XIV**:74; **XV**:87, 91, 108; **XVIII**:163; **XXIV**:143; **XXV**:168; **XXVI**:210; **XXVIII**:60; **XXXVI**:151
Qūhistān cloth (Qūhī cloth) **XXVII**:73; **XXXI**:223
Qūhyār b. Qārin **XXXIII**:147, 157–58, 161, 162, 164–70, 190
al-qūhyāriyyūn (Iranian officials) **II**:26
quince **V**:285–86; **XXIV**:188; **XXX**:316
Quintillus (Roman emperor) **IV**:127
al-Qulzum (in Egypt) **XIII**:159; **XVI**:184; **XVII**:145; **XXXIV**:143
Qum. SEE Qumm
al-Qumādhbān b. Hurmuzān **XV**:4
Qumāmah (*mawlā* of Sulaymān b. ʿAlī) **XXX**:231–32
Qūmis (province, west of Khurāsān) **XIV**:25, 27–28; **XV**:42, 44; **XXII**:164; **XXIII**:105; **XXIV**:47, 52; **XXVI**:123, 255; **XXVII**:62, 63, 64, 73, 85, 109, 110, 122, 124, 125; **XXVIII**:44–45; **XXIX**:219, 235, 239; **XXX**:40, 115–16, 255; **XXXI**:25; **XXXIII**:148, 168; **XXXIV**:146; **XXXVI**:155
Qumm **XXII**:139; **XXVII**:127; **XXXI**:48; **XXXII**:166, 183, 190; **XXXIV**:96; **XXXV**:155; **XXXVI**:160, 166; **XXXVII**:78; **XXXVIII**:14, 192
al-Qummī **XXXV**:129
Qumqum (Byzantine fortress) **XXIII**:134
Qunāṣah b. Maʿadd **VI**:36
Qūniyah (Byzantine fortress) **XXXVIII**:84, 180, 181
Qunnā (south of Baghdad) **XXXVII**:24
Banū Qunūrā (of Baghdad *dihqāns*) **XXVIII**:248
Qunuṣ b. Maʿadd. SEE Qanaṣ b. Maʿadd
al-Qurād. SEE Saʿīd b. Wahb al-Hamdānī
Qurʿah (Qarʿah, physician) **XXV**:126; **XXVI**:30
Qūraj al-ʿAbbās **XXXVI**:144; **XXXVII**:39
al-Qurʾān (Koran) **II**:39, 147; **III**:9, 59, 102, 108, 118, 121, 128, 152; **VIII**:62–64; **X**:96, 116, 117, 121, 148; **XI**:80, 94, 96; **XII**:80, 149; **XIV**:48, 82, 108, 115, 121, 150; **XVII**:34, 47, 79, 81, 82, 90, 102–3, 114, 118–20, 128, 129, 158, 219, 221, 232; **XVIII**:31, 34, 48, 78, 82, 99, 176; **XIX**:32, 121, 156, 175, 190; **XX**:42; **XXI**:71, 77, 89, 99, 110, 114, 125, 214, 230; **XXIII**:32, 140, 163, 220–21; **XXV**:23, 47, 84, 105, 108, 109, 115, 119, 150, 161; **XXVIII**:26, 195, 199; **XXXIV**:91, 95, 119, 155, 189, 206–8, 224; **XXXV**:148; **XXXIX**:46, 122, 135, 216, 223, 237, 238, 248, 254, 280
  blood on copy of **XV**:205–6, 216, 218

al-Qur'ān (continued)
collection of **IX**:123; **XXXIX**:22, 284
createdness doctrine **XXXII**:177, 201, 203–4; **XXXIV**:27–28, 31, 34, 39–40
called Furqān **II**:130; **VI**:63
letter symbolism **IX**:14, 42; **XXI**:84; **XXIII**:104; **XXVIII**:167
al-maṣāḥif (copies of al-Qur'ān?), raised on lances, in battles **XVII**:78–82, 89, 90; **XXVII**:127
Qarmaṭian interpretation of **XXXVIII**:166
reciters of. SEE *qurrā'*
revelation of. SEE revelation of al-Qur'ān
Satanic verses **VI**:108–12
Sūrat al-Jihād **XII**:89, 90
suspended from one's neck **XXXIV**:49; **XXXVI**:94
Umm al-Kitāb (first sūrah) **IX**:100, 101
'Uthmān's recension **XV**:156
wird (section of the Koran recited privately) **XXIII**:221
SEE ALSO Book of God
Qurāqir **XI**:109, 113–14, 117, 124–25
SEE ALSO Dhū Qār
al-Qurashī (castle). SEE Qaṣr al-Qurashī
Qurashīs. SEE Banū Quraysh
Banū al-Quraṭā' (of Hawāzin) **IX**:119
Banū Quray' **XXIII**:151–52
Quraybah (singing girl of 'Abdallāh b. Khaṭal) **VIII**:181
Quraybah bt. 'Abd al-Raḥmān b. Abī Bakr al-Ṣiddīq **XXVIII**:96
Quraybah (Qarībah) bt. Abī Umayyah b. al-Mughīrah (Quraybah al-Kubrā, the Elder) **XXXIX**:76
Quraybah (Qarībah) bt. Abī Umayyah b. al-Mughīrah (Quraybah al-Ṣughrā, the Younger) **VIII**:92; **XIV**:100; **XXXIX**:76
Qurayn al-Tha'ālib (toponym) **XXVII**:91
Abū Quraysh (village). SEE Qaryat Abī Quraysh
Banū Quraysh (Qurashīs, Qurashites) **I**:371; **V**:225, 227, 276–77, 283, 327; **VI**:3–4, 11–15, 19, 21–22, 28, 29–31, 51, 56–59, 93–98, 101–7, 110–15, 120, 121, 135, 137–44, 148–49, 161; **VIII**:7, 8, 13–15, 18, 20, 23–27, 30, 40, 52, 68, 70, 72, 73, 75, 78–82, 84–87, 90–92, 112, 120, 126, 134–36, 138, 144, 161–63, 165–68, 170–71, 174–75, 179, 181–82, 187; **IX**:10, 14, 19, 26, 36, 37, 78, 90, 104, 106, 116, 139, 192, 194, 208; **X**:1, 3, 7, 8, 15, 41, 46, 63, 68, 70, 71, 82, 86, 93, 105, 133, 141, 156, 158, 160, 161, 173, 190; **XI**:26, 128; **XII**:133–36; **XIII**:18, 93; **XIV**:115, 121, 137, 152–54; **XV**:23, 56, 115–17, 120–22, 134, 172, 215, 223–25, 229, 235; **XVI**:19, 42, 63, 90, 114, 142, 145, 153, 163, 175, 183, 192; **XVIII**:9, 14, 73, 142–43, 168, 186–88, 204, 208, 218, 222; **XIX**:2, 12–14, 21, 22, 65, 85, 169, 176, 193, 198, 201, 203, 207, 209, 214, 222, 227; **XX**:14, 17, 24, 47–69, 112; **XXI**:38, 51, 71, 135, 156, 157, 160, 180, 182, 183, 186, 232; **XXII**:9, 100, 132–34, 167, 170, 173–74; **XXIII**:14, 21–22, 25, 61, 81, 110, 121, 144; **XXIV**:5, 33, 105, 114, 186; **XXV**:20, 118, 173, 177, 184, 186; **XXVI**:7, 9, 11, 40, 118, 134, 187, 200, 211; **XXVII**:2, 7, 23, 55, 56, 112, 114, 129; **XXVIII**:144, 149, 180–82, 189, 206, 230, 234–37,

Banū Quraysh (continued)
XXVIII:250; **XXIX**:49; **XXX**:107; **XXXI**:125, 196, 234, 238; **XXXII**:148; **XXXIV**:127; **XXXV**:136; **XXXIX**:14, 15, 21, 37, 42, 44, 49, 54, 64, 68, 73, 78, 91, 97, 103, 115, 140, 143, 144, 166, 167, 171, 174, 180, 197, 201, 212, 213, 232, 235, 254, 261
Ibn Quraysh. SEE ʿAlī b. al-Ḥusayn b. Quraysh b. Shibl
Quraysh b. ʿAbdallāh al-ʿAbdī **XXV**:79, 80
Quraysh b. Anas **XXXIX**:278
Quraysh b. Badr b. Yakhlud **VI**:29
Quraysh al-Dandānī **XXXI**:188, 193, 196, 200, 223
Quraysh b. al-Ḥarīsh **XXVI**:121
Quraysh b. Abī Kahmas **XXV**:54
Quraysh b. Shaqīq **XXVII**:101, 102
Quraysh b. Shibl **XXXI**:115–17, 123–24, 171
al-Qurayyah (village, northwest of Ḥajr) **X**:132, 133; **XIX**:99
Banū Qurayẓah **V**:165–66, 173; **VII**:97, 158; **VIII**:14, 20, 22–26, 42; **IX**:56, 136; **X**:83; **XI**:32; **XXIII**:172, 190; **XXXIX**:130, 164, 185
expedition against **VIII**:27–41; **IX**:117, 125
SEE ALSO Buʿāth, battle of; Jews
Qurb (al-Muhtadī's mother) **XXXVI**:1, 9
Qurb (*jāriyah* of Qabīḥah, mother of al-Muʿtazz) **XXXV**:114, 115, 123, 165
al-Qurdūdah (toponym) **X**:68
Qurḥ (in Wādī al-Qurā) **VIII**:154
Qurqūb (in Khūzistān) **XXXVII**:35
qurrāʾ (pl. of *qāriʾ*, Koran reciters) **XII**:90, 149; **XV**:58, 112, 136; **XVII**:19, 31, 36, 40, 45, 51, 60, 71, 72, 76, 79, 120; **XIX**:126, 133, 134; **XX**:196; **XXI**:17; **XXII**:26; **XXIII**:12, 15, 22, 25–26, 35–37, 67, 211; **XXIV**:118; **XXX**:269; **XXXIX**:69, 142, 222, 237, 239, 254, 276, 304
Qurrah (fortress, in Cappadocia) **XXX**:239; **XXXII**:185, 237; **XXXIII**:100–101; **XXXVI**:190; **XXXVII**:144; **XXXVIII**:65
Abū Qurrah (canal). SEE Nahr Abī Qurrah
Qurrah (bt. ʿAlī b. Raḥīb b. Muḥammad b. Ḥakīm) **XXXVI**:30
Abū Qurrah (Abū Farwah, in charge of the judiciary of al-Kūfah) **XIII**:7, 59, 150
Qurrah b. ʿAlī b. Mālik al-Jushamī **XXI**:78
Qurrah b. ʿAmr b. Qays **XX**:35
Qurrah b. Ashqar al-Ḍifārī **IX**:100
Qurrah b. al-Ḥārith **XVI**:128
Qurrah b. Hubayrah b. Salamah b. Qushayr **X**:70–72, 75–77, 79
Qurrah b. Iyās **XXXIX**:292
Qurrah b. Khālid al-Sadūsī **VI**:158; **XIV**:109; **XXXIX**:124, 226
Qurrah b. Qays al-Ḥanẓalī al-Tamīmī **XIX**:105–6, 127, 164
Qurrah b. Sharīk al-ʿAbsī **XXIII**:149, 156, 214; **XXIV**:28
Abū Qurrah al-Ṣufrī **XXIX**:65
Qurṭ b. Jammāḥ al-ʿAbdī **XI**:203, 208
Qūrus (northwest of Aleppo) **XXXVIII**:171
Quṣam (southeast of al-Qaryatān) **XI**:110
Qūsān. SEE Nahr Qūsān
Qusaym b. Yaʿqūb **XXVI**:147
Ibn Qusayṭ. SEE Yazīd b. ʿAbdallāh b. Qusayṭ
Quṣayy (Zayd b. Kilāb b. Murrah) **VI**:18, 19–26, 30–31, 38, 140; **XVIII**:108
Banū Quṣayy (of Quraysh) **V**:175; **VI**:54, 92; **XV**:247
Banū Qushayr **XII**:181; **XXXIV**:36

al-Qushayrī (enemy of al-Mahdī's wazīr Abū 'Ubaydallāh) **XXIX**:201
al-Quss. SEE Quss al-Nāṭif
Quss Ḥathā **XXXVII**:16
Quss al-Nāṭif (al-Quss, Qusyāthā, Bāqusyāthā) **XI**:22, 39, 186, 188–91; **XVIII**:151, 152; **XXXIX**:86
Quss b. Sā'idah al-Iyādī **XXI**:214
quṣṣāṣ (sg. *qāṣṣ*, storytellers) **XIII**:122; **XV**:129; **XX**:145; **XXIII**:6; **XXXVIII**:47
Masjid al-Quṣṣāṣ (in al-Kūfah) **XXI**:19
SEE ALSO *qaṣaṣ*
Qussīn (toponym) **XXXV**:17
Qusṭānah (Qusṭānat al-Rayy) **XVIII**:23; **XXXI**:51–52
Qusṭanṭīn b. Hirqal. SEE Constans II Pogonatus
Qusṭanṭīn al-Rūmī. SEE Constans; Constantine; Constantius
Qusṭanṭīn al-Rūmī (of al-Ma'mūn's retinue) **XXXII**:80
Qusṭanṭīnah (fortress) **XXIII**:142
Qusṭanṭīnah (*jāriyah* of Umm Ḥabīb bt. Hārūn al-Rashīd) **XXXV**:71
al-Qusṭanṭīniyyah. SEE Constantinople
al-Quṣwānā (west of Hīt) **XI**:115
Qusyāthā. SEE Quss al-Nāṭif
Qūṭ b. Ḥām. SEE Put b. Ham
al-Quṭāmī ('Umayr b. Shuyaym b. 'Amr) **XXVIII**:284
al-Quṭāmī b. al-Ḥuṣayn al-Kalbī, Abū al-Sharqī **XXIV**:51, 120–21
Abū Qutaybah (*rāwī*) **III**:48; **IX**:198; **XIV**:98; **XIX**:19; **XXXIX**:223
Banū (Āl) Qutaybah **XXIII**:136, 187; **XXV**:11
Qutaybah b. Muslim **XV**:44, 79; **XVIII**:164; **XXII**:113–16; **XXIII**:38, 58, 63, 85, 87, 108, 126–30, 133, 134–39, 143, 146–47, 150–56, 158, 164–77, 183–201, 204–6, 214–16, 219, 223, 224–25, 228–29; **XXIV**:5–10, 12–27, 35–36, 47, 52, 55, 94, 151–53, 157–58, 161, 170; **XXV**:123–24; **XXVI**:34–35, 63, 243; **XXXIX**:228
Qutaybah b. Sa'īd **VI**:158, 159; **XXXII**:210, 213
Qutaylah (sister of Qays b. 'Ubād al-Shaybānī) **XVIII**:156
Qutaylah bt. 'Abd al-'Uzzā **XI**:140; **XXXIX**:193
Qutaylah bt. Qays b. Ma'dīkarib **IX**:138
Qutayrah b. Fulān al-Sakūnī **XV**:159, 215–16
Quṭbah b. 'Āmir b. Ḥadīdah **VI**:125, 126
Quṭbah b. Qatādah al-Sadūsī **XI**:2; **XII**:166, 168
Quṭbah b. Qatādah al-'Udhrī **VIII**:156, 159
Qutham b. al-'Abbās b. 'Abd al-Muṭṭalib **IX**:202, 205; **XVI**:33, 47, 103; **XVII**:140, 196, 202, 230; **XXXIX**:25, 75, 95, 201
Qutham b. al-'Abbās b. 'Ubaydallāh b. al-'Abbās **XXVIII**:66, 83; **XXIX**:57–59, 113
Qutham b. Ja'far **XXIX**:72
Qutham b. 'Ubaydallāh b. al-'Abbās **XVII**:208; **XXXIX**:74
al-Quṭquṭānah (near al-Kūfah) **IV**:132; **V**:360; **XII**:7; **XVII**:201; **XIX**:83, 100; **XXII**:67; **XXIV**:112–13
Quṭrabbul (Qaṭrabbul, north of Baghdad) **XII**:142; **XXVIII**:242; **XXIX**:79; **XXXII**:56; **XXXV**:48, 49, 50, 67, 69, 84, 124; **XXXVI**:16; **XXXVII**:144, 157; **XXXVIII**:42
Quṭrabbul Gate. SEE Bāb Quṭrabbul
al-Quwādhiyān (northeast of al-Tirmidh) **XXV**:30
Quzaḥ (at al-Muzdalifah) **II**:81; **IX**:114; **XXXII**:22

Quzmān (fighter at battle of Uḥud) **VII**:135–36

R

Rab' al-Qubbah (in Sāmarrā) **XXXVI**:88
al-Rabāb (of Banū Ḍabbah) **XXXIX**:125
al-Rabāb bt. al-Ash'ath **XX**:222
al-Rabāb bt. al-Ḥaydah b. Ma'add **VI**:33–34
al-Rabāb bt. Imri' al-Qays **XIX**:22, 162, 180; **XXXIX**:50
al-Rabadhah (near Medina) **II**:29, 31; **IX**:56; **X**:45, 51, 52; **XV**:66–68, 101, 186; **XVI**:47, 48, 80–83, 85, 112; **XIX**:117; **XX**:162–63; **XXIII**:210; **XXVIII**:122–25, 127, 129, 131, 139, 142; **XXIX**:138; **XXXIV**:51; **XXXIX**:70
Rabāḥ (*kātib*) **XIV**:46
Rabāḥ (Rabāḥ al-Aswad, *ghulām* of Prophet Muḥammad) **VIII**:44–45; **IX**:145, 146
SEE ALSO Safīnah
Abū Rabāḥ b. 'Abīdah **XXXIX**:226
Rabāḥ al-Aswad. SEE Rabāḥ
Rabāḥ b. Zayd **I**:199
Raba'īs. SEE Banū Rabī'ah
Rābar. SEE Rāvar
Rabb al-Sarīr. SEE Master of the Throne
al-Rabī' (associate of Hishām b. 'Abd al-Malik b. Marwān) **XXVI**:71
al-Rabī' (*mawlā* of Banū Tamīm) **XI**:145
SEE ALSO al-Rabī' b. Ṣubayḥ
al-Rabī' (Rabī'ah, of Banū Khuzā'ah) **XVIII**:184
al-Rabī' (*rāwī*). SEE al-Rabī' b. Anas; al-Rabī' b. al-Nu'mān al-Naṣrī
Ibn Abī Rab'ī. SEE Ḥubshī b. Abī Rab'ī
al-Rabī' b. Anas **I**:253, 268, 272, 279, 288, 291, 296; **II**:101; **IV**:162
al-Rabī' b. 'Ar'arah al-Khushanī **XXI**:217
Rabī' b. al-Balād al-Sa'dī **XII**:88
al-Rabī' b. Ḍabu' al-Fazārī **VI**:160
al-Rabī' b. 'Imrān al-Tamīmī **XXV**:46, 47
al-Rabī' b. Khuthaym **XXXIX**:321
Ibn Abī al-Rabī' al-Kurdī **XXXVIII**:120
al-Rabī' b. Mālik b. Abī 'Āmir **XV**:249
al-Rabī' b. Nāfi', Abū Tawbah **XXIX**:132
al-Rabī' b. al-Nu'mān al-Naṣrī, Abū Sa'īd **XIII**:94, 96, 100–102, 106, 151, 154, 157, 166, 174; **XIV**:133; **XV**:26, 27, 72
al-Rabī' b. Rabī'ah b. Mas'ūd. SEE Saṭīḥ al-Dhi'bī
al-Rabī' b. Sābūr **XXV**:179
Abū al-Rabī' al-Salūlī **XXI**:129
al-Rabī' b. Ṣubayḥ **XXIX**:171, 187; **XXXIX**:224
al-Rabī' b. Sulaymān **I**:284; **II**:114; **XIII**:184; **XIV**:88; **XXXIX**:196, 203, 205, 280
Rabī' b. Tamīm **XIX**:148
Rabī' al-Taymī **XXVII**:43
al-Rabī' b. Yaḥyā **XXXIX**:256
al-Rabī' b. Yazīd al-Asadī **XXII**:98, 131, 134–35, 140, 145–46
al-Rabī' b. Yazīd b. Mu'āwiyah **XIX**:227
al-Rabī' b. Yūnus **XXI**:219; **XXVIII**:35, 65, 98, 101, 127, 162–63, 219, 249–50, 256; **XXIX**:7–8, 10, 23–24, 31, 54, 78, 84, 88, 90–96, 101, 109, 110, 116, 126, 133, 142, 143, 163–67, 182, 200–203, 210, 211, 212, 213, 218, 220, 237, 252; **XXX**:3, 6–10, 48, 66, 85–87
al-Rabī' b. Ziyād **XXXI**:231
al-Rabī' b. Ziyād al-Ḥārithī **XIV**:79, 80, 82; **XVIII**:87, 163–64, 170

Rabīʿ b. Ziyād b. al-Rabīʿ b. Anas b. al-Rayyān **XXIV**:141
Rabīʿah (al-Rabīʿ, of Banū Khuzāʿah) **XVIII**:184
Abū Rabīʿah *(rāwī)* **XIX**:77
Banū Rabīʿah (Rabaʿīs) **V**:44, 67; **VI**:34–36; **IX**:94; **X**:112, 136, 137; **XI**:9, 61, 122, 181, 215–16, 220, 223; **XII**:13, 15, 93, 97, 123; **XIII**:55, 80; **XV**:17; **XVI**:70, 86, 98, 118, 121, 123, 125, 131, 133, 134, 137, 149, 150, 151; **XVII**:40, 58–61, 63–64, 69, 166; **XVIII**:50, 58, 140, 142, 151, 157; **XIX**:32, 48, 120; **XX**:24, 25, 27, 29, 71–79, 165, 177; **XXI**:5, 15, 20, 30, 49, 50, 67, 81, 93, 151, 182; **XXII**:5, 39, 86–87, 102–3, 141; **XXIII**:38, 97; **XXIV**:13, 26, 77, 114, 130, 135, 139, 155, 164; **XXV**:9, 73, 124, 144, 189, 190; **XXVI**:40, 121, 134, 146, 209, 213, 225, 257, 259–60, 262–63; **XXVII**:9, 30, 32, 38, 40, 43, 80, 81, 94, 95, 101, 105, 106, 144, 181, 187; **XXIX**:58–59, 97; **XXXI**:17; **XXXII**:234; **XXXIV**:79–80; **XXXVI**:158; **XXXVII**:50; **XXXIX**:266, 267
Rabīʿah b. ʿAbbād **VI**:120
Rabīʿah b. Abī ʿAbd al-Raḥmān **VI**:60, 153; **IX**:158; **XXVII**:91; **XXXIX**:245, 335
Rabīʿah b. ʿAbdallāh b. ʿAṭāʾ b. Yaʿqūb **XXVIII**:225
Rabīʿah al-Ajdham al-Tamīmī **XX**:166
Rabīʿah b. ʿĀmir Abī Barāʾ. SEE Rabīʿah b. Abī al-Barāʾ
Rabīʿah b. ʿĀmir b. Mālik b. Jaʿfar. SEE Rabīʿah b. Abī al-Barāʾ
Banū Rabīʿah b. ʿĀmir b. Ṣaʿṣaʿah **XXII**:40
Ibn Rabīʿah al-ʿĀmirī **XIX**:193
Rabīʿah b. ʿAwf al-Saʿdī. SEE al-Mukhabbal
Rabīʿah b. Abī al-Barāʾ (Rabīʿah b. ʿĀmir Abī Barāʾ, Rabīʿah b. ʿĀmir b. Mālik b. Jaʿfar) **VII**:154–55; **IX**:149
Rabīʿah b. Bujayr al-Taghlibī **X**:151, 152; **XI**:61, 65–66, 109
Banū Abī Rabīʿah b. Dhuhl **V**:367; **XXII**:117
Rabīʿah b. Fulān b. Badr **X**:77
Rabīʿah al-Ḥaḍramī **X**:183
Banū Rabīʿah b. Ḥanẓalah **XVIII**:198; **XIX**:183, 186; **XX**:79; **XXV**:78; **XXVI**:227
Rabīʿah b. Ḥarām b. Ḍinnah **VI**:19
Rabīʿah b. al-Ḥārith b. ʿAbd al-Muṭṭalib **IX**:9, 97; **XV**:235; **XXXIX**:19, 61–62, 98, 198, 288
Ibn Rabīʿah b. al-Ḥārith b. ʿAbd al-Muṭṭalib **IX**:112
Rabīʿah b. Ḥārithah b. ʿAmr. SEE Luhayy b. Ḥārithah b. ʿAmr
Rabīʿah b. ʿIsl al-Yarbūʿī **XI**:48; **XV**:127; **XVIII**:87, 188, 219–20
Abū Rabīʿah al-Iyādī **XXXIX**:99
Banū Rabīʿah b. Kaʿb b. Saʿd **XVIII**:105
Rabīʿah b. Kaladah b. Abī al-Ṣalt al-Thaqafī **XII**:169
Banū al-Rabīʿah b. Mālik **XIII**:137, 211
Rabīʿah b. Mālik b. Wahbīl al-Nakhaʿī **XVII**:57
Rabīʿah bt. al-Marrār b. Salāmah al-ʿIjlī (Bint Marrār) **XVIII**:110–11
Rabīʿah b. Muḥammad, Abū ʿAdnān **XXXVIII**:139?, 188
Rabīʿah b. Mukaddam **XXVIII**:251
Rabīʿah b. al-Mukhāriq al-Ghanawī **XX**:139, 144, 148; **XXI**:6–9
Rabīʿah b. Nājid al-Azdī **VI**:91; **XVIII**:134, 135; **XXI**:125, 126
Rabīʿah b. Naṣr **V**:176–79, 182–83
Banū Rabīʿah b. Nizār. SEE Banū Rabīʿah
Rabīʿah al-Qurashī **XXVI**:235

Rabī'ah b. Rufay' b. Uhbān al-Sulamī (Ibn Ladh'ah) **IX**:16–17
Rabī'ah b. Abī Shaddād al-Khath'amī **XVII**:117
Rabī'ah al-Shāmī **XII**:196
Ibn Rabī'ah al-Sulamī **XV**:102
Rabī'ah b. Tharwān al-Ḍabbī **XXI**:15
Rabī'ah b. Umayyah b. Khalaf **IX**:114
Rabī'ah al-'Uqaylī **XVI**:137
Rabī'ah b. 'Uthmān **VI**:86; **XIV**:21, 110; **XV**:257
al-Rabī'ah b. Ziyād al-Nahdī. SEE Abū Firās
Rābiḍ b. 'Abdallāh b. Zurārah al-Taghlibī **XXV**:109
rabies **XXV**:72; **XXXVIII**:198
Rābigh. SEE Baṭn Rābigh
Rabīḥah bt. Abī Shākir **XXVIII**:206
Rabinjān (Arbinjān, between Bukhārā and Samarqand) **XXII**:189; **XXIII**:197; **XXIV**:178; **XXV**:85
Rabrā b. 'Abdallāh b. Sulaymān **XXIX**:120
races (*ḥalbah*, horse races) **XXXIV**:67
Rachel bt. Laban (Rāḥīl bt. Lābān) **II**:61, 131, 135–39, 174, 182
Rādhān (al-Rādhān, al-Rādhānān, al-Rādhānāt, north of Baghdad) **XXI**:6; **XXII**:46, 86; **XXXII**:67; **XXXV**:42; **XXXVIII**:42
Rādhān al-A'lā (Upper Rādhān) **XXI**:84
al-Radhdh (in Māsabadhān) **XXIX**:243, 245
al-Rāḍī bi-llāh. SEE Ibn al-Mu'tazz
Raḍī b. Munqidh al-'Abdī **XIX**:133–35
radīf (Ṭabarī's explanation of the term) **XII**:3
al-Radm (in al-Baḥrayn) **XXXVI**:32
Radmān (in Yemen) **VI**:18
Raḍwā (mountain chain, in Tihāmah) **VII**:13; **IX**:116; **XXVIII**:114–15
rafā'i' (ordinary taxes) **XXXIII**:143
Banū Rafd (of 'Ād) **II**:34
Rāfi' (guide of Khālid b. al-Walīd). SEE Rāfi' b. 'Amīrah al-Ṭā'ī
Rāfi' (*mawlā* of Banū Khuzā'ah) **VIII**:162
Abū Rāfi' (Aslam, Ibrāhīm, Ruwayfi', Sinān, *mawlā* of Prophet Muḥammad) **VII**:8, 68, 119; **VIII**:121, 136–37; **IX**:39, 143; **XXI**:215; **XXXIX**:65–66, 99, 172, 194
Āl Abī Rāfi' (family of Abū Rāfi') **XXVIII**:160
Ibn Abī Rāfi'. SEE 'Ubaydallāh b. Abī Rāfi'
Rāfi' b. 'Abdallāh **XII**:113; **XIII**:78
Rāfi' b. 'Amīrah al-Ṭā'ī **XI**:11, 113–15, 124–25
Rāfi' b. 'Amr al-Ghifārī **XXXIX**:122
Rāfi' b. Bisṭām **XXXVI**:143
Rāfi' b. Harthamah **XXXVII**:90, 179; **XXXVIII**:4, 5, 15, 29, 39–41, 92
Rāfi' b. Khadīj **VII**:84, 87, 111; **XV**:68, 101; **XVI**:6
Rāfi' b. al-Layth b. Naṣr b. Sayyār **XXX**:259–61, 267, 269, 283, 286, 289, 292, 295, 297–98, 300; **XXXI**:16, 19, 24, 51; **XXXII**:104
Rāfi' b. Mālik b. al-'Ajlān **VI**:125
Abū Rāfi' al-Muzanī **XV**:102
Rāfi' b. Abī Rāfi'. SEE al-Bahī b. Abī Rāfi'
Rāfi' b. 'Umar **XIII**:102
Abū Rāfi' al-Yahūdī. SEE Sallām b. Abī al-Ḥuqayq
Banū Rāfid **XXXIX**:241
al-Rāfiḍah (Rāfiḍīs, Rāfiḍites, Shī'ite sect) **XXVI**:38; **XXX**:28; **XXXII**:72; **XXXIV**:185; **XXXV**:143; **XXXIX**:247

al-Rafīf (toponym) **XXXVI**:102, 103, 106
Rafīq (*ghulām* of Yaḥyā b. ʿAbd al-Raḥmān b. Khāqān) **XXXVI**:34, 35, 41, 63, 129
al-Rāfiqah (garrison town, eventually merging with al-Raqqah) **XXVIII**:244–45; **XXIX**:67, 69, 84; **XXX**:262; **XXXI**:106–7; **XXXII**:198; **XXXVII**:82
SEE ALSO al-Raqqah
rafts, of waterskins **XXXIII**:182
Rāghib (*mawlā* of al-Muwaffaq) **XXXVII**:177; **XXXVIII**:33, 41, 65, 73, 79
Rāghib al-Khādim **XXXV**:99
Banū Rahā' b. Munabbih. SEE al-Rahāwiyyūn
Rahab bt. Pinchas **IV**:82
Raḥabah. SEE Raḥbah
al-Rahāwiyyūn (Banū Rahā' b. Munabbih, of Madhḥij) **IX**:98
al-raḥbah (open space for prayer, in al-Kūfah) **XXII**:117–18
al-Raḥbah (Raḥbat Mālik b. Ṭawq) **XXIX**:178; **XXXVIII**:135, 145, 147, 159, 160, 191
SEE ALSO Raḥbat Ṭawq b. Mālik
Raḥbat Banī ʿAlī (Plaza of Banī ʿAlī, in al-Kūfah) **XVIII**:100
Raḥbat ʿAlī b. Abī Ṭālib (Square of ʿAlī b. Abī Ṭālib, in al-Kūfah) **XIII**:72
Raḥbat al-Jāmiʿ (court of the Friday mosque, in Baghdad) **XXXV**:126
Raḥbat al-Qaḍā' (in Medina) **XIV**:158; **XXVIII**:146–47
Raḥbat al-Qaṣṣābiyyīn (square of the Butchers, in al-Baṣrah) **XX**:10
Raḥbat Abī Sharīk (clearing of Abū Sharīk, in al-Ruṣāfah) **XXVI**:81
Raḥbat Banī Tamīm (square of Banū Tamīm, in al-Baṣrah) **XX**:31
Raḥbat Ṭawq b. Mālik (desert tract of Ṭawq b. Mālik) **V**:188; **XXXVII**:90, 98
SEE ALSO al-Raḥbah
al-Raḥḥāl b. ʿUnfuwah. SEE Nahār b. ʿUnfuwah
al-Rāḥiḍah (near Dhū Qār) **V**:366
Banū Rāḥil (of Najd) **II**:13
Rāḥīl bt. Lābān. SEE Rachel bt. Laban
Rahīnah Cemetery (in Baghdad) **XXXV**:91
Rahīq (mother of Umm Salamah bt. Hārūn al-Rashīd) **XXX**:328
Raḥmah bt. Ephraim b. Joseph **II**:140
Raḥmān (name of Musaylima's god) **X**:112
al-Raḥmān (the Merciful One, name of God) **VII**:58; **VIII**:85; **X**:109, 111, 138
raiding parties (*sarāyā*) **VIII**:93–98; **IX**:62, 118–25; **X**:11, 15, 17, 44, 46, 48, 75, 79, 89, 90, 92, 100–103, 109, 112, 115, 133, 175
Rāʿīl (wife of Potiphar) **II**:154–58, 166
Ibn Rāʿin (in a line of poetry) **IV**:148
rain clouds, as omens **XXVIII**:212
rain-seeking prayer (*ṣalāt al-istisqā'*) **VIII**:95; **XIII**:156–57; **XIV**:40; **XXVIII**:175
rainfall
21-day rainfall, in Baghdad **XXXIV**:170
40-day rainfall, in Ṭabaristān **XXXVI**:159
blood raining, in Balkh **XXXIV**:170
violent downpour, in Sāmarrā **XXXV**:14
Rā'iq al-Khazarī **XXXVIII**:164, 167
al-Rā'iqah (*jāriyah* of Khālid b. ʿAbdallāh al-Qasrī) **XXVI**:82, 169

ra'īs al-khawal (chief of the servants) **V**:409–10
al-Rā'ish b. Qays b. Ṣayfī (al-Ḥārith b. Abī Sadad) **III**:28, 29; **IV**:79
Rajā' (Qarmaṭian commander) **XXXVIII**:137
Abū Rajā' *(rāwī)* **II**:103; **XVI**:145, 153, 156
Ibn Rajā' al-'Awdhī **XX**:27
Rajā' b. Ayyūb al-Ḥiḍārī **XXXIII**:44, 204–6; **XXXIV**:131
Rajā' b. Abī al-Daḥḥāk **XXXII**:35, 37, 44; **XXXIII**:194
Rajā' b. Ḥaywah **XII**:194; **XIII**:81, 157; **XV**:26, 151; **XXI**:179, 216; **XXIII**:181; **XXIV**:70–73; **XXXIX**:321
Rajā' al-Khādim (eunuch of Hārūn al-Rashīd) **XXX**:218, 272, 278, 285; **XXXI**:2, 11
Rajā' al-Rabābī **XXXVI**:7
Rajā' b. Rawḥ (b. Ḥātim) **XXIX**:177
Rajā' b. Rawḥ b. Salāmah **XXVI**:189
Rajā' b. Sirāj **XXI**:156–57
Abū Rajā' al-'Uṭāridī **XVI**:138; **XXXIX**:307–8
al-rajabiyyah (animal sacrificed in the month of Rajab) **VI**:40
raj'ah. SEE Second Coming
rajaz (poetic meter) **VIII**:9, 45, 118, 141, 155, 178; **IX**:12; **XI**:95; **XII**:102, 116; **XVIII**:177; **XXI**:80, 128, 229
rajaz poets **XI**:67, 106; **XII**:122; **XXIII**:28
al-Rajī' (near Khaybar) **VII**:144, 147; **VIII**:16, 42, 116; **IX**:119
  battle of **XXXIX**:101
al-Rajjāl b. 'Unfuwah. SEE Nahār b. 'Unfuwah
rak'ah (unit of prayer) **III**:86; **VI**:128, 129; **VII**:9, 164
  in battle **VII**:162–63
  eight-*rak'ah* cycle **XIII**:23
  rak'ah khafīfah (shortened cycle) **XXX**:128
  shortening of **XIII**:192; **XXX**:128
  Sūrat Banī Isrā'īl in the second *rak'ah* **XII**:194
  for those to be executed **VII**:146
  during travel **VII**:9; **VIII**:192; **XV**:155–56
  two-*rak'ah* cycle **VII**:9, 146, 148, 162–63; **IX**:109, 124; **XIII**:156, 157; **XXX**:128
  'Uthmān's alterations **XV**:38–40
Rakā'ik (toponym?) **IV**:80
Rakāyā 'Uthmān ('Uthmān's wells, near Āmul) **XXV**:119
Rakhsh (*ghulām* of Muḥammad b. Ibrāhīm b. al-Ḥusayn b. Muṣ'ab) **XXXIV**:29, 30
al-Rakkāḍ (chief of Banū Fazārah) **XXXIV**:25
Rakūbah (on the road from Mecca to Medina) **VI**:146; **VII**:150
rakūsī (half Christian and half Sabian) **IX**:66
Rām-abzūd-Yazdajird (Sasanian title) **V**:83
Rām Ardashīr (in Fārs) **V**:11, 16
Rām Fayrūz (near al-Rayy) **V**:112
Rām Hurmuz (Rāmhurmuz, Rāmahurmuz, east of al-Ahwāz) **V**:12, 43, 138; **IX**:144; **XIII**:122–24, 131–34, 142, 150, 199; **XIV**:43, 44; **XVII**:184; **XVIII**:198; **XXI**:200, 202; **XXII**:5, 20, 23–25, 154, 157; **XXVIII**:273; **XXXVI**:29, 164, 168; **XXXVII**:7–8, 37, 137
al-ramādah. SEE 'Ām al-Ramādah
al-Ramādah (near al-Ramlah) **XIII**:166; **XV**:47
Ramaḍān (month, in Muslim calendar)
  fast of **VII**:25–28; **VIII**:168; **XI**:67; **XXVIII**:80
  'Īd al-Fiṭr. SEE 'Īd al-Fiṭr
  new moon of **I**:229

Ramaḍān (continued)
prayer ritual of **XII**:161; **XIV**:114–15
retreat (*i'tikāf*) during **XVII**:215; **XXIV**:4
ṣalāt al-fiṭr (prayer of breaking the fast of Ramaḍān) **XXXVI**:37
travel during **XXIV**:84
Yawm al-Fiṭr. SEE ʿĪd al-Fiṭr
Rāmahurmuz. SEE Rām Hurmuz
al-Ramaliyyah (in Khūzistān) **V**:56
Ramaqah (black rebel leader) **XXVIII**:233
Rāmbihisht (wife of Sāsān) **V**:4–5
Rāmhurmuz. SEE Rām Hurmuz
Ramī b. Kaykhusraw **IV**:19
Ramīn b. Kaykhusraw **IV**:19
Rāmīthan (Rāmīthanah, in the Bukhārā oasis) **XVIII**:178; **XXIII**:143, 146
Rāmiyah (southeast of Tyre) **XXXIV**:42
al-Raml (village, in Wāsiṭ) **XXXVII**:16, 18
Banū Raml (of ʿĀd) **II**:34
Ramlah (*jāriyah* of Muʿāwiyah b. Abī Sufyān) **XVIII**:214
Ramlah (wife of Muʿādh b. Jabal) **X**:24
al-Ramlah (northeast of Jerusalem) **II**:66, 129; **IX**:142; **XI**:126; **XII**:185, 186, 190, 193; **XIII**:81; **XXIV**:3; **XXVI**:193; **XXXIII**:206; **XXXIV**:134; **XXXV**:143
Ramlah bt. ʿAlī b. Abī Ṭālib (al-Kubrā, the Elder) **XVII**:229
Ramlah bt. ʿAlī b. Abī Ṭālib (al-Ṣughrā, the Younger) **XVII**:229
Ramlah bt. al-Ḥārith (al-Ḥadath) **IX**:95; **XXXIX**:83
Ramlah bt. Hārūn al-Rashīd, Umm Jaʿfar **XXX**:328
Ramlah bt. Shaybah b. Rabīʿah b. ʿAbd Shams **XV**:254
Ramlah bt. Abī Sufyān b. Ḥarb. SEE Umm Ḥabībah
rampart of Anūshirwān **XIV**:38, 41–42
rank, official. SEE *aṣḥāb al-marātib*
al-Ranq (toponym) **XI**:65
ransom of captives **VII**:70, 71–72, 74–75, 81; **X**:47, 57, 189, 190; **XI**:34, 37–38; **XXXVIII**:32–33, 153–54, 155, 181, 185; **XXXIX**:8, 13
Raqabah b. al-Ḥurr al-ʿAnbarī **XXI**:62, 64; **XXIII**:100–101, 103, 107; **XXV**:17
Banū Raqāsh **XXIII**:194
Raqāsh bt. Mālik (sister of Jadhīmah al-Abrash) **IV**:134
Raqāsh bt. Rukbah b. Nāʾilah **VI**:27
al-Raqāshī (al-Faḍl b. ʿAbd al-Ṣamad) **XXX**:226–27
al-Raqāshī (*rāwī*). SEE Yazīd al-Raqāshī
al-Raqīm (near Medina) **XXI**:56
al-Raqīm (inscribed tablet of Companions of the Cave) **IV**:155, 156
al-Raqqah (in al-Jazīrah) **VI**:18; **XIII**:80, 82, 86–88, 159; **XV**:119; **XVII**:6; **XX**:139, 140; **XXIV**:77; **XXVI**:250; **XXVII**:19, 21, 50, 51, 167, 180–81; **XXVIII**:11, 61, 238, 244; **XXIX**:67, 81, 84, 85, 86; **XXX**:162, 164, 173, 177, 179–80, 183, 199, 218, 220, 230, 236, 241, 256, 261, 268, 291, 295–96, 299, 301, 324, 326; **XXXI**:18, 35, 88, 104, 106, 108, 192, 226; **XXXII**:48, 79, 95, 106, 108–9, 129, 134, 140, 159, 198, 199, 205, 210, 222; **XXXIII**:27; **XXXIV**:39, 157; **XXXV**:59, 67, 72, 79; **XXXVI**:181; **XXXVII**:5, 82, 124, 145, 152; **XXXVIII**:76, 78, 79, 91, 97, 103–5, 118, 123, 128, 133–35, 141–43,

al-Raqqah (continued)
XXXVIII:148; **XXXIX**:264, 265
SEE ALSO al-Rāfiqah
Raqqat al-Baradān (near Baghdad) **XXXVI**:22
Raqqat Kalwādhā (south of Baghdad) **XXXI**:134, 226
SEE ALSO Kalwādhā
Raqqat al-Shammāsiyyah **XXXV**:40, 46, 63
SEE ALSO al-Shammāsiyyah
raqqiyyah (transport boat) **XXXVII**:119
al-Raqṭā' (of Banū Hilāl) **XIII**:111
Ra'rabā bt. Lot **II**:118
Ra's Aḥmad b. Naṣr (in Baghdad) **XXXIV**:34
Ra's al-'Ayn (Ra's 'Ayn, in al-Jazīrah) **XIII**:86, 160; **XXXII**:25, 186; **XXXIV**:157; **XXXVII**:4
SEE ALSO 'Ayn al-Wardah
Ra's al-Jālūt, bridges of **XXI**:68
Ra's al-Jālūt. SEE Exilarch
Ra's al-Kalb (toponym) **IV**:153
Rashīd (*ghulām* of 'Abdallāh b. 'Awf b. al-Aḥmar) **XVIII**:130
Rashīd (*khādim* of Hārūn al-Rashīd, Rashīd al-Hārūnī) **XXX**:219, 303, 315; **XXXI**:229
Rashīd (*mawlā* of 'Ubaydallāh b. Ziyād) **XIX**:62
Rashīd (son of Waṣīf's sister Su'ād) **XXXV**:31
al-Rashīd. SEE Hārūn al-Rashīd
Rashīd al-Hārūnī. SEE Rashīd (*khādim* of Hārūn al-Rashīd)
Rashīd b. Kāwūs **XXXV**:42, 69, 76, 77, 78, 79, 81, 82, 98, 99
Rashīd b. Kurayb **XXVII**:147
Rashīd b. Rashīd, Abū Dāwūd **XXIX**:3
Rāshid (*mawlā* of al-Muwaffaq) **XXXVII**:47, 67, 104, 112, 119–20, 130; **XXXVIII**:4, 11
Rāshid (*mawlā* of Ibn Abī Aws) **VIII**:143
Rāshid (of Banū 'Abd al-Qays) **XVI**:143
Rāshid (*rāwī*, father of 'Abd al-Malik b. Rāshid) **VI**:24
Rāshid b. Ḥafṣ **XXVIII**:151
Rāshid b. Ḥubaysh **XXXIX**:158
Rāshid b. Iyās b. Muḍārib **XX**:198, 200, 205–11, 222
Rāshid b. Jir' **XXVI**:190
Rāshid al-Maghribī **XXXIV**:69, 72; **XXXVI**:36
Rāshid al-Mu'adhdhin (Rāshid the Mu'adhdhin) **XXIV**:116
Rāshid al-Qarmaṭī **XXXVI**:36
Rāshid b. Sa'd **XIV**:120
al-Rāshidiyyah (military regiment) **XXVII**:163
Rashīq (*khādim* of 'Ubaydallāh b. Yaḥyā b. Khāqān) **XXXVI**:188
Rashīq al-Ḥajjājī **XXXVII**:18, 59, 62, 71–73, 126
Rashīq al-Ḥuramī **XXXVIII**:85
Rashrashah (*mawlā* of Shaqīq b. Thawr) **XVI**:115, 144
Banū Rāsib (of al-Azd) **XVIII**:39, 100; **XXVII**:29; **XXVIII**:92, 261
Banū Rāsib (of Jarm) **X**:155
Rāsil (ruler of Makrān) **XIII**:175; **XIV**:70
Raskan (toponym) **XV**:105
Raslah (Byzantine city) **XXIV**:167
Rasmūnas (of Men of the Cave) **IV**:156
al-Rass, people of **IV**:68
Rastan (near Ḥimṣ) **XXXV**:27
Rastan Gate. SEE Bāb Rastan
Rastīn (*wazīr* of Darius the Elder) **IV**:87–88
al-Rasūb (name of Prophet Muḥammad's sword) **IX**:63
Rathāshtārān Sālār (Persian rank) **V**:104

raṭl (*riṭl*, flagon, measure of weight) **XXII**:78, 117; **XXIII**:54; **XXVIII**:190; **XXIX**:7; **XXXI**:179; **XXXVII**:101
Ratlah (commander of al-Maghāribah) **XXXV**:48
rats **XII**:77, 78–79
Rāvar (Rābar, north of Kirmān) **XV**:91
raven (crow, *ghurāb*) **I**:309, 311, 357
as ill omen **XII**:47–48; **XVIII**:77
al-rawādif (newcomers, among Arab clansmen, in conquered territories) **XIII**:71, 77, 144, 200, 217
Rawāḥ (concubine of Hārūn al-Rashīd) **XXX**:327
Raw'ah (sister of 'Amr b. al-Ḥajjāj) **XIX**:42
Ra'wah bt. Zamar b. Yaqṭān **II**:127
Banū Rawāḥah b. Sa'd (of 'Abs) **V**:356; **XVI**:30; **XXV**:14
al-Rāwandiyyah (Shi'ite sect) **XXVII**:205; **XXVIII**:43, 62–68, 73, 238; **XXIX**:57, 121, 165
Rawāṭā (toponym) **XXXVII**:22
Rawḍat al-Abān (toponym) **XXXIV**:47
Rawḥ (*ghulām* of Muḥammad b. 'Abd al-Malik al-Zayyāt) **XXXIV**:73
Rawḥ (*mawlā* of al-Faḍl b. Yaḥyā al-Barmakī) **XXX**:112
Rawḥ (*rāwī*) **XVI**:145
Rawḥ (*rāwī*) **XXXIX**:151, 267
Rawḥ b. 'Abdallāh **XV**:79
Rawḥ b. Aslam **I**:332
Rawḥ b. Ghuṭayf al-Thaqafī **II**:21, 113
Rawḥ b. Ḥātim b. Qabīṣah b. al-Muhallab **XXVII**:187, 188, 191; **XXVIII**:78–80; **XXIX**:172, 178, 193, 195, 203, 222, 235, 237, 239; **XXX**:41, 102, 109
Rawḥ b. Muqbil **XXVI**:154, 163
Rawḥ b. Thaqaf al-'Ammī, Abū 'Abdallāh **XXVIII**:255–57
Rawḥ b. 'Ubādah **I**:285, 305; **VI**:61, 154, 156, 159; **XVI**:145
Rawḥ b. al-Walīd b. 'Abd al-Malik **XXIII**:219, 221
Rawḥ b. Zinbā' al-Judhāmī, Abū Zur'ah **XIX**:168, 221; **XX**:49, 50, 57; **XXIII**:108–9
al-Rawḥā' (name of Prophet Muḥammad's bow) **IX**:154
al-Rawḥā' (near al-Kūfah) **XVIII**:111; **XXI**:37; **XXVII**:25, 26, 57
al-Rawḥā' (near Medina) **VII**:65, 84, 140; **IX**:154
al-Rawḥā' Road (between Mecca and al-Madīnah) **VI**:146
Abū Rawq al-Hamdānī ('Aṭiyyah b. al-Ḥārith) **I**:211, 227, 252, 258, 261, 264, 266, 269, 356; **X**:14, 169; **XI**:46, 49, 64, 176, 193, 195, 199, 201–2, 207, 212; **XII**:124, 146, 206; **XIII**:16, 21, 22, 77, 90, 102, 146; **XV**:54, 64, 100, 125, 145, 148, 256; **XVII**:39; **XXI**:29, 108
Rawwād b. al-Jarrāḥ **XXXIX**:108
Rawwād al-Ka'bī **XX**:34
Abū al-Rawwāgh al-Shākirī **XVIII**:51, 52, 53, 54, 60, 61, 62, 63, 65, 66, 67; **XXII**:42
ray' (personal opinion, in law) **XXXIX**:265
Raydah (in Yemen) **III**:164
al-Rayḥān. SEE Nahr al-Rayḥān
Rayḥān b. Ṣāliḥ al-Maghribī **XXXVI**:35, 39, 41, 50–52, 54, 55, 57, 60, 62–64; **XXXVII**:62–63, 65
Rayḥān b. Ziyād al-'Āmirī al-'Abdallī **XXV**:143
Rayḥānah bt. 'Alqamah b. Mālik b. Zayd b. Kahlān (Rayḥānah bt. Dhī Jadan) **V**:216, 242, 244

Rayḥānah bt. ʿAmr b. Khunāfah. SEE Rayḥānah bt. Zayd b. ʿAmr b. Khunāfah al-Quraẓiyyah
Rayḥānah bt. Dhī Jadan. SEE Rayḥānah bt. ʿAlqamah b. Mālik b. Zayd b. Kahlān
Rayḥānah bt. al-Hudhayl b. Hubayrah **XI**:66
Abū Rayḥānah al-ʿUraynī **XX**:32
Rayḥānah bt. Zayd b. ʿAmr b. Khunāfah al-Quraẓiyyah **VIII**:39; **IX**:137, 141; **XXXIX**:164–65
Raysānah (of al-Manṣūr's entourage) **XXVIII**:278–79
Raysūt (Raysūb, toponym) **IV**:69, 70
Rayṭah *(rāwiyah)* **XXXIX**:171
Banū Rayṭah (children of Rayṭah) **XIII**:103
Ibn Rayṭah. SEE ʿAlī b. al-Mahdī
Rayṭah bt. Abī al-ʿAbbās, Umm ʿAlī **XXI**:218; **XXVIII**:85; **XXIX**:152–53; **XXX**:13, 57
Rayṭah bt. Hārūn al-Rashīd **XXX**:328
Rayṭah bt. Hilāl b. Ḥayyān **IX**:29
Rayṭah bt. Muḥammad b. ʿAlī b. ʿAbdallāh b. al-ʿAbbās b. ʿAbd al-Muṭṭalib **XXXIX**:235
Rayṭah bt. Munabbih b. al-Ḥajjāj **VII**:107
Rayṭah bt. ʿUbaydallāh b. ʿAbdallāh b. ʿAbd al-Madān b. al-Dayyān al-Ḥārithī **XXVII**:212; **XXXIX**:235
Rayṭah bt. Yazīd **XXI**:126
al-Rayy **I**:342; **III**:21; **IV**:77, 96–97; **V**:109, 112, 301; **IX**:3, 143; **XIII**:11, 50, 53; **XIV**:1, 17, 21, 24–27, 31, 51, 52; **XV**:8, 62, 82, 132, 256; **XVII**:102; **XVIII**:22, 33, 188, 194; **XIX**:75, 103, 119, 161, 204; **XXI**:192, 203, 204; **XXII**:141, 143–44, 147–48, 162–63; **XXIII**:38, 58, 63, 99, 129; **XXIV**:43, 60; **XXV**:7, 118; **XXVI**:208, 225; **XXVII**:85, 110, 124, 125, 126, 182, 183, 211; **XXVIII**:29, 44–45, 49, 69–70, 72, 164, 277–78, 290; **XXIX**:37, 152, 199, 219, 222, 235, 239, 255; **XXX**:58, 91, 106, 116–17, 139, 163, 187, 250, 253–56; **XXXI**:16, 19, 24–25, 31, 43–44, 49, 51–52, 54, 72, 74, 76–79, 81–82, 85, 128; **XXXII**:65, 85, 94, 166; **XXXIII**:139, 141, 143, 149, 173; **XXXIV**:21, 96; **XXXV**:14, 23, 25, 26, 62, 65, 141, 144; **XXXVI**:14, 24–27, 30, 106, 116, 156, 161, 163, 166, 168, 171, 180; **XXXVII**:1, 63; **XXXVIII**:5, 14, 15, 23, 25, 35, 64, 104, 107, 112, 113, 117, 118; **XXXIX**:265
al-Rayyā (name of Prophet Muḥammad's camel) **IX**:151
al-Rayyān (*mawlā* of al-Manṣūr) **XXIX**:91, 92, 145
al-Rayyān (of Basmā, in al-Baṭīḥah) **XXXVII**:69
al-Rayyān b. ʿAbdallāh al-Yashkurī **XXIV**:110–11
al-Rayyān b. Muslim **XXI**:215
al-Rayyān b. Ṣabrah b. Hawdhah **XVII**:133–34
al-Rayyān b. Salamah al-Arāshī **XXVI**:41–42, 45
al-Rayyān b. Sinān al-Yaḥmadī **XXVI**:229
al-Rayyān b. al-Walīd **II**:153, 166, 184; **III**:31
al-Rāzī. SEE Aḥmad b. Thābit al-Rāzī
Abū al-Rāzī. SEE Muḥammad b. ʿAbd al-Ḥamīd
Razīn (of the Persians of Marw) **XXII**:10
Razīn (rebel against Khālid b. ʿAbdallāh al-Qasrī) **XXV**:113
Abū Razīn *(rāwī)* **XVII**:113
Razīn ʿAbd al-Salūlī **XXI**:88
Abū Razīn al-ʿAqīlī (al-ʿUqaylī) **I**:204, 206, 207; **V**:232
Razīn b. Bishr **XXV**:143
Razīn b. Mājid **XXVI**:144, 147

Razīn b. al-Mutawakkil al-Bakrī **XXI**:126
Abū Razīn al-ʿUqaylī. SEE Abū Razīn al-ʿAqīlī
al-Razīq. SEE Nahr al-Razīq
al-Rāziqiyyah (near al-Bādhāward) **XXXVI**:39
al-Razm. SEE Day of al-Razm
Rebecca bt. Bethuel b. Nahor **II**:61, 131, 134–36
red color symbolism **XXXIV**:30
  Turkish red standards **XXXV**:96
  SEE ALSO al-Ḥamrāʾ; al-Muḥammirah
Red Sea **XIII**:158; **XXXV**:109
  Abū Khālid (Moses' epithet for it) **III**:64
redness of the sky, in Egypt **XXXVIII**:44
reed boats *(mujawniḥāt)* **XXXVI**:46
reed pipe. SEE flute; *sūrnāy*
reeds
  as building material **XIII**:67
  naphtha-doused reeds, in warfare **XXXVII**:99, 100, 108, 113
Refreshment, Day of. SEE Yawm al-Tarwiyah
registry
  dīwān (military register) **V**:302; **XII**:201–2; **XIII**:30, 45, 75, 177; **XIV**:115–18; **XVIII**:105; **XXI**:161, 214, 215, 217; **XXII**:4; **XXVIII**:205, 206–7; **XXIX**:174, 183, 184, 190, 241, 242; **XXXVI**:14, 81
    SEE ALSO *fuṭm*
  Dīwān al-Tawqīʿ wa'l-Tatabbuʿ ʿalā al-ʿUmmāl (Bureau of Registering and Supervising Government Officials) **XXXIV**:158
registry (continued)
  Dīwān Zimām al-Nafaqāt (Bureau of Controlling Expenditures, Registry Department) **XXIX**:206, 241; **XXX**:9, 86; **XXXIV**:75
regular army *(athbāt, jaysh, jund)* **XV**:19, 21; **XXXV**:27, 34, 41, 49, 72, 93, 126; **XXXVI**:4, 7
Rehoboam **IV**:20–82
relish. SEE *kamākh*
repentance **I**:241–42
Repenters. SEE al-Tawwābūn
replacement army *(jaysh al-bidāl)* **XI**:78, 81
reserved pasture *(maḥjar, ḥimā)* **X**:51, 180–83; **XV**:156, 167
  SEE ALSO *ḥimā*
resin *(qaṭirān)* **XII**:197
Resurrection, Day of. SEE Yawm al-Qiyāmah
retaliation law. SEE blood revenge
retardedness **XXV**:1–2
retrograde stars *(al-khunnas)* **I**:235–36
Return, doctrine of. SEE Second Coming
Reu (Arghū) b. Peleg **II**:16, 22
Reuben b. Jacob (Rūbīl b. Yaʿqūb) **II**:134, 136, 139, 171, 175–77; **IV**:61
revelation of al-Qurʾān **IX**:208
  date of first revelation **VI**:62–63
  fainting spell, accompanying revelation **VIII**:3, 63
  manner of **VI**:67–76
revenge. SEE blood revenge
revenue. SEE annual revenue
Rhodes (Rūdas) **XVIII**:166, 208
Riʾām (sacred site of Ḥimyarites) **V**:171–72
al-Ribāb (tribal grouping) **X**:85–87, 89–91, 96, 139–41, 146; **XI**:202; **XII**:13, 42; **XIII**:76; **XVI**:75, 76, 114, 119

al-Ribbīl b. ʿAmr b. Rabīʿah **XII**:93, 99, 113, 114, 160; **XIII**:17
Ribʿī (b. Ḥuṣayn al-Riyāḥī) **XI**:202
Ribʿī (of Banū Taymallāh) **XII**:108
Ribʿī *(rāwī)* **XXXIX**:137
Ribʿī b. al-Afkal al-ʿAnazī **XIII**:54–56, 59, 61
Ribʿī b. ʿĀmir b. Khālid al-Tamīmī (al-ʿAnūd) **XI**:168, 203, 208–9; **XII**:65, 66, 67–69, 89; **XIII**:58, 134, 150, 200, 204; **XIV**:19, 54, 55
Ribʿī b. Hāshim al-Ḥārithī **XXVI**:146
Ribʿī b. Ḥirāsh b. Jaḥsh al-ʿAbsī **XVIII**:138
ridāʾ (garment covering upper body) **XXIII**:150, 180, 212, 226
al-Riḍā (the Chosen One). SEE ʿAlī b. Mūsā b. Jaʿfar
Riddah wars **IX**:95, 108; **X**:41–54; **XII**:17, 18; **XIII**:13, 27, 29, 38, 106, 127, 201, 202, 214; **XV**:119; **XXI**:106; **XXXIX**:82, 85, 88, 91
SEE ALSO *ahl al-Riddah*
al-Riḍwān, Pledge of. SEE Pledge of Good Pleasure
Banū Rifāʿah (of Qurayẓah) **IX**:136
Rifāʿah al-Bajalī. SEE Rifāʿah b. Shaddād al-Bajalī al-Fityānī
Rifāʿah b. Qays **VIII**:149–50
Rifāʿah b. Qumāmah **XXI**:98
Rifāʿah b. Rāfiʿ b. Khadīj **XXXIX**:319
Rifāʿah b. Rāfiʿ b. Mālik al-Anṣārī al-Zuraqī **XV**:203; **XVI**:83; **XXXIX**:290
Rifāʿah b. Shaddād al-Bajalī al-Fityānī **XVI**:144; **XVIII**:137; **XIX**:24; **XX**:82, 129, 138, 142, 145, 148, 150–55, 183, 185; **XXI**:17, 21, 22
Rifāʿah b. Shamwīl al-Quraẓī **VIII**:38
Rifāʿah b. Thābit b. Nuʿaym **XXVI**:242; **XXVII**:6, 7
Rifāʿah b. Thaʿlabah **XXII**:187
Rifāʿah b. Zayd al-Judhāmī al-Ḍubaybī **VIII**:124; **IX**:99, 100, 102–3, 146
Rifāʿah b. Zayd b. al-Tābūt **VIII**:54; **IX**:50
rifādah (feeding and watering of pilgrims) **VI**:15, 17, 18, 25–26; **XXX**:144
riffraff. SEE *ṣaʿālīk*
Righāl (name of Mallah's horse) **IX**:101
Abū Righāl **II**:45, 46
Abū Righāl (guide of Abrahah) **V**:223
Abū al-Rijāl *(rāwī)* **XI**:133
Abū al-Rijāl b. Abī Bakkār **XXXVIII**:151, 153
Rijām (mountain, in ʿUmān) **X**:153
Banū Riʿl (of Sulaym) **VII**:152; **XXXIX**:122
al-Riʿl b. Jabalah **XVI**:78
Riʾm. SEE Baṭn Riʾm
Riʾm (concubine of Hārūn al-Rashīd) **XXX**:327
Rīmā (in Maysān). SEE Shādh Sābur
Rimaʿ (valley, north of Zabīd, in Yemen) **X**:20, 158; **XI**:143
Abū Rimthah *(rāwī)* **IX**:158, 161
rings
- caliphal rings **XXXV**:114
- nose rings **XIX**:178
- signet and seal rings **III**:169–72; **XV**:62–63; **XXX**:261; **XXXIII**:35; **XXXV**:19, 114, 143

Rīnī. SEE Irene
al-Riqq. SEE Nahr al-Riqq
Rīshahr (in Fārs) **XIV**:68
SEE ALSO Rīw Ardashīr
Rishdīn b. Saʿd **II**:104; **XXXIX**:329
Rīthā bt. Lot **II**:118
riṭl. SEE *raṭl*
ritual consecration. SEE *iḥrām*

rituals of Islam
ablution. SEE ablution
observance of **XXXII**:111–12
pilgrimage. SEE pilgrimage
prayer. SEE prayer ritual
purity and purification **II**:99; **X**:142
river boats. SEE boats and ships
River of Life **III**:2, 4, 14, 16
rivers and canals. SEE entries beginning with Nahr; Wādī
Rīw Ardashīr (on the coast of Fārs) **V**:16
SEE ALSO Rīshahr
Riyāḍ al-Rawḍah (al-Riyāḍ, in southern Arabia) **X**:156, 177–79
Riyāḥ b. Mālik b. ʿUṣayyah b. Khufāf **XXVIII**:191
Riyāḥ b. Murrah **IV**:152
Riyāḥ b. Muslim **XIX**:15, 224
Riyāḥ al-Qandalī **XXXVI**:176
Riyāḥ b. ʿUbaydallāh **XXIII**:207
Riyāḥ b. ʿUthmān al-Murrī **XXVIII**:85, 109–14, 116–23, 128–30, 138–39, 141–46, 150–53, 157, 205–6, 231; **XXXIX**:246
Banū Riyāḥ b. Yarbūʿ **XII**:99; **XXIII**:19
al-Riyāḥī. SEE Nahr al-Riyāḥī
al-Riyānūs. SEE Valerian
al-Riyāshī *(rāwī)* **XXXI**:249
Rizāḥ b. Rabīʿah b. Ḥarām **VI**:19–23
Abū al-Rizām (of Banū ʿAbd al-Dār) **XXVIII**:181, 182
Rizām b. Muslim **XXVIII**:66, 111–12, 151–52, 176–78, 233; **XXX**:150
rizq (pl. *arzāq*, provisions for fighting men) **XVII**:211, 212; **XXIV**:32, 50, 97; **XXXIII**:62; **XXXV**:5, 10, 28, 35, 36, 43, 77, 83, 97, 98, 125, 126, 146, 162, 163; **XXXVI**:70, 81, 82, 85
SEE ALSO *ʿaṭāʾ*; Dār al-Rizq; Madīnat al-Rizq
rizq al-faṭm (stipend to children) **XXIV**:97
Rizq al-Khādim **XXXV**:102
roads
beacon system *(al-manār)* **XXVII**:203
milestones, on the Meccan Road from Iraq **XXVII**:203
post road (post station, *sikkat al-barīd*) **XIII**:48; **XX**:206; **XXII**:109; **XXXIII**:8
SEE ALSO postal and intelligence service
stations **XIII**:109
ʿUmar b. al-Khaṭṭāb's instructions on construction of **XIII**:68
SEE ALSO specific names, e.g. Meccan Road
roasting alive, in torture **XXXVIII**:7
robes of honor. SEE *khilʿah*
Rock. SEE Dome of the Rock
Roman emperors **IV**:126–27
SEE ALSO specific names, e.g. Aurelian
Romans. SEE Byzantium
Rome (Rūmiyyah) **VIII**:105
Round City (Madīnat Abī Jaʿfar al-Manṣūr, in Baghdad) **XXXI**:110, 138–39, 156, 176, 178–79, 181–82, 194, 198, 200–202, 204, 207; **XXXII**:145–46, 168; **XXXIV**:147; **XXXV**:72, 75; **XXXVII**:150; **XXXVIII**:39, 42, 110
royal authority symbols
crowns **XIII**:26, 34
parasol *(mushammas, shamsah)* **XXXIII**:31; **XXXV**:42; **XXXVIII**:177, 179
Banū Ruʾās b. Kilāb **IX**:139; **XXVI**:46, 47
rubʿ (a fourth, army division). SEE *arbāʿ*
al-Ruʾb (near Siminjān) **XXIII**:165

Ru'b Khān (king of al-Ru'b) **XXIII**:165
Abū Ru'bah (Murji'ite) **XXIV**:132, 137, 140
Ru'bah b. al-'Ajjāj **XXIV**:63
rubā'iyyah (coins minted by al-Ma'mūn) **XXXI**:46–47
Rubayḥ b. 'Abd al-Raḥmān **XXXIX**:57
rubaythā' (small fish) **XXIX**:249
Rubayyi' bt. al-Naḍr **XXXIX**:222
al-Ru'bī al-Jarmī (leader of Banū Quḍā'ah) **XVI**:120
Rūbīl b. Ya'qūb. SEE Reuben b. Jacob
ru'būb (kind of club) **XXX**:13
ruby *(yāqūt)* **I**:293, 301–2; **VI**:79; **XXVI**:82; **XXXV**:115; **XXXVI**:9
al-Ruḍāb (toponym) **XI**:66–67
Rūdas. SEE Rhodes
Rudayḥ, Abū Ṣāliḥ **XXXIX**:305
Abū al-Rudaynī (governor of Ādharbayjān). SEE 'Umar b. 'Alī b. Murr
Abū al-Rudaynī *(rāwī)* **XXIX**:97
Rūdh al-Rūdh (near al-Badhdh) **XXXIII**:47–48, 51–52, 55–56, 62, 67, 72
Rūdhabār. SEE Rūdhbār
Rūdhbār (south of Baghdad) **XXII**:74, 87, 130; **XXXV**:95, 115
al-Rūdhbār (in Daylam) **XXXIII**:168
Rūdhmastān (Rūdhmistān, in lower Bihqubādh) **XI**:43; **XXXVIII**:92
rue *(ḥarmal)* **V**:235; **VII**:135
Rufay', Abū Kathīrah **I**:245
Rufay' b. Mihrān al-Riyāḥī. SEE Abū al-'Āliyah al-Riyāḥī
Rufaydah (nurse to nascent Muslim community) **VIII**:33
Rufayl. SEE Nahr Rufayl
al-Rufayl b. Maysūr **XII**:45, 47, 49, 52, 62, 63, 73, 77, 117, 126; **XIII**:3, 4, 9, 24
Ibn al-Rufayl b. Maysūr **XII**:45, 47, 49, 52, 62, 63, 73, 77, 86, 117, 121, 126, 149; **XIII**:3, 4, 9, 16, 24
Abū Rufayqah al-Fahmī **XVII**:20
rughl (kind of plant) **XII**:108
rugs. SEE carpets and rugs
al-Ruhā'. SEE Edessa
Ruhāṭ (between Mecca and Medina) **VIII**:188
al-Ruḥbah (near Medina) **XXVIII**:193
al-Rūḥiyyah Island. SEE al-Jazīrah al-Rūḥiyyah
Abū Ruhm b. 'Abd al-'Uzzā **XXXIX**:185
Abū Ruhm al-Ghifārī. SEE Kulthūm b. Ḥuṣayn b. Khalaf al-Ghifārī
Abū Ruhm b. al-Muṭṭalib b. 'Abd Manāf **VIII**:60
Rukānah b. 'Abd Yazīd b. Hāshim **XXXIX**:77, 102
al-Rukhkhaj (in Sijistān) **XXIII**:80; **XXX**:176; **XXXIV**:74; **XXXVIII**:195, 196
rukhṣah (concession, dispensation, license) **XII**:153; **XIV**:140
al-Rukn (eastern corner of al-Ka'bah, where the Black Stone is mounted) **III**:50; **VI**:53; **VIII**:135; **XXI**:61; **XXII**:187; **XXIX**:91
SEE ALSO Black Stone
al-Rūm (Bilād al-Rūm). SEE Byzantium
al-Rūm b. Esau **II**:134
Abū al-Rūm b. 'Umayr **XXXIX**:67
Rūmah (north of Medina) **VIII**:13, 14; **XV**:204, 237
al-Rumāḥis b. 'Abd al-'Azīz al-Kinānī **XXVII**:6–7, 170
al-Rumāḥis b. Manṣūr **XVII**:191
Umm Rūmān bt. 'Āmir ('Umayr) b. 'Āmirah **VII**:8; **IX**:129–30; **XI**:141; **XXXIX**:171, 172

Rūmānis b. Wabarah **XI**:216
SEE ALSO Ibn Wabarah b. Rūmānis al-Kalbī
al-Rūmaqān (south of Baghdad) **V**:15
Rumays (commander) **XXXVI**:41–45, 47–50, 175, 176
rumḥ 'ushārī (ten-cubit lance) **XXXV**:159
SEE ALSO spears, javelins, and lances
Rūmī (*ghulām* of Muslim b. 'Uqbah) **XIX**:210
Rūmī b. Ḥasanaj (Khashanaj) **XXXVII**:81; **XXXVIII**:30
Rumiyūzān (Persian commander) **V**:318
Rūmiyyah (Rome) **VIII**:105
al-Rūmiyyah (Rūmiyyat al-Madā'in, part of al-Madā'in) **V**:157–58, 254–55; **XXVIII**:26, 30; **XXXVII**:24
al-Rūmiyyūn. SEE Dār al-Rūmiyyīn
al-Rummah. SEE Baṭn al-Rummah
al-Rummān. SEE Nahr al-Rummān
al-Rummānatān (east of Damascus) **XI**:115
Rundāq (Zaydān) al-Sa'īdī **XXXVIII**:106, 111
Āl al-Ruqād (family of al-Ruqād) **XXV**:39
Ibn Abī al-Ruqād *(rāwī)* **XIII**:66
al-Ruqād b. Ziyād ('Ubayd) b. Hammām **XXII**:151; **XXIII**:53
ruqāq (*qirā*, flat bread) **XI**:24–25
Ruqayyah bt. 'Alī b. Abī Ṭālib **XI**:66; **XVII**:228; **XIX**:181
Ruqayyah bt. 'Amr al-'Uthmāniyyah **XXIX**:195; **XXX**:68
Ruqayyah bt. Muḥammad (daughter of Prophet Muḥammad) **VI**:48, 99, 110; **VII**:64, 73; **IX**:127, 128; **XV**:253, 254; **XXXIX**:161–62, 163
Ruqayyah bt. Muḥammad b. 'Abdallāh b. 'Amr b. 'Uthmān **XXVIII**:128–29
Ruqayyah bt. Abī Ṣayfī b. Hāshim b. 'Abd Manāf **XXXIX**:42
Ruqayyah bt. 'Umar b. al-Khaṭṭāb **XIV**:101
Ibn al-Ruqayyāt. SEE 'Ubaydallāh b. Qays
al-Ruṣāfah (in Baghdad) **XXIX**:6, 56, 59, 94, 110, 171, 181, 183, 197, 203; **XXXI**:211; **XXXII**:86, 87, 90, 95–96, 136, 189; **XXXV**:102, 104, 107, 113; **XXXVI**:9, 172; **XXXVII**:168; **XXXVIII**:85
al-Ruṣāfah (near al-Kūfah) **XXVIII**:238, 264; **XXIX**:20, 88, 152, 218
al-Ruṣāfah (Ruṣāfat Hishām, in Syria) **XI**:65; **XXI**:216; **XXV**:2; **XXVI**:5, 71, 80–81, 92, 100, 168, 171–72, 240; **XXVII**:8, 9, 19; **XXVIII**:13, 17–18; **XXIX**:115; **XXXVIII**:115
al-Ruṣāfah (Ruṣāfat Wāsiṭ) **XXXVI**:195–97; **XXXVII**:17
Ruṣāfah Gate. SEE Bāb al-Ruṣāfah
al-Rusāris b. Junādib **XIV**:38
Rūshan Fayrūz (in Jurjān) **V**:113
Rūshanak (daughter of Darius the Younger) **IV**:88, 90–91, 93, 95
al-Rushdiyyah Street (in Baghdad) **XXXI**:191
Rustam (*ghulām* of Shamir b. Dhī al-Jawshan) **XIX**:141
Rustam (*ghulām* of Suwayd b. 'Abd al-Raḥmān) **XXII**:137
Rustam b. Bardū **XXXVIII**:153, 172, 180, 196
Rustam b. Bārūyah **XXXIII**:145
Rustam b. Farrukh Hurmuz **V**:406–7
SEE ALSO Rustam b. Farrukhzād al-Armanī

Rustam b. Farrukhzād al-Armanī **XI**:176–80, 182–83, 188–90, 197, 203, 221–22; **XII**:29–33, 39, 40, 43–54, 57, 58, 60–65, 67–71, 73–78, 81–83, 86, 95, 101, 103, 121, 123–26, 130, 134–38, 140, 143, 150, 204; **XIII**:10, 16, 52; **XIV**:21
SEE ALSO Rustam b. Farrukh Hurmuz
Rustam al-Ḥaḍramī. SEE al-Ḥasan b. ʿAbd al-Raḥmān b. Sharāḥīl
Rustam al-Kalārī, sons of **XXXIII**:172; **XXXV**:22–24
Rustam b. Qārin b. Shahriyār **XXXV**:64
Rustam al-Shadīd **IV**:2–7, 76, 81; **XXIII**:98
rustāq (district division) **XIV**:7; **XVIII**:137; **XXII**:54; **XXXVI**:45
Rustāq Banī al-Rāzī (in al-Rayy) **XXXI**:52
Rustāq al-Rummān (estate of Hishām b. ʿAbd al-Malik b. Marwān) **XXV**:172
Rustāq al-Shaykh (in Iṣfahān) **XIV**:7
Rustaqubādh (Rustuqbādh, in Khūzistān) **XXII**:23–24; **XXIII**:12, 156
SEE ALSO ʿAskar Mukram
al-Rustumī. SEE al-Ḥusayn b. ʿUmar al-Rustumī
Rustuqbādh. SEE Rustaqubādh
Rūstuqbādh (district, in al-Kūfah) **XXVII**:135
Rutbīl. SEE Zunbīl
al-Ruwāʿ bt. Iyās b. Shurayḥ al-Hamdānī **XXI**:126
al-Ruwāʿ bt. Karib b. Nimrān **XX**:126
Ruwayd b. Ṭāriq al-Quṭaʿī **XXV**:119–20
Ruwayfiʿ (*mawlā* of Prophet Muḥammad). SEE Abū Rāfiʿ
Ruwayfiʿ b. Thābit al-Balawī **IX**:40
al-Ruwaythah (between Mecca and Medina) **XXXIV**:18, 19
Ruwayyah. SEE Duwayyah
al-Rūyān (Rūyān, district, near Ṭabaristān) **XXIV**:47; **XXVIII**:73; **XXIX**:208, 219, 235, 238, 239; **XXX**:40, 116, 163, 255; **XXXII**:135; **XXXIII**:142, 168, 172–73; **XXXV**:23, 24
Rūyīn b. Firān **IV**:12
Rūz Mihr. SEE Mihr Rūz
Ruzayq (*mawlā* of Ṭalḥah b. ʿAbdallāh al-Khuzāʿī) **XXXII**:163
Ruzayq b. ʿAbdallāh al-Rāzī **XV**:229
Rūzbah (*ʿayyār*) **XXXVI**:88
Ruzbān Ṣūl b. Ruzbān **XIV**:28–29
Rūzbih (Persian commander) **XI**:60–62, 65
Rūzbih b. Buzurgumihr **XIII**:70, 72, 75, 76
R.ʿ.wīn (?, ethnic group) **XXXIV**:141

S

Sāʿ (on the Khābūr) **XX**:141
ṣaʿālīk (riffraff, vagabonds) **XXXIV**:182; **XXXV**:10, 24; **XXXVI**:14, 182, 206
al-Sabʿ (al-Sabaʿ, in Palestine) **XV**:171; **XXVI**:190
al-Ṣaʿb b. ʿAṭiyyah b. Bilāl **X**:84, 98, 139; **XVI**:135, 146, 148, 150, 151
al-Ṣaʿb b. Ḥakīm b. Sharīk **XVI**:152, 155, 158
al-Ṣaʿb b. Muʿādh **VIII**:117
al-Ṣaʿb b. Zayd **XX**:46, 163
Sabaʾ (ʿAbd Shams, ancestor of the Tubbaʿs of Ḥimyar) **V**:176
Ibn Sabaʾ. SEE ʿAbdallāh b. Sabaʾ
Sabaʾ b. Yashjub **II**:22
Banū Sabā **XII**:196
Sabā bt. Asmāʾ b. al-Ṣalt. SEE Sanā bt. Asmāʾ b. al-Ṣalt al-Sulamiyyah
al-Sabaʿ. SEE al-Sabʿ

Sabābah (Shabābah, *mawlā* of Qays b. 'Abdallāh al-Bāhilī) **XXV**:54, 55
al-Sabābijah (canal). SEE Nahr al-Sabābijah
al-Sabābijah (ethnic group). SEE al-Sayābijah
Ṣab'ah (one of five cities destroyed by God) **II**:125
Ibn Abī al-Ṣa'bah, baths of. SEE Ḥammām Ibn Abī al-Ṣa'bah
al-Ṣa'bah bt. 'Abdallāh al-Ḥaḍramī **XXXIX**:28
Ṣabaḥ b. Ṣabaḥ b. al-Ḥārith b. Afṣā b. Du'mī b. Ayād **IV**:129, 131
al-Saba'iyyah (al-Sabā'iyyah, Shi'ite sect) **XV**:154; **XVI**:17, 19, 31, 45, 123, 131, 166, 169; **XVIII**:49, 145; **XX**:208; **XXI**:13, 70, 71; **XXVII**:153
SEE ALSO 'Abdallāh b. Sabā'
al-Sabakhah (in al-Kūfah) **XX**:199, 203–4, 210–13; **XXI**:15, 22, 46, 99–100; **XXII**:61–62, 68, 94, 108–9, 114, 116, 139, 141
Sabakhat (Sabkhat) al-Qandal (near al-Ahwāz) **XXXVI**:38
al-Sabal (ruler of al-Khuttal) **XXII**:188–89; **XXIII**:96–97, 106, 171; **XXV**:30, 34, 120–21, 131, 152
al-Ṣabarāt (in Mahrah) **X**:157
Sabaskath (Isbaskath?, near Samarqand) **XXIV**:171
sābāṭ (vaulted passageway) **XXXV**:127
Sābāṭ (Balāshāwādh, west of al-Madā'in) **V**:127, 297, 357–58; **XI**:50, 212, 222; **XII**:29, 30, 40, 44–46, 49, 52, 83; **XIII**:4, 6–8, 40, 191; **XVII**:116; **XVIII**:61, 62, 65–66; **XXI**:14, 15, 82, 125; **XXII**:100; **XXVIII**:239
Sābāṭ Bridge. SEE Jisr Sābāṭ
Sābāṭ Gate. SEE Bāb Sābāṭ
al-Ṣabbāḥ (*mawlā* of Jibrīl) **XXVII**:75, 98
Ṣabbāḥ, Abū al-Dhayyāl **XXX**:24
al-Ṣabbāḥ b. 'Abd al-Malik al-Shaybānī **XXIX**:101
al-Ṣabbāḥ b. 'Abd al-Raḥmān **XXIX**:264
al-Ṣabbāḥ b. Fulān al-Muzanī **XI**:66
al-Ṣabbāḥ b. Khāqān al-Tamīmī **XXIX**:120, 141; **XXX**:96
al-Ṣabbāḥ b. Muḥammad b. al-Ash'ath **XXII**:163
al-Ṣabbāḥ b. Shutayr **XII**:177
al-Ṣabbāḥ al-Ṭabarī **XXX**:292–93
Abū al-Ṣabbār al-'Abdī **XXVI**:48
Sabbath **VIII**:24–25, 30
Ṣābi' (b. Methuselah) **I**:347
Banū al-Sabī' **XXI**:129; **XXXV**:89; **XXXIX**:220, 268
SEE ALSO Jabbānat al-Sabī'
Sabians (al-Ṣābi'ūn, religious group) **I**:345, 347, 354; **IV**:77; **IX**:66
SEE ALSO al-Ṣubba'
Sabīh b. Mārqīh (Subayh b. Mārqayh) **IX**:145
SEE ALSO Safīnah
Ṣabīḥah al-Taymī **XI**:151
Sābiq (*mawlā* of Bishr b. 'Abd al-Malik b. Bishr) **XXVI**:48
Sābiq al-Khwārazmī (*khādim* of Abū al-'Abbās al-Saffāḥ) **XXVII**:151, 159
sābiqah (precedence) **XXXII**:140
Ibn Sābiṭ (*rāwī*) **II**:86
al-Ṣābi'ūn. SEE Sabians
Sabkhat al-Qandal. SEE Sabakhat al-Qandal
sables **XXVI**:265
Ibn Abī Sabrah. SEE Abū Bakr b. 'Abdallāh b. Abī Sabrah
Sabrah b. 'Abd al-Raḥmān b. Mikhnaf al-Azdī **XXII**:107–9, 130, 136; **XXIV**:131
Sabrah b. 'Amr al-'Anbarī **IX**:122, 168; **X**:85, 87, 89; **XI**:223; **XVI**:73

Abū Sabrah b. Dhu'ayb. SEE Yazīd b. Mālik b. 'Abdallāh b. Ju'fī
Sabrah b. Jārūd al-Hudhalī **XX**:13
Ibn Abī Sabrah al-Ju'fī. SEE Muḥammad b. 'Abd al-Raḥmān b. Abī Sabrah
Sabrah al-Juhanī **XVI**:30
Sabrah b. Nakhf b. Abī Ṣufrah **XX**:164; **XXIII**:56
Abū Sabrah b. Abī Ruhm b. 'Abd al-'Uzzā al-'Āmirī **VI**:100; **XIII**:79, 130, 131, 133, 134, 136, 137, 145–48
Ṣabrah al-Ḥanẓalī **XIX**:7
Ṣabrah b. Shaymān al-Ḥuddānī **XVI**:56, 106, 118, 120, 135, 144; **XVII**:167–68, 211–12; **XVIII**:85–86
Sābūr (estate of Khālid b. 'Abdallāh al-Qasrī). SEE Kūrat Sābūr
Sābūr (Sābūr al-Junūd, Shāpūr, district, in Fārs) **I**:345; **V**:105; **IX**:145; **XIII**:149; **XIV**:65, 70; **XV**:13, 14; **XVIII**:30; **XXI**:123, 124, 200; **XXII**:25, 30, 150, 154, 157; **XXIII**:48; **XXVII**:87
SEE ALSO Kāzarūn
Sābūr I. SEE Sābūr al-Junūd b. Ardashīr b. Bābak
Sābūr II. SEE Sābūr Dhū al-Aktāf
Sābūr III. SEE Sābūr b. Sābūr b. Hurmuz
Sābūr (chief of Pharaoh's sorcerers) **III**:57
Sābūr b. Afqūr **IV**:101
Sābūr b. Andyān **V**:313
Sābūr b. Ashaghān (Sābūr b. Ashak b. Ashakān, Arsacid king) **IV**:99, 100
Sābūr b. Bābak **V**:8
Sābūr Dhū al-Aktāf (Sābūr II, Shāpūr b. Hurmuz, Sasanian emperor) **V**:49–67; **XI**:117; **XII**:39; **XXIV**:58–59
Sābūr al-Junūd (in Fārs). SEE Sābūr
Sābūr al-Junūd b. Ardashīr b. Bābak (Sābūr I, Sasanian emperor) **IV**:127; **V**:13–14, 16, 22–31, 33–39, 41–43, 182, 288; **IX**:145
Sābūr al-Rāzī (Sābūr of al-Rayy, *iṣbahbadh al-bilād*) **V**:131–32
Sābūr b. Sābūr b. Hurmuz (Sābūr III, Sasanian emperor) **V**:68, 74, 288
Sābūr b. Shahrbarāz b. Ardashīr b. Shahriyār **XI**:120, 178; **XII**:62
sacred enclave. SEE al-Ḥaram; *ḥimā*
sacred fire. SEE fire temples
Sacred House. SEE al-Ka'bah
sacred months **IX**:113
Sacred Mosque. SEE al-Masjid al-Ḥarām
sacred territory. SEE al-Ḥaram; *ḥimā*
sacred trees **IX**:11
sacrifice
  Cain and Abel's offer of **I**:313–14
  Feast of Sacrifice. SEE 'Īd al-Aḍḥā
  oaths of **VI**:1–2
sacrificial animals
  Abraham's ram **II**:94–95
  'atīrah (sacrificial lamb) **VI**:40
  iḥrām and **IX**:109
  rajabiyyah (animal sacrificed in the month of Rajab) **VI**:40
  substitute for sacrificial camels **VIII**:137
Sacrilegious War. SEE Fijār war
Sa'd (*mawlā* of 'Amr b. Khālid al-Ṣaydāwī) **XIX**:97, 150
Sa'd (in a line of Abū al-'Asūs' poetry) **XVII**:57
Sa'd (*rāwī*, father of Ibrāhīm b. Sa'd) **XXXIX**:216
Sa'd (*mawlā* of al-Mahdī) **XXIX**:235, 239
Sa'd (*mawlā* of Mu'āwiyah b. Abī Sufyān) **XVIII**:216
Sa'd (b. Najd al-Azdī?) **XXIV**:20, 21

Banū Saʿd **X**:139; **XII**:42; **XVI**:62, 72, 108, 109, 119, 120, 150, 166; **XVIII**:85, 142; **XXI**:65, 175; **XXVII**:45; **XXVIII**:205, 227; **XXX**:74; **XXXVI**:126–30, 132
Banū Saʿd (of Tamīm) **XXXII**:238–39; **XXXVI**:31
Ibn Saʿd (Muḥammad b. Saʿd, Abū ʿAbdallāh) **I**:290, 291, 297, 303, 314, 324, 333, 334, 336, 340, 344, 348, 355, 358, 362, 365, 366, 368; **II**:12, 17, 18, 102, 127, 128, 153; **V**:231, 413; **VI**:8, 9, 17–18, 30, 31, 36, 38, 39, 49, 63, 64, 77, 84–87, 92, 99, 155; **VII**:9, 10, 25, 27, 84, 85, 111, 113, 159; **VIII**:69; **IX**:2, 3, 6, 7, 8, 9, 11, 12, 13, 14, 15, 17, 18, 19, 20, 21, 23, 24, 25, 26, 27, 28, 32, 33, 34, 35, 37, 38, 39, 40, 41, 42, 43, 45, 46, 48, 49, 50, 51, 52, 53, 54, 56, 59, 61, 62, 63, 68, 69, 74, 76, 79, 80, 82, 84, 85, 87, 88, 89, 90, 92, 94, 95, 97, 98, 99, 100, 103, 104, 105, 106, 108, 112, 114, 115, 116, 117, 118, 119, 121, 123, 124, 125, 126, 127, 128, 131, 132, 133, 134, 135, 136, 137, 138, 139, 140, 141, 142, 143, 145, 146, 147, 148, 149, 150, 151, 152, 153, 154, 155, 157, 158, 159, 160, 161, 163, 168, 169, 170, 171, 172, 173, 174, 175, 176, 177, 178, 179, 180, 181, 182, 183, 184, 185, 188, 196, 200, 203, 205, 207, 208; **XI**:130, 133–34, 136–39, 145–46, 151, 224; **XIII**:163; **XIV**:89, 93, 95–97, 99, 100, 102, 113–20; **XV**:1, 3, 249, 250, 251, 252, 253; **XVI**:8, 21; **XVII**:202, 213, 226, 227, 228, 229; **XVIII**:13, 21, 104, 107, 113, 126, 179, 210, 211; **XIX**:6, 8, 11–13, 22, 76, 80, 82, 100, 124, 150, 205, 217, 218; **XX**:47–48, 54–55, 160–62; **XXI**:207, 224, 225–26, 228–30, 232; **XXII**:187; **XXIII**:114, 116–17; **XXIV**:69, 91–92; **XXV**:9; **XXVIII**:138, 185, 187, 204–5, 231, 269, 286, 288; **XXX**:76; **XXXII**:204; **XXXIX**:4, 9, 19, 23, 26, 27, 48, 60, 63, 65, 69, 70, 83, 98, 106, 115, 176, 209, 212, 214, 215, 219, 223, 226, 227, 228, 230, 233, 243, 248, 253, 254, 259, 260, 262, 263, 265, 266, 269, 273, 277, 278
Saʿd, Abū Mujāhid. SEE Saʿd b. Mujāhid al-Ṭāʾī
Saʿd b. ʿAbd al-Ḥamīd b. Jaʿfar **I**:306; **XXVIII**:147, 156, 158, 192, 201, 225, 229; **XXXIX**:131
Saʿd b. ʿAbdallāh (of Banū Thaʿlabah of Azd) **XVI**:166; **XVII**:51
Saʿd b. ʿAbdallah b. al-Ḥakam **XXXIX**:205
Saʿd b. ʿAmr b. Ḥarām al-Anṣārī. SEE Ibn Ḥarām al-Anṣārī
Saʿd b. ʿAmr b. Nufayl al-Azdī **XIX**:180
Saʿd b. Abī al-ʿArjāʾ **XIII**:129; **XV**:127
Saʿd al-Aʿsar **XXXVII**:147
Saʿd al-ʿAshīrah **XXIV**:82
Banū Saʿd al-ʿAshīrah (of Madhḥij) **X**:170
Saʿd al-Aswad **XXXVII**:39
Saʿd b. Bajal al-ʿĀmirī **XXII**:120
Banū Saʿd b. Bakr b. Hawāzin **V**:271–75, 282; **VIII**:95; **IX**:3, 18, 19, 27, 80, 108; **XII**:166; **XVII**:120; **XVIII**:145, 152; **XXVII**:120; **XXXIX**:192
Abū Saʿd al-Baqqāl. SEE Saʿīd b. al-Marzubān
Saʿd the Blacksmith (of the proverb) **XXIV**:22
Saʿd al-Ḍabābī **XXXV**:17, 19, 127
Saʿd b. Dhubyān b. Baghīḍ **VI**:27
Saʿd b. al-Ḥārith b. al-Ṣimmah **XXXIX**:34–35, 267
Banū Saʿd b. Hizzān **II**:13
Saʿd b. Ḥudhayfah b. al-Yamān **XX**:85–89, 147, 153, 183, 219–20

Sa'd b. Hudhaym **XXXIX**:130
Banū Sa'd (b.) Hudhaym (Sa'd b. Zayd) **VIII**:96; **IX**:79, 100; **X**:43; **XI**:78; **XXVI**:46
SEE ALSO Banū Sa'd b. Zayd Manāt b. Tamīm
Sa'd b. Ibrāhīm *(qāḍī)* **XXVI**:119
Sa'd b. Ibrāhīm b. 'Abd al-Raḥmān b. 'Awf **VII**:59
Banū Sa'd b. Jusham **XIII**:56
Sa'd al-Khādim al-Ītākhī **XXXIV**:145, 185
Sa'd b. Khaythamah **VI**:151
Sa'd b. Kinānah **VI**:31
Banū Sa'd b. Layth **XV**:144
Sa'd b. Lu'ayy b. Ghālib **VI**:27
Banū Sa'd b. Lu'ayy b. Ghālib **XXXIX**:236
Sa'd b. Mālik. SEE Sa'd b. Abī Waqqāṣ
Sa'd b. Mālik b. Sinān. SEE Abū Sa'īd al-Khudrī
Sa'd b. Manī' (father of Ibn Sa'd) **VIII**:69
Abū Sa'd b. al-Marzubān. SEE Sa'īd b. al-Marzubān
Sa'd b. Mas'ūd al-Thaqafī **I**:256; **XIV**:47–49; **XVI**:114; **XVII**:5, 116, 122, 127; **XXVIII**:204
Umm Sa'd b. Mu'ādh **VIII**:19, 20
Sa'd b. Mu'ādh b. al-Nu'mān b. Imri' al-Qays **VI**:127–29, 150; **VII**:16, 42, 47, 56, 83, 137; **VIII**:15–22, 29–30, 33–35, 39–40; **IX**:59; **XXXIX**:130
Sa'd b. Muḥammad b. al-Ḥasan **I**:215, 246, 313, 329; **VIII**:69
Sa'd b. Mujāhid al-Ṭā'ī, Abū Mujāhid **X**:63, 64; **XVII**:21, 24; **XX**:134
Sa'd b. Najd al-Qurdūsī **XXIII**:56
Sa'd b. Nimrān al-Hamdānī. SEE Sa'īd b. Nimrān al-Hamdānī
Sa'd b. al-Nu'mān b. Akkāl **VII**:72–73
Sa'd al-Qaraẓ **XV**:257; **XVIII**:101
Sa'd (Sa'īd) b. Qarḥā al-Tamīmī **XX**:38–40
Sa'd al-Qāri' (the Reciter). SEE Sa'd b. 'Ubayd al-Anṣārī
Sa'd b. al-Rabī' **VII**:132, 133
Sa'd b. Rāshid **XV**:247, 252; **XXII**:90
Sa'd b. Salm al-Marāghī **XXVII**:36
Abū Sa'd al-Sharawī **XXVII**:206
Sa'd b. Ṭāriq al-Kūfī. SEE Abū Mālik al-Ashja'ī
Banū Sa'd b. Tha'labah b. 'Āmir **XVI**:84; **XIX**:39
Sa'd b. 'Ubādah b. Dulaym al-Sā'idī **I**:282, 283; **VI**:137–38, 150; **VII**:15, 39; **VIII**:5, 15–17, 61, 133, 176; **IX**:36, 131, 152, 155, 186, 192, 194; **X**:1–3, 8–11; **XXXIX**:290, 296
Umm Sa'd b. 'Ubādah b. Dulaym al-Sā'idī **VIII**:5
Sa'd b. 'Ubayd al-Anṣārī (Sa'd al-Qāri') **XI**:173–76; **XII**:149; **XXXIX**:22
SEE ALSO Abū Zayd al-Anṣārī
Sa'd b. 'Ubaydah, Abū Ḥamzah **XIX**:80; **XXXIX**:313
Sa'd b. 'Ubaydallāh **XXIII**:81
Abū Sa'd b. 'Udas al-Najjārī **VI**:12
Sa'd b. 'Umaylah al-Fazārī **XII**:126, 149
Sa'd b. 'Uthmān al-Anṣārī **VII**:127
Abū Sa'd b. Wahb **VII**:160
Sa'd b. Abī Waqqāṣ (Sa'd b. Mālik) **VI**:87, 88; **VII**:11, 12, 14, 16, 19, 21, 22, 43, 121, 124; **VIII**:87; **IX**:118; **X**:50, 71, 190; **XI**:35, 168, 211–15; **XII**:6–8, 10, 11–17, 19–22, 24–27, 28–31, 33, 39, 41, 42, 44–46, 48, 49, 51, 52, 54–61, 62, 63, 65, 69, 76, 81, 83, 84–87, 89, 90, 93, 94, 96, 103, 105, 106, 113–18, 120–22, 125–29, 132, 135, 136, 138, 139, 141, 142–46, 149, 154, 159, 162, 164, 172, 173, 178; **XIII**:1–9, 11–24, 27–33, 36, 37, 40, 41, 43–47, 49, 53–55, 57–59,

Sa'd b. Abī Waqqāṣ (continued)
XIII:61–76, 78–80, 82, 86, 87, 90, 91, 115, 127, 129, 131–33, 150, 160, 176, 180, 190–92, 194, 196; XIV:2, 5, 51, 52, 91, 93, 120, 145–48, 150–52, 156, 159, 161, 163, 164; XV:5, 15–17, 45, 73, 152, 166, 173–74, 192, 197–98, 217; XVI:4, 9, 10, 12, 109; XVII:104; XIX:30, 178; XXVIII:173; XXXIX:35, 38, 47, 88, 107, 288, 299
Sa'd b. Zayd, Abū al-A'war. SEE Sa'īd b. Zayd b. 'Amr b. Nufayl
Banū Sa'd b. Zayd X:171
SEE ALSO Banū Sa'd (b.) Hudhaym
Sa'd b. Zayd al-Ashhalī al-Anṣārī VIII:39, 49, 188
Banū Sa'd b. Zayd Manāt b. Tamīm IX:108; X:50, 86, 91, 139, 141, 155, 171; XI:43, 67, 202; XX:72, 79, 89, 129, 178; XXII:138, 174
Ibn Sa'd al-Zuhrī. SEE 'Ubaydallāh b. Sa'd al-Zuhrī
Ṣadā (idol, of Banū 'Ād) II:29
Ṣa'dah (in northern Yemen) XXVII:121
Abū Sa'dān (*rāwī*) XX:21
ṣadāq. SEE dowry
ṣadaqah (pl. *ṣadaqāt*, voluntary alms tax, legal alms) VIII:142, 179; IX:38, 75, 79, 107; X:42, 45, 50, 51–52, 53, 70, 72, 78, 83, 85, 86, 98, 100, 136, 140, 141, 158, 170, 176–78, 180; XI:78; XIII:62, 90, 91, 106, 155; XV:67, 182; XVII:186–87, 189–92, 200–201, 230; XXVIII:90; XXIX:77, 186; XXXVI:2; XXXIX:82, 83, 91, 129, 223
bequest of Prophet Muḥammad XXVI:5; XXXIX:230
SEE ALSO Fadak
camels of X:34–35, 45, 51–52, 86, 140, 177–79; XIV:103, 104, 105, 141; XVII:201
Ṣadaqah (*rāwī*) VI:85
Ṣadaqah b. 'Abādah al-Asadī II:151
Ṣadaqah b. 'Alī b. Ṣadaqah XXXII:144
SEE ALSO Zurayq b. 'Alī b. Ṣadaqah
Ṣadaqah b. Bakkār XXVIII:274–75
Ṣadaqah b. Ḥumayd XV:107
Ṣadaqah b. Khālid XXXIX:158
Ṣadaqah b. Ṣāliḥ. SEE Abū al-Zinbā'
Ṣadaqah b. al-Walīd b. 'Abd al-Malik XXIII:219
Ṣadaqah b. Waththāb XXVI:117
Ṣadaqah b. Yasār III:78; VII:163
Sa'dawayh al-Wāsiṭī II:144; XXXII:210, 218, 222
saddlers' quarter. SEE al-Sarrājūn
saddles, Chinese XXVI:209; XXVII:202
Abū al-Sa'dī XXXIII:162
Abū al-Ṣa'dī (*rāwī*) XXVIII:274
al-Sadīd al-'Ullayṣī (Qarmaṭian commander) XXXVIII:137
Banū Ṣadif (al-Ṣadif) IX:98; XII:10; XVIII:33; XXIV:16
Ṣādiq (prophet) IV:168
Abū Ṣādiq (*rāwī*) VI:91; XVII:30; XX:132; XXI:79
Ṣadīq al-Farghānī XXXVII:81, 155–56
al-Sadīr (Lakhmid palace, east of al-Ḥīrah) V:81; XI:32; XVIII:155
al-Ṣādirah (name of a lote tree) IX:22
al-Sa'diyyah (faction, in al-Baṣrah) XXXVI:32, 34, 35, 52, 60, 65, 109, 128–31
al-Sa'diyyah (name of Prophet Muḥammad's camel) IX:151
al-Sa'diyyah (name of Prophet Muḥammad's coat of mail) IX:155
al-Ṣadūd (toponym) XX:134
Sa'dūn b. 'Alī XXXIV:75
Ṣadūq (prophet) IV:168
Sadūs al-Quḍā'ī VIII:143

Banū Sadūs b. Shaybān b. Dhuhl **XX**:8–9; **XXIII**:6, 195; **XXIV**:59
al-Ṣafā (fortress, in eastern Arabia) **V**:291
al-Ṣafā (hill, in Mecca) **II**:70, 73, 74, 76, 100; **VI**:54, 89, 103; **VIII**:182; **IX**:109; **XIX**:13, 66, 69; **XXI**:208; **XXVIII**: 102; **XXX**:24, 110; **XXXII**:22, 32; **XXXIX**:47
SEE ALSO *saʿy*
al-Ṣafā Gate. SEE Bāb al-Ṣafā
al-Ṣafāh (in al-Ḥijāz) **XXVI**:65
Safannajā b. ʿAmr al-Taghlibī **XXIX**:55
Abū al-Safar (*rāwī*, Saʿīd b. Yaḥmad) **XI**:34, 132, 146
Safār (southeast of al-Baṣrah) **X**:92
Ṣafar (month, in Muslim calendar), inauspiciousness of **XXX**:226
al-Ṣafar b. Ḥabīb **XXVII**:121
Saʿfaṣ (ruler) **II**:3
Safawān (near al-Baṣrah) **V**:361; **XIII**:100; **XVI**: 111; **XX**: 170; **XXIII**:17
Safawān (valley, near Badr) **VII**:14
safe-conduct guarantee *(amān)* **XII**:25, 68, 191; **XXVIII**:11, 56, 169; **XXX**:125; **XXXIX**:17–18, 45
al-Saffāḥ. SEE Abū al-ʿAbbās al-Saffāḥ
al-Ṣaffār. SEE ʿAmr b. al-Layth al-Ṣaffār; Yaʿqūb b. al-Layth al-Ṣaffār
safflower **XIII**: 105
saffron **XXIV**:46, 54; **XXIX**:118; **XXX**:321; **XXXVII**:72; **XXXIX**:179
Ṣaffūriyyah (in al-Urdunn) **XXIII**:25
ṣafī (first pick, in division of booty) **VII**:87; **IX**: 75
Ṣafī b. al-Ḥārith b. Ḥarb **XXXIX**:169, 199
al-Ṣafī b. Nabīt **VI**:42
Ṣāfī (Qarmaṭian commander) **XXXVIII**:137
Ṣāfī al-Ḥuramī **XXXVIII**:103–4
Ṣāfī b. Ṣayyād **XIII**: 146
Safīdhanj (village, of Banū Khuzāʿah) **XXVII**:64, 65, 66, 68, 69, 75, 79
Safīnah (*mawlā* of Prophet Muḥammad) **IX**:145; **XXXIX**:299
SEE ALSO Mihrān (*mawlā* of Prophet Muḥammad); Rabāḥ (*ghulām* of Prophet Muḥammad); Sabīh b. Mārqīh
al-Safīnatān (al-Safīniyyūn, double bridge of boats, in Baghdad) **XXXI**:131; **XXXII**: 18; **XXXVI** :202
SEE ALSO al-Jisrān
Ṣāfir. SEE Zophar
ṣāfiyah. SEE *ṣawāfī*
al-Ṣāfiyah (village, near Wāsiṭ) **XXXIII**:8; **XXXVIII**: 109
Ṣafiyyah (mother of Muḥammad b. ʿAbdallāh b. Khāzim) **XX**:79, 177
Ṣafiyyah bt. al-ʿAbbās b. ʿAbd al-Muṭṭalib **XXVI**: 46
Ṣafiyyah bt. ʿAbd al-Muṭṭalib **VII**:133, 134; **VIII**:22–23, 119; **IX**:79; **XXI**:228; **XXXIX**:105, 169, 198–99
Ṣafiyyah bt. Abī al-ʿĀṣ **XXXIX**:177
Ṣafiyyah bt. Bashshāmah **IX**: 140
Ṣafiyyah bt. al-Ḥārith b. Kaladah **XII**:171
Ṣafiyyah bt. al-Ḥārith b. Ṭalḥah b. Abī Ṭalḥah **XVI**:158, 164, 165; **XXXIX**: 277
Ṣafiyyah bt. Ḥuyayy b. Akhṭab **VIII**:117, 122, 127–28; **IX**: 127, 134–35; **XXXIX**:184–85
Abū Ṣafiyyah al-Taymī **XI**: 76; **XII**:193
Ṣafiyyah bt. Abī ʿUbayd **XIII** :58; **XX**:107
al-Ṣafrāʾ (name of Prophet Muḥammad's bow) **IX**:154

al-Ṣafrāʾ (near Badr) **VII**:40, 41, 65, 149; **XXXIX**:62
al-Ṣafṣāf (Byzantine fortress) **XXX**:165, 248, 262, 306; **XXXIII**:99, 126–27
Saft (in Egypt) **XXXVIII**:205
al-Ṣafūn (region settled by the descendants of Japheth) **II**:19
Ṣafūrah bt. Yathrā. SEE Zipporah bt. Jethro
Ṣafwān (b. Ṣafwān?) **X**:50
Abū Ṣafwān. SEE ʿAbdallāh b. Ṣafwān b. Umayyah b. Khalaf al-Jumaḥī; Naṣr b. Qudayd b. Naṣr b. Sayyār
Abū Ṣafwān (*rāwī*) **XXIII**:174; **XXIV**:48
Ibn Ṣafwān. SEE Shuʿayb
Ṣafwān b. ʿAmr **XIV**:104; **XXXIX**:215
Ṣafwān b. ʿAssāl **XXXIX**:92
Ṣafwān b. Bayḍāʾ (al-Bayḍāʾ) **XXXIX**:301
Ṣafwān b. al-Ḥārith b. Shijnah **VI**:25
Ṣafwān b. ʿĪsā al-Zuhrī **XII**:163; **XXXIX**:104, 146
Ṣafwān b. Makhramah b. Nawfal (Ṣafwān al-Akbar, the Elder) **XXXIX**:42, 109, 297
Ṣafwān b. Makhramah b. Nawfal (Ṣafwān al-Aṣghar, the Younger) **XXXIX**:42
Ṣafwān b. Mālik b. Jadhīmah (Dhū al-Shufr) **XXXIX**:183
Ṣafwān b. al-Muʿaṭṭal al-Sulamī **VIII**:59–61, 64–67; **IX**:147; **XIII**:87; **XXXIX**:292
Ṣafwān b. Muḥriz **I**:204, 205
Ṣafwān b. Qabīṣah al-Aḥmasī **XVI**:49
Ṣafwān b. Ṣafwān **X**:85–87
Ṣafwān b. Sulaym **XXXIX**:244, 335
Ṣafwān b. Umayyah **VII**:67, 78–80, 99, 105–7, 144, 147; **VIII**:92, 162, 166, 177–78, 184–85; **IX**:7, 10, 32; **XI**:91; **XII**:200; **XXXIX**:81, 118
Ibn Ṣafwān al-ʿUqaylī **XXXVII**:5, 82, 98
Ṣaghān Khudhāh **XXV**:134, 138
al-Ṣaghāniyān (district, north of the Oxus) **XXIII**:97, 102, 104, 127–28; **XXV**:10, 89, 134, 137; **XXVI**:118
Ṣaghāṭir. SEE Ḍaghāṭir
Ṣaghrāj. SEE Sīmā
ṣaḥābah (caliphal courtiers) **XXIX**:56, 95, 113, 130, 141, 145
al-Ṣaḥābah. SEE Companions of the Prophet
Abū al-Ṣaḥārā. SEE Shabīb b. Yazīd
al-Ṣahbāʾ (Umm Ḥabīb bt. [Rabīʿah] b. Bujayr) **XI**:66; **XVII**:228; **XXXIX**:271
Abū Ṣaḥbāʾ. SEE Ṣilah b. Ashyam al-ʿAdawī
Abū al-Ṣahbāʾ (commander of ʿĪsā b. al-Shaykh b. al-Salīl al-Shaybānī) **XXXVI**:116, 117
Saḥbān Wāʾil (poet) **XXIII**:205
ṣāḥib. SEE entries that follow and those beginning with *aṣḥāb*
Ṣāḥib al-Barīd (Director of Postal and Intelligence Service) **XXIX**:140; **XXXV**:16, 21; **XXXVI**:27; **XXXVIII**:71, 72
Ṣāḥib Bayt Māl al-Khāṣṣah (Head of the Privy Exchequer) **XXX**:72
Ṣāḥib Ḥabl al-Dīn. SEE Ṭāhir b. al-Ḥusayn
Ṣāḥib al-Ḥarb (Chief of Staff) **XXXV**:47
Ṣāḥib al-Ḥirāb (Commander of the Lances) **XXIX**:85
Ṣāḥib al-Jisr (Supervisor of the Bridge) **XXXIV**:105
SEE ALSO Isḥāq b. Ibrāhīm b. Muṣʿab
ṣāḥib khabar (intelligence officer) **XXXV**:44

Ṣāḥib al-Marākib (master of caliphal stables and conveyances) **XXXII**:251
ṣāḥib al-muṣallā (keeper of caliph's prayer rug) **XXXI**:25, 45; **XXXII**:17, 66
Ṣāḥib al-Rab' (watchman appointed to keep public order) **XXX**:222
Ṣāḥib al-Sarīr. SEE Lord of the Throne
Ṣāḥib al-Sharāb (Chief Cellarer) **XXXIII**:65
Ṣāḥib al-Tawqī' (person in charge of countersigning orders) **XXX**:71
Ṣahīd. SEE Ṣayhad
al-Sāḥil (al-Sawāḥil, Levantine coastal districts) **XIV**:15; **XV**:125
Sahl (*rāwī*). SEE Sahl b. Yūsuf al-Salamī
Sahl b. 'Adī **XIII**:133
Sahl b. 'Amr b. 'Abbād **VII**:4
Sahl b. 'Aqīl b. Ismā'īl **XXVIII**:163, 262–63, 265, 270
Sahl b. Hārūn **XXXI**:34, 41, 64
Sahl b. Abī Ḥathmah **VII**:9; **IX**:117
Sahl b. Ḥunayf al-Anṣārī **VI**:152; **VII**:60, 124, 137, 160; **IX**:61; **XV**:258; **XVI**:26, 29, 43, 66, 76, 187; **XVII**:30, 40, 140, 183, 204, 230; **XXXIX**:36
Sahl b. al-Ḥuṣayn b. Muslim al-Bāhilī **XXXIX**:225
Sahl b. Maḥmūd **XXIV**:100
Sahl b. Mu'ādh b. Anas al-Juhanī **II**:104; **XXXIX**:146, 205
Sahl b. al-Mughīrah. SEE Abū Umayyah b. al-Mughīrah
Sahl b. Mūsā al-Rāzī **II**:147, 156; **VI**:84; **XXXIX**:154
Sahl b. Sa'd al-Sā'idī **I**:179, 180; **VI**:158; **VII**:17; **IX**:149; **XVI**:67, 177; **XIX**:124; **XXII**:2; **XXXIX**:296
Sahl b. Ṣā'id **XXX**:302; **XXXI**:14–15
Sahl b. Salāmah al-Anṣārī **XXXII**:55, 57–60, 75–78, 90, 92
Sahl b. Shu'ayb al-Nihmī **XXXIX**:212
Sahl b. al-Ṣughdī **XXXV**:19
Sahl b. Sunbāṭ **XXXIII**:76–80, 82, 89–90
Sahl al-Ṭaḥḥān **XXXVI**:36
Sahl b. Yūsuf (al-Salamī?) **I**:314
Sahl b. Yūsuf al-Salamī **X**:10, 18, 21, 38, 44, 52, 60, 73, 75, 77, 79, 83, 99, 105, 122, 127, 128, 130, 152, 158, 171, 175–77; **XI**:79, 81, 83, 173, 175, 176; **XII**:7, 11; **XIII**:155; **XV**:226, 228; **XVI**:11, 47, 61
Ibn Sahlah. SEE Muḥammad b. Abī Ḥudhayfah
Sahlah bt. Sabrah b. 'Amr **XX**:125
Sahlah bt. Suhayl b. 'Amr **VI**:99, 110
Banū Sahm **VI**:57, 141, 146, 147; **IX**:132; **XI**:71; **XII**:134; **XVI**:125; **XXXIX**:84
Banū Sahm (of Aslam) **VIII**:117
Sahm b. 'Abd al-Raḥmān al-Juhanī **XXIII**:19, 37
Sahm b. Abī al-'Ayzār **XVII**:19
Banū Sahm Gate. SEE Bāb Banī Sahm
Sahm b. Ghālib al-Hujaymī **XVIII**:19, 89–90
Sahm b. Minjāb **X**:84, 139
Sahm b. al-Musāfir b. Hazmah **XI**:168
al-Sahmī ('Adī b. Qays) **IX**:33
al-Ṣaḥṣaḥiyyah (military regiment) **XXVII**:125, 163
SEE ALSO Muṣ'ab b. al-Ṣaḥṣaḥ al-Asadī
al-Sā'ib (diviner) **V**:331, 332
al-Sā'ib (of Banū 'Ābid of Makhzūm) **X**:157
Abū al-Sā'ib (Salm b. Junādah) **II**:100; **III**:47, 102, 154; **IV**:103; **VI**:89; **VII**:82, 139; **XI**:158; **XIV**:89,

Abū al-Sā'ib (continued) **XIV**:103, 154; **XXI**:29, 49; **XXXIX**:226, 231, 233, 253, 268
al-Sā'ib b. al-Aqra' al-Thaqafī **XIII**:182–84, 200, 210, 211, 213, 214; **XIV**:8, 9; **XV**:132, 256; **XVIII**:142
al-Sā'ib b. al-'Awwām b. Khuwaylid **XXXIX**:199
al-Sā'ib b. Bishr b. 'Amr **XXXIX**:247
al-Sā'ib b. Hishām b. 'Amr al-'Āmirī **XV**:255
al-Sā'ib b. Khabbāb **VI**:24
Sā'ib Khāthir (*mawlā* of Banū Layth) **XVIII**:225
al-Sā'ib b. Mālik al-Ash'arī **XVI**:112; **XX**:185, 187, 188, 196; **XXI**:33, 37, 82, 93, 98, 103–4
al-Sā'ib b. Abī al-Sā'ib **XXXIX**:115, 116
al-Sā'ib al-Ṭā'ifī **XXXIX**:127
al-Sā'ib b. Yazīd (Ibn Ukht al-Namir) **VII**:98; **XI**:56; **XIV**:118
Sa'īd (brother of Yazīd al-Naḥwī) **XXIV**:83
Sa'īd (*ghulām* of 'Alī b. 'Īsā b. Māhān) **XXXI**:76
Sa'īd (*khādim* of al-Amīn) **XXXI**:229
Sa'īd (*mawlā* of Miswar b. Makhramah) **XIX**:218
Sa'īd (nephew of Abū Ayyūb al-Khūzī al-Mūriyānī) **XXIX**:64–65
Sa'īd (*rāwī*). SEE Sa'īd b. Abī 'Arūbah; Sa'īd b. Jubayr
Sa'īd (South Arabian tribal chief). SEE Dhū Zūd
Abū Sa'īd. SEE al-Ḥasan al-Baṣrī; al-Muhallab b. Abī Ṣufrah; Muḥammad b. Yūsuf al-Marwazī
Abū Sa'īd (*mawlā* of Abū Usayd al-Anṣārī) **XV**:167–68, 204–6
Abū Sa'īd (*rāwī*) **I**:176
Abū Sa'īd (*rāwī*) **X**:114
Abū Sa'īd (*rāwī*) **XV**:46
Abū Sa'īd (*rāwī*) **XXXI**:233
Abū Sa'īd (*rāwī*) **XXXIX**:251
Abū Sa'īd (*rāwī*, Abū Sa'īd al-Maqburī?) **III**:89
Abū Sa'īd (*rāwī*, transmitter of Abū 'Ubaydah) **XXVII**:11, 13, 60
Abū Sa'īd (*rāwī*, transmitter of al-Wāqidī) **XV**:31
Ibn Abī Sa'īd. SEE 'Alī b. Abī Sa'īd
Sa'īd b. al-'Abbās al-Kilābī **XXXVII**:78, 82
Sa'īd b. 'Abd al-'Azīz (*rāwī*) **XVIII**:6
Sa'īd b. 'Abd al-'Azīz b. al-Ḥārith b. al-Ḥakam b. Abī al-'Āṣ (Sa'īd Khudhaynah) **XXIV**:21, 86, 149–52, 158–62, 164–67, 169; **XXVI**:235
Sa'īd b. 'Abd al-Malik b. Marwān (Sa'īd al-Khayr) **XXIII**:118; **XXIV**:112, 192; **XXV**:8; **XXVI**:139–40, 189–90
  canal of. SEE Nahr Sa'īd b. 'Abd al-Malik
Sa'īd b. 'Abd al-Raḥmān b. Abzay **XV**:200
Sa'īd b. 'Abd al-Raḥmān b. Ḥassān b. Thābit al-Anṣārī **VIII**:186; **XXI**:112
Sa'īd b. 'Abd al-Raḥmān al-Jumaḥī **VII**:2
Sa'īd b. 'Abd al-Raḥmān b. Yarbū' **XXXIX**:175
Sa'īd b. 'Abdallāh **XXVII**:197
Sa'īd b. 'Abdallāh al-Ḥanafī **XIX**:25–26, 29, 116, 144
Sa'īd b. 'Abdallāh al-Jumaḥī **XV**:59; **XVI**:54
Sa'īd b. 'Abdallāh b. al-Walīd b. 'Uthmān b. 'Affān **XXV**:19
Sa'īd b. Aḥmad b. Sa'īd b. Salm al-Bāhilī **XXXVI**:135, 136
Sa'īd al-Aḥmar **XXV**:141
Sa'īd al-'Allāf (al-Qāri', the Qur'ān reciter) **XXX**:84; **XXXII**:224
Sa'īd b. 'Āmir **XXXIX**:226

Sa'īd b. 'Āmir (b. Ḥusayn b. Qays) **XXVIII**:123
Sa'īd b. 'Amr (commander) **XXVII**:143
Sa'īd b. 'Amr al-Anṣārī **XXIII**:208–9
Sa'īd b. 'Amr b. al-Aswad al-Ḥarashī, Abū Yaḥyā **XXIII**:40–42; **XXIV**:110, 129, 166–70, 172–79, 183–89; **XXV**:70
Sa'īd b. 'Amr b. Ja'dah b. Hubayrah al-Makhzūmī **XXVIII**:161–62, 186–87
SEE ALSO Ibn Ja'dah b. Hubayrah
Sa'īd b. 'Amr b. Sa'īd b. al-'Āṣ **XIV**:50; **XIX**:193, 199; **XX**:3, 116; **XXI**:166–67; **XXV**:175
Sa'īd b. 'Amr al-Sakūnī **XXXIX**:120
Sa'īd b. 'Anbasah al-Rāzī **VI**:85
Abū Sa'īd al-Anṣārī **XXXV**:97, 106; **XXXVI**:119
Abū Sa'īd 'Aqīṣā **XIX**:69
Sa'īd b. Abī 'Arūbah **I**:193, 246, 251, 268, 270, 274, 302, 356, 365, 367, 369, 370; **II**:20, 21, 102, 103, 114, 116, 117, 119, 120, 124, 144, 151, 164, 168, 173, 180; **III**:54, 89, 100, 109, 143, 146; **IV**:168–69; **VI**:62; **VII**:40; **VIII**:80; **XIV**:143; **XXXIX**:158, 323
Sa'īd b. al-'Āṣ (al-Akbar, the Elder), Abū Uḥayḥah **VII**:6; **IX**:143; **X**:173; **XXXIX**:282
Sa'īd b. al-'Āṣ (al-Aṣghar, the Younger), Abū 'Uthmān **VII**:74; **X**:173; **XV**:10–11, 41–45, 52, 54, 56, 57–59, 62, 77, 91, 94–95, 98, 112–14, 118–20, 124–25, 131, 132–40, 149, 151, 154, 173–74, 177, 185, 198, 202–3, 210–12, 231, 236, 255; **XVI**:40, 43, 44; **XVII**:39; **XVIII**:94–95, 103, 117–18, 164–65, 171–75, 184, 224; **XXI**:193; **XXIII**:23; **XXIV**:46–47; **XXVI**:144; **XXVII**:165; **XXXIX**:193
Āl (Banū) Sa'īd b. al-'Āṣ **XXI**:164–65; **XXIII**:14; **XXV**:175, 176
Sa'īd b. al-Aṣfar b. 'Abd al-A'lā **XXXVIII**:82
Sa'īd b. Aslam **XXIV**:187
Sa'īd b. 'Aṭiyyah **XXV**:61, 62
Sa'īd b. Bahdal al-Murrī al-Shaybānī **XXVII**:9, 10, 11
Sa'īd al-Barbarī **XXVIII**:13
Sa'īd b. Bashīr **I**:369; **II**:117, 120; **XXXIX**:157
Sa'īd b. Bayhas b. Ṣuhayb **XXVI**:128
Sa'īd b. Abī Burdah **X**:186
Sa'īd b. Da'laj **XXIX**:70, 75, 77, 78, 79, 169, 176, 208, 216, 219
Sa'īd Dhū Zūd. SEE Dhū Zūd
Sa'īd b. Dīnār (*ghulām* of 'Īsā b. Mūsā b. Muḥammad b. 'Alī) **XXVIII**:163
Sa'īd b. Dīnār (*rāwī*) **XXI**:167
Sa'īd b. al-Faḍl **XXXI**:49
Sa'īd al-Fard **XXXI**:203
Sa'īd al-Ḥājib. SEE Sa'īd b. Ṣāliḥ al-Ḥājib
Sa'īd b. al-Ḥakam b. Abī Maryam. SEE Sa'īd b. Abī Maryam
Sa'īd al-Ḥarashī. SEE Sa'īd b. 'Amr b. al-Aswad al-Ḥarashī
Sa'īd al-Ḥarashī (commander of al-Mahdī) **XXIX**:196, 209, 240; **XXX**:255
Abū Sa'īd b. al-Ḥārith b. Hishām **XVI**:23
Sa'īd b. al-Ḥārith b. Qays **XII**:134
Sa'īd b. al-Ḥasan al-Baṣrī **XXXIX**:225
Sa'īd b. al-Ḥasan b. Qaḥṭabah **XXXII**:47
Sa'īd b. al-Ḥasan b. Tasnīm b. al-Ḥawārī b. Ziyād b. 'Amr b. al-Ashraf **XXVIII**:264
Sa'īd b. Ḥidhyam al-Jumaḥī **XV**:72
Sa'īd b. Hishām b. 'Abd al-Malik **XXV**:64; **XXVII**:23, 167

Saʿīd b. Ḥumayd **XXXI**:206; **XXXIV**:197; **XXXV**:13, 50, 58, 59, 103, 113, 114
Saʿīd b. Huraym **XXVIII**:88, 276, 284; **XXIX**:154; **XXX**:214
Saʿīd b. Ḥurayth al-Makhzūmī **VIII**:180; **XXXIX**:114
Saʿīd b. Ibrāhīm **XXIX**:199
Saʿīd b. ʿIlāqah, Abū Fākhitah **XXXIX**:306
Saʿīd b. ʿImrān. SEE Abū al-Bakhtarī al-Ṭāʾī
Saʿīd b. Abī ʿImrān. SEE Abū al-Bakhtarī al-Ṭāʾī
Saʿīd b. Jābir **XXXI**:235
Abū Saʿīd al-Jannābī **XXXVIII**:77, 83, 86–88, 98, 128, 202
Saʿīd al-Jawharī **XXXII**:102
Saʿīd b. Jubayr **I**:173, 199, 207, 259–61, 267, 290, 299, 302, 304–6, 309, 321, 330, 331; **II**:74, 76, 79, 86, 95, 108, 116, 144, 157, 158, 174; **III**:6, 13, 37–41, 43, 44, 46, 75, 78, 84, 106, 154, 172; **IV**:51, 53, 162, 166; **V**:176, 269; **VI**:89, 95; **IX**:174; **XII**:158, 159; **XXIII**:25, 36, 42, 209–13; **XXXIX**:223, 314
Saʿīd al-Jurayrī **IX**:158; **XIV**:108
Saʿīd al-Kabīr (the Elder) **XXXIV**:197, 199
Saʿīd b. Kathīr b. ʿUfayr. SEE Ibn ʿUfayr
Saʿīd b. Kaysān al-Maqburī. SEE Saʿīd b. Abī Saʿīd al-Maqburī
Saʿīd b. Khālid *(rāwī)* **XIV**:129; **XXXIX**:211
Saʿīd b. Khālid al-Qasrī **XXVI**:169–70
Saʿīd b. Khālid b. Saʿīd **XI**:82, 91, 109, 112
Saʿīd al-Khayr. SEE Saʿīd b. ʿAbd al-Malik b. Marwān
Saʿīd Khudhaynah. SEE Saʿīd b. ʿAbd al-ʿAzīz b. al-Ḥārith b. al-Ḥakam b. Abī al-ʿĀṣ
Abū Saʿīd al-Khudrī (Saʿd b. Mālik b. Sinān) **VII**:111; **VIII**:34; **IX**:35, 36, 111, 159, 172; **XVI**:6; **XIX**:124, 213–14; **XXXIX**:57, 284
Saʿīd b. Khuthaym **VI**:81
Abū Saʿīd al-Khwārazmī **XXXVIII**:119, 120
Saʿīd b. Maʿbad **I**:267
Abū Saʿīd al-Makhzūmī **XXXII**:240
Saʿīd b. Mālik b. Qādim **XXXI**:39, 136–37, 208–9
Saʿīd b. Manṣūr **XXXIX**:160
Saʿīd al-Maqburī. SEE Saʿīd b. Abī Saʿīd al-Maqburī
Abū Saʿīd al-Maqburī (Kaysān) **XI**:105–6, 161; **XIII**:100; **XVIII**:153; **XIX**:8; **XXXIX**:174, 303
Saʿīd b. Mardāband **XXV**:153–54
Saʿīd b. Abī Maryam **I**:180, 355; **VI**:158
Saʿīd b. al-Marzubān (Abū Saʿd al-Baqqāl, Abū Saʿd b. al-Marzubān) **I**:188, 212, 222, 223, 230; **XI**:190, 207; **XII**:15, 19, 30, 61, 62, 63, 105, 128, 130; **XIII**:1, 6, 12, 18, 19, 22, 23, 24, 28, 29, 31, 34, 37, 38, 42, 45, 46, 53, 54, 57, 61, 65, 67, 68, 76, 77, 79, 87, 95, 189; **XIV**:2, 9, 18, 43
Saʿīd b. Masrūq al-Thawrī **I**:229
Saʿīd b. Mīnāʾ **VI**:107
Āl Abī Saʿīd b. al-Muʿallā (family of Abū Saʿīd b. al-Muʿallā) **IX**:172
Saʿīd b. Mudrik b. ʿUmārah **XIX**:58
Saʿīd b. Muḥammad b. al-Ḥasan b. ʿAṭiyyah **XXXIX**:228
Saʿīd b. Muḥammad b. Jubayr b. Muṭʿim **VI**:30; **XXI**:152; **XXXIX**:79
Saʿīd b. Mujālid (Ibn Dhī Murrān) **XXII**:58–60, 63–64, 130
Saʿīd b. Munqidh al-Hamdānī al-Thawrī **XX**:189, 201, 213, 218; **XXI**:92–93, 95
Saʿīd b. Murrah al-ʿIjlī **XI**:20, 21, 121

Saʿīd b. al-Musayyab **I**:255, 281; **II**:21; **VI**:61, 153, 156, 160; **VII**:50; **VIII**:58, 125; **IX**:151, 184, 206; **XI**:131, 137, 151; **XII**:203; **XIII**:59, 110; **XIV**:131, 163; **XV**:227–28; **XVIII**:102; **XXII**:91–92; **XXIII**:113–15, 132, 179–80, 213; **XXIV**:106; **XXXIX**:204, 216, 240, 316, 338
Saʿīd b. Muslim b. Bābak **V**:232; **XXI**:208; **XXXIX**:243
Saʿīd b. Nāshirah **XXVIII**:120
Saʿīd (Saʿd) b. Nimrān al-Hamdānī **XII**:110; **XIII**:76; **XVIII**:145, 148, 151, 152; **XX**:123; **XXI**:215
Saʿīd b. Nūḥ b. Mujālid al-Ḍubaʿī **XXVIII**:252, 264
Saʿīd b. al-Nuʿmān **XI**:17–18
Saʿīd b. Qarḥā al-Tamīmī. SEE Saʿd b. Qarḥā al-Tamīmī
Saʿīd al-Qāriʾ. SEE Saʿīd al-ʿAllāf
Saʿīd b. Qays al-Hamdānī al-Sabīʿī **XIII**:204; **XV**:132, 256; **XVII**:16–18, 87, 122, 200; **XIX**:119; **XX**:199; **XXII**:191
Abū Saʿīd al-Qurashī **XXVII**:105
Saʿīd al-Quṭaʿī **XVI**:171
Saʿīd b. al-Rabīʿ al-Rāzī **XXXIX**:134
Saʿīd b. Rajāʾ al-Ḥiḍārī **XXXV**:114
Abū Saʿīd al-Rānī (Shirshīr) **XXXIX**:250
Saʿīd b. Rāshid **XXV**:180, 181
Saʿīd b. Rawḥ b. Zinbāʿ **XXVI**:190
Saʿīd b. Saʿd b. Jazʾ al-Azdī **XXV**:109
Saʿīd b. Saʿd b. ʿUbādah **I**:283
Saʿīd b. Abī Ṣadaqah **V**:414
Saʿīd al-Ṣaghīr (*mawlā* of Banū Bāhilah) **XXV**:136, 137, 141; **XXVII**:32
Saʿīd al-Ṣaghīr (the Younger), Abū ʿUthmān **XXXIV**:64, 195–96, 199; **XXXVI**:31
Saʿīd b. al-Sāʾib al-Ṭāʾifī **XXXIX**:127
Saʿīd b. Abī Saʿīd al-Maqburī **I**:210, 213, 221, 223, 266, 327; **XVIII**:153, 217; **XIX**:8; **XXXIX**:174, 211, 303
Saʿīd b. Saʿīd al-Taghlibī (al-Thaʿlabī) **XXXIX**:136
Saʿīd b. Sājūr al-Kūfī **XXXII**:49, 51, 68–75, 81, 91–92
Saʿīd b. Salamah al-Naṣrānī **XXXIV**:222
Saʿīd b. Ṣāliḥ al-Ḥājib (Saʿīd al-Ḥājib) **XXXIV**:83; **XXXV**:39, 108, 126, 133, 134; **XXXVI**:109, 112, 120–22, 125
Saʿīd b. Sallām **XXXIX**:152
Abū Saʿīd b. Salm. SEE Aḥmad b. Saʿīd b. Salm b. Qutaybah al-Bāhilī
Saʿīd b. Salm b. Qutaybah al-Bāhilī **XXVIII**:278; **XXX**:59, 66, 68, 86, 163, 168, 171, 268, 331–32
Abū Saʿīd al-Ṣayqal. SEE Abū Saʿīd al-ʿUqaylī
Saʿīd b. al-Sayyid al-ʿAdawī **XXXVI**:196
Saʿīd b. Shaybān **XIX**:56
Saʿīd b. Shuraḥbīl al-Miṣrī **VIII**:69
Saʿīd b. Sinān al-Rāzī. SEE Abū Sinān al-Rāzī
Saʿīd b. Sulaymān **XIX**:77
Saʿīd b. ʿUbayd, Abū Yaʿqūb **IX**:166; **X**:73, 77, 79, 83
Saʿīd b. ʿUbayd b. Asīd b. Abī ʿAmr b. ʿIlāj al-Thaqafī **IX**:25
Saʿīd b. ʿUbayd al-Sabbāq **IX**:178
Saʿīd b. ʿUbayd al-Ṭāʾī **XVI**:82
Saʿīd b. ʿUmayr al-Anṣārī **XXXIX**:136
Abū Saʿīd al-ʿUqaylī (Abū Saʿīd al-Ṣayqal) **XVII**:176, 177, 182; **XX**:205, 207; **XXI**:6, 32, 74
Umm Saʿīd bt. ʿUrwah b. Masʿūd b. Muʿattib b. Mālik al-Thaqafī **XVII**:229
Saʿīd b. ʿUthmān b. ʿAffān **XV**:254; **XVIII**:187, 189–91; **XXXIX**:75
Umm Saʿīd bt. ʿUthmān b. ʿAffān **XV**:254

Saʿīd b. ʿUthmān al-Tanūkhī **XXXIX**:238, 253
Saʿīd b. Wahb al-Hamdānī (al-Qurād) **XXXIX**:210
Saʿīd b. al-Walīd *(rāwī)* **XXXIX**:146
Saʿīd b. al-Walīd al-Kalbī (al-Abrash), Abū Mujāshiʿ **XV**:21; **XXI**:216; **XXV**:150; **XXVI**:12, 57, 71, 78–80, 149, 159, 168, 172–73; **XXVII**:8
Saʿīd b. al-Walīd b. Yazīd **XXVI**:105–6
Saʿīd b. Wāqid **XXIX**:237
Saʿīd b. Yaḥmad al-Thawrī al-Hamdānī. SEE Abū al-Safar
Abū Saʿīd al-Yaḥmadī (Ismāʿīl b. Ibrāhīm) **I**:255
Saʿīd b. Yaḥyā al-Ḥimyarī, Abū Sufyān **XXVIII**:154
Saʿīd b. Yaḥyā b. Saʿīd b. al-ʿĀṣ **XXIII**:15
Saʿīd b. Yaḥyā b. Saʿīd al-Umawī **II**:64; **V**:272; **VI**:134; **VIII**:140, 191; **IX**:129, 176; **XXXIX**:279
Saʿīd b. Yaksīn **XXXVI**:112, 124; **XXXVIII**:45
Saʿīd b. Yarbūʿ b. ʿAnkathah b. ʿĀmir b. Makhzūm, Abū Hūd **IX**:33; **XIII**:109; **XXXIX**:42
Saʿīd b. Yasār, Abū al-Ḥubāb **XXXIX**:231, 319
Saʿīd b. Zayd (brother of Ḥammād b. Zayd) **II**:114, 145; **XVIII**:100
Saʿīd b. Zayd, Abū Muthallim **XIX**:199
Saʿīd b. Abī Zayd **XXXIX**:57
Saʿīd b. Zayd b. ʿAmr b. Nufayl **VII**:84; **IX**:190, 195; **XIV**:144, 145, 152; **XV**:174, 177, 192, 224; **XVI**:36; **XXXIX**:37–38, 117, 288
Saʿīd b. Zayd b. Thābit **XXXIX**:294
Saʿīd b. Ziyād **XXXII**:234
Ṣāʿid (*mawlā* of al-Hādī) **XXX**:30
Ṣāʿid b. Makhlad **XXXVI**:203; **XXXVII**:47, 66, 88–89, 91, 98, 123–24, 127, 130, 147, 168; **XXXVIII**:20, 22
Banū Sāʿidah **VI**:137; **VII**:40, 116, 151; **VIII**:15; **IX**:53, 186, 188, 192; **X**:1, 3; **XVI**:179; **XXXIX**:189
al-Sāʿidī (physician) **XVII**:223
al-Saʿīdī (canal). SEE Nahr al-Saʿīdī
Saʿīdī robe *(jubbah saʿīdiyyah)* **XXX**:107
al-Ṣāʾidiyyūn (of Banū Aḥmūr) **XXXIX**:220
SEE ALSO Jabbānat al-Ṣāʾidiyyīn
Ibn al-Sāʾijī (regent of al-Khuttal) **XXV**:131, 132, 152
sailor's tunic. SEE *midraʿah*
sajʿ (rhymed prose) **IX**:96
Abū al-Sāj (Dīwdad b. Dīwdast) **XXXIII**:75–76, 83, 149; **XXXIV**:152; **XXXV**:46, 71, 72, 73, 75, 79, 87, 90, 93, 94, 96, 121, 141, 142, 143, 154; **XXXVI**:165, 167, 169, 172; **XXXVII**:2
Ibn Abī al-Sāj. SEE Muḥammad b. Abī al-Sāj
Abū al-Sāj al-Ḍubaʿī **XXVIII**:252
Sajāḥ bt. al-Ḥārith b. Suwayd **X**:84, 87–98, 106; **XXIV**:10
sajdah (bowing, prostration, in prayer ritual) **XXXIX**:121, 153
al-Sajjād. SEE ʿAlī b. ʿAbdallāh b. al-ʿAbbās
Sajjādah **XXXII**:210, 218–19, 220–22
SEE ALSO al-Ḥasan b. Ḥammād
Ibn Sajjādah **XXXV**:108
Sakan b. ʿAbd al-Raḥmān b. Ḥubaysh, Abū Ghassān **XV**:52
al-Sakan b. Qatādah al-ʿUraynī **XV**:90, 108; **XXI**:174; **XXIV**:6
Banū al-Sakāsik (Saksakīs) **X**:19, 20, 22, 175, 181–83, 190; **XX**:59, 61; **XXVI**:145–46, 153; **XXVII**:164; **XXXIX**:33
al-Sakb (name of Prophet Muḥammad's horse). SEE al-Ḍaris

Abū Ṣakhr *(rāwī)* **III**:148; **IV**:166; **XXXIX**:205
Ṣakhr (Devil's name) **III**:169, 170
Ṣakhr (father of Jubayr b. Ṣakhr) **XI**:75
Ṣakhr b. ʿĀmir b. Kaʿb b. Saʿd b. Taym **VIII**:60
Ṣakhr b. Ḥarb. SEE Abū Sufyān b. Ḥarb
Abū Ṣakhr al-Hudhalī **XXXI**:243
Banū Ṣakhr b. Minqar b. ʿUbayd **XX**:34
Ṣakhr b. Muslim b. al-Nuʿmān al-ʿAbdī **XXV**:52
Banū Ṣakhr b. Nahshal **XXIV**:16
Ṣakhr b. Qays. SEE al-Aḥnaf b. Qays
al-Ṣakhrah. SEE Dome of the Rock
al-Sakīnah *(shekhinah)* **II**:69, 70, 71; **III**:125, 126, 131; **VI**:75; **XII**:90; **XIII**:11; **XVII**:48, 73; **XXI**:71
ṣakk (deed of sale, authorization for payment, check) **XXIV**:32; **XXX**:106; **XXXIII**:26
al-Sakrān b. ʿAmr b. ʿAbd Shams **IX**:128; **XXXIX**:169, 170
al-Saksakī (commander of Sulaymān b. Hishām b. ʿAbd al-Malik) **XXVII**:20, 23
SEE ALSO Muʿāwiyah al-Saksakī
Saksakīs. SEE Banū al-Sakāsik
Banū al-Sakūn (of Kindah) **IV**:79; **X**:19, 20, 22, 24, 25, 175, 176, 178–81, 183, 184; **XI**:201, 207, 209, 212; **XII**:12, 177; **XVII**:3; **XVIII**:152; **XIX**:155–56; **XX**:56, 59, 118, 202; **XXVI**:133–34; **XXVII**:164
Salʿ (hill, in Medina) **VIII**:14, 18, 48; **XV**:65–66; **XXVIII**:197, 203, 206–8, 218
Ṣaʿl (toponym, in a line of al-Farazdaq's poetry) **XVIII**:109
Abū Ṣalābah *(rāwī)* **XXVIII**:290
al-Ṣalābī (governor of al-Rayy) **XXXVI**:156, 161, 180
Salaghūs (fortress, in Cilicia) **XXXII**:197, 198, 237
Banū Salāh (of Numayr) **XXXIV**:49
Ibn Salām *(rāwī)*. SEE ʿAbdallāh b. Salām
Abū Salām al-Ḥanafī (ʿAbd al-Malik b. Salām al-Madāʾinī) **XXXIX**:313
Salām b. Abī al-Ḥuqayq al-Naḍarī. SEE Sallām b. Abī al-Ḥuqayq al-Naḍarī
Salām al-Shāmī **XXXVI**:62
salamah (kind of tree) **XXIV**:11
Salamah *(rāwī)*. SEE Salamah b. al-Faḍl
Salamah (*rāwī*, father of Iyās b. Salamah) **XIV**:139
Abū Salamah *(rāwī)*. SEE Abū Salamah b. ʿAbd al-Raḥmān b. ʿAwf al-Zuhrī
Abū Salamah (volunteer fighter against Zanj rebels) **XXXVII**:129
Umm Salamah (wife of Abū al-ʿAbbās al-Saffāḥ) **XXI**:218; **XXXIX**:245
Abū Salamah b. ʿAbd al-Asad al-Makhzūmī **V**:272; **VI**:99, 139; **VII**:16; **IX**:119, 132; **XXXIX**:113, 136, 175
Abū Salamah b. ʿAbd al-Raḥmān b. ʿAwf al-Zuhrī **I**:189, 265, 285–87, 327; **V**:335, 336; **VI**:31, 73–74, 76, 102, 153, 157; **VIII**:95, 111; **IX**:208; **XI**:146; **XII**:203; **XIII**:46; **XVII**:70, 129; **XVIII**:95; **XXXIX**:109
Salamah b. ʿAbdallāh b. ʿAbd al-Asad al-Makhzūmī **XXIV**:105
Salamah b. Abī ʿAbdallāh al-Kirmānī **XXV**:107, 162, 163, 164
Salamah b. al-Akwaʿ. SEE Salamah b. ʿAmr b. al-Akwaʿ al-Aslamī
Umm Salamah bt. ʿAlī b. Abī Ṭālib **XVII**:229

Salamah b. ʿAmr b. al-Akwaʿ al-Aslamī **VIII**:43–48, 49, 50, 69, 79, 80, 82–84, 86–97, 131; **XXXIX**:293

Salamah b. ʿAmr b. ʿUthmān **XXVII**:161

Salamah b. Aws **XXV**:10

Salamah al-Azdī **XXV**:108

Salamah b. al-Azraq **XXXIX**:30

Salamah b. Dhuʾayb al-Riyāḥī **XX**:12, 13, 30, 45

Salamah b. Dīnār. SEE Abū Ḥāzim

Salamah b. Durayd **IX**:18

Salamah b. al-Faḍl **I**:174, 201, 202, 211, 251, 254, 263, 265, 273, 276, 279, 281, 292, 296, 310, 316, 317, 320, 323, 324, 332, 335–37, 343, 358, 360, 366, 368; **II**:3, 11, 32, 49, 50, 58, 64, 65, 71, 73, 80, 84, 88, 89, 92–95, 125, 127, 132, 134, 140, 143, 144, 148, 153, 154, 166, 168, 169, 171, 172, 178, 179, 184; **III**:4, 13, 16, 30, 31, 33, 46, 49, 54, 56, 66, 67, 68, 69, 70, 75, 78, 86, 87, 88, 90, 91, 99, 118, 121, 122, 123, 125, 139, 140, 143, 152, 153, 163, 166; **IV**:36, 41, 55, 103, 122–24, 150–51, 156–57, 162, 165, 167, 169–71, 173; **V**:146, 164, 166, 170, 171, 174, 175, 176, 178, 195, 199, 204, 242, 268–72, 282, 283, 331, 335; **VI**:1, 2, 6, 9, 19, 23, 24, 26, 28, 33, 38, 44, 46–47, 51, 57–58, 62, 65, 70, 73, 77, 82–84, 86, 89, 92, 93, 96, 100, 101, 104, 108, 112, 114–15, 120–21, 123–24, 127, 130, 133–34, 137, 138, 140, 142, 147, 149, 150, 162; **VII**:4, 5, 11, 12, 17, 18, 25, 34, 35, 38, 39, 43, 47, 49, 53, 55, 56, 58–67, 69–72, 74, 75, 77, 78, 83, 85, 88–90, 93–96, 105, 117, 118, 120–24, 126, 129, 131-40, 143, 147, 150–53, 157, 160, 161, 163, 165; **VIII**:6, 13, 17, 19, 20, 22, 25, 27, 31, 34, 36, 38, 40, 41, 43, 49, 50, 51, 55, 56, 57, 58, 63, 65, 66, 67, 68, 70, 72, 74, 76, 77, 78, 81, 82, 85, 89, 90, 96, 98, 99, 100, 104, 105, 106, 108, 111, 115, 116, 117, 119, 121, 122, 124, 125, 128, 129, 132, 133, 134, 135, 136, 138, 140, 142, 143, 146, 149, 151, 152, 155, 156, 158, 159, 160, 161, 166, 168, 176, 177, 178, 181, 184, 185, 186, 187, 188, 189, 191, 192; **IX**:3, 6, 7, 8, 11, 12, 13, 14, 15, 16, 18, 19, 20, 21, 24, 26, 29, 31, 34, 35, 36, 37, 41, 42, 45, 47, 51, 53, 56, 59, 64, 67, 73, 74, 79, 82, 85, 88, 90, 92, 94, 95, 96, 97, 98, 99, 103, 105, 106, 108, 109, 110, 111, 112, 114, 116, 118, 121, 122, 163, 168, 169, 171, 172, 176, 177, 178, 179, 181, 182, 183, 184, 194, 200, 201, 202, 203, 204, 205, 206; **X**:65, 72, 80, 81, 83, 103, 116, 117, 120, 126, 129, 133, 136, 151, 158; **XI**:3, 71–72, 74, 107, 127, 153, 160, 162–63, 169, 185, 193–94, 213, 224; **XII**:133, 138, 139, 140, 171, 193; **XIII**:36, 86, 92, 94, 96–100, 151, 160, 162, 163, 179; **XIV**:15, 95; **XXXIX**:5, 13, 14, 146, 160

Abū Salamah al-Ghifārī **XXIX**:254

Abū Salamah al-Ḥaḍramī **XXXIX**:56

Umm Salamah bt. Hārūn al-Rashīd **XXX**:328

Umm Salamah bt. Hishām b. ʿAbd al-Malik **XXVI**:68

Salamah b. Hishām b. al-Mughīrah **VIII**:160; **IX**:140; **XI**:100–101, 128; **XXXIX**:68

wife of **VIII**:160

Umm Salamah al-Juʿfiyyah (Umm Tawbah, wife of ʿUbaydallāh b. al-Ḥurr) **XXI**:137–39

Salamah al-Khādim **XXIX**:150

Abū Salamah al-Khallāl (Ḥafṣ b. Sulaymān) **XXVII**:27, 61, 138, 141, 142, 143, 144, 148, 150, 151, 152, 158, 159, 160, 161, 162, 182–85, 186, 194
Salamah b. Khāqān **XXXVI**:90
Salamah b. Khuwaylid **X**:63, 73
Salamah b. Kuhayl al-Ḥaḍramī **I**:175; **IX**:79; **XIV**:139; **XVII**:112; **XX**:132; **XXVI**:15–17; **XXXIX**:234
Salamah b. Marthad al-Qābiḍī **XX**:117
Salamah b. al-Maylā' al-Juhanī **VIII**:178
Salamah b. Muḥammad **XXVII**:108, 139, 151, 160, 162
Umm Salamah bt. Muḥammad b. Ṭalḥah b. 'Abdallāh b. 'Abd al-Raḥmān b. Abī Bakr **XXVIII**:223
Salamah b. Muḥārib. SEE Maslamah b. Muḥārib b. Salm b. Ziyād
Salamah b. Nabātah **XV**:68
Salamah b. Nu'aym b. Mas'ūd al-Ashja'ī **IX**:107
Salamah b. Nubayṭ **II**:161
Salamah b. Qays al-Ashja'ī **XIV**:83, 84, 86–89
Salamah b. Rajā' **XXIX**:204, 207
Salamah b. Sa'īd b. Jābir **XXVIII**:31–32, 80
Salamah b. Sa'īd al-Naṣrānī **XXXIV**:183; **XXXV**:12, 31, 32
Salamah b. Abī Salamah b. 'Abd al-Asad b. Hilāl **IX**:132; **XXXIX**:113, 175
Salamah b. Salāmah b. Waqsh **VII**:65; **X**:131; **XVI**:9
Salamah b. Ṣuhayb. SEE Abū Ḥudhayfah
Abū Salamah al-Tabūdhakī. SEE Mūsā b. Ismā'īl al-Tabūdhakī
Salamah b. Thābit al-Laythī **XXVI**:47–48
Abū Salamah b. 'Ubaydallāh b. 'Abdallāh b. 'Umar b. al-Khaṭṭāb **XXVIII**:155
Salamah b. 'Ubaydallāh b. Miḥṣan **XXXIX**:157
Salamah b. 'Ubaydallāh b. al-Waḍḍāh **XXXIII**:113
Salamah b. 'Umayr al-Ḥanafī **X**:130–32
Salamah b. Umayyah **XXXIX**:105
Umm Salamah bt. Abī Umayyah (wife of Prophet Muḥammad) **I**:189, 212, 222, 224; **IV**:165; **VI**:38, 99; **VII**:167; **VIII**:31–32, 89, 160, 169; **IX**:23, 127, 132, 145, 152, 161, 177; **X**:175; **XVI**:36, 42; **XVII**:207; **XXXIX**:68, 80, 112, 113, 175–76, 204, 221, 286, 299, 304, 320
Salamah b. 'Uthmān **XV**:69, 102; **XVII**:203; **XVIII**:17, 29, 97; **XXXIX**:222
Salamah b. Waqsh. SEE Salamah b. Salāmah b. Waqsh
Salamah b. Yaḥyā b. Ḥimyar al-'Awfī **XXXIV**:19
Salamah b. Zayd b. Wahb b. Nubātah al-Fahmī **XXIII**:118–19
Abū Salamah al-Zuhrī. SEE Abū Salamah b. 'Abd al-Raḥmān b. 'Awf al-Zuhrī
Salāmah (Banū Salāmah) **XII**:193
al-Salāmah (in Syria) **XXVI**:187
Abū Salāmah al-Da'alānī **XVI**:107
Salāmah Gate. SEE Bāb al-Salāmah
Salāmah b. Nu'aym al-Khawlānī **XXIV**:81
Salāmah b. Rawḥ al-Judhāmī **XV**:171–72
Salāmah b. Sayyār b. al-Maḍā' al-Taymī **XXII**:44–45
Salāmah b. Zinbā' al-Judhāmī **XVI**:192
Banū Salāmān **IX**:87, 100; **XXVI**:146

Banū Salāmān (of Ṭayyi') **XVII**:94
Banū Salāmān b. Sa'd **XVIII**:148; **XXV**:113
Salamyah (Salamiyyah, east of Ḥamāh) **XXIX**:215; **XXXI**:21; **XXXII**:163; **XXXVII**:78; **XXXVIII**:122, 140
Salandū (toponym) **XXXVII**:175; **XXXVIII**:74, 172
al-Salāsil (in Syria) **VIII**:146
SEE ALSO Dhāt al-Salāsil
Abū al-Salāsil (agent of Waṣīf) **XXXV**:96
Abū al-Salāsil (commander) **XXXI**:122–23
ṣalāt (prayer). SEE prayer ritual
ṣalāt al-'aṣr (afternoon, midafternoon prayer) **VIII**:28, 29, 140; **XXXIX**:120, 121
ṣalāt al-'atamah (evening prayer) **XX**:113, 125
ṣalāt al-fiṭr (prayer of breaking the fast of Ramaḍān) **XXXVI**:37
ṣalāt al-īmā' (prayer by gesture only) **XVII**:75
SEE ALSO *ṣalāt al-khawf*
ṣalāt al-'ishā' (evening prayer, night prayer) **VIII**:29; **XXXIX**:71, 121
ṣalāt al-istisqā' (rain-seeking prayer) **VIII**:95; **XIII**:156–57; **XIV**:40; **XXVIII**:175
ṣalāt al-khawf (prayer of fear, in warfare) **VII**:161, 162, 163; **XI**:97; **XIX**:144
SEE ALSO *ṣalāt al-īmā'*
ṣalāt al-witr (extra prayer, at night) **VIII**:29; **XIV**:159; **XX**:113, 125; **XXXI**:193; **XXXIX**:203
al-ṣalāt al-wusṭā (middle prayer) **XXXIX**:280
al-Ṣalatān al-'Abdī (poet) **XX**:172
ṣalghah (large transport boat) **XXXVI**:175; **XXXVII**:19
Salhab, Abū Naṣr **XXXVI**:184
Salḥīn (fortress, in Yemen) **III**:164
Ṣalīb bt. Batāwīl b. Mehujael b. Enoch b. Cain b. Adam **II**:12
Ṣāliḥ (b. 'Alī b. 'Īsā, governor of Medina) **XXXIV**:223
Ṣāliḥ (ascetic, follower of Faymiyūn) **V**:196–98
Ṣāliḥ (*mawlā* of al-Manṣūr) **XXVIII**:291
Ṣāliḥ (*mawlā* of al-Taw'amah) **I**:250, 251; **XV**:38
Ṣāliḥ (prophet) **I**:237; **II**:40–47, 50
Ṣāliḥ (*ṣāḥib al-muṣallā*) **XXVIII**:73, 97; **XXIX**:59, 82; **XXX**:53, 54, 74; **XXXI**:25, 67, 69, 73; **XXXII**:17, 66
Ṣāliḥ (spy of al-Afshīn) **XXXIII**:19–20
Abū Ṣāliḥ ('Abbāsid official). SEE Kāmil b. Muẓaffar
Abū Ṣāliḥ (Bādhām, *mawlā* of Umm Hāni') **II**:100, 114; **III**:33, 85, 101, 119, 129, 173; **IX**:139; **XXXIX**:9, 170, 197, 304
Abū Ṣāliḥ (*kātib*). SEE Yaḥyā b. 'Abd al-Raḥmān
Abū Ṣāliḥ (*kātib* of al-Layth b. Sa'd al-Miṣrī) **XXXIX**:101
Abū Ṣāliḥ (*mawlā* of Abū al-'Abbās al-Saffāḥ) **XXXIX**:304
Abū Ṣāliḥ (*rāwī*) **I**:173, 176, 177, 184, 206, 211, 214, 219, 221, 222, 227, 250, 254, 258, 262, 263, 265, 269, 273, 275, 281, 290, 291, 293, 297, 303, 307, 314, 324, 327, 331, 333, 334, 336, 340, 344, 348, 355, 358, 362, 365, 366, 368; **II**:12, 17, 18, 50, 53, 86, 90, 95, 100, 107, 113–15, 118, 121, 128, 153; **IV**:118; **V**:414, 415, 416; **VI**:140; **VII**:24, 71
SEE ALSO 'Abdallāh b. Ṣāliḥ; Dhakwān; Abū Ṣāliḥ (Bādhām); Sulaymān b. Ṣāliḥ
Abū Ṣāliḥ (the Short, Zanj commander) **XXXVI**:38
Abū Ṣāliḥ (vineyard owner) **XXIV**:60

Abū Ṣāliḥ, Burkān. SEE Burkān
Abū Ṣāliḥ, Dhakwān. SEE Dhakwān
Abū Ṣāliḥ, Maysarah. SEE Maysarah
Abū Ṣāliḥ, Mīzān. SEE Mīzān
Abū Ṣāliḥ, Qaylūh. SEE Qaylūh
Abū Ṣāliḥ, Rudayḥ. SEE Rudayḥ
Abū Ṣāliḥ, Sarkhāstān. SEE Sarkhāstān
Abū Ṣāliḥ, Sumayʿ. SEE Sumayʿ
Ibn Ṣāliḥ **X**:181
Ibn Abī Ṣāliḥ (of Banū Kinānah) **VI**:18
Ṣāliḥ b. ʿAbbār. SEE Abū Numaylah
Ṣāliḥ b. al-ʿAbbās b. Muḥammad **XXXII**:144, 167, 175; **XXXIII**:4, 9, 35
Ṣāliḥ al-ʿAbbāsī al-Turkī **XXXIV**:51, 134
Ṣāliḥ b. ʿAbd al-Raḥmān, Abū al-Walīd **XXIV**:4–5, 8, 29, 31–33
Ṣāliḥ b. ʿAbd al-Wahhāb **XXXIV**:55
Ṣāliḥ Ābkash **XXXIII**:23–24
Ṣāliḥ b. ʿAdī. SEE Shuqrān
Ṣāliḥ b. ʿAlī b. ʿAbdallāh b. ʿAbbās **XXVII**:150, 172, 173, 174, 197, 198, 204, 208; **XXVIII**:6, 47, 49, 53–54, 75; **XXX**:132
Ṣāliḥ b. ʿAlī b. ʿAṭiyyah (al-Aḍjam) **XXX**:83
Ṣāliḥ b. ʿAlī b. Yaʿqūb b. Abī Jaʿfar al-Manṣūr **XXXVI**:93, 94, 107, 180
Ṣāliḥ al-Aʿmā **XXX**:245
Ṣāliḥ al-Amīn **XXXVIII**:1, 7, 73
Ṣāliḥ b. Asif b. Kamāshij. SEE Ṣāliḥ (prophet)
Ṣāliḥ al-Aswad **XXXVIII**:177
Ṣāliḥ al-Athram (al-Ḥarrār) **XXVI**:226
Ṣāliḥ b. ʿAṭiyyah **XXIX**:81, 82
Ṣāliḥ al-ʿAṭṭār **XXXVI**:73
Ṣāliḥ b. Dāwūd **XXIX**:218, 219, 233, 258
Abū Ṣāliḥ al-Ḍirārī. SEE Muḥammad b. Ismāʿīl al-Ḍirārī
Ṣāliḥ b. al-Faḍl **XXXVIII**:158, 159
Abū Ṣāliḥ al-Ghifārī **XXXIX**:305
Ṣāliḥ b. al-Ḥajjāj al-Numayrī **XXVII**:128
Ṣāliḥ b. Ḥammād **XXXIX**:255
Abū Ṣāliḥ al-Ḥanafī (ʿAbd al-Raḥmān b. Qays) **XIX**:121; **XXXIX**:305
Ṣāliḥ b. Ḥarb, Abū Maʿmar **I**:295
Ṣāliḥ b. Hārūn al-Rashīd **XXX**:303, 327; **XXXI**:2, 5, 6, 8–11; **XXXII**:98, 137, 251–52
Ṣāliḥ b. Ḥawl b. Mihrbūdh. SEE Shuqrān
Ṣāliḥ b. al-Haytham **XXI**:218; **XXVIII**:21; **XXXV**:124, 125
Ṣāliḥ b. Ḥulwān b. ʿImrān b. al-Ḥāf b. Quḍāʿah **IV**:139
Ṣāliḥ b. Abī Jaʿfar al-Manṣūr (Ṣāliḥ al-Miskīn) **XXIX**:119, 149, 165, 168, 218–19, 222
palace of. SEE Qaṣr Ṣāliḥ
Ṣāliḥ b. Jubayr al-Ghassānī (al-Ghudanī) **XXI**:216
Ṣāliḥ b. Kaysān **VII**:124, 129; **IX**:205; **XI**:3, 107, 148, 151, 158; **XII**:5; **XIV**:96, 129; **XV**:252, 274; **XXII**:90; **XXIII**:40, 142, 144–45, 179; **XXV**:98; **XXXIX**:23, 336
Abū Ṣāliḥ al-Marwazī **XXVII**:142, 162, 170, 178
Ṣāliḥ b. Masʿūd al-Khathʿamī **XXI**:58–59
Ṣāliḥ b. Mikhrāq **XXI**:127, 200
Ṣāliḥ al-Miskīn. SEE Ṣāliḥ b. Abī Jaʿfar al-Manṣūr
Ṣāliḥ b. Mismār al-Marwazī **I**:355; **XXXIX**:157
Ṣāliḥ b. Muʿāwiyah b. ʿAbdallāh b. Jaʿfar **XXVIII**:161, 223
Ṣāliḥ b. Mudrik al-Ṭāʾī **XXXVIII**:70, 82
Ṣāliḥ b. Muḥammad b. Zāʾidah al-Laythī, Abū Wāqid **XXXIX**:336
Ṣāliḥ b. Mūsā al-Ṭalḥī **XXXIX**:279

Ṣāliḥ b. Musarriḥ al-Tamīmī **XXII**:30–33, 36–45, 48, 117
Ṣāliḥ b. Muslim **XXIII**:128, 170, 175, 191, 196; **XXIV**:18–20
Abū Ṣāliḥ al-Nūbī. SEE Mufarraj al-Nūbī
Ṣāliḥ b. al-Qaʿqāʿ al-Azdī **XXV**:127; **XXVII**:37
Ṣāliḥ al-Qāriʾ **XXIX**:245
Ṣāliḥ b. al-Rashīd. SEE Ṣāliḥ b. Hārūn al-Rashīd
Ṣāliḥ b. Rustam, Abū ʿĀmir **XXXIX**:70
Abū Ṣāliḥ b. Ṣāʿid b. Makhlad **XXXVII**:150
Ṣāliḥ b. Sammāl **IX**:175
Abū Ṣāliḥ al-Sammān. SEE Dhakwān
Ṣāliḥ b. Shaykh b. ʿUmayrah al-Asadī **XXX**:40
Ṣāliḥ b. Ṣubayḥ **XXVII**:198, 203; **XXVIII**:46
Ṣāliḥ b. Sulaym **XVII**:94
Ṣāliḥ b. Sulaymān (governor of al-Balqāʾ) **XXX**:158
Ṣāliḥ b. Sulaymān *(rāwī)* **XXX**:45–46, 48
Ṣāliḥ b. Sulaymān al-Ḍabbī **XXVII**:69
Ṣāliḥ b. Ṭarīf, Abū al-Ṣaydāʾ **XXIV**:83; **XXV**:46, 47, 48
Ṣāliḥ b. ʿUbayd b. Asif. SEE Ṣāliḥ (prophet)
Ṣāliḥ b. ʿUjayf **XXXIV**:81
Ṣaliḥ b. Abī Umāmah b. Sahl **VII**:94
Ṣāliḥ b. Wahb al-Yazanī **XIX**:157
Ṣāliḥ b. al-Wajīh **XXIX**:93
Ṣāliḥ b. Waṣīf **XXXIV**:180; **XXXV**:102, 152, 153, 154, 161, 162, 163, 164; **XXXVI**:6–13, 22, 26, 27, 29, 68–73, 75, 81–83, 85–88, 89, 90, 104, 106
Abū Ṣāliḥ b. Yazdād. SEE ʿAbdallāh b. Muḥammad b. Yazdād al-Marwazī
Banū Salīḥ **XI**:76
al-Ṣāliḥī. SEE al-Nahr al-Ṣāliḥī
al-Sāliḥīn. SEE al-Saylaḥūn
Abū al-Salīl al-Bakrī **XXVI**:221; **XXVII**:28
al-Salīl b. Qays **X**:88; **XI**:216
Sālim (in Iraq). SEE Ajamat Sālim
Sālim (*mawlā* of ʿAbdallāh b. Muṭīʿ). SEE Abū al-Ghayth
Sālim (*mawlā* of ʿAnbasah b. ʿAbd al-Malik). SEE Sālim, Abū al-ʿAlāʾ
Sālim (*mawlā* of Hishām b. ʿAbd al-Malik) **XXXIX**:233, 234
Sālim (*mawlā* of Abū Ḥudhayfah) **X**:115, 121; **XIV**:143, 144; **XXXIX**:300
Sālim (*mawlā* of Abū Jaʿfar) **XXXIX**:213
Sālim (*mawlā* of Umm Muḥammad) **XV**:75
Sālim (*mawlā* of Saʿīd b. ʿAbd al-Malik) **XXI**:217
Sālim (*mawlā* of ʿUbaydallāh b. Ziyād) **XIX**:130
Sālim *(rāwī)*. SEE Sālim b. ʿAbdallāh b. ʿUmar
Sālim, Abū al-Naḍr **III**:91
Sālim, Abū al-ʿAlāʾ **XXV**:179, 181; **XXVI**:13, 71–74
Sālim b. ʿAbd al-Raḥmān **XXVI**:99
Sālim b. ʿAbdallāh b. ʿUmar **X**:121, 122; **XI**:81, 175; **XII**:189, 205; **XIII**:94, 108; **XIV**:105; **XV**:73, 224, 226, 228; **XXIII**:132, 142; **XXIV**:182; **XXV**:9; **XXXIX**:174, 175
Sālim al-Afṭas **I**:267; **II**:144; **XXIII**:213; **XXIV**:92
Banū Sālim b. ʿAwf **VI**:126, 134; **VII**:2, 71; **IX**:43, 50, 52, 61
Sālim b. Dhuʾābah **XXV**:10
Sālim b. Abī Ḥafṣah **I**:321; **XXXIX**:277–78
Sālim b. Abī al-Jaʿd al-Ashjaʿī **VI**:85; **XIV**:107, 111; **XVI**:2, 5; **XXXIX**:135

Sālim b. Junāḥ **XXV**:143
Sālim al-Laythī **XXVI**:207
Banū Sālim b. Mālik **IX**:41
Sālim b. Manṣūr al-Bajalī. SEE Manṣūr b. Sālim al-Bajalī
Sālim b. Maʿqil. SEE Sālim (*mawlā* of Abū Ḥudhayfah)
Sālim b. Muslim al-Bajalī. SEE Manṣūr b. Sālim al-Bajalī
Sālim al-Naffāṭ **XXVI**:177
Sālim al-Naṣrī. SEE Sālim Sabalān
Sālim b. Rabīʿah al-ʿAbsī **XVII**:117; **XVIII**:22–23, 44
Sālim b. Rāwiyah al-Tamīmī **XXVII**:111, 112
Sālim Sabalān (Sālim al-Naṣrī) **III**:120; **XXXIX**:173
Sālim b. Sulaymān b. ʿAbdallāh b. Khāzim **XXV**:10, 141
Sālim b. Thaʿlabah al-ʿAbsī **XVI**:104, 105
Sālim al-Zaghāwī **XXXVI**:44
Sālim b. Ziyād b. Abī Sufyān **XXIV**:116
Sālim Zunbīl **XXV**:182
Salīm (Zanj commander) **XXXVI**:61
Salīm b. Yazīd al-Kindī. SEE Sulaym b. Yazīd al-Kindī
Banū Salimah **XVIII**:36; **XXVII**:142
Banū Salimah (of Azd) **IX**:30
Banū Salimah b. Saʿd b. ʿAlī (of Khazraj, Anṣār) **VI**:125, 126, 132; **VII**:55, 61, 88, 101, 117, 123, 136; **VIII**:49, 50, 84, 129; **IX**:50, 120; **X**:103; **XI**:93; **XIV**:113; **XVII**:207; **XXII**:2; **XXVII**:31; **XXVIII**:147–48, 200; **XXXIX**:11
Banū Salīmah **XIX**:132
Salīṭ (*rāwī*) **V**:366
Banū Salīṭ **V**:289
Salīṭ b. ʿAbd al-Karīm al-Ḥanafī **XXIV**:23
Salīṭ b. ʿAbdallāh b. ʿAbbās **XXVIII**:38–39
Salīṭ b. ʿAmr b. ʿAbd Shams b. ʿAbd Wudd al-ʿĀmirī **VIII**:98, 99; **X**:106
Salīṭ b. Qays **VIII**:38; **XI**:174–76, 188, 190–91, 193; **XII**:98; **XXXIX**:206
Salīṭ b. Saʿd **V**:76
Banū Salīṭ b. Yarbūʿ **XX**:102
Ṣalkhab (father of ʿAbdallāh and ʿAbd al-Raḥmān) **XXI**:33
Sallām (lieutenant of Waṣīf) **XXXV**:34
Ibn Sallām (*rāwī*). SEE Muḥammad b. Sallām al-Jumaḥī
Sallām, Abū Muslim **XXXI**:2
Sallām al-Abrash **XXIX**:95, 248; **XXX**:97, 224, 315; **XXXII**:134; **XXXIV**:81
Sallām b. Ḥayyān **XXII**:47
Sallām (Salām) b. Abī al-Ḥuqayq al-Naḍarī (Abū Rāfiʿ al-Yahūdī, the Jew) **VII**:99–104, 160; **VIII**:7, 117, 122; **IX**:121
Sallām b. Abī Khayrah **XX**:33
Sallām b. Mishkam al-Quraẓī **VII**:90, 158; **VIII**:123; **IX**:134; **XXXIX**:185
Sallām b. Miskīn **I**:254, 255; **XIV**:113
Sallām b. Abī Muṭīʿ **IX**:161
Sallām al-Naḥwī, Abū al-Mundhir **II**:31
Sallām b. Sayyār al-Shaybānī **XXII**:101
Sallām b. Sulaym **XXVII**:183, 190, 191
Sallāmat al-Qass (Sallāmah of al-Qass, singer) **XXIV**:194
Salm (Sarm) b. Afrīdhūn **II**:24, 26, 27; **III**:21, 23; **IV**:92
Salm b. Aḥwaz al-Tamīmī **XXV**:31, 88; **XXVI**:118–19, 124, 208, 221, 227–28, 231–33; **XXVII**:29, 30, 33, 34, 35, 37, 38, 39, 40, 41, 78, 81, 82, 97, 98, 102
Salm b. ʿAmr (Salm al-Khāsir) **XXIX**:147–48; **XXX**:78–79, 111, 146, 180; **XXXII**:64; **XXXIV**:33

Salm b. Abī Bilāl **XXXIX**:152
Salm b. Farqad **XXVIII**:263, 265, 290–91
Salm b. Junādah, Abū al-Sā'ib. SEE Abū al-Sā'ib
Salm al-Khāsir. SEE Salm b. 'Amr
Salm b. al-Musayyab **XX**:105, 119
Salm b. Qutaybah b. Muslim al-Bāhilī **II**:102–4; **XVIII**:220; **XXIII**:194; **XXV**:187, 190, 191; **XXVI**: 61; **XXVII**: 143–44; **XXVIII**: 164, 277–78, 285, 292; **XXIX**:12
Salm b. Abī Salm **XXVIII**:250
Salm b. Abī Wāṣil **XXVIII**:274
Salm b. Ziyād **XIV**:76; **XIX**:184, 186–88, 194; **XX**: 69–72
Mt. Salmā (of Banū Ṭayyi') **X**:64; **XIX**:99
SEE ALSO Mt. Aja'
Salmā (in a line of Wabarah b. al-Jaḥdar al-Ma'nī's poetry) **XXXIX**: 87
Salmā (*mawlāh* of Prophet Muḥammad) **VIII**:3; **IX**:39; **XXXIX**: 66, 99, 181, 194, 199–200
Salmā (wife of 'Ubaydallāh b. al-Ḥurr) **XXI**:138
Ibn Salmā (in a line of al-Ḥuṣayn b. al-Ḥumām al-Murrī's poetry) **XXI**:231
Salmā bt. 'Amr al-Najjāriyyah. SEE Salmā bt. 'Amr b. Zayd b. Labīd al-Khazrajī
Salmā bt. 'Amr b. Rabī'ah **VI**:28
Salmā bt. 'Amr b. Zayd b. Labīd al-Khazrajī (Salmā bt. 'Amr al-Najjāriyyah) **VI**:9, 14
Salmā bt. Asad b. Rabī'ah **VI**:32
Salmā bt. Aslum b. al-Ḥāf b. Quḍā'ah **VI**:32
Salmā (Sulmā) b. al-Aswad b. Razn al-Dīlī **VIII**: 160–61
Salmā bt. Khaṣafah al-Taymiyyah **XII**:19–21, 96, 104, 106, 132, 138
Salmā bt. Mālik b. Ḥudhayfah b. Badr, Umm Ziml **X**: 77–79
Salmā (Sulmā) b. Nawfal **XXXIX**:73
Salmā bt. Qays, Umm al-Mundhir **VIII**:38; **XXXIX**:205
Salmā bt. Ṣakhr b. 'Āmir al-Taymiyyah. SEE Umm al-Khayr bt. Ṣakhr b. 'Āmir b. Ka'b b. Sa'd b. Taym b. Murrah
Salmā bt. Udd b. Ṭābikhah b. Ilyās b. Muḍar **VI**: 28
Salmā bt. 'Umays b. Ma'd **XXXIX**: 121, 199, 201, 202
Salmā bt. Wā'il b. 'Aṭiyyah al-Ṣā'igh **V**:341
Salmā bt. Zayd b. 'Amr. SEE Salmā bt. 'Amr b. Zayd b. Labīd al-Khazrajī
Salmān (near Wāqiṣah, in Najd) **VI**:18; **XI**: 224; **XXXVIII**: 173
Salmān (*mawlā* of 'Ubaydallāh b. al-'Abbās al-Kindī) **XXVI**: 43–44
Salmān (*rāwī*). SEE Salmān al-Fārisī
Salmān al-Agharr, Abū 'Abdallāh **XXXIX**: 319
Salmān b. 'Āmir al-Ḍabbī **XXXIX**: 125
Salmān al-A'sar (the Left-handed, king of Ādharbayjān) **IV**:40
Salmān al-Ashja'ī. SEE Abū Ḥāzim al-Ashja'ī
Salmān al-Fārisī, Abū 'Abdallāh **I**:262, 284–86, 356; **II**:183; **V**:413; **VIII**:8, 10–12; **IX**:144–45; **XII**:19, 202; **XIII**: 16–18, 21, 63, 65; **XIV**: 118; **XV**:96; **XXXIX**:66, 98
Salmān b. Ḥimyar al-Thawrī **XXI**:56, 57, 83
Salmān b. Rabī'ah al-Bāhilī **XII**:18, 130–31; **XIII**: 30, 34, 44, 85; **XIV**:5, 34, 37, 39, 40; **XV**:8–11, 94–96, 98–99, 132; **XVIII**:76–77; **XIX**: 86; **XXII**:126
Salome **IV**: 108

al-Salsabīl (fountain, in Paradise) **XXX**:110
Ṣalṣal b. Shuraḥbīl **IX**:168
salt and saltworks **XIII**:112; **XXXIII**:105, 107
SEE ALSO al-Shūrajiyyūn
al-Ṣalt *(rāwī)* **X**:175
Abū al-Ṣalt (captive of Wāliq b. Jaydārah) **XI**:184
Abū al-Ṣalt (father of Umayyah b. Abī al-Ṣalt al-Thaqafī) **V**:249
Banū al-Ṣalt. SEE Banū al-Ṣulb
Abū al-Ṣalt al-Aʿwar al-Taymī **XVII**:57, 59, 122, 176, 177, 182, 194; **XX**:149, 205; **XXI**:6, 32, 74; **XXIII**:8
al-Ṣalt b. Bahrām **XI**:180; **XII**:46
al-Ṣalt b. Dīnār **XV**:92; **XVI**:144
al-Ṣalt b. Ḥurayth b. Jābir al-Ḥanafī **XV**:109; **XX**:27
Abū al-Ṣalt b. Kanārā **XV**:91; **XXIII**:63
al-Ṣalt al-Kindī **XXV**:9
al-Ṣalt b. Makhramah b. al-Muṭṭalib **XXXIX**:76
al-Ṣalt b. Makhramah b. Nawfal (al-Ṣalt al-Akbar, the Elder) **XXXIX**:42
al-Ṣalt b. Makhramah b. Nawfal (al-Ṣalt al-Aṣghar, the Younger) **XXXIX**:42
Abū al-Ṣalt al-Taymī. SEE Abū al-Ṣalt al-Aʿwar al-Taymī
al-Ṣalt b. Yūsuf b. ʿUmar al-Thaqafī **XXV**:181
Banū Ṣalūbā **XI**:52; **XII**:44; **XIII**:52
Ibn Ṣalūbā. SEE Ṣalūbā b. Nasṭūnā b. Buṣbuhrā
Ṣalūbā b. Buṣbuhrā. SEE Ṣalūbā b. Nasṭūnā b. Buṣbuhrā
Ṣalūbā b. Nasṭūnā b. Buṣbuhrā **XI**:39–41, 44
Banū Salūl **IX**:105; **XXXIX**:84
SEE ALSO Jabbānat Banī Salūl
Salūl bt. Dhuhl b. Shaybān b. Thaʿlabah **XXII**:87; **XXXIX**:84
al-Salūlī (poet) **XXXVI**:90
Salūqiyyah. SEE Seleucia
Sālūs (Shālūs, in Ṭabaristān) **XXXV**:21, 22, 23, 24; **XXXVI**:163; **XXXVIII**:204
Ibn Ṣalūtā. SEE Buṣbuhrā b. Ṣalūbā
Sām b. Nūḥ. SEE Shem b. Noah
Samāʿah (associate of Sajāḥ bt. al-Ḥārith b. Suwayd) **X**:90, 98
Samāʿah b. Badr **XIX**:100
Samādīr (mother of Salamah b. Durayd) **IX**:18
al-Ṣāmaghān (in al-Jabal) **XXXIV**:96; **XXXVII**:98
Banū Sāmah **XV**:36
Sāmah b. Luʾayy **VI**:27
Banū Sāmah b. Luʾayy **XXXIX**:237
Samāhīj (island, near al-Baḥrayn) **V**:55; **XXI**:176
Samāl *(kātib)* **XXVI**:115
Ṣamāluh (Ṣumālū, Samālū, in Cilicia) **XXIX**:213, 215; **XXX**:264; **XXXIV**:151
Sāmān (in Māh Dīnār) **XXII**:139
Samandal (mother of Umm al-Ghāliyah bt. Hārūn al-Rashīd) **XXX**:328
Samaritans. SEE al-Sāmirī
Samarqand **IV**:94, 154; **V**:143–44, 177; **XVIII**:189; **XIX**:188; **XX**:70; **XXIII**:91, 188–200, 224; **XXIV**:8, 49, 94, 150–51, 153, 156, 160, 166, 171, 177; **XXV**:21, 22, 46, 60, 68, 71, 78, 79, 80, 81, 89, 93, 121, 126, 148; **XXVI**:24–26, 29, 118, 237; **XXVII**:30, 202, 203; **XXIX**:171; **XXX**:259–60, 267, 286; **XXXI**:13, 19, 24; **XXXVIII**:201, 202; **XXXIX**:75
al-Samarqandī (ballista operator) **XXXI**:137, 209–10

Sāmarrā **XXXIII**:6, 25–26, 28, 32–33, 84–85, 88, 95, 132, 134, 176, 178–79, 193, 201, 206; **XXXIV**:31, 35, 37, 51, 69, 72, 74, 78–79, 81, 84–85, 87–88, 95, 109, 116–17, 127, 131, 162, 202–3, 206; **XXXV**:5, 7, 10, 11, 12, 13, 15, 19, 27, 28, 34, 35, 36, 39, 40, 41, 43, 46, 48, 49, 55, 59, 61, 67, 68, 70, 71, 72, 76, 79, 90, 95, 103, 121, 122, 124, 125, 126, 131, 133, 136, 141, 142, 146, 152, 154, 161, 163, 165; **XXXVI**:7, 22, 24–29, 31, 67, 68, 73, 78, 79, 81, 84–86, 91, 92, 96, 97, 99, 102, 105, 106, 115–17, 119, 122, 133, 134, 137, 139, 142, 145, 148, 150, 151, 153, 156, 158, 165, 167, 168, 169, 188, 198, 199; **XXXVII**:1, 5, 64, 88–91, 123, 127, 144, 150–51, 156–57; **XXXVIII**:15, 26, 39, 120, 121
Sāmarrā Road **XXXV**:133
Samasṭiyyah (in Byzantine territory) **XXIII**:184
al-Samāwah (desert region between al-Kūfah and Syria) **V**:288; **XXIII**:158; **XXVI**:149, 200; **XXXVIII**:114, 145, 159
al-Samayda' (of Banū al-'Adawiyyah) **XXVII**:43
al-Samayda' al-Kindī **XXIV**:118, 132, 136, 138
Samayfa' b. Nākūr. SEE Dhū al-Kalā'
al-Samharī b. Qa'nab **XXV**:68
Samī (prophet) **IV**:76–77
Samī' (*mawlā* of Maslamah b. 'Abd al-Malik) **XXI**:216
Samīr Dhū al-Janāḥ **IV**:154
Samīr b. Ka'b **XI**:172
Samīr b. al-Rayyān b. al-Ḥārith al-'Ijlī. SEE Sumayr b. al-Rayyān b. al-Ḥārith al-'Ijlī
Samīr b. Shurayḥ. SEE Sumayr b. Shurayḥ
Samīrā' (Sumayrā', northeast of Mecca) **IX**:166; **X**:44, 52, 67; **XXXVII**:80
al-Sāmirī (Mūsā b. Ẓafar, the Samaritan) **III**:72, 73, 74, 75, 76, 77, 78, 100
Ibn al-Ṣāmit (poet) **XVI**:145
Ibn al-Sammāk (Muḥammad b. Ṣubayḥ) **XXX**:322–23
Abū Sammāl al-Asadī **XV**:47–48
Sammānah (*khādim* of al-Wāthiq). SEE Masrūr Sammānah
Samosata. SEE Sumaysāṭ
al-Samrā' (name of Prophet Muḥammad's camel) **IX**:151
Abū al-Samrā' (*rāwī*) **XXXII**:161
al-Ṣamṣāmah (sword name) **XIII**:27; **XXXIV**:33, 34
Samson (Shamsūn) **III**:128; **IV**:171
Ṣamūd (idol of Banū 'Ād) **II**:38
Samuel b. Bālī (Sham'ūn, Shamwīl, prophet) **III**:127, 128, 129, 130, 131, 133–35, 136, 139, 141, 142
samurah. SEE acacia tree
Samurah b. Jundab al-Fazārī **I**:320, 369; **II**:20, 21; **VII**:111; **XVIII**:85, 97, 99–101, 167, 170–71, 175; **XXXIX**:223
Samurah al-Ṣawwāf **I**:309, 310
Samurah b. 'Umayr al-Kinānī, Abū 'Amr **VI**:13
Samurah b. 'Umayr b. Lawdhān. SEE Abū Maḥdhūrah
Samyūn (Byzantine emissary) **XXXVIII**:33
Sān (in al-Jūzjān) **XXV**:151
Ṣan'ā' **II**:19; **V**:203, 212, 217–21, 249; **VIII**:12; **IX**:108, 123; **X**:20, 22, 24, 29, 33–35, 158, 159, 166–69, 172, 174, 175, 177; **XI**:143; **XII**:147; **XIV**:118, 164; **XV**:145, 255; **XIX**:191; **XXVII**:120, 121; **XXVIII**:186; **XXXII**:28; **XXXVIII**:96, 97, 157, 169; **XXXIX**:80, 81, 204, 216, 220, 227

Sanā bt. Asmā' b. al-Ṣalt al-Sulamiyyah **IX**:136; **XXXIX**:166
Abū al-Sanā al-Ghanawī (Muḥammad b. 'Abdūs) **XXXV**:17, 19, 47, 68, 69, 80, 81, 82, 85, 105, 127
Sanā bt. al-Ṣalt b. Ḥabīb. SEE Sanā bt. Asmā' b. al-Ṣalt al-Sulamiyyah
Sanā bt. Sufyān b. 'Awf **XXXIX**:186, 188
Ṣa'nabā (in al-Sawād) **XXXII**:14
Sanābādh (near Ṭūs) **XXX**:300
Abū al-Sanābil b. Ba'kak **XXXIX**:107
Sanad (astrologer) **XXXIV**:53
al-Sanā'ī (salt works overseer) **XXXVI**:36
Āl Sanan (of Yemen) **V**:287
al-Ṣanāriyyah (Christians of central Caucasus) **XXXIV**:128
Sanaṭrūq (king of al-Baḥrayn) **V**:15
Sanbīl (on the border of Khūzistān and Fārs) **V**:12; **XXXVIII**:94
sanctuary. SEE al-Ḥaram; *ḥimā*
sand grouse (*ghuṭāṭ*) **XXII**:18–19
Sandādān Bayān (near al-Baṣrah) **XXXVI**:52, 54
Sandal (son of Adam) **I**:317
Ṣandal al-Muzāḥimī **XXXVIII**:170
Ṣandal al-Zinjī **XXXVII**:50
sandals *(ni'āl)*, in omens **VI**:135–36; **XII**:34, 35
Ṣandawdā' (Ṣandūdā', south of Hīt) **XI**:109; **XVII**:94; **XX**:153
Ṣanjah (toponym) **XXXIV**:144
Sanjān (nephew of Yazdajird) **XV**:83–84, 88
Sanjān Gate. SEE Bāb Sanjān
al-Ṣannabrah (near Tiberias) **XXVI**:192
Ibn Sanūṭī (*mawlā* of the people of Medina) **XXVIII**:115
SEE ALSO 'Amr b. 'Uthmān b. Mālik al-Juhanī
Sanwār (wife of Afrīdhūn) **II**:5
al-Ṣaq'ab b. Sulaym **XVI**:142; **XXXIX**:94
al-Ṣaq'ab b. Zuhayr al-Azdī **IX**:168, 178, 184; **XVII**:64; **XVIII**:59, 122–23, 154; **XIX**:64, 109, 129, 160; **XX**:108, 110, 185
al-Saqādim (toponym) **XXVI**:230
Ṣaqalār (*khaṣī* of Heraclius) **XII**:132, 134
al-Ṣaqālibah. SEE Ḥiṣn al-Ṣaqālibah; Slavs
Saqallār b. Mikhrāq (Byzantine commander) **XI**:171, 172
Saqar. SEE Hell
al-Saqāṭiyyah (in Kaskar) **XI**:182–87
al-saqīfah (*saqīfat Banī Sā'idah*, site of negotiations over the succession to Prophet Muḥammad) **IX**:186, 187, 189–201; **X**:1–18; **XI**:149
al-Sāqiṭ b. 'Amr al-Anṣārī **XXXIX**:191
Ibn al-Ṣaqlabī. SEE Basil I
Ibn al-Ṣaqlabiyyah. SEE Basil I
Saqlabtūyā (*ghulām* of the Zanj leader) **XXXVI**:64
Abū al-Saqr (supporter of 'Abd al-Raḥmān b. Muḥammad b. al-Ash'ath) **XXIII**:20
Abū al-Ṣaqr. SEE Ismā'īl b. Bulbul
Ibn Abī al-Ṣaqr (rebel, in Syria) **XXXII**:175
Ṣaqr b. al-Ba'īth b. Ḥalbas **XXXIV**:87
al-Ṣaqr b. Ḥātim **XXII**:37
al-Ṣaqr b. al-Ḥusayn al-'Abbādānī **XXXVI**:195, 196
al-Ṣaqr b. Ṣafwān **XXVI**:189
Sarah (Sārah, wife of Abraham) **I**:237; **II**:61, 62, 64–66, 74, 77, 84, 85, 89–92, 111, 112, 115, 122, 126–28, 129, 130
Sarah bt. Bethuel b. Nahor. SEE Sarah

Sarah bt. Hanāl bt. Nahor. SEE Sarah
Sarah bt. Haran b. Terah. SEE Sarah
Sarah bt. Nahor. SEE Sarah
Sārah (*mawlāh* of ʿAmr b. Hāshim b. ʿAbd al-Muṭṭalib) **VIII**:167, 179–81
Ṣaʿrah (one of five cities destroyed by God) **II**:125
Sarakhs (in Khurāsān) **XIV**:53; **XV**:84, 90, 92–93; **XX**:71; **XXII**:10; **XXIII**:155, 164; **XXV**:188, 191; **XXVI**:121–22; **XXVII**:100, 102, 103, 107; **XXX**:276, 284; **XXXI**:25; **XXXII**:80–81, 84; **XXXVI**:19
al-Sarakhsī (deputy of Ṭalmajūr) **XXXVI**:12, 88
Sarandīb. SEE Ceylon
al-Saranjān. SEE Nahr al-Saranjān
al-Sarāt (mountains, in Yemen) **IX**:145; **XII**:10
al-Ṣarāt (canal) **II**:12; **III**:24; **XI**:119; **XII**:33; **XIII**:5; **XVIII**:42, 45–46; **XXI**:128, 129, 130; **XXII**:80, 106–7; **XXVII**:26, 56, 57, 139; **XXVIII**:238–39, 243–44, 246, 255; **XXXI**:110, 156, 159–60, 170, 175, 176, 179, 187, 200; **XXXII**:43, 70; **XXXIV**:122; **XXXV**:77
SEE ALSO Fam al-Ṣarāt
al-Ṣarāt al-Aqṣā (canal) **XXIV**:129
sarāyā. SEE raiding parties
Abū al-Sarāyā (al-Sarī b. Manṣūr) **XXXI**:195; **XXXII**:13, 14–19, 23–27, 29, 40
Sardarkhudāh (imprisoned by the governor of Samarqand) **XXVI**:237
Sargh (on the border between Syria and al-Ḥijāz) **XIII**:92
Ibn Abī Sarḥ. SEE ʿAbdallāh b. Saʿd b. Abī Sarḥ
al-Sarī (*rāwī*). SEE al-Sarī b. Yaḥyā
Abū al-Sarī (*rāwī*). SEE Abū al-Sarī al-Azdī
Ibn al-Sarī. SEE ʿUbaydallāh b. al-Sarī b. al-Ḥakam
al-Sarī b. ʿAbdallāh b. al-Ḥārith b. al-ʿAbbās b. ʿAbd al-Muṭṭalib **XXVIII**:76, 83, 141, 178–83, 292; **XXIX**:13
Abū al-Sarī al-Azdī (al-Nuʿmān) **XV**:92; **XX**:73; **XXIII**:152, 174; **XXIV**:19, 36, 86; **XXVII**:142, 148, 151, 162, 170, 178, 185; **XXVIII**:18
al-Sarī b. al-Ḥakam **XXXII**:106
al-Sarī b. Ismāʿīl **I**:364; **XXIII**:58
al-Sarī b. Kaʿb al-Azdī **XX**:127, 134
Abū al-Sarī al-Khurāsānī. SEE Abū al-Sarī al-Azdī
al-Sarī b. Manṣūr. SEE Abū al-Sarāyā
Abū al-Sarī al-Marwazī. SEE Abū al-Sarī al-Azdī
al-Sarī b. Abī Waqqāṣ **XVIII**:144
SEE ALSO al-Sarī b. Waqqāṣ al-Ḥārithī
al-Sarī b. Waqqāṣ al-Ḥārithī **XVIII**:142
SEE ALSO al-Sarī b. Abī Waqqāṣ
al-Sarī b. Yaḥyā **IX**:107, 166; **X**:11, 13, 14, 17, 18, 21, 25, 28, 33, 34, 41, 43, 44, 52, 55, 60, 67, 70, 71, 73, 75–77, 79, 83, 84, 98, 99, 100, 102, 103, 105–7, 112, 114, 120–23, 125–27, 130–32, 139, 152, 158, 165, 169, 171, 173–77, 185, 186, 191; **XI**:16, 19–21, 25–27, 30, 33, 36, 38–39, 41, 44–46, 48–49, 52–53, 56, 60, 64, 67, 69, 75–76, 79, 81–83, 86–87, 94, 98–100, 102, 104–6, 111, 114–16, 161, 170, 173, 175–77, 180, 182, 185–86, 188, 190–91, 193, 195–96, 199, 201–2, 204–7, 210–12, 215–16, 218, 221–22, 224; **XII**:3, 5–8, 10–15, 19, 25, 30, 33–35, 42, 45–47, 49, 51–54, 56, 60, 61–63, 65, 70, 73–77, 79, 81–83, 86, 89, 90, 92, 93, 95, 96, 98–103, 106, 108, 110–22, 124,

al-Sarī b. Yaḥyā (continued)
XII:126–28, 145, 146, 149, 150, 156, 157, 159, 162, 203–6; **XIII**:1, 3, 4, 6, 8–12, 15–22, 24–29, 31, 33, 35, 36–39, 42, 44–53, 54, 57, 61–68, 75, 77–81, 85–87, 90, 95–96, 100–103, 105–6, 108, 111, 114, 116, 118, 121, 123, 126, 132, 140, 145–46, 148–49, 151, 153–57, 163, 166, 170, 174, 179, 189, 195–96, 214, 216; **XIV**:2, 8, 9, 17, 39, 43, 47–51, 55, 64, 66, 67, 70, 71, 73, 80, 82, 87, 133, 142, 163; **XV**:2–5, 7, 15–17, 18, 22, 26–28, 30, 34, 37, 45–52, 54–56, 59, 61–62, 64, 66–68, 72–73, 95–96, 98, 100–101, 112, 121, 125–28, 131, 140, 145, 148, 151, 159, 166, 206–7, 210, 213, 217, 223–30, 232–33, 249–50, 251, 252, 255–57; **XVI**:10–15, 17, 19, 26, 32, 35–37, 39, 40, 43, 45, 47, 48, 53–57, 80, 82, 83, 85, 88, 95, 96, 103, 119, 120, 122, 124, 133–35, 146–59, 162–64, 166–70, 191, 193, 196; **XXVIII**:245
al-Sarī b. Ziyād b. ʿIlāqah. SEE Abū ʿIlāqah al-Saksakī
al-Sarīʿ (toponym) **XXXVII**:79
Sarif (near Mecca) **VIII**:137; **IX**:109; **XVI**:38, 52; **XXXIX**:186
Ṣarīfīn (near ʿUkbarāʾ) **XXV**:158
al-Sarījah (in Sāmarrā) **XXXV**:11
Ṣārim (*mawlā* of ʿAdī b. Wattād al-Iyādī) **XXII**:146
Banū Ṣarīm b. al-Ḥārith. SEE Banū Ṣarīm b. Muqāʿis
Banū Ṣarīm (Ṣuraym) b. Muqāʿis (b. al-Ḥārith, of Tamīm) **XX**:101, 102; **XXI**:209
sarīr al-dhahab (gold-plated seat) **XII**:66
SEE ALSO Lord of the Throne
Sāriyah (in Ṭabaristān) **XXVIII**:72; **XXXIII**:144–46, 149, 157–59, 161, 165–66, 169, 173; **XXXV**:24, 25, 64; **XXXVI**:159, 160; **XXXVII**:5
Sāriyah b. ʿĀmir **X**:116
Sāriyah b. Zunaym al-Duʾalī al-Kinānī **XIII**:149; **XIV**:65, 70–73
Ibn al-Sarj (rebel, in Syria) **XXXII**:175
Ibn Sarjawayh (physician of Bughā al-Ṣaghīr al-Sharābī) **XXXV**:29
Sarjis (Byzantine commander). SEE Sergius
Sarjis (*ghulām* of al-Zubayr b. al-ʿAwwām) **XVI**:126
Sarjūn (interpreter). SEE Sergius
Sarjūn b. Manṣūr al-Rūmī (father of St. John of Damascus) **XVIII**:216; **XIX**:18, 30, 31; **XXI**:215
Sarkhāstān, Abū Ṣāliḥ **XXXIII**:144–45, 148, 151–56, 158, 160, 162
Sarm b. Afrīdhūn. SEE Salm b. Afrīdhūn
Sarnafiwār (b. al-Ḍaḥḥāk) **II**:3
al-Sarrājūn (saddlers' quarter, in Marw) **XXVI**:62, 67–68
Ṣarrār b. Muḥammad b. Ismāʿīl **XXXIX**:216
Ṣarṣar. SEE Nahr Ṣarṣar
Sārūgh. SEE Serug
Sarūj (in al-Jazīrah) **XXXII**:139; **XXXIII**:98
al-Sarw (in Yemen) **XI**:78
Ṣaʿṣaʿah (Muṣʿab, of Banū Layth) **XXIV**:8
Ṣaʿṣaʿah b. Ḥarb al-ʿAwfī **XXII**:198–200
Ṣaʿṣaʿah b. Muʿāwiyah **XIII**:130; **XXXIX**:123
Ṣaʿṣaʿah b. Muʿāwiyah (of Banū Tamīm) **XXI**:173
Ibn Ṣaʿṣaʿah al-Muzanī (Ṣaʿṣaʿah al-Muzanī) **XVI**:151
Ṣaʿṣaʿah b. Nājiyah b. ʿIqāl al-Mujāshiʿī **V**:289; **XVIII**:107; **XXXIX**:82

Ṣa'ṣa'ah b. Ṣūḥān **XV**:113, 115–16, 121–23, 125, 128; **XVI**:132, 134, 151, 153; **XVII**:14, 15, 90; **XVIII**:38, 40, 43; **XXXIX**:275
Abū Sāsān. SEE al-Ḥuḍayn b. al-Mundhir al-Dhuhlī al-Raqāshī
Banū Sāsān. SEE Sasanians
Sāsān al-Akbar (Sāsān the Elder, Sāsān b. Ardashīr) **V**:3, 23, 24
Sāsān al-Aṣghar (Sāsān the Younger, Sāsān b. Bābak) **V**:2, 4, 5
Sāsān b. Bahman **IV**:82–83
Sasanians (Banū Sāsān, Kisrā, Āl Kisrā, *mulūk al-'ajam*) **V**:287, 399; **XI**:5–6, 42, 48, 117, 177, 184, 212, 222; **XVI**:95; **XXXV**:75
royal crowns **XIII**:26, 34
ṭurrah (knotted scarf of emperors) **XV**:88
SEE ALSO Kisrā
Satan (Demon, Devil, al-Ḥārith, 'Abd al-Ḥārith, Iblīs, 'Ifrīt, Shayṭān) **I**:188, 223, 224, 249–59, 252, 254, 261–66, 272, 273, 275–81, 292, 299, 300, 303, 311, 320–22, 334, 335, 337, 340, 342, 343, 345, 349–51, 360; **II**:25, 84, 85, 92, 93, 139, 140–42, 162; **III**:7, 10, 14, 38, 42, 65, 94, 95, 144, 160, 166, 169, 170, 171, 172, 173, 174; **IV**:115, 118–20, 184–85; **VI**:135, 140–42; **VII**:38; **VIII**:186; **IX**:103, 112, 121, 167, 178; **X**:12, 26, 28, 31, 32, 34, 35, 37, 57, 58, 114, 121, 124, 147; **XII**:76; **XIV**:138; **XV**:117, 119, 123, 124, 217; **XVI**:18, 82; **XVII**:57, 111, 134, 152, 172, 175, 177, 181, 182; **XVIII**:104, 129; **XIX**:118, 137; **XX**:30, 225; **XXI**:7, 57; **XXII**:18, 38, 103; **XXIII**:7, 65, 98, 126, 197, 207; **XXVI**:19, 140; **XXVII**:19, 72, 98, 115, 156; **XXVIII**:25, 28, 113, 159; **XXIX**:30, 115; **XXX**:279; **XXXI**:76; **XXXII**:114, 141, 190; **XXXIV**:92; **XXXIX**:159
Satanic verses, in al-Qur'ān **VI**:108–12
Sātīdamā (north of Takrīt) **II**:19; **XXI**:25; **XXII**:46, 130
Saṭīḥ al-Dhi'bī *(kāhin)* **IV**:150; **V**:178–81, 183, 286–88
Saṭīḥ b. 'Umar **XXIX**:219
Sātikīn (in charge of al-Muhtadī's caliphal palace) **XXXVI**:69, 87, 89, 151, 172
satire *(hijā')* **VIII**:179
al-Sāṭirūn (al-Ḍayzan b. Mu'āwiyah, king of Hatra) **V**:32–37
Saṭrā (near Damascus) **XXVI**:145
Saturn (Zuḥal) **I**:235
Saul (Ṭālūt, king of Israel) **III**:126, 129, 131, 132, 134, 135, 136, 137, 138, 139, 141, 142, 143, 149; **IV**:82; **VII**:39, 40; **XXVII**:165
al-Sawād (lower Iraq) **II**:3, 27, 48, 110; **III**:115; **IV**:67, 81, 88, 96, 98–100; **V**:14, 16, 56, 62, 97, 127, 140, 291, 300, 354, 380; **XI**:3, 16, 19, 26, 35, 43, 45, 48, 52, 120, 122, 173, 179, 181, 187, 197–98, 212, 215–16, 222–23; **XII**:42, 43, 52, 53, 143, 145, 151, 152, 154–57, 159, 206; **XIII**:37, 43, 48, 49, 52–53, 77, 117, 126, 132, 133, 193; **XIV**:6, 48; **XV**:34, 113, 120, 133, 256; **XVIII**:194; **XIX**:116, 129; **XXI**:10, 108, 109, 137–39, 146; **XXII**:84; **XXV**:155, 184; **XXVI**:21, 220, 263; **XXVIII**:53, 83, 243, 280; **XXX**:104, 266, 314; **XXXI**:55, 57; **XXXII**:59, 67, 70, 98, 99, 108, 161, 184; **XXXIII**:216; **XXXIV**:21, 96, 116; **XXXV**:6, 16, 59, 161; **XXXVI**:15, 24, 72, 120, 166, 200; **XXXVII**:169; **XXXVIII**:88, 93, 113, 115, 161, 167, 173
Sawād (of Banū Tamīm) **XII**:101
Sawād *(rāwī)*. SEE Abū Idrīs

Banū Sawād **VI**:125, 126
Sawād b. Ghaziyyah **VII**:53, 54
Sawād b. Mālik al-Tamīmī **XII**:18, 40, 41, 54, 61
Sawād b. Quṭbah al-Tamīmī **XIV**:30, 31
Sawād b. Rūmān al-Aṣbaḥī **XV**:159
Abū Sawādah (of the people of al-Baṣrah) **XXIII**:208–9
Sawādah b. ʿAbd al-Ḥamīd al-Jaḥḥāfī **XXXIV**:114
Sawādah b. ʿAbdallāh al-Salūlī **XXIII**:228
Sawādah b. ʿAmr al-Sulamī **XXIX**:113
Sawādah b. Surayj **XXVII**:36, 43
Sawādah b. ʿUbaydallāh al-Numayrī **XXI**:210
ṣawāfī (conquered lands) **XII**:155; **XIII**:49, 51, 123; **XXIX**:194
Sāwah (in al-Jibāl) **V**:285, 288; **XXVII**:125; **XXXI**:44, 211
al-Sawāḥil. SEE al-Sāḥil
ṣawāmiʿ (religious buildings) **XIV**:46
Ṣawāmiʿ Palace. SEE Qaṣr al-Ṣawāmiʿ
al-Ṣawʾar (near al-Qādisiyyah) **XXXVIII**:162, 164, 166–68
Ibn Ṣawārtakīn. SEE Waṣīf b. Ṣawārtakīn al-Turkī
Sawāsh.r.yān (estate) **XXXIII**:159
Sawd (mountain, in al-Yamāmah) **XXXIV**:46, 50
al-sawdāʾ (melancholia, depression) **XXXII**:85
Ibn al-Sawdāʾ. SEE ʿAbdallāh b. Sabaʾ
Sawdāʾ bt. Abī Layth **XXX**:17
Sawdah bt. ʿAkk **VI**:34
Sawdah bt. Zamʿah (wife of Prophet Muḥammad) **VII**:8, 66; **IX**:128–30, 137; **XXXIX**:169–71, 172
al-Sawdaqāniyyah (in northern Iraq) **XXXVIII**:191
al-Sawīq, expedition of. SEE Badr al-Mawʿid
ṣawmaʿah. SEE *ṣawāmiʿ*
Sawrah b. Abjar (al-Ḥurr) al-Tamīmī **XXII**:48, 50–53, 163; **XXIV**:150, 160–61, 178; **XXV**:36, 67, 70, 71, 77–81, 83, 86
Sawrah b. Ashyam al-Numayrī **XXI**:209
Sawrah b. al-Ḥurr al-Abānī. SEE Sawrah b. Abjar al-Tamīmī
Sawrah b. al-Ḥurr al-Tamīmī. SEE Sawrah b. Abjar al-Tamīmī
Sawrah b. Muḥammad b. ʿAzīz al-Kindī **XXVI**:124; **XXVII**:36, 43, 94
al-Ṣawrān (in Medina) **VIII**:28
al-Ṣawwāf. SEE Samurah al-Ṣawwāf
Sawwār (b. Abī Ḥukaym, *rāwī*) **I**:293
Sawwār (*mawlā* of Mūsā b. ʿAbdallāh b. Khāzim) **XXIII**:98
Sawwār b. ʿAbdallāh **XXVIII**:53, 58, 75, 81, 83, 141; **XXIX**:39, 50, 61, 66, 68, 76, 77, 79; **XXXIX**:259
Sawwār b. ʿAbdallāh al-ʿAnbarī **XXXIV**:118, 157
Sawwār b. ʿAbdallāh b. Saʿīd al-Jarmī. SEE Suwwār b. ʿAbdallāh b. Saʿīd al-Jarmī
Abū Sawwār al-ʿAdawī **XVIII**:99
Sawwār b. al-Ashʿar **XXV**:192
al-Sawwār b. Hammām **XIII**:127, 128
Sawwār b. al-Jaʿd al-Yaḥmadī **I**:255
Sawwār b. Zahdam al-Jarmī **XXIII**:170
saʿy (ritual running between al-Ṣafā and al-Marwah, in pilgrimage) **II**:100; **IX**:109; **XXXII**:22
al-Sayābijah (al-Sabābijah, ethnic group) **X**:137; **XVI**:66, 67, 75, 121; **XXIX**:171
Sāyah (village, near ʿUsfān) **VIII**:43
Banū Saybān **XXXIX**:255
Abū al-Ṣaydāʾ. SEE Ṣāliḥ b. Ṭarīf

Banū al-Ṣaydā' **IX**:168
Ibn al-Ṣaydā' (officer of Asad b. 'Abdallāh al-Qasrī) **XXV**:169
Sayf b. Bakr al-Khārijī **XXX**:265
Sayf b. Bishr al-'Ijlī **XXIII**:6, 49
Sayf b. Dhī Yazan (Sayfān b. Ma'dīkarib) **V**:236–42, 249, 251, 264; **XXXIII**:195
SEE ALSO Ma'dīkarib b. Abī Murrah
Sayf b. Hāni' **XXII**:116
Sayf b. Hāni' al-Hamdānī **XXIV**:131, 135
Sayf b. Hāni' al-Murādī **XXI**:141
Sayf b. al-Ḥārith b. Suray' **XIX**:146
Sayf b. Ibrāhīm **XXX**:228
Sayf b. Qays **XXXIX**:88–89
Sayf b. Sulaymān **XXXIX**:221
Abū Sayf al-Taghlibī **XIII**:90
Sayf b. 'Umar **IX**:107, 164, 165, 166, 167, 195; **X**:10, 11, 13, 14, 17, 18, 19, 21, 23, 25, 33, 34, 38, 41, 43, 44, 52, 55, 60, 67, 70, 71, 73, 75–77, 79, 83, 84, 94, 96, 98, 99, 100, 102, 103, 105–7, 112, 114, 116, 120–23, 125–27, 130–32, 134, 137, 139, 152, 158, 165, 169, 171, 173–77, 186, 189, 191; **XI**:1, 7, 9–10, 13–17, 19–21, 25–27, 29–30, 33, 36–39, 41, 44–49, 52–53, 56, 60, 64, 67, 69, 75–76, 79, 81–83, 86–87, 94, 98–100, 102, 104–6, 111, 114–16, 161, 163, 169–70, 173, 175–77, 180, 182, 185–86, 188, 190–91, 193, 195–96, 199, 201–2, 204–7, 210–13, 215–16, 218, 221–22, 224; **XII**:3, 6–8, 10, 12–15, 19, 25, 30, 33, 34, 35, 42, 45–47, 49, 51–54, 56, 60–63, 65, 70, 73–77, 79, 81–83, 86, 89, 90, 92, 93, 95, 96, 98–103, 106, 108, 110–22, 124, 126–31, 145, 146, 149, 150, 156–59, 161, 165, 175, 181–83, 203–7; **XIII**:1, 3, 4, 6, 8–12, 15–22, 24–29, 31, 33, 35, 36–39, 42, 44–53, 54, 57, 61–68, 75, 77–81, 85–87, 90, 95–96, 100–103, 105–6, 108, 111, 114, 116, 118, 121, 123, 126, 132, 140, 145–46, 148–49, 151, 153–57, 163, 166, 170, 174, 176, 179, 189, 195–96, 200, 214, 216; **XIV**:1, 2, 8, 9, 17, 18, 21, 34, 39, 43, 47–51, 55, 64, 66, 67, 70, 71, 73, 80, 82, 87, 95, 133, 142, 163; **XV**:2–5, 15–17, 18, 22, 26–28, 30, 34, 37, 41, 45–52, 54–56, 59, 61–62, 64, 66–68, 72–73, 94–96, 98, 100–101, 112, 121, 125–28, 131, 140, 145, 148, 151, 153, 159, 166, 167, 206–7, 210, 213, 217, 223–30, 232–33, 249–50, 251, 252, 255–57; **XVI**:10–15, 17, 19, 26, 32, 35–37, 39, 40, 43, 45, 47, 48, 52–57, 61, 63, 69, 80, 82, 83, 85, 88, 95, 96, 103, 109, 117–20, 122, 124, 125, 131, 133, 134, 135, 146–59, 162–64, 166–70, 191, 193, 196
Sayf b. Wahb al-Ma'walī, Abū Ṭalḥah **XVIII**:85–86, 100
Sayf b. Waṣṣāf al-'Ijlī **XXV**:81, 148, 149
Sayfān b. Ma'dīkarib. SEE Sayf b. Dhī Yazan
Ṣayfī b. Fasīl al-Shaybānī **XVII**:123; **XVIII**:138–39, 144, 151, 155–56
Ṣayfī b. 'Ulbah b. Shāmil **XI**:164
Ṣayghūn (arrested by Ya'qūb b. al-Layth al-Ṣaffār) **XXXVI**:189
Ṣayhad (Ṣahīd, desert, in Ḥaḍramawt) **X**:22, 177, 182
Ṣayḥā'īn. SEE Ṣayḥūn
Sayḥān (canal). SEE Nahr Sayḥān
Sayḥān (near al-Baṣrah) **XXXVI**:132; **XXXVII**:68
Sayḥān (river, in Cilicia) **I**:370
Sayḥān b. 'Amr **XX**:183
Sayḥān b. Jurwah **X**:108
Sayḥān b. Ṣūḥān **X**:154; **XVI**:91, 92, 132, 135, 142, 153, 168

Ṣayḥūn (Ṣayḥā'īn, legendary Persian king of Babylon) **IV**:52–53, 55, 105–6
al-Saylaḥūn (canal). SEE Nahr al-Saylaḥīn
al-Saylaḥūn (near al-Qādisiyyah) **XII**:26, 41, 52, 53, 61, 126, 128; **XXII**:73; **XXX**:256; **XXXV**:76; **XXXVIII**:166
al-Ṣaymarah (in Mihrijān Qadhaq) **XXXVI**:148, 189; **XXXVII**:29; **XXXVIII**:23
al-Ṣayqal. SEE Abū Saʿīd al-ʿUqaylī
Sayrān b. ʿAwfallāh **XXXVI**:51, 52
Saysal (Khwārazmian commander) **XXXI**:53
Ibn Ṣayyād. SEE ʿAbdallāh b. Ṣayyād
al-Sayyāfah (troop of al-Amīn's eunuchs) **XXXI**:228
al-Sayyālah (between Mecca and Medina) **XXVIII**:91
Abū Sayyār (*ḥājib* of Muḥammad b. ʿAbdallāh b. Ḥasan) **XXVIII**:184
Sayyār al-ʿIjlī **XVI**:73
Sayyār b. Abī Sayyār **XXXIX**:325
Abū Sayyārah. SEE ʿUmaylah b. al-Aʿzal b. Khālid
al-Sayyid (b. al-Ḥārith) **IX**:98
al-Sayyid al-Ḥimyarī (Ismāʿīl b. Muḥammad) **XXVI**:53; **XXIX**:143
al-Sayyidah bt. Maḍāḍ b. ʿAmr al-Jurhumī **II**:132
scepter. SEE staff
sciatica. SEE *ʿirq al-nasā*
scorpions
as food **XII**:37
Prophet Muḥammad on killing of **XXXIX**:279
scouts. SEE spies and scouts
screens. SEE hair screens
scurvy (*ḥumām qurr*) **XXIX**:187
sea(s)
meeting place of the two seas (*majmaʿ al-baḥrayn*) **III**:6, 10, 13
sea(s) (continued)
parting of **III**:64–65, 70–71
sea embargo **XXVIII**:222–23
Sea of Daylam and Jurjān. SEE Caspian Sea
Sea of Marmara **XXIX**:221, 223
Sea of Persia and India **XXXI**:102
seagoing vessels **XXXVIII**:91
seal of prophethood (Muḥammad's) **VI**:45, 46, 64, 66, 75; **IX**:159–60; **XXXVIII**:50
seal rings. SEE signet and seal rings
sealed document (*sijill*) **V**:6
seals
letter seals **XV**:62–63; **XIX**:73; **XXI**:114
privy seal **XXXV**:25, 39, 105
of Prophet Muḥammad **XXXI**:11, 186
worn around necks **XXII**:2; **XXV**:162
seashells **XXXIII**:200
second call to prayer. SEE call to prayer
Second Coming (*rajʿah*), doctrine of **XV**:146; **XXXIX**:218, 238
secrecy
al-Manṣūr on **XXIX**:129
ʿUmar b. al-Khaṭṭāb on **XIV**:125
secret messages, transmission of **XXXI**:43
secret parts. SEE genitals
secretaries (*kuttāb*, sg. *kātib*)
list of secretaries (since the beginning of Islam) **XXI**:213–23
of military administration (*kuttāb al-ʿarḍ*) **XXXIV**:40
of Prophet Muḥammad **IX**:147-48
salaries of **XXIX**:140
Ṭāhir b. al-Ḥusayn on **XXXII**:127
treachery, punishment for **XXXV**:161–63

secretaries (continued)
writing style of **XIX**:63
security police
maʿūnah. SEE *maʿūnah*
shurṭah. SEE *shurṭah*
sedition. SEE *fitnah*
Seleucia (Salūqiyyah) **XXXIII**:98; **XXXIV**:38, 42; **XXXVI**:190
Seleucus Nicator **IV**:96
Sellers (al-Shurāt). SEE Khārijites
senna *(qilqil)* **XXIV**:10
Sennacherib **IV**:36–38, 40, 48–49, 60
Septimius Severus (Roman emperor) **IV**:126
Sergius (martyr) **IV**:124
Sergius (Sarjis, Byzantine commander) **V**:312–13
Sergius (Sarjūn, Surḥūn, interpreter) **XXXIV**:169
serial killers. SEE Baghdad strangler
sermon
khuṭbah **XV**:3–4, 256–57; **XVI**:16; **XVIII**:70, 78; **XXXVI**:38, 138, 183
qaṣaṣ **XXII**:33, 101–2
Serug (Sārūgh) b. Reu **II**:16, 22
Seth (Shīth, Shāth, Hibatallāh, son of Adam) **I**:317, 324–26, 331, 333–36, 338–41, 343, 344, 354, 365; **II**:130
settled people. SEE *ahl al-madar*
Seven Sleepers of Ephesus. SEE Aṣḥāb al-Kahf
sevenths (army division). SEE *asbāʿ*
severed limbs, public display of **XXXVII**:156
Severus (Septimius). SEE Septimius Severus
Severus Alexander (Roman emperor) **IV**:126
sexual intercourse **XXVII**:117
becoming impure through **XXXIX**:12
death during **XXIX**:76
forced **X**:104
sexual intercourse (continued)
by Ham, in Noah's ark **I**:365
ʿiddah (waiting period after divorce or widowhood before remarrying) **XV**:126, 127; **XXVIII**:117; **XXXIX**:175, 178
illicit sexual relations. SEE *zinā*
use of incense before **XX**:31
incest **XIII**:178; **XX**:170; **XXX**:13
menstruation and **III**:170; **X**:101–2
Shabābah (*mawlā* of Qays b. ʿAbdallāh al-Bāhilī). SEE Sabābah
Shabābah *(rāwī)* **II**:152, 174
Ibn Shabābah **XXIX**:235
Shababah b. Sawwār **XXXIX**:152, 199
Shābah (ruler of the Turks) **V**:298–99, 301
al-Shabah (commander, of Banū ʿAmr of Tamīm) **XII**:42
Banū Shaʿbān **XXVI**:146; **XXXIX**:219
al-Shaʿbānī (commander of al-Manṣūr) **XXVIII**:107, 136
al-Shaʿbāniyyūn **XXXIX**:220
Shābarzān (toponym) **XXXVI**:206
Shabath, mosque of. SEE Masjid Shabath
Ibn Shabath b. al-Ḥasan **XXXVII**:72
Shabath b. Ribʿī al-Riyāḥī al-Yarbūʿī al-Tamīmī **X**:95, 96; **XI**:203; **XVI**:90; **XVII**:12, 16–18, 21–23, 98–99, 130, 138; **XVIII**:113; **XIX**:25, 49, 50, 65, 121, 125, 138–39, 141; **XX**:97, 121, 199, 203–8, 211–16; **XXI**:11–13, 15, 16–17, 18, 20, 70, 83, 85, 128, 130; **XXXIX**:273, 321
SEE ALSO Shabīb b. Ribʿī
Shabath Road (in al-Kūfah) **XXI**:95
Ibn Shabbah *(rāwī)*. SEE ʿUmar b. Shabbah
Shabbah b. ʿAqqāl (ʿIqāl) **XXVI**:73, 175

shabbārah (river boat) **XXXV**:49, 68
Ibn Shabbawayh. SEE ʿAbdallāh b. Aḥmad b. Shabbawayh al-Marwazī
al-Shaʿbī (ʿĀmir b. Sharāḥīl) **I**:181, 265, 327, 364, 370, 371; **II**:3, 6, 86, 87, 103, 147; **VI**:84–85, 155, 157, 159, 162; **VIII**:83; **IX**:94; **X**:186; **XI**:1, 7, 10, 13, 17, 19–20, 25, 38–39, 47, 52, 83, 175–76, 193, 199, 202; **XII**:15, 33, 35, 51, 62, 89, 98, 110, 111, 114, 122, 128–31, 156, 157, 159, 162, 167, 169, 203; **XIII**:29, 31, 37, 44, 45, 51, 62, 75, 78, 85, 103, 140, 141, 153, 216; **XIV**:15, 48, 73, 95, 99, 106, 120; **XV**:3, 5, 7, 15, 49–50, 91, 96, 120, 217, 250, 251; **XVI**:11, 36, 39, 81, 95, 113, 130, 153; **XVII**:74, 89, 99, 104, 140, 183, 204; **XVIII**:18, 82, 97, 123, 136–37, 183, 225; **XIX**:29, 100; **XX**:119, 193–97; **XXI**:23, 49, 82, 84; **XXII**:191; **XXIII**:25, 36, 58, 59; **XXIV**:75, 126; **XXXIX**:83, 92, 182, 218–20, 268, 278, 314
Shabīb (b. Bishr, *rāwī*) **I**:255
Banū Shabīb **XVI**:136
Shabīb b. Bajarah al-Ashjaʿī **XVII**:215–16
Shabīb b. al-Ḥajjāj al-Ṭāʾī **XXIV**:156
Shabīb b. al-Ḥārith al-Tamīmī **XXIV**:148
Shabīb b. Ḥumayd b. Qaḥṭabah **XXX**:156; **XXXI**:14
Shabīb b. Abī Mālik al-Ghassānī **XXVI**:129
Shabīb b. Qays b. al-Haytham **XIX**:185
Shabīb (Shabath?) b. Ribʿī **XVIII**:142
SEE ALSO Shabath b. Ribʿī al-Riyāḥī al-Yarbūʿī al-Tamīmī
Shabīb b. Shaybah **XXIX**:134, 264
Shabīb b. Wāj al-Marwarrūdhī **XXVII**:70; **XXVIII**:33–34, 37, 39; **XXIX**:205–6
Shabīb b. Yazīd, Abū Mudallah **XX**:146; **XXII**:28, 31, 36–37, 40–49, 51–63, 65–69, 71–81, 83–90, 93–112, 114–27, 130–31, 133–36, 139, 141, 176–77
al-Shaʿbiyyūn **XXXIX**:220
Shabokah bt. Japhet **II**:11
Shabr b. ʿAlqamah **XII**:112, 113
Shabūbah (son of Adam) **I**:317
Shadad (husband of Bilqīs) **XXXIX**:255
Abū al-Shadāʾid al-Fazārī **XXVIII**:160, 215
Shaddād (*rāwī*, father of Jāmiʿ b. Shaddād) **XI**:157
Shaddād (rebel against al-Muʿtaḍid) **XXXVIII**:17
Shaddād b. ʿAbdallāh b. al-Qanānī **IX**:84
Shaddād b. ʿAbdallāh b. Shaddād al-Jushamī **XXI**:107
Shaddād b. al-Aswad (Ibn Shaʿūb) **VII**:127, 128
Shaddād b. Aws b. Thābit al-Anṣārī, Abū Yaʿlā **V**:275; **XI**:159; **XIV**:165; **XV**:25; **XXXIX**:295
Shaddād b. al-Azmaʿ al-Hamdānī **XVIII**:143
Shaddād b. Ḍamʿaj **XII**:10
Shaddād b. al-Hādi. SEE Shaddād b. Usāmah b. ʿAmr al-Hādi
Shaddād b. al-Haytham al-Hilālī **XVIII**:127–28, 129, 138, 142
Shaddād b. Khālid (Khulayd) al-Bāhilī **XXIV**:158; **XXV**:65, 68, 77
Shaddād b. al-Mundhir (brother of Ḥuḍayn) **XXI**:30
Shaddād b. al-Mundhir b. al-Ḥārith b. Waʿlah al-Dhuhlī (Ibn Buzayʿah) **XVIII**:142
Shaddād b. Qays **XVII**:4

Shaddād b. Usāmah b. ʿAmr al-Hādi **XXXIX**:121, 202
Abū al-Shaddākh (poet) **XXXII**:54
shaddākhāt (war engines) **XXXV**:40
al-Shadh **XXIII**:155, 171
Shādh Sābur (king of Iṣbahān) **V**:12
Shādh Sābur (Rīmā, in Maysān) **V**:37
shadhāh (pl. *shadhawāt*, war barge) **XXXI**:190; **XXXVI**:56, 137–38, 145, 154–55, 175–80 *passim;* **XXXVII**:94–101 *passim*, 106–38 *passim;* **XXXVIII**:82, 190
SEE ALSO Day of the Barges
Shādhān b. al-Faḍl **XXXIII**:140, 144, 157, 161
Shadhrah (concubine of Hārūn al-Rashīd) **XXX**:327
Shadīd (*mawlā* of Abū Bakr) **XI**:147
Shadīd b. ʿAbd al-Raḥmān b. Nuʿaym al-Ghāmidī **XXV**:17
al-Shadīdiyyah (toponym) **XXXVI**:197, 198
shādurwān (dam) **V**:30
Shādūs b. Jūdharz **IV**:7, 15
Shafīʿ *(khādim)* **XXXVIII**:67, 68
Shafīʿ (*khādim* of al-Mutawakkil) **XXXIV**:179; **XXXV**:143
Shāfiʿ b. Kulayb al-Ṣadafī *(kāhin)* **V**:175
al-Shāfiʿī *(rāwī)* **XXXIX**:252
Shaghab (Nāʿim, al-Muqtadir's mother) **XXXVIII**:25, 187
al-Shaghar (village, near Rāmhurmuz) **XIII**:122, 123
al-Shaghb (near Wādī al-Qurā) **II**:169
Abū al-Shaghb al-ʿAbsī (poet) **XXVI**:171
al-Shāh (ruler of Sijistān) **XIII**:175; **XIV**:76
Shāh-i Āfrīd (mother of Yazīd III) **XXVI**:243
Shāh Būr. SEE Sābūr al-Junūd b. Ardashīr b. Bābak
al-Shāh Jurd (river) **XXVIII**:259
al-Shāh b. Mīkāl **XXXV**:45, 48, 49, 57, 83, 88, 92, 128, 129; **XXXVI**:18, 19, 21, 115; **XXXVII**:15, 20
al-Shāh b. Sahl **XXXIII**:130
Shah Ustūn (steppe, in Balkh) **IV**:10
Shāh-i Zanān **XI**:178
SEE ALSO Būrāndukht
shahādah (martyrdom). SEE martyrdom
al-shahādah (Muslim profession of faith) **VI**:128, 129; **VII**:80; **VIII**:173; **IX**:84, 95, 123, 192, 197; **XVIII**:8
Shāhak al-Khādim **XXXV**:8, 12, 34, 96
Shāhanshāh (Supreme King, royal title) **V**:14
al-Shahbāʾ (Persian corps of troops, in the Lakhmids' service) **V**:79
al-Shaḥḥāj b. Wadāʿ **XXIV**:109
Shāhī (fortress, on Lake Urmiya) **XXXIII**:16; **XXXIV**:78
Shāhī (village, near al-Kūfa) **XVII**:126; **XXII**:107; **XXVII**:137; **XXXI**:122; **XXXII**:14, 23, 72; **XXXV**:17, 18, 88, 89
shahīd. SEE martyrdom
Ibn al-Shahīd *(rāwī)* **XVI**:55
Shāhīn (Persian commander) **V**:318, 321
Shāhīn b. Bisṭām **XXXVI**:112, 123, 124, 125
shāhlūj plums **XXXIII**:196
Shahm b. ʿAbd al-Raḥmān al-Juhanī **XXI**:34
Shāhmīghad (village, near Marw) **XXI**:210
Shahr (b. Frāsiyāt) **IV**:5
Shahr b. Bādhām **X**:18, 20–24, 27
Shahr Dhū Yanāf. SEE Dhū Yanāf

Shahr b. Ḥawshab **II**:42; **III**:102; **IV**:161; **XIII**:98; **XIV**:143; **XXIV**:51; **XXXIX**:170
Shahr b. Mālik **XIII**:86
Shahrah (b. Frāsiyāt) **IV**:5
Shahrak (*marzubān* of Fārs) **XIII**:129, 130; **XIV**:67–70; **XX**:6
Shahrām Fayrūz (in Ādharbayjān) **V**:113, 151
Shahrām b. al-Zīnabī **XIV**:25
Banū Shahrān **V**:222
Shahrawayh (cavalryman of the Sasanian army) **XIII**:144
Shahrazūr (north of Ḥulwān) **IV**:94; **V**:33; **XVIII**:12; **XXII**:83; **XXVII**:60, 131, 132, 162; **XXVIII**:42; **XXX**:174; **XXXIV**:96; **XXXVII**:98, 177; **XXXVIII**:120
Shahrbarāz (Farruhān, Farrukhān, Persian commander and ephemeral emperor in al-Madā'in) **V**:319, 321–23, 326–30, 400–403
Shahrbarāz (of the people of Iṣṭakhr) **XIII**:10
Shahrbarāz (of the people of Sijistān) **XII**:103
Shahrbarāz (Persian *dihqān*) **XI**:208
Shahrbarāz (ruler of Bāb al-Abwāb) **XIV**:35, 36, 38–42
Shahrbarāz b. Ardashīr b. Shahriyār **XI**:117–18, 120, 178
Shahrbarāz Jādhawayh **XIV**:7
Shahriyār (brother of Sarkhāstān) **XXXIII**:154
Shahriyār (cavalryman of the Sasanian army) **XIII**:144, 145
Shahriyār (*dihqān* of Bāb al-Abwāb) **XIII**:4, 5
Shahriyār b. Kanārā **XII**:131
Shahriyār b. Kisrā II **V**:379–80; **XI**:222; **XV**:89
Shahriyār b. al-Maṣmughān **XXXIII**:168
Shahriyār b. Sharwīn **XXXII**:64, 166; **XXXIII**:167
shahrīz (suhrīz) dates **XXIX**:12; **XXXIII**:11
Shajar (mother of Khadījah bt. Hārūn al-Rashīd) **XXX**:328
al-Shajarah (near al-Jāl) **XXII**:45
al-Shajarah (of Dhū al-Ḥulayfah, west of Medina) **IX**:77; **XXXII**:35
Shajarah b. al-Aʿazz **XI**:68
Abū Shajarah b. ʿAbd al-ʿUzzā (Ibn al-Khansā') **X**:81–83
Shakar (Kashar, mountain, near Jurash) **IX**:88
Shakbah bt. Japheth b. Noah **II**:12
Shakhrīt (of Banū Shakrāt) **X**:155–57
Abū Shākir (canal). SEE Nahr Abī Shākir
Abū Shākir (commander) **XXVII**:206
Abū Shākir (*kātib*) **XXXIII**:11
Banū Shākir (of Hamdān) **XX**:204; **XXI**:16, 72, 89, 102, 139; **XXVI**:47; **XXXIX**:220
al-Shākiriyyah (private militia) **XII**:53; **XXIII**:31, 99, 103, 104; **XXIV**:55; **XXV**:66, 79, 140, 144, 163; **XXVII**:38; **XXXIII**:179; **XXXIV**:18–19, 63, 79, 82, 84, 89, 99, 102, 139, 143, 195, 202, 205, 209, 215–18; **XXXV**:3, 4, 7, 10, 16, 26, 27, 31, 39, 46, 63, 71, 72, 77, 80, 90, 92, 125, 126, 127, 128, 129, 140, 141, 143; **XXXVI**:7, 13, 15–17, 21, 69, 98, 102
Shakk b. Maʿadd **VI**:36
Shaklah (mother of Ibrāhīm b. al-Mahdī) **XXVIII**:80; **XXXI**:187
Ibn Shaklah. SEE Ibrāhīm b. al-Mahdī
Banū Shakrāt **X**:155
Shalanbah (near Dunbāwand mountain) **XXXIII**:168
shalandiyah vessels **XXXIV**:125, 126

Shalāshān (village, near Ḥulwān) **XXXI**:90, 100, 114
Shalūm (prophet) **IV**:168
Shālūs. SEE Sālūs
al-Sha'm. SEE Syria
Shamām (mountain, west of al-Yamāmah) **X**:81
Shamardal (nephew of Bukayr b. Wishāḥ) **XXII**:173, 175
al-Shamardal (of Banū 'Awf b. Ka'b b. Sa'd) **XXII**:197
Shamir. SEE ALSO Shimr
Shamir (name of Abū Wabr b. 'Adī b. Umayyah b. al-Ḍubayb's camel) **IX**:103
Shamir (name of Abū Zayd b. 'Amr's horse) **IX**:101
Shamir b. 'Abdallāh al-Khath'amī **XVIII**:150–51
Shamir b. Dhī al-Jawshan al-'Āmirī al-Ḍibābī **XVII**:52; **XVIII**:142; **XIX**:49, 79, 110–12, 121–22, 124, 126, 138, 141, 145, 157–58, 160, 162, 164, 169, 173, 179; **XX**:198, 213; **XXI**:12, 15, 16, 24–26; **XXXIX**:211
Shamir Dhū al-Janāḥ. SEE Shamir Yur'ish Dhū al-Janāḥ
Shamir Yur'ish Dhū al-Janāḥ (Tubba' king, in Yemen) **V**:142–45, 176–77
Shamīr b. al-Amlūl **III**:98
Shamīth bt. Batādīt b. Barakiyā (Shummayth b. Tabāwīb b. Barakiyā) **III**:30, 99
Banū Shamkh (of Fazārah) **XX**:158
al-Shammākh b. Ḍirār **VII**:111; **XII**:26, 87; **XIV**:38; **XXXIX**:72, 74
al-Shammākh al-Yamāmī **XXX**:29
Banū al-Shammās (of Tamīm) **XXXVI**:31
Abū Shammās b. 'Amr **IX**:102
Shammās b. Dithār al-'Uṭāridī **XX**:78, 79, 177–79; **XXII**:168–69
al-Shammāsiyyah (quarter, in Baghdad) **XXXI**:48, 136, 164, 166, 195; **XXXIV**:127; **XXXV**:108; **XXXVI**:4, 20, 22
SEE ALSO Raqqat al-Shammāsiyyah
al-Shammāsiyyah Gate. SEE Bāb al-Shammāsiyyah
Shāmraj **XXXVI**:201
shamsah. SEE parasol
Shamsūn. SEE Samson
Shamṭā b. Yazdīn **V**:398
Sham'ūn. SEE Samuel b. Bālī; Simon
al-Shamūs (name of 'Abdallāh b. 'Āmir al-Qurashī's horse) **XIV**:58
al-Shamūs (name of al-Muthannā b. Ḥārithah al-Shaybānī's horse) **XI**:205
al-Shamūs bt. Qays **XXXIX**:169
Shamwīl. SEE Samuel b. Bālī
Shanār (valley) **IX**:100
Shanas al-Rūmī **XII**:174, 175
al-Shanbā' bt. 'Amr al-Ghifāriyyah **IX**:136
al-Shanj (village) **XXVII**:68
Banū Shann (of 'Abd al-Qays) **V**:292
shannah (dried-up waterskin) **XXII**:14, 16–17
Banū Shannūq (of Kinānah) **X**:160
Shanū'ah (district, in Yemen) **X**:161
Banū Shanū'ah (of Dawsar) **XXIV**:122
Shāpūr. SEE entries beginning with Sābūr
Shaqīq (commander of Marwān b. Muḥammad) **XXVII**:56
Shaqīq b. Salamah al-Asadī, Abū Wā'il. SEE Abū Wā'il
Shaqīq b. al-Sulayl al-Asadī **XXII**:172

Shaqīq b. Thawr al-Sadūsī **XVI**:115, 144; **XVII**:58–59, 63, 217; **XX**:8–9, 19
Shaqīqah bt. Rabī'ah b. Dhuhl b. Shaybān **V**:75
Banū Shaqirah (Banū al-Ḥārith b. Tamīm) **XIX**:136
Shaqq al-Ḥārrah (eastern part of Ḥarrat Banī Sulaym) **XXXIV**:19
Ibn Shaqqī al-Ḥimyarī **XXVI**:173
al-Shaqrā' (name of Prophet Muḥammad's camel) **IX**:152
Shaqrā' bt. Salamah b. Ḥalbas al-Ṭā'ī **XXIII**:118
Shaqrān (nephew of Nīzak). SEE 'Uthmān
al-Shār. SEE al-Ḥasan b. Harthamah
Shār Bāmiyān. SEE Harthamah
al-Sharā (mountain, of the proverb) **XVII**:137
al-Sharabbah (in Najd) **X**:40, 41, 46; **XXXIX**:188
al-Shar'abī al-Ṭā'ī (poet) **XXV**:90
Sharāf (between Wāqiṣah and al-Qar'ā') **XI**:215, 223; **XII**:14, 16, 17, 19–22, 25, 135; **XIX**:91; **XXI**:23; **XXVIII**:266
Sharāf bt. Khalīfah al-Kalbī **IX**:138
Sharafāniyyah (Dār Sa'īd al-Khaṭīb, village, near Baghdad) **XXVIII**:248
al-Sharāh. SEE al-Sharāt
Sharāḥīl ('Abbāsid commander) **XXVII**:143, 151, 160
Sharāḥīl (in a line of 'Abdallāh b. Hammām al-Salūlī's poetry) **XXI**:151
Abū Sharāḥīl ('Abbāsid commander) **XXVII**:79
Sharāḥīl b. 'Abd b. 'Abdah al-Sha'bī, Abū 'Āmir **XIII**:44; **XX**:197; **XXIV**:42
Sharāḥīl b. 'Abd al-'Uzzā b. Imri' al-Qays al-Kalbī **V**:77
Sharāḥīl b. Ma'n b. Zā'idah **XXX**:262
Sharāḥīl b. Maslamah b. 'Abd al-Malik **XXVII**:167
al-Sha'rānī. SEE Sulaymān b. Mūsā al-Sha'rānī
al-Sharāt (mountainous area, south of the Dead Sea) **XXIV**:87; **XXVII**:157; **XXIX**:137; **XXXIX**:236
al-Sharāt (near Damascus) **XXVI**:175
Sharawrā (mountains, east of Tabūk) **XXIII**:60
sharecropping arrangements **VIII**:129–30
Shāri' (quarter, in Baghdad) **XXXV**:91
al-Shārī. SEE Hārūn al-Shārī al-Wāziqī
al-Shārī (Seller). SEE Khārijites
Banū Sharīd (b. Riyāḥ, of Sulaym) **X**:79–81
sharīf. SEE *ashrāf*
Abū Sharīf al-Baddī **XVIII**:148, 149
Sharīfah (*jāriyah* of al-Rabī' b. Ziyād al-Ḥārithī) **XVIII**:164
Sharīk (*rāwī*) **II**:102, 144; **VI**:80; **XXXIX**:99, 128, 134, 207, 239
SEE ALSO Sharīk b. 'Abdallāh al-Nakha'ī
Sharīk (son of Ghaziyyah bt. Jābir) **IX**:139
Abū Sharīk (Persian, from al-Ruṣāfah) **XXVI**:81
Umm Sharīk. SEE Ghaziyyah bt. Jābir
Sharīk b. 'Abd Rabbihi al-Numayrī **XXV**:191
Sharīk b. 'Abdallāh al-Nakha'ī **I**:175, 200, 209, 214, 218, 222, 223; **IX**:125, 208; **XIV**:94, 97; **XVII**:226; **XXIX**:65, 168–69, 175, 176, 180, 195, 216, 219
Sharīk b. 'Abdallāh b. Abī Namir **I**:250, 251, 267

Sharīk b. al-Aʿwar al-Ḥārithī **XV**:90; **XVII**:169; **XVIII**:50, 56, 58–59, 206–7; **XIX**:33, 35, 37, 39–42
Sharīk b. Ghaḍī al-Tamīmī **XXVII**:65
Sharīk b. ʿĪsā **XXVII**:75
Sharīk b. Jadīr al-Taghlibī **XXI**:80–81
Sharīk b. Khubāshah al-Numayrī **XV**:165
Banū Sharīk b. Mālik **XXIV**:19
Sharik b. Mālik b. Ḥudhayfah **X**:77
Sharīk al-Nakhaʿī. SEE Sharīk b. ʿAbdallāh al-Nakhaʿī
Sharīk b. Namlah al-Muḥāribī **XVI**:152, 155, 158; **XVIII**:65
Sharīk b. Abī Qaylah al-Maʿnī **XXV**:11
Sharīk b. Salamah al-Murādī **XXXIX**:32
Sharīk b. al-Ṣāmit al-Bāhilī **XXIV**:15; **XXV**:123
Sharīk b. Shaddād al-Ḥaḍramī **XVIII**:144, 149, 151
Sharīk b. Shaykh al-Mahrī **XXVII**:197
Sharīkān. SEE Nahr Sharīkān
Sharīq b. ʿAmr b. Wahb al-Thaqafī **VII**:121
al-Sharīṭiyyah (near Wāsiṭ) **XXXVI**:201
Shāriyah (*jāriyah* of Ibrāhīm b. al-Mahdī) **XXXIV**:54; **XXXVI**:88
al-Sharjah **X**:23
shark, as eponym of Quraysh **VI**:30
Sharkab al-Jammāl **XXXVI**:151, 188, 203; **XXXVII**:72, 167
Sharqī al-Qurā (on the road from Nihyā to al-Bakhrāʾ) **XXVI**:157
al-Sharqī (al-Walīd) b. al-Quṭāmī (Quṭāmī) **IV**:66; **XXIX**:141; **XXXIX**:166
al-Sharqiyyah (suburb of West Baghdad) **XXIX**:6; **XXXI**:159, 175; **XXXIV**:135; **XXXVIII**:46, 107
Sharqiyyah prison (in Baghdad) **XXIX**:6
Sharwīn (mountains). SEE Jibāl Sharwīn
Sharwīn (Sharvīn, ruler of Ṭabaristān) **XXIX**:236; **XXX**:254; **XXXIII**:167
Sharwīn b. Surkhāb b. Bāb **XXXIII**:169
Ibn Sharwīn al-Ṭabarī **XXXIII**:88–89
Abū Shās (al-Ghiṭrīf b. Ḥusayn b. Ḥanash) **XXXIII**:155–56
Shāsh (river). SEE Nahr Shāsh
al-Shāsh (northwest of Farghānah) **XXIII**:190–91, 195, 197, 204–6, 215–16; **XXV**:15, 58, 59, 67, 73, 90, 145, 148; **XXVI**:25, 28, 31, 56, 118; **XXX**:267, 283; **XXXIII**:212; **XXXV**:47
Shāshāt (toponym) **XXXV**:108
Shaṭā (near Damietta) **XXXIV**:125
Shaṭawī cloth **XXXIV**:125
Abū al-Shaʿthāʾ **XVIII**:100
Abū al-Shaʿthāʾ (Fayrūz) **XXXIX**:309–10
Abū al-Shaʿthāʾ al-Azdī (Jābir b. Zayd) **XXXIX**:309, 317
Abū al-Shaʿthāʾ al-Kindī. SEE Yazīd b. Ziyād b. al-Muhāṣir al-Kindī al-Bahdalī
Abū al-Shaʿthāʾ al-Muḥāribī (Sulaym b. al-Aswad) **XXXIX**:306
Shāṭiʾ ʿUthmān (near al-Ubullah) **XXXVI**:53, 110, 111
Shaʿūb (fortress, near Ṣanʿāʾ) **X**:22
Ibn Shaʿūb. SEE Shaddād b. al-Aswad
shaving heads and beards
before battle **VIII**:88–89; **XI**:68; **XXIII**:92
flogging and shaving heads, as punishment **XXIII**:200; **XXIV**:4; **XXV**:37; **XXXIX**:228
monk's tonsure **X**:16

shaving heads and beards (continued)
  mustache, trimming of **II**:99, 100; **VIII**:112–13
  Prophet Muḥammad's views on **VIII**:112–13
al-Shawādhib (tribal grouping) **XVI**:120
Shāwaghar (city, in the land of the Turks) **XXVII**:207
Ibn Abī al-Shawārib. SEE al-Ḥasan b. Muḥammad b. Abī al-Shawārib
Ibn Abī al-Shawārib *(rāwī)*. SEE al-Ḥasan b. Muḥammad b. Abī al-Shawārib; Muḥammad b. ʿAbd al-Malik b. Abī al-Shawārib
Shawarukh (b. Abraham) **II**:129
Shawdhab (Bisṭām, of Banū Yashkur, Khārijite rebel) **XXIV**:77–78, 108–11
Shawdhab (*mawlā* of Banū Shākir) **XIX**:147
Ibn Shawdhab *(rāwī)*. SEE ʿAbdallāh b. Shawdhab
shawḥaṭ (hardwood tree of which bows are made) **IX**:120, 154
Abū al-Shawk (commander of Abū al-Sarāyā) **XXXII**:25
Abū al-Shawk (commander of the Zanj leader) **XXXVI**:63
Shawkar b. Ḥamīk (Kh.n.k?) **XXIV**:177
Shawrān. SEE Ḥarrat Shawrān
Shawwāl (village, near Marw) **XXVII**:79
Shaʿyā. SEE Isaiah
Banū Shaybah. SEE Bāb Banī Shaybah
Shaybah al-Ḍabbī. SEE Shaybah b. Naʿāmah al-Ḍabbī
Shaybah b. Hāshim b. ʿAbd Manāf. SEE ʿAbd al-Muṭṭalib b. Hāshim
Shaybah b. Mālik **VII**:119
Shaybah b. Naʿāmah al-Ḍabbī **II**:165–66; **XXXIX**:214
Shaybah b. Niṣāḥ **XIX**:11
Shaybah b. Rabīʿah **VI**:93, 116–17, 140; **VII**:33, 44, 45, 52, 53, 63, 65, 67, 128; **XXVIII**:176
Shaybah b. Shaykh al-Azdī **XXVII**:42
Umm Shaybah bt. Abī Ṭalḥah **VIII**:126
Shaybah b. ʿUthmān *(rāwī)* **XXVI**:71
Shaybah (al-Ḥājib) b. ʿUthmān b. Abī Ṭalḥah **IX**:10; **XVII**:202–3; **XXVIII**:182; **XXXIX**:74, 106
Shaybān (b. ʿAbd al-Raḥmān al-Naḥwī) **I**:285
Shaybān (b. Farrūkh b. Abī Shaybah) **I**:254
Shaybān (owner of the Cemetery of Shaybān, in al-Baṣrah) **XVIII**:85
Shaybān *(rāwī)* **II**:157; **VI**:153; **XV**:120
Abū Shaybān. SEE Muqātil b. Shaybān
Banū Shaybān (of Sulaym) **VIII**:187–88
Shaybān b. ʿAbd al-ʿAzīz al-Yashkurī **XXVII**:51, 52, 54, 55, 56, 57, 59, 60, 201
Shaybān b. al-Ḥils b. ʿAbd al-ʿAzīz al-Shaybānī **XXVII**:86
Shaybān b. Ḥurayth al-Ḍabbī **XX**:206
Shaybān b. Saʿd al-Ṭāʾī **IX**:64, 208
Shaybān b. Salamah al-Ḥarūrī **XXVII**:60, 64, 75, 76, 77, 78, 82, 98, 100, 101, 103, 104, 107
Banū Shaybān b. Thaʿlabah (of Bakr b. Wāʾil) **V**:356, 363–65, 367; **VI**:27; **X**:88, 146, 148, 149, 151; **XII**:193; **XVI**:143; **XVIII**:85, 155; **XXII**:40, 130; **XXIV**:13, 78, 110; **XXV**:158; **XXVII**:17, 49; **XXXI**:97; **XXXV**:75; **XXXVI**:128, 194; **XXXVIII**:7, 8, 78, 138, 140, 168, 178; **XXXIX**:239, 264

al-Shaybānī. SEE Abū ʿAmr al-Shaybānī; Abū Isḥāq al-Shaybānī; Muḥammad b. al-Ḥasan al-Shaybānī
al-Shaykh. SEE Yaḥyā b. Zikrawayh
Shaykh b. ʿAmīrah al-Asadī **XXXI**:208
Shaykh b. al-Nuʿmān **XXI**:177
al-Shaykhān (in Medina) **VII**:110, 111
Shaylamah. SEE Muḥammad b. al-Ḥasan b. Sahl
al-Shaymāʾ (Judhāmah) bt. al-Ḥārith b. ʿAbdallāh b. ʿAbd al-ʿUzzā **V**:271–72; **IX**:18–19
Shayṭān. SEE Satan
Shayṭān (canal). SEE Nahr Shayṭān
Shayṭān b. Ḥujr **X**:177, 178
Sh.bās (in a line of Kaʿb al-Ashqarī's poetry) **XXIII**:187
Shealtiel b. Jochanan b. Oshia **IV**:66, 83–84
Sheba, Queen of. SEE Bilqīs
sheep
  milch sheep *(manāʾiḥ)* of Prophet Muḥammad **IX**:153
  prices for **VIII**:151; **XXXVIII**:8
  slaughter of **X**:16
  womb of (in insults) **VI**:114–15
shekhinah. SEE Sakīnah
Shelah b. Qaynān b. Arpachshad **II**:15, 21, 22
Shem b. Noah (Sām b. Nūḥ) **I**:347, 360, 365, 366, 368–70; **II**:10, 11, 14, 17–21
shīʿah (ʿAbbāsid party) **XXIX**:32; **XXXIV**:97, 212; **XXXIX**:236
  SEE ALSO ʿAbbāsids; al-Hāshimiyyah
shīʿah (party of Muʿāwiyah b. Abī Sufyān) **XVII**:150
shīʿah (party of Muḥammad b. Abī Bakr) **XVII**:154
shīʿah (party of Muḥammad b. Yaḥyā b. Muḥammad) **XXVIII**:69, 89, 102–3, 141
al-shīʿah (*shīʿat ʿAlī*, party of ʿAlī b. Abī Ṭālib, Shīʿīs, Shīʿites) **XVII**:55, 85–86, 100, 117, 123, 175, 194, 208; **XVIII**:24, 44, 50, 59; **XIX**:23–30, 35, 37–38, 40, 42, 67, 87, 89, 113, 156, 167, 169, 179; **XX**:79–97, 105–22, 124–59, 182–225; **XXI**:2, 36, 39–41, 53, 77, 90, 98; **XXVI**:13, 15, 21, 44, 50, 258, 262; **XXVIII**:4; **XXX**:28, 315; **XXXII**:100; **XXXIV**:138; **XXXV**:6; **XXXVI**:16; **XXXIX**:236, 258, 268, 271, 275, 276
  SEE ALSO Abnāʾ al-Dawlah; al-Khashabiyyah; al-Rāfiḍah; al-Sabaʾiyyah; Second Coming; al-Tawwābūn; al-Turābiyyah
shīʿat ʿUthmān (partisans of ʿUthmān b. ʿAffān, al-ʿUthmāniyyah, ʿUthmānids, ʿUthmānīs) **XVI**:6, 187; **XVII**:98, 153, 160, 187, 208; **XVIII**:91; **XIX**:137; **XXI**:135; **XXXV**:27
al-Shiʿb (at Ḥunayn). SEE Yawm al-Shiʿb
al-Shiʿb (in Syria) **XXVI**:152
al-Shiʿb (near Samarqand). SEE Yawm al-Shiʿb
al-Shiʿb (Shiʿb Banī Hāshim, ravine of Banū Hāshim, near Mecca) **XXI**:152; **XXXIX**:55, 56, 161
Shiʿb al-ʿAjūz **VII**:97
Shiʿb ʿAlī **XXI**:62
Shiʿb ʿAmr (ravine of ʿAmr, near Mecca) **XXXII**:21
Shiʿb Banī Fazārah (gorge of Banū Fazārah, near Medina) **XXI**:62
Shiʿb al-Ḥarrah (pass of al-Ḥarrah, northeast of Medina) **XV**:223

Shiʿb Banī Hāshim. SEE al-Shiʿb
Shiʿb ʿIṣām (ʿIṣām pass, near Kāshghar) **XXIII**:224
Shiʿb al-Khūz **XXIX**:91
Shiʿb Nāshiṭ (Nāshiṭ mountain pass, in Zagros Mountains) **XXI**:133
Shiʿb Thabīr (trail of Mt. Thabīr) **II**:93
Banū Shibām (al-Shibāmiyyūn, of Hamdān) **XVII**:97; **XX**:189, 205; **XXI**:18–21, 29, 71–72, 89, 102
Shibl (*ghulām* of Aḥmad b. Muḥammad al-Ṭāʾī) **XXXVIII**:99
Shibl (*rāwī*) **I**:274; **II**:101, 123, 124, 155
Shibl b. Maʿbad al-Bajalī **XII**:169, 172; **XIII**:110, 113; **XIV**:67–68
Shibl b. Sālim **XXXVI**:36, 42, 60, 61, 64, 65, 67, 126, 132, 134, 138, 192; **XXXVII**:28, 29, 40–41, 56, 115–16, 130
Shibl b. Ṭahmān al-Harawī, Abū ʿAlī **XXIV**:88; **XXVII**:78, 95, 97, 100
Shīdah (son of Frāsiyāb) **IV**:16
shields **VIII**:84, 118; **XXXV**:41, 47, 67
al-Shifā bt. ʿAbdallāh **XIV**:120
al-Shifāʾ bt. ʿAwf b. ʿAbd b. al-Ḥārith b. Zuhrah **XXXIX**:42
al-Shīfiyā (village, in al-Baṭāʾiḥ) **XXXVI**:48
Ibn Shihāb (*rāwī*). SEE Ibn Shihāb al-Zuhrī
Shihāb b. ʿAbd Rabbihi **XXVI**:82
Ibn Shihāb al-ʿAbdī **XXVII**:136, 137
Shihāb b. al-ʿAlāʾ al-ʿAnbarī **XXXVI**:59, 129; **XXXVII**:70–71
Shihāb b. Khirāsh al-Ḥawshabī **XIV**:88
Shihāb b. al-Mukhāriq b. Shihāb al-Māzinī **XIII**:22, 23, 150; **XIV**:77
Shihāb b. Sharīʿah al-Mujāshiʿī **XXIV**:97
Shihāb b. ʿUbaydallāh **XVIII**:219
Ibn Shihāb al-Zuhrī (Muḥammad b. Muslim b. ʿUbaydallāh b. ʿAbdallāh b. Shihāb, Abū Bakr) **I**:283, 370; **II**:65, 84; **III**:8, 9; **V**:335, 336; **VI**:1, 8, 39, 49, 66, 67, 69, 76, 86, 120–21, 127, 157, 159, 162; **VII**:6, 18, 35, 56, 85, 86, 101, 105, 122, 159; **VIII**:6, 17, 27, 36, 57, 58, 68, 69, 70, 73, 74, 76, 77, 84, 88, 90, 92, 99, 100, 104, 111, 125, 129, 130, 137, 161, 168, 185, 191, 192; **IX**:11, 47, 97, 138, 150, 156, 169, 171, 175, 176, 177, 179, 181, 182, 184, 189, 194, 196, 200, 203, 206, 207; **X**:18, 28, 39, 47; **XI**:130, 137, 151, 153; **XIII**:92, 94, 96, 110; **XIV**:94, 96, 118, 123, 165; **XV**:77, 197, 251, 253; **XVI**:4, 5, 7, 43, 68, 125, 183, 184, 187; **XVII**:90, 92, 142; **XVIII**:2, 7, 9, 211; **XIX**:83, 144; **XXIII**:218; **XXIV**:182; **XXV**:166; **XXVI**:171; **XXIX**:107; **XXXIX**:12, 23, 55, 67, 108, 109, 120, 131, 165, 167, 174, 176, 183, 186, 187, 190, 212, 234–35, 240, 333
al-Shiḥr (in Yemen) **II**:19, 20; **XXI**:27
SEE ALSO Ẓuhūr al-Shiḥr
shihrī horses **XXX**:67; **XXXVI**:11, 19
Shīʿīs (Shīʿites). SEE *al-shīʿah*
Abū Shikāl (supporter of ʿAmr b. al-Layth al-Ṣaffār) **XXXVIII**:170
Ibn al-Shikhkhīr. SEE ʿUthmān b. ʿAbdallāh b. Muṭarrif b. al-Shikhkhīr al-Ḥarashī
Shīlā (near al-Kūfa) **XII**:41
Shimr. SEE ALSO Shamir
Shimr b. ʿAbdallāh al-Yashkurī **XXIV**:110
Shimr b. al-ʿAṭāf **III**:28
Shimr b. ʿAṭiyyah **II**:120
Shimshāṭ (north of Āmid) **XII**:181, 182; **XXXIV**:140
ships. SEE boats and ships

al-Shiqq (fortress, at Khaybar) **VIII**:123, 128
Shiqq b. Ṣaʿb b. Yashkur *(kāhin)* **IV**:150; **V**:178, 181–83; **XXVI**:167
Shīr (toponym) **XIV**:74
Shīrā b. Kisrā II Barwīz. SEE Shīrūyah b. Kisrā II Barwīz
Shīrawayh (cavalryman of the Sasanian army) **XIII**:143, 144
Shīrawayh b. Kisrā II Barwīz. SEE Shīrūyah b. Kisrā II Barwīz
Shīrāz (in Fārs) **V**:110; **XIII**:149; **XVIII**:14; **XIX**:28, 183; **XXVII**:86; **XXXV**:159, 160; **XXXVII**:66
Shīrazādh. SEE Shīrzādh
al-Shīrāzī (*kātib* of al-Ḥusayn b. ʿAmr al-Naṣrānī) **XXXVIII**:126, 127
Shīrīn (wife of Khusraw II Abarwīz) **V**:379–80, 389; **XV**:89
Shīrōē. SEE Shīrūyah b. Kisrā II Barwīz
al-Shirrīz (in Daylam) **XIV**:27; **XXXII**:64; **XXXVI**:159, 160
Shirshīr. SEE Abū Saʿīd al-Rānī
shirt. SEE *qamīṣ*
Shīrūyah (Shīrā, Shīrawayh, Shīrōē, Qubādh II) b. Kisrā II Barwīz **V**:378–79, 381–99, 409; **VIII**:113, 114; **XI**:11–12, 16, 47, 177, 222; **XIII**:15; **XXXIV**:219
Shīrzād (canal). SEE Nahr Shīrzād
Shīrzād b. Āzādhbih **XII**:27
Shīrzādh (Shīrazādh, governor of Sābāṭ) **XI**:50–51; **XIII**:6, 8, 9
Abū al-Shīṣ (poet) **XXX**:334
Shīz (southeast of Lake Urmiya) **V**:98
shīz wood **XXXIII**:12
shofar **I**:344
shooting stars **XXIX**:150
Shuʿayb (messenger of the ʿAbbāsid *shīʿah*) **XXXV**:6
Shuʿayb (Shuʿayb b. Mīkāʾīl, Shuʿayb b. Ṣayfūn b. ʿAnqā b. Thābit b. Madyan, prophet) **II**:127, 143–47; **III**:31, 47
daughter of **XIV**:104
SEE ALSO Jethro
Shuʿayb b. ʿAmr al-Umawī **XVIII**:101
Shuʿayb al-Bakrī (al-Naṣrī) **XXV**:61
Shuʿayb b. Dīnār **XXI**:216
Shuʿayb b. Ḥabḥāb **XXXIX**:241
Shuʿayb b. Ibrāhīm al-Tamīmī **IX**:107, 166; **X**:11, 13, 14, 17, 18, 21, 25, 33, 34, 38, 41, 43, 44, 52, 60, 67, 70, 71, 73, 75–77, 79, 83, 84, 98, 99, 100, 102, 103, 105–7, 112, 114, 120–23, 125–27, 130–32, 139, 152, 158, 165, 169, 171, 173–77, 186, 191; **XI**:16, 19–21, 25–27, 30, 33, 36, 38–39, 41, 44–46, 48–49, 52–53, 56, 60, 64, 67, 69, 75–76, 79, 81–83, 86–87, 94, 98–100, 102, 104–6, 111, 114–16, 161, 170, 173, 175–77, 180, 182, 185–86, 188, 190–91, 193, 195–96, 199, 201–2, 204–7, 210–12, 215–16, 218, 221–22, 224; **XII**:3, 5–8, 10, 11–15, 19, 25, 30, 33–35, 42, 45–47, 49, 51–54, 56, 60–63, 65, 70, 73–77, 79, 81–83, 86, 89, 90, 92, 93, 95, 96, 98–103, 106, 108, 110–22, 124, 126, 127, 128, 145, 146, 149, 150, 156, 157, 162, 203–6; **XIII**:1, 3, 4, 6–12, 15–22, 24–29, 31, 33, 35–39, 42, 44–53, 54, 57, 61–68, 75, 77–81, 85–87, 90, 95–96, 100–103, 105–6, 108, 111, 114, 116, 118, 121, 123, 126, 132, 140, 145–46, 148–49, 151, 153–57, 163, 166, 170, 174, 179, 189, 195–96, 214, 216; **XIV**:2, 8, 9, 17, 39, 43, 47–51, 55, 64, 66, 67, 70, 71, 73, 80, 82, 87, 95; **XV**:2–5, 7, 15–17, 18, 22, 26–28, 30, 34, 37, 45–52, 54–56, 59, 61–62, 64, 66–68,

Shuʿayb b. Ibrāhīm al-Tamīmī (continued) **XIV**:72–73, 95–96, 98, 100–101, 112, 121, 125–28, 131, 140, 145, 148, 151, 159, 166, 206–7, 210, 213, 217, 223–30, 232–33, 249–50, 251, 252, 255–57; **XVI**: 10–15, 17, 19, 26, 32, 35–37, 39, 40, 43, 45, 47, 48, 53–57, 80, 82, 83, 85, 88, 95, 96, 103, 119, 120, 122, 124, 133–35, 146–59, 162–64, 166–70, 191, 193, 196
Shuʿayb al-Jabāʾī **II**:58, 68; **III**:47
Shuʿayb b. al-Layth **I**:284; **IX**:138, 181
Shuʿayb b. Mīkāʾīl. SEE Shuʿayb (prophet)
Shuʿayb b. Muḥammad b. ʿAbdallāh b. ʿAmr b. al-ʿĀṣ al-Sahmī **IX**:26; **XI**:130; **XXXIX**: 187
Shuʿayb al-Naṣrī. SEE Shuʿayb al-Bakrī
Shuʿayb b. Nuʿaym **XVII**:57
Shuʿayb b. Ṣafwān **XXIV**:100
Shuʿayb b. Sahl **XXXIII**:96
Shuʿayb al-Sammān **XXVIII**: 267
Shuʿayb b. Ṣayfūn b. ʿAnqā b. Thābit b. Madyan. SEE Shuʿayb (prophet)
Shuʿayb b. Ṭalḥah b. ʿAbdallāh b. ʿAbd al-Raḥmān b. Abī Bakr al-Ṣiddīq **XI**:138; **XIV**:97
Shuʿayb b. ʿUjayf **XXXV**:125
Shuʿayb al-ʿUmānī **XXI**:215
al-Shuʿaybah (toponym) **VI**: 99
Shuʿbah (*mawlā* of Ibn ʿAbbās) **XXXIX**: 25, 56, 320
Shuʿbah b. al-Ḥajjāj **I**:177–79, 200, 202, 203, 218, 259, 330; **II**:84, 86, 87, 109; **III**:1747; **VI**:62, 80–81, 85; **VII**:27, 34; **VIII**:70; **IX**:63, 124; **XIII**:97; **XIV**:106, 107; **XXXIX**:138, 223, 226, 231, 233, 238, 240, 253, 255–56, 257, 269
Shuʿbah b. Kathīr al-Māzinī **XXVII**: 170, 172, 173
Shuʿbah al-Khaftānī **XXX**: 218–19
Shuʿbah b. Qilʿim **XVIII**: 30
Shuʿbah b. Ẓuhayr (Ẓahīr?) al-Nahshalī **XX**: 179; **XXI**:62, 64; **XXIII**:195–96; **XXIV**:16, 150–53, 159
Shubayl (*ṣāḥib al-s.l.bah*) **XXXII**:68
Shubayl b. ʿAbd al-Raḥmān al-Māzinī **XXV**:14; **XXVI**:60
Shubayl b. ʿAwf **I**:181
Shubayl b. ʿAzrah al-Ḍubaʿī **XXVII**: 23
Shubayl b. Ubayy al-Azdī **XV**:46
Ibn Shubrumah (ʿAbdallāh b. Shubrumah al-Ḍabbī) **XII**:126; **XIII**:62, 75, 153; **XXVI**:35, 55; **XXXIX**: 252
al-Shubūrqān (near Balkh) **XXV**: 149
al-Shuddākh. SEE Yaʿmar b. ʿAwf b. Kaʿb
Shufayyah (village, on the Euphrates) **XIX**:103, 149
Shujāʿ (father of two supporters of Muḥammad b. ʿAbdallāh b. Ḥasan b. Ḥasan b. ʿAlī b. Abī Ṭālib) **XXVIII**:103
Shujāʿ (mother of al-Mutawakkil) **XXXIV**:111
Banū Shujāʿ (of Juhaynah) **XXVIII**: 191, 204, 206, 219
Ibn Shujāʿ al-Balkhī, Abū ʿAbdallāh **XXXV**:99
Shujāʿ b. al-Qāsim **XXXV**: 12, 13
Shujāʿ b. Wahb **VIII**:93, 98, 107–8, 143
Shujāʿ b. al-Walīd al-Sakūnī **I**: 291, 295, 296, 303
Shūmāhān (lady-in-waiting [*waṣīfah*] of Siyāwakhsh) **IV**: 11, 16
Shūmān (in Transoxania) **XXIII**:89, 126, 128, 133, 174–75, 177; **XXIV**: 177
Shumaykh al-ʿUṭāridī **XX**:178

Shumayl b. ʿAbd al-Raḥmān al-Māzinī. SEE Shubayl b. ʿAbd al-Raḥmān al-Māzinī
Shūmiyā (near al-Kūfa) **XI**:198, 204
Shummayth b. Tabāwīb b. Barakiyā. SEE Shamīth bt. Batādīt b. Barakiyā
Shunayf (*khādim* of al-Amīn) **XXXI**:212
Shunayf al-Khādim **XXXIV**:139–40, 156
Ibn Shunj (*mawlā* of Banū Nājiyah) **XXV**:62
Shuqayr (*mawlā* of al-ʿAbbās b. ʿAbd al-Muṭṭalib) **XXXIX**:155
Shuqayr (*mawlā* of Banū Ruʾās) **XXVI**:47
al-Shuqrah (between al-Aʿwaṣ and Ṭaraf al-Madīnah) **XXVIII**:107, 108
Shuqrān (Ṣāliḥ b. ʿAdī, *mawlā* of Prophet Muḥammad) **IX**:143, 202, 205
al-Shuqūq (on the Meccan Road from Iraq) **XXXVIII**:177
shūrā (consultation, electoral council) **IX**:77, 176; **XIV**:93, 95, 143–61; **XV**:3; **XVII**:24, 99, 105, 180; **XIX**:2, 190, 208, 216, 218; **XXI**:89; **XXII**:132–33, 136, 140; **XXVI**:158, 206; **XXXIX**:52
Shuraḥbīl b. Abī ʿAwn **XV**:179, 198, 200; **XIX**:11; **XXI**:151–52; **XXII**:2; **XXIII**:116
Shuraḥbīl b. Dhī Buqlān **XXI**:29
Shuraḥbīl b. Dhī al-Kalāʿ **XX**:56, 139, 143, 144, 152; **XXI**:78, 81
Shuraḥbīl b. Ghaylān b. Salimah b. Muʿattib **IX**:43
Shuraḥbīl b. Ḥasanah **X**:54, 92, 98, 105, 106, 113, 139, 152, 153; **XI**:56, 74, 82–84, 87–88, 90–91, 107–8, 112, 126, 144, 164–65, 170–72; **XII**:183, 185, 189, 191, 193; **XIII**:81, 92, 100, 103; **XXXIX**:111
Abū Shurahbīl al-Ḥimṣī (*rāwī*) **VI**:60
Shuraḥbīl b. Musaylimah **X**:115, 130, 131
Shuraḥbīl b. Saʿīd b. Saʿd b. ʿUbādah **I**:283
Shuraḥbīl b. Shurayḥ **XVII**:42
Shuraḥbīl b. al-Simṭ b. Shuraḥbīl al-Kindī **X**:180, 181; **XII**:17, 61, 83, 125, 127, 132, 144; **XIII**:2, 3, 14; **XVII**:19, 24–26, 148
Shuraḥbīl b. Wars **XXI**:55–57
al-Shūrajiyyūn (Shūrajīs, salt flat workers) **XXXI**:162, 222; **XXXVI**:35–37, 39, 40, 43–45, 48, 59
al-Shurāt (Sellers). SEE Khārijites
al-Shurayf (in al-Yamāmah) **XXXIV**:46
Shurayḥ (*qāḍī*). SEE Shurayḥ b. al-Ḥārith al-Kindī
Shurayḥ (*rāwī*). SEE Shurayḥ b. ʿUbayd
Banū Shurayḥ (of Numayr) **XXXIV**:49
Ibn Shurayḥ (ʿAbd al-Raḥmān b. Shurayḥ) **II**:180
Shurayḥ b. ʿAbdallāh **XXVII**:128
Shurayḥ b. ʿĀmir **XII**:166
Shurayḥ b. Awfā b. Ḍubayʿah al-ʿAbsī **XVI**:104, 105; **XVII**:115–16, 130–33
Shurayḥ al-Ḥabashī **XXXV**:122
Shurayḥ b. Hāniʾ al-Ḥārithī al-Ḍabābī **XIII**:9; **XVII**:5–9, 104, 107–8, 110; **XVIII**:143–46; **XXII**:183–85; **XXXIX**:298
Shurayḥ b. al-Ḥārith al-Kindī **XIII**:159; **XIV**:16, 165; **XV**:164; **XVIII**:20, 70, 87, 143, 164, 167–68, 198, 207; **XIX**:19–20, 38–39, 46, 90, 189, 194; **XX**:123, 220–21; **XXI**:168, 234; **XXII**:11, 23, 92, 181, 186; **XXXIX**:321

Abū Shurayḥ al-Khuzāʿī **XV**:46; **XIX**:15
Shurayḥ b. Salamah **XXXIX**:115
Shurayḥ b. ʿUbayd **XXXIX**:127, 153
al-Shurṭah (village, between al-Baṣrah and Wāsiṭ) **XXXVII**:40
shurṭah (police) **X**:84; **XV**:121; **XVII**:144, 223; **XVIII**:15; **XIX**:11; **XX**:21, 202; **XXI**:36, 57, 71, 77, 79, 80, 82, 83, 111; **XXII**:10–11, 69, 108, 141–42, 168–69, 172, 179, 199; **XXIX**:8, 27, 33, 37, 77, 165, 169; **XXX**:9, 62; **XXXI**:10, 14, 45, 51, 151, 190, 211; **XXXII**:99; **XXXIV**:21; **XXXV**:6; **XXXIX**:214, 215, 275, 278
Shurṭat al-Khamīs (army of supporters of ʿAlī b. Abī Ṭālib) **XVIII**:3, 9
Shushtar. SEE Tustar
shuṭṭār (mobsters) **XXXII**:55–57
Shuwayl (in the army of Khālid b. al-Walīd) **XI**:34, 37–38
Umm Shuwayl **XI**:38
Shuways, Abū al-Ruqād **XII**:163; **XIII**:66; **XXXIX**:104
al-Sīb (river and district, in southern Iraq) **XI**:43, 117, 122, 210–11; **XXIII**:68–69; **XXXV**:17; **XXXVI**:41, 42, 44, 45, 47, 177, 181; **XXXVII**:24
Sīb Banī Kūmā (between Dayr al-ʿĀqūl and al-Madāʾin) **XXXVI**:170; **XXXVIII**:109
Banū Sibāʿ **XXVIII**:225
Ibn Sibāʿ (of Banū Khuzāʿah) **XXVIII**:225
Sibāʿ b. ʿAbd al-ʿUzzā al-Ghubshānī **VII**:121
Sibāʿ b. Masʿadah **XXX**:260–61
Sibāʿ b. al-Nuʿmān al-Azdī **XXV**:61, 62; **XXVI**:226; **XXVII**:107, 206
Sibāʿ b. ʿUrfuṭah al-Ghifārī **VIII**:5, 116; **IX**:51
al-Ṣibāhbadh **III**:22
SEE ALSO *iṣbahbadh*
sibākh (nitrous topsoil) **XXXVI**:30, 34
al-Sibāl (?, toponym) **XXXVIII**:173
al-Sībān (near Qaṣr Ibn Hubayrah?) **XXXV**:80
Sicily (Ṣiqilliyyah) **XVI**:25; **XXX**:151; **XXXIV**:170
Abū al-Ṣiddīq al-Nājī **XVII**:190; **XXXIX**:276, 308
Sidon (Ṣaydūn, Ṣīdūn) **III**:166
sidr. SEE lote tree
al-Sidrah (canal). SEE Nahr al-Sidrah
al-Sidrah (village, near Balkh) **XXV**:143
Sidrat al-Muntahā. SEE Lote Tree of the Utmost Boundary
siege engines. SEE mangonels and ballistas
siege tower. SEE testudo
Sīf al-Baḥr (near al-ʿĪṣ) **VII**:13
al-Ṣifāḥ (northeast of Mecca) **XIX**:70–71
Ṣiffīn (near al-Raqqah) **XXXVIII**:91
battle of **XIII**:126; **XIV**:4, 100; **XV**:55; **XVI**:36, 82, 139, 155, 166, 180, 187, 190; **XVII**:11–16, 29–89; **XVIII**:131, 135, 148, 160, 190; **XIX**:39, 167; **XXI**:94, 135; **XXII**:185; **XXXIX**:31, 34, 35, 36, 53, 86, 117, 138, 151, 207, 208, 247, 266, 267, 270, 274, 275
arbitration, at Dūmat al-Jandal **XVII**:89–90, 102, 104–10; **XXXIX**:88
al-Ṣīgh (in Khurāsān) **XXV**:170
signal fires **XXV**:139
signet and seal rings **III**:169–72; **XV**:62–63; **XXX**:261; **XXXIII**:35; **XXXV**:19, 114, 143
signs of God *(āyāt)*. SEE miracles

Sijās (between Hamadhān and Abhar) **XVIII**:161
Ibn al-Sijf al-Mujāshiʿī **XXV**:84, 147
sijill (sealed document) **V**:6
Sijistān (Sīstān, Sijistānīs) **IV**:2, 73, 76–77, 81; **V**:15, 47, 65, 107, 116, 118, 380; **XIII**:149, 175, 193; **XIV**:75–76; **XV**:6, 34–36, 82, 107; **XVIII**:18, 70, 78, 103, 200, 202, 204, 207; **XIX**:184–89; **XX**:70, 79, 179; **XXII**:12, 71, 78–79, 168, 172, 177–79, 181, 183, 186, 190, 192, 194, 198; **XXIII**:5, 6, 9–10, 18, 48, 50–53, 63, 79, 177, 183, 189; **XXIV**:86; **XXV**:132; **XXVI**:55, 199; **XXVII**:59, 88, 148, 187; **XXIX**:44, 47, 60, 62, 171, 219, 234, 235, 239; **XXX**:139, 162; **XXXIII**:130; **XXXIV**:224; **XXXV**:156, 157, 158, 159, 160; **XXXVI**:119, 151, 158, 166, 205; **XXXVIII**:95, 96, 156, 196
sikkat al-barīd (pl. *sikak al-burud*, post road, post station) **X**:46; **XIII**:48; **XX**:206; **XXII**:109; **XXVIII**:105; **XXXIII**:8
Abū al-Siʿlāʾ (Abū al-ʿAlāʾ, of Banū Qays b. ʿAylān) **XXVIII**:108
al-Ṣilah (canal). SEE Nahr al-Ṣilah
Ṣilah b. Ashyam al-ʿAdawī, Abū al-Ṣahbāʾ **XIX**:186
Ṣilah b. Zufar al-ʿAbdī, Abū al-ʿAlāʾ **XXXIX**:321
Ṣilah b. Zuhayr al-Nahdī **XVII**:52; **XX**:220
Banū al-Silf **IV**:148
al-Ṣilḥ. SEE Nahr al-Ṣilḥ
Silḥīn (fortress, in Yemen) **V**:209
silk *(khazz)* **XXIII**:101; **XXXV**:49, 59
  from China **IV**:79; **XXIII**:136; **XXXII**:12
  cloaks of **XXXVIII**:13, 29, 141, 150, 170, 179
  covering someone's face with moistened silk, in torture **XVIII**:27
silk (continued)
  first instance of manufacture **I**:349
  kāmkhān al-Ṣīn (Chinese silk velvet) **XXXIII**:12
  legal status **XI**:103
  maṭārif (pl. of *miṭraf*, embroidered silk garment) **XV**:53; **XXIII**:226; **XXXIV**:175
  qarqar (sleeveless robes of figured silk) **XXX**:42
  ritual use **XVII**:215–16
  writing messages on **XXVIII**:188
Silkān b. Salāmah b. Waqsh, Abū Nāʾilah **VII**:95–97
Ṣillā (wife of Lamech). SEE Zillah
Sillā wa-Sillabra (near al-Ahwāz) **XX**:168, 172, 175
ṣilliyān (kind of plant) **XXIV**:11
al-Silsilah (in Iraq) **XXXV**:10
silver. SEE gold and silver workers
Sīmā (deputy of Aḥmad b. Ṭūlūn) **XXXVII**:6
Sīmā (*khādim* of Muḥammad b. ʿAbdallāh b. Ṭāhir b. al-Ḥusayn) **XXXV**:132
Sīmā (Ṣaghrāj) **XXXVII**:3
Sīmā al-Dimashqī (Turkish commander) **XXXIII**:211; **XXXIV**:33
Sīmā al-Ibrāhīmī **XXXVIII**:173
Sīmā al-Sharābī **XXXV**:39, 41, 146; **XXXVI**:72
Sīmā al-Shāriyānī **XXXV**:39
Sīmā al-Ṭawīl (Sīmā the Tall) **XXXVI**:97, 201
Ibn Sīmā Unuf **XXXVIII**:15
Simāk al-Ḥanafī **VII**:54
Simāk b. Ḥarb **I**:226; **II**:69, 71, 114, 165; **III**:100; **IV**:155; **IX**:63, 161
Simāk al-Hujaymī **XIII**:11, 12, 21
Simāk b. Kharashah al-Anṣārī. SEE Abū Dujānah al-Sāʿidī al-Anṣārī
Simāk b. Kharashah al-Anṣārī (*NOT* Abū Dujānah) **XII**:146; **XII**:147

Simāk b. Makhramah al-Asadī **XIV**:20, 22, 24, 27, 30, 31
Simāk b. ʿUbayd al-ʿAbsī **XIII**:214, 215; **XIV**:20, 22, 31; **XVIII**:45–48, 51, 61–62
Simāk b. Yazīd **XXI**:129
Simʿan bt. Barākīl b. Mehujael **I**:337, 342
Abū Simʿān (in a line of poetry) **XVI**:99, 102
Ibn Simʿān. SEE Muḥammad b. Simʿān
Ibn Simʿān (canal). SEE Nahr Ibn Simʿān
Simeon (apostle). SEE Simon
Simeon b. Jacob (Shamʿūn b. Yaʿqūb) **II**:134, 136, 139, 168, 176; **III**:93, 97
Siminjān (two days' journey from Khulm) **XXIII**:166
Simmar (village, in Kaskar) **XXXII**:69
Simnān (east of Khuwār) **XXVII**:125; **XXXVII**:63
Simon (Sīmun, apostle) **IV**:123
Simon (Shamʿūn, apostle) **IV**:121; **V**:414
SEE ALSO Peter
Abū al-Simṭ. SEE Marwān b. Abī Ḥafṣah al-Akbar; Marwān b. Abī al-Janūb
al-Simṭ (chief of security of Ashras b. ʿAbdallāh al-Sulamī) **XXV**:42
Simṭ b. al-Aswad **X**:180; **XI**:92; **XII**:177
al-Simṭ b. Muslim al-Bajalī **XXV**:160
al-Simṭ b. Shuraḥbīl b. al-Simṭ al-Kindī **X**:181
al-Simṭ b. Thābit **XXVI**:185–86, 189
simulated flight *(istiṭrād)*, in battle **XIII**:205–6
al-Ṣīn. SEE China
Mt. Sinai (al-Ṭūr) **I**:294; **III**:31, 78
Sinām b. Maʿadd **VI**:36
Sinān (fortress). SEE Ḥiṣn Sinān
Sinān (Khārijite) **XXII**:118
Sinān (leader of a group of Banū Bakr b. Wāʾil) **XVI**:120
Sinān (*mawlā* of al-Baṭṭāl) **XXIX**:79
Sinān (*mawlā* of Prophet Muḥammad). SEE Abū Rāfiʿ
Ibn Sinān (*rāwī*). SEE Muḥammad b. Sinān al-Qazzāz
Sinān b. ʿAlwān b. ʿUbayd b. ʿUwayj **II**:2, 111
Sinān b. Anas b. ʿAmr al-Nakhaʿī al-Aṣbaḥī **XIX**:157, 160–62, 179; **XXI**:43; **XXXIX**:51
Sinān al-Aʿrābī al-Sulamī **XXIII**:107; **XXV**:10, 133; **XXVII**:39, 40
Umm Sinān al-Aslamiyyah **XXXIX**:203–4
Sinān al-Ḍamrī **X**:40
Sinān b. Dāwūd al-Quṭaʿī **XXV**:133
Sinān b. Dhuhl **XXI**:178
Sinān al-Juhanī **VIII**:52
Abū Sinān al-Juhanī **XXVII**:175
Sinān b. Mālik al-Nakhaʿī **XVII**:9–10
Abū Sinān b. Miḥṣan b. Ḥurthān **VIII**:40
Sinān b. Mukammal al-Ghanawī **XXI**:210
Sinān b. Mukammal al-Numayrī **XXIV**:51
Sinān b. Mukhayyas al-Qushayrī, Abū Hurāsah **XXVIII**:278
Ibn Sinān al-Qazzāz. SEE Muḥammad b. Sinān al-Qazzāz
Abū Sinān al-Rāzī (Saʿīd b. Sinān) **XXXIX**:313
Umm Sinān al-Ṣaydāwiyyah **XVII**:125
Abū Sinān al-Shaybānī (Ḍirār b. Murrah) **I**:217; **II**:86, 180; **III**:88; **XI**:158; **XIV**:103; **XXXIX**:119
Sinān b. Abī Sinān al-Asadī al-Ghanmī **IX**:167, 168; **X**:69
Abū Sinān b. Wahb al-Asadī **VIII**:83

al-Sind (Sindīs) **II**:15, 17, 26; **V**:65, 102, 150, 238, 243; **XI**:9; **XIII**:190; **XIV**:75, 77, 78; **XVIII**:103; **XXII**:194; **XXIII**:56, 149; **XXV**:2; **XXVI**:60, 66, 199; **XXVII**:57, 88, 195, 198, 203, 204; **XXVIII**:77–78, 89, 94, 252–53, 278; **XXIX**:51–55, 68, 77, 79, 80, 172, 180, 193, 195, 197, 203, 216, 219, 222; **XXX**:106, 109, 173; **XXXI**:142; **XXXII**:106, 175, 179, 189; **XXXIII**:92, 150; **XXXIV**:96; **XXXVI**:30, 119, 166, 205
SEE ALSO India
Sindād. SEE Nahr Sindād
al-Sindī (*mawlā* of al-Manṣūr). SEE al-Sindī b. Shāhak
al-Sindī (*mawlā* of Ḥusayn al-Khādim) **XXXIV**:42
al-Sindī b. Bukhtāshah **XXXIII**:132; **XXXIV**:205
al-Sindī b. al-Ḥarashī. SEE al-Sindī b. Yaḥyā al-Ḥarashī
al-Sindī b. Shāhak (Shāhik) **XXVIII**:89–90, 96; **XXIX**:118; **XXX**:59, 219, 271–73; **XXXI**:3, 23, 182–83, 185–86; **XXXIX**:249
al-Sindī b. ʿUṣm **XXVII**:136
al-Sindī b. Yaḥyā al-Ḥarashī **XXX**:297; **XXXI**:119; **XXXII**:17, 66, 214
Sindirah (Byzantine fortress) **XXV**:167
Sindīs. SEE al-Sind
singing and singers **VIII**:179–81; **XVIII**:224; **XXVI**:162, 163–64; **XXIX**:114, 121, 231, 261; **XXX**:81–84, 216–17; **XXXI**:228, 243–44, 247–48; **XXXII**:249, 257; **XXXIV**:44, 54; **XXXVIII**:207
banishment of **XXXVI**:24
female **VIII**:179–81; **XXXIV**:54; **XXXVIII**:207
male **XVIII**:224; **XXVI**:162, 163–64; **XXIX**:114, 121, 261; **XXX**:59–60, 81–84, 216–17; **XXXI**:228, 243–44, 247–48; **XXXII**:249, 257; **XXXIV**:44, 56
al-Ṣinhājah (Berber group) **II**:17; **III**:98
al-Ṣīniyyah (toponym) **XXXVII**:21, 28
al-Sinj (west of Marw) **XXII**:10
Sinjār (west of Mosul) **XXI**:83; **XXII**:38
Sinjibū (Khāqān of the Turks) **V**:152–53
al-Sinn (between Mosul and Sāmarrā) **XXVII**:56, 58, 59; **XXXIII**:33, 178; **XXXV**:153; **XXXVI**:91, 102, 103; **XXXVIII**:7
Abū Sinnawr. SEE Abū Hurayrah
Sinnimār (builder of al-Khawarnaq Palace) **V**:75, 76, 78
Ṣinnīn (fortress, near al-Ḥīrah) **V**:350; **XII**:26
Siqīnān (mountains, on the upper Oxus) **XXXI**:102
Siʿr b. Khufāf **X**:87
Siʿr b. Mālik **XIII**:36; **XVI**:96
Siʿr b. Abī Siʿr al-Ḥanafī **XX**:147, 189–90, 206–8; **XXI**:5, 7, 30, 32
Sīrāf (on the Persian Gulf) **XXXVII**:48
Sirāj al-Khādim **XXXII**:39
al-Sīrajān (in Kirmān) **XV**:69, 90
Ṣirār (near Medina) **XII**:3, 5, 6, 11; **XIV**:110, 119; **XV**:186, 203
al-Sīrawān (near al-Rayy) **XIII**:57; **XXX**:58; **XXXIII**:24
Sirḥān b. Farrukh b. Mujāhid b. Balʿāʾ al-ʿAnbarī, Abū al-Faḍl **XXVI**:122–23
Sīrīn (father of Muḥammad b. Sīrīn) **XI**:55
Sīrīn (wife of Ḥassān b. Thābit al-Anṣārī) **VIII**:66, 131; **IX**:147; **XXXIX**:193, 194

Ibn Sīrīn. SEE Muḥammad b. Sīrīn
Sirius (star) **XIII**:66
al-Sīrjān. SEE al-Sīrajān
Abū Ṣirmah *(rāwī)* **XXXIX**:57
Ṣirmah b. Abī Anas, Abū Qays **VI**:154–55
al-Sirr. SEE Baṭn al-Sirr
Abū Sirwaʿah b. al-Ḥārith b. ʿĀmir b. Nawfal b. ʿAbd Manāf. SEE ʿUqbah b. al-Ḥārith b. ʿĀmir b. Nawfal b. ʿAbd Manāf
Sirwāḥ (fortress, in Yemen) **III**:164
Sīstān. SEE Sijistān
sitting
 commanders sitting on carpets or chairs in battles **XIX**:213; **XXII**:102–3, 109–10
 the right to one's seat, Prophet Muḥammad on **XXXIX**:154
 using a wrap *(ḥubwah)* **XXXIX**:138
  SEE ALSO *ḥubwah*
Ṣiyādah (near Wāsiṭ) **XXXII**:75
Siyāh (chief of cavalrymen of the Sasanian army) **XIII**:142–45
Siyāh (*mawlā* of Qutaybah b. Muslim) **XXIII**:135
Siyāh *(rāwī)* **XI**:45, 48
Ibn Siyāh *(rāwī)*. SEE ʿAbd al-ʿAzīz b. Siyāh
Siyāmak b. Mashī b. Jayūmart **I**:325, 326
Siyāmaq (brother of Fīrān) **IV**:12
Siyāmī bt. Mashī **I**:325
Siyāwukhsh (Siyāwakhsh) al-Rāzī (b. Mihrān b. Bahrām Shūbīn) **IV**:2–4, 7–8, 11–14, 17; **XI**:120, 177; **XIII**:26, 27; **XIV**:24, 25
skiff. SEE *zawraq*
skin complaint *(wadaḥ)* **XXIX**:206
slander **XXXII**:115
 of Prophet Muḥammad **XXXVIII**:43–44
slaughter-board **XXII**:14, 16
 SEE ALSO butchers
slaves *(ʿabīd, mamālīk, raqīq)* **X**:120, 126, 130, 131; **XXI**:8, 11–13, 24, 88, 89, 92, 117; **XXIV**:43; **XXXVI**:15, 38, 42, 106, 111, 112
 of the club *(ʿabd al-ʿaṣā)* **IX**:175
 jāriyah (slave girl) **VIII**:62, 109–10; **XIII**:110, 113; **XIV**:81, 82; **XVIII**:134; **XX**:31; **XXI**:233; **XXIII**:162; **XXIV**:194–96; **XXVI**:82, 169; **XXVII**:21; **XXIX**:60, 149, 244, 263; **XXX**:85–86, 220, 327; **XXXI**:178, 179–81, 247; **XXXII**:158; **XXXIV**:55–57; **XXXV**:71, 114, 115, 123, 165; **XXXVIII**:67; **XXXIX**:178–80
 al-khawal **XXXVI**:38, 55, 56, 59
  SEE ALSO *raʾīs al-khawal*
 muwallad (f. *muwalladah*, slave of foreign origin, reared among Arabs) **XIII**:113, 215
 umm walad. SEE *umm walad*
 waṣīf **XXX**:8
 SEE ALSO manumission of slaves
Slavs (al-Ṣaqālibah) **II**:11, 17, 21, 26; **XXIV**:42, 60; **XXVII**:20; **XXXI**:142, 225; **XXXVIII**:31
 SEE ALSO Bulghars; al-Burjān; al-Jarādiyyah
sleep
 deprivation, as torture technique **XXXIV**:70
 dreams. SEE dreams and their interpretation
 between the setting and rising of the stars **XXXIX**:152
Sleepers of Ephesus. SEE Aṣḥāb al-Kahf
slips of the tongue **XXIII**:31–32
smallpox **V**:235; **XXIII**:166, 168; **XXVIII**:143
S.m.l.q. (?, chief executive of the leader of the Zuṭṭ) **XXXIII**:9

snake(s)
antidote for venom *(diryāq, tiryāq)* **II**:26; **XXX**:264
as food **XII**:37
of Paradise **I**:275–81
tinnīn (seven-headed serpent) **V**:197
of the well of al-Kaʿbah **VI**:56–57
snow, in Baghdad **XXX**:267; **XXXVI**:202; **XXXVIII**:191
social stratification. SEE class divisions
Sodom (one of five cities destroyed by God) **II**:112–25
sodomy. SEE homosexuality
Sogdia. SEE al-Sughd
Soghd. SEE al-Sughd
Soghdia. SEE al-Sughd
Soghdians. SEE al-Sughd
soil (nitrous topsoil). SEE *sibākh*
solar eclipse. SEE sun
Solomon (b. David, Sulaymān b. Dāwūd, king of Israel) **I**:371; **II**:23, 50; **III**:107, 108, 147, 150, 151, 152, 153, 154, 156, 157, 158, 159, 160, 161, 162, 163, 164, 165, 166, 167, 168, 169, 170, 171, 172, 173, 174; **IV**:5, 20, 23, 26, 31, 48–49, 78; **V**:416; **XIV**:131; **XXIII**:201; **XXVIII**:113; **XXIX**:5; **XXXI**:227; **XXXVIII**:54; **XXXIX**:255
soothsayer. SEE *kāhin*
sorcery and sorcerers **III**:56–62; **IV**:2, 73; **V**:200–201; **VI**:4–5; **IX**:10; **XV**:51, 230; **XXV**:153
soul. SEE transmigration of souls
sour milk, laced with gold powder **XXIV**:161
South Arabia. SEE Yemen
southernwood (*Artemisia* sp.) **XXIV**:10
Spain. SEE al-Andalus
sparrow hawk **X**:73; **XXXIII**:80
spears, javelins, and lances
ḥarbah **X**:34–35, 120; **XXII**:11; **XXVIII**:102
iron spear **III**:93
Khaṭṭī spears **XVI**:62
al-maṣāḥif (copies of al-Qurʾān?), raised on lances, in battles **XVII**:78–82, 89, 90; **XXVII**:127
of Prophet Muḥammad **IX**:154; **XXXIV**:152; **XXXV**:3, 99; **XXXVIII**:139
rumḥ ʿushārī **XXXV**:159
Ṣāḥib al-Ḥirāb (Commander of the Lances) **XXIX**:85
Sulaymān's lance **XXXV**:104
Zāʿibī spearhead **XXV**:171
zānah **XXXVIII**:151
specters
announcing death of caliphs **XXIX**:162, 243
in al-Muʿtaḍid's palace **XXXVIII**:65, 66
speech impediments. SEE stuttering
spices
mustard seed **X**:93
saffron **XXIV**:46, 54; **XXIX**:118; **XXX**:321; **XXXVII**:72; **XXXIX**:179
turmeric **XIX**:70, 161
spies and scouts **X**:60, 73; **XXXI**:101
SEE ALSO postal and intelligence service
spikes. SEE caltrops
Spityura. SEE Isfitūr
spoils of war. SEE booty
springs. SEE entries beginning with ʿAyn
squadron. SEE *kurdūs*
staff
of Moses **I**:297; **III**:45, 50, 51, 54, 55, 67, 70, 131, 133
of Prophet Muḥammad **VII**:26; **XV**:183; **XVIII**:101–2; **XXXI**:11, 186, 196, 199–200; **XXXV**:101, 108

staff (continued)
of Samuel b. Bālī **III**:131
standards. SEE banners
standing place of Abraham. SEE *maqām Ibrāhīm*
stars and planets
Canopus **XXIX**:176
constellations. SEE constellations
guidance by **XI**:114
Jupiter (al-Birjīs) **I**:235–36
Mars (Bahrām) **I**:235; **XII**:47
Mercury (ʿUṭārid) **I**:235
al-Nāṭiḥ (£ of Aries) **XX**:185
North Star **II**:19
Pleiades **XVII**:83; **XVIII**:107
retrograde stars **I**:235–36
Saturn (Zuḥal) **I**:235
shooting stars **XXIX**:150
sleeping between the setting and rising of the stars **XXXIX**:152
Venus (al-Zuharah) **I**:235; **XI**:114; **XII**:47, 62
Yapheth's descendants and **II**:19
SEE ALSO comets
state lands
mawāt (uncultivated state lands) **XXVIII**:36; **XXXV**:21, 22
ṣawāfī (conquered lands) **XII**:155; **XIII**:49, 51, 123; **XXIX**:194
stations, in pilgrimage. SEE *wuqūf*
Stauracius (Istabrāq, Byzantine emperor) **XXX**:263; **XXXI**:19
stealing **XVII**:101; **XXVII**:117
SEE ALSO *ḥadd* punishment
Stephanos (Armenian ruler) **XXXIV**:124
stipends
ʿaṭāʾ (military stipend) **XII**:16, 199–207; **XIII**:120–21, 143–44; **XIV**:134; **XVII**:13, 162; **XXI**:120, 191; **XXII**:6, 23–24,
stipends (continued)
ʿaṭāʾ (continued) **XXII**:178, 184, 191, 194; **XXIV**:97; **XXVII**:50; **XXXV**:5, 87; **XXXVI**:81, 85; **XXXIX**:66, 84, 92, 99, 270, 274
SEE ALSO *ahl al-balāʾ; ahl al-fayʾ*
for children *(rizq al-faṭm)* **XXIV**:97
rizq (pl. *arzāq*, provisions for fighting men) **XVII**:211, 212; **XXIV**:32, 50, 97; **XXXIII**:62; **XXXV**:5, 10, 28, 35, 36, 43, 77, 83, 97, 98, 125, 126, 146, 162, 163; **XXXVI**:70, 81, 82, 85
SEE ALSO Dār al-Rizq; Madīnat al-Rizq
ṭuʿmah (grant, means of subsistence) **XXI**:63, 131, 209–10, 212
stone(s). SEE precious stones
stone hurling
flock of birds bearing stones sent against Abrahah's Abyssinian troops **V**:235
machines for. SEE mangonels and ballistas
of pillars *(jimār)*, as pilgrimage ritual **II**:100; **VI**:22–23
at Abū Righāl's grave **V**:223
in warfare **XXXV**:18, 48; **XXXVII**:43, 46, 60
stoning, for adultery **III**:105; **IX**:190–91; **X**:104
SEE ALSO *ḥadd* punishment
stool. SEE *kursī*
storehouse. SEE *maṭmūrah*
storytellers. SEE *quṣṣāṣ*
strangler from Baghdad **XXXVI**:123
stroke. SEE apoplexy
stuttering **XXVIII**:160; **XXX**:231
Ṣuʾāb (Abyssinian slave) **VII**:119

Su'ād (sister of the Turkish commander Waṣīf) **XXXV**:31, 123
al-Su'adā' ('the Fortunate Ones,' corps of Persian troops) **V**:400
Subay' (*mawlā* of Mu'āwiyah b. Abī Sufyān) **XVII**:151
Banū Subay' **X**:45
Subay' b. al-Ḥārith. SEE Dhū al-Khimār
Subay' b. Rabī'ah b. Mu'āwiyah al-Yarbū'ī **XXIX**:139
Subay' b. Yazīd al-Anṣārī **XVII**:87
Subay'ah bt. 'Abd Shams **VIII**:76
Subayh b. Mārqayh. SEE Sabīh b. Mārqīh
Ṣubayḥ (slave of 'Uthmān b. 'Affān) **XV**:250
Ṣubayḥ al-A'sar **XXXVI**:36
al-Ṣubba' (changers of religion, as applied to Prophet Muḥammad's followers) **IX**:5
SEE ALSO Sabians
Ṣubḥ b. Ṣubḥ. SEE Ṣabaḥ b. Ṣabaḥ b. al-Ḥārith b. Afṣā b. Du'mī b. Ayād
Subkarā (*mawlā* of 'Amr b. al-Layth al-Ṣaffār) **XXXVIII**:156, 191, 193, 195
subterranean storehouse. SEE *maṭmūrah*
Subuk (slave of Mufliḥ) **XXXVIII**:132
Subuk al-Daylamī **XXXVIII**:115, 118
Subuqrī (king of Khuzār) **XXIV**:179
Suburb Gate. SEE Bāb al-Rabaḍ
Successors (generation succeeding Companions of the Prophet). SEE al-Tābi'ūn
Āl Su'dā (people of Su'dā, in a line of poetry) **XXVI**:132
Su'dā bt. Tha'labah **XXXIX**:6
Su'dah (wife of Yazīd b. 'Abd al-Malik) **XXIV**:195–96
Banū Ṣudā' **XII**:11; **XIX**:108; **XXI**:43
Sūdān b. Ḥumrān al-Sakūnī al-Murādī **XII**:12; **XV**:148, 159, 191–92, 201, 215–16, 219
Sudayf b. Maymūn **XXIX**:123
Ṣudayy b. 'Ajlān. SEE Abū Umāmah al-Bāhilī
Ṣudayy b. Mālik **XIII**:116
al-Sudd (mountain) **XI**:69
al-Suddī (Ismā'īl b. 'Abd al-Raḥmān) **I**:206, 214, 219, 221, 222, 250, 254, 258, 262, 263, 269, 273, 275, 281, 307, 322; **II**:39, 50, 53, 56, 59, 62, 68, 71, 72, 86, 90, 96, 101, 107, 113, 115, 118, 121, 124, 126, 130, 137, 150–52, 155–61, 163, 166, 168, 170, 172–74, 179, 181, 182; **III**:33, 43, 44, 48, 52, 59, 63, 72, 73, 79, 85, 90, 94, 120, 129, 132, 135, 144, 171, 173; **IV**:118; **VI**:94; **VII**:21, 24, 40, 109, 114, 124; **IX**:77; **XIX**:85; **XXXIX**:197
Sūdhābah (bt. Frāsiyāt) **IV**:2–3
Sūdhqān (camp site of Tamīm b. Naṣr b. Sayyār) **XXVII**:108
ṣudrah (waistcoat) **XXXIII**:212
Ibn Ṣudrān. SEE Muḥammad b. Ibrāhīm
Ṣūfah (attendants at pre-Islamic 'Arafah) **VI**:22–23, 25, 55
Ṣufayyah (on the Meccan Road from Iraq) **XXVIII**:3
al-Ṣuffar. SEE Marj al-Ṣuffar
suffocation, execution by **XXXV**:132
Ibn al-Ṣūfī al-Ṭālibī **XXXV**:16
Abū Ṣufrah (father of al-Muhallab b. Abī Ṣufrah) **XIV**:69
Ṣufrah. SEE Muhallabids
al-Ṣufriyyah (Khārijite sect) **XXII**:30; **XXV**:165; **XXVII**:11, 13, 25, 201; **XXXIX**:217
Sufyān (b. Ḥusayn b. al-Ḥasan al-Wāsiṭī) **XIII**:140

Sufyān (*rāwī*) **II**:70, 80, 85, 86, 88, 95, 101, 113, 144, 146, 172; **III**:45, 83, 89, 100; **IV**:156, 170; **VII**:8, 39, 40; **XII**:156; **XXIV**:101; **XXXIX**:96, 134, 204, 214, 222, 244, 278
SEE ALSO Sufyān b. Sa'īd al-Thawrī; Sufyān b. 'Uyaynah
Abū Sufyān (b. Sa'īd b. al-Mughīrah al-Thaqafī) **VIII**:70
Abū Sufyān (*rāwī*) **II**:145; **IX**:161; **XIV**:67
Abū Sufyān (*rāwī*, father of 'Abdallāh b. Abī Sufyān) **XV**:74
Abū Sufyān (Ṭalḥah b. 'Abd al-Raḥmān) **XI**:56–57; **XIII**:140, 148
Abū Sufyān (Ṭalḥah b. Nāfi') **XXXIX**:311
Abū Sufyān (Ṭarīf al-Sa'dī) **XXXIX**:311
Ibn Abī Sufyān. SEE Ziyād b. Abī Sufyān
Sufyān b. 'Abd Shams b. Abī Waqqāṣ al-Zuhrī **XVII**:225
Sufyān b. 'Abdallāh al-Kindī **XXIV**:29, 60
Sufyān b. 'Abdallāh al-Thaqafī **XIV**:164
Sufyān b. al-Abrad al-Kalbī **XX**:52; **XXI**:156, 157; **XXII**:96, 105, 107–8, 122–23, 125, 162–65; **XXIII**:15, 25, 42, 47–48, 61
Sufyān al-Aḥmarī **XI**:16, 39, 41, 45, 48, 199
Abū Sufyān b. al-'Alā' b. Jāriyah al-Thaqafī **II**:84
Sufyān b. Abī al-'Āliyah al-Khath'amī **XXII**:48–50
Ibn Abī Sufyān al-'Ammī **XXVIII**:255
Sufyān b. 'Awf al-Azdī **XV**:29; **XVIII**:96, 165, 180
Sufyān b. Abī al-'Awjā' **XV**:194
Abū Sufyān b. Ḥarb **VI**:140, 150; **VII**:11, 29–32, 37, 40, 43–45, 72, 73, 76, 89–91, 98, 99, 105–7, 113-15, 117, 118, 125–29, 131, 132, 140, 141, 147, 148, 165, 166; **VIII**:8, 24, 26, 79, 82, 91, 100, 102–4, 110, 163–65, 168, 171–75, 183; **IX**:10, 20, 23, 32, 45–46, 116, 198–200; **X**:158; **XI**:93–94, 100; **XII**:14, 133; **XIV**:133, 134; **XV**:73, 77, 122; **XVIII**:73, 74, 153, 202, 206, 215; **XXI**:176; **XXXII**:217; **XXXVIII**:52–54, 57, 62; **XXXIX**:48–49
Āl Abī Sufyān (b. Ḥarb) **XIX**:139
Abū Sufyān b. al-Ḥārith b. 'Abd al-Muṭṭalib **VII**:68; **VIII**:168–70; **IX**:9, 12; **XXVIII**:252; **XXXIX**:19, 21, 62
Sufyān b. Ḥayyān b. Mūsā al-'Ammī **XXVIII**:255–57
Sufyān b. Ḥusayn (*rāwī*) **IX**:156
Sufyān b. Layl **XX**:201
Sufyān b. Mu'āwiyah al-Muhallabī **XXVII**:143, 144, 145, 195; **XXVIII**:56, 58, 75, 81, 83, 141, 162, 257, 262, 264, 268–72
Sufyān b. Muḥammad **XXXI**:70, 73, 82
Sufyān b. Ṣafwān al-Khath'amī **XXIV**:44
Sufyān b. al-Sā'ib **XXI**:98; **XXXIX**:247
Sufyān b. Sa'īd al-Thawrī **I**:173–75, 192, 201–3, 207, 217, 229, 261, 303, 315, 365; **VI**:155; **VII**:27; **IX**:125, 177; **XIII**:140; **XIV**:96; **XXIX**:86–88; **XXXIX**:146, 221, 250, 255, 256, 257–58
SEE ALSO Sufyān (*rāwī*)
Sufyān b. Salāmah b. Sulaym b. Kaysān **XXVI**:201
Sufyān b. Sulaymān al-Azdī **XXIII**:159
Sufyān al-Thawrī. SEE Sufyān b. Sa'īd al-Thawrī
Sufyān b. 'Uqbah **II**:86; **XVI**:128
Sufyān b. 'Uwayf **XV**:57
Abū Sufyān b. 'Uwaymir **XVIII**:129

Sufyān b. ʿUyaynah **I**:174?, 175, 219?, 299; **II**:156; **III**:5; **IX**:175; **XI**:134, 142, 147; **XIV**:105, 141; **XVIII**:225; **XXXIV**:32; **XXXIX**:27, 224, 229, 238, 240, 252, 265, 329 SEE ALSO Sufyān *(rāwī)*
Sufyān b. Wakīʿ **I**:176, 203, 207, 226, 267, 281, 305, 307, 314, 315, 321, 331, 340, 365; **II**:101, 108, 113, 114, 147, 150, 152, 155–64, 166–68, 170, 172–74, 179, 181, 182; **III**:46, 100, 102, 103; **VI**:95; **VII**:8, 40, 54, 113, 131; **VIII**:20, 29, 34, 39, 88, 104; **IX**:94, 180; **XI**:134; **XXXIX**:135, 136, 155, 226
Abū Sufyān b. Yazīd b. Muʿāwiyah b. Abī Sufyān **XIX**:226
Sufyān b. Yazīd b. al-Mughaffal al-Azdī **XXI**:76, 79, 81
al-Sufyānī (canal). SEE Nahr al-Sufyānī
al-Sufyānī (ʿAlī b. ʿAbdallāh b. Khālid b. Yazīd b. Muʿāwiyah) **XXXI**:88
al-Sufyānī (Sufyānid, eschatological figure) **XXVII**:177; **XXXIII**:203, 206; **XXXVIII**:181
sugar. SEE Sulaymānī sugar
al-Sughd (al-Ṣughd, Soghd, Sogdia, Soghdia, Sughdīs, Soghdians) **V**:142; **XIV**:54, 56; **XV**:79; **XVIII**:189; **XIX**:188; **XXII**:166, 168, 189; **XXIII**:91, 106, 135, 143, 147, 150, 153, 176–77, 185, 188–200, 205, 229; **XXIV**:94, 150–52, 158–61, 169, 172–77, 179, 191, 192; **XXV**:16, 21, 47, 48, 50, 57, 58, 60, 65, 66, 73, 81, 84, 137, 145, 148, 192; **XXVI**:25, 27, 56–57, 58, 188, 243; **XXVII**:203; **XXXIII**:187 SEE ALSO Horseman of Soghd
Ṣughdbīl (near Tiflis) **XXXIV**:122–23
Ṣughdbīl Gate. SEE Bāb Ṣughdbīl
al-Sughdī b. ʿAbd al-Raḥmān al-Ḥazmī (al-Jarmī?), Abū Ṭuʿmah **XXV**:163; **XXVII**:35, 36, 37
al-Ṣughdī b. Salm b. Ḥarb **XXIX**:189
Ṣughdī b. Salm b. Ziyād **XIX**:188
Sughdīs. SEE al-Sughd
Sūḥ b. Abraham **II**:127, 129
Suhām (in Yemen) **VIII**:170
Ṣūḥān (father of Zayd b. Ṣūḥān) **XVI**:137, 151, 154
Ṣuḥār (in ʿUmān) **IX**:203; **X**:153
Ṣuḥār b. Fulān (Ṣakhr?) al-ʿAbdī **XIII**:118; **XIV**:53, 77
al-Ṣuḥārī b. Shabīb **XXV**:164–66
Banū Ṣuhayb **XX**:74–75
Ṣuhayb b. Sinān **XIV**:91, 93, 95, 146, 148, 154, 164; **XV**:3; **XVI**:9, 66
Suḥayl (combatant against the Zanj) **XXXVI**:62
Abū Suhayl. SEE Abū Ṣāliḥ al-Sammām
Ibn Suhayl (companion of al-Walīd b. Yazīd) **XXVI**:93–95, 97
Suhayl b. ʿAdī **XIII**:80, 87–89, 133, 149, 150; **XIV**:8, 9, 73, 77, 78
Suhayl b. ʿAmr, Abū Yazīd **VI**:119, 138; **VII**:44, 66, 67, 71, 166; **VIII**:78–81, 84–87, 91, 162, 166, 177, 178; **IX**:32; **X**:106; **XI**:80, 90; **XII**:200; **XIII**:97; **XXXIX**:44, 170
Suhayl b. ʿAmr b. ʿAbbād **VII**:4
Suhayl b. Bayḍāʾ **VI**:100; **VII**:21, 83; **XXXIX**:301
Suhayl b. al-Mughīrah. SEE Abū Umayyah b. al-Mughīrah
Suhayl b. Sālim al-Baṣrī **XXIX**:101
Suhayl b. Abī Suhayl **XXIV**:70
Suḥaym (*mawlā* of Wabrah al-Tamīmī) **XVI**:39
Banū Suḥaym **X**:123, 139
Suḥaym b. Ḥafṣ al-ʿUjayfī **XV**:235; **XVIII**:219; **XXIV**:63; **XXV**:1
Suḥaym b. Wathīl al-Riyāḥī **XXI**:141

Banū Suḥmah **XI**:213
Suhrab (Suhrak, ruler of al-Ṭālaqān) **XXIII**:154; **XXV**:104, 107
suhrīz dates. SEE *shahrīz* dates
suicide
attempted suicide of al-Ḥusayn b. Zikrawayh **XXXVIII**:142–43
Muḥammad's idea of **VI**:71, 76
of Ṭarkhūn **XXIII**:176
suits of mail. SEE coats of mail
Sukayn b. ʿAbd al-ʿAzīz **XVII**:232
Sukaynah bt. Hārūn al-Rashīd **XXX**:327
Sukaynah bt. al-Ḥusayn b. ʿAlī **X**:43; **XIX**:22, 162, 174–75; **XXIV**:149; **XXV**:123; **XXXIX**:50
Sukayr (in al-Jazīrah) **XXXV**:87
Ṣukhayr b. Ḥudhayfah b. Hilāl b. Mālik al-Muzanī **XX**:127, 145, 152
Ṣukhayrāt al-Yamām (between Medina and Mecca) **VIII**:42
Sūkhrā b. Wīsābūr **V**:111, 116–18, 120, 127, 131–32, 302
Sukkar (mother of Umm Abīhā bt. Hārūn al-Rashīd) **XXX**:328
Ṣūl, Gate of. SEE Bāb Ṣūl
Ṣūl (*dihqān* of Dihistān) **XXIV**:45, 47–50, 52
Ṣūl (ethnic group) **V**:150–53; **XV**:45
Ṣūl (nephew of Nīzak) **XXIII**:168, 170, 173–74
Ibn Ṣūl (ruler of Quhistān) **XXIV**:143
Ṣūl Ertigīn **XXXIII**:44, 194
Ṣūl Ṭarkhān **XXIII**:168
Sūlāf (in Khūzistān) **XXI**:134, 198
Sulāfah. SEE Jaydā
Sulāfah bt. Saʿd b. Shuhayd **VII**:107, 122, 144
al-Sulālim (fortress, at Khaybar) **VIII**:117, 123
Sulaym (*khādim* of al-Manṣūr) **XXIX**:174
Abū Sulaym. SEE Faraj al-Turkī
Banū Sulaym **VII**:88, 89, 93, 152; **VIII**:93, 138, 168, 170, 173, 175, 186, 187, 188, 189; **IX**:16, 116, 119, 136; **X**:42, 54, 67, 75–81, 83, 111; **XI**:207, 212; **XIII**:70; **XVI**:120; **XVII**:94; **XIX**:32, 80; **XX**:16–17, 44, 65–67, 206; **XXI**:65, 150, 210–12; **XXII**:65; **XXV**:43, 187; **XXVI**:30, 46; **XXVII**:22, 23, 44, 129, 164, 183; **XXVIII**:51, 191, 201, 261; **XXXIV**:17–25
Sulaym, Abū Kabshah. SEE Abū Kabshah
Sulaym b. ʿAmr b. Buwayy b. Milkān b. Afṣā, Abū Ghubshān **VI**:21
Ibn Sulaym al-Anṣārī al-Zuraqī **IV**:123
Sulaym al-Aswad **XXX**:95–96
Sulaym b. al-Aswad. SEE Abū al-Shaʿthāʾ al-Muḥāribī
Sulaym b. Jābir al-Hujaymī, Abū Jurayy **XXXIX**:123, 124
Sulaym b. Kaysān **XXVI**:156
Sulaym b. Maḥdūj al-ʿAbdī **XVIII**:36, 38, 40
Umm Sulaym bt. Milḥān **VIII**:131; **IX**:13
Sulaym al-Nāṣiḥ (*mawlā* of ʿUbaydallāh b. Abī Bakrah) **XXIII**:133, 136, 166–69
Sulaym b. Yazīd (of Banū Ḥūt) **XVIII**:133
Sulaym (Salīm) b. Yazīd al-Kindī **XXI**:92, 93, 95
Sulaymā (in a line of ʿAbdallāh b. Hammām al-Salūlī's poetry) **XX**:225
Sulaymān (*ghulām* of ʿAmr b. Ḥurayth al-Makhzūmī) **XIX**:58
Sulaymān (*mawlā* of al-Ḥusayn b. ʿAlī b. Abī Ṭālib) **XIX**:31, 181
Sulaymān (*rāwī*) **XXXIX**:251

Sulaymān *(rāwī)*. SEE Sulaymān b. Ṣāliḥ
Abū Sulaymān (ʿAlī b. Sulaymān) **I**:322, 325, 344; **II**:61, 130; **III**:110
Abū Sulaymān (*kunyah* of Khālid b. al-Walīd). SEE Khālid b. al-Walīd
Abū Sulaymān (*rāwī*, father of ʿAbdallāh b. Abī Sulaymān) **XIV**:141
Sulaymān b. ʿAbd al-ʿAzīz b. Abī Thābit b. ʿAbd al-ʿAzīz b. ʿUmar b. ʿAbd al-Raḥmān b. ʿAwf **XIV**:89, 154–55
Sulaymān b. ʿAbd al-Jabbār **II**:113, 159; **XXXIX**:101, 114
Sulaymān b. ʿAbd al-Malik (caliph) **XVIII**:102; **XXI**:215; **XXII**:195; **XXIII**:13, 112–14, 118, 156, 159–63, 221–24; **XXIV**:3–4, 6–8, 12, 23, 28, 30–42, 45, 52, 58, 61–65, 69–74, 79, 93, 130, 195; **XXV**:20; **XXVI**:34, 186, 240; **XXVIII**:194; **XXX**:59–60
Sulaymān b. ʿAbd al-Raḥmān al-Dimashqī **II**:181; **XXXIX**:150
Sulaymān b. ʿAbdallāh al-Bakkāʾī **XXX**:100
Sulaymān b. ʿAbdallāh b. Diḥyah **XXVI**:159
Sulaymān b. ʿAbdallāh b. al-Ḥārith b. Nawfal **XX**:23; **XXVI**:261; **XXIX**:33, 252
Sulaymān b. ʿAbdallāh b. Ḥasan **XXVIII**:223; **XXX**:26
Sulaymān b. ʿAbdallāh b. Khāzim **XXV**:120
Sulaymān b. ʿAbdallāh b. Abī Sabrah **XXVIII**:143, 235
Sulaymān b. ʿAbdallāh b. Sulaymān b. ʿAlī **XXXII**:93, 190, 197
Sulaymān b. ʿAbdallāh b. Ṭāhir **XXXIV**:6; **XXXV**:21, 22, 23, 25, 63, 64; **XXXVI**:3–5, 13–22, 32, 72; **XXXVII**:2
Sulaymān b. ʿAbdallāh b. ʿUlāthah **XXVI**:239
Sulaymān al-Aḥwal **IX**:175
Sulaymān b. ʿAlī (b. ʿAbdallāh b. ʿAbbās) **XXIII**:194; **XXVII**:196, 198, 201, 204, 208; **XXVIII**:6, 17–18, 47, 49, 53, 56–57, 80, 88, 271–72, 277, 279, 288; **XXIX**:122–23, 125; **XXX**:25
Sulaymān b. ʿAmr b. Muḥṣin al-Azdī **XX**:156
Sulaymān b. ʿAmr al-Muqrī **XXV**:145
Sulaymān b. Arqam, Abū Muʿādh **XIV**:123; **XVI**:78; **XVIII**:26, 31; **XXXIX**:324
Sulaymān b. al-Aswad **XXVII**:151, 160, 197
Sulaymān b. ʿAwf al-Ḥaḍramī **XVII**:70; **XIX**:181
Sulaymān b. Ayyūb. SEE Abū Ayyūb al-Khūzī al-Mūriyānī
Sulaymān b. Ayyūb *(rāwī)* **XVIII**:212
Sulaymān b. Barmak **XXIX**:82, 213
Sulaymān b. Bashīr **XII**:146
Sulaymān b. Abī al-Bilād **XXVI**:262
Sulaymān b. Bilāl **I**:180; **XVIII**:15
Sulaymān b. Buraydah **XIV**:83, 87
Sulaymān b. Dāwūd (king of Israel). SEE Solomon
Sulaymān b. Dāwūd *(rāwī)* **XXVII**:147, 178
SEE ALSO Abū Dāwūd al-Ṭayālisī
Sulaymān b. Dāwūd b. Ḥasan b. Ḥasan **XXVIII**:118, 129, 138
Sulaymān b. Dāwūd b. ʿĪsā **XXXI**:128
Sulaymān b. Dāwūd al-Ṭayālisī. SEE Abū Dāwūd al-Ṭayālisī
Sulaymān b. al-Faḍl **XVIII**:9
SEE ALSO Sulaymān b. Ṣāliḥ
Sulaymān b. Fulayḥ b. Sulaymān **XXVIII**:233

Sulaymān b. Ḥabīb al-Muḥāribī **XXIII**:213; **XXIV**:63; **XXVII**:57, 87
Sulaymān al-Ḥaḍramī. SEE Sulaymān b. ʿAwf al-Ḥaḍramī
Sulaymān b. Ḥakīm al-ʿAbdī **XXIX**:60
Sulaymān b. Ḥamīd al-Azdī **XXX**:260
Sulaymān b. Ḥarb **II**:99; **III**:90; **VIII**:157; **XXIV**:92
Sulaymān b. al-Ḥārith **XXXIX**:190
Sulaymān b. Ḥassān **XXVII**:66
Sulaymān b. Abī Ḥathmah **XIV**:120
Ibn Sulaymān b. Abī Ḥathmah **XV**:228
SEE ALSO Abū Bakr b. Sulaymān b. Abī Ḥathmah; ʿUmar b. Sulaymān b. Abī Ḥathmah
Sulaymān b. Ḥayyān (Abū Khālid al-Aḥmar) **I**:265, 327; **II**:114; **III**:103
Sulaymān b. Hishām b. ʿAbd al-Malik **XXV**:94, 96, 97, 111, 125, 167, 194; **XXVI**:68, 76, 127, 144, 183, 185–93, 249, 251–53; **XXVII**:1, 4, 5, 8, 9, 19, 20, 21, 22, 23, 50, 51, 54, 56, 57, 58, 86, 87, 89
Sulaymān b. Ḥudhayfah b. Hilāl b. Mālik al-Muzanī **XXII**:98, 131, 134–35, 138
Sulaymān b. ʿImrān al-Mawṣilī **XXXV**:39
Sulaymān b. Jaʿfar b. Abī Jaʿfar al-Manṣūr **XXXI**:230
Sulaymān b. Abī Jaʿfar al-Manṣūr **XXIX**:94, 148; **XXX**:23–24, 30–31, 39, 138, 204, 233, 305; **XXXI**:3, 88, 104, 182–83, 185–86, 239; **XXXII**:14, 234
palace of, in Baghdad **XXXI**:137, 150
street of, in Baghdad **XXXV**:127, 128
Sulaymān b. Jaʿfar b. Sulaymān **XXX**:204
Sulaymān b. Jāmiʿ **XXXVI**:33, 34, 41, 42, 64, 121, 144, 152, 174–80, 190–201, 202; **XXXVII**:14–17, 20, 26–30, 32–33, 41, 58–59, 61, 83–84, 86, 96–97, 99, 104, 106, 109, 113, 128, 131, 134, 136, 138, 151
Sulaymān b. Abī Karīmah **XV**:30
Sulaymān b. Kathīr al-ʿAmmī al-Khuzāʿī **XV**:110; **XXIII**:126; **XXIV**:32, 48
Sulaymān b. Kathīr al-Khuzāʿī **XXIV**:87; **XXV**:123, 133, 171; **XXVI**:67, 120; **XXVII**:26, 48, 61, 63, 65, 66, 67, 73, 76, 93, 94, 96, 100, 184; **XXVIII**:38
Sulaymān b. Makhlad **XXI**:219
Sulaymān b. al-Makkī, Abū Ayyūb **XXIX**:204
Sulaymān b. Marthad **XX**:71–73, 79
Sulaymān b. Mihrān. SEE al-Aʿmash
Sulaymān b. al-Mughīrah **XVIII**:219; **XXXIX**:122
Sulaymān b. Abī al-Mughīrah **XVI**:15
Sulaymān b. al-Muhājir al-Bajalī **XXVII**:184
Sulaymān b. Muḥammad b. ʿAbd al-Malik **XXXIV**:71
Sulaymān b. Muḥammad b. ʿAbdallāh **XXVI**:155
Sulaymān b. Muḥammad al-Ḥaḍramī **XXI**:14
Sulaymān b. Muḥammad b. Kaʿb b. ʿUjrah **IX**:111
Sulaymān b. Muḥammad al-Sārī **XXVIII**:92
Sulaymān b. Muḥammad b. Sulaymān al-Zaynabī **XXXVI**:58, 61
Sulaymān b. al-Muḥtafiz **XXI**:66
Sulaymān b. Mujālid **XXIII**:174; **XXVIII**:238–41, 245–46, 265, 290; **XXIX**:134
Sulaymān b. Mujālid al-Ḍabbī **XX**:76

Sulaymān b. Mūsā al-Ashdaq **I**:192; **VII**:64; **XXIV**:39
Sulaymān b. Mūsā al-Hādī **XXX**:58
Sulaymān b. Mūsā al-Shaʿrānī **XXXVI**:126, 152, 155, 175, 198; **XXXVII**:14–15, 20, 25–27, 62, 83, 114–15, 151
Sulaymān b. Abī Muslim **IX**:174
Sulaymān b. Muslim al-ʿIjlī **XVIII**:171
Sulaymān b. Nuʿaym al-Ḥimyarī **XXI**:215
Sulaymān b. Qarm al-Ḍabbī **XVI**:156; **XXXIX**:246, 258
Sulaymān b. Rāshid **XXX**:151, 305
Sulaymān b. Abī Rāshid al-Azdī **XVII**:24, 209; **XVIII**:141; **XIX**:50, 107, 110, 129, 141, 151, 152, 158, 161, 164, 166, 177; **XX**:82, 85, 155; **XXI**:33; **XXIII**:78
Sulaymān b. Razīn al-Khuzāʿī **XXXII**:248
Sulaymān al-Rūmī **XXXIV**:196
Sulaymān b. Saʿd al-Khushanī **XXI**:215, 216
Sulaymān b. Saʿīd al-Ḥarashī **XXVII**:16
Sulaymān b. Ṣakhr al-Muzanī **XXII**:145–46
Sulaymān b. Ṣāliḥ, Abū Ṣāliḥ **IV**:80; **XIV**:68; **XV**:220; **XVI**:7, 141, 151, 153, 156, 171, 183, 187; **XVII**:1, 77, 90, 199; **XVIII**:2, 7, 77, 167–69, 217–18, 219, 221, 225; **XXI**:69, 71, 81; **XXIV**:65, 96–97
SEE ALSO Sulaymān b. al-Faḍl
Sulaymān b. Abī al-Sarī **XXIV**:94, 152, 177–78; **XXV**:48
Sulaymān al-Shaybānī. SEE Abū Isḥāq al-Shaybānī
Sulaymān b. Abī Shaykh **XXVIII**:273–76, 284; **XXX**:92; **XXXIX**:250
Sulaymān b. Suḥaym **XXXIX**:204
Sulaymān b. Ṣūl **XXVI**:32–33
Sulaymān b. Abī Sulaym, Abū Salamah **XXXIX**:149
Sulaymān b. Sulaym b. Kaysān al-Kalbī **XXVI**:46, 198–201, 203
Sulaymān b. Abī Sulaymān al-Shaybānī. SEE Abū Isḥāq al-Shaybānī
Sulaymān b. Ṣurad al-Khuzāʿī **XVIII**:30; **XIX**:23–24; **XX**:80–97, 120–22, 124–46; **XXI**:45; **XXXIX**:52–53, 137–38, 293
Sulaymān b. Surāqah al-Bāriqī **XXVI**:36
Sulaymān b. Ṭarkhān al-Taymī. SEE Sulaymān al-Taymī
Sulaymān al-Taymī, Abū al-Muʿtamir (Sulaymān b. Ṭarkhān) **I**:179, 262, 333; **II**:61; **XV**:167, 204; **XVI**:112; **XXXIX**:221, 273, 306
Sulaymān b. Thumāmah al-Ḥanafī, Abū al-Jabrah **XVII**:133
Sulaymān b. Ukaymah al-Laythī **XXXIX**:120
Sulaymān b. ʿUmar b. Khālid al-Raqqī **VII**:16
Sulaymān b. Wahb **XXXIII**:196, 200; **XXXIV**:9, 15, 85; **XXXVI**:28, 71–73, 79, 80, 82, 188, 198, 199; **XXXVII**:149
Sulaymān b. Wahb al-Qaṭṭān **XXXVI**:107
Sulaymān b. Wardān **VII**:150
Sulaymān b. Yaḥyā b. Muʿādh **XXXV**:34
Sulaymān b. Yaʿqūb **XXXII**:221
Sulaymān b. Yasār **VI**:86; **X**:120; **XI**:163; **XXIII**:132
Sulaymān b. Yasār al-Kātib **XXXV**:39
Sulaymān al-Yashkurī **VII**:162
Sulaymān b. Yazīd b. ʿAbd al-Malik **XXVI**:161–62
Sulaymān b. Yazīd al-Ḥārithī **XXIX**:238

Sulaymān b. Yūnus b. Yazīd **XVII**:90
Sulaymān al-Zanjīrj **XXIV**:18
Sulaymān b. Ziyād al-Ghassānī **XXVI**:188
Sulaymān b. Zurārah **XXXIV**:115
Sulaymānān (toponym) **XXXVI**:43, 53
Sulaymānī sugar **XXXIV**:64
al-Sulaymāniyyah (near Damascus) **XXVI**:186–87
Banū al-Ṣulb (Banū al-Ṣalt) **XXII**:66
Sulbān (near al-Baṣrah) **XXXVI**:52, 56
Sulmā b. al-Aswad b. Razn al-Dīlī. SEE Salmā b. al-Aswad b. Razn al-Dīlī
Sulmā b. Nawfal. SEE Salmā b. Nawfal
Sulmā b. al-Qayn **XI**:9; **XIII**:115, 118, 119, 121, 132–34, 201
Sulmā. SEE ALSO Salmā
al-Ṣulṣul (near Medina) **XV**:238
sulṭān (authority) **XVIII**:80; **XXXIII**:34, 182
    lance of **XXXV**:104
ṣu'lūk. SEE *ṣa'ālīk*
Ṣu'lūk (master of al-Rayy) **XXXVIII**:204
Ibn al-Ṣu'lūk. SEE 'Alī b. Ḥusayn
Ṣumālū. SEE Ṣamāluh
sumariyyah (galley) **XXXVI**:41, 49–50, 145, 175–80 *passim;* **XXXVII**:13–29 *passim*
Sumay', Abū Ṣāliḥ **XXXIX**:304
Sumayr (Samīr) b. al-Rayyān b. al-Ḥārith al-'Ijlī **XVII**:61
Sumayr (Samīr) b. Shurayḥ **XVII**:42
Sumayrā'. SEE Samīrā'
Sumayrah al-Ḍabbiyyah **XIV**:19
Sumaysāṭ (Samosata) **XXVII**:181; **XXXIV**:146, 164; **XXXVI**:156; **XXXVIII**:13
Abū al-Sumayṭ. SEE Ḥārithah b. Surāqah b. Ma'dīkarib al-Kindī
Sumayy b. al-Mughīrah **XXVI**:158
Sumayy b. Zayd. SEE 'Amr b. Zayd
Sumayyah (mother of al-Ṭufayl b. 'Āmir b. Wāthilah) **XXIII**:18
Sumayyah (mother of Ziyād b. Abī Sufyān) **XVIII**:74, 142, 204; **XIX**:89, 139
Ibn Sumayyah. SEE 'Ammār b. Yāsir; Ziyād b. Abī Sufyān
Sumayyah bt. Khabbāṭ **XXXIX**:29, 30, 117
al-Summāq. SEE Jabal al-Summāq
sun
    creation story of **I**:166–67, 190–93, 230–34, 247–48
    day as measured by **I**:186–87
    eclipse of **I**:236–37; **XVIII**:101; **XXXII**:85, 92; **XXXVII**:80; **XXXIX**:194–95
    heatstroke **XXIX**:89
    leaving in the sun until death, as torture technique **XXXIV**:137
    rising of **I**:236
    setting of **I**:238
    warfare, position of sun in **XIX**:207
    Yawm al-Qiyāmah and **I**:240, 242
al-Ṣunābiḥī *(rāwī)* **II**:83
    SEE ALSO 'Abd al-Raḥmān b. 'Usaylah al-Ṣunābiḥī
Ibn Sunaynah (Jewish merchant) **VII**:97
Sunbādh (Fayrūz Iṣbahbadh) **XXVIII**:44–46, 49, 73
Ibn Sunbāṭ. SEE Sahl b. Sunbāṭ
Sunbāṭ b. Ashūṭ. SEE Abū al-'Abbās al-Wāthī al-Naṣrānī
Sundus (Byzantine fortress) **XXXII**:186
Sundus (*umm walad* of al-Ma'mūn) **XXXIII**:134; **XXXIV**:81

al-Sunḥ (in al-Madīnah) **VI**:151; **VII**:8; **IX**:130, 182, 184; **XI**:151–52

al-Sunḥ (in Najd) **X**:61

al-sunnah (the example of Prophet Muḥammad, standard precedent, custom) **VII**:133, 146; **VIII**:39, 135; **IX**:82, 83, 85, 113, 115, 190; **XII**:152, 156, 157; **XIII**:68, 127; **XV**:134, 142, 243, 244, 256; **XVI**:75, 83, 106, 168, 178, 179; **XVII**:26, 45, 81, 84, 86, 100, 117, 119, 128, 159, 172, 178, 180, 189, 191; **XVIII**:2, 23, 46, 124; **XX**:33, 92, 99, 100, 103, 113, 154, 191, 194, 217; **XXI**:89, 110; **XXII**:34, 37, 132–33, 136, 140, 145; **XXV**:105, 108, 109, 115, 120; **XXVIII**:195, 199; **XXXI**:17, 205; **XXXII**:13; **XXXIX**:243

Sūq al-Ahwāz (Hurmuz Ardashīr, in Khūzistān) **V**:12, 16; **XIII**:114, 118, 119, 121, 122, 131, 133, 134; **XVIII**:29; **XXXI**:116; **XXXVI**:152; **XXXVII**:37–38
  SEE ALSO al-Ahwāz

al-Sūq al-ʿAtīqah. SEE al-ʿAtīqah

Sūq Baghdādh. SEE Baghdādh

Sūq al-Baḥrayn **XIII**:131

Sūq al-Baqar (in east Baghdad) **XXVIII**:246

Sūq al-Ghanam **XXXVII**:122

Sūq Ḥakamah (market of Ḥakamah, in al-Kūfah) **XXII**:99–100

Sūq al-Ḥaṭṭābīn (market of firewood vendors, in Medina) **XXVIII**:202

Sūq al-Ḥumur (donkey market, in Damascus) **XXVI**:143

Sūq al-Ḥusayn **XXXVII**:101

Sūq al-Khamīs **XXXVII**:11, 15–16, 20–22, 25–26

Sūq al-Qamḥ (grain market, in Damascus) **XXVI**:143, 145

Sūq al-Rayyān **XXXVI**:50

Sūq al-Thalāthāʾ (in Baghdad) **XXXV**:40, 72, 75; **XXXVII**:168

Sūq Thamānīn **I**:366; **II**:12

Sūq Yaḥyā (market of Yaḥyā, in Baghdad) **XXIX**:59; **XXXI**:109; **XXXVII**:145

Sūq al-Ẓuhr (afternoon camel market, in Medina) **XXVIII**:104, 105, 205

Abū al-Ṣuqayr al-Muḥallimī al-Shaybānī. SEE Ibrāhīm b. Ḥujr al-Muḥallimī al-Shaybānī

Suqyā (name of Prophet Muḥammad's milch sheep) **IX**:153

al-Suqyā (on the road from Mecca to Medina) **VIII**:171; **XV**:186; **XXX**:317

Sūr (Turkish commander) **XXXV**:69

Sūr al-Rūm (toponym) **XVII**:8

al-Ṣūr. SEE Tyre

Sūrā (on upper Nahr Sūrā) **XIII**:4, 5; **XVIII**:42, 45; **XXI**:5, 16, 146; **XXII**:106; **XXIV**:128; **XXVII**:138, 139; **XXXII**:70; **XXXV**:17

Sūrā (river). SEE Nahr Sūrā

Abū Ṣurad. SEE Zuhayr b. Ṣurad

Ṣurad b. ʿAbdallāh al-Azdī **IX**:88–89

Surādiq Gate. SEE Bāb al-Surādiq

surādiqah (royal tent) **XXX**:264

Surāqah (in a line of poetry) **XVI**:99

Ibn Surāqah (governor of Palestine) **XXVI**:192

Ibn Surāqah (of Banū ʿAdī b. Kaʿb) **XXVIII**:181

Surāqah b. ʿAmr, Dhū al-Nūr **XIV**:34–38

Ibn Surāqah al-Azdī **XXVIII**:16

Surāqah b. al-Ḥārith b. ʿAdī b. Balʿajlān **IX**:19

Surāqah b. Juʿshum al-Mudlijī **VII**:38

Surāqah b. Mirdās al-Bāriqī **XXI**:22, 23, 27–29, 83, 127; **XXII**:29–30
Sūrat al-Jihād. SEE al-Qurʾān
Ibn Surayj (rebel, in Khurāsān). SEE al-Ḥārith b. Surayj
Ibn Surayj (singer) **XXXII**:257
Surayj b. al-Nuʿmān, Abū al-Ḥusayn **XXXIX**:331
Surayj b. Yūnus **XXXIX**:221
Banū Ṣuraym b. Muqāʿis. SEE Banū Ṣarīm b. Muqāʿis
Surdad (in Yemen) **VIII**:170
Surḥūn. SEE Sergius
Sūrī (associate of Khāqān) **XXV**:146
Sūrīn al-Falhawī **IV**:77
Sūristān (al-Sawād) **V**:14
Sūriyah (in Byzantine territory) **XV**:31; **XVIII**:208; **XXIII**:146, 149, 204
Surkh Darah (in eastern Tajikistan) **XXV**:30
sūrnāy (*ṣurnay*, oboe, reed pipe, trumpet) **XXXI**:247; **XXXIII**:58; **XXXVI**:49
Surraq (district, in al-Ahwāz) **V**:12; **XIII**:123, 131
surveys. SEE land survey
al-Sūs (Susa) **I**:341; **II**:48; **IV**:51; **V**:52, 65–66; **XIII**:124, 131, 132, 136, 142, 145–48, 150, 199; **XXIII**:48; **XXIV**:62; **XXIX**:128; **XXXII**:25; **XXXVI**:24, 181, 182, 207; **XXXVII**:35–36
Sūsanah (near al-Maṣṣīṣah) **XXIII**:134, 182
Sustar. SEE Tustar
Suwā (in Syrian desert) **XI**:103, 109, 114–15, 124–25, 195
Suwāʿ (old Arabian god) **I**:354; **VIII**:188
al-Suwāriqiyyah (northeast of Mecca) **XXXIV**:19–20
Suwayd (of Banū ʿAwf b. al-Khazraj) **VII**:160
Suwayd (chief of security of Yazīd b. ʿUmar b. Hubayrah al-Fazārī) **XXVII**:139
Suwayd (in a line of Abū al-Barīd al-Bakrī's poetry). SEE Suwayd b. Manjūf al-Sadūsī
Suwayd (*mawlā* of Jaʿfar b. al-Manṣūr) **XXIX**:146
Suwayd (*mawlā* of Ziyād b. Khaṣafah) **XVII**:180
Suwayd (*rāwī*) **II**:151
Suwayd b. ʿAbd al-ʿAzīz **IX**:125; **XVII**:159; **XVIII**:101
Suwayd b. ʿAbd al-Raḥmān al-Tamīmī al-Saʿdī al-Minqarī **XI**:42–43; **XVII**:159; **XVIII**:142; **XX**:129, 200, 202, 203, 213; **XXII**:61–62, 65–66, 137, 148
Suwayd b. ʿAmr b. Muqarrin al-Muzanī **X**:48, 51, 54; **XI**:18–19, 42, 48; **XIII**:36, 132, 182, 200, 203, 217; **XIV**:5, 19, 27–30; **XV**:41
Suwayd b. ʿAmr b. Abī al-Muṭāʿ al-Khathʿamī **XIX**:148, 150, 161
Suwayd b. Ghafalah al-Juʿfī **XII**:160, 161; **XXI**:113; **XXIV**:129; **XXXIX**:208, 320
Suwayd b. Ḥayyah al-Asadī **XVII**:58; **XIX**:131
Suwayd b. Hubayrah **XXXIX**:151
Suwayd b. Abī Kāhil **V**:365
Suwayd al-Kātib **XXV**:39
Abū Suwayd al-Khurāsānī **XXIX**:60
Suwayd b. Manjūf al-Sadūsī **XX**:19; **XXI**:149; **XXV**:35
Suwayd b. al-Mathʿabah (Mathʿabah) al-Tamīmī al-Riyāḥī **X**:100, 103; **XIII**:135; **XV**:102
Suwayd b. Muqarrin al-Muzanī. SEE Suwayd b. ʿAmr b. Muqarrin al-Muzanī
Suwayd b. al-Qaʿqāʿ al-Tamīmī **XXIV**:135
Suwayd b. Riʾāb al-Shannī **XXI**:48
Suwayd b. Saʿīd **XXXIX**:230

Suwayd b. Ṣāmit **VI**:122–23
Suwayd b. Sirḥān al-Thaqafī **XXII**:140, 147
Suwayd b. Sulaym al-Hindī **XXII**:31, 40, 42, 49, 55, 68–70, 74–75, 78, 86–88, 98, 102–3, 106, 110–11, 121, 123, 131–34
Suwayd b. Abī Suwayd **XXX**:39
Ibn Abī Suwayd al-Thaqafī **V**:271
Suwayd b. Zayd **IX**:101–2
al-Suwaydā' (near Medina) **XV**:191; **XXIII**:179, 202
Suwayqah (in Medina) **XXVIII**:221–22
Abū Suwayqah (paternal cousin of Baḥīr b. Warqā' al-Ṣuraymī) **XXII**:199
Suwayqat Masrūr (little market of Masrūr, in Sāmarrā) **XXXVI**:98
Suwayqat al-Qadīm (in al-Baṣrah) **XX**:32
Suwayqat Qaṭūṭā (Qaṭūṭā market, in Baghdad) **XXXVI**:20
Suwayqat Abī al-Ward (in Baghdad) **XXXI**:228
Suwwār (Sawwār) b. 'Abdallāh b. Sa'īd al-Jarmī **XX**:22
Sūyāb (in Turkestan) **XXIV**:170; **XXV**:134
al-Suyūḥ (in al-Yamāmah) **XXXIV**:188
swallow-wort. SEE *'ushar*
Sweeping Away, Year of. SEE 'Ām al-Juḥāf
sweet basil **XVIII**:196
sweet water **III**:161–62
sweetmeats **VI**:40; **XII**:49, 91; **XXXII**:243?; **XXXIII**:89, 131; **XXXIX**:225
swords
  Abṭaḥiyyah swords (i.e., Meccan soldiers) **XVI**:136
  breaking over graves **XXXVI**:107
swords (continued)
  Dhū al-Wishāḥ (name of 'Ubaydallāh b. 'Umar b. al-Khaṭṭāb's sword) **XVII**:62
  extended sword *(sayf mawṣūl)* **XXII**:174
  fighting with two swords **XVII**:45; **XXXVI**:107
  first instance of manufacture **I**:349
  forging of **XXXV**:18
  of God **XVII**:146
  Ḥanafī swords **XXIII**:170; **XXIX**:96
  of India **X**:117; **XXI**:98; **XXIV**:64; **XXXIX**:247
  mādhiyyah swords **II**:15
  Mashrafī (Mashrafiyyah) swords **V**:367; **XV**:134, 203; **XVI**:17, 145, 146; **XVII**:133
  poisoned swords **XVII**:214
  of Prophet Muḥammad **VII**:84, 120; **IX**:63, 153–54; **XXVIII**:210–11; **XXXI**:199–200
  Qal'ī swords **VI**:15
  Yemenī swords **IX**:63; **X**:173; **XVII**:44; **XXV**:36
symbolism
  of arrows **XXIII**:94
  caliphal insignia. SEE caliphal insignia
  of camel movement **XXXVIII**:121
  of color. SEE entries beginning with black, green, red, white
  fish, as symbol of Banū Azd **XXVII**:85
  of horse neighing **XII**:34
  letter symbolism, in al-Qur'ān **IX**:14, 42; **XXI**:84; **XXIII**:104; **XXVIII**:167
  of musk **XXIII**:94
  of numbers **XXVIII**:180
  of poison **XXIII**:94

symbolism (continued)
royal authority symbols. SEE royal authority symbols
shark, as eponym of Quraysh **VI**:30
wool, as symbol of asceticism **XXVII**:32
synagogues **XXIV**:101; **XXXIV**:129
Syria (al-Sha'm, Syrians) **I**:344; **II**:12–14, 19, 20, 41, 62, 65, 71–77, 88–90, 92, 104, 111, 112, 122, 124, 125, 127, 128, 133, 134, 136, 137, 139, 141, 143, 167, 184; **III**:68, 91, 97, 98, 123, 154; **V**:33, 79–80, 198, 229, 254, 270, 282–83, 286, 288; **VI**:16–18, 19, 44–46, 48, 131, 132; **VII**:29, 84, 159, 160, 162; **VIII**:91, 100, 102–4, 106–7, 137, 143, 146, 152–53, 155; **IX**:65, 122, 146, 163–66; **X**:40, 53, 67, 73, 97, 151, 159; **XI**:4–5, 36, 47, 67–69, 73–76, 78, 82–83, 87, 102, 104, 107–9, 111–14, 116, 121–22, 126–27, 144, 150, 159, 161, 163, 165, 170, 178, 196, 199–201, 225; **XII**:10, 15, 18, 97, 110, 111, 178, 180, 181, 182, 185, 188–90, 192, 193, 197–202, 204, 206; **XIII**:59, 80, 86–87, 89–90, 92–96, 94, 96–97, 101, 103–4, 106–7, 150, 152, 176, 197–98; **XIV**:15, 35, 44, 45, 104, 115, 127; **XV**:9, 10, 26, 56, 64, 72–74, 94, 98, 112, 119, 121, 124–25, 127, 129, 132, 138, 145, 147, 153, 165, 207, 220–21, 226, 230, 255; **XVI**:7, 22, 26, 27, 29, 32, 33, 35, 40, 45, 94, 160, 166, 180, 187, 191, 194; **XVIII**:6, 10, 12, 28, 39, 69, 75, 76, 88, 94, 101, 108, 145, 147, 150, 177, 201, 204, 209, 218, 222, 223; **XIX**:25, 40, 44, 50, 51, 76, 79, 85, 168, 170–73, 185, 200, 205, 209–14, 217, 219, 221–23, 225; **XX**:47–69, 160; **XXI**:2, 10, 13, 55, 67, 70, 74, 78, 84, 104, 107–10, 121, 134, 135, 153, 169, 172, 179, 181, 186, 192, 193, 206, 207, 209, 225, 228–29; **XXII**:92, 96–97, 99, 105, 107–11, 114, 119–20, 124, 126, 143–44, 162, 182; **XXIII**:10, 22, 44, 116, 159, 172, 198, 204, 207, 213, 223; **XXIV**:11, 31–32, 37, 40, 43, 77, 110, 115–16, 118, 120–21, 123, 125, 128, 132–35, 137–38, 140, 144, 162, 180, 187; **XXV**:5, 24, 25, 64, 69, 71, 76, 100, 102–4, 103, 106, 107, 117, 118–20, 127, 129, 141, 145–47, 157–59, 163, 172, 177, 180, 181, 192; **XXVI**:8, 14, 16, 25–26, 37, 40–47, 49, 54, 62, 63, 77–79, 81, 103, 120, 127, 130, 136, 137, 142, 146, 149, 150, 167–68, 185, 196–201, 214, 219, 220, 223, 233, 239–40, 241–42, 249, 255, 256, 258–60, 263–64; **XXVII**:4, 9, 14, 24, 55, 57, 59, 60, 132, 147, 156, 158, 159, 170, 174, 197; **XXVIII**:5, 9, 13–14, 21, 23, 52, 61, 67, 128, 158, 162, 164, 174, 176–78, 194, 238, 243, 245, 253, 258, 263; **XXIX**:67, 197, 199, 256; **XXX**:77, 109, 131–33, 155–60, 180, 236, 266, 315; **XXXI**:88, 102–4, 107, 182; **XXXII**:10, 134, 169, 175, 191, 192, 233–34, 237, 241; **XXXIII**:26, 95; **XXXIV**:25, 96, 102–3, 138, 146, 150, 157; **XXXV**:7, 36, 43, 62; **XXXVI**:117, 160, 166, 204; **XXXVII**:6, 79, 81, 97; **XXXVIII**:72, 73, 76, 78, 91, 113, 115, 116, 118, 127, 145, 152, 153, 158, 162, 164, 169, 181, 182; **XXXIX**:14, 16, 53, 62, 63, 76, 95, 100, 112, 215, 220, 236, 255, 262, 264
Syriac language. SEE Aramaic language
Syrian Gate. SEE Bāb al-Sha'm
Syrian Road **XXXVIII**:182
Syrians. SEE Syria
syrup (*ṭilā'*) **XII**:197
SEE ALSO wine and wine drinking

T

Ta'abbaṭa Sharran **XXXIX**:73

Ṭabāghū al-Turkī **XXXVI**:170

Tabālah (in northwest Yemen) **VI**:7; **XXXIV**:50; **XXXIX**:19

Ṭābaq. SEE Nahr Ṭābaq

Ṭabaristān **I**:318, 342; **III**:23, 24; **V**:147; **XIV**:17, 25, 28, 30; **XV**:41, 43, 82; **XXII**:48, 154, 162, 165; **XXIV**:42, 45–48, 52, 55, 58; **XXVI**:33, 118; **XXVIII**:45, 72–74, 80; **XXIX**:207, 208, 216, 219, 235, 236, 238, 239, 240, 255; **XXX**:14, 40, 115–16, 163, 174–75, 254–55; **XXXI**:78; **XXXII**:64, 135, 136, 167, 175; **XXXIII**:89, 135, 138, 140, 155, 158, 168–70; **XXXIV**:21, 44, 96; **XXXV**:21, 22, 23, 24, 25, 62, 63, 64, 65, 142, 156; **XXXVI**:20, 24–26, 158, 159, 160, 161, 163, 166, 168; **XXXVII**:5, 47; **XXXVIII**:14, 23–25, 64, 72, 92, 104, 112, 204; **XXXIX**:248

Ṭabariyyah. SEE Tiberias

al-Ṭabasān (two towns named Ṭabas, in Qūhistān) **XIV**:53, 74; **XV**:87, 91, 108; **XXIII**:56; **XXVII**:107; **XXX**:276; **XXXVI**:151

Ṭabāṭabā (Ibrāhīm b. Ismā'īl) **XXX**:99

Ibn Ṭabāṭabā (Muḥammad b. Ibrāhīm b. Ismā'īl b. Ibrāhīm b. al-Ḥasan b. al-Ḥasan b. 'Alī b. Abī Ṭālib) **XXXII**:12–15

Ṭabāyaghū b. Ṣūl Artakīn **XXXVI**:91, 96, 97

Tābi'ah (whose house in Medina was 'Abdallāh b. 'Abd al-Muṭṭalib's burial place) **VI**:9

Ṭābikhah ('Āmir b. Ilyās b. Muḍar) **VI**:32–33

al-Tābi'ūn (Successors, Followers, generation succeeding Companions of the Prophet) **XIII**:37; **XV**:164–65; **XVIII**:216; **XXXIX**:206, 303, 314

tablets *(alwāḥ)*

Moses receiving from God **III**:73–74, 77–78, 133

Prophet Muḥammad asking for a writing tablet *(lawḥ)* **IX**:175

Tabrīz (fortress, in Ādharbayjān) **XXXIII**:16

Tabūk (in al-Ḥijāz) **XI**:74, 83, 107; **XII**:157; **XVI**:26

expedition of **II**:46; **IX**:46, 47–62, 74, 117, 151; **X**:175; **XXXIX**:24, 34, 105

al-Tābūt. SEE Ark of the Covenant

Tacitus (Roman emperor) **IV**:127

Tādarsiyā (Turkish chief) **III**:116

Tadhāriq. SEE Theodore

al-Tadhāriq **XI**:104

SEE ALSO Theodore

tadlīs (tampering with chains of transmitters) **XXXIX**:240

Tadmur (Palmyra) **IV**:139; **XI**:110, 168; **XVII**:202; **XVIII**:164, 190, 214; **XX**:64–65; **XXVI**:149–50, 157; **XXVII**:4, 7, 8, 23, 177

al-Ṭaff (plateau, west of al-Kūfah) **V**:361; **XI**:223–24; **XII**:43, 57, 58; **XVII**:211, 228; **XX**:109, 142; **XXI**:52, 179; **XXII**:155; **XXX**:295; **XXXV**:17; **XXXVI**:194; **XXXVII**:69; **XXXVIII**:173

SEE ALSO al-Ṭufūf

Tāfīl (nation at the ends of the earth) **I**:238

Taflī (envoy of people of Tiflīs to Ḥabīb b. Maslamah al-Fihrī) **XIV**:45

al-Ṭāghiyah. SEE al-Lāt

Taghlamān (toponym) **VIII**:5

Banū Taghlib **V**:55, 65; **X**:88, 91, 93, 97, 149, 151, 178; **XI**:53, 66–67, 204, 206, 219–21; **XII**:41, 180; **XIII**:54–56, 62, 70, 76, 88, 90–92; **XV**:48; **XVI**:114; **XVII**:194–95, 228; **XX**:143; **XXII**:101, 103–4; **XXIII**:33, 138; **XXVI**:22, 146; **XXIX**:54; **XXXI**:107; **XXXV**:87; **XXXVII**:50; **XXXVIII**:140; **XXXIX**:129, 271
Umm Taghlib (of Banū Hilāl) **XI**:63
Taghlib b. Ḥulwān b. ʿImrān **VI**:32
Ibn al-Taghlibiyyah. SEE ʿUmar b. ʿAlī b. Abī Ṭālib
taghlīs (performance of daybreak prayer while it is still dark) **XVII**:35, 36
Ṭaghūtyā (brother of Bāyakbāk) **XXXVI**:94, 97
taḥannuth (acts of devotion) **VI**:67, 70
Tāhart (in eastern Algeria) **XXX**:31
Ibn Ṭāhir. SEE Muḥammad b. ʿAbdallāh b. Ṭāhir
Ibn Abī Ṭāhir *(rāwī)* **XXXV**:16
Ṭāhir b. ʿAbdallāh b. Ṭāhir **XXXIV**:21, 109; **XXXV**:5
Ṭāhir b. ʿAlī b. Wazīr **XXXVIII**:163, 183
al-Ṭāhir b. Abī Hālah **X**:19, 20, 22, 158, 162, 163, 172
Ṭāhir b. al-Ḥusayn b. Muṣʿab (Dhū al-Yamīnayn) **XXXI**:24, 43–44, 51–57, 72, 77–82, 84–90, 92, 97, 100–101, 103–4, 114–25, 129–39, 144, 150–57, 159–62, 166–79, 181–91, 194–202, 204–9, 211–13, 222, 224, 241; **XXXII**:10, 13, 48, 79, 95–96, 99–106, 110–29, 131–35, 163; **XXXIII**:214; **XXXIV**:44
  mosque of. SEE Masjid Ṭāhir b. al-Ḥusayn
Ṭāhir b. Ibrāhīm **XXXIII**:164–65, 167
Ṭāhir b. Khālid b. Nizār al-Ghassānī **XXXII**:169
al-Ṭāhir b. Muḥammad (son of Prophet Muḥammad) **VI**:49
Ṭāhir b. Muḥammad b. ʿAbdallāh b. Ṭāhir **XXXV**:129, 130, 149
Ṭāhir b. Muḥammad b. ʿAmr b. al-Layth al-Ṣaffār **XXXVIII**:94–96, 119, 156, 157, 191, 193
Ṭāhir b. al-Tājī (Ṭāhir al-Ṣaghīr, the Younger) **XXXI**:54
Ṭāhirids (Banū Ṭāhir, al-Ṭāhiriyyah, al-Ṭāhiriyyūn) **XXXIII**:136–37, 182; **XXXV**:20, 21, 23, 25, 26, 44, 108, 156; **XXXVI**:14
Ṭahīthā (northwest of al-Baṣrah) **XXXVI**:177, 179, 193, 195, 196, 201; **XXXVII**:17, 20, 28–30, 32–35, 39, 68
  SEE ALSO Nahr Ṭahīthā
taḥkīm (utterance of the Khārijite slogan 'no judgment except by God') **XVII**:88, 90, 98, 100, 111–13, 218; **XXX**:143, 163
  SEE ALSO arbitration, at Dūmat al-Jandal; Khārijites; Muḥakkimūn
Ṭahmān (*ghulām* of al-Ḥajjāj b. Yūsuf al-Thaqafī) **XXII**:109
Ṭahmān, Abū Maryam **XXXIX**:328
Ṭahmāsb (pre-Islamic Persian commander) **III**:113, 114
Tahmīj (Tamhīj, *jāriyah* of ʿAbdallāh b. ʿĀmir b. Kurayz) **XV**:92
Ṭahmūrath (Ṭahmūrat) **I**:344, 345, 348, 352; **II**:6
taḥnīk ritual (to invoke blessings on newborns) **X**:111; **XXXIX**:63
al-Ṭāʾī. SEE Aḥmad b. Muḥammad al-Ṭāʾī
al-Ṭāʾī (combattant against Qutaybah b. Muslim) **XXIV**:19
al-Ṭāʾif **II**:13; **V**:223, 253; **VI**:98, 115–17; **VII**:18; **VIII**:112, 174; **IX**:16, 20, 21, 22, 23, 24, 25, 26, 30, 38, 41,

al-Ṭā'if (continued) **IX**:42, 43, 46, 47, 68, 117, 147; **X**:23, 24, 39, 75, 158, 161, 174; **XI**:142, 225; **XIII**:7, 59, 113; **XIV**:15, 164; **XV**:39, 60, 156–57, 227, 255; **XVII**:140, 229, 230; **XVIII**:10, 176; **XIX**:72, 206; **XX**:111, 112; **XXI**:176, 177, 207, 208; **XXIII**:156; **XXIV**:167, 181, 191; **XXV**:7, 8, 23, 32, 44, 63, 99, 100, 122, 129, 130, 166, 194; **XXVI**:35, 119, 244; **XXVII**:123, 133, 196, 204; **XXVIII**:53, 58, 74, 75, 81, 83, 181; **XXIX**:39, 43, 50, 61, 66, 68, 74, 80, 136, 168, 204, 216, 219, 235, 238; **XXX**:39, 100; **XXXIV**:75; **XXXVII**:81, 161; **XXXIX**:11, 20, 24, 29, 46, 56, 61, 73, 105, 112

Ṭā'īs. SEE Banū Ṭayyi'

tajmīr (garrisoning of troops along distant frontiers) **V**:53, 383

takbīr (utterance of Muslim slogan 'God is great') **IX**:132; **XXII**:18; **XXIII**:95; **XXIV**:57, 58; **XXXVIII**:4

Ṭakhshā (Farghānī military commander) **XXXVII**:81

Takīn (governor of Egypt) **XXXVIII**:203

Takīn al-Bukhārī **XXXVI**:151, 156, 191–93, 195–97, 205–6; **XXXVII**:2

Takrīt **V**:31; **XI**:220, 222; **XII**:162; **XIII**:12, 31, 36, 53, 54–56, 61; **XX**:220; **XXI**:3–4, 144; **XXII**:53; **XXXII**:184; **XXXIV**:96; **XXXVI**:136, 199; **XXXVIII**:120, 169, 191

talājī properties **XXXVI**:81

al-Ṭālaqān (al-Ṭāliqān, in Khurāsān) **V**:108; **XV**:102, 104–5; **XVIII**:85; **XX**:71, 73; **XXIII**:127, 154–56, 165, 172; **XXV**:25, 71, 104, 106, 107, 110; **XXVII**:65, 205, 208; **XXXIII**:5; **XXXVI**:30

al-Ṭālaqān (in northwestern Iran) **XXX**:117, 119

al-Ṭālaqānī (associate of Ya'qūb b. al-Layth al-Ṣaffār) **XXXVI**:182

al-Ṭālaqāniyyah (in Māzandarān) **XXXIII**:164

Talastānah (on the road from Sarakhs to Marw) **XXIII**:87

talbiyah. SEE *labbayka*

ṭalḥ. SEE acacia tree

Ṭalḥah (*rāwī*) **XIV**:135

Abū Ṭalḥah (brother of Sharkab al-Jammāl) **XXXVII**:167

Abū Ṭalḥah (*rāwī*) **VI**:85

Abū Ṭalḥah (*rāwī*, paternal uncle of Abū al-Mughallis al-Kinānī) **XXII**:152

Ibn Ṭalḥah. SEE 'Abd al-Raḥmān b. Ṭalḥah b. 'Abdallāh b. Khalaf; Muḥammad b. Ṭalḥah b. 'Ubaydallāh

Ṭalḥah, Abū Muḥammad **XXIV**:61–62

Ṭalḥah b. 'Abd al-Raḥmān, Abū Sufyān. SEE Abū Sufyān

Ṭalḥah b. 'Abdallāh b. 'Abd al-Raḥmān b. Abī Bakr al-Ṣiddīq **X**:103; **XI**:131, 138

Ṭalḥah b. 'Abdallāh b. 'Awf **XXI**:194

Ṭalḥah b. 'Abdallāh b. Khalaf al-Khuzā'ī (Ṭalḥat al-Ṭalaḥāt) **XVI**:158; **XVIII**:188; **XIX**:186; **XXI**:214; **XXIII**:64, 103; **XXXIX**:277

Ṭalḥah b. al-A'lam al-Ḥanafī **IX**:165; **X**:21, 67, 107, 112, 114, 120, 122, 125, 126, 131, 158; **XI**:9–10, 21, 25–27, 30, 39, 41, 48–49, 53, 56, 60, 67, 76, 86, 94, 102, 111, 114, 116, 173, 177, 182, 186, 188, 195–96, 205, 207, 210, 215, 218, 221–22, 224; **XII**:3, 11, 13, 15, 33, 34, 42, 46, 49, 53, 61, 63, 65, 76, 78, 81, 82, 84, 86, 89, 90, 92, 93, 96, 99, 103, 106, 108, 113, 115, 122, 125, 127, 131, 146, 149, 150, 156, 203, 204; **XIII**:6, 8, 12, 18, 19, 21,

Ṭalḥah b. al-Aʿlam al-Ḥanafī (continued) **XIII**:22, 23, 26, 28, 29, 31, 34, 37, 38, 42, 44–46, 48–50, 53, 54, 57, 61, 63, 65, 67, 68, 76, 77, 79, 85, 87, 111, 114, 121, 123, 132, 140, 145, 148, 149, 189, 216; **XIV**:2, 9, 18, 43, 51, 64, 70, 73, 80; **XV**:5, 17, 18, 22, 34, 37, 45, 48, 51, 56, 61–62, 95, 98, 112, 126–27, 140, 147–48, 159, 166, 206–7, 210, 213, 223, 230, 249, 251, 252; **XVI**:10, 13, 15, 17, 19, 26, 29, 32, 34, 35, 37, 40, 43, 47, 52–54, 56, 57, 63, 69, 81–83, 85, 88, 96, 103, 117, 118, 120, 122, 124, 131, 133–35, 147, 149, 157–59, 162–64, 166–68, 170, 191, 196
Ṭalḥah b. ʿAmr al-Ḥaḍramī **IX**:284
Abū Ṭalḥah al-Anṣārī (Zayd b. Sahl) **VIII**:66; **IX**:13, 159, 203–4; **XIV**:91, 146, 148, 149; **XV**:100; **XXXIX**:12, 163
Ṭalḥah b. Dāwūd al-Ḥaḍramī **XXIV**:28, 38
Ṭalḥah b. Isḥāq b. Muḥammad b. al-Ashʿath **XXVIII**:7
Ṭalḥah b. Iyās **XXIV**:22
Ṭalḥah b. Kurayz **XXXIX**:198
Umm Ṭalḥah bt. Kurayz **XXXIX**:198
Ṭalḥah b. Muṣarrif al-Yāmī **II**:178; **IX**:175
Ṭalḥah b. al-Naḍr **XVI**:141
Ṭalḥah b. Nāfiʿ, Abū Sufyān. SEE Abū Sufyān
Ṭalḥah b. Ruzayq al-Khuzāʿī. SEE Ṭalḥah b. Zurayq al-Khuzāʿī
Abū Ṭalḥah b. Sahl. SEE Abū Ṭalḥah al-Anṣārī
Ṭalḥah b. Saʿīd **XXVI**:146
Ṭalḥah al-Sulamī **XXVI**:66
Ṭalḥah b. Ṭāhir b. al-Ḥusayn **XXXII**:133–35, 178
Ṭalḥah b. Abī Ṭalḥah **VII**:107, 115, 118
Ṭalḥah b. ʿUbaydallāh (Ṭalḥat al-Khayr) **VI**:87; **VII**:8, 84, 122, 123, 124, 126; **VIII**:21, 44, 48; **IX**:186; **X**:46, 71, 98; **XI**:135, 153; **XII**:4, 5, 6, 17, 160, 205; **XIII**:195, 197; **XIV**:86, 91, 121, 145, 146, 148, 153, 154, 157; **XV**:60, 113, 150–52, 160–62, 166, 171, 173, 181, 189, 199–200, 206, 208–9, 217, 235–36, 238, 249; **XVI**:2–5, 7–15, 18–20, 22, 23, 29, 32, 34, 40, 41, 43–49, 54, 55, 57, 59, 62, 63, 65–73, 76, 78–80, 84–86, 92–94, 97, 99, 100–106, 109–11, 113–16, 118, 121–27, 131, 132, 150, 151, 158, 167, 194, 196; **XVIII**:39, 225; **XIX**:13, 46; **XXVI**:15; **XXVIII**:173, 196; **XXXIX**:28, 172, 277, 288
Ṭalḥah b. Zurayq (Ruzayq) al-Khuzāʿī, Abū Manṣūr **XXIV**:87–88; **XXV**:123; **XXVII**:73, 80, 94, 96, 97
Talḥanah. SEE Nahr Malḥātā
Ṭalḥat al-Khayr. SEE Ṭalḥah b. ʿUbaydallāh
Ṭalḥat al-Ṭalaḥāt. SEE Ṭalḥah b. ʿAbdallāh b. Khalaf al-Khuzāʿī
Ṭālib (follower of Aḥmad b. Naṣr al-Khuzāʿī) **XXXIV**:28–30
Āl Abī Ṭālib (Banū Abī Ṭālib, family of Abū Ṭālib) **XIX**:150; **XXIII**:207; **XXV**:39; **XXVIII**:176, 188; **XXXI**:196; **XXXIV**:223; **XXXVIII**:166
SEE ALSO ʿAlids
Ibn Abī Ṭālib (poet) **XXXI**:169
Āl Ibn Abī Ṭālib (family of the son of Abū Ṭālib) **XXXVIII**:7
Abū Ṭālib b. ʿAbd al-Muṭṭalib **V**:284; **VI**:1, 44–46, 70, 83–84, 90–91, 93–98, 100, 105–6, 114, 115; **VII**:53; **XVIII**:141; **XXVIII**:94, 128, 170, 176, 198–99, 211, 262; **XXXIX**:196
Abū Ṭālib al-Anṣārī **XXVII**:174
Ṭālib b. Dāwūd **XXXIV**:40

Ṭālib al-Ḥaqq. SEE ʿAbdallāh b. Yaḥyā
Ṭālib b. Abī Ṭālib b. ʿAbd al-Muṭṭalib **VII**:46; **XXVIII**:176
Ṭālibids. SEE ʿAlids
Talīd b. Kilāb al-Laythī **IX**:34
al-Ṭāliqān. SEE al-Ṭālaqān
Tall al-ʿAbbās (fortress, near Ḥimṣ) **XXXIV**:135
Tall Basmā (of Diyār Rabīʿah) **XXXVII**:1
Tall al-Fatḥ **XXVII**:12
Tall Mannas (village, near Ḥimṣ) **XXVII**:22
Tall Muḥammad **XXVIII**:9
Tall Rumānā **XXXVI**:195
Tall Banī Shaqīq **XXXVII**:160
Tall ʿUkbarāʾ **XXXV**:148, 153 SEE ALSO ʿUkbarā
Tallafakhkhār (?, toponym) **XXXVI**:194
Ṭalmajūr (Turkish commander) **XXXV**:36; **XXXVI**:12, 70, 71; **XXXVII**:1
Ṭalq (b. Ghannām, *rāwī*) **I**:244
Ṭalq b. Ḥabīb **XXIII**:210
talqīn (pious 'instructions' to the dying) **XXXI**:194
Ṭalsiyūs. SEE Telesios
Talthūm (fortress, in Yemen) **III**:164, 165
Ṭālūt. SEE Saul
Abū Ṭālūt (Khārijite) **XX**:102
Abū al-Ṭamaḥān al-Qaynī **V**:76
Tamannī (toponym) **XXXIX**:172
tamarisk **II**:19
Tāmarrā (canal and district, northeast of Baghdad) **XXI**:145; **XXII**:83; **XXVIII**:243
Ṭamastān Bridge. SEE Qanṭarat Ṭamastān
Ṭamīdhar (mountain) **IV**:74
Abū Tamīm (brother of Abū ʿAwn, associate of Waṣīf al-Turkī) **XXXVI**:180, 192
Banū Tamīm (al-Tamīmiyyah) **II**:30, 102; **IV**:80; **V**:55–56, 289–94, 360; **VIII**:187; **IX**:28, 34, 67–73, 122, 167; **X**:70, 84–91, 95–97, 106, 109, 112–14, 155; **XI**:59; **XII**:13, 42, 57, 94, 100, 114, 120, 148, 163; **XIII**:70, 76, 100, 115–17, 119, 122, 129; **XV**:90, 109; **XVI**:89, 99, 109, 114, 119, 164; **XVII**:53–54, 88, 166–71, 212; **XVIII**:29, 58, 70, 106, 131–32, 140, 181, 188, 203; **XIX**:36, 48, 53, 80, 106, 121, 131, 136, 142–43, 149, 179; **XX**:25–47, 72–79, 165, 166, 168, 177–81; **XXI**:5, 46, 48, 60, 62–66, 68, 87, 93, 149, 173–75, 177, 178, 187, 210, 218; **XXII**:5, 8, 9, 28, 71, 76, 86, 103–4, 152, 167, 169–70, 172, 174; **XXIII**:21, 50, 90, 97, 150–52; **XXIV**:10, 12–14, 22–23, 26–27, 31, 113–15, 118, 121–22, 128–30, 140, 143, 153, 157, 159–61, 164, 193; **XXV**:4, 10, 13, 37, 41, 52, 59, 74, 81, 84, 88, 107, 108, 117, 119, 135, 144, 145; **XXVI**:14, 25, 28, 32, 36, 40, 122, 213, 237, 265; **XXVII**:22, 29, 37, 45, 70, 96, 134, 144, 201, 203; **XXVIII**:60, 200; **XXXI**:17; **XXXII**:237–38; **XXXIV**:46; **XXXVI**:31, 127, 128, 131; **XXXVII**:4, 72; **XXXVIII**:113, 138, 140, 171; **XXXIX**:82, 123, 276, 316
Tamīm b. Asad al-Khuzāʿī **VIII**:162
Tamīm b. Aws b. Khārijah. SEE Tamīm al-Dārī
Tamīm al-Dārī **IX**:149; **XXXIX**:298, 302
Tamīm b. al-Ḥārith al-Azdī **XVII**:11; **XXII**:101
Tamīm b. al-Ḥubāb **XXIV**:109
Umm Tamīm bt. al-Minhāl **X**:101, 102, 116–18, 120
Tamīm b. al-Muʿārik al-ʿAbdī **XXV**:92

Tamīm b. al-Muntaṣir al-Wāsiṭī **I**:181, 200, 209, 214, 218, 222, 223; **XXXIX**:109
Banū Tamīm b. Murr. SEE Banū Tamīm
Tamīm b. Naṣr b. Sayyār **XXVI**:33–34; **XXVII**:37, 38, 42, 102, 107, 108, 109, 122
Tamīm b. Saʿīd b. Daʿlaj **XXIX**:79, 234
Tamīm b. Ubayy b. Muqbil **XV**:258; **XXI**:222
Tamīm b. ʿUmar b. ʿAbbād al-Taymī **XXV**:188
Abū Tamīmah (Baṣran soldier, at the conquest of Tustar) **XIII**:134
Abū Tamīmah *(rāwī)* **XXXIX**:124
al-Tamīmiyyah. SEE Banū Tamīm
Ṭamīs (Ṭamīsah, on eastern frontier of Ṭabaristān) **XV**:42; **XXXIII**:147, 156, 160; **XXXVI**:160
Tammām b. al-ʿAbbās **XVI**:47, 66; **XVII**:140; **XXXIX**:75–76, 96
Tammām b. Rabīʿah b. al-Ḥārith b. ʿAbd al-Muṭṭalib **XXXIX**:62
Abū Tammām al-Ṭāʾī (Ḥabīb b. Aws) **II**:1; **XXXIII**:92–93, 120; **XXXIV**:6
Tammām b. al-Walīd b. ʿAbd al-Malik **XXIII**:219
Abū Tammām b. Zaḥr al-Azdī **XXV**:134
al-Tammārūn (date-sellers' district, in al-Kūfah) **XIX**:85; **XXI**:15
al-Tammārūn (date-sellers' district, in Baghdad) **XXXVIII**:150
al-Tammārūn (date-sellers' district, in Medina) **XXVIII**:147
Tamrah (of al-Mutawakkil's court) **XXXIV**:177–78
tanāfur (nobility contest) **VI**:18
Tangier (Ṭanjah) **XXX**:29
al-Tanʿīm (near Mecca) **VII**:147, 149; **IX**:110; **XIX**:70; **XXIII**:144
tanners' market. SEE al-Dabbāghūn
Banū Tanūkh **IV**:129, 136; **V**:20–21, 79; **XI**:57–58, 76; **XIII**:80, 82, 83, 90; **XVII**:72; **XX**:61, 67
al-Tanūkhī (commander of al-Amīn) **XXXI**:132
al-Ṭāq (citadel, in Ṭabaristān) **XXVIII**:73
Ṭāq al-Jaʿd (Arch of al-Jaʿd, in al-Baṣrah) **XVIII**:83
Ṭāq-i Kisrā (Aywān/Īwān-i Kisrā, in al-Madāʾin) **V**:285, 287–88, 332, 334–36; **XXI**:146; **XXII**:129; **XXIII**:7; **XXIX**:98?
ṭāqāt (vaulted arcades, in Baghdad) **XXXI**:189
taqiyyah (justifaible concealment of one's true religious views under duress or threat of injury) **XXXIII**:192
tar. SEE naphtha
al-Ṭār (king of Farghānah) **XXIV**:169–70
SEE ALSO Bilādhā; al-Naylān
al-Ṭāraband (capital of al-Shāsh) **XXV**:55, 58
Ṭarābulus (Tripoli, in Libya) **XVIII**:103
Ṭaraf al-Madīnah (al-Ṭaraf, near al-Marāḍ, in Najd) **VIII**:94; **XXVIII**:106, 108
Ṭarafah b. al-ʿAbd (pre-Islamic poet) **XXI**:220; **XXIII**:198
Ṭarafah b. ʿAbdallāh b. Dajājah **XXI**:105
Ṭarafah b. ʿAdī b. Ḥātim al-Ṭāʾī **XVII**:116, 134
ṭarākhinah. SEE *ṭarkhān*
Ṭārān (brother of al-Ikhrīd, ruler of Kashsh) **XXVII**:202
Ṭarāristān (toponym) **XXX**:295; **XXXV**:58, 59
Tarasf b. Jūdharz (brother-in-law of Frāsiyāt) **IV**:9
al-Ṭarāt (mountain, in Najd) **X**:81

Ṭarāyūn (in southern Anatolia) **XXXVIII**:14
Ṭardūsh al-Turkī **XXXIV**:19
Tarḥamah (near Malaṭyah) **XXIII**:184
Ṭarīf b. Ghaylān **XXVII**:127
Ṭarīf al-Makhladī **XXXVIII**:46
Ṭarīf al-Sa'dī. SEE Abū Sufyān
Ṭarīf b. Sahm **XIII**:211, 213
Ṭarīf b. Tamīm al-'Anbarī **XXIX**:104
Ṭāriq (*khādim* of al-Amīn) **XXXI**:178, 187
Ṭāriq (in a woman's chant) **VII**:116
Ṭāriq b. 'Abdallāh al-Asadī **XXIII**:38
Ṭāriq b. 'Amr **XXI**:194, 208, 212, 229, 231–32; **XXII**:1
Ṭāriq b. al-Mubārak **XXIV**:42
Ṭāriq b. Qudāmah **XXVII**:191
Ṭāriq b. Shihāb al-Bajalī **VII**:41; **XIII**:97; **XIV**:107; **XVI**:48
Ṭāriq b. Abī Ẓabyān al-Azdī **XIX**:168
Ṭāriq b. Ziyād **XXIII**:182, 201
Ṭāriq b. Abī Ziyād **XXV**:178, 179, 180, 181, 182
Ṭarīq (slave salt flat worker) **XXXVI**:36
Tārīs (nation at the ends of the earth) **I**:238
al-Tarjumān b. Fulān **XIII**:129
al-Tarjumān al-Hujaymī **XV**:36
ṭarkhān (pl. *ṭarākhinah*, Turkish and Khazar nobility) **IV**:15, 16; **XXX**:168
Ṭarkhān (commander of Bābak al-Khurramī) **XXXIII**:24, 43–44
Ṭarkhān (*rāwī*) **XXV**:42
Ṭarkhān al-Jammāl **XXVII**:62
Ṭarkhūn (ruler of al-Sughd) **XXIII**:91–92, 96–98, 100, 102–4, 106, 152, 176–77, 190, 196
al-Tarmudān (commander of al-Muwaffaq) **XXXVII**:70–71
Ṭarnāyā (south of Baghdad) **XXXI**:120, 159; **XXXII**:75, 81
Ṭarrāf b. 'Abdallāh b. Dajājah **XXI**:105
Tarshish (toponym) **IV**:29
Tarsul (*dihqān* of al-Fāryāb) **XXV**:107
Ṭarsūs (Tarsus, in Cilicia) **XXVI**:169; **XXX**:99, 268; **XXXII**:185, 187, 221, 224, 231, 240; **XXXIII**:98–99, 119; **XXXIV**:38, 43, 157; **XXXV**:61; **XXXVI**:162; **XXXVII**:6, 81–82, 143, 148–49, 153, 162, 175, 177; **XXXVIII**:11, 14, 31, 32, 34, 41, 44, 71, 74, 79, 83, 84, 90, 91, 97, 119, 120, 148, 151, 155, 172, 180, 181, 192, 196, 200, 204, 206
Ṭarūn (west of Lake Van, in Armenia) **XXXIV**:114
al-Tarwiyah. SEE Yawm al-Tarwiyah
Ṭāshān (in Ahwāz) **V**:12
al-tashrīq. SEE Ayyām al-Tashrīq
Ṭāshtimur al-Turkī **XXXVI**:104, 144, 154, 155
taslīm (formula *al-salāmu 'alaykum*, concluding the prayer) **XXII**:77
Banū Ṭasm **II**:14, 18, 20; **IV**:132, 148, 151–52
Ṭasm b. Lud **II**:12, 13, 16–18
Tasnīm b. al-Ḥawārī **XXVIII**:164; **XXIX**:86
ṭassūj (provincial division) **XXII**:54; **XXXV**:42, 121, 132; **XXXVI**:16
taunting, of eunuchs **XXXVIII**:45–46
Taurus Mountains (Jibāl al-Rūm) **XI**:102–3; **XIV**:32; **XXXVI**:190
Ṭawā (mountain pass, near Mecca) **XXIII**:148
SEE ALSO Ṭuwā

ṭawāf (circumambulation of al-Ka'bah) **I**:293–95, 301; **II**:100, 103, 104; **VI**:70, 72, 101–2; **IX**:78, 79, 109, 141; **XXXII**:22
Ṭaw'ah (*umm walad* of al-Ash'ath b. Qays) **XIX**:51
al-Ṭawāḥīn (village, between al-Ramlah and Damascus) **XXXVII**:147, 150
al-Taw'amah (bt. Umayyah b. Khalaf) **I**:250, 251
al-Ṭawāwīs (near Bukhārā) **XXV**:87, 88
Tawbah (son of Adam) **I**:317
Umm Tawbah. SEE Umm Salamah al-Ju'fiyyah
Tawbah b. Abī Usayd (Asīd) al-'Anbarī **XXIV**:8; **XXV**:18
al-Ṭawī (in Syria) **IV**:148
Ṭawq b. Aḥmad **XXXIII**:89–90
Ṭawq b. Mālik **V**:188; **XXX**:267; **XXXI**:107
Ṭawq b. al-Mughallis **XXXV**:156–59
al-Tawrāt. SEE Torah
Ṭāwūs (in coastal region of Fārs) **XIII**:128, 130, 131; **XIV**:65
Ibn Ṭāwūs (*rāwī*) **II**:99
Ṭāwūs b. Kaysān al-Yamānī **I**:254, 276; **XXV**:9; **XXXIX**:220–21
al-Tawwābūn (Penitents, Repenters) **XX**:80–97, 124–59, 162, 182–89; **XXI**:2, 45; **XXXIX**:53, 138, 274
Tawwaj (in Fārs) **V**:65; **XIV**:64–66, 69; **XIX**:183
al-Tawwāq (in a line of poetry) **I**:171
al-Tawwazī (at the court of al-Mahdī) **XXIX**:263
tax(es)
- alms tax. SEE *ṣadaqah; zakāt*
- assessment of **V**:260–62
- Bureau of Taxation. SEE Dīwān al-Kharāj

tax(es) (continued)
- exemption from **XIV**:36; **XXIII**:78
- *itāwah* **X**:71
- *jawālī* (poll tax) **XXIX**:77
  SEE ALSO *jizyah*
- *jibāyah* **XXVIII**:234
- land tax. SEE *kharāj*
- *nā'ibah* (extraordinary levies) **V**:112
- Nowrūz and **XXXVIII**:19
- payment of **X**:12, 106, 109, 163
- poll tax. SEE *jizyah*
- proportional tax (*muqāsamah*) **XXXII**:97–98
- *rafā'i'* (ordinary taxes) **XXXIII**:143
- rates of taxation (*waḍā'i'*) **V**:256
- tithe (*'ushr*) **II**:3; **XXII**:72; **XXXIV**:51, 140; **XXXIX**:221

tax collection **XIV**:29; **XVII**:209; **XXII**:172
- advance payments **X**:96; **XXXVI**:15; **XXXVII**:90
- Abū Bakr's advice on **XI**:79
- *'.b.rās.yār* (tax payment arrangement) **V**:260
- controller's office **XXXVIII**:83
- evasion of **XXX**:136–37
- fiscal agent (*sā'ī*) **XXXIII**:151
- *iftitāḥ al-kharāj* **XXX**:54; **XXXIII**:141
- al-Mu'taḍidī New Year for **XXXVIII**:19
- new moon and **XXXIX**:83
- punitive measures **XXX**:173
- *qabālah* contract **XXVI**:57; **XXXVI**:79

tax collectors **V**:261; **X**:43, 50, 52, 53, 67, 69, 70, 81, 84–86, 97, 102, 170, 177; **XI**:42–43; **XV**:6, 45; **XXIX**:101, 140; **XXX**:187; **XXXIII**:142, 143; **XXXIX**:19, 83
SEE ALSO agent; *bundār*; governors

Ṭaybah. SEE Medina
Ṭayfūr (*mawlā* of Mūsā al-Hādī) **XXX**:40
al-Ṭayfūrī (Isrāʾīl b. Zakariyyāʾ) **XXXIV**:174
Ibn al-Ṭayfūrī **XXXIV**:219
Ṭayghaj (Turkish lieutenant commander) **XXXV**:34
Tayḥān b. Abjar **XXIII**:8
ṭaylasān (hood or scarf-like gown, mantle) **XXX**:74, 107, 135; **XXXI**:188; **XXXIII**:172, 192; **XXXIV**:89; **XXXIX**:229
  as distinctive dress **XXXIV**:89–90, 93–94, 128
  Hāshimī *ṭaylasān* **XXIX**:232
al-Ṭaylasān (on the southwestern shores of the Caspian Sea) **XV**:8
Banū Taym **XII**:127; **XXVIII**:282
Banū Taym b. ʿAbd Manāt. SEE Banū Taym al-Ribāb
Banū Taym b. Ghālib **VIII**:179
Taym b. Ghālib (al-Adram) **VI**:28
Taym b. Ishmael **II**:133
  SEE ALSO Ṭumā b. Ishmael
Taym b. Murrah **VI**:26
Banū Taym b. Murrah **XIV**:116; **XVI**:7, 146; **XX**:96; **XXXIX**:111, 245, 261, 333
Banū Taym al-Ribāb **XII**:41, 108; **XVI**:160; **XVII**:214–15; **XVIII**:24, 35; **XXXIX**:259
Banū Taym b. Shaybān **XXII**:37, 44, 46–47, 124
Taymāʾ (in al-Ḥijāz) **II**:13; **XI**:76–77; **XVII**:200; **XXVIII**:177
Banū Taymallāh (Taymallāt) b. Rufaydah **XX**:67
Banū Taymallāh (Taymallāt) b. Thaʿlabah **X**:144; **XI**:22; **XII**:19, 98, 108; **XIII**:70; **XVII**:59; **XVIII**:112, 142, 198; **XIX**:139, 158; **XX**:26, 84; **XXI**:111; **XXIII**:8; **XXIV**:24; **XXV**:81, 165; **XXVI**:257; **XXVIII**:283; **XXXIX**:250, 254
Banū Taymallāh (Taymallāt) b. Thaʿlabah (of al-Khazraj). SEE Banū al-Najjār
al-Taymī. SEE al-Ḥajjāj b. Yūsuf al-Taymī; al-Mustawrid b. ʿUllafah al-Taymī; Sulaymān al-Taymī
al-Taymī (ʿAbdallāh b. Ayyūb, poet) **XXXII**:27
Abū al-Tayyāḥ (Yazīd b. Ḥumayd) **I**:179; **VII**:5; **XXXIX**:159, 312
Banū Ṭayyiʾ (Ṭāʾīs) **III**:28; **IV**:79, 136, 148; **V**:355; **VI**:40; **VII**:94; **IX**:53, 62, 64, 105, 108; **X**:42, 44, 60–65, 67–69, 76–78, 99; **XII**:13–14, 103, 106; **XIII**:76; **XVI**:81, 85, 86, 92; **XVII**:26–29, 55–57, 125; **XVIII**:42, 100, 139–40, 156, 159–60; **XIX**:28, 81, 99; **XX**:28, 61, 67, 224; **XXII**:169; **XXIV**:55, 153; **XXVI**:167; **XXVII**:96, 136; **XXVIII**:95, 232, 234, 262; **XXXI**:167; **XXXIV**:51, 111; **XXXVIII**:70, 81, 113, 161, 182, 183; **XXXIX**:6, 85, 209
al-Ṭayyib b. Muḥammad (son of Prophet Muḥammad) **VI**:49; **IX**:128
Tāzādh (Byzantine commander) **XXIX**:217
al-Ṭazar (in al-Jibāl) **XIII**:201, 202
Banū Tazīd b. Ḥaydān (of Quḍāʿah) **XI**:127
Tazīd b. Ḥulwān b. ʿImrān b. al-Ḥāf (al-Ḥāfi) b. Quḍāʿah **IV**:139; **V**:32, 36
Tbilisi. SEE Tiflis
teak workers. SEE *aṣḥāb al-sāj*
teakwood bridge **XXXVII**:96, 99–100
teeth
  milk teeth, kept into adulthood **XXX**:177
  toothpicks (*miswāk, siwāk*) **II**:99; **IX**:126, 183; **XII**:86; **XXIX**:94
teknonym. SEE *kunyah*

Telesius (?, Ṭalsiyūs, Byzantine commander) **XXXIV**:41
temperance, in behaviour **XXXIX**:125
Temple (in Jerusalem) **III**:130, 150–51, 173, 174
tenth (tax). SEE tithe
tenths (army division). SEE *a'shār*
tents
fasāṭīṭ (pl. of *fusṭāṭ*) **XXXIII**:31
fāzah (twin-poled tent) **XXXIII**:81, 126
first instance of use **XXV**:16
khiraq (cloth tent) **XXVIII**:67
royal tents *(surādiqāt)* **XXX**:264
Turkish-style round tent *(qubbah turkiyyah)* **VIII**:11, 177; **XIII**:24; **XXIII**:99, 110; **XXVIII**:100
Tephrikē (Abrīk, village, in al-Jazīrah) **XXXIV**:147
Terah (Āzar) b. Nahor **II**:16, 22, 49–53, 111
termites **III**:160, 173–74
testament (will). SEE *waṣiyyah*
testicles
kicking and crushing of **XXXIV**:160, 163; **XXXVI**:94, 108, 123
ripping off of **XXVI**:52
testudo (*dabbāb, dabbābah,* armored siege device) **IX**:20; **XIII**:9; **XXXIII**:111
textiles
brocade *(dībāj, dabīq, buzyūn)* **I**:349; **XII**:92; **XXIX**:144; **XXX**:264; **XXXV**:59
Chinese silk velvet *(kāmkhān al-Ṣīn)* **XXXIII**:12
linen. SEE linen
al-ma'āfir (Yemeni cloth) **V**:169; **IX**:75
Marw cloth (Marawī cloth) **XXVII**:73
Qaṭarī cloth **VIII**:121
textiles (continued)
Qūhistān cloth (Qūhī cloth) **XXVII**:73; **XXXI**:223
Shaṭawī cloth **XXXIV**:125
silk. SEE silk
from Ṭabaristān **XXIX**:255
wool. SEE wool
Yemenī cloth **XIX**:36, 159
Mt. Thabīr (near Mecca) **II**:93, 95, 96
Thābit (*ghulām* of al-Muwaffaq) **XXXVII**:52–53, 60
Thābit (man sent by Tibān As'ad to China) **IV**:80
Thābit (*mawlā* of Zuhayr b. Salamah al-Azdī) **XXII**:63; **XXIV**:136, 138–39
Thābit *(rāwī)*. SEE Thābit al-Bunānī
Abū Thābit (ruler of Ṭarsūs) **XXXVIII**:83, 84
Ibn Abī Thābit. SEE 'Abd al-'Azīz b. 'Imrān b. Abī Thābit al-Zuhrī
Thābit, Abū Khālid **XXII**:167
SEE ALSO Thābit b. Quṭbah
Thābit b. Aqram **VIII**:93, 157; **X**:63, 64, 74
Thābit al-A'war **XXIII**:185
Thābit al-Bunānī **I**:332; **II**:148; **IX**:14, 159, 198; **XXXIX**:236, 317
Thābit b. al-Ḍaḥḥāk **XXXIX**:290
Thābit b. Abī Dulaf **XXXVII**:21
Thābit b. Hubayrah **XIX**:135
Thābit b. Huraym **XII**:161
Thābit al-Ishtīkhanī **XXIV**:169, 171, 175
Thābit b. Jidh' **XXXIX**:11
Thābit b. Ka'b al-Azdī al-'Atakī. SEE Thābit Quṭnah al-'Atakī
Thābit b. Abī Khālid al-Wālibī **I**:260
Thābit b. Muḥammad al-Laythī **II**:113
Thābit b. Mūsā **XXIX**:168, 180, 215
Thābit b. Naṣr b. Mālik **XXX**:291, 295

Thābit b. Nuʿaym al-Judhāmī
XXVI:240–42; XXVII:3, 4, 6–7, 8
Thābit b. Qays b. Munqaʿ (al-Munqaʿ) al-Nakhaʿī XV:121, 125; XX:3
Thābit b. Qays b. Shammās al-Anṣārī al-Ḥārithī VIII:36–38, 56–57, 66; IX:69, 133; X:62, 105, 116, 118, 121, 122, 128; XXXIX:131, 183
Thābit b. Quṭbah XXII:169–70; XXIII:30–31, 96–97, 99–103, 105, 107
SEE ALSO Thābit, Abū Khālid
Thābit Quṭnah al-ʿAtakī XX:77; XXIII:172, 229; XXIV:122, 142, 146, 153, 155–57, 177; XXV:22–23, 26, 34, 41, 48, 50, 52, 53
Umm Thābit bt. Samurah b. Jundab al-Fazārī XXI:44, 103, 111
Thābit b. Sulaymān b. Saʿd al-Khushanī XXI:217; XXVI:142, 204
Thābit b. Thaʿlabah b. Zayd. SEE Thābit b. Jidhʿ
Thābit b. ʿUthmān b. Masʿūd XXIV:176
Thābit b. Wadīʿah XXXIX:294
Thābit b. Waqsh b. Zaʿūrāʾ VII:134, 135
Thābit b. Yaḥyā. SEE Abū ʿAbbād
Thābit b. Zayd b. Qays. SEE Abū Zayd al-Anṣārī
thaghāmah (mountain plant) XXI:149
thaghrī bridles XXXV:4
Thaʾj (village, in al-Yamāmah) XXI:174
Thakan (in Arabia) V:287
al-Thaʿlab (name of Prophet Muḥammad's camel) VIII:81
Thaʿlab b. Ḥafṣ al-Baḥrānī XXXVI:174, 191, 196
Thaʿlabah (ancestor of Thaʿlabīs). SEE Nabīt b. ʿAwṣ
Banū Thaʿlabah (of Azd) XVII:51
Banū Thaʿlabah (of Ghaṭafān) VII:161; VIII:94; XXXIV:26?, 51?
Banū Thaʿlabah (of Ḥadas) VIII:159
Thaʿlabah b. ʿAmr IX:102, 103
Banū Thaʿlabah b. al-Fiṭyawn VII:136
Thaʿlabah b. Ḥassān al-Māzinī XXVII:86
Thaʿlabah b. Ḥāṭib IX:61, 79
Thaʿlabah b. Kaʿb (al-Jidhʿ) XXXIX:11
Abū Thaʿlabah al-Khushanī I:182, 183
Thaʿlabah b. Abī Mālik XXII:187; XXXIX:39, 164, 187
Banū Thaʿlabah b. Munqidh IX:79
Banū Thaʿlabah b. Saʿd (of Dhubyān) X:45, 51
Banū Thaʿlabah b. Saʿd b. Ḍabbah (of al-Ribāb) X:90; XXVIII:208
Thaʿlabah b. Ṣafwān al-Banānī XXVI:235
Thaʿlabah b. Salāmah al-ʿĀmilī XXVII:170
Thaʿlabah b. Saʿyah al-Hadlī VIII:32, 39
Banū Thaʿlabah b. Shaybān XXV:120; XXVII:88
Banū Thaʿlabah b. Yarbūʿ X:101; XX:10; XXI:181
Banū Thaʿlabah b. Yarbūʿ (of Ḥanẓalah of Tamīm) X:101; XX:10; XXI:181
al-Thaʿlabiyyah (on the Meccan Road from Iraq) VI:40; XVI:85; XVII:201; XIX:87; XXVI:15–16; XXXV:46; XXXVIII:177
al-Thalāthāʾ. SEE Sūq al-Thalāthāʾ
Thalāthat Abwāb (Three Gates, north of Baghdad) XXXV:58
Thamānīn. SEE Sūq Thamānīn
Thamīlā b. Mārib b. Fārān b. ʿAmr b. ʿImlīq b. Lud b. Shem b. Noah II:17

al-Thāmir (of the people of Najrān) **V**:200
Banū Thamūd **I**:237; **II**:14, 20, 34, 42, 45, 46; **VII**:17; **XIX**:24, 146; **XXII**:21, 68; **XXIII**:198; **XXIV**:130; **XXV**:153
Thamūd b. Eber **II**:18
Thamūd b. Gether **II**:13, 28
al-Thanī (al-Thiny, east of Ruṣāfat Hāshim, in Syria) **XI**:61, 65
al-Thaniyyah (near Damascus) **XXVI**:144
SEE ALSO Thaniyyat al-ʿUqāb
al-Thaniyyah (near Medina) **XXX**:21
Thaniyyat al-ʿAsal (Honey pass) **XIII**:210; **XIV**:19
Thaniyyat al-Bayḍāʾ (mountain trail of al-Bayḍāʾ, near Mecca) **VIII**:126
Thaniyyat Hamadhān (mountain road to Hamadhān) **XIII**:209
SEE ALSO Thaniyyat al-ʿAsal
Thaniyyat Ḥulwān (Ḥulwān pass) **XXII**:137, 148
Thaniyyat Jilliq (in Palestine) **XI**:84, 107, 126
Thaniyyat al-Madaniyyīn (near Mecca) **XXIX**:92
Thaniyyat al-Maʿlāt (near Mecca) **XXIX**:92
Thaniyyat al-Marah (pass of al-Marah, near al-Juḥfah) **VI**:146; **VII**:10, 12; **IX**:118
Thaniyyat al-Murār (al-Murār Pass, near Mecca) **VIII**:73
Thaniyyat al-Rikāb (near Nihāwand) **XIV**:18
Thaniyyat al-ʿUqāb (gap of al-ʿUqāb, ʿUqāb pass) **XXIV**:26; **XXVI**:186, 188
Thaniyyat al-Wadāʿ (al-Thaniyyah, al-Wadāʿ pass) **VIII**:48; **IX**:50; **XIX**:202; **XXVIII**:146, 155, 197, 199, 200, 204, 205, 206, 208, 218
al-Thaqafī *(rāwī)*. SEE ʿAbd al-Wahhāb b. ʿAbd al-Majīd al-Thaqafī
Thaqafīs. SEE Banū Thaqīf
Thaqīf (of Banū ʿAdī b. Sharīf) **XIII**:22
Banū Thaqīf (Thaqafīs) **V**:223; **VI**:115–17; **VIII**:76, 170, 175, 176; **IX**:2, 3, 6, 14, 15, 20, 21, 22, 23, 24, 25, 30, 42–46, 62, 135; **X**:39, 41, 42, 158; **XI**:188–89, 192; **XII**:105, 140; **XIII**:70, 110, 111, 182; **XVI**:44; **XVIII**:14, 16, 20, 27, 33, 72; **XX**:112; **XXI**:115; **XXII**:147; **XXIII**:7, 14, 45, 85; **XXV**:178; **XXVI**:37, 171; **XXVII**:16; **XXIX**:188; **XXXIX**:48, 49, 244, 257
SEE ALSO Qasiyy
tharīd (bread soup) **VI**:16, 17; **XXXIII**:13
Tharthār (river, in northern Iraq) **V**:37
Tharwān b. Sayf (Khārijite) **XXX**:266, 295
Banū Thawābah **XXXVI**:95
Thawbān (*mawlā* of Prophet Muḥammad) **IX**:142; **XXXIX**:99–100
Ibn Thawbān *(rāwī)*. SEE ʿAbd al-Raḥmān b. Thawbān
Ibn Thawbān *(ṣāḥib al-maẓālim)* **XXIX**:110–11
Thawr (Banū Kindah's eponym) **XXXIX**:232
Thawr (mountain, near Mecca) **VI**:142, 144, 146, 148
Abū Thawr. SEE ʿAmr b. Maʿdīkarib al-Zubaydī
Banū Thawr **XII**:108
Banū Thawr (of Hamdān) **XXI**:83, 89
Ibn Thawr *(rāwī)*. SEE Muḥammad b. Thawr
Abū Thawr al-Ḥadāʾī **XV**:139

Thawr b. Maʿn b. Yazīd b. al-Akhnas al-Sulamī **XX**:53, 60, 66
Thawr b. Yazīd al-Shaʾmī, Abū Khālid **V**:275; **XV**:31; **XXI**:228; **XXIII**:140; **XXIV**:39; **XXXIX**:328
Thawr b. Zayd al-Dīlī **VII**:61, 96; **VIII**:124
al-Thawrī *(rāwī)*. SEE Sufyān b. Saʿīd al-Thawrī
Banū al-Thawriyyah (of Hilāl) **XI**:63
al-Thawriyyūn (lane, in al-Kūfah) **XVII**:97; **XX**:213
Theodora (Byzantine empress) **XXXIV**:3, 76, 138
Theodore (Tadhāriq, brother of Heraclius) **XI**:84–85, 98, 103–4, 107, 126–27; **XII**:174–75, 186, 190
Theodosius (brother of Maurice, Roman emperor) **V**:312–13
Theodosius I the Great (Roman emperor) **IV**:127
Theodosius II (Roman emperor) **IV**:127; **V**:86
Theoktistos the Eunuch (Q.n.q.l.h, Kanikleios) **XXXIV**:138
Theophilus (Byzantine emperor) **XXXII**:144, 187–88, 194–95, 224; **XXXIII**:93–95, 107, 121; **XXXIV**:3
theriac *(diryāq, tiryāq)* **II**:26; **XXX**:264
al-Thiny (in Syria). SEE al-Thanī
al-Thiny (near al-Baṣrah) **XI**:15, 18, 19, 20, 37
thirst *(ʿaṭash)*
  Day of Thirst. SEE Yawm al-ʿAṭash
  death from **XXXIII**:132; **XXXIV**:51, 86, 109; **XXXVIII**:30, 188
Thītal *(ghulām* of Muḥammad b. Bughā) **XXXVI**:101
Thiyādhūs. SEE Theodosius
Thomas (apostle) **IV**:123
Thomas, church of **XXIII**:224
Thorns, Gate of. SEE Bāb al-Ḥasak
thousanders *(al-azārmardūn)* **XXVII**:176
Three Gates. SEE Thalāthat Abwāb
Throne (Divine Throne) **I**:204–8 *passim*, 212, 219, 223, 231, 232, 234, 238, 239, 240, 243, 247, 293
Banū Thuʿal (of Ṭayyiʾ) **XIX**:100; **XX**:28
Thubayt b. Marthad al-Qābiḍī **XX**:126
  SEE ALSO Marthad al-Qābiḍī
Thubayt b. Yazīd al-Bahrānī **XXVI**:188; **XXVII**:22
Thubaytah bt. Ḥanẓalah **XXXIX**:203
Thubaytah bt. Yaʿār **XXXIX**:300
thughūr (frontier districts) **XXVIII**:81; **XXX**:99, 181; **XXXI**:22; **XXXIII**:118; **XXXVI**:190; **XXXVII**:145
al-Thumā (at the court of Muʿāwiyah b. Abī Sufyān) **XVIII**:224
Thumāl (Arab horseman) **XXXVI**:58
Banū Thumālah **IX**:30
Abū Thumāmah. SEE Junādah b. ʿAwf b. Umayyah
Thumāmah b. ʿAbdallāh b. Anas al-Anṣārī **XXV**:23, 44, 63; **XXVII**:52
Thumāmah b. ʿAbīdah (ʿUbaydah) al-Sulamī **I**:295
Thumāmah b. Ashras **XXI**:223; **XXX**:178, 203; **XXXII**:100, 138
Thumāmah b. Aws b. Lām al-Ṭāʾī **X**:68
Thumāmah b. Ḥawshab b. Ruwaym al-Shaybānī **XXVI**:214, 257–58
Abū Thumāmah al-Khaṭīb **XXX**:118
Thumāmah b. al-Muthannā **XVI**:168
Thumāmah b. Nājidh al-ʿAdawī **XXIV**:16

Abū Thumāmah al-Ṣā'idī. SEE 'Amr b. 'Abdallāh al-Ṣā'idī
Thumāmah b. 'Ubaydah al-Sulamī. SEE Thumāmah b. 'Abīdah al-Sulamī
Thumāmah b. Uthāl **IX**:168; **X**:87, 93, 107, 139, 146, 149
Thumāmah b. al-Walīd al-'Absī **XXIX**:188, 198, 206
thunder and lightning
as angels' chant **XXXVII**:31
al-Masjid al-Ḥarām struck by **XXIX**:68; **XXX**:177
al-Thurayyā (Mu'taḍid's palace, in Baghdad) **XXXVIII**:43, 65, 66, 71, 88, 142
Thuwaybah (wet nurse of Prophet Muḥammad) **V**:272; **IX**:140
Thuwayr *(rāwī)* **II**:86
al-Thuwayyah (near al-Kūfah) **XVIII**:168
al-Ṭīb (in southeastern Iraq) **XXXVI**:180; **XXXVII**:35
al-Ṭibā' (expelled from Sāmarrā) **XXXVII**:64
tibā'ah (voluntary commendation, of *mawlās*) **XXVI**:218
Ṭībah (Byzantine fortress) **XXV**:33
Ṭībah (village, near Zarūd) **X**:44
Tibān (Tubān) As'ad (Yemeni king). SEE Tubba' II
Tiberias (Ṭabariyyah, in al-Urdunn) **IV**:44; **XI**:170, 172; **XIX**:215; **XXVI**:191–92; **XXVII**:6; **XXXV**:3, 49, 98; **XXXVI**:5, 107; **XXXVIII**:157, 159
Tiberius (Roman emperor) **IV**:125, 126
Tiberius II (Roman emperor) **IV**:127
Tibet (al-Tubbat, Tibetans) **IV**:76, 80, 94; **XXIII**:97; **XXXI**:71, 102
Tibetan coat of mail *(jawshan tubbatī)* **XXXV**:18
Tibetan helmet *(kāshkhūdah tubbatiyyah)* **XXV**:59
Tibetan musk-oxen *(al-kilāb al-tubbatiyyah)* **XXX**:310
Tibetans. SEE Tibet
Tīdhar (spy for Qutaybah b. Muslim) **XXIII**:135
Tiflis (Tiflīs) **XIV**:37, 45, 46; **XXIX**:14; **XXXIV**:116, 121–23
ṭifshīl (grain dish) **III**:52; **IV**:66
tighār (urn for perfumes) **XXX**:321
Tigris (Dijlah, river) **I**:370; **II**:110; **III**:24, 154; **IV**:44, 81, 161; **V**:52–53, 112, 285, 287, 322; **XI**:17, 19, 43, 45, 49, 52, 120, 122, 212, 220; **XII**:33, 142, 165, 169, 170; **XIII**:2, 4, 8–15, 18–20, 36, 37, 40, 52, 55, 63, 88, 120, 133; **XIV**:5, 6; **XVIII**:24, 47, 50, 61–62, 110; **XXI**:97, 125, 171; **XXII**:61, 65, 67, 98, 119, 121, 131; **XXIII**:68–69, 71; **XXVI**:219; **XXVII**:24, 54, 55, 58, 135, 162, 171, 174, 186, 193, 196, 198, 204; **XXVIII**:36, 51, 238–39, 241, 243–44, 246, 250, 257; **XXIX**:77, 78, 79, 128, 180, 181, 182, 195, 216, 219, 222, 235, 239; **XXXI**:137, 145, 153, 156, 166, 174–75, 176, 179, 181, 184, 187–90, 194, 198, 199, 200, 209, 227, 242; **XXXIV**:96, 105, 137; **XXXV**:34, 40, 43, 46, 48, 49, 56, 95, 153; **XXXVI**:15, 22, 30, 38, 39, 42, 44, 49, 56, 109, 110, 120, 121, 123, 142, 143, 165, 169, 170, 174, 175, 199; **XXXVII**:12, 18, 20, 28, 33–34, 36, 40, 44, 51–53, 62, 67, 75, 83–85, 92–94, 114, 118, 120, 125–26, 133, 136–37, 139, 157, 165; **XXXVIII**:21, 22, 27, 28, 46, 77, 86, 100, 108, 154, 190, 191
Tigris Street (in Baghdad) **XXXVI**:5
Tihāmah **III**:164; **IV**:128–29; **V**:219, 226; **VI**:49, 53, 54, 159; **VIII**:13, 75, 189; **IX**:8, 31; **X**:23, 160, 161, 173;

Tihāmah (continued) **XI**:78; **XIII**:52; **XVIII**:114, 221; **XX**:57, 69; **XXI**:225; **XXXVIII**:36; **XXXIX**:17, 60
time *(waqt, zamān)*
age of the world. SEE age of the world
annihilation of **I**:193–94
appointed time *(ajal)* **IX**:173
concept of **I**:171–72
created by God **I**:169, 186–87
day as unit of **I**:186–87
extent of **I**:172–86
night as unit of **I**:186–87
units of time **I**:184; **XXIV**:194
Ṭīn. SEE Nahr Ṭīn
al-Ṭīn (near al-Kūfah) **XIII**:65
Tīnak (commander of al-Muʿtamid) **XXXVII**:89
ṭinfisah (carpet) **XXII**:103
Tinjānah (village, near Marw?) **XXIII**:128
tinnīn (seven-headed serpent) **V**:197
Tinnīs (in Egypt) **XXXIV**:126, 157
Tīr-Māh (month, in Persian solar calendar) **XXXIII**:142
Tīrā. SEE Nahr Tīrā
Tīrā (foster father of Bābak) **V**:6–7
Tiras b. Japheth **II**:11, 16
Tīrawayh (Persian chief) **XIII**:133
ṭirāz (pl. *ṭuruz*, embroidered garment, state workshop producing such garments) **XXX**:185, 212; **XXXI**:23, 48; **XXXIV**:99
al-Ṭirbāl (palace, in Jūr) **V**:11
al-Ṭirimmāḥ b. ʿAdī **XIX**:97, 99, 100
al-Ṭirimmāḥ b. Ḥākim **XVII**:117; **XXIV**:26
al-Tirmidh **XVIII**:190; **XXI**:210; **XXII**:166; **XXIII**:90, 92–94, 99, 100, 106, 108, 128, 143; **XXV**:67, 121; **XXVI**:117, 235; **XXVII**:104, 105, 106, 205
Tirmidh Shāh **XXIII**:92–93
Ṭīrūdih (village, near Iṣṭakhr) **V**:3
Tīrūyah b. Bisṭām **XI**:183
Tīsh al-Aʿwar (king of al-Ṣaghāniyān) **XXIII**:127–28
tithe *(ʿushr)* **II**:3; **XXII**:72; **XXXIV**:51, 140; **XXXIX**:129, 221
Titus (Roman emperor) **IV**:99, 126
Tīz (in Makrān) **XXXIII**:13
Ṭīzanābādh (near al-Qādisiyyah) **XII**:60, 61; **XV**:60; **XXI**:85
Ṭīzjushnas (*dihqān* of Narsā) **XXI**:142
T.m.n.ʿ (toponym) **XXXVIII**:136
Toghuz-Oghuz (ethnic group) **XXXII**:107
Tola b. Puah (Tūlagh b. Fuwā) **III**:127, 128
Toledo (Ṭulayṭulah) **XXIII**:201
tongs, origin of **I**:300
tongue. SEE language
tooth. SEE teeth
Torah (al-Tawrāt) **I**:331, 335, 337; **II**:9, 11, 15, 21, 46, 130, 135, 136, 143, 154, 185; **III**:10, 17, 96, 100, 107, 122, 130, 139, 147, 171; **V**:412; **VIII**:7, 30; **XIV**:90; **XXXIV**:207; **XXXIX**:136
torture techniques
burying alive **XXXIII**:131
covering prisoner's face with moistened silk **XVIII**:27
dragging on split Persian cane **XXIII**:67
iron maiden *(tannūr)* **XXXIV**:70–71
kicking and crushing of testicles **XXVI**:52; **XXXIV**:160, 163; **XXXVI**:94, 108, 123
leaving in the sun until death **XXXIV**:137
roasting alive **XXXVIII**:7
sleep deprivation **XXXIV**:70

torture techniques (continued)
thirst, death of **XXXIII**:132; **XXXIV**:86, 109
SEE ALSO House of Torture
Tower of Babel **II**:107, 108
traditional healing **XX**:76; **XXIV**:15, 16
SEE ALSO *darwand;* theriac
Traditions of the Prophet. SEE al-Ḥadīth
tragacanth bush **XXX**:53
Trajan (Roman emperor) **IV**:126
Tranquillinus. SEE Ṭraqbalīnā
Transjordan (al-Urdunn). SEE al-Urdunn
translators and interpreters **XII**:74; **XIII**:140; **XXXIV**:168–69
SEE ALSO entries beginning with al-Tarjumān
transmigration of souls **XXVIII**:63; **XXIX**:196
transmission of *al-ḥadīth.* SEE *al-ḥadīth*
Transoxania **XXIII**:27, 97, 105; **XXV**:46, 56, 58, 65, 135, 138, 140; **XXVI**:23–24; **XXIX**:196; **XXX**:143, 289; **XXXVIII**:2, 70, 84, 183, 200
transport boats. SEE boats and ships
Ṭraqbalīnā (Tranquillinus, pre-Islamic dignitary) **IV**:175, 181
travel
ibn al-sabīl (wayfarer, traveler) **XIII**:50, 109, 216, 217
prayer ritual in **VIII**:192; **XV**:155–56
protection of travelers **XIII**:50, 109, 216, 217
during Ramaḍān **XXIV**:84
treachery, punishment for **XXXV**:161–63
Treasure Cave (in Abū Qubays hill, in Mecca) **I**:333
treasury *(bayt al-māl)*
of ʿAlī b. Abī Ṭālib **XXXVIII**:91
Bayt Māl al-ʿArūs (Treasury of the Bride) **XXXIV**:14
control of **XXXV**:12, 39
in Damascus **XXVI**:144, 169
gifts to kinsmen from **XV**:157–58
in Mecca **XXXV**:108
pillaging of **XV**:216; **XXXIV**:36
in Sāmarrā **XXXV**:3, 12, 36, 39, 162, 163
standing guard at **XV**:218
trebuchet. SEE mangonels and ballistas
trees. SEE plants
trefoil, tax on land planted with **V**:258
trench. SEE *khandaq*
tribal system
aḥlāf (*aḥālīf,* sg. *ḥalīf,* confederates, allies) **V**:21–22; **IX**:3–4, 15, 41, 43; **XV**:144; **XXIII**:19, 76; **XXXIX**:26, 29, 30, 79, 95, 100, 101, 104, 105, 110, 111, 116, 133, 177, 199, 231, 281, 282, 283, 289, 301
aḥzāb (allied clans) **VIII**:10, 12, 144, 181
ashrāf (sg. *sharīf,* tribal dignitaries) **XIII**:111; **XV**:114, 125, 134, 176; **XXI**:10–13, 19, 28, 31, 82, 85, 88, 106, 108, 177; **XXIII**:55, 58, 67, 229; **XXVIII**:208; **XXXII**:116; **XXXIX**:269, 270, 275
genealogy. SEE genealogy
proclamation of affiliations, in battle **XII**:103–4
tanāfur (nobility contest) **VI**:18
tribalism. SEE *ʿaṣabiyyah*
tribute. SEE taxes

Triphylios (Aṭrūbaylīs, Byzantine emissary) **XXXIV**:156
Tripoli. SEE Ṭarābulus
troops. SEE army
truffles **XXVI**:77
trumpet *(būq, sūrnāy)* **XXXIII**:58; **XXXVII**:130
  of Day of Resurrection **I**:237, 242–43
  SEE ALSO *sūrnāy*
trumpet seashell *(ḥabarūn)* **XXXIII**:200
Ṭuʿaymah b. ʿAdī b. Nawfal **VI**:140; **VII**:44, 106
Tūbāl (Tubal/Jubal, b. Japheth) **I**:339; **II**:11, 16
Tubān Asʿad (Yemeni king). SEE Tubbaʿ II
Tubayʿ (stepson of Kaʿb al-Aḥbār) **XVIII**:172; **XXI**:158
tubbaʿ (pl. *tabābiʿah*, kings of pre-Islamic Yemen) **IV**:153; **V**:176; **XXXIX**:220
Tubbaʿ I (Zayd b. ʿAmr Dhī al-Adhʿār, Yemeni king) **V**:176
Tubbaʿ II (Tubān Asʿad Abū Karib b. Malkī Karib, Yemeni king) **IV**:79, 131, 154; **V**:141–46, 164–78
Tubbaʿ b. Ḥassān b. Tubbaʿ (Yemeni king) **IV**:154; **V**:124
al-Tubbat. SEE Tibet
Tubal-cain **I**:338
tuberculosis **XXIII**:79
Tūbīsh (Jubal) b. Lamech **I**:338
al-Tubūshkān (castle, in Upper Ṭukhāristān) **XXV**:126
al-Ṭufāwah (quarter, in al-Baṣrah) **XX**:9; **XXVIII**:261; **XXXVI**:132
Abū al-Ṭufayl (ʿĀmir b. Wāthilah) **I**:244; **II**:41, 46, 87, 94, 95; **IX**:158; **XIV**:48; **XVI**:113; **XVII**:188; **XXIII**:5, 18
al-Ṭufayl b. ʿAbdallāh b. Sakhbarah b. al-Ṭufayl **VI**:146
al-Ṭufayl b. ʿĀmir b. Wāthilah **XXI**:60; **XXII**:144–46, 161; **XXIII**:16, 18
al-Ṭufayl b. ʿAmr **XI**:101
Ṭufayl b. ʿAwf al-Yashkurī **XVIII**:72
al-Ṭufayl b. al-Ḥārith b. al-Muṭṭalib **VII**:150; **IX**:138; **XXXIX**:23–24, 164
al-Ṭufayl (Ṭufayl) b. Ḥārithah al-Kalbī **XXVI**:129, 187–88, 216–17; **XXVII**:4, 8
Ṭufayl b. Jaʿdah b. Hubayrah **XXI**:69–70, 72
al-Ṭufayl b. Laqīṭ **XXI**:75, 76
Ṭufayl b. Mirdās al-ʿAmmī **XV**:44; **XX**:178; **XXI**:62; **XXIII**:126, 137, 174, 185; **XXIV**:6, 8, 32
al-Ṭufayl b. Zurārah al-Ḥabashī **XXVI**:187
al-Ṭufūf (toponym) **XXXVI**:177
  SEE ALSO al-Ṭaff
Ṭughān (Farghānī military commander) **XXXVII**:81
Ibn Ṭughān. SEE Aḥmad b. Ṭughān al-ʿUjayfī
Ṭughj b. Juff **XXXVII**:177; **XXXVIII**:14, 30, 113, 115, 118, 119, 155
Ṭughshādah. SEE Bukhārā-khudāh
Ṭughtā b. al-Ṣayghūn **XXXVI**:71, 119
al-Ṭuhawī (of the entourage of Ibrāhīm b. ʿAbdallāh b. Ḥasan b. Ḥasan b. ʿAlī b. Abī Ṭālib) **XXVIII**:261, 274, 282
Tūj (b. Afrīdhūn) **II**:26, 27; **III**:21, 23, 24
al-Tujībī (murderer of ʿUthmān b. ʿAffān) **XV**:205, 218, 261
  SEE ALSO ʿAbd al-Raḥmān b. ʿUdays al-Balawī al-Tujībī; Kinānah b. Bishr b. ʿAttāb al-Tujībī
al-Tujībī b. Ḍubayʿah al-Murrī **XXV**:105, 106

Ṭukhāristān **V**:109, 150; **XIV**:54; **XV**:102, 104; **XVIII**:69, 87; **XXII**:11, 165; **XXIII**:128, 153–56; **XXIV**:49, 178; **XXV**:71, 126, 128, 139, 140, 147, 148; **XXVI**:63, 209; **XXVII**:30, 32, 38, 39, 64, 68, 75, 104, 105, 107; **XXIX**:48; **XXX**:289; **XXXVI**:119
Tūlagh b. Fuwā. SEE Tola b. Puah
al-ṭulaqā' (those converted to Islam at the conquest of Mecca) **VIII**:182; **XXXIX**:197
SEE ALSO *ahl al-fatḥ*
Ṭulayb b. ʿUmayr b. Wahb **XI**:101
Tulayd b. Zayd b. Rāshid al-Fā'isī **XVIII**:51
al-Ṭulayḥ (toponym) **XXXVIII**:177
Ṭulayḥah (of Banū ʿAbd al-Dār b. Quṣayy) **XIII**:41
Ṭulayḥah b. Khuwaylid al-Asadī (false prophet) **IX**:108, 164, 166–67; **X**:41, 42, 45, 52, 53, 60–63, 65–69, 73, 74; **XII**:54–57, 58–61, 86, 93, 99, 115–17, 119; **XIII**:29, 42, 180, 201, 202, 205, 206, 214; **XV**:114; **XVI**:28
Ṭulayq b. Qays al-Ḥanafī **XXXIX**:305
Tūlīn (Jabal) b. Lamech **I**:338
Āl Ṭūlūn (family of Ibn Ṭūlūn, Ṭūlūnids) **XXXVIII**:151, 152, 176
Ibn Ṭūlūn. SEE Aḥmad b. Ṭulūn
Ṭūlūnids. SEE Āl Ṭūlūn
Ṭūlus (Byzantine fortress) **XXIII**:215
Tūmā Gate. SEE Bāb Tūmā
Ṭumā b. Ishmael **II**:132
SEE ALSO Taym b. Ishmael
Tumāḍir bt. al-Aṣbagh **VIII**:95
ṭuʿmah (grant, means of subsistence) **XXI**:63, 131, 209–10, 212
Ṭuʿmah (of Banū Tamīm) **XXVI**:36
Abū Ṭuʿmah al-Thaqafī **XIII**:193, 195
Ibn al-Tūmanī al-Saʿdī **XXXVI**:64
Tūmānshāh (attacked by Muslim forces) **XXV**:111, 167
Abū Tumaylah. SEE Yaḥyā b. Wāḍiḥ
Tūmushkath (in Bukhārā) **XXIII**:138, 143
al-Tunaynir (on al-Khābūr) **XX**:153
ṭunbūr. SEE lute
tunic. SEE garments
al-Ṭūr. SEE Mt. Sinai
Abū Turāb. SEE ʿAlī b. Abī Ṭālib
Turabah (south of Mecca) **VIII**:131; **IX**:119
al-Turābiyyah (Turābīs) **XVIII**:145, 156
SEE ALSO ʿAlids; *al-shīʿah*
Ṭūrān (north of Makrān) **V**:15
Turārkhudā **XXVIII**:9; **XXIX**:47
Ṭurayfah b. Ḥājiz **X**:54, 79–81
Ṭurayḥ b. Ismāʿīl al-Thaqafī **XXIX**:259; **XXX**:334
turban (*ʿimāmah*) **XXXVI**:61
white turbans **XXX**:18
Yemenī band **XIX**:36
Turk (*mawlā* of Isḥāq b. Ibrāhīm b. Muṣʿab) **XXXIII**:44; **XXXIV**:85–86
Turk b. ʿAbbās **XXXVIII**:13
Turk al-Ṭabarī **XII**:122
Turkish red standards **XXXV**:96
Turkish-style round tent (*qubbah turkiyyah*) **VIII**:11, 177; **XIII**:24; **XXIII**:99, 110; **XXVIII**:100
Turks (al-Turk, al-Atrāk, Turkestan, Turkish) **II**:14, 16, 21, 24, 26, 27, 110; **III**:23, 24, 26, 28, 113–17, 114; **IV**:2–5, 8–10, 12–18, 27, 44, 72–74, 76, 79; **V**:51, 94–99, 152–53, 265, 297, 304, 314–17, 388; **XIII**:24, 96; **XIV**:29, 38, 40, 56–60, 62, 75; **XV**:78–80, 83, 95, 97; **XVIII**:120, 163, 178–79, 202; **XX**:76–77; **XXII**:183, 190; **XXIII**:27–29, 93–94, 97–98, 106, 143, 148, 150, 164, 167–68, 172, 197, 199, 229; **XXV**:13, 16, 17, 22,

Turks (continued) **XXV**:34, 45, 48–50, 53–62, 65, 66, 69–72, 78–81, 83–86, 88, 96, 131, 133, 135–39, 141–43, 145–48, 150, 151, 167; **XXVI**:25–27, 29, 32, 55–56, 58, 118, 235, 237, 263–64; **XXVIII**:69, 292; **XXIX**:14–15, 105; **XXXI**:19, 52, 72, 94, 146, 160; **XXXIII**:147, 191; **XXXIV**:19, 50, 62, 63–64, 79, 81, 122, 139, 151, 181, 183, 196, 210, 212, 221; **XXXV**:1, 4, 5, 7, 10, 11, 12, 30, 31, 32, 33, 34, 35, 39, 41, 42, 43, 44, 45, 46, 48, 49, 50, 53, 55, 58, 59, 60, 63, 66, 67, 68, 69, 70, 71, 72, 75, 76, 77, 79, 80, 81, 82, 83, 84, 85, 86, 88, 90, 91, 92, 93, 94, 95, 98, 100, 105, 116, 121, 123, 131, 136, 139, 140, 141, 143, 145, 146, 162, 163, 164; **XXXVI**:6, 8, 25, 69, 74, 75, 83, 84, 86, 92, 93, 95, 97, 103, 104, 105, 106, 107; **XXXVII**:47, 124; **XXXVIII**:11, 60, 146, 147, 200

turmeric **XIX**:70, 161

Ṭurnāj (commander of Aḥmad b. Laythawayh) **XXXVI**:197

ṭurrah (knotted scarf of Sasanian emperors) **XV**:88

Tursā (near al-Baṣrah) **XXXVI**:52

Ibn Turunjah (Muḥammad b. Hārūn, Abū Bakr) **XXXVIII**:12

ṭuruz. SEE *ṭirāz*

Ṭūs **XV**:36, 90–92; **XXIV**:56; **XXVI**:34, 122; **XXVII**:100, 107, 108; **XXVIII**:211; **XXX**:176, 297, 300–301, 334; **XXXI**:2, 4, 5, 13, 22, 225–26; **XXXII**:84–85, 240; **XXXVI**:203; **XXXVIII**:40

Ṭūs b. Nūdharan **IV**:5, 8–9

Ṭūsān (near Marw) **XXVII**:80

Tūsik (king of al-Fāryāb) **XXIII**:154

Tustar (Sustar, Shushtar) **III**:22; **V**:30; **XIII**:122–24, 132–36, 142, 143, 145, 150, 199; **XV**:69; **XVIII**:160, 206; **XXII**:185; **XXIII**:10, 12, 24; **XXXV**:155; **XXXVI**:182, 183, 186, 205, 206; **XXXVII**:2, 4, 37

Ṭuwā, holy valley of **III**:51
SEE ALSO Ṭawā

al-Ṭuwānah (in Cilicia) **XXIII**:134, 140–41; **XXX**:263; **XXXII**:188, 198–99; **XXXIII**:2

Tūz (northeast of Mecca) **XXXVII**:80

Tūz (of Abnāʾ al-Dawlah) **XXXIII**:11

two-humped camels. SEE Bactrian camels

Two Shaykhs, fortress of. SEE Ujum al-Shaykhayn

Tyre (al-Ṣūr) **XXXV**:65

U

Ubāḍ (in al-Yamāmah) **X**:134

ʿUbādah b. Bishr **XI**:63

ʿUbadah b. Ḥiṣn **XVIII**:178

ʿUbādah b. Nusayy **XI**:81, 83, 87, 94, 98, 161, 163; **XII**:182, 183, 190, 191, 193; **XIII**:157, 166; **XV**:26–27; **XVI**:24

ʿUbādah b. Qurṣ b. ʿUbādah b. Qurṣ al-Laythī **X**:19

ʿUbādah b. al-Salīl al-Muḥāribī **XXV**:77, 78

ʿUbādah b. al-Ṣāmit **I**:198, 199; **VI**:126, 127, 138; **VII**:64, 87; **VIII**:51, 56; **XI**:99; **XIV**:164; **XV**:25, 65, 165; **XXXIX**:158

ʿUbādah b. al-Walīd b. ʿUbādah b. al-Ṣāmit **I**:198; **VI**:138

Ubāgh (of al-ʿAmālīq) **IV**:134

ʿUbayd (*rāwī*). SEE ʿUbayd b. Sulaymān

ʿUbayd (*rāwī*, father of Yazīd b. ʿUbayd) **XI**:72, 151

Abū ʿUbayd (*ḥājib* of Sulaymān b. ʿAbd al-Malik) **XXXIX**:156

Abū ʿUbayd (*mawlā* of al-Muʿallā al-Anṣārī) **XI**:123

Abū ʿUbayd (of the people of al-Anbār) **XXVIII**:149
ʿUbayd b. Ādam b. Abī Iyās al-ʿAsqalānī **I**:198; **XXXIX**:156
Banū ʿUbayd b. ʿAdī b. Ghanm **VI**:125
ʿUbayd b. ʿAmr al-Qurashī **XVI**:39
ʿUbayd b. Aws al-Ghassānī **XXI**:215
ʿUbayd b. Bishr al-Kalbī **XXI**:98; **XXXIX**:247
ʿUbayd b. al-Ḥulays. SEE ʿUbaydallāh b. al-Ḥulays
ʿUbayd b. Ḥunayn **IX**:107, 164, 172
ʿUbayd b. Jaḥsh al-Sulamī **XII**:32
ʿUbayd b. Jannād **XXV**:178; **XXVI**:7, 14, 16
ʿUbayd b. Jubayr **IX**:168
ʿUbayd b. Kaʿb al-Numayrī **XVI**:76; **XVIII**:184–85
ʿUbayd b. Umm Kilāb. SEE ʿUbayd b. Abī Salimah
ʿUbayd b. Bint Abī Laylā **XXIX**:65
ʿUbayd b. Luqaym b. Huzāl **II**:32
ʿUbayd b. Maʿadd (ʿUbayd b. al-Rammāḥ) **VI**:36
ʿUbayd b. Mālik al-Ashʿarī **XXI**:98
Abū ʿUbayd b. Masʿūd al-Thaqafī **XI**:122, 169, 173–94; **XII**:5, 98, 146; **XXXIX**:206
ʿUbayd b. Mawhab **XXIII**:14, 84
ʿUbayd b. Muḥammad al-Muḥāribī **VII**:27
ʿUbayd b. Muḥammad al-Warrāq **VI**:61, 154
ʿUbayd b. Nuḍaylah, Abū Muʿāwiyah **XXXIX**:156, 328
ʿUbayd b. al-Rammāḥ. SEE ʿUbayd b. Maʿadd
ʿUbayd b. Rifāʿah al-Zuraqī **XV**:202; **XXXIX**:134
ʿUbayd b. al-Ṣabbāḥ **XVII**:66
ʿUbayd b. Saʿīd **VI**:81
ʿUbayd b. Ṣakhr b. Lawdhān al-Anṣārī al-Salmī **X**:18, 21, 38
ʿUbayd b. Abī Salimah (ʿUbayd b. Umm Kilāb, Ibn Umm Kilāb) **XVI**:38, 52, 53
ʿUbayd b. Sarjis **XXIII**:11
ʿUbayd b. Abī Subayʿ **XXIII**:78–80
ʿUbayd b. Sulaymān **I**:227, 251; **XIV**:69?
ʿUbayd al-Ṭanāfisī **XV**:54
Banū ʿUbayd b. Thaʿlabah **X**:101; **XVIII**:83
ʿUbayd b. ʿUmayr b. Qatādah al-Laythī **I**:245, 285, 358; **II**:80, 95; **VI**:70, 159; **X**:107, 112, 120, 122
ʿUbayd b. Yaqṭīn **XXX**:30–31
ʿUbayd b. Zayd **XXXIX**:192
Banū ʿUbayd b. Zayd **IX**:61
ʿUbayd b. Zayd b. Ṣāmit. SEE Abū ʿAyyāsh al-Zuraqī
ʿUbaydah (*ḥājib* of Umayyah b. ʿAbdallāh b. Khālid) **XXII**:173
ʿUbaydah (*rāwī*). SEE ʿUbaydah b. Muʿattib
Abū ʿUbaydah (Maʿmar b. al-Muthannā) **III**:47; **V**:339, 358–59; **VI**:28; **XVII**:211, 212; **XVIII**:101, 104, 107, 111, 113, 188, 202, 205, 211; **XX**:9–17, 21–34; **XXII**:79; **XXIII**:63, 79; **XXIV**:7, 20, 24, 35, 63, 77–78, 108; **XXV**:155, 160, 161, 165, 183; **XXVI**:7, 14, 15, 51, 167, 219, 256, 262; **XXVII**:11, 24, 59, 60; **XXVIII**:281; **XXXIX**:80, 176, 191
Ibn Abī ʿUbaydah. SEE ʿAbdallāh b. Abī ʿUbaydah
Abū ʿUbaydah b. ʿAbdallāh b. al-Jarrāḥ al-Fihrī. SEE ʿĀmir b. ʿAbdallāh b. al-Jarrāḥ al-Fihrī
ʿUbaydah (ʿAbīdah) b. ʿAmr al-Baddī al-Kindī **XVIII**:133, 162; **XX**:118, 119, 120, 182
Abū ʿUbaydah al-ʿAnbarī **XXIV**:189
ʿUbaydah b. Ashʿab **XXIX**:121
ʿUbaydah b. al-Aswad **I**:181; **XXXIX**:156

ʿUbaydah bt. Ghiṭrīf b. ʿAṭāʾ **XXX**:73–74

ʿUbaydah b. al-Ḥārith b. al-Muṭṭalib **VII**:10, 12, 13, 33, 34, 52, 53; **IX**:118, 138; **XXXIX**:23, 24

Abū ʿUbaydah al-Iyādī **XV**:54

Abū ʿUbaydah b. al-Jarrāḥ **VII**:22; **VIII**:93, 146–48, 177; **IX**:119, 123, 163, 186, 193, 204; **X**:3, 7; **XII**:18, 21, 97, 132, 134, 135, 144, 172, 174, 175, 177, 178, 183, 188, 190; **XIII**:7, 59, 79–86, 87–89, 92, 93, 96–100, 103, 106–8, 151–54, 157, 158, 166; **XIV**:143; **XV**:72; **XVI**:33; **XXXIX**:281

ʿUbaydah b. Muʿattib **XII**:11, 75, 128, 129, 130; **XIII**:27; **XVI**:80

Abū ʿUbaydah b. Muḥammad b. ʿAmmār b. Yāsir **VII**:66, 82; **IX**:34; **XXXIX**:31, 33

Abū ʿUbaydah b. Muḥammad b. Abī ʿUbaydah **X**:151

ʿUbaydah bt. Nābil **XXXIX**:39

Abū ʿUbaydah b. Rāshid b. Sulmā **XVI**:135

ʿUbaydah b. Saʿd **X**:177, 190

ʿUbaydah b. Sawwār al-Taghlibī **XXVII**:19, 26, 56, 57, 59

ʿUbaydah b. Sufyān al-Muzanī **XX**:155

ʿUbaydah al-ʿUmrūsī **XXXVI**:90, 91

Abū ʿUbaydah b. al-Walīd b. ʿAbd al-Malik **XXIII**:219; **XXVI**:216
mother of **XXIII**:219

Abū ʿUbaydah b. Ziyād **XX**:70

ʿUbaydah b. al-Zubayr **XIX**:13, 14, 16; **XX**:123, 175–76

ʿUbaydallāh (brother of Bandār al-Ṭabarī) **XXXV**:68

ʿUbaydallāh *(rāwī)* **XIV**:68

Abū ʿUbaydallāh (Muʿāwiyah b. ʿUbaydallāh) **XXI**:219; **XXIX**:37–38, 45–46, 106, 107, 145, 172–75, 193, 199–203, 237–38, 251, 253

Umm ʿUbaydallāh (wet nurse of Jaʿfar b. al-Manṣūr) **XXIX**:145

ʿUbaydallāh b. al-ʿAbbās (ʿAbbās) b. ʿAbd al-Muṭṭalib **XVI**:26, 29, 103; **XVII**:140, 196, 202, 207, 208, 213, 230; **XXXIX**:25, 74–75, 95, 201, 288

ʿUbaydallāh b. ʿAbbās al-Hudhalī **VI**:99

ʿUbaydallāh b. al-ʿAbbās al-Kindī **XXVI**:37, 43–44, 214, 220; **XXVII**:12, 13, 15

ʿUbaydallāh b. al-ʿAbbās b. Muḥammad b. ʿAlī **XXX**:247; **XXXII**:66

ʿUbaydāllah b. ʿAbd al-Aʿlā **XII**:119

ʿUbaydallāh b. ʿAbd al-Karīm **XIX**:191–92

ʿUbaydallāh b. ʿAbd al-Majīd al-Ḥanafī, Abū ʿAlī **II**:79

ʿUbaydallāh b. ʿAbd al-Malik b. Marwān **XXII**:196

ʿUbaydallāh b. ʿAbd Rabbihi al-Laythī **XXVII**:94

ʿUbaydallāh b. ʿAbd al-Raḥmān b. Mawhab **VIII**:137–38

ʿUbaydallāh b. ʿAbd al-Raḥmān b. Samurah b. Ḥabīb b. ʿAbd Shams al-Qurashī **XXIII**:46, 52, 56–57, 66, 82, 108

ʿUbaydallāh b. ʿAbdallāh b. al-ʿAbbās **XXXIX**:54, 55

ʿUbaydallāh b. ʿAbdallāh al-Hāshimī **XXXVII**:151

ʿUbaydallāh b. ʿAbdallāh b. Ṭāhir, Abū Aḥmad **XXXV**:50, 67, 68, 70, 78, 83, 104, 114, 149, 150, 154; **XXXVI**:14–17, 72, 163; **XXXVII**:1, 81, 160; **XXXVIII**:23, 39, 152

ʿUbaydallāh b. ʿAbdallāh b. ʿUtbah b. Masʿūd **I**:210; **III**:9; **VIII**:58, 100, 104, 168, 192; **IX**:169, 177, 179, 189, 206; **X**:65, 72; **XV**:246; **XVI**:21; **XXI**:212; **XXIII**:132, 142; **XXXIX**:96

'Ubaydallāh b. al-Akhnas **XXXIX**:325
'Ubaydallāh b. 'Alī (commander) **XXIV**:14
'Ubaydallāh b. 'Alī b. Abī Rāfi' **I**:355; **XXXIX**:199–200
'Ubaydallāh b. 'Alī b. Abī Ṭālib **XVII**:228; **XXI**:100, 115; **XXXIX**:271
'Ubaydallāh b. 'Amr *(rāwī)* **I**:282; **XV**:251; **XXXIX**:157
'Ubaydallāh b. 'Amr b. Abī Dhu'ayb **XXVIII**:143
'Ubaydallāh b. 'Amr b. 'Uzayz al-Kindī **XIX**:48
'Ubaydallāh b. al-Arqam **XXXIX**:47
'Ubaydallāh b. Abī Bakrah **XVIII**:218–19; **XXI**:173, 176, 192–93; **XXII**:178–79, 181, 183–84, 190, 194, 198; **XXIII**:133
'Ubaydallāh b. Bassām **XXVI**:63–64, 208, 226; **XXVII**:34
'Ubaydallāh al-Duhnī, Abū Muqarrin **XX**:44–45
'Ubaydallāh b. Abī Ghassān **XXXI**:244–46
'Ubaydallāh b. Ḥabīb al-Hajarī **XXIV**:84, 161; **XXV**:77, 81, 86
'Ubaydallāh b. Ḥadīd al-Namarī **XVII**:52
'Ubaydallāh b. al-Ḥasan b. al-Ḥuṣayn al-'Anbarī **XXIX**:79, 169, 180, 195, 219, 223; **XXXIX**:259–60
'Ubaydallāh b. al-Ḥasan b. 'Ubaydallāh b. al-'Abbās b. 'Alī b. Abī Ṭālib **XXXII**:98, 107, 129
'Ubaydallāh b. Ḥujr b. Dhī al-Jawshan al-'Āmirī **XXII**:192
'Ubaydallāh ('Ubayd) b. al-Ḥulays **XXII**:101, 103
'Ubaydallāh b. al-Ḥurr al-Ju'fī **XVIII**:144; **XIX**:100, 181–82; **XX**:43; **XXI**:100–102, 116–17, 134–51
'Ubaydallāh b. al-Ḥusayn b. 'Alī b. al-Ḥusayn b. 'Alī (al-A'raj) **XXVII**:184; **XXVIII**:157
'Ubaydallāh b. al-Ḥusayn b. Ismā'īl **XXXIV**:163
'Ubaydallāh b. Jaḥsh b. Ri'āb. SEE 'Abdallāh b. Jaḥsh b. Ri'āb
'Ubaydallāh b. Jushaysh b. al-Daylamī **X**:25
'Ubaydallāh b. Ka'b b. Mālik al-Anṣārī **VII**:89; **VIII**:6, 22, 43, 50
'Ubaydallāh b. al-Kābulī **XXVII**:166
'Ubaydallāh b. al-Mahdī **XXX**:103
'Ubaydallāh b. al-Mahdī (Fāṭimid caliph). SEE Ibn al-Baṣrī
'Ubaydallāh b. al-Māḥūz **XX**:166, 168, 171, 175
'Ubaydallāh b. Mālik **XVIII**:129
'Ubaydallāh b. Ma'mar al-Taymī **XIV**:67, 70; **XV**:34–35; **XXIII**:56
'Ubaydallāh b. Marwān b. Muḥammad **XXVII**:7, 170; **XXVIII**:162
'Ubaydallāh b. Abī Miḥjan al-Thaqafī **XXII**:192
'Ubaydallāh b. Miḥṣan **XXXIX**:157
'Ubaydallāh b. al-Mughīrah b. Mu'ayqīb **VI**:127
'Ubaydallāh b. Muḥaffiz b. Tha'labah **XI**:114, 204, 206, 216, 222; **XIII**:39, 40
'Ubaydallāh b. Muḥammad b. 'Abd al-Malik **XXXIV**:71
'Ubaydallāh b. Muḥammad b. 'Alī b. 'Abdallāh b. al-'Abbās b. 'Abd al-Muṭṭalib **XXXIX**:235
'Ubaydallāh b. Muḥammad b. 'Ammār **XXXVII**:39
'Ubaydallāh b. Muḥammad b. Ḥafṣ al-Taymī. SEE Ibn 'Ā'ishah
'Ubaydallāh b. Muḥammad b. Ṣafwān al-Jumaḥī **XXVIII**:188, 217; **XXIX**:169, 171, 180, 193
'Ubaydallāh b. Muḥammad b. 'Umar b. 'Alī **XXVIII**:112, 115

ʿUbaydallāh b. al-Muhtadī. SEE ʿAbdallāh b. al-Muhtadī
ʿUbaydallāh b. Mūsā **I**:285; **II**:81, 157; **VI**:81, 153; **VII**:27, 34; **VIII**:79, 80, 82; **IX**:208; **XVI**:128, 129; **XVII**:138; **XXXIX**:119, 122, 145, 197, 200, 204
ʿUbaydallāh b. Muslim (brother of Qutaybah b. Muslim) **XXIV**:20
ʿUbaydallāh b. Muslim b. Shuʿbah al-Ḥaḍramī **XVIII**:142
ʿUbaydallāh b. Nājiyah al-Shibāmī **XXI**:42
ʿUbaydallāh b. Naṣr b. al-Ḥajjāj b. ʿAlāʾ al-Sulamī **XXI**:215
ʿUbaydallāh b. Qays (Ibn al-Ruqayyāt, Ibn Qays al-Ruqayyāt) **XXI**:162, 187, 205; **XXIII**:117
ʿUbaydallāh b. al-Qibṭiyyah **XXI**:224
ʿUbaydallāh b. Qutham b. al-ʿAbbās **XXIX**:235, 238; **XXX**:31, 39, 100, 304
ʿUbaydallāh b. Abī Rāfiʿ **VII**:119; **IX**:143–44; **XVI**:168, 179, 189; **XVII**:230; **XXI**:215; **XXXIX**:66, 99
ʿUbaydallāh b. Rāfiʿ b. Naqākhah **XV**:182
ʿUbaydallāh b. Saʿd (Saʿīd) al-Zuhrī **IX**:107, 164, 165, 167, 195; **X**:10, 11, 13, 14, 17–19, 21, 25, 28, 33, 34, 38, 41, 43, 60, 67, 134, 137; **XI**:1, 7, 9–10, 13–14, 16–17, 19–21, 25–27, 29, 34–39, 41, 45–47; **XIV**:112; **XXXIX**:134
ʿUbaydallāh b. Saʿīd b. Abī Hind **XXXIX**:187
ʿUbaydallāh b. Saʿīd al-Zuhrī. SEE ʿUbaydallāh b. Saʿd al-Zuhrī
ʿUbaydallāh b. al-Sarī b. al-Ḥakam **XXXII**:159–60, 164, 171–73; **XXXIV**:117
ʿUbaydallāh b. Sulaymān **I**:251; **XIV**:69; **XXXVI**:188, 202
SEE ALSO ʿUbayd b. Sulaymān; ʿUbaydallāh (*rāwī*)
ʿUbaydallāh b. Sulaymān b. Wahb **XXXVI**:199; **XXXVII**:169; **XXXVIII**:1, 23, 25, 31, 34, 35, 44, 46, 63, 64, 70, 80, 81
ʿUbaydallāh b. ʿUbaydallāh (*mawlā* of Banū Muslim) **XXIII**:200
ʿUbaydallāh b. ʿUbaydallāh b. Maʿmar **XX**:45, 163–64; **XXI**:118, 120, 172–75
ʿUbaydallāh b. ʿUmar (deputy of Muḥammad b. Sulaymān b. ʿAlī b. ʿAbdallāh b. ʿAbbās) **XXIX**:218
ʿUbaydallāh b. ʿUmar (*rawī*). SEE ʿUbaydallāh b. ʿUmar b. Ḥafṣ b. ʿĀṣim b. ʿUmar b. al-Khaṭṭāb
ʿUbaydallāh b. ʿUmar b. Ḥafṣ b. ʿĀṣim b. ʿUmar b. al-Khaṭṭāb **XI**:151, 224; **XII**:74, 81, 204, 205; **XIII**:153; **XVI**:36; **XXIV**:92; **XXVII**:91; **XXVIII**:225; **XXXIX**:159
ʿUbaydallāh b. ʿUmar b. al-Khaṭṭāb **VIII**:92; **XII**:172; **XIV**:98, 100, 111, 143, 161–64; **XV**:3–5, 59, 183?; **XVII**:19, 32, 60–63, 66, 73
ʿUbaydallāh b. ʿUmar al-Qawārīrī. SEE al-Qawārīrī
ʿUbaydallāh b. al-Waḍḍāḥ **XXXI**:136, 164, 166, 190; **XXXIII**:122
ʿUbaydallāh b. Waṣīf **XXXIV**:180
ʿUbaydallāh b. al-Wāziʿ **VII**:116
ʿUbaydallāh b. Yaḥyā b. Ḥuḍayn al-Raqāshī **XXVIII**:261, 271
ʿUbaydallāh b. Yaḥyā b. Khāqān **XXXIV**:89, 111, 136, 158–64, 172–73, 181–83, 195, 198; **XXXV**:6, 97, 103, 104, 122, 126, 127; **XXXVI**:115, 157, 170, 188

ʿUbaydallāh b. Yazīd b. Nubayṭ **XIX**:27
ʿUbaydallāh b. Abī Ziyād **XXXIX**:109
ʿUbaydallāh b. Ziyād b. Abīhi. SEE ʿUbaydallāh b. Ziyād b. Abī Sufyān
ʿUbaydallāh b. Ziyād b. Abī Laylā al-Kātib **XXI**:220; **XXX**:8–9
ʿUbaydallāh b. Ziyād b. Maʿmar **XVIII**:178
ʿUbaydallāh b. Ziyād b. Abī Sufyān (Ibn Marjānah) **XVI**:114, 115; **XVIII**:16, 175–81, 187, 190–91, 196–98, 200–201, 203–8, 205; **XIX**:1–2, 18–21, 27, 30–47, 49–50, 52–54, 56–63, 65, 75–81, 83–84, 89–90, 94–95, 98–99, 102–7, 109–11, 114, 126, 130, 132, 134, 136, 143, 162–67, 168–70, 171, 172, 173, 176, 178–79, 183, 185, 186, 188, 189, 194, 198–99, 204; **XX**:5–40, 48–49, 54, 59, 62, 64–66, 89, 102, 127, 128, 130, 143, 144, 158, 162; **XXI**:2–3, 6, 9, 10, 67, 70, 74–78, 80–83, 109, 136, 139, 179; **XXIII**:103; **XXVI**:46; **XXVIII**:174; **XXXIX**:211, 274
ʿUbaydallāh b. Ziyād b. Ẓabyān **XX**:168–70; **XXI**:174, 184–85
ʿUbaydallāh b. Zuhayr b. Ḥayyān al-ʿAdawī **XXIV**:176, 193; **XXV**:73, 74
ʿUbaydallāh b. Zuhayr al-Sulamī **XXI**:81
Banū ʿUbayl **II**:19
ʿUbayl b. Uz **II**:13, 18
Ubayy (of Banū Rabīʿah) **XI**:181
Ubayy b. ʿAbbās b. Sahl **IX**:149
Ubayy b. Kaʿb **I**:242, 332, 333; **III**:5, 6, 9, 13, 16; **IX**:45; **XXI**:214; **XXXIX**:289
Ubayy b. Khalaf al-Jumaḥī **V**:326; **VII**:123, 124
Ubayy b. Qays al-Nakhaʿī **XVII**:58
Ubayy b. ʿUmārah al-ʿAbsī **XVIII**:21, 24
Ubayy b. Wahb **V**:292
Abū ʿUbdah al-ʿAnbarī **XIII**:28
ʿUbdah al-Hujaymī **X**:92
al-ʿUbūd (of Banū ʿĀd) **II**:34
al-Ubullah (Bahman Ardashīr) **I**:292; **IV**:81, 130, 161; **V**:357; **XI**:48, 223; **XII**:15, 16, 147, 162; **XVIII**:169; **XXIV**:118, 134; **XXVIII**:80; **XXXVI**:39, 46, 47, 53, 67, 110–12, 134, 142–44; **XXXVII**:39–40, 139; **XXXVIII**:87, 88
  battle of **XII**:168–72
  conquest of **XI**:2–14
al-Ubullah (canal). SEE Nahr al-Ubullah
ʿūd. SEE lute
al-ʿŪd (village, near Balkh) **XXVII**:105
Abū al-ʿŪd (at the court of Hārūn al-Rashīd) **XXXIV**:14, 15
Abū al-ʿŪd al-Khurāsānī **XXVII**:186
ʿŪḍah b. Badā **XXXIX**:89
Uḍākh (in al-Yamāmah) **XXXIV**:36, 47
Ibn ʿUdays. SEE ʿAbd al-Raḥmān b. ʿUdays al-Balawī al-Tujībī
ʿUdayy al-Raḥmān. SEE ʿAbd al-Raḥmān b. Muḥammad b. al-Ashʿath
Udd (b. Ṭābikhah) **XVI**:119
Abū ʿUdhāfir (Dāwūd b. Dīnār) **XXXIX**:310
Abū al-ʿUdhāfir (poet) **XXX**:175
ʿUdhāfir al-Ṣayrafī **XXX**:28, 32
ʿUdhāfir b. Zayd (Yazīd) al-Taymī **XXV**:142, 164, 169
Banū ʿUdhar (of Hamdān) **XXXIX**:220
al-ʿUdhayb (ʿUdhayb al-Qawādis, near al-Qādisiyyah) **XII**:17, 22, 25, 27, 96, 97, 107, 108, 136, 137, 139, 147, 159; **XVII**:56; **XVIII**:160;

al-ʿUdhayb (continued) **XIX**:95; **XXIII**:21; **XXIV**:112; **XXVIII**:266
ʿUdhayb al-Hijānāt (near al-Qādisiyyah) **XII**:22, 24, 25, 27; **XIX**:97, 100
ʿUdhayb al-Qawādis. SEE al-ʿUdhayb
Abū Udhaynah (*rāwī*) **XXXIX**:156
Ibn Udhaynah al-ʿAbdī **XVIII**:182
Udhaynah b. Kulayb **XXIV**:184
Banū ʿUdhrah b. Saʿd (of Quḍāʿah) **VI**:19; **VIII**:146, 156; **XI**:78; **XX**:64; **XXVI**:146, 172; **XXXIX**:165
Ufāq (toponym) **IV**:148
ʿUfayr (donkey given to Prophet Muḥammad by al-Muqawqis). SEE Yaʿfūr
Ibn ʿUfayr (Saʿīd b. Kathīr b. ʿUfayr) **I**:245
Abū Uḥayḥah. SEE Saʿīd b. al-ʿĀṣ (al-Akbar, the Elder)
Uhbān b. Ṣayfī, Abū Muslim **XXXIX**:299
Uḥud (mountain, north of Medina) **VIII**:14, 15, 191; **X**:114, 118
  battle of **VII**:105–38; **VIII**:18, 182; **IX**:10, 116, 117, 121, 132, 145, 155, 171, 177; **XII**:107; **XV**:164, 212; **XVIII**:17; **XIX**:198; **XXXVIII**:52, 54, 59; **XXXIX**:10, 11, 22, 24, 26, 30, 36, 38, 40, 47, 57, 58, 66, 67, 69, 71, 73, 74, 118, 133, 174, 175, 202
Banū al-ʿUjayf **XXIV**:153
ʿUjayf b. ʿAnbasah **XXX**:295; **XXXII**:166, 182, 186, 189, 192–94; **XXXIII**:7–11, 96, 98, 117, 121–23, 130–32, 190; **XXXIV**:70
al-ʿUjayfī. SEE Aḥmad b. Ṭughān al-ʿUjayfī
ʿUjayr b. ʿAbd Yazīd **XXXIX**:77
Ujum al-Shaykhayn (Fortress of Two Shaykhs, near Medina) **VIII**:10
ʿUkābah b. Numaylah **XXVI**:63
al-Ūkashiyyah (?, troops) **XXXVI**:93
Ukaydir b. ʿAbd al-Malik **XI**:58, 70; **XII**:157, 158, 175
ʿUkāẓ (between Nakhlah and al-Ṭāʾif) **VI**:85; **VIII**:75; **XXXIX**:6

ʿUkbarā (north of Baghdad) **XXXV**:42, 44, 61, 68; **XXXVI**:151; **XXXVIII**:155
  SEE ALSO Buzurj Sābūr
al-ukhdūd. SEE Aṣḥāb al-Ukhdūd
Abū ʿUkkāshah al-Hamdānī **XVI**:144
ʿUkkāshah b. Miḥṣan **VII**:19; **VIII**:49, 50, 93; **IX**:119; **X**:63, 64, 74, 175; **XII**:57
  mother of **XXXIX**:182
ʿUkkāshah b. Thawr b. Aṣghar al-Ghawthī **X**:19, 20, 175, 176
Banū ʿUkl (ʿUklīs) **X**:86
Ukratmush al-Turkī **XXXVIII**:104, 112
Uk.r.m (?, ethnic group) **XXXIV**:141
ʿUlā (in northern al-Ḥijāz) **XXVII**:118, 119
ʿUlāthah (hostage of ʿAyn al-Tamr) **XI**:55–56
ʿUlayb (in Tihāmah) **X**:24
ʿUlaybah b. Ḥarmalah al-ʿAnbarī **XXXIX**:124
Banū ʿUlaym (of Kalb) **XIX**:129, 130; **XX**:60
ʿUlayy b. Rabāḥ **XXXIX**:156
Ibn ʿUlayyah (Ismāʿīl b. Ibrāhīm al-Asadī) **I**:260, 305; **II**:58, 64, 74, 84, 87, 103, 114, 142; **V**:414; **XIV**:103, 104, 106, 108, 141; **XV**:189; **XVII**:123; **XVIII**:186; **XXIX**:199; **XXXII**:210, 213; **XXXIX**:196, 238, 253, 323
ʿUlayyah bt. Nājiyah al-Riyāḥī **XX**:31

ulcers **XII**:136, 141
abdomonal ulcer, death from **XXX**:41
'Uljūm al-Muḥāribī **X**:157
Ullays (south of al-Ḥīrah) **XI**:3, 5, 195; **XII**:151
battle of **XI**:21–25, 26, 39, 194
Ullays (village, of al-Anbār) **XI**:215, 217
Banū al-'Ullayṣ b. Ḍamḍam b. 'Adī b. Janāb **XXXVIII**:114, 116, 144, 145, 147, 148, 158
'Ulwān b. Dāwūd ('Ulwān b. Ṣāliḥ) **XI**:148, 150, 151
Abū Umāmah (paternal uncle of A'shā Hamdān) **XXI**:73
Abū Umāmah ('Ubaydallāh b. Junādah) **XVIII**:59
Umāmah bt. 'Alī b. Abī Ṭālib **XVII**:229
Abū Umāmah al-Anṣārī (As'ad b. Zurārah b. 'Udas) **VI**:125–30, 134; **XXXIX**:286
Umāmah bt. Abī al-'Āṣ b. al-Rabī' **XI**:71; **XVII**:229; **XXXIX**:13, 162
Abū Umāmah al-Bāhilī (Ṣudayy b. 'Ajlān) **I**:323; **II**:104; **VI**:85; **VII**:64; **XI**:99, 104–5, 108; **XIII**:95; **XV**:165; **XXXIX**:84, 224, 282
Umāmah bt. Ḥamzah b. 'Abd al-Muṭṭalib **XXXIX**:199
SEE ALSO 'Umārah bt. Ḥamzah b. 'Abd al-Muṭṭalib
Abū Umāmah b. Sahl b. Ḥunayf **VII**:60; **XXXIX**:36, 303
'Umān **II**:12–14; **V**:253; **VIII**:100, 142; **X**:70, 71, 105, 136, 139, 151–55; **XI**:78–79, 199, 225; **XII**:172; **XIII**:7, 59, 150; **XV**:37, 117; **XVI**:90, 193; **XVIII**:78; **XIX**:35; **XXI**:149; **XXIII**:85; **XXIV**:5, 118, 137; **XXVI**:132; **XXVII**:60, 88, 196, 198, 201–2, 204; **XXIX**:86, 195, 216, 219, 222, 239; **XXX**:39, 106, 256; **XXXI**:119; **XXXVIII**:10
al-'Umānī (Muḥammad b. Dhu'ayb) **XXX**:330–31
'Umar I (caliph). SEE 'Umar b. al-Khaṭṭāb
'Umar II (caliph). SEE 'Umar b. 'Abd al-'Azīz b. Marwān b. al-Ḥakam
'Umar (*rāwī*). SEE 'Umar b. Shabbah
'Umar (*rāwī*, of al-Anṣār) **XXVIII**:200
Abū 'Umar (*kātib* of Sīmā al-Sharābī) **XXXV**:39
Abū 'Umar (*qāḍī*). SEE Muḥammad b. Yūsuf b. Ya'qūb
Ibn 'Umar (canal). SEE Nahr Ibn 'Umar
Ibn 'Umar (*rāwī*). SEE 'Abdallāh b. 'Umar b. al-Khaṭṭāb; al-Wāqidī
'Umar b. 'Abd al-'Azīz b. 'Abdallāh al-'Umarī **XXX**:15–19, 21, 30, 32, 39, 97
'Umar b. 'Abd al-'Azīz b. Abī Dulaf **XXXVIII**:9, 15, 22, 31, 34, 35, 39, 67, 71
'Umar b. 'Abd al-'Azīz b. Marwān b. al-Ḥakam, Abū Ḥafṣ ('Umar II, caliph) **II**:88, 133; **III**:68; **V**:336; **IX**:111; **XII**:5; **XIII**:176; **XVIII**:102; **XIX**:191; **XXI**:216; **XXIII**:131–32, 139, 141–42, 144–45, 148, 156, 179–81, 183, 201–3, 220–21, 223; **XXIV**:37, 62, 69–81, 83–87, 89–101, 108–9, 111–12, 121, 123–24, 150; **XXV**:20; **XXVI**:75, 136, 165, 195, 219, 232; **XXIX**:253; **XXX**:316; **XXXIX**:192, 310, 332
'Umar b. 'Abd al-Ghaffār b. 'Amr al-Fuqaymī **XXVIII**:274
'Umar b. 'Abd al-Ḥamīd b. 'Abd al-Raḥmān b. Zayd b. al-Khaṭṭab **XXVII**:14
'Umar b. 'Abd al-Raḥīm al-Khaṭṭābī **II**:83
'Umar b. 'Abd al-Raḥmān (*rāwī*) **XXXIX**:157

'Umar b. 'Abd al-Raḥmān b. 'Awf **XI**:148
'Umar b. 'Abd al-Raḥmān al-Azdī **XXIX**:169
'Umar b. 'Abd al-Raḥmān b. al-Ḥārith b. Hishām al-Makhzūmī **XIX**:65; **XX**:185, 186; **XXI**:45, 53–54
'Umar b. 'Abd al-Raḥmān b. Muhrib **I**:277
'Umar b. 'Abdallāh b. 'Abd al-Malik **XXVI**:244
'Umar ('Amr) b. 'Abdallāh ('Ubaydallāh) al-Aqṭa' (Ibn al-Aqṭa') **XXXIII**:124–25; **XXXIV**:147, 167; **XXXV**:9, 10
'Umar b. 'Abdallāh al-Judhāmī **XXVIII**:112
'Umar b. 'Abdallāh al-Nahdī **XXI**:92
'Umar b. 'Abdallāh b. Abī Rabī'ah. SEE 'Umar b. Abī Rabī'ah al-Qurashī
'Umar b. 'Abdallāh al-Tamīmī **XXIII**:198
'Umar b. 'Abdallāh b. 'Urwah b. al-Zubayr **II**:80; **IV**:123; **XI**:136. SEE 'Umar b. 'Urwah b. al-Zubayr
Abū 'Umar al-A'jamī **XXX**:313
'Umar al-Akbar (b. 'Alī b. Abī Ṭālib). SEE 'Umar b. 'Alī b. Abī Ṭālib
'Umar b. al-'Alā' **XXVIII**:72–73; **XXIX**:207, 216, 238, 239
'Umar b. 'Alī b. Murr, Abū al-Rudaynī **XXXVI**:161
'Umar b. 'Alī b. Abī Ṭālib ('Umar al-Akbar, Ibn al-Taghlibiyyah) **XI**:66; **XVII**:228, 229; **XXXIX**:271
'Umar b. 'Āmir al-Sulamī **XXVIII**:47
'Umar b. Abī 'Amr b. Nu'aym b. Māhān **XXVIII**:189, 190, 213 SEE ALSO 'Umar b. Māhān
'Umar b. Asad **XXXI**:119
'Umar b. Asīd. SEE 'Amr b. Asīd
'Umar b. 'Ayyāsh **XIII**:75
'Umar b. Abī Bakr al-Mu'ammalī **VI**:39
'Umar b. Bashīr **XXII**:62
'Umar b. Bashīr al-Hamdānī **XVIII**:74
'Umar b. Bazī' **XXIX**:206, 231, 238, 241, 249; **XXX**:4, 9, 62, 86, 317
'Umar b. Dharr **XXVII**:192
'Umar b. Dharr al-Hamdānī **VIII**:67
'Umar b. Dharr al-Qāṣṣ **XXIII**:6
'Umar b. Ḍubay'ah al-Raqāshī **XXIII**:69
'Umar b. Faraj al-Rukhkhajī **XXXIV**:35, 52, 61, 65–66, 73–74, 106, 162; **XXXV**:15
'Umar b. al-Ghaḍbān b. al-Qaba'tharī **XXVI**:220, 257–63; **XXVII**:13, 14
'Umar b. Ḥabīb *(rāwī)* **I**:199
'Umar b. Ḥabīb al-'Adawī **XXIX**:203
'Umar b. Ḥafṣ *(rāwī)* **XXVIII**:263
'Umar b. Ḥafṣ al-Ballūṭī. SEE Abū Ḥafṣ
'Umar b. Ḥafṣ b. 'Uthmān b. Abī Ṣufrah al-'Atakī (Hazārmard) **XXVII**:186; **XXVIII**:78, 89, 252, 268; **XXIX**:51–55, 65, 67
'Umar b. al-Ḥārith al-Khawlānī **XXXIX**:32
'Umar b. al-Ḥasan b. 'Alī. SEE Abū Bakr b. al-Ḥasan b. 'Alī b. Abī Ṭālib
Abū 'Umar al-Ḥawḍī. SEE Ḥafṣ b. 'Umar al-Ḥawḍī
'Umar b. Ḥayzūm al-Kalbī **XIX**:179
'Umar b. Hubayrah al-Fazārī, Abū al-Muthannā **XVIII**:220; **XXII**:122, 144–47; **XXIV**:30, 40, 79, 163–68, 170, 176–77, 179, 183–91; **XXV**:4, 7, 17, 18, 25; **XXVI**:136; **XXXIX**:228–29, 242
'Umar b. al-Ḥusayn **XI**:131
'Umar b. Ibrāhīm **I**:320
'Umar b. Idrīs **XXVIII**:255

ʿUmar b. ʿImrān b. ʿAbdallāh b. ʿAbd al-Raḥmān b. Abī Bakr al-Ṣiddīq **XI**:130–31; **XIV**:97
ʿUmar b. Ismāʿīl b. Mujālid al-Hamdānī **XIV**:105; **XXXIX**:126
ʿUmar (ʿAmr) b. Jirfās b. ʿAbd al-Raḥmān b. Shuqrān al-Minqarī **XXV**:73, 74
ʿUmar al-Kalwādhī **XXIX**:237, 240
ʿUmar b. Khālid **XIX**:88
ʿUmar b. Khālid al-Ṣaydāwī. SEE ʿAmr b. Khālid al-Ṣaydāwī
ʿUmar b. al-Khaṭṭāb (ʿUmar I, caliph) **I**:241, 306; **III**:120, 121; **IV**:163; **V**:206, 260, 336; **VI**:62, 105, 157–60; **VII**:21, 41, 55, 57, 71, 79–83, 122, 123, 126, 129–31, 145, 157; **VIII**:13, 21, 40, 51–52, 55, 71, 81–83, 85, 87, 92, 94–95, 119–20, 130, 131, 146, 164, 165, 167, 172–73, 181, 182–83; **IX**:7, 9, 25, 29, 35, 119, 145, 149, 160–61, 171, 179, 184, 185, 186, 187, 188, 189, 190, 194, 197, 200, 205; **X**:3, 4, 6–11, 14–17, 70, 71, 74, 83–84, 98, 101, 102, 104, 107, 122, 133, 189, 190, 192; **XI**:14, 75–76, 82–83, 99, 102, 105, 121–22, 131–32, 135–38, 142, 145–47, 149–50, 152–53, 157–63, 168–70, 173–75, 177–78, 184–85, 187, 189–90, 193–96, 199–203, 213–14, 221, 223–25; **XII**:3, 4, 7, 8, 9, 10, 11, 12–19, 21–23, 24, 25, 27, 29, 30, 33, 44, 52, 53, 56, 62, 86, 90, 97, 99, 116, 126, 128, 129, 132, 133, 135, 143, 144, 150–52, 154, 157, 158, 160–63, 165, 166, 169–71, 178, 179, 180, 183, 184–88, 189–94, 195, 196, 197, 198, 199, 200–202, 203–6; **XIII**:1, 7, 9, 27, 29–37, 43, 45–47, 49–51, 53–59, 61–68, 71–76, 78–80, 82, 84–114, 119–27, 129, 131–34, 136–41, 143, 144, 147–59, 161, 163–66, 168, 172–80, 182–85, 189, 190, 192–201, 204, 211–13, 215–17; **XIV**:1–10, 12–15, 19, 21, 22, 25–27, 31–39, 42–44, 47–51, 53, 56, 57, 59, 60, 62, 63, 66, 67, 70–72, 74, 77–100, 95, 96, 97–99, 102–39, 141–48, 151, 154, 155, 159, 160, 163–65; **XV**:3–8, 11, 15, 17, 18, 26–28, 30, 33, 38–39, 41, 45, 48, 56–57, 63, 70, 72–74, 77, 118, 123, 141–43, 150, 155, 157, 163, 167, 170, 178, 183, 189, 221–25, 227, 229–30, 235, 243; **XVI**:23, 51, 194; **XVII**:25, 108, 117; **XVIII**:32, 46, 213, 217–18, 222, 225; **XIX**:2, 19, 106, 190, 216; **XX**:49, 100–101, 187; **XXI**:177, 214; **XXII**:34, 132, 185; **XXIII**:141, 207; **XXIV**:59, 124; **XXV**:126; **XXVI**:9, 11, 37–38, 80, 223, 236; **XXVIII**:175, 203; **XXX**:315–16, 329; **XXXII**:124, 210, 213, 219; **XXXIV**:135; **XXXV**:19; **XXXVI**:76; **XXXIX**:20, 21, 22–23, 41, 42, 46, 55, 62, 63, 72, 83, 88, 98, 117, 169, 174, 183, 195, 199, 231, 252, 307
appearance **XIV**:96–97
assassination **XIV**:89–95
birth date **XIV**:97–98
children **XIV**:100–102
conversion to Islam **XIV**:102
death, age at **XIV**:97–99
dreams of **XIV**:71, 144
elegies on **XIV**:129–30
first called al-Fārūq **XIV**:96
food habits **XIV**:86
genealogy **XIV**:95
kunyah **XII**:199; **XIV**:57, 95, 106
living allowance of **XII**:204–5
marriages **XI**:70; **XIII**:109–10, 176; **XIV**:100–102
meritorious deeds **XIV**:131–43
night visits **XIV**:109–13
predicting prophethood of Muḥammad **VI**:65–66
secretaries to **XXI**:214

'Umar b. Māhān **XXVIII**:278
SEE ALSO 'Umar b. Abī 'Amr b. Nu'aym b. Māhān
'Umar b. Mālik b. 'Utbah b. Nawfal b. 'Abd Manāf **XII**:179, 180, 181; **XIII**:58, 78
'Umar b. Mihrān (canal owner) **XXXVI**:138
'Umar b. Mihrān (governor of Egypt) **XXX**:134–37
'Umar b. Mikhnaf **XXI**:22
'Umar b. Muḥammad b. al-Munkadir **XXXIX**:240
'Umar b. Muḥammad b. 'Umar b. 'Alī **XXVIII**:120, 189, 199; **XXXIX**:167, 168
'Umar b. Mujāshi' **XIV**:120
'Umar b. Murrah al-Shannī **XXXIX**:100
'Umar b. Mūsā b. 'Ubaydallāh b. Ma'mar **XXI**:232–33; **XXIII**:57–58, 65
'Umar b. Mūsā b. al-Wajīh **VIII**:181
'Umar b. Muṣ'ab b. al-Zubayr **XXI**:178
'Umar b. Muṭarrif, Abū al-Wazīr. SEE Abū al-Wazīr
'Umar b. Nabhān **II**:102
'Umar b. Nāfi' **XIV**:104
'Umar b. al-Naghm **XXVII**:207
'Umar b. Qays **II**:87
'Umar b. Qays Dhī al-Liḥyah **XVIII**:143
'Umar b. Abī Rabī'ah al-Qurashī **XX**:162; **XXI**:111; **XXXII**:244; **XXXIV**:14; **XXXIX**:49, 114
'Umar b. Rāshid (*mawlā* of 'Anj) **XXVIII**:150, 179, 183, 232–33, 235, 237
'Umar b. Rāshid al-Yamāmī **XVI**:46
'Umar b. Sa'd (*rāwī*). SEE 'Umar b. Sa'īd
'Umar b. Sa'd b. Mālik. SEE 'Umar b. Sa'd b. Abī Waqqāṣ
'Umar b. Sa'd b. Abī Waqqāṣ **X**:190; **XIII**:86; **XVII**:104, 105; **XVIII**:142; **XIX**:30, 58–59, 75–76, 79–80, 103–10, 111, 112, 114–15, 120–21, 127–30, 135–37, 139–40, 145, 148, 150, 160, 162–64, 178, 213; **XX**:39, 121, 128, 129; **XXI**:18, 36–39; **XXVI**:43; **XXXIX**:211
'Umar b. Sa'īd **XVI**:52, 93, 95
'Umar b. Sa'īd al-Dimashqī **XXXIX**:149
'Umar b. Abī Salamah b. 'Abd al-Asad **IX**:132; **XVI**:32, 42, 84; **XVII**:207; **XXXIX**:113, 175, 269
'Umar b. Salamah al-Hujaymī **XXVIII**:260, 281
'Umar b. Ṣāliḥ b. Nāfi' **XV**:38; **XXIII**:147
'Umar b. Sallām **XXX**:15–16
'Umar b. Abī al-Ṣalt b. Kanārā **XXII**:163; **XXIII**:63, 65
'Umar b. Shabbah, Abū Zayd **I**:260; **X**:38, 39, 40, 151; **XI**:2, 70, 74, 107, 128–29, 135, 138–39, 153, 158–59; **XII**:162, 165–67; **XIII**:142; **XIV**:30, 94, 95, 100, 120–23, 129, 131, 134, 135, 143; **XV**:41–44, 235; **XVI**:3, 5, 6, 11, 39, 42, 44, 46, 67, 76, 77–81, 85, 112–15, 121, 129, 130, 133, 138, 139, 141, 142, 144, 145, 171, 196, 197; **XVII**:166, 183, 202, 203, 204, 209, 211, 212, 213, 226, 227; **XVIII**:9, 14–15, 18, 19, 26–29, 31, 71–73, 78, 82, 85–86, 88, 90, 96–97, 99–101, 104, 119–21, 163–64, 166–68, 171, 173–77, 180–81, 187–88, 196–98, 200, 201, 203, 205, 210–11, 214; **XIX**:35, 65, 184, 225; **XX**:5–9, 17–21, 35–37, 44–46, 70–79, 163–65; **XXI**:84, 116, 118–19, 172–76, 180, 182, 184–86, 188, 192–95, 232; **XXII**:13, 18, 20, 79, 112, 114–15, 125, 196; **XXIII**:81, 109, 117, 219, 221–23; **XXIV**:5, 31, 41, 194, 196; **XXV**:153, 154, 178,

ʿUmar b. Shabbah (continued) **XXV**:179, 182, 183; **XXVI**:12, 17, 171, 177, 213, 260–61; **XXVII**:149, 191, 193; **XXVIII**:86, 88–100, 102, 104–12, 114–16, 118–25, 127–29, 131, 133–37, 142–44, 147–65, 176–79, 180–86, 188–219, 221–26, 228–38, 252–58, 260–63, 267–69, 271, 273, 276, 288; **XXIX**:72, 75, 87, 92, 130, 131, 143, 154, 175, 178, 199, 254, 259; **XXX**:66, 68; **XXXI**:214

ʿUmar b. Shajarah **XXVI**:199

ʿUmar b. Sīmā **XXXVI**:169; **XXXVII**:72

ʿUmar b. Ṣubayḥ **V**:275

ʿUmar b. Ṣubḥ al-Balkhī, Abū Nuʿaym **I**:231, 233

ʿUmar b. Sulaymān b. Abī Ḥathmah **XIV**:120–22
SEE ALSO Ibn Sulaymān b. Abī Ḥathmah

ʿUmar b. Surāqah al-Makhzūmī **XIII**:132, 136; **XIV**:3, 4, 43, 50, 83

ʿUmar al-Ṭuḥawī **XIX**:80

ʿUmar b. ʿUbaydallāh al-Aqṭaʿ. SEE ʿUmar b. ʿAbdallāh al-Aqṭaʿ

ʿUmar b. ʿUbaydallāh b. Maʿmar al-Taymī **XVIII**:203; **XIX**:32; **XX**:43, 45, 46; **XXI**:87, 89, 92–93, 123–25, 144–45, 182, 232–33; **XXII**:79

ʿUmar b. ʿUqbah **XXXIX**:74

ʿUmar (b. ʿAbdallāh) b. ʿUrwah b. al-Zubayr **VI**:75, 114

ʿUmar b. ʿUthmān *(rāwī)* **XXXIX**:175

ʿUmar b. ʿUthmān b. ʿAbdallāh al-Jaḥshī **XXXIX**:180, 182

ʿUmar b. ʿUthmān b. ʿAffān **XV**:254

ʿUmar b. ʿUthmān al-Jaḥshī. SEE ʿUmar b. ʿUthmān b. ʿAbdallāh al-Jaḥshī

ʿUmar b. ʿUthmān al-Taymī **XXIX**:239; **XXX**:40

ʿUmar b. al-Walīd b. ʿAbd al-Malik **XXIII**:145, 182, 219, 221; **XXVI**:18, 129

ʿUmar b. Wāqid (father of al-Wāqidī) **XXIII**:141

ʿUmar b. Yazīd al-Ḥakamī **XXIV**:114

ʿUmar b. Yazīd b. Muʿāwiyah **XIX**:227

ʿUmar b. Yazīd b. ʿUmayr al-Tamīmī al-Usayyidī **XXIV**:149; **XXV**:4, 33, 34

ʿUmar b. Abī Zāʾidah **II**:112

Ibn ʿUmar b. Ziyād **XIX**:80

ʿUmārah (*mawlā* of Jibraʾīl b. Yaḥyā) **XXVII**:142

ʿUmārah (of the people of Iṣṭakhr) **XXVII**:86

Banū ʿUmārah **XIX**:49

Abū ʿUmārah al-ʿAbsī **XIX**:170

ʿUmārah b. ʿAmr b. Ḥazm **XXI**:232

ʿUmārah b. ʿAmr b. Umayyah al-Ḍamrī **XII**:186

ʿUmārah b. ʿAqīl **XXXII**:244, 252, 255; **XXXIV**:45, 46, 49

ʿUmārah al-Asadī **XVII**:138

ʿUmārah b. Fulān al-Asadī **X**:67

ʿUmārah b. Ghaziyyah **XI**:140

ʿUmārah b. Ḥamzah **XXI**:219; **XXIX**:77, 80, 82–84, 102, 117, 169, 176, 180, 259; **XXXIX**:333

ʿUmārah bt. Ḥamzah b. ʿAbd al-Muṭṭalib **XXXIX**:202
SEE ALSO Umāmah bt. Ḥamzah

ʿUmārah b. Ḥazm **IX**:54–55

ʿUmārah b. Ḥuraym al-Murrī **XXV**:67, 71, 100, 119, 164

ʿUmārah b. Junayyah al-Riyāḥī **XXIV**:21

ʿUmārah b. Khuzaymah b. Thābit al-Anṣārī **XIV**:113; **XXXIX**:31, 131, 316

ʿUmārah b. Abī Kulthūm al-Azdī **XXVI**:151, 174

ʿUmārah b. Makhshī b. Khuwaylid **XI**:91, 164
ʿUmārah b. Muʿāwiyah al-ʿAdawī **XXV**:67
ʿUmārah b. al-Muhājir **XXXIX**:185
ʿUmārah b. al-Qaʿqāʿ al-Ḍabbī **II**:162; **XII**:77; **XV**:223
ʿUmārah b. Rabīʿah al-Jarmī **XVII**:77, 87, 98, 100, 107
ʿUmārah b. al-Ṣaʿiq b. Kaʿb **XI**:164
ʿUmārah b. Ṣalkhab al-Azdī **XIX**:49, 62
ʿUmārah b. Shihāb **XVI**:26, 28, 29
ʿUmārah b. Tamīm al-Lakhmī **XXIII**:25, 49, 52, 68, 78–80
ʿUmārah b. ʿUbayd al-Salūlī **XIX**:25, 27, 40
ʿUmārah b. Ukaymah al-Laythī, Abū al-Walīd **XXIV**:97
ʿUmārah b. ʿUqbah **XV**:49, 120, 261
ʿUmārah b. ʿUqbah b. Abī Muʿayṭ **VIII**:92; **XVIII**:98, 142; **XIX**:20, 30, 57, 58; **XX**:107, 215
ʿUmārah b. al-Walīd b. al-Mughīrah **VI**:97
ʿUmārah b. Yazīd. SEE Khidāsh
ʿUmārah b. Zādhān al-Ṣaydalānī **IX**:14; **XXXIX**:225
ʿUmārah b. Ziyād b. al-Sakan **VII**:120
al-ʿUmarī (*qāḍī* of Raqqah, descendant of ʿUmar b. al-Khaṭṭāb) **XXXII**:210, 213
al-ʿUmarī Palace (palace of al-Muʿtaṣim, in Sāmarrā) **XXXIII**:174; **XXXV**:4
ʿUmarī Road (in Sāmarrā) **XXXV**:3
Abū al-ʿUmarras **XXVI**:169–70
ʿUmaylah b. al-Aʿzal b. Khālid, Abū Sayyārah **VI**:55
Umaym b. Lud b. Shem b. Noah **II**:16, 17
Banū Umaym b. Lud b. Shem b. Noah **II**:13, 14, 18, 20; **IV**:148
Umaymah (in a line of poetry) **XXXIX**:200
Umaymah (*mawlāh* of Prophet Muḥammad) **XXXIX**:200
Umaymah bt. ʿAbd al-Muṭṭalib **VI**:1; **VIII**:4; **XXXIX**:9, 180
Umayn b. Aḥmar al-Yashkurī. SEE Umayr b. Aḥmar al-Yashkurī
Umayr (Umayn) b. Aḥmar al-Yashkurī **XV**:35–36, 92; **XVIII**:85–87
ʿUmayr (at battle of al-Nukhayl) **XXI**:151
ʿUmayr (at battle of Dhū Qār) **V**:364
ʿUmayr (father of ʿAbdallāh b. ʿUmayr) **XIV**:134
ʿUmayr (hostage of ʿAyn al-Tamr) **XI**:56
ʿUmayr (in a line of Ḥanẓalah b. Thaʿlabah b. Sayyār al-ʿIjlī's poetry) **V**:364
Abū ʿUmayr (in a line of ʿAmr b. Maʿdīkarib al-Zubaydī's poetry) **IX**:92; **X**:171
ʿUmayr b. ʿAbd ʿAmr. SEE Dhū al-Shimālayn
ʿUmayr b. ʿAbdallāh al-Tamīmī **XVI**:56
ʿUmayr b. Aflaḥ. SEE Dhū Murrān
ʿUmayr b. al-Ahlab al-Ḍabbī **XVI**:145, 146
ʿUmayr b. ʿĀmir al-Anṣārī. SEE Abū Dāwūd al-Anṣārī
ʿUmayr b. ʿAmmār **XXXVI**:33, 174–75, 177, 194
ʿUmayr b. ʿAmr **IX**:135
ʿUmayr al-Anṣārī **XXXIX**:136
ʿUmayr b. Abī Ashāʾah al-Azdī **XVIII**:55–56, 83?
ʿUmayr b. Ḍābiʾ al-Tamīmī al-Ḥanẓalī **XV**:113, 232–34, 249; **XXII**:19–21, 23
ʿUmayr b. Fulān al-ʿAbdī **X**:137

'Umayr b. Abī al-Ḥārith **XVI**:155
'Umayr b. al-Ḥārith **XI**:144
'Umayr b. al-Ḥubāb al-Sulamī **XXI**:75–76, 78–80
'Umayr b. al-Ḥumām **VII**:55
'Umayr b. Ilyās b. Muḍar. SEE Qama'ah
'Umayr b. Jurmūz. SEE 'Amr b. Jurmūz
'Umayr b. Luqaym b. Huzāl **II**:32
'Umayr b. Ma'n al-Kātib **XX**:10–11
'Umayr b. Marthad **XVI**:75, 76
'Umayr b. al-Qa'qā' **XXII**:118
'Umayr b. Sa'd al-Anṣārī **XI**:113, 122; **XIII**:159; **XIV**:15, 164; **XV**:72–74
'Umayr b. Sa'd al-Nakha'ī, Abū Yaḥyā **XV**:139
'Umayr al-Ṣā'idī **XIII**:18
'Umayr b. Shuyaym b. 'Amr al-Quṭāmī. SEE al-Quṭāmī
'Umayr b. Ṭalḥah al-Namarī **X**:112
'Umayr b. Ṭāriq **XXI**:60
'Umayr b. Tayḥān **XXIII**:24
'Umayr b. 'Uthmān b. Sa'd **XV**:34–36
'Umayr b. Wahb (maternal uncle of Prophet Muḥammad) **XXXIX**:152
'Umayr b. Wahb al-Jumaḥī **VII**:49, 78–80; **VIII**:184–85; **IX**:33, 52
'Umayr b. al-Walīd al-Bādhghīsī **XXXII**:181
'Umayr b. Abī Waqqāṣ **VII**:84
'Umayr ('Umayrah, 'Amīrah) b. Yathribī al-Ḍabbī **XVI**:153; **XVIII**:18, 70, 164, 198
'Umayr b. Yazīd (*rāwī*) **XXVI**:78
'Umayr b. Yazīd al-Kindī, Abū al-'Amarraṭah **XVII**:55; **XVIII**:129, 130, 131, 133, 135
'Umayr b. Ziyād **XXI**:29
'Umayrah b. Sa'd al-Shaybānī **XXV**:48, 54
'Umayrah bt. 'Ubaydallāh b. Ka'b b. Mālik **V**:272
'Umayrah al-Yashkurī, Abū Umayyah **XXV**:42
'Umayrah b. Yathribī al-Ḍabbī. SEE 'Umayr b. Yathribī al-Ḍabbī
al-'Umaysiyyūn. SEE Nahr al-'Umaysiyyīn
Umayyad mosque (in Damascus) **XXVI**:143–45, 195
Umayyads (Banū Umayyah) **VI**:18, 100; **IX**:61; **XII**:134, 138, 142; **XIII**:166; **XIV**:152; **XV**:120, 138, 158, 168, 177, 181, 183, 200, 202, 208, 235, 248; **XVI**:12, 18, 20–21, 22, 37, 40, 45; **XVII**:40, 166; **XVIII**:201; **XIX**:30, 71, 85, 193, 198, 201–6, 216, 217; **XX**:5, 20, 23, 47–69; **XXI**:12, 152–53, 163–65, 185, 193, 226; **XXIII**:198; **XXIV**:124, 132; **XXV**:53, 115, 116; **XXVI**:13, 15, 25, 50, 119, 237; **XXVII**:67, 79, 95, 144, 155, 175, 196; **XXVIII**:54, 130, 174; **XXIX**:118, 121, 126, 136, 139, 140, 145, 147–49; **XXXII**:140, 155, 243–44; **XXXV**:26; **XXXVIII**:51–55; **XXXIX**:30, 240, 245, 278
Abū Umayyah. SEE 'Amr b. Sa'īd b. al-'Āṣ al-Ashdaq
Abū Umayyah (*mawlā* of 'Umar b. al-Khaṭṭāb) **XXXIX**:307
Umayyah b. 'Abd Shams b. 'Abd Manāf **V**:268; **VI**:17–18; **XXI**:164
Banū Umayyah b. 'Abd Shams b. 'Abd Manāf. SEE Umayyads
Umayyah b. 'Abdallāh b. 'Amr b. 'Uthmān b. 'Affān **IX**:6
Umayyah b. 'Abdallāh b. Khālid b. Asīd **XVIII**:203; **XXI**:206, 233; **XXII**:7–11, 23, 92, 165–78, 180, 186, 196; **XXIII**:94, 96; **XXIV**:9; **XXXI**:93–94?
Umayyah b. 'Amr b. Sa'īd b. al-'Āṣ **XXI**:166

Abū Umayyah b. ʿAmr b. Wahb b. Muʿattib b. Mālik. SEE ʿAmr b. Umayyah b. Wahb b. Muʿattib b. Mālik
Umayyah b. Ḍafārah **IX**:102
Umayyah b. Khalaf al-Jumaḥī **VI**:107, 141; **VII**:16, 38, 44, 45, 58–60, 62, 63, 65, 67, 144
Umayyah b. Khālid **VI**:158; **IX**:198; **XII**:31; **XIII**:64, 199
Umayyah b. Muʿāwiyah b. Hishām **XXVII**:55
Abū Umayyah b. al-Mughīrah (Zād al-Rakb) **VI**:58; **XXXIX**:80, 175
Umayyah b. Rabīʿah b. al-Ḥārith **XXXIX**:198
Umayyah b. Abī al-Ṣalt al-Thaqafī **II**:96; **V**:249; **VI**:42, 53
Umayyah b. Shibl **XXXIX**:218
Abū Umayyah al-Taghlibī **XXVII**:171, 186, 187
Umayyah b. Ubayy **XXXIX**:105
Banū Umayyah b. Zayd **VI**:130; **VII**:97; **XXIII**:208
umbrella. SEE parasol
Umm Abīhā bt. ʿAbdallāh b. Jaʿfar **XXIII**:118
Umm Abīhā bt. Hārūn al-Rashīd **XXX**:328
Umm Abīhā bt. Muḥammad. SEE Fāṭimah bt. Muḥammad
Umm Abīhā bt. Mūsā **XXXIV**:44
Umm al-Banīn bt. ʿAbd al-ʿAzīz b. Marwān **XXIII**:219, 221–22
Umm al-Banīn bt. al-Ḥakam b. Abī al-ʿĀṣ **XXI**:164–65
Umm al-Banīn bt. Ḥizām **XVII**:228; **XIX**:111, 179
Umm al-Banīn bt. Muḥammad b. ʿAbd al-Muṭṭalib al-Nawfaliyyah **XXVII**:177
Umm al-Banīn bt. al-Shaqr b. al-Ḥiḍāb **XIX**:180
Umm al-Banīn bt. ʿUthmān b. ʿAffān **XV**:254
Umm al-Banīn bt. ʿUyaynah al-Fazārī **XV**:248, 254–55
Umm al-Kitāb (first sūrah of al-Qurʾān) **IX**:100, 101
umm mildam (kind of fever) **IX**:106
umm walad (concubine who has borne her master a child) **XII**:139; **XIII**:58; **XVII**:124, 228; **XVIII**:33; **XIX**:51; **XXI**:125; **XXIII**:118, 132; **XXX**:58, 327; **XXXIII**:152; **XXXIV**:3
  emancipation of **XIV**:140
  marriage to **XII**:158–59, 202
  of Prophet Muḥammad **VIII**:39; **IX**:39, 131, 137, 141, 147; **XXXIX**:22, 161, 193–95
  stipends of **XXIV**:37
Ummīdwār b. Khwāst Jīlān **XXXIII**:164–65
al-ʿUmr (ʿUmr Kaskar, near Wāsiṭ) **XXXVII**:15, 17, 20, 24
al-ʿUmr (near al-Anbār) **XXX**:212, 216, 219, 222, 223
Abū ʿUmrah **XVI**:78
ʿumrah (*al-ḥajj al-aṣghar*, Lesser Pilgrimage) **VI**:12, 122; **VII**:19, 72, 166; **VIII**:67, 75; **IX**:86, 109, 110, 125–26; **X**:74; **XII**:204, 205; **XIII**:109; **XIV**:140; **XV**:68, 108; **XVI**:32, 35, 37, 38, 48, 101; **XVII**:104; **XVIII**:146, 153, 183; **XX**:45, 111, 117; **XXII**:1; **XXVIII**:286; **XXXIX**:129, 174
ʿumrat al-qaḍāʾ (Lesser Pilgrimage of Fulfillment, *ʿumrat al-qaḍiyyah*, Lesser Pilgrimage of the Pact) **VIII**:67, 133–38; **IX**:117, 125, 135; **XXXIX**:44, 186
ʿUmrān. SEE ʿImrān
al-ʿUmud (village, near al-Fallūjah) **XXXV**:16
al-ʿUmūr (of Banū ʿAbd al-Qays) **XVI**:121
ʿUnāq b. Shuraḥbīl b. Abī Dahm al-Taymī **XVIII**:142–43

Unayf b. Ḥassān **XXIV**:23
Unayf b. Mallah **IX**:101–2
Unays (keeper of Abraha's elephant) **V**:225–26
Unays b. ʿAmr al-Aslamī **XIX**:12–16
Unays b. Marthad b. Abī Marthad al-Ghanawī, Abū Yazīd **XXXIX**:101, 102
Unays b. Miʿyar **XXXIX**:48
Unays b. Zurārah **XXXIX**:79
uncircumcised whore. SEE *ibn al-lakhnāʾ*
underground storehouse. SEE *maṭmūrah*
underground tunnel. SEE *qanāh*
Underwater Humps, Day of. SEE Yawm al-Tarwiyah
uniqueness, of God **I**:195–98
ʿUnqūd (black rebel) **XXVIII**:233
Unūjūr the Turk **XXXV**:6
Upper Bukhārā. SEE Bukhārā al-Aʿlā
Upper Rādhān. SEE Rādhān al-Aʿlā
Upper Ustān. SEE Ustān al-ʿĀli
Upper Zāb. SEE Zāb al-Aʿlā
Abū ʿUqāb (*mawlā* of Abū Sufyān) **XX**:163
ʿUqāb pass. SEE Thaniyyat al-ʿUqāb
ʿUqayl (b. Khālid b. ʿAqīl al-Umawī) **IX**:138
ʿUqayl b. Muṣʿab al-Wādiʿī **XXII**:69
Banū ʿUqayl (b. Kaʿb) b. Rabīʿah b. ʿĀmir b. Ṣaʿṣaʿah **IX**:152; **X**:169; **XVI**:144; **XX**:18; **XXXV**:108
Banū Uqaysh **XXII**:16
Ibn Uqayṣir al-Quḥāfi al-Khathʿamī **XXI**:9; **XXII**:120, 144, 146–47
ʿUqbah b. ʿAbd al-Aʿlā **XXV**:23
ʿUqbah b. ʿAbd al-Ghāfir al-Azdī al-Jahḍamī, Abū Nahār **XXIII**:12, 15; **XXXIX**:317
ʿUqbah b. ʿĀmir al-Juhanī **I**:229; **XVIII**:93; **XXXIX**:32, 293
ʿUqbah b. ʿĀmir b. Nābī **VI**:125, 126
ʿUqbah b. ʿAmr al-Anṣārī, Abū Masʿūd **XIII**:204; **XV**:139, 164, 256; **XVII**:64–65, 140–41; **XXXIX**:286
ʿUqbah al-Asadī **XXI**:117
ʿUqbah b. ʿAshīrah al-Shannī **XXI**:48
ʿUqbah b. Abī al-ʿAyzār **XIX**:95–96
ʿUqbah b. Bashīr al-Asadī **XIX**:154
ʿUqbah b. Ḥadīd al-Namarī **XVII**:51–52
ʿUqbah b. al-Ḥārith b. ʿĀmir b. Nawfal b. ʿAbd Manāf, Abū Sirwaʿah **VII**:144, 146; **XIV**:13; **XXXIX**:103
ʿUqbah b. Jaʿfar **XXX**:263
ʿUqbah b. Abī Muʿayṭ **VI**:102; **VII**:32, 38, 65, 66, 72; **XXXIX**:198
ʿUqbah b. Mukram **XIII**:24, 38, 42
ʿUqbah b. Muslim **XXIX**:196
ʿUqbah b. Nāfiʿ al-Fihrī **XIV**:14; **XVIII**:94, 102–3
ʿUqbah b. Namir **IX**:76
ʿUqbah b. Salm al-Hunāʾī **XXVIII**:89–90, 96; **XXIX**:31, 39, 50, 60, 238
ʿUqbah b. Shihāb al-Māzinī **XXIV**:16; **XXV**:10
ʿUqbah b. Simʿān **XIX**:22, 66, 69, 94, 101, 109, 125, 162
ʿUqbah b. Ṭāriq al-Jushamī **XXI**:16
ʿUqbah b. ʿUthmān **VII**:127
ʿUqbah b. Ziyād al-Haḍramī **XVII**:87
ʿUqbah b. Zurʿah al-Ṭāʾī **XXIV**:95
Banū ʿUqdah b. Ghiyarah b. ʿAwf b. Qasī **IX**:135
Banū ʿUqfān **X**:88, 97; **XIX**:142
ūqiyyah (measure of weight) **II**:153; **VII**:150; **IX**:26, 32, 85, 87, 148; **XXXVII**:79
Ur **II**:53
ʿUrām b. Shutayr al-Ḍabbī **XXIII**:152
ʿUranah (valley, east of Mecca) **IX**:121; **XXXIX**:64

al-ʿUranī (owner of ʿĀʾishah bt. Abī Bakr's camel) **XVI**:49
al-ʿUraniyyūn. SEE Banū ʿUraynah
ʿUrayb (songstress). SEE ʿArīb
ʿUrayb b. Lud. SEE ʿImlīq b. Lud
al-ʿUrayḍ (near Medina) **VII**:90, 91, 97; **XXVIII**:193
Banū ʿUraynah (al-ʿUraniyyūn) **VIII**:97; **IX**:146; **XI**:213; **XVI**:50; **XX**:219; **XXI**:88
ʿUrḍ (in Syria) **XVII**:83
al-Urdunn (Jordan) **II**:112, 127; **III**:2; **IV**:45, 98; **VI**:143; **VIII**:107; **IX**:164; **X**:180; **XI**:80, 87, 108, 160–62, 164, 170, 172–73; **XII**:177, 183, 185, 203; **XIII**:100, 106; **XIV**:15; **XV**:73, 255; **XX**:47, 50, 53, 59; **XXI**:229; **XXV**:144–45, 179; **XXVI**:157, 159, 189–93; **XXVII**:170, 172, 198, 204, 208; **XXXII**:199, 223; **XXXIV**:97; **XXXVIII**:158, 159
al-Urdunn (Jordan River) **IV**:102
al-ʿUrf b. Maʿadd **VI**:36
Ūrī Shalam. SEE Jerusalem
Uriah (Ahriyā) **III**:145–47, 149
urination
  arousal for battle and **X**:119
  blood in urine **XXVIII**:260
  customs of **XXVIII**:259; **XXIX**:22; **XXXIX**:199
  drinking of urine, for want of water **XXXVIII**:188
  holding back of **XXX**:278
  on someone's head, for humiliation **XX**:178; **XXXI**:246
  washing up, as ritual purification **II**:99
Urkhūz (governor of the frontier districts) **XXXVI**:203
Urmiya (lake and town, in Ādharbayjān) **XXXIV**:78
Ursa Major **II**:19
Ursa Minor **II**:19
Ūrshalīm. SEE Jerusalem
Uruk (in southern Iraq). SEE al-Warkāʾ
Uruk (town, at Mt. Salmā) **X**:64
ʿUrwah (envoy of Nuʿaym b. Muqarrin) **XIV**:22
ʿUrwah b. ʿĀmir **XXXIX**:134
ʿUrwah (?, ʿ.r.k.ū) al-Aʿrābī (commander of al-Ḥasan b. Sahl) **XXXII**:51
ʿUrwah b. Asmāʾ b. al-Ṣalt al-Sulamī **VII**:151
ʿUrwah b. Biṭār al-Taghlibī **XIX**:161
ʿUrwah b. Ghaziyyah al-Dathīnī **IX**:165; **X**:25, 34, 38, 165, 173
ʿUrwah b. Ḥayyāḍ al-Milāṣī **V**:220
ʿUrwah the Herald. SEE ʿUrwah al-Munādī
ʿUrwah b. al-Jaʿd **XV**:125
ʿUrwah b. al-Jaʿd al-Bāriqī **XI**:60, 63
ʿUrwah b. Khālid b. ʿAbdallāh b. ʿAmr b. ʿUthmān **XV**:253
ʿUrwah b. Masʿūd al-Thaqafī **VIII**:75–77; **IX**:20, 24, 41–43, 46
ʿUrwah b. al-Mughīrah b. Shuʿbah, Abū Yaʿfūr **XVIII**:143; **XXI**:179; **XXII**:23, 67–68, 110, 128
ʿUrwah al-Munādī (ʿUrwah the Herald) **XXV**:30
ʿUrwah b. al-Nibāʿ al-Laythī. SEE ʿUrwah b. Shuyaym b. al-Nibāʿ al-Laythī
ʿUrwah b. Shuyaym b. al-Nibāʿ al-Laythī (Ibn al-Nibāʿ) **XV**:159, 191–92, 201, 214, 220
  son of **XV**:202
ʿUrwah b. Udayyah **XVII**:88; **XVIII**:196–97
ʿUrwah b. Udhaynah **XIX**:225
ʿUrwah b. al-Walīd **XIII**:214
ʿUrwah b. al-Ward al-ʿAbsī **VII**:160
ʿUrwah b. Zayd al-Khayl **XI**:209; **XXXIX**:85
ʿUrwah b. al-Zubayr **II**:113; **III**:69; **VI**:49, 61, 67, 69, 75, 86, 98, 101, 104, 115, 136, 138, 145, 147, 150;

ʿUrwah b. al-Zubayr (continued) VII:8, 18, 28, 38, 43, 62, 78, 86, 116, 153, 162; VIII:6, 36, 56, 57, 58, 68, 69, 74, 88, 90, 152, 159, 161, 166, 174, 184; IX:2, 125, 177, 178, 194; X:39, 71, 102; XI:82, 127, 130, 135–36, 151; XIII:102; XIV:123; XVI:44, 55; XVIII:89; XXI:186; XXIII:132, 213; XXXIX:12, 27, 28, 67, 109, 167, 186, 190, 193, 318
orphan of. SEE Abū al-Aswad
ʿUrwah b. Zuhayr b. Nājidh al-Azdī XXII:76
al-ʿUryān b. al-Haytham b. al-Aswad al-Nakhaʿī XXI:36–37; XXIV:140–41; XXV:184–85; XXXIX:270
ʿŪṣ b. al-Hunayd al-Ḍulayʿī IX:100
Abū Usāmah (Ḥammād b. Usāmah) II:63, 64, 114, 178; VI:61, 89, 95; IX:17, 94; XIV:112
Ibn Abī Usāmah. SEE al-Ḥārith b. Muḥammad b. Abī Usāmah
Usāmah al-Ḥibb. SEE Usāmah b. Zayd b. Ḥārithah
Abū Usāmah al-Jushamī VIII:22; XXXIX:175
Usāmah b. Qatādah al-ʿAbsī XIII:191
Usāmah b. Zayd (governor of Egypt) XXIV:165
Usāmah b. Zayd b. Aslam al-Laythī II:112, 114, 146, 165; III:131, 140; VII:25; XI:130; XIV:97, 116, 119; XV:5, 23–24, 183, 236; XVI:8, 9, 66; XXXIX:108, 174, 194
Usāmah b. Zayd b. Ḥārithah (Usāmah al-Ḥibb) VII:64; VIII:61, 132; IX:9, 123, 142, 163, 164, 166, 178, 205; X:11, 13–17, 38, 40, 41, 43, 50, 52, 62, 69, 159; XI:108; XV:147, 157; XX:199?; XXXIX:11, 65, 99, 172, 192, 194, 289
Usāmah b. Zayd al-Salīḥī XXI:216
Abū ʿUṣārah (*ʿayyār*) XXXV:66
Usayd (in charge of summer campaign against the Byzantines) XXIX:49–50
Abū Usayd al-Anṣārī al-Sāʿidī. SEE Abū Usayd al-Sāʿidī
Usayd b. Ḥuḍayr (al-Ḥuḍayr) al-Ashhalī VI:127–29; VII:137, 157; VIII:53, 61; X:8; XIII:177
Abū Usayd al-Sāʿidī (Mālik b. Rabīʿah) IX:136; XV:141, 174; XXXIX:188, 189, 190, 284
Usayd b. Saʿyah. SEE Asīd b. Saʿyah
Usayd b. Zayd al-Jaṣṣāṣ II:143–44
Usayd b. Ẓuhayr, Abū Thābit VII:84, 111; VIII:49; XXXIX:294
Ibn Abī ʿUṣayfīr. SEE ʿAbdallāh b. Abī ʿUṣayfīr
Banū ʿUṣayyah (of Sulaym) VII:152; XXXIX:122
al-ʿUṣayyah b. Imriʾ al-Qays XIII:116
Banū Usayyid b. ʿAmr b. Tamīm X:108–9; XXIV:141
ʿUsfān (north of Mecca) V:168; VI:146; VII:165; VIII:43, 70, 163, 168; XIV:117; XIX:72; XXVIII:183; XXX:216; XXXII:34
ʿushar (*Asclepias* sp., swallow-wort) II:19; V:235; VIII:118; XII:171
al-ʿUshayrah (Dhāt al-ʿUsayr, near Yanbuʿ), expedition of VII:14, 16; IX:116, 124
al-ʿUshayrah (near al-Qādisiyyah) XXXVIII:166
Ushnah (in Byzantine territory) XXX:39
Ushnās. SEE Ashnās
ʿushr. SEE tithe
Ushrūsanah (east of Samarqand) XXIV:173; XXVI:26, 31; XXX:143; XXXII:107, 135; XXXIII:79, 180–83, 187, 189
al-Ushrūsanī. SEE Mankajūr b. Qārin al-Ushrūsanī

al-Ushrūsaniyyah (troops from Ushrūsanah) **XXXV**:1, 3, 4, 43, 146; **XXXVI**:93, 107
al-Ushrūsaniyyah al-Ishtīkhaniyyah (Ushrūsaniyyah troops from Ishtīkhan?) **XXXIV**:50
Ushtasb b. Lahrasib **IV**:41
Ushtūm (in Egypt) **XXXIV**:126–27
Ushturj (in Khorasān) **XXVI**:229
Usnān (village, near Herat) **XXIV**:179
Ustādhsīs (revolt leader) **XXIX**:44–45; **XXXI**:16
Ustān al-ʿĀli (Upper Ustān, on the middle Euphrates) **XXI**:126
ustandār (district governor) **XIV**:7
usury (*ribā*) **IX**:112
Uswān. SEE Aswān
al-Uswār. SEE ʿAbdallāh b. Yazīd b. Muʿāwiyah
Uswār al-Turjumān (interpreter of ʿAbdallāh b. Khāzim b. Ẓabyān al-Sulamī) **XXII**:174
al-Uswāriyyūn (Persian cavalrymen, settled in al-Baṣrah) **XXIX**:171
Ūtāmish (Utāmish, Turkish commander) **XXXIV**:177; **XXXV**:1, 5, 8, 11, 12, 13, 107, 124
ʿUṭārid (Christian convert to Islam) **XXXIV**:147
ʿUṭārid (planet). SEE Mercury
Banū ʿUṭārid **XX**:178
ʿUṭārid b. Ḥājib b. Zurārah b. ʿUdas (ʿUdus) al-Tamīmī **IX**:67–68; **X**:89, 95, 96; **XII**:31, 131; **XIV**:43, 47
ʿUṭārid b. ʿUmayr al-Tamīmī **XXII**:192
al-ʿUṭāridī (of the entourage of Ibrāhīm b. ʿAbdallāh b. Ḥasan b. Ḥasan b. ʿAlī b. Abī Ṭālib) **XXVIII**:102
ʿUtaybah b. Abī Lahab **XXXIX**:163
ʿUtaybah b. al-Nahhās al-ʿIjlī **X**:146; **XI**:21, 43, 117, 219–21; **XII**:14; **XIV**:26, 27, 30, 31; **XV**:132, 135, 256; **XVIII**:77; **XX**:214
ʿUṭayf (al-Sulamī, commander of Marwān b. Muḥammad) **XXVII**:56, 124, 125
ʿUṭayf b. Niʿmah al-Kalbī **XXXV**:27
ʿUtayq b. Abī Quḥāfah al-Taymī **XI**:140
ʿUṭayr (al-ʿUṭayr, Qarmaṭian) **XXXVIII**:130, 197
Ibn ʿUtbah. SEE Nahr Ibn ʿUtbah
ʿUtbah b. ʿAbd al-Raḥmān al-Thaʿlabī **XXVI**:260
ʿUtbah b. al-Akhnas b. Qays **XVII**:120; **XVIII**:145, 148, 151–52
ʿUtbah b. ʿAmr **VII**:71
ʿUtbah b. Asīd b. Jāriyah, Abū Baṣīr. SEE Abū Baṣīr
ʿUtbah b. Farqad al-Sulamī **XII**:146, 147; **XIII**:60; **XIV**:3, 31–34
ʿUtbah b. Ghazwān b. Jābir al-Māzinī **VII**:12, 19, 21; **IX**:153; **XI**:14; **XII**:161–65, 166–72; **XIII**:66, 68, 79, 115, 119, 121, 123–25, 129–31; **XV**:142; **XXXIX**:104, 105
ʿUtbah b. Ḥammād al-Ḥakamī, Abū Khulayd **XXXIX**:150
ʿUtbah b. Hārūn **XXIX**:107
ʿUtbah b. Jabīrah **XXXIX**:83
ʿUtbah b. Abī Khidāsh al-Lahabī **XXVIII**:181
ʿUtbah b. Abī Lahab **VII**:73, 74; **XXXIX**:64, 161, 163
Āl ʿUtbah b. Abī Lahab **XV**:228
ʿUtbah b. al-Mughīrah b. al-Akhnas **XVI**:44
ʿUtbah b. Muslim **XXIV**:141
ʿUtbah b. Rabīʿah, Abū al-Walīd **VI**:93, 116–17, 119, 140; **VII**:33, 36, 44, 45, 48–53, 63, 65, 67, 70, 128; **XXVIII**:176; **XXXIX**:23
ʿUtbah b. Rabīʿah b. Bahz **XI**:93

Banū ʿUtbah b. Saʿd b. Zuhayr **XI**:54
ʿUtbah b. Abī Sufyān **II**:83; **XIV**:132, 133; **XVI**:159; **XVII**:87; **XVIII**:6, 18–19, 90, 92, 220
ʿUtbah b. Suhayl **XIII**:97
ʿUtbah b. ʿUthmān b. ʿAffān **XV**:254
ʿUtbah b. al-Waʿl **XIII**:56, 62
ʿUtbah b. Abī Waqqāṣ **VII**:120, 124
ʿUtbah b. Yazīd b. Muʿāwiyah **XIX**:227
Uthāl al-Ḥanafī **X**:107
Ibn Uthāl al-Naṣrānī **XVIII**:88, 89
ʿUthāmah b. ʿAmr al-Sahmī **VII**:50; **XXVIII**:234, 236
ʿUthayb (near al-Qādisiyyah) **XXVI**:13
ʿUthaym (messenger of the jinn) **XIII**:213
ʿUthmān, Island of. SEE Jazīrat ʿUthmān
ʿUthmān (Shaqrān, nephew of Nīzak) **XXIII**:168, 170, 173–74
Abū ʿUthmān. SEE Saʿīd b. al-ʿĀṣ; Saʿīd al-Ṣaghīr
Abū ʿUthmān *(rāwī)* **II**:183; **X**:10; **XI**:17, 20–21, 26–27, 30, 39, 41, 45, 48, 76, 104, 111; **XII**:175, 178, 183, 193, 197; **XVI**:10, 12, 119, 155, 191, 193
SEE ALSO Abū ʿUthmān al-Nahdī; Yazīd b. Asīd al-Ghassānī
Ibn ʿUthmān (of the nobility of Medina) **XXX**:333
ʿUthmān b. ʿAbd al-Aʿlā b. Surāqah al-Azdī **XXVII**:177; **XXVIII**:11–12
ʿUthmān b. ʿAbd al-Ḥamīd **XXIV**:100, 101
ʿUthmān b. ʿAbd al-Raḥmān *(rāwī)* **XIV**:94
ʿUthmān b. ʿAbd al-Raḥmān al-Iṣbahānī **XVII**:231
ʿUthmān b. ʿAbd al-Raḥmān al-Juhanī **XXVIII**:116
ʿUthmān b. ʿAbd al-Raḥmān al-Jumaḥī **XXXIX**:118
ʿUthmān b. ʿAbd al-Raḥmān (ʿAbd al-Ḥamīd) al-Majāzī al-Khuzāʿī (al-Ḥarrānī), Abū ʿAbd al-Raḥmān **XVIII**:3, 5, 6
SEE ALSO ʿAbd al-Raḥmān al-Ḥarrānī
ʿUthmān b. ʿAbdallāh b. ʿAṭāʾ b. Yaʿqūb **XXVIII**:225
ʿUthmān b. ʿAbdallāh b. Ḥakīm b. Ḥizām **XIX**:12
ʿUthmān b. ʿAbdallāh b. Hurmuz **IX**:157
ʿUthmān b. ʿAbdallāh al-Jaḥshī **XXXIX**:180, 182
ʿUthmān b. ʿAbdallāh b. Mawhib **IX**:161
ʿUthmān b. ʿAbdallāh b. al-Mughīrah **VII**:19, 21
ʿUthmān b. ʿAbdallāh b. Muṭarrif b. al-Shikhkhīr al-Ḥarashī (Ibn al-Shikhkhīr) **XXIV**:152, 153; **XXV**:32, 73, 84, 86, 134, 146, 188
ʿUthmān b. ʿAbdallāh b. Rabīʿah b. al-Ḥārith b. Ḥubayyib **IX**:14, 15
ʿUthmān b. ʿAbdallāh b. al-Shikhkhīr al-Ḥarashī. SEE ʿUthmān b. ʿAbdallāh b. Muṭarrif b. al-Shikhkhīr al-Ḥarashī
ʿUthmān b. ʿAffān (caliph) **I**:319; **V**:268, 289; **VI**:87, 99, 100, 110; **VII**:61, 64, 74, 84, 98, 127, 161; **VIII**:13, 81, 82, 84, 178–79, 181; **IX**:29, 49, 56, 89, 133, 147, 205; **X**:71, 92; **XI**:56, 72, 74, 131, 135, 142, 146–47; **XII**:3, 4, 12, 13, 160, 205; **XIII**:76, 95, 131, 159, 163, 175, 177, 195, 198, 213, 215; **XIV**:30, 39, 40, 59, 60, 63, 67, 70, 91, 93–95, 103, 104, 115, 132, 141, 145–54, 156, 158–62; **XV**:1–262 *passim*; **XVI**:2, 3, 5–12, 14, 21–23, 27, 28, 30, 31, 33, 36–41, 43, 45, 48, 49, 51–54, 57–63, 69, 70, 72,

'Uthmān b. 'Affān (continued)
XVI:74, 75, 77, 79, 80, 86–89, 92, 97, 99, 100, 104, 109, 110, 116, 118, 119, 122, 126, 132, 140, 146–50, 158, 159, 161, 175–77, 179, 180, 185, 187, 191–97; **XVII**:2, 3, 10, 17, 22, 23, 24, 25, 60, 65, 66, 71, 106, 109, 144, 150, 153, 157, 158, 168; **XVIII**:26, 32, 43, 46, 48, 98, 101, 106, 123, 135, 137, 149, 151, 156, 174, 189, 211, 222; **XIX**:3, 68, 107, 117, 119, 133, 137, 175, 177, 186, 202, 205–6, 208, 217; **XX**:58, 98–101, 187, 221; **XXI**:21, 114, 118, 135, 158, 195, 214, 232; **XXII**:2, 19–21, 34, 126; **XXIII**:23, 45, 117, 141, 181; **XXIV**:59, 196; **XXV**:4, 82; **XXVI**:153; **XXVII**:1; **XXVIII**:173; **XXIX**:17, 125; **XXXIX**:25, 27, 35, 43, 44, 55, 63, 66, 70, 76, 92, 95, 99, 116, 162, 163, 191, 192, 198, 206, 207, 222, 227, 239, 269, 270, 272, 306
  appearance **XV**:252–53
  burial place **XV**:246–50
  children **XV**:254–55
  conversion to Islam, date of **XV**:253
  food habits **XV**:229–30
  genealogy **XV**:254
  kunyah **XV**:253
  letters **XV**:6–7, 239–45
  lifespan **XV**:252
  marriages **XV**:31, 254–55
  murder of **XV**:181–223, 250–51; **XVII**:105, 106, 187
  poetic tributes to **XV**:258–62
  secretaries to **XXI**:214–15
  sermons **XV**:3–4, 256–57
'Uthmān al-Akhnasī. SEE 'Uthmān b. Muḥammad al-Akhnasī
'Uthmān b. 'Alī b. Abī Ṭālib **XIX**:111–13, 155, 179
'Uthmān b. 'Āmir b. Ka'b b. Sa'd b. Taym b. Murrah. SEE Abū Quḥāfah
'Uthmān b. 'Amr b. Miḥṣan al-Azdī **XXIV**:32, 35
'Uthmān b. al-Arqam **XXXIX**:47
'Uthmān b. Abī al-'Āṣ al-Thaqafī **V**:271; **IX**:43, 45; **X**:158, 160, 161, 164; **XI**:142, 225; **XII**:172; **XIII**:7, 59, 86, 87, 149, 150; **XIV**:66–70, 164; **XV**:24, 35, 37
'Uthmān b. 'Āṣim. SEE Abū Ḥaṣīn
'Uthmān b. al-Aswad **III**:104
'Uthmān b. 'Aṭā' al-Khurāsānī **II**:21; **XXXIX**:207
'Uthmān b. Abī al-'Āṣ b. Bishr b. 'Abd Duhmān. SEE 'Uthmān b. Abī al-'Āṣ al-Thaqafī
'Uthmān al-Battī **XX**:12; **XXXIX**:252
'Uthmān b. Bishr b. al-Muḥtafiz al-Muzanī (al-Māzinī) **XX**:179; **XXI**:62–63, 66
'Uthmān b. Dāwūd al-Khawlānī **XXVI**:190, 192
'Uthmān Gate. SEE Bāb 'Uthmān
'Uthmān b. Ḥafṣ al-Kirmānī **XIX**:187
'Uthmān b. Ḥakīm b. 'Abbād b. Ḥunayf **XV**:225
'Uthmān b. Ḥayyān al-Murrī **XXIII**:202–3, 206–9, 214; **XXIV**:3–4, 107, 167; **XXVI**:80
'Uthmān al-Ḥimṣī **VI**:153
'Uthmān b. Ḥunayf **VII**:117; **XII**:144, 160; **XIII**:36; **XIV**:6, 14, 16; **XVI**:26, 27, 33, 56, 58, 61, 64–68, 70, 74–77, 85, 86; **XXXIX**:72, 291
'Uthmān b. Ibrāhīm b. 'Uthmān b. Nahīk **XXX**:245
'Uthmān b. 'Īsā b. Nahīk **XXXI**:45
'Uthmān b. Isḥāq b. Muḥammad b. al-Ash'ath **XXIV**:143
'Uthmān b. Juday' al-Kirmānī **XXVI**:229, 233; **XXVII**:47, 78, 94, 101, 104, 106

'Uthmān b. Khalaf **XVI**:161, 164
'Uthmān b. Khālid b. Usayr al-Juhanī al-Duhmānī **XIX**:152, 181; **XXI**:34–35
'Uthmān al-Khashabī **XXVI**:151, 158
'Uthmān b. al-Khaybarī **XXVI**:257–58
'Uthmān b. Mālik *(rāwī)* **XXVIII**:116
Banū 'Uthmān b. Mālik b. 'Amr b. Tamīm. SEE Banū Ghaylān b. Mālik b. 'Amr b. Tamīm
'Uthmān b. Mālik b. 'Ubaydallāh al-Taymī **VII**:148
Umm 'Uthmān bt. Marwān b. Muḥammad **XXVII**:169
'Uthmān b. Mas'ūd **XXIII**:105–8; **XXIV**:176; **XXVI**:227
'Uthmān b. Maṭar **I**:367
'Uthmān b. Maẓ'ūn al-Jumaḥī **VI**:99; **VII**:91; **IX**:25, 129; **XXXIX**:175
'Uthmān b. Miḥṣan **VI**:159
'Uthmān b. al-Mufaḍḍal **XXIV**:43, 116, 145
'Uthmān b. al-Mughīrah **VI**:91
'Uthmān b. Muḥammad al-Akhnasī **XIV**:94; **XV**:1, 220, 250; **XXXIX**:177
'Uthmān b. Muḥammad b. Khālid b. al-Zubayr (al-Zubayrī) **XXVIII**:154–55, 178, 193, 196, 220, 227–30
'Uthmān b. Muḥammad b. Abī Sufyān **XVIII**:206; **XIX**:197, 201, 202, 205
'Uthmān b. Muḥammad b. 'Ubaydallāh b. 'Abdallāh b. 'Umar, Abū Qudāmah **XI**:72, 151; **XXI**:186; **XXIX**:109?
'Uthmān b. al-Mundhir b. Muṣ'ab b. 'Urwah b. al-Zubayr **XXVIII**:208
Abū 'Uthmān al-Muqaddamī. SEE Ibn al-Muqaddamī
Abū 'Uthmān al-Nahdī **I**:262; **V**:413; **XI**:193; **XII**:19, 56, 70; **XIII**:15, 18, 145; **XIV**:71, 133; **XIX**:31; **XX**:204, 213; **XXXIX**:214–15, 307
SEE ALSO Abū 'Uthmān *(rāwī)*
'Uthmān b. Nahīk **XXVII**:73, 108, 143, 188, 191, 200; **XXVIII**:33–34, 36–37, 39, 63–64
'Uthmān al-Qarqasānī **XI**:147
'Uthmān b. Qaṭan b. 'Abdallāh b. al-Ḥuṣayn Dhī al-Ghuṣṣah **XXII**:62, 71, 81–82, 84–88, 93, 130
'Uthmān b. Qays **XXI**:217
'Uthmān b. Rabī'ah **X**:161
'Uthmān b. Rajā' b. Jābir b. Shaddād al-Sa'dī **XII**:146; **XXII**:196
'Uthmān b. Razīn **XXVII**:65
'Uthmān b. Rufay' **XXVII**:110
'Uthmān b. Ṣadaqah b. Waththāb al-Māzinī **XXVI**:63; **XXVII**:45
'Uthmān b. al-Sa'dī **XXIII**:127
'Uthmān b. Ṣafwān **V**:284
'Uthmān b. Sahl b. Ḥunayf **XXIV**:195
'Uthmān b. Sa'īd *(rāwī)* **I**:252, 258, 261, 264, 266, 269, 285; **II**:20; **VII**:119; **XXXIX**:154
'Uthmān b. Sa'īd b. Hishām **XXVII**:23, 167
'Uthmān b. Sa'īd b. Kāmil **I**:256
'Uthmān b. Sa'īd b. Luqmān **XXIX**:176
'Uthmān b. Sa'īd b. Nāfi' **XXVIII**:199
'Uthmān b. Sa'īd al-Ṭā'ī **XXXI**:112
'Uthmān b. Sa'īd al-'Udhrī **XXII**:120
'Uthmān b. Shabāb al-Hamadhānī **XXV**:133
'Uthmān b. al-Sharīd **XV**:182
'Uthmān b. Sufyān **XXVII**:131, 162
'Uthmān b. Sulaymān **XVI**:141
'Uthmān b. Abī Sulaymān b. Jubayr b. Muṭ'im **II**:156; **V**:231, 271
'Uthmān b. Suwayd **X**:100, 103

ʿUthmān b. Ṭalḥah b. Abī Ṭalḥah al-ʿAbdarī **VIII**:143, 146; **XXXIX**:107
ʿUthmān b. ʿUbaydallāh b. ʿAbdallāh b. ʿUmar b. al-Khaṭṭāb, Abū al-Qalammas **XXVIII**:154, 193, 202, 214–15
ʿUthmān b. ʿUbaydallāh b. Maʿmar **XX**:164
ʿUthmān b. ʿUbaydallāh b. Abī Rāfiʿ **VI**:160; **XIII**:59
ʿUthmān b. ʿUmar **XXXIX**:209
ʿUthmān b. ʿUmar b. Fāris **VI**:73–74
Umm ʿUthmān bt. ʿUmar b. ʿUbaydallāh b. Maʿmar **XXII**:79
ʿUthmān b. ʿUmārah b. Ḥuraym **XXVIII**:251
ʿUthmān b. ʿUmayr al-Thaqafī **XVIII**:147
ʿUthmān b. ʿUqbah al-Kindī **XVIII**:125
ʿUthmān b. ʿUrwah b. Muḥammad b. ʿAmmār b. Yāsir, Abū al-Yaqẓān **XXVII**:149, 161
ʿUthmān b. al-Walīd **XXI**:233–34
ʿUthmān b. al-Walīd b. Yazīd **XXVI**:104–5, 114, 128, 189, 251–53, 271
ʿUthmān b. Yaḥyā **XI**:147
ʿUthmān b. Yazīd b. Khālid b. ʿAbdallāh b. Khālid b. Asīd **XXIII**:220
ʿUthmān b. Zayd **XXVIII**:232
ʿUthmān b. Ziyād b. Abī Sufyān **XIX**:33, 178
al-ʿUthmānī. SEE Muḥammad b. ʿAbdallāh b. ʿAmr b. ʿUthmān
ʿUthmānids (ʿUthmānīs). SEE *shīʿat ʿUthmān*
al-ʿUthmāniyyah. SEE *shīʿat ʿUthmān*
ʿUthmān's wells. SEE Rakāyā ʿUthmān
Utrujjah. SEE Muḥammad b. ʿAbdallāh b. Dāwūd al-Hāshimī
Utrunjah bt. Ashnās **XXXIII**:174, 193
al-Uṭrūsh (al-Ḥasan b. ʿAlī) **XXXVIII**:204, 205
Uṭṭ (river). SEE Nahr Uṭṭ
Uṭṭ b. Abī Uṭṭ **XI**:43, 48
uvula, cutting of **XXIII**:40
Banū ʿUwāfah **XXIV**:152, 177; **XXV**:48
al-ʿUwayf (poet) **XXIV**:92
ʿUwayj al-Ṭāʾī (poet) **XX**:69
ʿUwaym b. al-Kāhil al-Aslamī **XI**:57
ʿUwaym b. Sāʿidah b. Ṣalʿajah **VI**:126; **IX**:194; **X**:4
Ibn ʿUwaymir (Khārijite) **XXII**:118
ʿUwaymir b. al-Ashqar **XXXIX**:132
ʿUwaymir al-Ḥaḍramī **XVII**:216
Ibn Abī Uways (*rāwī*) **XXXIX**:262
Uways b. al-Khulayṣ (Unays) al-Qaranī **XXXIX**:207–8, 266
Uways al-Qaranī. SEE Uways b. al-Khulayṣ al-Qaranī
Uways b. Abī Sarḥ **XXVIII**:162, 179
Ibn ʿUyaynah (*rāwī*). SEE Sufyān b. ʿUyaynah
Ibn Abī ʿUyaynah **XXIV**:63
ʿUyaynah b. Asmāʾ **XXI**:80
ʿUyaynah b. Ḥiṣn al-Fazārī **VIII**:5, 8, 17, 43, 45, 133, 171; **IX**:25, 28–30, 32, 33, 35, 68, 72, 122; **X**:53, 54, 62, 65–68, 72, 73, 77; **XV**:254
ʿUyaynah b. Abī ʿImrān (father of Sufyān b. ʿUyaynah) **XXXIX**:265
Abū ʿUyaynah b. al-Muhallab **XXIII**:162; **XXIV**:45, 52–53, 93, 145
ʿUyaynah b. Mūsā b. Kaʿb **XXVII**:162; **XXVIII**:75, 77–78; **XXIX**:112
Uz b. Aram **II**:13, 16
Abū Uzayhir al-Dawsī **XVIII**:220
ʿUzayz b. al-Sarī **XXXVI**:157, 185
ʿUzayzah b. Qaṭṭāb al-Sulamī al-Labīdī **XXXIV**:18, 19, 20, 23, 24

al-ʿUzzā (old Arabian goddess) **IV**:143; **V**:281; **VI**:107–12, 120; **VII**:114, 126, 131; **VIII**:187–88; **IX**:11, 81
Uzziah (Ghuzziah) b. Amazia **IV**:35

V

vagabonds. SEE *ʿayyārūn; ṣaʿālīk*
Valentinian II (Roman emperor) **IV**:127
Valentinian III (Roman emperor) **IV**:127
Valerian (al-Riyānūs, Roman emperor) **IV**:127; **V**:29–31
valleys. SEE entries beginning with Baṭn, Wādī
Vashti (wife of Ahasuerus) **IV**:51
Vaspurakan. SEE al-Busfurrajān
veil *(ḥijāb)* **VIII**:19, 32, 39, 59; **XXXVII**:50; **XXXIX**:189, 194
velvet. SEE Chinese silk velvet
vengeance
  blood revenge (law of retaliation) **IX**:21–22, 112; **XIV**:108; **XXXIX**:61, 98, 219
  owl as spirit of the non-avenged **XXI**:162
venom, antidote for. SEE theriac
Venus (al-Zuharah, morning star) **I**:235; **XI**:114; **XII**:47, 62
verbal abuse, use of genealogy in **XXI**:176–77
vermin, as sign of God's wrath **III**:66, 67
Vespasian (Roman emperor) **IV**:126
vessels. SEE boats and ships
veterans. SEE *ahl al-balāʾ*
victory prayer **XI**:38
village head. SEE *dihqān*
villagers *(ahl al-arḍ)* **XII**:192
vinegar-sellers' quarter. SEE al-Khallālūn
vineyards
  cutting down of **IX**: 23
  tax on **V**:258
  SEE ALSO wine and wine drinking
Vitellius (Biṭlāyus, Roman emperor) **IV**:126
vizier. SEE *wazīr*
voice, mysterious. SEE *hātif*
volunteer troops *(al-muṭṭawwiʿah)* **XXIV**:43; **XXXII**:55–60; **XXXIII**:37, 62; **XXXVI**:175; **XXXVII**:63, 76
vouchers. SEE *barāʾāt*
vows. SEE oaths and pledges
vultures **XVI**:170
  Lubad (last of Luqmān's vultures) **II**:37; **XXXI**:223

W

al-Wabar (in al-Yamāmah) **X**:134
Wabar b. Yuḥannis. SEE Wabr b. Yuḥannis al-Azdī
Wabār (toponym) **II**:13; **IV**:69
Banū Wabār b. Umaym b. Lūdh **IV**:132
Wabarah b. ʿĀṣim **XXII**:47
Wabarah b. Jaḥdar al-Maʿnī **XXXIX**:87
Ibn Wabarah b. Rūmānis al-Kalbī **XI**:58, 59
  SEE ALSO Rūmānis b. Wabarah al-Kalbī
Wābiṣah b. Zurārah al-ʿAbdī **XXV**:106
Abū Wabr b. ʿAdī b. Umayyah b. al-Ḍubayb **IX**:101, 103
Wabr b. Yuḥannis al-Azdī **IX**:123, 167; **X**:25, 26, 33, 34, 37, 159
waʾd al-banāt. SEE infanticide
Wadāʿ b. Ḥumayd al-Azdī **XXIV**:142, 144–45
al-Wadāʿ Pass. SEE Thaniyyat al-Wadāʿ
Abū Wadāʿah b. Ḍubayrah al-Sahmī (al-Ḥārith b. Ḍubayrah b. Suʿayd) **VII**:71; **XXXIX**:284

Abū Wadā'ah b. Abī Karib **XIII**:56
Wadak bt. Wīwanjahān **II**:2, 9
Wadās b. Naḍlah **XXVII**:162
Wadd (old Arabian god) **I**:354
al-Waḍḍāḥ (*mawlā* of 'Abd al-Malik b. Marwān) **XXIV**:30, 129, 134–35
al-Waḍḍāḥ b. Ḥabīb b. Budayl, Abū Budayl **XXVI**:264; **XXIX**:211, 212; **XXXI**:230
Abū al-Waḍḍāḥ al-Hurmuzfarrī ('Īsā b. Shubayl) **XXVII**:66, 79
al-Waḍḍāḥ (al-Ḍaḥḥāk) b. Khaythamah **XX**:30
al-Waḍḍāḥ Palace. SEE Qaṣr al-Waḍḍāḥ
al-Waḍḍāḥ al-Sharawī **XXIX**:235
al-Waḍḍāḥī (commander) **XXIII**:217
al-Waḍḍāḥiyyah (military regiment) **XXIV**:30, 134; **XXVII**:5; **XXXI**:160
Abū al-Waddāk al-Hamdānī (Jabr b. Nawf) **XVII**:119; **XIX**:29, 34, 39, 42, 140
Waddān (near al-Abwā', in al-Ḥijāz) **VII**:12, 15, 165; **IX**:116
Banū Waddān **XII**:196
al-Wādī. SEE Wādī al-Qurā
Wādī Afshīn **XXV**:21
Wādī Bābak **XXXIII**:165
Wādī Buṭnān **XXXVIII**:127
Wādī al-Dhi'āb **XXXVIII**:206
Wādī Farghānah (Farghānah valley, south of Baghlān) **XXIII**:166
Wādī al-Jawr **XXXIII**:118–19
Wādī Jurjān **XXIV**:57
SEE ALSO Jurjān
Wādī Marw. SEE al-Murghāb
Wādī Maṣqalah (Maṣqala's Wādī) **XXIV**:47
Wādī al-Qurā (al-Wādī, northwest of Medina) **II**:14, 41; **IV**:45; **IX**:144; **XIII**:177; **XV**:186; **XIX**:204, 206; **XXI**:53, 55–56; **XXVII**:118, 120; **XXVIII**:186; **XXXVII**:6; **XXXIX**:65, 99
expedition to **VIII**:124–25; **IX**:115
raid on **VIII**:95–96
Wādī al-Raml **IV**:78
Wādī al-Ṣabūḥ **XXV**:15
Wādī al-Sibā' **XVI**:119, 120, 124, 129, 131, 159, 194; **XXIII**:21; **XXVIII**:266; **XXXIX**:28, 105
Wādī al-Sūs **XXXVII**:35
Wādī Tustar **XXXVI**:207
Wādī al-Walwalān (valley of al-Walwalān) **XVIII**:114
Wadī'ah (of Banū 'Awf b. al-Khazraj) **VII**:160
Wadī'ah al-Kalbī **X**:43, 44, 53; **XI**:58–59
Wadī'ah b. Thābit **IX**:56, 57, 61
Banū Wādi'ah (Wādi'īs) **XVIII**:143; **XXI**:19, 22
Wāḍiḥ (*mawlā* of al-Mahdī) **XXIX**:207
Wāḍiḥ (*mawlā* of al-Manṣūr) **XXIX**:108, 111, 144
Wāḍiḥ (*mawlā* of Ṣāliḥ b. Abī Ja'far al-Manṣūr) **XXX**:28–29
Wāḍiḥ (*qahramān* to al-Mahdī) **XXIX**:243
Wādi'īs. SEE Banū Wādi'ah
al-Waḍīn b. 'Aṭā' **XXIX**:111
Wāfid b. Bakr **XVII**:180
Wāfid b. Khalīfah b. Asmā' **XX**:34
Wāfid b. Abī Yāsir **XXI**:84
Wāḥ (*khādim* of the Zanj leader) **XXXVI**:142
Wāḥ b. Shīraz b. Bīrūwīs. SEE Abū Ḍumayrah
Waḥash. SEE Waḥsh
Wahb (of Banū Ḍubay'ah b. 'Ijl) **X**:147
Wahb (of Banū Ghiyarah b. 'Awf b. Thaqīf) **IX**:15

Wahb *(rāwī)*. SEE Wahb b. Ḥammād; Wahb b. Jarīr b. Ḥāzim; Wahb b. Munabbih
Abū Wahb *(ṣāḥib al-maẓālim)* **XXXIV**:38
al-Wahb (toponym) **XXIII**:159
Ibn Wahb (Khārijite leader). SEE ʿAbdallāh b. Wahb al-Rāsibī
Ibn Wahb *(rāwī)*. SEE ʿAbdallāh b. Wahb; Aḥmad b. ʿAbd al-Raḥmān b. Wahb
Umm Wahb bt. ʿAbd **XIX**:129–31
Wahb b. ʿAbd Manāf b. Zuhrah **VI**:5–6
Wahb b. ʿAbd Quṣayy **VI**:17
Wahb b. ʿAbdallāh al-Suwāʾī. SEE Abū Juḥayfah
Abū Wahb b. ʿAmr b. ʿĀʾidh **VI**:57
Wahb b. Ḥammād **XX**:6, 8?
Wahb b. Ḥudhayfah **XXXIX**:154
Wahb b. Jābir **IX**:41
Wahb b. Jarīr b. Ḥāzim **I**:179, 229; **V**:268; **VI**:67; **XV**:251, 253; **XVI**:4, 43, 68, 125; **XVIII**:100, 166, 196, 198; **XIX**:218; **XX**:8?, 17, 18, 20, 35, 46, 163, 164, 165; **XXIII**:211
Wahb b. Kaysān **VI**:70; **XII**:133; **XXXIX**:237, 335
Wahb b. Kurayb **XVII**:43
Wahb b. Masʿūd **XVII**:208
Wahb b. Munabbih al-Yamānī **I**:174, 206, 208, 210, 227, 228, 301, 351; **II**:11, 40, 119, 122, 140, 142, 163; **III**:4, 5, 49, 56, 87, 119, 121, 125, 126, 133, 140, 141, 143, 150–52, 163, 166; **IV**:21, 42, 55, 65, 113, 118, 120, 122, 157, 167, 171, 173; **V**:195, 199, 331, 415–16; **IX**:123; **XXXIX**:227, 322
Wahb b. Rabīʿah b. Hilāl **XXXIX**:301
Wahb b. Saʿīd al-Kātib **XXXII**:52
Wahb b. Sulaymān al-Dhimārī **II**:58, 68; **III**:47
Wahb b. Sulaymān b. Wahb **XXXVI**:199
Wahb b. ʿUmayr b. Wahb **VII**:78
Wahb b. Wahb, Abū al-Bakhtarī. SEE Abū al-Bakhtarī al-Qāḍī
Banū Wahbīl (of Nakhaʿ) **XXI**:75, 98
Wahīb *(rāwī)*. SEE Wahb b. Jarīr b. Ḥāzim
Wahishtkank (toponym) **IV**:76
Wahriz (Persian commander) **V**:239–42, 245–52, 289, 294
Waḥsh (Waḥash, *mawlā* of al-Muhtadī) **XXXVI**:7
Waḥsh al-ʿIjlī **XXV**:106
Waḥshī (*ghulām* of Jubayr b. Muṭʿim) **VII**:106, 107, 121, 129; **X**:116, 119, 120, 125, 126
Waḥshiyyah (mother of Yazīd b. al-Mufaḍḍal al-Ḥuddānī) **XXV**:75
Waḥshiyyah bt. Shaybān b. Muḥārib b. Fihr **VI**:26
Wahsūdhān b. Justān al-Daylamī **XXXV**:24; **XXXVI**:156; **XXXVIII**:112
Waḥwaḥ b. Thābit **XXXIX**:34
Wāʾil (ancestor of Banū Bakr b. Wāʾil and Banū Taghlib) **XVII**:63; **XXV**:11, 116; **XXX**:153; **XXXVIII**:38
Wāʾil (b. Ḥujr al-Ḥaḍramī?) **X**:177
Abū Wāʾil (Shaqīq b. Salamah al-Asadī) **II**:29, 31, 32; **XII**:31, 33, 75, 93, 126, 130; **XIII**:199; **XIV**:88, 141; **XXXIX**:306
Banū Wāʾil (of Aws) **VI**:130; **VIII**:7
Banū Wāʾil (of Bāhilah) **XXIV**:15, 17, 19
Banū Wāʾil (of Judhām) **IX**:100
Wāʾil b. Ḥujr al-Ḥaḍramī, Abū Hunaydah **X**:177?; **XIII**:204; **XVIII**:77, 142–46, 148, 160; **XXXIX**:148
Wāʾil b. Japheth **II**:11
waistcoat *(ṣudrah)* **XXXIII**:212

Wāj Rūdh (Wāj al-Rūdh, between Hamadhān and Qazwīn) **XIV**:21–24, 31
al-Wajaf b. Khālid al-ʿAbdī **XXV**:78, 79, 80
al-Wajāh (in Jurjān) **XXIV**:55–56
Wājan (Wājin) al-Ushrūsanī al-Ṣughdī **XXXIII**:183–84; **XXXIV**:50, 180, 196; **XXXV**:3, 4, 26; **XXXVI**:86
Wajh al-Fals. SEE ʿAbd al-Raḥmān b. al-Khaṭṭāb
al-Wajīh al-Bunānī (al-Khurāsānī), Abū Asmāʾ **XXV**:52–53
Wājin al-Ushrūsanī. SEE Wājan al-Ushrūsanī al-Ṣughdī
al-Wajnāʾ b. al-Rawwād **XXXIII**:16–17, 90
Abū Wajzah (*rāwī*). SEE Yazīd b. ʿUbayd al-Saʿdī
Wakhsh Khāshān (in Iskīmisht) **XXIII**:170
Wakīʿ (b. al-Jarrāḥ) **I**:200, 207, 218, 226, 267, 315; **II**:86, 165, 180; **VI**:74, 81, 85; **VII**:8, 40, 131; **VIII**:88; **IX**:180; **XIV**:96, 143; **XXXIX**:113, 135, 136, 226
Wakīʿ (*rāwī*, father of Sufyān b. Wakīʿ). SEE Wakīʿ
Ibn Wakīʿ (*rāwī*). SEE Sufyān b. Wakīʿ
Wakīʿ al-Dārimī **IX**:168
Wakīʿ b. Ḥassān b. Qays b. Abī Sūd al-Ghudānī. SEE Wakīʿ b. Abī Sūd
Wakīʿ b. Ḥudus (Wakīʿ b. ʿUdus) **I**:204; **V**:232
Wakīʿ b. Mālik **X**:85, 89–91, 98, 139
Wakīʿ b. Abī Sūd, Abū Muṭarrif **XXIII**:150–51; **XXIV**:13–18, 20–25, 29, 34–36, 81; **XXV**:52
Wakīʿ b. ʿUdus. SEE Wakīʿ b. Ḥudus
Wakīʿ b. ʿUmayrah al-Qurayʿī (Ibn al-Dawraqiyyah) **XXI**:211
Waʿlah b. Maḥdūj al-Dhuhlī **XVI**:114, 115
al-Walajah (district, adjoining Kaskar) **XII**:24
battle of **XI**:19–21
Waʾlān al-ʿAdawī **XXIII**:138, 139
Ibn Waʾlān al-ʿAdawī. SEE ʿAbdallāh b. Waʾlān al-ʿAdawī
Banū Walīʿah (of Kindah) **X**:176, 177, 180, 187
Banū Wālibah (of Azd) **XIX**:167; **XX**:208
Wālibah b. al-Ḥubāb al-Asadī **XXIX**:259
al-Wālibī (*rāwī*). SEE al-Ḥārith b. Kaʿb b. Fuqaym al-Azdī al-Wālibī
al-Walīd I (caliph). SEE al-Walīd b. ʿAbd al-Malik b. Marwān
al-Walīd II (caliph). SEE al-Walīd b. Yazīd b. ʿAbd al-Malik b. Marwān
Abū al-Walīd. SEE ʿAbd al-Malik b. Marwān; Muḥammad b. Aḥmad b. Abī Duʾād; Ṣāliḥ b. ʿAbd al-Raḥmān; ʿUtbah b. Rabīʿah
al-Walīd b. ʿAbd al-Malik b. Marwān (al-Walīd I, caliph) **I**:178, 179; **XV**:79; **XVIII**:102, 211; **XIX**:8; **XXI**:161, 163, 215; **XXII**:176, 180, 195; **XXIII**:109–14, 118, 125–26, 131–32, 140–42, 144, 148–50, 156, 158, 160–63, 172, 177, 179–81, 195, 201–2, 206, 209–10, 213, 216–25, 228; **XXIV**:3, 5–6, 29, 36, 42, 62, 194; **XXV**:20; **XXVI**:127–28, 136, 138, 147, 243; **XXVII**:7, 8; **XXIX**:125, 254, 255; **XXXIX**:182, 190, 213
sons of **XXVI**:127–28, 136, 138, 147; **XXVII**:7, 8
al-Walīd b. ʿAbd al-Raḥmān **XXVI**:169–70
al-Walīd b. ʿAbd Shams **XII**:28; **XIV**:49
al-Walīd b. ʿAbdallāh b. Abī Ṭaybah (Ẓaybah) al-Bajalī **IX**:195; **XII**:120; **XIII**:15, 36, 42, 49, 50, 54; **XVI**:158

al-Walīd b. ʿAlī **XXVI**:186
al-Walīd al-Azraq **XXV**:25
al-Walīd b. Ghuḍayn al-Kinānī **XX**:124, 125, 150
al-Walīd b. Ḥassān al-Ghassānī **XXVII**:13, 14
al-Walīd b. Hishām (leader of the summer campaign) **XXVII**:121
al-Walīd b. Hishām al-Muʿayṭī **XXIII**:204; **XXIV**:42, 79
al-Walīd b. Hishām b. al-Mughīrah **XIV**:115
al-Walīd b. Hishām b. Qaḥdham (al-Qaḥdhamī) **XVIII**:72, 180; **XX**:35; **XXIII**:67; **XXVII**:209, 210; **XXVIII**:3, 8, 95, 127, 134
paternal uncle of **XX**:35
Abū al-Walīd al-Jarīrī al-Bajalī **XXXIV**:209
al-Walīd b. Jumayʿ al-Zuhrī **IX**:195; **XIV**:47
al-Walīd b. Jusham al-Shārī **XXX**:223
al-Walīd b. Kathīr **XIV**:112
al-Walīd b. Khālid (nephew of Saʿīd b. al-Walīd al-Kalbī) **XXVI**:155–56, 159, 167
al-Walīd b. Khulayd **XXVI**:78
al-Walīd al-Maghribī **XXXV**:153–54
Abū al-Walīd al-Makkī **XIV**:132, 135
Umm al-Walīd bt. Marwān **XXVII**:169
al-Walīd b. Maṣād al-Kalbī **XXVI**:252
al-Walīd b. Mazyad (father of al-ʿAbbās b. al-Walīd) **I**:178; **II**:38; **III**:8, 9; **VI**:60; **VII**:156; **XI**:135; **XXXIX**:132, 148
al-Walīd b. Muʿāwiyah b. ʿAbd al-Malik **XXVII**:84
al-Walīd b. Muʿāwiyah b. Marwān **XXVII**:3, 6, 163, 164, 169, 171, 172
al-Walīd b. al-Mughīrah **VI**:57–58, 93, 107, 111; **VII**:6; **XXXIX**:202
al-Walīd b. Muḥammad al-ʿAnbarī **XXIX**:37
al-Walīd b. Muṣʿab **III**:31, 32
al-Walīd b. Muslim (father of al-ʿAbbās b. al-Walīd al-Bayrūtī) **II**:181; **III**:146; **XIII**:175; **XV**:30; **XXV**:13; **XXXIX**:132, 136, 148, 223, 279
al-Walīd b. Muslim, Abū Bishr **XXXIX**:326
al-Walīd b. Nahīk, Abū Ḥuzzābah **XIX**:186
al-Walīd b. Naḥīt al-Kalbī **XXIII**:39
al-Walīd b. al-Qaʿqāʿ al-ʿAbsī **XXV**:67, 86, 131; **XXVI**:136; **XXVII**:194
al-Walīd b. al-Quṭāmī. SEE al-Sharqī b. al-Quṭāmī
al-Walīd b. Rabāḥ **IX**:24; **XXXIX**:185
al-Walīd b. Rawḥ b. al-Walīd **XXVI**:142, 147, 185
al-Walīd b. al-Rayyān **II**:154, 161
al-Walīd b. Saʿd **XXVII**:150, 159, 160
al-Walīd b. Saʿīd **XXVI**:256, 258
al-Walīd b. Salamah al-Filasṭīnī **XXXIX**:120
al-Walīd b. Ṣāliḥ **XVII**:67
al-Walīd b. Shujāʿ al-Sakūnī. SEE Abū Hammām
al-Walīd b. Talīd **XXVI**:176
al-Walīd b. Ṭarīf **XXX**:143, 153–54
al-Walīd b. ʿUbādah b. al-Ṣāmit **I**:198, 199; **VI**:138
al-Walīd b. ʿUbayd al-Buḥturī (poet). SEE al-Buḥturī
al-Walīd b. ʿUqbah b. Abī Muʿayṭ (Ibn Dhakwān al-Ṣafūrī) **VIII**:92; **XI**:16, 57, 79–82, 161; **XII**:179, 180; **XIII**:80, 88–92; **XV**:5, 7–10, 15, 17, 45–46, 48–57, 120, 185, 230–31, 261; **XVI**:12, 40, 156; **XVII**:3, 15, 33, 39, 73, 74, 79, 110; **XXI**:79; **XXII**:126; **XXXI**:231; **XXXII**:101; **XXXIX**:198, 297

al-Walīd b. ʿUrwah b. Muḥammad b. ʿAṭiyyah al-Saʿdī **XXVII**:132, 133, 195
al-Walīd b. ʿUtbah al-Firāsī **XXVII**:145
al-Walīd b. ʿUtbah b. Rabīʿah **VII**:33, 36, 52, 53, 128
al-Walīd b. ʿUtbah b. Abī Sufyān **XVIII**:183, 191–92, 198, 207; **XIX**:2–7, 9, 10, 17, 90, 188–90, 193, 195–97, 200; **XX**:52; **XXXIX**:176
al-Walīd b. ʿUthmān b. ʿAffān **XV**:254; **XVI**:44
al-Walīd b. al-Walīd b. al-Mughīrah **XXXIX**:67
al-Walīd b. Yazīd b. ʿAbd al-Malik b. Marwān (al-Walīd II, caliph) **XIX**:198; **XXI**:217; **XXIII**:141; **XXIV**:90; **XXV**:110; **XXVI**:51, 83, 87–119, 121–22, 124, 126–32, 135–39, 143, 145, 147–66, 174–80, 183–85, 189–90, 193–94, 196–99, 201–2, 204–9, 214–15, 218–19, 221, 226, 238–40, 242, 244, 251, 271; **XXVII**:1, 2, 9, 16, 31; **XXVIII**:110–11; **XXIX**:141–42, 260; **XXX**:334; **XXXIX**:236
al-Walīd b. Yūsuf b. ʿUmar **XXVI**:208
Walīlah (near Tangier) **XXX**:29
Wāliq b. Jaydārah **XI**:179, 184
Banū Wallād **XIII**:14
Wallādah bt. al-ʿAbbās b. Jazʾ **XXIII**:118
al-Walwalān. SEE Wādī al-Walwalān
Wāman (b. Wādharjā) **III**:114
Wandāhurmuz (Windāhurmuz) b. al-Farrukhān (ruler of Ṭabaristān) **XXVIII**:45; **XXIX**:236; **XXX**:14, 255
Wandān (b. Īraj) **II**:27
Wandās.b.(f.)jān b. al-Andād b. Qārin **XXXIII**:169
waqf. SEE endowment
Wāqid b. ʿAbdallāh (*rāwī*) **XV**:140
Wāqid b. ʿAbdallāh al-Tamīmī **VII**:19–22, 28, 29
Wāqid b. Abī Thābit **XXXIX**:78
Wāqidah (mother of Nawfal b. ʿAbd Manāf) **VI**:16
al-Wāqidī (Muḥammad b. ʿUmar al-Aslamī, Abū ʿAbdallāh) **II**:127–28, 158; **V**:283, 284, 413, 415; **VI**:8, 9, 30–31, 49, 63–64, 77, 84, 86, 87, 92, 99, 155; **VII**:9–11, 14, 15, 18, 21, 25, 27, 28, 67, 83–87, 89, 91, 92, 94, 98, 99, 101, 110, 111, 143, 158, 161, 166, 167; **VIII**:1, 4, 5, 8, 40, 41, 92, 93, 94, 95, 97, 107, 109, 113, 114, 131, 132, 133, 137, 138, 139, 142, 143, 147, 150, 152, 161, 170, 181, 184, 187, 188; **IX**:23, 24, 38, 41, 63, 67, 73, 76, 79, 87, 98, 117, 118, 123, 124, 125, 148, 149, 150, 151, 152, 153, 154, 155, 165, 180, 181, 184; **X**:39; **XI**:2, 72, 130, 133–34, 136–40, 146–47, 151, 169; **XII**:161, 207; **XIII**:58, 59, 66, 92, 109, 110, 159–61, 163, 176, 177, 179; **XIV**:13–15, 17, 20, 21, 42, 47, 64, 89, 93, 95–97, 99–102, 114–20, 164; **XV**:1, 3, 5, 10–11, 12–13, 14–15, 18, 23–24, 25, 31–32, 37–38, 40, 41, 71–72, 74–75, 77–78, 94, 99–100, 111–12, 120–21, 125, 140, 145, 170, 172, 174–76, 179, 181–83, 191, 194, 197–98, 200–201, 219–21, 229–30, 236, 238, 246–48, 250, 251, 252, 253, 254–55, 257–58; **XVI**:8, 21, 23, 24, 158, 193; **XVII**:20, 104, 110, 159, 202, 213, 226, 227, 228, 229; **XVIII**:11, 19, 26, 32, 91–92, 95–96, 101–3, 164–65, 166, 171–72, 172–73, 179–80, 191–92, 198–99, 206, 208, 210–11; **XIX**:10–11, 13–16, 48, 82–83, 91, 144, 193, 205, 213, 217–19, 221, 224; **XX**:47–48, 54–55, 122–23, 160–62, 175–76; **XXI**:115–16, 120,

al-Wāqidī (continued) **XXI**:151–52, 154, 167, 169, 179, 186, 188, 193–94, 197, 207–9, 224–30, 232, 234; **XXII**:2, 11, 90, 92, 186–88, 194; **XXIII**:3, 13, 20, 33, 40, 71, 72, 108, 114–17, 125, 129, 131, 132, 134, 140–42, 144, 146, 147, 149–50, 156, 164, 178–83, 201–3, 207, 208, 209, 214, 216–18; **XXIV**:3, 29–30, 38, 39, 42, 69, 75, 76, 88, 91, 105, 126, 165, 167, 180, 182, 191, 193; **XXV**:3, 9, 19, 28, 29, 32, 44, 45, 63, 64, 69, 95, 96, 97, 98, 110, 128, 130; **XXVI**:4, 35, 55, 65, 68, 70–71, 83, 164, 238, 244; **XXVII**:27, 52, 92, 114, 118, 120, 145, 195, 196, 198, 203, 211, 212; **XXVIII**:46, 48, 52, 71, 81, 138–39, 185, 187, 204–5, 231, 269, 286, 288; **XXIX**:3, 13, 49, 51, 60, 66, 68, 69, 80, 91, 157, 169, 179; **XXX**:58, 114, 134, 138, 140, 154; **XXXIX**:4, 5, 10, 12, 17, 23, 25, 26, 30, 31, 32, 33, 34, 36, 38, 39, 41, 42, 43, 45, 46, 47, 49, 50, 51, 52, 56, 57, 58, 59, 62, 63, 65, 66, 67, 69, 70, 71, 73, 74, 78, 79, 80, 81, 83, 90, 91, 92, 106, 115, 116, 161, 162, 164, 165, 166, 167, 168, 169, 170, 171, 173, 175, 176, 177, 180, 183, 184, 185, 186, 187, 188, 190, 192, 193, 195, 203, 208, 209, 213, 214, 217, 221, 227, 229, 230, 232, 233, 234, 239, 241, 244, 245, 249, 253, 255, 257, 260, 262, 265, 283, 289, 293, 298, 299, 319
Banū Wāqif **VI**:130; **IX**:50
Wāqiṣah (in Najd) **XVII**:201; **XIX**:79, 89, 95; **XX**:108; **XXI**:23; **XXVIII**:266; **XXXVIII**:172, 173, 175
al-Wāqūṣah (al-Yaʿqūṣah, at al-Yarmūk) **XI**:81, 85–86, 88, 98, 103, 112, 116, 129, 159, 161
war(s)
  Fijār war (Sacrilegious War) **VI**:50, 161; **XIV**:98; **XXXIX**:41, 73
  of Ḥāṭib **X**:179
    SEE ALSO Buʿāth
  jihād (holy war) **X**:2, 65, 129, 177; **XI**:79–80, 108; **XII**:83, 119, 200, 204, 205; **XV**:21, 35, 77, 136, 140, 209; **XVII**:39, 51, 64, 71, 76, 96, 120, 121, 123, 136, 137, 147, 150, 151, 153, 154, 156, 159, 162, 164, 168, 221; **XVIII**:12, 23, 24, 47, 49, 68, 193, 194; **XXI**:78; **XXII**:151, 193; **XXIII**:175; **XXVIII**:83; **XXXIV**:206–9
  Riddah wars **IX**:95, 108; **X**:41–54; **XII**:17, 18; **XIII**:13, 27, 29, 38, 106, 127, 201, 202, 214; **XV**:119; **XXI**:106; **XXXIX**:82, 85, 88, 91
    SEE ALSO *ahl al-Riddah*
  ṣalāt al-khawf (prayer of fear, in warfare) **VII**:161, 162, 163; **XI**:97; **XIX**:144
    SEE ALSO *ṣalāt al-īmāʾ*
  spoils of. SEE booty
war cry *(shiʿār)* **X**:32; **XXVI**:39
war engines
  caltrops *(ḥasak)* **XIII**:180–81, 187, 188; **XXVIII**:52; **XXXIII**:51
  fighting machines **XXXV**:55
  mangonels and ballistas *(manjanīq, ʿarrādah)* **IX**:20, 23; **XIII**:9, 11; **XV**:95; **XIX**:224; **XXI**:225; **XXVII**:21, 23, 38, 42, 129; **XXXI**:134–37, 145–47, 150, 154, 164, 176, 181, 198, 209, 212; **XXXIII**:66, 109, 111; **XXXIV**:79, 127; **XXXV**:32, 40, 46, 47, 59, 60, 63, 64, 68, 73, 91, 95; **XXXVII**:43, 101, 105, 175; **XXXVIII**:75

war engines (continued)
shaddākhāt **XXXV**:40
SEE ALSO arms and armor
Warādak Road **XXV**:146
Waraghsar (east of Samarqand) **XXIV**:161; **XXV**:122; **XXVI**:25
Waraqah b. Nawfal b. Asad **VI**:6, 68–69, 70, 72–73
Ward (town, near Jazzah) **XXV**:147
al-Ward (name of Prophet Muḥammad's horse) **IX**:149
Abū al-Ward (*mawlā* of al-Ḥajjāj b. Yūsuf al-Thaqafī) **XXII**:109, 117
al-Ward b. ʿAbdallāh b. Ḥabīb al-Saʿdī **XXIV**:143–44
Ward b. ʿAmr **VIII**:96
Ward b. al-Falaq al-ʿAnbarī **XX**:179; **XXI**:62, 66
Abū al-Ward al-Kilābī. SEE Majzaʾah b. al-Kawthar b. Zufar b. al-Ḥārith
Abū al-Ward al-Subʿī **XXXI**:238
Ward b. Ziyād b. Adʾham b. Kulthūm **XXV**:66
Wardān (*mawlā* of ʿAmr b. al-ʿĀṣ) **XVII**:2, 77–78; **XVIII**:223
Wardān (*rāwī*, father of Sulaymān b. Wardān) **VII**:150; **XIII**:172
Wardān (of Banū Taym al-Ribāb) **XVII**:215–16
Wardān Khudāh **XXIII**:147, 150
Wardān b. Muḥriz **IX**:122
al-Wardāniyyah (in west Baghdad) **XXVIII**:248
warfare and warfare techniques
battle. SEE battle
ceramic rollers *(khazāzīf)*, hurling of **XI**:29–30
chaining (binding) of soldiers **XII**:53; **XVII**:31, 47
individual combat *(muṭāradah)* **XII**:100
iron rods, in pits **XXXVII**:17
molten lead, pouring of **XXXVII**:93, 95
warfare and warfare techniques (continued)
naval warfare **XV**:28
SEE ALSO boats and ships
oil burning **XXXV**:151
perseverance in battle **XIX**:210
river warfare. SEE boats and ships
stone hurling **XXXV**:18, 48; **XXXVII**:43, 46, 60
sun's position and **XIX**:207
Wārī b. al-Nakhīrjān **V**:147
Wāridāt (northeast of Samīrāʾ) **X**:67
Warisah (name of Prophet Muḥammad's milch sheep) **IX**:153
Abū al-Wārith (*qāḍī* of Naṣībīn) **XXXIV**:184
al-Warkāʾ (in southern Iraq) **II**:49
Warqāʾ (b. ʿUmar b. Kulayb) **I**:247, 287
Warqāʾ *(rāwī)* **II**:95, 113, 146, 152, 174
Warqāʾ b. ʿAbd al-ʿUzzā **VI**:15
Warqāʾ b. ʿĀzib al-Asadī al-Nakhaʿī **XXI**:5, 7, 10, 79, 81, 98
Warqāʾ b. al-Ḥārith **XIII**:135
Warqāʾ b. Jamīl **XXXII**:27, 33–34
Ibn Warqāʾ al-Nakhaʿī **XXXIX**:247
Warqāʾ b. Naṣr al-Bāhilī **XXIV**:16, 151
Warqāʾ b. Sumayy al-Bajalī **XVII**:87; **XVIII**:144, 152
Warqāʾ b. Zuhayr b. Jadhīmah al-ʿAbsī **XXIV**:64
Warrād (*mawlā* of al-Mughīrah b. Shuʿbah) **XVIII**:45
Warrād (*mawlā* of Banū ʿAbd Shams) **XXI**:46–47
wars (ointment) **XXI**:33
Warthān (town, on the Araxes) **XXXIII**:175
Warzanīn (village, near al-Rayy) **XXXVI**:30

Wāshin (in the land of the Turks) **IV**:9
washing of the dead **I**:333; **XII**:107; **XXXIX**:12
washing facilities. SEE privies
waṣī (executor, heir, legatee) **XV**:146; **XXI**:114; **XXVIII**:167; **XXXIX**:236
Wāsiʿ b. Ḥabbān **XXXIX**:154
waṣīf (slave) **XXX**:8
Waṣīf (*ghulām* of Yaʿqūb b. Layth) **XXXVI**:168
Waṣīf (*khādim* of Ibn Abī al-Sāj) **XXXVII**:162, 164–65, 169; **XXXVIII**:13, 85, 86, 88–90, 98
Waṣīf (*khādim* of Ghālib al-Naṣrānī) **XXXVIII**:42–43
Waṣīf (Turkish commander) **XXXIII**:99, 214; **XXXIV**:37, 61, 64, 82, 171, 176, 178, 180, 205–6, 208–10, 212, 224; **XXXV**:7, 11, 12, 13, 15, 25, 26, 28, 29, 30, 31, 32, 34, 45, 46, 62, 67, 78, 92, 95, 96, 100, 102, 103, 104, 105, 106, 107, 122, 123, 124, 126, 143, 146; **XXXVI**:29, 85, 86, 88, 107, 180
Waṣīf ʿAlamdār **XXXVII**:31, 33
Waṣīf al-Buktamirī **XXXVIII**:139
Waṣīf al-Ḥijrāʾī **XXXVII**:54–55
Waṣīf Kāmah al-Daylamī **XXXVIII**:70, 195
Waṣīf al-Kūfī **XXXVI**:61
Waṣīf Mūshgīr (Mūshkīr) **XXXVII**:18, 166; **XXXVIII**:20, 21, 27, 28, 35, 38, 138
Waṣīf Qāṭarmīz **XXXVIII**:73, 74
Waṣīf al-Raḥḥāl **XXXVI**:177
Waṣīf al-Rūmī **XXXVI**:205
Waṣīf b. Ṣawārtakīn (Sawārtakīn) al-Turkī **XXXVIII**:163, 168, 179, 182, 183, 189
Waṣīf al-Turkī. SEE Waṣīf (Turkish commander)
Ibn Wāṣil. SEE Muḥammad b. Wāṣil b. Ibrāhīm al-Tamīmī
Wāṣil b. ʿAbd al-Aʿlā al-Asadī **I**:200, 218
Wāṣil b. ʿAmr al-Qaysī **XXV**:66, 67; **XXVI**:29–30
Wāṣil al-Ḥannāṭ **XXVI**:44
Wāṣil b. al-Ḥārith al-Sakūnī **XXII**:56, 88–89
Wāṣil b. Ṭaysalah al-ʿAnbarī **XXIII**:107
Wāsim (mountain, in India) **I**:292
Wasīm b. ʿAmr b. Ḍirār al-Ḍabbī **XVI**:138
Wāsiṭ **III**:119; **XXI**:91, 218; **XXII**:121; **XXIII**:64, 70–71, 84; **XXIV**:31, 34, 79, 124, 126, 136–37, 139, 141; **XXV**:98, 102, 156, 180; **XXVI**:166, 196; **XXVII**:11, 13, 15, 16, 26, 49, 57, 59, 89, 122, 138, 140, 142, 151, 161, 180, 185–91, 192; **XXVIII**:84, 218, 243, 245, 254, 273–76, 280, 282; **XXIX**:5, 96, 143, 241; **XXXI**:119–20, 159; **XXXII**:16, 17, 23, 25, 46–49, 51, 74–76, 81, 147; **XXXIII**:8; **XXXV**:17, 115, 116, 117, 122, 132, 150; **XXXVI**:33, 39, 44, 120, 142, 146, 148, 150, 165, 169, 170, 174, 176, 177, 185, 190, 194, 196–98, 200; **XXXVII**:13–15, 24, 26, 32–35, 39, 41, 56, 78, 114, 139, 150–51, 169; **XXXVIII**:86, 106, 108, 127, 150, 174; **XXXIX**:241, 264
Wāsiṭ (in al-Yamāmah) **X**:74; **XVI**:46
Wāsiṭ (near Qarqīsiyāʾ) **XXVII**:9, 19, 21
Wāsiṭ al-Qaṣab **XXIII**:64, 215
waṣiyyah (will, testament) **XII**:19
Wasnān al-ʿArajī **XXVI**:72
al-Waṣṣāf (al-Hārith b. al-Mālik) **XXVI**:210
Wassāj (Wishāḥ) b. Bukayr b. Wassāj (Wishāḥ) **XXV**:192
Wastrāʾiʾūshān Sālār (Persian rank) **V**:104

watchmen *(dayādibah)* **XXXIII**:85
water
  Battle by the Water **XVII**:11–16
  blood, turning into **III**:59–60, 66, 67
  for breakfast **XXXIX**:125
  camels as source of water for horses **XI**:114, 124
  creation by God **I**:206–7, 216
  drinking fountain, in Medina **XXIII**:144
  of eternal life (River of Life) **III**:2, 4, 14, 16
  feeding and watering of pilgrims, office of **VI**:15, 17, 18, 25–26; **XXX**:144
  fountains **XXIII**:144; **XXX**:110
  freezing of, in Baghdad **XXXIV**:51; **XXXVIII**:117
  maṣāni' (water reservoirs) **XXIX**:198
  miraculous crossing of **X**:148
  miraculous drawing of water by Prophet Muḥammad **VIII**:73–74; **IX**:60
  mirage of **X**:142–43
  in Nowrūz celebrations **XXXVIII**:45
  in pilgrimage **XXXIX**:261
  pious charity *(fī sabīl Allāh)*, drinking water made available by **XXXIII**:156
  in riddle of Bilqīs **III**:161–62
  spoiling of **XIX**:219; **XXVIII**:14; **XXXVIII**:175
  thirst. SEE thirst
  wells. SEE wells
  Yawm al-Tarwiyah (Day of Moistening, Day of Refreshment, Day of the Underwater Humps, Day of Watering) **II**:81, 82; **XIII**:19; **XXX**:26, 110; **XXXII**:38; **XXXIII**:3; **XXXVI**:181, 199; **XXXVII**:7; **XXXIX**:221
water closet. SEE privies
Water Gate. SEE Bāb al-Mā'
water reservoirs *(maṣāni')* **XXIX**:198
water works, of al-Mahdī **XXIX**:198
watermelons **XXIV**:184; **XXXI**:244–45
waterskins
  rafts made of **XXXIII**:182
  rattling of **XXII**:14, 16–17
waterwheel workers *(aṣḥāb al-dawālīb)* **XXXV**:91
Wāthilah b. al-Aṣqa' **XXXIX**:101, 291–92
Abū Wāthilah al-Hudhalī **XIII**:99
Abū Wāthilah al-Kirmānī. SEE Muḥammad b. Hishām al-Kirmānī
Ibn Wathīmah al-Naṣrī. SEE 'Abdallāh b. Wathīmah al-Naṣrī
al-Wāthiq bi-llāh (caliph) **XXXII**:234; **XXXIII**:27, 85, 196, 199, 209–10, 215; **XXXIV**:3–57 *passim*, 61, 64, 65, 67–68, 81, 86, 162, 173, 186, 188–89; **XXXV**:30, 62, 86, 87; **XXXVI**:34, 70
Wāthiq street (in Sāmarrā) **XXXVI**:98
al-Wāthiqī. SEE Aḥmad b. Muḥammad b. Yaḥyā
Ibn al-Wāthiqī (confederate of Ismā'īl b. Bulbul) **XXXVII**:167
Wathīq (black rebel leader) **XXVIII**:180, 233, 235, 237
Waththāb *(rāwī)* **XV**:189–91
al-Waṭīḥ (fortress, at Khaybar) **VIII**:117, 123
al-Watīr (in Lower Mecca) **VIII**:160–63
Wattād b. Fulān (of Banū Iyād b. Nizār) **X**:88, 96, 106
Waṭūr (Yaṭūr) b. Ishmael **II**:132, 133
wax, used instead of olive oil, in shrines **XXXIV**:190

Wāyah Khurd (near Nihāwand) **XIII**:203, 209
wayfarer. SEE *ibn al-sabīl*
Wayk (*dihqān* of Kiss) **XXIV**:178
Wayrak (bt. Afrīdhūn) **III**:20
Wāzar b. Juff **XXXVIII**:155
al-Wāzi' b. Mā'iq **XXV**:53
Wāzi' b. al-Sarī **XXI**:17
al-Wāzi' b. Zayd b. Khulaydah **XIV**:55
al-Wāziqī. SEE Hārūn al-Shārī al-Wāziqī
wazīr **XX**:93
Abū al-Wazīr **XXXVI**:95
Abū al-Wazīr (Aḥmad b. Khālid) **XXXIII**:25; **XXXIV**:10, 15, 61, 66, 69–70, 74–75
Abū al-Wazīr ('Umar b. Muṭarrif) **XXIX**:204, 233–34; **XXX**:31
Wazīr b. Isḥāq al-Azraq **XXX**:19
Wazīr al-Sakhtiyānī **XXV**:161
wazīrate. SEE *wizārah*
al-Wazīriyyah (in Sāmarrā) **XXXIII**:200; **XXXVI**:95
wealth
- caliph al-Manṣūr on **XXIX**:129
- Prophet Muḥammad on **XXXIX**:153

weaving, origin of **I**:349
weights and measures
- *bā'* (of length) **XXIII**:172
- *dhirā'* (cubit) **XVIII**:16, 53; **XXIII**:172; **XXVIII**:247
- *faddān* (of area) **XXXIII**:76
- *farsakh* (of distance) **XII**:57; **XV**:69; **XVIII**:56, 62, 65, 178, 220; **XXII**:24; **XXVIII**:287; **XXXVI**:108, 157, 169, 178, 186, 191, 192, 196
- *ghalwah* (of distance) **XXV**:27, 88
- *ḥabbah* (of weight, grain) **XXII**:91–92; **XXIX**:11; **XXXIII**:30
- *ḥabl* (of distance?) **XXXVI**:141
- *ḥuqb* (of time) **I**:184

weights and measures (continued)
- *jarīb* (of surface area) **V**:256, 258, 260–61; **XII**:177, 203; **XVIII**:15; **XXVIII**:291; **XXXIV**:131
- *kaylajah* (of weight) **XXXVI**:9
- *kurr* (of weight) **XXXV**:124; **XXXVI**:161; **XXXVIII**:160
- *madd* (for grain) **XXIV**:39
- *makkūk* (of weight) **XII**:171; **XXXVI**:9
- *mann* (of weight) **XXXVII**:72
- *mīl* (of distance) **XVIII**:53; **XXII**:5; **XXV**:53; **XXVIII**:123
- *mithqāl* (of weight) **XII**:171; **XXII**:91–92; **XXIII**:137, 142, 194; **XXXVI**:96
- *nashsh* (of weight) **VII**:150
- *qafīz* (of dry goods) **V**:260, 261; **XXIV**:22; **XXXII**:98, 135
- *qāmah* (of height, fathom) **XXVIII**:247
- *qaṣabah* (of time) **XXIV**:194
- *qaṣabah* (reed linear measure) **XXVIII**:247
- *qinṭār* (of weight) **XV**:23, 24
- *qīrāṭ* (of weight) **XXII**:91–92; **XXIX**:11
- *raṭl* (of weight, flagon) **XXII**:78, 117; **XXIII**:54; **XXVIII**:190; **XXIX**:7; **XXXI**:179; **XXXVII**:101
- *ūqiyyah* (of weight) **II**:153; **VII**:150; **IX**:26, 32, 85, 87, 148; **XXXVII**:79
- *wazn sab'ah* (weight of seven, dīnār weighing seven mithqāls) **XXIV**:96

well(s)
- of Arīs **XV**:62
- of Beersheba **II**:65–66, 128
- honey poured into **XXI**:101
- of al-Ka'bah **VI**:56–57
- of Rūmah (north of Medina) **XV**:204, 237

well(s) (continued)
of al-Walīd b. ʿAbd al-Malik **XXIII**:148
zarnūq (support beam for a well head) **XXXVI**:44
SEE ALSO entries beginning with ʿAyn; Biʾr
whales **VIII**:147–49
SEE ALSO Jonah
wheat **I**:298; **V**:258; **XXXIX**:225
wheat bread **XXXIX**:155
wheat merchants *(ḥannāṭūn)* **XXXVI**:181; **XXXVII**:127
whips, ʿUmar b. al-Khaṭṭāb's **XIV**:115, 120, 139, 140, 141
white color symbolism
al-dīn al-abyaḍ (pure [white] religion) **XXXIII**:190
flags **XXXIV**:96; **XXXVII**:45
garments **XXVII**:176–82; **XXVIII**:185, 194, 267, 270; **XXIX**:53; **XXXII**:68; **XXXVIII**:104
SEE ALSO al-Mubayyiḍah
turbans **XXX**:18
white-ankled mules **XXII**:109
White Huns. SEE Hephthalites
White Palace. SEE al-Qaṣr al-Abyaḍ
whore (in cursing). SEE *ibn al-lakhnāʾ*
widowhood. SEE *ʿiddah*
wife. SEE women
wilāyah (spiritual inheritance) **XV**:222; **XVIII**:46; **XXVIII**:167, 171–72
will (testament). SEE *waṣiyyah*
wind
before the Hour (of the Day of Judgment) **XXXIX**:112
yellowish wind **XXXVIII**:71, 72
Windāhurmuz. SEE Wandāhurmuz b. al-Farrukhān
windows, latticed. SEE latticed windows
wine *(khamr)* and wine drinking **I**:354; **XI**:64–65; **XII**:172, 197; **XIII**:127, 151–54, 176; **XIV**:13; **XV**:49, 53–54, 120, 226; **XVII**:74; **XVIII**:154; **XIX**:59, 198, 199; **XX**:71, 118; **XXII**:197; **XXIII**:65, 101, 176; **XXIV**:15, 24, 43, 44, 151, 180; **XXV**:39, 155–56, 188; **XXVI**:88, 116, 153; **XXVII**:21, 44, 56, 128; **XXIX**:128, 231; **XXX**:16, 63–64, 73, 76–77, 78, 83, 85, 124–25, 213, 270; **XXXI**:55, 177, 237; **XXXII**:242–43; **XXXIII**:22; **XXXIV**:176, 177, 179; **XXXVII**:175; **XXXIX**:103, 108–9, 147, 178, 200
SEE ALSO *ḥadd* punishment; *nabīdh*
wine cellar *(khizānat al-sharāb)* **XXXV**:31
SEE ALSO Ṣāḥib al-Sharāb
Wine Meadow. SEE Marj al-Nabīdh
winter, fasting in **XXXIX**:119
wird (section of the Koran recited privately) **XXIII**:221
Banū al-Wirthah (of Dhuhl b. Shaybān) **XXII**:39, 66
Wisfāfarīd (bt. Frāsiyāt) **IV**:3, 8
Wīsghān **IV**:13, 15
Ibn Wishāḥ. SEE Bukayr b. Wishāḥ al-Saʿdī
Wishāḥ b. Bukayr b. Wishāḥ. SEE Wassāj b. Bukayr b. Wassāj
witnesses **XXXV**:7
first instance of use **I**:328–29
witr. SEE *ṣalāt al-witr*
wives. SEE women
wizārah (wazīrate) **XXX**:101; **XXXV**:25
W.n.dū (Boiditzes?, Byzantine commander) **XXXIII**:114–15
woad, as dyestuff **XIX**:160
wolfhounds **XXXV**:160
ʿwolves' of Banū Tamīm (i.e., Banū Kaʿb b. Mālik b. Ḥanẓalah) **XVIII**:26; **XX**:30

women
abduction of **X**:113
adultery. SEE *zinā*
anklet display **XX**:77
attaining status of men **XIX**:166–67
in bath houses **XXXIX**:205
at battle of al-Qādisiyyah **XII**:146–47
at battle of al-Ubullah **XII**:170
at battle of al-Yarmūk **XII**:133
as believers **VIII**:92
as captives in war **X**:57, 102, 115, 119, 127, 152, 156, 189–90
circumcision **II**:72
SEE ALSO *ibn al-lakhnā'*
created by God **I**:273–74
deficiences of **XXX**:240
divorce. SEE divorce
dress for **XIV**:125
first woman to cross the Oxus **XIX**:187
gifts from booty to **VIII**:126
humiliation of men by **XX**:41
indecent behaviour *(fāḥishah)* **IX**:113
infanticide *(wa'd al-banāt)* **XII**:37; **XVIII**:107
killing of **XVII**:124–25; **XXI**:125–26, 129
marriage. SEE marriage
matrilineal kinship **XXVIII**:169–70
menstruation. SEE menstruation
pilgrimage by **IX**:109; **XXIV**:96
pledge of **VI**:126–27; **VIII**:38, 182–84
prisons for **XXXV**:97
Prophet Muḥammad on **XXXIX**:156, 171
prostitutes *(banāt al-balad)* **XXV**:112; **XXXI**:160
responsibility for their words **XIX**:166
women (continued)
sexual intercourse. SEE sexual intercourse
strangler of Baghdad **XXXVI**:123
treatment by men **VII**:116; **IX**:113
unveiling of faces **XXXVII**:50
veil *(ḥijāb)* **VIII**:19, 32, 39, 59; **XXXVII**:50; **XXXIX**:189, 194
in warfare **X**:129–30; **XII**:133, 146–47, 170
wooden clappers, for summoning to Christian worship **XV**:76
wool
first instance of use **I**:345
as symbol of asceticism **XXVII**:32
woolen sailor's tunic *(midra'ah)* **XXXIV**:16
wormwood (*Artemisia* sp.) **XXIV**:10
writing and written documents
bayt al-qarāṭīs (document room) **XXI**:161
burning of written records *(ṣaḥā'if)* **XXXIX**:225
clarity of style *(bayān)* **XXI**:223
establishment of written documents **I**:328–29
al-ḥadīth, written records in **XXXIX**:222–23, 225
Hārūn al-Rashīd's opening formula **XXX**:166
notaries *('udūl)* **XXXV**:7
prefatory formula **VI**:114; **XXX**:166
prolixity in **XIX**:63
proof for claims *(ḥujjah)* **XV**:61
sealed document *(sijill)* **V**:6
on silk **XXVIII**:188
slaves capable of writing **XXV**:6
SEE ALSO manuscripts
Wuhayb (b. al-Ward) **XXXIX**:223
Banū Wuhayb **XII**:8

Wuhayb b. ʿAbd al-Raḥmān al-Azdī **XXIII**:159
Wuhayb b. ʿAbdallāh al-Nasāʾī, Abū al-Khaṣīb **XXX**:172, 174, 176, 178
Wuhayb b. Abī Ashāʾah al-Azdī **XVIII**:66
wuqūf (*mawqif*, Place for Standing, station, in pilgrimage) **II**:100; **VI**:22; **IX**:114–15; **XXXII**:22; **XXXIV**:6; **XXXV**:109
SEE ALSO *maqām Ibrāhīm;* al-Muzdalifah
wuqūf ʿAlī **XXVI**:5, 8–9
W.y.n (?, Persian governor in Yemen) **V**:294, 373

X

Xtiš (Kithīsh, fortress, in al-Baylaqān) **XXXIV**:124

Y

Yā Sīn (letters at the beginning of sūrah 36 of al-Qurʾān) **IX**:42
Yabrīn (in eastern Arabia) **IV**:134; **XIX**:164; **XXXII**:257
Yadīʿ (near Fadak) **XXVIII**:183
Yadkūtakīn b. Asātakīn **XXXVII**:78
Yāfīn. SEE Jabin
Yāfith. SEE Japheth
Yaftaḥ. SEE Jephthah
Yaʿfur (nephew of Tubbaʿ II) **V**:143–44
Banū Yaʿfur **XXXVIII**:96, 97
Abū Yaʿfur b. ʿAlqamah b. Mālik **V**:163
Yaʿfur b. al-Ṣabbāḥ **XXXIX**:220
Yaʿfūr (ʿUfayr, donkey given to Prophet Muḥammad by al-Muqawqis) **VIII**:131; **IX**:150; **XXXIX**:193
Abū al-Yaʿfūr (commander of Asad b. ʿAbdallāh al-Qasrī) **XXV**:169
Yaghūth (old Arabian god) **I**:354; **X**:170
Banū Yaḥmad (of Azd) **XXVI**:228
Banū Yaḥmad b. Mūhib **XXXIX**:210
al-Yahūd. SEE Jews
al-Yahūd (village). SEE Qaryat al-Yahūd
Yaḥūd (son of Adam) **I**:317
al-Yahūdī. SEE Nahr al-Yahūdī
Yaḥyā (canal). SEE Nahr Yaḥyā
Yaḥyā *(rāwī)*. SEE Yaḥyā b. Saʿīd b. Farrūkh al-Qaṭṭān
Abū Yaḥyā. SEE Saʿīd b. ʿAmr b. al-Aswad al-Ḥarashī
Abū Yaḥyā (Bāʾiʿ al-Qatt) **I**:292, 295, 296, 303
Abū Yaḥyā (*mawlā* of Banū Musliyah) **XXV**:3
Abū Yaḥyā *(rāwī)* **VI**:85
Abū Yaḥyā (*rāwī*, father of ʿAbdallāh b. Abī Yaḥyā) **XIX**:16
Umm Yaḥyā (daughter of Khālid b. Barmak) **XXI**:218
Yaḥyā b. ʿAbbād *(rāwī)* **II**:76
Yaḥyā b. ʿAbbād b. ʿAbdallāh b. al-Zubayr **I**:332; **VI**:23; **VII**:58, 70, 74, 118, 126; **VIII**:22, 58, 156; **IX**:114, 183, 203; **XV**:186; **XXXIX**:5, 13
Yaḥyā b. ʿAbd al-ʿAzīz b. Saʿīd **VIII**:133; **XV**:191
Yaḥyā b. ʿAbd al-Bāqī **XXXVIII**:33
Yaḥyā b. ʿAbd al-Ḥamīd al-Ḥimmānī **XVII**:226
Yaḥyā b. ʿAbd Ḥayyah. SEE Abū Janāb al-Kalbī
Yaḥyā b. ʿAbd al-Malik b. Ḥumayd. SEE Ibn Abī Ghaniyyah
Yaḥyā b. ʿAbd al-Raḥmān, Abū Ṣāliḥ **XXX**:219, 225; **XXXI**:191
Yaḥyā b. ʿAbd al-Raḥmān al-Azajī **I**:181; **IX**:89, 173; **XXXIX**:156, 221
Yaḥyā b. ʿAbd al-Raḥmān al-Bahrānī **XXVI**:186
Yaḥyā b. ʿAbd al-Raḥmān b. Ḥāṭib **IX**:129; **XV**:183
Yaḥyā b. ʿAbd al-Raḥmān b. Khāqān **XXXIV**:163; **XXXVI**:34, 35, 41, 129

Yaḥyā b. ʿAbd al-Raḥmān al-Tamīmī. SEE Abū Bisṭām
Yaḥyā b. ʿAbd al-Raḥmān al-ʿUmarī **XXXII**:210, 219, 222
Yaḥyā b. ʿAbdallāh (cousin of al-Ḥasan b. Sahl) **XXXII**:59
Yaḥyā b. ʿAbdallāh, Abū Zakariyyāʾ **XXIX**:9, 78
Yaḥyā b. ʿAbdallāh b. ʿAbd al-Raḥmān b. Abī ʿAmrah **IX**:111
Yaḥyā b. ʿAbdallāh b. ʿAbd al-Raḥmān b. Saʿd b. Zurārah **VII**:5, 66
Yaḥyā b. ʿAbdallāh b. Bukayr **XI**:147, 150
Yaḥyā b. ʿAbdallāh b. al-Ḥasan **XXX**:16–20, 31, 33–34, 113, 115–31, 205–8
Yaḥyā b. ʿAbdallāh b. Abī Qatādah **VIII**:139; **XXXIX**:162
Yaḥyā b. Ādam *(rāwī)* **I**:176–77; **II**:152; **III**:5; **VIII**:54, 104; **IX**:124, 175; **XVI**:167; **XXXIX**:221
Yaḥyā b. Ādam al-Karkhī, Abū Ramlah **XXXIV**:40, 43
Yaḥyā b. ʿAfīf **VI**:81
Yaḥyā b. al-ʿAkkī **XXXV**:61
Yaḥyā b. Aktham **XXXII**:134, 182, 188, 230, 235; **XXXIV**:116, 118, 120, 131, 189–90
Yaḥyā b. ʿAlī b. ʿĪsā b. Māhān **XXX**:172; **XXXI**:76, 78, 85, 87, 152; **XXXII**:53
Yaḥyā b. ʿĀmir b. Ismāʿīl **XXXII**:45
Yaḥyā b. ʿAmr al-Humānī **XXVIII**:261
Yaḥyā b. Abī ʿAmr al-Shaybānī, Abū Zurʿah **X**:34, 173
Yaḥyā b. ʿAqīl al-Khuzāʿī **XXV**:39, 108
Yaḥyā b. Abī al-Ashʿath al-Kindī **VI**:82
Yaḥyā b. al-Ashʿath b. Yaḥyā al-Ṭāʾī **XXX**:259–60
Yaḥyā b. Ayyūb **I**:229; **XXXIX**:146, 310
Yaḥyā b. Budayl b. Yaḥyā b. Budayl **XXVIII**:262
Yaḥyā b. Bukayr **VII**:60
Yaḥyā b. Ḍamḍam **XXI**:103
Yaḥyā b. al-Ḍurays al-Rāzī **XXXIX**:119, 128
Yaḥyā b. Ḥafṣ (Ḥabūs) **XXXV**:48, 59, 72, 75; **XXXVI**:164
Yaḥyā b. al-Ḥakam b. Abī al-ʿĀṣ **XVI**:160; **XIX**:170, 175; **XXII**:12, 22, 92, 181; **XXIII**:33; **XXVI**:90
Yaḥyā b. al-Ḥakam al-Hamdānī **XXVII**:129
Yaḥyā b. Ḥakīm b. Ḥizām **XXXIX**:41, 106
Yaḥyā b. Hāniʾ b. ʿUrwah **XIX**:42, 136; **XX**:211
Yaḥyā al-Ḥarashī **XXIX**:207, 215, 219, 235, 238; **XXX**:173–74
Yaḥyā b. Harthamah **XXXIV**:76; **XXXV**:47, 91
Yaḥyā b. al-Ḥasan b. ʿAbd al-Khāliq **XXIX**:6, 7, 128, 140; **XXX**:42–43, 57, 67–68, 94, 107; **XXXII**:109
Abū Yaḥyā al-Ḥimmānī (ʿAbd al-Ḥamīd b. Bashmīr) **I**:364; **XXXIX**:238
Yaḥyā b. Ḥuḍayn *(rāwī)* **XIV**:107
Yaḥyā b. Ḥuḍayn b. al-Mundhir al-Raqāshī **XXIV**:176; **XXV**:43, 109, 112, 115, 117, 118, 144, 188, 190; **XXVI**:28, 233; **XXVII**:32, 34, 138, 185, 186, 208
Yaḥyā b. ʿImrān **XXXII**:166
Yaḥyā b. ʿImrān b. ʿUthmān b. al-Arqam **XXXIX**:47
Yaḥyā b. ʿĪsā **I**:305; **III**:106
Yaḥyā b. Abī ʿĪsā al-Azdī **XX**:122, 184, 197, 199; **XXI**:98
Yaḥyā b. Isḥāq b. Mūsā b. ʿĪsā b. ʿAlī b. ʿAbdallāh b. ʿAbbās, Abū ʿĪsā **XXXVI**:27
Yaḥyā b. Ismāʿīl b. ʿĀmir **XXXI**:194

Yaḥyā b. Ismā'īl b. Abī al-Muhājir **XXI**:183
Yaḥyā b. Ja'dah **VI**:61
Yaḥyā b. Ja'far *(rāwī)* **V**:336
Yaḥyā b. Ja'far b. Muḥammad **XXXIX**:249
Yaḥyā b. Ja'far b. Tammām b. al-'Abbās ('Abbās) al-Hāshimī **XXVII**:150, 157, 161, 172
Abū Yaḥyā al-Judhāmī **XXVII**:188
Yaḥyā al-Jurmuqānī **XXXIII**:29
Abū Yaḥyā al-Kalā'ī **XXXIX**:200
Yaḥyā b. Abī Kathīr al-Ṭā'ī **I**:285; **VI**:73, 74, 102, 153; **IX**:208; **XIV**:105; **XXXIX**:136, 239–40, 305
Yaḥyā b. Khalaf al-Jubbā'ī **XXXVI**:193
Yaḥyā b. Khalaf al-Nahrabaṭṭī **XXXVI**:152
Yaḥyā b. Khālid b. Bāb **XXIII**:192
Yaḥyā b. Khālid b. Barmak **XXI**:223; **XXVIII**:88; **XXIX**:81–85, 204, 213, 215; **XXX**:4–7, 44–52, 55–56, 92, 94–95, 97–98, 101, 107–8, 118, 142–43, 146, 158, 162, 164, 168, 177, 202–7, 218–20, 223–25, 236–37, 251–53, 312, 314; **XXXIV**:13, 14, 15
Umm Yaḥyā b. Khālid b. Barmak **XXI**:218
Yaḥyā b. Khālid al-Barmakī. SEE Yaḥyā b. Khālid b. Barmak
Yaḥyā b. Khālid b. Marwān **XXXVII**:141, 142
Yaḥyā b. Khāqān al-Khurāsānī **XXXIV**:75, 110
Abū Yaḥyā b. Khuraym **XXVIII**:278
Yaḥyā b. Ma'īn **V**:269; **XIV**:139; **XVI**:44, 79; **XXXII**:204; **XXXIV**:27; **XXXIX**:52, 207, 209, 216, 221, 222, 230, 232, 238, 241, 249, 259, 268, 282, 289, 293, 299, 305, 308, 325
Yaḥyā market. SEE Sūq Yaḥyā
Abū Yaḥyā b. Marwān b. Muḥammad al-Shannī al-Kalbī **XXXIV**:187
Yaḥyā b. Maymūn. SEE Abū al-Mu'allā al-'Aṭṭār
Yaḥyā b. Maymūn *(rāwī)* **XXVIII**:266
Yaḥyā b. Ma'yūf al-Hamdānī **XXI**:192
Yaḥyā b. Miqdād al-Zam'ī **VI**:38
Yaḥyā b. Miskīn **XXX**:333
Yaḥyā b. Mu'ādh **XXX**:266, 295, 297; **XXXI**:10, 14, 16; **XXXII**:78, 98, 106, 109; **XXXIII**:91
Yaḥyā b. Mubashshir **XXI**:181
Yaḥyā b. Muḥammad b. 'Alī **XXVII**:150, 184, 195, 197–98; **XXXIX**:235
Yaḥyā b. Muḥammad al-Aslamī **XXXVII**:140, 143
Yaḥyā b. Muḥammad al-Azraq (al-Baḥrānī) **XXXVI**:31, 33, 34, 41, 48, 49, 52, 54, 56, 64, 112, 121, 123, 126–28, 130–35, 139, 142–46, 152
Yaḥyā b. Muḥammad b. Dāwūd **XXXVI**:102
Yaḥyā b. Muḥammad b. Qays al-Madanī, Abū Zukayr **VI**:60, 153; **IX**:158
Yaḥyā b. al-Mundhir. SEE Abū Ayyūb al-'Atakī
Yaḥyā b. Muṣ'ab al-Kalbī, Abū Zakariyyā' **XIV**:104
Yaḥyā b. al-Musāfir al-Qarqisā'ī **XXXI**:237
Yaḥyā b. Muslim **XV**:140
Yaḥyā b. Muslim b. 'Urwah **XXVIII**:19
Yaḥyā b. Abī Naṣr al-Qurashī **XXIX**:130
Yaḥyā b. Nawfal al-Ḥimyarī. SEE Ibn Nawfal

Yaḥyā b. Nuʿaym b. Hubayrah al-Shaybānī, Abū al-Maylāʾ **XXV**:120, 126, 189; **XXVII**:77, 78, 81, 104, 105
Yaḥyā b. al-Nuʿmān al-Ghifārī **XXIII**:142
Yaḥyā b. al-Rūzbahār **XXXIII**:157
Yaḥyā b. Ṣafwān **XXVII**:172
Yaḥyā b. Sahl b. Abī Ḥathmah **VII**:9; **VIII**:150; **IX**:117, 148
Yaḥyā b. Saʿīd (father of Abū Mikhnaf). SEE Yaḥyā b. Saʿīd b. Mikhnaf
Yaḥyā b. Saʿīd (*rāwī*) **XXXIX**:101
Yaḥyā b. Saʿīd al-Anṣārī **II**:21; **VI**:60, 61, 153; **VIII**:149; **IX**:206; **XI**:131; **XII**:203; **XV**:227; **XXVI**:119; **XXXIX**:132, 136, 336
Yaḥyā b. Saʿīd b. al-ʿĀṣ, Abū Ayyūb **XIX**:70, 73–74; **XXI**:159, 161, 163–65, 189
Yaḥyā b. Saʿīd b. Dīnār al-Saʿdī **XVIII**:101, 210–11; **XXI**:167; **XXXIX**:192
Yaḥyā b. Saʿīd b. Farrūkh al-Qaṭṭān **I**:219, 260, 261; **II**:86; **III**:100; **VI**:61, 153; **VII**:8; **VIII**:68–69, 74, 88; **IX**:177; **XXXIX**:207, 223, 240, 244, 249
Yaḥyā b. Saʿīd b. Mikhnaf (*rāwī*, father of Abū Mikhnaf) **XIV**:163; **XVII**:13; **XVIII**:132; **XXI**:13, 126; **XXII**:143, 148
Yaḥyā b. Saʿīd al-Qaṭṭān. SEE Yaḥyā b. Saʿīd b. Farrūkh al-Qaṭṭān
Yaḥyā b. Saʿīd al-Umawī **II**:64; **VI**:134; **VIII**:140, 191; **IX**:129, 176; **XXXIX**:279
Yaḥyā b. Salamah al-Kātib **XXXI**:175
Yaḥyā b. Ṣāliḥ **V**:415; **XXXIX**:157
Yaḥyā b. Shibl **XXXIX**:167
Yaḥyā b. Shukr **XXVIII**:286
Yaḥyā b. Sulaym (*kātib* of al-Faḍl b. al-Rabīʿah) **XXIX**:94; **XXX**:86; **XXXI**:40
Yaḥyā b. Sulaym, Abū Balj. SEE Abū Balj
Yaḥyā b. Sulaymān **XXXIX**:221
Yaḥyā b. Ṭalḥah al-Yarbūʿī **II**:142
Abū Yaḥyā al-Taymī **XIII**:95
Yaḥyā b. Abī Thaʿlab **XXXVI**:31, 33
Yaḥyā b. Ṭufayl **XXI**:209; **XXVII**:148
Yaḥyā b. ʿUmar b. Yaḥyā b. Ḥusayn b. Zayd b. ʿAlī b. al-Ḥusayn b. ʿAlī b. Abī Ṭālib, Abū al-Ḥusayn **XXXIV**:105–6; **XXXV**:15–21, 83, 90; **XXXVI**:32
Yaḥyā b. ʿUrwah b. al-Zubayr **III**:69; **VI**:101, 104; **XII**:133; **XXXIX**:334
Yaḥyā b. ʿUthmān b. Ṣāliḥ al-Sahmī **XXXIX**:218
Yaḥyā b. Wāḍiḥ, Abū Tumaylah **I**:172, 177, 255, 300; **II**:80, 86, 97, 103, 112, 147; **VI**:85; **VII**:28; **VIII**:156; **XI**:133, 146; **XIV**:114; **XXXIX**:5, 218, 268
Yaḥyā b. al-Walīd b. ʿAbd al-Malik **XXIII**:219
Yaḥyā b. Waththāb **XXXIX**:238
Yaḥyā b. Yaḥyā al-Zubayrī **XXXVI**:41
Yaḥyā b. Yaʿlā **IX**:151
Yaḥyā b. Yaʿlā al-Aslamī **XVI**:156; **XXXIX**:101
Yaḥyā b. Yaʿlā al-Muḥāribī **XXXIX**:155, 238
Yaḥyā b. Yamān **I**:192; **II**:83, 86–88, 95
Yaḥyā b. Yaʿmar al-ʿAdwānī **V**:327; **XIX**:186; **XXIII**:76
Yaḥyā b. Yaʿqūb, Abū Ṭālib **I**:172, 173; **VII**:28
Yaḥyā b. Yūsuf al-Zimmī **XXXIX**:331–32
Yaḥyā b. Zakariyyāʾ. SEE John the Baptist

Yaḥyā b. Zakariyyā' *(rāwī)* **XXVII**:115
Yaḥyā b. Zakariyyā' al-Hamdānī **XXIII**:225
Yaḥyā b. Zakariyyā' b. Abī Ya'qūb al-Iṣbahānī **XXXVI**:3
Yaḥyā b. Zayd b. 'Alī **XXVI**:7, 47–48, 51–52, 63, 120–25, 174–75; **XXVII**:94; **XXVIII**:174; **XXIX**:224; **XXXVI**:133, 134
Yaḥyā b. Zikrawayh (al-Shaykh), Abū al-Qāsim **XXXVIII**:114–16, 119, 121, 122, 145, 165
Yaḥyā b. Ziyād b. Ḥassān al-Nabaṭī **XXVIII**:253, 257
Yaḥyā b. Ziyād b. Abī Ḥuzābah al-Burjumī, Abū Ziyād **XXIX**:20
Abū Yaḥya al-Zuhrī **XXVII**:118
Yā'ir. SEE Jair
Ya'jaj. SEE Baṭn Ya'jaj
Yājūj. SEE Gog and Magog
Yājūr (Turkish commander) **XXXVI**:68–73, 79, 82, 86, 89
Yakdur (fortress, on Lake Urmiya) **XXXIV**:78
Yakhlud b. al-Naḍr b. Kinānah **VI**:29
Yakhṭiyānūs. SEE Justinian
Yaksūm b. Abrahah **V**:235–36, 242, 244
Abū Yaksūm al-Ashram. SEE Abrahah
Abū Ya'lā al-'Alawī **XXXVIII**:137
Ya'lā b. al-Ashdaq al-'Uqaylī **XXXIX**:126
Ya'lā b. 'Aṭā' **I**:204; **V**:232
Ya'lā b. 'Imrān al-Bajalī, Abū Ayyūb **V**:285
Ya'lā b. Munyah. SEE Ya'lā b. Umayyah
Ya'lā b. Murrah (rebel, in Ādharbayjān) **XXXII**:176
Ya'lā b. Murrah (Ya'lā b. Siyābah) **XXXIX**:299, 302
Ya'lā b. Muslim **IV**:51
Ya'lā b. Shaddād b. Aws **XXXIX**:295
Ya'lā b. Siyābah. SEE Ya'lā b. Murrah
Ya'lā b. Umayyah (Ya'lā b. Munyah) **VI**:159; **X**:19, 20, 158; **XI**:143, 175, 225; **XII**:172; **XIII**:7, 59, 150; **XIV**:42, 164; **XV**:225; **XVI**:29, 40–43, 45, 124; **XXXIX**:104, 302
Yalmaqah (bt. Aylī Sharḥ/Dhī Sharḥ/al-Yashraḥ). SEE Bilqīs
Banū Yām (of Hamdān) **XXXIX**:220
Yām b. Noah **I**:360, 361, 368
al-Yamāmah **II**:13, 14, 16, 20; **IV**:133, 151–53; **V**:55, 63, 253, 289; **VII**:57; **VIII**:99; **IX**:96, 108, 164, 166; **X**:42, 54, 92, 96, 139, 151–53; **XI**:1, 2, 4, 7, 10, 225; **XII**:148; **XIII**:7, 59, 150, 176; **XIV**:15; **XVI**:73; **XVIII**:163, 167; **XIX**:197; **XX**:102, 115; **XXI**:104, 234; **XXII**:198; **XXVI**:17; **XXVII**:195, 196, 197, 204; **XXVIII**:83; **XXIX**:177, 180, 204, 216, 219, 239; **XXX**:39, 106; **XXXI**:119; **XXXII**:108; **XXXIV**:36, 46, 50, 78, 96, 108, 185–88; **XXXV**:122, 144; **XXXVI**:120, 164, 165; **XXXVIII**:83; **XXXIX**:240
  battle of **IX**:58, 195; **X**:98, 105–34, 128, 136; **XXXIX**:30, 117, 208
  SEE ALSO al-Jaww
al-Yamāmah bt. Murrah **IV**:152–53, 154
al-Yaman. SEE Yemen
al-Yamān. SEE Ḥusayl b. Jābir
Abū al-Yamān *(rāwī)* **II**:21; **VI**:60
Ibn Yamān *(rāwī)*. SEE Yaḥyā b. Yamān
al-Yamānī (poet?) **XXX**:75
Yamānīs (al-Yamāniyyah). SEE Yemen
Ibn Ya'mar *(rāwī)* **XVI**:119

Ya'mar b. 'Awf b. Ka'b (al-Shuddākh) **VI**:23–24
sons of **XIV**:148
Ya'mar ('Amr) b. Nufāthah b. 'Adī b. al-Du'il b. Bakr b. 'Abd Manāt b. Kinānah **V**:226
al-yamīn al-ghamūs (mendacious oath) **XXX**:123
Yāmīn b. 'Umayr b. Ka'b al-Naḍrī **VII**:160; **IX**:49
Yamlīkhā (Yamnīkhā, of Men of the Cave) **IV**:156
al-Ya'mulah, Battle of **XIX**:213
Yan'ab (in Mahrah) **X**:157
al-Yanā'ūn (of Hamdān) **XXXIX**:210
Yanbu' (port, on the Red Sea) **VII**:14, 16; **IX**:116; **XVI**:22; **XIX**:206; **XXVIII**:114, 219; **XXX**:321; **XXXIX**:75
Yanghajūr b. Urkhūz **XXXVI**:202, 203
Yānis (*khādim* of al-Muwaffaq) **XXXVIII**:105, 206
Yānis al-Musta'min **XXXVIII**:108
Yānish. SEE Enosh
Yantawayh, Abū Ja'far **XXXV**:41, 66, 67
Yaqaẓah b. Murrah **VI**:26
Yaqdum (descendant of Iyād b. Nizār) **XXII**:68
Yaqsān b. Abraham **II**:127, 129
Banū Yaqṭan b. 'Ābir **II**:18, 20; **IV**:148
SEE ALSO Banū Qaḥṭān
Yaqṭān b. Qaḥṭān **II**:15
Yaqṭīn b. Mūsā **XXVIII**:23–24; **XXIX**:92, 198, 218, 238; **XXX**:11, 30, 38, 142, 176
Ya'qūb (*mawlā* of Hishām b. 'Abd al-Malik b. Marwān) **XXVI**:74
Ya'qūb (uncle of Ibrāhīm b. Jaysh) **XXXIV**:220
Abū Ya'qūb (Asad b. 'Abdallāh al-Qasrī's executioner) **XXV**:40
Abū Ya'qūb (Jewish convert to Islam) **VI**:39
Abū Ya'qūb (Jurbān). SEE Jurbān
Abū Ya'qūb (*rāwī*). SEE Sa'īd b. 'Ubayd
Abū Ya'qūb (son-in-law of Mālik b. al-Haytham al-Khuzā'ī) **XXVIII**:279
Ibn Abī Ya'qūb. SEE Muḥammad b. Abī Ya'qūb
Ya'qūb b. 'Abd al-Raḥmān (*rāwī*) **XXXIX**:160
Ya'qūb b. 'Abd al-Raḥmān b. Sulaym al-Kalbī **XXVI**:129, 148, 152
Ya'qūb b. 'Abdallāh b. al-Ashajj **XXXIX**:335
Ya'qūb b. 'Abdallāh al-Ash'arī (Ya'qūb al-Qummī) **I**:217, 259, 299, 330; **II**:95, 108, 116, 119, 120; **III**:11; **VIII**:71; **XV**:200
Ya'qūb b. 'Abdallāh b. 'Aṭā' b. Ya'qūb **XXVIII**:225
Ya'qūb b. 'Abdallāh al-Sulamī **XXVI**:21
Ya'qūb b. 'Abdallāh b. Sulaymān b. Ukaymah al-Laythī **XXXIX**:120
Ya'qūb b. 'Abdallāh b. Ya'qūb **XXI**:219
Ya'qūb b. Dāwūd **XXI**:219; **XXVII**:29; **XXVIII**:228; **XXIX**:172–75, 194, 199, 202, 225–34, 258; **XXX**:65
Ya'qūb b. al-Faḍl b. 'Abd al-Raḥmān al-Hāshimī **XXVIII**:273; **XXIX**:12; **XXX**:11–13
Ya'qūb b. Hāni'. SEE Ya'qūb b. 'Umayr b. Hāni' al-'Absī
Ya'qūb b. Ibrāhīm (*rāwī*) **XIV**:139
Ya'qūb b. Ibrāhīm al-Bādhghīsī al-Būshanjī (Qawṣarah) **XXXIII**:169; **XXXIV**:141, 145; **XXXV**:5
Ya'qūb b. Ibrāhīm al-Dawraqī **I**:260, 305, 363; **II**:58, 64, 74, 84, 86–88, 103, 142; **III**:148; **V**:414; **VI**:107; **XIV**:10, 139, 141; **XV**:167, 189,

Ya'qūb b. Ibrāhīm al-Dawraqī (continued) **XV**:204; **XVI**:109, 112; **XVII**:123; **XVIII**:186; **XXXIX**:196
Ya'qūb b. Ibrāhīm b. Jubayr al-Wāsiṭī **XXXIX**:146
Ya'qūb b. Ibrāhīm b. Kathīr al-Dawraqī. SEE Ya'qūb b. Ibrāhīm
Ya'qūb b. Ibrāhīm b. Sa'd (uncle of 'Ubaydallāh b. Sa'd) **VIII**:68, 74, 76, 78, 88, 92; **IX**:107, 164, 165, 167, 195; **X**:11, 134; **XI**:1, 7, 9–10, 13–14, 16–17, 19–21, 25–27, 29, 36–39, 41, 45–47; **XIV**:96, 103, 104, 106, 108; **XXXIX**:23
Ya'qūb b. Ibrāhīm b. Walīd **XXVI**:148
Ya'qūb b. Isḥāq (*kātib* of al-Mu'tazz) **XXXV**:86
Ya'qūb b. Isḥāq (patriarch). SEE Jacob b. Isaac
Ya'qūb b. Isḥāq b. Abī 'Abbād ('Attāb) **VI**:158–59; **XIII**:59
Ya'qūb b. Isḥāq al-Ḥaḍramī **XIV**:138; **XXXIX**:257
Ya'qūb b. Isḥāq al-Iṣfahānī **XXX**:209, 328; **XXXI**:241
Ya'qūb b. Abī Ja'far al-Manṣūr **XXIX**:148; **XXX**:104, 304
Ya'qūb b. Khālid al-Dhuhlī **XXII**:174
Ya'qūb b. al-Layth al-Ṣaffār **XXXIV**:224; **XXXV**:156, 157, 158, 159, 160, 161; **XXXVI**:28, 119, 151, 156–61, 163, 166–70, 171, 173, 174, 176, 177, 181–83, 185–87, 189, 202, 203
Ya'qūb b. Manṣūr (commander) **XXXIII**:154, 164, 167
Ya'qūb b. al-Manṣūr. SEE Ya'qūb b. Abī Ja'far al-Manṣūr
Ya'qūb b. Muḥammad b. 'Alī, Abū al-Asbāṭ **XXXIX**:236
Ya'qūb b. Muḥammad b. 'Amr b. al-Layth **XXXVIII**:191
Ya'qūb b. Muḥammad b. Abī Ṣa'ṣa'ah **XXXIX**:193
Ya'qūb b. Muḥammad al-Zuhrī **V**:270
Ya'qūb b. Mujāhid, Abū Ḥazrah **XIV**:96
Ya'qūb b. Mujammi' **XXXIX**:133
Ya'qūb b. al-Naḍr. SEE Nahr Ya'qūb b. al-Naḍr
Ya'qūb b. al-Qa'qā' al-A'lam al-Azdī **XXII**:174; **XXV**:22
Ya'qūb b. al-Qāsim b. Muḥammad **XXVIII**:120, 131, 150, 155, 181, 186, 213
Ya'qūb Qawṣarah. SEE Ya'qūb b. Ibrāhīm al-Bādhghīsī al-Būshanjī
Ya'qūb al-Qummī. SEE Ya'qūb b. 'Abdallāh al-Ash'arī
Ya'qūb b. Abī Salamah (al-Mājishūn) **II**:144–45; **XXXIX**:333
Ya'qūb b. Ṣāliḥ b. Murshid **XXXV**:86
Ya'qūb b. al-Sikkīt **XXXIV**:210, 212
Ya'qūb b. Sulaymān **XXVIII**:248
Abū Ya'qūb b. Sulaymān **XXIX**:152
Ya'qūb b. Ṭalḥah al-Laythī **XXVII**:91
Abū Ya'qūb al-Thaqafī **XVIII**:211
Ya'qūb b. 'Umayr b. Hāni' al-'Absī **XXVI**:145, 184–85, 185
Ya'qūb b. 'Utbah. SEE Ya'qūb b. 'Utbah b. al-Mughīrah b. al-Akhnas
Ya'qūb b. 'Utbah b. al-Akhnas. SEE Ya'qūb b. 'Utbah b. al-Mughīrah b. al-Akhnas
Ya'qūb b. 'Utbah b. al-Mughīrah b. al-Akhnas **V**:236; **VI**:96; **VIII**:95, 133, 140, 191; **IX**:15, 42, 45, 169, 182; **XIII**:110; **XV**:99, 202
Ya'qūb b. Yaḥyā b. Ḥuḍayn **XXVI**:209
Ya'qūb b. Abī Ya'qūb **XXXIX**:205
Ya'qūb b. Zayd **XV**:1, 250
al-Ya'qūbiyyah. SEE Jacobite Kurds

Ya'qul (black rebel leader) **XXVIII**:233, 235, 237
al-Ya'qūṣah. SEE al-Wāqūṣah
Abū al-Yaqẓān (Companion of the Prophet). SEE 'Ammār b. Yāsir
Abū al-Yaqẓān (*rāwī*) **XXIV**:21
Yarbū' (*rāwī*, father of al-Ḍaḥḥāk b. Yarbū') **X**:123, 126, 132
Banū Yarbū' (of Tamīm) **V**:289; **X**:85, 87, 89, 100; **XII**:76, 99; **XXIII**:19, 78; **XXIV**:157; **XXVIII**:148; **XXXIX**:83
Yarbū' b. Mālik **XIII**:117
Yarfa' (*ghulām* of 'Umar b. al-Khaṭṭāb) **XI**:159; **XIV**:85, 87, 88, 134, 135; **XV**:143
Yarid (Yārid). SEE Jared
Yarīm b. Shurayḥ **XVII**:42
Yārjūkh (Turkish commander) **XXXV**:161; **XXXVI**:4, 5, 87, 95, 97, 99, 103–5, 120, 138, 148
al-Yarmūk (river) **XI**:69
battle of **XI**:84–122, 161–62, 169, 178, 189–90; **XII**:97, 109, 110, 132–34, 133, 134, 135, 174, 187, 201; **XXIV**:25; **XXXIX**:35
Ya'rub b. Qaḥṭān (Ya'rub b. Joktan) **II**:15, 22; **III**:28
Yasāf b. Shurayḥ al-Yashkurī **XX**:35
Abū al-Yasar al-Badrī (Ka'b b. 'Amr) **VII**:69; **XXXIX**:134, 283
Yasār (father of al-Ḥasan al-Baṣrī) **XII**:171; **XXXIX**:222, 317
SEE ALSO Ḥabīb, Abū al-Ḥasan
Yasār (Khayrān, *mawlā* of Qaḥṭabah b. Shabīb al-Ṭā'ī) **XXVII**:137
Yasār (*mawlā* of Abū Bakr b. Mikhnaf) **XXI**:127
Yasār (*mawlā* of Prophet Muḥammad) **VIII**:133; **IX**:146, 152
Yasār (*mawlā* of Qays b. Makhramah b. al-Muṭṭalib b. 'Abd Manāf, grandfather of Ibn Isḥāq) **XI**:123; **XXXIX**:253
Yasār (*mawlā* of Ziyād b. Abī Sufyān) **XIX**:130
Yasār (Zanj commander) **XXXVII**:40
Banū Yasār **IX**:43
Yasār b. Abī Karib **XV**:247
Yasār b. Zayd **XXXIX**:100
Yasbaq b. Abraham. SEE Asbaq b. Abraham
Yasḥar (Yashḥar) b. Ya'qūb. SEE Issachar b. Jacob
Yashjub b. Ya'rub **II**:22
Banū Yashkur (Yashkurīs) **X**:133; **XX**:25–26; **XXI**:173, 177; **XXII**:23; **XXIV**:77, 78, 111, 115; **XXVIII**:261, 268–69, 271; **XXIX**:12; **XXXVI**:131
Yāsir (*khādim* of al-Ma'mūn) **XXXII**:102
Ibn Yāsir. SEE 'Ammār b. Yāsir
Yāsir b. 'Āmir **XXXIX**:29, 116
Yāsir b. 'Amr b. Ya'fūr (Yāsir An'am) **IV**:78
Yāsir the Jew **VIII**:118–19
al-Yasīrah (name of Prophet Muḥammad's camel) **IX**:152
al-Yāsiriyyah (on Nahr 'Īsā) **XXXI**:121, 131, 142, 159; **XXXII**:18, 88–89; **XXXIV**:84; **XXXV**:78, 82, 83, 92; **XXXVII**:145; **XXXVIII**:99
al-Ya'sūb (name of Prophet Muḥammad's horse) **IX**:149
Yathrib. SEE Medina
Ibn Yathribī. SEE 'Amr b. Yathribī al-Ḍabbī
Ibn al-Yatīm (supporter of Damyānah) **XXXVIII**:41
Yāṭis al-Rūmī (Aetius, Byzantine commander) **XXXIII**:109–10, 115–16, 177
Yaṭūr b. Ismā'īl. SEE Waṭūr b. Ishmael

Ya'ūq (old Arabian god) **I**:354
Yawm al-Abāqir (Day of the Bulls) **XII**:29, 41
Yawm al-'Āshūrā'. SEE 'Āshūrā'
Yawm al-'Aṭash (Day of Thirst) **XXV**:14, 16; **XXVI**:27
Yawm al-Bustān (Day of the Orchard) **XXII**:150
Yawm al-Dār (Day of the House, day of caliph 'Uthmān's murder) **XX**:58; **XXIII**:117
Yawm Dhī Qār. SEE Dhū Qār
Yawm al-Fiṭr. SEE 'Īd al-Fiṭr
Yawm al-Ḥītān (Day of the Fish) **XII**:41
Yawm al-Jum'ah (Friday) **I**:223, 282–88
Yawm al-Katā'ib (Yawm al-Aghwāth, Day of the Military Units) **XII**:96–106, 103
Yawm al-Nahr. SEE Nahrawān
Yawm al-Naḥr (Day of Sacrifice) **IX**:78; **XXXIV**:6, 153; **XXXIX**:132
Yawm al-Qiyāmah (Day of Judgment, Day of Resurrection, the Hour) **I**:191, 219, 236, 239–43, 286; **III**:16, 86, 109, 141, 142, 146, 148, 149, 172; **X**:24, 118; **XII**:141, 145, 164; **XVIII**:48, 125, 214; **XXXIX**:112
Yawm al-Razm (Day of al-Razm) **IX**:92, 93; **X**:170
Yawm al-Sha'ānīn. SEE Palm Sunday
Yawm al-Shadhāh (Day of the Barges) **XXXVI**:66
Yawm al-Shi'b (Battle of the Pass, Battle of the Defile, near Samarqand) **XXIV**:157; **XXV**:70–94
Yawm al-Shi'b (Day of the Gorge, at battle of Ḥunayn) **XXI**:28
Yawm al-Shi'b (Day of the Pass, in Fārs) **XXII**:158
Yawm al-Tarwiyah (Day of Moistening, Day of Refreshment, Day of the Underwater Humps, Day of Watering) **II**:81, 82; **XIII**:19; **XXX**:26, 110; **XXXII**:38; **XXXIII**:3; **XXXVI**:181, 199; **XXXVII**:7; **XXXIX**:221
Yawm al-Ẓullah (Day of Gloom, Day of Shade) **II**:145–47
Yayn (between Medina and Mecca) **VIII**:42
Yāzamān (Turkish commander) **XXXIII**:11
Yāzamān al-Khādim **XXXVII**:81, 143, 149, 152–53, 155, 157, 162, 175; **XXXVIII**:91, 141, 151
Banū Yazan (of Ḥimyar) **XIX**:134
Yazan al-Ṭa''ān **VI**:41
Yazd **XV**:91
Yazdagard. SEE Yazdajird
Yazdajird I (Sasanian emperor) **V**:70–75, 82–83, 86–87
Yazdajird II (Sasanian emperor) **V**:106–9; **XIII**:27
Yazdajird III (Sasanian emperor) **I**:319, 369, 371; **II**:14–15; **V**:380, 409–12; **X**:40; **XI**:176, 222–24; **XII**:7, 33–40, 42–44, 46, 47, 82, 83, 110; **XIII**:4, 7, 8–12, 15, 16, 20–22, 23–29, 31, 34, 35, 37, 40, 42, 47–49, 51, 52, 53, 69, 70, 72, 73, 75, 120, 127, 132, 141, 142, 170, 183, 190, 192, 193, 210, 211; **XIV**:2, 51–54, 56, 58–63; **XV**:68–69, 71, 78–90; **XXIII**:195; **XXVI**:243
Yazdajird b. Bahrām Jūr. SEE Yazdajird II
Yazdajird b. Shahriyār. SEE Yazdajird III
Yazdajird b. Shahriyār b. Abarwīz. SEE Yazdajird III
Yazdajird b. Shahriyār b. Kisrā. SEE Yazdajird III
Yazdān b. Bādhān **XXX**:11
Yazdān b. Ḥassān **XXVII**:66

Yazdgard. SEE Yazdajird
Yazdjard b. Shahriyār. SEE Yazdajird III
Yazīd (canal). SEE Nahr Yazīd
Yazīd I. SEE Yazīd b. Mu'āwiyah b. Abī Sufyān
Yazīd II. SEE Yazīd b. 'Abd al-Malik
Yazīd III. SEE Yazīd b. al-Walīd
Yazīd (cousin of Ibrāhīm b. Jaysh) **XXXIV**:220
Yazīd (*mawlā* of 'Abdallāh b. Zuhayr) **XXII**:144
Yazīd (*mawlā* of Abū al-Zinād) **XXVI**:68
Yazīd (*mawlā* of Naṣr b. Sayyār al-Laythī). SEE Yazīd b. al-Aslamī
Yazīd (*mawlā* of Yaḥyā b. Khālid b. Barmak) **XXX**:52
Yazīd (*rāwī*). SEE Yazīd b. Hārūn
Ibn Yazīd. SEE Muḥammad b. Khālid b. Yazīd
Yazīd, Abū Khālid **XXVII**:32
Yazīd b. 'Abd al-Madān **IX**:84
Yazīd b. 'Abd al-Malik (Yazīd II, caliph) **IX**:107; **XXI**:216; **XXIII**:118, 144; **XXIV**:42, 70–71, 78, 87, 89–90, 93, 98, 105, 107–9, 111–12, 114–15, 119–21, 126–27, 138, 140, 145–46, 148, 165, 167–68, 176, 179–81, 193–96; **XXV**:20, 33; **XXVI**:87, 105, 129, 136, 154, 240; **XXXIX**:215
Yazīd b. 'Abdallāh (*kātib* of Yazīd b. 'Abd al-Malik) **XXI**:216
Yazīd b. 'Abdallāh al-Ḥulwānī **XXXIV**:37, 69
Yazīd b. 'Abdallāh b. Marthad **XVI**:76
Yazīd b. 'Abdallāh b. Qusayṭ (Ibn Qusayṭ) **I**:281; **IV**:166; **VIII**:31, 151; **XXXIX**:183
Yazīd b. 'Abdallāh b. al-Shikhkhīr **XX**:46; **XXXIX**:316
Yazīd b. 'Abdallāh b. Zam'ah b. al-Aswad b. al-Muṭṭalib b. Asad b. 'Abd al-'Uzzā **XIX**:214
Yazīd b. 'Adī b. 'Uthmān **XVII**:230
Yazīd b. al-Afkal al-Azdī **X**:23
Yazīd b. al-Aḥmar **XXVI**:237
Yazīd al-Aḥwal, Abū Khālid **XXIX**:238
Yazīd b. 'Alqamah **XVII**:62
Yazīd b. Amānāt **XXXIX**:89
Yazīd b. 'Āmir al-Suwā'ī **XXXIX**:127
Yazīd b. 'Amr **V**:166
Yazīd b. Anas al-Asadī **XX**:183–224 *passim*; **XXI**:4–7, 9–11
Yazīd b. 'Anbasah al-Saksakī **XXVI**:137, 143, 153–54
Yazīd b. al-'Aqqār al-Kalbī **XXVI**:252
Yazīd b. Asad b. Kurz al-Bajalī al-Qasrī **XV**:185–86; **XVII**:12; **XVIII**:145; **XXV**:155
Yazīd b. al-Aṣamm **I**:197
Yazīd b. al-Asḥam al-Ḥuddānī **XVI**:76
Yazīd b. Asīd al-Ghassānī, Abū 'Uthmān **XI**:81, 83, 87, 94, 98, 100, 161, 163, 170; **XIII**:94, 96, 100–102, 105, 106, 151, 154, 157, 166, 170; **XV**:18, 26, 27, 30, 72, 73, 128, 151, 159, 166, 206–7, 210–11, 213, 249, 251–52, 255
SEE ALSO Abū 'Uthmān (*rāwī*)
Yazīd b. Asīd (Usayd) al-Sulamī **XXVII**:182, 203, 208; **XXVIII**:20, 37, 109; **XXIX**:70–71, 79, 206–7
Abū Yazīd b. 'Āṣim al-Azdī **XXI**:125
Yazīd b. 'Āṣim al-Muḥāribī **XVII**:112
Yazīd b. al-Aslamī (*mawlā* of Naṣr b. Sayyār al-Laythī) **XXVII**:68–70
Yazīd b. 'Aṭā' **XXXIX**:207
Yazīd b. 'Ātikah. SEE Yazīd b. 'Abd al-Malik
Yazīd b. Badr b. al-Baṭṭāl **XXIX**:240

Yazīd al-Bāhilī. SEE Yazīd b. Mālik al-Bāhilī
Yazīd al-Ḍakhm **XII**:129; **XVI**:80
Yazīd b. Dīnār **XXIII**:84
Yazīd b. Fahdah **XX**:32
Yazīd al-Faqʿasī **XV**:54, 64, 100, 125, 145–46
Yazīd al-Faqīr, Abū ʿUthmān **XXXIX**:326
Yazīd b. Farwah **XXVI**:161–62
Yazīd b. al-Fayḍ **XXIX**:237; **XXX**:98
Yazīd b. Abī Ḥabīb al-Miṣrī **I**:229; **VI**:127; **VIII**:99, 111, 112, 113, 143; **IX**:98; **XIII**:175; **XV**:24, 198, 220 SEE ALSO Zayd b. Abī Ḥabīb
Yazīd b. al-Hād (al-Hādi) **IX**:181; **XXXIX**:164, 187
Yazīd b. Ḥajarah al-Ghassānī **XXVI**:197
Yazīd b. al-Ḥakam b. Abī al-ʿĀṣ al-Thaqafī **XXIV**:136
Yazīd b. Hāniʾ (chief of security of Ṣāliḥ b. ʿAlī b. ʿAbdallāh b. ʿAbbās) **XXVII**:174
Yazīd b. Hāniʾ al-Sabīʿī **XVII**:14, 80
Yazīd b. al-Ḥārith (of Banū al-Ḥārith b. Mudlij) **XVI**:179, 190
Yazīd b. al-Ḥārith (*rāwī*) **XXXI**:74, 77, 100, 114, 122, 130
Yazīd b. al-Ḥārith al-Ṣudāʾī **XII**:11
Yazīd b. al-Ḥārith b. Yazīd b. Ruwaym al-Shaybānī, Abū Ḥawshab **XIX**:25–26, 125; **XX**:38–40, 93, 97, 121, 184, 198, 208, 211, 212, 214; **XXI**:15, 23, 30, 130, 145
Yazīd b. Hārūn **I**:178, 181, 182, 204; **II**:102, 114, 117, 120, 124, 151, 164; **III**:17, 46, 100, 109, 143, 146; **VII**:5, 40; **IX**:156, 158; **XXXIX**:109, 123
Yazīd b. Ḥāṭib b. Umayyah b. Rāfiʿ **VII**:135
Yazīd b. Ḥātim al-Muhallabī **XXVII**:190; **XXVIII**:45, 83, 141, 268, 292; **XXIX**:39, 50, 61, 63, 67, 68, 69, 74, 77, 180, 195, 219, 235, 239; **XXX**:41
Yazīd b. al-Haytham b. al-Munakhkhal al-Jurmūzī **XXV**:120, 121
Yazīd b. Ḥimār al-Sakūnī **V**:363, 366
Yazīd b. Hishām (al-Afqam). SEE Yazīd b. Hishām b. ʿAbd al-Malik
Yazīd b. Hishām b. ʿAbd al-Malik (al-Afqam) **XXV**:194; **XXVI**:65, 128, 195
Yazīd b. al-Ḥubāb al-Madḥijī **XXIX**:171–72
Yazīd b. Ḥujayyah b. Rabīʿah al-Taymī **XVII**:87; **XVIII**:146–47
Yazīd al-Ḥulwānī. SEE Yazīd b. ʿAbdallāh al-Ḥulwānī
Yazīd b. Ḥumayd. SEE Abū al-Tayyāḥ
Yazīd b. Hurmuz **I**:266, 327
Yazīd b. al-Ḥurr al-ʿAbsī **XVII**:87
Yazīd b. al-Ḥuṣayn (Ḥuṣayn) b. Numayr **XX**:145; **XXIII**:84; **XXXIX**:53, 138
Yazīd b. Ḥuṣayn al-Ḥārithī **X**:23
Yazīd b. Huzayl **XXIII**:101–3
Yazīd b. ʿImrān **XXVIII**:264
Yazīd b. ʿIyāḍ b. Juʿdubah (Ibn Juʿdubah) **X**:38, 151; **XIV**:123, 131; **XXIII**:113; **XXXIX**:212
Yazīd b. Iyās al-Nahshalī **V**:76
Yazīd b. Jarīr b. Yazīd b. Khālid b. ʿAbdallāh al-Bajalī al-Qasrī **XXXI**:120, 129
Yazīd b. Jāriyah **VIII**:94
Yazīd b. Jubayr **XXIII**:133
Yazīd b. Kaʿb b. Sharāḥīl **XXXIX**:7
Yazīd b. Abī Kabshah **XXIII**:84, 204, 217
Yazīd b. Kaysān, Abū Munīr **XXXIX**:325

Yazīd b. Khālid al-Qasrī **XXV**:173; **XXVI**: 5–7, 160, 166–67, 169–72, 175–76, 179, 188, 202, 252–53; **XXVII**: 5, 6
Yazīd b. Khālid b. Yazīd b. Mu'āwiyah **XXVI**:148, 188
Abū Yazīd al-Kharrāz. SEE Khālid b. Ḥayyān al-Kharrāz
Yazīd b. Khuthaym. SEE Yazīd b. Muḥammad b. Khuthaym al-Muḥāribī
Abū Yazīd al-Madīnī **XIV**:103; **XVI**: 171
Yazīd b. Makhlad al-Hubayrī **XXX**:262, 267
Yazīd b. Mālik b. 'Abdallāh b. Ju'fī (Abū Sabrah b. Dhu'ayb) **XII**:11; **XXXIX**: 285
Yazīd b. Mālik al-Bāhilī (al-Khaṭīm) **II**:145; **XVIII**:19, 71, 89, 90
Yazīd b. Ma'n al-Sulamī **XVI**:55
Yazīd b. Manṣūr al-Ḥimyarī **XXIX**:62, 63, 66, 148, 177, 179, 184, 194, 203, 204, 215; **XXX**:320
Yazīd b. Ma'qil **XIX**:132–33
Yazīd b. Abī Maryam **XXXIX**:158
Yazīd b. Maṣād al-Kalbī **XXVI**: 129, 162, 187
Yazīd b. Mas'ūd b. Khālid b. Mālik b. Rib'ī b. Salmā b. Jandal b. Nahshal **XVIII**:104
Yazīd b. Mazyad al-Shaybānī **XXIX**:181, 220, 236; **XXX**:45, 103, 153, 170–71, 176, 253, 314–15
Yazīd b. M.ḥ.r.m **X**: 23
Yazīd b. Mu'āwiyah (cousin of 'Abdallāh b. al-Ṭufayl al-Bakkā'ī al-'Āmirī) **XVII**:53–54
Yazīd b. Mu'āwiyah b. 'Abdallāh b. Ja'far **XXVI**:256; **XXVII**:86, 87, 88, 148; **XXVIII**:160, 207
Yazīd b. Mu'āwiyah al-Nakha'ī **XV**:96–98
Yazīd b. Mu'āwiyah b. Abī Sufyān (Yazīd I, caliph) **XIV**:42, 76; **XV**: 13; **XVIII**:74, 94, 103, 164, 166, 172, 183–88, 200, 208–9, 213–15, 219; **XIX**: 1–3, 8–11, 13, 17–18, 23, 30–32, 35, 50, 60, 63–65, 70, 73, 76, 90, 95, 107–9, 125–26, 134, 167–76, 184, 186, 188–93, 195–96, 198–99, 201–5, 208, 215–16, 219–21, 224–26, 226–27; **XX**:5, 9–10, 11, 50, 53, 70–71, 89, 107–8, 115–16, 161; **XXI**: 136; **XXIII**:65; **XXVI**: 16; **XXX**:36; **XXXIV**:20, 23; **XXXVIII**:53, 58–60, 62; **XXXIX**:40, 52, 63, 71, 73, 74, 95, 186, 215
Yazīd b. al-Mufaḍḍal al-Ḥuddānī **XXV**: 11, 75
Yazīd b. Mufarrigh al-Ḥimyarī. SEE Yazīd b. Rabī'ah b. Mufarrigh al-Ḥimyarī
Yazīd b. al-Mughaffal (commander of al-Muhallab b. Abī Ṣufrah) **XXI**:144
Yazīd b. al-Mughaffal al-Azdī (commander of Ma'qil b. Qays al-Riyāḥī) **XVII**:182, 184, 189, 190
Yazīd b. al-Muḥajjal **IX**:84
Yazīd b. al-Muhallab (b. Abī Sufra al-Azdī), Abū Sa'īd **XV**:45; **XVII**: 171; **XXI**: 216; **XXII**:4, 188; **XXIII**:26–29, 32–34, 52–57, 63–64, 67, 74–76, 83–88, 97, 105, 129, 156–63; **XXIV**:4–7, 9, 21, 24, 29–38, 42–58, 60, 62, 75, 79, 80–82, 86, 89–91, 93, 111–21, 123–24, 126–28, 130–43, 146–48, 151, 187, 189; **XXV**:33, 150; **XXVI**:32, 135
Yazīd b. Muḥammad b. Khuthaym al-Muḥāribī **VII**:16, 17
Yazīd b. Muḥammad al-Muhallabī **XXXIV**:149
Yazīd b. al-Mukassir b. Ḥanẓalah b. Tha'labah b. Sayyār **V**:364

Yazīd b. Mus'hir al-Shaybānī **V**:363, 366
Yazīd b. Abī Muslim **XXIII**:58, 217; **XXIV**:4, 164–65; **XXVII**:148; **XXIX**:140
Yazīd al-Naḥwī **XXIV**:83; **XXVI**:227–28; **XXVII**:39
Yazīd b. Abī al-Nims al-Ghassānī **XX**:52, 59
Yazīd b. Nuʿaym **XXII**:126
Yazīd b. Nubayṭ **XIX**:27
Yazīd b. Qanān **X**:183
Yazīd b. al-Qaʿqāʿ. SEE Abū Jaʿfar al-Qāriʾ
Yazīd b. Qays al-Hamdānī al-Arḥabī **XIV**:22–24; **XV**:132–35, 140, 154; **XVI**:96, 134; **XVII**:21–22, 39, 43, 102, 131
Yazīd b. Qurrān al-Riyāḥī al-Ḥanẓalī **XXV**:107; **XXVI**:27
Yazīd b. Rabīʿah b. Mufarrigh al-Ḥimyarī (Ibn Mufarrigh) **XVIII**:201–2, 203, 204, 205, 206; **XIX**:9
Yazīd al-Raqāshī **III**:148, 149
Yazīd b. Rūmān **VII**:18, 28, 35, 38, 43, 62, 65, 77, 89, 157; **VIII**:6; **IX**:47, 59, 73; **XIV**:123; **XXXIX**:14, 78, 241
Yazīd b. Ruwaym **XVIII**:99; **XXI**:192
Yazīd b. Saʿīd al-Bāhilī **XXV**:56, 57
Abū Yazīd al-Saksakī **XXII**:120, 122, 124–25; **XXIII**:24, 26, 37, 42, 46
Yazīd b. Salm, Abū Barqah **XXIX**:1, 2
Yazīd b. Shajarah al-Rahāwī **XVII**:202–3; **XVIII**:94, 183, 192; **XXV**:103
Yazīd b. Sharāḥīl al-Anṣārī **XXI**:38, 98
Abū Yazīd al-Sharawī **XXXI**:170
Umm Yazīd bt. Simāk b. Yazīd **XXI**:129
Yazīd b. Sinān al-Ruhāwī, Abū Farwah **XI**:104; **XXXIX**:200
Yazīd b. Siyāh al-Uswārī **XX**:163
Yazīd b. Sufyān **XIX**:136
Yazīd b. Abī Sufyān **IX**:198; **XI**:74–75, 80, 82–84, 87–88, 90, 92, 103, 107–8, 112, 126, 144, 165, 168, 170; **XII**:174, 183, 186, 188; **XIII**:81, 92, 97, 100, 106; **XV**:73
Yazīd b. Sulaymān b. ʿAbd al-Malik **XXVI**:189–90, 192
Yazīd b. Sumayr al-Jarmī **XX**:22
Yazīd b. Suwayd **XVIII**:219; **XXIV**:24
Yazīd al-Ṭabarī **XXX**:93
Yazīd b. Ṭahmān. SEE Abū al-Muʿtamir
Yazīd b. Ṭalḥah b. Yazīd b. Rukānah **IX**:111
Yazīd b. Ṭarīf al-Muslī **XVIII**:130–31, 135
SEE ALSO Ibn Barṣāʾ al-Ḥitār
Yazīd b. Tharwān al-Qaysī, Abū Nāfiʿ (Habannaqah, Dhū al-Wadaʿāt) **XXIV**:9, 11
Yazīd b. ʿUbayd al-Saʿdī, Abū Wajzah **IX**:19, 29, 31, 39; **XI**:72; **XXXIX**:188
Yazīd b. ʿUdhrah al-ʿAnzī **XIX**:120
Yazīd al-ʿUlaymī (Abū al-Baṭrīq b. Yazīd) **XXVI**:160
Yazīd b. ʿUmar b. Hubayrah al-Fazārī, Abū Khālid **XXV**:191; **XXVI**:121, 136, 250; **XXVII**:7, 9, 19, 24, 25, 26, 52, 55, 56, 57, 59, 83, 86, 87, 90, 92, 109, 110, 122, 123, 124, 125, 126, 132, 133, 134, 135, 136, 137, 138, 139, 140, 142, 143, 144, 158, 180, 185–90, 191–94; **XXVIII**:67, 169; **XXIX**:113, 114
Yazīd b. ʿUmayr b. Dhī Murrān **XXI**:21
Yazīd b. Usayd al-Sulamī. SEE Yazīd b. Asīd al-Sulamī
Yazīd b. ʿUthmān b. Muḥammad b. Abī Sufyān **XXVI**:189
Yazīd b. Wahb b. Zamʿah **XIX**:215–16

Yazīd b. al-Walīd (Yazīd III, al-Nāqiṣ, caliph) **XV**:79; **XXI**:217; **XXIII**:195, 219; **XXVI**:126, 129, 137–45, 147–48, 150–52, 154, 157–58, 160–63, 180, 184–86, 188–207, 215–19, 221, 234–36, 238–40, 242–44, 247, 249–50, 252, 256, 263; **XXVII**:1, 3, 13, 16, 28

Yazīd b. Yazīd b. ʿImrān **XXVIII**:271

Yazīd b. Yuḥannis **XI**:90

Yazīd b. Ẓabyān al-Hamdānī **XVI**:189; **XVII**:144

Yazīd b. Zamʿah b. al-Aswad b. al-Muṭṭalib b. Asad b. ʿAbd al-ʿUzzā **IX**:19

Yazīd b. Abī Zaynab **XXIV**:176

Yazīd b. Ziyād (b. Abī Sufyān) **XIX**:185, 187; **XX**:70

Yazīd b. Ziyād, Abū Ghassān **XXVIII**:5, 8

Yazīd b. Abī Ziyād (*mawlā* of Muṭarrif b. al-Mughīrah b. Shuʿbah, or of his father) **XXII**:98, 131, 134–35, 138–39, 145, 147

Yazīd b. Abī Ziyād (*rāwī*) **XXIII**:211; **XXXIX**:12, 97, 168, 207, 216, 325
SEE ALSO Ibn Abī Ziyād

Yazīd b. Ziyād al-Madanī **IV**:162, 165–66; **V**:199; **VI**:108, 115, 142; **VIII**:25

Yazīd b. Ziyād b. al-Muhāṣir al-Kindī al-Bahdalī, Abū al-Shaʿthāʾ **XIX**:102, 149–50

Yazīd b. Zurayʿ **I**:193, 245, 246, 251, 268, 270, 274, 302, 356, 365, 367, 369; **II**:20, 103, 168, 173, 180; **III**:54, 89, 109; **IV**:155, 168, 169; **VII**:6; **VIII**:80; **XVI**:117

al-Yazīdī. SEE Abū Muḥammad al-Yazīdī

Yāzmān. SEE Yāzamān

Year of the Deluge. SEE ʿĀm al-Juḥāf

Year of the Destruction. SEE ʿĀm al-Ramādah

Year of the Drought. SEE ʿĀm al-Ramādah

Year of the Elephant. SEE ʿĀm al-Fīl

Year of al-Ḥudaybiyah. SEE ʿĀm al-Ḥudaybiyah

Year of the Jurists. SEE ʿĀm al-Fuqahāʾ

Year of Nosebleeds. SEE ʿĀm al-Ruʿāf

Year of the Parties. SEE ʿĀm al-Aḥzāb

Year of Sweeping Away. SEE ʿĀm al-Juḥāf

Year of Union. SEE ʿĀm al-Jamāʿah

yellow color
of Tigris water **XXXIV**:105
of wind **XXXVIII**:71, 72

yellow people. SEE Banū al-Aṣfar

Yemen (al-Yaman, Yamānīs, al-Yamāniyyah, Yemenīs, Yemenites) **I**:205, 314, 337, 367; **II**:2, 15, 19, 132–34; **III**:28, 29, 98, 160, 163, 164, 165; **IV**:2, 6–7, 78–80, 123, 128, 131, 149–50, 154; **V**:106, 121, 149, 160, 170, 180, 183–237, 240–52, 264, 331, 373–75; **VI**:16, 18, 28–29, 32, 37, 53, 118, 159; **VIII**:112, 159, 179–80, 184–85, 189; **IX**:35, 66, 88, 90, 108, 111, 119, 123, 164, 165, 167; **X**:18–24, 34, 41, 42, 53, 54, 105, 151, 153, 158–92; **XI**:74–75, 77, 168, 175, 176, 213–14, 225; **XII**:10, 11, 13, 15, 109, 172; **XIII**:59, 150, 164, 165, 174, 197, 198; **XIV**:15, 42, 122; **XV**:60–61, 217; **XVI**:26, 29, 40, 103, 119, 120, 121, 123, 133, 134, 151, 164; **XVII**:140, 197, 207–8, 230; **XVIII**:26, 132, 135, 140, 152, 202, 204, 205; **XIX**:61, 67, 70; **XX**:20, 47–69, 71; **XXI**:15–18, 20, 23, 24, 30, 38, 234; **XXIII**:63, 97, 221, 222; **XXIV**:82, 164; **XXV**:4, 5, 9, 12, 25, 38, 124, 178, 182, 189, 190; **XXVI**:127, 129, 132, 137,

Yemen (continued) **XXVI**:197–98, 202, 209, 213, 220, 235, 240, 255–57, 260; **XXVII**:6, 10, 16, 25, 27, 30, 35, 38, 39, 40, 44, 45, 48, 59, 81, 82, 100, 101, 103, 105, 106, 118, 120, 121, 133, 141, 144, 189, 195, 196, 197, 200, 203, 204; **XXVIII**:68, 71, 158, 253; **XXIX**:58–59, 66, 96–100, 120, 177, 179, 194, 207, 218, 219, 234, 235, 238; **XXX**:39, 73–74, 131–32, 173, 229, 326; **XXXI**:17, 107, 120, 129, 143; **XXXII**:10, 28–29, 37–39, 130, 176, 178, 180, 190, 234; **XXXIII**:179, 204, 206; **XXXIV**:36, 50, 75, 96, 146; **XXXV**:109; **XXXVI**:120, 166; **XXXVII**:50; **XXXVIII**:157, 168, 169, 184; **XXXIX**:17, 29, 74, 88, 94, 116, 137, 210, 218, 219, 220, 227, 265, 299, 324

Yemenī cloth **XIX**:36, 159

Yemenī corner (of al-Ka'bah) **XIX**:225

Yemenī funeral dress (*ḥullah yamāniyyah)* **IX**:173

Yemenī swords **IX**:63; **X**:173; **XVII**:44; **XXV**:36

Yemenīs (Yemenites). SEE Yemen

Yezdegird. SEE Yazdajird

Yūbīl (of the story of St. George) **IV**:181

Banū Yuḥābir b. Mālik. SEE Banū Murād

Yuḥannah b. Ru'bah **IX**:58; **XII**:158

Yulnār (?, Turkish official) **XXXV**:36

Yumn (near Khaybar) **VIII**:133; **IX**:119

Yumn (*ghulām* of al-Mu'taḍid) **XXXVII**:18

Yumn al-Khādim **XXXVIII**:138

Yūnus (commander) **XXXVII**:164

Yūnus (*rāwī*) **II**:142, 172, 178, 183; **XIV**:103, 104; **XXXIX**:223
SEE ALSO Yūnus b. 'Abd al-A'lā al-Ṣadafī

Yūnus b. 'Abd al-A'lā al-Ṣadafī **I**:198, 269, 280, 281, 287; **II**:84, 87, 95, 112, 114, 145, 146, 165, 180; **III**:140, 148; **IV**:166; **VI**:1, 37, 69, 76, 102; **VII**:2, 25, 159?; **VIII**:4, 83; **XI**:137, 140, 147, 150; **XIV**:105; **XVII**:230; **XXXII**:165; **XXXIX**:100, 108, 132, 133, 147, 204, 225, 273

Yūnus b. 'Abd Rabbihi **XXV**:190; **XXVII**:31, 40, 97, 102

Yūnus b. 'Amr. SEE Yūnus b. Abī Isḥāq al-Sabī'ī

Yūnus b. Arqam **XVI**:133

Yūnus b. Bukayr **V**:272; **VI**:82; **VIII**:120, 171; **IX**:179; **XXXIX**:200, 218

Yūnus b. Farwah **XXIX**:16; **XXX**:98

Yūnus b. Hā'ān al-Hamdānī **XXI**:143

Yūnus b. Ḥabīb al-Jarmī **XX**:9–10, 14, 27; **XXIV**:196

Yūnus b. 'Imrān **XXI**:60–61

Yūnus b. Abī Isḥāq al-Sabī'ī (Yūnus b. 'Amr) **II**:103; **V**:269; **VI**:45, 159; **IX**:175, 179; **XI**:33, 36, 132, 146; **XII**:130; **XIV**:143; **XVII**:14; **XIX**:19–20, 48, 83; **XXI**:16, 24, 27, 129; **XXII**:3, 178, 190, 194; **XXIII**:19, 20, 134, 205; **XXIX**:168; **XXXIX**:155, 325

Yūnus al-Jarmī **XXVIII**:281

Yūnus b. Muḥammad al-Ẓafarī **VI**:99

Yūnus b. Najdah **XXVIII**:261, 264; **XXIX**:12

Abū Yūnus al-Qushayrī. SEE Ḥātim b. Abī Ṣaghīrah

Yūnus b. 'Ubayd **XV**:62; **XVIII**:198

Yūnus b. Yazīd **XXII**:162
SEE ALSO Yūsuf b. Yazīd

Yūnus b. Yazīd al-Aylī **I**:283; **III**:9; **VI**:1; **IX**:207; **XI**:137; **XV**:251, 253; **XVI**: 4, 43, 68, 125, 183, 187; **XVII**: 142; **XVIII**:2, 7, 9; **XXII**:162; **XXXIX**: 131
Yūsānūs. SEE Jovian
Yusayr b. Rizām **IX**:120
Yūsha' b. Nūn. SEE Joshua
Yusr (*ghulām* of al-Mu'taḍid) **XXXVII**:18
Yusr al-Khādim (of al-Muntaṣir's entourage) **XXXIV**:219–20; **XXXVI**:31
al-Yusr b. Thawr **XIII**:64
Yūsuf (canal). SEE Nahr Yūsuf
Yūsuf (pre-Islamic Yemenī ruler). SEE Dhū Nuwās
Yūsuf b. 'Abdallāh b. Salām **XV**:221
Yūsuf b. 'Abdallāh b. 'Uthmān b. Abī al-'Āṣ **XXI**:174
Yūsuf b. Abī 'Amr b. Nu'aym b. Māhān **XXVIII**: 213
Abū Yūsuf al-Anṣārī. SEE Muḥammad b. Yūsuf b. Thābit al-Anṣārī al-Khazrajī
Yūsuf b. al-Bāghmardī **XXXVIII**:34, 41
SEE ALSO Yūsuf b. Ibrāhīm b. Bughāmardī
Yūsuf b. Bakr al-Azdī **XXII**:128
Yūsuf al-Barm **XXIX**:181–82; **XXX**:32–33; **XXXI**:15
Ibn Yūsuf al-Barm. SEE Yūsuf b. Manṣūr b. Yūsuf al-Barm
Yūsuf b. al-Ḥakam **XX**: 163
Yūsuf b. al-Ḥakam b. al-Qāsim. SEE Yūsuf b. 'Umar al-Thaqafī
Yūsuf b. Ḥammād al-Ma'nī **XXXIX**: 118
Yūsuf b. Ibrāhīm al-Barm. SEE Yūsuf al-Barm
Yūsuf b. Ibrāhīm b. Bughāmardī **XXXVIII**:159
SEE ALSO Yūsuf b. al-Bāghmardī
Yūsuf b. Iṣḥāq b. Abī Isḥāq al-Sabī'ī **IX**:90; **XXXIX**:115
Yūsuf b. Ismā'īl **XXXV**:66
Yūsuf b. Māhak **XXI**:225
Yūsuf b. Manṣūr b. Yūsuf al-Barm **XXXV**:78, 86
Yūsuf b. Mihrān **I**:291, 328, 357, 360; **II**:86, 87; **III**:71; **IX**: 207
Yūsuf b. Muḥammad **XXVII**:160
Yūsuf b. Muḥammad b. al-Munkadir **XXXIX**:240
Yūsuf b. Muḥammad b. Thābit **XXXIX**: 133
Yūsuf b. Muḥammad b. Yūsuf al-Marwazī, Abū Sa'īd **XXXIV**:112–15, 121
Yūsuf b. Muḥammad b. Yūsuf al-Thaqafī **XXVI**:119–20, 131, 238
Yūsuf b. Mu'īn **V**:269
Yūsuf b. Mūsā al-Qaṭṭān **VIII**:69
Abū Yūsuf al-Qāḍī (Ya'qūb b. Ibrāhīm) **XXIX**:234; **XXX**:109, 309
Yūsuf b. al-Qāsim b. Ṣubayḥ al-Kātib **XXX**:92–93
Yūsuf b. Qutaybah b. Muslim **XXVIII**: 277
Yūsuf b. Abī al-Sāj **XXXVIII**:10, 23, 94, 97, 184, 192
Yūsuf al-Salamī (*rāwī*, father of Sahl b. Yūsuf) **X**:18, 21, 38, 177
Yūsuf al-Ṣayqal al-Wāsiṭī **XXX**: 75–76
Yūsuf b. 'Ulwān **XXIX**: 65
Yūsuf b. 'Umar b. Hubayrah **XXXIX**: 242–43
Yūsuf b. 'Umar al-Thaqafī **XV**:43; **XXV**: 13, 98, 178, 179, 181, 182, 184, 190, 193; **XXVI**:5–8, 13–18, 28, 35–38, 40–42, 45–46, 49–55, 57–62, 67–68, 82, 93, 104, 115–19, 121–25, 128–32, 166–68, 171–72, 174, 176–77, 195–204, 208, 213, 226, 253; **XXVII**:2, 16; **XXXIX**: 233, 265

Yūsuf b. ʿUrwah **XXVII**:195
Yūsuf b. Yaʿqūb, Abū ʿUmar. SEE Muḥammad b. Yūsuf b. Yaʿqūb
Yūsuf b. Yaʿqūb (Abū Muḥammad, *qāḍī*) **XXXVII**:7, 163; **XXXVIII**:19, 43?, 63, 64, 100, 111, 119
Yūsuf b. Yaʿqūb (patriarch). SEE Joseph b. Jacob
Yūsuf b. Yaʿqūb (*rāwī*) **XV**:220
Yūsuf b. Yaʿqūb al-Bādhghīsī, Abū al-ʿAbbās **XXXI**:150–51
Yūsuf b. Yaʿqūb b. Ibrāhīm al-Qāḍī **XXXIX**:265
Yūsuf b. Yaʿqūb Qawṣarah **XXXV**:71, 72, 92
Yūsuf b. Yaʿqūb al-Sadūsī **XXXIX**:124
Yūsuf b. Yazīd **XIV**:143; **XVI**:67; **XVII**:14, 15, 126; **XVIII**:129; **XIX**:47, 132, 134; **XX**:80, 137, 146, 169; **XXI**:86; **XXII**:27–28, 150
Yūsuf b. Abī Yūsuf **XXX**:109; **XXXII**:219

Z

Zāb (river) **III**:115; **IV**:81; **XXVII**:5, 7, 132, 161, 162–66, 167, 169, 186, 192; **XXVIII**:24, 161, 243; **XXIX**:183; **XXXIII**:182–83; **XXXVI**:23; **XXXVIII**:8, 17
SEE ALSO al-Zawābī
Zāb al-Aʿlā (Upper Zāb district) **XXXI**:207
Abū Zaʿbal (of the captives of Zandaward) **XI**:184
Ibn Zabālah. SEE Muḥammad b. al-Ḥasan b. Zabālah
Zabālūn b. Yaʿqūb. SEE Zebulon b. Jacob
Zabārā bridge. SEE Qanṭarat Zabārā
al-Zabbāʾ (Nāʾilah bt. ʿAmr) **IV**:139–48
Zabbān b. Fāʾid **I**:183?; **II**:104; **XXXIX**:205
Zabībah (sister of al-Zabbāʾ) **IV**:139
Zabīd (in Yemen) **X**:20, 158; **XI**:143
al-Zabīdī (*rāwī*) **XXXIX**:159
SEE ALSO al-Zubaydī
al-Zabīr (b. ʿAbdallāh b. al-Zubayr?) **XXIII**:178
Abū al-Zabīr. SEE Abū al-Zubayr
Ibn al-Zabīr. SEE ʿAbdallāh b. al-Zabīr
al-Zabīr b. Bāṭā al-Quraẓī **VIII**:36–38
al-Zābiyān (Zābīs, two canals, in southern Iraq) **XXII**:155
Zabrāʾ (slave girl of al-Aḥnaf b. Qays) **XX**:31
Zabrāʾ (*umm walad* of Saʿd b. Abī Waqqāṣ) **XII**:139, 144
Zābul (al-Zābul, region, southwest of Kābul) **XIV**:76?; **XXII**:178; **XXIII**:183
Zābulistān **IV**:7; **V**:150; **XXIII**:7; **XXX**:175–76
al-Zābūqah (near al-Baṣrah) **XII**:163; **XVI**:64, 68, 70, 121
al-Zābūqah (near al-Fallūjah) **XXXVIII**:158
al-Zabūr. SEE Psalms
Abū Ẓabyān (Ḥuṣayn b. Jundub) **I**:200, 203, 218, 219; **II**:79; **VI**:66
Ẓabyān b. ʿUmārah (ʿUthmān) al-Tamīmī **XVII**:9, 12, 13, 170; **XX**:89; **XXI**:38, 60–61
Zād al-Rakb. SEE Abū Umayyah b. al-Mughīrah
Zādh b. Buhaysh **XI**:41; **XII**:53, 62, 131
Zādhān (*rāwī*) **XIV**:118
Zādhān Farrūkh (b. Payrōazh) **XXII**:179
Zādhān Farrūkh (chief of personal guard of Kisrā II) **V**:378
Zādhān Farrūkh (*dihqān* of Lower Euphrates) **XVII**:176
Zādhān Farrūkh (financial officer for Muʿāwiyah b. Abī Sufyān) **XX**:36

Zādhān Farrūkh b. Shahrdārān **V**:403
Zādhī (*ra'īs al-khawal,* chief of the servants) **V**:408–10
Ẓafar (near al-Ḥaw'ab) **X**:77, 78, 99
Ẓafar (guide of al-Muthannā b. Ḥārithah al-Shaybānī) **XI**:10
Banū Ẓafar **VI**:127; **VII**:135, 137, 144; **XI**:92
Ẓafar b. al-ʿAlāʾ al-Saʿdī **XXXIII**:47–49
Ẓafar b. Dahī **XI**:67, 111, 115
Ẓafār (in Yemen) **III**:98; **V**:187; **VIII**:59
Abū al-Zaʿfarān (*mawlā* of Asad b. ʿAbdallāh) **XXVI**:226–27
al-Zaʿfarānī (al-Ḥasan b. Muḥammad b. al-Ṣabbāḥ) **XXVIII**:93
al-Zaʿfarāniyyah (southeast of Baghdad) **XXXIII**:10; **XXXIV**:127; **XXXVI**:169, 170; **XXXVII**:165
Ẓafr (of Banū Juhaynah) **XVI**:42
al-Zaghal (official of Ismāʿīl b. Bulbul) **XXXVII**:165, 169
Zagharzak (castle, in al-Khuttal) **XXV**:131
al-Zaghāwah (ethnic group) **II**:11
Zāghūl (village, near Marw al-Rūdh) **XXIII**:31
Zāhir (of the Day of the Bulls) **XII**:28
Zāhir b. Ḥarb **XXX**:214
Abū al-Zāhiriyyah al-Ḥaḍramī **XXXIX**:309
Zaḥm b. Maʿbad al-Sadūsī. SEE Bashīr b. ʿUbaydallāh b. al-Khaṣāṣiyyah
Ibn Zaḥr. SEE Jahm b. Zaḥr b. Qays al-Juʿfī
Zaḥr b. Qays al-Juʿfī **XVIII**:143; **XIX**:168–69; **XX**:198, 202; **XXI**:14, 18, 22, 100, 102, 174, 178–79; **XXII**:5–7, 72–73; **XXIV**:56
Zahrāʾ (wife of Mujjāʿah b. al-Azhar) **XXIX**:99
Abū al-Zahrāʾ al-Qushayrī **XI**:168; **XII**:176, 181, 182; **XIII**:154
Zahrān (in al-Baṣrah) **XXXVI**:130, 131
Banū Zahrān **XXIV**:15
al-Ẓahrān (in al-Ḥijāz) **VII**:144
Zāʿibī spearhead **XXV**:171
Zāʾidah, garden of. SEE Bustān Zāʾidah
Ibn Abī Zāʾidah (Yaḥyā b. Zakariyyāʾ) **I**:246
Zāʾidah b. Qudāmah b. Masʿūd. SEE Zāʾidah b. Qudāmah al-Thaqafī
Zāʾidah b. Qudāmah al-Thaqafī **I**:244; **XVIII**:193; **XX**:106–8, 188, 189; **XXI**:54, 184; **XXII**:71, 74–77; **XXXIX**:238, 242, 256–57, 268
Zakariyyāʾ (*rāwī*). SEE Zakariyyāʾ b. Abī Zāʾidah
Zakariyyāʾ b. ʿAdī **XV**:251; **XXXIX**:114
Abū Zakariyyāʾ al-ʿAjlānī **XVI**:190; **XXXIX**:169
Zakariyyāʾ b. ʿĪsā **VI**:39
Zakariyyāʾ b. Isḥāq **I**:285; **VI**:154, 159
Zakariyyāʾ b. Sallām **XXXIX**:226
Zakariyyāʾ b. Siyāh **XIII**:85; **XIV**:48
Zakariyyāʾ b. Yaḥyā (*kātib* of Ḥamdān b. Ḥamdūn) **XXXVIII**:21
Zakariyyā b. Yaḥyā (*rāwī*) **IX**:153
Zakariyyāʾ b. Yaḥyā b. Abān al-Miṣrī **I**:245; **XXXIX**:101, 155, 268
Zakariyyāʾ b. Yaḥyā al-Ḍarīr **VI**:80, 91; **IX**:187; **XIX**:16, 74
Zakariyyāʾ b. Yaḥyā b. Khāqān **XXXIV**:161
Zakariyyāʾ b. Yaḥyā b. Abī Zāʾidah **VI**:157
Zakariyyāʾ b. Abī Zāʾidah **II**:86; **XII**:90; **XVIII**:136, 137, 154

zakāt (alms tax) **IX**:38, 74, 80, 149; **X**:40, 69; **XII**:138; **XIII**:51; **XIV**:84; **XV**:66; **XVII**:219, 221; **XVIII**:146, 171; **XXII**:91; **XXVII**:116
SEE ALSO *ṣadaqah*
zakāt al-fiṭr **VII**:26
Zakiyyah (on the Meccan Road from Iraq) **XXVIII**:2–3
Abū Zakkār al-Kalwadhānī **XXX**:216–17
Banū Ẓālim (of Tamīm) **XXIV**:160
Ibn Ẓālim (in a line of Jarīr's poetry) **XXIV**:65
zallālah (*zulāl*, swift river craft) **XXXIII**:207; **XXXVII**:114
Abū Zamʿah b. al-Aswad **VII**:99
Zamʿah b. al-Aswad b. al-Muṭṭalib b. Asad **VI**:113–14, 141; **VII**:44, 65, 67, 70
Zamal b. ʿAmr al-ʿUdhrī. SEE Zumayl b. ʿAmr al-ʿUdhrī
Zāmil b. ʿAmr (*rāwī*) **IX**:150
Zāmil b. ʿAmr al-Jibrānī **XXVII**:3, 5, 6
Zamm (on the Oxus, upstream of Āmul) **XXIII**:27, 90, 135, 138, 147; **XXV**:66, 85, 120, 121, 140
Zamm (Zamm al-Bāzanjān) **XXXVI**:166
Zamrān b. Abraham **II**:127, 129
Ẓamyāʾ (in a line of al-Farazdaq's poetry) **XVIII**:114–15
Zamzam (name of Prophet Muḥammad's milch sheep) **IX**:153
Zamzam (well, in the sacred enclave of Mecca) **II**:71, 74–76, 79, 83; **VI**:2, 15, 53, 78; **VII**:68; **XXI**:59–61; **XXVIII**:175; **XXXII**:30
Zamzam b. Sulaym al-Thaʿlabī **XXVI**:42
zamzamah (chanting of Zoroastrian religious formulas) **V**:377, 397
Abū Zanbīl b. Muḥammad b. Abī Khālid **XXXII**:50–52
Ibn Zanbūr (*kātib* of al-Ḥusayn b. Ismāʿīl) **XXXV**:82
Zandah b. Shāburīghān **IV**:15
Zandarāy (brother of Frāsiyāt) **IV**:12
Zandaward (near Wāsiṭ) **XI**:179, 184; **XXI**:177; **XXIX**:5
Zandaward (south of Baghdad) **XXXI**:142; **XXXII**:81
al-Zanj (ethnic group) **II**:11; **XXIX**:54; **XXXVI**:29, 35, 36, 38, 39, 43–46, 49–51, 53, 54, 110–12, 122, 124, 126, 130, 131, 132, 134, 138, 140, 141, 143–45, 147, 148, 153, 154, 165, 179, 181, 186, 192, 198, 204–7; **XXXVII**:2–4, 6–7, 9–24, 26, 32–34, 39–45, 49–61, 64, 66–67, 69, 71–72, 74, 76–77, 84–86, 88, 91–123, 125–26, 130–39, 152, 176; **XXXVIII**:6
Zanj leader. SEE ʿAlī b. Muḥammad
Zanjān (between Ardabīl and Qazwīn) **XXXIII**:15; **XXXV**:108; **XXXVI**:166, 171; **XXXVIII**:9, 14
Zanjawayh (*ghulām* of Ḥassān, Sulaymān b. ʿAlī's *mawlā*) **XXX**:25
al-Zanjī b. Khālid al-Makkī **VI**:7; **XXIX**:182
al-Zanjī b. Mihrān **XXXVI**:198, 201
Banū Zankīl **X**:24
Zanzibar **XXXVII**:47
Zarāʿat Banī Zufar (near Bālis) **XXVII**:176
Zarābin(?) al-Kissī **XXV**:148
SEE ALSO Zurayq b. Ṭufayl al-Kushānī
Zarādasht b. Isfīmān. SEE Zoroaster
Zarādhusht b. Khurrakān **V**:148–49
Zārah (Zurārah?, mother of ʿUrwah b. Zuhayr b. Nājidh al-Azdī) **XXII**:76
Banū Zārah (Zurārah?, of Azd) **XVII**:19

Zaranj (in Sijistān) **II**:5; **XIV**:75, 76; **XXIII**:6, 50; **XXVI**:55; **XXXVIII**:196
Banū Zarārī. SEE Banū Zurārī
Zarāwandādh. SEE Zurwāndādh
Zarāwandādhān (fire temple, near Abruwān) **V**:105
al-Zard b. ʿAbdallāh al-Saʿdī **XX**:32
al-Zarduq (Persian commander) **XIII**:203
Zarḥ (king of India). SEE Zerah
Zarhā b. Ṭahmāsafān **II**:49
al-Ẓarib (name of Prophet Muḥammad's milch horse) **IX**:149
Zarīn b. Luhrāsb **IV**:73
Zarīr (of the Persians of Marw). SEE Razīn
Zarmān (between Samarqand and Bukhārā) **XXV**:67
Zarmihr (Persian commander) **XI**:60–62, 65
Zarmihr b. Sūkhrā **V**:128, 130, 134
zarnūq (support beam for a well head) **XXXVI**:44
Zarq. SEE Day of Zarq
Ibn al-Zarqāʾ. SEE ʿAbd al-Malik b. Marwān
al-Zārrah (in al-Baḥrayn) **XIX**:35, 163
Zarūd (on the Meccan Road from Iraq) **XII**:12–15, 19; **XIII**:2; **XIX**:85–86
al-Zawābī (canal system, south of al-Madāʾin) **II**:49; **III**:115; **XI**:183–84
al-Zawāqīl (social group) **XXX**:156; **XXXI**:104–9; **XXXII**:10; **XXXIV**:182
al-Zawāriqah (in southern Iraq) **XXXVI**:63
Zāwashār. SEE al-Ḥasan b. Jaʿfar
Zawbaʿah (prince of the jinns of Yemen) **III**:164
Zawīlah (in al-Maghrib) **XIV**:14
al-Zāwiyah (in al-Baṣrah) **XVI**:106, 114, 115; **XXIII**:11, 24, 49, 67
al-Zawrāʾ (ʿUthmān b. ʿAffān's residence, in Medina) **XV**:32, 70, 230
al-Zawrāʾ (city built by Miqlāṣ) **XXVIII**:239
al-Zawrāʾ (quarter, in Medina) **XXVIII**:146; **XXX**:20–21
zawraq (small boat, skiff) **XXX**:13; **XXXI**:190; **XXXIII**:10; **XXXIV**:182; **XXXVII**:119
Zawraq (guide of al-Ḥajjāj b. Yūsuf al-Thaqafī) **XXIII**:68
zaww (gondola) **XXX**:222; **XXXIII**:11
Zaww b. Ṭahmāsb **III**:113, 114, 116, 118
al-Zayādhibah (descendants of Azādhbih, in al-Yamāmah) **XI**:10
Zayd (commander of al-Muthannā b. Ḥārithah al-Shaybānī) **XI**:218
Zayd (fighter, attached to al-ʿAbbās b. Muḥammad b. ʿAlī al-ʿAbbāsī) **XXX**:24
Zayd (*ghulām* of Muḥammad b. ʿAbdallāh b. al-Ḥārith b. Hishām) **XIX**:15
Zayd (*ghulām* of Nāfiʿ b. Khālid al-Ṭāḥī) **XVIII**:85
Zayd (*mawlā* of ʿĪsā b. Nahīk) **XXIX**:124
Zayd (*mawlā* of Mismaʿ b. ʿAbd al-Malik) **XXVIII**:165, 185, 197
Zayd (of the Day of Dār Ḥakīm) **XVIII**:131
Zayd (*rāwī*) **II**:97
Zayd (*rāwī*, father of Yaʿqūb b. Zayd) **XV**:1, 250
Zayd (*rāwī*, *mawlā* of Banū al-Azd) **XXII**:147
Abū Zayd (*mawlā* of al-Mughīrah b. Shuʿbah al-Thaqafī) **XI**:18
Abū Zayd (*rāwī*). SEE ʿUmar b. Shabbah

Banū Zayd (of Hamdān) **XVII**:42
Banū Zayd (of Yarbū') **XII**:99
Ibn Zayd (*rāwī*). SEE 'Abd al-Raḥmān b. Zayd b. Aslam
Umm Zayd (in a line of poetry) **XXI**:212
Zayd, Abū Yasār (*mawlā* of Prophet Muḥammad) **XXXIX**:100
Zayd b. 'Abd al-Raḥmān b. 'Awf **XIX**:210
Zayd b. 'Adī al-Awsaṭ **XI**:30
Zayd b. 'Adī b. Zayd **V**:351–55, 357
Banū Zayd b. 'Adwān **VI**:55
Zayd b. Akhzam al-Ṭā'ī **XIV**:98
Zayd b. 'Alī, Abū al-Qamūṣ. SEE Abū al-Qamūṣ
Zayd b. 'Alī b. al-Ḥusayn b. 'Alī b. Abī Ṭalib **XIX**:88; **XXII**:26; **XXVI**:4–23, 36–54, 168; **XXVIII**:224; **XXIX**:136; **XXXVI**:30; **XXXIX**:233
Zayd b. 'Alī b. Ḥusayn b. Zayd al-'Alawī **XXX**:210, 235, 311
Abū Zayd b. 'Amr **IX**:101–3
Banū Zayd b. 'Amr **XXII**:104
Zayd b. 'Amr Dhī al-Adh'ār (Yemeni king). SEE Tubba' I
Zayd b. 'Amr b. Nufayl **VI**:64–65; **XXXIX**:37
Abū Zayd al-Anṣārī (Thābit b. Zayd b. Qays) **XXXIX**:284
SEE ALSO Sa'd b. 'Ubayd al-Anṣārī
Zayd 'Ārim (slave of Muṣ'ab b. 'Abd al-Raḥmān b. 'Awf al-Zuhrī) **XIX**:16
Zayd b. Arqam **I**:209; **VI**:80–81; **VIII**:52–54, 155; **IX**:124, 125; **XIX**:124, 165; **XXXIX**:295
Zayd b. Aslam **II**:85, 106, 147; **X**:43; **XIV**:97, 99, 106, 110, 112, 116, 121, 133; **XV**:5, 75; **XXXIX**:174, 335
Zayd b. Abī 'Attāb **XXXIX**:184
Abū Zayd al-Awdī. SEE 'Abdallāh al-Awdī
Zayd b. Badr al-'Abdī **XVII**:62
Zayd b. Bakr **XX**:159
Zayd b. Būlā. SEE Zayd, Abū Yasār
Abū Zayd al-Ḍabbī **XXXIX**:200
Zayd al-Ḍallāl (killer of al-Ḥutam b. Ḍubay'ah) **X**:147, 151
Zayd b. al-Dathinnah **VII**:144, 145, 147
Zayd b. Abī Ḥabīb **XVIII**:103
SEE ALSO Yazīd b. Abī Ḥabīb al-Miṣrī
Zayd b. Ḥammād b. Zayd **V**:340
Zayd b. al-Ḥārith **IX**:125
Zayd b. Ḥārithah b. Sharāḥīl (Zayd al-Ḥibb) **VI**:86, 87; **VII**:8, 16, 64, 75, 76, 94, 98, 99; **VIII**:2–4, 93–96, 152, 156–58; **IX**:100–103, 119, 122, 134, 142, 163; **X**:17, 40, 113; **XIII**:177, 178; **XXXIX**:6–10, 14, 65, 162, 172, 180–81, 192, 289
Zayd b. Ḥasan b. Zayd b. al-Ḥasan b. 'Alī b. Abī Ṭālib **XXVIII**:224; **XXXIX**:260
Zayd al-Ḥibb b. Ḥārithah. SEE Zayd b. Ḥārithah b. Sharāḥīl
Zayd al-Hilālī **XXIX**:249
Zayd b. Ḥisās **XVI**:133
Zayd b. al-Ḥubāb (Ḥubāb) al-'Uklī **I**:364; **II**:31, 82, 147; **XXXIX**:152, 205, 221, 258
Zayd b. Ḥuṣayn al-Ṭā'ī al-Sinbisī **XVII**:79, 82, 115, 117, 119, 130, 132, 196; **XVIII**:24
Zayd b. Jabalah **XVIII**:18
Zayd b. Jāriyah b. 'Āmir **IX**:61
Zayd b. Jubayr **XXXIX**:200
Zayd b. Khālid al-Juhanī **XXXIX**:293
Zayd b. al-Khaṭṭāb **X**:105, 113, 118, 120–23; **XXXIX**:177
Zayd al-Khayl b. Muhalhil **IX**:35, 105; **XXXIX**:85
Zayd b. Kilāb b. Murrah. SEE Quṣayy
Zayd b. Luṣayb al-Qaynuqā'ī **IX**:54–55

Zayd Manāt (al-Khazraj) **XXXIX**:71
Banū Zayd Manāt **XVI**:120
Zayd b. Muʿāwiyah **II**:146
Zayd b. Muḥammad (*mawlā* of Prophet Muḥammad). SEE Zayd b. Ḥārithah
Zayd b. Muḥammad b. Ismāʿīl al-ʿAlawī **XXXVIII**:29
Zayd b. Muḥammad b. Zayd al-ʿAlawī **XXXVIII**:92
Zayd b. Murrah. SEE Abū al-Muʿallā
Zayd b. Mūsā b. Jaʿfar b. Muḥammad b. ʿAlī b. Abī Ṭālib (Zayd al-Nār) **XXXII**:26–28, 44
Zayd b. Rufayʿ **XXXIX**:154
Zayd b. Ruqād al-Janbī **XIX**:161, 179; **XXI**:42
Zayd b. Sahl. SEE Abū Ṭalḥah al-Anṣārī
Zayd b. al-Ṣāmit. SEE Abū ʿAyyāsh al-Zuraqī
Zayd b. Ṣūḥān al-ʿAbdī **XV**:125, 159, 232; **XVI**:79, 80, 89–91, 96, 132, 134, 136–37, 139, 142, 145, 151, 153, 168; **XXXVI**:34
Banū Zayd b. Taghlib **XXXIV**:37
Zayd al-Ṭāʾī **XI**:37
Zayd b. Tamīm al-Qaynī **XXVI**:177
Zayd b. Thābit **VII**:27, 28, 84, 111, 167; **IX**:148; **XI**:142; **XIII**:59, 109, 140; **XIV**:15; **XV**:141, 165–66, 174, 249, 256; **XVI**:6, 9; **XXI**:214; **XXXIX**:294
Zayd b. ʿUmar b. al-Khaṭṭāb **XIV**:101; **XVIII**:222–23
Zayd b. ʿUmar b. al-Khaṭṭāb (Zayd al-Aṣghar, the Younger) **XIV**:100
Zayd b. Abī Unaysah **I**:306
Zayd b. Wahb al-Juhanī **XVII**:33, 35, 37, 40, 47, 65, 73, 128, 136
Zayd b. Abī al-Zarqāʾ **I**:197
Zaydān b. Ibrāhīm **XXXIV**:161
al-Zaydān Road (west of Nahr al-ʿAbbās) **XXXVI**:144
Zaydān al-Saʿīdī. SEE Rundāq al-Saʿīdī
al-Zaydiyyah (Zaydīs, Zaydites, Shīʿite group) **XXVI**:255, 260, 263; **XXIX**:52–53, 224, 225–26; **XXXII**:100; **XXXV**:16, 17, 18, 88, 89, 143
Zayn al-ʿĀbidīn. SEE ʿAlī b. al-Ḥusayn b. ʿAlī b. Abī Ṭālib
Zaynab bt. ʿAbdallāh (sister of Muḥammad b. ʿAbdallāh b. Ḥasan b. Ḥasan b. ʿAlī b. Abī Ṭālib) **XXVIII**:217
Zaynab bt. ʿAlī b. Abī Ṭālib (Zaynab al-Kubrā, the Elder) **XVII**:228; **XIX**:76, 112, 117, 151, 158, 160, 164–67, 171, 173; **XXXIX**:211
Zaynab bt. ʿAlī b. Abī Ṭālib (Zaynab al-Ṣughrā, the Younger) **XVII**:229
Abū Zaynab b. ʿAwf b. al-Ḥārith al-Azdī **XV**:49, 52–54, 232; **XVII**:51
Zaynab bt. Aws b. Ḥārithah (wife of al-Nuʿmān III) **V**:355
Zaynab bt. al-ʿAwwām **XXXIX**:41
Zaynab bt. al-Ḥārith **VIII**:123–24
Zaynab bt. Ḥassān al-Taghlibī **XXV**:188
Zaynab bt. Ḥayyān b. ʿAmr b. Ḥayyān **IX**:29
Zaynab bt. Jaḥsh (wife of Prophet Muḥammad) **VIII**:1–4, 61; **IX**:23, 134, 168; **XIII**:177, 178; **XIV**:97; **XXXIX**:9, 180–82
Zaynab bt. Kaʿb b. ʿUjrah **IX**:111
Zaynab bt. Khālid al-Qasrī **XXVI**:170
Zaynab bt. Khuzaymah (Umm al-Masākīn, Mother of the Poor, wife of Prophet Muḥammad) **VII**:150; **IX**:138; **XXXIX**:163–64, 177
Zaynab bt. Maẓʿūn **XIV**:100; **XXXIX**:175

Zaynab bt. Abī Mu'āwiyah al-Thaqafiyyah **XXXIX**:203
Zaynab bt. Muḥammad (daughter of Prophet Muḥammad) **VI**:48; **VII**:73, 74–78; **VIII**:94, 131, 139; **IX**:127; **XVII**:229; **XXXIX**:4, 13–16, 78, 150, 162–63, 282
Zaynab bt. Muḥammad b. Yūsuf al-Thaqafī **XXVII**:16
Zaynab bt. Munīr **XXX**:92
Zaynab bt. Abī Salamah b. 'Abd al-Asad b. Hilāl **IX**:132; **XVII**:207, 224; **XXXIX**:175, 184
Zaynab bt. Abī Sufyān **XVI**:36
Zaynab bt. Sulaymān b. 'Alī **XXVIII**:272; **XXIX**:126; **XXX**:26, 57; **XXXIX**:263
Zaynab bt. 'Umar b. al-Khaṭṭāb **XIV**:101
al-Zaynabī. SEE 'Abdallāh b. Muḥammad b. Sulaymān al-Zaynabī; Muḥammad b. Sulaymān b. 'Abdallāh b. Muḥammad b. Ibrāhīm; al-Zīnabī b. Qūlah
al-Zaynabī (*dihqān* of Ḥulwān) **XIII**:53
al-Zaynabī (supporter of Khālid b. 'Abdallāh al-Qasrī) **XXV**:181
al-Zaytūnah (Syrian desert retreat of Hishām b. 'Abd al-Malik b. Marwān) **XXV**:2
Ibn al-Zayyāt. SEE Muḥammad b. 'Abd al-Malik al-Zayyāt
al-Zayyātūn (oil-sellers' quarter, in al-Kūfah) **XXI**:105
al-Zazz (near Iṣfahān) **XXXVIII**:67
zebra **XIX**:20
Zebulon (Zebulun) b. Jacob (Zabālūn b. Ya'qūb) **II**:134; **IV**:61
Zechariah b. Berechiah (prophet; also identified with the father of John the Baptist) **IV**:37, 102, 103, 108, 119–20
Zedekiah (king of Israel) **IV**:35–38, 40–41, 49
Zeno (Roman emperor) **IV**:127
Zerah (Zarḥ, king of India) **IV**:21, 24, 27–29, 32–34
Zerubabel b. Shealtiel **IV**:82–83
Ibn al-Ziba'rā. SEE 'Abdallāh b. al-Ziba'rā al-Sahmī
Zibaṭrah (fortress, in the frontier zone of al-Jazīrah) **XXXIII**:93–96, 121
al-Zibriqān (of Khāzim b. Khuzaymah's army) **XXIX**:47
al-Zibriqān b. Badr al-Sa'dī al-Tamīmī **IX**:67, 69–70, 108, 168; **X**:50, 85, 86, 95–97, 140; **XI**:53, 60; **XXXIX**:82
  daughter of **XXIV**:136
Zikrawayh b. Mihrawayh (al-Dandānī, Qarmaṭian) **XXXVIII**:113, 144, 145, 158, 161, 162, 164–68, 172–74, 176, 178, 179, 181, 182, 197
Zilfah (concubine of Jacob b. Isaac) **II**:135, 136
Zillah (Ṣillā, wife of Lamech) **I**:338
zimām (financial controller) **XXXIII**:31
  SEE ALSO Dīwān Zimām al-Nafaqāt
Ziml b. 'Amr al-'Udhrī. SEE Zumayl b. 'Amr al-'Udhrī
Ziml b. Mālik b. Ḥudhayfah **X**:77
Banū Zimmān b. Mālik **XX**:102
Zimrī b. Salu (Zimrī b. Shalūm) **III**:93
zinā (adultery, fornication) **IX**:191; **XIII**:114; **XVII**:101; **XXVII**:117
  children born of **XXXIX**:200
  qadhf (unproven accusation of adultery) **III**:105–8; **XIII**:110–14, 114; **XXX**:282
  stoning for **III**:105; **IX**:190–91; **X**:104
  SEE ALSO *ḥadd* punishment

al-Zīnabī (al-Zaynabī) b. Qūlah, Abū al-Furrukhān **XIV**:21, 24–26
Abū al-Zinād (ʿAbdallāh b. Dhakhwān) **I**:284; **II**:64; **VII**:27; **XX**:55; **XXI**:226; **XXII**:91; **XXIV**:75; **XXVI**:164–66
Ibn Abī al-Zinād (ʿAbd al-Raḥmān b. ʿAbdallāh b. Dhakwān) **I**:284; **II**:64; **VI**:49; **VII**:27, 28; **XV**:182–83, 219, 253, 255; **XX**:54, 55; **XXI**:230; **XXII**:91; **XXIII**:131; **XXIV**:76; **XXVI**:164; **XXXIX**:42, 46, 55, 190, 208
Zīnah (mother of Rayṭah bt. Hārūn al-Rashīd) **XXX**:328
Abū al-Zinbāʿ (Ṣadaqah b. Ṣāliḥ) **XIV**:105; **XXXIX**:308
zindīq (pl. *zanādiqah*, freethinker, heretic) **V**:38, 139, 142; **XXVI**:129; **XXIX**:73, 126–27, 214, 234–35, 237, 240, 241; **XXX**:10–14, 69–70, 98, 163; **XXXI**:237, 239, 248, 250
Mt. Zion **IV**:113
Zipporah bt. Jethro (Ṣafūrah bt. Yathrā) **III**:31, 47
Zirāʿ (Dhirāʿ, brother of Ḥārithah b. Badr) **XVI**:160
Zīrak al-Turkī **XXXIV**:79–80, 122–23; **XXXVII**:18–20, 25, 31, 34, 39–41, 44–45, 47, 50, 52–53, 56–57, 63, 66, 69, 86, 96, 109, 112, 114, 126; **XXXVIII**:32
Zirbī (Zirbiyyā?, *ghulām* of al-Mukhtār b. Abī ʿUbayd b. Masʿūd al-Thaqafī) **XX**:183; **XXI**:24
Zirr b. ʿAbdallāh b. Kulayb al-Fuqaymī **XI**:14; **XIII**:136, 137, 145, 146, 148, 199, 201
Zirr b. Ḥubaysh **XIV**:96, 97; **XVIII**:223; **XIX**:83; **XXXIX**:51, 320–21
Zirr b. Kulayb. SEE Zirr b. ʿAbdallāh b. Kulayb al-Fuqaymī
Ziryāb (*mawlā* of al-Mahdī) **XXXII**:244
Ziyād (canal). SEE Nahr Ziyād
Ziyād (maternal uncle of al-Walīd al-Azraq) **XXV**:25
Ziyād (*mawlā* of al-Ḥakam b. Abī al-ʿĀṣ b. Bishr b. Duhmān al-Thaqafī) **XIV**:69
Ziyād (Persian commander) **XXVIII**:50
Ziyād (*rāwī*). SEE Ziyād b. Sarjis al-Aḥmarī
Abū Ziyād (*mawlā* of Banū Thaqīf) **XI**:55
Abū Ziyād, spring of. SEE ʿAyn Abī Ziyād
Banū Ziyād **XXXVIII**:158
Banū Ziyād (of al-Ḥārith b. Kaʿb) **XIX**:177
Ibn Abī Ziyād (*rāwī*) **XVIII**:168
SEE ALSO Yazīd b. Abī Ziyād
Ziyād b. ʿAbd al-Raḥmān al-Qushayrī (al-Azdī) **XXIV**:19, 141, 173; **XXV**:192; **XXVII**:104, 105, 106
Ziyād b. ʿAbdallāh (of Banū al-Wirthah) **XXII**:39
Ziyād b. ʿAbdallāh al-Bakkāʾī **XVII**:206, 209; **XVIII**:5, 11
Ziyād b. Abīhi. SEE Ziyād b. Abī Sufyān
Ziyād b. ʿAlī **XXXI**:96
Ziyād b. ʿAmr (leader of Banū al-Azd) **XVI**:120
Ziyād b. ʿAmr al-ʿAtakī, Abū al-Mughīrah **XX**:41–42; **XXI**:47–49, 87, 93, 177, 183; **XXII**:72, 74–76, 122
Ziyād b. ʿAmr b. Muʿāwiyah al-ʿUqaylī **XX**:59, 66
Ziyād b. ʿAmr al-Zimmānī, Abū al-Adʾham **XXII**:188
Ziyād b. Ayyūb **IX**:207; **XV**:223, 252; **XVI**:99

Ziyād al-Bakkāʾī. SEE Ziyād b. ʿAbdallāh al-Bakkāʾī
Ziyād b. Dīnār **X**:184
Ziyād b. Fayrūz. SEE Abū al-ʿĀliyah al-Barrāʾ
Ziyād b. Ghunaym al-Qaynī **XXIII**:47
Ziyād b. Ḥanẓalah al-Tamīmī al-ʿAmrī **IX**:168; **X**:49, 52; **XI**:90; **XII**:181, 198, 199; **XIV**:3, 5, 6, 34; **XVI**:32, 36
Ziyād b. al-Ḥārith b. Surayj al-Bakrī **XXV**:76, 109, 142
Ziyād b. Ḥassān **XXX**:40
Ziyād b. Ḥusayn al-Kalbī **XXVI**:151
Ziyād b. ʿIlāqah al-Taghlibī **VI**:13
Ziyād b. ʿĪsā **XXVII**:69
Ziyād al-Iṣbahānī **XXIV**:156
Ziyād b. Jarīr b. ʿAbdallāh al-Bajalī **XXIII**:15, 82, 130, 139, 156, 214
Ziyād b. Jazʾ al-Zubaydī **XIII**:163, 166
Ziyād b. Jiyal **XX**:2, 176
Ziyād b. Jubayr **XIII**:184
Ziyād b. Khaṣafah al-Taymī **XVII**:18, 21–23, 59, 62, 122, 132, 175, 177–82; **XX**:208
Ziyād b. Khayrān al-Ṭāʾī **XXV**:86
Ziyād b. Khaythamah **I**:291, 292, 295, 296, 303
Ziyād b. Kulayb, Abū Maʿshar **I**:284, 285; **IX**:185, 186
Ziyād b. Labīd al-Bayāḍī al-Anṣārī **IX**:108; **X**:19–21, 175–82, 190, 191; **XI**:143; **XIV**:162, 163; **XXXIX**:135
Ziyād b. Abī Laylā (father of ʿUbaydallāh b. Ziyād b. Abī Laylā) **XXI**:220
Ziyād b. Mālik (of Banū Ḍubayʿah) **XXI**:32
Ziyād b. Muʿāwiyah **XV**:102
Ziyād b. al-Muhallab **XXIV**:5
Ziyād b. Muqātil b. Mismaʿ **XXIII**:17
Ziyād b. Mushkān **XXVII**:143; **XXVIII**:46, 50
Ziyād b. Muṭarrif **XXXIX**:155
Ziyād b. al-Naḍr al-Ḥārithī **XV**:159–61; **XVII**:5–9, 18, 32, 43, 100, 102, 104
Ziyād al-Nahdī **XXVI**:49
Ziyād b. Nuʿaym al-Fihrī **XV**:204
Ziyād al-Qaṣīr al-Khuzāʿī **XXIII**:102
Ziyād al-Qurashī **XXV**:119
Ziyād b. al-Rabīʿ **XV**:109
Ziyād b. al-Rabīʿ *(rāwī)* **XXIV**:37
Ziyād b. Sahl al-Ghaṭafānī **XXVII**:132
Ziyād b. al-Sakan **VII**:120, 121
Ziyād b. Ṣāliḥ *(rāwī)* **XVIII**:21
Ziyād b. Ṣāliḥ al-Ḥārithī **XXVII**:140, 188, 189
Ziyād b. Ṣāliḥ al-Khuzāʿī **XXVII**:96, 197, 203, 205–8
Ziyād b. Sarjis al-Aḥmarī **XI**:16, 19, 45, 53, 173, 177, 182, 186, 188, 195–96, 210, 215, 218, 221–22, 224; **XII**:13, 14, 15, 46, 49, 53, 61, 63, 65, 76, 79, 81, 82, 84, 86, 89, 90, 92, 93, 99, 103, 106, 108, 113, 115, 122, 125, 127, 150, 203; **XIII**:31, 37, 76
Ziyād al-Sarrāj al-Ṣādiq, Abū Muḥammad (Abū ʿIkrimah) **XXIV**:87–88, 183; **XXV**:38, 39, 40
Ziyād b. Sayyār al-Azdī **XXVII**:68
Ziyād b. Abī Sufyān (Ziyād b. Abīhi, Ziyād b. Sumayyah, Ziyād b. ʿUbayd) **VII**:10; **XII**:19, 172; **XIII**:45, 46, 73, 75, 76, 110, 113, 114; **XIV**:81, 82; **XV**:90; **XVI**:168, 169; **XVII**:166–71, 183, 203–4; **XVIII**:12, 14–18, 26, 28–31, 71, 73, 74, 76–78, 81–87, 90, 92–93, 95–97, 99–101, 103–5, 107, 110–13, 115, 118–20, 125–29, 131–43, 145–48, 151, 153–54, 156–57, 162–64, 166, 167–71, 175, 177–79, 184–85, 201–2, 203, 217; **XIX**:1, 38, 60, 111, 130, 169, 199; **XX**:10, 38; **XXI**:45, 117; **XXIV**:114;

Ziyād b. Abī Sufyān (continued) **XXIX**:188–93; **XXXII**:217; **XXXVIII**:57
Ziyād b. Sumayyah. SEE Ziyād b. Abī Sufyān
Ziyād b. Suwayd **XXVII**:191
Ziyād b. Ṭarīf al-Bāhilī **XXV**:10–12
Ziyād b. ʿUbayd. SEE Ziyād b. Abī Sufyān
Ziyād b. ʿUbaydallāh al-Ḥārithī, Abū Yaḥyā **XXV**:5–7; **XXVII**:178, 189, 192, 196, 197, 198, 200, 203, 204, 208; **XXVIII**:5–6, 46–47, 53, 58, 74, 85–86, 91–92, 94–95, 100–101, 104–7, 110, 111
Ziyād b. Umayyah b. ʿAbdallāh **XXII**:166–67
Ziyād b. ʿUqbah **XXII**:174
Ziyād b. Abī al-Ward **XXI**:217
Ziyād b. Zurārah al-Qushayrī **XXVII**:122, 125
Ziyādah b. Zayd **XXI**:222
Ziyādatallāh b. al-Aghlab, Abū Muḍar **XXXVIII**:184
al-Ziyādiyyūn **XXXVI**:41
Zīzāʾ (east of the Dead Sea) **XI**:76–77; **XXVI**:103
Zophar (Ṣāfir, friend of Job) **II**:142
Zoroaster (Zarādasht b. Isfīmān) **IV**:46–47, 71–73, 76–77
Zoroastrians (al-Majūs, Magians) **I**:185, 186, 193, 369; **II**:2, 8; **III**:19; **IV**:106, 107–8; **V**:2, 313–15, 325, 387, 412; **VI**:64; **VIII**:111, 142; **IX**:39; **XII**:48; **XIII**:41, 52, 122, 128; **XIV**:62; **XV**:80, 85; **XVIII**:14; **XX**:170; **XXV**:156; **XXVI**:24, 31; **XXVIII**:44; **XXX**:279–80; **XXXII**:52
SEE ALSO Banū al-Faddām; fire temples; al-Mihrijān; Nowrūz; *zamzamah*
Z.rāwah, (?, book of the Magians) **XXXIII**:200
Abū al-Zuʿayziʿah (*kātib* of Muʿāwiyah b. Yazīd) **XXI**:163, 215
Zubālah (on the Meccan Road from Iraq) **XVI**:28; **XIX**:57, 79, 88–89; **XXIX**:198; **XXXVIII**:173, 177
Zubayd (*mawlā* of al-Ḥusayn b. ʿAlī b. Abī Ṭālib) **XXXIX**:211
Abū Zubayd (poet) **XV**:48–49
Banū Zubayd (of Madhḥij) **IX**:90–92, 93; **X**:24, 170; **XII**:11; **XIII**:165; **XIX**:177
Zubaydah bt. Abī Jaʿfar al-Manṣūr, Umm Jaʿfar (wife of Hārūn al-Rashīd) **XXX**:48, 112, 138, 312, 326–27; **XXXI**:18–19, 74–75, 108, 110, 151, 176, 186, 190, 192, 196, 207, 210, 220–22, 228, 229, 233; **XXXII**:108, 154–57, 189
fief of Umm Jaʿfar, in Baghdad. SEE Bāb Qaṭīʿat Umm Jaʿfar
Zubaydah bt. Munīr (mother of al-Faḍl b. Yaḥyā al-Barmakī) **XXX**:220
al-Zubaydī (*rāwī*) **XIX**:137
SEE ALSO al-Zabīdī
al-Zubayr (*mawlā* of ʿĀbis al-Bāhilī) **XXIII**:171
Abū al-Zubayr (*rāwī*) **II**:80; **VIII**:69, 148; **XII**:159; **XXXIX**:186
Ibn al-Zubayr. SEE ʿAbdallāh b. al-Zubayr
al-Zubayr, Abū ʿAbd al-Salām **I**:230
al-Zubayr b. ʿAbd al-Muṭṭalib **VI**:1
Abū al-Zubayr b. ʿAbd al-Raḥmān **XXVII**:120, 121
al-Zubayr b. ʿAbdallāh **XV**:221
al-Zubayr b. ʿAdī **VII**:27
Abū al-Zubayr al-Arḥabī **XXI**:95; **XXII**:193; **XXIII**:10, 12, 14–15, 20, 35–36
al-Zubayr b. al-Arwaḥ al-Tamīmī **XIX**:63–64; **XXII**:42

al-Zubayr b. al-ʿAwwām **VI**:73, 87, 99, 100; **VII**:26, 30, 43, 113–16, 118, 123, 126, 134; **VIII**:41, 119, 122–23, 167, 175–76; **IX**:186, 188, 189, 192; **X**:10, 11, 46, 71; **XI**:71, 92; **XII**:4, 6, 133, 134, 159, 205; **XIII**:166, 169, 170, 172, 195; **XIV**:86, 91, 101, 145, 146, 150, 151, 156, 159; **XV**:150–52, 160–62, 166, 171, 206, 208–10, 217, 247; **XVI**:2–5, 7, 9–15, 18–20, 22, 23, 29, 32, 34, 35, 40–50, 54, 55, 58–60, 62, 63, 65–73, 76–80, 84–86, 92–94, 97, 99–102, 109–18, 121–31, 133, 140, 151, 158–59, 194, 196; **XVII**:171; **XVIII**:39; **XX**:58; **XXI**:84, 175, 195, 228; **XXVIII**:109, 173, 196, 202, 226; **XXIX**:253; **XXX**:221; **XXXIV**:152; **XXXIX**:16, 27–28, 78, 105, 169, 172, 199, 288, 289
Āl al-Zubayr b. al-ʿAwwām **XXI**:58, 109, 110, 112, 230
al-Zubayr b. Bakkār **VI**:38, 39; **VII**:50; **XVI**:9; **XXIX**:92, 106, 129; **XXX**:221
al-Zubayr b. Bilāl **XXVIII**:133
al-Zubayr b. Daḥmān **XXX**:83
al-Zubayr b. Abī Ḥakīmah **XXVI**:41
Abū al-Zubayr al-Hamdānī. SEE Abū al-Zubayr al-Arḥabī
al-Zubayr b. Hishām **XXX**:124
al-Zubayr b. al-Khirrīt **III**:90; **XVI**:151, 171; **XX**:17, 20, 35
al-Zubayr b. Khubayb b. Thābit b. ʿAbdallāh b. al-Zubayr **XXVIII**:225
al-Zubayr b. Khuzaymah **XXI**:9
Abū al-Zubayr b. Kurayb **XXI**:21
SEE ALSO Abū al-Zubayr al-Shibāmī
al-Zubayr b. al-Māḥūz **XX**:165, 169, 170; **XXI**:123, 125, 131, 133
al-Zubayr b. al-Mundhir **XXVIII**:110–11
al-Zubayr b. Mūsā **V**:269
al-Zubayr b. Nushayṭ **XXIV**:151
al-Zubayr (ʿAlī) b. Qaraẓah b. Kaʿb **XIX**:135–36
Abū al-Zubayr al-Shibāmī **XXI**:30
SEE ALSO Abū al-Zubayr b. Kurayb
al-Zubayrī. SEE ʿAbdallāh b. Muṣʿab b. Thābit b. ʿAbdallāh b. al-Zubayr; ʿUthmān b. Muḥammad b. Khālid b. al-Zubayr
al-Zubayriyyah (al-Zubayriyyūn, Āl al-Zubayr, Zubayrid family) **XXIII**:85, 88; **XXX**:124, 127; **XXXIX**:96, 241
al-Zubayriyyah (forces supporting ʿAbdallāh b. al-Zubayr) **XXI**:173
Banū Zufar **XXVII**:20, 176
Zufar b. ʿAqīl al-Fihrī **XX**:55
Zufar b. ʿĀṣim al-Hilālī **XXVIII**:12; **XXIX**:68, 76, 80, 193, 213, 215
Zufar b. al-Ḥārith al-Kilābī **XVI**:120, 149, 150, 157; **XX**:49, 56, 63, 65, 67, 68, 137–41, 153; **XXI**:150, 155
Ẓufar b. al-Hudhayl **XXXIX**:251
Zufar b. Mālik b. Ḥudhayfah **X**:77
Zufar b. Qays **XVI**:168
al-Zuharah. SEE Venus
Zuhayr (*al-khawal*, slave) **XXXVI**:56
Zuhayr (Christian supporter of Persians against invading Arabs) **XI**:22
Zuhayr (*rāwī*). SEE Zuhayr b. Ḥarb; Zuhayr b. Muʿāwiyah al-Juʿfī
Zuhayr (*rāwī*) **IX**:124
Zuhayr (*rāwī*) **XXIV**:20
Zuhayr (*rāwī*) **XXXIX**:221
Zuhayr (*rāwī*, b. Muḥammad al-Tamīmī) **IX**:160
Abū Zuhayr (*rāwī*) **XXX**:76
Zuhayr b. ʿAbd al-Raḥmān b. Zuhayr al-Khathʿamī **XIX**:150, 161
Zuhayr b. al-Abrad al-Kalbī **XXI**:155, 156, 161

Abū Zuhayr al-ʿAbsī. SEE al-Naḍr b. Ṣāliḥ b. Ḥabīb al-ʿAbsī
Abū Zuhayr al-Azdī **XVI**:14
Zuhayr b. Dhuʾayb al-ʿAdawī **XX**:73, 181; **XXI**:62–66
Zuhayr b. Ḥarb, Abū Khaythamah **XV**:251; **XVI**:4, 125; **XVIII**:100, 166, 196, 198; **XX**:6, 8, 17–20, 35, 46, 163–65; **XXXII**:204; **XXXIV**:27
Zuhayr b. Ḥayyān al-ʿAdawī **XX**:73, 76; **XXIII**:195–96
Zuhayr b. al-Ḥilāb al-Khathʿamī **XII**:184
Zuhayr b. Hunayd al-ʿAdawī, Abū al-Dhayyāl (Abū al-Walīd) **XV**:92–93, 106; **XX**:24, 27, 30, 32, 72, 74, 78, 79, 177, 178; **XXI**:209; **XXIII**:134, 137–38, 147, 150, 153, 185, 187, 198, 224; **XXIV**:8?, 16?, 23?, 32?, 187?; **XXV**:42, 65, 73, 78; **XXVI**:229; **XXVII**:98, 99, 103, 107, 137, 138
Zuhayr b. Jadhīmah al-ʿAbsī **XXIV**:64
Zuhayr b. Jundub al-Azdī **XV**:46
Zuhayr b. Muʿāwiyah al-Juʿfī, Abū Khaythamah **XXVI**:51; **XXXIX**:190, 191
Zuhayr b. Muḥammad (al-Khiraqī) **I**:282, 283
Zuhayr b. Muḥammad al-ʿĀmirī (al-Azdī) **XXVII**:127, 143; **XXVIII**:51
Zuhayr b. al-Musayyab al-Ḍabbī **XXXI**:134–35, 144, 159; **XXXII**:14–16, 23, 43–44, 47–49, 50–51
Abū Zuhayr al-Numayrī **XXXIX**:127
Zuhayr al-Qaṣṣāb **XXX**:174
Zuhayr b. al-Qayn al-Bajalī **XIX**:80, 85–86, 96, 103, 112–13, 117, 120, 125–26, 130, 141, 144
Zuhayr b. Salamah al-Azdī **XXII**:63; **XXIV**:136, 138
Zuhayr b. Sālim, Abū al-Mukhāriq **XIV**:104–5
Zuhayr b. Abī Sulmā **VI**:141; **XIV**:136; **XXIX**:256
Zuhayr b. Ṣurad, Abū Ṣurad **IX**:27, 29
Zuhayr b. al-Turkī **XXVIII**:42–43
Zuhayr b. Abī Umayyah b. al-Mughīrah **VI**:112–13; **XXXIX**:116
Ẓuhayr, Abū Saʿīd **XXIII**:101–3
Ẓuhayr b. Muqātil al-Ṭufāwī **XXV**:58
al-Zuhayrī. SEE Nahr al-Zuhayrī
zuhd (piety, asceticism) **XII**:11; **XIV**:120; **XXVII**:32; **XXXIX**:257, 263, 331
Zuḥḥāf (Khārijite rebel) **XVIII**:100
al-Zuḥḥāf b. Ṣaʿṣaʿah **XVIII**:105
Zuḥnah b. ʿAbdallāh **XX**:61–62
Banū Zuhr (of Quraysh) **XV**:154
Zuhr b. al-Ḥārith **IV**:129, 131
al-Ẓuhr market. SEE Sūq al-Ẓuhr
Zuhrah (*rāwī*) **XII**:203; **XIII**:45, 46
Banū Zuhrah (of Quraysh) **II**:84; **VI**:5, 7, 57, 100; **VII**:12, 46, 56; **IX**:32, 77; **X**:15, 50, 54; **XV**:203; **XXVIII**:146, 225; **XXX**:33; **XXXIX**:26, 107, 110, 111
Zuhrah b. ʿAbdallāh b. Qatādah b. al-Ḥawiyah. SEE Zuhrah b. Ḥawiyyah
Zuhrah b. al-Ḥawiyyah (Ḥawiyah) al-Tamīmī al-Saʿdī (Zuhrah b. ʿAbdallāh b. Qatādah b. al-Ḥawiyah) **XII**:17, 24–27, 61, 63–65, 83, 125–27, 128, 129, 141, 142; **XIII**:1–7, 10, 20, 24, 25; **XXII**:93, 95, 97, 102–4
Zuhrah b. Kilāb b. Murrah **VI**:19
al-Zuhrī (name of al-Amīn's horse) **XXXI**:189
al-Zuhrī (*rāwī*). SEE Ibn Shihāb al-Zuhrī; ʿUbaydallāh b. Saʿd al-Zuhrī
Ẓuhūr al-Shiḥr (in Mahrah) **X**:157 SEE ALSO al-Shiḥr
zulāl. SEE *zallālah*

Abū Zumayl *(rāwī)* **VII**:80
al-Zumayl (al-Bishr, east of Ruṣāfat Hāshim) **XI**:65–66
SEE ALSO al-Bishr
Zumayl (Zamal, Ziml) b. ʿAmr al-ʿUdhrī (al-Saksakī) **XVII**:87; **XVIII**:216
Zumayl b. Quṭbah al-Qaynī **X**:43, 44
Zumayl b. Suwayd al-Murrī **XXV**:81
Zunām al-Zāmir (flute player) **XXXIII**:207–8; **XXXIV**:174
Zunaym (Companion of the Prophet) **VIII**:81
Ibn Zunaym **VIII**:80
SEE ALSO Zunaym
Zunaym b. Bisṭām b. Masʿūd b. ʿAmr al-Maʿnī **XXV**:75
Zunbīl (Rutbīl, Turkish ruler of Zābulistān) **XIV**:76; **XXII**:183–86, 190, 193–94; **XXIII**:3, 6, 50–53, 63, 77–81, 183, 209; **XXIV**:145
zunnār belts, of *ahl al-dhimmah* **XXXIV**:89, 90, 94
Zuqāq Ashjaʿ (in Medina) **XXVIII**:210
Zuqāq ʿĀṣim b. ʿAmr (alley of ʿĀṣim b. ʿAmr, in Medina) **XXVIII**:145
Zuqāq al-Baṣriyyīn (in al-Kūfah) **XXI**:102
Zuqāq Ibn Ḥubayn (Ibn Ḥubayn alley, in Medina) **XXVIII**:147
Zuqāq al-Kalbiyyīn (in Damascus) **XXVI**:145
Zūr (in al-Ḥijāz) **V**:293
Zurāfah (*ḥājib* of al-Mutawakkil?) **XXXIV**:177–78, 180–81, 203; **XXXV**:4, 11
Abū Zurʿah *(rāwī)* **II**:61
Abū Zurʿah (Wahballāh b. Rāshid) **I**:283; **XXXIX**:131, 205
Zurʿah b. ʿAlqamah al-Sulamī **XXIII**:90, 92, 107; **XXV**:10, 120
Zurʿah b. al-Bujr al-Ṭāʾī **XVII**:111
Zurʿah Dhū Nuwās. SEE Dhū Nuwās
Zurʿah Dhū Yazan **IX**:74, 76
Abū Zurʿah b. Masʿūd **XXI**:44
Zurʿah bt. Mishraḥ b. Maʿdīkarib **X**:190; **XXXIX**:54, 232
Zurʿah b. Sharīk al-Tamīmī **XIX**:160
Zurʿah b. Yushkar al-Yāfiʿī **XV**:159
Zurārah (near al-Kūfah) **XVIII**:194, 195; **XXII**:62, 108, 116
Zurārah (mother of ʿUrwah b. Zuhayr b. Nājidh al-Azdī). SEE Zārah
Zurārah (b. ʿUdus, ancestor of Miskīn b. Dārim) **XVIII**:169; **XXIV**:158
Banū Zurārah (of Azd). SEE Banū Zārah
Zurārah b. ʿAmr **X**:39
Zurārah b. Awfā al-Ḥarashī **XVIII**:85, 182; **XXII**:23, 92; **XXXIX**:316
Banū Zurārī **XXVIII**:248
Zurayḥ (*ghulām* of al-Amīn) **XXXI**:161–62
Zurayq (Zanj rebel) **XXXVI**:36, 61, 64, 65
Zurayq b. ʿAlī b. Ṣadaqah **XXXIII**:91
SEE ALSO Ṣadaqah b. ʿAlī b. Ṣadaqah
Banū Zurayq b. ʿĀmir **VI**:125, 126; **VIII**:49; **XI**:123; **XVII**:206
Zurayq b. Shawdhab **XXVII**:74
Zurayq b. al-Sikht **XXXIX**:152
Zurayq(?) b. Ṭufayl al-Kushānī **XXV**:148
SEE ALSO Zarābin al-Kissī
Zurnā al-Hindī (Zurnā the Indian) **XII**:47, 48
Zurqān (deputy of Zurāfah) **XXXIV**:180
al-Zurqān (in Ḥaḍramawt) **X**:182, 183
Zurwāndādh (Zarāwandādh) b. Mihr Narsī **V**:104–5

Zurzur al-Kabīr (the Elder, court singer) **XXXIV**:56
Zushak (bt. Afrīdhūn) **III**:20
al-Zuṭṭ (ethnic group) **X**:137; **XVI**:66, 67, 75, 121; **XXXII**:106, 108, 140; **XXXIII**:7–13; **XXXIV**:137

Index of Qur'ānic Citations and Allusions

I IX:100, 101
1 I:263–66, 327; XVII:159, 186
5 XIII:156

II III:99; X:117; XV:219; XVIII:82; XXII:124; XXXIX:84
6-7 XVIII:49
15 XVII:136
17 IV:174
18 XVII:199
20 I:194
29 I:214–16, 219
30 I:252, 254, 257, 258, 266, 269–72; XXVI:109; XXXI:8
31 I:266–69, 268, 270, 271
31-33 I:272
32 I:271, 273
33 I:268, 272, 273
34 I:255, 264
35 I:273–75, 279
36 I:279, 281
37 I:302, 303
45 XIII:128
47 XXVII:165
48 VI:75; XXXIV:202
49 III:32
51 XX:84
54 III:75, 80
55 III:79, 80
56 III:80
58 VIII:73
59 IV:77
60-61 III:83
62 IX:5
65 VIII:28; XXXVIII:166
66 XXXI:9
71 XXIX:31
83 XVII:221
113 XV:163
119 X:55
123 XXXIV:202
124 II:97, 99, 100
125 II:100
126 II:101
127 II:79, 100; VI:51–52
127-29 II:101
128 II:101
131 XV:205
132 XII:88
137 XXX:328
138 XXXIX:224
143 IX:201
144 VII:25
151 XVI:48; XXXIV:182

II (continued)
154 **XX**:104; **XXVIII**:55
156 **I**:233; **III**:168, 170; **VIII**:50, 59; **XI**:125; **XIII**:183, 189; **XVI**:14, 176; **XVII**:83, 199; **XIX**:3, 5, 56, 87, 100, 101, 177; **XXI**:30, 38; **XXII**:72, 200; **XXIV**:72, 73; **XXV**:6, 83; **XXVIII**:4, 103; **XXXI**:6, 93
157 **XVI**:39, 68
164 **XVII**:35
173 **XXXIV**:98
181 **XXXIV**:101
184 **XXXIX**:116
187 **XXVIII**:169
189 **I**:167
193 **VI**:137; **XVI**:89
197 **XXX**:154
203 **XXXII**:68
205 **XXXIX**:207
206 **XVII**:181
207 **XXII**:35; **XXXVIII**:15
210 **I**:203
213 **I**:353
216 **XXII**:140
217 **VII**:20–23
219 **XXXVI**:46
220 **XX**:103
221 **XXI**:200
222 **XVII**:72
229 **XXVIII**:169
230 **XXVIII**:169
238 **XXXII**:149; **XXXIX**:280
243 **III**:118, 119, 121
243-46 **III**:140
246 **III**:130, 131, 135
247 **III**:131, 135
248 **II**:69; **III**:131; **XXI**:70, 71
249 **III**:132; **XXXI**:131
249-51 **XXVII**:165
250 **III**:135; **XII**:121, 175; **XIV**:57; **XVII**:59; **XX**:209
251 **III**:139; **XXVI**:108
255 **X**:56; **XXVI**:19
258 **II**:57, 58, 106
260 **IV**:59
261 **IV**:62
278 **IX**:112
282 **I**:328
283 **IX**:112; **XXII**:146
285 **XXXIX**:280

III **XXXIX**:84
1-9 **VI**:143
7 **XXII**:161
8 **XXVI**:107
15 **IV**:174
18 **XXXI**:126
18-19 **XXIX**:251
20 **III**:142; **XXI**:7
23 **XVI**:61, 74
26 **XIX**:174; **XXI**:194; **XXVIII**:189; **XXXI**:126, 204
30 **XV**:127
36 **I**:249
40 **I**:278
64 **XVII**:181; **XXII**:147
66-67 **XX**:191
71 **XV**:240
74 **XXXVIII**:51
97 **XXIII**:178
98 **XV**:122, 206
98-99 **XV**:134
99 **XVII**:163; **XX**:91
100 **XXXII**:57, 230
102 **XXIX**:132
102-03 **XVI**:74; **XVII**:220
104 **XVIII**:23
110 **XVIII**:23
111 **XXIII**:104
118 **XXI**:98
122 **VII**:110
127 **XXVII**:69
128 **VII**:120
133 **XII**:88

III (continued)

139	**XII:**85
140	**XIII:**6; **XXVI:**140
144	**VII:**125; **IX:**185, 187; **X:**56
145	**VII:**114; **XVII:**156; **XIX:**167; **XXIII:**42
147	**XVII:**59
148	**XVII:**152
152	**VII:**114
153	**VII:**82, 126
154	**VIII:**36; **XXII:**191
163-65	**XX:**149
164	**XII:**79
165	**VII:**82
167	**XV:**213
169	**VII:**156; **XII:**107; **XXIII:**127
169-70	**XXXIV:**208
173	**XVI:**178; **XVII:**152
178-79	**XIX:**119
184	**XXI:**49
185	**XIV:**125
189	**I:**169
197	**XX:**128
200	**XVII:**71, 150; **XXII:**76
264	**XV:**153

IV

1	**I:**274; **XIV:**150
4	**XII:**202
6	**XXI:**166
12	**IV:**30
13	**XXVIII:**169
14	**XXVIII:**169
15	**IX:**113, 191
23	**II:**139; **XXXIV:**92
24	**XII:**158
25	**IX:**191
29	**XVI:**89
31	**XV:**241
35	**XVII:**101
37	**XXIX:**129
40	**XXIV:**100
44	**XXVI:**101
45	**XVII:**136, 189
46	**XXVIII:**26
47	**XXII:**88
51	**XXIX:**253
51-55	**VIII:**7
55	**II:**126
58	**IX:**112; **XXIV:**190
59	**XXXIV:**214
71	**XVII:**51
74	**XXII:**35; **XXXVIII:**15
75	**IX:**199; **XVII:**114
76	**XXI:**7
77	**XXIV:**133
79	**XXI:**37
81	**XVII:**136
88	**XXXI:**197
91	**XXXI:**197
93	**XVI:**89; **XXXVIII:**57
94	**VIII:**151
95	**XVI:**81; **XXXIV:**207
97-98	**IX:**199
105	**XVII:**108
114	**XVI:**57
127	**IX:**199
135	**XVIII:**123
145	**IV:**122
153	**III:**79
157	**XVI:**58
164	**III:**121; **XXXVIII:**162

V

1	**IX:**85
2	**XVII:**8, 222; **XXII:**136
3	**IX:**108; **XXIX:**131; **XXXIV:**92
7	**XII:**8
8	**XVII:**8
10	**XV:**240
11	**VII:**163
12	**III:**81
13	**XXVIII:**26
18	**I:**169

V (continued)
20-23 **III**:81
23-26 **III**:82
24 **VII**:41
25-26 **III**:89
26 **III**:90
27 **I**:311, 313, 314, 320
27-30 **I**:308
31 **I**:309, 311; **XIX**:214
33 **XVII**:125; **XXIX**:153; **XXXVI**:146; **XXXVIII**:130
33-34 **XXVIII**:166
35 **XV**:199
37 **XV**:169, 222
41 **XXVIII**:26
47 **XVII**:158
54 **XVII**:213, 221
60 **VIII**:28
64 **XVII**:125; **XXXVIII**:130
69 **IX**:5
71 **XIII**:117; **XVII**:177
73 **IV**:77
78 **XXXVIII**:54
78-79 **XIV**:157
90 **XXXIV**:92; **XXXVI**:46
91 **XIII**:152
95 **XVII**:101; **XXV**:123
103 **X**:136
118 **VII**:83

VI
1 **XXII**:33; **XXXII**:201
21 **XXXII**:207
56 **XVII**:128
57 **XVII**:24, 88, 111; **XXII**:60
65 **XXIX**:163
71 **XXI**:204
73 **I**:237
74 **XXVI**:115
75 **II**:16
77 **II**:54
77-78 **II**:51
79 **II**:54
79-80 **II**:52, 54
91 **XXXII**:207
96 **XIII**:18; **XXII**:124; **XXVII**:119
102 **I**:198
103 **I**:165
110 **XVII**:136, 182
112 **XVII**:182
124 **XXIII**:133
127 **XII**:38
137 **XII**:37; **XVII**:182
140 **XII**:37
151 **XII**:37
158 **I**:242
160 **XV**:181, 242
162-63 **XVII**:220
163 **XV**:175; **XVII**:220

VII **II**:40
13 **I**:264
17 **XII**:164
18 **I**:278
19 **I**:275
20 **I**:278, 279, 280
21 **I**:276, 299
22 **I**:276, 278, 296, 299, 304
23 **I**:302, 303
24 **I**:279, 281
26 **I**:278
54 **I**:188, 225; **XXI**:194
65-72 **II**:28
72 **XVIII**:17
73 **II**:41
85 **II**:143
87 **XVI**:52; **XVII**:71; **XXI**:59; **XXXI**:81
95 **XXXII**:173
104 **III**:54
106 **III**:53
111 **XXVI**:227
115 **III**:61
116 **III**:62
121-22 **III**:62

VII (continued)

123	**III**:61
125	**XV**:103
126	**III**:62; **XII**:121, 175
127	**III**:62
128	**IX**:107; **XXVIII**:15
129	**III**:64
130	**III**:59, 66
133	**III**:66
134	**III**:59, 66, 68
137	**III**:32
138-39	**III**:66
138-40	**III**:72
142	**III**:72
143	**III**:73
143-45	**III**:73, 77
148	**III**:72; **XXVI**:124
149	**III**:74
150	**III**:74, 77
151	**III**:77
154	**III**:78
155	**III**:79, 80
156	**XXVI**:98
159	**XIV**:153; **XXII**:35
160	**III**:83
161	**VIII**:73
166	**VIII**:28; **XXXVIII**:166
172	**I**:304–7, 329, 330
175	**XVII**:92; **XXII**:103
175-76	**III**:94, 95
176	**XXVI**:64; **XXXII**:173
177	**XVII**:110
181	**XIV**:153
186	**XVII**:182
189	**I**:273, 320, 321; **XXXII**:207
190	**I**:322
196	**XIX**:123
199	**XXIV**:152
200	**XXIX**:30

VIII	**VII**:64, 80; **XI**:94; **XII**:89
6	**XVII**:164
7	**VII**:29
9	**VII**:54; **XXI**:28
16	**XI**:195; **XX**:141
17	**XXI**:28; **XXVI**:113
26	**IX**:199; **XIV**:126, 128; **XVI**:16
30	**VI**:144; **XX**:188
39	**VI**:137, 139, 145
41	**VI**:63; **VII**:28; **VIII**:128; **IX**:74; **XII**:27, 156; **XXVII**:153; **XXVIII**:23
42	**VII**:31; **XII**:207; **XXII**:124; **XXXIV**:93; **XXXVIII**:49
44	**XXII**:124
45	**XVII**:30
46	**XII**:25; **XVII**:30; **XXII**:102
47	**VII**:32
48	**XVII**:175
51	**XXX**:289
53	**XXXI**:62
55	**XXVI**:140
58	**VII**:86; **XII**:154; **XIII**:21; **XIV**:46; **XVII**:29, 119, 128; **XVIII**:46
67	**VII**:81
71	**XXI**:110
73	**XVII**:125

IX	**IX**:77–79; **XVII**:101
1	**IX**:77; **XX**:103; **XXXIV**:176, 202
1-40	**IX**:77
4	**IX**:78
5	**IX**:77
6	**XII**:154; **XIV**:30; **XXII**:47
11	**IX**:77
12	**XXXVIII**:62
13-14	**XVII**:37
25-26	**IX**:3
25-27	**XXI**:28
28	**IX**:78

IX (continued)
29 **XII**:73, 75
30 **IV**:65; **XXXII**:122
31 **XXXVIII**:62
32 **XVII**:74, 120; **XXXVIII**:56
33 **XI**:174; **XIV**:62; **XV**:196; **XVII**:220; **XXIII**:127
34-35 **XV**:65
36 **VI**:55; **IX**:113
37 **IX**:112
38 **XVII**:137
40 **VI**:146; **IX**:78, 200; **X**:7; **XXII**:140; **XXIII**:36; **XXXVIII**:56
41 **XXXIV**:206
48 **IX**:51; **XXXVIII**:53
49 **IX**:48
52 **XXXII**:196
58 **IX**:38
60 **IX**:31, 74; **XXXVIII**:53
64 **IX**:57
65 **IX**:57
66 **IX**:57
69 **XVII**:155
70 **XX**:99
81-82 **IX**:49
84 **XXII**:34
89 **II**:143
91 **XVII**:94
92 **IX**:49; **XXVI**:220
97 **XXVIII**:169
98 **XXI**:110
99 **XXIX**:27
103 **IX**:38, 77, 79
107 **IX**:61
108 **IX**:195
111 **XVII**:213; **XXII**:35; **XXXIV**:208; **XXXVI**:36
112 **II**:98; **XXVIII**:169
112-13 **XX**:136
117-19 **IX**:62
118 **XVII**:23
120 **XVII**:61, 96
120-21 **XXIII**:127; **XXXIV**:207
123 **XXI**:20; **XXV**:156
125 **XVII**:37
129 **XVII**:156

X **XV**:167
5 **I**:167, 232
10 **XXXVIII**:130
14 **XIV**:62
18 **X**:4
32 **XXIX**:192
41 **XIX**:70
59 **XIX**:27
60 **XV**:167; **XXVII**:116
61 **XXIV**:100
71 **XIX**:123
81 **XXXI**:205
88 **VII**:83
89-90 **III**:63, 68
90 **III**:63
91 **XXXVIII**:55
91-92 **III**:65, 71
93 **III**:65, 71
97 **IV**:160, 163
109 **XXI**:59; **XXXVIII**:132

XI **II**:28, 40
1 **XXXII**:201
2 **IX**:173
7 **I**:202, 207, 210, 211, 223, 226, 227
13 **XXXII**:208
18 **IX**:86
28 **XXVI**:107
37 **I**:355, 359
38 **I**:359
40 **I**:297, 356, 359, 362–65
42 **I**:360, 361
44 **I**:363
46 **XXXI**:224
50 **II**:39
50-60 **II**:28
53-54 **II**:29

XI (continued)

59	**XXIII:**126
61	**III:**105; **XXXII:**128
62	**II:**41
64	**II:**41
65	**II:**41
69	**II:**67
70	**II:**67
71	**II:**67, 88, 89
72	**II:**67
73	**I:**237; **II:**67
74	**II:**116
76	**II:**123
78	**II:**118
79	**II:**119
80	**II:**119, 123
81	**II:**119, 120, 121, 122
82	**II:**123, 125
84-85	**II:**143, 144
85-86	**XXVI:**101
87	**II:**147; **XVI:**132
88	**XVI:**189
91	**II:**144; **XV:**210
91-92	**XV:**242
94-95	**XVII:**81
95	**XVII:**174
116	**XXXII:**161, 201, 229
118-19	**XVII:**95

XII

5	**II:**139
8	**II:**149
13	**XXXII:**208
15	**II:**151
18	**II:**151; **VIII:**63; **XIV:**153; **XVI:**178; **XVII:**155, 183
19	**II:**151, 152
20	**II:**152
21	**II:**153, 154
22	**II:**155
23	**II:**155
24	**II:**155
25	**II:**156, 157
26	**II:**157, 158
26-27	**II:**157
28	**II:**158
28-29	**II:**157
29	**II:**158
30	**II:**158, 159
31	**II:**159
32	**II:**159, 160
33	**II:**160
35	**II:**160
36	**II:**161
37	**II:**162
39	**I:**195; **II:**162
40	**XVII:**88, 111; **XXII:**60
41	**II:**162; **XXXI:**181
42	**II:**162
43	**II:**163
44	**II:**163; **XXX:**300
45	**II:**163
46	**II:**164
50	**II:**164
51	**II:**164, 165
51-52	**II:**165
52	**II:**165; **XXXI:**205
53	**II:**165; **XV:**245; **XVII:**134
54	**II:**165
54-55	**II:**165
56	**II:**166
58	**II:**167
59	**II:**168
60	**II:**169
60-61	**II:**167
62	**II:**168
63	**II:**169
64	**II:**169; **XVII:**155
65	**II:**170
66	**II:**170
67	**II:**170; **XVII:**88, 111; **XXII:**60
68	**II:**170
69	**II:**171
70	**II:**172
72	**II:**173; **XVI:**34
73	**II:**172

XII (continued)
74-75 **II**:173
76 **II**:173; **XXVI**: 102
77 **II**:139, 149, 174
78 **II**:176
79 **II**:176
80 **II**:176; **XXI**:59; **XXXVIII**:132
81 **II**:177
82 **II**:177
83-84 **II**:177
85 **II**:177
86 **II**:177
87 **II**:178
88 **II**:178; **XV**:148; **XVII**:192
89 **II**:179
90 **II**:179
91-92 **II**:179
92 **XVII**:155; **XXXII**:153
93 **II**:180, 181
94 **II**:180
95 **II**:181
96 **II**:181
97 **II**:181
98 **II**:181
99 **II**:182
100 **II**:182, 183; **XXXI**:8

XIII
3 **IV**:110
9-14 **IX**:105
11 **XXXI**:62
12 **XV**:187
18 **XII**:73
39 **XXI**:99
43 **XXXIV**:202

XIV
5 **XIV**:128
7 **I**:167
15 **XXIII**:126
28 **XXXV**:57
33 **I**:233
36 **VII**:83
37 **II**:73, 74, 78
38 **II**:76
39 **II**:78
44 **XIII**:7
46 **II**:108

XV
19 **IV**:110
26 **I**:258, 259, 261, 262
27 **I**:252
28 **I**:258, 259
30 **I**:263
33 **I**:258, 259
34 **I**:273
38 **I**:334
47 **XXVII**:153
70 **II**:121
71 **II**:121
74 **II**:120, 124, 125
91 **XXIX**:134
94 **I**:165; **VI**:88

XVI **XII**:58–59
15 **I**:214, 220
26 **II**:107, 108
67 **XXXVI**:46
90 **XXX**:314; **XXXIV**:91
91 **XVII**:111
92 **XVI**:116
93-98 **XV**:241
96 **XVII**:182
106 **XXXII**:221
108 **XVII**:182
112 **XXII**:15; **XXV**:101
123 **II**:82
125 **XVII**:147
126 **XVI**:88
126-28 **VII**:134
128 **IX**:85; **XVII**:115

XVII **XII**:194; **XIV**:139
1 **I**:238; **VI**:79
4-8 **IV**:36, 111
5 **IV**:52
11 **I**:258, 259
12 **I**:167, 231, 234, 244–47
15-19 **XXVII**:155
18 **XVI**:113
24 **XXXIX**:226
26 **XXIX**:129
29 **XXIX**:130
32 **II**:156
33 **XII**:37; **XVI**:18, 39; **XVII**:105
36 **XV**:245
60 **XXXVIII**:51, 53
61 **I**:259
64 **VIII**:123; **XVII**:24
70 **XIV**:126
72 **XVII**:102
73 **VI**:112
75 **VI**:112
81 **XXVI**:42
88 **XXXII**:208
97 **XVII**:158

XVIII **IV**:155
4 **IV**:155
15 **XXVII**:96
17 **X**:56
19 **XX**:135
21 **IV**:155
26 **XIV**:103
42-44 **XV**:4
47 **XII**:152
49 **XXIV**:84
50 **I**:251, 255, 256; **X**:57
56 **XII**:149; **XVII**:37
60 **I**:184
61 **III**:10
62 **III**:14, 17
63 **III**:6
63-64 **III**:14
63-66 **III**:17
64 **III**:10
64-65 **III**:7
65 **III**:9
67 **III**:7
67-68 **III**:11
68 **III**:12, 14
69 **III**:14
70 **III**:11
70-71 **III**:14
71 **III**:7, 11
72 **III**:11, 12, 15
72-74 **III**:8
73-74 **III**:15
74-77 **III**:12
75-77 **III**:8, 15
78 **III**:8, 16
78-79 **III**:8
79 **III**:12
79-80 **III**:16
80-83 **III**:13
81 **XXII**:118
81-83 **III**:16
83 **XXXIV**:95
86 **I**:234
92 **IV**:27
94-97 **XIV**:42
104 **XV**:217; **XVII**:182

XIX **IV**:102; **XXXIX**:71
5-6 **XXIX**:27
16-31 **IV**:118–20
17-21 **IV**:112
24-27 **IV**:114
28 **V**:414
38 **XVII**:177
42 **II**:55
46 **II**:55
56 **VI**:42
59 **XIX**:190
62 **I**:191
70 **XVII**:112, 132
71 **VIII**:152

XIX (continued)
89 **XVII:**215
98 **I:**249; **X:**13; **XXIX:**134

XX
1 **XV:**213
6 **I:**169, 300
10 **III:**50
12 **III:**51; **XXVIII:**180
14 **VIII:**125
17-18 **III:**48, 51
18-20 **III:**51
19 **XXIX:**29
19-20 **III:**48
21 **III:**51
22 **I:**196; **III:**51
27-28 **III:**36
29 **I:**251, 252
39 **XXVI:**125
40 **XXXVI:**90
44 **III:**60; **XXX:**324
47 **IX:**107
50 **III:**53
57-60 **III:**61
58-59 **III:**57
59 **XXXVIII:**162
61 **III:**57; **XXII:**146
61-63 **III:**61
63 **III:**57
64 **III:**57; **XIX:**147
65-66 **III:**58
67 **III:**58, 62
69 **III:**58
70 **III:**58
71 **III:**62
71-73 **III:**59
72 **III:**57; **XXV:**39
77 **III:**70
83-85 **III:**73
83-86 **III:**77
86-87 **III:**74
86-88 **III:**77
87 **III:**75
88 **III:**62, 72, 75, 76; **XXVI:**124
89 **III:**76
90 **III:**73
90-91 **III:**76
92-94 **III:**77
94 **III:**74, 76
95-97 **III:**74
95-98 **III:**78
99 **XXXII:**201
120 **I:**276, 280
121 **I:**304

XXI
2 **XXXII:**207, 213
11-15 **IV:**69
30 **I:**222, 223, 229; **XVIII:**120; **XXXII:**207
32 **I:**235
33 **I:**187, 235
34 **X:**56
37 **I:**214, 263, 287
57 **II:**55
58 **XXVI:**102
59 **II:**56
59-60 **II:**55
60 **II:**56
61 **II:**56
62-63 **II:**56
63 **II:**63
65 **II:**56, 57
66-67 **II:**57
68 **II:**58
68-70 **IV:**31; **VI:**159
69 **I:**371; **II:**59; **XVII:**158
71 **II:**68
78-79 **III:**153
81 **II:**57
82 **II:**57
85 **II:**143; **VI:**42
87 **IV:**160, 163
96 **IV:**27
105 **XII:**84; **XXIX:**133

XXI (continued)
107 **XXVI**:107; **XXXI**:126
111 **XVIII**:9

54 **XV**:241
62 **VIII**:9
63-64 **VIII**:9

XXII
5 **XXII**:17
10 **XVII**:17; **XXI**:166
11 **XVII**:130; **XIX**:124
17 **IV**:77; **IX**:5
18 **I**:278
26 **I**:293; **II**:71
28 **II**:78, 79
28-29 **XV**:238
39 **XXVII**:65
47 **I**:192
52 **VI**:112; **XXIX**:30
55 **I**:191
60 **XXXV**:52

XXIII
15 **IV**:116
27 **I**:297, 356
56 **XXVI**:101
65 **XXVI**:101
91 **I**:196
102 **XVIII**:214
109 **II**:98

XXIV
2 **IX**:113, 191
4 **VIII**:63; **XIII**:114
10-20 **IX**:170
11 **VIII**:64
12 **VIII**:64
13 **XIII**:114
15 **VIII**:64
22 **VIII**:64
25 **XVI**:116
26 **X**:12
30 **XII**:88
43 **I**:223

XXV
40 **IV**:68
44 **XVIII**:48
50 **XXIX**:192
59 **I**:225

XXVI **II**:40
14 **III**:49
16 **III**:49
17-22 **III**:53
18-20 **III**:54
22 **III**:54
23 **III**:53, 55
24-25 **III**:55
26 **III**:55
27-32 **III**:55
30-32 **III**:53
33 **III**:53
34-35 **III**:56
34-37 **III**:61
36-37 **III**:56
40-42 **III**:61
47-48 **III**:62
52 **III**:62
53-56 **III**:64
60 **III**:63
61 **III**:64; **XVI**:115
61-62 **III**:64, 70
63 **III**:64, 70
64 **III**:65
123-40 **II**:28
124-35 **II**:29
128-30 **XVIII**:197
136 **II**:29
155 **II**:41
189 **II**:145
214 **XXVII**:153; **XXVIII**:170
214-16 **VI**:88

XXVI (continued)
227 **XXVII**:119; **XXVIII**:171; **XXIX**:156; **XXXV**:139
228 **XVIII**:16; **XX**:86
276 **II**:143

XXVII **II**:40
4 **XVII**:182
7 **III**:48
8 **III**:48
10 **III**:48, 49
20-21 **III**:157
20-45 **IV**:78
21 **III**:158
22-28 **III**:158
23-24 **III**:158
24 **XVII**:181, 182
27-28 **III**:159
29 **III**:159
29-31 **III**:159
32 **III**:159
33-35 **III**:159
36-37 **III**:159; **XXXII**:160
38 **III**:163
38-39 **III**:160
40 **III**:160, 161
42 **III**:161
44 **III**:163
52 **X**:13
80-81 **XVII**:26

XXVIII
1-5 **XXI**:84
1-6 **XXVIII**:167
3-4 **III**:34
4-5 **XXVI**:23
5 **XIV**:5, 49
7 **III**:34, 38
8 **III**:35
9 **III**:36, 39
10 **III**:35, 39
11 **III**:35
12 **III**:35, 40
13 **III**:35
15 **XXVII**:98
15-16 **III**:42
15-17 **III**:37
17 **XVII**:24, 108
18 **III**:42
18-19 **III**:37
19 **III**:42
20 **XVII**:153; **XXVII**:99, 102
20-21 **III**:37
21 **XIX**:9
21-23 **XVII**:116
22 **III**:37; **XIX**:10
23 **III**:43, 44
24 **III**:44
25 **III**:44
25-26 **III**:44
26 **XIV**:104
27-28 **III**:45
29 **III**:48, 49
30 **III**:48; **XII**:38
31 **III**:48
31-32 **III**:49
32-35 **III**:52
33-34 **III**:49
35 **III**:49
38 **III**:54, 60; **XXX**:324
38-40 **III**:107
41 **XIX**:102; **XXIII**:104
50 **XXXVIII**:50, 61
56 **VI**:95; **XXVIII**:170
58 **XXVI**:193
60 **XVII**:214, 215
76 **III**:99, 101, 108
76-77 **III**:102
78 **III**:103, 108
79 **III**:103, 104, 106
79-83 **III**:106
80 **III**:104
81 **III**:109
82 **III**:110
83 **IX**:173; **XXIV**:102
85 **XV**:146

XXVIII (continued)
86 **XVII**:108
88 **I**:193; **XII**:38; **XIX**:118; **XXXI**:8

XXIX
1 **XV**:118
1-3 **XXII**:77
12 **XVI**:91
14 **I**:348
24 **VI**:159
26 **II**:62, 107
28 **II**:114
28-29 **II**:112
29 **II**:115
31 **II**:116
32 **II**:117
36-37 **II**:143
38 **XVII**:181, 182
45 **XXXII**:112
48 **XXI**:61
52 **XXXIV**:202
53 **I**:243
61-65 **VI**:2
67 **XV**:116

XXX
1-5 **V**:324, 325, 327
3 **XXXIX**:263
17-18 **II**:104
21 **I**:273
27 **XIV**:62
43 **XX**:85
60 **XVII**:113, 114

XXXI **VI**:123
8 **XVII**:45
10 **I**:214
13 **XVII**:127
16 **I**:220
17 **XXXII**:112
20 **XIV**:126
33 **XV**:4

XXXII
4 **I**:212
5 **I**:192, 227, 228
8 **XV**:122
22 **XX**:219

XXXIII **IX**:191
3 **XVII**:136
5 **XXXVIII**:57; **XXXIX**:9, 26, 110, 289, 301
6 **XVII**:89
9 **VIII**:26
10 **VIII**:16, 23
12 **VIII**:13
13 **VIII**:16
16 **XVII**:38; **XXII**:87
20 **XVII**:37
22 **VIII**:12
23 **XIX**:99, 137; **XX**:147
25 **XVII**:149; **XXI**:34
33 **I**:339, 340; **XVI**:42, 89; **XIX**:165; **XXI**:78; **XXVII**:153; **XXXIX**:155
35 **II**:98
37 **VIII**:3, 4; **IX**:134; **XXII**:88; **XXXIX**:181
37-38 **XX**:191
38 **XXVIII**:289
39 **XXI**:166
40 **VI**:64; **XXVIII**:172
41 **XII**:153, 162
46 **X**:55
48 **XVII**:136
49 **XXXIX**:9, 197
50 **IX**:135, 139
53 **VIII**:19; **XXXIX**:189
72 **I**:309; **XVIII**:30

XXXIV

3	**XXIV**:100
12	**III**:154, 157
12-13	**XXXI**:227
13	**III**:172
14	**III**:173, 174
22	**XXXVIII**:48
46	**VI**:89; **XIV**:128
52	**XV**:210
53	**XV**:217
54	**XXIX**:138

XXXV

1	**XXVI**:106
5	**XV**:4
6	**X**:57
22	**XV**:163
34	**XX**:81
39	**XXVII**:155
42-43	**XXVII**:67

XXXVI

1	**IX**:42
13-14	**IV**:168
14	**V**:414
17-18	**IV**:168
21-24	**IV**:169
22	**XXX**:309
25	**IV**:169
27-28	**IV**:170
36	**IV**:170
37-40	**I**:186
38	**I**:232; **XIII**:18; **XXII**:124
40	**I**:235
50	**XV**:217
70	**X**:55
82	**XXXI**:197

XXXVII

6	**I**:223
53	**X**:13
75-77	**I**:369
77	**I**:368, 370; **II**:10
83-89	**II**:52
87	**IV**:165
89	**II**:55, 63
90	**II**:52
91f.	**II**:52
91-93	**II**:55
97	**II**:59; **IV**:31; **VI**:159
99-100	**II**:89, 90
100	**II**:90
101	**II**:89
103	**II**:91, 94, 95, 97
103-05	**II**:97
103-07	**II**:94
106	**III**:170
107	**II**:83, 91, 95
112	**II**:88
123-26	**III**:123
141	**IV**:163
143-44	**IV**:163
145	**IV**:164, 165
147-48	**IV**:164
177	**XXIII**:190

XXXVIII	**XII**:194
5	**XXVI**:83
5-8	**VI**:96
6-7	**VI**:95
11	**I**:192, 214, 222, 270
12	**XXIII**:46
18-19	**III**:143
20	**XXI**:214
21-25	**XII**:194
22	**III**:145
23-25	**III**:147
26	**XXIX**:192
35	**III**:170
36	**III**:172
37	**III**:153, 157
43	**II**:142
45	**II**:140
46	**XXXII**:30

XXXVIII (continued)

57	**XVII**:157
71	**I**:255, 262
72	**I**:263
75-85	**I**:265
76	**I**:264
81	**I**:334

XXXIX

3	**X**:4
10	**XXIV**:101
15	**XVII**:130
19	**XXXVIII**:61
22	**XVII**:37
30	**X**:56
31-32	**IX**:187
38	**VI**:2
42	**XIX**:166; **XXXIX**:211
53	**XIII**:153
60	**IX**:173
62	**XII**:72
64-66	**VI**:107
65	**XVII**:113

XL

5	**XVII**:37
20	**XXIV**:84
26	**XIX**:125
28	**III**:56; **VI**:102
29	**III**:56
30-33	**XIX**:147
39	**XII**:164
40	**XVII**:34
43	**XVII**:38
44	**III**:142; **XV**:213
64	**XVII**:35

XLI

1	**XVI**:148
9	**I**:188
9-11	**I**:221
9-12	**I**:213
11	**XXVI**:108
12	**I**:193, 206, 214, 223; **XIII**:18; **XXII**:124
16	**XVI**:148; **XXIII**:104
37	**XVII**:35
39	**XVII**:165
42	**XXXII**:208
46	**XXX**:225

XLII

10	**XVIII**:24
20	**XIX**:184
23	**XXVII**:153
25	**XVII**:72
30	**XIX**:171, 175
38	**XII**:5

XLIII

3	**XXXII**:201, 207, 213
20	**XVI**:162
31	**XXI**:102
38	**XXX**:329
46	**III**:52
50	**III**:60
51	**XXX**:136
61	**XXIX**:116

XLIV

5	**XXVI**:107
19	**IX**:173
20	**XIX**:125
25-28	**XIII**:23
45	**VII**:84
47	**XXVIII**:67

XLVI

1	**IX**:14
4	**XXI**:70
19	**XX**:99

XLVI (continued)

21 **II:**28
23 **II:**39
24-25 **II:**35
25 **II:**40
29-31 **VI:**118
29-32 **VI:**65
32 **XXVII:**115
33 **XVII:**165

XLVII

7 **XVI:**35; **XXII:**76
9 **XIV:**137
16 **XVII:**182
22 **XXIX:**252
23-24 **XXXII:**202
35 **XII:**85

XLVIII

1 **XXVIII:**149
6 **XXI:**110
10 **XIV:**160; **XV:**241; **XXIII:**190
16 **XII:**28
18 **VIII:**82, 83
21 **XXIII:**190
24 **VIII:**80, 81
24-25 **VIII:**72
28 **XI:**174
29 **VIII:**40; **XVII:**73
46 **XIII:**195
66 **XXIX:**27

XLIX

4 **IX:**73
6-8 **XV:**240
9-10 **XVI:**90
13 **VIII:**181–82; **XXII:**134
16 **XXII:**146
17 **IX:**40

L

7 **IV:**110
12 **IV:**68
15 **I:**257
18 **XXXIX:**68
21-22 **XXXI:**57
38 **I:**188, 190, 218

LI

11 **XXVI:**101
26 **II:**67
27 **II:**68
28-29 **II:**89
29 **II:**67, 90
41 **XII:**123
56-58 **I:**166

LII

4 **I:**362
5 **XVII:**35
6 **XVII:**36
9-11 **I:**236
30-31 **VI:**144

LIII

1-3 **VI:**108
1-18 **VI:**67
13-18 **VI:**79
14 **VI:**79
19-20 **VI:**108
21-23 **VI:**110
22-52 **VI:**109
26 **VI:**110
31 **XVII:**34
37 **II:**98, 104
37-38 **XVIII:**82
50-51 **XXIII:**198
53 **II:**65, 124

LIV

9 **I**:358
11 **I**:360, 362
13 **I**:361
15 **I**:252
17 **I**:234
19 **II**:39
20 **II**:40; **XXII**:160
26 **I**:193
33 **I**:165
34 **II**:122
37 **II**:122
43 **XVII**:157
45 **VII**:55
50 **I**:226

LV

1-3 **VI**:104
10 **XVII**:35
16-17 **XXX**:176
29 **XIV**:153; **XIX**:71
45 **VII**:84
46 **XXII**:132

LVI **XIV**:136

1 **XXV**:179
3 **XXIX**:140
27 **I**:307
28 **I**:277
41 **I**:307
79 **IX**:85

LVII

13 **XXXI**:153
20 **XXVII**:155
21 **XX**:191
22 **XVI**:86; **XIX**:171
22-23 **XIX**:175
29 **XX**:191

LVIII

4 **XXVIII**:169
22 **XVII**:120; **XXI**:30; **XXXVIII**:62

LIX

7 **VIII**:128–29; **XII**:206; **XXVII**:153
9 **XIV**:92; **XXXII**:119
12 **XXIII**:104
16 **XV**:217
22 **XXI**:28

LX

1-4 **VIII**:167–68
4 **XX**:137
10 **VIII**:92
12 **VI**:126; **VIII**:183

LXI

2 **XXIX**:132
4 **XXVIII**:286; **XXXII**:16
5 **XXV**:38
6 **VI**:64
8 **XVII**:74, 120
9 **XI**:174; **XIV**:62; **XVII**:220; **XXIII**:127
10 **XVII**:37
11 **XVII**:37
12 **XVII**:38
14 **XVII**:38

LXII

4 **XX**:191
5 **XVII**:92, 110

LXIII **VIII**:54

8 **VIII**:52, 54

LXIV
14 **XXX**:232
16 **XIV**:125; **XV**:240; **XXXII**:119

LXV
1 **XXVIII**:169
2 **III**:41
2-3 **XI**:79
3 **XIV**:62; **XV**:124; **XVI**:103; **XXVI**:97
5 **XI**:79
12 **XXXVIII**:48

LXVI
3 **XXXVIII**:49

LXVII
11 **XXX**:324

LXVIII **XXI**:230
1 **I**:218, 220
1-5 **VI**:69
49 **XVII**:120

LXIX
6 **II**:40
7 **II**:38, 40
18 **XXIV**:86; **XXXVIII**:48

LXX
1 **XXV**:179
17 **XXXVIII**:49
34 **II**:98
40 **I**:235

LXXI
5 **I**:358
19 **I**:166
21 **I**:355
21-24 **I**:354
26 **I**:359; **VII**:83
27 **I**:358, 359

LXXII
1 **VI**:118
1-19 **VI**:65
28 **XXXVIII**:49

LXXIII
1 **VI**:68
20 **XI**:211

LXXIV
1 **VI**:68, 73–74; **XXXVIII**:116
1-2 **VI**:69
1-4 **VI**:76
8 **XXX**:61
11 **XXV**:44
28 **XXXI**:135; **XXXVII**: 27
76 **IV**:57

LXXV
16 **XXXII**:207
26 **XII**:117
36 **XXIV**:98

LXXVII
1 **XXI**:68

LXXVIII
7 **XVII**:36
10 **I**:167; **XXXII**:207

LXXVIII (continued)
23 **I**:184
25 **XVII**:157

LXXIX **XX**:205
16 **XXVIII**:180
24 **III**:60, 65; **XXX**:324
27-29 **I**:230
27-32 **I**:216
30 **I**:206, 215
31 **I**:221
32-33 **XVII**:36
40 **XXII**:132

LXXX **XX**:205

LXXXI
1 **I**:193, 232; **XXXIX**:114
15 **I**:235; **XXXIX**:113

LXXXIII
9 **XIII**:131
20 **XIII**:131
25 **XVII**:157

LXXVIII
13 **I**:243
21-22 **XXXII**:207

LXXXVI
6-7 **XXXII**:248
9 **I**:168
16 **XXVI**:102

LXXXVII
14-15 **XVIII**:171
18 **I**:344

LXXXVIII
17-20 **I**:195
22-23 **XVI**:109

LXXXIX
1-2 **VI**:159
5-13 **XV**:136
6 **XXXIII**:120
10 **XXIII**:46
14 **XXXIV**:224; **XXXVIII**:57
24 **XXXIII**:189
27 **XXXIX**:57

XCI
9 **XXIX**:250

XCIII
1-2 **VI**:69
1-3 **VI**:70

XCVI
1 **VI**:68, 74
1-5 **VI**:69–70
5 **I**:223
18 **IV**:32

XCVII
3 **XXXVIII**:55

XCIX **XX**:206
7-8 **XXXIX**:123

C **XX**:206
1 **I**:235

CI **XXXI**:204

CIV	**XXII:**77
CV	**VIII:**73; **XI:**107
3	**XXXI:**142
CVII	**XXII:**77
CIX	
1-6	**VI:**107
6	**X:**81
CXI	
1-5	**VI:**89
CXII	**XXXII:**207
2	**I:**262
4	**I:**165

Errata et Emendanda

volume:page:line	for	read
I:295:14	al-Zabīr	al-Zubayr
I:295 n804	al-Zabīr	al-Zubayr
II:1 n6	Replace the text with: Al-Ḥasan b. Hāni' is the celebrated poet Abū Nuwās (d. circa 200/815); see *EI*², s.v.	
II:7:12	Darafsh Kābiyān	Dirafsh-e Kābyān
II:29 n99	16	26
II:29 n100	16	26
II:31:6-7	Salāām Abū al-Mundhir al-Naḥawī	Sallām Abū al-Mundhir al-Naḥwī
II:32:15	Huzāl	Hazzāl
II:32:16	Marthid	Marthad
II:32:17-18	Jalhamah	Julhumah
II:32:18	Huzāl	Hazzāl
II:34:4, 9, 21, 25	Marthid	Marthad
II:36:22, 26	Marthid	Marthad
II:37:24	Marthid	Marthad
II:42:1-2	Abū Bakr b. ʿAbd al-Raḥmān	Abū Bakr b. ʿAbdallāh

II:49:10	there was a king over him,	(Nimrod) was an independent king,
II:50:18-19	and as a messenger to His worshippers	and as a messenger to His servants
II:52:25-26	he was attacked by illness. They fled from him	he was attacked by the illness from which they used to flee
II:52:31	Add note after "speak?":	143a. Ibid., 37:91f.
II:59:12	Add note after "Hell.":	169a. Ibid., 37:97
II:64:2:29	al-Musayyib	al-Musayyab
II:83:12	ʿAbdallāh b. Saʿīd	ʿAbdallāh b. Saʿd
II:99:34-35	Ibn Luhayʿah	Ibn Lahīʿah
II:100:24-25	ʿĪsa b. Abī Najīḥ	ʿĪsā—Ibn Abī Najīḥ
II:102:18	ʿAmr	ʿUmar
II:148:4	al-Rāzayyān	al-Rāzī
II:152:16-17	ʿĪsa b. Abī Najīḥ	ʿĪsā—Ibn Abī Najīḥ
II:133:9	ʿAbadah	ʿAbdah
II:137:16	Muḥammad b. ʿAmr al-ʿAbqarī	ʿAmr b. Muḥammad al-ʿAnqazī
II:159:9	Ḥaṣīn	Ḥuṣayn
II:180:13	Ibn Sinān	Abū Sinān[480a]
II:180	Add note: 480a. Reading Abū Sinān for the text's Ibn Sinān.	
III:9 n64	Replace the text with:	Muḥammad b. Saʿd al-ʿAwfī, d. 276/889.
III:21:4	she was born in al-Rayy	he was born in al-Rayy
III:28:25	al-Aṭāf	al-ʿAṭāf
III:26:9-10	that is a blemish in it.	that is a diminution in it.
III:29:8-9	*nāsnās*	Nasnās
III:36:24	at siesta time	at midday

III:37:31	al-ʿAbbās b. al-Walīd related to me—al-Qāsim	al-ʿAbbās b. al-Walīd related to me—Yazīd b. Hārūn—al-Aṣbagh b. Zayd al-Juhanī—al-Qāsim
III:44:3	the overflow of the troughs.	the remnants of the troughs.
III:44:9-10	Abū Ḥuṣayn	Abū Ḥaṣīn
III:44 n225	Replace the text with: ʿAnbasah b. Saʿīd b. al-Ḍurays; see al-Ṭabarī, I, 226 n393.	
III:44 n226	Delete the note.	
III:90 n506	Delete the note.	
III:102:12-13	his oppression of them consisted of his having surpassed them in luxurious garments.	his oppression of them consisted of his having demanded an additional handspan of cloth.
IV:1 n1 ll. 4-6	For the title . . . , 43.	See Christensen, *Kayanides*, 43. The Arabic orthography of these names is retained throughout the translation.
IV:2 n4	Replace the text with: Siyāwakhsh, Siyāwush: see EI^2, s. v. Siyāwush; Christensen, *Kayanides*, 79, 111f.	
IV:21:1-2	Muḥammad b. Sahl b. ʿAskar Ismāʿīl b. ʿAbd al-Karīm	Muḥammad b. Sahl b. ʿAskar—Ismāʿīl b. ʿAbd al-Karīm
IV:36 title	The Story of Isaiah's Friend; the Kings of the Children of Israel and Sennacherib	Account of the King of the Children of Israel about Whom the Story of Isaiah Is Told, and of Sennacherib
IV:41:16-17	Salamān	Salamah

IV:51:32	b. al-Ḥasan—Ḥajjāj	b. al-Ḥasan—al-Ḥusayn—Ḥajjāj
IV:73:10	Nastur	Nasṭur
IV:73:12	the men of Luhrāsb	all the descendents of Luhrāsb
IV:73:15	Zarīn's son Isfandiyār lamented his father	Bishtāsb's son Isfandiyār lamented Zarīn
IV:75:17	Jawhumuz	Jawhurmuz
IV:77:15-18	Bishtāsb lived in Dihistān . . . al-Rayy.	Bishtāsb lived in Dihistān of Jurjān. Also among the seven were Qārin al-Falhawī, who dwelled at Māh Nihāwand; Sūrīn al-Falhawī, who dwelled in Sijistān; and Isfandiyār al-Falhawī, who dwelled at al-Rayy.
IV:79:21	Sakkūn	Sakūn
IV:92:34	Salam	Salm
IV:103:11	b. David.	b. David; Joseph was Mary's paternal cousin.
IV:103:24	Muʿāwiyah	Abū Muʿāwiyah
IV:121:16	Simeon	Simon
IV:123:13	Simeon	Simon
IV:129:10	Ṣabaḥ b. Ṣabaḥ	Ṣubḥ b. Ṣubayḥ[327a]
IV:129	Add note: 327a. Reading Ṣubḥ b. Ṣubayḥ for the text's Ṣubḥ b. Ṣubḥ.	
IV:138:11	ʿAmr b. Tharb	ʿAmr, the son of a slavegirl,[349a]
IV:138	Add note: 349a. Reading *turnā* for the text's *tharbā*.	
IV:143:18	like a mother would her young ones	like a maid milking a she-camel
IV:153:21	Namīr	Namir

IV:156:9	Ibn Jumayd	Ibn Ḥumayd
IV:157:4	Ibn Jumayd	Ibn Ḥumayd
IV:165:3	al-ʿAnqarī	al-ʿAnqazī
V:3:2	Kaywajī (?)	Kayūjī
V:3:7	Dārā	Dārā, son of Dārā
V:3:8-9	and had killed two of the latter's chief commanders.	and who had been killed by two of his commanders.
V:4 n10	"Fire (and) Anāhīd," . . . two deities.	either "Fire of Anāhīd" or perhaps "Fire (and) Anāhīd," a dvandva name from the names of two deities.
V:5 n12	*kunyah* or patronymic	*kunyah* or teknonym
V:9:7-8	lavishing largesse on him and giving him numerous charges.	leaving him a free hand in the running of affairs.
V:11:14	desert	plain
V:11:15-16	When we allow you . . . desert	If we allow you . . . plain
V:11 n41	Ardashīr's words	Ardawān's words
V:16:1	he had his son Shābūr crowned	he placed his own crown upon the head of his son Shābūr
V:16 n62	See Nöldeke, trans. 19 n. 4;	This is *contra* Nöldeke, trans. 19 n. 4. See also
V:24 n85	the only one	together with the anonymous *Nihāyat al-arab fī akhbār al-Furs wa-al-ʿArab* (see E.G. Browne, in *JRAS* (1899-1900), the only one
V:25:20	Sābūr al-Junūd	in Arabic, Sābūr al-Junūd

V:26:33	place	palace
V:27:15	he gathered together	there gathered together
V:30:4	Anatolia	the Roman empire
V:30 n93 ll. 14-16	The alternative name . . . planted there.	Cf. for this process Gowāshir in Kirmān for Wahi-Artakhshtra.
V:32 n100	mentioned here	mentioned in the sixth century
V:37:16	Dīmā	Rīmā
V:37 n117	The local *nabaṭī* name of Dīmā (in the Cairo text, the equally incomprehensible Rīmā) remains obscure.	The name Rīmā appears thus in the Cairo text.
V:38 n119	province (Fārs, for instance, having within it five *kūrah*s in Sāsānid and early Islamic times), the equivalent	province. (Fārs, for instance, seems to have had six *kūrah*s in late Sāsānid times and five in the early Islamic period; see T. Daryaee, *The Fall of the Sasanian Empire and the End of Late Antiquity. Continuity and Change in the Province of Persis*, Ph.D. diss., University of California, Los Angeles, 1999, 57-63). This was the equivalent
V:40:4	bodily constitution	bodily constitution, manners
V:40:9	Ardashīr's astrologers had told him	the astrologers had told Ardashīr
V:40:13	perfectly formed	cultured

V:40 n122	actually brought	may have brought
V:47 n137	mainstream, Catholic, Nicene Christians?	mainstream Christians?
V:49 n143	would accordingly . . . explanation.	seems nevertheless to have a basis in fact.
V:55 n156	Shābūr I's	Shābūr's
V:56:1-2	those members of the Bakr b. Wā'il who were	some members of the Bakr b. Wā'il he settled
V:56 n156 l.1	should should	should
V:58 n162	thought Nöldeke though	though Nöldeke thought
V:59 n167	Euphrates	Tigris
V:63 n173	may	many
V:72 n191	synod of the Nestorian Church	synod of the Church
V:73:23	wheeled round behind him	turned its back to him
V:91:2	before	between
V:95:9	merry-making.	merry-making and hunting.
V:96:18-19	[re]building, and it was erected in a forward position on [the frontier of]	removal to a forward position in
V:99:7-8	deserts and wastes	plains and deserts
V:103 n261	Theodosius II	Theodosius I
V:111:8	seven	twenty-seven
V:111 n286	where there	where they
V:115:18, 19	Muzdbuwadh (?)	Mardbūdh
V:118 n303	Delete the note.	
V:119 n306	more permanent	more permanent (and later)
V:121 n308	ill-omen	ill-omened
V:122 n312 ll. 16-21	Certainly, in the third century . . . they appear in the recorded history as	Certainly, they appear in the third century as

V:128:10-11	his major-domo . . . , who was one of his cavalrymen	his host . . . , who was one of the cavalrymen (*al-asāwirah*)
V:130:12	Add note after "wagons.": 334a. *Marākib*, which could also mean "on steads."	
V:135:1-2	A certain person . . . has	Certain persons . . . have
V:136:8	had sexual relations with	married
V:136 n348	marriage	marriage one of
V:142 n364	All this is pure fantasy.	This is perhaps fantasy, although Toufic Fahd has adduced a reference in Ibn Waḥshiyyah's *al-Filāḥa al-nabaṭiyyah* to a king of Yemen who came to Iraq ("Un incursion yéménite en Babylonie citée dans L'Agriculture nabatéenne," in *L'Agriculture nabatéenne*, III, Damascus, 1998, 329), which could be a reference to an encounter with Qubādh.

V:148:14-17	that religious faith he commanded them to observe and urged them to adopt were not to exist, the truly good way of behavior, the one which is pleasing to God, would lie in the common sharing or property.	what he commanded them to observe and urged them to adopt were not in the religion, that would itself be a good way of behavior, since the common sharing of property would bring reciprocal satisfaction.
V:149:2	Kharrakān	Khurrakān
V:153:2	buildings	a building
V:152:13	powerful	high-ranking
V:153:17-19	He also knew . . . and infantry.	He also knew that, with a force of five thousand warriors, cavalry and infantry, he could defend the frontier region of Armenia.
V:154:1	excellent	superiority in
V:155 n395	Persia empire.	Persian empire.
V:155 n395	to choose a Catholicos of their own.	to choose a bishop for Seleucia (a metropolitan of the East was established by the Monophysites at Takrit in ca. 629, and this position came to be called *maphrian*).
V:157:17	in in resources	in resources
V:159 n399 ll. 15-17	The mention of Alexandria . . . below)	The Alexandria mentioned here is the town of that name in Syria, also captured by Shābūr I.

V:165:16	fighting other	fighting each other
V:176 n449	in southwestern	in the southwestern
V:205 n511	commandeered by the Byzantine authorities	apparently commandeered, according to the *Martyrium* of Arethas, by the Abyssinian king from Byzantine, Persian and Ethiopian vessels,
V:208 n518	"Events in South Arabia	"Events in Arabia
V:214 n534	"Events in South Arabia	"Events in Arabia
V:230 n563	"Events in South Arabia	"Events in Arabia
V:231 n567	features	features that
V:231 n568	other elements	other elements that
V:232:5	Bazīn	Razīn
V:235:28	patronymic	teknonym
V:239 n591	Kānjār	Kāmkār
V:252:14	king Byzantines	king of the Byzantines
V:254:12	Upper Nahrawān,	Upper Nahrawān, that of Middle Nahrawān,
V:258:2	planted	planted with wheat and barley, one dirham; with vines, eight dirhams;
V:259 n624 l. 20	Persian could controled	Persians could control

V:260 n626	This term is wholly obscure.	Balʿamī's translation and expansion of al-Ṭabarī, ed. Muḥammad Rawshan, Tehran, 1336/1987-88, 1176, has *hamdāstānī*, which accords with al-Ṭabarī's explanation here.
V:263:3, 6, 11	cords	bow strings
V:265:10-11	and itself becomes obliterated	and obliterate it
V:269:1	Yūsuf b. Muʿīn	Yaḥyā b. Maʿīn
V:273:35	I do not known	I do not know
V:282:22	robe	robes
V:291 n685	*ispabadh*	*ispahbedh* (sic)
V:293:19	afer	after
V:298 n701	Turkish	Turkish empire
V:301 n704	but we have no precise historical mention of this invasion.	and Jawānshīr mentions Caucasian attacks on Azerbaijan at this time; see Higgins, *The Persian* War *of the Emperor Maurice (682-602), Part I*, 35-36.
V:306:23-24	It is part of our religion to choose	We are of a religion that chooses
V:313:5-6	over them. The army included in its numbers	over them who included in their numbers
V:313:10	Mūshīl	Mūsīl
V:313:14-15	Several violent clashes	A violent battle
V:313:19	Sabūr, son of Afriyān, Abādh	Sābūr, son of Andyān, Ashtād,

V:313 n733	Reading thus . . . Mamikonian family.	Nöldeke, trans. 285 n. 3, identified him as Mushel, the Armenian ruler of Mash in eastern Anatolia, from the famous Mamikonian family, but the name Mūsīl is found in the *Shāh-nāmah.*
V:313 n735	*Shāh-nāmah*	*Shāh-nāmah*, ed. Moscow, ix. 117 (here the fourteen companions of Khusraw are given as: 1. Gustahm (Vitahm); 2. Gurd-Shāpūr; 3. Adiyān; 4. Bendūī; 5. Gurdūī (=Bahrām Chūbīn's brother); 6. Ādur Gushasp; 7. Shīrdhīl (cf. the name of the ancestor of the Ziyārid dynasty of Gurgān and Ṭabaristān); 8. Zangūī or Zandūī; 9. Nakhwārag (text, Tukhwārak); 10. Farrukhzād; 11. Khusraw-i Sarfāz (translating Khusraw Shmūm); 12. Ashtād; 13. Khurshīd; and 14. Ōrmazd)
V:318:9	buried, with a vegetable garden	buried in a garden and a vegetable patch

V:318:11	dug it out with his own hand	dug for the cross with his own hands and took it out
V:319 n749 l. 9	the name	been the name of
V:320:9	on a lofty throne	in a place of honour
V:320:11	throne	seat
V:322:8	Nīniwā	Nīnawā
V:322 n755	Razastēs)	Razastēs) of the Greek sources
V:323:1	ninety thousand	seventy thousand
V:323:3	such a number of troops	seventy thousand troops
V:323:21	three army commanders who	commanders of [various] armies which
V:336:13	Persian	Persians
V:326 n765	*kunyah* or patronymic	*kunyah* or teknonym
V:340 n803	This passage in parentheses	This phrase
V:365:14	summonse	summons
V:365:16	Surayd	Suwayd
V:365 n881	Surayd	Suwayd
V:366:29	unti	until
V:374:15	takng	taking
V:376 n926	implied . . . adducing the name	adduced the name Sumios in an early Christian Greek source, which might involve an hereditary honour or rank, and considered it to be unconnected with the name
V:383:10-11	back to live with those men by whom they already had	to live with men by whom they could have
V:383:23	sought refuge with you	provided refuge for you

V:384:10	He held conversation	He exchanged greetings and compliments
V:385:20	seated	lying
V:385:25	sitting	reclining
V:385 n956	cloth.	cloth, which appears in the *Shāh-nāmah*, ix. 259 v. 84, as *dastār*.
V:386:23	of royal stock	of the people of this country
V:387:9-10	short reigned	short lived
V:388:24-26	when we had . . . had attained . . . we turned	when we have . . . have attained . . . we can turn
V:388:28	against him.	for that goal.
V:389:7	Furumīshā	Farmīshā
V:389:14	presents	presents and the letters
V:389 n959	As correctly conjectured by . . . "supreme lord."	According to . . . "supreme lord," which is supported by the fact that the *Nihāyat al-arab* gives the name F.r.mīsā twice, once as a king of India contemporary with Anūsharwān.
V:390:1	Furumīshā's	Farmīshā's
V:391:13	kingly power	the country
V:391 n962	down to us.	down to us. The fourth section of Khusraw's response is apparently absent here, but is clearly distinguished in Balʿamī, 1175.
V:393:4	kingdom	land

V:394:16	"plunder of the winds"	"wind-blown treasure"
V:394 n967	lost at sea.	lost at sea. For the exact circumstances here, see, most importantly, the *Anonymus Guidi*, 25-26.
V:398 n975	Replace the text with: *Pace* the suggested emendation *kharazah* in *Addenda et emendanda*, p. DXCVI, al-Thaʿālibī, *Ghurar al-siyar*, also has *ḥirzah*.	
V:402:2	for	in
V:402:18	the king's	his
V:404 n996	Heraclius	Maurice
V:405:3	*[Jushnas Dih]*	*[Jushnas [Ban]Dih]*
V:406:13	night."	night." Farrukh Hurmuz did that and mounted his horse that night to go to her.
V:407 n1006	Fīrūz.	Fīrūz. Farrukhzādh is mentioned as the son of Khusraw II in the Persian *Fārs nāmah* of Ibn al-Balkhī, ed. G. Le Strange and R. A. Nicholson, GMS, N.S. I, London, 1921, 26, 111.
V:408 n1010	No coins of his seem to be extant	Coins of his are extant; see F. Grenet, in *St Ir*, XXIV (1995), 291-94.
V:410 n1014	434,	434, noted
V:415:18	forty-six years	forty-six hundred years

VI:1:17	Qubayṣah b. Dhuʿayb	Qabīṣah b. Dhuʾayb
VI:12:12	Umānah	Umāmah
VI:39:24	al-Muʿammalī	al-Muʾammalī
VI:63:26	to attend his business	to relieve himself
VI:63 n86	Delete the note.	
VI:66:29	Ẓibyān	Ẓabyān
VI:73:19	she was grieved	she uncovered her head
VI:80:28-29	Sharīk b. ʿAbdallāh	Sharīk—ʿAbdallāh
VI:104:29	What is this son of a slave's mother saying?	What is Ibn Umm ʿAbd [i.e. ʿAbdallāh b. Masʿūd] saying?
VI:111:31	they indeed strove hard to beguile you	they almost succeeded in beguiling you
VI:127:3	al-Ṣunājī	al-Ṣunābihī
VI:132:6-7	You would indeed have had a *qiblah*, had you kept to it patiently.	You had a *qiblah* had you had the patience to persist in observing it.
VI:132 n210	Delete the note.	
VI:157:20	"From the Messenger of God's emigration,	"From the Messenger of God's emigration." ʿUmar said, "Rather we shall date from the Messenger of God's emigration,
VII:27:26	al-Zubayr—ʿAdī	al-Zubayr b. ʿAdī
VII:28:8-9	He used to celebrate the night of 17 Ramaḍān	He used to spend the night of 17 Ramaḍān awake in devotions
VII:50:1	ʿImāmah	ʿUthāmah
VII:66:18	Asʿad	Saʿd
VII:77:10	bench	portico

VII:82:23-24	Your own kin have severed the bonds of kinship.	May your kin cut you off!
VII:84 n143	55:45	54:45
VII:91:33	al-Naqīʿ	al-Baqīʿ
VII:91:33	Add note after al-Baqīʿ: 153a. Reading al-Baqīʿ for the text's al-Naqīʿ.	
VII:99:13	al-Aswad	b. al-Aswad
VII:110 n168	3:22	3:122
VII:118:23-24	his grandfather, al-Zubayr	his grandfather—al-Zubayr
VII:165:11	Murr	Marr
IX:1 n3	Delete the note.	
IX:1 n4	Ibid.,	Ibn Ḥajar, *Tahdhīb*,
IX:2:10	occupied Mecca	taken up quarters in Mecca
IX:12 n83	*Tahdhīb*, X, 2-3	*Tahdhīb*, XI, 2-3
IX:21:18	Nakhlat	Nakhlah
IX:47:4	[May 19—October 14, 631]	[March—October, 630]
IX:84:10	Dhū	Dhī
IX:107:24	ʿAbdallāh	ʿUbayd
IX:107 n734	Replace the text with: A client of the Banū Zurayq, who died in 105/723-24. Ibn Ḥajar, *Tahdhīb*, VII, 63-64.	
IX:120:13	Salamah	Salimah
IX:126:1	Sharīq	Shaqīq
IX:157:10	Mujammaʿ	Mujammiʿ
IX:164 n1138	Delete the note.	
IX:208:12-13	and explained to him its rites.	; he (i.e. Abū Bakr) explained to them (i.e. the pilgrims) its rites.
IX:208:18-19	he received the revelation	was made a prophet

X:153:25	Ṣuhār	Ṣuḥār
XI:110:3	al-Qaryatayn	al-Qaryatān
XI:144:9 [bis]	Nadbah	Nudbah
XI:198:7-8	of the [same] side of the river as the Muslims	of the Euphrates with the Muslims at al-Milṭāṭ
XII:5:1	like on body	like one body
XII:15:10	moore deeply	more deeply
XII:27:4, 7	Āzādbih	Āzādhbih
XII:44:15	is it, them, that remains	is it, then, that remains
XII:48:6, 9	lamb	calf
XII:60:25	Ṭayzanābād	Ṭīzanābādh
XII:60 n233	Ṭayzanābād	Ṭīzanābādh
XII:124:31	Abu Mikhrāq	Ibn Mikhrāq
XII:137:10	vineyad	vineyard
XII:163:11-12	Shuwaysh Abū al-Ruqqād	Shuways Abū al-Ruqād
XII:185:9, 10	Mikhā'īl	Mīkhā'īl
XII:190:34-35	Where are going	Where are you going
XIII:23:14	They said:	They all said—Muḥammad, al-Muhallab, Ṭalḥah, ʿAmr, Abū ʿUmar, and Saʿīd:
XIII:66:15-16	al-Ruqqād	al-Ruqād
XIII:95:22	Yaḥyā	Abū Yaḥyā
XIII:163:3	Alexandria	Miṣr and Alexandria
XIII:165:34	Qāsim	Ibn Abī Qāsim[556a]
XIII:165	Add note: 556a. That is, al-Qāsim (son of the father of al-Qāsim).	

XIII:173:29	dressed in Egyptian colors standing by	brought on various Egyptian dishes
XIII:195:30	al-ʿAbbās.	al-ʿAbbās (may God be pleased with him).

XIV:13:11	the sons of ʿAmr	the sons of ʿUmar
XIV:13 n66	These are perhaps the sons of ʿAmr b. al-ʿĀṣ.	Both the Leiden and Cairo editions read "sons of ʿAmr," but these are in fact the sons of ʿUmar b. al-Khaṭṭāb.
XIV:31:16	al-ʿAnsī	al-ʿAbsī
XIV:49 n241	Replace the text with: Qurʾān, XXVIII:5.	
XIV:120:10	al-Shafā	al-Shifā

XV:4:20	two-bladed dagger	double-hilted dagger
XV:39:2	four *rakʿahs*)	four (*rakʿahs*)
XV:48:4	Muqsim	Miqsam
XV:60:22	Tīzanābādh	Ṭīzanābādh
XV:62:18	Yūnis	Yūnus
XV:99:32	al-Buqayʿ	al-Baqīʿ
XV:127:8	Saʿīd	Saʿd
XV:144:25	Jābir	Jabr
XV:159:20	Insert after al-Tujībī,[284]: ʿUrwah b. Shuyaym al-Laythī, Abū ʿAmr b. Budayl b. Warqāʾ al-Khuzāʿī, Sawād b. Rūmān al-Aṣbaḥī, Zurʿah b. Yushkar al-Yāfiʿī,	
XV:171:19-20	with Salāmah b. Rawḥ al-Judhāmī and his two sons Muḥammad and ʿAbdallāh,	with his two sons Muḥammad and ʿAbdallāh and with Salāmah b. Rawḥ al-Judhāmī,
XV:172 n311	Replace the text with: One of the stations of the Egyptian pilgrimage route.	

XV:218:27	Nāʾilah and her daughters	Nāʾilah and his daughters
XV:220:6	Shīyam	Shuyaym
XV:253:31	Add the following text after "in the grave.": Hishām b. Muḥammad said that he was called by the *kunyah* Abū ʿAmr.	
XVI:22:20	Yanbūʿ	Yanbuʿ
XVI:32:26	Salimah	Salamah
XVI:96:23	Saʿr	Siʿr
XVI:141:4	al-Nadr	al-Naḍr
XVII:159:1	al-Raḥmān	al-ʿAzīz
XVII:169:26	al-Aʿwal	al-Aʿwar
XVIII:3 n7	This "Thursday shurṭah" was an elite force or bodyguard	Shurṭat al-khamīs means the same thing, *khamīs* being a south Arabian word for "army." The unit described here was an elite force or bodyguard
XVIII:3:18-19	al-Majāzī al-Khuzāʿī[11]	al-Majāzī[11] al-Khuzāʿī
XVIII:5:6-8	(According to) Ziyād b. ʿAbdallāh—ʿAwānah gave an account similar to that of al-Masrūqī—ʿUthmān b. ʿAbd al-Raḥmān. He added to it:	According to Ziyād b. ʿAbdallāh—ʿAwānah (who mentioned an account similar to that of al-Masrūqī, from ʿUthmān b. ʿAbd al- Raḥmān, but added to it):
XVIII:5:20-21	a leader of error	a leader of error (*imām ḍalālah*)
XVIII:8:28	If I knew	I do not know

XVIII:9:10	*Al-Ḥasan's Surrender of al-Kūfah to Muʿāwiyah*	In this year occurred the truce between Muʿāwiyah and Qays b. Saʿd, after Qays refused to render allegiance to Muʿāwiyah. *Account of the Truce between Muʿāwiyah and Qays b. Saʿd*
XVIII:12:17	your own misfortunes	your own evil conduct
XVIII:12:21f.	we will have protected you from your enemy	we will have dealt with your enemy for you
XVIII:13:1-2	you will have been protected from us	you will have been spared dealing with us
XVIII:15:4	if necessary.	at that time.
XVIII:15:4-6	The people assembled for that, while their leaders were eagerly anticipating Abū Bakrah.	The people assembled for that with their anxious eyes looking forward to the arrival of Abū Bakrah.
XVIII:16:21	Your brother has wealth	Your brother owes wealth
XVIII:16:22-23	He doesn't have anything	He doesn't owe anything
XVIII:17:23-24	You will certainly not prefer anything over the satisfaction of God	You shall not prefer anything over what is pleasing to God
XVIII:19:12-13	You may violate that guarantee of protection, (since) you weren't asked for it	This is a guarantee of protection for which you will not be held responsible if you violate it
XVIII:22:4	about ten men	between ten and twenty men

XVIII:22:6-7	O Brothers of the Muslims	O Brother Muslims
XVIII:22:11-12	when it was time for the dawn worship	when (the *muezzin*) gave the second announcement for dawn worship
XVIII:22:15	folk	(fighting) men
XVIII:22:25-30	Nights and days and years and months will not continue indefinitely for a son of Adam until he tastes death and will part from the virtuous brothers and leave the world over which only weaklings weep, a world which is always harmful for whoever has concern and worry	Nights and days, years and months soon make (every) son of Adam taste death and part from the Righteous Brethren, leaving the present world, over which only weaklings weep, and which always harms whoever fixes his concern and worry on it
XVIII:23:6	let us turn	we will turn
XVIII:23:8	we would have	we shall have
XVIII:23:16	My friend	My two friends
XVIII:23:18-19	with numerous squadrons. You will call upon God and in Him you will prevail	among numerous squadrons that summon unto God and that prevail for His sake
XVIII:23:20	My mule has left	When my mule leaves
XVIII:23:22-23	But I am leaving soon, even if my supporters are few so I would not shame you two, with whom he goes	But even if my supporters are few, I am leaving soon, together with those who go; I will not shame the two of you
XVIII:25:5	I am satisfied with everyone	I am satisfied with you and with everyone

XVIII:25:12	For they are not all virtuous enough for that command	You are not all suitable for leadership
XVIII:25:23	a group	the group
XVIII:25:35	folk	(fighting) men
XVIII:26:19	refused at	held out in
XVIII:28 n117	This probably means attempting to resist him	That is, who stretched out his hand toward the caliphate
XVIII:30:16-17	If you are not going to deceive me, I need these letters	If you haven't deceived me, these letters are my business
XVIII:33:12-13	Hishām—Jaʿfar b. Hudhayfah al-Ṭāʾī—al-Muhill b. Khalīfah	Hishām—Abū Mikhnaf—Jaʿfar b. Ḥudhayfah al-Ṭāʾī—al-Muḥill b. Khalīfah
XVIII:31:11	You will not be concealed	Do not conceal yourself
XVIII:34:2	sought to defend themselves with	rushed for
XVIII:35:17-18	Stay as you are	Stay where you are
XVIII:35:19	Enter, rightly guided	Enter, you're quite right to do so
XVIII:36:11	while he rode his horse	when he had just mounted his horse
XVIII:36:30	Salamah	Salimah
XVIII:37:17	Arab district	Arab clan
XVIII:37:20	desiring proof and excuses	intending refutation and self-justification
XVIII:38:19	People of the House[160] by his folk.	people of family among his folk.
XVIII:38 n160	Delete the note.	
XVIII:39:23	no Arab alive	no Arab tribe
XVIII:39:25	some of them are among the living	some of them are somewhere among the tribe

XVIII:39:26	If I should find that out, truly I would win favor	If that has been related to me correctly, I will win favor
XVIII:41:14	Will you remain out of ignorance in the house of those who err,	You stayed in the abode of sinners out of ignorance,
XVIII:41:15-16	For the enemies assaulted the folk and they set you up for slaughter by a mistaken opinion	Assault the hostile people who, by an erroneous doctrine, have set you up to be slaughtered
XVIII:41:21	powerful, short-legged	strong of flank
XVIII:41:23	for I am given first the cup of fate to drink	that he might make me drink the cup of fate first
XVIII:41:24-25	It is hard for me that you are afraid and driven out. When I draw out [my sword] unsheathed among the violators	It is hard for me that you are afraid and driven out, While I have not yet drawn my sword against the violators (*muḥillīn*)
XVIII:42:1-2	When every glorious [person] scatters their group, when you would say he had turned away and fled, he would come back	And while men, each of them glorious, have not yet scattered their group, men such that when you say [of one of them] he has turned and retreated, he advanced
XVIII:43:4-5	You should only send against them one of the notables of the city whom you see around you, whom you find	Any notable (*sharīf*) of the city you see around you that you send against them you will find

XVIII:43:31-33	As for you, I have heard that you censure ʿUthmān to one of the people, and I have also heard that you openly proclaim something of ʿAlī's superiority. But you do not mention	Take care lest I hear that you censure ʿUthmān to one of the people, and take care lest I hear that you openly proclaim something of ʿAlī's superiority. But you have not mentioned
XVIII:44:16-17	Yes indeed, by God! I favor orators [who are] firm leaders	Yes, by God! I am indeed the orator, the firm, the leader
XVIII:44:19-20	where the lances clashed splitting the shafts lengthwise and making the heads fall off	where the lances clashed, so that cranial sutures are split lengthwise and the top of the head is cut off
XVIII:44:27	Abū al-Naḍr b. Ṣāliḥ	al-Naḍr b. Ṣāliḥ
XVIII:45:1	We shall summon them and excuse them	We will summon them and do that which will excuse us
XVIII:45:13-14	Don't give up on them. They are forbidden to stay for more than an hour in any territory where you summon them	Anywhere you catch up with them, don't allow them to remain there longer than it takes you to invite them [to submit]
XVIII:45:23-24	Let none of his companions do differently	Let none of his companions delay
XVIII:45:28	Ḥabīb	Jundab
XVIII:46:23-24	and will reject you for your disgraceful act.	and will throw back at you [our agreement] and fairly so.
XVIII:47:16	they weren't looking at me	they continued to look at me

XVIII:47:20-21	don't tangle with me or else God will absolve me of guilt concerning you	you shall not reach me until I render myself excused before God in regard to you
XVIII:47:31	I watched my sword	I sheathed my sword
XVIII:48:2-4	Al-Mustawrid would not be my choice for Caliph because of what I have seen of his hypocrisy and baseness in drawing his sword against the Muslims	In my opinion, al-Mustawrid, because of what I have seen of his humility and modesty, is not one who is likely to rebel against the Muslims with his sword
XVIII:52:2	Draw us aside	Let us stand aside
XVIII:52:3-4	He then had us draw aside	So we stood aside
XVIII:52:15	trained horses	caparisoned horses
XVIII:52:26	If we don't leave the battle, we won't be routed	As long as we have not left the battle, we have not been routed
XVIII:52:29	we do not turn back	we have not turned back
XVIII:52:29-31	lest it be said, "Abū Ḥumrān b. Bujayr al-Hamdānī was routed." I would only care if it is said,	I won't mind if people say, "Abū Ḥumrān b. Bujayr al-Hamdānī was routed," but they will say,
XVIII:52:34	When they return against you	If they turn back from you
XVIII:53:19-20	How do you think they are doing?	How did you see them doing?
XVIII:53:20	We think the Ḥarūriyyah are	We saw the Ḥarūriyyah
XVIII:53:21	Do you think my men	Did you see my men
XVIII:54:1-2	This cavalry is covered with dust	That is the dust of the [approaching] cavalry

XVIII:56:4-5	and was killed. I only know that he killed one person whom he had seized by the neck. ʿUmayr fell upon the man's chest	and he killed—I only know that he killed one person who, I learned, had seized him by the neck, so ʿUmayr fell upon the man's chest
XVIII:56:25-26	I don't think they will camp where you are until tonight or early tomorrow morning	I think they will camp by you tonight or come against you tomorrow morning
XVIII:57:23-24	Then it disappeared after a while. I fear that they are abandoning	Now, for some time, I have not seen their shape. I fear they may have abandoned
XVIII:58:11-13	if they come to you, let the others know, and fight them. Don't abandon your position under any circumstances until	if they come to you and begin fighting some other [contingent], never abandon your position until
XVIII:58:33-34	God spare us their inconvenience! We are going	If God spares us their inconvenience, we are going
XVIII:58:34-35	It is for the Kūfans to defend	The Kūfans have men to defend
XVIII:59:2	brother	tribesman
XVIII:60:19	He also camped there at sunrise	He attacked them at sunrise
XVIII:60:24	being mingled together	being evenly matched
XVIII:60:32	Indeed the youth, every youth, who	Indeed the complete hero is the man who
XVIII:60:35-36	She knew that I, when the injury alighted, would frighten, on the day of the battle, a bold hero	She has learned that when trouble comes, I am the most terrifying man on the day of strife, bold, courageous

XVIII:61:21	Ḥabīb	Jundab
XVIII:61:25	noble	best
XVIII:62:21-22	thereby distracting us from our cutting of the bridge.	and so they were too preoccupied to stop us cutting the bridge.
XVIII:63:29	Ḥabīb	Jundab
XVIII:64:20	discouraged	eluded
XVIII:65:2	Qubbayn	Qubbīn
XVIII:65 n241	Qubbayn	Qubbīn
XVIII:65:4	After a while	Right away
XVIII:66:8	Abū Ashā'	Abī Ashā'ah
XVIII:66:19	noble	best
XVIII:66:24-25	To the rescue! Rescue lies in searching.	Hurry! Hurry in pursuit!
XVIII:66:32	So far they have been ahead of you	Now they are in front of you. You've caught up with them! How close to them you are!
XVIII:67:3	Why are you coming?	What happened to you?
XVIII:67:3-5	We don't know. We were certainly surprised. The folk were with us among our army while we were separated from each other.	Before we knew it the enemy was with us in our camp and we were scattered.
XVIII:67:8	I certainly saw him killed	We think he must have been killed
XVIII:68:15	this dog of whose soul God has despaired	this dog whom God has made to despair of his soul
XVIII:70:4	charage	charge

XVIII:70:7-11	Indeed, a leader of worship (*imām*) must either deliver the sermon, finding no escape from it, or he stupidly pours [it] out from his head heedless of what goes forth from him.	No one undertakes to deliver the sermon except an *imām*, who has no choice, or a fool who prattles with no regard to what comes out of his mouth.
XVIII:71:2-3	ʿAbd al-Raḥmān b. al-Walīd	ʿAbd al-Raḥmān (b. Khālid) b. al-Walīd
XVIII:74:20	more noble than they	the most noble of them
XVIII:77:24-25	between the backs of the Qays	among the Qays
XVIII:78:12	free	truncated
XVIII:78:15	His virtues	His graciousness
XVIII:78:16	the utmost	more of
XVIII:79:7-8	abandonment of	allowing
XVIII:79:10	seducers	offenders
XVIII:79:16-17	You are not wise, while you follow the foolish and what you regard as shielding them continues	You are not wise; you have followed the foolish, and, as you see, you have continued to shield them,
XVIII:80:26	Perhaps someone	Many a person
XVIII:80:27	someone	many a person
XVIII:81:12	whence	whither
XVIII:83:21-22	they both went in front of him with two spears, competing (with each other).	they quarreled in his presence with two spears.
XVIII:84:1	Who will tell Ziyād about me?	Who will tell Ziyād from me?
XVIII:84:9	helping	helped (by God)
XVIII:84:10	oppress	stray
XVIII:84:23	not inexperienced among the young	not inexperienced with events

XVIII:85:10	was with Ziyād	was married to Ziyād
XVIII:88:1-2	Mālik b. ʿUbaydallāh	Mālik b. ʿAbdallāh[298a]
XVIII:88	Add note: 298a. Reading ʿAbdallāh for the text's ʿUbaydallāh.	
XVIII:91:13	march past him	paid him a visit
XVIII:95:7	Salimah	Salamah
XVIII:96:7	Muḥammad b. Mūsā	Muḥammad b. Abī Mūsā
XVIII:99:28-29	who had collected the Qurʾān	who knew the (entire) Qurʾān by heart
XVIII:100:28-29	God did not bring Qarīb close	Qarīb, may God not bring him close!
XVIII:101:6-7	for the [entire] year	for this year
XVIII:101:33	was concerned about	was about to [move]
XVIII:102:25-26	Muʿāwiyah b. Ḥudayj was dismissed from Egypt and Ifrīqiyyah.	Muʿāwiyah b. Ḥudayj was dismissed from Egypt and Maslamah b. Mukhallad was appointed over Egypt and Ifrīqiyyah.
XVIII:102:29	is (city of)	its (city of)
XVIII:103:1-2	When God, Almighty and Great, summoned them	So he prayed to God, Almighty and Great, against them, and
XVIII:103:3	as the beasts of prey carried off their cubs.	even the lions did so, carrying off their cubs.
XVIII:103:4-6	ʿUqbah b. Nāfiʿ announced, "Indeed when we settled they departed, blaming us, and went out fleeing from their dens"	ʿUqbah b. Nāfiʿ proclaimed, "We are going to settle; depart ye from our bands," so they went out fleeing from their dens.
XVIII:103:7	I was told by al-Mufaḍḍil b. Faḍālah—	I was told by (Mūsā b. ʿAlī's father)—al-Mufaḍḍal b. Faḍālah—
XVIII:104:22-23	How often you check it,	How tightly you secure them [i.e. the coins],

XVIII:105:2	To the rescue!	So hurry!
XVIII:106:15	the Jāhiliyyah	a time of ignorance
XVIII:106:18-20	And if it was during [the time of] faith [something] like this would be hateful to you. We have our rightful possession,	And if it had happened under a religion other than that [i.e. ignorance], you would have given us our due,
XVIII:107:1	You were hurled at something	You desired something
XVIII:107:7	and more forbidding than they towards neighbors	and the one of them who best protects the neighbor
XVIII:108:17	b. Naṣr b. ʿIlāṭ b. Khālid al-Sulamī.	b. Naṣr b. Khālid al-Bahzī, one of the Banū Sulaym, and al-Ḥajjāj b. ʿIlāṭ b. Khālid al-Sulamī.
XVIII:112:7-9	I had not tasted food before that. When I said I came for their (wedding feast), I got some food.	I had not eaten yet, so I said, "I'll go to them and get some food."
XVIII:112:10	someone leading a horse	the leading part of a horse
XVIII:115:6	Ziyād summons me	Ziyād summoned me
XVIII:115:9	if he wants their stipend,	if he wants to bestow a stipend on them,
XVIII:117:25-26	All at once I was with Ibn Qitrah	Behold, I saw Ibn Qitrah
XVIII:117:28	split the space between	went between
XVIII:118:7	Who would inform Ziyād about me?	Who will tell Ziyād from me?
XVIII:118:13	So, if you like, you were related	If you wish, you may be related[417a]

XVIII:118	Add note: 417a Cairo has "I may be related" instead of "you may be related," which makes better sense in the context, since al-Farazdak has just described his flight and the Christians, Jews, Fuqaym, and the monkeys may be taken as symbols of cowardice.	
XVIII:118:15	And you and I were related to the Jews	And he belonged to my family, and I was related to the Jews[417b]
XVIII:118:15	Add note: 417b Cairo puts this after the following verse, where it makes better sense.	
XVIII:118:16	And, if you like, you were related	And, if you wish, you may be related
XVIII:118:17	and you would be related to me	and he belonged to my family
XVIII:118:17-18	and I would be related to the monkeys	and I belonged to the monkey family
XVIII:118:23	while a flood of agony	while the flood of rippled sand
XVIII:120:10-12	You are consoled by steadfastness and your good fortune. You don't see an outstanding refuge other than the former nights,	Console yourself with patience. No, by your fortune, you will not see the summit of the refuge until the last of the passing nights,
XVIII:121:2	gave him	would make for him
XVIII:123:24-25	blaming 'Alī for what had happened and for killing 'Uthmān.	criticizing 'Alī, attacking him, and blaming [him] for the death of 'Uthmān.
XVIII:124:8	He united our speech	He united us
XVIII:124:11-12	He would also call for 'Uthmān's murderers [to be punished].	He also prayed against 'Uthmān's murderers.
XVIII:124:15	burn for	are passionate about

XVIII:124 n427	Add: Without vowels the word in the text could be read as either *thuluthay* (two-thirds) or *thalāthī* (thirty)	
XVIII:124:24	they increased	they said a lot of
XVIII:124:35-36	He will come to a governor after me, and will regard him like me	There will come a governor after me, and [Ḥujr] will suppose him to be like me
XVIII:125:3-4	I do not want to start the people of this city killing the best among themselves	I do not want to start something with the people of this city by killing the best of them
XVIII:126:15-16	I shall have accomplished nothing	I am nothing
XVIII:127:12-13	I will not be addressed by you or consider speaking to you.	I will neither pardon you nor ask for your pardon.
XVIII:128:9	while you console with the other?	while you heal with the other?
XVIII:129:19	[679]	[690]
XVIII:129:19-20	I was accompanied by an Aḥmarī.	I suddenly noticed an Aḥmarī walking beside me.
XVIII:129:30-31	that it was a righteous matter	that he was a righteous man
XVIII:130:11	God is between	God is [the judge] between
XVIII:130:12	God, Almighty and Great, is between	God, Almighty and Great, is [the judge] between
XVIII:130:15	Ḥudhām	Judhām
XVIII:130:18	saying extemporaneously	saying in *rajaz* verse
XVIII:130:31-33	They are all bastards except you. By God, I certainly think that you have killed yourself	Ride! Woe is you, by God, I think that you have killed yourself

XVIII:131 n438	Cairo reads: "You considered."	Cairo reads: "You considered, O Ibn Barṣāʾ al-Ḥitār, fighting him [to be the same as] your fighting Zayd."
XVIII:131 n439	Lit: "circle of the rump."	Lit: "son of a woman with a leprous anus."
XVIII:131:6	I blame the sons of baseness, except for you, openly	O baseness, son of baseness! What has brought you unarmored
XVIII:131:9	when there is dismay	when there is war
XVIII:131:9	the day you both met	the day they both met
XVIII:131:12	the best offspring of sires	the best offspring of sires?
XVIII:131:19	Qahdān	Fahdān
XVIII:131:21	on behalf of your brother for a while, so fight	and fight for a while on behalf of your brother
XVIII:132:28-29	it was only when, and certainly not until, we learned	before anyone could say "no," someone came and told us
XVIII:132:30	Banū Jabalah, that the people	Banū Jabalah. So the people
XVIII:133:24-25	You are no bastard.	Woe is you!
XVIII:134:2	Banū Dhul	Banū Dhuhl
XVIII:134:37	"Indeed, he will not do it, so release him."	"Indeed, he will not do it." So he released him.
XVIII:135:31-32	at the place of worship	struck against al-Muslī
XVIII:135:31-32	blows at the place of worship	blow of al-Muslī
XVIII:136:15-16	A many-colored dog harms its own family	Barāqish harms his own family

XVIII:136 n446	Such a dog by barking at others, gives its masters away, so they perish and the dog with them.	Barāqish was the name of a dog that gave its masters away by barking at others. So they perished and the dog with them.
XVIII:137:4, 14, 15, 17	Rifā'at	Rifā'ah
XVIII:137:20	'Amr	Rifā'ah
XVIII:137:24-25	and if you fight him would harm you	and if you kill him, it will be harmful for you
XVIII:137:35	Isḥāq	Abū Isḥāq
XVIII:138:11-12	I will never be released from him unless he kills me.	He will kill me before I can ever escape.
XVIII:138:26-27	Ziyād asked, "What will make you recognize him?"	Ziyād exclaimed, "How much you know about him!"
XVIII:140:11-12, 15	the mountains	the two mountains (See note 474)
XVIII:140:31	There four	These four
XVIII:140:34	that matters would only be set right by the family of Abū Ṭālib	that rule (i.e. the caliphate) was fitting only among the family of Abū Ṭālib
XVIII:141:10	stubborn	unbroken
XVIII:141:27	allegience	allegiance
XVIII:142:33	(the witnesses included) Labīd . . .	(the witnesses included) 'Amr b. al-Ḥajjāj al-Zubaydī, Labīd . . .
XVIII:142:37	Miḥṣan b. Tha'labah from among the allies of Quraysh	Muḥaffiz b. Tha'labah from 'Ā'idhat Quraysh
XVIII:144:18	the Gharīyūn	al-Ghariyyān[459a]
XVIII:144	Add note: 459a. These were two structures like monk's cells or silos on the outskirts of al-Kūfah. See Yāqūt, *Buldān*, III, 790-95.	

XVIII:144:12	al-Naṣr	al-Naḍr
XVIII:145:15	one	anyone
XVIII:146:10-11	I only saw this after he had removed himself from your testimony.	I think he has taken himself out of your testimony.
XVIII:146:15	against him	against them
XVIII:146:16, 17	I thought	I think
XVIII:147:1	allegience	allegiance
XVIII:147:26	while he blames me	so why do you blame me?
XVIII:148:8-9	the Caliph." That was to their advantage with the Commander of the Faithful.	the Caliph. Let this be to their credit with the Commander of the Faithful.
XVIII:148:9	asked about them	asked for them
XVIII:148:13	You have asked me about your cousins	You have asked me for your two cousins
XVIII:148:23-24	he would corrupt my city for me. Tomorrow we must send	he would corrupt my city for me and force me tomorrow to send
XVIII:148:34	Fiyyād	Fayyāḍ
XVIII:148:36	they brought the prisoners	they came to [the prisoners]
XVIII:148:37	Add note after al-Aʿwar: 463a. Hudbah b. Fayyāḍ was called al-Aʿwar, which means "the one-eyed man." Al-Khathʿamī evidently took this as an omen for half of them being killed and half saved.	
XVIII:149:25	Abū Sharīfah	Abū Sharīf
XVIII:150:4	Fiyāḍ	Fayyāḍ
XVIII:150:7	your companions.	your master (i.e. ʿAlī)
XVIII:150:24-25	Shall I renounce the faith of ʿAlī who used to worship God along with it?	Do you renounce the faith by which ʿAlī used to worship God?
XVIII:152:10	Warqāʾ Sumayyah	Warqāʾ b. Sumayy

XVIII:152:6-9	The Commander of the Faithful is prevented from allowing you to intercede with him about your cousin except [out of] sympathy for you and your friends, lest they resume another war for you.	Only concern for you and your companions prevents the Commander of the Faithful from accepting your intercession for your cousin, lest they cause another war for you.
XVIII:153:13	and was in good spirits	and was reconciled
XVIII:154:5	Zāʾidah	Abī Zāʾidah
XVIII:155:13	Add note after "If he should perish": 472a. Cairo, Ibn al-Athīr and *Aghānī* have "If you perish."	
XVIII:156:9	Dhūl	Dhuhl
XVIII:156:27-28	your spearheads and your tongue? ʿAbdallāh b. Khalīfah!	[the man who is] your spear and your spokesman, ʿAbdallāh b. Khalīfah?
XVIII:156:36	I brought you my cousin whom you killed.	Should I bring you my cousin so that you can kill him?
XVIII:157 n474	Jabal Ṭāʾī	Jabal Ṭayyiʾ
XVIII:157:16	youth	youthful passion
XVIII:157:8-9	When ʿAdī was informed . . .	When ʿAdī was brought and informed . . .
XVIII:157:17	childhood	youth
XVIII:157:19	hardship	desires of youthful passion
XVIII:157:20	in it	for it
XVIII:157:22	while they do not find a source except the spring of death	they did not find an exit from the pond of death

XVIII:157:23-24	Their fates summoned them and he whose day approached of the people, so know that it would not be postponed.	Their fate summoned them, and when a man's day comes, it cannot be postponed.
XVIII:157:26	the day when I face[476] one whose burning is memorable.	whatever day I face[476] the memorable burning heat (i.e. of battle).
XVIII:158:2	unless	until
XVIII:158:5	And Ḥujr receive in them	There Ḥujr received
XVIII:158:9	who will bleed the throats of the horses	who will help [me] against cavalry whose necks are bloodied
XVIII:158:10	and of the aggressive king	and the aggressive king
XVIII:158:20-21	so receive the good news!	so rejoice!
XVIII:158:22	Kindifī	Khindifī
XVIII:158:23	to be told good news	to rejoice
XVIII:158:25	you met	you were caused to meet
XVIII:159:16	was active	is active
XVIII:161:21f	have	had
XVIII:163:12	about me?	from me?
XVIII:163:14	nourish	appoint
XVIII:164:1	Nīzak	Nayzak
XVIII:167:34	improvement	postponement
XVIII:168:26-27	O Miskīn, God makes your eye weep, however its tears flowed in error, so they descended.	O Miskīn, may God give you something [real] to cry about, for your tears have been flowing and descending by mistake.
XVIII:169:1	I say to him	I say about him
XVIII:168:29	place	time

XVIII:169:20-21	and the front feathers of her wing continued to be ascribed to her,	and her wings continued to carry her,
XVIII:170:12-13	after he had been buried.	while he was being buried.
XVIII:170:22-23	offering a prayer." They responded, "Amen."	offering a prayer, so say "Amen."
XVIII:171:8	brought his wealth as *zakāt*.[501]	brought the *zakāt*[501] of his wealth.
XVIII:171:9-10	Another man came and beheaded him,	Another man came and [Samurah] beheaded him,
XVIII:172:13, 15	step	ladder
XVIII:173:36f.	By God, if we were not sons of a single uncle, God would not have united us with him out of support for the wronged Caliph.[504] There was truth for us in the congruence of our speech so that we would pay attention to that and in which we obtained good.	By God, if we were not descendants of a single ancestor, because of God's having united us in support for the wronged Caliph,[504] and our being on the same side, it would have been incumbent on us to be mindful of that, but that which [God] brought us was better.[504a]
XVIII:174:4	Add note after "was better.": 504a. That is, the kinship between Saʿīd and Marwān, which was God's work, took precedence over the political alignment between Saʿīd and Muʿāwiyah.	
XVIII:174:10-11	When Marwān (started to) carry out the deed	When Marwān sent the workmen

XVIII:174:23-24	Add note after "I did not demolish your house, yet I am not ensured against you.": 504b. Cairo reads: "I would neither destroy your house nor seek to make you beholden to me."	
XVIII:176:2-3	and was not astonished at him,	and what pleased him,
XVIII:176:10	has been skillful	has become skillful
XVIII:176:28	Seize the sword	Withhold the sword
XVIII:176:30-31	It preserves [you] from lowering your own reputation.	Guard your honor from being besmirched.
XVIII:176:32	and don't announce something	and don't give an order
XVIII:176:35	let those who are with you be more numerous	be the bravest of your own forces
XVIII:177:15	Continue to rebuke me, my critic,	Spare me your rebuke, O critic,
XVIII:177:22	We were given poison to drink a while before today,	We were given instantaneous poison to drink before today,
XVIII:178 n512	Add to the end of the note: Cairo reads: "and half of Baykand."	
XVIII:181:2	ʿAlī	ʿAbdallāh
XVIII:181:36-37	and he put ʿUbaydallāh Aslam b. Zurʿah in charge of Khurāsān	and ʿUbaydallāh (in turn) put Aslam b. Zurʿah in charge of Khurāsān
XVIII:181:8	carried out	been excessive in
XVIII:182:8	Thābit—Iṣhāq	Thābit—someone—Iṣḥāq
XVIII:184:29-30	Indeed people have devised for them two qualities	Two traits harm people

XVIII:185:6-8	Go slowly in this matter, for it would be more appropriate in order to accomplish what you want.	If you go slowly, what you want will probably come to pass.
XVIII:185:10	There is an alternative.	Isn't there an alternative?
XVIII:186:13, 27	I would be	I will be
XVIII:186:24	. You lead them	whom you lead
XVIII:187:3-4	It has been possible for the people to do this	The people have agreed to this
XVIII:187:33-34	the utmost point which he was not able to attain nor seek to surpass?	an extent which is not to be contested or overstepped?
XVIII:188 n524	Add at the beginning of the note: "I want the Ghūṭah" could also mean "I would not want the Ghūṭah"	
XVIII:188:14	He censured me to you,	He was angry with you because of me,
XVIII:189:7-8	and they fought each other all day until nightfall, then they disengaged without further fighting.	and they stood facing each other all day until nightfall, then they disengaged without fighting.
XVIII:189:16-17	If it was not for the Banū Ḥarb, your blood would be sprinkled inside broken and one-eyed vermin.	If it was not for the Banū Ḥarb, your blood would have been made to sprinkle the bellies of vermin, [those of you being] broken and one-eyed.

XVIII:193:12-16	Among us there are those whose term has been decided, those who still wait and those [who are] righteous victors by their superiority. Whoever among us still waits will be one of our predecessors, the ones deciding their term, performing good deeds first.	Some of us have died; some of us yet await [death]. The former are the righteous who have won victory by their merit; those of us who still await [death] are affiliated with our forbears, who have died and gone before [us] in well-doing.
XVIII:194:4-5	—that is the frontier of al-Rayy.	(by "frontier" he meant al-Rayy).
XVIII:196:15	Speak harshly!	Well!
XVIII:196:32-33	some wager	a horse race
XVIII:197:10	his wager	his horse race
XVIII:198:2-3	You would not be rewarded for your kindness if you were punished because of me.	Due to your kindness you don't deserve to be punished because of me.
XVIII:198:17	fight them	kill them
XVIII:198:22-23	account which Khallād b. Yazīd al-Bāhilī recited to me.	account. Khallād b. Yazīd al-Bāhilī recited it to me.
XVIII:198:21	So why don't you make me	Of what will you make me
XVIII:200:21	Muslim	Maslamah
XVIII:201:16	If I should converse,	If I spoke,
XVIII:202:10	we would feed it	so we could feed them
XVIII:202:19	So testify	I testify
XVIII:202:25	penetration	letter
XVIII:204:19	O ʿAdas!	ʿAdas
XVIII:205:6, 25	penetration	letter
XVIII:205:10	So testify	I testify

XVIII:205:28-29	imitated him as a means of ridiculing	used him as a front in order to ridicule
XVIII:206:1	You [and] Ziyād	You are certainly an increase (*ziyādah*)
XVIII:206:8	So testify	I testify
XVIII:208:2	Sawriyah	Sūriyah
XVIII:209:28	thousands	thousand
XVIII:212:14	He had discharges.	He had discharges [from his lungs].
XVIII:212:23	This is said to be from the collection of a reliable person.	It is also said: "as the collector who is reliable" (instead of "as the runner who is fatigued").
XVIII:212:27-28	clothed me with a shirt. One day I held it up while he pared his nails. I then took	clothed me with a shirt, so I kept it. One day he pared his nails, so I took
XVIII:213:12	Then he went blind, but afterwards recovered his sight	He lost consciousness, then regained it
XVIII:214:4-6	We are wrapping him in them and putting him in his grave, and leaving him	We are going to wrap him in them and put him in his grave and leave him
XVIII:214:14	The Caliph has certainly felt pain.	The Caliph has become bedridden and in pain.
XVIII:214:16	as if it raised dust from its severed foundations.	as if it had been cut from its foundations.
XVIII:215:11	a girl, Rabb al-Masāriq	(a girl named) Amat Rabb al-Masāriq
XVIII:216:12	One of his mawālī	A *mawlā*
XVIII:218:38	Bakr	Bakrah
XVIII:219:1	Bakr	Bakrah

XVIII:219:22-23	If you were in charge of anything regarding the people, I would entrust you with this,	If you are in charge of any public business, treat him well,
XVIII:219:30	before you, and you are ahead of him.	before you to have you be ahead of him.
XVIII:221:4	Add note after "His pots still exist": 583a. "His pots" is a reference to hospitality.	
XVIII:221:7-8	I shall never felicitate her in your presence.	I shall never mention her to you again.
XVIII:221:19-20	Add note after "The announcer only summoned me just now": 583b. The call to worship made at that hour was only meant for him.	
XVIII:222:3-4	Sulaymān—ʿAbdallāh b. Masʿadah[584] b. Ḥakamah al-Fazārī	Sulaymān—Abdallāh b. Mubārak—Jarīr b. Ḥāzim—Muḥammad b. al-Zubayr—ʿAbdallāh b. Masʿadah b. Ḥakamah al-Fazārī
XVIII:222 n584	Delete the note.	
XVIII:222:13-14	he caused losses to this world and it caused losses for him.	he obtained [something of] this world and it obtained [something of] him.
XVIII:223:2-4	You revile ʿAlī who is Zayd's grandfather, while Zayd, the son of al-Farūq,[586] heads the notables. Haven't you considered that he endures that?	You revile ʿAlī who is Zayd's grandfather, while [Zayd is] the son of al-Farūq,[586] publicly. Did you think he would endure that?
XVIII:223:21	Aymān	Ayman
XVIII:223:22	biceps	arms
XVIII:223:24	When the men beget their children,[588]	When men's children beget,[588]
XVIII:223:33	flirting with women	composing amatory verses about women

XVIII:224:1-2	someone ignoble. Praise is the bait of the shameless, but be proud	someone ignoble, and beware of panegyric poetry, for it is the bait of shamelessness. But be proud
XVIII:224:4	Abū al-Ḥasan b. Ḥammād	al-Ḥasan b. Ḥammād
XVIII:224:21-27	granted to mankind. If someone is reminded . . . he should carry it out.	granted to mankind." And if he was reminded, he remembered; if he was granted [something], he was thankful; if he was tested, he was steadfast; if he was angry, he suppressed it; if he had power [over someone], he forgave; if he did wrong, he asked forgiveness; and if he made a promise, he carried it out.
XVIII:224:28	ʿAlī b. ʿAbdallāh	ʿAlī—ʿAbdallāh
XVIII:224:28	Hishām b. Saʿīd	Hishām b. Saʿd
XVIII:225:24-25	Sulaymān b. ʿUyaynah	Sulaymān—ʿAbdallāh—Sufyān b. ʿUyaynah
XVIII:226:1-3	If al-Mughīrah were put in al-Madīnah, he would not exit from any of its doors[591] unless he did so by treachery.[592]	If al-Mughīrah were put in a city from all of whose gates there was exit only with difficulty, he would get out.[591]
XVIII:226	Delete note 591; renumber note 592 to 591.	
XIX:26:30	Māriyyah	Māriyah
XIX:27:10	Māriyyah	Māriyah

XIX:100:19	Badn	Badr
XIX:103:4-5	Shaffayyah	Shufayyah
XIX:103 n356	Shaffayyah	Shufayyah
XIX:108:14	Sudda'	Ṣudā'
XIX:184:10	'Ubaydah	'Abīdah
XIX:184 n593	'Ubaydah	'Abīdah
XX:46:27	al-Qaflānī	al-Qāflānī
XX:127:20-21	al-Sirrī	al-Sarī
XX:134:15	al-Sirrī	al-Sarī
XX:183:16	Sīḥān	Sayḥān
XX:220:25	al-Ḍabbābī	al-Ḍibābī
XX:222:34	al-Ribāb	al-Rabāb
XXI:24:10, 21	al-Ḍabābī	al-Ḍibābī
XXI:24:23	keft	left
XXI:30:11	fought with 'Abd al-Raḥmān	quarreled about 'Abd al-Raḥmān (trying to take credit for killing him)
XXI:46:14	Here I am standing, and you did not come out to me.	Here I am standing, why did you not come out to me?
XXI:54:13	that	what
XXI:57:26	skilled	killed
XXI:87:7	induce al-Mukhtār's companions to abandon him	and to abandon al-Mukhtār's companions
XXI:123 n437	to Azāriqah	the Azāriqah
XXI:129:2	Sabī'	al-Sabī'
XXI:129 n462	Sabī'	al-Sabī'
XXI:152:1	'Awn	Abī 'Awn
XXI:176:25	sent	send
XXI:184:7, 18, 20	al-Nābi'	al-Nābī
XXI:192:19	hinding	hiding

XXI:210:6	Mukammil	Mukammal
XXI:211:11	God curse your father!	God curse you!
XXI:214:17	Ṭalḥah al-Ṭalḥāt	Ṭalḥat al-Ṭalaḥāt
XXII:38:35	Sinjar	Sinjār
XXII:163:9	al-Ṣabāḥ	al-Ṣabbāḥ
XXII:172:12	al-Sulayk	al-Sulayl
XXIII:84: 7	I see the influence of Nāfiʿ b. ʿAlqamah.	I see a spot here for Nāfiʿ b. ʿAlqamah.
XXIII:84 n321	Replace the text with: Nāfiʿ b. ʿAlqamah b. Ṣafwān, governor of Mecca; see Khalīfah, *Taʾrīkh*, ed. ʿUmarī, 293.	
XXIV:9:20	Habbanaqat	Habbanaqah
XXIV:32:10	stipends	allocations in kind
XXIV:50:24	stipends	allocations in kind
XXIV:43:10	slave soldiers	slaves of the camp
XXIV:43:19	the good influence they had on	their approval of
XXIV:57:21-22	They surrendered, submitting to Yazīd's rule	They surrendered, at Yazīd's discretion (i.e., unconditionally)
XXIV:76:9	when they ignored his summons	After exhorting them at great length
XXIV:79:17	household	family
XXIV:81:1, 3	have I no kinsmen?	have I no fellow tribesmen?
XXIV:81:2	sinners, disquiters, and thieves are	the impudent and infamous sinner is
XXIV:82:21	fathers	forefathers
XXIV:83:17	a partisan of the Arabs	a (tribal) partisan

XXIV:83:18-20	I come to you out of solicitude. Today, I am a partisan of the Arabs and, by God, one man from my tribe is dearer to me than a hundred men who are not.	I came to you with solicitude (for all), but now I am a partisan (of my tribe), a changed man; by God, one man from my tribe is dearer to me than a hundred men who are not.
XXIV:84:16-18	By God, I am a partisan of the Arabs who travels during Ramaḍān in order to promote the cause of the Arabs.	By God, I am a partisan (of my tribe), a changed man.
XXIV:84:28-29	punishment	retaliation
XXIV:85:5	kinsmen	fellow tribesman
XXIV:86:26	Nuhayk	Nahīk
XXIV:93:20	household	family
XXIV:96:24	to cut off the arm of the thief	to cut off (the hand of the thief)
XXIV:101:29	Marthid	Marthad
XXIV:102:3, 4, 5, 9	Marthid	Marthad
XXIV:122:24	whose sacred precincts are inviolable	whose people and property are inviolable
XXIV:122:25	ʿUmrān	ʿImrān
XXIV:131:12	pillage	set foot in
XXIV:131:33	This man's household has obedience and heroic deeds.	This man comes from a family known for its obedience and heroic deeds.

XXIV:132:24-28	They say to you, "We accept you," and they claim not to want to exercise their authority except in accordance with your orders and instructions. But, in fact, they seek to drive you away from them so that they might engage in treachery.	They don't tell you, "We accept your conditions," with the intention of only exercising their authority in accordance with your orders and instructions; rather, they (say it) with the intention of appeasing you until they can engage in treachery.
XXIV:155:12	those who had accumulated pious deeds and were steadfast	those who lay up rewards for themselves by being steadfast
XXIV:155:20-22	You are responsible for the horses, so make their backs sore, for animals with sore backs will charge them more furiously than you will.	Go for the (enemy's) horses and cut their hamstrings, for when they are hamstrung they will inflict more damage on them than you will.
XXIV:160:16	God's martyrs	the men of high rank who have been slain
XXIV:172:10	Therefore, al-Ḥarashī ordered the soldiers to pack up and leave.	He ordered the soldiers to set out (anyway).
XXIV:173:2-3	The land has no one to defend it. Yet when your army failed to join you, you gave the order to pack up and leave.	The land is hostile, with no friendly forces, and your army has not joined you, yet you give the order to set out!
XXIV:186:28-29	asked for permission to take vengeance on	lodged a complaint against
XXIV:194:10	Māwiyah	Māwiyyah

XXIV:196:4	Yūnis	Yūnus
XXV:12:21	ʿUbād	ʿIbād
XXV:15:3	al-Subūḥ	al-Ṣabūḥ
XXV:76:7	Who is this heady wine pouring?	Who is the one straining forward (at the front of the army)?
XXV:104:14-15	offering	receiving
XXV:107:6	Qarrān	Qurrān
XXV:136:17	green hoods	horsetail standards
XXV:145:22	their spoils	their herds
XXV:146:5	(their faces) dyed red	dressed in red
XXV:146:15	round tents	horsetail standards
XXV:146:21	tents	horsetail standards
XXV:146:37f.	he took victory as his spoil	he took advantage of the victory
XXV:151:2	round tents	horsetail standards
XXV:182:4	I arranged for a physician for Hishām	I prepared some aromatics for Hishām
XXV:182:5	that physician	those aromatics
XXV:188:11	al-Riqāshī	al-Raqāshī
XXVI:9:21-22	I do not have any patience with this	This is intolerable
XXVI:10:22	Add note after "his mother": 46a. Fāṭimah, Zayd's paternal aunt, was ʿAbdallāh's mother.	
XXVI:10:25	she was the best woman of our kinsfolk	she was the best stranger (*dakhīlah*) who has entered among our kinsfolk
XXVI:11:27-28	I have no patience with this	we are not prepared to endure this

XXVI:12:18-22	God does not make it a prerequisite that He should be pleased with someone in order to elevate him nor does He make His displeasure a reason for bringing him low	God has not elevated anyone to such a degree as to be too lofty to be satisfied with him (i.e., with an oath in His name), nor has he lowered anyone to such a degree that this (i.e., an oath) would not be accepted from him
XXVI:12:23-24	you will not obtain it	you do not deserve (to obtain the caliphate)
XXVI:13:10-11	this is certainly not what is expected of you	do not act in this way
XXVI:14:3-6	Even if one of our tribes like Madhḥij or Hamdān or Tamīm or Bakr joined them, there would still be enough men for you to deal with them	Even if (only) one of our tribes, such as Madhḥij, Hamdān, Tamīm or Bakr, rose up against them, (this tribe) would suffice for you to deal with them
XXVI:16:27-28	whenever he lived in any other town and summoned his followers they responded	Whenever he lives in any town other than his own, and summons its inhabitants to his cause, they respond
XXVI:18:1	and impatient when you meet them	but unsteady when they face a foe
XXVI:18:22-24	until, thanks to the fragmented state of the community, they have brought them to a situation in which they have incited them to rebel	until they have brought them to a situation of communal discord in which they have incited them to rebel

XXVI:19:17-18	So I am leaving the leaders of the Kūfans to you. Threaten them	So summon the tribal leaders of al-Kūfah and threaten them
XXVI:19:23-24	and those who are in league with Satan and who have been enslaved by him	but all these try to subject Satan (to their aims) while he (actually) subjects them (to his)
XXVI:20:4-14	Indeed . . . religion.	Indeed, the Commander of the Faithful is absolved from blame as regards Zayd, and he has fulfilled his obligations towards him. Zayd has no way to claim that he has been denied a right which belongs to him, either of his personal share or of a stipend or of an allowance to which he is entitled as kin of the Prophet, except—as the Commander of the Faithful fears—what would incite the rabble to undertake something that would probably make them more wretched and misguided, and be more bitter for them, while strengthening the Commander of the Faithful and making it easier for him to protect and preserve true religion.

XXVI:20:22-26	Know . . . houses.	Know that, if they doggedly disobey, there is a means by which you can prove to them that you are worthy of God's help; this is by meeting their demands in full, giving their children the stipends to which they are entitled, and forbidding your army to attack their women and their homes.
XXVI:20:28	injustice	rebellion
XXVI:21:4-5	May God . . . Do not	I beseech you, O Zayd, in God's name, join your family and do not accept
XXVI:22:17	sons-in-law	brothers-in-law
XXVI:27:7	Qurran	Qurrān
XXVI:27:14	Bedouin	Arab
XXVI:33:3-4	did you not know that even the lord of a citadel[169] is not proof against all perils?"[170]	do you not know that the one under siege cannot escape certain facts?"[170]
XXVI:33 n169	Delete the note.	
XXVI:33:17	letter	document
XXVI:37:19-20	seeking . . . family	seeking to avenge the blood of this family (of yours)
XXVI:37:20	disputed	usurped
XXVI:21-22	My strongest argument against you is	The most I will say in response to what you have mentioned is
XXVI:39:15-16	al-Tinʿī,[207] who was later called al-Ḥaḍramī	al-Tinʿī[207] al-Ḥaḍramī

XXVI:40:14-15	al-Hamdānī,[217] who was later called al-Khaywānī	al-Hamdānī,[217] al-Khaywānī
XXVI:42:5-6	What made you break your promise?	How treacherous you are!
XXVI:45:13-14	Who is supposed to be the head of the cavalry around here?	What an incompetent head of the cavalry you are!
XXVI:50:17	was a stutterer	spoke with an accent
XXVI:51:26	Yes, but	Yes indeed, and
XXVI:61:17-18	of what Naṣr has suffered at my hand and you know how [badly] I have behaved towards him.	that Naṣr has been kind to me, whereas I behaved (badly) towards him, as you know.
XXVI:61:27	difficult times he has been through	his favors
XXVI:61:28	family	people
XXVI:62:25-26	accepted his intercessions in respect of what he needed	acted as his intercessor when he needed something
XXVI:63:1	ʿUkabah	ʿUkābah
XXVI:63:15-16	had left [al-Kūfah]	had risen in rebellion
XXVI:64:16-17	If he is to you as treason and faithlessness are to the character of an honorable man, And	If he is one of you (of honorable descent), then treason and faithlessness are not the qualities of an honorable man, But
XXVI:76:7	God will not forgive me for my errors if I forgive Ghaylān his.	May God not forgive my error if I forgive Ghaylān his!
XXVI:74:9	*dīwān* guards	assistants to the secretaries
XXVI:82:10	Qaḥdam	Qaḥdham
XXVI:89:21-22	for Islam or not	a Muslim or not

XXVI:95:3-4	has ruined my friends, my women, and my family	erased [the names of] my friends, my women, and my family [from the *dīwān*]
XXVI:96:28-30	made much of . . . curtailed.	inscribed your friends in the *dīwān* and gave them lavish allowances even though they do not undergo the hardships that the Muslims suffer every year when they are mobilized for campaigns.
XXVI:97:26–98:2	that it is not . . . and that	that he possesses no power for better or worse over what God in His kindness has given him. Rather, God is the owner of that over him, and
XXVI:105:25-27	will appoint as his successor someone from among his sons and subjects, giving precedence to whom he wishes and holding	has more power (than anyone else) to make decisions regarding his sons and his subjects. He gives precedence to whom he wishes and holds
XXVI:107:15	commanding by it	commanding it
XXVI:109:16-18	by which He repulses those who rebel against Him, safeguarding those things that are sacred to Him and protecting	by which He prevents (people) from committing sins, curbs them so that they do not perform acts which He forbids, and protects

XXVI:115:16	No one makes requests outside its remit.	From Him alone can it be petitioned.
XXVI:117:1	al-Mismāʿī	al-Mismaʿī
XXVI:120:9, 11	free-born	free
XXVI:123:1-2	What a surprising remark from someone who	I am astonished at this man who
XXVI:123:4-5	By God . . . in fetters.	"By God . . . in fetters."
XXVI:124:4-5	striking down	obtaining as booty
XXVI:128:6	Suḥayb	Ṣuhayb
XXVI:128:22-23	When I went in . . . himself	When I came back to Yūsuf, he greeted me: "Well, how did you find the libertine?" meaning by that al-Walīd
XXVI:128:24-25	hear you saying such a thing	hear about this (slur) from you
XXVI:128:25	I would divorce	May I divorce
XXVI:128:26-27	rather than allow my ear to hear such things as long as you live	if my ear has ever heard it—so long as you are alive
XXVI:128:27	Then al-Walīd laughed.	Yūsuf laughed.
XXVI:132 n653	Delete the note.	
XXVI:134:12	and the ʿAbs,[669]	with the ʿAbs,[669] (on your side)
XXVI:140:5	state	dynasty
XXVI:142:13-14	Mind the carpet . . . I do have	Do sit down on the carpet, may God make you prosper." Yazīd replied: "But I have
XXVI:146:4	ʿUthrah	ʿUdhrah
XXVI:146 n747	ʿUthrah	ʿUdhrah

XXVI:146:13-15	Honor them as the bulwarks of a tradition (*sunnah*),[753] for it was they who protected their honor against every unbeliever.	How honorable are these tribes, who firmly supported the tradition (*sunnah*),[753] It was they who protected its sacred precepts against every unbeliever.
XXVI:158:15	al-Muʿāfirī	al-Maʿāfirī
XXVI:159:20-21	seeing that I have an exclusive status with my people	and grant me an exclusive status with you from among my people
XXVI:160:7	that he will come out on your authority.	I shall surrender myself to you unconditionally.
XXVI:164 n857	Delete the note.	
XXVI:164:5-6	Abū Maʿshar—Aḥmad b. Thābit—his informant(s)—Isḥāq b. ʿĪsā	Aḥmad b. Thābit—his informant—Isḥāq b.ʿĪsā— Abū Maʿshar
XXVI:164:11-12	Abū Maʿshar—Aḥmad b. Thābit—his informant(s)—Isḥāq b. ʿĪsā	Aḥmad b. Thābit—his informant—Isḥāq b.ʿĪsā— Abū Maʿshar
XXVI:167:13-14	O Ibn al-Sabbāʾ	O son of the wine merchant
XXVI:171 n889	Replace the text with: The initiator of the ʿAbbāsid revolution.	
XXVI:172:23	Dinnah	Ḍinnah
XXVI:172:23	Dinnī	Ḍinnī
XXVI:172:23	ʿUthrah	ʿUdhrah
XXVI:173:22	His messenger.	His messenger.’
XXVI:173:25	(himself) goes astray.’”	(himself) goes astray.”
XXVI:176 n916	Delete the note.	

XXVI:176:19-20	He[916] spoke to Abān b. ʿAbd al-Raḥmān al-Numayrī about Khālid and said:	Abān b. ʿAbd al-Raḥmān al-Numayrī spoke about the matter of Khālid, then Yūsuf said:
XXVI:184:7	long continued to lament and mourn for al-Walīd	installed the mourners and the lamenting women (to weep for) al-Walīd
XXVI:184:18	who were in the *junds* wrote to the effect that they would not give the oath of obedience to Yazīd	pledged themselves in writing to avoid giving the oath of allegiance to Yazīd
XXVI:187:15-16	O Abū Saʿīd, I swear to you by God that the *amīr* (of Ḥims) is sending his *jund* forward to fight (us) at this very moment.	I beseech you by God, Abū Saʿīd, do not let our commander send the army to battle under these conditions.
XXVI:188:22-24	and thus he restrained them, for his heart misgave him at what Sulaymān and ʿAbd al-ʿAzīz had done. Hostilities	and the troops held back. Sulaymān and ʿAbd al-ʿAzīz were upset with what he had done, and hostilities
XXVI:188:25-27	The Dhakwāniyyah were stopped from attacking the Banū ʿĀmir on being assured that the latter would	But they did hold back from the Ḥimṣīs, on the condition that they
XXVI:190:4	Zinbāʾ	Zinbāʿ
XXVI:194 n986	Delete the note.	
XXVI:194:8	river	canal

XXVI:194:18	those of you who pay the poll-tax (burdens) which will drive you from your lands and decimate your progeny	your *jizyah*-payers burdens which will drive them from their lands and decimate their progeny
XXVI:197:20-21	there is no one there like Manṣūr in	he is inadequate, because of
XXVI:203:29	Rashīd	Rāshid
XXVI:204:1	Rashīd	Rāshid
XXVI:206:13-14	by the action they would be taking	by remaining as they were
XXVI:209:20	over	from
XXVI:210:7	a poet	he
XXVI:210:10	against	on behalf of
XXVI:210:11-13	My hand is surety for you against the Bakr of Iraq, against their leader and the son of the most distinguished one among them.	I (give) you my hand as a pledge for the Bakr of Iraq, Their leaders, and the descendants of al-Waṣṣāf[1038a].
XXVI:210	Add note: 1038a. Al-Waṣṣāf is the nickname of al-Ḥārith b. Mālik, one of the leaders of the Banū ʿIjl in pre Islamic times; the ʿIjl were part of the Bakr. See Muhammad b. al-Ḥasan b. Durayd, *Kitāb al-Ishtiqāq*, Göttingen 1854, pp. 207-208.	
XXVI:213:28	only from	between

XXVI:213:32	Add note after Abū Ghassān: 1057a. Abū Ghassān was a Baṣran leader who was in his prime in the latter part of the seventh century. His name was Mālik b. Misma', from the tribe of Qays b. Tha'labah (Rabī'ah). It is reported that when one of the governors of Baṣrah refused to pay the people their stipends, Abū Ghassān ordered him to clear out of town. The present verse was composed, among others, about this incident. When 'Abdallāh b. al-Zubayr, the ruler at the time and the father of that governor, heard about this, he dismissed his son from office. See *Naqā'iḍ Jarīr wa-l-Farazdaq*, Leiden 1908-1912, 2, p. 1090.	
XXVI:215 n1066	Delete the note.	
XXVI:215:3-4	For that reason there came forward someone	This was undertaken by someone
XXVI:215:5-10	Those who (now) seek . . . willed.	Those who are accountable for the caliph's[1065] blood (literally "those who should be sought after because of the caliph's blood") are the holders of authority from amongst the Umayyads, for his blood shall not go unavenged. If the discord is stilled through them and things are put right, then that is a decision desired by God against which there is no appeal.

XXVI:216:14-15	bloodwit and had asked	bloodwit, and
XXVI:217:4	Then	ʿAmr said: "When
XXVI:217:4-11	ʿAmr	Marwān [three times]
XXVI:217:11	away.	away."
XXVI:223:29	disowned	aborted
XXVI:225 n118	Substitute the text of the note with: Reading with the Cairo edition, but the text is certainly defective.	
XXVI:225:13-15	at [Asad b. ʿAbd] . . . Khurāsān	with God because He preferred Muḍar over Rabīʿah (when choosing His Prophet). He was in Khurāsān (?)
XXVI:227:5-7	ruined my friends and has ostracized me and my dependents	erased [the names of] my friends, my women, and my family [from the *dīwān*]
XXVI:227:23	al-Naḥawī	al-Naḥwī
XXVI:228:24, 33	al-Naḥawī	al-Naḥwī
XXVI:250:17	along	leading
XXVI:251:28-30	who were . . . behind them.	having been busy fighting, were taken by surprise by the (enemy's) cavalry and swords, and their shouting "God is the greatest" (*takbīr*) as they penetrated their lines from behind.
XXVI:254:22	When we meet the people I will retreat with them	When we meet in battle, I shall make (my own people) retreat
XXVI:254:27	assembled	engaged in battle
XXVI:256:5	Nakhʿ	Nakhaʿ
XXVI:260:13	with	among
XXVI:263:15	attack	stay in

XXVI:264:4	ʿAṭiyah	ʿAṭiyyah
XXVI:265:22	fair treatment	appointment as governors
XXVI:265:25-26	deals with . . . asked him	complies with my demand to act according to the book of God and to appoint good, meritorious people, as I have asked him
XXVII:1:4-5	ʿAbd al-Wahhāb b. Ibrāhīm reported the following from Abū Hashīm Mukhallad b. Muḥammad,	According to Aḥmad—ʿAbd al-Wahhāb b. Ibrāhīm—Abū Hāshim Mukhallad b. Muḥammad,
XXVII:23:32	al-Ḍubbaʿī	al-Ḍubaʿī
XXVII:31:9	Salamah	Salimah
XXVII:80:7	ʿIyād	ʿIyāḍ
XXVII:91:10	Rabīʿah b. ʿAbd al-Raḥmān	Rabīʿah b. Abī ʿAbd al-Raḥmān
XXVII:129:24	Shurayḥ	Surayj
XXVII:129:28	al-Kaṭṭāb	al-Khaṭṭāb
XXVII:129:30	al-Hamadhanī	al-Hamdānī
XXVII:136:19	ʿAṣamm	ʿUṣm
XXVII:136:23	Shihāb	Ibn Shihāb
XXVII:137:7	Shihāb	Ibn Shihāb
XXVII:142:1	Salamah	Salimah
XXVII:148:8	Muʿwiyah	Muʿāwiyah
XXVII:170:25	al-Khuthʿamī	al-Khathʿamī
XXVII:171:34	Baʿalbakk	Baʿlabakk
XXVII:175:18	al-Juhnī	al-Juhanī
XXVII:187:7	Man b. Zāʾidah	Maʿn b. Zāʾidah
XXVII:187:9	Fazzārah	Fazārah
XXVII:192:28	Fazzār	Fazārah
XXVII:202:35	Najāh	Najāḥ

XXVII:208:17	Add after “governed Mosul”: Yazīd b. Asīd governed Armenia.	
XXVIII:126:2	asked Abū Jaʿfar. “She was still wed to	asked Abū Jaʿfar—she was still wed to
XXVIII:126:3	b. al-Ḥasan even though you swore	b. al-Ḥasan—“when you swore
XXVIII:182:23	Saybah	Shaybah
XXVIII:279:1	Amah	Amat
XXIX:13:9	al-Sariyy	al-Sarī
XXIX:120 n382	p. 000	p. 255
XXIX:134:21	Shabbah	Shaybah
XXIX:134 n450	Delete the note.	
XXIX:201:14-15	Muḥammad b. ʿUbaydallāh	Muḥammad b. Abī ʿUbaydallāh
XXX:20:11	headdress	cloak
XXX:42:34-35	Then after that, be comfortable to the female role which is incumbent upon you.”	Thereafter you are welcome to the deference and respect owed a person of your rank where it is due to you.”
XXX:65:14	Mūsā	Muḥammad
XXX:69:13	cried out.	cried out. He came to Mūsā and showed him his hand.
XXX:172:7	Nasāʾ	Nasā
XXX:176:6	Nasāʾ	Nasā
XXX:178:2	Nasāʾ	Nasā
XXX:262:10	Shurāḥīl	Sharāḥīl
XXX:295:19-20	Ṭabaristān	Ṭarāristān

XXXI:212:17	Shanīf	Shunayf
XXXII:3:10-11	213 (833)	218 (833) [bis]
XXXII:39, 41, 43, 45 (in running headers)	201	200
XXXII:44:32	Delete marginal page number 1001.	
XXXII:45:9	Add marginal page number 1001.	
XXXII:49:22	Delete marginal page number 1004.	
XXXII:50:5	Add marginal page number 1004.	
XXXII:51 n163	same	name
XXXII:66:13	Minjab	Minjāb
XXXII:67:28	Rādhānayn	Rādhānān
XXXII:71 n228	Wednesday	Monday
XXXII:75:6	Ṣiyādah	Ṣayyādah
XXXII:75 n243	Replace the text with: For this place see M. Streck, *Die alte Landschaft Babylonien nach den arabischen Geographen*, Leiden, 1900-01, II, 289.	
XXXII:101:21-22	take care not to do it again!"	take care not to come back!"
XXXII:110:20	Nasr	Naṣr
XXXII:110:26	his	His
XXXII:132:17	Abū Sa'd	Abū Sa'dah
XXXII:135:8	three	two
XXXII:135:10	one million	two million
XXXII:135 n407	755ff.	785ff.
XXXII:153:22	Then when he had straightened it	Then when he came up to him
XXXII:155:12	3.25	32.5
XXXII:207 n643	XLII, 2/3	XLIII, 3
XXXII:210:33	read it out	gave it to him to read
XXXII:242:22-23	may he give all his possessions away for pious purposes, if he has	may I give all my possessions away for pious purposes, if I have
XXXII:255:13	Jasham	Jusham

XXXIII:194:5	ʿAlī	Abī
XXXIV:96:23	al-Ṣāmighān	al-Ṣāmaghān
XXXIV:197:3	Ḥamīd	Ḥumayd
XXXV:2:13	243	248
XXXV:5:13	Qūṣarah.[18]	Qawṣarah[18] in the streets of Sāmarrā.
XXXV:6:3	over the Sawād.[20]	over the entire Sawād by himself.[20]
XXXV:9:6	Malaṭiyah	Malaṭyah
XXXV:10:30	Muḥammarah	Muḥammirah
XXXV:16:1	Ṭālib	Ṭāhir
XXXV:21:14	granted	granted by al-Mustaʿīn
XXXV:27:23	Ḥamad	Ḥamd
XXXV:39:22	al-Sharābānī	al-Shāriyānī
XXXV:42:11	Ḥamad	Ḥamd
XXXV:42:24	Rādān	Rādhān
XXXV:44:1	Rashīd	Rāshid
XXXV:46:8	Rashīd	Rāshid
XXXV:47:5	al-Muṭallibīn	Malaṭyah troops
XXXV:58:31	Ṭabaristān	Ṭarāristān
XXXV:59:4	Ṭabaristān	Ṭarāristān
XXXV:61:5	Nawākī[119] arrow	nāwakī[119] arrow
XXXV:76:17	Malaṭiyah	Malaṭyah
XXXV:77:29	Malaṭiyah	Malaṭyah
XXXV:81:1	Malaṭiyah	Malaṭyah
XXXV:83:27	al-Ḥusayn	al-Ḥasan
XXXV:109:6	mace	maize
XXXV:122:7, 12, 17	Sharīḥ	Shurayḥ
XXXV:148:4	Tell	Tall
XXXV:150:28	Malaṭiyah	Malaṭyah
XXXV:153:8	Tell	Tall
XXXV:160:13	He and ʿAlī's followers	We and ʿAlī's followers

XXXVI:56:16	ʿUmrān	ʿImrān
XXXVI:67:14	Nahr Abū Qurrah	Nahr Abī Qurrah
XXXVI:132:11	al-Ṭafāwah	al-Ṭufāwah
XXXVI:142:13	Wah	Wāḥ
XXXVI:142 n404	*bah/nah*	*bāh/nāh*
XXXVI:170:21	al-Mubaraqaʿ	al-Mubarqaʿ
XXXVI:179:10	Jārūrah Banī Marwān	Jārūrat Banī Marwān
XXXVI:182:27	al-Ṭalāqānī	al-Ṭālaqānī
XXXVII:1:3-4	invested him	and Abū Aḥmad (al-Muwaffaq) invested him
XXXVII:1:12	his clients	his wealth
XXXVII:6:20	the customs	al-Jār
XXXVII:8:25	al-Bīlam	al-Baylam
XXXVII:8 n25	Replace the text after "178." with: For al-Baylam, see Schwarz, *Iran im Mittelalter nach den arabischen Geographen*, Leipzig, 1896-1936, IV, 343.	
XXXVII:9:4	Azarmard	Azārmard
XXXVII:13:12	barges (*shadhdh*)	barges (*shadhā*)
XXXVII:78:28	al-Yashkarī	al-Yashkurī
XXXVII:34:4	Jabīb	Ḥabīb
XXXVII:39:21-22	on a Saturday, in the middle of Rajab, 267 (February 5—March 6, 881)	on Saturday, the fifteenth of Rajab, 267 (February 19, 881, a Sunday)
XXXVII:42:11-12	on a Saturday, in the middle of Rajab, 267 (February 5—March 6, 881)	on Saturday, the fifteenth of Rajab, 267 (February 19, 881, a Sunday)
XXXVII:43:4	Nawukiyyah	nāwakiyyah
XXXVII:46:39	Yaghlaʿuz	Baghlāghaz

XXXVII:47:5-6	on a Sunday, in the middle of Sha'bān, 267 (March 7—April 4, 881)	on Sunday, the fifteenth of Sha'bān, 267 (March 21, 881, a Tuesday)
XXXVII:47:17-18	Ya'lā b. Juhistār	'Alī b. Jahshiyār
XXXVII:59:38	Nawukiyyah	nāwakiyyah
XXXVII:60:9	Nawukiyyah	nāwakiyyah
XXXVII:60:25	Nāwukiyyah	nāwakiyyah
XXXVII:63:24-25	took place after the skirmish which occurred on Sunday	took place, after the skirmish which occurred on Wednesday
XXXVII:66:38	Juwway	Juwayy
XXXVII:70:32	Shibāb	Shihāb
XXXVII:78:11-12	Ibn Mālik the Zanjid	the son of the king of the Zanj
XXXVII:79:13	Ibn Ṣaqlabiyyah	Ibn al-Ṣaqlabiyyah
XXXVII:81:4-5	implored the authorities for protection	lodged a complaint with the authorities
XXXVII:82:20	Qarṭās	Qirṭās
XXXVII:87:30	Qarṭās	Qirṭās
XXXVII:87:31-32	on Monday, the twenty-fifth of Jumādā II, 269 (January 9, 883)	on Monday, the twenty-fifth of Jumādā I, 269 (December 10, 882)
XXXVII:88:31-33	to hunt. On Jumādā II . . ., Sa'īd b. Makhlad left Abū Aḥmad, and went to Sāmarrā	to hunt, where he was joined by Sa'īd b. Makhlad, who had left Abū Aḥmad. Sa'īd then went to Sāmarrā
XXXVII:88:34	Jayghawayh	Jābghawayh
XXXVII:102:34	Nāwukiyyah	nāwakiyyah
XXXVII:106:37	Juwway	Juwayy
XXXVII:12:9	seized all	seized most of
XXXVII:123:23-24	(Tuesday night, May 12, 883)	(June 12, 883)

XXXVII:137:7	Qarṭās	Qirṭās
XXXVII:139:32	August 6, 870	September 7, 869
XXXVII:143:21	The meter is also tawīl.	It is also lengthy.
XXXVII:144:25	a spear	the (Prophet's) spear
XXXVII:146:14	O Muslims, I lament over its devastation!	Its devastation made the Muslims cry.
XXXVII:149:12-13	a heretic established his rule over the road to Khurāsān	a Khārijite rebelled in the area of the Khurāsān Road
XXXVII:155:7	Ṣiddīq	Ṣadīq
XXXVII:156:2, 3, 6, 8, 9, 11	Ṣiddīq	Ṣadīq
XXXVII:157:3	al-ʿAbdī	Fāris al-ʿAbdī
XXXVII:157:10	anchor	stern
XXXVII:157:24-25	thus putting an end to al-Ṭāʾī's career.	His property was put under seal.
XXXVII:157:29	domains belonging to the notables	private estates of the caliphal family
XXXVII:164 n164	Delete the note.	
XXXVII:164:8	al-Naṣrāniyyah	al-Naṣriyyūn
XXXVII:168:16	Wednesday, the nineteenth of Ṣafar, 278 (June 2, 891)	Wednesday, the twenty-first of Ṣafar, 278 (June 4, 891, a Friday)
XXXVII:169:13	Abū Aḥmad	Aḥmad
XXXVII:169:23-24	a revolutionary group	the uprising of a group
XXXVII:171:4	who drove oxen	who transported things on his oxen
XXXVII:171:14-15	—they thought he took it for the Imām.	, claiming that he was taking it for the Imām
XXXVII:173:8-9	, that he	. But they (the authorities)

XXXVII:176:7-8	On the twenty-eighth of al-Muḥarram, 279 (Sunday, April 30, 892)	On the twenty-second of al-Muḥarram, 279 (April 24, 892)
XXXVII:177:4-5	On the twenty fourth of Jumādā I, 279 (Tuesday, August 22, 892)	On the twenty-second of Jumādā I, 279 (August 24, 892)
XXXVII:177:4-5	On the twenty-fourth of Jumādā I, 279 (Tuesday, August 22, 892)	On the twenty-second of Jumādā I, 279 (August 20, 892)
XXXVII:178:1	On Monday, the nineteenth of Rajab (October 14, 892)	On the eve of Monday, the nineteenth of Rajab (October 15, 892, a Sunday)
XXXVIII:2:13	Tuesday	Monday
XXXVIII:21:29	in the camp of al-Muʿtaḍid	in the camp of al-Muʿtaḍid and pleaded for his protection. Isḥāq took him to the tent of al-Muʿtaḍid
XXXVIII:29:6	Ḥamdān.	Ḥamdān and he bestowed robes of honor on a number of his principal men.
XXXIX:6:18	ʿUkkāẓ	ʿUkāẓ
XXXIX:6 n22	ʿUkkāẓ	ʿUkāẓ
XXXIX:16:15	Kharrabūdha	Kharrabūdh
XXXIX:104:13	al-Raqqād	al-Ruqād
XXXIX:135:21	Salām	Sālim
XXXIX:169:14	Ṣafiyy	Ṣafī
XXXIX:193:25	al-Muqawqas	al-Muqawqis
XXXIX:194:1	Al-Muqawqas	Al-Muqawqis
XXXIX:199:2	Ṣufayy	Ṣafī

XXXIX:210:8	Yaḥmid	Yaḥmad
XXXIX:220:12	al-Ṣāʿidiyyūn	al-Ṣāʾidiyyūn
XXXIX:221:3-4	Yaḥyā [b. Saʿīd al-Qaṭṭan]	Yaḥyā
XXXIX:268:3	Sabīʿ	al-Sabīʿ
XXXIX:285:1-2	al-Akramīn	al-Akramūn

www.ingramcontent.com/pod-product-compliance
Lightning Source LLC
Chambersburg PA
CBHW021845300426
44115CB00005B/16